CURSO DE **DIREITO CONSTITUCIONAL**

O GEN | Grupo Editorial Nacional – maior plataforma editorial brasileira no segmento científico, técnico e profissional – publica conteúdos nas áreas de concursos, ciências jurídicas, humanas, exatas, da saúde e sociais aplicadas, além de prover serviços direcionados à educação continuada.

As editoras que integram o GEN, das mais respeitadas no mercado editorial, construíram catálogos inigualáveis, com obras decisivas para a formação acadêmica e o aperfeiçoamento de várias gerações de profissionais e estudantes, tendo se tornado sinônimo de qualidade e seriedade.

A missão do GEN e dos núcleos de conteúdo que o compõem é prover a melhor informação científica e distribuí-la de maneira flexível e conveniente, a preços justos, gerando benefícios e servindo a autores, docentes, livreiros, funcionários, colaboradores e acionistas.

Nosso comportamento ético incondicional e nossa responsabilidade social e ambiental são reforçados pela natureza educacional de nossa atividade e dão sustentabilidade ao crescimento contínuo e à rentabilidade do grupo.

ANA PAULA DE BARCELLOS

CURSO DE **DIREITO CONSTITUCIONAL**

6ª edição revista, atualizada e ampliada

- A autora deste livro e a editora empenharam seus melhores esforços para assegurar que as informações e os procedimentos apresentados no texto estejam em acordo com os padrões aceitos à época da publicação, e todos os dados foram atualizados pela autora até a data de fechamento do livro. Entretanto, tendo em conta a evolução das ciências, as atualizações legislativas, as mudanças regulamentares governamentais e o constante fluxo de novas informações sobre os temas que constam do livro, recomendamos enfaticamente que os leitores consultem sempre outras fontes fidedignas, de modo a se certificarem de que as informações contidas no texto estão corretas e de que não houve alterações nas recomendações ou na legislação regulamentadora.

- Fechamento desta edição: *04.11.2024*

- A Autora e a editora se empenharam para citar adequadamente e dar o devido crédito a todos os detentores de direitos autorais de qualquer material utilizado neste livro, dispondo-se a possíveis acertos posteriores caso, inadvertida e involuntariamente, a identificação de algum deles tenha sido omitida.

- **Atendimento ao cliente:** (11) 5080-0751 | faleconosco@grupogen.com.br

- Direitos exclusivos para a língua portuguesa
  Copyright © 2025 by
  Editora Forense Ltda.
  Uma editora integrante do GEN | Grupo Editorial Nacional
  Travessa do Ouvidor, 11 – Térreo e 6º andar
  Rio de Janeiro – RJ – 20040-040
  www.grupogen.com.br

- Reservados todos os direitos. É proibida a duplicação ou reprodução deste volume, no todo ou em parte, em quaisquer formas ou por quaisquer meios (eletrônico, mecânico, gravação, fotocópia, distribuição pela Internet ou outros), sem permissão, por escrito, da Editora Forense Ltda.

- Capa: Aurélio Corrêa

CIP-BRASIL. CATALOGAÇÃO NA PUBLICAÇÃO
SINDICATO NACIONAL DOS EDITORES DE LIVROS, RJ

B218c
6. ed.

    Barcellos, Ana Paula de
    Curso de direito constitucional / Ana Paula de Barcellos. - 6. ed., rev., atual. e ampl. - Rio de Janeiro : Forense, 2025.
    704 p. ; 24 cm.

    Inclui bibliografia
    ISBN 978-85-3099-567-6

    1. Direito constitucional - Brasil. I. Título.

24-94695   CDU: 342(81)

Meri Gleice Rodrigues de Souza - Bibliotecária - CRB-7/6439

Agradecimentos

Poder agradecer é, em si mesmo, uma bênção divina: mais uma vez e sempre. Este livro, diversamente de outros que já escrevi, corresponde a um projeto desejado por muitos anos, mas continuamente adiado. Por isso, muitas pessoas, ao longo do tempo, contribuíram para ele de alguma forma. Ainda que eu já não seja capaz de recuperar essas várias contribuições, quero registrar minha gratidão.

Em primeiro lugar, agradeço aos meus alunos das várias turmas da Faculdade de Direito da UERJ que acompanhei até aqui: suas indagações, curiosidades, perplexidades, questionamentos e entusiasmo foram e são o combustível que permitiu a elaboração deste *Curso*. E não apenas isso, mas também as muitas pesquisas realizadas por eles; especificamente, gostaria de agradecer a meus monitores ao longo dos anos, Luna Barroso e João Galdi, cuja ajuda foi particularmente importante para vários pontos deste trabalho. Quero reservar também uma palavra de gratidão especial a meus mestres e professores na vida, e o faço na pessoa querida do Professor (hoje Ministro) Luís Roberto Barroso. Este livro simplesmente não existiria se não fosse por tudo que aprendi com ele e que continuo a aprender. Mais recentemente a ajuda do doutorando Daniel de Souza Lucas e dos monitores Yasmin Macedo, Thalles Alves de Amorim Santos, Gabriel Ozolins Gradim, Natália Barreira, Raphael Marques de Vasconcelos Gomes e Leonardo Gomes Quirino Câmara tem sido muito preciosa: minha gratidão a cada um.

Agradeço também, e sempre, aos meus pais, José, já com o Senhor Jesus, e Alice. Ao meu marido, Daniel, dirijo meu mais especial agradecimento do ponto de vista humano: não há companheiro como você e, se estamos juntos, toda e qualquer coisa fica melhor. É com você que sempre quero estar: obrigada por tudo.

O meu agradecimento final, e mais importante, é a Deus em Cristo Jesus. Em primeiro lugar, por Ele nos amar – a cada um de nós – e ter mandado Jesus para cumprir a pena devida pelos nossos pecados e, assim, nos oferecer perdão, reconciliação com Deus e salvação eternas. E por Ele esperar com paciência que cada um aceite essa oferta, embora Ele absolutamente não precise de nós para nada: Ele apenas nos ama. Não temos categorias no Direito Constitucional para compreender a misericórdia e a graça de Deus. Em segundo lugar, sou grata a Deus porque, embora a razão já citada fosse mais do que suficiente para uma vida de gratidão, Ele tem me cercado de bênçãos adicionais por todos os lados, por cima e por baixo: tudo vem d'Ele e a Ele sou grata. Nesse contexto, em terceiro lugar, sou realmente grata a Deus pela oportunidade de ter escrito e publicado este livro em suas várias edições. Como o apóstolo Paulo, na Primeira Carta aos Coríntios, Capítulo 10, verso 31, meu desejo é que tudo o que eu faço ou venha a fazer – inclusive escrever livros de Direito Constitucional! – seja para a glória do nome do Senhor Jesus.

Ana Paula de Barcellos

Sobre a Autora

Professora Titular de Direito Constitucional da Faculdade de Direito da Universidade Estadual do Rio de Janeiro (UERJ). Mestre e Doutora pela UERJ. Pós-Doutora pela Universidade de Harvard. Membro da Comissão de Estudos Constitucionais da OAB.

Nota à 6ª Edição

Esta sexta edição traz, como sempre, as atualizações necessárias relativas a novas emendas constitucionais até a Emenda Constitucional nº 134, de 24 de setembro de 2024, a nova legislação especialmente relevante e as decisões judiciais emblemáticas, sobretudo do STF, que foram muitas.

Além de inúmeras atualizações pontuais, esta edição traz vários materiais novos, valendo destacar alguns deles. A reforma tributária instituída pela Emenda Constitucional nº 132/2023 foi descrita e examinada de forma específica em várias de suas repercussões: tributária, federativa e parafiscal. Tópicos sobre as relações entre a ordem econômica e a tributação e os direitos fundamentais, bem como sobre o ADCT, que é cada vez mais relevante por conta das emendas que alteram seu texto foram incluídos.

O tema do pluralismo jurídico recebeu atenção específica, novos aspectos da teoria dos direitos fundamentais foram aprofundados e os direitos em espécie à alimentação, à água potável, ao saneamento e ao transporte foram ampliados. Os riscos coletivos e os direitos à proteção no contexto de calamidades foram igualmente examinados. A defesa da democracia e a chamada democracia militante também foram abordadas.

Os diálogos institucionais entre os poderes mereceram um exame mais detalhado, assim como os processos estruturais no âmbito do controle de constitucionalidade e as técnicas de mediação que têm sido empregadas pelo STF.

Mais uma vez, orçamento e finanças públicas foram assuntos aprofundados nesta edição. Os debates em torno das práticas orçamentárias, como o orçamento secreto, têm mobilizado o Direito Constitucional. As relações das finanças públicas com as eleições também foram objeto de análise específica.

Por fim, mais uma vez, minha gratidão à equipe do Grupo GEN pela dedicação, profissionalismo e gentileza, fundamentais para tornar o *Curso* um pouco melhor a cada nova edição.

Ana Paula de Barcellos

Acesse o QR Code e assista ao vídeo.
> https://uqr.to/1vvxu

Sumário

Capítulo 1 – Conceitos preliminares **1**

1.1 Noções fundamentais 1

    1.1.1 Normas, norma jurídica, direito e direito constitucional........................... 1

    1.1.2 Direito e pluralismo jurídico 4

    1.1.3 Sistemas jurídicos: romano-germânico/*civil law* e *common law*........................ 5

    1.1.4 Direito, Estado, indivíduo, sociedade e o fenômeno constitucional: Direito e direitos 8

1.2 Constitucionalismo: uma nota 11

1.3 Constituição e classificações... 13

1.4 Direito, justiça e Constituição 19

1.5 Direito, Constituição e democracia... 23

1.6 Enunciado normativo e norma 25

1.7 Espécies normativas: princípios e regras 27

1.8 Direito público e direito privado.. 32

1.9 Normas jurídicas e normas constitucionais: características.................................. 36

1.10 Eficácia jurídica e aplicabilidade 43

    1.10.1 Modalidades de eficácia jurídica 46

        1.10.1.1 Modalidade de eficácia jurídica: simétrica ou positiva..................... 46

        1.10.1.2 Modalidade de eficácia jurídica: nulidade 46

        1.10.1.3 Modalidade de eficácia jurídica: ineficácia 47

        1.10.1.4 Modalidade de eficácia jurídica: anulabilidade 47

        1.10.1.5 Modalidade de eficácia jurídica: negativa 48

        1.10.1.6 Modalidade de eficácia jurídica: vedativa do retrocesso.................... 49

        1.10.1.7 Modalidade de eficácia jurídica: penalidade 52

        1.10.1.8 Modalidade de eficácia jurídica: interpretativa............................. 52

    1.10.2 Eficácia jurídica, aplicabilidade das normas constitucionais e algumas classificações 55

1.11 Efetividade 59

1.12 Interpretação constitucional... 59

1.13 Direito constitucional 65

Capítulo 2 – História constitucional brasileira **69**

2.1 O Império... 69

2.2 Constituição de 1891 70

2.3 Constituição de 1934 71

2.4 Constituição de 1937 72

2.5 Constituição de 1946 73

2.6 Constituição de 1967/1969 74

2.7 A Constituinte de 1987/1988, antecedentes da Constituição de 1988 e as primeiras décadas... 74

Capítulo 3 – Poder constituinte **81**

3.1   Poder constituinte originário 81
3.2   Poder constituinte derivado ou reformador.................................... 84
3.3   Poder constituinte decorrente 87

Capítulo 4 – Direito constitucional intertemporal **89**

4.1   A Constituição nova e a Constituição anterior............................... 90
4.2   A Constituição nova e a ordem infraconstitucional anterior........ 91
4.3   A Constituição nova e as posições subjetivas anteriores 94
4.4   A Constituição de 1988 e a disciplina do direito intertemporal 97
4.5   As Emendas Constitucionais, a Constituição e a legislação infraconstitucional anterior... 98
4.6   O Ato das Disposições Constitucionais Transitórias 100

Capítulo 5 – Princípios constitucionais e seus corolários **103**

5.1   República (art. 1º, *caput*) 103
        5.1.1   Classificações sobre o Estado e o Governo 103
        5.1.2   República e seus corolários 104
        5.1.3   O princípio republicano e a interpretação jurídica......... 106
5.2   Democracia (art. 1º, *caput*).. 107
        5.2.1   *Quem* toma ou deve tomar as decisões que afetam a sociedade política 108
        5.2.2   *Como* essas decisões são ou devem ser tomadas 109
        5.2.3   *O que* pode ou não ser decidido 110
        5.2.4   *Para que* serve a democracia.. 110
        5.2.5   Defesa do Estado Democrático: mecanismos e debates....... 112
5.3   Estado Democrático de Direito (art. 1º, *caput*)................................ 114
        5.3.1   Estado Democrático de Direito: orientação das condutas 114
        5.3.2   Estado Democrático de Direito: aplicação das normas jurídicas....... 115
5.4   Dignidade humana (art. 1º, III) 116
5.5   Bem-estar social (art. 3º, IV) 120
5.6   Prioridade para a erradicação da pobreza e a redução das desigualdades sociais e regionais (arts. 3º, III, e 170) 122
5.7   Soberania Nacional (arts. 1º, I, e 170, I).. 123
5.8   Livre-iniciativa (arts. 1º, IV, e 170, *caput*)...................................... 125
5.9   Valorização do trabalho humano (arts. 1º, IV, e 170, *caput*) 128
5.10   Solidariedade (art. 3º, I) 130

Capítulo 6 – Direitos fundamentais e ordem social **133**

6.1   Teoria dos direitos fundamentais... 133
        6.1.1   Nomenclatura... 133
        6.1.2   Centralidade da pessoa humana e de seus direitos: antigos e novos desafios 134
        6.1.3   Destinatários dos direitos fundamentais............................ 137
        6.1.4   Interpretação dos direitos fundamentais........................... 139
        6.1.5   Aplicabilidade e eficácia dos direitos fundamentais 142
                6.1.5.1   Aplicabilidade e omissão legislativa inconstitucional 143
                6.1.5.2   Eficácia dos direitos fundamentais: dimensões subjetiva e objetiva .. 144
                6.1.5.3   Eficácia dos direitos fundamentais: sentido e alcance........ 147
                6.1.5.4   Restrições aos direitos fundamentais 150
                6.1.5.5   Direitos fundamentais e custos 155
                6.1.5.6   Destinatários dos deveres vinculados aos direitos fundamentais....... 159
                6.1.5.7   Garantias dos direitos fundamentais 162
6.2   O sistema constitucional dos direitos fundamentais na Constituição de 1988 167

	6.2.1	Classificações dos direitos fundamentais	167
	6.2.2	Tratados internacionais sobre direitos humanos: emendas constitucionais e supralegalidade	170
	6.2.3	Sistematização dos direitos fundamentais	172
6.3		Direitos fundamentais em espécie	175
	6.3.1	Direito à vida	175
	6.3.2	Direito de não ser torturado ou submetido a tratamento desumano e degradante/Direito à integridade física e moral	180
	6.3.3	Direito à imagem e à honra	182
		6.3.3.1 Parâmetros para a solução de conflitos	184
	6.3.4	Direito à intimidade, à vida privada e à inviolabilidade do domicílio e das correspondências e dados	186
	6.3.5	Direito à liberdade	191
	6.3.6	Liberdade de expressão	191
	6.3.7	Liberdade religiosa	196
	6.3.8	Liberdade de iniciativa e liberdade profissional	201
	6.3.9	Liberdade de locomoção	202
	6.3.10	Liberdade de reunião pública	204
	6.3.11	Liberdade de associação	206
	6.3.12	Direitos de propriedade e limites a sua restrição	207
	6.3.13	Direitos políticos (votar, ser votado, participar e controlar)	211
	6.3.14	Direito à legalidade	216
	6.3.15	Direito à isonomia	221
	6.3.16	Direito ao devido processo legal processual e seus corolários	227
	6.3.17	Direitos no âmbito da ação sancionadora estatal. Limites ao poder punitivo do Estado	234
	6.3.18	Direito ao devido processo legal substantivo – proporcionalidade e razoabilidade	237
	6.3.19	Direito à segurança	239
	6.3.20	Direito à nacionalidade	249
	6.3.21	Direito à informação e direito de petição	252
	6.3.22	Direito de acesso ao Judiciário e aos remédios constitucionais	254
	6.3.23	Direitos dos trabalhadores	258
6.4		Direitos sociais em espécie	261
	6.4.1	Direito à educação	261
	6.4.2	Direito à saúde	264
	6.4.3	Direito à previdência social	268
	6.4.4	Direito à assistência social	269
	6.4.5	Direito à renda básica familiar	270
	6.4.6	Direito à alimentação e à água potável	272
	6.4.7	Direito à moradia e ao saneamento	273
	6.4.8	Direito ao transporte	275
	6.4.9	Direito ao lazer	276
	6.4.10	Direito à segurança	276
	6.4.11	Direito ao meio ambiente saudável	277
	6.4.12	Direitos de grupos vulneráveis	278
6.5		Direitos fundamentais e ordem social	282
	6.5.1	Direitos fundamentais e riscos coletivos	286
6.6		Direitos fundamentais e ordem econômica	287
6.7		Direitos fundamentais e tributação	288

XIV CURSO DE DIREITO CONSTITUCIONAL · *Ana Paula de Barcellos*

Capítulo 7 – Organização do Estado e a Federação brasileira **291**

7.1   Conceitos preliminares.. 291

      7.1.1   Participação dos entes locais na vontade nacional................................ 292

      7.1.2   Unidade nacional... 293

      7.1.3   Diversidade e autonomia local.. 294

7.2   União 296

7.3   Estados... 297

7.4   Distrito Federal.. 297

7.5   Municípios 298

7.6   Territórios federais 301

7.7   Distribuição de competências 302

      7.7.1   Critérios de distribuição de competências.. 302

      7.7.2   Bens.. 307

      7.7.3   Competências político-administrativas... 310

      7.7.4   Competências legislativas.. 312

      7.7.5   Competências tributárias 314

7.8   Poder Judiciário e Federação 314

7.9   As competências em interação: alguns exemplos 316

7.10 Conflitos de competências na Federação e critérios de solução............................. 320

      7.10.1 Poderes implícitos, competências gerais e específicas, e nacionais e locais......... 320

      7.10.2 Conflito potencial entre Estado e Municípios: interesse local x interesse comum. Limites de cada competência. Regiões metropolitanas.................... 323

7.11 Intervenção federal 326

7.12 A interpretação das competências federativas e controle social............................. 328

7.13 A Federação brasileira e a pandemia da covid-19 331

Capítulo 8 – Separação e organização de Poderes. Representação política............................ **335**

8.1   Separação de poderes: breve evolução histórica e do pensamento político 335

8.2   Sistemas de governo (presidencialismo, parlamentarismo e semipresidencialismo) e controle do poder político... 341

8.3   O presidencialismo brasileiro 345

8.4   Separação de poderes como cláusula pétrea: uma nota.. 350

8.5   Representação política.. 352

8.6   Partidos políticos.. 356

8.7   Sistemas eleitorais 361

8.8   Separação de poderes e diálogos 363

Capítulo 9 – O Legislativo brasileiro **365**

9.1   Poder Legislativo 365

      9.1.1   Câmara dos Deputados.. 367

      9.1.2   Senado Federal.. 368

      9.1.3   Legislativos dos Estados, Distrito Federal e Municípios 369

      9.1.4   Regime jurídico dos parlamentares.. 370

            9.1.4.1   Prerrogativas 370

            9.1.4.2   Vedações... 375

            9.1.4.3   Perda do mandato 376

      9.1.5   Poder Legislativo e suas competências 378

            9.1.5.1   Competências normativas... 379

                  9.1.5.1.1   Competências normativas com participação do Executivo 379

SUMÁRIO **XV**

	9.1.5.1.2	Competências normativas sem participação do Executivo (arts. 49, 51 e 52) 379
	9.1.5.2	Competências de controle e fiscalização 381
	9.1.5.3	Comissões Parlamentares de Inquérito 385
9.1.6	Controle de constitucionalidade dos atos do Poder Legislativo 389

9.2 Tribunais de Contas 390

9.3 Processo legislativo 395

9.3.1 Iniciativa 398

9.3.2 Discussão e votação 401

9.3.3 Sanção/veto, promulgação e publicação 406

9.3.4 O controle judicial do processo legislativo. O princípio do devido processo legislativo 407

9.4 Espécies legislativas 409

9.4.1 Emendas constitucionais 409

9.4.2 Leis complementares e leis ordinárias 416

9.4.3 Leis delegadas 417

9.4.4 Medidas provisórias 417

9.4.5 Decretos legislativos e resoluções 420

Capítulo 10 – Poder Executivo 421

10.1 Poder Executivo: ingresso e garantias 424

10.1.1 Eleição e sucessão 424

10.1.2 Garantias 426

10.2 Poder Executivo: perda do mandato. O caso do *impeachment* 428

10.3 Competências 431

10.3.1 Introdução e reserva de administração 431

10.3.2 Competências normativas 433

10.3.3 Competências político-administrativas 435

Capítulo 11 – Administração Pública 439

11.1 Introdução: regime público e privado e suas recíprocas comunicações 439

11.2 Princípios e regras gerais da Administração Pública 442

11.2.1 Princípio da legalidade administrativa 442

11.2.2 Princípio da finalidade 444

11.2.3 Princípio da motivação 445

11.2.3.1 Motivação e direito administrativo sancionador 446

11.2.3.2 Motivação e análise de impacto regulatório 447

11.2.4 Princípios da segurança jurídica e da boa-fé 448

11.2.5 Autotutela e controles internos 449

11.2.5.1 LINDB: novos parâmetros 450

11.2.6 Princípio da impessoalidade 450

11.2.6.1 Licitações 452

11.2.6.2 Concurso público 454

11.2.7 Princípio da proporcionalidade 456

11.2.8 Princípio da moralidade 459

11.2.9 Princípio da publicidade 460

11.2.10 Princípio da eficiência 462

11.3 Agentes públicos 463

11.4 Uma nota sobre o regime jurídico das sociedades de economia mista e empresas públicas exploradoras de atividades econômicas 469

11.5 Uma nota sobre a responsabilidade civil do Estado 470

Capítulo 12 – Poder Judiciário.. **473**

12.1 Função jurisdicional e Poder Judiciário: introdução.. 473
    12.1.1 Judiciário e legitimidade democrática.. 475
    12.1.2 Judiciário e os demais Poderes.. 476
12.2 Organização do Poder Judiciário... 479
    12.2.1 Órgãos do Poder Judiciário e distribuição constitucional de competências 479
    12.2.2 Justiça Estadual.. 481
    12.2.3 Justiças da União.. 482
    12.2.4 Justiça Eleitoral.. 482
    12.2.5 Justiça do Trabalho.. 483
    12.2.6 Justiça Militar... 484
    12.2.7 Justiça Federal comum... 484
    12.2.8 Superior Tribunal de Justiça – STJ... 486
    12.2.9 Supremo Tribunal Federal – STF.. 489
12.3 Princípios constitucionais de organização do Poder Judiciário....................... 490
12.4 Princípios constitucionais de funcionamento do Poder Judiciário.................. 491
12.5 Funções essenciais à Justiça 493

Capítulo 13 – Ordem econômica, tributação, orçamento e finanças públicas **495**

13.1 Ordem econômica.. 495
    13.1.1 Introdução: direito constitucional e ordem econômica..................... 495
    13.1.2 A ordem econômica na Constituição de 1988..................................... 498
        13.1.2.1 Fundamentos da ordem econômica 498
        13.1.2.2 Princípios setoriais da ordem econômica (art. 170).......... 501
    13.1.3 Agentes econômicos e seus papéis 504
        13.1.3.1 Agentes privados... 504
        13.1.3.2 Agentes estrangeiros... 506
        13.1.3.3 Cooperativas.. 507
        13.1.3.4 Terceiro setor 508
    13.1.4 Estado.. 509
        13.1.4.1 Modalidades de intervenção estatal na ordem econômica..... 510
        13.1.4.2 Disciplina/regulação 511
            13.1.4.2.1 A política urbana.. 512
            13.1.4.2.2 A política rural 514
            13.1.4.2.3 O sistema financeiro 515
        13.1.4.3 Fomento.. 516
        13.1.4.4 Atuação direta.. 519
13.2 Tributação e a reforma tributária (EC nº 132/2023) 523
    13.2.1 Tributação e reforma tributária: Direitos Fundamentais e Federação 525
        13.2.1.1 Tributação, reforma tributária e direitos fundamentais: restrição, promoção, impactos e parafiscalidade 525
        13.2.1.2 Tributação, reforma tributária e federação: competências compartilhadas e o novo fundo para redução das desigualdades 528
    13.2.2 Limitações ao poder de tributar 530
        13.2.2.1 Limitações ao poder de tributar: proteção do contribuinte 530
        13.2.2.2 Limitações ao poder de tributar: promoção de fins constitucionalmente relevantes 537
        13.2.2.3 Limitações ao poder de tributar: federação...................... 539
    13.2.3 Competências legislativas em matéria tributária 541
    13.2.4 Espécies tributárias e repartição federativa....................................... 543

	13.2.4.1	Impostos e repartição das receitas tributárias	544
	13.2.4.2	Taxas	549
	13.2.4.3	Contribuições de melhoria	551
	13.2.4.4	Empréstimos compulsórios	551
	13.2.4.5	Contribuições	552

13.3 Orçamento e finanças públicas 555

    13.3.1 Introdução 555

        13.3.1.1 Orçamento, finanças públicas e direitos fundamentais das gerações presentes e futuras 555

        13.3.1.2 Controle de constitucionalidade do orçamento 558

        13.3.1.3 Controle de constitucionalidade e impactos sobre o orçamento: o tema da reserva do possível 559

    13.3.2 Sistema constitucional orçamentário 561

        13.3.2.1 Orçamento autorizativo ou impositivo? As emendas impositivas e o STF 563

        13.3.2.2 Princípios constitucionais orçamentários 565

    13.3.3 Sistema constitucional das finanças públicas 567

        13.3.3.1 Finanças públicas e eleições 570

    13.3.4 Orçamento e finanças públicas: emergências e calamidades 571

Capítulo 14 – Controle de constitucionalidade 573

14.1 Controle de constitucionalidade: introdução e breve histórico 573

14.2 Inconstitucionalidade: algumas classificações 576

    14.2.1 Inconstitucionalidade formal e material 576

    14.2.2 Inconstitucionalidade por ação e por omissão 578

    14.2.3 Inconstitucionalidade originária, superveniente e processo de inconstituciona-lização/inconstitucionalização progressiva 582

    14.2.4 Inconstitucionalidade direta e indireta/reflexa 584

    14.2.5 Constitucionalidade em tese/em abstrato e inconstitucionalidade em concreto 585

14.3 Modelos clássicos de controle judicial ou quase judicial de constitucionalidade e suas características 588

14.4 O sistema brasileiro de controle de constitucionalidade pelo Poder Judiciário 597

    14.4.1 O controle difuso e incidental 598

        14.4.1.1 A reserva de plenário: art. 97 e a Súmula Vinculante nº 10 do STF ... 600

        14.4.1.2 O STF, o recurso extraordinário, a repercussão geral e a súmula vin-culante 602

    14.4.2 Controle de constitucionalidade concentrado 610

14.5 Ações perante o STF 613

    14.5.1 Ação direta de inconstitucionalidade (ADI) 613

    14.5.2 Ação declaratória de constitucionalidade (ADC) 619

    14.5.3 Arguição de descumprimento de preceito fundamental (ADPF) 621

    14.5.4 Ação direta de inconstitucionalidade (ADI) por omissão 625

    14.5.5 Mandado de injunção (MI) 630

    14.5.6 Representação interventiva 633

14.6 Controle concentrado no âmbito dos Tribunais de Justiça 634

14.7 Controle de constitucionalidade de emendas à Constituição 636

14.8 Controle de constitucionalidade: classificações (um esforço didático) 640

    14.8.1 Quanto à natureza do órgão de controle 640

    14.8.2 Quanto aos órgãos judiciais competentes para o controle 641

    14.8.3 Quanto ao modo como o controle é levado a cabo 642

	14.8.4	Quanto ao momento do controle	644
	14.8.5	Quanto à obrigatoriedade de haver controle	644
	14.8.6	Quanto à eficácia da decisão de controle	645
	14.8.7	Quanto ao objeto das decisões de controle de constitucionalidade	647
	14.8.8	Quanto aos efeitos objetivos das decisões em controle de constitucionalidade	649
	14.8.9	Quanto aos efeitos subjetivos das decisões em controle de constitucionalidade	651

14.8.9.1 Efeitos subjetivos de decisões do STF em controle de constitucionalidade, coisa julgada e relações de trato continuado 655

14.8.10 Quanto aos efeitos no tempo das decisões em controle de constitucionalidade..... 656

14.9 Legitimidade do controle de constitucionalidade 658

14.10 Controle de constitucionalidade e interpretação constitucional 663

14.11 Controle de constitucionalidade e processos estruturais.. 667

14.12 Controle de constitucionalidade, mediação e soluções negociais 670

REFERÊNCIAS **673**

1

Conceitos preliminares

1.1 NOÇÕES FUNDAMENTAIS

O estudo do direito constitucional pressupõe a compreensão de determinadas noções fundamentais, que serão examinadas, de forma breve, na sequência. Essas noções envolvem o tema das normas em geral, e das normas jurídicas em particular, das relações entre Direito, Estado, Indivíduo e Sociedade, e as conexões entre esses elementos e o fenômeno constitucional. Cada uma dessas noções se desdobra em múltiplas discussões: apenas algumas delas serão abordadas aqui, e de forma propositalmente simplificada. Inicie-se pela noção de Direito.

1.1.1 Normas, norma jurídica, direito e direito constitucional

O direito, nos vários sentidos que a expressão pode ter, e sobre os quais se tratará adiante, pode ser localizado como uma espécie inserida em um gênero mais amplo das normas sociais. Dito de outro modo, normas jurídicas (direito) são uma espécie de norma social. Normas sociais, por sua vez, são comandos deontológicos[1], indicando um dever-ser, padrões de conduta a cumprir ou evitar, padrões de conduta de alguma forma adotados pelo grupo social e cuja observância se espera[2].

Nem todas as condutas socialmente esperadas das pessoas são normas jurídicas, porque nem todas as normas cumprem os requisitos para serem consideradas como direito. Cumprimentar amigos e familiares no dia do aniversário ou em datas comemorativas (nem que seja via rede social) é uma norma social, mas essa norma de boa convivência não é uma norma jurídica. Seu descumprimento poderá até ter consequências – ressentimentos, retaliações, rompimentos de relações etc. –, mas essas consequências não são consideradas jurídicas.

Não se pode ir ao Judiciário para exigir que seu melhor amigo não esqueça seu aniversário ou para exigir reparação dos netos que esqueceram de ligar para a avó no Natal. Isso não significa que as consequências que se seguem à violação das normas sociais não sejam relevantes: muitas vezes, elas serão mais significativas para a vida do indivíduo do que qualquer condenação que o Judiciário possa impor, mas a consequência das normas jurídicas tem um caráter especial.

---

[1] O caráter deôntico das normas é consequência das categorias semânticas do verbo "dever". Quando veicula as ideias "ter obrigação de" (por exemplo, quando determinado grupo entende que se deve dar "bom-dia" por educação) ou "ter de; precisar" (por exemplo, quando determinado grupo entende que os indivíduos devem se abster de tomar álcool) o verbo dever funciona na modalidade deôntica. Já quando veicula a ideia de probabilidade ou suposição, por exemplo, quando o meteorologista diz que deve chover hoje, o verbo dever funciona na modalidade epistêmica. Essa é uma diferença importante para o direito.

[2] Norberto Bobbio. *Teoria da norma jurídica*, 2016; Norberto Bobbio. *Teoria do ordenamento jurídico*, 2014 e Karl Larenz. *Metodologia da ciência do direito*, 2009.

Mas o que são, afinal, normas jurídicas? Por que as normas referidas antes não são direito? O que distingue normas jurídicas das demais normas sociais? De forma simplificada, é possível dizer que serão normas jurídicas aquelas às quais o Estado confere especial importância, associando ao seu descumprimento algum tipo de consequência (frequentemente, uma sanção) que pode ser imposta coativamente por autoridades reconhecidas pelo Estado (em geral, pelo Poder Judiciário)[3].

A referência genérica ao Estado exige um breve aprofundamento. Quem é ou o que é esse Estado? De forma muito simplificada, identifica-se como Estado a pessoa jurídica coletiva que exerce um poder político soberano sobre um território, no qual se encontra um grupo humano a ele vinculado. Os Estados exercem diferentes funções, que variam no tempo e no espaço, a depender das opções de cada povo, sendo as mais básicas relacionadas com a manutenção da ordem e da segurança e com a administração dos conflitos sociais. Nos termos da Constituição de 1988, além dessas, o Estado brasileiro tem outras funções relacionadas com a promoção de direitos fundamentais.

Em um dado momento histórico, grupos de pessoas exercem esse poder político no âmbito do Estado: trata-se genericamente do governo. Nos estados democráticos, que respeitam a separação de poderes, o governo se estrutura em geral em órgãos diferentes que se relacionam, limitam e controlam de acordo com diferentes modelos: a fórmula mais comum envolve a existência de Legislativo, Executivo e Judiciário. O Estado brasileiro, por exemplo, prevê em sua estrutura também o Ministério Público, com a missão de defender a ordem jurídica do ponto de vista dos interesses sociais e individuais indisponíveis. Os Tribunais de Contas com a missão de ajudar o Legislativo a fiscalizar o Executivo. E a Defensoria Pública com a missão de dar orientação jurídica, promover e defender os direitos humanos.

Considerando essa estrutura, o Poder Legislativo é, em geral, o órgão estatal colegiado eleito e, logo, intrinsicamente plural, que tem a prerrogativa de estabelecer de forma geral e abstrata quais são os comportamentos desejáveis, admitidos ou proibidos na sociedade, transformando-os em normas jurídicas. Mas não seria correto afirmar que as normas jurídicas são apenas aquelas editadas pelo Legislativo.

O Poder Executivo eventualmente precisará detalhar as normas editadas pelo Legislativo para que os demais órgãos do Estado e os cidadãos saibam exatamente o que podem ou devem fazer e o que podem exigir e de quem. É por meio de decretos, portarias, instruções normativas, resoluções colegiadas e instrumentos congêneres – todas normas jurídicas infralegais – que as autoridades do Poder Executivo formulam normas gerais e abstratas nos limites da lei em sentido estrito. O Poder Executivo aplica esse conjunto normativo às situações do dia produzindo normas jurídicas particulares e concretas, e sanções podem ser aplicadas no caso de violações.

As interações entre o Estado e as pessoas ou entre as pessoas muitas vezes geram conflitos sobre o que seria direito de cada parte considerando o que dizem as normas jurídicas. Caso as partes não cheguem a um acordo, o conflito poderá ser submetido por uma delas ao Judiciário. Aquele que se sente preterido ou lesado pode ajuizar uma ação, e o Judiciário, observado um devido processo legal, produzirá uma decisão, cujo cumprimento poderá ser imposto pela violência, se necessário.

Com o tempo, as decisões judiciais sobre determinado assunto ou problema vão se acumulando, sendo possível perceber que a interpretação que as diferentes autoridades dão a norma são agregáveis. A rigor, a igualdade perante a lei sugere que isso efetivamente aconteça. Esse conjunto de decisões agregáveis pelas semelhanças são chamadas de jurisprudência e dão corpo a como o direito – as normas jurídicas afinal – objetivamente se aplica aos fatos da vida real.

As normas jurídicas podem ter diferentes origens quanto ao seu conteúdo. Por vezes, o Estado juridiciza ou torna jurídicas normas já existentes na sociedade, atribuindo a elas o *status*

---

[3] Ana Paula de Barcellos. *A eficácia jurídica dos princípios constitucionais*: o princípio da dignidade da pessoa humana. Rio de Janeiro: Renovar, 2011.

Cap. 1 – CONCEITOS PRELIMINARES **3**

de normas jurídicas. Várias das normas de direito de família, ou as que regulam as obrigações no âmbito dos contratos mais simples, ou, ainda, determinadas normas de direito penal ou regras de trânsito já eram consideradas normas sociais muito antes de serem transformadas em normas jurídicas pelo Estado.

Em outras ocasiões, porém, o Estado cria normas de forma original e autônoma, isto é: sem relação com normas sociais anteriores. A criação do Programa Nacional de Acesso ao Ensino Técnico e Emprego – Pronatec, pela Lei nº 12.513/2011, por exemplo, não corresponde a uma norma social anterior, mas a um conjunto de normas originais, no sentido de normas criadas originalmente pelo Estado.

Pois bem. Parte importante das questões centrais do Direito Constitucional envolve justamente aprofundamentos desse ponto básico acerca das relações entre normas jurídicas, indivíduos e Estado. As perguntas na sequência ilustram algumas dessas questões. Há limites para a criação de normas jurídicas pelo Estado? Se há, quais são eles? E *quem*, no âmbito do Estado, pode criar normas jurídicas? No caso de um Estado federal como o Brasil, por exemplo, tanto União quanto Estados e Municípios podem criar normas jurídicas? E, no âmbito de cada unidade de poder político, *quem* pode criar normas jurídicas? Já assumindo a tripartição de órgãos estatais adotada por boa parte dos Estados, quem pode criar normas jurídicas: o Executivo? O Legislativo? O Judiciário? E *como* as normas jurídicas devem ser elaboradas? Há limites para as consequências ou sanções previstas para a hipótese de descumprimento das normas? *Quem* pode aplicar essas consequências/sanções e *como*?

As respostas a estas perguntas são dadas, sobretudo, pelo direito constitucional, e boa parte deste curso será dedicada a elas. Antes disso, porém, existe uma conexão anterior entre o que se expôs aqui acerca das normas jurídicas e o direito constitucional. É que o direito constitucional se ocupa de uma espécie particular de norma jurídica – as normas constitucionais – e, portanto, é formado por normas cujo descumprimento deve poder ser exigido coativamente, via Poder Judiciário. A lógica das normas jurídicas descrita anteriormente – comando deontológico (isto é: um dever-ser) a cujo descumprimento está associada uma consequência que será imposta coativamente, se necessário pelo aparato estatal – aplica-se também às normas constitucionais. Essa é uma conquista do constitucionalismo moderno[4]. Duas observações são relevantes aqui.

Em primeiro lugar, é importante saber que a compreensão das normas constitucionais como normas jurídicas é um fenômeno relativamente recente no Brasil. Até a Constituição de 1988, as normas constitucionais – a despeito de nominalmente serem normas jurídicas – eram consideradas, em sua grande maioria, proclamações puramente políticas, dirigidas ao Executivo e ao Legislativo, que deveriam levar em consideração seu conteúdo no exercício de suas competências. Não havia, no mais das vezes, meios ou possibilidades de exigir seu cumprimento. Esse quadro mudou substancialmente desde então, e hoje, entende-se de forma bastante consolidada que as normas constitucionais são normas jurídicas no sentido exposto anteriormente, isto é: seu descumprimento deve gerar algum tipo de consequência que haverá de poder ser exigida de forma coativa, por meio do Poder Judiciário. Ao ponto se retornará adiante.

---

4   O constitucionalismo, em termos gerais, refere-se à restrição imposta ao poder do governo para proteger princípios fundamentais do regime político. Em certo sentido (muitas vezes associado a Aristóteles), todos os países têm uma constituição (arcabouço jurídico que pode ser descrito e categorizado como exercendo funções constitucionais). No entanto, o termo "constitucionalismo" deve ser distinguido da mera posse de uma constituição, seja no sentido aristotélico ou escrito. Constituições escritas podem oferecer poucas restrições efetivas ao governo ou serem ignoradas, ao passo que governos podem ser efetivamente limitados por uma constituição não escrita, como é o caso do Reino Unido. O constitucionalismo frequentemente está associado ao liberalismo, com foco na proteção dos direitos individuais contra o Estado. Outros desenvolvimentos, sobretudo ao longo do século XX, agregaram ao constitucionalismo projetos de transformação social que incluem o Estado como instrumento para alcançar esse objetivo.

A segunda observação é a de que, sem prejuízo do que se acaba de afirmar acerca da "exigibilidade judicial" das normas constitucionais, isso não significa que será simples associar consequências a cada uma delas para que se possa exigir direitos perante o Judiciário. O ponto será discutido adiante, inclusive com o exame de que espécies de consequência podem e devem ser associadas a tais normas: um exemplo, entretanto, ajuda a compreender o ponto desde logo.

A Constituição de 1988, art. 1º, III, prevê como um dos fundamentos do Estado brasileiro a dignidade da pessoa humana. Pois bem: que condutas essa norma jurídico-constitucional impõe ou proíbe (ou permite)? Essa pergunta é fundamental para que se saiba quando a norma está sendo descumprida. E, diante de eventual descumprimento, qual a consequência associada? Essa pergunta se desdobra em outras: qual o conteúdo dessa consequência, a quem ela deve ser imposta, e quem pode exigi-la judicialmente? As respostas a essas perguntas serão discutidas adiante: neste momento, o que se quer é apenas destacar que a questão não é singela.

Descritas de forma inicial a noção de direito e algumas de suas relações com as normas constitucionais e com o direito constitucional, cabe aprofundar um pouco mais a questão.

1.1.2 Direito e pluralismo jurídico

No tópico anterior, o Estado foi apresentado como central para a noção de norma jurídica, já que é ele que atribui a determinada norma esse *status* e é o aparato estatal que garante a coatividade no caso de seu descumprimento. É preciso agora acrescentar a essa assertiva básica algumas camadas de complexidade que envolvem a ideia de pluralismo jurídico, em contraste com uma percepção, que seria equivocada, de que o sistema jurídico é monolítico e integralmente controlado pelo Estado.

A expressão "pluralismo jurídico" pode descrever diferentes fenômenos. Para fins didáticos, é possível agrupar alguns dos temas associados ao debate em quatro grandes grupos: (i) as relações entre as normas de origem estatal e as normas internacionais, aqui incluindo também as relações com as decisões proferidas por Cortes internacionais; (ii) as relações entre as normas estatais editadas pelo ente central e aquelas editadas por órgãos ou entidades locais que gozam de algum nível de estatalidade, seja no âmbito de Federações (no caso brasileiro, estados, Distrito Federal e municípios), estados regionais ou estados unitários descentralizados; (iii) as relações das normas estatais com normatividades vigentes em comunidades tradicionais existentes dentro do território, como é o caso dos povos indígenas; e (iv) as relações das normas estatais com normas editadas por organizações privadas nacionais ou internacionais, como, por exemplo, condomínios, associações de classe, sindicatos, organizações de desporto internacionais (Fifa, COI etc.), entre outras.

Além desses quatro temas mais diretamente "jurídicos", é importante registrar um quinto: o pluralismo jurídico – em geral, estudado por outros ramos do conhecimento e ignorado pelo Direito –, que envolve as relações do Estado e de suas normas com as normatividades adotadas de fato no âmbito de áreas do território sobre as quais o Estado não tem efetivo controle e não é capaz de garantir a aplicação de suas normas. Não é incomum que o cumprimento dessas normatividades seja garantido por organizações criminosas e grupos paramilitares. O trabalho de Boaventura de Souza Santos sobre a realidade de favelas do Rio de Janeiro nas décadas de 1960 e 1970 é um marco do estudo do assunto[5], que continua importante para o Brasil e para outras partes do mundo[6].

---

[5]   Boaventura de Sousa Santos. The law of the oppressed: the construction and reproduction of legality in Pasargada. *Law & Society Review*, v. 12, n. 1, 1977.

[6]   Filip Reyntjens. Legal pluralism and hybrid governance: bridging two research lines. In: *Development and Change* 47(2), International Institute of Social Studies, p. 347, 2015.

O tema do pluralismo jurídico é especialmente importante no contexto latino-americano. Ao longo das últimas décadas, diversos países da região incorporaram em suas Constituições e práticas jurídicas manifestações do assunto particularmente identificadas nos itens (i) e (iii) *supra*. Em primeiro lugar, diversas Constituições passaram a atribuir aos tratados internacionais de direitos humanos adotados pelos países *status* de norma constitucional, e em alguns casos até superior à Constituição nacional (são exemplos as Constituições de Honduras, Guatemala, Venezuela e Argentina).

Em segundo lugar, as decisões da Corte Interamericana de Direitos Humanos podem ser descritas como elementos normativos relevantes para a realidade interna de diversos países latino-americanos, repercutindo sobre as decisões do Poder Executivo e também sobre a interpretação do Direito pelo Judiciário local. As discussões em torno, por exemplo, da vinculação dos Tribunais locais aos entendimentos da Corte Interamericana, inclusive no que diz respeito ao controle de convencionalidade no âmbito das jurisdições internas, são temas amplamente discutidos no contexto do debate jurídico latino-americano.

Em terceiro lugar, várias Constituições introduziram previsões reconhecendo/atribuindo algum nível de validade e eficácia a normas oriundas das práticas de grupos tradicionais – povos indígenas, por exemplo – existentes dentro de seus territórios. É o caso das Constituições da Colômbia, Bolívia, Equador, Paraguai, Peru e Venezuela, embora, desse grupo em geral, se destaque as Constituições da Bolívia e do Equador, que são aquelas que atribuíram maior nível de reconhecimento e autonomia às normatividades dos povos indígenas, em uma clara opção pelo multiculturalismo.

Esse conjunto de fenômenos, apresentados aqui apenas de forma exemplificativa, tem justificado uma percepção teórica de que haveria um novo constitucionalismo latino-americano em desenvolvimento, do qual o pluralismo jurídico seria um elemento distintivo[7]. O Brasil, porém, parece seguir um caminho diverso sobre o assunto. A concepção predominante na jurisdição brasileira acerca do tema do pluralismo jurídico consagra o estadocentrismo e o monismo jurídico, construído em torno da ideia de supremacia constitucional. Como se verá, tratados internacionais dependem de internalização específica, as opções da Constituição de 1988 e a jurisprudência do STF limitam a criação normativa dos entes federados locais e de origem privada e não reconhecem a normatividade dos povos indígenas.

1.1.3 Sistemas jurídicos: romano-germânico/*civil law* e *common law*

Até aqui se apresentou as normas jurídicas como aquelas – já existentes anteriormente na sociedade como normas sociais ou não – às quais o Estado atribui um *status* diferenciado (de fonte do direito), associando consequências que poderão ser exigidas coativamente. Essa descrição assume como premissa que se esteja no âmbito de um sistema jurídico romano-germânico, ou de *civil law*, mas é importante saber que esse não é o único sistema existente.

São agrupados na tradição do *civil law*, por exemplo, os sistemas jurídicos da Alemanha, da França, da Itália e de Portugal: a despeito das inúmeras diferenças, há entre eles elementos comuns que justificam a classificação, que permite conhecer um pouco da realidade (ainda que esse conhecimento seja sempre limitado). A outra tradição é denominada de *common law*, ou de direito consuetudinário, associada à Inglaterra e aos Estados Unidos. Uma tradição jurídica é um conjunto de atitudes historicamente condicionadas e enraizadas nos profissionais do direito a respeito da natureza do próprio direito, seu papel na sociedade e na organização do sistema jurídico e suas relações com a autoridade estatal. Assim, a tradição diz muito sobre

---

[7] Antonio Carlos Wolkmer e Lucas Machado Fagundes. *Tendências contemporâneas do constitucionalismo latino-americano*: Estado plurinacional e pluralismo jurídico, Pensar, Fortaleza, v. 16, n. 2, p. 371-408, 2011.

como operadores do direito no seu interior entendem a forma de produção, aplicação, aperfeiçoamento, estudo e ensino do direito.

O sistema jurídico brasileiro é identificado com a tradição romano-germânica, na qual, de forma simples, a principal fonte do direito é a lei em sentido amplo, elaborada pela autoridade competente: no contexto de um Estado Democrático de Direito, por órgãos eleitos democraticamente. De forma muitíssimo singela, e em caráter geral, é possível afirmar que existem muitas espécies de normas que uma autoridade competente pode criar, sendo que as mais comuns envolvem: (i) o estabelecimento de um comando (uma ordem) e de uma consequência associada a seu descumprimento; (ii) o estabelecimento de uma proibição e de uma consequência associada ao seu descumprimento; e (iii) a descrição de uma circunstância e a associação de consequências a essa circunstância.

Assim, por exemplo, a Constituição e a legislação impõem uma série de comandos a grupos diferentes de pessoas: pagar tributos dirige-se a todos; respeitar os direitos trabalhistas dirige-se em especial aos empregadores; não cobrar tributos sem lei que o defina dirige-se à União, Estados, Distrito Federal e Municípios etc. O descumprimento desses comandos enseja uma série de consequências que são detalhadas pela legislação: o tributo não pago poderá ser cobrado coativamente, além de multas; a violação de direitos trabalhistas enseja igualmente sua imposição forçada e a aplicação de sanções; e o tributo cobrado de forma ilegal poderá ter de ser devolvido aos contribuintes.

Também a Constituição e, sobretudo, a legislação proíbem condutas – os tipos penais, por exemplo – e associam penas à violação de tais normas. Por fim, a Constituição prevê circunstâncias e associa a elas consequências variadas. Diante da circunstância "sindicatos", por exemplo, associa-se, por exemplo, a legitimidade dessa entidade para a defesa dos direitos e interesses coletivos ou individuais da categoria, nos termos do art. 8º, III. Diante da circunstância "patrimônio, renda ou serviços de partidos políticos", temos como consequência a imunidade tributária dos impostos, e assim por diante.

Para além dessas espécies normativas gerais (estudadas como regra em teoria do direito), a Constituição traz outros tipos normativos que decorrem de sua natureza específica: eles serão objeto de exame específico quando se tratar das normas constitucionais.

Ao lado dos sistemas romano-germânicos, oriundos sobretudo da Europa continental e incorporados por boa parte dos países latino-americanos, desenvolveu-se também em outras partes do mundo um sistema jurídico diverso, denominado *common law*, originário da tradição inglesa.

Ainda que de forma esquemática, é possível afirmar, acerca do sistema da *common law*, que o direito não é propriamente criado por uma autoridade, mas trazido à tona ou revelado pelos Tribunais, que solucionam os casos a partir do que se considera como o direito praticado pela comunidade (a norma social), a chamada *law of the land*, e não de uma lei positiva editada pelo Legislativo. O Legislativo pode editar normas (*statutory law*) e, nesse caso, o tema deixará de ser disciplinado pela *common law* e passará a ser regulado pela legislação em vigor, que será aplicada então pelos tribunais. O sistema da *common law* prevê, adicionalmente, que uma vez que os Tribunais Superiores tomem uma decisão final sobre determinada situação, a tese por elas definida é considerada um precedente obrigatório que deve ser necessariamente observado pelos demais órgãos do Poder Judiciário.

A classificação dos países em função dessas duas grandes tradições continua útil, mas algumas observações devem ser feitas para que se tenha uma percepção mais atual dos sistemas jurídicos. Em primeiro lugar, assim como países que adotam a matriz de sistemas romano-germânicos exibem diferenças marcantes – como Brasil, Alemanha e França, por exemplo –, o mesmo se passa com países com matriz no sistema de *common law*, como Estados Unidos, Inglaterra e África do Sul. Além disso, já não existem sistemas puros. Países de tradição da *common law* utilizam cada vez mais leis elaboradas pelo Legislativo ou atos normativos do Executivo para regular determinadas matérias (sem o ideal de codificação, que é a marca do *civil law*); ao mesmo tempo, a importância da jurisprudência tem crescido muitíssimo nas últimas décadas nos sistemas romano-germânicos, inclusive com a introdução de figuras similares a dos precedentes, e o Brasil é um exemplo notável desse fenômeno.

Ao longo da seção foram indicadas algumas diferenças entre as tradições, mas duas diferenças são centrais e merecem ser destacadas. Elas envolvem, em primeiro lugar, o papel do Poder Judiciário e, em segundo, os mecanismos que promovem uma disciplina jurídica uniforme, capaz de assegurar que pessoas em situações equivalentes recebam o mesmo tratamento jurídico, ou seja: que elas sejam tratadas de forma isonômica. Na *common law,* as decisões dos tribunais superiores de cada jurisdição definem o direito na forma de precedentes que vinculam os demais órgãos jurisdicionais, e por esse meio a disciplina jurídica de determinado tema é uniformizada. Essa vinculação não é simplista: sempre há a possibilidade de o precedente vir a ser superado no futuro pela corte superior. Além disso, múltiplas técnicas são utilizadas pelas cortes para identificar qual seria o precedente aplicável ao caso a ser decidido, dentre vários eventualmente existentes, e mesmo para concluir que não há precedente algum sobre a matéria, de modo que o juiz poderá decidir induzindo uma regra para o caso concreto a partir de princípios mais gerais que regem as relações sociais.

Já nos sistemas romano-germânicos, é a lei em sentido amplo que, em princípio, garante um tratamento isonômico a todas as pessoas, cabendo ao Judiciário interpretar e aplicar a lei. Em tese, diante de fatos similares, todos os órgãos judiciários interpretariam e aplicariam a lei chegando a uma mesma conclusão, de modo que a uniformização da disciplina decorreria naturalmente da lei. A verdade, porém, é que a realidade, inclusive normativa, tornou-se muito mais complexa do que se imaginou no passado.

De um lado, as leis se multiplicaram enormemente nas últimas décadas e em muitos campos se tornaram menos específicas, valendo-se de conceitos jurídicos abstratos e princípios gerais para acompanhar a velocidade das mudanças sociais. De outra parte, a realidade é cada vez mais complexa e multifacetada, de modo que questões talvez imprevistas pelo Legislador podem se apresentar no momento da interpretação e aplicação das normas. Além disso, as sociedades, e dentro delas os juízes, são cada vez mais plurais, com diferentes visões de mundo que, sem surpresa, consideram relevantes aspectos diferentes da realidade e atribuem sentidos diversos aos conceitos jurídicos abstratos e princípios gerais contidos nas previsões legislativas. Não é difícil imaginar que boa-fé, função social do contrato, dignidade humana e liberdade, por exemplo, não são noções que significam a mesma coisa para todas as pessoas em uma sociedade plural como a contemporânea[8].

A consequência desse quadro é que, cada vez com maior frequência, os órgãos judiciários nos sistemas romano-germânicos chegam a conclusões diversas (usando os diferentes sentidos que o significado dos conceitos e princípios permite alcançar), apesar de estarem tratando de fatos similares e aplicando o mesmo sistema legislativo. De modo que essa variedade de decisões, além de pode ser acusada de não assegurar tratamento isonômico às pessoas se a justificativa não for aceitável, pode tornar difícil saber qual é, afinal, a disciplina jurídica de determinado tema no País antes de os tribunais superiores se manifestarem sobre a questão. Como lidar com esse problema?

Diante das limitações da lei em garantir um tratamento isonômico às pessoas nas sociedades contemporâneas, essa função, mesmo nos sistemas romano-germânicos, acaba por ser complementada, ou desempenhada, pela jurisprudência dos órgãos de última instância do

---

8   Luiz Guilherme Marinoni. *Precedentes obrigatórios,* 2011; e Patrícia Perrone Campos Mello. *Precedentes*: o desenvolvimento judicial do direito no constitucionalismo contemporâneo, 2008.

Poder Judiciário. São eles que, afinal, vão dizer a quem tem o poder de decidir (os agentes que agem em seu nome) o que a legislação significa nas diferentes circunstâncias. Ou, em outras palavras, é a jurisprudência que vai definir como efetivamente o direito (positivo) vigente no país acerca dos diferentes temas deve ser interpretado nos diferentes contextos.

Todo estudante do direito descobrirá rapidamente que tão importante quanto saber o conteúdo da Constituição e das leis será conhecer a interpretação que lhe dá a jurisprudência dos Tribunais Superiores do País: Supremo Tribunal Federal, Superior Tribunal de Justiça, Tribunal Superior do Trabalho, Tribunal Superior Eleitoral e Superior Tribunal Militar. É fácil perceber que se a jurisprudência desses Tribunais é instável, mudando frequentemente, ou não é respeitada pelos membros dos próprios Tribunais, haverá problemas graves. Em primeiro lugar, problemas para a segurança jurídica no país; em segundo lugar, para a isonomia – isto é: para a aplicação das mesmas normas a pessoas e situações equiparáveis; e, por fim, para o próprio papel do direito, em sua função de guiar a conduta das pessoas, já que não será possível saber qual é, afinal, o direito vigente.

Mais adiante se vai discutir quais os efeitos das decisões desses Tribunais Superiores, sobretudo do Supremo Tribunal Federal, sobre os demais órgãos do Poder Judiciário brasileiro. Por enquanto, basta registrar que nos últimos anos se observa uma crescente tendência – levada a cabo por meio de alterações da própria Constituição e pela edição de legislação tratando do tema – de atribuir efeitos vinculantes ou quase vinculantes a tais decisões, particularmente, mas não exclusivamente, quando proferidas pelo Supremo Tribunal Federal. A aproximação progressiva com a figura do precedente originária dos sistemas de *common law* é evidente[9].

Feita a nota sobre as duas grandes tradições e os sistemas jurídicos que derivam delas, suas distinções e aproximações, cabe prosseguir. Vale o registro de que os temas, a partir deste momento, serão novamente tratados sob a perspectiva do sistema jurídico brasileiro que, como se viu, continua a caracterizar-se como um sistema de matriz romano-germânico, no qual, entretanto, a jurisprudência tem se tornado cada vez mais importante.

1.1.4 Direito, Estado, indivíduo, sociedade e o fenômeno constitucional: Direito e direitos

A expressão *direito* foi utilizada nos parágrafos anteriores como sinônimo de normas jurídicas. A verdade, porém, é que a palavra *direito* é utilizada para designar fenômenos variados, e é importante, ao menos, identificá-los. Em uma primeira grande divisão, a expressão *direito* pode ser utilizada em um sentido descritivo ou prescritivo/normativo. A utilização no sentido descritivo designa as normas jurídicas existentes sobre um assunto em determinado Estado. É possível, claro, que um assunto seja objeto de normas jurídicas específicas em determinados lugares e não em outros. Assim, por exemplo, o Brasil disciplina o direito à licença-maternidade (Constituição, art. 7º, XVIII), ao passo que em outros países a figura não existe.

Ainda no campo da utilização da expressão *direito* em um sentido descritivo, há uma outra distinção possível. Em rigor, o sentido e o alcance que as normas jurídicas previstas na Constituição e na legislação (mais especificamente, os enunciados normativos contidos nesses documentos) realmente têm depende de sua interação com os fatos sobre os quais elas irão incidir e da interpretação que os intérpretes e aplicadores das normas lhes atribuam. Assim, é comum a distinção (especialmente em sistemas romano-germânicos) entre as expressões *direito positivo*, designando, sobretudo, os textos legais escritos, e *direito objetivo*, que procura

---

9 Luiz Guilherme Marinoni. Aproximação crítica entre as jurisdições de *civil law* e de *common law* e a necessidade de respeito aos precedentes no Brasil. *Revista Brasileira de Direito Processual*, Belo Horizonte, v. 17, n. 68, out. 2009.

Cap. 1 – CONCEITOS PRELIMINARES **9**

descrever o sentido e o alcance que esses textos têm na dinâmica de sua aplicação. O conjunto de disposições que tratam do direito de família, por exemplo, é o direito positivo, mas o modo como ele é realmente interpretado e aplicado pelos Tribunais descreve o direito objetivo. Um exemplo pontual esclarece a distinção.

A Constituição de 1988 prevê em seu art. 5º, LXIII, que o preso deve ser informado a respeito seus direitos, entre os quais, o de permanecer calado. Pois bem. Nos anos que se seguiram à promulgação da Constituição de 1988, tornou-se frequente que Comissões Parlamentares de Inquérito (no âmbito da Câmara dos Deputados, do Senado Federal e do Congresso Nacional) convocassem pessoas para depor e determinassem sua prisão por desacato na hipótese de preferirem não responder a determinada pergunta.

A questão foi várias vezes levada ao Supremo Tribunal Federal, que concluiu que o art. 5º, LXIII, da Constituição garantia também a esses indivíduos convocados pelas CPIs o direito ao silêncio (embora, note-se, eles não fossem presos nem acusados tecnicamente)[10]. Nesse cenário, não é incomum que a previsão constante do texto constitucional seja descrita como o direito objetivo, ao passo que o sentido atribuído a ela seja identificado como o direito objetivo. Essa distinção também é refletida pelo uso diferenciado das expressões *enunciado normativo* e *norma*, como se verá no tópico seguinte. Mas há, ainda, outras utilizações da expressão *direito* que merecem registro.

Na fronteira entre os planos descritivo e prescritivo, a expressão *direito* é utilizada, também, para identificar outra face do mesmo fenômeno, comumente denominado *direito subjetivo*: a pretensão de alguém que, invocando o direito positivo ou objetivo, sustenta fazer jus a algum tipo de proteção ou direito a ser tutelado pelo Estado. Trata-se, na realidade, do impacto, na esfera individual, daquilo que o direito positivo ou objetivo preveem: uma vez que o direito positivo ou objetivo assegurem determinado direito e associem à violação dele determinada consequência, a incidência dessa previsão na vida real de um indivíduo lhe atribui a possibilidade de exigir do aparato estatal que a tal consequência seja, afinal, observada.

Assim, mantendo-se o exemplo anterior, imagine-se a primeira vez em que uma CPI determinou a prisão de alguém que havia sido convocado para depor por haver ficado em silêncio. Tudo que havia até aquele momento era o direito positivo: o texto da Constituição. Nada obstante, o indivíduo questionou o ato perante o STF, alegando que o dispositivo constitucional referido lhe asseguraria também o direito ao silêncio – que não poderia ser qualificado como crime pela CPI –, de modo que sua prisão, no caso, era inválida. Tratava-se, como é fácil perceber, de uma interpretação a partir do texto, que foi, afinal, acolhida pelo STF: a Corte reconheceu que de fato o indivíduo era titular de um direito subjetivo ao silêncio, no caso, e determinou que ele fosse solto, já que a prisão determinada pela CPI era inválida.

Note-se que o direito subjetivo se encontra, com alguma frequência, na fronteira entre uma dimensão descritiva e outra prescritiva/normativa, como antes referido. E isso porque, por vezes, a pretensão apresentada ao Judiciário como um direito subjetivo não decorre de forma imediata da literalidade do texto normativo e nem está já consolidada na jurisprudência, formando o direito positivo. Eventualmente, ela poderá ser rejeitada pelo Judiciário; em outras oportunidades, porém, ela poderá ser acolhida e atribuir um novo sentido ao direito objetivo, a partir da interpretação do direito positivo. O ponto que se quer destacar aqui é que, para além da elaboração formal das leis e atos normativos, há um elemento dinâmico na construção do

---

[10] STF, HC 100.200, Rel. Min. Joaquim Barbosa, j. 08.04.2010, *DJE* 27.08.2010: "É jurisprudência pacífica desta Corte a possibilidade de o investigado, convocado para depor perante CPI, permanecer em silêncio, evitando-se a autoincriminação, além de ter assegurado o direito de ser assistido por advogado e de comunicar-se com este durante a sua inquirição."

direito objetivo e dos direitos subjetivos por conta da interpretação e aplicação dos enunciados normativos às mais diferentes circunstâncias que se apresentem. A esse ponto se voltará adiante.

Um último sentido no qual a expressão *direito* é utilizada é puramente prescritivo ou normativo. Até aqui, as referências feitas a normas, sejam a normas jurídicas em particular ou ao direito de forma mais ampla, não se ocuparam, em qualquer medida, de qual o conteúdo dessas normas. Nada obstante, o debate acerca do conteúdo das normas jurídicas é da maior importância. Pode o direito veicular qualquer espécie de conteúdo? E, se o fizer, ainda assim será considerado *direito*? Uma norma – editada por quem se considere autoridade competente – que consagre a escravidão de determinados grupos humanos poderá ainda ser descrita como *direito*?

Como é fácil perceber, a expressão *direito* no contexto apresentado pretende comunicar muito mais do que apenas a descrição feita até agora, a saber: uma norma jurídica, assim compreendida como as normas às quais o Estado associa consequências que podem ser exigidas de forma coativa se necessário, por meio do recurso ao aparato estatal. A expressão, agora, indica determinada *qualidade* do conteúdo das normas jurídicas, qualidade essa vinculada às ideias de justiça e de moralidade. Nesse sentido, para que se reconheça algo como *direito*, não basta esse conceito formal. Exigem-se, também, determinadas qualidades mínimas de justiça e moralidade quanto ao seu conteúdo. Não é o caso de discorrer aqui sobre o tema de forma detalhada, mas alguns registros, mesmo que breves, serão úteis para a compreensão de temas extremamente centrais para o direito constitucional contemporâneo.

Esse sentido da expressão *direito* está subjacente às discussões milenares acerca da legitimidade e da justiça das normas jurídicas em geral[11], de um lado, e da possibilidade de o indivíduo resistir e/ou desobedecer à lei (no sentido de norma jurídica ou direito reconhecido) ilegítima ou injusta[12]. A primeira questão trata da distinção entre legalidade e legitimidade – isto é: nem tudo que é legal é, por isso, justo – e da complexa questão filosófica que é definir que parâmetros devem ser adotados para apurar ou definir a legitimidade e a justiça das normas. Assim, por exemplo, será legítima/justa toda e qualquer norma, uma vez observado determinado procedimento para sua elaboração? Ou a legitimidade decorrerá de um exame do conteúdo da norma? Mas, nesse último caso, que critérios de avaliação do conteúdo das normas devem ser utilizados e, igualmente importante, quem pode defini-los? Como se verá, boa parte dos Estados contemporâneos tentou lidar com essas questões por meio da adoção de Constituições que estabelecem limites à elaboração das normas: limites esses que envolvem tanto seu conteúdo quanto seu processo de elaboração.

O segundo aspecto da discussão envolve as possibilidades de reação dos indivíduos diante da chamada lei injusta. Embora os Estados, em geral, não reconheçam os direitos de resistência e de desobediência civil, o que parece natural, o tema é tradicionalmente discutido no direito internacional, na filosofia e na ciência política. Como também se vai observar na sequência, o controle de constitucionalidade das leis acabou por absorver, na dinâmica da relação entre Estado e indivíduo, esses temas, em muitos lugares do mundo: uma vez que as Constituições passaram a incorporar normas que exigem padrões de justiça e razoabilidade da ação estatal como um todo, o controle de constitucionalidade dos atos do Poder Público acaba por institucionalizar a possibilidade de resistência ao direito injusto. Mas o que é, afinal, uma Constituição? É do que se passa a tratar agora.

---

[11] Antônio Carlos Wolkmer. Legitimidade e legalidade: uma distinção necessária. *Revista de Informação Legislativa*, n. 124. Brasília, 1994, p. 180.

[12] José Carlos Buzanello. *O direito de resistência constitucional*, 2003.

1.2 CONSTITUCIONALISMO: UMA NOTA

No século XXI, é comum que a expressão *Constituição* invoque imediatamente a ideia de um documento escrito que se ocupa de prever e garantir direitos aos indivíduos e organizar o Estado, elaborado pelo chamado poder constituinte, em momentos extraordinários da vida de uma sociedade. A noção de que as normas previstas nesse documento são superiores às demais é, hoje, amplamente compartilhada em vários lugares do mundo.

Na realidade, a percepção – moral, religiosa ou filosófica de forma ampla – de que existem normas superiores a outras, que devem estabelecer limites à ação dos governantes – essência do conteúdo original do constitucionalismo – é antiga e remonta, no mínimo, aos registros bíblicos do Antigo Testamento e à Grécia antiga. A legislação mosaica era considerada superior a eventuais normas expedidas pelos monarcas ou chefes tribais do momento, ainda que o único mecanismo de controle disponível fosse, em geral, as pregações dos profetas contra a conduta ilícita dos líderes.

Também na Grécia Antiga já havia a ideia de que determinadas normas eram mais importantes e superiores (em geral, por razões religiosas) do que as decisões contingentes dos líderes. A história de Antígona ilustra o ponto: Antígona descumpre a ordem real que proíbe que seu irmão seja enterrado e tenha as honras fúnebres próprias para observar uma norma que considera superior e que impõe o respeito aos mortos. A rigor, séculos depois, todas as revoluções liberais partiam da premissa de direitos inatos, naturais, seja por razões religiosas ou por fundamentos racionais, anteriores à ordem vigente e superiores a ela.

Essa percepção de que há normas que, por seu conteúdo, são superiores a outras e, particularmente, à vontade do governante está por trás da ideia de Constituição e do constitucionalismo que vai se desenvolver a partir de meados da Idade Média, com os documentos (cartas, forais, pactos) celebrados entre reis e grupos de nobres, estabelecendo limites à atuação dos monarcas, e culminar nas revoluções liberais dos séculos seguintes, com a elaboração de Constituições propriamente ditas.

A Magna Carta, firmada entre o Rei João e barões ingleses em 1215, é um exemplo desse fenômeno. Provavelmente, a cláusula mais conhecida da Magna Carta é a que dispõe que "Nenhum homem livre será preso, aprisionado ou privado de uma propriedade, ou tornado fora da lei, ou exilado, ou de maneira alguma destruído, nem agiremos contra ele ou mandaremos alguém contra ele, a não ser por julgamento legal dos seus pares, ou pela lei da terra". Nada obstante, talvez mais importante para a época tenha sido outra previsão, que organizava um comitê de 25 barões com poderes para reformar qualquer decisão real, a chamada "cláusula de segurança" (Cláusula 61). Vale registrar que o Rei João repudiou o documento logo que os barões deixaram Londres, desencadeando uma guerra civil no país. Com a morte do Rei, porém, a Magna Carta foi confirmada por seu filho e reafirmada sucessivamente em 1217 e 1225.

A Magna Carta não é, naturalmente, o único exemplo dessa espécie de documento ou acordo. Em muitos momentos, ao longo do período, negociações similares tiveram lugar na Europa entre monarcas e a nobreza da região. Temas importantes nessa disputa envolviam, além de garantias de liberdade, a necessidade de acordo em torno de decisões como aumento de tributos e guerras.

É interessante observar que, tradicionalmente, esses limites impostos à monarquia se relacionavam com a superioridade ontológica de seu conteúdo, por razões morais, religiosas ou tradicionais: por exemplo, a exigência de respeito a garantias básicas do devido processo legal para que alguém fosse condenado. Simultaneamente, porém, apresenta-se também a necessidade de que o rei submetesse determinadas decisões à deliberação prévia de um colegiado ou a possibilidade, como na Magna Carta, de um colegiado reformar decisões reais, que no mais das vezes contava, igualmente, com razões históricas. Assim, embora o critério material seja fundamental do ponto de vista histórico, ou seja: determinadas normas sejam superiores por sua importância e valor intrínseco, aos poucos, os critérios formais (a saber: quem decide ou quem tem a palavra final em determinado assunto) vão também ganhando certa relevância e influenciando o percurso do constitucionalismo.

Sem prejuízo desses antecedentes históricos, considera-se como o nascimento do constitucionalismo moderno o período das chamadas revoluções liberais, que têm seu marco inicial com a Revolução Gloriosa inglesa de 1688, por força da qual se impuseram limites permanentes à monarquia, se consolidou o parlamentarismo na Inglaterra e se asseguraram garantias aos parlamentares e proteção a direitos individuais por meio da *Bill of Rights*. Na tradição inglesa, vale lembrar, é o parlamento o principal agente de controle contra abusos da monarquia e o defensor dos direitos individuais, e não o Judiciário.

A revolução norte-americana, na realidade um movimento de independência, consolidou-se pela elaboração de uma Constituição em 1787 que, diferentemente do que se passou na Inglaterra, rejeitou a monarquia, criando uma república por força da qual, como se sabe, os governantes são eleitos para mandatos por períodos determinados e, diferentemente da monarquia, têm responsabilidade política por seus atos. Além disso, no esforço de limitar o poder político e dar-lhe mais eficiência, adotou-se uma separação rígida de poderes sob a forma do presidencialismo pela primeira vez. E, por fim, como se sabe, organizou-se também de forma original um Estado federal.

Em 1791, foram aprovadas as primeiras dez emendas à Constituição norte-americana, identificadas como *Bill of Rights*, prevendo uma série de direitos individuais clássicos. Também diferentemente do modelo inglês, a nova Constituição elaborada seria dotada de superioridade hierárquica e em 1803, no caso Marbury *vs*. Madison, a Suprema Corte afirmaria o Poder do Judiciário de levar a cabo o controle de constitucionalidade de leis e atos do Poder Público.

Apesar da precedência inglesa e norte-americana, a Revolução Francesa de 1789 acabou se transformando no símbolo máximo das revoluções liberais e do constitucionalismo em seu esforço de extinguir o absolutismo e garantir, sobretudo, a primazia da legalidade e da igualdade formal (a despeito do conhecido lema incluir também a fraternidade). Diferentemente da experiência norte-americana, a França, embora tenha tido um curto período republicano, adotou o modelo das monarquias constitucionais, em versões diversas, por meio de várias Constituições, isto é: monarquias limitadas pela Constituição e pelo parlamento. Na concepção francesa, e como se discutiu na parte sobre controle de constitucionalidade, não cabia ao Judiciário um papel específico nesse controle, sendo vedada inclusive a possibilidade de juízes declararem a invalidade de leis.

Documento fundamental da história constitucional francesa e do constitucionalismo em geral é a Declaração de Direitos do Homem e do Cidadão de 1789, considerada até hoje parte integrante do bloco de constitucionalidade na França. Além de garantir os direitos e liberdades clássicos em face do Estado, a Declaração faz algumas assertivas que se tornaram tradicionais para o constitucionalismo. O art. 3º prevê "O princípio de toda a soberania reside, essencialmente, na nação. Nenhuma operação e nenhum indivíduo pode exercer autoridade que dela não emane expressamente". A referência é à ideia do poder constituinte originário que, àquela altura, foi identificado com a nação.

Embora o entendimento democrático hoje seja o de que o titular do poder constituinte originário é o povo, e não uma ideia difusa de nação, a distinção entre poder constituinte e poder constituído é registrada de forma clara nesse dispositivo. Essa noção é complementada pelos arts. 12 e 15, que dispõem, respectivamente: "A garantia dos direitos do homem e do cidadão necessita de uma força pública. Esta força é, pois, instituída para fruição por todos, e não para utilidade particular daqueles a quem é confiada" e "A sociedade tem o direito de pedir contas a todo agente público pela sua administração".

Também o art. 16 tornou-se bastante tradicional ao prever: "A sociedade em que não esteja assegurada a garantia dos direitos nem estabelecida a separação dos poderes não tem Constituição". Trata-se da identificação dos conteúdos que se consideram materialmente constitucionais e dos propósitos centrais da Constituição: organizar e limitar a ação estatal tanto pela previsão da separação dos Poderes quanto por força da garantia de direitos. Ao longo do tempo, outros propósitos foram sendo agregados ao texto constitucional, sem, porém, que os primeiros tenham perdido sua centralidade.

Ao longo do século XIX, novos movimentos de revoluções liberais tiveram lugar na Europa, em geral agrupados, para fins didáticos, em três grandes momentos: 1820, 1830 e 1848. Em Portugal, a chamada Revolução Liberal do Porto, em 1820, teve repercussões importantes para o Brasil. Em todos esses movimentos, a adoção de Constituições foi um dos mecanismos utilizados para promover a limitação do poder das monarquias e a garantia de direitos.

Os movimentos socialistas e comunistas do fim do século XIX e início do século XX, apesar da crítica ao direito como elemento de dominação integrante da superestrutura, não deixaram, por isso, de valer-se de Constituições. É a partir desse momento, inclusive, que direitos trabalhistas e sociais são incorporados em diversas Constituições – como a Constituição Mexicana de 1917 e a Constituição de Weimar de 1919 –, assim como disposições sobre a regulação da ordem econômica e da ordem social. Mesmo os Estados que adotaram sistemas integralmente socialistas ou comunistas editaram também suas Constituições, refletindo nelas, em alguma medida, essa opção ideológica.

O constitucionalismo prosseguiu em suas experiências ao longo do século XX, particularmente no contexto dos movimentos de descolonização nos continentes africano e asiático: os países agora independentes procuram elaborar Constituições para refundar o Estado que pretendem organizar. Na mesma linha, os países do Leste Europeu, após o fim da União Soviética, procuraram recriar seus Estados por meio de Constituições. Isso foi feito por países que abandonavam períodos de ditadura, como aconteceu na América Latina e na Península Ibérica.

A adoção de Constituições têm sido, ao longo dos últimos séculos, uma prática amplamente adotada e na qual os povos depositam grandes esperanças. Feito esse breve registro sobre o constitucionalismo, cabe agora examinar esse documento, afinal, e seus sentidos e possibilidades: a Constituição.

1.3 CONSTITUIÇÃO E CLASSIFICAÇÕES

O que é, afinal, uma Constituição? Como qualquer fenômeno, e ainda mais humano, é possível observá-la sob múltiplas perspectivas e seu conjunto. As críticas que lhe são mais comumente dirigidas fornecem uma melhor compreensão do que é a Constituição.

Uma primeira perspectiva, com a qual os operadores do Direito estão naturalmente familiarizados, é a perspectiva jurídica pura. A Constituição é, assim, uma norma jurídica e, para a maior parte dos sistemas, norma jurídica dotada de superioridade hierárquica em relação às demais. Para Hans Kelsen, a Constituição define quem elabora as normas e como elas vão ser elaboradas, constituindo, assim, o ponto de partida e de validade de todo o sistema jurídico. Como se verá adiante, ao longo do tempo o significado de ser "norma jurídica" e as consequências dessa premissa em relação à Constituição variaram consideravelmente.

Uma crítica à concepção jurídica da Constituição é sua natureza puramente formal, sobretudo na concepção de Kelsen, muitas vezes identificada como positivismo jurídico. Ao afirmar que a Constituição é a norma superior que cria as normas e define como elas podem ser elaboradas do ponto de vista procedimental – por exemplo: as espécies legislativas e suas competências, bem como o processo legislativo –, o conceito nada diz acerca do conteúdo dessas normas, nem lhes impõe qualquer limite em particular. Assim, por exemplo, uma norma elaborada pela autoridade competente e de acordo com o procedimento previsto constitucionalmente poderia, a rigor, ter qualquer conteúdo, inclusive os mais bárbaros possíveis, como a história comprovou.

O fim da Segunda Guerra Mundial apresentou à humanidade um prato de difícil digestão: a banalidade e a proximidade do mal[13], cuja ingestão produziu efeitos variados nas diferentes áreas do conhecimento humano. No direito em geral, e no constitucional em particular, esses eventos representaram o ápice do processo de superação do positivismo jurídico, que havia se tornado dominante nas primeiras décadas do século, e o retorno à ideia de valores[14]. O reflexo mais visível desses efeitos nas Constituições, novas ou reformadas, foi a introdução, nos textos, de cláusulas juridicamente obrigatórias para toda e qualquer maioria de plantão, veiculando de forma expressa a decisão política do constituinte (i) por determinados valores fundamentais orientadores da organização política e (ii), em maior ou menor extensão, por certos limites, formas e objetivos dirigidos à atuação política do novo Estado, com a finalidade de promover a realização desses valores.

No contexto da crítica a essa concepção positivista, uma segunda perspectiva acerca da Constituição se apresenta, de natureza filosófica ou material, que identifica como Constituição determinados conteúdos específicos, considerados valiosos. Isto é: para além do caráter puramente formal do texto constitucional, essa concepção sustenta que, para que se possa falar de Constituição, é indispensável que esteja presente um conteúdo ético-moral mínimo. Nesse caso, fala-se de três elementos mínimos constitucionais: direitos fundamentais, separação de Poderes e organização/limitação do exercício do poder político. Isto é: se algo que se denomina Constituição não tem esses conteúdos, será outra coisa, mas não Constituição.

É possível cogitar uma crítica a esse conceito filosófico/material da Constituição considerando os contornos específicos de cada um desses três elementos, por exemplo, e a dificuldade de se estabelecer consenso acerca deles, sobretudo em sociedades plurais como as contemporâneas. Assim, afirmar em tese que a garantia de direitos fundamentais e a separação de Poderes são conteúdos constitucionais mínimos e obrigatórios pode não encontrar maior oposição no ocidente, por exemplo, mas no momento de detalhar que direitos específicos e que modelo de separação de Poderes serão definidos, as divergências naturalmente surgirão.

Outras perspectivas terão uma visão bastante crítica, tanto da concepção jurídica, quanto da concepção filosófico/material da Constituição, a partir de uma perspectiva sociológica e, portanto, descritiva. A primeira delas vai ponderar que a Constituição, documento escrito, é, na realidade, apenas uma folha de papel (a expressão é de Ferdinand Lassalle, um ativista e teórico alemão do século XIX, em seu livro *O que é a Constituição?*). As relações de poder reais existentes na sociedade é que definem, a rigor, o que de fato acontece ou não – que direitos são garantidos e como o poder é exercido –, de modo que a Constituição-documento, se não é informada por essa realidade ou não a reflete, será apenas uma folha de papel sem eficácia na prática. Ou seja: haveria aqui uma distinção entre uma espécie de Constituição real – as relações de poder existentes que determinam o que efetivamente acontece – e a Constituição--documento, folha de papel.

Alguns exemplos ilustram a distinção que essa perspectiva traz à tona. Várias Constituições pelo mundo afora – inclusive a brasileira de 1824 – garantiam a igualdade, mas conviviam com a escravidão; garantiam a liberdade de expressão, mas a censura era rotineira; asseguravam uma série de garantias penais e de integridade física, ao mesmo tempo em que a tortura era praticada como rotina. A desconexão entre a Constituição real e o documento aparece bastante evidente nesses casos. Essa concepção sociológica, independente da adesão a ela, pontua uma crítica

---

[13] Hannah Arendt. *Eichmann em Jerusalém* – Um relato sobre a banalidade do mal, 1999.

[14] Carlos Santiago Nino. *Etica y derechos humanos*. 2. ed. 1989.

importante acerca da idealização em torno da Constituição, como se ela fosse um instrumento que, por sua simples existência, poderia tudo e seria capaz de transformar magicamente as relações existentes na sociedade.

Outra perspectiva acerca da Constituição, também de natureza sociológica, pode ser identificada como uma concepção predominantemente política. O autor mais comumente identificado com essa visão é Carl Schmitt (1888-1985). Para essa perspectiva, a substância da Constituição não são as normas constantes de um documento, mas as decisões políticas tomadas pelo governo dos países em cada momento histórico. Nesse sentido, a Constituição seria também um pedaço de papel que, caso não fosse compatível com as aspirações do poder político e do grupo que controle o poder, seria alterada por ele.

A Constituição, portanto, seria um dado essencialmente político: quem está no poder é que tomará as decisões acerca do que é a Constituição realmente. Nesse sentido, a Constituição não é aquilo que está no papel: ela é um conjunto das decisões do poder político tomadas no presente, e não no passado. Vale o registro de que Carl Schmitt enfatizava o papel do Poder Executivo nesse contexto e na decisão dos conflitos políticos existentes, em oposição à visão de Hans Kelsen, que propunha que deveria caber a um outro órgão – a Corte Constitucional – a solução dessas tensões.

Cada uma dessas concepções deve ser compreendida no contexto histórico em que seus autores a desenvolveram, por natural, mas elas destacam aspectos da realidade que continuam importantes. Lassalle, como referido, viveu na frustração do pós-revoluções liberais, período em que as grandes promessas revolucionárias se mostraram frustradas para boa parte da população e as críticas marxistas ao direito proliferavam. A visão de Carl Schmitt se insere no período de certo caos social sob a Constituição de Weimar na Alemanha e de crescimento do nazismo. Ambos apontam, de todo modo, para os limites da Constituição na sua capacidade de transformar as realidades sociais e lidar com momentos de crise política.

Outra concepção da Constituição que vale mencionar, por fim, foi a defendida por outro jurista alemão, Konrad Hesse, que foi, de 1975 a 1987, juiz do Tribunal Constitucional Alemão. Em famoso texto, cujo título é *A força normativa da Constituição*, Hesse incorpora as críticas sociológicas antes mencionadas e reconhece os limites da Constituição, destacando que, nada obstante, ela tem também potencialidades de promover transformações. Assim, embora de fato haja um condicionamento recíproco entre a realidade e a Constituição, esta tem alguma capacidade de produzir efeitos e alterar o mundo real. Trata-se, portanto, de uma concepção normativa, mas que incorpora a complexidade das relações nas quais a Constituição está inevitavelmente inserida.

Até porque, e esse é um ponto importante, uma norma sempre descreve um dever ser, além de atuar no campo da liberdade humana. Se jamais um ser humano houvesse matado outro, provavelmente a norma que veda o homicídio não seria necessária. Na mesma linha, não há necessidade de norma para prever aquilo que não pode ser diferente do que é. A Constituição, portanto, não descreve a realidade como é, mas como ela deve ser. A verdade, porém, é que o simples texto da Constituição não é capaz, por si, de alterar a realidade: uma série de outros atos e decisões terão de ser tomados para esse fim. Por outro lado, existe um limite máximo entre esse dever ser e o ser que, se ultrapassado, pode transformar a Constituição em uma peça sem capacidade de se comunicar com o mundo real. Algumas classificações das Constituições, discutidas na sequência, vão tentar captar essas distinções.

As diferentes concepções acerca da Constituição mencionadas anteriormente, às vezes de forma um tanto radical e unilateral, procuram dar ênfase a um aspecto da realidade constitucional: cada autor olha o mundo e destaca o que, em sua própria visão, é mais importante. A concepção que destaca a força normativa da Constituição tem sido amplamente adotada no ambiente jurídico brasileiro nas últimas décadas, mas isso não significa que as outras visões não sejam úteis, justamente por enfatizar aspectos relevantes das relações que a Constituição trava, necessariamente, com múltiplos contextos que a envolvem e que não devem ser ignorados.

Apresentadas algumas das principais concepções acerca da Constituição, cabe agora sistematizar as classificações mais comumente utilizadas acerca das Constituições. Cada uma delas adota parâmetros diferentes de classificação, de modo que serão apresentadas em uma sequência embora tenham entre si certa autonomia.

A primeira classificação é proposta por Karl Lowenstein e procura descrever as Constituições em função de sua relação normativa com a realidade. Para isso, o autor identifica três grandes categorias: as Constituições normativas, semânticas ou nominais. Antes de expor essa classificação, porém, é fundamental aprofundar a noção de Constituição como norma, na linha do que se anunciou anteriormente.

Nos primeiros tópicos deste capítulo discutiu-se brevemente a noção de norma jurídica e sua vinculação, de forma simples, com a ideia de sanção ou de algum tipo de consequência capaz de garantir o que seus comandos preveem, caso o destinatário do dever descrito na norma não o observe voluntariamente. Ao longo dos séculos XVIII, XIX e de boa parte do século XX, porém, a afirmação de que a Constituição era uma norma jurídica não atraía a assertiva que se acaba de fazer acerca das normas jurídicas em geral. A Constituição até poderia ser descrita como uma norma, mas não funcionava como uma norma: com raras exceções – como no caso do *habeas corpus* que tutelava a violação à liberdade de ir e vir – não havia qualquer meio capaz de impor a observância das normas constitucionais caso descumpridas por seus destinatários, que eram, inicialmente, apenas o próprio Estado, em particular o Legislativo e o Executivo.

Essa questão será discutida com mais detalhes adiante, quando se tratar das características particulares das normas constitucionais, mas vale desde logo esse registro de que as Constituições elaboradas ao longo do século XIX e durante boa parte do século XX – no Brasil, até 1988 – eram consideradas documentos de conteúdo sobretudo político, cujos destinatários eram o Executivo e o Legislativo basicamente, cabendo a esses órgãos desenvolver (ou não) as disposições constitucionais como lhes parecesse melhor.

Ou seja: a Constituição era descrita como norma, mas suas disposições não tinham conteúdo normativo no sentido técnico da expressão; não serviam de fundamento para o Poder Judiciário tomar decisões e impor condutas ao Estado, ao menos não como regra geral. Interessantemente, com a incorporação de direitos trabalhistas a muitas Constituições, esses dispositivos – cujos destinatários eram empregadores, agentes privados portanto, e não o Estado – passaram a ter conteúdo normativo e a serem exigidos judicialmente. O mesmo, porém, não valia para o restante do conteúdo constitucional.

É importante destacar que a questão do conteúdo normativo da Constituição se mescla com duas outras da maior sensibilidade: o debate sobre *quem* faria essa espécie de controle e o estabelecimento dos limites desse controle à luz das competências do Executivo e do Legislativo de fazer escolhas, no âmbito do pluralismo político, sobre temas acerca dos quais a Constituição trata. Dito de outro modo, quem teria competência para impor ao Executivo e ao Judiciário o cumprimento de normas constitucionais e a quem caberia definir o que a Constituição afinal exige e o que cabe ao Executivo e ao Legislativo decidir?

Os Estados Unidos fizeram, ainda no início do século XIX, a opção de atribuir esse Poder ao Judiciário, por meio do sistema difuso e incidental de controle de constitucionalidade. Por razões históricas e políticas próprias, essa não foi a opção da Europa continental, que apenas no início do século XX decidiu criar órgãos específicos – os Tribunais constitucionais – para lidar com o controle de constitucionalidade de leis e atos do Poder Público. A questão será examinada na parte de controle de constitucionalidade.

Na realidade brasileira, o debate teórico em torno da efetiva normatividade da Constituição surge no final da década de 1960 e início da década de 1970 e encontra desenvolvimento e aplicação efetiva com a Constituição de 1988. Até então, o centro do sistema jurídico brasileiro era, sobretudo, o Código Civil. Hoje, é adequado afirmar, no Brasil, que a Constituição é norma jurídica não apenas do ponto de vista retórico, mas com normatividade própria, além de ser dotada de superioridade hierárquica, repercutindo sobre a validade e a interpretação das demais normas existentes no sistema.

Isso não significa, como se verá, que a construção da normatividade da Constituição seja simples, ou que os limites entre o que é constitucional e o que é político estejam sempre claramente definidos, ou que o Poder Judiciário tenha a capacidade – real – de assegurar o cumprimento das normas constitucionais no mundo dos fatos por força apenas de suas decisões. Trata-se de uma construção em andamento: ao ponto se retornará várias vezes ao longo deste curso.

Feito esse registro, cabe agora examinar a **classificação das Constituições proposta por Lowestein,** que as organiza em três categorias, como referido: as **Constituições normativas, semânticas e nominais**. As Constituições normativas são aquelas em que existe uma conexão entre o que a Constituição prevê e o que acontece realmente. Não há 100% de cumprimento – que dificilmente se verifica, de qualquer modo – mas há uma certa coerência entre a norma e o mundo real.

Um exemplo possível na realidade brasileira envolve provavelmente a proteção da liberdade de expressão e de imprensa. A Constituição a assegura e, embora haja violações, há um regime razoável de liberdade vigente. Essa é a ideia da constituição normativa: ela está sendo razoavelmente observada de forma geral. O autor usa a metáfora das roupas e dos corpos que elas vestem: a Constituição normativa é a roupa que veste o número do corpo.

As Constituições nominais, por seu turno, são aquelas que estabelecem metas mais ambiciosas do que a observação da realidade, pretendendo, com isso, conduzir a sociedade na realização efetiva dessas metas. Na classificação de Lowestein, uma Constituição será considerada nominal se houver um compromisso e um esforço real das autoridades em perseguir essas metas, mesmo que elas estejam distantes. A metáfora aqui é da roupa que é um número maior, mas o corpo está em crescimento e espera-se que um dia, no futuro, ele se ajuste a ela de forma adequada.

Na realidade brasileira, as previsões sobre a universalização da educação básica regular talvez possam ser descritas como um exemplo de Constituição nominal. Houve, de fato, desde a edição da Constituição de 1988, um considerável esforço pela universalização das matrículas, o que está próximo de ser alcançado. Isso não significa, é verdade, que os resultados esperados com o serviço educacional público estejam se produzindo como desejado na vida dos alunos, mas essa é uma outra discussão – a da qualidade da educação – que, embora da maior relevância, não cabe fazer aqui. Do ponto de vista do ingresso na escola, porém, a expansão nos últimos 25 anos foi real e relevante.

Por fim, as Constituições chamadas semânticas são descritas pelo autor como disfarces, e não propriamente roupas: são mera retórica política sem qualquer conexão com a realidade ou com o que se pretende que a realidade venha a ser. É o caso, por exemplo, de Constituições em Estados ditatoriais que asseguram pluralismo político e liberdade de expressão, quando na realidade a perseguição política, a censura e a vedação à oposição são as práticas institucionais. Em vários pontos, as Constituições brasileiras de 1937 e 1967/1969 se apresentavam como Constituições semânticas.

Uma segunda classificação da maior importância é a que classifica as Constituições em função de sua posição de hierárquica, do ponto de vista técnico-jurídico, em relação ao restante das normas. Trata-se de saber se uma Constituição é rígida ou flexível e em que termos. Explica-se melhor.

As Constituições flexíveis, cada vez mais raras, são aquelas que podem ser alteradas como qualquer lei ordinária do país: sua relevância e estabilidade decorrem não da superioridade técnico-jurídica, mas de elementos históricos, culturais e sociológicos de forma mais ampla. As Constituições Rígidas, por seu turno, são aquelas que demandam um procedimento mais complexo para sua alteração do que o previsto pelo sistema jurídico para a elaboração e alteração das demais normas do sistema jurídico.

No caso brasileiro, nos termos do art. 60 da Constituição de 1988, além de regras diferenciadas acerca da iniciativa, emendas à Constituição devem ser aprovadas por maioria de três quintos em quatro votações: duas na Câmara dos Deputados e duas no Senado Federal. Além disso, a Constituição não pode ser emendada em determinados momentos e alguns temas – as chamadas cláusulas pétreas – não podem sofrer alteração que tenda a aboli-las. Existem muitas outras formas e modalidades de rigidez constitucional adotada pelos países, de modo que o sistema brasileiro atual é apenas um exemplo.

Lembre-se que uma Constituição rígida não precisa, para isso, contar com cláusulas pétreas. O que caracteriza a rigidez constitucional é a adoção de um procedimento mais complexo do que o ordinário para alteração de seu texto. Cláusulas de imutabilidade, como as pétreas, são uma opção adicional de que o poder constituinte originário pode eventualmente se valer. Além disso, é possível – e esse foi o caso da Constituição brasileira de 1824 – adotar uma Constituição em parte rígida e em outra parte flexível. Isto é: um procedimento mais complexo é exigido para alteração apenas de determinados dispositivos, mas não de outros. É igualmente possível que uma mesma Constituição adote níveis diversos de rigidez, dependendo do assunto tratado. Enfim, as fórmulas e combinações possíveis são muito numerosas.

Note-se, por fim, que a rigidez constitucional é um pressuposto lógico do controle de constitucionalidade, mas não o impõe por si só. Assim, para que haja controle de constitucionalidade, é necessário que a Constituição seja rígida, mas outras decisões políticas de cada país precisarão ser tomadas para atribuir ao Judiciário a competência de declarar inconstitucionais atos dos outros Poderes.

Constituições escritas e Constituições costumeiras. Embora o mais comum seja que as Constituições sejam escritas, é possível identificar exemplos de normas consideradas constitucionais que decorrem não de uma previsão escrita, mas do costume ou da tradição. No Brasil, por exemplo, decorre de um costume constitucional – e não de qualquer previsão expressa – a necessidade da expedição de um decreto presidencial para promulgar o decreto legislativo por força do qual o Congresso Nacional aprova e internaliza determinado tratado internacional. E, do mesmo modo, a prática de o Vice-Presidente assumir a Presidência em viagens do Presidente não conta com qualquer previsão constitucional específica, sendo fruto de uma tradição nacional.

Documentos únicos ou **vários documentos.** Consideradas as Constituições escritas, há algumas que são compostas por apenas um documento – como é o caso da norte-americana – ou por vários documentos. Na história inglesa, por exemplo, vários documentos, editados ao longo do tempo e independentes entre si, são considerados normas de natureza constitucionais (como, *e.g.*, o *Bill of Rights* e o *Bill of Parliament*). O mesmo acontece em alguns países nórdicos e, a rigor, também hoje no Brasil.

Com a EC nº 45/2004, tratados internacionais aprovados pelo mesmo procedimento das emendas constitucionais passaram a ter o *status* de norma constitucional. Algumas convenções já foram aprovadas nesse formato desde então e, embora sejam normas constitucionais, não constam do mesmo documento que a Constituição de 1988. Assim, é correto dizer que a Constituição Federal brasileira é composta hoje de vários documentos.

Promulgadas ou Outorgadas. Afirma-se que as Constituições são promulgadas quando foram discutidas e elaboradas por uma assembleia eleita de forma razoavelmente democrática, ao passo que as Constituições outorgadas são aquelas elaboradas por uma autoridade, ou um comitê por ela nomeado, e imposta à sociedade. Ou seja: a expressão *outorgada* comunica certo autoritarismo na elaboração da Constituição, ao passo que a expressão *promulgada* comunica que houve um processo de elaboração com participação popular maior.

Sintéticas ou Concisas e Prolixas ou Analíticas. Uma outra classificação frequentemente utilizada procura ordenar as Constituições em sintéticas/concisas – como a norte-americana – e prolixas ou analíticas, como a brasileira e a indiana. Essa distinção se preocupa com o tamanho dos textos, a quantidade e o detalhamento de suas normas e temas que ela disciplina. É natural que Constituições prolixas ou analíticas sejam mais emendadas ao longo do tempo, já que tratam de mais assuntos e, portanto, para modificá-las é preciso alterar o texto constitucional.

Existem diferentes visões acerca das vantagens e desvantagens de Constituições concisas ou analíticas, havendo prós e contras em ambos os modelos. O exemplo clássico norte-americano de Constituição conciso revela sua capacidade de resistir ao tempo: por outro lado, é certo que acaba por caber ao Judiciário definir muito de seu sentido. Assim, sob a mesma Constituição, os Estados Unidos tiveram vários regimes diversos, por exemplo, em relação à questão racial. Por outro lado, uma Constituição extremamente analítica, como a brasileira, acaba por tratar de temas da rotina política, que claramente não se relacionam com decisões fundamentais da estrutura do Estado.

Ideológicas e compromissórias. Ainda uma classificação importante distingue as Constituições entre ideológicas e compromissórias, tendo em conta a fidelidade e coerência do texto a uma única concepção ideológica ou à existência de múltiplos compromissos ao longo do texto entre concepções diversas. As constituições ideológicas são aquelas elaboradas num contexto em que o órgão elaborador é socialmente homogêneo – como era o caso dos primeiros parlamentos nos quais apenas a elite tinha assento, por força das regras eleitorais –, ou ideologicamente homogêneo, no caso de regimes autoritários ou de partido único, como foi o exemplo dos países socialistas e comunistas.

Por outro lado, as Constituições serão inevitavelmente compromissórias quando elaboradas no âmbito de sociedades plurais nas quais haja liberdade de expressão e o órgão que as elabora reflita essa diversidade. Com efeito, em sociedades democráticas em que há pluralidade e nas quais esses diferentes grupos estão representados na assembleia nacional constituinte que vai elaborar essa Constituição, é inevitável que o texto seja resultado de múltiplos compromissos. É o caso da Constituição de 1988 e de tantas outras pelo mundo afora.

Assim, ao lado de alguns consensos básicos, a Constituição será o resultado da acomodação e negociação entre múltiplas visões de mundo. Esse caráter compromissório das Constituições contemporâneas terá uma consequência importante para a interpretação constitucional, como discutido na parte específica sobre o tema: trata-se da necessidade de o intérprete garantir a unidade da Constituição e a concordância prática entre suas várias normas e, para isso, eventualmente, será preciso utilizar a técnica da ponderação.

Apresentados alguns conceitos básicos acerca do chamado constitucionalismo e da Constituição propriamente, cabe agora integrar esse debate na discussão mais ampla sobre o Direito e sobre a Justiça.

1.4 DIREITO, JUSTIÇA E CONSTITUIÇÃO

Como referido anteriormente, um dos sentidos em que a expressão *direito* é empregada é como um adjetivo, para descrever uma qualidade de algo – uma conduta ou, no que aqui interessa mais diretamente, uma norma – como justa, correta ou adequada. Nessa adjetivação reside, por natural, uma avaliação moral acerca do conteúdo da norma que suscita ou pode suscitar algumas questões. Em primeiro lugar, e como se viu, a norma jurídica impõe comportamentos que podem ser exigidos por meio do aparato estatal e, portanto, não são em geral de observância facultativa. Se o indivíduo considera a norma injusta, estaria ele obrigado a obedecê-la? O que torna o direito legítimo, afinal? Ou, dito de outra forma, por quais razões deveríamos obedecer às normas jurídicas? Poderia o indivíduo questionar a norma de algum modo e negar-se a obedecê-la? Em segundo lugar, o tema traz à tona o problema, complexo, acerca de qual o parâmetro a ser utilizado para aferir o que é uma lei justa ou injusta, como apontado antes. Inicie-se pela primeira questão.

A tensão entre a submissão do indivíduo a uma norma injusta editada pela autoridade e a possibilidade ou não de ele se insurgir contra ela é registrada ao menos desde a literatura judaica e grega antiga. Neste ponto, o tema da norma injusta se aproxima da ideia mãe do constitucionalismo, discutida anteriormente, de normas consideradas superiores a outras. Como referido, os profetas no Antigo Testamento confrontam o desrespeito das decisões dos monarcas em contraste com a legislação mosaica, considerada o padrão superior que elas deveriam observar. No mito de Antígona, por outro lado, a personagem decide desobedecer à norma da cidade (no caso, a ordem editada por Creonte), que determinava que o corpo de um de seus irmãos não poderia ser enterrado, devendo ser deixado a esmo: Antígona decide desafiar a norma posta para atender a comando que considera superior e enterrar seu irmão com observância dos ritos sagrados. Os diálogos em torno da morte de Sócrates refletem discussão similar, salvo que naquele caso o filósofo teria considerado melhor submeter-se à norma da cidade (e não fugir, por exemplo), a despeito de sua injustiça intrínseca.

Muitos séculos depois, as revoluções liberais fundamentaram-se também na existência de um conjunto de normas superior – direitos como a garantia da igualdade e da liberdade individuais, por exemplo – que estaria sendo violado pelas normas estatais: estas, portanto, não mereciam obediência, e elas e o próprio Estado que as editava e mantinha deveriam ser subvertidos. Essa mesma ideia continua subjacente aos debates sobre direitos humanos, sobretudo quando, no plano internacional, se examina, por exemplo, a adequação de determinados ordenamentos jurídicos nacionais às exigências dos direitos humanos reconhecidos em documentos internacionais.

De fato, e do ponto de vista histórico, o mais frequente é que a autoridade que emite a norma injusta dificilmente concordará, digamos, com a desobediência a essa mesma norma. Os que manifestam sua discordância foram e continuam a ser perseguidos por Estados autoritários em geral. A discussão, portanto, particularmente em regimes autoritários, não se dá necessariamente no interior da ordem jurídica do Estado onde se verifica a lei injusta propriamente, mas no plano filosófico e político. Mas o que dizer dos Estados democráticos? A questão da lei injusta estaria superada no contexto da democracia? A resposta não é tão singela.

É verdade que, mais recentemente, Estados democráticos têm incorporado em suas Constituições princípios consagrando, por exemplo, a justiça, a igualdade e a liberdade. Assim, se tais Constituições forem consideradas hierarquicamente superiores às demais normas (rígidas), e se houver algum mecanismo de controle de constitucionalidade das leis, com alguma facilidade uma lei considerada gravemente injusta editada por esses Estados poderá ser descrita como inconstitucional por violar algum desses comandos: ao ponto se voltará adiante.

A segunda questão, envolvendo qual ou quais os parâmetros afinal definem se uma norma é justa ou injusta, correta ou incorreta, é mais complexa já que se comunica em alguma medida com a metafísica. E isso porque o tema passa pela resposta às perguntas: O que é certo e o que é errado? O que é justo ou injusto? E se as pessoas discordarem acerca da resposta a tal pergunta, quem a define? Caberia à maioria definir o que é certo ou justo? Mas a maioria não poderá estar errada? E, nesse caso, como sabemos que ela está errada? Qual o parâmetro? Cada um pode ter seu próprio conceito do que é justo ou injusto e levar a cabo sua própria avaliação das normas jurídicas para o fim de obedecê-las ou não?

Durante muitos séculos, os parâmetros utilizados pelas sociedades para essa avaliação tinham origem e fundamento metafísico, isto é, uma autoridade moral superior (a divindade) e sua vontade eram o parâmetro para essa avaliação. A predominância da comunidade sobre o indivíduo minimizava vozes divergentes e a maior homogeneidade cultural dos grupos sociais contribuía para minimizar os conflitos acerca dessa questão.

Esse quadro, porém, mudou significativamente nos últimos séculos no ocidente. A secularização das sociedades ocidentais, associada à progressiva proteção do indivíduo e também à realidade do pluralismo tornaram o tema da lei justa mais difícil. Ou seja: a religião deixou de ser um dado compartilhado pela comunidade e uma fonte social de autoridade na matéria. Simultaneamente, o indivíduo assumiu a centralidade não apenas do ponto de vista existencial, mas também do ponto de vista filosófico, alimentando o relativismo moral.

Assim, uma vez que não há um parâmetro superior que possa definir o justo/injusto, certo/errado, cada indivíduo constrói suas próprias concepções na matéria. Além disso, os indivíduos cada vez mais têm diferentes visões políticas, filosóficas, religiosas, ideológicas; eles estão em posições sociais, econômicas, étnicas, culturais diversas e têm interesses diferentes: os pluralismos em suas variadas formas. Não é surpreendente, portanto, que as concepções construídas pelos indivíduos e grupos acerca da justiça possam ser, e frequentemente sejam, diversas.

Nesse contexto, a dificuldade acerca do debate em torno da lei injusta já nem se coloca em face do eventual déspota ou tirano que pretende impor uma norma contra a qual a comunidade se insurge majoritariamente por considerá-la injusta. A questão é prévia: como definir o que é ou não uma lei injusta? Parece evidente que não poderá caber ao juízo de cada indivíduo decidir que norma pretende obedecer – por considerá-la justa –, sob pena de a convivência em comunidade ficar gravemente prejudicada. Basta imaginar (ou lembrar) que se coubesse a cada motorista decidir se e quando parará no sinal vermelho, o trânsito seria pouco viável. Por outro lado, qualquer norma pelo simples fato de contar com o respaldo estatal seria por isso justa?

Algumas ideias foram desenvolvidas ao longo do tempo para tentar lidar com essa dificuldade. Elas serão resumidas, de forma muitíssimo singela, na sequência. A concepção clássica acerca da matéria envolvia e envolve, como referido, a confronto das leis com parâmetros normativos considerados superiores – parâmetros de justiça, correção – frequentemente identificados pela expressão geral de direito natural. Até determinado momento histórico, esses parâmetros estiveram vinculados principalmente à realidade metafísica, mas, a partir do século XVII, sobretudo, desenvolveram-se também concepções não religiosas do direito natural, que extraíam/extraem seu fundamento, *e.g.*, da razão humana e de valores compartilhados pela humanidade, substituindo o vínculo com a divindade por esses elementos seculares.

Essa concepção, que apresenta múltiplos desenvolvimentos e variedades que não serão examinadas aqui, é em geral denominada de jusnaturalismo, e sua característica principal é a defesa da tese de que existem valores antecedentes, parâmetros de justiça superiores àquilo que os homens criam a cada momento como leis, e que essas leis devem obedecer a esses parâmetros. Como é fácil perceber, e já se mencionou anteriormente, a concepção jusnaturalista exige alguma espécie de acordo acerca do conteúdo desses valores e parâmetros de justiça, e o debate acerca desses pontos se tornou especialmente difícil nos últimos séculos.

Uma segunda ideia que se desenvolveu no contexto do que se está aqui a examinar é comumente denominada de juspositivismo. De certa forma, o juspositivismo se relaciona com a democratização das sociedades ocidentais ao longo do século XIX e com a expansão capitalista. Sua tese central é a de que o direito corresponde ao direito positivo, isto é, àquele conjunto de normas elaborado pelos homens em cada momento histórico, e não a parâmetros normativos universais e imutáveis de origem metafísica ou com fundamento na razão humana. Para o juspositivismo, o direito é, sobretudo, um fenômeno a ser descrito, não avaliado do ponto de vista moral, e corresponde ao produto da ação humana. O positivismo pretendia, assim, limitar a influência da moralidade (religiosa ou de qualquer outra fonte) sobre o direito, segregando os dois temas: moralidade e direito.

Para muitos juspositivistas, a discussão acerca da lei justa ou injusta até poderia ser relevante, mas não propriamente para o direito, e sim para outros campos, como a filosofia e a política. Ao direito, cabia estudar a validade das normas a partir de parâmetros formais – isto é: se ela foi elaborada pelas autoridades competentes e de acordo com os procedimentos exigidos para a elaboração de uma norma jurídica por aquele sistema – e não em função de seu conteúdo. Moralidade e direito seriam reinos distintos e a investigação jurídica não se envolveria propriamente com o conteúdo das normas editadas.

O fim do século XIX e as primeiras décadas do século XX experimentaram o grande apogeu do juspositivismo, sendo sempre lembrada a figura de Hans Kelsen e de sua obra clássica *A Teoria Pura do Direito*. Mas as décadas seguintes seriam de grande reviravolta na matéria e imporiam uma reflexão sobre a separação entre direito e moral proposta pelo juspositivismo. Os horrores da Segunda Guerra Mundial e os julgamentos dos criminosos nazistas que se seguiram a ela suscitaram questões de difícil solução.

Como lidar, por exemplo, com o argumento de vários oficiais nazistas de que estavam apenas cumprindo as normas em vigor, quando o conteúdo dessas normas determinava a execução em massa de milhões de pessoas? Essas pessoas eram culpadas – e deveriam ser punidas – ou não? E se deviam ser punidas, com base em que normas prévias essa punição seria aplicável? Do ponto de vista histórico, como se sabe, o argumento não foi aceito para afastar a responsabilidade dos criminosos nazistas. Mas como a discussão sobre o direito reagiria a esse turbilhão de eventos?

De fato, o pós-Segunda Guerra conduziu o debate por outros caminhos e apenas dois serão mencionados aqui. O primeiro deles envolveu a reaproximação do direito com os valores e com a moral, a chamada *virada kantiana*, em uma referência a Immanuel Kant. Essa reaproximação assumiu muitas formas, tanto no plano internacional quanto no plano interno dos Estados, e uma delas envolveu a incorporação desses valores em normas jurídicas consideradas superiores – as Constituições –, em geral sob a forma de princípios. Assim, as Constituições em diversos países passaram a incluir em seus textos princípios gerais como dignidade humana, igualdade, liberdade, justiça social, solidariedade, razoabilidade etc., ao lado da consagração da democracia como regime de governo.

Esses princípios, aliados à superioridade hierárquica da Constituição em face das demais normas e à possibilidade de controle de constitucionalidade, passaram a funcionar como limites materiais ao conteúdo das leis em geral. Na linha do que já se referiu, uma norma gravemente injusta, nesse contexto, poderá facilmente ser descrita como norma inconstitucional. Ou seja: a questão da justiça ou injustiça do direito acabou sendo transferida para dentro do próprio sistema jurídico, por meio das Constituições e do controle de constitucionalidade[15].

No Brasil, e por conta de nossas circunstâncias históricas, essa reaproximação entre direito e valores mediada pela Constituição deu-se mais tarde no tempo, a partir da Constituição de 1988. Como se verá, a Constituição de 1988 incorporou de forma bastante abrangente princípios com forte conteúdo valorativo, na linha do que já se expôs, tanto por conta do contexto mais geral de retorno aos valores quanto, particularmente, em reação ao período ditatorial anterior vivido pelo País.

Um segundo caminho que se passou a percorrer após a Segunda Guerra Mundial para examinar o problema da lei justa ou legítima parte de uma perspectiva procedimentalista. A premissa dessa concepção é a de que, em uma sociedade plural como a contemporânea, a formação de consensos materiais acerca do que é justo não seria viável e, portanto, não haveria parâmetro externo disponível para avaliar o conteúdo das normas. De outro lado, porém, as

---

[15] Oscar Vilhena Vieira. *A Constituição como reserva de justiça*, 1997.

exigências formuladas pelo positivismo para reconhecer a validade das normas jurídicas seriam excessivamente formais e insuficientes. A proposta procedimentalista envolve a garantia de que a elaboração das normas obedeça a um procedimento democrático adequado que assegure a igualdade e a participação de todos. Uma vez percorrido esse procedimento, a lei afinal elaborada seria consequentemente justa (ou, ao menos, não injusta), não exatamente por conta de seu conteúdo, mas pela submissão ao procedimento[16].

A questão central, é claro, envolve saber em que consiste exatamente esse procedimento adequado e o que o qualificaria como tal. Como em todas as demais concepções já mencionadas, diversos autores tratam do assunto com seus próprios detalhamentos, mas em geral o procedimento é considerado adequado, sem prejuízo do atendimento a outras exigências, uma vez que se reconheça a todas as pessoas igualdade e liberdade, além de um mínimo de condições materiais que as permitam ser participantes reais desse processo de discussão acerca das normas a serem editadas no âmbito do Estado onde vivem[17].

Essa primeira exigência do procedimento, como se observa, já incorpora um conjunto importante de opções valorativas: de um lado, a opção pela democracia e, de outro, o compromisso com a dignidade humana e um conjunto de direitos fundamentais. Assim, embora os procedimentalismos questionem a possibilidade de consensos morais, alguns desses consensos transformaram-se em exigências do próprio procedimento.

Boa parte dos países ocidentais procurou adotar em seus sistemas jurídicos as duas soluções expostas simultaneamente: (i) Constituições rígidas que incorporam elementos valorativos sob a forma de norma jurídica constitucional associado a algum sistema de controle de constitucionalidade; e (ii) um regime democrático de governo (o que incluirá a elaboração de normas) nos quais se garante em alguma medida participação política, igualdade e liberdade para as pessoas em geral. Cada país, naturalmente, faz suas próprias opções acerca do conteúdo de sua Constituição, que elementos valores serão ou não incluídos, em que medida suas normas podem ou não ser alteradas ao longo do tempo, como se organizará o controle de constitucionalidade e quais serão seus efeitos possíveis. Essas questões serão examinadas nos capítulos que se seguem.

1.5   DIREITO, CONSTITUIÇÃO E DEMOCRACIA

Um dos temas fundamentais para o direito constitucional contemporâneo envolve as relações entre direito, constituição e democracia, valendo fazer breve menção sobre elas aqui. Embora constituição e democracia se integrem nos modelos contemporâneos de Estado, como referido, existe entre elas uma tensão permanente e inevitável. E isso porque as Constituições rígidas – aquelas que exigem um procedimento mais complexo para sua alteração do que o necessário para a elaboração de normas ordinárias – pretendem impor limites à ação dos poderes estatais constituídos: sejam esses poderes ocupados e exercidos em um contexto autoritário, sejam eles democráticos. Entre as ações possíveis desses poderes está, por evidente, a elaboração de normas jurídicas, de modo que a Constituição funciona como um limite ao que é possível criar em termos de normas jurídicas no âmbito do Estado, mesmo quando essas normas são criadas de acordo com procedimentos democráticos.

---

[16]   Autores como John Rawls (autor, entre outros, de *Uma teoria da Justiça*, 1971) e Jürgen Habermas (autor, entre outros, de *Direito e Democracia*: entre facticidade e validade, 1992) adotam premissas procedimentalistas na construção de suas concepções acerca do direito.

[17]   Ana Paula de Barcellos. O mínimo existencial e algumas fundamentações: John Rawls, Michael Walzer e Robert Alexy. In: Ricardo Lobo Torres (Org.). *Legitimação dos direitos humanos*. Rio de Janeiro: Renovar, 2002. p. 11 e ss.

Adicionalmente, se o sistema constitucional previr a possibilidade de o Judiciário controlar a constitucionalidade dos atos dos outros Poderes estatais – como acontece em parte considerável do mundo hoje –, isso significa que caberá ao Judiciário, como regra, interpretar e aplicar esses limites. O resultado do controle de constitucionalidade por parte do Judiciário pode variar, embora o mais comum seja que ele impeça que o ato do outro Poder produza efeitos[18]. Em resumo: as Constituições impõem limites às maiorias; o sentido e o alcance desses limites são definidos pelo Judiciário, um órgão que em geral não é eleito; e ao definir esses limites, o Judiciário, de alguma forma, impede que as decisões dos demais Poderes – que em uma democracia são, como regra, eleitos – produzam efeitos.

Dois exemplos ilustram o ponto. Imagine-se que, em determinada eleição federal, um partido apresenta como um dos pontos do seu programa político a proposta de alterar a legislação penal para restringir a aplicação da pena de prisão apenas a crimes com emprego de violência, devendo todos os demais ser punidos por meio de multas, restrição a direitos (que não a liberdade de ir e vir) ou prestação de serviços comunitários. Imagine-se que esse partido recebe ampla votação popular, forma maioria no Congresso Nacional, além de eleger o Presidente da República, e uma lei nesse sentido é aprovada.

Imagine, porém, que na sequência há uma impugnação no sentido da inconstitucionalidade da tal lei e o Judiciário a declara inconstitucional, suspendendo sua eficácia. Imagine-se agora o mesmo exemplo apenas com a alteração do conteúdo da proposta do partido que vem a ser eleito: a proposta, agora, é no sentido de ampliar as penas de prisão e alocar mais recursos para a construção de novos presídios. O partido obtém votação expressiva, a nova lei é aprovada, mas vem a ser declarada inconstitucional pelo Judiciário. Independentemente da opinião política que se tenha acerca de qualquer das duas propostas, não há dúvida de que a decisão judicial em qualquer das hipóteses está em clara tensão com o que a maioria decidiu na matéria, dando origem ao que se identifica como dificuldade contramajoritária.

Muitos elementos procuram conciliar essa tensão, valendo enunciar três deles desde logo. Em primeiro lugar, a circunstância de que a Constituição estabelece limites ao que as maiorias podem decidir não significa, por evidente, que não haja espaço legítimo para diferentes decisões – como é natural em um ambiente de pluralismo político – e que todas elas sejam constitucionais. A Constituição, a pretexto de estabelecer limites, não ocupa todo o espaço da política nem retira das maiorias o poder de se autodeterminarem em cada momento histórico. Isso significa, portanto, que nem tudo com o que se discorda politicamente é, por isso, inconstitucional. Dificilmente haverá unanimidade em uma democracia, de modo que é apenas natural que determinadas visões sejam vitoriosas e outras não.

De outra parte, em segundo lugar, é também certo que o conceito de democracia é hoje mais complexo do que apenas aquilo que as maiorias decidem, embora a decisão majoritária seja sempre um conteúdo essencial do conceito. O argumento, portanto, é o de que determinados limites impostos pela Constituição funcionam a favor da democracia, e não contra ela. Esses dois elementos, na realidade, se interligam para identificar que as Constituições em Estados democráticos devem ter duas funções principais.

Assim, compete a ela veicular consensos mínimos, tão essenciais para a dignidade das pessoas e para o funcionamento do próprio regime democrático que não podem ser afetados por maiorias políticas ocasionais (ou exigem, para isso, um procedimento especialmente complexo). Esses consensos elementares, embora possam variar em função das circunstâncias políticas, sociais e históricas de cada país[19], envolvem a garantia de direitos fundamentais, a separação e

---

[18]   Para mais detalhes, confira o capítulo sobre controle de constitucionalidade.

[19]   V. J. J. Gomes Canotilho, Rever ou romper com a Constituição dirigente? Defesa de um constitucionalismo moralmente reflexivo. *Cadernos de Direito Constitucional e Ciência Política*, n. 15, 1996, p. 7-17.

a organização dos poderes constituídos[20] e a fixação de determinados fins de natureza política ou valorativa. Com efeito, se as maiorias pudessem alterar as regras do próprio funcionamento democrático e alijar de direitos grupos da sociedade, a própria democracia seria subvertida.

Além disso, cabe à Constituição garantir o espaço próprio do pluralismo político, assegurando o funcionamento adequado dos mecanismos democráticos. A participação popular, os meios de comunicação social, a opinião pública, as demandas dos grupos de pressão e dos movimentos sociais imprimem à política e à legislação uma dinâmica própria e exigem representatividade e legitimidade corrente do poder. Há um conjunto de decisões que não podem ser subtraídas dos órgãos eleitos pelo povo a cada momento histórico. A Constituição não pode, não deve, nem tem a pretensão de suprimir a deliberação legislativa majoritária.

É correto dizer que esses dois elementos, para além do debate teórico, foram refletidos pelas opções do direito constitucional positivo brasileiro. De fato, na Constituição de 1988, determinadas decisões políticas fundamentais do constituinte originário são intangíveis (art. 60, § 4º) e nela se estabeleceu um procedimento legislativo especial para a aprovação de emendas constitucionais (art. 60). De outra parte, o texto faz expressa opção pelo princípio democrático e majoritário (art. 1º, *caput* e parágrafo único), define como princípio fundamental o pluralismo político (art. 1º, V) e distribui competências pelos órgãos do Poder (Título IV, art. 44 e segs.). Há um claro esforço de equilíbrio entre constitucionalismo e democracia.

Por fim, um terceiro elemento que procura equilibrar Constituição e democracia decorre da circunstância de que é a própria Constituição que define o funcionamento dos diferentes aspectos desse sistema, sendo certo que a Constituição decorre, ela mesma, de uma decisão tomada democraticamente por uma maioria. Além disso, observados os limites e requisitos previstos pela Constituição, as maiorias podem também alterar o próprio texto constitucional por meio de emendas.

1.6 ENUNCIADO NORMATIVO E NORMA

Já se mencionou que a expressão *direito*, por vezes, é utilizada para designar o chamado *direito positivo*, que nos sistemas romano-germânicos pode ser descrito como o conjunto de leis e atos normativos editados pelas autoridades competentes, e o *direito objetivo*, que identifica um fenômeno mais complexo que, embora partindo do direito positivo, não se confunde com ele, já que corresponde ao sentido que a interpretação e aplicação contínuas do direito positivo lhe dão efetivamente. Cabe agora aprofundar essa noção inicial, apresentando uma distinção da maior importância entre dois fenômenos diversos, ainda que interligados: o enunciado normativo e a norma.

A distinção que há entre enunciado normativo e norma não é nova[21], mas recentemente tem sido sublinhada pela doutrina[22]. De forma geral, o enunciado normativo corresponde ao conjunto de frases (e o significado que eles delimitam), isto é, aos signos linguísticos que compõem o dispositivo legal ou constitucional e descrevem uma formulação jurídica deontológica, geral e abstrata, contida na Constituição ou na lei, ou extraída do sistema. Quando se trate de disposições constitucionais ou legais, o enunciado normativo corresponde ao texto, mas é perfeitamente possível haver enunciados implícitos ou que decorram do sistema como um todo[23].

---

[20] Declaração dos Direitos do Homem e do Cidadão de 1789, art. 16: "Qualquer sociedade na qual a garantia dos direitos não está em segurança, nem a separação dos poderes determinada, não tem Constituição."

[21] Karl Larenz. *Metodologia da ciência do direito*, 1969, p. 270 e ss.

[22] Eros Roberto Grau. *Ensaio e discurso sobre a interpretação e aplicação do direito*, 2002, p. 17.

[23] A identificação dos enunciados implícitos ou daqueles que decorrem do sistema exige, por natural, um esforço interpretativo prévio. Antes de sua introdução formal no sistema jurídico, isso era o que se passava, por exemplo, com a razoabilidade, a boa-fé e a vedação do enriquecimento sem causa.

A norma, diversamente, corresponde ao comando específico que dará solução a um caso concreto. De forma geral, ela encontra seu fundamento principal em um ou mais de um enunciado normativo, ainda que seja perfeitamente possível haver normas extraídas do sistema como um todo[24]. Retome-se o mesmo exemplo utilizado anteriormente.

O art. 5º, LXIII, da Constituição de 1988 registra, como já referido, que "o preso será informado de seus direitos, entre os quais o de permanecer calado, sendo-lhe assegurada a assistência da família e de advogado". Este é o enunciado normativo. A norma que mais evidentemente se extrai desse enunciado produz-se nas seguintes circunstâncias, já rotineiramente conhecidas: um indivíduo, preso e levado a julgamento, não está obrigado a prestar esclarecimentos ou fornecer informações que lhe possam ser desfavoráveis. Ele terá direito ao silêncio e o exercício desse direito não poderá ser usado contra ele para reforçar sua incriminação[25].

Interessantemente, em função de outras circunstâncias concretas que foram se repetindo no mundo dos fatos, como também já se mencionou, doutrina e jurisprudência desenvolveram outra norma a partir desse mesmo enunciado normativo: os indivíduos convocados para prestar esclarecimentos perante Comissões Parlamentares de Inquérito (CPIs) – embora não sejam, a rigor, acusados de coisa alguma e muito menos estejam presos – podem socorrer-se do direito constitucional ao silêncio e deixar de prestar informações que considerem prejudiciais a seus interesses[26]. Na verdade, entende-se que o enunciado contido no art. 5º, LXIII, reflete um enunciado mais geral, que vem a ser o que protege os indivíduos da autoincriminação.

É fácil perceber que as duas normas antes referidas – a que diz respeito aos presos e a que envolve depoentes em CPIs – são distintas como consequência da incidência de um mesmo enunciado sobre diferentes ambientes fáticos. Ou seja: o mesmo enunciado poderá desencadear o surgimento de normas diversas, em função das diferentes circunstâncias de fato sobre as quais incida. A norma corresponderá afinal ao comando, extraído ou construído a partir de enunciado(s), para incidir sobre determinada circunstância de fato[27]. Quanto à estrutura, portanto, a norma será uma *regra* que corresponde ao resultado de uma interpretação ou, eventualmente, de uma ponderação[28]. O tema da distinção estrutural entre regras e princípios será tratado a seguir, mas cabe fazer uma última observação acerca deste tema.

A despeito do que se acaba de observar, não é possível ignorar que o termo *norma* tem sido usado indistintamente para significar ora o enunciado normativo, ora a norma propriamente dita, e que será provavelmente inútil lutar contra um uso linguístico tão enraizado. Mais do que as palavras, porém, a distinção é importante porque terá consequências práticas. Como visto, um mesmo enunciado normativo pode dar origem a normas diversas, dependendo dos fatos envolvidos e da eventual incidência sobre o caso de outros enunciados normativos, que poderão ser relevantes em determinados contextos e não em outros. Imagine-se um último exemplo envolvendo o confronto entre a intimidade de um indivíduo e a liberdade de informação e de imprensa.

Suponha-se que um Deputado Federal é flagrado por jornalistas saindo de um motel com a Diretora de uma empresa que mantém contratos com o Governo Federal. Suponha-se, agora, que outra pessoa qualquer – sem função pública alguma – é igualmente flagrada saindo do motel com mesma Diretora. Na segunda hipótese, haverá uma tensão entre os enunciados normativos que tratam da proteção da intimidade dos indivíduos e aqueles outros que garantem liberdade de informação e liberdade de imprensa. Na primeira situação, porém, além desses dispositivos,

---

24 Sobre o tema, v. Humberto Ávila. *Teoria dos princípios*, 2003, p. 13.

25 STF, HC 80949/RJ, Rel. Min. Sepúlveda Pertence, *DJU* 14.12.2001.

26 STF, HC 79812/SP, Rel. Min. Celso de Mello, *DJU* 16.02.2001.

27 Eros Roberto Grau. Ensaio *e discurso sobre a interpretação e aplicação do direito*, 2002, p. 19.

28 Ana Paula de Barcellos. *Ponderação, racionalidade e atividade jurisdicional*, 2005.

outros poderão ser relevantes, como os que tratam da publicidade, transparência e prestação de contas devidas por parte dos agentes públicos. A incidência desse outro conjunto de enunciados normativos – que não são relevantes na outra hipótese – poderá levar a conclusões diversas.

1.7 ESPÉCIES NORMATIVAS: PRINCÍPIOS E REGRAS

Já se mencionou a introdução, nos textos constitucionais, de valores e elementos de moralidade sob a forma de princípios. A utilização de princípios em diplomas legais é uma prática antiga e que não se limita às Constituições: mais recentemente, inclusive, normas infraconstitucionais têm se valido com mais frequência de princípios[29]. A verdade, de toda sorte, é que a centralidade dos textos constitucionais nas últimas décadas, e sua intensiva adoção de princípios, acabou por tornar o tema especialmente relevante, de modo que é necessário tratar dele, ainda que brevemente.

Como já referido, o positivismo normativista tinha a pretensão de afastar do Direito todas as influências externas, tornando-o autocentrado. No contexto do juspositivismo, as regras eram as normas jurídicas por excelência. As crises enfrentadas pelo Direito, porém, sobretudo após a Segunda Guerra Mundial, tiveram como reação um movimento teórico que, apesar de estar longe de ser homogêneo, pode ser designado de *pós-positivismo*: os valores voltam à cena para preencher de conteúdo as normas jurídicas e migram da Filosofia para o Direito, materializando-se, sobretudo, em princípios, abrigados na Constituição explícita ou implicitamente. Pretendeu-se, com isso, a reaproximação entre Direito e Ética, rejeitando-se, ao mesmo tempo, o jusnaturalismo. Essa alteração de perspectiva acerca do Direito e seu papel no mundo não foi pequena e, diante disso, a metodologia jurídica precisaria se adaptar.

Assim, embora a existência de princípios no sistema jurídico não seja uma novidade, é certo que essa categoria, há muito conhecida do mundo jurídico, recebeu novo conteúdo e nova função. Acompanhando um Direito em mutação, a própria ideia de norma jurídica teve de se adequar, para incluir os repaginados princípios. Isso se pode dizer quanto à metodologia do Direito, que, para além da lógica subsuntiva própria às regras – isto é: a premissa maior prevista na regra será aplicada (subsunção) uma vez que a premissa menor nela prevista se apresente no mundo dos fatos –, passou a ter de lidar também com a interpretação e aplicação de valores e princípios.

Já se mencionou que a existência de princípios e seu reconhecimento pela ordem jurídica não são propriamente novidades. Vindos dos textos religiosos, filosóficos ou jusnaturalistas, os princípios de longa data permeiam o Direito, de modo direto ou indireto. Na tradição judaico-cristã, colhe-se o mandamento de *respeito ao próximo*, princípio áureo que atravessa os séculos e inspira um conjunto amplo de normas. Da filosofia grega origina-se o princípio da não contradição, formulado por Aristóteles, que se tornou uma das leis fundamentais do pensamento: "Nada pode ser e não ser simultaneamente", preceito subjacente à ideia de que o Direito não tolera antinomias. No direito romano pretendeu-se enunciar a síntese dos princípios básicos do Direito: "Viver honestamente, não lesar a outrem e dar a cada um o que é

---

[29] Várias razões podem explicar esse fenômeno. Por vezes, as normas infraconstitucionais apenas reproduzem princípios constitucionais; em outras ocasiões, há uma enunciação de princípios para garantir maior unidade na interpretação do diploma. Em outras circunstâncias, porém, o Legislativo limita-se a enunciar vários princípios que, a rigor, precisam ser conciliados, esquivando-se por meio dessa enunciação genérica de tomar as decisões políticas específicas sobre a matéria, que acabam sendo transferidas para o Executivo ou para o Judiciário.

seu"[30]. Os princípios, como se percebe, vêm de longe e desempenham papéis variados. O que há de singular na dogmática jurídica da atualidade é o reconhecimento de sua *normatividade*[31].

Na trajetória que os conduziu ao centro do sistema jurídico, os princípios tiveram de conquistar o *status* de norma jurídica, superando a crença de que teriam uma dimensão puramente axiológica, ética, sem eficácia jurídica ou aplicabilidade direta e imediata. Antes de seu ingresso maciço nas Constituições, os princípios que existiam na legislação eram encarados como disposições fundamentais que serviam como fonte de unidade do ordenamento e critério auxiliar eventual para a adequada interpretação das normas jurídicas. Sua normatividade, porém, era limitada e sua utilização escassa.

A transposição completa dos princípios para o mundo do Direito se deu, verdadeiramente, a partir da ampliação da noção corrente de *norma jurídica*, que passou a constituir um gênero dentro do qual se distinguem principalmente as regras e os princípios: enquanto as primeiras contêm um relato mais objetivo, dirigindo-se, em primeiro plano, para a fixação de uma conduta a ser observada, os últimos têm maior teor de abstração, estabelecendo, imediatamente, um estado de coisas a ser atingido.

Com isso, os princípios – as principais portas do sistema jurídico para o plano axiológico – tornaram-se efetivamente comandos normativos. Assim, a descrição contida no art. 4º da Lei de Introdução às Normas do Direito Brasileiro acerca da função dos princípios já não é suficiente[32]: os princípios desempenham muitos outros papéis para além de sanar eventuais omissões. Como normas jurídicas, os princípios podem ser capazes de gerar direitos subjetivos e seus correspondentes deveres jurídicos. A verdade, porém, é que a teoria do Direito se desenvolveu ao longo dos séculos sob a perspectiva das regras como normas jurídicas, e não dos princípios. Nesse sentido, efetuado o ingresso no Direito, coube à doutrina enfrentar um problema significativo e ainda não inteiramente resolvido: como lidar com essas normas – os princípios – de natureza e estrutura tão singulares?

O que caracteriza os princípios[33]? É intuitiva a diferença entre estes e as regras, mas ainda causa alguma discussão doutrinária a definição exata dos pontos de divergência. E não se trata apenas de uma celeuma acadêmica. Muito ao revés, a distinção terá repercussões importantes em toda a vida da disposição normativa: em sua interpretação individual, em seu papel no sistema a que pertence, e no ordenamento como um todo, e em sua eficácia jurídica. Com efeito, a diferenciação estrutural que há entre princípios e regras, e o fato de um enunciado ter a natureza de um ou de outra, é determinante para a compreensão de sua eficácia jurídica e, em consequência, da posição em que investe o particular.

Muitos critérios têm sido apresentados para operar essa distinção entre princípios e regras, valendo percorrê-los, ainda que brevemente. Como se poderá perceber com facilidade, alguns são mais consistentes que outros; nada obstante, todos contribuem para formar um quadro mental mais preciso, menos intuitivo, acerca da distinção entre princípios e regras. Seguem oito dos critérios mais comumente propostos pela doutrina para esse fim.

---

[30] Ulpiano, *Digesto* 1.1.10.1: *"Honeste vivere, alterum non laedere, suum cuique tribuere".*

[31] Não é de todo nova a ideia de um "princípio" dotado de normatividade. Fala-se, *e.g.*, no Direito Civil, em um princípio da identidade da coisa devida (CC, art. 313) e, já no Direito Público, em um princípio constitucional do concurso público (CF, art. 37, II). Mas é razoavelmente evidente a diferença estrutural que extrema tais comandos, *e.g.*, do princípio da livre-iniciativa (CF, art. 170, *caput*) ou mesmo do que determina a busca do pleno emprego (CF, art. 170, VIII). E é precisamente aqui que está a novidade: na atribuição de normatividade a *estes últimos*.

[32] LINDB: "Art. 4º Quando a lei for omissa, o juiz decidirá o caso de acordo com a analogia, os costumes e os princípios gerais de direito."

[33] O tema é melhor desenvolvido em Ana Paula de Barcellos. *A eficácia jurídica dos princípios constitucionais:* o princípio da dignidade da pessoa humana, 2011, p. 48 e ss.

(a) *Conteúdo.* Os princípios estão mais próximos da ideia de valor e de direito[34]. Eles formam uma exigência da justiça, da equidade ou da moralidade, ao passo que as regras têm um conteúdo diversificado e não necessariamente moral. Ainda no que diz respeito ao conteúdo, Rodolfo L. Vigo chega a identificar determinados princípios, que denomina de "fortes", com os direitos humanos[35].

(b) *Origem e validade.* A validade dos princípios decorre de seu próprio conteúdo, ao passo que as regras derivam de outras regras ou dos princípios. Assim, é possível identificar o momento e a forma como determinada regra tornou-se norma jurídica, perquirição essa que será inútil no que diz respeito aos princípios[36].

(c) *Compromisso histórico.* Os princípios são para muitos (ainda que não todos), em maior ou menor medida, universais, absolutos, objetivos e permanentes, ao passo que as regras se caracterizam de forma bastante evidente pela contingência e relatividade de seus conteúdos, dependendo do tempo e lugar[37].

(d) *Função no ordenamento.* Os princípios têm uma função explicativa e justificadora em relação às regras[38]. Ao modo dos axiomas[39] e leis científicas, os princípios sintetizam uma grande quantidade de informação de um setor ou de todo o ordenamento jurídico, conferindo-lhe unidade e ordenação[40].

(e) *Estrutura linguística.* Os princípios são mais abstratos que as regras; em geral não descrevem as condições necessárias para sua aplicação e, por isso mesmo, aplicam-se a um número indeterminado de situações[41]. Em relação às regras, diferentemente, é possível identificar, com maior ou menor trabalho, suas hipóteses de aplicação[42].

(f) *Esforço interpretativo exigido.* Os princípios exigem uma atividade argumentativa muito mais intensa, não apenas para precisar seu sentido, como também para inferir a solução que ele propõe para o caso, ao passo que as regras demandam apenas uma aplicabilidade, na expressão de Josef Esser, "burocrática e técnica"[43].

(g) *(In)determinação dos efeitos.* As regras são enunciados normativos que estabelecem desde logo os efeitos que pretendem produzir no mundo dos fatos, efeitos determinados e específicos[44], determinando, a partir daí, uma única conduta – que não sofrerá alteração importante em decorrência dos diferentes ambientes de fato sobre os quais incidirá –, ou condutas diversas – que variam em função dos fatos subjacentes, ainda que o efeito pretendido seja sempre o mesmo.

Assim, por exemplo, a regra que proíbe o trabalho noturno, perigoso ou insalubre aos menores de 18 anos pretende produzir um efeito específico: nenhum menor de 18 anos poderá realizar trabalhos noturnos, perigosos ou insalubres, mesmo que ainda seja necessária uma definição técnica sobre o que é perigoso ou insalubre. As condutas daí derivadas são claras:

---

[34] J. J. Gomes Canotilho. *Direito constitucional e teoria da Constituição*, 1997, p. 1034-1035.

[35] Rodolfo L. Vigo. *Los principios jurídicos* – perspectiva jurisprudencial, 2000, p. 21.

[36] Ronald Dworkin. Levando os direitos a sério, 1977, p. 24 e ss.

[37] Rodolfo L. Vigo. *Los principios jurídicos* – perspectiva jurisprudencial, 2000, p. 15.

[38] Karl Larenz. *Derecho justo* – Fundamentos de etica juridica, 1991, p. 36.

[39] Embora princípios e axiomas sejam fenômenos distintos, como registra Humberto Bergmann Ávila, em A distinção entre princípios e regras e a redefinição do dever de proporcionalidade, *Revista da Pós-Graduação da Faculdade de Direito da USP* 1:41, 1999.

[40] Celso Antônio Bandeira de Mello. *Curso de direito administrativo*. 11. ed., 1999, p. 620.

[41] J. J. Gomes Canotilho. *Direito constitucional e teoria da Constituição*, 1997, p. 1034-1035.

[42] Josef Esser. *Principio y norma en la elaboración jurisprudencial del derecho privado*, 1961, p. 66.

[43] Josef Esser. *Principio y norma en la elaboración jurisprudencial del derecho privado*, 1961, p. 66.

[44] É importante não confundir a indeterminação dos efeitos com a indeterminação de conceitos empregados na descrição da hipótese fática utilizada por muitas regras.

o empregador está proibido de levar a cabo tal contratação e, se o fizer, sanções serão aplicadas. O *órgão estatal encarregado de assegurar o cumprimento dessa norma deverá fiscalizar os empregadores e, se identificar a violação, aplicar as sanções*. Ou seja: uma vez identificado que a hipótese prevista pela regra se verifica, as consequências a ela associadas, mesmo que sejam complexas, já estão definidas.

Os princípios, todavia, funcionam diversamente. Na verdade, é possível agrupá-los em duas grandes categorias acerca do ponto: (i) princípios que descrevem efeitos relativamente indeterminados, cujo conteúdo, em geral, é a promoção de fins ideais, valores ou metas políticas – sendo que essa indeterminação, ainda que relativa, decorre de a compreensão integral do princípio depender de concepções valorativas, filosóficas, morais e/ou de opções ideológicas (*e.g.*, princípio da dignidade da pessoa humana); (ii) princípios que, embora também pretendam produzir efeitos associados a metas valorativas ou políticas, descrevem fins determinados (*e.g.*, busca do pleno emprego).

No primeiro caso, pelos fins serem ideais, os próprios efeitos da norma são relativamente indeterminados: o que exatamente significa proteger/promover/respeitar a dignidade humana? As pessoas poderão ter opiniões diferentes acerca do assunto, embora alguns consensos sejam possíveis, sobretudo acerca do que viola a dignidade. Os fins concretizados serão sempre parciais em relação aos fins ideais e, por isso, sempre sujeitos a crítica. Adicionalmente, para além da indeterminação dos próprios efeitos pretendidos pela norma, a identificação das condutas necessárias e exigíveis para a realização desses efeitos não depende apenas da complexidade do próprio efeito e/ou da variedade de circunstâncias fáticas sobre as quais ele incide, como nas regras. Na segunda categoria de princípios aqui identificada, a indeterminação relativa afeta apenas as condutas.

A questão é importante pois, por conta da natureza do efeito pretendido, não se trata apenas de empreender um raciocínio lógico-jurídico para apurar as condutas exigíveis; cuida-se, diversamente, de escolher entre diferentes condutas possíveis a partir de distintas posições políticas, ideológicas e valorativas[45]. Como vamos promover a dignidade humana? Que condutas seriam exigíveis para esse fim? Existem muitas respostas para essas perguntas em um ambiente de pluralismo. Se há um caminho que liga o efeito às condutas no caso das regras, há uma variedade de caminhos que podem ligar o efeito do princípio a diferentes condutas, sendo que o critério que vai definir qual dos caminhos escolher não é exclusivamente jurídico ou lógico[46].

Os dois grupos de princípios que se acaba de descrever têm sua indefinição – no primeiro caso, indefinição de efeitos e das condutas; no segundo, apenas das condutas – associada a disputas entre valores diversos, concepções morais e filosóficas e/ou diferentes opções político-ideológicas, sendo que, repita-se, a escolha entre esses elementos não decorre de um juízo puramente jurídico. Esse quadro é bastante diverso do que se passa com algumas regras. Em relação a elas, a variedade de condutas exigíveis decorre da necessidade, própria do direito em geral, de ajuste entre o efeito previsto no enunciado e a complexidade das situações de fato que ele pretende regular ou sobre as quais vai incidir.

Registradas as diferenças fundamentais entre princípios e regras, cabe um último registro acerca da indeterminação que, a rigor, caracteriza as duas categorias de princípios referidas. Ao longo do texto, e até aqui, falou-se sempre de efeitos *relativamente* (e não *completamente*) indeterminados, e o mesmo acontece com as condutas[47]. E isso porque, a despeito de todas

---

[45] Os dois grupos não são estanques, evidentemente. Princípios cujos efeitos são relativamente indeterminados também podem depender de decisões políticas ou valorativas para a definição das condutas necessárias à realização de seus efeitos (ainda que a parte determinada deles).

[46] Humberto Ávila. A distinção entre princípios e regras e a redefinição do dever de proporcionalidade. *Revista da Pós-Graduação da Faculdade de Direito da USP*, 1:43, 1999.

[47] A partir deste momento, a distinção entre as duas categorias de princípios já não terá maior relevância.

Cap. 1 – CONCEITOS PRELIMINARES 31

as indeterminações, é possível afirmar, com frequência, que certos efeitos estão contidos de forma inexorável na descrição do princípio, até por força de uma imposição linguística, já que toda expressão haverá de ter um sentido mínimo. Esse conjunto de efeitos forma um núcleo essencial de sentido do princípio, com natureza de regra, uma vez que se trata agora de um conjunto de efeitos *determinados*. Igualmente, muitas vezes será possível afirmar que certas condutas são absolutamente indispensáveis para a realização do fim indicado pelo princípio, ou que determinadas condutas certamente violam esse fim[48].

É possível visualizar as duas categorias de princípios recorrendo à imagem de dois círculos concêntricos. O círculo interior corresponderá – quanto ao primeiro grupo de princípios – a um núcleo de efeitos que acabam se tornando *determinados* por decorrerem de forma inafastável do seu sentido e, consequentemente, adquirem a natureza de regra. Isto é: cuida-se de um conjunto mínimo de efeitos determinados (e a partir deles as condutas necessárias e exigíveis deverão ser construídas) contidos no princípio. Ainda que haja disputa sobre a existência de outros efeitos a partir desse núcleo, a ideia é a de que quanto a estes haverá consenso. O espaço intermediário entre o círculo interno e o externo (a coroa circular) será o espaço de expansão do princípio reservado à deliberação democrática; esta é que definirá o sentido, entre os vários possíveis em uma sociedade pluralista, a ser atribuído ao princípio a partir de seu núcleo.

O mesmo pode ocorrer em relação à indeterminação relativa das condutas, presente em ambas as categorias de princípios. Embora a definição das condutas necessárias para realizar o efeito normativo dependa de avaliações políticas, em muitos casos será possível identificar condutas básicas indispensáveis para a realização do efeito indicado pelo princípio, independentemente de colorações ideológicas. Desse modo, a imagem de dois círculos concêntricos também aqui pode ser empregada de forma útil: o círculo interior ocupado por condutas mínimas, elementares e exigíveis, e o exterior a ser preenchido pela deliberação democrática[49].

Antes de concluir este tópico, cabe fazer uma nota sobre a aplicação dos princípios. Como padrão geral, e sem aprofundar o debate sobre a interpretação das regras, parece correto afirmar que elas têm estrutura biunívoca, aplicando-se de acordo com o modelo do "tudo ou nada", popularizado por Ronald Dworkin[50]. Isto é, dado seu substrato fático típico, e não incidindo qualquer exceção, as regras só admitem duas espécies de situação: ou são válidas e se aplicam, ou não se aplicam por serem inválidas[51]. Uma regra vale ou não vale juridicamente; não são admitidas gradações.

Todavia, essa simplicidade – aparentemente tão objetiva – não se compadece dos princípios, diversos que são das regras pelas razões expostas anteriormente. Estruturada para promover segurança jurídica, a regra tende à rigidez regendo os casos que prevê; já os princípios, inspirados por uma ideia de justiça, são conscientemente genéricos para adaptarem-se às circunstâncias dos casos concretos que precisam reger embora não possa prever e, por isso, contêm em si uma boa dose de flexibilidade, operando em uma dimensão de peso. Como registra Robert Alexy, os princípios determinam que algo seja realizado na maior medida possível, admitindo uma

---

[48] Veja-se que, ao afirmar que é possível identificar um núcleo com natureza de regra nos princípios (seja de efeitos determinados, seja de condutas indispensáveis à realização de efeitos), já não se está trabalhando no plano dos enunciados normativos originais. Esse núcleo – e, *a fortiori*, essas regras – é apurado após um processo de interpretação.

[49] A identificação do núcleo será, em geral, mais fácil – aqui já migrando para um exame do conteúdo dos enunciados – quando se trate de princípios que consagram direitos. Princípios que estabelecem metas ou fins públicos de natureza geral sofrem muito mais influência de concepções políticas diversas que os direitos, cuja existência lógica independe, em geral, do Direito. V. Jorge Reis Novais. *As restrições aos direitos fundamentais não expressamente autorizadas pela Constituição*, 2003, p. 162-163.

[50] Ronald Dworkin. *Levando os direitos a sério*, 1977, p. 24-26.

[51] Robert Alexy. *Teoría de los derechos fundamentales*, 1997, p. 88.

aplicação mais ou menos ampla de acordo com as possibilidades físicas e jurídicas existentes. Estes limites jurídicos, que podem restringir a otimização de um princípio, são (i) regras que o excepcionam em algum ponto e (ii) outros princípios opostos que procuram igualmente maximizar-se, daí a necessidade eventual de ponderá-los[52]. Desenvolvendo esse critério de distinção, Alexy denomina as regras de *comandos de definição* e os princípios de *comandos de otimização*[53]. A aplicação dos princípios, portanto, envolve uma dimensão de peso que poderá ser maior ou menor, dependendo da situação concreta, e dos outros princípios que eventualmente sejam aplicáveis, com os quais será preciso conviver.

A grande generalidade e abstração dos princípios implica que, ao menos para a grande maioria dos casos, a aplicação dos princípios dependerá do recurso à técnica da ponderação. Por exemplo, saber se o direito à saúde de uma pessoa gera o dever de fornecimento de certo remédio pelo Poder Público é análise que não prescinde de uma ponderação entre aquele princípio (direito à saúde) e o da separação dos Poderes ou da reserva do possível. Isso, porém, não autoriza a afirmação de que a ponderação é a forma exclusiva de aplicação dos princípios; eventualmente, também a aplicação das regras, observados determinados limites, pode envolver essa técnica[54]. Ademais, há aspectos dos princípios que não funcionam completa ou necessariamente sob a lógica da ponderação (*e.g.*, porque dispõem de núcleo com natureza de regra). De qualquer modo, trata-se da forma típica de aplicação dos princípios, embora não lhes seja privativa ou mesmo, em certos casos, necessária.

1.8 DIREITO PÚBLICO E DIREITO PRIVADO

Feitas as considerações acerca da estrutura das normas, cabe agora examinar rapidamente algumas classificações que levam em conta seu conteúdo. A distinção entre normas que seriam consideradas de "direito público" e outras que seriam classificadas como de "direito privado" remonta ao direito romano clássico, que englobava, no primeiro, as coisas próprias do Estado e, no segundo, os interesses individuais[55]. Essa distinção não significava, nem significa, a existência de dois domínios apartados e incomunicáveis, mas indicava a preponderância de

---

[52] Confira-se sobre o tema: Heinrich Scholler. O princípio da proporcionalidade no direito constitucional e administrativo da Alemanha, *Revista Interesse Público 2*:93 e ss., 1999, e Daniel Sarmento. Os princípios constitucionais e a ponderação de bens. In: Ricardo Lobo Torres (org.). *Teoria dos direitos fundamentais*, 1999, p. 35 e ss.

[53] Robert Alexy. *Teoría de los derechos fundamentales*, 1997, p. 86. Boa parte da doutrina brasileira tem trabalhado com esse critério distintivo. Veja-se Raquel Denize Stumm. *Princípio da proporcionalidade no direito constitucional brasileiro*, 1995, p. 42; e Paulo Roberto Lyrio Pimenta. *Eficácia e aplicabilidade das normas constitucionais programáticas*, 1999, p. 121 e ss. Para uma crítica, em boa parte pertinente, dos critérios propostos por Alexy para a distinção entre princípios e regras, v. Humberto Ávila. *Teoria dos princípios*, 6. ed., 2006.

[54] Nesse sentido, José Maria Rodriguez de Santiago. *La ponderación de bienes e intereses em el derecho administrativo*, 2000, p. 9; e Humberto Ávila. *Teoria dos princípios*, 2003, p. 35: "Com efeito, a ponderação não é método privativo de aplicação dos princípios".

[55] É o conceito que se encontra nas *Institutas*, de Justiniano, Livro I, Tít. I "Da Justiça e do Direito", § 4º: "O estudo do direito é dividido em dois ramos, público e privado. Direito público é o que diz respeito ao governo do Império Romano; direito privado o que concerne aos interesses individuais".

determinadas características em cada caso. A sociedade, o Estado e o Direito passaram e passam por reformulações profundas que têm aproximado essas duas categorias sob várias perspectivas; nada obstante, compreender seus traços principais, bem como o diálogo entre elas, continua tendo a maior importância.

As duas principais características do regime jurídico de direito privado são a livre-iniciativa e a autonomia/liberdade da vontade: dois princípios constitucionais fundamentais[56]. As pessoas podem desenvolver qualquer atividade ou adotar qualquer linha de conduta que não lhes seja vedada pela ordem jurídica. Os particulares têm liberdade de contratar ou não contratar, pautando-se por preferências pessoais. A propriedade privada investe seu titular, em princípio, no poder de usar, fruir e dispor do bem. As relações jurídicas dependem do consenso entre as partes. O pressuposto do regime de direito privado é que há entre as partes que por acaso se vinculam de alguma forma uma relação de igualdade e que ambas exercitam sua livre-iniciativa e liberdade/autonomia da vontade.

O quadro é diverso quando se trata do regime jurídico de direito público que, em geral, envolve a presença do Estado (embora a autoridade pública possa também travar relações muito próximas das de direito privado). As características principais das normas de direito público são a legalidade (a rigor, juridicidade em sentido amplo) e a imperatividade. A autoridade pública só pode adotar, legitimamente, as condutas determinadas ou autorizadas pela ordem jurídica. Violada uma norma de direito público, o Estado tem o poder-dever – não a faculdade – de restabelecer a ordem jurídica vulnerada. É interessante notar, desde logo, que a legalidade desempenha funções diversas e complementares tendo em vista o direito público e o direito privado.

Sob a perspectiva do direito público, o princípio da legalidade traduz vinculação à ordem jurídica (CF, art. 37), porque os atos que a compõem, ao menos idealmente, expressam a vontade coletiva e resguardam a primazia do interesse público. Trata-se de uma proteção para as pessoas em geral, já que o atendimento dos interesses sociais ou coletivos pode interferir com situações individuais. Assim, a Administração Pública, ensina o conhecimento convencional, somente pode praticar os atos que tenham sido determinados ou autorizados em lei (legalidade) ou, de forma mais abrangente, determinados ou autorizados pela ordem jurídica (juridicidade).

De outra parte, sob a perspectiva do *direito privado*, o princípio da legalidade contém a cláusula constitucional da liberdade, desaguando na *autonomia da vontade* – CF, art. 5º, II: "ninguém será obrigado a fazer ou deixar de fazer alguma coisa senão em virtude de lei" – e na *livre-iniciativa*, consagrada nos arts. 1º, IV, e 170, parágrafo único, de seguinte dicção: "É assegurado a todos o livre exercício de qualquer atividade econômica, independentemente de autorização de órgãos públicos, salvo nos casos previstos em lei". Ao lado dessas cláusulas gerais, tanto a autonomia da vontade como a livre-iniciativa se manifestam por meio de garantias específicas que, no domínio associativo, consagram a liberdade de associar-se (art. 5º, XVII) e a não interferência estatal (art. 5º, XVIII).

A atuação do Estado, ademais, é imperativa: isto é, ela independe, como regra, da concordância do administrado, que apenas suportará as suas consequências. O pressuposto clássico do regime de direito público é a desigualdade entre as partes e uma relação, a rigor, de subordinação entre elas. E isso porque o Estado, como regra, atua no exercício de seu poder soberano, de seu *imperium*, estabelecendo uma relação de subordinação jurídica com o particular. O proprietário de um imóvel desapropriado ou o sujeito passivo de um tributo sujeitam-se a tais imposições independentemente de sua vontade (desde que elas sejam constitucionais e legais). Este é um traço comum das relações de direito público[57]. Já no direito privado, como referido,

---

[56] CF/1988, art. 1º, IV, art. 5º, II, e art. 170, *caput*.

[57] Entretanto, não invariavelmente presente. São de direito público determinadas relações de coordenação, como as que se estabelecem entre os Poderes do Estado ou entre diferentes entidades estatais, como a União

a regra é a igualdade jurídica entre as partes, sendo que as normas jurídicas desempenham um papel de coordenação. Se o proprietário de um bem não desejar vendê-lo a um pretendente, ou se a instituição financeira recusar crédito a quem solicitou empréstimo, a relação jurídica simplesmente não se estabelece. No direito privado, como regra, exige-se consenso, sem que uma vontade possa impor-se à outra.

Mas como identificar se uma relação específica é de direito público ou de direito privado? Algumas aproximações podem ser úteis. Se a relação jurídica se estabelece entre particulares – indivíduos ou pessoas jurídicas de direito privado –, ela será naturalmente regida pelo direito privado. Se, por outro lado, o Estado ou qualquer outra pessoa jurídica de direito público participar da relação, é muito provável que ela possa ser descrita como de direito público.

O *objeto* ou conteúdo da relação jurídica examinada também podem ser uma sinalização relevante. Se o conteúdo da relação visa, predominantemente, à proteção do bem coletivo, do interesse social, estar-se-á provavelmente no âmbito do direito público. Ao contrário, encontra-se no âmbito do direito privado a disciplina das situações nas quais avulta o interesse particular, individual.

O que se expôs até o momento corresponde ao conhecimento convencional e tradicional da matéria. O século XX, porém, presenciou uma aproximação e uma comunicação importantes entre as categorias do direito público e do direito privado, com recíproca influência no tocante ao seu regime jurídico. Já não se pode falar em uma divisão rígida entre a esfera do Estado e o âmbito de atuação dos particulares, e isso por várias razões.

Em primeiro lugar, o cidadão passou da condição de súdito à de titular de direitos subjetivos *contra* o próprio Estado. Mais que isso, em Estados democráticos, o cidadão e seus interesses são elementos constitutivos do próprio Estado, que existe para servir seus cidadãos e não para ser servido por eles. Essa premissa tem ao menos duas consequências interligadas. Não cabe ao Estado apenas deixar de intervir na esfera privada, mas também proporcionar à população prestações materiais necessárias à efetivação das normas constitucionais, notadamente os direitos fundamentais que impregnaram as Constituições do pós-guerra.

Nesse sentido, a Constituição de 1988 consagrou um conjunto de direitos fundamentais que formam o núcleo essencial do ordenamento. Uma das preocupações mais acentuadas do constituinte, inclusive por força dos antecedentes que visava superar, foi assegurar às pessoas, físicas e jurídicas, um espaço próprio de liberdade, preservado do arbítrio estatal. Daí a existência de direitos individuais invioláveis, que se encontram fora de poder de disposição dos poderes majoritários – quer da legislatura ordinária, quer do poder constituinte derivado (art. 60, § 4º, IV) –, sendo inclusive irrenunciáveis por seus titulares.

Também por isso, a atividade estatal não pode se justificar invocando um interesse público vago, supostamente superior em si mesmo e não relacionado de alguma forma com os interesses das pessoas. A imperatividade das ações estatais é importante para atender, em última análise, ao interesse das pessoas, e não por qualquer outra razão. E, em qualquer caso, a aplicação das normas imperativas estatais não pode desconsiderar o respeito aos direitos das pessoas. Mesmo o exemplo mais dramático dessa relação de subordinação, que é a aplicação, pelo Estado, da pena privativa de liberdade a um indivíduo, exige que se tenha observado previamente o devido processo legal, assegurando as garantias próprias do direito de defesa, e a própria prisão deve respeitar padrões mínimos previstos em lei para não ser considerada degradante.

---

e os Estados-membros ou entre esses e os Municípios. Nesses casos, a eventual prevalência da manifestação de um Poder ou de um ente federativo não decorre de uma relação de subordinação jurídica genérica, mas sim da divisão de atribuições estabelecida pela Constituição.

Cap. 1 – CONCEITOS PRELIMINARES 35

Em segundo lugar, as mudanças sociais, culturais e tecnológicas das últimas décadas passaram a exigir que o Estado, a fim de tentar promover fins considerados valiosos pela sociedade, tivesse que adotar novas formas de atuação, mais eficientes, e sem as formas rígidas próprias do tradicional regime de direito público. As transformações do Estado contemporâneo e, com ele, do direito público em geral, e do direito administrativo e regulatório em particular, deram origem, assim, a fenômenos diferenciados que mesclam, muitas vezes, elementos dos antigos regimes público e privado. A própria Constituição Federal de 1988 descreve atividades que o Estado deverá prestar como serviços públicos, mas que poderão ser exploradas pela iniciativa privada com o objetivo de lucro (é o caso de saúde, educação e previdência, por exemplo)[58]. Mesmo no âmbito dos serviços públicos de titularidade exclusivamente estatal, a Constituição confere ao legislador um espaço relativamente amplo de atuação, de modo que há serviços públicos prestados em regime amplamente concorrencial e privado por agentes delegados do Poder Público (*e.g.* telecomunicações).

De outro lado, também houve mudanças importantes no mundo do direito privado. Embora a liberdade e a autonomia da vontade continuem a ser elementos fundamentais para a atividade privada, já não são os únicos. O regime de direito privado também passou a sofrer restrições impostas por princípios como a igualdade material, os direitos fundamentais, a solidariedade social etc. Nas relações privadas continua a prevalecer, via de regra, o interesse particular, mas o exercício de atividades privadas não está imune à normatização e regulação do Estado, com o objetivo de impedir, por exemplo, que a desigualdade de fato entre as partes em determinada relação viole direitos básicos, e minimizar riscos que a atividade possa ter sobre a coletividade.

As normas imperativas existentes no âmbito do direito do trabalho – as chamadas normas de ordem pública – são um exemplo já clássico dessa releitura das relações privadas. O mesmo se diga das normas de ordem pública presentes nas relações de consumo, que simplesmente não podem ser afastadas pelas partes. Fenômeno similar se observa na regulação e fiscalização exercidas pelo Estado sobre as atividades econômicas privadas dotadas de repercussão social (*e.g.* atividade bancária e mercado de seguros). A própria Constituição associa ao direito de propriedade, por exemplo, embora um instituto clássico de direito privado, o dever de que ele seja empregado de acordo com a sua função social, de modo a gerar proveito não apenas para seu titular, mas também para a comunidade[59], e a legislação ampliou essa noção para o mecanismo mais usual do direito privado, que é o contrato[60].

Nesse sentido, admite-se, em alguma medida, a intervenção do Estado nos contratos privados, a fim de garantir maior equilíbrio entre as partes, assegurar a sua função social[61] e preservar direitos fundamentais. Admite-se inclusive os denominados *contratos coativos* pelos quais o Estado impõe à generalidade das pessoas, ou a determinados grupos, alguma espécie de contratação cujo objetivo é, em última análise, proteger seus próprios interesses, como é o caso dos diversos seguros obrigatórios previstos na legislação brasileira[62]. Embora os seguros obrigatórios continuem sendo contratos regidos sob o direito privado, a obrigatoriedade de sua contratação imposta por lei representa evidente restrição à liberdade de contratar própria do direito privado.

---

[58] CF/1988, arts. 199, 202 e 209.

[59] CF/1988, arts. 5º, XXIII, e 170, III.

[60] Giselda Hironaka. A função social do contrato. *Revista de Direito Civil, Imobiliário, Agrário e Empresarial* 45:141, 1988.

[61] Caio Mario da Silva Pereira. *Instituições de direito civil*, vol. III, 2007, p. 27-8; e Pablo Rentería. Considerações acerca do atual debate sobre princípio da função social do contrato. In: Maria Celina Bodin de Moraes (org.), *Princípios do direito civil contemporâneo*, 2006, p. 281.

[62] Com efeito, o Decreto-lei nº 73/1966, no seu art. 20, estabelece um rol não exaustivo dos seguros obrigatórios.

A lógica subjacente a tais obrigações alimenta-se do aumento exponencial dos riscos inerentes à atual dinâmica da sociedade: a massificação de determinadas atividades massifica igualmente os riscos a ela associados, e a interdependência das relações sociais potencializa o impacto social desses riscos. A intervenção do Estado, portanto, visa minimizar esses riscos, impondo uma forma de *prevenção obrigatória*. Uma casa que cai afeta uma família, mas um edifício que cai pode afetar centenas de pessoas[63]. Se fossem poucos os automóveis em circulação, eventuais acidentes teriam um impacto puramente individual, ainda que trágico, sobre as vítimas. O impacto social desses danos é totalmente diverso, uma vez que se tenha em conta a quantidade de veículos bem como a quantidade de pessoas transportadas, *e.g.*, em navios[64] e aviões. A alimentação de todos será prejudicada se o produtor rural não tiver condições de se recuperar de um ano especialmente ruim e desistir da atividade. Nesse contexto é que a lei impõe a obrigatoriedade de contratação de seguro, retirando da esfera de decisão do particular a opção de celebrar ou não o contrato.

Ou seja: a tradicional distinção entre direito público e direito privado continua relevante, mas há entre eles, hoje, um diálogo permanente que deve incorporar as novas premissas que decorrem da centralidade do indivíduo e de seus direitos no direito constitucional, bem como as novas preocupações inerentes às transformações do Estado contemporâneo.

Antes de concluir, uma pergunta parece importante: e as normas constitucionais? Seriam normas de direito público ou de direito privado? Na linha clássica, parece tranquilo posicionar o direito constitucional no campo do direito público. As normas constitucionais são imperativas, não podendo ser afastadas pela vontade das partes privadas ou mesmo dos agentes públicos, sendo certo que sua violação conduz a consequências da maior seriedade. Além disso, parte importante das normas constitucionais estrutura o Estado e define regras acerca do seu funcionamento, de modo que é natural a conexão do direito constitucional com outros ramos típicos do direito público, como o direito administrativo, o direito penal, o direito tributário e o direito processual.

Por outro lado, são as normas constitucionais que estabelecem e protegem – de forma imperativa, note-se – os fundamentos do direito privado: a liberdade em suas múltiplas manifestações, inclusive a liberdade de iniciativa, a autonomia da vontade, a dignidade e a igualdade. Também é o texto constitucional que consagra o indivíduo e seus direitos como centro do sistema jurídico e como fim último da atuação estatal, impondo limites, assim, às possibilidades de ação fornecidas pelo direito público.

1.9 NORMAS JURÍDICAS E NORMAS CONSTITUCIONAIS: CARACTERÍSTICAS

Apresentou-se aqui um conceito simplificado de norma jurídica, que cabe agora aprofundar um pouco mais. As normas jurídicas são comandos deontológicos, isto é, elas pretendem produzir determinado efeito no mundo dos fatos a partir do estabelecimento do que é permitido, proibido ou imposto em termos de condutas. Adicionalmente, e essa é a característica particular das normas jurídicas, se o destinatário do dever previsto pela norma o viola, isso ensejará alguma consequência (em geral, uma sanção) que poderá ser exigida por quem deveria se beneficiar do cumprimento da norma e afinal imposta (pela violência, se necessário) pelas

---

[63] Daí a instituição do seguro obrigatório de condomínio, previsto não só na alínea *g* do art. 20 do Decreto-lei nº 73/1966, como também no art. 13 da Lei nº 4.591/1964 (Lei dos Condomínios) e no art. 1.346 do Código Civil de 2002.

[64] Vale registrar a existência do DPEM – Seguro Obrigatório de Danos Pessoais Causados por Embarcações ou por sua carga, regulado pela Lei nº 8.374/1991, de que são partes os proprietários das embarcações e uma entre as sociedades seguradoras que atuem no mercado.

Cap. 1 – CONCEITOS PRELIMINARES **37**

instituições estatais (Judiciário e forças policiais). Esta característica é comumente identificada como imperatividade ou coatividade.

É fácil perceber que há, aqui, quatro conjuntos de pessoas e/ou instituições potencialmente envolvidas na dinâmica das normas jurídicas: (i) quem as elabora, (ii) os destinatários dos deveres impostos pelas normas, (iii) os beneficiários desses deveres, e (iv) as instituições estatais encarregadas de garantir que elas sejam, afinal, cumpridas, ou que, pelo menos, as consequências previstas pelo seu descumprimento sejam aplicadas. Alguns exemplos ilustram diferentes nuances do ponto.

O dispositivo legal que qualifica como abusivas as multas moratórias superiores a 2% nos contratos de financiamento (Lei nº 8.078/1990, art. 52, § 1º) garante ao mutuário que vá ao Judiciário e obtenha a redução forçada da multa eventualmente fixada em níveis superiores ao permitido em lei. A norma penal que trata do homicídio, por seu turno, funciona de forma ligeiramente diversa. O comando destina-se a todos – o dever de não matar aplica-se a todos – e, simultaneamente, todos são seus beneficiários, já que se trata de preservar a vida em geral. Imagine-se, porém, que um indivíduo de fato mata outro. No sistema brasileiro, o beneficiário dessa norma é a sociedade como um todo (e não apenas, ou mesmo particularmente, a família da vítima, por exemplo), e caberá ao Ministério Público ajuizar a ação penal pública com o objetivo de condenar o acusado às penas legais. Outras normas, de forma diversa, preveem que o seu descumprimento terá como consequência a invalidade de determinados atos, como no caso das nulidades.

A questão do que pode ou não ser exigido diante do descumprimento da norma – tema da eficácia jurídica – será examinada de forma mais detida adiante. Por enquanto, o que se quer é apenas apresentar o funcionamento geral das normas jurídicas para, nesse contexto, tratar de forma específica das normas constitucionais.

A elaboração de Constituições tornou-se um traço marcante da política europeia continental e latino-americana ao longo dos séculos XVIII, XIX e XX[65]. Nada obstante, embora suas normas fossem nominalmente comandos jurídicos, elas não eram efetivamente consideradas normativas no sentido descrito anteriormente, ao menos até as últimas décadas do século XX. Com exceções pontuais[66], as normas constitucionais não gozavam de imperatividade e coatividade: diante do eventual descumprimento de seu conteúdo pelos poderes públicos, por exemplo (seus principais destinatários), não havia mecanismos capazes de garantir que elas fossem cumpridas.

O que eram as Constituições então? No geral, a elas se atribuía um papel predominantemente político – e não predominantemente jurídico –, de veicular proclamações e conselhos, cabendo aos poderes públicos desenvolvê-los: mas essas proclamações ou conselhos não os obrigavam ou limitavam de nenhuma forma relevante, nem ensejavam mecanismos de controle para garantir sua observância.

Em parte, a questão da normatividade/imperatividade/coatividade das normas constitucionais esteve e está diretamente relacionada a quem poderia impor seu cumprimento e como poderia fazê-lo. E isso porque, uma vez que parte importante das normas constitucionais se

---

[65] A Constituição norte-americana, também do século XVIII, apresenta-se como um fenômeno particular, tanto por conta da natureza sintética do texto, quanto porque desde 1804 admitiu-se o controle de constitucionalidade das normas em face da Constituição, embora ele tenha sido pouco utilizado ao longo dos 150 anos seguintes.

[66] O *habeas corpus*, frequentemente previsto nos textos constitucionais, é uma exceção relevante nesse contexto. Também garantias trabalhistas – que impunham deveres aos empregadores privados – tinham maior chance de ser exigidas judicialmente. Já no século XX, nos Estados federais, o controle de constitucionalidade passou a ser relevante na acomodação entre poderes central e local.

dirige ao próprio Estado, trata-se de saber quem poderá impor seu cumprimento aos poderes públicos, particularmente ao Executivo e ao Legislativo, e como isso será feito. A resposta que nas últimas décadas se tornou corrente ao aspecto do *quem* da pergunta é a de que cabe ao Judiciário impor o cumprimento das normas constitucionais, mas é preciso lembrar que essa opção foi considerada inadequada do ponto de vista democrático durante muitas décadas e em muitos lugares[67].

De fato, em muitos países da Europa, a opção por uma Constituição não normativa não tinha por objetivo, propriamente, esvaziar ou tornar pouco relevantes as normas constitucionais, mas decorria, na realidade, de uma concepção democrática que atribuía supremacia ao Poder Legislativo e que compreendia a separação dos Poderes de forma bastante rígida. Nesse contexto, a opção real era por não atribuir a um órgão não eleito (o Judiciário) o poder de rever as decisões de órgãos eleitos (particularmente do Legislativo), que seriam os intérpretes máximos e finais da Constituição.

É certo que em outros lugares do mundo, sobretudo nos regimes autoritários latino-americanos, a falta de imperatividade da Constituição tinha pouca relação com uma concepção democrática acerca do livre exercício dos representantes do povo. A Constituição acabou sendo utilizada como disfarce retórico e simbólico: seus comandos tratavam de assegurar direitos, liberdades e prerrogativas que não apenas não eram reais, como não tinham qualquer perspectiva de se tornarem reais em algum momento.

Esse quadro, porém, sofreu uma alteração considerável nas últimas décadas e, no Brasil, o marco histórico relevante é a promulgação da Constituição de 1988. A partir da redemocratização do País e da edição do novo texto constitucional, passou-se a discutir e finalmente a considerar as normas constitucionais como normas jurídicas de verdade, compartilhando com elas, portanto, de suas características de imperatividade e coatividade. Passou a ser possível – e cada vez mais frequente – invocarem-se normas constitucionais perante o Poder Judiciário em defesa de pretensões as mais diversas, de tal modo que o aparato estatal pode agora ser utilizado para garantir o cumprimento das normas constitucionais, assim como já fazia com as normas jurídicas em geral.

O reconhecimento de normatividade real – isto é: de imperatividade/coatividade – às normas constitucionais significa que estas têm agora, ou devem ter, os mesmos atributos que as normas jurídicas em geral têm no sistema jurídico. A verdade, porém, é que para além de compartilharem os traços próprios das demais normas jurídicas, as normas constitucionais exibem ainda características próprias que não podem ser ignoradas. Até porque, essas características serão da maior relevância quando se for discutir não apenas *quem* poderá impor seu cumprimento, mas também *como* isso de fato poderá ser levado a cabo.

Como referido anteriormente, as normas jurídicas pretendem produzir determinados efeitos (1), permitindo, proibindo ou impondo condutas (2) aos destinatários da norma (3). Além disso, seu descumprimento deverá ensejar consequências (4) que poderão ser exigidas pelos beneficiários da norma (5). Nesse sentido, a imperatividade das normas constitucionais passará necessariamente pela identificação de todos esses elementos em relação a cada uma delas: os efeitos que ela pretende produzir, as condutas concretas envolvidas, os destinatários da norma, seus beneficiários e o que exatamente eles poderão exigir – isto é: as consequências – caso as normas sejam descumpridas. As características próprias das normas constitucionais terão impacto inevitável em cada etapa.

---

[67] Na obra Hans Kelsen. *Jurisdição constitucional*, 2007, existe um capítulo dedicado a responder à pergunta "Quem deve ser o guardião da Constituição?".

Cap. 1 – CONCEITOS PRELIMINARES **39**

A primeira característica própria das normas constitucionais envolve sua superioridade hierárquica[68]. Assumida como premissa uma Constituição rígida, como é o caso da Constituição brasileira de 1988 e da maior parte das Constituições do Ocidente, tem-se que as normas constitucionais são hierarquicamente superiores às demais. Do ponto de vista técnico-jurídico, a rigidez, da qual decorre a superioridade hierárquica, significa que a alteração da Constituição exige um procedimento mais complexo – de iniciativa, quórum etc. – do que aquele exigido para a elaboração das normas ordinárias. Ora, uma vez que as Constituições sejam hierarquicamente superiores e dotadas de imperatividade, uma de suas funções será servir de parâmetro de validade para as demais normas e atos do Poder Público. A consequência, no caso de as demais normas e atos serem incompatíveis com o que dispõem as normas constitucionais, já é bem estabelecida, embora admita múltiplas complexidades: elas serão inconstitucionais.

A superioridade hierárquica de que gozam as normas constitucionais envolve desde logo duas dimensões distintas. A primeira dimensão é material: as normas constitucionais garantem direitos, estabelecem limites ao poder estatal, fixam obrigações, e o eventual descumprimento dessas previsões por quem deveria observá-las acarretará inconstitucionalidade material. Além disso, porém, as normas constitucionais disciplinam também como o Estado poderá editar normas e praticar atos e quem, no âmbito do Estado, poderá fazê-lo. No caso de um Estado federal, como o Brasil, essas normas constitucionais envolvem a divisão de competências entre os entes federativos – isto é: quem pode fazer o quê –, a divisão de atribuições entre os Poderes – o que cabe a cada Poder fazer dentro de cada ente federativo – e, no caso particular das normas, a Constituição prevê também o processo que deve ser observado pelo Poder Legislativo para sua elaboração. O eventual descumprimento desse conjunto de previsões constitucionais conduzirá à inconstitucionalidade formal da norma ou ato eventual praticado em desconformidade com as formas previstas na Constituição.

Essa é uma característica particular das normas constitucionais porque envolverá uma série de reflexões acerca de sua interpretação e aplicação, e da identificação daqueles vários elementos já mencionados, que não é típica da interpretação e aplicação das demais normas jurídicas que, em geral, incidem sobre as hipóteses fáticas descritas em seus comandos, e não sobre outras normas ou sobre a forma como outras normas são elaboradas[69]. Apenas um exemplo ilustra o ponto, sob a perspectiva da superioridade material.

A Constituição de 1988 consagrou a igualdade entre homem e mulher dentro do casamento[70]. O Código Civil de 1916, então vigente, continha várias disposições consagrando regras diferentes para marido e mulher, sendo um deles o chamado regime de bens reservados da mulher[71]. Pois bem: durante muito tempo discutiu-se qual seria o efeito pretendido pela norma constitucional relativamente à figura: (i) ela teria sido revogada/não recepcionada pela Constituição? (ii) Ela não teria sido afetada pela nova Constituição, já que seu objetivo era proteger a mulher e tal proteção diferenciada continuava a se justificar? Ou (iii) A figura dos bens reservados poderia ser mantida como válida se pudesse ser aplicada aos homens também? O Código Civil de 2002 extinguiu a figura e encerrou a discussão.

---

[68] Embora seja cada vez menos frequente, vale lembrar que existem lugares nos quais as Constituições ou seus equivalentes não são dotadas de superioridade hierárquica (Constituições flexíveis) tendo, do ponto de vista técnico-jurídico, a mesma hierarquia da legislação em geral.

[69] É verdade que as leis também servem de parâmetro de validade para os atos infralegais que as regulamentam: se eles violarem o que dispõe a lei, serão ilegais, de modo que a lógica é similar. A centralidade da Constituição e sua repercussão sobre o todo o sistema jurídico atribuem uma relevância muito maior a esse papel no caso das normas constitucionais.

[70] CF/1988, art. 226, § 5º: "Os direitos e deveres referentes à sociedade conjugal são exercidos igualmente pelo homem e pela mulher."

[71] Código Civil de 1916, art. 246.

Por fim, a superioridade das normas constitucionais envolve, ainda, um outro debate relevante que diz respeito à sua incidência sobre as relações privadas: em que medida normas constitucionais afetam ou não relações puramente privadas, firmadas com base na liberdade e na autonomia da vontade? O ponto foi rapidamente mencionado anteriormente, quando se tratou das distinções e aproximações entre direito público e privado.

Uma segunda característica particular das normas constitucionais é o seu caráter marcadamente político. E a ela se liga uma terceira, que é o conteúdo específico das normas constitucionais: ambas podem ser discutidas em conjunto.

Toda norma jurídica tem, por natural, uma origem e um caráter políticos em certo sentido. Em primeiro lugar, em algum momento a norma não existia e começou-se então a discutir, na esfera política, a conveniência ou não de sua edição, bem como seus termos. Mesmo que já existisse como norma social, atribuir-lhe o *status* de jurídica foi objeto de debate político em algum momento. Em segundo lugar, tais debates acabaram por existir porque a questão da qual a norma trata é, em alguma medida, socialmente relevante e, portanto, política.

Sem prejuízo do que se acaba de afirmar acerca das normas jurídicas em geral, as normas constitucionais destacam-se nesse particular por um caráter político e diferenciado, e isso por várias razões. *Em primeiro lugar*, uma Constituição, quando editada, é o instrumento no qual são transformadas em jurídicas decisões tomadas pelo poder constituinte originário. E o poder constituinte originário é uma manifestação de poder político soberano que tem a pretensão de romper com a ordem jurídica anterior, e inclusive com as estruturas estatais existentes, para substituí-las por outras. Trata-se de um momento extraordinário na vida política dos povos, e não da rotina política ordinária na qual novas leis são elaboradas, as anteriores são revogadas, e atos são praticados, tudo dentro de um quadro predefinido pelo sistema jurídico-político existente. O poder constituinte, diversamente, pretende justamente alterar esse quadro predefinido.

Em segundo lugar, e em decorrência de ser a obra do poder constituinte originário, as normas constitucionais se ocupam exatamente de organizar, limitar e direcionar o próprio exercício do poder político, principalmente pelo Estado, mas também por outras instâncias de poder social. Não se trata, assim, de tais normas terem apenas uma origem política – como as normas jurídicas em geral – mas de seu conteúdo se ocupar da dinâmica do fenômeno político em si. Assim, as normas constitucionais vão prever como os Poderes estatais devem funcionar, bem como seus limites. Essa particularidade exigirá novos desenvolvimentos para a metodologia de interpretação e aplicação das normas jurídicas.

Com efeito, interpretar e aplicar a norma relativa ao contrato de compra e venda, que determina que o vendedor deve entregar o bem adquirido ao comprador no prazo ajustado, não será equiparável a interpretar a disposição constitucional que prevê, por exemplo, que os Estados devem organizar Defensorias Públicas, para o que são necessárias a edição de leis, a prática de um conjunto de atos administrativos e a alocação de recursos anualmente no orçamento estadual.

Em terceiro lugar, as normas constitucionais se ocupam tradicionalmente de consagrar e garantir direitos fundamentais. Embora alguns aspectos de determinados direitos possam ser razoavelmente consensuais, é certo que a compreensão dos direitos é um tema profundamente marcado pelo pluralismo político, filosófico e ideológico. Liberdade, igualdade, dignidade, por exemplo, estão longe de significar as mesmas coisas para todos, assim como são disputados politicamente os modelos de convivência entre os direitos. É inevitável que essas diferentes concepções políticas acabem repercutindo sobre a interpretação e aplicação das normas constitucionais de direitos fundamentais.

Esse conteúdo marcadamente político acaba, como se viu, conferindo às normas constitucionais um conteúdo específico, diverso em boa medida das demais normas jurídicas. Em vez

Cap. 1 – CONCEITOS PRELIMINARES **41**

de disposições claramente prescritivas, a Constituição contém uma quantidade importante de normas que preveem que determinadas estruturas estatais devem ser organizadas (normas de organização) e que políticas públicas devem ser desenvolvidas com vistas a promover determinados fins (normas programáticas), ou ainda indica metas, vale-se amplamente de princípios, sem fixar as condutas necessárias para sua realização, nem estabelecer as sanções aplicáveis para o caso de descumprimento. Essas características, novamente, exigirão um especial esforço do intérprete constitucional no exercício da jurisdição constitucional.

Uma última característica, que se relaciona com as duas anteriores, diz respeito à natureza da linguagem empregada pelas normas constitucionais. Além da natureza política e do conteúdo específico das normas constitucionais, é particularmente frequente nas Constituições a utilização de conceitos relativamente indeterminados, expressões vagas ou de forte conteúdo valorativo que, como referido anteriormente, abrem-se a múltiplas significações. Assim, por exemplo, a Constituição de 1988 prevê que as programações de rádio e TV devem observar o respeito aos valores éticos e sociais da pessoa e da família (art. 221, IV): parece evidente que esse é um conceito aberto que tanto admitirá conteúdos diversos ao longo do tempo, quanto diferentes grupos, em um mesmo momento histórico, poderão ter visões diversas acerca do seu sentido e alcance.

Na mesma linha, a utilização de elementos valorativos na indicação de princípios – como justiça social, solidariedade, moralidade, dignidade etc. – acabam trazendo para a interpretação e aplicação da Constituição boa parte do debate filosófico existente em torno dessas noções. De um lado, esses elementos são relativamente indeterminados, já que cada concepção política, filosófica e ideológica lhe completará de sentido. De outra parte, diferentemente de uma conduta que ou bem foi realizada ou não, cada um desses elementos sempre poderá ser realizado de forma mais ampla e abrangente. Na linha do que já se registrou acerca dos princípios, eles veiculam comandos de otimização que podem sempre ser maximizados, ao mesmo tempo em que precisarão conviver com outros princípios também previstos constitucionalmente.

Antes de concluir este tópico, cabe fazer um comentário que parece importante. Por vezes, essas características das normas constitucionais são descritas como um "problema" ou algo que "atrapalharia" sua juridicidade, pois trariam maior dificuldade para atribuir-lhe imperatividade. Se é verdade que de fato as características particulares das normas constitucionais suscitam desafios para a construção de sua imperatividade, desafios a serem enfrentados pela teoria constitucional, é certo também que essas características são naturais em uma Constituição que organize um regime democrático. Não se trata, portanto, de um equívoco do poder constituinte originário, mas de uma opção consciente e que desempenha um papel importante na convivência entre Constituição e democracia ao longo do tempo.

Em primeiro lugar, a Constituição não tem a pretensão de esgotar todas as decisões políticas relevantes de uma sociedade, e nem deve ser interpretada nesse sentido. Como referido anteriormente, ao mesmo tempo em que consagra conteúdos mínimos que deverão ser respeitados por qualquer maioria, a Constituição garante justamente o pluralismo político e o funcionamento do regime democrático, isto é: a rotina política na qual os poderes constituídos desenvolvem seus projetos, que naturalmente variam no tempo e em função das concepções majoritárias em cada momento histórico.

Além disso, e em segundo lugar, a Constituição tem igualmente uma vocação de permanência: conceitos indeterminados conferem maior abertura ao texto para adaptar-se às circunstâncias mutantes da realidade, permitindo também que, respeitados determinados limites mínimos, diferentes visões políticas se identifiquem com eles e defendam suas concepções de sentido e alcance para esses conceitos. Explica-se melhor.

As Constituições, como já referido, valem-se de princípios e regras, e em seus enunciados de conceitos indeterminados e de outros mais precisos e desde logo especificados. Já se registrou, e afora outras sutilezas teóricas[72], que uma das principais particularidades das normas-princípios está em que elas indicam um fim político a ser alcançado ou um valor a ser preservado, como é o caso da dignidade da pessoa humana, da livre-iniciativa e da função social do contrato, por exemplo. As regras, por sua vez, limitam-se a traçar uma conduta; a questão relativa a valores ou a fins públicos já foi objeto de deliberação pelo legislador e não vem explicitada na norma. Daí ser possível afirmar que regras são descritivas de conduta, ao passo que princípios são valorativos ou finalísticos.

A decisão do constituinte de empregar princípios ou regras em cada caso, porém, não é aleatória ou meramente caprichosa. Ela está associada às diferentes funções que essas duas espécies normativas podem desempenhar no texto constitucional, tendo em conta a intensidade de limitação que se deseja impor aos Poderes constituídos. Ao utilizar a estrutura das regras, o constituinte cria condutas específicas, obrigatórias, e, consequentemente, limites claros à atuação dos poderes políticos. Os princípios, diversamente, indicam um sentido geral e demarcam um espaço dentro do qual as maiorias políticas poderão legitimamente fazer suas escolhas.

Essa característica dos princípios pode acarretar duas consequências. Por vezes, a abstração do fim ou estado ideal indicado pela norma dá ensejo a uma certa elasticidade ou indefinição do seu sentido. É o que acontece, *e.g.*, com a dignidade da pessoa humana, cuja definição varia, muitas vezes, em função das concepções políticas, filosóficas, ideológicas e religiosas do intérprete[73]. Ademais, ao empregar princípios para formular opções políticas, metas a serem alcançadas e valores a serem preservados e promovidos, a Constituição não escolhe os meios que devem ser empregados para preservar ou alcançar estes bens jurídicos. Mesmo porque, e esse é um ponto importante, frequentemente, meios variados podem ser adotados para alcançar o mesmo objetivo[74]. As regras, uma vez que descrevem condutas específicas desde logo, não ensejam essas particularidades.

Um exemplo ajuda a compreensão. A Constituição estabelece como fim a redução das desigualdades regionais (arts. 3º, III, e 170, VII) e é possível conceber meios variados de tentar realizá-lo. Cada grupo político, por certo, terá a sua proposta nesse particular, e todas serão igualmente legítimas do ponto de vista constitucional. Nada obstante, se uma política pública agravar, comprovadamente, a desigualdade das regiões do País, sem qualquer proveito para outros fins constitucionais, ela poderá ser impugnada por violar o fim estabelecido pelo princípio. Ou seja: o princípio constitucional demarca esse campo dentro do qual as maiorias podem formular suas opções; esse espaço é de fato amplo, mas não ilimitado.

Essa função diferenciada de princípios e regras repercute, por evidente, na interpretação das normas constitucionais. Não se pode, por meio da interpretação constitucional, subtrair do Legislativo a definição das políticas públicas específicas que irão realizar os fins constitucionais e aniquilar o espaço de deliberação democrática. Não é válido ao intérprete, a pretexto de interpretar um princípio constitucional, impor como juridicamente necessária a política pública que lhe parece mais conveniente, sobretudo quando contravenha regra legal. O intérprete não tem legitimidade para impor suas convicções pessoais sobre a sociedade. Se há uma variedade de políticas possíveis e legítimas que realizam o princípio, sua definição depende de uma decisão majoritária, e não de uma decisão supostamente jurídica.

Em resumo: as normas constitucionais são hoje consideradas normas jurídicas dotadas de imperatividade, compartilhando, com as normas jurídicas em geral, suas características básicas. Adicionalmente, porém, as normas constitucionais exibem traços particulares que

---

[72] V., entre outros: Humberto Ávila. *Teoria dos princípios*, 2003.

[73] Ana Paula de Barcellos. *A eficácia jurídica das normas constitucionais e o princípio da dignidade da pessoa humana*, 2002, p. 103 e ss.

[74] Sobre o tema, v. Luís Roberto Barroso. *O direito constitucional e a efetividade de suas normas*, 2000, p. 116 e ss.

serão muito relevantes para a construção da sua própria imperatividade. Como se viu, essa construção envolve a identificação dos efeitos pretendidos pela norma, das condutas exigidas, dos destinatários e beneficiários, bem como da consequência exigível caso a norma não seja observada. Esse último aspecto inerente à normatividade – isto é: a consequência que será possível exigir judicialmente se necessário – é comumente denominado de eficácia jurídica. E é dele que se passa a tratar agora.

1.10 EFICÁCIA JURÍDICA E APLICABILIDADE

De acordo com as concepções contemporâneas sobre o assunto, e como já enunciado, o elemento essencial do direito, e da norma jurídica em particular, consiste na imperatividade dos efeitos propostos ou, dito de outro modo, na aplicação de seus efeitos ao mundo da realidade. Explica-se. O direito não é um fim em si mesmo, mas um instrumento de realização da pacificação, da justiça e de determinados valores escolhidos pela sociedade. A norma jurídica, portanto, pretende produzir algum efeito no mundo dos fatos, pretende ver-se aplicada; deseja moldar a realidade, alterá-la, modificá-la em alguma medida. Por evidente, não há necessidade de norma alguma para dizer o que já é ou o que não pode ser diferente.

A norma em geral, não apenas a jurídica, transita na seara da possibilidade e da liberdade, isto é: daquilo que é possível acontecer e do que o homem, no exercício de sua liberdade, pode decidir fazer. A nota de juridicidade vem com a capacidade de impor pela força, se necessário, a realização dos efeitos pretendidos pela norma[75] ou, ainda, de associar algum tipo de consequência ao descumprimento da norma, capaz de provocar, mesmo que substitutivamente, a realização do efeito normativo inicialmente previsto ou um seu equivalente[76].

Essa característica, típica de cada proposição jurídica[77], é designada *eficácia jurídica*, isto é: eficácia juridicamente qualificada. Por força dela tem-se que, desrespeitada uma norma, podem ser exigidas providências diante do Judiciário, instituição responsável por sua imposição coativa.

Essa particularidade é que distingue as normas jurídicas de todas as outras formas de proposições normativas, como as que habitam o universo da moralidade ou das convenções sociais. De acordo com a lógica de funcionamento do Estado de Direito, quando uma norma se torna jurídica, qualquer que tenha sido sua origem remota (*e.g.*, a religião, a moral ou a economia), seu cumprimento passa a ser obrigatório para todos – inclusive para o Poder Público –, o que requer todo um aparato estatal capaz de impor essa obediência, direta ou indiretamente, caso ela não seja obtida de forma voluntária.

Alguns exemplos serão úteis para esclarecer a ideia. Retome-se o exemplo já apresentado acerca do comando que considera abusivas as multas moratórias superiores a 2% nos contratos de financiamento (Lei nº 8.078/1990, art. 52, § 1º): a previsão garante ao mutuário a redução

---

[75] Karl Engish. *Introdução ao pensamento jurídico*. 6. ed., 1983, p. 27 e ss.; Norberto Bobbio. *Teoria do ordenamento jurídico*. 10. ed., 1997, p. 21-22; Giorgio Del Vecchio. *Lições de filosofia do direito*, 1979, p. 394 e ss.; e San Tiago Dantas. *Programa de Direito Civil* – parte geral, 1977, p. 57 e ss. Para uma visão das críticas formuladas por autores diversos à afirmação de que a coercibilidade é elemento essencial do direito, veja-se ainda, entre outros, Giorgio Del Vecchio. *Lições de filosofia do direito*, 1979, p. 395 e ss.

[76] Em algumas situações, simplesmente não é possível que o efeito originariamente pretendido pela norma se realize, ainda que com a intervenção da força. Os casos mais clássicos dessa limitação do ordenamento se referem ao descumprimento de obrigações personalíssimas, que só poderão ser substituídas pela reparação pecuniária. Situação totalmente peculiar é a do direito penal que, na maior parte dos casos, exceto nos crimes contra o patrimônio, não tem condições de oferecer uma forma coativa substitutiva dos efeitos da norma que não tenham sido observados. A sanção no direito penal tem natureza e função diversas.

[77] Isso é o que Karl Larenz qualifica como *ordenação de vigência* (v. Karl Larenz. *Metodologia da ciência do direito*. 2. ed., 1969, p. 214).

forçada pelo Poder Judiciário da multa eventualmente fixada em níveis superiores ao permitido em lei. A ordenação de vigência confere ao dispositivo que prevê, para determinados fins, a maioridade aos 18 anos, a capacidade de obrigar todos – juízes, administradores e particulares – a aceitar os efeitos por ela dispostos (em conjunto com outras disposições do ordenamento), como o que prevê a inimputabilidade do menor de 18 anos[78], impedindo o juiz de condenar um menor criminalmente.

O mesmo acontece com a norma que veda o enriquecimento sem causa. Nas hipóteses a que se aplica a chamada *teoria da imprevisão* – nas quais um fato superveniente imprevisível altera substancialmente a comutatividade da relação contratual em favor de uma das partes[79] –, não causa maior espécie que a imperatividade do comando obrigue a parte beneficiada a se conformar com a reorganização da relação jurídica levada a cabo pelo Poder Judiciário, de modo a impedir o enriquecimento sem causa de uma das partes em detrimento exclusivo da outra[80].

Não é diferente o que se passa com a boa-fé no âmbito da atuação do Poder Público – e chega-se, assim, a um exemplo de direito público. É corriqueiro o entendimento de que os particulares que se fiaram em atos posteriormente revogados pela Administração por conveniência e oportunidade deverão ter seus direitos preservados, ensejando até mesmo, se for o caso, a obrigação de indenizar por parte da Administração Pública[81].

É importante observar, em cada um dos quatro exemplos referidos, o efeito pretendido pelo dispositivo jurídico e a imperatividade a ele concedida pelo Direito, isto é, a capacidade de impor a realização desse efeito de forma coativa. No primeiro caso, o efeito pretendido é simples e está inteiramente contido em um mesmo comando: a multa moratória não pode ser superior a 2%. O Judiciário poderá obrigar qualquer renitente a cumprir tal disposição. No segundo exemplo – o da maioridade –, diversos efeitos associados à norma por conta de outras disposições do sistema poderão igualmente ser assegurados coativamente pelo Poder Judiciário, caso descumpridos: o processo penal no qual se venha a condenar menor poderá ser anulado, assim como as núpcias contraídas por menores sem autorização.

No terceiro caso, cuida-se de uma espécie de norma cujo objetivo é que ninguém venha a enriquecer sem uma justa causa. Embora o efeito por ela pretendido, diferentemente dos casos antes referidos, seja capaz de abranger um conjunto heterogêneo de situações, também aqui o meio de assegurar o que a norma pretendia foi obrigar o favorecido – por meio da intervenção do Judiciário – a renunciar àqueles benefícios injustificados, de forma a retomar o equilíbrio da relação jurídica. Ou, por outro lado, conceder ao prejudicado o direito de exigir judicialmente o reequilíbrio do ajuste.

Por fim, no último exemplo, o que se pretende é que a Administração Pública se conduza com boa-fé, de modo que os administrados não sejam surpreendidos e possam agir confiados nas ações do Poder Público. A fórmula para garantir esse efeito final, construída pela doutrina e jurisprudência, é assegurar que os particulares que se envolveram em relações jurídicas confiados na ação da Administração não sofram prejuízos, nem tenham sua situação alterada, ainda que o Poder Público efetivamente venha a revogar o ato que deu ensejo à formação de tais relações.

Convém, portanto, deixar esse ponto sublinhado. A imperatividade dos efeitos pretendidos é o que caracteriza essencialmente, e distingue, as normas *jurídicas* das demais normas

---

[78] No caso, inclusive, uma norma constitucional: Constituição Federal, art. 228.

[79] Código Civil 2002, Art. 317: "Quando, por motivos imprevisíveis, sobrevier desproporção manifesta entre o valor da prestação devida e o do momento de sua execução, poderá o juiz corrigi-lo, a pedido da parte, de modo que assegure, quanto possível, o valor real da prestação."

[80] Observe-se, a rigor técnico, que embora a vedação do enriquecimento sem causa oriente a solução do problema, há, na hipótese, uma causa contratual.

[81] Celso Antônio Bandeira de Mello. Contrato administrativo: fundamentos da preservação do equilíbrio econômico financeiro. *Revista de Direito Administrativo* 211:22, 1998.

sociais. As normas jurídicas não são conselhos, recomendações, indicações ou lembretes: sua observância é obrigatória, imperativa. Mas o Direito não confia apenas na boa disposição dos destinatários de obedecerem a suas normas: para garantir a imperatividade, existe a sindicabilidade, isto é, a possibilidade de exigir, por meios violentos, se necessário, o cumprimento das normas. E se a Constituição é uma norma jurídica, imperatividade e sindicabilidade são notas que caracterizam seus dispositivos.

Dos exemplos descritos anteriormente, porém, já se pode perceber que, embora as noções de imperatividade e sindicabilidade sejam, em abstrato, relativamente simples, sua operação prática pode ensejar um conjunto de complexidades. Os efeitos pretendidos pelas normas nem sempre são claramente percebidos da leitura do enunciado normativo. Muitas vezes, é preciso perquirir o sistema jurídico como um todo, levar em conta considerações de fato e até valorativas ou ideológicas. Ademais, a realização dos efeitos pretendidos pelas normas pode justificar uma variedade de condutas.

Essas são questões importantes sobretudo quando se trata de disposições constitucionais e, em particular, quando o objeto de estudo são os princípios constitucionais. Até porque, as noções de imperatividade e coatividade foram formuladas, tradicionalmente, tendo em conta a estrutura das regras. A normatividade dos princípios, hoje reconhecida amplamente pela doutrina, tem exigido, no entanto, a construção de uma dogmática específica, que seja capaz de atribuir imperatividade e coatividade também aos efeitos pretendidos por essa espécie normativa. Aprofunde-se então a questão.

Eficácia jurídica, como discutido anteriormente, vem a ser a consequência jurídica que se poderá exigir, judicialmente se necessário, caso a norma não seja cumprida. Ora, o natural seria que se pudesse exigir diante do Poder Judiciário exatamente aquele resultado que a norma pretende produzir e que, por qualquer razão, não veio a acontecer espontaneamente. Bastaria, assim, identificar o efeito pretendido pela norma e solicitar ao Judiciário que o produzisse no mundo dos fatos, coativamente.

Embora essa seja a situação normal, nem sempre o ordenamento jurídico atribui essa espécie de eficácia jurídica ao efeito pretendido por determinado enunciado normativo. Se alguém vendeu um bem, entregou e, vencendo-se o prazo para pagamento, não recebeu do comprador o preço, bastará à parte pedir ao Judiciário que obrigue o comprador a pagá-lo. Em outros casos, todavia, o ordenamento cria formas de eficácia jurídica específicas ou adiciona a essa eficácia normal outras modalidades diversas, como acontece, *e.g.*, com a possibilidade de responsabilização da autoridade que não oferece ou oferece irregularmente ensino fundamental gratuito (CF, art. 208, § 2º).

Na verdade, a observação demonstra que a ordem jurídica associa aos enunciados uma variedade de modalidades de eficácia jurídica, algumas delas desenvolvidas pela doutrina e jurisprudência e outras criadas de forma específica pelo direito positivo. Não há uma razão única para esse fenômeno.

A complexidade da vida e das construções e relações humanas repercute, como é natural, no direito, que também vai desenvolvendo formas cada vez mais complexas. Quando alguém comete um assassinato, simplesmente não é possível imaginar que o efeito pretendido pelo dispositivo – de que ninguém fosse morto – possa vir a ser produzido por imposição do Judiciário. Será preciso associar algum outro tipo de eficácia jurídica em reação ao descumprimento do preceito. O enunciado normativo não quer que menores se casem sem a autorização de seus pais ou responsáveis. Mas se eles o fazem, o tempo passa, nascem filhos, que se há de fazer? Determinar, a qualquer tempo, que tudo seja desfeito? Não parece razoável. Há, entretanto, razões menos nobres responsáveis pela circunstância de algumas modalidades de eficácia jurídica serem associadas a determinadas disposições e não a outras, como o preconceito, as opções ideológicas travestidas de técnica e a acomodação dogmática.

Na sequência, serão apresentadas as principais modalidades de eficácia existentes no sistema jurídico brasileiro, sendo certo que várias delas foram desenvolvidas especificamente para o fim de potencializar a imperatividade dos princípios constitucionais. Embora elas não compartilhem de uma natureza única, é possível ordená-las de acordo com um critério hierárquico, cujo ponto mais alto será ocupado por aquela mais apta a produzir o efeito pretendido pelo dispositivo no âmbito da realidade – a modalidade de eficácia positiva ou simétrica, a primeira a ser apresentada –, decrescendo até a modalidade de eficácia mais indireta e débil.

1.10.1 Modalidades de eficácia jurídica

As modalidades de eficácia jurídica identificadas, e que serão objeto de exame a seguir, são as seguintes, em ordem decrescente de consistência: (a) perfeitamente simétrica ou positiva[82]; (b) nulidade; (c) ineficácia; (d) anulabilidade; (e) negativa; (f) vedativa do retrocesso; (g) penalidade; (h) interpretativa; e (i) outras. A seleção não é, por evidente, exaustiva, mas oferece um painel suficientemente vasto. Note-se, ainda, que é possível reconhecer a um dispositivo mais de uma modalidade de eficácia jurídica.

1.10.1.1 Modalidade de eficácia jurídica: simétrica ou positiva

Retomando os exemplos utilizados no capítulo anterior, pode-se verificar que, diante do comando que qualifica como abusivas as multas moratórias superiores a 2% nos contratos de financiamento (Lei nº 8.078/1990, art. 52, § 1º), o mutuário poderá pedir ao Judiciário a redução forçada da multa aos níveis autorizados por lei. Também a parte prejudicada por eventos imprevistos e imprevisíveis poderá solicitar ao Judiciário a reorganização da relação contratual, de modo a impedir o enriquecimento sem causa de uma das partes em detrimento exclusivo da outra, em consequência da aplicação da ideia de imprevisão (Lei nº 8.078/1990, art. 6º, V).

A espécie de eficácia jurídica associada a tais disposições, e a muitas outras, utiliza a fórmula de criar um direito subjetivo para aquele que seria beneficiado ou simplesmente atingido pela realização dos efeitos do comando normativo e não o foi, de modo que ele possa exigir judicialmente que os referidos efeitos se produzam. Esta é a regra geral em matéria de eficácia jurídica, como já se referiu, e essa modalidade denomina-se *positiva* ou *simétrica*.

Como é fácil perceber, na escala decrescente de consistência que se apresenta, a eficácia simétrica ou positiva ocupa a primeira colocação. Isso porque ela é a que mais eficazmente é capaz de produzir o efeito original desejado pelo enunciado normativo. Ora: se o Estado de direito pressupõe a capacidade de impor coativamente as determinações estabelecidas pela ordem jurídica, a eficácia simétrica ou positiva é o instrumento que melhor realiza esse desiderato. Exatamente por esse motivo é que ela deverá ser a eficácia associada, como regra, aos enunciados em geral, salvo quando haja razões consistentes em contrário.

1.10.1.2 Modalidade de eficácia jurídica: nulidade

A nulidade é uma das modalidades de eficácia jurídica criadas de forma específica pelo próprio direito positivo que opera no plano da validade[83] pela sua generalidade. Apresenta

---

[82] A expressão "simétrica" pretende identificar a situação de identidade, simetria, entre o conteúdo da eficácia jurídica – isto é: aquilo que se pode exigir judicialmente – e os efeitos pretendidos pela norma. A modalidade de eficácia jurídica simétrica descreve a perfeita identificação entre os efeitos desejados pela norma e a eficácia jurídica que lhe é reconhecida, na mesma imagem de dois triângulos simétricos opostos. Veja-se Luís Roberto Barroso. *Interpretação e aplicação da Constituição*. 6. ed., 2004, p. 377-378.

[83] Como se sabe, os atos jurídicos em geral são analisados em três planos distintos: a existência, a validade e a eficácia. As modalidades de eficácia aqui identificadas como nulidade, anulabilidade, negativa e vedativa

quase tanta consistência quanto a positiva ou simétrica, considerando sua aptidão para realizar o efeito normativo ou, como é o mais comum, para impedir a produção de um efeito indesejado por comandos normativos[84].

Nos exemplos utilizados, o efeito pretendido pelo comando civil é, *e.g.*, que o menor não pratique atos sem representação. Ou ainda, no âmbito do direito administrativo, que apenas o agente competente possa praticar o ato administrativo, e ninguém mais. A modalidade de eficácia jurídica que possibilita exigir a declaração de nulidade do ato que viola o dispositivo impede-o, como consequência e em regra[85], de produzir efeitos válidos, de modo que o enunciado normativo e seu propósito permanecem preservados. A nulidade, entretanto, pressupõe a prática comissiva de um ato infrator; em geral, não se cogita da nulidade de ato omissivo, ainda que a omissão represente a violação do comando normativo. Sua capacidade de produzir o efeito normativo, por meio da interveniência do Judiciário, sofre nesse ponto uma limitação.

1.10.1.3 Modalidade de eficácia jurídica: ineficácia

A ordem jurídica autoriza, em determinadas situações, que simplesmente se possa ignorar a existência de atos praticados em desconformidade com ela, desconsiderando os efeitos que o ato porventura pretendesse produzir (trata-se aqui do plano da eficácia). Esse é o caso clássico, *e.g.*, das disposições que dispõem a respeito da fraude à execução[86]. Nesse caso, o exequente, verificados os requisitos objetivos previstos em lei, poderá exigir do Juízo que simplesmente ignore as consequências da alienação realizada em fraude à execução, de modo que, para os fins daquele processo judicial, tudo se passe como se não tivesse ocorrido qualquer alienação, independentemente da declaração de nulidade ou da anulação do ato.

O efeito do enunciado normativo, no caso, é, muito claramente, que o devedor não defraude o processo, alienando seu patrimônio e eximindo-se do cumprimento da obrigação reconhecida judicialmente. A ineficácia, portanto, é uma modalidade de eficácia jurídica bastante capaz de fazer produzir o efeito normativo original. Nada obstante, assim como a nulidade, ela não se adapta às infrações omissivas.

1.10.1.4 Modalidade de eficácia jurídica: anulabilidade

A anulabilidade, espécie de invalidade, também é uma das modalidades de eficácia jurídica previstas especificamente pelo direito positivo apta a impedir, ao menos em alguma medida, que o ato praticado contrariamente ao enunciado normativo produza efeitos. Isto é: o indivíduo prejudicado pela violação poderá solicitar ao Judiciário que anule o ato, o que, embora se passe no plano da validade, acarreta o desfazimento de suas consequências, de modo que os efeitos pretendidos pelo dispositivo sejam restabelecidos.

---

do retrocesso operam no plano da validade, isto é: são espécies de invalidade, mas repercutem, como é natural, sobre a eficácia do ato (tanto assim que parte da doutrina, embora identificando perfeitamente os três planos, distingue entre uma ineficácia genérica, na qual se inclui, como espécie, a invalidade, e a ineficácia propriamente dita). A modalidade de eficácia jurídica denominada por "ineficácia", sobre a qual se tratará adiante, desenvolve-se, efetivamente, no plano próprio da eficácia.

[84] Veja-se, sobre a nulidade, o Código Civil de 2002, arts. 166 a 170.

[85] A regra não é absoluta, já que há casos, excepcionais, em que atos nulos poderão produzir efeitos válidos, como no exemplo clássico do casamento. No campo do direito público, a Lei nº 9.868/1999 cuidou de criar nova modalidade dessa exceção, ao permitir, em seu art. 27, que a declaração de inconstitucionalidade em sede abstrata produza efeitos *ex nunc* ou a partir de outro momento a ser fixado pelo STF, preservando, assim, efeitos produzidos pelo ato inconstitucional, embora fenômeno similar se observe no âmbito de controle de constitucionalidade difuso e incidental. O tema será discutido na parte sobre controle de constitucionalidade.

[86] V. CPC/2015, art. 137.

Embora também seja capaz de impedir a prática de atos contrários ao propósito do enunciado, como as modalidades antes apresentadas, a anulabilidade é cercada de uma série de outras restrições, sobretudo, *e.g.*, em relação ao tempo durante o qual poderá ser suscitada antes de se considerar sanado o vício (em geral prazos relativamente curtos, comparados com os prazos prescricionais gerais[87]) e aos legitimados para suscitá-la (aí lembrando-se a impossibilidade de sua decretação de ofício[88]). O campo de atuação da anulabilidade também se restringe aos atos comissivos.

1.10.1.5 Modalidade de eficácia jurídica: negativa[89]

A modalidade de eficácia negativa é uma construção doutrinária especialmente relacionada com os princípios constitucionais. Na verdade, tanto a eficácia negativa como a vedativa do retrocesso e a interpretativa, sobre as quais se tratará adiante, são fruto de um esforço empreendido pela doutrina para expandir a capacidade normativa dessa espécie de enunciado normativo. A ideia era – e é – associar ao princípio modalidades de eficácia jurídica capazes, em alguma medida, de assegurar a realização do efeito por ele proposto[90].

A eficácia negativa autoriza que sejam declaradas inválidas todas as normas (em sentido amplo) ou atos que contravenham os efeitos pretendidos pelo enunciado[91]. É claro que para identificar se uma norma ou ato viola ou contraria os efeitos pretendidos pelo enunciado é preciso saber que efeitos são esses e, ainda, que condutas comissivas ou omissivas são necessárias para realizar tais efeitos. Ocorre que, como já se viu, os efeitos pretendidos pelos princípios são relativamente indeterminados a partir de um certo núcleo; é a existência desse núcleo, entretanto, que torna plenamente viável a modalidade de eficácia jurídica negativa. Um exemplo facilitará a compreensão.

Tome-se o princípio da dignidade da pessoa humana e imagine-se a situação totalmente insólita de uma lei estabelecendo que determinado grupo de pessoas não pode ser alfabetizado nem pode comprar ou alugar qualquer espécie de imóvel no território nacional. Desconsiderando-se outros princípios e regras constitucionais que também seriam violados, não há dúvida de que a eficácia negativa do princípio da dignidade da pessoa humana conduziria tal norma à invalidade. E por quê? Porque, de acordo com um consenso social bastante elementar[92], um enunciado desse teor afrontaria aspectos por demais básicos da dignidade humana. Como já ficou registrado anteriormente, a ideia do núcleo mínimo de efeitos se encontra subjacente à aplicação da eficácia negativa, generalizadamente aceita pela doutrina.

Também aqui, como já ocorria com a nulidade, com a ineficácia e com a anulabilidade, a modalidade de eficácia negativa pressupõe uma comissão: um ato, uma norma, alguma espécie de manifestação comissiva no mundo dos fatos, para que ela possa ser deflagrada. Contra a omissão que viola os efeitos do enunciado normativo, tal modalidade de eficácia é praticamente inócua.

---

[87] Veja-se o Código Civil, arts. 178, 179 e 206.

[88] Código Civil, art. 177. Compare-se com o art. 168, que trata das nulidades.

[89] A eficácia jurídica negativa é também uma forma de nulidade, mas que se apresenta em circunstâncias e com características diferenciadas.

[90] Paulo Bonavides. *Curso de direito constitucional*. 20. ed., 2006; Luís Roberto Barroso. *Interpretação e aplicação da Constituição*. 6. ed., 2004, p. 378-379; e Ruy Samuel Espíndola. *Conceito de princípios constitucionais*, 2002.

[91] No caso de inconstitucionalidade de outros enunciados, eles poderão ser considerados revogados ou não recepcionados, caso anteriores à promulgação da Constituição; no caso de a incompatibilidade com o princípio se operar em face de uma norma específica, ter-se-á sua não incidência, por invalidade. Sobre o tema, ver: Ana Paula de Barcellos. *Ponderação, racionalidade e atividade jurisdicional*, 2005, p. 220 e ss.

[92] Mais adiante se abordará a questão dos efeitos do princípio da dignidade da pessoa humana e de como determiná-los.

Cap. 1 – CONCEITOS PRELIMINARES **49**

1.10.1.6 Modalidade de eficácia jurídica: vedativa do retrocesso

A vedação do retrocesso é também uma criação doutrinária que diz respeito aos princípios, particularmente àqueles relacionados com os direitos fundamentais[93], podendo ser considerada uma derivação ou um aprofundamento da eficácia negativa (e, portanto, seu ofício desenvolve-se igualmente no plano da validade). Entretanto, ao contrário do que acontece com a eficácia negativa, já descrita, circula quanto à vedação do retrocesso alguma controvérsia, especialmente no que diz respeito à sua extensão[94]. Algumas observações serão úteis nesse particular.

A modalidade de eficácia jurídica denominada vedativa do retrocesso pressupõe que os princípios constitucionais que cuidam de direitos fundamentais – ou, ao menos, de boa parte deles – devem ser concretizados por meio de regulamentação infraconstitucional. Isto é: os efeitos que pretendem produzir são especificados por meio da legislação ordinária. Além disso, pressupõe também, com base no direito constitucional em vigor, que dois dos efeitos gerais pretendidos por tais princípios são: (i) a aplicação imediata e/ou a efetividade dos direitos fundamentais; e (ii) a progressiva ampliação de tais direitos fundamentais (art. 5º, §§ 1º e 2º).

Partindo desses pressupostos, o que a eficácia vedativa do retrocesso propõe se possa exigir do Judiciário é a invalidade da revogação dos enunciados que, regulamentando o princípio constitucional, ensejaram a aplicação e a fruição dos direitos fundamentais ou os ampliaram, toda vez que tal revogação não seja acompanhada de uma política substitutiva. Isto é: a invalidade, por inconstitucionalidade, ocorrerá quando se revogarem as disposições infraconstitucionais descritas, deixando um vazio em seu lugar. A ideia é que a revogação de um direito, já incorporado como efeito próprio do princípio constitucional, o esvazia e viola, tratando-se, portanto, de uma ação inconstitucional[95]. Aprofunde-se a questão.

O legislador está vinculado aos propósitos da Constituição, externados principalmente por meio de seus princípios, não podendo dispor de forma contrária ao que determinam. Assim, ainda que não se possa exigir judicialmente que o legislador regulamente o princípio, a fim de realizar seus objetivos, pode-se legitimamente pretender que o legislativo, poder constituído, não contravenha os fins constitucionais. Esta é a modalidade de eficácia negativa.

Imagine-se, entretanto, que haja uma disposição infraconstitucional regulamentando o princípio constitucional, de modo que ele possa enfim aplicar-se diretamente ao mundo dos fatos. Poderá o legislador simplesmente revogá-la sem criar qualquer outro mecanismo substitutivo, deixando um vazio no lugar do comando anteriormente existente? Ou seja: poderá o legislador dar um passo atrás em relação aos objetivos constitucionais?

Não se trata, é bom observar, da substituição de uma forma de atingir o fim constitucional por outra, que o novo legislativo entenda mais apropriada. A questão que se põe é a da revogação pura e simples da disposição infraconstitucional por meio da qual o legislador esvazia o comando constitucional, exatamente como se dispusesse contra ele diretamente, daí por que as consequências *hão de ser as mesmas nos dois casos*[96]. De toda sorte, também aqui, a eficácia jurídica só alcança as violações comissivas da norma, restando as omissivas, ainda uma vez, sem tutela própria. Antes de seguir adiante, cabe fazer uma nota.

---

[93] Luís Roberto Barroso. *Interpretação e aplicação da Constituição*. 6. ed., 2004, p. 379-80; José Vicente dos Santos Mendonça. Vedação do retrocesso: o que é e como perder o medo. *Revista de Direito da Associação dos Procuradores do Novo Estado do Rio de Janeiro* XII:205-36, 2003; e Felipe Derbli. *O princípio da proibição do retrocesso social na Constituição de 1988*, 2006.

[94] Para uma visão crítica dessa construção, confira-se José Carlos Vieira de Andrade. *Os direitos fundamentais na Constituição portuguesa de 1976*. 1998, p. 307-311.

[95] J. J. Gomes Canotilho. *Direito constitucional e teoria da Constituição*. 3. ed. 1997, p. 327.

[96] Cármen Lúcia Antunes Rocha. O princípio da dignidade da pessoa humana e a exclusão social. *Revista Interesse Público*. v. 4, n. 41, 1999.

O fenômeno que se acaba de descrever, e que desencadearia a aplicação da vedação do retrocesso, pode ser bastante incomum na prática política dos Estados democráticos. Com efeito, uma proposta pretendendo, *e.g.*, a revogação integral do Código de Defesa do Consumidor (Lei nº 8.078/1990) – de modo a esvaziar o que dispõe o art. 5º, XXXII, da Constituição – parece bastante implausível. No mais das vezes, o intérprete será confrontado com situações intermediárias: modificações na disciplina existente de um direito fundamental que, de algum modo, restringem a proteção por ele oferecida anteriormente. Aplicar-se-ia aqui a eficácia vedativa do retrocesso? O ponto é delicado e merece algumas considerações.

Ao regulamentar determinado direito fundamental, o legislador faz opções em função daquilo que lhe parece mais conveniente e necessário em face do momento histórico em que vive e do futuro próximo. Se se entender que a vedação do retrocesso impede qualquer tipo de restrição da regulamentação vigente, isso significará concluir que as opções concretas de determinado legislador não poderiam ser alteradas, salvo para ampliar o alcance do direito ou a proteção e as prerrogativas por ele conferidas. Isto é: a regulamentação concreta de um direito formaria, com a sua própria previsão constitucional, uma espécie de bloco de constitucionalidade, ao qual se reconheceria o *status* de uma cláusula pétrea ampliada, inviabilizando sua restrição. A conclusão parece problemática por alguns fundamentos.

Em primeiro lugar, seria implausível afirmar que a regulamentação dos direitos fundamentais a cargo do Legislador, sobretudo os veiculados pela Carta como princípios, admita apenas um conteúdo e uma forma em particular. Muito ao revés, até por conta das diversas concepções ideológicas, filosóficas e políticas que envolvem os direitos nas sociedades plurais, diferentes regulamentações podem ser validamente editadas. E se é assim, cristalizar em um bloco de constitucionalidade imutável determinada disciplina infraconstitucional de um direito fundamental parece indesejavelmente invasivo do espaço reservado à deliberação democrática e à manifestação do pluralismo político.

Com efeito, um dos temas mais relevantes e sensíveis do debate contemporâneo é justamente a construção do equilíbrio adequado entre o papel do constitucionalismo e a restrição que as Constituições rígidas impõem à deliberação democrática majoritária[97]. Esse debate é ainda mais grave em ambientes nos quais, como acontece no Brasil, os temas sob o comando da Constituição cresceram substancialmente nos últimos anos e, no mesmo ritmo, o espaço reservado ao intérprete constitucional.

Pois bem. Algumas conclusões já podem ser extraídas desse debate, ainda que provisórias, dentre as quais a seguinte: um dos fundamentos para a limitação imposta pelas Constituições às maiorias é, justamente, a consagração de determinados consensos mínimos de natureza material acerca dos direitos fundamentais[98], oponíveis a todos os grupos políticos em disputa, independentemente de suas convicções ideológicas particulares. Veja-se que, do ponto de vista teórico, a limitação justifica-se na medida em que constitui um *mínimo* que os grupos eleitoralmente vitoriosos deverão respeitar, e a partir do qual poderão desenvolver seus projetos políticos. Nesse contexto, uma aplicação excessivamente abrangente da eficácia vedativa do retrocesso mostra-se claramente inadequada. Há mais que isso, no entanto.

Considerando a dignidade da pessoa humana de forma integral e coletiva – isto é: os vários aspectos da dignidade de cada indivíduo e de todos eles em determinada sociedade –,

---

[97] Daniel Sarmento. Ubiquidade constitucional: os dois lados da moeda. *Revista de Direito do Estado 2*:83-118, 2006. O ponto será aprofundado em tópico próprio.

[98] Mesmo os procedimentalistas, ainda que por diferentes razões, admitem que a Constituição deverá consagrar determinados direitos substantivos, no mínimo para assegurar o funcionamento adequado do procedimento que propõem. V. Ana Paula de Barcellos. *Ponderação, racionalidade e atividade jurisdicional*, 2005, p. 245 e ss.

é equivocado imaginar que a proteção ampliada de um específico direito fundamental será sempre o meio adequado de promover e proteger a dignidade humana das pessoas. É provável que, em sociedades nas quais há mais mão de obra que empregos, o incremento progressivo dos direitos trabalhistas tenha como efeito a ampliação do mercado informal de trabalho (no qual direito algum é assegurado); que a ampla proteção de direitos da personalidade possa trazer prejuízos à liberdade de imprensa e ao controle social dos atos do poder público; que a ampliação de determinadas modalidades de assistência social possa gerar vínculos clientelistas, com prejuízos para a autonomia privada em geral dos beneficiados e a autonomia política em particular, e assim sucessivamente.

Além disso, a dignidade humana é um fenômeno complexo e o tratamento jurídico do tema deverá ter em conta esse elemento da realidade. A complexidade ocorre porque a dignidade de um mesmo indivíduo é integrada por uma variedade de aspectos que devem estar em equilíbrio. Ademais, ele *não está sozinho no mundo: a dignidade dos demais é também relevante em certa medida, bem como a das gerações futuras. Há ainda a alteração das* circunstâncias de fato, que em determinadas situações não poderá ser ignorada. Em suma: não é possível tratar o assunto de forma simplista.

Pois bem. Tendo em conta o ambiente que se acaba de descrever, a questão é: como lidar com a eficácia vedativa do retrocesso? De um lado, o "congelamento" de determinada regulamentação de um direito impõe uma limitação excessiva aos futuros grupos que chegarem a assumir o poder político. Além disso, a restrição de certo direito pode, razoavelmente, ter por objetivo a promoção de outros direitos, em outros cenários. Por outro lado, o esvaziamento puro e simples de qualquer regulamentação pode ser facilmente mascarado sob o manto de apenas uma "restrição" ao direito fundamental. Dito de outra forma: alguma regulamentação e a aplicabilidade do direito são mantidas apenas do ponto de vista retórico, mas, na realidade, a proteção mínima pretendida pela Constituição é transformada em palavrório sem conteúdo.

A questão, como se vê, não é simples. A despeito disso, e na tentativa de avançar um pouco mais na discussão, propõe-se aqui um teste que tem a ambição de tentar auxiliar na distinção entre iniciativas normativas válidas e inválidas em matéria de restrição de direitos fundamentais já regulamentados. Trata-se de um teste por meio do qual se pretende identificar em que circunstâncias a eficácia vedativa do retrocesso será aplicável, para além das hipóteses de revogação total de uma disciplina existente em matéria de direitos fundamentais. A ideia básica é confrontar a nova regulamentação com a garantia mínima que decorre da Constituição, e não propriamente com a disciplina já adotada pelo legislador infraconstitucional. O teste pode ser descrito nos termos a seguir.

Imagine-se o texto constitucional originalmente editado, e o direito fundamental por ele previsto, antes de qualquer regulamentação. Imagine-se agora a nova regulamentação pretendida para o direito: a que se encontra sob suspeita de restringir invalidamente a disciplina anterior. O teste que se propõe envolve o confronto da nova regulamentação com o texto constitucional diretamente, e não com a regulamentação porventura anteriormente existente. O teste é guiado pela seguinte questão: a nova disciplina pretendida é compatível com a garantia constitucional, tendo em conta o sentido em que ela é compreendida contemporaneamente[99]? Ou, dito de outro modo: a nova regulamentação realiza de forma minimamente adequada o bem jurídico tutelado

---

[99] Veja-se que o juízo de compatibilidade entre a nova regulamentação do direito e a Constituição não é puramente textual ou linguístico, mas também histórico e cultural. Isto é: trata-se de saber se a regulamentação que se pretende editar realiza adequadamente o direito, tendo em conta o sentido em que ele é compreendido no contexto da cultura do povo naquele determinado momento histórico.

pelo direito fundamental constitucionalmente previsto? A regulamentação pretendida garante a aplicabilidade real e efetiva – isto é: a fruição por seus destinatários – do direito constitucional? Se as respostas a tais perguntas puderem ser afirmativas, a nova regulamentação não poderá ser considerada inválida e a vedação do retrocesso não será aplicável. Se alguma dessas respostas, porém, for negativa, a invalidade parece ser a consequência *natural para o caso*.

Feita a nota sobre a vedação do retrocesso, cabe prosseguir. As seis primeiras modalidades de eficácia jurídica descritas anteriormente – simétrica ou positiva, nulidade, ineficácia, anulabilidade, negativa e vedativa do retrocesso – podem ser qualificadas como formas diretas de eficácia jurídica. Isto é: o que permitem exigir do Judiciário diz respeito diretamente ao efeito do enunciado normativo em questão: seja para produzi-lo coativamente, seja para impedir que atos contrários aos propósitos do dispositivo possam produzir efeitos.

As duas modalidades que seguem adiante – penalidade e interpretativa – são, de acordo com o mesmo critério, formas indiretas de eficácia jurídica, na medida em que as providências que, com fundamento nelas, se pode exigir judicialmente não se confundem com o efeito do enunciado, mas apenas contribuem, indiretamente, para que ele se realize. Por essa razão elas foram posicionadas ao final da lista apresentada, tendo em vista que sua capacidade de produzir o efeito normativo pretendido é consideravelmente mais limitada.

1.10.1.7 Modalidade de eficácia jurídica: penalidade

A forma mais primitiva de eficácia jurídica é a aplicação de uma penalidade ao agente que viola o comando normativo. A penalidade, é claro, não tem a capacidade de produzir o efeito pretendido pelo Direito; sua missão é influenciar a vontade do indivíduo responsável pelo cumprimento da norma para que, diante da ameaça ou da própria pena (prevenção geral ou especial, respectivamente), ele se motive a obedecê-la[100].

A penalidade é utilizada, em geral, como a modalidade reserva de eficácia jurídica, isto é: ela será empregada quando não seja possível aplicar nenhuma outra mais consistente. Atualmente, entretanto, embora se dê preferência à tutela específica sempre que isso seja viável, há uma tendência a cumular, com a concessão do bem da vida em si, uma punição, muitas vezes até mesmo a título de medida pedagógica contra o infrator, de modo que ele seja desestimulado a violar a norma outra vez[101].

De toda sorte, o fato é que há situações em que a penalidade continua a ser a única modalidade de eficácia jurídica aplicável, como acontece muitas vezes, *e.g.*, no direito penal. O próprio direito constitucional prevê espécies particulares de penalidades, como é o caso do *impeachment*.

1.10.1.8 Modalidade de eficácia jurídica: interpretativa

A eficácia interpretativa descreve, de forma simplificada, a possibilidade de exigir do Judiciário que os comandos normativos de hierarquia inferior sejam interpretados de acordo com os de hierarquia superior a que estão vinculados. Isso acontece, *e.g.*, entre leis e seus regulamentos e entre a Constituição e a ordem infraconstitucional como um todo. Não se trata apenas de verificar a validade da norma inferior em face da superior, mas de selecionar, dentre

---

[100] Hans Kelsen. *Teoria geral do direito e do estado*, 1998, p. 71-72.

[101] A aplicação de penalidades com caráter pedagógico vem se desenvolvendo particularmente no âmbito das discussões acerca do dano moral. V. Maria Celina Bodin de Moraes. *Punitive damages* em sistemas civilistas: problemas e perspectivas, *Revista Trimestral de Direito Civil* 18:52, 2004.

as interpretações possíveis da norma hierarquicamente inferior, aquela que melhor realiza a superior. Explica-se.

A interpretação jurídica é uma atividade complexa, como não se cansam de registrar os autores que cuidam do tema, que será examinado de forma mais específica adiante[102]. De todo modo, já se pode adiantar que a interpretação deve obedecer a determinadas regras, dentre as quais destaca-se a do limite das possibilidades semânticas do texto. Mesmo observada essa regra, a interpretação está longe de produzir resultados unívocos e, pior, o processo interpretativo, muitas vezes, não é capaz de apresentar-se com uma face lógica e transparente, compreensível ao menos, restando a impressão de um caminho tortuoso, obscuro e, principalmente, voluntarioso.

De fato, ao lado dos elementos relativamente objetivos que classicamente fazem parte do instrumental do intérprete (os elementos gramatical, histórico, sistemático e teleológico[103]) e, no caso da interpretação constitucional, dos princípios de interpretação especificamente constitucional[104] (como, *e.g.*, o princípio da unidade da Constituição), a interpretação convive com um elemento volitivo fundamental, um espaço de escolha ocupado livremente pelo intérprete. Muitas vezes, especialmente nos casos difíceis (*hard cases*), mas não apenas nestes, a conclusão do processo interpretativo – eventualmente a decisão de um magistrado – repousará em um elemento de vontade inafastável[105].

É que, mesmo supondo a interpretação como um processo de subsunção simples, isto é, a aplicação da premissa maior (norma jurídica) sobre a menor (circunstância fática), sempre caberá ao intérprete escolher qual a premissa maior pertinente para o caso, afastando outras, e determinar seu preciso sentido e alcance. Cabe-lhe também fazer a seleção dos fatos relevantes, que haverão de compor a premissa menor. Não é difícil perceber, *e.g.*, que a definição dos fatos, assim como acontece com a interpretação do sistema jurídico propriamente dito, poderá envolver uma escolha determinante para o resultado.

Mais que isso, a verdade é que essas decisões que vão sendo tomadas pelo intérprete ao longo do processo de interpretação são determinadas por circunstâncias as mais variadas, desde opiniões e preconceitos puramente pessoais, dos quais ninguém é capaz de se livrar, até concepções diversas da finalidade da ordem jurídica como um todo ou parte dela.

Assim, *e.g.*, não é incomum que, ao avaliar os pressupostos processuais e condições da ação de determinada demanda, e apresentando-se dúvida consistente, a admissibilidade da ação acabe por ser definida pelo volume de trabalho que já aguarda o magistrado no cartório, aplicando-se a lógica restritiva na tentativa de reduzir os processos em andamento. Ou, ainda, que o juiz decida a questão tendo em vista a relevância que ele, pessoalmente, atribui ao conflito, nada obstante a importância que sua solução possa ter para as partes.

As escolhas poderão variar também, uma vez que o intérprete encare a ordem jurídica, *e.g.*, como um meio de promover a segurança jurídica como valor fundamental ou, ao contrário, de realizar justiça acima de qualquer outra consideração. O mesmo acontecerá especificamente na interpretação dos direitos fundamentais, se o intérprete, *e.g.*, visualiza a intervenção do Estado como limitadora do *status* de liberdade individual original. Nessa linha liberal individualista,

---

[102] Karl Larenz. *Metodologia da ciência do direito*. 2. ed., 1969, p. 168 e ss; e Eros Roberto Grau. *O direito posto e o direito pressuposto*. 2. ed., 1998, p. 153 e ss.

[103] Friedrich Carl von Savigny. *Sistema del diritto romano attuale*. 1886, v. I, cap. 4, p. 225 e ss. e Luís Roberto Barroso. *Interpretação e aplicação da Constituição*. 6. ed., 2004, p. 124 e ss.

[104] Sobre o tema, veja-se: Luís Roberto Barroso. *Interpretação e aplicação da Constituição*. 6. ed., 2004, p. 151 e ss.

[105] Hans Kelsen. *Teoria pura do direito*. 1998, p. 390 e ss.; e Karl Larenz. *Metodologia da ciência do direito*. 2. ed., 1969, p. 325-326.

como a defendida pelo filósofo austríaco Friedrich Hayek[106], ou mesmo pelo norte-americano Robert Nozick[107], os direitos sociais são intervenções inadmissíveis do Estado na ordem econômica espontânea e na esfera de liberdade dos indivíduos. Tudo será diferente, no entanto, se se imaginar a liberdade humana orientada para determinados interesses coletivos e o Estado como um dos agentes da realização desses interesses, ou ainda se se adotar qualquer outra concepção sobre o tema[108].

Ora bem. A ordem jurídica brasileira como um todo, tendo a Constituição de 1988 como centro, não é um sistema axiologicamente neutro. Ao contrário, se podem existir variadas concepções sobre o direito, o constituinte originário expressou sua opção por uma delas, sobretudo na forma dos princípios fundamentais que escolheu, o que, por evidente, tem repercussão na interpretação dos enunciados normativos em geral.

Sendo assim, ainda que não seja possível eliminar essa partícula volitiva e indeterminada da interpretação jurídica, e talvez nem fosse aconselhável fazê-lo, é certamente necessário algum tipo de balizamento que limite esse elemento do processo interpretativo, sob pena de frustrar-se a realização dos valores constitucionais pela substituição da concepção de Estado e de direito escolhida pela assembleia constituinte por aquela individualmente adotada pelo intérprete – a despeito de sua consagração em texto positivo e de todas as sofisticadas técnicas de interpretação. A conclusão é que os princípios constitucionais haverão de funcionar como essas balizas, tendo em conta a modalidade interpretativa da eficácia jurídica que se lhes atribui.

Veja-se que a eficácia interpretativa é relevante não só nas relações entre o sistema constitucional e a ordem infraconstitucional, mas também poderá operar dentro da própria Constituição, em relação aos princípios, pois, embora eles não disponham de superioridade hierárquica sobre as demais disposições constitucionais, até mesmo por força da unidade da Constituição, é fácil reconhecer-lhes uma ascendência axiológica sobre o texto constitucional em geral[109]. Assim, como identifica Luís Roberto Barroso, caso o princípio seja fundamental (*e.g.*, o princípio democrático) ou geral (*e.g.*, o princípio da legalidade), sua eficácia interpretativa espalha-se por toda a Carta, ao passo que, tratando-se de um princípio setorial, seus efeitos serão sentidos apenas no título ou capítulo por ele governado (*e.g.*, princípio da anterioridade no campo tributário).

Desse modo, os princípios constitucionais vão orientar a interpretação das regras em geral (não apenas as constitucionais, é bem de ver), de modo que o intérprete se encontra obrigado a optar, dentre as possíveis exegeses que o texto admite para o caso, aquela que realiza melhor o efeito pretendido pelo princípio constitucional pertinente. Note-se que se trata de uma modalidade de eficácia jurídica exatamente porque se deve poder exigir que o magistrado faça essa opção.

É claro que os princípios constitucionais, por sua relativa indeterminação (verificada uma vez ultrapassado o seu núcleo básico), oferecem ainda uma margem considerável de subjetividade, o que, todavia, não reduz a importância de seu papel interpretativo. O intérprete deverá demonstrar explicitamente a adequação de suas opções tendo em vista o princípio constitucional pertinente à hipótese. Por mais vago que um princípio possa se apresentar em determinadas circunstâncias, a escolha interpretativa deverá estar vinculada a ele de forma expressa, ao sentido que o intérprete atribua ao princípio naquele momento, e não a quaisquer outras circunstâncias, muitas vezes não declaradas.

Assim como se passa com a fundamentação da decisão judicial, por meio da qual se observa o percurso trilhado pelo juiz, permitindo identificar facilmente onde ele porventura se

---

[106] Friedrich A. Hayek. *Direito, legislação e liberdade*, v. 2, *A miragem da justiça social*, 1991.

[107] Robert Nozick. *Anarquia, Estado e Utopia*, 1991.

[108] Ernst-Wolfgang Böckenförde. *Escritos sobre derechos fundamentales*, 1993, p. 44 e ss.

[109] José Afonso da Silva. *Aplicabilidade das normas constitucionais*, 6. ed., 2002; e Luís Roberto Barroso. *Interpretação e aplicação da Constituição*, 6. ed., 2004.

Cap. 1 – CONCEITOS PRELIMINARES **55**

tenha desviado da rota original[110], da mesma forma, a exposição de como determinada opinião jurídica se relaciona com os princípios constitucionais aplicáveis permitirá certo balizamento e, em consequência, o controle constitucional do processo de interpretação e de suas conclusões, por meio da sindicabilidade da eficácia interpretativa dos princípios constitucionais[111].

Essa espécie de eficácia jurídica tem desempenhado relevante papel no processo que tem sido descrito como *constitucionalização do direito*[112]. Assim é que disposições do direito processual civil e penal devem ser interpretadas – nos limites de suas possibilidades semânticas – tendo em conta as disposições constitucionais que tratam do assunto, como, *e.g.*, as que tratam da presunção de inocência e do devido processo legal, entre outras. O direito civil passa por uma releitura, na medida em que, como assinala Gustavo Tepedino, *in verbis*: "Diante do novo texto constitucional, forçoso parece ser para o intérprete redesenhar o tecido do direito civil à luz da nova Constituição"[113]. Fenômeno similar se observa no Direito Administrativo[114], entre outros ramos do Direito.

Uma outra aplicação importante da eficácia interpretativa, já no contexto do controle de constitucionalidade das leis e atos normativos, é a chamada técnica da interpretação conforme a Constituição, que procura lidar com enunciados normativos que ensejam norma ou normas incompatíveis com a Constituição. O objetivo da técnica é, respeitados os limites semânticos dos textos, preservar a supremacia das normas constitucionais ao mesmo tempo em que observa a deferência que merecem as opções do Legislativo e do Executivo. Nesse sentido, a técnica da interpretação conforme a Constituição consiste em buscar, para determinado dispositivo infraconstitucional, uma interpretação plausível e alternativa, apta a compatibilizá-lo com a Constituição.

A despeito de sua importância na reinterpretação do direito em geral e no controle de constitucionalidade, a eficácia interpretativa depende, para existir, de um debate acerca da interpretação de outros comandos; ou seja: há um dispositivo, frequentemente de origem legal, em cujos efeitos se está efetivamente interessado. A Constituição repercute apenas indiretamente no caso concreto, por meio da interpretação e aplicação de outros comandos, daí tratar-se de uma modalidade de eficácia indireta.

A listagem apresentada não é exaustiva. Certamente há, em vários pontos do ordenamento jurídico, outras modalidades de eficácia jurídica aplicáveis a situações específicas, que não justifica apresentar isoladamente. Um exemplo a registrar de logo é a intervenção federal, providência que se pode exigir, de acordo com os arts. 34 e ss. da Constituição Federal, diante da violação de um conjunto de normas ali especificadas.

1.10.2 Eficácia jurídica, aplicabilidade das normas constitucionais e algumas classificações

Anteriormente foram expostas, de forma geral, diversas modalidades de eficácia jurídica, muitas delas desenvolvidas especificamente ao longo do tempo para potencializar a aplicabilidade

---

[110] Piero Calamandrei. *Eles, os juízes, vistos por nós, os advogados*, 7. ed., 1985.

[111] Eros Roberto Grau. *O direito posto e o direito pressuposto*, 2. ed., 1998, p. 33.

[112] Inocêncio Mártires Coelho. O novo constitucionalismo e a interpretação constitucional. *Revista Direito Público* 12:48-73, 2006.

[113] Gustavo Tepedino. Premissas metodológicas para a constitucionalização do direito civil. *Revista de Direito do Estado* 2:37-53, 2006; e Maria Celina Bodin de Moraes. A caminho de um direito civil-constitucional. *Revista de Direito Civil* 65:21-32, 1993.

[114] Sobre o tema, veja-se: Gustavo Binenbojm. *Uma teoria do direito administrativo*: direitos fundamentais, democracia e constitucionalização, 2006; e Humberto Ávila. Repensando o "princípio da supremacia do interesse público sobre o particular". In: *O direito público em tempos de crise* – Estudos em homenagem a Ruy Ruben Ruschel, 1999, p. 99-127.

das normas constitucionais, mas tantas outras modalidades de eficácia são, a rigor, comuns às normas jurídicas em geral. Por conta do percurso ainda em construção das normas constitucionais, de normas encaradas apenas como proposições políticas em direção a normas efetivamente jurídicas, o certo é que o tema de sua eficácia jurídica e aplicabilidade se tornou bastante central e deu origem a algumas classificações das próprias normas constitucionais que vale registrar.

Com efeito, os autores de maior referência no direito brasileiro já cuidaram de classificar as disposições constitucionais de variadas formas. Na maior parte dos casos, o critério utilizado corresponde a uma relação entre a "completude", "normatividade" ou "densidade" do texto e sua capacidade de produzir efeitos de forma autônoma, se seria aplicável, independentemente da intervenção legislativa. Confira-se breve apanhado das principais classificações nessa linha:

1. A distinção entre normas constitucionais autoaplicáveis – isto é: capazes de produzir efeitos independentemente da atuação do legislador, tendo em vista a completude de seu conteúdo – e não autoaplicáveis corresponde à classificação tradicional da doutrina norte-americana do início do século XX (normas constitucionais *self-executing* e *not self-executing*) e foi desenvolvida no país, principalmente, por Ruy Barbosa[115].

2. J. H. Meirelles Teixeira reformulou essa construção para reconhecer que mesmo as normas não autoaplicáveis dispunham de alguma forma de aplicação, como a eficácia negativa, espécie de barreira à atuação do legislador, típica das chamadas normas programáticas. Por essa razão, o autor passou a classificar as normas constitucionais como normas de eficácia plena – que produzem, desde sua promulgação, todos os seus efeitos essenciais – e normas de eficácia limitada ou reduzida, subdivididas em programáticas e de legislação. As normas de eficácia limitada não apresentam normatividade suficiente para produzirem todos os seus efeitos essenciais desde a promulgação, deixando total ou parcialmente essa tarefa ao legislador ordinário, ainda que se lhes reconheça a referida eficácia negativa e que elas influenciem a aplicação de outras normas, por meio de sua eficácia interpretativa e integradora[116].

3. Sob orientação desse mesmo critério, José Afonso da Silva criou sua já clássica disposição tripartida das normas constitucionais, classificando-as em (i) normas constitucionais de eficácia plena e aplicabilidade imediata, (ii) normas constitucionais de eficácia contida e aplicabilidade imediata, mas passíveis de restrição pela atuação do legislador e (iii) normas constitucionais de eficácia limitada ou reduzida, que não receberam normatividade suficiente do constituinte, de modo que dependem da intervenção legislativa para produzirem seus principais efeitos[117].

4. Celso Ribeiro Bastos e Carlos Ayres de Brito propuseram nova classificação que, nada obstante, gravita ainda em torno do mesmo critério essencial referido inicialmente. Os autores partiram de dois elementos distintivos: o modo de incidência das normas, que as distingue em de mera aplicação ou inintegráveis, grupo que não compartilha seu espaço com a manifestação do legislador ordinário, e normas integráveis, que admitem a convivência com a vontade legislativa inferior. O segundo elemento distintivo diz respeito à eficácia, pelo qual as normas podem ser de eficácia parcial ou plena[118].

---

[115] Ruy Barbosa. *Comentários à Constituição Federal brasileira*, vol. 2, 1933, p. 488.

[116] J. H. Meirelles Teixeira. *Curso de direito constitucional*, 1991, p. 316 e ss.

[117] José Afonso da Silva. *Aplicabilidade das normas constitucionais*, 6. ed., 2003; e Virgílio Afonso da Silva. O conteúdo essencial dos direitos fundamentais e a eficácia das normas constitucionais, *Revista de Direito do Estado* 4:23-52, 2007.

[118] Celso Ribeiro Bastos e Carlos Ayres de Brito. *Interpretação e aplicabilidade das normas constitucionais*, 1982.

5. Maria Helena Diniz procurou sistematizar as várias propostas em torno desse critério apresentando uma classificação em quatro grupos: (i) normas com eficácia absoluta, correspondentes às cláusulas pétreas, que independem da intervenção legislativa para produzirem efeitos; (ii) normas com eficácia plena, que, ainda que não sejam cláusulas pétreas, também independem da participação legislativa; (iii) normas com eficácia relativa restringível, mas de aplicabilidade direta e imediata; e (iv) normas com eficácia relativa dependente de complementação legislativa, de aplicação apenas mediata, por não serem dotadas de normatividade suficiente para se aplicarem diretamente[119].

As propostas apresentadas por Celso Antônio Bandeira de Mello e Luís Roberto Barroso, embora continuem a utilizar o mesmo pressuposto classificatório, enfocam-no sob um aspecto particular, que é a posição jurídica em que as normas constitucionais investem o jurisdicionado. Além disso, os dois autores agregaram à visão tradicional uma apreciação a respeito do conteúdo das próprias normas e de sua função no sistema constitucional. De forma resumida, essas são as propostas de cada um deles:

6. Celso Antônio Bandeira de Mello apresenta as normas constitucionais divididas em três grupos: (i) normas concessivas de poderes jurídicos; (ii) normas concessivas de direitos; e (iii) normas meramente indicadoras de uma finalidade a ser atingida. As duas primeiras categorias, ainda que possam ou não sofrer restrições em decorrência da ação do legislador ordinário, criam para os indivíduos situações de fruição imediata, independentemente da atuação legislativa[120].

7. Luís Roberto Barroso, por sua vez, tendo em vista a "consistência da situação jurídica dos indivíduos ante os preceitos constitucionais", propõe uma classificação em três grupos: (i) normas de organização, as quais, ainda que possam repercutir na esfera jurídica dos indivíduos, dirigem-se principalmente ao próprio Estado; (ii) normas definidoras de direitos, que veiculam, como regra[121], direitos subjetivos, exigíveis prontamente; e (iii) normas programáticas, que demandam integração legislativa, mas dispõem de eficácia negativa.

De todas essas classificações, parece correto afirmar que aquela proposta pelo Professor José Afonso da Silva é a que se tornou mais difundida, de modo que vale a pena aprofundar brevemente sua apresentação. De acordo com a concepção do autor, dois conceitos, muito relacionados entre si, são utilizados para classificar as normas constitucionais: a eficácia e a aplicabilidade. A eficácia diz respeito, como já se discutiu, à capacidade de produzir efeitos (embora uma outra questão seja, como visto, quais são os efeitos que cada norma pretende produzir), ao passo que a aplicabilidade se ocupa de identificar se esses efeitos incidem de forma imediata ou não, por dependerem de alguma outra intervenção estatal, em geral legislativa.

Assim, o autor procura sustentar que as normas definidoras de direitos seriam normas de eficácia plena e aplicabilidade imediata, isto é: todos os seus efeitos se produzem de imediato, desde logo, independentemente da intervenção legislativa. A segunda categoria proposta por

---

[119] Maria HelenaDiniz. *Norma constitucional e seus efeitos*, 1989.

[120] Celso Antônio Bandeira de Mello. Eficácia das normas constitucionais sobre a justiça social, *Revista de Direito Público* 57-58:233 e ss., 1991.

[121] Luís Roberto Barroso. *O direito constitucional e a efetividade de suas normas*, 8. ed., 2006, p. 89 e ss. A ressalva justifica-se em função do amplo debate apresentado pelo autor acerca das dificuldades enfrentadas pelos chamados direitos sociais para a produção de direitos subjetivos e da impropriedade de se qualificar como "direito" proposições que não teriam "densidade normativa" para serem assim denominadas.

José Afonso da Silva também se aplica, em geral, às normas que tratam de direitos, mas se explica pela circunstância de a própria Constituição prever a possibilidade de o legislador vir a restringir ou limitar o exercício do direito ou liberdade previstos originalmente. Essas hipóteses, portanto, descrevem as normas constitucionais de eficácia contida e aplicabilidade imediata, mas passíveis de restrição pela atuação do legislador.

O exemplo clássico de normas de eficácia contida e aplicabilidade imediata é o que consagra a liberdade de trabalho, ofício ou profissão "atendidas as qualificações profissionais que a lei estabelecer" (art. 5º, XIII). A norma tem aplicabilidade imediata já que, na ausência de lei, o exercício de qualquer trabalho, ofício ou profissão é livre. Isto é: a ausência de norma regulamentadora não impede o exercício do direito, ao contrário – ela apenas está autorizada constitucionalmente a restringir a amplitude original do direito ou liberdade. Seja como for, é possibilidade de restrição legislativa que é responsável pela ideia de se tratar de uma norma de eficácia contida ou, como preferem outros autores, "restringível".

Note-se que essa distinção não significa que as normas de eficácia plena e aplicabilidade imediata não possam sofrer qualquer espécie de regulamentação ou disciplina legislativa pelo fato de não serem acompanhadas de uma cláusula remetendo à possibilidade de a lei tratar da matéria. Assim, por exemplo, a Constituição veda a tortura e certamente esse não é um direito que pode ser restringido, mas caberá, em última análise, à lei detalhar o que é tortura. É verdade que o espaço de regulamentação disponível ao Legislador será mais restrito, mas nem por isso deixará de existir.

Por fim, a terceira categoria, que o Professor José Afonso desdobra em várias subcategorias, é a das normas de eficácia limitada e aplicabilidade diferida. São aquelas que a Constituição prevê que dependem de regulamentação para produzir efeitos. Isto é: até que venha a regulamentação, os efeitos principais da norma não serão produzidos, daí tratar-se de norma de eficácia limitada e cuja aplicabilidade fica afinal *diferida* para um momento futuro, de eventual regulamentação.

Um exemplo clássico de norma de eficácia limitada é aquela que estabelecem meta ou programa, como é o caso do art. 218 da Constituição, que prevê "O Estado promoverá e incentivará o desenvolvimento científico, a pesquisa, a capacitação científica e tecnológica e a inovação". A norma constitucional não gera, por si, direitos subjetivos, por exemplo, para pesquisadores que pretendam ter seus projetos financiados pelo Poder Público. Outras normas e políticas precisarão ser organizadas para que tal efeito se produza.

Há, porém, exemplos de direitos que também foram consagrados no formato de normas de eficácia limitada, ou foram/são assim interpretados. Esse foi o caso – agora já parcialmente superado, como se verá na parte sobre mandado de injunção, já que o STF criou a norma faltante até que venha a lei própria – do direito de greve dos servidores públicos: o art. 37, VII, prevê que "o direito de greve será exercido nos termos e nos limites definidos em lei específica".

Algumas observações devem ser feitas antes de concluir. Em primeiro lugar, embora determinadas normas constitucionais – sobretudo aquelas veiculadas sob a forma de princípios – dependam realmente de regulamentação para produzirem boa parte de seus efeitos, sobretudo os de caráter subjetivo, a doutrina e a jurisprudência têm reconhecido a elas algumas modalidades de eficácia jurídica, como se viu, que independem de regulamentação. Assim, a eficácia interpretativa e a negativa podem operar mesmo na ausência da regulamentação. O art. 218 da Constituição não gera, isoladamente, direitos subjetivos a uma específica política de incentivo, mas poderá produzir efeitos relevantes na interpretação das normas existentes ou mesmo para o fim de tornar inválidas políticas que o violem e não promovam qualquer outro fim constitucionalmente relevante.

Em segundo lugar, a decisão de classificar uma norma constitucional em alguma das categorias propostas pelo Professor José Afonso da Silva não é um exercício inteiramente neutro ou objetivo e nem infenso à passagem do tempo a eventual omissão contínua do Poder Legislativo, sobretudo quando se trate de uma norma que define direito, mas, apesar disso, sua eficácia e aplicabilidade dependem de regulamentação. Com efeito, em algumas ocasiões, ao examinar omissões legislativas inconstitucionais – isto é: a omissão em regulamentar direitos já previstos pela Constituição e que esta previu que deveriam ser regulamentados –, o que o STF decidiu, em última análise, foi justamente que determinada norma de eficácia limitada passaria agora a ser compreendida como norma de eficácia plena ou ao menos contida, e, em qualquer caso, de aplicabilidade imediata.

Isto é: o direito passaria a poder ser fruído, a despeito da cláusula que exigia regulamentação para tanto, sem prejuízo de lei futura tratar do assunto. Foi o que se passou, por exemplo, com a imunidade tributária prevista no art. 195, § 7º, que o STF entendeu seria reconhecida às entidades consideradas beneficentes de assistência social, a despeito da ausência de lei exigindo o atendimento a outros requisitos específicos. O ponto é examinado na parte sobre mandado de injunção. O que importa aqui é apenas observar que, do ponto de vista da classificação das normas constitucionais, o que se fez nesses casos foi transferir a norma de uma categoria para outra, garantindo, assim, sua aplicabilidade imediata, independentemente da regulamentação.

1.11 EFETIVIDADE

A essa altura, convém fazer uma observação. É preciso distinguir eficácia jurídica da norma do que se convencionou chamar de efetividade[122] ou eficácia social. A eficácia jurídica diz respeito, repita-se, àquilo que é possível exigir judicialmente com fundamento na norma. As dificuldades que envolvem a construção da eficácia jurídica das normas, e particularmente dos princípios, são de natureza dogmática e hermenêutica. Isto é: estão no plano jurídico basicamente, ainda que elementos da realidade sejam relevantes e devam ser considerados na discussão hermenêutica, como se verá. Outro problema distinto, embora igualmente importante, é saber se o efeito pretendido pelo enunciado normativo se verifica frequentemente no mundo dos fatos.

Um conjunto de circunstâncias, de natureza a mais variada, pode impedir a realização prática dos efeitos pretendidos por uma norma: (i) seu comando pode ter sido superado socialmente (*e.g.*, como aconteceu durante muito tempo com o dispositivo que criminalizava o adultério), (ii) as pessoas simplesmente desconhecem o comando, (iii) não há, na localidade, órgão do Poder Judiciário e o acesso ao mais próximo é difícil e dispendioso, (iv) as pessoas não têm recursos para ir a juízo, (v) o Judiciário interpreta o dispositivo de modo a esvaziá-lo etc.

Além dessas circunstâncias, a modalidade de eficácia jurídica que venha a ser reconhecida às disposições jurídicas em geral, e às constitucionais em particular, poderá também ser um obstáculo à sua efetividade. Na verdade, as modalidades mais débeis de eficácia jurídica representam uma dificuldade para a efetividade dos enunciados normativos, na medida em que o que se pode exigir judicialmente pouco contribuirá para a produção dos efeitos por eles pretendidos.

Assim, a falta de efetividade ou eficácia social pode ter várias causas, de natureza variada, todas merecendo o estudo detido em sua área própria e a atenção do jurista. Uma dessas causas poderá ser a debilidade da eficácia jurídica que, nada obstante, não se confunde integralmente com a própria noção de efetividade.

1.12 INTERPRETAÇÃO CONSTITUCIONAL

A interpretação constitucional parte, como a interpretação de qualquer norma jurídica e, a rigor, de qualquer texto, do elemento semântico: isto é, do significado do texto e suas

---

[122] Luís Roberto Barroso. *O direito constitucional e a efetividade de suas normas*, 8. ed., 2006, p. 82-83.

possibilidades de sentido. Em segundo lugar, o texto normativo específico estará sempre inserido em um contexto mais amplo, que precisará necessariamente ser considerado: trata-se do elemento sistemático de interpretação. Além dos elementos semântico e sistemático, o intérprete deverá considerar, ainda, os elementos histórico e teleológico[123].

Assim, a interpretação jurídica deve se reportar a um texto normativo compreendido no sistema no qual se insere: o mesmo se aplica à Constituição. Ainda que o texto não seja unívoco, não admitirá uma infinidade de interpretações, estabelecendo, desde logo, um campo máximo possível de sentidos[124]. O intérprete submete-se ainda à finalidade pretendida pela norma, não necessariamente pretendida por quem a elaborou, embora o elemento histórico possa ser útil para a compreensão desse propósito[125].

Além dos elementos tradicionais da interpretação jurídica como um todo que se acaba de mencionar, a interpretação das normas constitucionais exige a consideração de outras diretrizes hermenêuticas que decorrem de forma direta de suas próprias particularidades, discutidas anteriormente. Em primeiro lugar, a superioridade hierárquica reconhecida às normas constitucionais: sua interpretação e aplicação envolverão não apenas a incidência sobre circunstâncias de fato, mas tais normas servirão igualmente como parâmetro de controle para outras normas e atos no âmbito do Estado.

Em segundo lugar, e considerando a premissa de que todas as normas constitucionais são dotadas de igual superioridade, não havendo hierarquia entre elas, será necessário considerar o chamado princípio da unidade da Constituição: não se poderá interpretar uma norma constitucional de modo a esvaziar outra, sendo necessário garantir que a vigência de todas elas seja respeitada, ainda que por meio de compressões recíprocas[126].

Ainda, tendo em conta a separação de poderes e a legitimidade democrática associada aos Poderes Executivo e Legislativo, a interpretação das normas constitucionais, sobretudo quando há interação com leis ou atos do Poder Público em geral, deve presumir sua validade. Isto é: as opções levadas a cabo pelo Legislativo e pelo Executivo presumem-se válidas, podendo tal presunção, claro, ser superada, mas exigindo-se para isso uma demonstração consistente de sua inconstitucionalidade.

A técnica conhecida como interpretação conforme a Constituição pretende justamente conciliar o princípio da supremacia da Constituição com o da presunção de constitucionalidade das leis. Ela consiste em buscar, entre duas ou mais interpretações que o texto comporta, aquela ou aquelas que se coadunam com os princípios e valores da Lei Maior, excluindo, consequentemente, as que porventura tornem a norma incompatível com a Constituição. O propósito é tentar preservar a norma da declaração de inconstitucionalidade, na medida que seja possível interpretá-la de forma a harmonizá-la com a Constituição. A interpretação escolhida não será, em geral, a que de forma mais evidente decorre do texto, ainda que, em qualquer caso, seus limites semânticos e lógicos tenham de ser respeitados. Se a única forma de salvar a norma for dar-lhe uma interpretação implausível, não haverá alternativa senão declará-la inconstitucional.

Por fim, um último princípio de interpretação especificamente constitucional é o da efetividade, e ele diz respeito, de forma particular, aos direitos fundamentais[127]. De forma simples, trata-se da diretriz que prevê que o intérprete deverá escolher, entre os sentidos possíveis do

---

[123] Sobre a interpretação constitucional, v. Luis Roberto Barroso. *Interpretação e Aplicação da Constituição*. 2013.

[124] Hans Kelsen. *Teoria Pura do Direito*, 2003, p. 390.

[125] Karl Engisch. *Introdução ao pensamento jurídico*, 2004, p. 169.

[126] Sobre o tema específico da técnica da ponderação, pertinente justamente quando há conflitos entre normas constitucionais insuperáveis pelas técnicas tradicionais de interpretação, v. Ana Paula de Barcellos. *Ponderação, racionalidade e atividade jurisdicional*, 2005.

[127] Sobre o tema, v. Luís Roberto Barroso. *O direito constitucional e a efetividade de suas normas*, 2003, p. 247 e ss.

enunciado normativo, aquele que potencialize a eficácia social da norma constitucional e daquelas que preveem direitos fundamentais em especial.

A interpretação e aplicação da Constituição se desenvolve em múltiplos planos, como se viu quando se tratou das características das normas constitucionais. Em primeiro lugar, muitas normas constitucionais se aplicam, como quaisquer outras normas, à realidade fática de forma direta. A norma constitucional que veda qualquer tipo de trabalho a menores de 14 anos (art. 7º, XXXIII) incide de imediato sobre os fatos, independentemente da intermediação de qualquer outra norma.

Em outras circunstâncias, por conta de sua superioridade hierárquica, as normas constitucionais funcionam como parâmetro de validade para o controle de outras normas ou atos dos Poderes Públicos e, eventualmente, também de particulares. Este fenômeno, identificado por alguns autores como *filtragem constitucional*, consiste em que toda a ordem jurídica deve ser lida e apreendida sob a lente da Constituição, de modo a realizar os valores nela consagrados. A constitucionalização do direito infraconstitucional não identifica apenas a inclusão na Lei Maior de normas próprias de outros domínios, mas, sobretudo, a reinterpretação de seus institutos sob uma ótica constitucional[128]. Em outras hipóteses, as normas constitucionais serão interpretadas e aplicadas a fim de controlar omissões ou condutas deficientes do Estado considerado de forma ampla. O tema da omissão inconstitucional será examinado de forma específica na parte sobre controle de constitucionalidade.

Apenas algumas observações finais acerca da interpretação constitucional. Em primeiro lugar, cabe lançar um pouco de luz sobre a atividade jurisdicional que é aquela que, embora sem exclusividade, concentra boa parte da atividade de interpretação constitucional. Tradicionalmente, a função jurisdicional corresponde à aplicação contenciosa do direito, para solucionar uma lide, dentro de um processo[129]. A percepção convencional imaginava que a jurisdição seria uma função técnica, de natureza meramente cognitiva, pela qual o juiz revelaria o sentido já existente na norma. Não cabia ao magistrado formular valorações ou escolhas; elas já teriam sido feitas pelo legislador.

Há muitas décadas que já se sabe que essa descrição acerca da função jurisdicional não corresponde à realidade. Em primeiro lugar, ainda que fosse possível ao intérprete atuar de forma neutra e objetiva – o que não é verdade –, ainda assim a própria abertura do sistema, que nem sempre fornece uma solução preconcebida para determinados casos, e a pluralidade de sentidos que a maior parte das normas admite, já desmitificariam a atividade puramente técnica do juiz. No caso da Constituição, como se viu, essa abertura do sistema atinge seu nível máximo.

Mais que isso, a realidade é que o juiz está envolvido em escolhas quando seleciona os fatos relevantes, elege as normas que considera pertinentes no caso (e afasta outras, conscientemente ou não) e apura, dentre outras que seriam possíveis, determinada consequência jurídica a partir dessas normas. Na medida em que os ordenamentos modernos e as Constituições em particular empregam cada vez mais normas contendo conceitos jurídicos indeterminados e expressões de forte conteúdo valorativo, esse espaço de escolha e decisão do intérprete cresce ainda mais, já que lhe cabe preencher de sentido tais expressões.

Em suma: a atividade do juiz apresenta, por vezes, muito mais de criação do que de revelação ou mera cognição; portanto, o juiz é também, em certa medida, um criador do

---

[128] J. J. Gomes Canotilho e Vital Moreira. *Fundamentos da Constituição*, 1991, p. 45: "A principal manifestação da preeminência normativa da Constituição consiste em que toda a ordem jurídica deve ser *lida à luz dela* e passada pelo seu crivo". V. também Paulo Ricardo Schier. *Filtragem constitucional*, 1999.

[129] Miguel Seabra Fagundes. *O controle dos atos administrativos pelo Poder Judiciário*, 1979.

direito[130]. Isso não significa, por evidente, que o Judiciário possa ou deva transformar-se no principal criador do direito no Estado contemporâneo ou que lhe caiba inovar livremente na ordem jurídica. Não se pode ignorar, porém, essa realidade, inclusive para ter em mente que também a atividade jurisdicional deve ser objeto de controle, sobretudo por meio da exigência de adequada motivação.

Em segundo lugar, e como discutido, cabe à Constituição garantir o espaço próprio do pluralismo político, assegurando o funcionamento adequado dos mecanismos democráticos. A participação popular, os meios de comunicação social, a opinião pública, as demandas dos grupos de pressão e dos movimentos sociais imprimem à política e à legislação uma dinâmica própria e exigem representatividade e legitimidade corrente do poder. Há um conjunto de decisões que não podem ser subtraídas dos órgãos eleitos pelo povo a cada momento histórico. A Constituição não pode, não deve, nem tem a pretensão de suprimir a deliberação legislativa majoritária.

A Constituição não ocupa, nem pode pretender ocupar todos os espaços jurídicos dentro do Estado, sob pena de asfixiar o exercício democrático dos povos em cada momento histórico. Respeitadas as regras constitucionais e dentro do espaço de sentido possível dos princípios constitucionais, o Legislativo está livre para fazer as escolhas que lhe pareçam melhores e mais consistentes com os anseios da população que o elegeu. Trata-se do que parte da doutrina denomina de autonomia da função legislativa[131] ou liberdade de conformação do legislador[132]. A interpretação constitucional deve ter em mente esses limites em sua atuação. Em uma democracia, não cabe pretender derrotar a vontade majoritária, em espaço no qual ela deva prevalecer, pela via transversa de uma interpretação jurídica.

Por fim, em terceiro lugar, o intérprete constitucional deve levar a sério as opções constitucionais no que diz respeito à escolha do uso de regras e princípios. Princípios e regras desempenham cada qual um papel diferenciado, porém, da maior importância para manter esse equilíbrio entre os dois elementos fundamentais dos sistemas jurídicos: segurança e justiça. Com efeito, é possível identificar uma relação, no âmbito do sistema romano-germânico ocidental, entre a segurança, a estabilidade e a previsibilidade e as regras jurídicas. Isso porque, na medida em que veiculam efeitos determinados, pretendidos pelo legislador de forma específica (ou mesmo pelo constituinte), as regras contribuem para a maior previsibilidade do sistema jurídico[133], porque dão menos margem decisória ao aplicador do direito. A justiça nesse caso tem relação com a ideia de que a igualdade é o tratamento justo.

A justiça na vida real, por sua vez, depende em geral de disposições mais flexíveis, à maneira dos princípios, que permitam uma adaptação mais livre às infinitas possibilidades do caso concreto e que sejam capazes de conferir ao intérprete liberdade de adaptar o sentido geral do efeito pretendido, muitas vezes impreciso e indeterminado, às peculiaridades da hipótese examinada. Nesse contexto, portanto, os princípios são espécies normativas que se ligam de modo mais direto à ideia de justiça ou, ao menos, são instrumentos mais capazes de produzir justiça no caso concreto. A justiça nesse caso tem relação com a ideia de que a equidade é o tratamento justo.

---

[130] Karl Larenz. *Metodologia da ciência do direito*, 1969. V. Luís Roberto Barroso. *Interpretação e aplicação da Constituição*, 2003, p. 277 e ss.

[131] José Carlos Vieira de Andrade. *Os direitos fundamentais na Constituição portuguesa de 1976*, 1998, p. 307 e ss.

[132] J. J. Gomes Canotilho. *Direito constitucional*, 1991, p. 740.

[133] Nos sistemas de *common law*, ao lado das hoje cada vez mais frequentes leis positivas, muitas das quais empregando regras, a estabilidade e a segurança decorrem também da regra do precedente judicial. Como mencionado inicialmente, e discutido em outros trabalhos deste volume, esse é também um dos objetivos dos mecanismos processuais que atribuem maior importância aos precedentes no Brasil.

Assim, como esquema geral, é possível dizer que a estrutura das regras facilita a realização do valor *segurança*, ao passo que os princípios oferecem melhores condições para que a *justiça* possa ser alcançada. Esse modelo é naturalmente simplificador, já que há princípios que propugnam exatamente, entre outros, o valor segurança – como o princípio da legalidade –, da mesma forma que inúmeras regras são, na verdade, a cristalização de soluções requeridas por exigências de justiça. Tudo isso, porém, não afasta a utilidade do modelo para esclarecer uma parcela da realidade.

Ora, se as regras respondem pela segurança e os princípios pela justiça, conclui-se que, quanto mais regras houver no sistema, mais seguro, isto é, mais previsível e mais estável ele será; porém, mais dificilmente ele será capaz de adaptar-se a situações novas. Por outro lado, quanto mais princípios existirem, maior será o seu grau de flexibilidade e sua capacidade de acomodar e solucionar situações imprevistas. No mesmo passo, porém, também crescerão a insegurança, em decorrência da imprevisibilidade das soluções aventadas, e a falta de uniformidade de tais soluções, com prejuízos evidentes para a isonomia. Repete-se, portanto, o que parece bastante óbvio: uma quantidade equilibrada e apropriada de princípios e regras produzirá um sistema jurídico ideal, no qual haverá segurança e justiça suficientes.

Naturalmente, o equilíbrio do sistema jurídico não depende apenas da existência adequada de princípios e regras; é preciso também que eles funcionem e sejam manipulados pelos operadores jurídicos dentro de suas características próprias. Isto significa, portanto, que, como padrão geral, as regras não foram concebidas para serem ponderadas.

Com efeito, a ponderação corriqueira de regras fragilizaria a própria estrutura do Estado de direito; pouco valeriam as decisões do Poder Legislativo se cada aplicação de um enunciado normativo se transformasse em um novo processo legislativo, no qual o aplicador passasse a avaliar, novamente, todas as conveniências e interesses envolvidos na questão, bem como todos os princípios pertinentes para, ao fim, definir o comportamento desejável. A situação oposta se coloca quando não se reconhece aos princípios capacidade de produzir qualquer efeito, o que acarreta acentuado desequilíbrio em detrimento dos elementos de justiça.

Afora essa relação geral entre princípios e justiça e entre regras e estabilidade/segurança, comum a todo o sistema jurídico, é possível visualizar outra relação de natureza substancial, mais específica, própria do ambiente constitucional. O ponto é relevante para a jurisprudência de forma ampla, porque a interpretação jurídica sempre poderá envolver algum nível de interpretação constitucional, não apenas quando se questione expressamente a validade dos enunciados normativos ou das normas em discussão, como também quando se discuta sua interpretação constitucionalmente adequada.

Como já discutido, uma Constituição rígida e democrática procura realizar ao menos dois propósitos gerais: (i) estabelecer determinados consensos mínimos e colocá-los a salvo (ou protegê-los) das deliberações majoritárias; e (ii) preservar as condições para o desenvolvimento do pluralismo político, de modo que o povo, em cada momento histórico, possa fazer as escolhas que entender por bem[134].

Esse equilíbrio – consenso mínimo *versus* pluralismo político – guarda uma relação muito próxima com a estrutura de princípios e regras. As regras constitucionais – aí incluído o conteúdo nuclear dos princípios, que assume natureza de regra – respondem, em geral, pelas decisões associadas àquele consenso mínimo[135]. Por meio delas, o poder constituinte procura estabelecer desde logo condutas determinadas, específicas. Os princípios, diversamente, estabelecem fins

---

[134] Cláudio Ari Mello. *Democracia constitucional e direitos fundamentais*, 2004.

[135] Fica a ressalva de que em Constituições compromissórias e elaboradas em um ambiente sujeito a pressões corporativas não é incomum encontrarem-se regras que em nada se relacionam com a ideia de consenso mínimo exposta no texto.

gerais a serem alcançados que, para além de seu núcleo, poderão ser preenchidos de sentido e delineados sob formas diversas em função das diferentes concepções do intérprete.

Em uma democracia, é natural que apenas um sentido mínimo de determinado princípio (que estamos denominando de núcleo) seja definido constitucionalmente – e, portanto, seja oponível a qualquer grupo que venha a exercer o poder político. O restante da extensão possível do princípio deverá ser preenchido pela deliberação majoritária, em função da convicção das maiorias em cada momento político: e nesse ponto ter-se-á, em especial, as regras infraconstitucionais. Isto é: esse espaço de expansão do princípio fica reservado, pela Carta, à definição pelos meios próprios da deliberação democrática em um ambiente de pluralismo político. Em suma: caberá ao Legislativo e ao Executivo, no exercício de suas competências constitucionais, formularem as opções que darão conteúdo aos princípios para além de seu núcleo[136].

Assim, ao se afastar a aplicação de uma regra sob o fundamento de que ela se oporia a alguma conduta derivada da área não nuclear de um princípio, incorre-se em um conjunto de distorções. Em primeiro lugar, caso se trate de uma regra infraconstitucional, o intérprete conferirá à sua concepção pessoal acerca do melhor desenvolvimento do princípio maior importância do que à concepção majoritária, apurada pelos órgãos legitimados para tanto. A situação é ainda mais grave se a regra envolvida consta da Constituição. Nesse caso, o intérprete afastará a incidência de uma regra elaborada pelo poder constituinte e que, como padrão, veicula consensos básicos do Estado organizado pela Constituição. Por fim, como a solução do caso baseou-se na percepção individual do intérprete, muito frequentemente ela não se repetirá em circunstâncias idênticas, ensejando violações do princípio da isonomia.

O que se acaba de expor não significa que a área não nuclear dos princípios não pretenda produzir efeito algum e que nenhuma conduta possa ser exigida para realizar esses efeitos ou, ainda, que o Legislativo e/ou o Executivo estejam livres para formular quaisquer opções sob o pretexto de estarem disciplinando a área não nuclear de um princípio constitucional. Como se sabe, aos princípios, em toda a sua extensão, se reconhecem as modalidades de eficácia interpretativa, negativa e, quando seja o caso, vedativa do retrocesso, como já discutido.

Também não está afastado o conhecimento, já consolidado, de que a interpretação das regras (constitucionais e infraconstitucionais) deve ser informada pelos princípios. E isso porque é possível afirmar que o texto de um enunciado normativo dificilmente comporta apenas um sentido unívoco; o mais comum é que ele descreva um campo de possibilidades semânticas[137]. É dentro desse campo, que poderá ser mais ou menos amplo, mas em qualquer caso não ilimitado, que a interpretação informada pelos princípios poderá se desenvolver.

A lógica é muitíssimo similar àquela subjacente a da técnica da *interpretação conforme a Constituição* já referida, por meio da qual, empregando o instrumental hermenêutico disponível, o intérprete procura afastar as possibilidades de interpretação incompatíveis com a Constituição, respeitando o limite do texto e suas potencialidades[138]. No caso, exercendo tal respeito, ele poderá/deverá empregar uma *interpretação conforme os princípios* – constitucionais e/ou infraconstitucionais, conforme o caso – de modo a produzir o resultado que considere mais adequado diante do sistema jurídico. Assim como acontece na interpretação conforme,

---

[136] Naturalmente, o que se acaba de descrever produz uma dificuldade, que será preciso enfrentar: trata-se de definir, em relação a cada princípio ao qual a distinção seja aplicável, o que corresponde ao núcleo, e, portanto, tem natureza de regra, e o que diz respeito à sua área não nuclear, em relação à qual vale o que se expôs anteriormente acerca da estrutura dos princípios.

[137] Karl Mello. *Metodologia da ciência do direito*, 1969, p. 369.

[138] Luís Roberto Barroso. *Interpretação e aplicação da Constituição*, 2009, p. 193 e ss.; e Gilmar Ferreira Mendes. *Jurisdição constitucional*, 2005, p. 287 e ss.

porém, as possibilidades semânticas do texto constituem o limite da interpretação das regras orientada pelos princípios.

Feita a digressão sobre a interpretação das regras, retorne-se ao ponto com uma imagem que pode ser útil para a compreensão do que se vem de afirmar. Os princípios podem ser descritos como círculos concêntricos, que ocupam grandes áreas, porém de maneira difusa e com pouca densidade (com exceção de seu próprio núcleo), e as regras podem ser visualizadas como pontos de alta densidade espalhados por toda essa superfície. Os princípios, para além de seu núcleo, estabelecem as fronteiras de um largo campo de atuação possível, dentro de cujos limites as opções políticas podem ser consideradas legítimas. As regras correspondem exatamente a decisões políticas específicas, de efeitos determinados, já tomadas no interior de tais fronteiras. Nesse sentido, portanto, a preferência é das regras, e não da área não nuclear dos princípios.

A observância das regras, ainda que elas produzam um resultado com o qual o aplicador pode eventualmente discordar do ponto de vista político, fortalece o respeito institucional pela ordem jurídica. Parece evidente que a flexibilização corriqueira do disposto pelas regras fragiliza a estrutura do Estado de direito, além de favorecer o exercício de autoridades arbitrárias e voluntaristas. Com efeito, se cada aplicador puder afastar uma regra porque a considera injusta no caso concreto, pouco valor terão as regras e o ofício do legislador[139]. O prejuízo para a segurança e para a isonomia é evidente.

Além disso, que legitimidade tem o aplicador para afastar uma decisão dos órgãos majoritários (isto é: a regra) em favor de sua própria concepção acerca do que é justo ou injusto, razoável ou irrazoável, e/ou do desenvolvimento mais ou menos adequado de um princípio constitucional? A situação se agrava ainda mais, uma vez que as decisões judiciais passem a ter efeitos para além do caso concreto, formando precedentes que pretendam gerar uniformização de entendimento acerca da ordem jurídica.

Em suma: as duas espécies de enunciados normativos – regras e princípios – desempenham funções diferentes, ambas importantes e complementares em um Estado de direito e no contexto de um sistema constitucional rígido e democrático. Diante de um conflito aparente insuperável pelas técnicas tradicionais de interpretação entre regra e princípio, a regra (aqui incluído o núcleo dos princípios) deve ser preservada, e o princípio, comprimido.

1.13 DIREITO CONSTITUCIONAL

Em um sentido objetivo, o direito constitucional descreve o conjunto sistemático de conhecimentos acerca da Constituição. Note-se, porém, que pela expressão *Constituição* não se entende apenas o documento escrito – que principalmente a partir do fim do século XVII passou a consolidar de forma ordenada as normas sobre a organização do poder político e sobre os direitos individuais –, mas o objeto de tais normas, seja sob que forma ele se manifeste. Ou seja: a rigor, o direito constitucional se ocuparia de forma mais geral dos temas considerados materialmente constitucionais que descrevem a forma de ser – ou discutem a forma de dever--ser – de uma sociedade política.

É certo que, ao longo do tempo, em especial no século XX, as Constituições ampliaram seu escopo e passaram a disciplinar novos direitos e aspectos da ordem econômica e social, além de outros temas que, a rigor, sequer são considerados materialmente constitucionais (o art. 242, § 2º, da Constituição de 1988, que cuida do Colégio Pedro II, é um exemplo dessa espécie de norma). De toda sorte, o fato é que o objeto de estudo do direito constitucional ampliou-se

---

[139] Luís Afonso Heck. Regras, princípios jurídicos e sua estrutura no pensamento de Robert Alexy. *In:* George Salomão Leite (Org.). *Dos princípios constitucionais.* Considerações em torno das normas principiológicas da Constituição, 2003, p. 65.

consideravelmente ao longo dos últimos cem anos e inclui hoje a disciplina dos fins estatais em diversas áreas da vida social, além de seus dois conteúdos tradicionais: organização do poder político e previsão de direitos, que já não se restringem aos individuais, abarcando também os direitos políticos, trabalhistas, sociais e difusos.

Os conhecimentos acerca da Constituição são vários e, por isso mesmo, o direito constitucional vale-se de diferentes abordagens para ordenar tais informações, comunicando-se de forma valiosa com a teoria geral do Estado, a ciência política, a história e a sociologia. Ao menos quatro delas são especialmente relevantes nesse particular, ainda que uma abordagem específica – a jurídica – tenha ascendência sobre as demais.

Com efeito, uma vez que a Constituição é um conjunto de normas jurídicas, como já discutido, o método *jurídico* propriamente dito será fundamental para o direito constitucional. Cuida-se aqui do estudo relacionado com a interpretação e aplicação das disposições que compõem o direito constitucional positivo vigente em determinado país e momento histórico. O método jurídico será necessário também para o exame do direito constitucional comparado, isto é, aquele vigente em outros países. É bem de ver que as normas constitucionais apresentam uma série de particularidades, relacionadas com seu conteúdo específico, com a utilização intensiva de princípios e de expressões cujo sentido depende de definições políticas ou valorativas (*e.g.*, justiça social, dignidade humana etc.), entre outras questões. Por isso, embora se valham igualmente da dogmática jurídica convencional, as normas constitucionais exigem, muitas vezes, a elaboração de teorias e técnicas específicas. Assim, *e.g.*, o direito constitucional opera com princípios próprios de interpretação, o controle de constitucionalidade tem princípios e técnicas próprios etc.

Não se pode dispensar uma abordagem *histórica* dos diferentes aspectos do objeto constitucional. Saber como se configuram ao longo do tempo, tanto no país do estudioso como em outros, *e.g.*, a forma de Estado, a forma, o regime e o sistema de governo, os diferentes direitos, as estruturas do poder político etc., contribui de forma importante para a melhor compreensão do direito constitucional positivo.

A Constituição consagra o momento em que decisões políticas se tornam jurídicas, produzindo-se a jurisdicização do político. Essa particularidade do objeto constitucional, como antes referido, repercute sobre a própria construção do conhecimento jurídico da Constituição, já que técnicas próprias terão de ser elaboradas para lidar com essa espécie de material jurídico. Ora, nesse contexto, os subsídios que a *sociologia* pode fornecer acerca dos fenômenos políticos que constituem a própria matéria-prima constitucional, suas causas, seus efeitos e a forma como se relacionam entre si serão da maior importância.

Além das perspectivas jurídica, histórica e sociológica, o direito constitucional contemporâneo não dispensa também uma abordagem *filosófica*. O direito constitucional não trata apenas de descrever como é a organização política do poder político e suas relações com os cidadãos, mas de refletir sobre como elas poderiam ser e de questionar como elas deveriam ser. Nessa abordagem incluem-se também as discussões sobre o próprio papel da Constituição, sua legitimidade e seus fins. A inclusão explícita em muitos textos constitucionais contemporâneos de normas diretamente relacionadas aos elementos valorativos reforçou ainda mais a perspectiva filosófica do estudo da Constituição.

Há ainda duas notas importantes a fazer sobre o tema. Na medida em que passou a disciplinar assuntos mais diversos e específicos, a compreensão e aplicação do direito constitucional depende hoje de conceitos oriundos de outros ramos do direito e até mesmo de outros ramos do conhecimento humano. A repressão do abuso de poder econômico e a preservação da livre concorrência são temas cuja disciplina dependerá do domínio de fundamentos de economia, da mesma forma como a definição do que é *terra produtiva* exige informações ao menos de agronomia. Ao empregar expressões como *empresa de capital nacional*, a Constituição depende de conceitos do direito societário, assim como a noção jurídica de herdeiros é fixada pelo direito civil.

Por outro lado, reconhece-se às Constituições contemporâneas centralidade no sistema jurídico, pela qual os demais ramos do direito devem ser compreendidos e interpretados a partir do que prevê o texto constitucional, mesmo porque ele efetivamente estabelece, como se acaba de referir, normas diretamente relacionadas com a regulamentação infraconstitucional de diversos assuntos. Daí falar-se, *e.g.*, de direito civil-constitucional, princípios de processo constitucional, direito penal-constitucional etc.

Assim, se a Constituição recebe conceitos e influxos de outros ramos do direito, ao mesmo tempo verifica-se uma nova ampliação do direito constitucional, que acaba por mesclar-se, em certa medida e extensão, com os demais ramos do direito.

2

História constitucional brasileira

2.1 O IMPÉRIO

Com a vinda da família real portuguesa para o Brasil em 1808, o País passou a estar mais próximo dos movimentos em curso na metrópole, inclusive os movimentos políticos que se desenvolviam lá, sobretudo a partir de 1820, postulando a elaboração de uma Constituição capaz de limitar os poderes da monarquia. O iminente retorno de Dom João VI a Portugal, com todas as suas consequências econômicas para o Brasil, desencadeou uma revolta no Rio de Janeiro que o monarca tentou aplacar outorgando ao País, em 21 de abril de 1821, a Constituição de Cádiz, também conhecida como a Constituição Política da Monarquia Espanhola de 1812. No mesmo dia, porém, Dom João VI voltou atrás e revogou a norma. A rigor, portanto, a primeira Constituição brasileira, ainda que por algumas horas, foi a Constituição de Cádiz.

Na sequência, foram eleitos representantes e convocada, afinal, uma Assembleia Constitucional (em 03.06.1822) para elaborar uma Constituição para o País. A Assembleia foi instalada em 03.05.1823, mas dissolvida em 12.11.1823 pelo Imperador, que acabou por outorgar diretamente a Carta de 1824 que, deixando de lado a Constituição de Cádiz, é considerada a primeira Constituição brasileira.

Do ponto de vista da estrutura do Estado e dos poderes, a Carta de 1824 organizou um Estado unitário e uma monarquia constitucional, com um Legislativo nacional bicameral, sendo o Senado escolhido pelo Imperador. Além do Poder Executivo, formado por um Ministério que age por delegação e é demissível pelo Imperador e por um órgão consultivo (o Conselho de Estado), a Carta previa, ainda, a figura do poder moderador, exercido pelo próprio Imperador de forma direta. Algumas das competências do poder moderador envolviam, por exemplo, o poder de veto, a nomeação de senadores, já referida, a suspensão de magistrados e a interferência na administração das províncias.

Sob a perspectiva dos direitos, a Carta outorgada em 1824 garantia genericamente os direitos civis e políticos, a liberdade, a legalidade, a irretroatividade das leis, a segurança individual e a propriedade. Ela previa o voto indireto e censitário e o catolicismo romano como religião oficial do império, além de conviver com a escravidão. A liberdade de imprensa era prevista, juntamente com o registro de que responderia pelos abusos praticados, bem como o direito de petição, a proteção do domicílio e garantias penais. Interessantemente, a Carta de 1824 garantia os "socorros públicos" e "instrução primária e gratuita a todos" (art. 179).

A Carta de 1824 é considerada uma Constituição semirrígida, já que parte do seu texto poderia ser alterado por meio de leis ordinárias e apenas as disposições sobre "limites, e atribuições respectivas dos Poderes Políticos, e aos Direitos Políticos, e individuais dos Cidadãos" é que estariam submetidas às regras mais rígidas de alteração previstas na Carta. Essas regras envolviam, por exemplo, a aprovação de autorização para discussão da reforma constitucional em uma legislatura, como lei ordinária, cabendo à legislatura seguinte, então, discutir e aprovar eventual alteração da Constituição (arts. 174 a 178). Toda e qualquer alteração, porém, apenas poderia ocorrer quatro anos depois de outorgada a Carta. Apesar da rigidez parcial, a Carta de 1824 vedava o controle judicial de constitucionalidade, sob a influência clara do modelo francês de separação de Poderes. O equilíbrio dos Poderes estava a cargo do poder moderador, e não do Judiciário.

Alguns eventos da história constitucional imperial são ainda significativos, sobretudo por conta das lutas em torno de maior autonomia local que vão culminar, quando da Proclamação da República e da Constituição de 1891, na organização de um Estado federal. O Ato Adicional de 1834, entre outras previsões, conferiu maiores poderes às assembleias provinciais, incluindo poderes legislativos. Em 1840, porém, esse movimento de descentralização sofreu um recuo com a chamada Lei Interpretativa, que promoveu nova centralização com a revogação de alguns dos poderes que haviam sido conferidos às províncias, como a administração policial, administrativa e jurídica, o que alimentou as revoltas provinciais de 1840-1848.

Durante o Segundo Reinado, e como é bem conhecido, Dom Pedro II aceitou o desenvolvimento de algumas práticas parlamentares em suas relações com os Ministros, embora não tenha havido alterações institucionais na Constituição, mas apenas uma rotina política nesse sentido.

2.2 CONSTITUIÇÃO DE 1891

Proclamada a República em 1889, foi eleito, em 15 de setembro de 1890, um Congresso com funções constituintes, que promulgou a Constituição em 1891. A nova Constituição, refletindo clara influência do constitucionalismo norte-americano, consagrou a república, uma separação de Poderes rígida, com um sistema presidencialista, previsão de *impeachment* e um legislativo nacional bicameral, sendo o Senado a casa de representação dos Estados. Além disso, organizou o Brasil como uma federação, conferindo ampla autonomia aos Estados-membros. Com efeito, desde então, nenhuma outra Constituição brasileira conferiu aos Estados tantas competências quanto a Constituição de 1891, embora essa autonomia tenha sofrido restrição com a reforma aprovada em 1926.

Sob a perspectiva dos direitos, a Constituição de 1891 garantiu, de forma geral, os direitos individuais de liberdade e propriedade clássicos, bem como os direitos políticos. O voto não é mais censitário, embora determinadas limitações (como, por exemplo, a necessidade de demonstrar alfabetização) excluíssem grande parte da população de seu exercício; e as eleições (depois da primeira) passassem a ser diretas. A Constituição de 1891 previu ainda a separação entre Estado e Igreja (católica romana), dispondo sobre o casamento civil e o ensino laico. A Constituição continha, ainda, previsões programáticas no sentido de que o Estado deveria animar o desenvolvimento das letras, artes e ciências.

Foi sob a vigência da Constituição de 1891 que se desenvolveu a chamada "doutrina brasileira do *habeas corpus*", remédio expressamente previsto pela Constituição. Como o dispositivo constitucional não fazia menção expressa à liberdade de locomoção, o *habeas corpus* passou a ser utilizado de forma ampla para a defesa contra qualquer ilegalidade ou abuso de poder, tal qual um mandado de segurança, que só veio a ser introduzido no Brasil pela Constituição de 1934. A reforma de 1926 encerrou a doutrina brasileira do *habeas corpus*, introduzindo a referência expressa à liberdade de locomoção.

A Constituição de 1891 era rígida, exigindo, portanto, um procedimento mais complexo para sua alteração, além de prever como cláusulas pétreas a república, a federação e a igualdade de representação dos Estados no Senado. Pela primeira vez no Brasil, a Constituição previu a possibilidade de os órgãos do Poder Judiciário levarem a cabo controle de constitucionalidade das leis e atos dos Poderes Públicos de acordo com o modelo de controle difuso e incidental, na linha do sistema adotado nos Estados Unidos. A reforma de 1926 já referida, porém, restringiu a possibilidade de controle judicial de determinados atos do Poder Público, como, por exemplo, os praticados durante o estado de sítio ou aqueles relacionados com a posse e perda do mandado dos membros do Executivo e do Legislativo federal ou estadual.

2.3 CONSTITUIÇÃO DE 1934

Depois de quatro anos de governo provisório pós-revolução de 1930, foi afinal elaborada e promulgada a Constituição de 1934. Embora tenha sido suspensa apenas um ano depois, pela Lei de Segurança Nacional de 1935, a Constituição de 1934 trouxe uma série de elementos novos que vale registrar rapidamente. A Constituição de 1934 é contemporânea de um período particularmente conturbado da história do Brasil e do mundo, refletindo várias dessas influências. No mesmo período, e paralelamente à Constituição de 1934, o Brasil passou a adotar uma nova legislação eleitoral, que consagrou, por exemplo, o voto secreto e feminino, e uma legislação trabalhista.

A Constituição de 1934 continuou a prever uma república federativa, embora a União tenha passado a concentrar maiores competências do que as que lhe tinham sido atribuídas na Constituição anterior. A Constituição de 1934 previu a figura da chamada "representação classista", por força da qual 20% dos deputados federais seriam representantes profissionais oriundos de quatro grupos de atividades econômicas (lavoura e pecuária; indústria; comércio e transportes; profissões liberais e funcionários públicos).

O Senado, por seu turno, embora tenha tido suas atividades legislativas reduzidas, recebeu várias outras competências, dentre as quais as seguintes: (i) suspender atos do Executivo por ilegalidade, (ii) propor ao Executivo, mediante reclamação fundamentada dos interessados, a revogação de atos das autoridades administrativas ilegais ou abusivos; (iii) suspender leis declaradas inconstitucionais pelo Judiciário – previsão que continua a existir no art. 52, X, da Constituição de 1988 – e (iv) autorizar a intervenção federal.

A Constituição de 1934 era rígida, mas admitia dois níveis distintos de rigidez, identificados como revisão e emenda: revisão para assuntos materialmente constitucionais (mais complexo); e emenda para outros assuntos (menos complexo). A cláusula pétrea constante da Constituição de 1934 era a república federativa.

O controle difuso e incidental de constitucionalidade pelo Judiciário continuou a ser previsto, com a possibilidade, agora, de o Senado suspender a lei declarada inconstitucional pelo Judiciário com efeitos gerais. A revisão judicial dos atos do governo provisório e dos interventores, porém, estava vedada. Ao lado do sistema difuso e incidental, a Constituição de 1934 previu pela primeira vez um mecanismo concentrado de controle de constitucionalidade, que foi a ação direta interventiva. No modelo da ocasião, a ação direta interventiva envolvia o exame, pelo STF, da constitucionalidade da lei federal de intervenção. Por fim, ainda sobre o Judiciário, a Constituição de 1934 instituiu a Justiça Eleitoral e a Justiça Militar. Sob a vigência da Constituição de 1934 se desenvolveu, no âmbito do Executivo, uma estrutura de contencioso trabalhista e, em 1946, essa estrutura ingressou no Judiciário.

Sob a perspectiva dos direitos, ela constitucionalizou o voto direto e feminino, além de conceder anistia a todos quantos tivessem cometido crime político até sua edição. Além dos direitos individuais clássicos, a Constituição previu o mandado de segurança e a ação popular, que foram igualmente previstos pela Constituição de 1988. A Constituição de 1934 se ocupa, pela primeira vez de forma analítica, dos direitos trabalhistas e sociais. Assim, são previstos como direitos trabalhistas a jornada de oito horas, o salário mínimo, o repouso semanal remunerado, as férias, bem como a garantia da organização sindical e o reconhecimento das convenções coletivas.

A Constituição previu, de forma geral, que a ordem econômica e social devia possibilitar a todos existências dignas, assegurou como direitos sociais a educação e o direito dos trabalhadores e das gestantes à assistência médica e sanitária; previu também uma espécie de licença-maternidade (descanso antes e depois do parto sem prejuízo do salário e do emprego), além de prever a instituição de previdência contributiva em favor da velhice, invalidez, maternidade, acidente de trabalho e morte.

2.4 CONSTITUIÇÃO DE 1937

A Constituição de 1937 foi outorgada por Getúlio Vargas e, a rigor, é possível dizer que ela é a Constituição que nunca existiu na realidade. Suas disposições transitórias dissolviam todos os legislativos do País (federal, estaduais e municipais) e um plebiscito deveria decidir acerca do próprio texto constitucional, quando, então, novas eleições seriam convocadas, sendo que o plebiscito jamais aconteceu, tampouco as eleições.

Além disso, em um de seus últimos dispositivos, a Constituição declarava Estado de Emergência no País, por força do qual o Presidente poderia suspender direitos e praticar, a rigor, qualquer ato, sem possibilidade de controle pelo Judiciário. Nesse contexto, Getúlio Vargas governou sozinho até 1945, concentrando Poderes Executivo, Legislativo e também o poder de reformar a própria Constituição. Curiosamente, foi uma emenda à Constituição de 1937 expedida pelo próprio Vargas (a Lei Constitucional nº 9/1945) que convocou eleições gerais, sendo que o novo Congresso eleito é que acabou por levar a cabo a elaboração da nova Constituição, promulgada em 1946.

Seja como for, e considerando seu texto, a Constituição de 1937 trazia uma série de inovações em relação às anteriores, sobretudo para o fim de concentrar poderes no Executivo. Alguns exemplos: a Constituição era rígida, sem previsão de cláusulas pétreas, podendo o Executivo e a Câmara iniciar o processo de reforma da Constituição. Nada obstante, o Presidente poderia devolver eventual alteração aprovada pelo Legislativo para reapreciação (em uma espécie de veto). Além disso, se eventual proposta do Presidente fosse rejeitada ou a proposta rejeitada pelo Presidente (isto é, devolvida) fosse aprovada, haveria plebiscito para solução do impasse (art. 174).

A Constituição de 1937 criou a figura do Decreto-lei (antecedente histórico das medidas provisórias), por meio do qual o Executivo podia expedir norma com força de lei. O decreto-lei estava submetido a dois regimes no plano constitucional: o Executivo podia usar livremente de decretos-leis para organização da Administração Pública (nos limites orçamentários) e, para tratar de outros assuntos, dependia de autorização do Legislativo. Quando o Parlamento não estivesse funcionando, porém – o que aconteceu durante todo o período da ditadura Vargas –, o Presidente poderia editar decretos-lei livremente sobre qualquer assunto, que foi o que aconteceu.

Nos termos da Constituição de 1937, a intervenção federal não envolvia participação do Legislativo – na prática, a Federação não funcionou durante o período –, sendo automática em determinados casos, como por exemplo nas hipóteses em que um Estado, durante três anos seguidos, não fosse capaz de arrecadar o suficiente para custear os seus serviços: ele seria transformado em território até o restabelecimento de sua capacidade financeira. A Constituição previa, ainda, a possibilidade de o Presidente dissolver a Câmara e indicar candidatos a sua sucessão. Mais uma vez, a possibilidade jamais foi utilizada, pois o Legislativo não funcionou.

Quanto ao Poder Judiciário, foi vedada a apreciação de questões políticas (vagamente definidas) e previu-se a possibilidade de superação pelo Legislativo (e na sua ausência pelo Executivo) de decisões judiciais que declarassem leis inconstitucionais. Essa competência foi utilizada por Getúlio Vargas ao menos uma vez, para o fim de manter a eficácia de lei que fazia incidir Imposto de Renda sobre pagamentos dos Estados e Municípios, que havia sido declarada inconstitucional pelo Judiciário.

Sob a perspectiva dos direitos, a Constituição de 1937 notabilizou-se por prever a pena de morte para várias hipóteses de crimes relacionados com a realidade política (traição, subversão etc.), bem como para o homicídio por motivo fútil, entre outros tipos penais. A liberdade de expressão foi prevista, mas sujeita a condições e limites definidos em lei e, a religiosa, aos bons costumes e à ordem pública. O trabalho foi previsto como um dever, e a greve foi expressamente proibida.

2.5   CONSTITUIÇÃO DE 1946

Como referido anteriormente, em 1945 o próprio Getúlio Vargas expediu lei constitucional convocando eleições e mais adiante, no mesmo ano, renunciou, assumindo o Presidente do STF, já que não havia previsão de Vice-Presidente. Os partidos se reorganizaram, as eleições foram realizadas e o novo Congresso assumiu poderes constituintes para o fim de elaborar o que viria a ser a Constituição de 1946.

A Constituição de 1946 reorganizou o Estado brasileiro tanto sob a perspectiva da separação de Poderes quanto da federação. Assim, o decreto-lei foi extinto e o Presidente deixou de ter iniciativa em matéria de emenda à Constituição. A intervenção federal voltou a ser uma exceção no sistema e a exigir aprovação legislativa; ação direta interventiva voltou a ser prevista, ainda que em um formato diverso, e se reestabeleceu a eleição para governadores. A nova Constituição, depois das dramáticas experiências anteriores, assegurou a inafastabilidade do controle judicial como um direito. E a Justiça do Trabalho foi incorporada ao Judiciário. A Constituição de 1946 era rígida e tinha duas cláusulas pétreas: federação e república.

A Constituição de 1946 retomou o catálogo clássico de direitos individuais e políticos, trouxe uma lista importante de direitos trabalhistas, na linha da tradição inaugurada em 1934, prevendo pela primeira vez, por exemplo, o direito de greve e de participação nos lucros. Os direitos sociais não foram particularmente desenvolvidos na Constituição, embora houvesse previsão acerca do direito à educação.

Em 1961, a Emenda nº 4 instalou o parlamentarismo com o claro propósito de esvaziar os poderes de João Goulart após a renúncia do Presidente Jânio Quadros. A Emenda previa que um plebiscito seria realizado para confirmar ou não o novo sistema, que aconteceu em 1963. O resultado da consulta popular resultou em apoio de mais de 80% ao sistema presidencial, retornando-se, assim, ao modelo original da Constituição de 1946.

Pouco depois, no entanto, a Junta Militar que assumiu o poder, depondo o Presidente, editou o Ato Institucional nº 1/1964, que se identificou como porta-voz de uma revolução, invocou poderes constituintes, alterou a Constituição de 1946 em vários pontos (o que aconteceu ao longo da ditadura militar em vários momentos) e previu eleições indiretas para Presidente. O mesmo ato conferiu, desde logo, poderes amplíssimos ao Presidente (e à Junta que o exercia) de natureza legislativa, bem como a possibilidade de cassar mandatos, suspender direitos políticos, demitir ou dispensar servidores públicos, dentre outros, impedindo ou limitando o controle judicial desses atos.

O Congresso Nacional foi fechado durante vários períodos da ditadura, embora tenha funcionado – em condições de independência bastante difíceis, para dizer o mínimo – em diversos outros períodos. A Emenda nº 16/1965, aprovada pelo Congresso, vale ser mencionada, já que foi ela que criou a representação por inconstitucionalidade, que poderia ser requerida pelo Procurador-Geral da República perante o STF, contra lei ou ato normativo federal ou estadual. Trata-se do primeiro mecanismo adotado no País de controle de constitucionalidade concentrado e abstrato (já que a ação interventiva é, a rigor, um mecanismo concentrado, mas incidental).

2.6 CONSTITUIÇÃO DE 1967/1969

O Ato Institucional nº 4/1966, expedido pelo Presidente eleito indiretamente (Castelo Branco) convocou extraordinariamente o Congresso Nacional com funções constituintes para elaborar uma nova Constituição, que veio a ser a Constituição de 1967. Em 17 de outubro de 1969, porém, os Ministros Militares expediram a Emenda Constitucional nº 1/1969, valendo-se de disposições de atos institucionais anteriores que lhes confeririam poderes constituintes. A EC nº 1/1969 alterou e reorganizou substancialmente a Constituição de 1967, daí por que, em geral, esse documento é identificado como a Constituição de 1967/1969, designando o texto já consolidado com essas modificações.

A Constituição de 1967/1969, como seria de se esperar, concentrou amplamente os poderes no Presidente da República. Assim, por exemplo, o Presidente tinha o poder de editar decretos-lei sobre finanças públicas e segurança nacional, que seriam aprovados tacitamente após 60 dias. Igualmente, projetos de lei de iniciativa do Presidente, caso não deliberados no prazo solicitado, eram considerados aprovados. A Constituição de 1967/1969 conferiu, ainda, iniciativa ao Presidente para emendas à Constituição, além de ter criado a figura da lei delegada, que persiste no sistema constitucional de 1988.

Do ponto de vista federativo, a Constituição de 1967/1969 concentrou competências na União, previu uma série de regras obrigatórias para Estados e Municípios, ampliou as hipóteses de intervenção federal e a dependência financeira dos Estados em relação à União, concentrando recursos no ente central.

A Constituição era rígida e trazia duas cláusulas pétreas: federação e república. O controle de constitucionalidade difuso e incidental prosseguiu, com a possibilidade de suspensão pelo Senado introduzida pela Constituição de 1934, convivendo, agora, com a representação de inconstitucionalidade criada em 1965 e já referida. A EC nº 7/1977 passou a prever que na representação por inconstitucionalidade o STF, além de declarar inconstitucional, poderia também definir a interpretação da lei ou ato normativo federal ou estadual. A ação direta interventiva foi igualmente reproduzida.

Sob a perspectiva dos direitos, a Constituição de 1967/1969 previu os direitos individuais e políticos clássicos, mas havia um claro descompasso entre as previsões constitucionais e a ação estatal relativa a eles. A Constituição continuou prevendo direitos dos trabalhadores e, nesse contexto, direitos à proteção previdenciária. O direito à educação continuou sendo previsto como um direito de todos, a ser atendido pela família e pelo Estado.

Com a abertura "lenta, segura e gradual" da ditadura, iniciada em meados da década de 1970, chegou-se à Emenda Constitucional nº 26/1985, que convocou uma Assembleia Nacional Constituinte para elaboração de uma nova Constituição, assembleia que seria formada, porém, pelo próprio Congresso Nacional eleito.

2.7 A CONSTITUINTE DE 1987/1988, ANTECEDENTES DA CONSTITUIÇÃO DE 1988 E AS PRIMEIRAS DÉCADAS

A eleição, em 15 de novembro de 1986, de uma Assembleia Nacional Constituinte, encarregada de elaborar uma nova Carta Constitucional, marcava o reingresso do Brasil no rol dos países democráticos, depois de quase 12 anos de abertura "lenta, segura e gradual". Os deputados e senadores eleitos não seriam, todavia, apenas constituintes. O que se elegeu em novembro de 1986 foi, na verdade, um novo Congresso Nacional, que funcionaria temporariamente como Assembleia Nacional Constituinte. Tendo esta encerrado os seus trabalhos, os constituintes prosseguiriam na condição de congressistas até o final de seus mandatos.

Esta opção política sofreu a crítica de amplos setores da sociedade, que pretendiam que a Assembleia Constituinte eleita servisse exclusivamente a seu fim próprio, dissolvendo-se com a promulgação da nova Carta. Assim, acreditava-se, haveria independência e dedicação absolutas por parte dos constituintes, sem a interferência de outros interesses, próprios da atividade parlamentar.

A Assembleia foi instalada em 1º de fevereiro de 1987, sob a presidência do Ministro José Carlos Moreira Alves, Presidente do Supremo Tribunal Federal. No dia seguinte, foi eleito o Presidente da Constituinte, o Deputado Ulisses Guimarães, o maior líder da oposição durante todo o regime militar. Os trabalhos da Constituinte começaram sem um projeto inicial. É verdade que o Governo havia convocado uma comissão de notáveis, conhecida pelo nome de seu Presidente, Comissão Afonso Arinos, que elaborou um anteprojeto, inclusive prevendo o parlamentarismo. Entretanto, o Executivo simplesmente preferiu não remeter o anteprojeto à Assembleia Constituinte.

Esta se organizou, inicialmente, em 24 subcomissões e, posteriormente, em oito comissões temáticas. Cada uma destas comissões, por sua vez, deveria elaborar um anteprojeto acerca do seu tema à Comissão de Sistematização. Em 25 de junho do mesmo ano, o relator da Comissão de Sistematização, Bernardo Cabral, apresentou um trabalho em que reuniu, como pôde, todos estes anteprojetos em uma peça de 551 artigos.

Esta sistemática de trabalho adotada pelos constituintes levou a algumas consequências que acabaram por persistir no texto definitivo. Primeiramente, cada comissão pretendeu tratar o seu tema da forma mais abrangente possível, conduzindo a um detalhismo minucioso, provavelmente impróprio para uma Constituição. Além disso, as comissões foram obrigadas a trabalhar sem que tivesse havido qualquer aprovação prévia de diretrizes fundamentais, gerando uma falta de unidade ideológica perceptível em alguns pontos do texto.

Ainda, alguns sustentam que uma terceira consequência dessa organização do trabalho foi deixar cada comissão muito mais exposta a *lobbies* e pressões de todo tipo de interesse do que estaria o conjunto dos constituintes. A despeito dessas críticas, é dever também mencionar que a elaboração da Constituição de 1988 contou com a maior participação popular da história constitucional brasileira: a distinção entre *lobby* e participação popular é complexa e não cabe aqui aprofundá-la. Seja como for, foram propostas 122 Emendas Populares, afora toda a sorte de manifestações informais. De fato, o Brasil viveu, com muito mais intensidade do que em qualquer outro momento da história nacional, a elaboração da nova Carta.

Uma vez pronto, o novo texto trouxe inovações em numerosos aspectos. Vale deixar registrado o progresso em sede dos Direitos Sociais (direito à greve, à livre sindicalização, à educação etc.), os novos remédios constitucionais para a proteção de direitos individuais (mandado de segurança coletivo, *habeas data*), o passo dado em direção a um federalismo mais descentralizado, com o aumento das fontes de receita e das competências de Estados e Municípios etc. Apesar das críticas que muitas vezes cabem ao texto, não há como negar a importância da nova Constituição, especialmente como uma valiosa Carta de Direitos.

Encerrados os trabalhos da Assembleia Nacional Constituinte e promulgada a nova Constituição, a 5 de outubro de 1988, a vida política e econômica do País prosseguia no seu curso normal. De fato, restava pouco mais de um mês para as eleições municipais de 15 de novembro.

As perspectivas políticas do governo e de toda a sua base de apoio para o pleito que se aproximava não eram as mais promissoras. O governo de José Sarney vinha se desgastando progressivamente desde 1986, especialmente a partir do fracasso do Plano Cruzado. O Plano tinha por objetivo a contenção da inflação e a estabilização da economia, como todos os demais que o sucederam. As principais medidas adotadas foram um radical congelamento de preços e um congelamento parcial de salários, com reajustes periódicos em função do índice de inflação atingido, chamado gatilho.

Em um primeiro momento o plano foi um sucesso, angariou enorme simpatia popular e Sarney foi alçado a herói nacional. Entretanto, o pior estava por vir. O plano precisava de ajustes e o radical congelamento de preços praticado a princípio, medida extremamente popular, senão populista, não podia ser mantido indefinidamente. Nada obstante, o plano foi mantido artificialmente por conta das eleições para governadores que se aproximavam (novembro de 1986) em favor de interesses políticos. Imediatamente após as eleições, nas quais o governo obteve esmagadora vitória, o plano original foi substituído por um Plano Cruzado II, que nada mais podia fazer pela inflação, novamente galopante, e uma crise econômica que se aprofundava a cada mês. Às vésperas da eleição municipal de 1988, a sensação de traição e oportunismo ainda estava no ar.

Mas não era só. Além da crise econômica, havia o desgaste político. Este, alimentado por denúncias de corrupção, foi especialmente agravado pelo empenho pessoal do Presidente José Sarney em alterar o projeto de Constituição que lhe concedia um mandato de quatro anos, já aprovado previamente em 1987 pelos constituintes, conseguindo para si um mandato maior, de cinco anos. Nessa linha, o resultado das eleições municipais de 1988 anunciava apenas o descrédito popular nos políticos tradicionais. De fato, quem saiu vencendo desse pleito, ainda que não numericamente, foi o Partido dos Trabalhadores, conseguindo importantes prefeituras, como a de São Paulo, com Luiza Erundina.

Com o resultado das eleições de 1988, o PT surgiu como real opção de poder para o País, e consolidou o nome de Luís Inácio Lula da Silva, seu Presidente nacional e um dos fundadores, para a eleição presidencial do ano seguinte. A primeira eleição direta para Presidente da República desde Jânio Quadros e João Goulart. Quase 30 anos depois. Para esta mesma eleição já se lançava um outro candidato. Fernando Collor de Melo, 40 anos, ao lançar-se à presidência, quase um ano antes das eleições, não foi levado a sério. Entretanto, abrindo espaço nos meios de comunicação, em menos de três meses ficou conhecido como "caçador de marajás" e ferrenho opositor de José Sarney.

Collor revelou-se um fenômeno eleitoral sem precedentes na história do país. Filiado ao PRN (Partido de Reconstrução Nacional), uma legenda fantasma, e pregando a modernização do País, venceu o primeiro turno, em 15 de novembro de 1989, com 28,52% (20.611.011 votos), seguido de Lula, que obteve 16,08% (11.622.673 votos). Políticos importantes como Leonel Brizola, Ulisses Guimarães e Mário Covas também concorreram, mas sequer chegaram ao segundo turno. O resultado da segunda fase marcou a vitória de Collor com 42,75% (35.089.998 votos), enquanto Lula somou 37,86% (31.076.364) votos. Houve uma abstenção de 14,40%, 3,79% de votos nulos e 1,2% de votos em branco.

Três dias antes do novo Presidente eleito tomar posse (12 de março de 1990) foi decretado, a seu pedido, feriado bancário, e no dia 15 de março, já empossado, Collor anuncia um pacote de medidas econômicas e administrativas, o Plano Collor. A principal medida econômica foi a retenção de todos os ativos depositados em instituições financeiras, entre eles os depósitos em cadernetas de poupança, provocando o bloqueio de aproximadamente 2/3 de todo o dinheiro circulante no País (US$ 85 bilhões) e uma brutal crise de liquidez no mercado. O objetivo da medida era subjugar a inflação, o que, de fato, ocorreu em uma primeira fase, mas não sem os tradicionais efeitos colaterais: queda de produção e vendas, recessão e desemprego.

O impacto da medida, todavia, não foi apenas econômico, mas também psicológico. Era impossível não lembrar do então candidato Fernando Collor de Melo, semanas atrás, se comprometendo publicamente a não tocar nos depósitos em poupanças. A população assistiu aos telejornais de 15 de março de 1990 boquiaberta.

O outro aspecto do programa de modernização empreendido por Collor foram as reformas administrativas. Promoveu-se um radical desmonte da máquina pública e de todos os seus sistemas de fiscalização. Extinguiram-se 3.700 cargos comissionados, além de 24 órgãos e empresas estatais. Incentivos e subsídios foram eliminados, inclusive os relativos à agricultura, à Sudam e à Sudene. Aumentou-se a tributação. As reformas foram veiculadas basicamente por meio da edição pelo Executivo de Medidas Provisórias, instituto que veio substituir, na nova Constituição, o antigo Decreto-lei. Muitas destas medidas provisórias, todavia, apresentavam diversos aspectos inconstitucionais. Algumas foram substituídas com alterações pelo próprio Executivo, outras suspensas liminarmente pelo STF.

Curiosamente, duas delas, as MPs n° 153 e n° 156, que definiam, respectivamente, crimes de abuso do poder econômico e contra a Fazenda Pública, foram declaradas nulas pelo próprio Executivo, por meio da MP n° 175. Tentou-se assim evitar o confronto iminente com o Judiciário e a derrota certa, com a declaração de inconstitucionalidade das tais medidas, em função do desrespeito flagrante ao princípio constitucional da reserva legal, absoluta e formal, em matéria penal.

Em outubro, dia 3, ainda de 1990, novas eleições diretas. Desta vez para deputados federais, senadores e governadores de Estado. O resultado do pleito mostrou o maior índice de renovação da história do Congresso: 61% dos congressistas eleitos iriam exercer seu primeiro mandato. A maioria eleita, de tendência conservadora, prometia base de apoio a Collor para aprovação das reformas.

O novo ano, 1991, foi extremamente desgastante para o governo. O fracasso do Plano Collor I já era um fato consumado. O Plano Collor II, lançado em seguida, seguiu o mesmo caminho. Em relação às medidas administrativas, foi iniciado o plano de privatização e a primeira empresa foi vendida: a Usiminas. Em maio, a Ministra da Economia Zélia Cardoso de Melo sai do governo em função dos rumores de um romance com o Ministro da Justiça, Bernardo Cabral, e dá início a uma série de escândalos envolvendo o governo e o Ministério de Collor.

Denúncias de fraudes, desvios e superfaturamentos se acumulavam contra a Previdência, o Ministério da Saúde e a LBA, atingindo diretamente sua Presidente, a Primeira-Dama Rosane Collor. O Ministro da Saúde, Alceni Guerra, do Trabalho, Rogério Magri e da Educação, Carlos Chiarelli são alvejados com denúncias de corrupção.

A despeito da crise que se instalava, o Presidente Collor continuou mantendo o estilo imperial de governo que lhe caracterizava, sem negociar com o Congresso. Deputados e Senadores, entretanto, começaram a pressionar. Exigiam reformas no Ministério e participação dos partidos na composição do primeiro escalão do governo. Em abril de 1992, o Ministério pediu demissão, abrindo caminho para a formação de um novo, composto de políticos tradicionais e experientes como Ricardo Fiúza, Reinhold Stephanes e Jorge Bornhausen, que viriam a possibilitar um melhor entendimento entre Executivo e Legislativo.

Quando tudo indicava que o governo havia ganhado uma pausa para respirar, o País, perplexo, tomou conhecimento do chamado "Dossiê Pedro Collor de Melo". Era o início do fim. Movido por uma disputa de poder provinciana, o irmão do Presidente, Pedro Collor, desfechou denúncias contra Paulo Cesar Farias, o PC, tesoureiro da campanha de Collor e homem muito próximo do Presidente. Tratava-se, em suma, de tráfico de influência e extorsão de empresários em troca de favores políticos.

Se, a princípio, as acusações apenas respingaram sobre Collor, em 19 de maio de 1992, em entrevista exclusiva à *Revista Veja*, Pedro disparou diretamente contra o Presidente, afirmando ser PC Farias apenas um "testa de ferro" do irmão, que era quem ficava com a maior parte do lucro dos "negócios" de PC. Foi instaurada então no Congresso uma Comissão Parlamentar de Inquérito para apurar as acusações feitas por Pedro Collor. Nos meios políticos, a CPI foi encarada a princípio com o descrédito habitual que se deferia a essa espécie de investigação. Assessores de Collor o aconselharam a não se alarmar, pois, como tantas outras anteriores, aquela CPI também não chegaria a lugar algum.

Em agosto, entretanto, as investigações já haviam encostado em Collor com a descoberta de contas-fantasmas e da "Operação Uruguai", empréstimo fictício junto a um banco uruguaio que servia de fachada para o dinheiro de origem ilícita que financiava as despesas do Presidente. Ao final de agosto, quando a CPI deliberou pela incriminação do Presidente da República, por 16 votos a cinco, o país já estava tomado por multidões que exigiam o *impeachment* de Collor.

No começo de setembro, a Associação Brasileira de Imprensa (ABI) e a Ordem dos Advogados do Brasil (OAB), na figura de seus Presidentes, respectivamente, Barbosa Lima Sobrinho e Marcelo Lavenère Machado, encaminharam o pedido de *impeachment* do Presidente ao Deputado Ibsen Pinheiro, Presidente da Câmara dos Deputados. Com o pedido acatado pelo Presidente da Câmara, a discussão sobre a abertura ou não do processo de *impeachment* se estendeu de 22 a 29 de setembro de 1992. Nessa data, o plenário aprovou a abertura do processo contra Collor por 441 votos a favor (105 a mais que o mínimo necessário) e afastou o Presidente do cargo, enquanto aguardava o julgamento pelo Senado.

A 29 de dezembro do mesmo ano, já no curso do julgamento, Collor enviou ao Senado sua carta de renúncia, o que não o livrou de ter sido condenado e ter seus direitos políticos cassados por oito anos. Terminava uma das passagens mais turbulentas da história da República, com um desfecho exemplar. No primeiro teste das novas instituições políticas, foi destituído o Presidente pelo *impeachment* sem que houvesse ruptura no quadro constitucional.

O vice-presidente, Itamar Franco, tradicional político mineiro e membro histórico do PMDB, assumiu definitivamente a Presidência com a renúncia de Collor. No seu governo, já em 24 de abril de 1993, se realizou o plebiscito previsto no art. 2º do ADCT, cujo resultado manteve a República presidencialista.

O País, recém-curado do processo de *impeachment*, presenciou, em outubro de 1993, nova onda de denúncias de corrupção e fraude, desta vez contra parlamentares. José Carlos Alves dos Santos, ex-diretor do Orçamento da União, foi acusado do desaparecimento da esposa, Elizabeth Lofrano dos Santos. Em diligência em sua casa, a polícia de Brasília descobriu a ponta do *iceberg* do maior escândalo político-administrativo do País. Preso, José Carlos denunciou uma série de fraudes e desvios praticados por deputados e senadores na elaboração do orçamento. A partir das denúncias, foi instaurada, em 20 de fevereiro, uma CPI mista de deputados e senadores, sob a presidência do Senador Jarbas Passarinho. As investigações acabaram por apurar o envolvimento de 22 deputados e três senadores.

Alguns foram cassados, mas a maioria foi inocentada pelo Congresso, a despeito do parecer da CPI e da expectativa popular que havia se mobilizado contra os "anões do orçamento", como ficaram conhecidos, e esperava um julgamento exemplar. De qualquer forma, juntamente com o *impeachment*, a CPI do orçamento foi um momento de punção de um dos males crônicos da vida institucional brasileira; a corrupção. Deve-se também observar que, apesar da crise na credibilidade do parlamento que veio a reboque das denúncias, as instituições democráticas, em novo teste, resistiram.

No seguimento do ano de 1993, já em dezembro, o pedido de inconstitucionalidade da cassação dos direitos políticos de Collor foi, por fim, julgado improcedente pelo STF. Depois do empate inicial entre os Ministros do Supremo Tribunal Federal, foram convocados três Ministros do STJ que decidiram unanimemente pela improcedência do pedido do ex-presidente, liquidando, assim, suas pretensões políticas.

Já em 1994, Fernando Henrique Cardoso, Ministro da Fazenda do Presidente Itamar Franco e figura mais importante do governo, encabeçou a implantação de um novo plano de estabilização

Cap. 2 – HISTÓRIA CONSTITUCIONAL BRASILEIRA **79**

econômica, o Plano Real. O Plano trouxe de novo, ao menos, o fim dos choques e pacotes surpresa, substituídos por diálogo e negociação, em um significativo avanço democrático. Embalado pelo sucesso do Plano Real, Fernando Henrique saiu candidato pelo PSDB para as eleições presidenciais de outubro de 1994, que, em pleito direto, o elegeram ainda no primeiro turno.

Fernando Henrique exerceu dois mandatos como Presidente, sendo reeleito, de 1995 a 2003. O período foi marcado por relativa estabilidade institucional: eleições periódicas, funcionamento normal e ativo dos Legislativos e do Judiciário, liberdade de imprensa. Do ponto de vista constitucional, emendas relevantes foram aprovadas nesse período que vale pontuar desde logo: seu conteúdo específico será examinado nas partes que tratam das matérias correspondentes.

Um primeiro conjunto de emendas (em especial as EC nº 5, nº 6, nº 8 e nº 9, todas de 1995) modificou a disciplina da ordem econômica eliminando a distinção entre empresas de capital estrangeiro e nacional, flexibilizando monopólios e autorizando a prestação, por meio de agentes privados, de serviços públicos. Uma série de privatizações de empresas paraestatais foi levada a cabo por meio de lei após a edição de tais emendas.

Também nesse período foi aprovada a chamada Reforma Administrativa (EC nº 19/1998) e a primeira reforma da previdência (EC nº 20/1998). A EC nº 41/2003 retoma vários temas da Reforma Administrativa. Do ponto de vista do Judiciário, a EC nº 24/1999 extinguiu a figura dos juízes classistas da Justiça do Trabalho, existente até então.

A dinâmica entre os Poderes sofreu alteração importante após a EC nº 32/2001, que modificou a disciplina das medidas provisórias encerrando o ciclo de reedições sem limites da mesma medida provisória pelo Executivo. A EC nº 35/2001, por seu turno, eliminou a exigência de prévia licença da Casa Legislativa para que o STF pudesse processar denúncia contra Deputados Federais e Senadores.

Em 2003 foi eleito Luís Inácio Lula da Silva que também exerceu dois mandatos como Presidente, de 2004 a 2011. Assim como aconteceu durante o governo Fernando Henrique, o governo Lula se desenvolveu em relativa estabilidade institucional. Do ponto de vista constitucional, a alteração de maior relevo a destacar foi a chamada Reforma do Judiciário (EC nº 45/2004) que, entre muitas outras previsões, criou o Conselho Nacional de Justiça – CNJ, órgão de controle administrativo do Judiciário como um todo.

Em 2011, foi eleita Dilma Rousseff, primeira mulher presidente do País. Reeleita, veio a perder o mandato em 2016 por força de decisão do Legislativo após processo de *impeachment*. De forma simplificada, o processo de *impeachment* imputou à Presidente crimes de responsabilidade contra a probidade na Administração e contra a Lei orçamentária. Destituída a Presidente, assumiu seu vice, Michel Temer, que completou o mandato para o qual haviam sido eleitos.

Algumas outras informações sobre esse período devem ser registradas. Ao longo do mandato de Dilma Rousseff, desenrolou-se boa parte das investigações da chamada "Operação Lava Jato", que trouxeram à tona esquemas de corrupção envolvendo políticos e empresas paraestatais, particularmente a Petrobras. Em abril de 2018, Luiz Inácio Lula da Silva foi preso por decisão proferida no âmbito de processo criminal relacionado à Lava Jato, tendo sido solto em novembro de 2019, após decisão do STF que anulou a condenação por incompetência do juízo prolator. Michel Temer foi igualmente preso em março de 2019 por conta de decisão em processo considerado um desdobramento da Lava Jato e solto em maio de 2019.

A emenda constitucional mais importante aprovada durante esse período – já no governo Temer – foi a EC nº 95/2017, que estabeleceu o Novo Regime Fiscal e o que ficou conhecido como "teto de gastos". Diversas emendas constitucionais posteriores se ocuparam de alterar disposições introduzidas pela EC nº 95/2017.

Nas eleições presidenciais de 2018, foi eleito Jair Messias Bolsonaro, ex-deputado federal. A EC nº 100/2019, aprovada em seu governo, tornou obrigatória a execução de previsões orçamentárias originadas de emendas parlamentares, sinalizando uma alteração do relacionamento entre Executivo e Legislativo. A pandemia de covid-19 acabou por ser responsável por várias emendas relacionadas com o enfrentamento da situação de calamidade ao longo de 2020 e 2021.

Vale observar também, com destaque, que vários atos infralegais do Governo Bolsonaro foram considerados inválidos pelo STF ao longo de seu mandato. Embora essa seja, sobretudo, uma discussão de legalidade, ela diz respeito também aos limites do poder regulamentar do Executivo, sobretudo em matérias relacionadas com políticas públicas consideradas, pelo STF, relevantes para direitos fundamentais. Nas eleições de 2022, Bolsonaro concorreu à reeleição, mas foi derrotado, tendo sido eleito, para um terceiro mandato, Luiz Inácio Lula da Silva. Vale o registro da EC nº 132/2023, aprovada em seu governo, que introduziu importante reforma tributária alterando múltiplos pontos da Constituição com previsão de implementação diferida até 2033.

3

Poder constituinte

3.1 PODER CONSTITUINTE ORIGINÁRIO

Acesse o QR Code e assista ao vídeo.
> https://uqr.to/1vvxx

Como já se mencionou episodicamente em outros momentos ao longo deste curso, poder constituinte originário é o nome que se atribui ao poder de fato, o poder político que cria, elabora e adota uma nova Constituição. Fala-se de uma "nova" Constituição porque é difícil imaginar um Estado no qual já não haja, hoje, uma Constituição prévia, embora a hipótese não possa ser descartada.

O poder constituinte originário é, a rigor, um fenômeno político, um poder político, e não propriamente jurídico. Trata-se exatamente do momento em que o poder político se transforma em norma jurídica fundamental. A observação histórica ilustra o ponto: movimentos políticos – idealmente democráticos – surgem na sociedade manifestando sua insatisfação e postulando a substituição de uma Constituição por outra. Até esse momento, trata-se apenas de política, a rigor. Quando esse movimento é vitorioso e consegue transformar suas pretensões políticas em uma nova Constituição, aquilo que era debate político – por exemplo, o sistema de governo a ser adotado, direitos a serem garantidos, políticas a serem previstas desde logo – se transforma em norma constitucional.

A existência do poder constituinte originário – superior aos poderes constituídos – foi elaborada teoricamente de forma mais clara e organizada no contexto da Revolução Francesa por Sieyès, em seu livreto *O que é o Terceiro Estado?* A distinção defendida por ele tem uma consequência óbvia: os governantes apenas exercem o poder – os poderes constituídos – mas não são seus titulares. O titular efetivo do poder é o poder constituinte (na visão de Sieyès, o Terceiro Estado, e na concepção afinal adotada em vários momentos na França revolucionária, a nação; posteriormente, o povo), que pode, portanto, escolher mudar o Estado e a organização dos poderes constituídos. Essa prerrogativa autoriza o movimento revolucionário a reorganizar o Estado e suas estruturas de poder constituído, como, por exemplo, extinguir uma monarquia e organizar uma república, recriar uma monarquia no modelo constitucional etc.

Daí por que afirmar comumente que o poder constituinte originário é o poder de criar e recriar o Estado; de definir e redefinir a estrutura estatal, a estrutura do governo, de tomar as decisões fundamentais de determinada sociedade – decisões que serão refletidas na Constituição

–, sendo, assim, um poder essencialmente político. Ou seja: o poder constituinte originário não trabalha dentro das instituições existentes e de suas regras para aperfeiçoá-las: ele muda as instituições. Trata-se do poder de fundar ou refundar o Estado, organizá-lo em outras bases, a partir de outros parâmetros ou critérios e, nesse sentido, de elaborar uma Constituição completamente nova, refletindo essas novas opções políticas.

Há aqui uma complexidade que é preciso encarar desde logo. É possível examinar o poder constituinte originário sob uma perspectiva puramente descritiva: qualquer poder político que consiga impor sua vontade e alterar a estrutura estatal por meio da imposição/elaboração de uma nova Constituição será descrito como um poder constituinte originário, seja ele democrático ou não. Já se pode adiantar que o debate teórico em torno do poder constituinte originário não assume essa premissa puramente descritiva. Bem ao contrário, fazendo a opção filosófica pela democracia, um dos pontos fundamentais a definir é exatamente quem é o titular do poder constituinte originário, no sentido de quem pode exercê-lo legitimamente.

Uma das consequências dessa opção filosófica envolve, inclusive, a nomenclatura utilizada: golpe de Estado ou revolução. Aqueles movimentos que alteram a estrutura do Estado e impõem uma nova Constituição, mas não sejam considerados legítimos, são descritos como golpes de Estado, ao passo que aqueles que são considerados democráticos por quem os descreve são, em geral, nomeados como revoluções. É certo que diferentes grupos dentro de uma sociedade podem ter visões diversas acerca de um mesmo movimento político, tanto quando os eventos acontecem, quanto retrospectivamente. Do ponto de vista histórico, a questão torna-se ainda mais complicada, pois não é incomum que movimentos considerados originariamente democráticos ou populares transmudem-se com o tempo em ditaduras, tornando mais difícil essa apreciação.

A despeito disso, é preciso registrar que a vitória dos movimentos políticos – democráticos ou não – será um dado inevitavelmente relevante para o Direito. Um golpe de Estado vitorioso acaba por impor uma nova Constituição, e ao longo do tempo, uma nova ordem jurídica. A capacidade do Direito de resistir ao poder político, sobretudo quando este tem ao seu lado os meios de violência estatal, é muito limitada. O exemplo do golpe do Estado Novo, da Constituição de 1937 e da ditadura que se seguiu é provavelmente o mais emblemático da história constitucional brasileira, e até hoje há normas em vigor editadas naquele período.

Feita essa observação, cabe então examinar o debate em torno de quem é o titular do poder constituinte originário. Na realidade, esse tema está diretamente relacionado à noção de soberania como um poder incontrastável: a rigor, do ponto de vista interno, o grande momento de exercício da soberania de um povo se dá quando da manifestação do poder constituinte originário. É o poder constituinte que pode tomar decisões incontrastáveis e que não sofre limitação em face do direito anteriormente existente, como se verá adiante, levando a cabo um grande momento de ruptura jurídico-institucional. Uma vez elaborada a Constituição, porém, ela organiza e limita o exercício dos poderes constituídos que, a partir desse momento , já não poderão tomar decisões incontrastáveis ou ilimitadas, uma vez que a Constituição estabelece limites que terão de ser observados.

Nesse contexto, a discussão em torno do titular do poder constituinte originário se confunde com o debate em torno do titular do poder político soberano. Historicamente, já se atribuiu essa soberania ao monarca. Com a expansão das concepções democráticas, essa visão foi abandonada – mesmo nos países democráticos que são monarquias – e a concepção predominante é a de que o titular do poder constituinte originário é o povo.

A assertiva de que o titular do poder constituinte originário é o povo não se confunde com uma outra, que já foi amplamente adotada e utilizada para fins de exclusão e controle social, que associava o poder constituinte originário à ideia de nação. Isso porque povo é um conceito razoavelmente objetivo e descreve o conjunto de pessoas vinculadas juridicamente a determinado Estado, como regra, pelo vínculo da nacionalidade. Nação, por seu turno, pode invocar determinada concepção ideológica acerca do que é "ser" brasileiro, americano ou francês, por exemplo, descrevendo como "antibrasileiro", "antiamericano" ou "antifrancês" todos aqueles que não concordem com essa visão ideológica (mesmo que integrem o povo). Definido que é o povo o titular do poder constituinte originário, tem-se que a legitimidade de um movimento que pretenda elaborar uma nova Constituição dependerá de uma ampla manifestação da sociedade política, e não de grupos isolados que pretendam se identificar com o povo ou falar em nome dele.

Do ponto de vista prático, como o poder constituinte originário irá elaborar uma nova Constituição? Parece inevitável que seja eleito algum tipo de colegiado – em geral, denominado Assembleia Constituinte – para levar a cabo essa tarefa. Do ponto de vista teórico, entende-se que o ideal é que uma Assembleia Constituinte tenha apenas funções constituintes, dissolvendo-se em seguida. Uma outra opção é eleger uma Assembleia que funcione também, posteriormente, ou mesmo simultaneamente, como Congresso Nacional, desempenhando as duas funções, como aconteceu na Constituinte de 1987/1988 no Brasil.

A inconveniência desse segundo modelo é o risco de mistura de interesses dos constituintes. No exemplo brasileiro, discutia-se, em um turno, por exemplo, se o novo Estado adotaria o presidencialismo ou o parlamentarismo como sistema de governo, e, no outro, os parlamentares estavam em negociações acerca do orçamento daquele ano com o Presidente – cujo interesse era na manutenção do presidencialismo e na ampliação de seu próprio mandato.

Ainda acerca do exercício do poder constituinte originário, outra questão que historica-mente se coloca é a necessidade e/ou conveniência de submissão posterior do projeto a refe-rendo popular, já que a Assembleia Constituinte não, é a rigor, a titular do poder constituinte originário, que continua sendo o povo. A Constituição de 1988 previu essa possibilidade, mas apenas para escolha acerca da forma e do sistema de governo.

Por fim, o poder constituinte originário é considerado juridicamente ilimitado, isto é: ele não está vinculado às limitações existentes na ordem jurídica anterior. Como exatamente essa ilimitação funciona e quais são suas consequências para a ordem jurídica existente será examinado adiante, na parte sobre direito constitucional intertemporal.

Vale registrar desde logo que essa "ilimitação jurídica" representa sempre um momento de ruptura grave para os conteúdos clássicos da segurança jurídica. Essa ruptura se justificará – e será a rigor irresistível – na medida em que é o povo, de forma ampla e coletivamente, que está mobilizado e decidiu romper com a ordem vigente e organizar outra em seu lugar. Isto é: trata-se de uma decisão clara do titular do poder político soberano.

A questão pode se tornar bastante sensível, porém, quando grupos, dentro dos próprios marcos institucionais existentes no Estado, tentem se apropriar do discurso do "poder cons-tituinte originário". Essa apropriação visa em geral promover alterações pontuais que, em princípio, não seriam possíveis ao legislador ou ao poder constituinte derivado (do qual se tratará na sequência), e não propriamente a recriar ou reorganizar o Estado por conta de uma manifestação abrangente do povo.

Por vezes essa tentativa de manipular o argumento do "poder constituinte originário" e a "ilimitação jurídica" associada a ele pode ter por objetivo impedir a incidência das consequên-cias previstas em normas válidas sobre determinadas situações ou pessoas, em um esforço de "legitimar" a violação da isonomia na aplicação da lei. Em outros contextos, a invocação do poder constituinte originário é por vezes suscitada como meio de alterar previsões específicas da Constituição, que se considere protegidas por cláusulas pétreas.

Esse fenômeno se comunica, em primeiro lugar, com o debate em torno da titularidade do poder constituinte originário referido acima e da legitimidade do eventual processo de elaboração de uma nova Constituição. O titular do poder constituinte originário é o povo, e é apenas ele que poderá romper com a ordem jurídica: cuida-se, como visto, de um fenômeno primeiramente político com repercussões jurídicas. Por isso mesmo, será sempre importante ter em vista o que é uma manifestação do povo como um todo (ou de sua ampla maioria), mobilizada no sentido de refundar o Estado e recriar a ordem jurídica, ou, talvez com mais facilidade, identificar o que não caracteriza esse tipo de manifestação que descreve o poder constituinte originário.

Seja como for, sob outra perspectiva, é preciso compreender essa ideia de "ilimitação jurídica" em termos. Em um contexto de internacionalização dos direitos humanos (ou, ao menos, do discurso acerca deles), parece inconcebível imaginar um poder constituinte originário que pretendesse instaurar um Estado claramente violador desses direitos: o risco de reação da sociedade internacional e de não reconhecimento do novo governo funcionam como um limite nesse contexto.

3.2 PODER CONSTITUINTE DERIVADO OU REFORMADOR

O chamado poder constituinte derivado ou reformador não é, a rigor, um poder *constituinte* e sim um poder *constituído*, já que criado pelo poder constituinte originário e exercido nos limites por ele definidos. Trata-se do poder atribuído pelas Constituições – em geral, ao Legislativo – de alterar o texto constitucional nas condições que estabelece. Seja como for, a expressão poder constituinte derivado ou reformador já se tornou consolidada e parece inútil tentar alterá-la.

A noção de um poder constituinte derivado ou reformador faz sentido no ambiente das Constituições rígidas, nas quais, como já referido, a modificação do texto constitucional envolverá um procedimento mais complexo e com maiores exigências do que o procedimento necessário para elaborar ou alterar uma norma não constitucional. Essa é a lógica da rigidez constitucional que consiste, do ponto de vista técnico-jurídico, no fundamento da superioridade hierárquica da Constituição em face do restante do sistema jurídico.

Vale lembrar aqui o que já se mencionou em outras partes sobre a tensão e o equilíbrio entre o quanto a Constituição decide (ou o quanto a jurisdição constitucional entende que ela decide) e o que cabe à decisão da rotina democrática, bem como a tensão entre a rigidez da Constituição e sua capacidade de adaptar-se e permanecer vigente ao longo do tempo. As duas questões se relacionam neste ponto, já que, quanto mais rígidos os limites à atuação do poder constituinte derivado – sobretudo no que diz respeito a campos de imutabilidade que as cláusulas pétreas representam – menor será o espaço que a rotina democrática poderá ocupar para tomar decisões.

Entretanto, se uma Constituição é extremamente analítica e restringe excessivamente as possibilidades de sua alteração, há o risco de que, diante de alterações sociais e/ou políticas relevantes, ela acabe por ser substituída por outra, não resistindo aos desafios da passagem do tempo. Por outro lado, é certo que as Constituições rígidas existem justamente para limitar as maiorias. Há, como se vê, uma tensão permanente entre esses elementos, que não pode ser desconsiderada.

A Constituição de 1988 previu, a rigor, dois sistemas de limites ao poder constituinte derivado: um temporário, que teria lugar apenas uma vez, cinco anos depois de promulgada a Constituição (ADCT, art. 3º), e outro permanente, previsto no art. 60 da Constituição. Por força do art. 3º do ADCT, no momento de revisão constitucional as alterações ao texto constitucional seriam aprovadas pelo voto da maioria absoluta dos membros do Congresso Nacional, em sessão unicameral. As emendas constitucionais aprovadas nesse período foram denominadas emendas de revisão. Encerrado esse momento, porém, valem as previsões do art. 60, das quais se passa rapidamente a tratar.

A rigidez constitucional, e, portanto, os limites e condições impostos pelo poder constituinte originário, podem assumir múltiplas formas e envolver diferentes dimensões: na parte sobre história constitucional brasileira viram-se alguns exemplos de modelos adotados pelo País em Constituições anteriores, e outros países têm experiências diversas. No sistema da Constituição de 1988, as limitações ao poder constituinte derivado ou reformador podem ser agrupadas em três grandes categorias: limitações de natureza circunstancial, materiais e procedimentais.

As chamadas **limitações circunstanciais** descrevem circunstâncias nas quais se proíbe o Congresso Nacional de alterar a Constituição. Assim, nos termos do art. 60, § 1º, a Constituição não poderá ser emendada na vigência de intervenção federal, de estado de defesa ou de estado de sítio. Veda-se a alteração da Constituição nessas ocasiões porque elas descrevem momentos de séria excepcionalidade política, inclusive, no caso do estado de defesa e de sítio, com a possibilidade de restrição de direitos e liberdades. Não parece adequado que alterações da Constituição sejam discutidas e decididas nesse contexto.

Quanto à intervenção federal, é certo que ela pode tomar muitas formas, dependendo da circunstância concreta e dos atos necessários para lidar com ela: da suspensão de uma lei ou ato considerado inconstitucional, até o envio de tropas federais para determinado Estado. É fácil perceber que o nível de excepcionalidade política variará bastante, dependendo do conteúdo concreto da intervenção federal em cada caso. Seja como for, a opção constitucional foi no sentido de que qualquer hipótese de intervenção federal, na medida em que envolve um momento de desequilíbrio entre os entes da federação, deverá impedir a alteração da Constituição.

Sobre o tema, vale registrar um exemplo recente. Por meio do Decreto nº 9.288, de 16.02.2018, a União decretou intervenção federal no Estado do Rio de Janeiro "com o objetivo de pôr termo a grave comprometimento da ordem pública". O decreto previu como prazo da intervenção 31.12.2018 e conferiu ao interventor as atribuições "necessárias às ações de segurança pública", restando todas as demais que não tivessem relação direta ou indireta com a segurança pública na titularidade do Governador. O Decreto que decretou a intervenção foi revogado pelo Decreto nº 9.917/2019.

Tratou-se, portanto, de uma intervenção que afetou apenas a área de segurança pública, com a manutenção do funcionamento ordinário das demais instituições estaduais. Ainda assim, e nos termos do art. 60, § 1º, da Constituição referido acima, o certo é que emendas à Constituição Federal não poderiam ser aprovadas durante a vigência dessa intervenção.

O segundo conjunto de limites ao poder constituinte derivado são os chamados **limites materiais**, que descrevem, na realidade, as chamadas cláusulas pétreas: temas que são considerados imutáveis e que o poder constituinte derivado não poderá, nos termos da Constituição, "tender a abolir". Vale observar que nem toda constituição rígida terá cláusulas pétreas: é perfeitamente possível, e a história brasileira tem experiências nesse sentido, haver Constituições rígidas que, observado o procedimento mais complexo previsto, admitem que todo seu conteúdo possa, em tese, ser alterado. As cláusulas pétreas são, mais do que rigidez constitucional, núcleos de imutabilidade previstos pelo constituinte originário, no sentido de limites intransponíveis dirigidos ao poder constituinte derivado.

A Constituição de 1988 prevê quatro cláusulas pétreas que estão listadas no art. 60, § 4º, a saber: a forma federativa de Estado, o voto direto, secreto, universal e periódico; a separação dos Poderes e os direitos e garantias individuais. Na parte sobre controle de constitucionalidade, já se discutiu como as cláusulas pétreas têm sido interpretadas e as principais questões envolvidas em sua aplicação e faz-se apenas um brevíssimo resumo aqui.

Em primeiro lugar, é bastante tranquilo o entendimento de que os limites materiais se dirigem não apenas ao poder constituinte derivado, mas ao Estado como um todo, o que parece evidente. Se uma emenda não pode tender a abolir uma cláusula pétrea, com menos razão poderia uma lei ou ato administrativo fazê-lo. Isso significa, portanto, que a cláusula pétrea não protege apenas a textualidade das disposições constitucionais às quais eventualmente se aplique, mas o sentido e alcance do conteúdo dessas disposições.

A cláusula pétrea acerca do voto é razoavelmente objetiva, não tendo suscitado, até aqui, maiores discussões. Isso não se pode dizer das outras três que, por conta de sua formulação mais aberta, ensejam considerável debate acerca de seu contorno. As cláusulas que tratam da forma federativa de Estado e da separação dos poderes têm sido interpretadas pelo STF de modo a protegerem o núcleo de sentido dessas duas ideias, sem, com isso, bloquear qualquer mudança da estruturação específica prevista pela Constituição acerca da federação e da organização dos Poderes. Até porque uma grande quantidade de dispositivos constitucionais se relaciona diretamente com a Federação – distribuição de bens, diferentes tipos de competências, tributação etc. – e com a separação de Poderes. Caso essas cláusulas pétreas impedissem qualquer alteração nesse particular, pouco sobraria do texto constitucional para ser alterado.

Assim, em tese, nada impede que o poder constituinte derivado promova reorganizações nesse particular, contanto que mantenha as exigências básicas do Estado Federal e da separação de Poderes. Em qualquer caso, essa assertiva envolverá sempre uma questão de limites: até que ponto uma alteração poderá ir sem descaracterizar essas exigências básicas? A resposta fatalmente dependerá dos casos concretos.

Por fim, a cláusula que protege os direitos e garantias individuais é a que certamente envolve maiores complexidades. Entende-se em geral, em relação a boa parte dos direitos e garantias, que a expressão tendente a abolir não é incompatível com a existência de leis que regulamentem tais direitos e garantias e que visem a permitir sua convivência adequada com outros direitos e fins coletivos. Em qualquer caso, a proporcionalidade e a razoabilidade dessas restrições deverão ser sempre verificadas. Há direitos, porém, em relação aos quais essa afirmação não se aplica: não é possível, por exemplo, restringir ou regulamentar a garantia que proíbe a pena de morte em tempo de paz ou que veda a tortura. A afirmação genérica de que não haveria direitos absolutos é preciso ser vista com cuidado: embora ela de fato se aplique a muitos casos, ela certamente não é própria para todos.

Uma segunda questão relevante é saber o que conta como "direito e garantia individual" para o fim de receber a proteção conferida pelas cláusulas pétreas. O STF já considerou como cláusulas pétreas, além das previsões do art. 5º, direitos dos contribuintes e determinados direitos trabalhistas e sociais (licença-maternidade, por exemplo). Em que medida, porém, direitos trabalhistas e sociais estão protegidos pelas cláusulas pétreas, ou quais desses direitos, ou ainda o que essa proteção significa em cada caso são temas ainda em discussão.

Além das cláusulas pétreas expressamente previstas no art. 60, § 4º, a doutrina entende que do sistema constitucional decorrem também cláusulas pétreas implícitas, que seriam decisões estruturais do poder constituinte originário que, se alteradas, na realidade estariam dando origem a uma nova Constituição – o que apenas poderia ser feito por um novo poder constituinte originário – e não alterando a existente. A mais importante cláusula pétrea implícita é o próprio art. 60, que disciplina o nível de rigidez da Constituição, Assim, não cabe ao poder constituinte derivado alterar o art. 60 para modificar o nível de rigidez constitucional.

Parte da doutrina sustenta também que os princípios fundamentais estabelecidos nos arts. 1º ao 4º seriam também cláusulas pétreas implícitas. Na prática, porém, e considerando o teor das cláusulas pétreas explícitas de que já cuida o art. 60, a utilidade dessa discussão parece limitada. É difícil imaginar uma alteração relevante afetando os princípios dos arts. 1º ao 4º que não impactasse também alguma das cláusulas pétreas explícitas do art. 60, § 4º. Seja como for, parece consistente o raciocínio de que uma reformulação radical desses princípios corresponderia, realmente, a outra estruturação constitucional, que apenas poderia ser levada a cabo pelo poder constituinte originário.

Por fim, a terceira categoria de limitações são os chamados **limites procedimentais**, isto é, o conjunto de exigências de procedimentos necessários para aprovar uma Constituição. Os limites procedimentais na Constituição de 1988 envolvem o poder de iniciativa – isto é: quem pode apresentar propostas de emenda à Constituição –, de quórum de deliberação – três quintos dos votos para que se considere aprovada uma proposta – e de turnos de deliberação – dois turnos na Câmara dos Deputados e dois turnos no Senado Federal.

O art. 60 da Constituição prevê três hipóteses de iniciativa para proposta de emenda à Constituição: o Presidente da República, mais da metade das Assembleias Legislativas dos Estados – tendo cada uma delas decidido a questão por maioria simples, ou maioria relativa dos seus membros – e um terço, no mínimo, de Deputados Federais ou Senadores. A doutrina discute a possibilidade de iniciativa popular para emendas constitucionais: embora não haja previsão expressa nesse sentido, parece muitíssimo razoável admiti-la.

A possibilidade de o Presidente apresentar propostas de emenda à Constituição é incomum, tanto na história brasileira (salvo em momentos autoritários) quanto na experiência de outros países presidencialistas democráticos: trata-se de mais um exemplo de poderes amplos conferidos pela Constituição de 1988 ao Chefe do Executivo. A possibilidade de proposta de emendas originadas dos Legislativos estaduais realiza a ideia de participação dos entes federados na formação da vontade nacional, embora, na prática, não seja frequente.

A rigidez é dada nesse primeiro momento do processo legislativo das emendas, sobretudo, pela exigência de que ela seja apresentada por um terço de Deputados ou de Senadores: para as demais espécies legislativas. Lembre-se: um Deputado ou um Senador, sozinho, tem a prerrogativa de apresentar projetos. Ou seja: exige-se desde logo, em relação aos parlamentares, que um grupo razoavelmente significativo esteja de acordo para que uma proposta de emenda seja apresentada à Casa Legislativa.

Em relação ao quórum de aprovação de propostas de emenda, como já referido, a Constituição prevê no § 2º do art. 60 que ele será de três quintos – uma maioria bastante qualificada, portanto – que deverá ser obtida em no mínimo quatro deliberações: duas na Câmara dos Deputados e duas no Senado Federal. Eventualmente será o caso de ter-se seis deliberações, caso a Casa revisora altere o texto remetido pela Casa iniciadora, a quem caberá, então, apreciar a alteração, também em dois turnos de votações. O ponto foi desenvolvido com maiores detalhes na parte sobre processo legislativo.

3.3 PODER CONSTITUINTE DECORRENTE

Por fim, cabe fazer uma rápida menção ao chamado poder constituinte decorrente, próprio dos Estados Federais. Trata-se do poder dos Estados, Distrito Federal (no modelo brasileiro) e Municípios de elaborarem suas Constituições e, no caso dos Municípios e do DF, suas leis orgânicas, no âmbito da autonomia que o poder constituinte originário lhes conferiu. Já se pode observar que, assim como no caso do poder constituinte derivado, também o poder constituinte decorrente não é, a rigor, um poder constituinte realmente, e sim um poder constituído, já que criado pelo poder constituinte originário, só podendo ser exercido nos limites por ele definidos.

Na parte sobre federação discutiu-se de forma específica os contornos da autonomia dos entes federados e, portanto, seu espaço de atuação possível no exercício de seu poder constituinte decorrente. Como se viu, os entes têm autonomia que se desdobra nos poderes de auto-organização, autogoverno e autoadministração que, nada obstante, deverão ser exercidos com observância do que a Constituição Federal dispõe.

Para além do que a Constituição prevê de forma específica como limites ao poder constituinte decorrente, a jurisprudência do STF interpreta de forma restrita esse espaço de autonomia impondo em muitos contextos a reprodução do modelo federal. O STF considerou inválida, por exemplo, norma de Constituição estadual ou de Lei Orgânica distrital que atribuem à Assembleia ou à Câmara Legislativa o julgamento do governador pela prática de crime de responsabilidade, por violação às regras previstas na Lei federal nº 1.079/1950 (ADI nº 3466). A Corte também considerou inconstitucional norma de Constituição estadual que estabelece limite etário para aposentadoria compulsória diverso do fixado pela Constituição Federal (ADI nº 5298).

Com base em fundamento similar, o STF decidiu ser de observância obrigatória pelos Estados o rol taxativo de princípios constitucionais sensíveis previstos no inc. VII do art. 34 da Constituição da República, sendo desnecessária a reprodução literal na Constituição estadual como condição autorizativa para a intervenção do Estado em seus municípios, por inexistir autonomia para modificá-lo (ADI nº 7369).

A Constituição Federal prevê desde logo um mecanismo de controle concentrado de constitucionalidade das normas estaduais e municipais em face da Constituição Estadual, nos termos do art. 125, § 2º, da Constituição. O tema será examinado na parte sobre controle de constitucionalidade. Há, portanto, uma superioridade hierárquica de natureza constitucional entre a legislação do Estado e dos Municípios que o integram em face da Constituição Estadual.

No caso dos Municípios, eles também têm autonomia para sua auto-organização, auto-governo e autoadministração, cabendo-lhes elaborar sua lei orgânica, nos termos do art. 29 da Constituição Federal. Entretanto, esse mesmo dispositivo submete a autonomia municipal aos princípios gerais da Constituição do Estado, embora essa cláusula não possa esvaziar a autonomia constitucionalmente atribuída aos Municípios.

Ou seja: além das previsões da Constituição Federal aplicáveis, a lei orgânica de cada Município deverá respeitar também "princípios gerais" da Constituição Estadual, sob pena de inconstitucionalidade. A Constituição Estadual, por seu turno, está submetida às previsões da Constituição Federal que asseguram a autonomia e as competências municipais, podendo ela também ser considerada inconstitucional, agora em face da Constituição Federal, caso desrespeite tais previsões. O desrespeito à autonomia municipal é, inclusive, uma hipótese constitucional que admite a intervenção federal da União nos Estados (art. 34, VII, *c*).

Não é incomum que o STF declare inválidas normas estaduais por violarem a autonomia constitucional municipal. Na ADI nº 7405, por exemplo, a Corte considerou inconstitucional — por violar a competência dos municípios para legislar sobre assuntos de interesse local, e para organizar e prestar, diretamente ou sob regime de concessão ou permissão, os serviços públicos de interesse local (CF/1988, art. 30, I e V) (1) — lei estadual que obriga as concessionárias dos serviços públicos de fornecimento de água a oferecer aos consumidores a opção de pagamento de dívidas por meio de cartão de crédito ou débito antes da suspensão dos serviços, bem como impõe aos agentes concessionários que efetuam as suspensões de fornecimento do serviço o porte da máquina do cartão.

Por fim, a maior parte da jurisprudência entende que a lei orgânica municipal é hierarquicamente superior ao restante da legislação do Município, admitindo um controle de legalidade, portanto. Em outras palavras, a legislação municipal poderá ser considerada inválida se desrespeitar previsão da lei orgânica do Município.

4

Direito constitucional intertemporal

A sucessão de normas no tempo é uma característica natural do Direito. As normas editadas no passado frequentemente precisam de atualizações e alterações, seja porque a realidade se alterou, as concepções mudaram, as novas maiorias têm visões diferentes ou simplesmente porque o que se imaginava como resultado esperado da norma não se concretizou. Sejam quais forem as razões subjacentes, a edição de novas normas alterando anteriores é inevitável e suscita alguns questionamentos envolvendo as relações da norma nova com a realidade existente antes de sua edição. O direito intertemporal se ocupa justamente desses questionamentos.

Não se trata, é fácil perceber, de um tema exclusiva ou particularmente constitucional, mas de um assunto da teoria do Direito de forma ampla. Nada obstante, ele apresentará várias especificidades quando a norma nova é uma Constituição nova, como se verá adiante. Antes de prosseguir, porém, vale fazer alguns registros gerais.

Em primeiro lugar, existem dois grandes bens em tensão quando se discute o direito intertemporal. De um lado, tem-se a preocupação com a segurança jurídica e sua proteção e, portanto, o interesse de impedir que a norma nova afete situações constituídas sob a vigência da lei anterior. A previsibilidade é um dos conteúdos básicos da segurança jurídica, o que significa que as pessoas devem poder estar certas de quais as consequências e efeitos dos atos que praticam, e naturalmente isso só será possível se essas consequências e efeitos foram regulados de acordo com a norma vigente no momento em que os atos foram praticados. Se a lei nova puder afetar o que aconteceu antes dela para alterar os efeitos e consequências dos atos já praticados, a previsibilidade terá sido frustrada.

Do princípio da segurança jurídica se extrai a ideia geral de que as novas normas não devem retroagir, aplicando-se apenas para o futuro. Embora essa afirmação pareça simples, a realidade pode se apresentar de maneira bem mais complexa, dificultando a distinção do que significa exatamente retroação de uma nova norma ou aplicação para o futuro. E isso porque fatos ou atos nem sempre são instantâneos: em muitas hipóteses eles perduram no tempo e a lei nova pode ser editada na pendência deles; em outras ocasiões, os efeitos de atos ou fatos anteriores à lei nova ainda não se produziram completamente.

Imagine-se, por exemplo, uma lei que viesse a prever que, para a conclusão do curso de bacharel em Direito no âmbito de universidades públicas, ao fim do currículo atual seriam exigidas, adicionalmente, a prestação de 30 horas semanais de serviços jurídicos comunitários gratuitos por 24 meses. Qual seria o impacto dessa eventual norma nova, por exemplo, sobre os alunos que se encontrassem cursando a faculdade? E sobre aqueles que já concluíram o currículo antigo, mas ainda não colaram grau e/ou não fizeram prova da OAB? E sobre aqueles que concluíram o curso há menos de 24 meses? Ainda, o que dizer sobre aqueles que cursaram durante algum tempo a faculdade na universidade pública, mas se transferiram para instituições particulares? Independentemente de maiores aprofundamentos, não é difícil perceber que essas situações são diversas: o direito intertemporal pretende justamente responder a essas perguntas sobre o eventual impacto da lei nova sobre essas diferentes situações.

É bem de que os sistemas jurídicos nem sempre adotam de forma rígida ou absoluta a ideia da irretroatividade das leis: mais adiante se verá quais as opções da Constituição de 1988 no particular. Até porque existe um outro bem ou interesse relevante a ser considerado, que é o do avanço legislativo.

Uma nova norma é editada, alterando a ordem jurídica anterior, sob a premissa de que suas previsões são necessárias ou melhores ou mais adequadas ou mais justas etc., do que a disciplina existente anteriormente. É certo que em uma democracia plural dificilmente haverá unanimidade e sempre haverá quem considere que a lei nova é pior que a anterior; para a maioria que a aprova, porém, a convicção é a de que a norma nova é superior, e nesse sentido deverá ser aplicada tão amplamente quanto possível justamente para produzir esse resultado melhor a ela associado.

Há, claro, uma tensão entre esses dois bens: a segurança jurídica e a proteção das situações ocorridas antes da vigência da nova norma (com todas as complexidades que a realidade pode oferecer) e, de outro lado, essa pretensão da lei nova aplicar-se amplamente de modo a generalizar as melhores soluções sociais por ela veiculadas. Os diferentes sistemas jurídicos vão tentar acomodar esses dois bens de variadas formas. Os tratados internacionais preveem a irretroatividade da norma penal gravosa como um direito humano[1], mas para além dessa garantia básica, os países adotam soluções variadas, alguns deles no plano constitucional – como é o caso do Brasil –, ao passo que outros cuidarão do tema por meio da legislação infraconstitucional.

O objetivo deste tópico não é exatamente examinar quais as opções constitucionais em vigor no Brasil em matéria de direito intertemporal: ao final, se fará breve menção do tema, que será objeto de tratamento mais específico na parte sobre o princípio da segurança jurídica. O ponto que se quer apresentar aqui diz respeito às questões de direito intertemporal que envolvem a Constituição em si, como uma norma nova, e suas relações com o que existia anteriormente a sua promulgação.

Com efeito, quando uma nova Constituição é editada, ela encontrará ao menos três fenômenos anteriores: a Constituição anterior, a ordem infraconstitucional anterior e as situações subjetivas constituídas anteriormente. Como a Constituição nova se relacionará com cada um desses fenômenos? É isso que se passa a discutir.

4.1 A CONSTITUIÇÃO NOVA E A CONSTITUIÇÃO ANTERIOR

Uma Constituição nova, como é corrente na teoria da Constituição moderna, é o documento que cria ou recria o Estado, refundando-o e estabelecendo novo fundamento de validade para toda a ordem jurídica. E assim é porque uma nova Constituição, elaborada democraticamente, corresponde à manifestação da soberania popular que se mobiliza para se insurgir contra os poderes constituídos existentes e estabelecer uma nova ordem jurídica e reorganizar o Estado e as relações dele com a sociedade.

---

[1] Declaração Universal de Direitos do Homem, art. 11. 1. Toda a pessoa acusada de um acto delituoso presume--se inocente até que a sua culpabilidade fique legalmente provada no decurso de um processo público em que todas as garantias necessárias de defesa lhe sejam asseguradas. 2. Ninguém será condenado por acções ou omissões que, no momento da sua prática, não constituíam acto delituoso à face do direito interno ou internacional. Do mesmo modo, não será infligida pena mais grave do que a que era aplicável no momento em que o acto delituoso foi cometido. Pacto de San Jose da Costa Rica, art. 9º Princípio da legalidade e da retroatividade. Ninguém pode ser condenado por ações ou omissões que, no momento em que forem cometidas, não sejam delituosas, de acordo com o direito aplicável. Tampouco se pode impor pena mais grave que a aplicável no momento da perpetração do delito. Se depois da perpetração do delito a lei dispuser a imposição de pena mais leve, o delinquente será por isso beneficiado.

O mais comum, sobretudo nas últimas décadas, é que uma nova Constituição venha a substituir uma anterior que a precedeu, não se apresentando, assim, como a primeira Constituição daquele povo, embora isso sempre seja possível. A questão que se pretende investigar aqui pode ser enunciada nos seguintes termos: qual a relação da nova Constituição com a anterior?

O entendimento consolidado no Brasil é no sentido de que uma nova Constituição revoga integralmente a Constituição anterior. Aplica-se aqui, de certo modo, a regra tradicional no direito brasileiro de que a norma nova revoga a anterior quando regular inteiramente a matéria de que tratava a norma anterior[2]. Ou seja: com a edição de uma nova Constituição, nada do que dispunha a anterior sobrevive, sendo as disposições da Constituição anterior inteiramente revogadas, mesmo que a nova não trate especificamente de algum tema objeto de disciplina constitucional anterior.

O ponto vale o destaque porque em outras partes do mundo há discussões relevantes sobre a eventual sobrevivência de disposições de Constituições anteriores sob a vigência da Constituição nova. Em alguns lugares, cogita-se da desconstitucionalização de normas de Constituições anteriores quando a nova não discipline aquele tema, isto é: as normas constitucionais anteriores sobreviveriam, agora com o *status* de normas ordinárias. No Brasil, esse entendimento nunca foi acolhido: mesmo na hipótese de um tema não ser regulado pela nova Constituição, entende-se que essa foi uma opção consciente do constituinte – uma espécie de silêncio eloquente – e que as normas constitucionais anteriores, que dele cuidavam, foram igualmente revogadas.

Um fenômeno um pouco diverso, mas que guarda conexão com a ideia de sobrevivência de normas constitucionais anteriores, vem da França e é o chamado bloco de constitucionalidade francês. Com efeito, o preâmbulo da Constituição francesa de 1958 faz expressa referência à Declaração dos Direitos do Homem e do Cidadão de 1789 e ao preâmbulo da Constituição de 1946[3], e a jurisprudência entende que tais normas integram o chamado bloco de constitucionalidade, operando como parâmetro de validade do restante do sistema, juntamente com o texto da Constituição em vigor. Note-se, de todo modo, que nesse caso houve uma decisão expressa do próprio constituinte de 1958 de fazer menção a esses textos anteriores. Nada impede, por natural, que o constituinte decida expressamente por preservar normas constitucionais anteriores.

Em resumo, e sem prejuízo dos registros acerca do que se passa em outros lugares do mundo, o certo é que no Brasil o entendimento bastante tranquilo é no sentido de que a Constituição anterior é integralmente revogada pela nova, de modo que, entre nós, nada resta do que constou da Constituição de 1967/1969 ou de quaisquer outras anteriores.

4.2   A CONSTITUIÇÃO NOVA E A ORDEM INFRACONSTITUCIONAL ANTERIOR

Acesse o QR Code e assista ao vídeo.

> https://uqr.to/1vvxy

---

[2] Lei de Introdução às Normas do Direito Brasileiro, art. 2º, § 1º.
[3] Constituição da França, 1958: "Preâmbulo. O povo francês proclama solenemente o seu compromisso com os direitos humanos e os princípios da soberania nacional, conforme definido pela Declaração de 1789, confirmada e completada pelo Preâmbulo da Constituição de 1946, bem como com os direitos e deveres definidos na Carta Ambiental de 2004."

Questão mais complexa envolve a relação da Constituição nova com a ordem infraconstitucional anterior. Embora a nova Constituição seja, de fato, o novo fundamento de validade do sistema jurídico, seria inviável imaginar que um dos efeitos de sua edição fosse a revogação da ordem jurídica infraconstitucional como um todo, aguardando-se, então, para que uma nova fosse editada. O vácuo normativo paralisaria a sociedade e geraria o caos. Assim, é preciso conciliar a continuidade da ordem jurídica, evitando-se o vácuo legal, e a supremacia da Constituição, de tal modo que apenas as normas compatíveis com a nova Constituição possam sobreviver.

Com a edição de uma nova Constituição, portanto, tem início um processo que alguns autores chamam de filtragem constitucional. Basicamente, se vai passar a examinar a compatibilidade material das normas infraconstitucionais anteriores – ou seja: seu conteúdo – com aquilo que dispõe a nova Constituição. A Constituição de 1988, por exemplo, passou a prever que homens e mulheres são iguais em direitos e obrigações, nos termos da Constituição (art. 5º, I), e que todos os filhos, havidos fora ou dentro de um casamento, bem como os adotados, têm os mesmos direitos (art. 227, § 6º). Quando de sua promulgação, vigia ainda o Código Civil de 1916, que trazia várias normas consagrando regimes desiguais para homens e mulheres, sobretudo no âmbito do casamento, bem como categorias diferentes de filhos que tinham, igualmente, direitos diversos. Essas previsões, de forma clara, não foram recepcionadas pela Constituição de 1988.

Há aqui, porém, duas observações a fazer. Em primeiro lugar, em que contexto ou ambiente essa filtragem acontece? Quem afirma, e quando, que uma norma anterior à Constituição não foi recepcionada por ela? Esse é um ponto importante no sistema de controle de constitucionalidade brasileiro.

A Constituição de 1988 previu, entre outras, a ação direta de inconstitucionalidade, a chamada ADI, em seu art. 102, I, *a*. O objeto da ADI é levar a cabo o controle de constitucionalidade concentrado e abstrato de leis ou atos normativos federais e estaduais. Pois bem: mas poderia a filtragem da ordem jurídica anterior ser levada a cabo por meio de ADIs? Poderiam os legitimados ativos previstos no art. 103 ajuizar ADIs para o fim de ver declarada a inconstitucionalidade de normas anteriores, com efeitos gerais e vinculantes? A resposta do STF a tais perguntas é negativa. A ADI só é cabível em face de leis ou atos normativos editados posteriormente a 5 de outubro de 1988.

O STF firmou tal entendimento na ADI nº 2 (Rel. Min. Paulo Brossard, *DJ* 12.02.1992), em decisão majoritária, mas que prevalece até hoje, na qual se fez uma distinção entre a relação da nova Constituição com a ordem infraconstitucional anterior que fosse com ela materialmente incompatível – que seria uma relação de revogação: norma posterior revoga norma anterior com ela incompatível – e a relação estabelecida entre normas editadas já na vigência da Constituição e com ela incompatíveis: aqui sim uma relação de inconstitucionalidade propriamente, a ser apreciada em ADI. A minoria, vencida, destacava que, a rigor, a revogação por incompatibilidade material nessa circunstância é uma espécie de inconstitucionalidade superveniente, de modo que nada impediria o cabimento de ADI em face de normas anteriores.

O entendimento que prevaleceu teve como consequência que o cabimento de ADI ficou restrito a normas posteriores à Constituição, ao passo que o debate em torno da recepção ou revogação das normas anteriores a 5 de outubro de 1988 passou a desenvolver-se no âmbito do controle difuso e incidental. Isto é: as partes, no contexto de suas disputas subjetivas, poderiam suscitar a não recepção de normas anteriores à Constituição e os órgãos judiciais poderiam decidir a matéria, havendo a possibilidade de a questão chegar ao STF por meio de recurso. O entendimento do STF, talvez no intuito de limitar o volume de ADIs dirigidas ao Tribunal, acabou por multiplicar o número de recursos extraordinários, discutindo justamente a recepção ou não das normas infraconstitucionais anteriores.

Vale o registro de que a Lei nº 9.882/1999, ao regulamentar a arguição de descumprimento de preceito fundamental (ADPF) de que cuida o § 1º do art. 102 da Constituição, previu expressamente que ela seria cabível contra lei ou ato normativo federal, estadual ou municipal anterior à Constituição. Como se discute na parte sobre controle de constitucionalidade, a ADPF tem pressupostos diversos da ADI e seu parâmetro de controle é mais restrito – apenas o conjunto de preceitos constitucionais fundamentais – mas é certo que a partir de 1999 passou a existir um mecanismo de controle concentrado perante o STF de normas anteriores à Constituição com efeitos gerais e vinculantes. Para além da possibilidade de ajuizamento de ADPFs pelos legitimados ativos, porém, a filtragem constitucional da ordem infraconstitucional anterior continua sendo levada a cabo no âmbito do controle difuso e incidental.

A segunda observação que se considera importante fazer aqui envolve a eventual complexidade hermenêutica que esse processo de filtragem constitucional das normas anteriores à Constituição pode ensejar. Em algumas ocasiões, a incompatibilidade entre as normas anteriores e o conteúdo do novo texto constitucional é evidente, de modo que a verificação da não recepção é razoavelmente simples. Em outros casos, porém, será o caso de utilizar a técnica da interpretação conforme a Constituição, de modo a identificar, dentro dos sentidos possíveis da norma e considerados os limites semânticos do texto, alguma possibilidade que a torne compatível com a nova Constituição (a técnica da interpretação conforme a Constituição se discute, de forma mais detalhada, em parte específica sobre o tema). E, como regra, a norma anterior precisará ser interpretada e aplicada à luz do novo sistema constitucional, o que poderá impor uma mudança do sentido e alcance que dela se extraía anteriormente.

O exemplo da previsão constitucional da igualdade entre homem e mulher, referido anteriormente, ilustra o debate. Em setembro de 2021, o STF, no âmbito do recurso extraordinário (RE 658.312), no qual se discutia se o art. 384 da CLT (hoje revogado pela Lei nº 13.467/2017 – a chamada Reforma Trabalhista) foi ou não recepcionado pela Constituição de 1988, decidiu, por unanimidade, negar provimento e fixar a seguinte tese: "o art. 384 da CLT, em relação ao período anterior à edição da Lei nº 13.467/2017, foi recepcionado pela Constituição Federal de 1988, aplicando-se a todas as mulheres trabalhadoras". A norma, editada em 1943, prevê que será obrigatório para as mulheres um intervalo de 15 minutos de descanso antes do início da eventual jornada extraordinária. A discussão subjacente era, de forma simplificada, se o tratamento diferenciado continuaria a ser justificado, por conta de diferenças fáticas relevantes entre homens e mulheres, ou se a norma seria apenas discriminatória, dificultando e onerando a expansão do trabalho feminino, ou paternalista.

Por fim, e como já referido, o "filtro" utilizado nesse processo de filtragem constitucional é apenas substantivo ou material, e não formal, daí porque se pode afirmar que não há inconstitucionalidade formal superveniente. A eventual alteração das regras sobre a forma de elaboração de uma norma promovida pela Constituição nova – ou seja: a definição acerca da competência para editar a norma entre os entes da federação, se a norma deve ser veiculada por lei formal ou não e, no caso de reserva de lei formal, a definição acerca da espécie legislativa e seu processo – não torna inválida a norma anteriormente editada, que seguiu as formas previstas na Constituição vigente quando de sua edição.

A inconstitucionalidade formal é congênita, devendo ser apreciada à luz da Constituição vigente quando do nascimento da norma. A alteração posterior das regras sobre a forma não afeta a validade da norma: a filtragem pela qual ela terá de passar, como visto, envolve apenas o seu conteúdo.

É certo, no entanto, que a alteração de eventual norma anterior que tenha sido recepcionada terá, necessariamente, de observar as regras agora previstas pela nova Constituição. Os exemplos mais comuns envolvem a mudança da regra constitucional acerca de qual espécie legislativa que deve tratar da matéria, ou a submissão a reserva de lei formal. O Código Tributário Nacional, por exemplo, é uma lei ordinária editada ainda na década de 1960 (Lei nº 5.172/1966). Muitos de seus dispositivos versam temas que hoje a Constituição exige sejam

94 CURSO DE DIREITO CONSTITUCIONAL · *Ana Paula de Barcellos*

tratados por meio de Lei complementar (art. 146), como por exemplo normas tratando de conflitos de competências tributárias entre os entes e de limitações ao poder de tributar. Pois bem: tais normas, na medida de sua compatibilidade material com a Constituição de 1988, foram recepcionadas, mas receberam o *status* de lei complementar, significando que apenas lei complementar pode alterá-las.

Um outro exemplo é a chamada "Lei das Contravenções Penais", editada em 1941 por meio de Decreto-Lei pelo Presidente da República. A Constituição de 1988 não admite que medidas provisórias (figura a que os decretos-leis poderiam ser aproximados no sistema constitucional atual) trate de matéria penal (art. 62, § 1º, I, *b*), que apenas pode ser objeto de lei formal. Nesse sentido, na medida em que recepcionada materialmente pela nova Constituição, as disposições da Lei de Contravenções Penais apenas podem ser alteradas por meio de lei ordinária.

Em resumo, em homenagem ao princípio da continuidade da ordem jurídica, a Constituição nova não revoga integralmente as normas infraconstitucionais anteriormente existentes. Na verdade, com a edição de uma nova Constituição, tem início um processo de filtragem de tais normas, sendo que aquelas que sejam materialmente compatíveis com a Constituição serão admitidas nesse novo Estado recriado pela Constituição nova, ao passo que aquelas que não possam ser compatibilizadas com a nova ordem constitucional serão consideradas revogadas ou não recepcionadas. Esse controle tem natureza material, já que não há inconstitucionalidade superveniente, e será levado a cabo por meio do controle difuso e incidental, sendo possível também que ADPFs discutam a recepção ou não de normas anteriores à Constituição.

Examinada a relação da Constituição nova com a Constituição anterior e com a ordem infraconstitucional anterior, cabe agora tratar das relações da obra do constituinte originário com as posições subjetivas que já existiam quando da vigência da Constituição nova.

4.3 A CONSTITUIÇÃO NOVA E AS POSIÇÕES SUBJETIVAS ANTERIORES

Uma nova Constituição, ao ser editada, encontra, além de um conjunto legislativo anterior à sua vigência, também situações subjetivas já constituídas, direitos consumados, bem como direitos adquiridos com fundamento em normas e fatos já ocorridos e suas eventuais consequências futuras. Como a nova Constituição se relaciona com essas situações?

A doutrina e o STF fazem uma distinção, que a Corte utiliza exatamente ao discutir a questão de que se trata aqui, entre três modalidades de retroatividade de que se pode cogitar acerca das normas novas, e das normas constitucionais em particular: a retroatividade máxima, a média e a mínima. A retroatividade máxima envolveria o desfazimento de fatos consumados ou direitos já consumados: por exemplo, exigir a devolução de valores recebidos por conta de uma pensão antes da entrada em vigor da Constituição. A retroatividade média descreve a possibilidade de se afetar efeitos de direitos adquiridos iniciados antes da lei nova, mas ainda não consumados: mantendo-se o exemplo da pensão, a chamada retroatividade média impediria o pagamento de parcelas já vencidas do benefício, mas ainda não depositadas na conta do beneficiário. Por fim, a retroatividade mínima impediria efeitos futuros de atos passados que, no exemplo, seriam as parcelas futuras da tal pensão: a retroatividade mínima impediria qualquer pagamento relativo a novas parcelas[4].

---

[4]   STF, RE 140.499/GO, Rel. Min. Moreira Alves, *DJ*, 09.09.1994: "Já se firmou a jurisprudência desta Corte no sentido de que os dispositivos constitucionais têm vigência imediata, alcançando os efeitos futuros de fatos passados (retroatividade mínima). Salvo disposição expressa em contrário – e a Constituição pode fazê-lo –, eles não alcançam os fatos consumados no passado nem as prestações anteriores vencidas e não pagas (retroatividade máxima e média). Recurso extraordinário conhecido e provido".

Como já se viu, o poder constituinte originário, que elabora a nova Constituição, recria o Estado e refunda a ordem jurídica de modo que as normas anteriores não são capazes de lhe impor limites. Daí a afirmação de que o poder constituinte originário é, a rigor, juridicamente ilimitado. É certo que essa afirmação, embora correta, deve ser compreendida de forma adequada: o direito não existe no vácuo e a ilimitação jurídica do poder constituinte originário existe dentro de um contexto social, cultural e político, tanto no plano interno quanto no plano internacional, que inevitavelmente lhe imporão limites.

Entendido nesse sentido, é certo afirmar que o poder constituinte originário não está limitado pela ordem jurídica anterior e, portanto, não está obrigado a respeitar situações jurídicas constituídas anteriormente. Não há, assim, direitos adquiridos em face do poder constituinte originário, que poderá desfazê-los ou afetar situações jurídicas já consolidadas se assim o desejar: ou seja, o poder constituinte originário poderá determinar a retroatividade máxima, média e mínima de suas normas, se assim entender por bem.

Retome-se aqui, porém, o que se mencionou anteriormente acerca dos dois grandes bens ou interesses no contexto do direito intertemporal: a segurança jurídica e o avanço normativo. No caso de uma nova Constituição, a importância do avanço normativo, isto é: da nova ordem jurídica que é criada pelo poder constituinte originário, será superiormente relevante, de tal modo que a segurança jurídica e a eventual proteção de situações já consolidadas terão de ceder.

Ainda assim, no entanto, e apesar da possibilidade reconhecida ao poder constituinte originário de afetar quaisquer situações preexistentes, entende-se que uma nova Constituição apenas afetará o que já se constituiu no passado se o fizer expressamente, em outras palavras: caso afirme de forma expressa que pretende afetar situações jurídicas já constituídas. Caso não haja menção específica nesse sentido, interpreta-se o texto constitucional no sentido de que ele se aplica de imediato, afetando eventuais consequências futuras de atos anteriores – a chamada retroatividade mínima, portanto –, mas preservando as situações anteriores. Trata-se, como se vê, de uma forma de equilibrar as ideias de segurança jurídica e avanço normativo: o poder constituinte originário está livre para afetar direitos consumados e adquiridos se o desejar, mas deverá fazê-lo de forma expressa.

Na Constituição de 1988 há um exemplo importante de manifestação do poder constituinte originário nesse sentido. Trata-se do art. 17 do ADCT, que determinava a imediata adequação da remuneração de quem quer que fosse aos limites do teto remuneratório previsto no art. 37, XI, do corpo permanente, "não se admitindo, neste caso, invocação de direito adquirido ou percepção de excesso a qualquer título". Ou seja: nos termos do que prevê o art. 37, XI, e o art. 17 do ADCT, a partir de 5 de outubro de 1988 nenhum agente público no âmbito do Executivo Federal, por exemplo, poderia receber, a qualquer título, mais do que os Ministros de Estado; no Judiciário federal, mais que os Ministros do STF e, no âmbito do Poder Legislativo, mais que os membros do Congresso Nacional. A mesma lógica se aplicava no âmbito dos demais entes federativos, e não se admitiria em qualquer caso, por força do art. 17 do ADCT, invocação de direitos anteriormente adquiridos para justificar o recebimento de valores acima desses limites.

A história de como esses dois dispositivos foram interpretados e aplicados ao longo do tempo vale ser registrada, não apenas porque ela guarda relação direta com o que se está discutindo aqui, como também porque ela lança luzes sobre os temas dos itens seguintes, que cuidam das regras de direito intertemporal que a Constituição de 1988 definiu e que se aplicam, a rigor, como se verá, à produção normativa como um todo no âmbito do Estado, incluindo leis e emendas constitucionais.

Ainda em 1989, o STF entendeu que as chamadas vantagens de caráter pessoal (como tempo de serviço, quintos, gratificação de gabinete e função etc.) estariam excluídas do teto constitucional de que cuida o art. 37, XI, da Constituição[5]. Em 1998, foi editada a Emenda Constitucional nº 19 que, entre outras modificações, alterou o art. 37, XI, para prever que as vantagens pessoais ou de qualquer outra natureza deveriam sim submeter-se ao teto remuneratório constitucional – ao contrário do entendimento do STF –, que agora passaria a ser o subsídio dos Ministros do STF. A EC nº 19/1998, porém, remeteu a fixação desse subsídio a lei de iniciativa conjunta dos três Poderes, e o STF entendeu que a nova previsão constitucional não seria autoaplicável, dependendo da edição da tal lei, a despeito de a emenda prever que ela deveria se aplicar desde logo, com a adequação das remunerações pagas, não se admitindo recebimentos a maior a qualquer título.

Antes de prosseguir na narrativa, alguns aspectos importantes devem ser destacados até aqui. Em primeiro lugar, o STF acabou por limitar substancialmente o efeito pretendido pelo constituinte originário – de controle de despesas e de transparência remuneratória relativamente aos agentes públicos – ao excluir do teto uma série de vantagens denominadas de pessoais. A EC nº 19/1998 é um interessante exemplo de superação, pelo poder constituinte derivado exercido pelo Congresso Nacional, de decisões do STF acerca da interpretação da Constituição. O ponto é importante porque, salvo no que diz respeito às cláusulas pétreas, a rigor, cabe ao Congresso Nacional, no exercício do poder constituinte derivado, a palavra final sobre a interpretação da Constituição, já que ele sempre poderá alterar aquilo que tenha sido definido pelo STF.

Em segundo lugar, porém, a alteração levada a cabo pela EC nº 19/1998, determinando a inclusão das vantagens pessoais no cômputo do teto remuneratório, foi introduzida pelo poder constituinte derivado, e não pelo originário. Ora, a possibilidade de afetar direitos adquiridos é tradicionalmente reconhecida apenas ao poder constituinte originário, ao passo que as emendas constitucionais devem respeitar os direitos adquiridos nos termos do art. 5º, XXXVI, e não dispondo sequer de retroatividade mínima. Assim, a EC nº 19/1998 – esse, ao menos, era o entendimento até então, e que foi de fato adotado pelo STF naquele momento – não poderia afetar as situações já constituídas nem seus efeitos futuros. Ou seja: a nova regra apenas valeria para as situações que viessem a se constituir no futuro e, de todo modo, como visto, tudo a depender da lei de iniciativa conjunta que viesse a ser editada.

Em 2003, nova emenda constitucional, agora a EC nº 41/2003, alterou mais uma vez o art. 37, XI. Em sua nova versão, o dispositivo manteve a referência de que vantagens pessoais ou de qualquer natureza estão incluídas no teto e ao teto geral correspondente ao subsídio dos Ministros do STF. Além disso, criou subtetos no âmbito de Estados, DF e Municípios, eliminou a exigência de lei de iniciativa conjunta, determinou a aplicação imediata do teto, considerando-se o valor recebido pelos Ministros do STF na ocasião, e previu de forma expressa a aplicação do art. 17 do ADCT a qualquer espécie de recebimento no âmbito da Administração Pública direta, autárquica e fundacional de todos os entes federativos.

Em 2006, o STF, examinando a nova emenda constitucional, considerou imediatamente aplicáveis suas disposições, mas, a fim de preservar a irredutibilidade de vencimentos (espécie de direito adquirido), que considerou não poderia ser prejudicado por emenda constitucional, não autorizou a redução imediata dos valores percebidos acima do teto, como pretendido pela EC nº 41/2003. A solução concebida pelo STF na ocasião (em votação majoritária e bastante dividida) foi no sentido de congelar os valores recebidos acima do teto (já que não haveria direito adquirido à fórmula de composição da remuneração) de modo que, com

---

[5] RE 174.742, Rel. Min. Nelson Jobim, j. 14.03.2006, 2ª Turma, *DJ* 23.6.2006: "Entendimento do Supremo – anterior à EC nº 19/1998 e à EC nº 41/2003 – de que o adicional por tempo de serviço é vantagem de caráter pessoal excluída do limitador constitucional (ADI 14, Célio Borja). Verbas relativas à natureza do cargo incluem-se no teto. Precedente (RE 218.465, Gallotti)".

o passar do tempo e as sucessivas alterações do valor do teto, esses valores fossem, afinal, absorvidos por ele[6].

Em 2014, porém, o STF alterou o seu entendimento na matéria para concluir que a EC nº 41/2003 incide de forma imediata e sem ressalvas, produzindo a redução de todas as remunerações recebidas a maior, não se cogitando de invocação de irredutibilidade de vencimentos ou direito adquirido a recebimentos acima do teto, já que a garantia de irredutibilidade sempre esteve condicionada pelo respeito ao teto remuneratório do art. 37, XI[7]. As razões extraídas do julgamento foram fixadas como uma tese geral pelo STF nos seguintes termos (Tema 480 – Repercussão geral): "O teto de retribuição estabelecido pela Emenda Constitucional nº 41/2003 possui eficácia imediata, submetendo às referências de valor máximo nele discriminadas todas as verbas de natureza remuneratória percebidas pelos servidores públicos da União, Estados, Distrito Federal e Municípios, ainda que adquiridas de acordo com regime legal anterior. Os valores que ultrapassam os limites estabelecidos para cada nível federativo na Constituição Federal constituem excesso cujo pagamento não pode ser reclamado com amparo na garantia da irredutibilidade de vencimentos".

Interessantemente, na linha do seu entendimento atual, o STF parece ter se reencontrado com seu passado para fazer uma espécie de ajuste de contas (ainda que implícito) e agora garantir que os efeitos pretendidos pela instituição do teto remuneratório, combinada com a previsão do art. 17 do ADCT, efetivamente possam se produzir. É verdade que a decisão não sustenta abertamente que a garantia do direito adquirido não seria oponível às emendas constitucionais, examinando a questão: o ponto sequer é discutido de forma específica. O argumento central é o de que os dispositivos que tratam da irredutibilidade de vencimentos sempre estiveram condicionados ao respeito do art. 37, XI, e que a decisão no MS 24.875, que concebeu a fórmula do "congelamento" dos valores em excesso em respeito à irredutibilidade, trataria de situação específica não generalizável.

Feitos os registros que pareciam próprios acerca das relações da Constituição nova com as situações subjetivas existentes ou em curso quando de sua edição, cabe agora mencionar as opções da própria Constituição de 1988 no que diz respeito às regras aplicáveis quando da sucessão de normas no tempo.

4.4 A CONSTITUIÇÃO DE 1988 E A DISCIPLINA DO DIREITO INTERTEMPORAL

A Constituição de 1988 cuidou de estabelecer algumas regras a fim de regular o eventual conflito de normas no tempo, sobretudo para o fim de proteger determinadas situações subjetivas e as pessoas de forma mais ampla contra a incidência da lei nova, de modo a garantir a segurança jurídica. O ponto será examinado de forma mais detalhada na parte sobre o princípio da segurança jurídica e seus corolários, mas vale fazer, desde logo, alguns registros sobre o tema aqui.

A Constituição de 1988 não assegura, a rigor, uma regra geral vedando a retroatividade da lei nova. O que se veda, de forma ampla, no art. 5º, XXXVI, é que a lei nova prejudique o ato jurídico perfeito, o direito adquirido e a coisa julgada. Os conceitos de ato jurídico perfeito, direito adquirido e coisa julgada são delineados pela Lei de Introdução às normas do Direito Brasileiro[8], e a doutrina e a jurisprudência discutem amplamente os contornos da proteção

---

[6]　STF, MS 24.875, Rel. Min. Sepúlveda Pertence, *DJ* 06.10.2006.

[7]　STF, RE 609.381, Rel. Min. Teori Zavascki, *DJe* 11.12.2014.

[8]　Decreto-Lei nº 4.657/1942, com a redação da Lei nº 12.376/2010: "Art. 6º A Lei em vigor terá efeito imediato e geral, respeitados o ato jurídico perfeito, o direito adquirido e a coisa julgada. (Redação dada pela Lei nº 3.238, de 1957) § 1º Reputa-se ato jurídico perfeito o já consumado segundo a lei vigente ao tempo em que

oferecida sobretudo em relação ao direito adquirido, como se verá. Por outro lado, nada impede que uma lei que não prejudica qualquer desses elementos ou que os beneficie, ao invés de prejudicá-los, possa prever de forma expressa sua aplicação retroativa.

Além da previsão geral do art. 5º, XXXVI, a Constituição prevê ainda, de forma específica, que a lei penal não retroagirá, salvo para beneficiar o réu (art. 5º, XL). A garantia contra a retroação da lei penal gravosa deve ser compreendida como uma garantia geral do direito sancionador, gênero do qual o direito penal é uma espécie.

Por fim, a Constituição prevê ainda (art. 150, III, *a*) a garantia contra a retroação em matéria tributária, vedando-se a cobrança de tributos "em relação a fatos geradores ocorridos antes do início da vigência da lei que os houver instituído ou aumentado", o chamado princípio da anterioridade. Emendas constitucionais posteriores ampliaram essa garantia e introduziram duas outras alíneas ao inciso: a alínea *b* (EC nº 3/1993) passou a vedar a cobrança do tributo no mesmo exercício financeiro que publicada a lei que os instituiu ou aumentou; e a alínea *c* (EC nº 42/2003) passou a exigir como regra geral um prazo mínimo de noventa dias, sem prejuízo da garantia da alínea *b*, entre a publicação da lei nova e o início da cobrança (há, note-se, exceções a essa previsão). Como é fácil perceber, as emendas procuraram ampliar a garantia de previsibilidade do contribuinte em face do aumento da carga tributária, impedindo não apenas a retroação da norma nova, mas também um período de antecedência (os noventa dias) para que o contribuinte se prepare para a nova exação.

A interpretação e a aplicação dessas previsões constitucionais ensejam múltiplas discussões no direito tributário, e algumas delas já tiveram sua repercussão geral reconhecida pelo STF e pendem de decisão. O Tema/RG nº 1108, por exemplo, examina a aplicabilidade do princípio da anterioridade geral (anual ou de exercício) em face das reduções de benefícios fiscais previstos no Regime Especial de Reintegração de Valores Tributários para as Empresas Exportadoras (Reintegra). O Tema/RJ nº 1247 vai decidir se a anterioridade nonagesimal do art. 195, § 6º, da Constituição se aplica a decreto que aumenta o percentual da alíquota de contribuição do PIS e da Cofins dentro dos limites da lei autorizativa. O Tema/RJ nº 1266, por sua vez, vai examinar a incidência da regra da anterioridade anual e nonagesimal na cobrança do ICMS com diferencial de alíquota (Difal) decorrente de operações interestaduais envolvendo consumidores finais não contribuintes do imposto, após a entrada em vigor da Lei Complementar nº 190/2022.

4.5 AS EMENDAS CONSTITUCIONAIS, A CONSTITUIÇÃO E A LEGISLAÇÃO INFRACONSTITUCIONAL ANTERIOR

Por fim, cabe fazer quatro notas sobre as emendas constitucionais sob a perspectiva do direito intertemporal. A primeira nota, bastante simples, é a de que a edição de emendas constitucionais produzirá, por natural, a inconstitucionalidade das normas infraconstitucionais anteriormente válidas, mas que por acaso sejam incompatíveis com as novas previsões constitucionais. Essa inconstitucionalidade, porém, terá início apenas com a edição da emenda – ou seja: será uma inconstitucionalidade superveniente – e será sempre substantiva ou material. A eventual mudança acerca da forma de elaboração das normas por meio de emenda não produzirá a invalidade de normas editadas em conformidade com as previsões anteriores sobre o tema: vale aqui o que se afirmou anteriormente, no sentido de que não há inconstitucionalidade formal superveniente.

---

se efetuou. (Incluído pela Lei nº 3.238, de 1957) § 2º Consideram-se adquiridos assim os direitos que o seu titular, ou alguém por êle, possa exercer, como aquêles cujo começo do exercício tenha têrmo pré-fixo, ou condição pré-estabelecida inalterável, a arbítrio de outrem. (Incluído pela Lei nº 3.238, de 1957) § 3º Chama-se coisa julgada ou caso julgado a decisão judicial de que já não caiba recurso. (Incluído pela Lei nº 3.238, de 1957)".

A segunda nota versa sobre o tema da "transição razoável", aprofundado no capítulo 5 na parte sobre segurança jurídica. A nota é relevante aqui pois o tema tem sido discutido de forma específica no contexto de emendas constitucionais que alteram as regras sobre a previdência social. Uma emenda constitucional poderá, por natural, modificar a disciplina na matéria, respeitados direitos adquiridos, atos jurídicos perfeitos e a coisa julgada. Mas o que dizer das situações que configuram apenas expectativas de direito? É nesse contexto que a figura da transição razoável se coloca.

Na realidade, tanto a EC nº 20/1998 quanto a EC nº 41/2003, que introduziram mudanças amplas no sistema constitucional de previdência, previram regimes de transição. A EC nº 103/2019, que introduziu nova reforma da previdência, traz igualmente um regime de transição próprio, revogando os regimes de transição previstos nas emendas anteriores. Logo após a promulgação da EC nº 103/19 foram ajuizadas ADIs perante o STF questionando diversos de seus dispositivos, inclusive seu regime de transição (ADIs nº 62.54, nº 6.255, nº 6.256 e nº 6.258).

A terceira observação envolve o possível impacto que uma emenda constitucional terá sobre os processos de controle de constitucionalidade abstratos e concentrados, particularmente a ADI. Isso porque, se a emenda constitucional alterar substancialmente a norma constitucional indicada como paradigma de controle em determinada ADI, a ação acabará por perder o objeto, já que, como se viu, o STF entende que a ADI apenas verifica a compatibilidade entre normas (constitucionais e infraconstitucionais) vigentes. A eventual repercussão subjetiva da incompatibilidade da lei com a norma constitucional revogada pela emenda, durante o período em que vigeu – ou seja: os efeitos inválidos que a lei tenha produzido na esfera jurídica de pessoas em particular –, poderá ser discutida pelas partes interessadas em sede de controle difuso e incidental.

Por fim, a quarta nota se ocupa de situação específica, que pode ser descrita nos seguintes termos: o STF considera que determinada legislação é incompatível com a Constituição e o poder constituinte derivado altera a Constituição, de modo a superar o entendimento do STF e dar ao texto constitucional redação capaz de admitir como válidas normas com o teor daquela anteriormente considerada inconstitucional. A hipótese já ocorreu algumas vezes, valendo registrar o exemplo do IPTU progressivo.

Em sua redação original a Constituição previa a possibilidade de instituição de IPTU progressivo no contexto das medidas sancionatórias associadas ao desrespeito da função social da propriedade pelo proprietário (art. 182, § 4º, II). Sem prejuízo dessa possibilidade, vários Municípios editaram leis prevendo a progressividade da cobrança do IPTU em função, por exemplo, do valor do imóvel ou de sua localização, sem qualquer conexão com o respeito ou não à função social da propriedade imóvel urbana. O STF entendeu, em algumas ocasiões, que tais normas municipais seriam inconstitucionais, já que a Constituição não autorizava a progressividade em tais hipóteses[9].

A EC nº 29/2000 alterou o art. 156 da Constituição para prever expressamente essa possibilidade de instituição e cobrança de IPTU progressivo pelos Municípios, sem prejuízo do que dispõe o art. 182, § 4º, II, sobre os mecanismos para induzir ao cumprimento da função social da propriedade. Assim, a partir da EC nº 29/2000, tornou-se constitucionalmente possível a edição de tais normas pelos Municípios. Note-se, porém, que a emenda constitucional não tem o condão de tornar válidas as normas anteriores, editadas antes de sua vigência, já que a inconstitucionalidade não pode ser sanada, mesmo por meio de emenda à Constituição.

---

9   O STF adotou, inclusive, uma súmula sobre o tema (Súmula nº 668): É inconstitucional a lei municipal que tenha estabelecido, antes da Emenda Constitucional nº 29/2000, alíquotas progressivas para o IPTU, salvo se destinada a assegurar o cumprimento da função social da propriedade urbana.

4.6 O ATO DAS DISPOSIÇÕES CONSTITUCIONAIS TRANSITÓRIAS

O Ato das Disposições Constitucionais Transitórias (ADCT) integra o texto constitucional ao lado do corpo permanente, mas tem uma numeração própria de artigos, de modo que a indicação de suas disposições é sempre acompanhada da informação de que se trata de artigo do ADCT.

A função principal do ADCT é, como o nome sugere, regular a transição do regime constitucional anterior para o novo instituído pela nova Constituição. A partir dessa premissa, talvez se pudesse imaginar que, passados tantos anos da edição da Constituição, todas as suas disposições já teriam esgotado sua eficácia. Essa conclusão, porém, não corresponde à realidade. Algumas disposições editadas originalmente continuam a produzir efeitos e, mais importante, muitas novas previsões foram introduzidas no ADCT por emendas constitucionais. O ADCT continua muitíssimo relevante para o direito constitucional brasileiro.

De fato, várias normas originárias do ADCT, isto é, editadas em 5 de outubro de 1988, tinham vigência temporária e já esgotaram sua eficácia. O art. 2º do ADCT, por exemplo, previa a realização do plebiscito, e o art. 3º, a revisão constitucional, a se realizar cinco anos após a promulgação da Constituição. O ADCT regulava os mandatos em curso e as eleições seguintes (arts. 4º e 5º), a elaboração de Constituições pelos Estados no exercício do poder constituinte decorrente (art. 11), a criação do Estado de Tocantins (art. 13) e a transformação dos territórios federais do Amapá e de Roraima (art. 14), entre outras.

Algumas previsões originárias do ADCT não tinham relação com eventos específicos, mas com a transição de regimes jurídicos de forma mais ampla e, a rigor, prosseguem produzindo efeitos. O art. 17 do ADCT, por exemplo, pretendia, como já discutido , regular a transição do regime anterior de remuneração dos servidores públicos para o regime de teto criado pela Constituição, esclarecendo que não se admitiria invocação de direito adquirido em face das previsões do poder constituinte originário previstas na nova Constituição. Outras normas procuraram desfazer atos de perseguição política contra pessoas durante o período da ditadura militar iniciada em 1964 (arts. 8º e 9º).

Há, ainda, outras normas no ADCT cujo objetivo era criar uma regra temporária para garantir a eficácia de determinada previsão do texto permanente até que ele fosse regulamentado de forma permanente pelo Legislativo ou até que os órgãos criados pela Constituição tivessem sido efetivamente organizados. O art. 10 do ADCT regula a previsão do art. 7º, I, do corpo permanente que trata da proteção do trabalhador contra despedida arbitrária, e a licença-paternidade de que trata o art. 7º, XIX, até que seja editada a norma específica prevista no corpo permanente para regular tais temas, o que ainda não aconteceu em ambos os casos. Ou seja: tais normas continuam vigentes. O STF, inclusive, declarou a omissão inconstitucional do Legislativo em regulamentar a licença-paternidade em sede de ação direta de inconstitucionalidade por omissão (ADO 20).

Um tema especialmente relevante tratado originalmente pelo ADCT foi o dos precatórios. O art. 33 do ADCT previa o pagamento parcelado do estoque de precatórios pendentes quando da edição da Constituição. Esse tema suscitou debate no STF sobre a compatibilidade da previsão do art. 33 do ADCT com disposições do corpo permanente. Na ocasião (1996), a Corte fixou o entendimento, mantido até hoje, de que não existe hierarquia entre normas constitucionais originárias (ADI 815). Ou seja: as normas do corpo permanente e do ADCT, editadas em 5 de outubro de 1988, têm todas a mesma hierarquia de modo que cabe ao intérprete compatibilizá-las. No caso, o STF entendeu haver uma relação de especialidade: as previsões do corpo permanente teriam natureza de normas gerais, e a norma especial, aplicável, portanto, seria a do art. 33 do ADCT. O tema dos precatórios foi alvo de múltiplas emendas ao longo do tempo, que introduziram novas previsões no ADCT, algumas inclusive declaradas inconstitucionais pelo STF. O tema será examinado de forma específica em capítulo próprio.

Outros temas foram introduzidos no ADCT por meio de emendas constitucionais que não constavam do texto original, como a criação de fundos (Fundo Social de Emergência e o Fundo de Erradicação da Pobreza). Muitas previsões de natureza tributária e relativas à repartição de receitas entre os entes federativos previstas em emendas constitucionais foram introduzidas no ADCT e não no corpo permanente, sendo um exemplo a EC nº 132/2023, que instituiu a reforma tributária. Várias de suas previsões constam do ADCT e não do corpo permanente.

5

Princípios constitucionais e seus corolários

5.1 REPÚBLICA (ART. 1º, *CAPUT*)

5.1.1 Classificações sobre o Estado e o Governo

Tornaram-se clássicas no estudo da Teoria Geral do Estado[1] e da Ciência Política quatro classificações a respeito do Estado e do Governo: (i) a forma de Estado; (ii) o regime de governo; (iii) a forma de governo; e (iv) o sistema de governo[2]. Por *forma de Estado*, procura-se identificar a distribuição vertical do poder político no âmbito do Estado, funcionando como critérios de discrímen o grau e a natureza da descentralização política adotadas. Desconsiderando-se o fenômeno das uniões de Estados, costuma-se classificar os Estados neste ponto como unitários, federais ou regionais[3]. O *regime de governo* envolve, em geral, um juízo de valor que distingue entre governos democráticos e autoritários[4].

A *forma de governo* é a classificação que opõe classicamente República e Monarquia. Embora a expressão *república* seja muitíssimo mais antiga, a distinção remonta ao momento histórico em que se travou o debate acerca da titularidade do poder soberano no âmbito do Estado – se soberano era o povo ou o monarca[5] –, com todas as consequências que a decisão a respeito acarretava para o exercício do poder político. Atualmente, no entanto, com a ampla consagração teórica do princípio democrático, por força do que se reconhece que a titularidade do poder cabe exclusivamente ao povo, a distinção esvaziou-se. Muitas monarquias constitucionais, a despeito da manutenção da estrutura tradicional monárquica, convivem com o princípio democrático[6].

---

[1] Embora a teoria do Estado a que se refere seja qualificada como geral, ela cuida apenas das realidades e das preocupações do chamado mundo ocidental. A ressalva é pertinente, já que boa parte do raciocínio aqui desenvolvido só tem sentido nesse contexto histórico.

[2] Vale registrar que, embora os fenômenos estudados sejam basicamente os mesmos, a terminologia nem sempre é uniforme nos autores.

[3] Karl Loewenstein. *Teoria de la Constitucion*. Trad. Alfredo Gallego Anabitarte. Barcelona: Ariel, 1965. p. 353 e ss. O autor descreve a categoria referindo-se à "distribuição vertical do exercício do poder". A expressão se contrapõe tradicionalmente à "distribuição horizontal do exercício do poder", que identifica o modo de exercício do poder político pelos Poderes Executivo, Legislativo e Judiciário.

[4] Veja-se especificamente sobre o tema: Franz Neumann. *Estado democrático e estado autoritário*. Trad. Luiz Corção. Rio de Janeiro: Zahar, 1969.

[5] Carl Schmitt. *Teoría de la constitución*. Trad. Francisco Ayala. Madrid: Alianza, 1996, p. 104 e ss.

[6] Paolo Biscaretti di Ruffía. *Introducción al derecho constitucional comparado*. Trad. Héctor Fix-Zamudio. Colombia: Fondo de Cultura Económica, 1997, p. 155.

104 CURSO DE DIREITO CONSTITUCIONAL · *Ana Paula de Barcellos*

Por fim, *sistema de governo* é a classificação mais recente que, partindo da ideia de separação de Poderes, procura descrever e categorizar a dinâmica das relações entre os órgãos que exercem modernamente as três funções estatais, especialmente entre os Poderes Executivo e Legislativo: a chamada distribuição horizontal do poder político. Presidencialismo e parlamentarismo são as modalidades básicas nessa categoria[7], e a partir dessas duas matrizes outras possibilidades vêm se desenvolvendo, como os "semipresidencialismos" ou "semiparlamentarismos"[8].

5.1.2   República e seus corolários

A república é a forma de governo adotada pela Constituição de 1988[9] e confirmada pelo plebiscito realizado em 1993, previsto pelo art. 2º do ADCT. Na realidade, a expressão *república* está longe de ter um sentido histórico unívoco ou simples. Ao contrário, ao longo do tempo e de acordo com os autores que trataram do tema, a palavra assumiu variados significados, chegando mesmo a encarnar crenças quase religiosas. Ainda assim, o percurso pelas diferentes concepções do termo permite identificar uma ideia essencial comum: trata-se da noção, de alguma forma associada à ideia de república, de restrição do poder absoluto, de governo justo e do exercício do poder político orientado para o bem da coletividade[10].

Originalmente, e durante muito tempo, a ideia de república não se opôs à de monarquia[11], consistindo em uma modalidade ou qualidade do governo monárquico, mesmo porque não se cogitava, àquela altura, de uma forma de governo distinta da monárquica. A expressão *república* estava associada às noções de governo justo, Estado de Direito, primazia do interesse público e, principalmente, controle do poder – origem do que se pode distinguir como o princípio republicano –, sem, no entanto, corresponder a uma forma de governo autônoma. Apenas com a formação histórica das monarquias absolutas, e em especial com a reforma protestante, é que a república passou a ser encarada como uma forma de governo distinta, oposta à monárquica, já que esta passou a ser diretamente identificada com o governo arbitrário e injusto[12].

Com essa ruptura, que transformou a república em uma forma de governo nova e alternativa, o princípio republicano incorporou um conteúdo próprio, desdobrando-se em um conjunto de elementos cuja repercussão jurídica é de vital importância[13]. Decorrem do sentido amplo de república, *e.g.*, a igualdade de todos, a soberania popular, a liberdade individual e política, o Estado de Direito e a separação de Poderes[14]. Ao lado desses princípios gerais, a república como forma de governo oposta à monarquia agrega outros três, instrumentais para a realização da igualdade e da soberania popular: a representatividade ou eletividade, a periodicidade dos mandatos e a responsabilidade política[15].

---

[7]   Vale fazer o registro do sistema diretorial suíço, classificado, em geral, como uma terceira espécie.

[8]   Luís Roberto Barroso. A reforma política: uma proposta de sistema de governo, eleitoral e partidário para o Brasil, *Revista de Direito do Estado (RDE)* 3:287, 2006.

[9]   A forma de governo republicana é referida pela Constituição de 1988 no preâmbulo, nos arts. 1º, 3º e 4º, entre outros.

[10]   Georg Jellinek. *Teoria general del estado*. Trad. Fernando de Los Rios. Buenos Aires: Albatroz, 1921, p. 536-7.

[11]   Pablo Lucas Verdu. *Curso de derecho político*, II, 2. ed. Madrid: Tecnos, 1977, p. 231 e ss.

[12]   Norberto Bobbio; Nicola Matteucci e Gianfranco Pasquino. *Dicionário de Política*. 12. ed. Trad. Carmen C. Varriale e outros. Brasília: UNB, 1999, p. 1107 e ss.

[13]   Luís Roberto Barroso. *O direito constitucional e a efetividade de suas normas*. 2. ed. Rio de Janeiro: Renovar, 1993. p. 91.

[14]   J. J. Canotilho. *Direito constitucional e teoria da Constituição*. Coimbra: Almedina, 1997, p. 217 e ss., entre outros.

[15]   Dalmo de Abreu Dallari. *Elementos de teoria geral do estado*. 6. ed. São Paulo: Saraiva, 1979, p. 199. Euzébio de Queiroz Lima. *Teoria do estado*. 8. ed. Rio de Janeiro: Record, 1957, p. 89.

Com efeito, a partir da consolidação da ideia de que todos os homens são essencialmente iguais, sem privilégios de classe ou nascimento, deixou de existir título para que alguém, por pertencer a determinada família, tivesse o direito de governar sobre os demais. República e monarquia, nesse ponto, são inconciliáveis e não há dúvida de que a igualdade de todo homem é o fundamento filosófico nuclear da concepção moderna de república. Como consequência, o poder de decidir sobre o que quer que afete a coletividade como um todo só pode pertencer à própria coletividade, de modo que o poder soberano reside no conjunto dos indivíduos. Nesse ponto, república e democracia se mesclam necessariamente. E, uma vez que a opinião de cada indivíduo sobre decisões políticas tem idêntico valor, o único critério de decisão admissível, em tese, é o majoritário. A soberania popular democrática é, portanto, um corolário da ideia de igualdade[16].

É a instrumentalização dos princípios da igualdade e da soberania popular que exige, em primeiro lugar, a *representatividade ou eletividade* dos detentores de poder político e a *periodicidade* de seus mandatos, já referidas. Com efeito, verificada a inviabilidade da democracia direta, ao menos de forma permanente, a eleição daqueles que devem tomar as decisões políticas é o instrumento mais lógico e a consequência natural da igualdade de todos[17].

Representatividade, eletividade e periodicidade dos mandatos têm consequências normativas. Na ADI nº 7.350, por exemplo, o STF declarou a inconstitucionalidade de Constituição estadual que previa eleições concomitantes, no início de cada legislatura, da Mesa Diretora de Assembleia Legislativa para os dois biênios subsequentes exatamente por violar a periodicidade dos pleitos, a alternância do poder, o controle e a fiscalização do poder, a promoção do pluralismo, a representação e a soberania popular (CF/1988, arts. 1º, *caput*, V e parágrafo único, e 60, § 4º, II).

Da soberania popular e da representatividade dos agentes públicos decorre logicamente a existência de *responsabilidade política* em face do conjunto do povo – titulares, afinal, da soberania –, em oposição evidente à irresponsabilidade política típica da monarquia.

De forma simples, a afirmação de que os agentes públicos têm responsabilidade política significa que eles agem por delegação do povo, e não por direito próprio ou gerindo interesse próprio. Não apenas os detentores de mandato popular, mas os agentes públicos em geral, que de alguma forma gerem bens ou interesses públicos, encontram-se nessa posição de agentes delegados e, portanto, têm o dever de prestar contas do exercício de seu ofício.

O ideal republicano impõe a separação entre os interesses privados dos agentes públicos e o interesse público que lhes cabe defender ou promover. Embora o mandato imperativo tenha sido abandonado no âmbito da representação política, a noção privada tradicional de fidelidade no cumprimento dos mandatos[18] e, mais modernamente, a obrigação do administrador de uma companhia aberta de agir no interesse da empresa, e não no seu próprio[19], ajudam na compreensão da espécie de responsabilidade que se atribui, em uma república, aos agentes públicos. E, se há responsabilidade, há igualmente a possibilidade de controle. Isto é: haverá de ser possível não apenas verificar se o responsável está agindo de acordo com o que se espera, como também associar consequências a sua conduta.

O controle vinculado à responsabilidade política dos agentes públicos pode se manifestar em vários ambientes. Em primeiro lugar, ele se verifica no relacionamento entre os diferentes

---

[16] Constituição de 1988, art. 1º, parágrafo único: "Todo o poder emana do povo, que o exerce por meio de representantes eleitos ou diretamente, nos termos desta Constituição".

[17] Além do voto periódico, muitas Constituições preveem também os chamados mecanismos de democracia semidireta ou de democracia participativa.

[18] V. art. 667 e ss. do Código Civil e arts. 5º, 34 e 42 da Lei nº 8.906/1994 (Lei da OAB).

[19] V. arts. 115, 156 e 158 da Lei nº 6.404/1976 (Lei das S/A).

poderes estatais, variando de forma e intensidade, sobretudo, em função do sistema de governo adotado, se parlamentar ou presidencial. Como se sabe, nos parlamentarismos, estão presentes determinadas circunstâncias, o Chefe de Governo pode vir a ser destituído e o parlamento dissolvido com base em juízos políticos, possibilidades que, em geral, não são viáveis nos presidencialismos. Em segundo lugar, e vital em uma república, o controle pode se desenvolver entre os agentes públicos e a sociedade propriamente, daí ser possível denominá-lo, genericamente, de controle social.

O controle social, por sua vez, apresenta formas muito variadas, e talvez seja possível classificá-las, para fins didáticos, em duas categorias: o controle social puro e o controle social com repercussões jurídicas. O exemplo clássico do controle social puro é o momento das eleições, quando o eleitorado deixa de reeleger algum agente público (do Executivo ou do Legislativo) – ou deixa de eleger os candidatos apoiados por agentes públicos – como reação a sua atuação anterior. O controle social puro pode – e, a rigor, deve – se manifestar também ao longo dos mandatos dos representantes eleitos. Por meio de protestos, manifestações públicas ou pressão dos eleitores sobre os representantes eleitos, dentre outras formas, a população pode demonstrar seu interesse em determinadas providências, ou desagrado em relação a alguma política, de modo a influenciar, ou mesmo conduzir a ação dos agentes públicos[20].

O controle social com repercussões jurídicas apresenta perfil diverso, pois pretende incidir sobre ações dos agentes públicos que, para além de inconvenientes, sejam suspeitas de ilicitude. Com efeito, há uma série de mecanismos por meio dos quais a população pode se insurgir contra ações ou omissões estatais, submetendo-as a órgãos públicos encarregados de examinar sua juridicidade. Assim, *e.g.*, além do direito de ação em geral, o cidadão pode ajuizar ação popular[21], apresentar "denúncias" ao Ministério Público, que poderá vir a ajuizar as demandas próprias[22], e representar ao Tribunal de Contas[23]. Determinadas associações podem ajuizar ações coletivas e mesmo desencadear o controle de constitucionalidade concentrado, conforme o caso[24].

É comum que cada um dos elementos aqui referidos se encontre expresso de forma específica nos textos constitucionais mais analíticos: é o caso da Constituição brasileira de 1988. Nada obstante, ainda que assim não acontecesse, a opção fundamental pelo princípio republicano já acarretaria, por si só, esse conjunto de outros princípios. Assim, em primeiro lugar, o princípio republicano funciona como princípio-matriz do qual outros princípios são extraídos e desenvolvidos.

5.1.3   O princípio republicano e a interpretação jurídica

Além de princípio fundamental, o princípio republicano atua, também, juntamente com os demais princípios constitucionais, como um vetor interpretativo[25]. É ele que informa ao

---

[20]   Hélio Saul Mileski. Controle social: um aliado do controle oficial. *Revista Interesse Público 36:85-98*, 2006.

[21]   CF/1988, art. 5º, LXXIII.

[22]   Conforme o caso, ação civil pública (CF/1988, art. 129, III), ação criminal (nos crimes de ação penal pública – CF/1988, art. 129, I) ou ação de improbidade (Lei nº 8.429/1992, art. 17).

[23]   CF/1988, art. 74, § 2º.

[24]   A Constituição de 1988 foi generosa quanto às possibilidades de atuação das associações em nome dos seus filiados: além da previsão genérica do art. 5º, XXI, menciona-se, ainda, sua legitimidade para a impetração de mandados de segurança coletivos (art. 5º, LXX, *b*). Assegura-se, ademais, seu direito à instauração do controle concentrado de constitucionalidade perante o STF, desde que tenham caráter nacional e haja pertinência temática entre o objeto do controle e as finalidades da entidade (CF/1988, art. 103, IX).

[25]   Luís Roberto Barroso. *Interpretação e aplicação da Constituição. São Paulo:* Saraiva, 1996, p. 146. Paulo Bonavides. *Curso de direito constitucional*. 8. ed. São Paulo: Malheiros, 1999, p. 228 e ss.

intérprete os valores que serviram de fundamento para as decisões básicas do constituinte originário, bem como os fins por ele buscados, que deverão constituir o norte teleológico da atividade interpretativa. Essa função se evidencia quando, entre várias exegeses possíveis do texto constitucional, ou mesmo da norma infraconstitucional, o intérprete deverá adotar aquela que melhor prestigie o conteúdo do princípio republicano.

O STF, por exemplo, ao restringir o escopo do foro por prerrogativa de função previsto no art. 102, I, *b*, da Constituição para diversos agentes públicos, utilizou como um dos fundamentos justamente o princípio republicano. De forma simples, um dos aspectos da argumentação utilizada pelo voto do Ministro Relator (entre outros), e acolhido pela maioria, pode ser resumido da seguinte forma: o foro por prerrogativa de função é uma exceção às regras gerais aplicáveis a todos acerca da definição de quem devem ser as autoridades competentes para investigar, processar e julgar crimes e, portanto, encontra-se em tensão com o princípio republicano, logo deve ser interpretado restritivamente. Assim, sua aplicação a Deputados Federais e Senadores apenas se justificaria no caso de crimes cometidos no exercício do cargo e em razão das funções a ele relacionadas[26].

O "ideal republicano" foi também invocado pelo STF ao declarar inconstitucional o chamado orçamento secreto (ADPFs nº 850, nº 851, nº 854 e nº 1.014). A prática consistia na reunião, sob uma rubrica única denominada de "emenda do relator" (o relator do orçamento), de um conjunto de emendas parlamentares – sem identificação de quais seriam os parlamentares destinatários, dos valores envolvidos em cada emenda ou do que seria feito com o dinheiro –, sendo então essa "emenda do relator" liberada pelo Executivo. Ou seja: a informação sobre quais parlamentes estavam recebendo que valores ou em que eles seriam aplicados não existia publicamente.

A decisão do STF registrou que "10. A partilha secreta do orçamento público operada por meio das emendas do relator configura prática institucional inadmissível diante de uma ordem constitucional fundada no primado do ideal republicano, no predomínio dos valores democráticos e no reconhecimento da soberania popular (CF, art. 1º); inaceitável em face dos postulados constitucionais da legalidade, da impessoalidade, da moralidade, da publicidade e da eficiência (CF, art. 37, *caput*); inconciliável com o planejamento orçamentário (CF, art. 166) e com a responsabilidade na gestão fiscal (LC nº 101/2000; além de incompatível com o direito fundamental à informação (CF, art. 5º, XXXIII) e com as diretrizes que informam os princípios da máxima divulgação, da transparência ativa, da acessibilidade das informações, do fomento à cultura da transparência e do controle social (CF, arts. 5º, XXXIII, "a" e "b", 37, *caput* e § 3º, II, 165-A e Lei nº 12.527/2011, art. 3º, I a V)."

5.2 DEMOCRACIA (ART. 1º, *CAPUT*)

A Constituição de 1988 instituiu um Estado Democrático de Direito (art. 1º) e em vários pontos do texto o tema é explicitamente retomado: os partidos políticos, por exemplo, devem estar comprometidos com o regime democrático (art. 17) e cabe a todos os entes federados zelar pelas instituições democráticas (art. 23, I). Mas o que exatamente significa democracia, regime democrático ou Estado Democrático? O ponto é importante pois praticamente todo e qualquer Estado pretende identificar-se como democrático, incluindo ditaduras e regimes totalitários.

A democracia, para a maior parte das concepções, decorre, em primeiro lugar, da igualdade das pessoas[27]. Assim, como já referido, no contexto da república, se todos são iguais no

---

[26] O novo entendimento do STF acerca do escopo da prerrogativa de foro foi definido pelo Plenário em questão de ordem no âmbito da AP nº 937, Rel. Min. Luís Roberto Barroso, j. 03.05.2018.

[27] Para diferentes concepções de democracia, vale conferir Eduardo Garcia de Enterria. *Democracia, juices y control de la administracion*, 1998, p. 66-126; e Richard A. Posner. *Law, pragmatism and democracy*, 2003, p. 130-213.

espaço público, a opinião de cada um tem o mesmo peso, de modo que alguma regra de decisão majoritária deverá ser adotada. A partir desse ponto, porém, já surgem inúmeras discussões.

Alguns circunscrevem a democracia ao espaço público-estatal, ao passo que outros a visualizam como a abordagem filosófica mais adequada para a vida como um todo. No âmbito do espaço público, alguns sustentam que democracia significa a atribuição de poder decisório a agentes escolhidos pelo povo; para outros, ela exige, mais que isso, a participação do povo nos processos de tomada de decisões[28].

A maior parte das concepções sobre o tema agrega ainda, ao conceito, ao menos no plano teórico, conteúdos materiais: a necessidade de respeito aos direitos fundamentais – inclusive e particularmente das minorias – constitui assim um elemento fundamental para qualquer regime democrático e, portanto, representa um limite a uma concepção puramente majoritária da democracia[29]. No caso da Constituição de 1988, uma série de outros princípios se ocupa de forma específica dos direitos fundamentais e da proteção das minorias. A despeito da dificuldade envolvida na definição precisa do conceito[30], ela vinculará sempre a criação do direito ao povo, direta ou indiretamente.

Para fins didáticos, e de forma objetiva, parece útil organizar os debates (descritivos ou prescritivos) sobre a democracia em torno de quatro grandes temas, ainda que eles claramente se conectem: *quem* toma ou deve tomar as decisões que afetam a sociedade política (limitando, portanto, a esse ambiente); *como* essas decisões são ou devem ser tomadas; que conteúdos são obrigatórios ou vedados, ou seja; *o que* pode ou não ser decidido; e *para que* serve a democracia afinal.

5.2.1 *Quem* toma ou deve tomar as decisões que afetam a sociedade política

Para alguns autores, a pergunta *quem* é respondida de forma singela: os representantes eleitos pelo povo estão encarregados de tomar as decisões que afetam a sociedade política, e isso seria não só suficiente para um regime democrático, como também aquilo que mais interessaria às pessoas, que desejam, predominantemente, se ocupar de suas vidas, e não das questões públicas. Essa assertiva, claro, não encerra as discussões. Mesmo trabalhando apenas com a premissa da representação política, diversas questões da maior relevância se colocam aqui, como as relacionadas com a reforma dos sistemas político, partidário e eleitoral. Independentemente de outras considerações, como alguém pode vir a ser eleito e quais são as condições e os limites para o desempenho do mandato são temas relevantes para a democracia.

Para além do sistema representativo tradicional, outros entendem que é importante ampliar o máximo possível o número de participantes, tanto nos processos de tomada de decisão – por meio de corpos consultivos – quanto na tomada de decisão propriamente dita. Tais autores, identificados com a proposta geral de uma democracia participativa, sugerem que as pessoas estariam sim interessadas em participar, até porque elas serão afetadas por tais decisões e, conscientemente ou não, direta ou indiretamente, são por elas responsáveis. Além disso, mais participação incrementaria a legitimidade da decisão e a posterior adesão a ela pela sociedade. Nesse sentido, portanto, sustenta-se a utilização de mecanismos vários de participação, que

---

[28]   V., sobre o tema, Cláudio Pereira de Souza Neto. *Teoria constitucional e democracia deliberativa*, 2006, p. 86 e ss.

[29]   Não há democracia se os cidadãos não forem livres e iguais para refletirem, manifestarem-se e serem ouvidos no espaço público. O ponto é referido, entre outros, por John Hart Ely. *Democracy and distrust*, 2002; e Jürgen Habermas. *Direito e democracia:* entre faticidade e validade, 1997.

[30]   O que, de certa forma, não deixa de ser natural, já que aspectos desse sentido são definidos pelas maiorias, democraticamente, a cada momento histórico.

Cap. 5 – PRINCÍPIOS CONSTITUCIONAIS E SEUS COROLÁRIOS

envolvem desde os instrumentos já clássicos de democracia semidireta até outras formas de participação popular ou de segmentos específicos da sociedade nos espaços de decisão[31].

5.2.2 *Como* essas decisões são ou devem ser tomadas

A questão *como* tem, provavelmente, ocupado a maior parte do debate recente sobre a democracia[32]. Para alguns autores, o debate sobre como as decisões são tomadas em uma democracia seria irrelevante: as pessoas decidem – representantes eleitos e cidadãos em geral – por interesses próprios, que podem ser louváveis ou não, e com muita facilidade mentem sobre as reais razões que as levaram a tal decisão. O resultado seria, portanto, uma mera agregação de preferências. Ou seja: seria inútil tentar estabelecer parâmetros na matéria e a pergunta *como* seria respondida, então, nos seguintes termos: por meio do voto. A forma de impedir eventuais abusos não seria atingida tentando-se controlar o processo pelo qual as decisões são tomadas, mas, para aqueles que o admitem, por meio de conteúdos obrigatórios e vedados em uma democracia, sobre o que se tratará adiante.

Em sentido diverso, muitos autores sustentam uma outra concepção, em geral identificada como democracia deliberativa. Embora haja considerável variedade entre eles, a ideia geral que os une é a tese de que as decisões em uma democracia demandam a apresentação de razões pelos participantes – isto é: a justificação de suas posições –, debate e deliberação. Seria indispensável a explicitação das razões pelos diferentes grupos, a tentativa de convencimento recíproco e o debate em torno delas. A deliberação seria, na verdade, um mecanismo capaz de conferir maior legitimidade à democracia e a suas decisões, embora como exatamente isso se dê seja objeto de controvérsia.

Alguns autores, por exemplo, sustentam que esse incremento de legitimidade decorre da deliberação em si, levada a cabo em determinadas condições ideais, e da construção social que ela desencadeia. Outros sustentam que a deliberação seria um meio de incrementar a correção política e moral do conteúdo das decisões produzidas. Sob outra perspectiva, há quem sustente que a deliberação teria a capacidade de efetivamente alterar as posições das pessoas que deliberam e gerar consenso, ao passo que, para outros autores, embora a deliberação seja importante, o consenso não é um elemento central para a discussão[33].

Ainda nesse contexto, há autores que sustentam que apenas determinados tipos de razões seriam admitidos nesse debate (razões públicas e ideias similares). Outros autores, diversamente, não consideram próprio estabelecer filtros rígidos de natureza substantiva para definir que razões poderiam ou não circular validamente no debate público, limitando-se a prever condições procedimentais para que esse diálogo social possa se desenvolver[34].

---

[31] Paulo Bonavides. *Curso de direito constitucional*. 20. ed. 2006.

[32] Vale conferir sobre o tema, de forma exemplificativa e reunindo defensores da democracia deliberativa (com diferentes nuances), críticas e posições diversas sobre a questão do "como", os seguintes trabalhos: Cláudio Pereira de Souza Neto. *Teoria constitucional e democracia deliberativa*. 2006; e Amy Gutmann; Dennis Thompson. *Why Deliberative Democracy?*, Princeton University Press, 2004.

[33] Carlos Santiago Nino. The constitution of Deliberative Democracy, 1996. O autor sustenta uma concepção dialógica de democracia que teria um valor epistêmico já que, presentes determinadas condições nas quais todos tenham oportunidade de participar, a democracia seria o melhor procedimento para gerar decisões moralmente corretas.

[34] Sobre o tema, entre outros, v. John Rawls. *Uma teoria da Justiça*. 1971; John Rawls. The law of peoples. *Critical inquiry*, v. 20, n. 1, p. 36-68, 1993; John Rawls. Liberalismo político. *UNAM*, 1995; Jürgen Habermas. Três modelos normativos de democracia. *Lua nova: revista de cultura e política*, p. 39-53, 1995; Jürgen Habermas. Paradigms of law. *Cardozo Law Review*, v. 17, p. 771-784, 1996; Jürgen Habermas. Reply to Symposium Participants, Benjamin N. Cardozo School of Law. *Cardozo Law Review*, v. 17, p. 1477-1558, 1996.

Conectando o *como* com o *quem*, a lógica da democracia deliberativa pode ser aplicada tanto no âmbito da representação tradicional quanto em outros espaços de participação e decisão. Isto é: tanto os parlamentares e demais agentes públicos teriam um dever de deliberar, por meio da apresentação de razões e da discussão, antes do momento da tomada de decisão, como também os cidadãos em geral, nos espaços de participação existentes. Nada obstante, parece haver uma aproximação natural entre as ideias de maior deliberação e de maior participação, de modo que não é incomum que os autores sustentem ambos os pontos – como se deve decidir e quem deve decidir – em conjunto.

5.2.3   *O que* pode ou não ser decidido

Em terceiro lugar, quanto ao *conteúdo* das decisões obrigatórias e vedadas em uma democracia, ou *o que* pode ou não ser objeto de decisões majoritárias (independentemente de quem tome tais decisões), há diferentes concepções sobre a matéria e, por isso mesmo, os países adotam sistemas diversos quanto ao aspecto técnico-jurídico. Do ponto de vista interno, a maior parte dos países democráticos conta hoje com Constituições, em alguma medida, rígidas, e encarregou o Judiciário de exercer controle de constitucionalidade dos atos das maiorias, incluindo do Legislativo.

Ou seja: por meio da rigidez constitucional, atribuiu-se *status* superior a determinados conteúdos em face das normas ordinárias, e autorizou-se o controle dessa hierarquia por meio de mecanismos judiciais. No plano internacional, entretanto, embora a hierarquia constitucional tenha sido amplamente adotada, a figura das cláusulas pétreas não é tão frequente, de modo que, em tese, e diferentemente do que acontece no Brasil, maiorias qualificadas podem alterar praticamente todo o texto constitucional[35].

Do ponto de vista global, o desenvolvimento do direito internacional dos direitos humanos e as estruturas supranacionais de proteção desses direitos dão corpo a um outro conjunto de limites às maiorias internas, e existem hoje Cortes e Comitês encarregados, cada um em sua esfera de competência, de garantir a observância de tais previsões do direito internacional. Mesmo que as decisões das Cortes internacionais e as orientações dos comitês não tenham a mesma eficácia jurídica das decisões das Cortes internas, ainda assim elas corroboram essa noção teórica amplamente difundida de que as decisões das maiorias se submetem a limites materiais.

Nesse contexto, e seja qual for a fonte dessas limitações do ponto de vista normativo, há certo consenso teórico no sentido de que alguns conteúdos são considerados essenciais à própria existência da democracia, ainda que haja infindo debate acerca do sentido exato de cada um deles nas mais diversas circunstâncias. Seja como for, uma lista elementar desses conteúdos certamente incluiria as regras básicas de funcionamento da própria democracia e a proteção dos direitos fundamentais, cláusula que poderia ser desdobrada para enumerar a garantia das liberdades, do mínimo existencial, dos direitos políticos, dos direitos das minorias, da liberdade de crítica aos governantes, além de eleições periódicas livres e de publicidade dos atos do Poder Público.

5.2.4   *Para que* serve a democracia

Por fim, *para que* serve a democracia? A questão pode ser examinada ao menos sob duas perspectivas. No âmbito da ordenação de uma sociedade política estatal, a democracia é um meio de tomada de decisões que se liga diretamente com a realização da autonomia pública e da

---

[35]   Oscar Vilhena Vieira. A Constituição como reserva de justiça. 1997; e Rodrigo Brandão. Rigidez constitucional e pluralismo político. *Revista Brasileira De Direitos Fundamentais & Justiça, 2*(5), p. 86-125, 2008.

Cap. 5 – PRINCÍPIOS CONSTITUCIONAIS E SEUS COROLÁRIOS **111**

igualdade das pessoas. Assim, sob a ótica do indivíduo, a democracia em si mesma serve para viabilizar a realização, no espaço público, desses direitos individuais e da autodeterminação pública de cada indivíduo e de todos[36].

Essa primeira perspectiva não se ocupa propriamente dos resultados produzidos pelas decisões tomadas democraticamente, mas apenas do procedimento democrático em si, e há autores que vislumbram nesse aspecto o valor central da democracia. Dito de outro modo, a democracia serve – e esse é o seu valor intrínseco – para a realização da igualdade e da autonomia pública das pessoas, independentemente dos resultados concretos que as decisões tomadas no contexto de sistemas democráticos produzam.

Uma segunda perspectiva procura identificar para que serve a democracia, tendo em vista os fins que as decisões tomadas devem promover. Há, é claro, uma certa tensão entre as concepções que visualizam a democracia como um valor em si e aquelas que se ocupam de tentar legitimá-la por seus resultados. Parte dos autores tenta conciliar essas duas visões sustentando que o debate sobre os resultados, sem prejuízo de reconhecer-se o valor intrínseco da democracia, é útil para reforçar sua legitimidade. Isso porque seria possível demonstrar que a democracia é capaz de produzir melhores resultados que as alternativas ditatoriais. Trata-se, portanto, de uma abordagem descritiva que, a partir de metodologia empírica, se ocupa do levantamento desses resultados[37].

Sob uma perspectiva teórica, todavia, a pergunta *para que serve* a democracia se aproxima muito da questão *para que serve* o próprio Estado. O debate sobre os fins do Estado é multissecular, como se sabe, e identifica categorias que não assumem uma identificação necessária entre ele e a Democracia. Assim, os compêndios sobre o tema vão descrever, por exemplo, Estados cujos fins são a afirmação e difusão de determinada convicção religiosa, ou de determinada ideologia política, por meio da violência, se necessário, e sem qualquer consideração a direitos e liberdades individuais, não reconhecidos pelo Estado no particular[38]. O registro é importante, pois continuam a existir exemplos históricos de Estados que adotam essa concepção acerca dos seus fins[39].

Assumindo, porém, que os Estados são (ou pretendem ser) democráticos e adotam a centralidade do ser humano em relação a eles próprios – isto é: o Estado existe para servir o homem, e não o homem para servir o Estado –, a resposta à pergunta *para que* serve a democracia envolverá, necessariamente, a proteção, o respeito e a promoção dos direitos fundamentais das pessoas. E isso tanto sob a perspectiva do valor intrínseco da democracia – já que igualdade e autonomia pública são direitos fundamentais – quanto sob a ótica dos resultados que as decisões democráticas devem produzir, que igualmente se vinculam à proteção dos direitos.

É certo que essa resposta é bastante genérica e admitirá muitas variações. Para determinadas correntes políticas, a democracia deve servir para garantir as liberdades, de modo que cada um possa desenvolver seu projeto de vida boa. Para outros, a democracia serve não apenas para garantir as liberdades, mas também a dignidade humana, adotando-se um princípio solidarista capaz de assegurar proteção contra as intempéries a que as pessoas podem estar

---

[36] Declaração Universal dos Direitos Humanos: "Artigo 21: 1. Toda a pessoa tem o direito de tomar parte na direcção dos negócios, públicos do seu país, quer directamente, quer por intermédio de representantes livremente escolhidos. 2. Toda a pessoa tem direito de acesso, em condições de igualdade, às funções públicas do seu país. 3. A vontade do povo é o fundamento da autoridade dos poderes públicos: e deve exprimir-se através de eleições honestas a realizar periodicamente por sufrágio universal e igual, com voto secreto ou segundo processo equivalente que salvaguarde a liberdade de voto".

[37] Amartya Sen. *El valor de la democracia*. Editorial El Viejo Topo, 2006.

[38] V. Georg Jellinek. *Teoria general del estado*. Trad. Fernando de Los Rios. Buenos Aires: Albatroz, 1921; e Reinhold Zippelius. *Teoria geral do estado*. 3. ed. Lisboa: Fundação Calouste Gulbenkian, 1997.

[39] É o caso dos Estados islâmicos, por exemplo, que têm por fim institucional a difusão dessa convicção religiosa.

sujeitas por meio do aparato estatal. Outras possibilidades existem e desdobram-se em uma multiplicidade de opções no que diz respeito ao como se devem garantir as liberdades e/ou a dignidade humana[40].

As respostas à questão *para que* serve a democracia se entrelaçam, em alguma medida, com o tema dos *conteúdos* necessários ou vedados às maiorias. Uma concepção mais solidarista acerca dos fins da democracia tenderá a excluir da apreciação da maioria conteúdos que viabilizam esse resultado, como a previsão de direitos sociais e suas fontes de custeio. O mesmo não acontecerá caso se atribua ao Estado papéis mais limitados, que ampliam, assim, o espaço próprio de deliberação das maiorias e restringem os conteúdos obrigatórios a que elas devem se submeter. Esse é um tema corrente, como se sabe, no debate entre constitucionalismo e democracia e, *a fortiori*, nas discussões sobre os limites e possibilidades da jurisdição constitucional.

5.2.5 Defesa do Estado Democrático: mecanismos e debates

Um último tema relevante a ser examinado envolve a defesa do Estado Democrático: os eventuais mecanismos de defesa que podem ou não existir em um determinado sistema jurídico e os debates em torno do tema. Na realidade, talvez seja possível distinguir dois fenômenos que, embora conectados, são distintos: a defesa do Estado propriamente e a defesa do Estado Democrático de Direito. Invasões externas e ataques terroristas, por exemplo, são ameaças tanto ao Estado em si quanto à democracia. Mas determinadas ameaças à democracia não necessariamente descrevem uma ameaça à existência do Estado: movimentos autoritários internos, por exemplo, podem defender a preservação do Estado, mas propugnar que ele deixe de ser um Estado democrático. O ponto é importante, pois os mecanismos de defesa para essas diferentes ameaças serão diversos.

A Constituição de 1988 se preocupa tanto com a defesa do Estado quanto da democracia, embora ambos os temas surjam no mais das vezes em conjunto. Seu Título V, que regula o estado de defesa, o estado de sítio, as forças armadas e a segurança pública, tem como epígrafe "Da Defesa do Estado e das Instituições Democráticas". Ao tratar do Conselho de Defesa Nacional (art. 91), a Constituição o descreve como um órgão consultivo do Presidente da República "nos assuntos relacionados com a soberania nacional e a defesa do Estado democrático", cabendo-lhe estudar, propor e acompanhar iniciativas necessárias à independência nacional e à defesa do Estado democrático. A defesa tanto do Estado em si, da soberania e da democracia parecem andar em conjunto. O Conselho da República, por seu turno, deve pronunciar-se sobre "as questões relevantes para a estabilidade das instituições democráticas" (art. 90, II): o foco aqui é a democracia. Ambos os Conselhos serão ouvidos na hipótese de intervenção, estado de defesa e de sítio.

Além disso, a segurança nacional autoriza que o Legislador opte pela exploração de atividades econômicas diretamente pelo Estado (art. 173): a preocupação aqui é claramente com a segurança do Estado, sua soberania e o controle sobre atividades que considere estratégicas ou essenciais. E a segurança da sociedade e do Estado pode limitar o direito à informação do cidadão, nos termos do art. 5º, XXXIII: a expressão aqui é ampla e pode abranger um conjunto variado de ameaças.

No plano infraconstitucional, a Lei nº 7.170/1983 (Lei de Segurança Nacional) previa crimes envolvendo a lesão ou a ameaça de lesão à integridade territorial e à soberania nacional, ao

---

[40] Para uma discussão jurídica sobre diferentes concepções acerca da dignidade humana, v. Ingo Wolfgang Sarlet. *A eficácia jurídica dos direitos fundamentais*. Porto Alegre: Livraria do Advogado, 2015; Luís Roberto Barroso. Aqui, lá e em todo lugar. A dignidade humana no direito contemporâneo e no discurso transnacional. *Revista do Ministério Público*. Rio de Janeiro: MPRJ, n. 50, out./ dez. 2013, p. 95-153; e Gustavo Tepedino; Anderson Schereiber. *Fundamentos do Direito Civil* – Vol. 2 – Obrigações. Forense, 2008.

regime representativo e democrático, à Federação e ao Estado de Direito e à pessoa dos Chefes dos Poderes da União (art. 1º). Editada ainda sob a ditadura militar, ao lado de tipos objetivos, a Lei nº 7.170/1983 trazia tipos relativamente abertos como, por exemplo, "fazer, em público, propaganda de processos violentos ou ilegais para alteração da ordem política ou social;" (art. 22, I) e "incitar a subversão da ordem política ou social" (art. 23, I), além de "caluniar ou difamar o Presidente da República, o do Senado Federal, o da Câmara dos Deputados ou o do Supremo Tribunal Federal, imputando-lhes fato definido como crime ou fato ofensivo à reputação" (art. 26).

A abertura desses tipos trazia considerável insegurança para opositores políticos ao eventual governo, mais ainda em contextos autoritários. Além disso, o foco desses tipos penais na manifestação de opiniões e mesmo de informações, em geral e contra agentes públicos em particular, criava, para dizer o mínimo, tensão considerável entre eles e o exercício da crítica política, do controle social e da liberdade de expressão de forma mais ampla, indispensáveis a um regime democrático.

Nessa linha, tramitaram perante o STF ações de controle concentrado de constitucionalidade (as ADPFs nº 797 e nº 799) que sustentavam que a Lei de Segurança Nacional (ou ao menos parte dela) não teria sido recepcionada pela nova Constituição e, portanto, deveria ser declarada inconstitucional. O STF reconheceu a perda do objeto das ações diante da revogação expressa do objeto normativo impugnado. A Lei nº 7.170/1983 foi expressamente revogada pela Lei nº 14.197/2021, que adicionou ao Código Penal um título relativo aos crimes contra o Estado Democrático de Direito.

A Lei nº 14.197/2021 eliminou o tipo que lidava de forma específica com a calúnia e a difamação dos Chefes dos Poderes da União e procurou enfatizar ações com emprego de violência e grave ameaça, e não apenas discursos. É o caso, por exemplo, dos tipos do art. 359-L (Tentar, com emprego de violência ou grave ameaça, abolir o Estado Democrático de Direito, impedindo ou restringindo o exercício dos poderes constitucionais) e art. 359-M (Tentar depor, por meio de violência ou grave ameaça, o governo legitimamente constituído).

Adicionalmente, a fim de preservar a liberdade de expressão, o novo art. 359-T do Código Penal, introduzido pela Lei nº 14.197/2021, explicita que "Não constitui crime previsto neste Título a manifestação crítica aos poderes constitucionais nem a atividade jornalística ou a reivindicação de direitos e garantias constitucionais por meio de passeatas, de reuniões, de greves, de aglomerações ou de qualquer outra forma de manifestação política com propósitos sociais".

Mas o que dizer sobre mecanismos de controle de discurso visando à defesa da democracia? O tema se vincula ao debate da chamada democracia militante, conceito exposto de forma mais famosa por Karl Loewenstein, em 1939, como uma resposta à ascensão do fascismo e que tem sido revisitado em vários contextos nas últimas décadas. A ideia, em resumo, defende a necessidade de defender a democracia contra o uso de seus próprios mecanismos para sua destruição. Para isso se admitiria a adoção, em caráter excepcional, de medidas legais de restrição aos direitos políticos, à liberdade de associação e de expressão daqueles que pretendam subverter e substituir a democracia por um regime não democrático. O conceito continuou e continua a ser utilizado em diferentes contextos e contra diferentes grupos considerados ameaças à democracia ou mais genericamente ao Estado.

A questão não é simples. Por um lado, a democracia enfrenta sempre o paradoxo do risco de sua autodestruição pela decisão da maioria, de modo que exigir o compromisso de todos com a existência da própria democracia não parece sem sentido. O art. 17 da Constituição exige dos partidos políticos o compromisso com o regime democrático.

Compromisso com o regime democrático, porém, precisa se compatibilizar com o pluralismo político, que é um dos fundamentos do Estado brasileiro e da própria democracia (art. 1º, V), e com a liberdade de expressão, também fundamental para a possibilidade de crítica e alternância de poder. Em outras palavras: é natural e esperado em uma democracia em que se assegure as liberdades básicas que haja conflito e disputa entre interesses diversos e visões políticas distintas. Mas essas visões políticas, diferentes e contrapostas, não podem pretender destruir a própria democracia. Mas quem definirá que visões políticas são compatíveis ou não com a democracia? Talvez haja casos fáceis, mas essa não é a regra geral.

É fácil perceber que a intervenção do Estado visando restringir discursos encerra sempre o risco de que na verdade esse seja um recurso de quem está no poder contra seus concorrentes políticos. Ademais, atribuir a alguém – que não o próprio povo – o poder de decidir os contornos do que a democracia admite ou não e que tipo de discurso é incompatível com ela e deve ser banido concentra poderes extraordinários nessa pessoa ou instituição e atrai o risco de seu uso abusivo. Como se vê, a questão está longe de ser singela.

O tema tem chegado ao STF em diferentes contextos. Na ADI nº 7261, o STF examinou o assunto em relação ao controle de manifestações em mídias sociais no contexto eleitoral, embora o foco identificado na ocasião tenha sido o controle de discursos de desinformação. Na ocasião, o STF considerou válida resolução do TSE, editada no contexto das eleições de 2022, que autorizou o Presidente do TSE a determinar (aplicando decisão colegiada do TSE proferida em outro caso equiparável, independente de pedido e sem um processo específico) a remoção de conteúdos em plataformas digitais, a suspensão de canais, perfis e do acesso à plataforma, uma vez que tais conteúdos divulgassem ou compartilhassem "fatos sabidamente inverídicos ou gravemente descontextualizados que atinjam a integridade do processo eleitoral".

Ao examinar a resolução do TSE, o STF entendeu que ela não caracterizava censura prévia e registrou que a "A disseminação de notícias falsas, no curto prazo do processo eleitoral, pode ter a força de ocupar todo espaço público, restringindo a circulação de ideias e o livre exercício do direito à informação. O fenômeno da desinformação veiculada por meio da internet, caso não fiscalizado pela autoridade eleitoral, tem o condão de restringir a formação livre e consciente da vontade do eleitor".

Já na Pet nº 10.391, o Plenário do STF considerou válida decisão determinando o bloqueio de determinado canal/perfil na plataforma Telegram sob argumento diverso. Nesse caso, a Corte considerou que a restrição se justificava para impedir a "propagação de discursos com conteúdo de ódio, subversão da ordem e incentivo à quebra da normalidade institucional e democrática".

5.3 ESTADO DEMOCRÁTICO DE DIREITO (ART. 1º, *CAPUT*)

O art. 1º da Constituição prevê que a República Federativa do Brasil se constitui em "Estado Democrático de Direito". Anteriormente, já se apresentaram algumas discussões sobre o tema da democracia, cabendo, agora, examinar a noção do Estado de Direito. Embora o tema enseje um sem-número de discussões, reduzindo os debates ao seu núcleo mais básico, parece correto afirmar que o Estado de Direito pretende produzir três fins ideais: (i) as normas jurídicas – elaboradas democraticamente – devem ser claras e conhecidas, de modo a serem capazes de orientar a conduta das pessoas; (ii) as normas jurídicas devem ser respeitadas por todos e aplicadas em relação a todos; e (iii) devem existir estruturas estatais capazes de assegurar que (ii) se verifique.

5.3.1 Estado Democrático de Direito: orientação das condutas

A primeira exigência se relaciona, portanto, com a própria estrutura dos enunciados normativos. Diante da lei, o indivíduo deverá saber, de forma clara e pública, quais são seus deveres e, em especial, as obrigações que lhe são exigidas. Esta é uma garantia elementar do Estado de Direito: ninguém pode ser obrigado a fazer alguma coisa sem que antes essa obrigação tenha sido imposta por um ato competente para tal. Assim, exige-se que as normas em geral, e sobretudo aquelas que restringem liberdades e direitos, sejam claras e precisas, em primeiro lugar, para que o eventual atingido pela norma possa identificar a restrição a seu direito – trata-se do princípio da clareza e determinação das normas restritivas de direitos[41]. E em segundo lugar, porque a vagueza da norma poderia abrir espaço para que a autoridade que vai aplicá-la, ao lado das restrições legítimas, imponha outras, ilegítimas.

Os outros dois fins ideais inerentes ao Estado Democrático de Direito envolvem não mais a estrutura das normas, mas sua aplicação, em um duplo aspecto. Em primeiro lugar, o aspecto da igualdade. Todos devem observar as normas e todos devem arcar com as consequências na hipótese de sua violação. No mesmo sentido, normas que asseguram direitos devem ser aplicadas a todos, e não apenas a grupos privilegiados. O segundo aspecto diz respeito às estruturas que devem existir para assegurar que todos cumpram as normas, que as consequências efetivamente incidam, quando a observância não aconteça, e que os direitos sejam fruídos por todos.

5.3.2 Estado Democrático de Direito: aplicação das normas jurídicas

É natural que o tema da aplicação do Direito conduza logicamente à discussão sobre o Poder Judiciário, mas é importante observar que a aplicação das normas jurídicas a cargo do Judiciário e, portanto, dos operadores do Direito, é apenas uma fração pequena da aplicação das normas de uma forma mais geral. Mais que isso, a despeito de todos os importantes esforços no sentido de facilitar o acesso dos menos favorecidos ao Judiciário, a realidade é que o acesso se torna mais facilitado também para os mais favorecidos, que acabam sendo a clientela principal do Judiciário[42].

Considerando a sociedade como um todo, e os menos favorecidos em particular, a aplicação das normas jurídicas envolve, sobretudo, as políticas públicas delineadas pelo Legislativo e a forma como elas são implementadas pelo Executivo. Assim, por exemplo, a aplicação a todos do direito à segurança, no aspecto físico, depende muito mais da quantidade de recursos humanos e tecnológicos em matéria de segurança pública, e da alocação desses recursos pelas diferentes regiões da cidade e pelas diferentes comunidades, do que da atuação eventual do Poder Judiciário. As normas que asseguram o direito à saúde serão aplicadas de forma equitativa se as necessidades das diferentes regiões do País, e de cada cidade em particular, forem atendidas por serviços prestados na mesma quantidade e qualidade. A intervenção judicial, relevante que seja para o autor da demanda, tem pouco impacto nesse quadro.

No mesmo sentido, a aplicação a todos das normas que garantem direitos trabalhistas está diretamente relacionada com as prioridades de fiscalização do Ministério do Trabalho, por exemplo; os crimes que serão apurados e eventualmente punidos, bem como a seleção das pessoas que serão investigadas, dependem das prioridades da polícia e, em um segundo momento, do Ministério Público; as prioridades definidas pelo Ministério Público terão, ainda, repercussão sobre as normas que serão ou não aplicadas, em que regiões, em relação a muitos outros temas, como o direito ambiental, urbanístico etc.

É certo que uma das estruturas essenciais ao Estado Democrático de Direito é o Poder Judiciário. Este, porém, não é a única estrutura responsável pela aplicação do Direito e, justamente porque não age de ofício, e porque suas decisões têm efeitos subjetivos específicos, sua

---

[41] Gilmar Ferreira Mendes. *Direitos fundamentais e controle de constitucionalidade,* 1998, p. 35-36; e Jorge Reis Novais. *As restrições aos direitos fundamentais não expressamente autorizadas pela Constituição,* 2003, p. 660-769.

[42] Ana Paula de Barcellos. *Direitos fundamentais e Direito à Justificativa* – Devido procedimento na elaboração normativa, 2016.

capacidade de promover os vários princípios constitucionais no contexto do Estado Democrático de Direito é limitada. É natural que seja assim, por evidente, e o Judiciário continua a desempenhar um papel fundamental na construção do Estado Democrático de Direito, embora com menos protagonismo do que nós, operadores do Direito, gostaríamos de supor. A percepção dos fins associados ao Estado Democrático de Direito contribui para que os outros princípios constitucionais sejam compreendidos de forma mais abrangente, além de iluminar o papel dos vários Poderes em seu desenvolvimento e realização.

5.4 DIGNIDADE HUMANA (ART. 1º, III)

Um dos poucos consensos teóricos do mundo contemporâneo diz respeito ao valor essencial do ser humano. Ainda que tal consenso se restrinja, muitas vezes, apenas ao discurso, ou que essa expressão, por demais genérica, seja capaz de agasalhar concepções as mais diversas – eventualmente contraditórias –, o fato é que a dignidade da pessoa humana, o valor do homem como um fim em si mesmo, é hoje um axioma da civilização ocidental, e talvez a única ideologia remanescente[43]. Quatro momentos históricos foram fundamentais no percurso dessa construção e valem rápido registro: o cristianismo[44], o iluminismo humanista, a obra de Immanuel Kant[45] e o refluxo dos horrores da Segunda Guerra Mundial[46], nessa ordem.

A mensagem divulgada por Jesus Cristo e seus seguidores representou um ponto de inflexão no mundo antigo. Pela primeira vez, o homem passou a ser valorizado individualmente, já que a salvação anunciada não só era individual, como dependia de uma decisão pessoal. Mais que isso, a mensagem de Cristo enfatizava não apenas o indivíduo em si, mas também o valor do outro – "Amarás o Senhor teu Deus de todo o teu coração, e de toda a tua alma, e de todo o teu pensamento. Este é o primeiro e grande mandamento. E o segundo, semelhante a este, é: Amarás o teu próximo como a ti mesmo. Destes dois mandamentos depende toda a lei e os profetas"[47] –, despertando os sentimentos de solidariedade e piedade para com a situação miserável do próximo, que estarão na base das considerações acerca dos direitos sociais e do direito a condições mínimas de existência (mínimo existencial)[48].

A consequência que se extrairia naturalmente dessa circunstância, e que foi expressamente verbalizada pelo apóstolo São Paulo e pelos Pais da Igreja, diz respeito à igualdade essencial dos homens. A conhecida declaração "Nisto não há judeu nem grego; não há servo nem livre; não há macho nem fêmea; porque todos vós sois um em Cristo Jesus"[49] teve um compreensível efeito subversivo no mundo romano.

Muitos séculos depois, o movimento iluminista, com sua crença na razão humana, foi o responsável por desalojar a religiosidade do centro do sistema de pensamento, substituindo-a pelo próprio homem. O desenvolvimento teórico do humanismo acabará por redundar em um conjunto de consequências relevantes para o desenvolvimento da ideia de dignidade humana, como a preocupação com os direitos individuais do homem e o exercício democrático do poder.

---

[43] Celso D. de Albuquerque Mello. *Direitos humanos e conflitos armados*, 1997.

[44] Miguel Reale. *Questões de direito público*, 1997, p. 3 e ss.

[45] Norberto Bobbio. *Estado, Governo, Sociedade*. 7. ed. 1999, p. 108 e ss.

[46] Francisco Fernández Segado. La teoría jurídica de los derechos fundamentales en la Constitución Española de 1978 y en su interpretación por el Tribunal Constitucional, *Revista de Informação Legislativa 121*: 76, 1994; e Ricardo Lobo Torres. *Os direitos humanos e a tributação* – imunidades e isonomia, 1995, p. 45 e ss.

[47] A referência encontra-se no Evangelho segundo escreveu São Mateus, capítulo 22, versos 37 a 40.

[48] Gregorio Peces-Barba Martínez. *Derechos sociales y positivismo jurídico*, 1999, p. 8 e ss.

[49] A referência encontra-se na carta escrita pelo apóstolo Paulo aos Gálatas, capítulo 3, verso 28.

Com efeito, a regra majoritária era a fórmula capaz de realizar a igualdade essencial de cada homem no âmbito da deliberação política[50].

Em terceiro lugar, e seguindo o curso histórico, não se pode deixar de mencionar o pensamento de Immanuel Kant. É Kant quem vai apresentar a formulação mais consistente – e particularmente complexa – da natureza do homem e de suas relações consigo próprio, com o próximo e com as suas criações e da natureza.

No que mais diretamente interessa aqui, e de uma forma bastante simplificada, pode-se dizer que, para Kant, o homem é um fim em si mesmo – e não uma função do Estado, da sociedade ou da nação – dispondo de uma dignidade ontológica. O Direito e o Estado, ao contrário, é que deverão estar organizados em benefício dos indivíduos. Assim é que Kant sustenta a necessidade da separação dos Poderes e da generalização do princípio da legalidade como forma de assegurar aos homens a liberdade de perseguirem seus projetos individuais[51].

Interessantemente, e nada obstante os vários retrocessos históricos, a concepção kantiana de homem continua a valer como axioma no mundo ocidental, ainda que a ela se tenham agregado novas preocupações, como a tutela coletiva dos interesses individuais e a verificação da existência de condições materiais indispensáveis para o exercício da liberdade.

Na verdade, nas primeiras décadas do século XX, a concepção humanista já se havia transformado no conhecimento comum do chamado "mundo civilizado", tanto assim que as Constituições, já havia algumas décadas, procuravam consagrar os direitos individuais e alguma forma de separação de Poderes. A partir do fim da Primeira Guerra Mundial, a preocupação com os chamados direitos sociais será progressivamente introduzida nos textos constitucionais[52].

O último momento especialmente marcante no percurso histórico da noção de dignidade da pessoa humana é também o mais chocante. A revelação dos horrores da Segunda Guerra Mundial transtornou completamente as convicções que até ali se tinham como pacíficas e "universais"[53]. A terrível facilidade com que milhares de pessoas – não apenas alemãs, diga-se, mas de diversas nacionalidades europeias – abraçaram a ideia de que o extermínio puro e simples de seres humanos podia consistir em uma política de governo válida ainda choca.

Agrega-se a isso a assustadora verificação de Hannah Arendt[54] de que, na Segunda Guerra, as próprias vítimas (a autora se refere especificamente aos judeus) perderam, em boa medida, a compreensão do valor inerente à vida humana, daí a prática comum pela qual os próprios líderes das comunidades judaicas negociavam a libertação de judeus mais importantes ou letrados em troca de judeus "comuns", como se aqueles valessem mais que estes.

A reação à barbárie do nazismo e dos fascismos em geral levou, no pós-guerra, à consagração da dignidade da pessoa humana no plano internacional[55] e interno como valor máximo dos ordenamentos jurídicos e princípio orientador da atuação estatal e dos organismos internacionais[56]. Diversos países cuidaram de introduzir em suas Constituições a dignidade da pessoa

---

[50] J. J. Gomes Canotilho. *Direito constitucional e teoria da Constituição*, 1997, p. 311.

[51] Antonio Enrique Pérez Luño. *Derechos humanos, estado de derecho y Constitución*. 6. ed. 1999, p. 215.

[52] Norberto Bobbio. *A era dos direitos*, 1992.

[53] Vale notar que a "universalidade" diz respeito apenas ao mundo ocidental.

[54] Hannah Arendt. *Eichmann em Jerusalém* – Um relato sobre a banalidade do mal, 1999.

[55] Norberto Bobbio; Nicola Matteucci e Gianfranco Pasquino. *Dicionário de Política*. 12. ed. 1999, p. 355 e ss. (verbete: direitos humanos).

[56] É importante observar que, filosoficamente, a dignidade é uma característica inerente ao homem, que a norma não concede, mas apenas reconhece; daí porque muitos autores registram que não há um *direito* à dignidade, mas sim o direito ao respeito à dignidade e à sua promoção. A importância dessa observação está em que o indivíduo continua sendo digno, nada obstante a violação das normas que pretendem assegurar

humana como fundamento do Estado que se criava ou recriava (Alemanha, Portugal e Espanha, *e.g.*, em suas novas Cartas; a Bélgica tratou do tema por meio de emenda à Constituição), jurisdicizando, *com estatura constitucional*, o tema. Também a Constituição Brasileira de 1988 introduziu o princípio, pela primeira vez, em seu art. 1º, III, desenvolvendo-o analiticamente ao longo de seu texto, como se verá[57].

Mas o que é, em linhas gerais, a dignidade da pessoa humana? É frequente que a Constituição se valha de conceitos que existem e se formam no mundo dos fatos, independentemente do direito (*e.g.* artes, ciências, crença). Tais fenômenos têm uma dinâmica e existência praticamente independentes do Direito; ao incorporá-los, os enunciados normativos reconhecem sua existência como elementos da realidade, e o espaço de que dispõem para alterar seu sentido e configuração é limitado[58]. Assim, *e.g.*, a liberdade religiosa já apresenta um conteúdo material ao ser consagrada pelo dispositivo constitucional, ao passo que o direito ao Fundo de Garantia do Tempo de Serviço existe apenas nos termos definidos pela própria legislação.

A dignidade humana pode ser descrita como um desses fenômenos cuja existência é anterior e externa à ordem jurídica, havendo sido por ela incorporado. De forma bastante geral, trata-se da ideia que reconhece aos seres humanos um *status* diferenciado na natureza, um valor intrínseco e a titularidade de direitos independentemente de atribuição por qualquer ordem jurídica.

Do ponto de vista jurídico, o conteúdo da dignidade se relaciona com os chamados direitos fundamentais ou humanos[59]. Isto é: terá respeitada sua dignidade o indivíduo cujos direitos fundamentais forem observados e realizados, ainda que a dignidade não se esgote neles[60]. Na expressão de José Carlos Vieira de Andrade, "Realmente, o princípio da dignidade da pessoa humana está na base de todos os direitos constitucionalmente consagrados, quer dos direitos e liberdades tradicionais, quer dos direitos de participação política, quer dos direitos dos trabalhadores e direitos a prestações sociais"[61].

É certo, porém, que a dignidade humana descreve uma realidade complexa, e essa complexidade é consequência de ao menos duas ordens de razões, que vão refletir sobre a ordem jurídica. Em primeiro lugar, é certo que a dignidade humana não se resume a ter acesso a prestações de educação e saúde, a não passar fome e a ter alguma forma de abrigo. Há, como se sabe, muito mais do que isso. A liberdade em suas variadas manifestações – de iniciativa, de expressão, de associação, de crença etc. –, a autonomia individual, o trabalho, a participação política, a integridade física e moral, entre outros, são elementos indissociavelmente ligados ao conceito de dignidade humana.

Entretanto, a complexidade da noção de dignidade humana não decorre apenas da variedade de bens que ela congrega: ela deriva, igualmente, das diferentes maneiras como esses

---

condições de dignidade. Nessas hipóteses, a pessoa estará sendo submetida à uma situação indigna e incompatível com sua dignidade essencial. Veja-se, sobre o ponto, Ingo Wolfgang Sarlet, *Dignidade da pessoa humana e direitos fundamentais*, 2001, p. 49 e ss.

[57] José Afonso da Silva. *Poder constituinte e poder popular*, 2000, p. 146.

[58] Jorge Reis Novais. *As restrições aos direitos fundamentais não expressamente autorizadas pela Constituição*, 2003, p. 162-163.

[59] Vale o registro de que alguns autores atribuem sentidos diversos aos dois termos. Assim, *direitos humanos* seria a expressão reservada ao conjunto de direitos ideais, metafísicos, derivados da natureza do homem – e, por isso mesmo, a expressão é mais usada no plano internacional –, ao passo que *direitos fundamentais* seriam apenas aqueles reconhecidos por uma ordem jurídica positiva. Confira-se J. J. Gomes Canotilho. *Direito constitucional e teoria da Constituição*, 1997, p. 347 e ss. Neste estudo, porém, os termos serão utilizados indistintamente.

[60] Ingo Wolfgang Sarlet. *Dignidade da pessoa humana e direitos fundamentais*, 2001, p. 87.

[61] José Carlos Vieira de Andrade. *Os direitos fundamentais na Constituição portuguesa de 1976*, 1998, p. 102.

Cap. 5 – PRINCÍPIOS CONSTITUCIONAIS E SEUS COROLÁRIOS **119**

bens se relacionam entre si. A repercussão dessa circunstância sobre o mundo jurídico é direta: a manipulação, pela ordem jurídica e estatal, de um aspecto da dignidade humana poderá ter consequências não apenas sobre o aspecto diretamente manipulado, mas também sobre outros. Alguns exemplos bastante simples ilustram o que se acaba de afirmar.

A ordem jurídica e a estrutura estatal organizam-se para oferecer (ou não) aos indivíduos prestações de educação. Entretanto, não é apenas a formação intelectual do indivíduo que receberá influência dessa decisão; também sua capacidade de integrar o mercado de trabalho, de participar politicamente, de exercitar suas liberdades etc. serão afetadas. O ponto é muito conhecido e não há necessidade de aprofundá-lo.

Veja-se, no exemplo que se acaba de enunciar, que a relação existente entre os diferentes aspectos da dignidade pode ser descrita como a de uma curva sempre ascendente: a educação foi atendida, os outros aspectos da dignidade foram também fomentados; a educação foi deixada de lado, os demais bens sofreram prejuízo. Mas nem sempre a relação entre os diferentes elementos que integram a noção de dignidade humana será assim tão simples.

A Constituição assegura a assistência aos desamparados e não há dúvida de que impedir que as pessoas vivam em situação de miserabilidade integra um conteúdo essencial da dignidade humana. Em condições de miserabilidade, o indivíduo terá muitíssimas dificuldades em diversos outros aspectos próprios a sua dignidade: a participação política, a liberdade, a autonomia individual etc., todas sofrem dano. Do mesmo modo, a relação entre os elementos referidos assemelha-se aqui, igualmente, a de uma curva sempre ascendente.

Não é novidade, porém, que, sob determinadas formas, a assistência aos desamparados pode transformar-se em assistencialismo e deteriorar aspectos vitais da dignidade humana. O assistencialismo continuado pode desencadear a dependência existencial dos beneficiados que, sem meios de buscarem seus próprios projetos de vida, tornam-se dependentes da ação estatal, em detrimento da autonomia individual. No mesmo sentido, sob outra perspectiva, determinadas formas de assistencialismo podem alimentar o clientelismo político: a dependência da assistência oficial acaba por gerar um contingente de "clientes" da autoridade responsável pela política assistencialista. Nesse ponto, a relação entre esses diferentes elementos da dignidade humana assemelha-se a uma parábola, e não mais a uma curva sempre ascendente. Assim como em uma parábola, a partir de determinado ponto ótimo, o atendimento aparentemente crescente de um aspecto da dignidade resulta em prejuízo a outros.

Nos dois exemplos referidos, teve-se em conta um mesmo indivíduo e aspectos diversos da sua dignidade. Mas há também as relações e implicações recíprocas – e o grau de complexidade aqui é ainda maior – entre a proteção e a promoção da dignidade de indivíduos diferentes em uma mesma sociedade, sem falar da necessidade de equilíbrio entre geração atual e a futura nesse particular. Um último exemplo.

O art. 3º, VII, da Lei nº 8.009/1990 excepciona, relativamente ao fiador em contrato de locação, a regra da impenhorabilidade do bem de família. Discutiu-se em doutrina e jurisprudência acerca da compatibilidade dessa disposição com o direito social à moradia, previsto no art. 6º da Constituição de 1988, havendo manifestações importantes pela invalidade do comando inclusive de Ministros do Supremo Tribunal Federal[62]. A Corte, porém, acabou por decidir pela validade do dispositivo sob o interessante fundamento de que a proteção do bem de família do fiador, na hipótese, prejudicaria o direito à moradia de um outro conjunto de pessoas: os locatários, para quem se tornava mais difícil locar um imóvel em face das novas exigências formuladas pelos proprietários no que diz respeito à fiança. Entendeu o STF, nesse contexto, que a disposição legal era válida, já que o legislador poderia modular a proteção

---

[62] Nesse sentido, v. voto do Min. Carlos Velloso, Relator do RE 352.940, j. 25.04.2005.

do direito à moradia, tendo em conta suas diferentes manifestações relativamente a grupos diversos de indivíduos[63].

O objetivo do registro que se acaba de fazer não é enfrentar realmente a discussão anunciada, que é complexa e exige uma abordagem interdisciplinar séria. O que se pretende aqui é mais modesto. Trata-se apenas de sublinhar que o intérprete jurídico, ao lidar com a dignidade humana e – o que será mais comum – com aspectos específicos dela, não deve perder de vista que o elemento particular sob sua análise não existe isoladamente. Ele forma com outros, em uma relação de repercussão recíproca, um fenômeno mais abrangente, que não pode ser desconsiderado. Uma abordagem simplista do assunto pode até facilitar a vida do intérprete em um primeiro momento, mas pouco contribui para a proteção e a promoção integrais da dignidade pretendidas pelo texto constitucional.

A essa complexidade, própria da dignidade humana, agrega-se outra, comum aos princípios em geral e já discutida anteriormente, que é a relativa indeterminação de seus efeitos por força das diferentes concepções políticas, ideológicas, filosóficas e religiosas, naturais em uma sociedade plural. As pessoas e grupos têm concepções diversas acerca do que a dignidade significa e exige – a sua própria e a dos demais –, de tal modo que, embora haja conteúdos mínimos acerca dos quais há razoável consenso, há também diversidade no particular.

Note-se que, no caso do Brasil contemporâneo, a Constituição de 1988 e a legislação infraconstitucional cuidam de forma bastante detalhada de variados aspectos da dignidade humana em diferentes ambientes. Assim, frequentemente não será necessário ou mesmo próprio recorrer ao princípio da dignidade humana quando a solução de determinada questão é dada, validamente, por uma regra constitucional ou infraconstitucional.

Com efeito, é frequente que o princípio seja utilizado apenas como uma espécie de adereço retórico, o que pode ser facilmente observado na medida em que sua exclusão do debate não faria qualquer diferença na hipótese: a mesma conclusão seria apurada com ou sem menção ao princípio. Essa utilização puramente retórica do princípio da dignidade humana, longe de o prestigiar, o banaliza e o desgasta. Se qualquer pretensão individual, qualquer direito alegado como violado, pode ser descrito como uma violação à dignidade humana, já não é possível distinguir quaisquer ilegalidades e descumprimentos de contratos, de um lado, e aquelas situações gravíssimas nas quais há violação ao núcleo do princípio em questão. Não são as ilegalidades e descumprimentos contratuais que ganham com a equiparação, mas o núcleo da dignidade humana que perde.

De parte essa utilização puramente retórica, o princípio da dignidade humana enseja, como os demais, as modalidades de eficácia interpretativa – isto é: conduz o intérprete a escolher, entre os sentidos eventualmente comportados pelo texto, aquele que protege e promove mais a dignidade das pessoas – e negativa, por força da qual a incidência do princípio poderá levar à inconstitucionalidade de normas que violem claramente seu sentido nuclear. As modalidades de eficácia positiva e vedativa do retrocesso também são possíveis: para maiores discussões sobre elas, vale conferir o debate registrado na parte sobre conceitos preliminares.

5.5 BEM-ESTAR SOCIAL (ART. 3º, IV)

A CF/1988, art. 3º, IV, estabelece a promoção do bem de todos, sem qualquer forma de discriminação, como um dos objetivos fundamentais do Estado brasileiro. O art. XXV da Declaração Universal dos Direitos do Homem dispõe que todo homem tem direito a um padrão de vida capaz de assegurar a si e a sua família saúde e bem-estar.

---

[63] STF, *DJU* 06.10.2006, RE 407.688, Rel. Min. Cezar Peluso.

Cap. 5 – PRINCÍPIOS CONSTITUCIONAIS E SEUS COROLÁRIOS   **121**

A noção de bem-estar social está ligada ao desenvolvimento, a partir da década de 30 do século XX, do *Welfare State* (Estado do bem-estar social), que se caracterizou, de forma simples, pelo abandono do liberalismo e pela intervenção na ordem econômica, sobretudo para a garantia de direitos trabalhistas e previdenciários, por meio dos quais se procurou superar o desemprego e a miséria e assegurar a existência de um mercado consumidor para a produção industrial[64].

Introduzido na Constituição, o bem-estar social opera como um princípio jurídico. Em primeiro lugar, estabelece um fim geral cujos contornos precisos e os meios de realização serão definidos pelos poderes públicos, de acordo com a opinião majoritária em cada momento histórico. Isto é: o sentido preciso do que o *bem-estar social* exige e *como* alcançá-lo serão definidos pelas instâncias políticas, funcionando o princípio como um limite de contenção contra políticas desvinculadas desse fim geral. Em segundo lugar, o princípio do bem-estar social funciona também como um parâmetro de interpretação do restante da ordem jurídica, o que significa, de forma objetiva, que entre interpretações possíveis, deve ser escolhida aquela que melhor contribui para a realização do bem-estar social. Em terceiro lugar, e sem prejuízo dos aspectos anteriores, o princípio impõe, de imediato, efeitos mínimos obrigatórios que decorrem do sentido elementar da própria norma constitucional e são exigíveis a partir dela.

Do ponto de vista jurídico-constitucional, o bem-estar social admite um conteúdo individual e outro coletivo. Na vertente individual, ele se relaciona com as condições materiais de vida do homem e, nesse ponto, o conceito se aproxima do princípio da dignidade humana, pois condições materiais mínimas são indispensáveis para que seja possível falar de uma vida digna. Historicamente, diversos direitos trabalhistas foram assegurados a fim de garantir essas condições materiais e continua a ser assim: as normas constitucionais que cuidam da limitação do horário de trabalho (art. 7º, XIII), do salário mínimo (art. 7º, IV) e do repouso semanal (art. 7º, XV) se relacionam com a dignidade humana de forma bastante direta. Adicionalmente, o *caput* do art. 6º lista bens e serviços considerados pelo constituinte essenciais para a dignidade humana, e, portanto, para o bem-estar das pessoas: trata-se dos direitos sociais, aos quais todos devem ter acesso. A própria Constituição já detalha alguns deles, como é o caso dos direitos à educação (arts. 205 e ss.), à saúde (arts. 196 e ss.), à previdência social (art. 201) e à assistência social (art. 203), cabendo ao Legislador discipliná-los em suas diferentes dimensões de forma mais específica. Ao lado dos bens e serviços listados no *caput* do art. 6º, a EC nº 114/2021 introduziu um parágrafo único no dispositivo para o fim de constitucionalizar um novo direito social: o direito a uma "renda básica familiar" para brasileiros em situação de "vulnerabilidade social". O comando prevê que o direito em tela deve ser garantido pelo Poder Público por meio de "programa permanente de transferência de renda", sinalizando que a existência de programas com esse objetivo – efetivamente existentes ao menos desde 2004 no país no plano legal – tornou-se agora uma exigência constitucional.

Na vertente coletiva, o bem-estar social envolve a garantia de um meio ambiente ecologicamente equilibrado (art. 225) e de uma política de ordenamento urbano que assegure o bem-estar de seus habitantes (art. 182). A dimensão coletiva do bem-estar social autoriza, ainda, atribuir-se à propriedade em geral (arts. 5º, XXIII, e 170, III) e, em particular, à propriedade industrial (art. 5º, XXIX) e à propriedade imóvel, tanto urbana como rural (arts. 182 e ss.), funções sociais. Assim, o exercício de tais direitos individuais, assegurados pelo texto constitucional, deverá se dar de tal modo a preservar o benefício coletivo a que esses diferentes bens, empregados em sua utilização regular, naturalmente se destinam.

---

[64]   Paulo Bonavides. *Do estado liberal ao estado social*. São Paulo: Malheiros, 2001. Caio Tácito. Do Estado liberal ao Estado do bem-estar social. In: *Temas de direito público*. Rio de Janeiro: Renovar, 1997.

5.6 PRIORIDADE PARA A ERRADICAÇÃO DA POBREZA E A REDUÇÃO DAS DESIGUALDADES SOCIAIS E REGIONAIS (ARTS. 3º, III, E 170)

O inc. IV do art. 3º da Constituição estabelece como um dos objetivos do Estado brasileiro a promoção do bem de todos sem qualquer forma de discriminação, como se viu anteriormente. O mesmo art. 3º, assim como o art. 170, *caput,* ao tratar da ordem econômica de forma específica, estabelecem, porém, uma prioridade no âmbito desse objeto geral: em primeiro lugar, deve-se buscar erradicar a pobreza e reduzir as desigualdades sociais e regionais. Esse objetivo tem ao menos duas consequências para a ação do Estado: definir prioridades acerca das políticas públicas e organizar internamente as políticas tendo em conta essas prioridades. Explica-se melhor.

A desigualdade e a extrema pobreza não são uma particularidade brasileira, mas, infelizmente, caracterizam o Brasil. Ocorre que a promoção dos direitos fundamentais, sobretudo dos direitos sociais, ainda quando aconteça de fato, tende a manter essas desigualdades, beneficiando primeiro os grupos em melhores condições sociais.

Estudos demonstram que é assim que funcionam em toda parte do mundo as políticas públicas gerais adotadas pelo Estado: primeiro seus benefícios são apropriados pelas classes mais favorecidas aumentando inicialmente a desigualdade, e apenas depois os mais necessitados se beneficiarão dela. Para romper com essa tendência, é necessário que, ao invés de políticas gerais, sejam delineadas intervenções estatais com focos específicos, de modo a atingir populações ou grupos-alvo, e não a população de maneira geral.

Se é assim, a erradicação da pobreza e a redução das desigualdades regionais e sociais dependem da priorização de políticas e iniciativas que atendam os mais necessitados no esforço de respeito, proteção e promoção de seus direitos, sobretudo nas suas dimensões mais básicas relacionadas com a superação permanente da pobreza extrema. Isto é: os esforços estatais devem se concentrar em garantir o mínimo existencial aos mais necessitados e em criar meios para que essa condição possa ser superada ao longo do tempo.

Não se ignora que, do ponto de vista constitucional, pessoas de todas as classes sociais podem valer-se da gramática dos direitos para fundamentar suas pretensões, e não apenas os mais pobres. Do ponto de vista do Poder Público, entretanto, há uma diretriz clara acerca dos grupos prioritários que as políticas públicas devem beneficiar.

Além de orientar as prioridades da ação estatal, esse objetivo exige que as políticas públicas gerais considerem igualmente essa prioridade. Como referido, o Brasil é um país desigual e as políticas públicas afetam desigualmente as pessoas em função de diferentes critérios: onde elas vivem, sua origem, sua renda, sua escolaridade, seu sexo, sua raça, sua cor, dentre tantas outras dimensões humanas. As metas de uma política pública devem se preocupar em captar essa realidade de forma desagregada e não por meio de uma média geral homogeneizadora.

Apenas a informação desagregada acerca da realidade da promoção dos direitos fundamentais será capaz de trazer à tona de forma concreta a desigualdade em suas múltiplas dimensões de modo que ela possa ser enfrentada. Sem informação desagregada que seja capaz de revelar quem está sendo efetivamente beneficiado pela política, é razoável supor os benefícios se concentrem nas camadas mais favorecidas da população. Informação desagregada, portanto, é indispensável para promover aquilo que a Constituição de 1988 estabelece como um dos objetivos da República (art. 3º, III): erradicar a pobreza e a marginalização e reduzir as desigualdades sociais e regionais.

Um interessante exemplo dessa realidade foi examinado pelo STF na ACO nº 3359, ajuizada por vários estados do Nordeste em face da União. De forma objetiva, os estados alegavam que ao longo de 2019 apenas 3% dos novos benefícios do bolsa-família teriam sido destinados a beneficiários no Nordeste, e 75% para pessoas nos estados das regiões Sul e Sudeste, e que

61% das bolsas cortadas em 2020 teriam sido na região Nordeste. O argumento dos autores da demanda era o de que a gestão da política pública federal estaria violando o tratamento igualitário e a prioridade para a erradicação da pobreza e para a redução das desigualdades regionais exigida pela Constituição.

O STF entendeu configurada a violação da igualdade e do objetivo constitucional de erradicar a pobreza e as desigualdades regionais na concessão de benefícios do Programa Bolsa Família a habitantes dos estados do Nordeste, onde há maior taxa de pobreza, de forma desproporcional às demais regiões do país, e acolheu os pedidos formulados que envolviam a prestação de informações acerca dos critérios e dados utilizados pela gestão do Bolsa Família, e a efetiva liberação dos benefícios, observados os índices de pobreza e extrema pobreza aferidos pelo Instituto Brasileiro de Geografia e Estatística (IBGE).

5.7 SOBERANIA NACIONAL (ARTS. 1º, I, E 170, I)

A soberania é apresentada pela Carta de 1988 como um dos princípios fundamentais da ordem constitucional e da organização política do Estado, expresso em seu art. 1º, I. Nesse sentido, soberania corresponde ao poder de autodeterminação dos povos, próprio das organizações estatais independentes.

Do ponto de vista interno, e de forma simplificada, a soberania significa a superioridade do poder estatal em relação a todos os demais existentes em seu território[65], o que, em um Estado de Direito, representa o poder político soberano de editar uma ordem jurídica e impor seu cumprimento, inclusive coativamente, se necessário[66]. No plano externo, a soberania se caracteriza pela inserção do Estado na ordem internacional, em situação de igualdade formal com os demais Estados[67], com os quais pode travar relações desprovidas de vínculo de sujeição. Em seu aspecto externo, a soberania é um conceito de direito internacional pelo qual se confere aos Estados a capacidade, em tese, ilimitada[68], de praticar todo e qualquer ato de seu interesse.

É certo, porém, que a noção de soberania é eminentemente histórica. Em sua origem, a soberania assumia caráter absoluto e surgia da necessidade de afirmação do poder dos soberanos em face do poder eclesiástico[69]. Há várias décadas, no entanto, a noção de soberania passa por ampla reformulação[70].

---

[65] Paulo Bonavides. *Ciência política*, 1997, p. 122; e Dalmo de Abreu Dallari. Empresas multinacionais e soberania do estado. *Revista da Faculdade de Direito da Universidade de São Paulo LXXVI*:109, 1981.

[66] Dalmo de Abreu Dallari. *Elementos de teoria geral do Estado*, 1998, p. 80.

[67] Jorge Miranda. *Teoria do Estado e da Constituição*, 2002, p. 219.

[68] Tradicionalmente, a doutrina incluía nesse rol até mesmo o direito de fazer a guerra, o que não parece mais aceitável, salvo em casos excepcionais e, geralmente, em caráter defensivo. Confira-se, a esse respeito, o registro de Jorge Miranda: "Classicamente, revelavam a existência de soberania três direitos dos Estados: o *jus tractuum* ou direito de celebrar tratados, o *jus legationis* ou de receber e enviar representantes diplomáticos e o *jus belli* ou de fazer a guerra. Agora, com a proibição da guerra pela Carta das Nações Unidas (art. 2º, nº 4), este último é interpretado como mero direito de legítima defesa, individual ou coletiva (art. 51º da Carta). Em compensação, acrescenta-se um novo direito, o de reclamação internacional, destinado à defesa dos interesses dos Estados perante os órgãos políticos e jurisdicionais da comunidade internacional; e autonomiza-se o direito de participação em organizações internacionais – tudo traduzindo um direito geral de escolha de uma inserção específica na vida internacional" (*Teoria do Estado e da Constituição*, 2002, p. 219).

[69] Paulo Bonavides. *Ciência política*, 1997, p. 126.

[70] Celso D. de Albuquerque Mello. *Curso de direito internacional público*, v. I, 2004, p. 365: "Atualmente, a soberania não é mais entendida em seu sentido absoluto, pelo contrário, ela é tomada como dependendo da ordem jurídica internacional. Estado soberano deve ser entendido como sendo aquele que se encontra subordinado direta e imediatamente à ordem jurídica internacional, sem que exista entre ele e o DI qualquer outra coletividade de permeio".

Com efeito, passado um período inicial de formação e afirmação dos Estados soberanos, o estabelecimento progressivo de relações jurídicas e econômicas entre esses mesmos Estados e entre nacionais dos diferentes Estados agregou à ordem jurídica internacional cada vez maior complexidade. Essa complexidade é hoje fomentada por razões as mais diversas: o desenvolvimento tecnológico, especialmente nas áreas de transporte e telecomunicações, que facilita e amplia a realização de negócios jurídicos internacionais, inclusive entre os particulares de Estados soberanos diversos, a integração regional dos países em blocos econômicos, iniciativas comuns – como o combate a crimes com projeção internacional, a proteção de direitos humanos etc.

Nesse contexto, e em diversas hipóteses, são cada vez mais frequentes as situações nas quais o direito nacional admite a aplicação de leis estrangeiras internamente, ainda que diversas das normas nacionais. Esse mecanismo veicula, na realidade, o reconhecimento e o respeito à soberania nacional – e não o oposto, como poderia parecer – tendo em conta o princípio no contexto internacional. A rigor, é justamente por força da igualdade entre os países (CF, art. 4º, V) – axioma do qual decorre a própria ideia de soberania – e da correlata e necessária tolerância com o diferente[71], que se admite a aplicação da lei estrangeira, ainda que diversa das normas imperativas domésticas.[72]

Por outro lado, os Estados têm tentado lidar com o impacto, sobre seus territórios, de fenômenos transnacionais e mesmo globais, alguns deles imateriais, com repercussões tributárias, financeiras e penais. Os exemplos são muitos: comércio *on-line* de produtos e serviços imateriais, lavagem de dinheiro, fraudes, pornografia infantil, entre outros.

Em um interessante caso discutindo a cooperação internacional em matéria penal, o ponto da soberania nacional foi suscitado pelo STF ao considerar válidas as normas nacionais, editadas com fundamento em tratados internacionais (MLAT e Convenção de Budapeste), que autorizam as autoridades brasileiras a requisitar dados a provedores no exterior uma vez que pelo menos um ato ou terminal envolvido na comunicação eletrônica esteja no Brasil (ADC nº 51). A Corte entendeu que as hipóteses de requisição direta previstas no art. 11 do Marco Civil da Internet e no art. 18 da Convenção de Budapeste reafirmam os princípios da soberania e da independência nacional, concretizando o dever do Estado de proteger os direitos fundamentais e a segurança pública dos cidadãos brasileiros ou residentes no país.

A soberania nacional é mencionada ainda pela Constituição no contexto da ordem econômica (art. 170, I). Nesse sentido, o princípio indica para os agentes econômicos que, independentemente de sua origem, ao atuarem no Brasil estarão necessariamente submetidos às normas e exigências definidas como aplicáveis pelo país, a começar pelos princípios listados no próprio art. 170 da Constituição.

A distinção geral existente na redação original da Constituição entre capital nacional e estrangeiro (art. 171) foi eliminada por emenda, não cabendo ao intérprete distinguir no particular. Nos termos constitucionais, porém, a lei poderá disciplinar, com base no interesse nacional, os investimentos de capital estrangeiro, incentivar os reinvestimentos e regular a remessa de lucros (art. 172). Além disso, caberá à lei autorizar investimentos estrangeiros na área de assistência à saúde (art. 199, § 3º). A atuação de instituições financeiras estrangeiras no País conta com disciplina específica (art. 192 e ADCT – art. 52). Também caberá ao legislador estabelecer as condições em que o transporte de mercadorias na cabotagem e a navegação interior poderão ser feitos por embarcações estrangeiras (art. 178). Por fim, também a participação de capital estrangeiro em empresas jornalísticas e de radiodifusão conta com limites impostos pela Constituição (art. 222). Como regra geral, porém, e afora essas previsões específicas, a

---

[71] Werner Goldshmidt. *Derecho de La Tolerancia*: Derecho Internacional Privado, Derecho de la Tolerancia, basado em la Teoria Trialista del Mundo Jurídico, 1974.

[72] Jacob Dolinger. *Direito internacional privado* – Parte geral, 2005, p. 271.

Cap. 5 – PRINCÍPIOS CONSTITUCIONAIS E SEUS COROLÁRIOS 125

origem do capital já não é um elemento de discrímen constitucionalmente relevante. O que importa hoje, do ponto de visita constitucional, é que as empresas sejam constituídas sob as leis brasileiras e que tenham sua sede e administração no País.

5.8 LIVRE-INICIATIVA (ARTS. 1º, IV, E 170, *CAPUT*)

A livre-iniciativa é um dos princípios fundamentais do Estado brasileiro, nos termos do art. 1º, IV, bem como um princípio específico da ordem econômica, ao lado da valorização do trabalho humano, já mencionada, na linha do que prevê o art. 170, *caput*, ambos da Constituição. No plano das liberdades individuais, a livre-iniciativa assegura o livre exercício de trabalhos e profissões, (art. 5º, XIII) e a liberdade de associação (art. 5º, XVII). Decorrem também do princípio da livre-iniciativa, ainda que detenham, igualmente, previsão constitucional expressa, (i) a propriedade privada (CF, arts. 5º, XXII e 170, II); (ii) a liberdade de empresa (parágrafo único do art. 170); (iii) a liberdade de lucro em um quadro de livre concorrência (art. 170, IV); e (iv) liberdade de contratar (CF, art. 5º, II).

A livre-iniciativa, porém, assim como acontece com os demais princípios, não é absoluta e precisará conviver com os demais fins constitucionais. A Constituição prevê, no próprio art. 170, uma série de outros princípios que poderão, em certa medida, limitá-la[73]. Com efeito, os seis primeiros incisos do art. 170 – a soberania nacional, propriedade privada, função social da propriedade, livre concorrência, defesa do consumidor e do meio ambiente – formam o conjunto dos chamados princípios de funcionamento da ordem econômica, com fundamento nos quais será possível restringir a livre-iniciativa.

A manutenção das condições de livre concorrência é uma preocupação específica do texto constitucional, que, para além do art. 170, IV, prevê de forma expressa que a lei deve reprimir o abuso do poder econômico. Os direitos trabalhistas mínimos caracterizam igualmente um limite à livre-iniciativa, tanto dos empregadores quanto dos próprios trabalhadores, não se admitindo que, a esse título, condições degradantes possam ser pactuadas ou praticadas. Além disso, a Constituição prevê, tanto no art. 5º quanto no art. 170, que a propriedade privada é garantida, mas, simultaneamente, deverá atender sua função social. Ou seja, a livre-iniciativa sujeita-se à atividade reguladora e fiscalizadora do Estado, cujo objetivo haverá de ser neutralizar ou reduzir as distorções que possam advir do abuso da liberdade de iniciativa[74].

Além de sofrer as limitações referidas, a livre-iniciativa terá de conviver com outros fins constitucionais. Os três últimos incisos do art. 170, os chamados princípios-fins da ordem econômica – redução das desigualdades regionais e sociais, busca do pleno emprego e tratamento favorecido para pequenas empresas constituídas sob as leis brasileiras e com sede e administração no País – autorizam outras modalidades de intervenção do Estado na ordem econômica previstas no texto constitucional. Assim, embora o Estado não possa obrigar empresa alguma a contratar uma quantidade mínima de trabalhadores ou a se instalar em determinadas regiões do País – sob pena de violação à livre-iniciativa – poderá valer-se de mecanismos de fomento[75] para atrair a iniciativa privada à realização desses fins constitucionais[76].

---

[73] É possível citar: a defesa do consumidor; a defesa do meio ambiente, inclusive mediante tratamento diferenciado conforme o impacto ambiental dos produtos e serviços e de seus processos de elaboração e prestação; a redução das desigualdades regionais e sociais; a busca do pleno emprego; e o tratamento favorecido para as empresas de pequeno porte constituídas sob as leis brasileiras e que tenham sua sede e administração no País.

[74] Diogo de Figueiredo Moreira Neto. *Ordem econômica e desenvolvimento na Constituição de 1988*, 1989, p. 28.

[75] Sobre os mecanismos de fomento e o chamado direito premial, veja-se Eros Roberto Grau. *A ordem econômica na Constituição de 1988*, 1990, p. 164 e ss.

[76] Celso Antônio de Bandeira de Mello. Liberdade de iniciativa. Intromissão estatal indevida no domínio econômico, 1999, *Revista de Direito Administrativo e Constitucional* nº 1, p. 178179; e Marcos Juruena Villela Souto. Constituição econômica. *Caderno de Direito Tributário* nº 4, 1993, p. 232.

Por fim, a Constituição prevê uma série de monopólios – isto é: atividades econômicas que foram retiradas do espaço da livre-iniciativa e são titularizadas pelo Estado – mas se entende que não será possível criar outros monopólios públicos além daqueles que já constam da Carta[77]. A Constituição admite ainda que, mediante lei autorizativa, o Estado possa explorar, de forma direta, atividades econômicas, uma vez que tal opção corresponde a *imperativos da segurança nacional ou a relevante interesse coletivo*. A Constituição estabelece que, nessas hipóteses, o Estado-empresário estará submetido às mesmas condições que os particulares, de modo a evitar a concorrência desleal, com prejuízo maior para o princípio da livre-iniciativa.

Tudo o que se acaba de expor sobre as possibilidades de intervenção do Estado na ordem econômica e de limitação do princípio da livre-iniciativa não significa, porém, que ele possa ser restringido livremente. As exceções ao princípio da livre-iniciativa e os fins que podem restringi-lo haverão de constar do próprio texto constitucional. Não se admite que o legislador ordinário possa livremente limitar a livre-iniciativa, salvo se agir fundamentado em outra norma constitucional específica. Em segundo lugar, não se admite que, a título de realizar outros fins constitucionais, se possa esvaziar o princípio da livre-iniciativa ou desrespeitar seu conteúdo essencial. Conviver com os demais princípios não significa deixar de existir ou de ter qualquer relevância normativa ou constitucional[78].

A convivência do princípio da livre-iniciativa com outros princípios, e particularmente com o da valorização do trabalho humano (sobre o qual se vai tratar na sequência), foi objeto de exame específico pelo STF no julgamento da ADPF nº 324 e do RE nº 958.252. Na ocasião o STF discutiu a constitucionalidade de decisões da Justiça do Trabalho que, na esteira da Súmula nº 331 do TST[79], consideravam inválida a contratação, por empresas, de serviços junto a outras empresas, prática conhecida como terceirização[80].

De forma simplificada, a súmula referida, sem fundamento legal específico, considerava ilegal a terceirização pelas empresas de atividades-fim, isto é: a contratação de outras empresas (e não de empregados próprios) para a prestação de serviços ligados ao objeto social da empresa contratante. Um dos fundamentos para esse entendimento envolvia uma associação entre a

---

[77] Essa é a posição consolidada da doutrina. Veja-se, por todos, Fábio Konder Comparato. Monopólio público e domínio público. In: *Direito Público*: estudos e pareceres, 1996, p. 149; e Celso Antônio Bandeira de Mello. *Curso de direito administrativo*, 1996, p. 441.

[78] Tércio Sampaio Ferraz Jr. Congelamento de preços – tabelamentos oficiais (parecer), *Revista de Direito Público* nº 91, 1989, p. 77-78.

[79] Súmula nº 331 do TST: "Contrato de prestação de serviços. Legalidade (nova redação do item IV e inseridos os itens V e VI à redação) – Res. 174/2011, *DEJT* divulgado em 27, 30 e 31.05.2011. I – A contratação de trabalhadores por empresa interposta é ilegal, formando-se o vínculo diretamente com o tomador dos serviços, salvo no caso de trabalho temporário (Lei nº 6.019, de 03.01.1974). II – A contratação irregular de trabalhador, mediante empresa interposta, não gera vínculo de emprego com os órgãos da Administração Pública direta, indireta ou fundacional (art. 37, II, da CF/1988). III – Não forma vínculo de emprego com o tomador a contratação de serviços de vigilância (Lei nº 7.102, de 20.06.1983) e de conservação e limpeza, bem como a de serviços especializados ligados à atividade-meio do tomador, desde que inexistente a pessoalidade e a subordinação direta. IV – O inadimplemento das obrigações trabalhistas, por parte do empregador, implica a responsabilidade subsidiária do tomador dos serviços quanto àquelas obrigações, desde que haja participado da relação processual e conste também do título executivo judicial. V – Os entes integrantes da Administração Pública direta e indireta respondem subsidiariamente, nas mesmas condições do item IV, caso evidenciada a sua conduta culposa no cumprimento das obrigações da Lei nº 8.666, de 21.06.1993, especialmente na fiscalização do cumprimento das obrigações contratuais e legais da prestadora de serviço como empregadora. A aludida responsabilidade não decorre de mero inadimplemento das obrigações trabalhistas assumidas pela empresa regularmente contratada. VI – A responsabilidade subsidiária do tomador de serviços abrange todas as verbas decorrentes da condenação referentes ao período da prestação laboral".

[80] STF, ADPF 324, Rel. Min. Luís Roberto Barroso e RE 958.252, Rel. Min. Luiz Fux, julgamento conjunto ocorrido no Plenário do STF em 30 de agosto de 2018.

terceirização e um suposto prejuízo para os trabalhadores e, portanto, para a valorização do trabalho humano.

O STF entendeu, porém, que o entendimento da Justiça do Trabalho era inconstitucional e violava a livre-iniciativa. Na posição definida pelo STF, cabe às empresas decidir, no âmbito da liberdade que o princípio da livre-iniciativa confere, como organizar suas atividades, o que poderia e pode incluir a terceirização. Nesse ponto, o STF não identificou que a prática da terceirização geraria, por si e em tese, violação à dignidade do trabalho ou prejuízo a direitos.

Note-se que as Leis nº 13.429/2017 e nº 13.467/2017 ("Reforma Trabalhista") passaram a prever de forma explícita a validade da prática da terceirização pelas empresas. A decisão do STF referida é posterior a tais leis, mas os casos decididos pela Corte diziam respeito à realidade existente antes da nova legislação, quando não havia norma específica sobre o tema, mas apenas o entendimento da Justiça do Trabalho mencionado anteriormente.

É bem de ver que a valorização do trabalho humano não é o único elemento que pode limitar a livre-iniciativa. Como referido acima, outros elementos constitucionais podem justificar restrições e a realidade é que existem um sem-número de temas nos quais o Estado intervém estabelecendo limitações e controles sobre a livre-iniciativa: desde questões ambientais, sanitárias e urbanísticas, a temas de proteção do consumidor, publicidade abusiva, dentre muitas outras. Também aqui a preocupação com os limites e a proporcionalidade dessas restrições à livre-iniciativa se coloca.

Examinando esse tipo de conflito o STF declarou inconstitucional, por exemplo, lei do Município de Fortaleza que proibia o "uso de carros particulares cadastrados ou não em aplicativos para o transporte remunerado individual de pessoas" justamente por violar de forma desproporcional a liberdade de iniciativa e de profissão (ADPF nº 449). Em outro contexto, no RE nº 839.950, o STF fixou a seguinte tese: "São inconstitucionais as leis que obrigam os supermercados ou similares à prestação de serviços de acondicionamento ou embalagem das compras, por violação ao princípio da livre-iniciativa (arts. 1º, IV, e 170 da Constituição)".

No plano legislativo, a preocupação com intervenções excessivas do Estado sobre a livre-iniciativa levou à edição da Lei nº 13.874/2019, a chamada Lei da Liberdade Econômica. De forma objetiva e simplificada, é possível identificar três grandes partes na nova lei.

Em primeiro lugar, a lei procura estabelecer princípios gerais e direitos das pessoas visando a proteger a livre-iniciativa e o livre exercício de atividades econômicas da intervenção do Estado como agente normativo e regulador. Assim, o art. 2º estabelece como princípios que norteiam o disposto na lei: I – a liberdade como uma garantia no exercício de atividades econômicas; II – a boa-fé do particular perante o poder público; III – a intervenção subsidiária e excepcional do Estado sobre o exercício de atividades econômicas; e IV – o reconhecimento da vulnerabilidade do particular perante o Estado.

Em segundo lugar, a lei estabelece um dever geral do Estado de justificar adequadamente suas intervenções tendo em conta os impactos e custos que possa gerar em face dos objetivos pretendidos pela intervenção. Dois mecanismos principais previstos pela lei veiculam essa exigência. O primeiro deles é a figura do abuso de poder regulatório prevista no art. 4º. O art. 4º, III, por exemplo, veda que regulamentação estatal exija especificação técnica que não seja necessária para atingir o fim desejado, sob pena de caracterizar-se o abuso regulatório. O ponto é simples: considerando que a imposição de exigências pelo Estado para que determinada atividade possa ser desenvolvida é sempre excludente, isto é, sempre excluirá agentes econômicos que não atendam a tal exigência, ela só será válida se for necessária para o fim desejado, o que deverá ser expressamente justificado.

O segundo mecanismo pelo qual a lei veicula o dever geral de justificativa para intervenções do Estado é a exigência de análise de impacto regulatório (AIR) prévio à edição de normas por órgãos ou entidades da Administração Pública federal (art. 5º). Nos termos da lei, a proposta de edição ou alteração de ato normativo pela Administração deve ser precedida de AIR contendo informações e dados sobre os possíveis efeitos do ato normativo, de modo a avaliar a razoabilidade do seu impacto econômico.

Por fim, a terceira parte da lei se ocupa de estabelecer desde logo normas específicas em diferentes temas. A lei, por exemplo, procurou equiparar documentos digitais a documentos físicos (arts. 3º, X, e 10); criou o chamado silêncio administrativo positivo: o silêncio da Administração, passado o prazo máximo previsto para a prática de determinado ato, importará aprovação tácita da solicitação feita pelo particular de liberação da atividade econômica, ressalvadas as hipóteses expressamente vedadas por lei (art. 3º, IX); procurou eliminar restrições ao desenvolvimento de atividades econômicas em qualquer horário e dia de semana, inclusive feriados (art. 3º, II), entre outras alterações.

5.9 VALORIZAÇÃO DO TRABALHO HUMANO (ARTS. 1º, IV, E 170, *CAPUT*)

Ao lado da livre-iniciativa, o *valor do trabalho humano* integra o conjunto de princípios fundamentais do Estado brasileiro e os fundamentos da ordem econômica, nos termos dos arts. 1º, IV, e 170, *caput*, da Carta de 1988. Eles correspondem a decisões políticas fundamentais do constituinte originário[81] e repercutem sobre toda a ação no âmbito do Estado, bem como sobre a interpretação das normas constitucionais e infraconstitucionais. A ordem econômica, em particular, e cada um de seus agentes – os da iniciativa privada e o próprio Estado – estão vinculados a esses dois bens: a valorização do trabalho, [e, *a fortiori*, de quem trabalha] e a livre-iniciativa de todos – que, afinal, também abriga a ideia de trabalho –, espécie do gênero liberdade humana.

Em outras palavras, o art. 1º, IV, evidencia a importância do trabalho para a vida digna dos próprios trabalhadores – que graças a ele obtêm meios para seu sustento –, bem como do mundo que o cerca, em menor ou maior escala (*e.g.*, respectivamente, sua família e o desenvolvimento socioeconômico local e nacional)[82].

A Constituição de 1988 já formulou um conjunto de opções a fim de concretizar *o princípio da valorização do trabalho* em regras, listadas em seu art. 7º, do qual consta o rol de direitos assegurados aos trabalhadores. O elenco que ali figura não exclui outros direitos que visem a melhoria de sua condição social, nos termos expressos do *caput* do mesmo artigo.

O constituinte prestigiou, nessa mesma linha, o trabalho dos autores e inventores, por meio das garantias do direito autoral (art. 5º, XXVII) e da proteção patentária (art. 5º, XXIX), e daqueles profissionais que participam de espetáculos públicos ou de obras coletivas (art. 5º, XXVIII). O fundamento da proteção ao trabalhador e da valorização do trabalho encontra-se na própria dignidade da pessoa humana (art. 1º, III).

Por isso mesmo, parte da complexidade inerente à dignidade humana está presente também no princípio da valorização do trabalho humano. O princípio certamente envolve o respeito

---

[81] Sobre o conceito de *decisões políticas fundamentais*, v. Carl Schmitt. *Teoría de la Constitución*, 1970.
[82] José Afonso da Silva. *Comentário contextual à Constituição*. São Paulo: Malheiros, 2005. p. 39.

aos direitos já assegurados ao trabalhador pela Constituição e pela legislação em vigor. Ao mesmo tempo, é também certo que o princípio pretende que todos os trabalhadores possam fruir desses mesmos direitos, de modo que a inclusão da mão de obra informal no mercado formal haverá de ser uma meta associada ao princípio, ainda que como alcançá-la seja um tema aberto a múltiplas visões e possibilidades.

A valorização do trabalho humano deverá passar ainda por políticas públicas de qualificação profissional, de modo que o trabalho se torne mais valorizado e sua remuneração seja incrementada bem com as condições em que ele é desenvolvido. Nos termos do art. 205 da Constituição, a educação é uma das políticas públicas que se destina justamente à "qualificação para o trabalho". Vale o registro ainda de que, nos termos da Constituição, art. 200, II, uma das prioridades do Sistema Único de Saúde deverá ser um conjunto de ações que visem a saúde do trabalhador.

A valorização do trabalho humano provavelmente envolve, ainda, o fortalecimento dos sindicatos, já que, organizados coletivamente, os trabalhadores têm melhores condições de negociar a valorização do seu trabalho. Esse é um ponto que tem sido discutido de forma específica recentemente por conta da alteração introduzida pela Lei nº 13.467/2017 ("Reforma Trabalhista") acerca da chamada contribuição sindical, cujo pagamento deixou de ser compulsório e passou a depender de autorização específica dos empregados integrantes da categoria.

Um dos argumentos subjacentes à alteração legislativa envolvia justamente a necessidade de fortalecer os sindicatos, incrementando a participação e o controle dos trabalhadores sobre eles, de modo a torná-los mais responsivos à categoria e assim mais relevantes para ela e seus interesses. Aqueles que eram contrários à modificação, por seu turno, argumentavam que ela prejudicaria os sindicatos por conta da provável redução de recursos arrecadados.

A questão chegou ao STF por meio de uma série de ações diretas de inconstitucionalidade ajuizadas contra os novos dispositivos legais. O Tribunal, por maioria, entendeu que a nova norma é constitucional – isto é: a nova disciplina é uma opção válida do legislador no âmbito de sua competência – e julgou improcedentes os pedidos formulados nas ADIs[83].

Como é fácil perceber, a valorização do trabalho humano descreve vários fins ideais que se interligam e que devem ser perseguidos pelos Poderes Públicos, ainda que os meios pelos quais se vai construir a promoção desses fins não estejam totalmente definidos pelo texto constitucional e caibam, em última análise, às maiorias de cada momento histórico. Mais que isso, a valorização do trabalho humano envolve uma complexidade interna de natureza similar àquela que se discutiu ao tratar da dignidade humana, que os Poderes Públicos não podem ignorar no momento de conceber as políticas públicas. Alguns exemplos ilustram o tópico.

Do ponto de vista econômico, um argumento frequente que se formula é no sentido de que a ampliação dos direitos dos trabalhadores, sobretudo em um formato rígido, não aberto a negociações, acaba por reduzir o mercado formal e estimular a informalidade, deixando ao largo de qualquer direito boa parte dos trabalhadores do País. Talvez não seja fácil obter uma prova cabal do argumento, mas é certo que há um movimento internacional de transferência de parques industriais para países em que o custo de produção, dentro do qual se inclui o custo do trabalho, é menor. E há, também, o desenvolvimento crescente de tecnologias que automatizam ou mecanizam serviços antes prestados pelo homem.

Parece evidente que a forma pela qual o direito haverá de lidar com esses fenômenos não é a de esvaziar a proteção do trabalhador ou desvalorizar o trabalho humano, mas não se pode

---

[83] STF, ADI 5794, Rel. para acórdão Min. Luiz Fux, j. 29.06.2018. Diversas outras ADIs foram apensadas à ADI 5794 por terem o mesmo objeto.

ignorar que as questões são complexas e cabe ao Executivo e ao Legislativo enfrentá-las, desenvolvendo programas de curto, médio e longo prazo. A presunção de validade dos atos do Poder Público assume especial relevância nesse ambiente. Um ponto que parece da maior relevância na valorização do trabalho humano, ao menos em médio prazo, é a qualificação do trabalhador.

Como é corrente, são as posições menos qualificadas que migram com mais facilidade pelo mundo em busca dos salários mais baixos e que podem ser substituídas por máquinas ou processos eletrônicos. Em uma sociedade de informação e de crescente desenvolvimento tecnológico, a valorização do trabalho humano passará, necessariamente, não apenas pela garantia constitucional ou legal de direitos, mas também por políticas públicas, na linha do que também comanda a Constituição, que qualifiquem de forma constante o trabalhador brasileiro.

5.10 SOLIDARIEDADE (ART. 3º, I)

A Constituição, em seu art. 3º, I, prevê que "Constituem objetivos fundamentais da República Federativa do Brasil: I – construir uma sociedade livre, justa e solidária". De forma mais concreta, o texto prevê, em seu art. 40, que o sistema previdenciário dos servidores públicos de todos os entes da Federação terá caráter "contributivo e solidário". Ao tratar da seguridade social como um todo, o art. 195 não usa a expressão solidariedade ou similar, mas expressamente prevê que o sistema será custeado pela sociedade como um todo, na forma da lei, mediante recursos orçamentários, de onde se extrai a ideia de que a solidariedade social é um dos princípios que orientam o custeio da seguridade social.

Dois outros dispositivos constitucionais se relacionam com a ideia de solidariedade: os arts. 227 e 230. E isso porque, em ambos, a Constituição prevê que é dever da família, da sociedade e do Estado – nessa ordem – assegurar, no primeiro caso, que crianças, adolescentes e jovens possam fruir de uma série de direitos listados no comando constitucional. O art. 230 prevê que a família, a sociedade e o Estado têm o dever de amparar as pessoas idosas. Note-se que não há qualquer disposição constitucional tratando de um dever de solidariedade específico no âmbito das relações entre patrões e empregados ou das relações de trabalho em geral.

De forma muito simples, e em sua concepção mais comum, a solidariedade descreve práticas de ajuda mútua, sendo observada, sobretudo, em grupos relativamente pequenos e socialmente coesos, como a família, pequenas cidades, comunidades culturais ou religiosas etc. Há um vínculo recíproco entre as pessoas do grupo que formam uma espécie de todo que se defende e se protege. Assim, embora a ação solidária não corresponda propriamente a um dever jurídico nem haja uma recompensa associada, a reciprocidade é, de certo modo, esperada, e alimenta a prática solidária por força da própria natureza desses grupos[84].

A projeção da ideia de solidariedade em uma sociedade de massa, cada vez mais plural, independentemente de seus vínculos internos, enseja muitas complexidades, como é natural. E no momento em que se pretende impor deveres de ajuda mútua por meio do direito, com seu instrumental tradicional de coerção, já não há muito sentido em falar de solidariedade. Se a norma jurídica impõe um dever, sob ameaça de uma sanção, não há necessidade de invocar a ideia de solidariedade. Qual o papel do princípio da solidariedade, então, no sistema constitucional brasileiro? A resposta é interessante.

Como é corrente, a Constituição formula metas a serem alcançadas, no caso, a construção de uma sociedade solidária, embora não escolha, como regra, quais os meios que devem ser

---

[84] V. sobre o tema, entre outros, Ernesto J. Vidal Gil. *Los derechos de solidaridad em el ordenamiento jurídico español*, 2002; Otfried Höffe. *A democracia no mundo de hoje*, 2005; e Erhard Denninger. "Segurança, diversidade e solidariedade" ao invés de "liberdade, igualdade e fraternidade", *Revista Brasileira de Estudos Políticos*, n. 88, 2003.

empregados para atingir esses fins; mesmo porque, frequentemente, meios variados podem ser adotados para alcançar o mesmo objetivo[85]. A definição desses meios encontra-se no espaço próprio da deliberação política e caberá, como regra, ao Legislativo e, na esfera de sua competência, ao Executivo.

A verdade, porém, é que a referência à construção de uma sociedade solidária e a menção ao custeio solidário dos sistemas de seguridade social autoriza o Legislativo a criar deveres, particularmente encargos financeiros, destinados a custear benefícios que não necessariamente serão fruídos por aqueles que pagam. Ou seja: o princípio da solidariedade autoriza o Legislador a afastar a necessidade de uma relação proporcional entre o pagamento e o benefício obtido. No mesmo sentido, o dever da família, da sociedade e do Estado para com crianças, adolescentes, jovens e idosos, autoriza a criação de obrigações, inclusive com repercussões financeiras, destinadas a atender esses grupos de forma específica. Assim, o princípio da solidariedade confere validade a opções legislativas que, não fosse por ele, poderiam ser consideradas inconstitucionais por violar o direito de propriedade e a proporcionalidade.

Com efeito, o Supremo Tribunal Federal, em várias ocasiões, considerou válidas opções dos Poderes Públicos no sentido descrito anteriormente, justamente por conta do princípio da solidariedade. Nesse sentido, o STF considerou válidas a cobrança de contribuição social do aposentado que retorna à atividade[86], a cobrança de Cofins de pessoa jurídica sem empregados, considerada sua destinação para o custeio da seguridade social[87] e a lei estadual que obrigava farmácias e drogarias a conceder descontos a idosos na compra de medicamentos[88].

Uma questão que o princípio da solidariedade suscita envolve a possibilidade de o Judiciário, sem lei, impor a particulares deveres com fundamento direto no princípio referido. A possibilidade parece incompatível com o sistema constitucional, que tem por princípios fundamentais o pluralismo político e a ordem democrática (CF, art. 1º, V e parágrafo único), já que importaria subtrair do Legislativo a definição das políticas públicas específicas que irão realizar os fins constitucionais, para transferi-las ao Poder Judiciário. No caso específico, ademais, violaria o princípio da legalidade (CF, art. 5º, II) a criação de deveres com fundamento direto no princípio da solidariedade, sem previsão legal ou contratual.

---

[85] Sobre as normas programáticas, v. Luís Roberto Barroso. *O direito constitucional e a efetividade de suas normas*, 2000, p. 116 e ss.

[86] STF, RE 430418 AgR/RS, Rel. Min. Roberto Barroso, *DJe* 05.05.2014.

[87] STF, AI 764794 AgR/SP, Rel. Min. Dias Toffoli, *DJe* 18.12.2012.

[88] STF, ADI 2435 MC/RJ, Rel. Min. Ellen Gracie, *DJe* 31.10.2003.

6

Direitos fundamentais e ordem social

6.1 TEORIA DOS DIREITOS FUNDAMENTAIS

6.1.1 Nomenclatura

A expressão "direitos fundamentais" designa o conjunto de direitos que a ordem jurídica, tendo em seu topo a Constituição, reconhece e/ou consagra. O uso dos dois verbos – reconhecer/ consagrar – é proposital. Embora não se vá aprofundar aqui esse debate, é possível visualizar os direitos, ou alguns deles pelo menos, como preexistentes à ordem jurídica, sendo por ela apenas reconhecidos.

Ou seja: a fonte, a justificação e a autoridade subjacente a determinados direitos não seriam qualquer ordem jurídica em particular, mas algo antecedente e superior. Do ponto de vista histórico, esse "algo" frequentemente foi/é o conjunto de convicções religiosas e morais que as pessoas compartilham: algo antecedente e superior aos próprios seres humanos e suas deliberações eventuais. Para outras concepções teóricas, os direitos não seriam preexistentes, mas a ordem jurídica – internacional ou de cada povo ou país – é que os consagraria a partir de determinado momento histórico. Isto é: os direitos seriam construções históricas sem pretensões metafísicas e, nesse caso, a expressão "consagrar" seria mais apropriada.

Seja como for, a eventual invocação da preexistência de um direito é, em geral, um importante argumento filosófico e/ou político que visa a obter seu reconhecimento jurídico, de modo que as duas posições não são estanques. Independentemente de uma posição em abstrato sobre essas duas concepções, é certo que, do ponto de vista histórico, os direitos à vida, à liberdade e à igualdade, por exemplo, funcionaram em muitas ocasiões, e continuam a funcionar, como pretensões contra o direito vigente, até serem reconhecidos por ele.

Isto é: a invocação de que tais direitos são inerentes aos seres humanos serviram, e continuam a servir, como um argumento político poderoso para alterar a ordem jurídica vigente. Diversamente, outros direitos que a Constituição de 1988 consagra, por exemplo, como o décimo terceiro salário, não encontram paralelo geral em outros países e são frutos de conquistas internas específicas, consolidadas em normas jurídicas.

Existe uma certa distinção terminológica entre a expressão direitos fundamentais e direitos humanos. A locução *"direitos fundamentais"* é utilizada no Brasil, como regra geral, para descrever o conjunto de direitos reconhecidos pela ordem jurídica de um país. Por seu turno, os direitos reconhecidos pela ordem internacional são comumente identificados como "direitos humanos". No caso brasileiro, muitos direitos específicos enquadram-se nos dois grupos simultaneamente, de modo que uso de uma ou outra expressão por vezes se relaciona mais com o contexto e com a ênfase que se pretende dar no debate.

A Constituição de 1988 utiliza a expressão "direitos fundamentais da pessoa humana" apenas uma vez (art. 17) e "direitos e garantias fundamentais" no Título II e no art. 5º, § 1º. A expressão "direitos humanos", por seu turno, é utilizada algumas vezes no texto constitucional em diferentes contextos: ao tratar das relações internacionais do País (art. 4º, II), que inclui o apoio à criação de um tribunal internacional de direitos humanos (ADCT, art. 7º); da eficácia de tratados internacionais de direitos humanos internalizados de acordo com o procedimento próprio das emendas (art. 5º, § 3º); da violação a direitos humanos e a tratados internacionais que os protegem, autorizando o deslocamento da competência para a Justiça Federal do inquérito ou processo pertinente (art. 109, V-A e § 5º); e da atribuição da Defensoria Pública de promover os direitos humanos (art. 134).

O texto constitucional não é rígido na utilização dessas expressões e ocupa-se mais de cada um dos direitos que integram o gênero dos direitos fundamentais e dos quais a Constituição cuida de forma específica, a saber: direitos individuais, trabalhistas, políticos e sociais, além de direitos coletivos e difusos[1]. Cada um desses direitos será examinado na sequência, mas antes alguns registros teóricos são indispensáveis.

6.1.2 Centralidade da pessoa humana e de seus direitos: antigos e novos desafios

Não há necessidade de fazer um longo percurso histórico acerca dos direitos para os fins deste curso. Basta o registro de que o século XX conheceu a total subversão dos valores que inspiraram as revoluções burguesas e fundamentaram a ideia do Estado moderno e do próprio constitucionalismo. Mesmo sendo individualista, formal e passivo, particularmente no que toca à intervenção estatal, o humanismo do Estado Liberal foi o responsável pela consolidação histórica, ainda que de forma limitada, da ideia de centralidade do homem[2].

Ao longo do século XX, em vários momentos e por várias razões, o homem não apenas foi funcionalizado, como também imolado brutalmente nos altares do Estado-nação, do Estado-partido, da ideologia da segurança nacional, entre outras variações sobre temas semelhantes. As Constituições existentes e os direitos nela previstos, nesse meio tempo, foram ignorados ou manipulados em seu aspecto estritamente positivo-formal, incapazes de impedir a violência institucionalizada ou de fornecer proteção aos indivíduos perseguidos. O Estado nazista alemão, embora não tenha sido a última dessas experiências, foi certamente a mais chocante, tanto por estampar a barbárie em tons e formas quase inacreditáveis, como por sua constrangedora convivência formal com a Constituição de Weimar de 1919.

Desse modo, o fim da Segunda Guerra Mundial apresentou à humanidade um prato de difícil digestão: a banalidade e a proximidade do mal[3], cuja ingestão produziu efeitos variados nas diferentes áreas do conhecimento humano. No direito em geral, e no constitucional em particular, esses eventos representaram o ápice do processo de superação do positivismo jurídico, que havia se tornado dominante nas primeiras décadas do século, e o retorno à ideia de

---

[1] Há amplo material na doutrina brasileira sobre os direitos fundamentais sob diferentes perspectivas, sugerindo-se, aqui, algumas obras para aprofundamento, sem prejuízo de outras: Ingo Wolfgang Sarlet. *A eficácia jurídica dos direitos fundamentais*, 2015; Flávia Piovesan. *Direitos humanos e o direito constitucional internacional*, 2013; e Dimitri Dimoulis. *Teoria geral dos direitos fundamentais*, 2014.

[2] Sobre a importância das conquistas do Estado Liberal, entre as quais o princípio da legalidade, na garantia dos direitos individuais, veja-se: António M. Hespanha. *Panorama histórico da cultura jurídica europeia*, 1997; e Eros Roberto Grau. *O direito posto e o direito pressuposto*, 1998, p. 113-114.

[3] Hannah Arendt. *Eichmann em Jerusalém*: um relato sobre a banalidade do mal, 1999.

Cap. 6 – DIREITOS FUNDAMENTAIS E ORDEM SOCIAL **135**

valores[4]. Voltou-se a reconhecer, humildemente, que o direito não surge no mundo por si só, mas relaciona-se de forma indissociável com valores que lhe são prévios, ideais de justiça e de humanidade que se colhem na consciência humana.

O reflexo mais visível desses efeitos nas Constituições, novas ou reformadas, foi a introdução nos textos de cláusulas, juridicamente obrigatórias para toda e qualquer maioria de plantão, veiculando de forma expressa a decisão política do constituinte (i) por determinados valores fundamentais orientadores da organização política; (ii) pela proteção, respeito e promoção de determinados direitos; (iii) em maior ou menor extensão, por certos limites, formas e objetivos dirigidos à atuação política do novo Estado, com a finalidade de promover a realização desses valores.; e (iv) por mecanismos de controle da constitucionalidade da ação estatal. A política passou, assim, a estar vinculada a tais disposições constitucionais, como já antes estivera pelos direitos de liberdade e pela separação de Poderes.

A Constituição brasileira de 1988 insere-se nesse contexto histórico não apenas por influência externa, mas também por experiência própria[5]. Nessa linha, o constituinte de 1988 consagrou como fundamento do Estado brasileiro o homem e sua dignidade, como se observa do art. 1º, III, da Carta, e do seu preâmbulo, colocando-o no centro do sistema jurídico e estatal[6]. Na mesma linha, direitos foram consagrados e a tentativa de abolir direitos e garantias individuais proscrita da disposição das maiorias por meio da técnica das cláusulas pétreas de que cuida o art. 60, § 4º, do texto constitucional.

Esse registro é feito para destacar que a Constituição de 1988 superou a ideia de Estado enquanto fim em si próprio, que o Brasil, em alguma medida, também vivenciou nos dois períodos ditatoriais do século XX, substituindo-a definitivamente por uma visão humanista de mundo. O Estado e todo o seu aparato, portanto, são meios para o bem-estar do homem, para o respeito e promoção de seus direitos, e não fins em si mesmos ou meios para outros fins. Este é o valor fundamental escolhido pelo constituinte originário, o centro do sistema, a decisão política básica do Estado brasileiro.

Essa premissa filosófica e igualmente jurídica terá repercussões sobre a interpretação e aplicação do sistema constitucional como um todo. Em primeiro lugar, nas múltiplas relações que se estabelecem entre o Estado e as pessoas, individualmente consideradas, e entre o Estado e a sociedade de forma mais ampla. De uma parte, as pessoas – cada uma delas – não podem ser funcionalizadas ou sacrificadas em prol de um bem coletivo: restrições a direitos são possíveis

---

[4]   Carlos Santiago Nino. *Etica y derechos humanos*, 2. ed., 1989, p. 3 e ss.; e Ricardo Lobo Torres. *Os direitos humanos e a tributação* – Imunidades e isonomia, 1995, p. 6 e ss.

[5]   José Afonso da Silva. *Poder constituinte e poder popular*, 2000, p. 144-5.

[6]   Sobre o princípio da dignidade da pessoa humana, confiram-se, no direito brasileiro, Ingo Wolfgang Sarlet. *Dignidade da pessoa humana e direitos fundamentais na Constituição Federal de 1988*, 3. ed., 2004; Fernando Ferreira dos Santos. *O princípio constitucional da dignidade da pessoa humana*, 1999; Edilsom Pereira de Farias. Colisão de direitos. *A honra, a intimidade, a vida privada e a imagem versus a liberdade de expressão e informação*, 1996; José Afonso da Silva. A dignidade da pessoa humana como valor supremo da democracia, *Revista de Direito Administrativo*, 212:89-94, 1998; Cármen Lúcia Antunes Rocha. O princípio da dignidade da pessoa humana e a exclusão social, *Revista Interesse Público*, 4:23 e ss., 1999; Edilson Pereira Nobre Júnior. O direito brasileiro e o princípio da dignidade da pessoa humana, *Revista de Direito Administrativo*, 219:237 e ss., 2000; Antônio Junqueira de Azevedo. Caracterização jurídica da dignidade da pessoa humana, *Revista dos Tribunais*, 797:11-26, 2002; Luiz Antônio Rizzatto Nunes. *O princípio constitucional da dignidade da pessoa humana* – Doutrina e Jurisprudência, 2002; André Gustavo Corrêa de Andrade. O princípio fundamental da dignidade da pessoa humana e sua concretização judicial, *Revista da EMERJ*, 23:316-35, 2003; Flávia Piovesan. Direitos humanos e o princípio da dignidade da pessoa humana, *Revista do Advogado*, 70:34-42, 2003; Emerson Garcia. Dignidade da pessoa humana: Referências metodológicas e regime jurídico, *Revista da EMERJ*, 28:271-300, 2004; e Humberto Nogueira Alcala. A dignidade da pessoa humana e os direitos econômicos, sociais e culturais: uma aproximação latino-americana, *Revista de Direito Privado*, 20:156-83, 2004.

e muitas vezes necessárias, mas deverão observar limitações. De outra parte, a ação estatal e os bens coletivos que ela pretenda perseguir devem estar claramente conectados com fins constitucionais e os direitos das pessoas, e não com chavões abstratos.

Em segundo lugar, essa premissa filosófica e jurídica também repercute sobre as relações entre as pessoas e, portanto, subjaz a muitas das decisões contidas na Constituição de 1988. Todas as pessoas são dotadas de dignidade, logo, devem ser tratadas com respeito e consideração, independentemente de suas características pessoais, conduta criminal, opções e opiniões, por exemplo. A dignidade essencial de todo ser humano – que decorre de sua humanidade, e não propriamente do que ele/ela fez ou faz – fundamenta o sistema de direitos fundamentais organizado pela Constituição de 1988.

A Constituição não se ocupa, naturalmente, dos fundamentos filosóficos e metafísicos que justificam a dignidade humana: ela ingressa no Direito como um axioma. Assim, por exemplo, aos presos deve ser garantido o direito à integridade física e moral e algum nível de assistência social deve existir, capaz de impedir que a pessoa viva em um estado de miserabilidade, independente das opções que a pessoa tenha feito no passado. Em resumo: todo ser humano é dotado de dignidade e nada pode retirar-lhe essa condição.

O século XXI apresenta novos desafios para a dignidade humana, que se juntam aos desafios anteriores. Se as Constituições da segunda metade do século XX tinham o Estado como seu objeto principal de regulação – para limitá-lo de modo a proteger direitos e para dirigir suas iniciativas em prol da promoção de direitos –, o constitucionalismo do século XXI precisa lidar com o impacto da realidade digital e do avanço da tecnologia sobre a dignidade e sobre os direitos fundamentais.

Desde 2011, discute-se no âmbito da ONU o *status* de direito humano ao acesso à internet[7]. No Brasil, o Senado Federal aprovou a PEC nº 47/2021, atualmente em exame na Câmara dos Deputados, que acrescenta a inclusão digital no rol de direitos do art. 5º, e a Lei nº 14.533/2023 criou a Política Nacional de Educação Digital. A verdade é que a fruição de uma série de direitos previstos pela Constituição de 1988 passou a depender da inclusão digital: o principal meio no qual a informação circula hoje é o digital, serviços públicos que visam atender direitos funcionam hoje apenas ou principalmente no ambiente digital e a qualificação para o trabalho que o direito à educação visa promover exige competências digitais. Ou seja: a realidade e a fruição de direitos dependem hoje em boa medida do acesso à internet e da educação digital.

Por outro lado, essa mesma realidade traz riscos aos direitos fundamentais. A proteção dos dados pessoais é uma preocupação global. Vida privada, intimidade, comunicações pessoais e imagem são direitos potencialmente ameaçados pela captura e pelo processamento em larga escala dos dados dos usuários de serviços *on-line*. Os direitos autorais garantidos pela Constituição também enfrentam desafios, já que as obras produzidas por seres humanos são utilizadas para treinar aplicações de inteligência artificial. Direitos políticos e à informação também podem ser tensionados nesse ambiente: a realidade virtual e o monitoramento *on-line* de atividades e manifestações facilita o controle político das pessoas por governos autoritários e sua manipulação em qualquer regime por meio, por exemplo, do direcionamento a indivíduos ou grupos de informações selecionadas, verdadeiras, ou mesmo de mensagens com afirmações falsas. Embora a Lei Geral de Proteção de Dados date de 2018 (Lei nº 13.709), em 2022, a EC nº 115 introduziu o direito à proteção dos dados pessoais no inc. LXXIX do art. 5º.

O desenvolvimento da tecnologia, por seu turno, oferece possibilidades inexistentes até recentemente, ampliando o escopo de direitos. A participação política e os mecanismos de

---

[7] Disponível em: https://www2.ohchr.org/english/bodies/hrcouncil/docs/17session/A.HRC.17.27_en.pdf. Acesso em: out. 2024.

democracia semidireta podem valer-se de novas tecnologias mais baratas e simples. As prestações que o direito à saúde compreende vão sendo ampliadas em constante diálogo com o avanço da tecnologia médica. As tecnologias de ensino a distância permitem a ampliação do acesso, por exemplo, à educação superior.

Nada obstante, as diferentes tecnologias trazem seus próprios riscos, alguns dos quais ainda sequer foram mapeados com clareza. Um tema que tem sido discutido envolve o chamado neurodireito, que se preocupa com a proteção da atividade cerebral humana diante do desenvolvimento de tecnologias capazes de interagir com o cérebro sem a ciência e o consentimento do indivíduo, envolvendo a liberdade e a integridade cognitivas e a privacidade mental[8]. A Constituição do Estado do Rio Grande do Sul aprovou, em 2023, uma emenda consagrando o direito à integridade mental como uma proteção inalienável contra a manipulação decorrente dos avanços da neurociência e da neurotecnologia.

Os novos desafios que a realidade digital e o avanço tecnológico apresentam para a dignidade humana e os direitos juntam-se às antigas questões que continuam atuais e relevantes. Seria um equívoco imaginar que os desafios do século XX foram superados e que agora apenas precisamos lidar com os desafios do século XXI.

6.1.3 Destinatários dos direitos fundamentais

De acordo com o art. 5º, *caput*, da Constituição, os direitos por ela assegurados destinam-se aos brasileiros e residentes no país. Algumas questões se colocam aqui. Os estrangeiros não residentes no país não seriam titulares de qualquer dos direitos referidos no dispositivo? E os apátridas, isto é, aqueles que não são nacionais de qualquer Estado? Não seriam titulares de direitos? A rigor, a referência contida no *caput* do dispositivo constitucional parece menos abrangente do que as opções do sistema constitucional realmente revelam.

Em primeiro lugar, um dos princípios que rege as relações internacionais do Brasil é a prevalência dos direitos humanos (art. 4º, II), de modo que o fato de ser brasileiro ou residir no país não é o critério distintivo nesse caso, e sim o fato de ser um ser humano. O Brasil não poderá negar-se a reconhecer um direito humano a alguém que esteja em seu território alegando que se trata de um estrangeiro não residente ou de um apátrida. A distinção referida anteriormente entre as expressões *direitos fundamentais* e *direitos humanos* poderá ser relevante aqui: os direitos considerados direitos humanos pelo próprio Brasil não podem ser negados às pessoas.

Em segundo lugar, os §§ 2º e 3º do art. 5º fazem expressa referência a tratados prevendo direitos (§ 2º) e a tratados e convenções sobre direitos humanos (§ 3º). Embora uma interpretação possível fosse a de que os direitos previstos em tais tratados beneficiariam apenas brasileiros e estrangeiros residentes, essa não parece ser a interpretação mais compatível com o sistema constitucional, já que os tratados de direitos humanos não se dirigem especificamente a qualquer grupo de nacionais, mas aos seres humanos como um todo. Além disso, a redação dos parágrafos em questão visa claramente a ampliar a proteção dos direitos e não a restringir.

Em terceiro lugar, a própria Constituição prevê direitos especificamente dirigidos a estrangeiros não residentes, como é o caso do asilo político (art. 4º, X) e da proteção contra extradição do estrangeiro no caso de crime político ou de opinião (art. 5º, LII).

Ou seja: é possível concluir que ao menos alguns direitos previstos na Constituição de 1988 – sobretudo aqueles internacionalmente declarados como direitos humanos – são reconhecidos pelo Brasil a qualquer pessoa, independentemente de sua nacionalidade. Estão nessa categoria, por exemplo, o direito à vida, à integridade física e moral, à vedação à tortura, à

---

8 A. A. Possa. *A concretização da dignidade humana na era das neurotecnologias*: o direito à liberdade cognitiva como neurodireito na ordem constitucional brasileira. Dissertação de Mestrado, IDP, Brasília, 2022.

liberdade religiosa, dentre outros. Em relação a outros direitos listados no art. 5º, a previsão do *caput* talvez possa ser interpretada no sentido de autorizar que o legislador estabeleça condicionamentos para o seu exercício, que em qualquer caso deverão ser razoáveis e proporcionais (sobre razoabilidade e proporcionalidade, v. item 5.13).

O debate sobre os destinatários dos direitos fundamentais abarca hoje a discussão sobre o *status* jurídico dos animais: trata-se de saber com fundamento em que se exige o tratamento ético dos animais e se eles teriam direitos próprios, particularmente em face das utilizações que os seres humanos lhes dão. O tema foi discutido pelo STF em 2017, na ADI nº 4983, e vários Estados brasileiros editaram legislação nos últimos anos atribuindo direitos autônomos aos animais no exercício de sua competência legislativa concorrente para dispor sobre a fauna (art. 24, VI). Em um esforço de ordenação, é possível agrupar para fins didáticos as muitas visões filosóficas que existem na matéria em três grandes grupos[9].

Um primeiro grupo congrega as concepções que sustentam que existe uma distinção essencial, do ponto de vista moral, entre homens e animais. Assim, em princípio, não é moralmente ilegítimo utilizar animais em alguma medida para atender as necessidades e promover os interesses dos seres humanos. Cada teoria particular desse grupo extrai do fundamento que explica a distinção entre homens e animais, ou de razões autônomas, deveres éticos das pessoas relativamente ao tratamento dos animais, sendo a vedação à crueldade o mais frequente entre eles. Sob a perspectiva das religiões monoteístas, por exemplo, embora não sejam equiparáveis aos seres humanos, os animais também foram criados por Deus e devem ser tratados não apenas sem crueldade, mas também com respeito e cuidado. Para Kant, existe um dever de não tratar os animais de forma cruel, dentre outras razões, porque a prática da crueldade tem o potencial de deteriorar o sujeito que a pratica e facilitar práticas cruéis entre seres humanos. Para outras concepções, o cuidado no relacionamento com animais é imposto pela necessidade do desenvolvimento pessoal de virtudes como bondade, compaixão e maturidade.

Um segundo grupo congrega as teorias que sustentam que há elementos comuns entre homens e animais do ponto de vista moral, de modo que, mesmo afastadas as práticas cruéis, nem sempre será moralmente legítimo utilizar-se de animais. Também aqui existem vários fundamentos para essas teorias. Algumas envolvem razões religiosas, como os panteísmos e crenças reencarnacionistas (que acreditam, *e.g.* que os espíritos podem reencarnar em animais). Outras concepções sustentam que esse elemento comum, do ponto de vista moral, será a circunstância de ambos serem seres sencientes – isto é: seres capazes de sentir dor e emoção –, e teriam o interesse legítimo de não sentir dor. Essa última foi a concepção filosófica explicitamente adotada pelo voto do Ministro Luís Roberto Barroso na ADI nº 4983, em que se discutiu se a prática cultural denominada "vaquejada" envolveria ou não a prática de crueldade contra os animais.

Um terceiro grupo identifica as diferentes teorias que sustentam uma identidade moral entre homens e animais (eventualmente inclusive uma superioridade moral dos animais em relação aos humanos) por variados fundamentos e, nessa linha, a titularidade de direitos por parte dos animais. Para as teorias que podem ser identificadas com esse grupo, portanto, nenhuma utilização dos animais será admitida, sendo irrelevantes as necessidades e interesses humanos, bem como o contexto cultural no qual estejam inseridos. Os animais teriam não propriamente ou apenas o interesse de não sentir dor, como nas teorias sencientes, mas de forma mais abrangente direito a uma vida autônoma e livre das relações com seres humanos. Nesse

---

[9]   Para um resumo geral do tema, v. Lori Gruen. The Moral Status of Animals, The Stanford Encyclopedia of Philosophy, 2014. Disponível em: http://plato.stanford.edu/archives/fall2014/entries/moral-animal/. Acesso em: 19 ago. 2021.

grupo há concepções que atribuem à defesa dos direitos dos animais um *status* tão relevante do ponto de vista moral que, na sua concepção, autorizaria inclusive o uso da violência e de ações ilegais para sua implementação forçada.

A Constituição de 1988 não cogita da possibilidade de atribuir aos animais titularidade de direitos, mas preocupa-se com o tratamento ético devido a eles no contexto da proteção ao meio ambiente. Com efeito, ao tratar do tema a Constituição veda práticas que submetem os animais a crueldade (art. 225, VII). A fim de regular o dispositivo constitucional, a Lei nº 11.794/2008, por exemplo, disciplina a criação e utilização de animais em atividades de ensino e pesquisa científica, exigindo a existência de comissões de ética no uso de animais para que as instituições possam desenvolver tais atividades.

A Constituição se refere ainda à utilização de animais por seres humanos em outros dispositivos ao tratar: (i) da competência comum dos entes federados para fomentar a produção agropecuária e organizar o abastecimento alimentar (art. 23, VIII); (ii) da competência legislativa concorrente para disciplinar, dentre outros temas, caça e pesca (art. 24, VI); e (iii) das atividades agropecuárias e pesqueiras no contexto do planejamento agrícola (art. 187, § 1º).

Foi no contexto da proteção ao meio ambiente que o STF já decidiu, por exemplo (ADI nº 5996), que lei estadual proibindo a utilização de animais para desenvolvimento, experimentos e testes de produtos cosméticos, de higiene pessoal, perfumes e seus componentes é válida. A Corte entendeu que os Estados têm competência legislativa concorrente para tratar do tema (art. 24, VI).

Independente das previsões constitucionais, existe considerável debate político acerca do tema e diversos projetos de lei em discussão no Congresso Nacional e no âmbito dos Estados refletindo as diferentes concepções filosóficas sobre o assunto.

6.1.4 Interpretação dos direitos fundamentais

Definidos os destinatários dos direitos fundamentais, é preciso avançar para identificar o que eles significam. De forma mais precisa, a interpretação das normas jurídicas tem como objetivo apurar sua aplicabilidade e sua eficácia jurídica. As duas noções são relacionadas, mas distintas. A aplicabilidade envolve saber se a norma pode ser aplicada de imediato ou se está submetida a *vacatio legis* ou se depende de alguma regulamentação posterior para produzir efeitos.

Sobre a aplicabilidade, por exemplo, o art. 5º, § 1º, da Constituição afirma que "As normas definidoras dos direitos e garantias fundamentais têm aplicação imediata", isto é: os efeitos que elas pretendem produzir não dependem de regulamentação e devem acontecer de imediato. Diferentemente, várias disposições da reforma tributária introduzida pela EC nº 132/2023 dependem de regulamentação a ser editada e outras ainda serão aplicáveis apenas nos próximos anos, com previsão de aplicabilidade total de suas previsões em 2033.

A eficácia jurídica, por sua vez, envolve saber quais são os efeitos pretendidos pela norma. Para fins didáticos, a eficácia jurídica pode ser desdobrada em três aspectos: (i) a identificação/construção do que exatamente se pode exigir com fundamento na norma; (ii) a definição de quem se pode exigir o que quer que se tenha apurado em (i); e (iii) como se pode exigir, isto é: que mecanismos processuais podem ser utilizados e quem pode manejá-los.

Um exemplo ilustra esses aspectos. O direito de permanecer calado é assegurado ao preso pelo art. 5º, LXIII. O que exatamente se pode exigir com fundamento em tal norma? Nos termos da jurisprudência do STF, *e.g.*, o direito referido protege pessoas convocadas para depor em comissões parlamentares de inquérito (CPI), e não apenas presos; o silêncio do acusado não pode ser interpretado em seu desfavor e ele não pode ser obrigado a produzir prova contra si mesmo. E de quem tais efeitos podem ser exigidos e como? O acusado ou preso pode suscitar a nulidade de decisões que utilizem como fundamento para prejudicá-lo seu silêncio ou sua recusa em produzir provas contra si próprio. E alguém convocado a depor em CPI pode pretender inclusive preventivamente um *habeas corpus* para impedir que seu silêncio seja interpretado como desacato pelos parlamentares.

A interpretação é a ferramenta indispensável para apurar tanto a aplicabilidade quanto a eficácia das normas em geral e das normas constitucionais em particular, de modo que é indispensável fazer uma nota sobre o tema antes de prosseguir.

A interpretação dos direitos fundamentais parte, como acontece com a interpretação de qualquer norma jurídica, do elemento semântico – isto é, do texto –, inserido no seu contexto (o elemento sistemático), além de considerar os elementos histórico e teleológico[10].

Nos sistemas da tradição romano-germânica, a interpretação jurídica deve se reportar a um texto normativo: a uma decisão da autoridade competente para elaborar a norma. Ainda que o texto não seja unívoco, não admitirá uma infinidade de interpretações, estabelecendo, desde logo, um campo máximo possível de sentidos[11].

Essas possibilidades de sentido do texto devem ser compreendidas – e eventualmente algumas delas serão desde logo eliminadas ou ajustadas – dentro do sistema no qual o texto se insere, tendo a Constituição em seu cimo hierárquico. Ou seja: o intérprete precisa considerar simultaneamente o dispositivo em exame e os demais que tratem do tema ou de temas correlatos, no mesmo nível hierárquico e no nível hierárquico superior. No caso dos direitos fundamentais previstos pela própria Constituição, o intérprete deverá considerar todas as demais previsões constitucionais que tratam do assunto e que sejam pertinentes em um determinado caso concreto.

O intérprete deve levar em conta, ainda, a finalidade pretendida pela norma, não necessariamente pretendida por quem a elaborou. A finalidade de uma norma infraconstitucional, por exemplo, pode ter sido claramente definida pela Constituição ou a própria lei poderá dizê-lo de forma expressa. Nesses casos, a finalidade será uma diretriz interpretativa bastante útil. Nem sempre, porém, a questão é tão simples. Por vezes, uma norma poderá se relacionar com diversas finalidades em tensão que precisam conviver e são igualmente relevantes. Nessas hipóteses, o chamado elemento teleológico não oferecerá uma orientação tão clara para o intérprete.

No caso da interpretação dos direitos fundamentais previstos na própria Constituição, há ao menos três finalidades explicitadas pelo constituinte. Uma primeira, prevista pelo art. 5º, § 1º, é a de que os direitos, todos eles, tenham aplicação imediata e sejam concretamente fruídos pelas pessoas. Essa finalidade está relacionada com o princípio da efetividade, sobre o qual se trata adiante.

Uma segunda finalidade consta do art. 3º, IV, que prevê que um dos objetivos do Estado é promover o bem de todos sem qualquer forma de discriminação, ou seja: os direitos devem ser fruídos por todas as pessoas, e não apenas por determinados grupos. Esse é um ponto importante com diversos desenvolvimentos. Pesquisas demonstram que frequentemente políticas públicas gerais visando promover direitos beneficiam primeiro os grupos mais favorecidos da sociedade e nem sempre alcançam os menos favorecidos[12]. O fenômeno da discriminação indireta também é relevante aqui: normas que adotam parâmetros aparentemente neutros, mas que acabam por discriminar grupos específicos por conta das diferenças existentes na realidade.

Uma terceira finalidade relacionada com os direitos fundamentais e relevante para sua interpretação e aplicação está prevista no art. 3º, III, que estabelece como objetivo do Estado a erradicação da pobreza e da marginalização e a redução das desigualdades sociais e regionais.

---

[10] Sobre a interpretação constitucional, v. Jane Reis. *Interpretação constitucional dos direitos fundamentais*, 2018; e Luís Roberto Barroso. *Interpretação e aplicação da Constituição*, 2013.

[11] Hans Kelsen. *Teoria pura do direito*, 2003, p. 390.

[12] Ana Paula de Barcellos; Ricardo Moura; Marcia Castro. Human rights, inequality and public interest litigation: a case study on sanitation from Brazil. *Panorama of Brazilian Law*, 4(5-6), 2016.

Cap. 6 – DIREITOS FUNDAMENTAIS E ORDEM SOCIAL **141**

Existem prioridades quanto à promoção de direitos, como se vê, e elas dizem respeito ao atingimento desses dois objetivos: erradicar a pobreza e a marginalização e reduzir as desigualdades. Assim, antes da realização mais ampla de um determinado direito, é importante que todos tenham acesso a níveis mais básicos dele, sobretudo aos direitos que integram a noção de mínimo existencial, sobre o que se tratará adiante.

Por fim, além dos elementos semântico, sistemático e teleológico ou finalístico, o elemento histórico deve igualmente ser considerado pelo intérprete, ainda que seu papel não seja decisivo. O elemento histórico descreve o conjunto de materiais produzidos no percurso que levou à elaboração da norma: mensagens, exposições de motivos, debates parlamentares, decisões de comissões legislativas, entre outras possibilidades. O elemento histórico pode esclarecer quais os problemas que uma determinada disposição pretendia enfrentar, as informações de que se dispunha na ocasião e as razões que levaram à adoção de uma solução ou outra. O elemento histórico pode ser útil também para identificar a finalidade de um ato normativo ou de uma previsão em particular[13].

Além dos elementos tradicionais da interpretação jurídica como um todo que se acaba de mencionar – semântico, sistemático, teleológico e histórico –, a interpretação dos direitos fundamentais previstos na Constituição exige a consideração de outras diretrizes hermenêuticas, que decorrem de forma direta da circunstância de se tratar de normas constitucionais. Em primeiro lugar, a superioridade hierárquica reconhecida a tais direitos: sua interpretação e sua aplicação envolverão não apenas a incidência sobre circunstâncias de fato, mas tais normas servirão igualmente como parâmetro de controle para outras normas e atos no âmbito do Estado.

Em segundo lugar, e considerando a premissa de que todas as normas constitucionais são dotadas de igual superioridade, não havendo hierarquia entre elas, será preciso considerar o chamado princípio da unidade da Constituição: não se poderá interpretar um direito de modo a esvaziar outro, sendo necessário garantir que a vigência de todos seja respeitada, ainda que por meio de compressões recíprocas[14]. Esse é o ponto especialmente relevante na interpretação dos direitos fundamentais na medida em que não é possível "escolher" alguns e ignorar outros. Todos eles – e todas as normas constitucionais a rigor – devem ser levados a sério.

Ainda, tendo em conta a separação de Poderes e a legitimidade democrática associada aos Poderes Executivo e Legislativo, a interpretação dos direitos fundamentais, sobretudo quando há interação com leis ou atos do Poder Público em geral, deve presumir sua validade. Isto é: as opções levadas a cabo pelo Legislativo e pelo Executivo no que diz respeito a promoção, proteção e respeito dos direitos fundamentais presumem-se válidas, podendo tal presunção, claro, ser superada, mas exigindo-se para isso uma demonstração consistente de sua inconstitucionalidade.

A técnica interpretativa conhecida como interpretação conforme a Constituição pretende justamente conciliar o princípio da supremacia da constituição com o da presunção de constitucionalidade das leis. Ela consiste em buscar, entre duas ou mais interpretações que o texto comporta, aquela ou aquelas que se coadunam com os princípios e valores da Lei Maior, excluindo, consequentemente, as que porventura tornem a norma incompatível com a Constituição. O propósito é tentar preservar a norma da declaração de inconstitucionalidade, na medida em que seja possível interpretá-la de forma a harmonizá-la com a Constituição. A interpretação escolhida não será, em geral, a que de forma mais evidente decorre do texto, ainda que, em qualquer caso, seus limites semânticos e lógicos tenham de ser respeitados. Se a

---

[13] Karl Engish. *Introdução ao pensamento jurídico*, 2004, p. 169.

[14] Sobre o tema específico da técnica da ponderação, pertinente justamente quando há conflitos entre normas constitucionais insuperáveis pelas técnicas tradicionais de interpretação, v. Ana Paula de Barcellos. *Ponderação, racionalidade e atividade jurisdicional*, 2005.

única forma de salvar a norma for dar-lhe uma interpretação implausível, não haverá alternativa senão declará-la inconstitucional.

Por fim, um último princípio de interpretação especificamente constitucional é o da efetividade, que diz respeito, particularmente, aos direitos[15]. A efetividade está relacionada com a eficácia social da norma, isto é, sua efetiva realização no mundo dos fatos e o princípio da efetividade considera que normas aplicáveis e dotadas de eficácia jurídica ampla contribuem para sua efetividade.

Assim, a diretriz interpretativa da efetividade prevê que o intérprete deverá escolher, entre os sentidos possíveis do enunciado normativo, aquele que potencialize a aplicabilidade e a eficácia da norma constitucional e daquelas que preveem direitos fundamentais em especial. Ou seja: se for possível interpretar que a norma que prevê direitos não depende de regulamentação para produzir efeitos, essa interpretação deve ser privilegiada. Do mesmo modo, se for possível interpretar a previsão de forma que viabilize ao indivíduo postular em juízo o bem da vida que o direito pretendido quer promover, esse deve ser o sentido escolhido. Embora aplicabilidade e eficácia jurídica não garantam a efetividade – muitos outros fatores podem atrapalhar o efetivo cumprimento da norma na realidade –, a falta de aplicabilidade e a ineficácia jurídica certamente prejudicam a construção da eficácia social dos direitos.

Além dos princípios de interpretação em geral e dos princípios de interpretação especificamente constitucional, vale o registro de que muitos direitos são veiculados sob a forma de princípios, o que atrai, adicionalmente, algumas complexidades. As distinções entre princípios e regras foram examinadas de forma específica na parte sobre conceitos preliminares, mas uma das questões relevantes a considerar na interpretação dos princípios é sua necessária interação com o pluralismo político e com a democracia majoritária. Isso porque, frequentemente, a promoção dos fins pretendidos pelo princípio e a própria configuração desses fins, para além de um determinado mínimo de sentido, admite múltiplas formas e caminhos que não estão desde logo integralmente definidos pela Constituição. Um exemplo ilustra o que se afirma.

O que exatamente significa proteger/promover/respeitar a dignidade humana? As pessoas poderão ter opiniões diferentes acerca do assunto, embora alguns consensos sejam possíveis, sobretudo acerca do que viola a dignidade. E como vamos promover a dignidade humana? Que condutas seriam exigíveis para esse fim? Como é fácil perceber, a resposta a essa pergunta não envolve apenas um raciocínio lógico-jurídico para apurar as condutas exigíveis; cuida-se, diversamente, de escolher entre diferentes condutas possíveis a partir de distintas posições políticas, ideológicas e valorativas. Isto é: existem muitas respostas para essas perguntas em um ambiente de pluralismo, e a interpretação dos direitos fundamentais veiculados sob a forma de princípios deverá levar isso em conta. O ponto será retomado adiante.

Feitas essas considerações acerca dos elementos e princípios que deverão ser considerados na interpretação dos direitos fundamentais, cabe agora examinar o propósito propriamente dito da interpretação, a saber: a definição da aplicabilidade e da eficácia das normas constitucionais.

6.1.5 Aplicabilidade e eficácia dos direitos fundamentais

Como observado, o principal objetivo da interpretação de qualquer norma é identificar sua aplicabilidade e eficácia jurídica. Isto é: a norma depende de regulamentação? Seus efeitos podem se produzir desde logo (todos ou ao menos alguns deles)? E o que se pode exigir diretamente com fundamento na norma – no caso, com fundamento em cada uma das normas de direitos fundamentais –, de quem e como?

---

[15] Sobre o tema, v. Luís Roberto Barroso. *O direito constitucional e a efetividade de suas normas*, 2003, p. 247 e ss.

Cap. 6 – DIREITOS FUNDAMENTAIS E ORDEM SOCIAL 143

6.1.5.1 Aplicabilidade e omissão legislativa inconstitucional

Uma primeira questão que o intérprete precisa enfrentar diz respeito à aplicabilidade das normas constitucionais. Isto é: a eventual necessidade de regulamentação dos dispositivos constitucionais que consagram direitos para que eles possam produzir efeitos. Como já referido, o art. 5º, § 1º, prevê de forma expressa que "As normas definidoras dos direitos e garantias fundamentais têm aplicação imediata", de modo que, como regra geral, os direitos devem ser aplicados de imediato, independentemente de regulamentação, até por conta do princípio da efetividade já mencionado[16], por força do qual o intérprete, entre os sentidos possíveis da norma constitucional, deve escolher aquela que promove sua aplicabilidade e sua eficácia e, portanto, sua efetividade de forma mais ampla[17].

A verdade, porém, é que determinadas normas de direitos fundamentais foram previstas pelo constituinte originário de forma subordinada à edição de norma regulamentadora[18]. É o caso, por exemplo, do direito de greve dos servidores públicos previsto pelo art. 37, VII: "o direito de greve será exercido nos termos e nos limites definidos em lei específica". Como lidar com esse problema?

A Constituição de 1988 previu um mecanismo a fim de sanar omissões do Legislativo e do Executivo – o mandado de injunção (CF, art. 5º, LXXI) – que estivessem impedindo a fruição de direitos previstos na Constituição. Assim, de acordo com a posição defendida pela doutrina desde 1988, no âmbito do mandado de injunção (MI), o Judiciário poderia criar a norma para o caso concreto quando isso for necessário para permitir a um particular o exercício de direitos e liberdades constitucionais e de prerrogativas inerentes à nacionalidade, à soberania e à cidadania. O mandado de injunção, portanto, está relacionado com normas definidoras de direito, cuja eficácia depende de alguma regulamentação posterior; nessa circunstância, os órgãos competentes do Judiciário estão autorizados a criar, para o caso concreto, a norma capaz de conferir eficácia plena ao direito em questão.

Retomando o exemplo da greve no serviço público, passados muitos anos, a lei não foi editada, e, ao longo desse tempo, a questão foi submetida várias vezes ao STF por meio de mandados de injunção, que se limitou a declarar que o Congresso Nacional estava em mora no particular[19]. Nos Mis nº 670, nº 708 e nº 712, decididos em 2008, o STF alterou o seu

---

[16] Sobre o tema, v. Luís Roberto Barroso. *Interpretação e aplicação da Constituição*, 2013 e Manoel Messias Peixinho. *A interpretação da Constituição e os princípios fundamentais*, 2. ed., 2000.

[17] Eficácia jurídica e efetividade (ou eficácia social) são conceitos diversos. A eficácia jurídica diz respeito àquilo que é possível exigir judicialmente, com fundamento na norma. Outro problema, distinto, embora igualmente importante, é saber se o efeito pretendido pelo enunciado normativo se verifica frequentemente no mundo dos fatos: é disso que cuida a efetividade. Um conjunto de circunstâncias pode impedir a realização prática dos efeitos pretendidos por uma norma: (i) seu comando pode ter sido superado socialmente (*e.g.*, como aconteceu durante muito tempo com o dispositivo que criminalizava o adultério), (ii) as pessoas simplesmente desconhecem o comando, (iii) não há, na localidade, órgão do Poder Judiciário e o acesso ao mais próximo é difícil e dispendioso, (iv) as pessoas não têm recursos para ir a juízo, (v) o Judiciário interpreta o dispositivo de modo a esvaziá-lo etc. É certo que a ausência de eficácia jurídica de uma nova, ou modalidades débeis de eficácia jurídica, representam uma dificuldade para a efetividade dos enunciados normativos, na medida em que o que se pode exigir judicialmente pouco contribuirá para a produção dos efeitos por eles pretendidos. Isto é: a falta de efetividade ou eficácia social pode ter várias causas, uma das quais poderá ser a debilidade da eficácia jurídica. O tema é discutido na parte sobre conceitos preliminares.

[18] Na classificação clássica do Professor José Afonso da Silva acerca das normas constitucionais, essas são as chamadas normas de eficácia limitada, justamente porque sua eficácia depende de regulamentação posterior. V. José Afonso da Silva. *Aplicabilidade das normas constitucionais*, 2012.

[19] STF, MI 20/DF, Tribunal Pleno, Rel. Min. Celso de Mello, j. 19.05.1994, *DJ* 22.11.1996; STF, MI 438/GO, Tribunal Pleno, Rel. Min. Néri da Silveira, j. 11.11.1994, *DJ* 16.06.1995; STF, MI 485/MT, Tribunal Pleno, Rel. Min. Maurício Corrêa, j. 25.04.2002, *DJ* 23.08.2002.

entendimento na matéria e determinou que o direito de greve poderia ser exercido, observada, no que couber, a Lei nº 7.783/1989, que cuida do exercício do direito de greve nas atividades essenciais do setor privado, aplicando inclusive esse entendimento de forma geral. Ou seja, a Corte "criou" uma norma garantindo o exercício do direito, até então obstado pela omissão legislativa, por meio da aplicação analógica de uma lei existente no sistema.

Em resumo: a eficácia das normas de direitos fundamentais pode enfrentar o óbice da necessidade de regulamentação, embora, passadas algumas décadas da edição da Constituição de 1988, a contínua omissão dos Poderes competentes para regulamentar o exercício de direitos seja cada vez menos admissível.

6.1.5.2   Eficácia dos direitos fundamentais: dimensões subjetiva e objetiva

Na parte sobre conceitos preliminares, apresentou-se uma série de modalidades de eficácia que poderão eventualmente ser extraídas de uma norma de direito fundamental. Assim, uma norma de direito fundamental poderá autorizar a exigibilidade de prestações positivas (eficácia simétrica), pode conduzir a invalidade de uma norma ou ato que viole seu conteúdo essencial (eficácia negativa), entre outras possibilidades.

No contexto da interpretação e da aplicação dos direitos fundamentais, é útil distinguir as diferentes modalidades de eficácia possíveis em duas grandes dimensões: uma dimensão subjetiva e outra objetiva. A dimensão subjetiva diz respeito às pretensões que afetam de forma direta a esfera subjetiva dos indivíduos e podem ser por eles exigidas em seu benefício com fundamento nas normas de direitos fundamentais. Assim, uma pessoa pode postular a prestação de um serviço de saúde para si ou uma vaga na escola pública ou, ainda, ao pretender o não pagamento de um tributo, poderá discutir a inconstitucionalidade de uma lei tributária por violação a garantias constitucionais dos contribuintes.

Ocorre que, para além das pretensões individuais, e muitas vezes inclusive para viabilizar que elas possam ser atendidas, o respeito, a proteção e a promoção de direitos exigem do Estado também outras providências que têm uma dimensão objetiva geral: elas não visam atender a uma pessoa individualmente nem a suas pretensões em particular, mas à coletividade. Assim, o Estado tem deveres constitucionais para com os direitos e precisa editar normas relacionadas com sua proteção e promoção, criar estruturas de fiscalização e aplicação dessas normas, criar e organizar a prestação de serviços e efetivamente prestá-lo ao longo do tempo. Identifica-se, aqui, de forma simples, a dimensão objetiva dos direitos fundamentais.

Tradicionalmente, o Direito se ocupava apenas da dimensão subjetiva da eficácia dos direitos fundamentais, isto é: o que as pessoas podem exigir para sua fruição individual. Mais recentemente, porém, se tem discutido também sobre a dimensão objetiva e sua exigibilidade. A questão não é singela, pois tensiona a separação de poderes e a democracia e o espaço próprio da política, já que as decisões acerca das normas a serem editadas e das políticas públicas a serem implementadas devem ser tomadas pelas maiorias democráticas em cada momento histórico. Por outro lado, as previsões constitucionais que tratam dos direitos fundamentais devem ter alguma eficácia. Existem diferentes situações possíveis e alguns exemplos ajudam a esclarecer a discussão.

Como referido anteriormente, a Constituição previu o mandado de injunção (art. 5º, LXXI), que poderá ser manejado pela pessoa sempre que a "falta de norma regulamentadora torne inviável o exercício dos direitos e liberdades constitucionais e das prerrogativas inerentes à nacionalidade, à soberania e à cidadania". Originalmente, o mecanismo visava garantir a dimensão subjetiva da eficácia desses direitos, mesmo diante da inexistência da norma que deveria existir como decorrência da dimensão objetiva da eficácia do direito fundamental. Ao atribuir eficácia geral a suas decisões em mandado de injunção, de modo que a norma criada

Cap. 6 – DIREITOS FUNDAMENTAIS E ORDEM SOCIAL **145**

para as partes se aplique a todos, o STF atribuiu ao MI a capacidade de lidar com a dimensão objetiva dos referidos direitos. Ainda assim, o mandado de injunção lida com apenas uma pequena parcela da dimensão objetiva dos direitos fundamentais.

A Constituição estabelece um dever do legislador de criar normas e estruturas para proteger crianças e adolescentes contra exploração sexual (art. 227, § 4º), há aqui um claro dever constitucional de proteção, que não se enquadra na listagem do mandado de injunção e que depende da existência de políticas públicas e estruturas estatais – para além de normas – que uma decisão judicial em mandado de injunção não seria capaz de produzir. O art. 225 prevê igualmente uma série de deveres ao Poder Público, a fim de garantir o direito ao meio ambiente ecologicamente equilibrado.

Qual será exatamente o conteúdo dessas normas e estruturas caberá ao Legislativo e ao Executivo decidirem, mas o dever constitucional de proteção desse direito fundamental restará violado se não houver norma alguma no particular. A ação direta de inconstitucionalidade por omissão (art. 103, § 2º) ocupa-se diretamente da dimensão objetiva dos direitos e apenas pode ser requerida por legitimados ativos específicos.

Outro exemplo envolve direitos fundamentais acerca dos quais a Constituição não prevê que o Estado deve editar normas ou organizar políticas públicas, mas que sem elas restarão claramente violados. O direito à vida e à integridade física, por exemplo, exigem que o Estado tenha normas e estruturas que impeçam sua violação pelos próprios agentes estatais e por particulares o máximo possível. Um exemplo absurdo ajuda a compreensão: um Estado que preveja o direito à vida, mas que não considere o homicídio como um ilícito nem associe consequências negativas a quem mata outra pessoa viola o dever de proteção desse direito. A mera previsão do direito à vida é claramente insuficiente para garantir sua proteção.

É certo que saber o que a proteção do direito fundamental exige em termos de normas e estruturas estatais é um tema que pode envolver as diferentes concepções políticas de cada um. E por isso mesmo o controle judicial da omissão legislativa é um tema sensível sob a perspectiva da democracia, do pluralismo político e da separação de poderes. Em primeiro lugar, porque decidir legislar ou não é, como regra, uma decisão política: ou seja, não legislar pode eventualmente ser uma opção política válida. Quando a Constituição impõe o dever de legislar essa decisão política – sobre legislar ou não – já foi tomada pelo constituinte. Nos demais casos, porém, essa decisão deve caber ao Legislativo e não a um órgão específico do Poder Judiciário. Em segundo lugar, mesmo quando a Constituição impõe o dever de legislar, a norma a ser editada poderá ter uma variedade de conteúdos, que devem ser construídos e debatidos publicamente e decididos pelo Legislativo.

Muitas vezes, porém, a violação da dimensão objetiva de um direito fundamental não envolve uma omissão legislativa, e sim uma omissão total ou parcial político-administrativa. Por vezes, a legislação estabelece diretrizes gerais acerca da promoção de determinados direitos que devem ser estruturadas sob a forma de políticas a serem elaboradas pelo Executivo, mas essas políticas públicas não chegam a ser delineadas ou o são de forma deficiente.

Em geral, não se reconhece no Brasil legitimidade ativa ao indivíduo para ajuizar ação postulando, por exemplo, a elaboração ou alteração de uma política pública como decorrência da dimensão objetiva dos direitos, já que ela não envolve uma pretensão individual. Em geral, essas serão demandas descritas como estruturais, já que envolverão a elaboração Legitimados ativos extraordinários, como o Ministério Público, a Defensoria Pública e Associações podem eventualmente ajuizar demandas sobre alguns desses temas.

Além do respeito à separação de poderes e à democracia, um elemento complicador envolve o que exatamente se poderá exigir e como efetivamente garantir o cumprimento do que venha a ser decidido em tais demandas. Sobretudo nos casos que envolvem omissões relativas a políticas públicas – e não propriamente omissões legislativas –, será preciso reconhecer que uma decisão judicial não é capaz, sozinha, de produzir ou impor o resultado desejado relativamente à promoção de direitos, podendo apenas criar estímulos para que as autoridades competentes o façam.

Esse é um desafio para a efetividade da tutela jurisdicional que decorre do direito de ação garantido pelo art. 5º, XXXV. O direito de ação assegurado constitucionalmente inclui não apenas a possibilidade formal de acionar o Judiciário, mas também o direito de receber uma decisão em tempo razoável (art. 5º, LXXVIII) e de que essa decisão seja efetiva, isto é, seja cumprida de fato. Por vezes, mesmo em ações individuais, que se ocupam das dimensões subjetivas dos direitos, a efetividade da tutela jurisdicional pode enfrentar obstáculos que precisam ser superados para garantir que a parte efetivamente receba aquilo que a decisão judicial determinou: a execução de decisões nem sempre é um processo fácil e ágil. E a realidade é que esses obstáculos são em geral maiores no caso de demandas discutindo dimensões objetivas de direitos, como referido anteriormente.

A existência de dificuldades, porém, não significa que se deva abandonar as discussões judiciais em torno da dimensão objetiva dos direitos, mas sinaliza a necessidade de seu enfrentamento. O que não se pode é fingir que a decisão judicial por si e em si produz a promoção ou a proteção dos direitos na vida das pessoas, como se o importante fosse a decisão em si e não sua execução concreta.

De outra parte, é preciso compreender os fenômenos mais amplos em curso da judicialização da vida em suas diferentes dimensões e do ativismo judicial para colocar em contexto as discussões em torno da judicialização dos direitos. A judicialização descreve um fenômeno observado não apenas no Brasil, como também em outras partes do mundo: a crescente opção de diferentes setores da sociedade de submeter seus conflitos, disputas e interesses ao Poder Judiciário. Muitas razões explicam esse fenômeno.

Uma primeira razão é jurídica: no caso brasileiro, é possível submeter ao Judiciário qualquer lesão ou ameaça de lesão a direito, de modo que, com relativa facilidade, os autores podem construir suas pretensões em torno dessas categorias, sejam tais construções juridicamente consistentes ou não. Além disso, no Brasil, o custo para acessar o Judiciário pode eventualmente ser bastante pequeno e o risco de derrota não trazer maiores ônus para o autor. E em alguns casos, como na judicialização da saúde que postula medicamentos individualmente, o índice de êxito obtido pelos autores é altíssimo, de modo que há grande incentivo para a judicialização.

Mas há outras razões que também contribuem para explicar o fenômeno: descumprimento generalizado de normas por determinados agentes, públicos e privados, desencanto com a política ordinária ou desinteresse de engajar-se em negociação política, idealização dos órgãos jurídicos, e do Judiciário em particular, uso do Judiciário como plataforma para debates públicos, entre muitos outros. A judicialização, portanto, existe. O sistema jurídico pode estimular ou inibir o fenômeno e naturalmente qualquer iniciativa nesse sentido pode ter efeitos colaterais que devem ser considerados, mas cabe ao Judiciário decidir as demandas que lhe são submetidas, mesmo que seja para dizer que elas são incabíveis.

O ativismo judicial, por seu turno, descreve uma postura, um comportamento dos operadores do Direito e dos magistrados em particular que pode se manifestar de muitas formas, todas relacionadas com a ampliação do papel do Direito (em geral, por meio da interpretação das normas) e das intervenções judiciais sobre os demais Poderes públicos e sobre as relações privadas.

Muito se discute sobre o ativismo judicial e sua legitimidade diante da democracia e da legalidade, já que ela, em última análise, amplia o papel dos juízes e do Direito nas relações sociais e políticas em particular. Nada obstante, não é possível fazer um debate mais consistente sobre o tema em tese: é preciso examinar em particular as decisões consideradas ativistas e as normas que elas interpretam e aplicam para verificar se o magistrado extrapolou suas

Cap. 6 – DIREITOS FUNDAMENTAIS E ORDEM SOCIAL **147**

competências – usurpando o espaço da liberdade individual alheia ou o espaço dos demais poderes ou ainda o espaço das decisões majoritárias na democracia – ou se ele se manteve no âmbito de suas funções institucionais previstas na Constituição.

Esclarecidas essas duas dimensões, subjetiva e objetiva, da tutela dos direitos, bem como algumas questões em torno da judicialização e do ativismo judicial, volte-se ao tema da interpretação, da eficácia e da aplicação.

6.1.5.3   *Eficácia dos direitos fundamentais: sentido e alcance*

Como referido, a identificação da eficácia jurídica dos direitos fundamentais envolve, ao menos, três planos. Em primeiro lugar, trata-se de identificar alguns elementos básicos: que efeitos exatamente o enunciado normativo pretende produzir? Que situações ele protege? Que deveres ele cria, isto é, que condutas ele determina ou proíbe para esse fim? Em segundo lugar, quem são os destinatários dos deveres criados pelo dispositivo? E, em terceiro lugar, trata-se de saber se é possível exigir essas condutas e como (incluindo quem pode exigi-las). Ainda estamos examinando o primeiro plano: os dois outros serão discutidos adiante.

Como se viu, os efeitos associados a uma previsão de direito fundamental podem ser organizados em torno da dimensão objetiva e subjetiva desse direito. Mas ao menos seis outras questões são relevantes para o trabalho de apurar qual exatamente é o sentido e o alcance de cada direito e o que se pode exigir com fundamento nele. Exemplos podem ajudar.

A Constituição garante a liberdade de associação para fins lícitos, vedada a de caráter paramilitar (art. 5º, XVII). A eficácia da norma dependerá, em primeiro lugar, de verificar o que a ordem jurídica considera fim ilícito, já que a liberdade de associação não abrangerá essas hipóteses. Ou seja, o ***primeiro aspecto*** a destacar: o elemento semântico delineia o direito utilizando uma expressão que não está inteiramente definida pela própria Constituição e precisará ser apurada. Caberá à lei definir o que sejam fins ilícitos, mas essa opção legislativa, caso esvazie de forma irrazoável o direito, poderá ter sua constitucionalidade questionada.

Apurado esse elemento, que efeitos o direito desencadeia? Parece correto afirmar que a liberdade assegurada pelo dispositivo impede a intervenção do Estado, e eventualmente de outras instituições, sobre associações que atuem para fins lícitos. Ao mesmo tempo, a norma impõe ao Estado-Juiz o dever de protegê-las, na medida em que as associações poderão recorrer ao Judiciário para defesa de sua liberdade.

A identificação da eficácia jurídica da norma de direito fundamental envolverá, ainda, outro elemento relevante, sobre o qual se tratará de forma específica adiante, a respeito das restrições que ele poderá sofrer – por conta da necessidade de convivência com outros direitos ou da realização de fins coletivos considerados relevantes – sem que se caracterize uma intervenção inválida. No caso da liberdade de associação, por exemplo, o Código Civil dispõe sobre as associações estabelecendo diversas regras obrigatórias (art. 53 a 61). Além disso, o STF já consolidou o entendimento de que determinados direitos fundamentais se aplicam às relações privadas em geral e devem ser observados, em particular, pelas associações, de que é exemplo a garantia mínima de um devido processo legal para exclusão de sócio[20]. A liberdade de associação precisará conviver com o direito ao devido processo legal dos associados.

A Constituição garante o direito social à educação tanto no art. 6º quanto ao tratar da Ordem Social, a partir do art. 205. O direito à educação apresenta uma estrutura um pouco mais complexa do que a liberdade de associação. A Constituição prevê vários direitos à educação (básica regular, básica noturna, especial para pessoas com deficiência etc.) e prevê que caberá

---

[20]   STF, RE 201.819, Rel. para acórdão Min. Gilmar Mendes, *DJ* 27.10.2006.

ao Estado prestar os diferentes serviços educacionais. É claro que por "serviços educacionais" se quer significar um conjunto bastante amplo de atividades relacionadas com a existência de escolas, aulas, atendimento aos alunos, material escolar e, afinal, o resultado pretendido por todo esse conjunto de atividades: "pleno desenvolvimento da pessoa, seu preparo para o exercício da cidadania e sua qualificação para o trabalho" (art. 205).

Pois bem. O que exatamente se pode exigir a partir dessas normas? De forma concreta, no caso da educação, a jurisprudência tem entendido possível exigir a oferta de vagas na educação básica e infantil (creche e pré-escola), caso o serviço não seja oferecido. Outras modalidades de eficácia jurídica podem ser cogitadas também, sobretudo em sede coletiva, envolvendo, por exemplo, a ampliação ou a construção de escolas.

Nesse caso, apenas a edição de normas não será suficiente para garantir a promoção do direito: a política pública prevista pela norma precisa ser executada – e executada para todos – de modo que as prestações necessárias à promoção do direito aconteçam de fato no mundo real. Até porque a superação da omissão no que diz respeito à regulamentação de um direito não significa que as políticas públicas necessárias para sua realização concreta existam e estejam sendo executadas: a existência de uma norma, embora importante, não dá origem, de forma automática, aos atos no mundo concreto necessários a transformar suas previsões em realidade. Essa, portanto, é a *segunda questão* a observar: a eficácia de direitos fundamentais pode depender da existência de políticas públicas razoavelmente complexas para a realização do direito, que precisam se desenvolver ao longo do tempo e terão, necessariamente, de ser conduzidas pelo Poder Executivo.

Imagine-se, por exemplo, o saneamento básico, e particularmente as atividades de coleta e tratamento de esgoto. Embora o saneamento não seja identificado de forma explícita como um direito fundamental pela Constituição de 1988, ele é um dever dos Poderes Públicos e está diretamente associado ao direito à saúde e à moradia, já tendo sido reconhecido como um direito humano autônomo, juntamente com o acesso à água[21]. Há, ademais, legislação sobre a matéria[22].

O acesso à coleta e ao tratamento de esgoto dificilmente admite uma solução individual, e a eficácia jurídica das normas que tratam do assunto não pode ignorar essa circunstância. Será preciso a instalação de um sistema de coleta e de tratamento que, em geral, abarca, no mínimo, determinadas comunidades, e que deve ser integrado e harmonizado com os planos de saneamento das cidades vizinhas, já que todos eles devem ser compatíveis com os planos das bacias hidrográficas nos quais estejam inseridos. Não fará sentido exigir que uma casa receba o serviço de coleta e tratamento de esgoto: a discussão da eficácia jurídica terá de ser, necessariamente, coletiva[23]. Além disso, a política pública necessária para prestar tal tipo de serviço é complexa e envolve conhecimentos que o Judiciário não domina, de modo que o diálogo, sobretudo com o Poder Executivo, será indispensável.

Imagine-se agora o direito geral à dignidade humana. O que exatamente ele exige? O que viola a dignidade e o que se considera que ela exige? É fácil perceber que, para além de determinados consensos básicos, o sentido e o alcance que se atribui a determinados direitos, sobretudo quando veiculados como princípios, pode estar profundamente vinculado a concepções filosóficas e ideológicas que as pessoas tenham e que, em uma sociedade plural, serão, em geral, diversas.

---

[21] Resolução nº 64/292 da ONU, de 28 de julho de 2010. A Resolução pode ser encontrada em: http://www.un.org/es/comun/docs/?symbol=A/RES/64/292&lang=E. Acesso em: 1º ago. 2017.

[22] Lei nº 11.445/2007.

[23] Ana Paula de Barcellos. *Sanitation rights, public law litigation, and inequality*: a case study from Brazil. *Health Hum Rights.*, v. 16, n. 2, p. 35-46, 2014.

Cap. 6 – DIREITOS FUNDAMENTAIS E ORDEM SOCIAL **149**

A *terceira questão* relevante para a interpretação dos direitos envolve saber que as cosmovisões que cada pessoa adote – religiosas monoteístas, religiosas politeístas, religiosas panteístas, ateístas, naturalistas etc. – podem repercutir sobre a sua compreensão acerca do sentido e do alcance de determinados direitos e sobre os pesos que cada um deve ter diante de eventuais conflitos.

O mesmo acontece diante da importância que a pessoa atribua, por exemplo, à autonomia individual na interpretação dos direitos, em contraste com aquelas que destacam a importância da compreensão comunitária – heterônoma – desses mesmos direitos. Essas diferentes concepções podem conduzir a conclusões bastante diversas acerca dos direitos de liberdade, por exemplo, entre outros. Também os limites da intervenção estatal sobre os direitos para promover fins coletivos – que, para alguns, será inválida por ser paternalista, e para outros será válida – recebe influência dessas concepções filosóficas e/ou ideológicas prévias.

Uma *quarta questão* acerca dos direitos fundamentais, que repercutirá inevitavelmente sobre sua interpretação e a construção de sua eficácia, é sua complexidade interna: um mesmo direito tem diferentes manifestações, se aplica a diferentes grupos de pessoas, que podem estar em situações bastante diversas, e, eventualmente, pode haver algum nível de tensão entre eles. O STF já teve ocasião de examinar esse fenômeno sob a perspectiva do direito à moradia. A discussão envolvia a validade de lei que afastava a impenhorabilidade do bem de família do fiador. A maioria do STF entendeu que a aparente restrição prevista pela lei em relação ao direito do fiador era uma política legislativa legítima, justamente para promover o acesso à moradia de um outro grupo: aqueles que, não sendo proprietários, precisam alugar imóveis e, para isso, precisam de fiadores que sejam aceitos pelos proprietários[24].

Mesmo quando não haja necessariamente tensão entre diferentes manifestações de um mesmo direito, a escassez de recursos pode exigir a fixação de prioridades entre diferentes necessidades vinculadas a direitos, como é o caso de saúde e educação. Nesse mesmo contexto, pode-se cogitar da tensão intergeracional acerca dos direitos – isto é: entre as gerações presentes e futuras – que se manifesta, sobretudo, no direito ambiental, e nas regras que limitam o endividamento público. A geração presente não pode exaurir os recursos naturais em prejuízo das gerações futuras, nem se endividar acima de determinado ponto para realizar seus próprios direitos o mais amplamente possível no presente e a curto prazo, deixando a conta para ser paga pelos filhos e netos, em prejuízo dos direitos deles.

Uma *quinta questão* relevante é que os direitos, sobretudo os veiculados sob a forma de princípios, têm um amplíssimo potencial de expansão de suas possibilidades de incidência. Na discussão jurídica norte-americana, por exemplo, a liberdade de expressão engloba condutas como financiamento eleitoral e a queima de bandeiras, entre outros. No Brasil, o STF já se manifestou no sentido de que o direito de não autoincriminação inclui não apenas o direito ao silêncio, mas também a possibilidade de negar, falsamente, a prática de atos quando perguntado[25]. Independentemente da opinião que se tenha sobre esses entendimentos acerca dos dois direitos, o certo é que eles ilustram sua natureza expansiva, e essa particularidade terá algumas consequências.

As novas realidades que a sociedade vivencia exigem novas compreensões acerca dos direitos e, eventualmente, mudanças culturais, filosóficas e ideológicas experimentadas pelos grupos sociais podem também alterar seu sentido. O direito à intimidade, à privacidade e à vida privada, por exemplo, vem ganhando novos contornos no contexto contemporâneo da

---

24 STF, RE 407.688, Rel. Min. Cezar Peluso, *DJ* 06.10.2006.
25 STF, HC 68.929, Rel. Min. Celso de Mello, *DJ* 28.08.1992.

internet, da coleta permanente de dados pessoais por *sites* em geral, e da necessidade de vivermos vidas virtuais.

Uma **sexta questão** relevante para a interpretação dos direitos é a inevitabilidade dos conflitos entre direitos diversos e entre eles e fins coletivos gerais, além das tensões eventuais entre diferentes manifestações de um mesmo direito, já referidas. Alguns conflitos já se tornaram, inclusive, clássicos, como é o caso daqueles entre liberdade de expressão e direito à honra e à imagem; entre liberdade de informação e privacidade; entre a proteção ao meio ambiente e o direito à moradia, entre outros.

A interpretação dos direitos não poderá esvaziar um direito em detrimento de outro, devendo promover a concordância prática entre eles: trata-se de uma decorrência, como já se viu, da unidade da Constituição. A metodologia mais utilizada para promover esse resultado é a chamada técnica da ponderação, acerca da qual se fez uma nota na parte sobre conceitos preliminares. O tema da restrição dos direitos, por sua relevância, exige um aprofundamento específico.

Todas as questões apresentadas até aqui dizem respeito apenas ao primeiro plano da construção da eficácia dos direitos. Elas se relacionam com as perguntas referidas anteriormente: que efeitos exatamente o enunciado normativo pretende produzir? Que situações ele protege? Que deveres ele cria, isto é, que condutas ele determina ou proíbe para esse fim? Ainda será preciso saber de quem se pode exigir tais deveres: em geral do Estado (embora alguns possam ser exigidos de particulares, como se verá), mas essa afirmativa ainda pode ser muito genérica, sobretudo em um Estado federal. E, por fim, o processo civil e o processo constitucional ainda precisarão se ocupar de definir como exatamente – do ponto de vista processual – tais deveres poderão ser exigidos perante o Poder Judiciário. Antes de tratar dos destinatários dos deveres e do como se pode exigir, é preciso aprofundar o tema da restrição dos direitos.

6.1.5.4 Restrições aos direitos fundamentais

O direito constitucional tem tido de lidar nas últimas décadas com a questão das restrições ao exercício de direitos positivados pelas Constituições como fundamentais[26]. Há relativo consenso no sentido de que os direitos, ou ao menos parte deles, não são absolutos[27], não se admitindo o exercício ilimitado das prerrogativas que cada direito pode em tese facultar, principalmente quando se cuide de direitos veiculados sob a forma de normas-princípios. Nada obstante, embora haja certo consenso em torno dessa assertiva formulada em tese, continuam controversas as questões que se seguem logicamente: e até que ponto se pode admitir a restrição a direitos e, ainda, garantir que eles sejam respeitados? Qual o limite? E quem pode impor tais restrições? Aprofunde-se um pouco o tema.

Uma forma de lidar com o debate das restrições passa pela concepção dos direitos e opõe em geral defensores de dois conjuntos principais de teorias: internas e externas. De forma simplificada, as teorias internas descrevem as restrições não como restrições em si, mas limites que integram a própria concepção do direito. Ou seja: não haveria propriamente um direito

---

[26] Sobre o tema, v. Wilson Antônio Steinmetz. *Colisão de direitos fundamentais e princípio da proporcionalidade*, 2001; Jorge Reis Novais. *As restrições aos direitos fundamentais não expressamente autorizadas pela Constituição*, 2003; e Ana Paula de Barcellos. *Ponderação, racionalidade e atividade jurisdicional*, 2005.

[27] STF, MS 23452/RJ, Rel. Min. Celso de Mello, *DJU* 12.05.2000: "Os direitos e garantias individuais não têm caráter absoluto. Não há, no sistema constitucional brasileiro, direitos ou garantias que se revistam de caráter absoluto". A despeito dessa afirmação genérica feita pelo STF, é certo que há direitos que são previstos como absolutos e devem, assim, ser considerados. A Constituição, por exemplo, veda a tortura e não é possível "ponderar" essa vedação, ainda que o que exatamente caracteriza tortura não seja um dado totalmente objetivo.

anterior, mais amplo, que sofre restrições, mas o conceito de direito surgiria quando criado pela norma e nos termos do que a norma prevê. Eventuais limites não seriam restrições, mas contornos do próprio conceito do direito, internos a ele.

As teorias externas, por seu turno, distinguem o direito em si, potencialmente ilimitado, das restrições que ele pode sofrer. As restrições seriam elementos externos aos direitos que podem derivar de outros direitos ou de bens coletivos considerados relevantes. Como consequência, para as teorias externas, é indispensável enfrentar as questões suscitadas acerca das restrições: até que ponto direitos podem ser validamente restringidos e por quem.

Os dois conjuntos de teorias refletem diferentes visões filosóficas acerca dos direitos. As teorias internas privilegiam uma origem comunitária e mesmo estadocêntrica para os direitos. O direito protege e autoriza aquilo que a norma (estatal ou não) diz, e não aquilo que um indivíduo entenda que o direito deve proteger. As teorias externas, por outro lado, adotam uma visão individual (potencialmente individualista) acerca da concepção dos direitos, partindo de uma concepção em tese amplíssima de cada um deles e exigindo que quaisquer restrições se justifiquem de forma específica.

Ambas as teorias capturam aspectos da realidade, mas apresentam limitações que valem registrar. Se, na linha do que as teorias internas sugerem, o Estado e eventualmente a sociedade – contra cuja opressão o direito pode exatamente visar proteger o indivíduo – forem a fonte última do que o direito significa, não haveria muito sentido na discussão e a capacidade do direito fundamental de proteger os indivíduos se perderia. Se uma lei pudesse definir o que as liberdades religiosas, de expressão e de associação significam, por exemplo, sem que a norma constitucional pudesse proteger um núcleo de sentido contra a eventual ação legislativa, pouca utilidade haveria na garantia constitucional de tais direitos.

Isso não significa, porém, que cada pessoa possa ter sua concepção particular acerca do que os direitos significam e autorizam (como imaginaria uma versão extrema das teorias externas): existem sentidos históricos e culturais compartilhados pelas sociedades. Torcer para um clube de futebol, por exemplo, por mais relevante que seja para o indivíduo, não é uma atividade religiosa e, portanto, não atrai as normas que tratam da liberdade religiosa. De outra parte, religiões minoritárias estão protegidas pela liberdade, e eventual norma não pode validamente, a pretexto de qualificar o que é religião, excluir determinadas crenças da proteção constitucional.

Por outro lado, os direitos fundamentais listados pelas Constituições, e pela Constituição de 1988, podem apresentar estruturas e funcionalidades bastante diversas, de modo que provavelmente adotar uma concepção única para todos eles sequer faria sentido. Se as liberdades religiosa e de expressão têm conteúdos mínimos claros, pré-jurídicos, que historicamente visaram conter o arbítrio estatal e das maiorias em geral, esse não é o caso de outros direitos fundamentais que surgem a partir da sua criação pela ordem jurídica. Assim, por exemplo, o direito à previdência social, ao FGTS e ao adicional noturno foram concebidos pelas normas que os criaram: seus contornos não são restrições a um direito hipotético anterior, mas apenas o conteúdo que lhes foi dado pelas normas que os criaram.

Uma outra forma de lidar com o tema das restrições a direitos enfatiza a opção do constituinte originário acerca da estrutura normativa utilizada para assegurar o direito – se princípios ou regras – e se há ou não cláusula expressa autorizando a sua regulamentação por meio de lei. Ao vedar a tortura e a utilização de provas ilícitas, por exemplo, a Constituição utiliza regras: a lei não poderá admitir a tortura ou o uso de provas ilícitas, não importa quais sejam as circunstâncias, sob pena de inconstitucionalidade. Tais direitos são absolutos nesse sentido, já que a opção do constituinte foi banir tais práticas. Continuará cabendo ao legislador definir o que exatamente caracteriza tortura e provas ilícitas, mas sua liberdade de conformação no particular será obviamente menor.

O certo é que muitos direitos são formulados sob a forma de princípios, e uma das particularidades dos princípios (em oposição às regras) é a abstração de seu enunciado, o que, como já referido, acaba por admitir uma expansão quase indefinida de sentido do princípio[28]. Assim, ao menos do ponto de vista retórico, como se viu, comportamentos os mais diversos podem se abrigar sob sua proteção. No exemplo já clássico, armar um cavalete para pintar um quadro no meio de uma avenida movimentada poderia, em tese, ser qualificado como uma manifestação da liberdade de expressão artística, uma vez que se tome essa expressão em um sentido amplíssimo[29].

O exercício de um direito, porém, não pode chegar ao ponto de inviabilizar a vida em sociedade ou de violar direitos de terceiros, daí por que, em tese, não se pode descartar a possibilidade de restringir o exercício de direitos fundamentais, em primeiro lugar ao legislador e ao juiz, quando este último esteja diante de conflitos normativos insuperáveis. Mas com que fundamentos se pode restringir direitos consagrados pelo texto constitucional? E quem pode restringi-los?

Parece consistente afirmar que, para restringir direitos fundamentais, é preciso invocar fundamentos vinculados, de alguma forma, a outras normas constitucionais. Trata-se de uma decorrência lógica dos princípios da supremacia e da unidade da Constituição: apenas outro elemento constitucional pode restringir um direito de estatura constitucional[30]. Além disso, os fundamentos das restrições podem ser de duas naturezas: (i) outros direitos fundamentais ou (ii) bens coletivos, fins públicos consagrados pela Constituição como valiosos. Essa distinção parece importante.

Quando um direito fundamental entra em tensão com outro, o juiz a quem caiba resolver a disputa estará diante de um conflito normativo ao qual terá de dar solução. Por conta da supremacia das normas constitucionais e de sua unidade, como referido, não é possível descartar um dos direitos. O juiz terá de promover a concordância prática entre eles mediante compressões recíprocas. A lei também poderá formular restrições aos direitos envolvidos e, até mesmo, fixar parâmetros para a solução de colisões entre direitos, mas não lhe cabe estabelecer uma prioridade rígida ou abstrata entre direitos aos quais a Constituição conferiu o mesmo *status* hierárquico[31].

Assim, parece correto concluir que o papel do juiz, inevitavelmente, terá maior relevo, já que as circunstâncias de cada caso concreto serão, em boa parte, responsáveis por indicar a solução adequada. O conflito potencial entre o direito à informação e a liberdade de imprensa, de um lado, e a intimidade de outro, por exemplo, terá solução diversa conforme a pessoa retratada em uma reportagem seja pública ou não, exerça função pública ou privada, o fato divulgado tenha ocorrido em local público ou não, entre outros elementos.

Por outro lado, a questão se coloca diferentemente quando se esteja diante de restrições que se justificam *à* luz de bens coletivos ou fins públicos previstos constitucionalmente. Isso porque a Constituição estabelece metas a serem alcançadas e valores a serem preservados e promovidos, mas, em geral, não escolhe quais meios – entre os vários possíveis no âmbito do pluralismo político – devem ser empregados. É certo que essas normas constitucionais que estabelecem metas produzem efeitos, não é esse o ponto que se está a examinar aqui: seja como for, em uma democracia, a escolha dos meios para a realização dos fins públicos considerados valiosos pela Constituição estará no espaço próprio da deliberação político-majoritária e estará a cargo do Legislativo e, na medida de sua competência, do Executivo.

---

[28] J. J. Gomes Canotilho. *Direito constitucional e teoria da Constituição*, 1997, p. 1034-1035; Ruy Samuel Espíndola. *Conceito de princípios constitucionais*, 1999; e Robert Alexy. *Teoría de los derechos fundamentales*, 1997, p. 86.

[29] José Carlos Vieira de Andrade. *Os direitos fundamentais na Constituição portuguesa de 1976*, 1998, p. 215 e ss.

[30] Luís Roberto Barroso. *Interpretação e aplicação da Constituição*, 2002, p. 192 e ss.

[31] Wilson Antonio Steinmetz. *Colisão de direitos fundamentais e princípio da proporcionalidade*, 2001, p. 61.

Nesse contexto, é fácil perceber que a restrição de direitos com fundamento em fins coletivos considerados valiosos pela Constituição estará a cargo do legislador, a quem compete definir as condutas restritivas necessárias à sua realização. Mas o que dizer dos direitos que não contam com uma cláusula prevendo a possibilidade de sua restrição por lei?

De fato, alguns direitos foram consagrados pelo constituinte originário já acompanhados de cláusulas autorizando a lei a disciplinar seu exercício. O art. 5º, XIII, da Constituição de 1988, por exemplo, reconhece a liberdade de exercício de qualquer trabalho, ofício ou profissão, mas a lei está autorizada a exigir qualificações profissionais. Outros direitos, porém, não contêm cláusula semelhante. Ainda assim, a conclusão amplamente majoritária[32] é a de que a circunstância de tais direitos não contarem com a referência explícita à sua limitação por via legislativa não impede conformações do sentido desse direito ou restrições ao seu exercício. É consistente sustentar que, ausente a cláusula referida, a liberdade de conformação do legislador para restringir o direito será menor e o eventual controle acerca da validade das restrições introduzidas poderá usar parâmetros mais rigorosos.

E isso porque a validade de qualquer restrição, autorizada ou não, de forma explícita pelo texto constitucional, como de qualquer ação estatal, dependerá sempre da observância dos parâmetros que decorrem do princípio da razoabilidade/proporcionalidade, sobre o qual se tratará adiante.

Antes de concluir este tópico, é importante sublinhar que para além do conteúdo jurídico dos princípios da razoabilidade/proporcionalidade, a sua aplicação muitas vezes envolve conhecimentos não jurídicos que precisaram ser avaliados por quem quer que vá aplicar as normas e que variam no tempo e espaço: a experiência da pandemia de covid-19 é ilustrativa.

Nos primeiros meses de 2020, o mundo foi assolado pela pandemia da covid-19. No Brasil, em 6 de fevereiro de 2020, foi promulgada a Lei nº 13.979, dispondo sobre as "medidas para enfrentamento da emergência de saúde pública de importância internacional decorrente do coronavírus". Múltiplos outros atos normativos, leis, medidas provisórias e atos infralegais foram editados pela União e por Estados, Distrito Federal e Municípios, com o objetivo de lidar tanto com os impactos sanitários da pandemia quanto com suas repercussões econômicas e sociais. Milhões de pessoas morreram no mundo por conta do coronavírus e o impacto da pandemia sobre muitos outros direitos ainda nem começou a ser dimensionado.

É possível examinar a pandemia sobre diferentes perspectivas jurídicas, mas o tema do conflito e da restrição a direitos foi possivelmente um dos mais relevantes. Em primeiro lugar, a pandemia trouxe à tona duas características sempre mencionadas acerca dos direitos fundamentais, mas nem sempre visualizadas com clareza, sobretudo em sociedades individualistas: a dimensão coletiva dos direitos e a interdependência entre eles. A dimensão coletiva do direito à saúde restou evidente na própria dinâmica do contágio da doença: o comportamento de uma pessoa não afeta apenas a ela mesma, mas a muitas outras, espalhando a doença ou limitando a contaminação.

Também, a gestão dos recursos de atendimento à saúde tem uma inevitável perspectiva coletiva: os recursos são sempre limitados e precisam ser geridos de forma coletiva em face de critérios de prioridade e urgência tendo em conta sobretudo o risco de morte. Não existe nem existirá um leito de hospital disponível para cada pessoa: nem no SUS, nem nos hospitais privados. Também aqui o comportamento de cada pessoa afeta às demais e as decisões a serem tomadas não podem considerar um indivíduo isolado, mas a coletividade.

---

[32] Para parte dos autores que tratam do assunto, ao regulamentar o exercício do direito, o legislador poderá explicitar limites imanentes, independentemente de expressa previsão constitucional. V. Wilson Antônio Steinmetz. *Colisão de direitos fundamentais e princípio da proporcionalidade*, 2001, p. 60-61; e Jorge Reis Novais. *As restrições aos direitos fundamentais não expressamente autorizadas pela Constituição*, 2003.

A emergência sanitária fechou escolas e inviabilizou durante algum tempo o direito à educação, até que soluções alternativas digitais fossem implantadas; estabelecimentos comerciais foram fechados por meses bloqueando a livre-iniciativa, a liberdade profissional e o direito ao trabalho e a renda. Pessoas tiveram que permanecer compulsoriamente em casa, obstando a liberdade de locomoção, e as reuniões foram banidas. Até a liberdade de culto coletivo foi afetada durante certo período. A interdependência entre os direitos não podia ser mais explícita.

Em segundo lugar, e conectada com a questão da interdependência, está propriamente a da restrição a direitos e liberdades. Governos em toda parte do mundo implementaram graves restrições a direitos e liberdades que, no Brasil, a Constituição não cogitou nem mesmo para os Estados de defesa ou de sítio (arts. 136 a 139). A lógica subjacente a tais restrições foi aquela própria da proporcionalidade, sobre a qual se discutiu várias vezes anteriormente no exame dos direitos em espécie. Considerada a gravidade da situação da pandemia, a mortalidade em massa causada pelo vírus e as informações disponíveis em cada momento, as restrições consideradas adequadas e necessárias foram sendo adotadas.

O ponto é importante, pois essa é uma tendência observada de forma mais ampla por parte da jurisprudência, em particular do STF, acerca da compreensão sobre as restrições a diversos direitos mesmo em tempos de normalidade. O exemplo do direito à reunião pública supra-examinado ilustra o ponto. Embora o texto constitucional não sinalize nesse sentido, a compreensão do STF tem sido a de que restrições ao direito de reunião seriam possíveis uma vez atendidas as exigências da proporcionalidade, como se viu.

Os dilemas enfrentados pela sociedade em momentos de excepcionalidade, como a pandemia, contribuem para a reflexão jurídica destinada a organizar os períodos de normalidade. É certo que a lógica da proporcionalidade estará sempre presente quando se discutem restrições a direitos e liberdades, mas deve ela ser a única lógica? Ou independentemente da opinião que se tenha sobre o que é ou não melhor, será inevitável que ela seja a única lógica? Ou determinados limites a possíveis restrições a direitos e liberdades podem ser fixados em abstrato pela Constituição, independentemente do debate acerca da proporcionalidade?

Há vantagens e desvantagens nas duas opções, claro. A lógica única da proporcionalidade confere maior flexibilidade aos agentes públicos para lidar com a realidade, como aconteceu no contexto da pandemia. De outra parte, ela expõe os direitos e liberdades a restrições potencialmente ilimitadas e retira da Constituição a possibilidade de estabelecer limites a serem obrigatoriamente observados pelas instâncias majoritárias e autoridades encarregadas de aplicar as normas.

Nas muitas discussões judiciais acerca da validade dos atos praticados pelo Poder Público no enfrentamento da pandemia, um critério específico foi considerado especialmente relevante para o STF no exame da proporcionalidade da medida adotada: a existência de fundamentação técnico-científica suficiente e capaz de justificar a restrição imposta a direitos e liberdades. Esse, portanto, o terceiro comentário a ser feito aqui.

Interessantemente, a jurisprudência tornou o exame da proporcionalidade das medidas adotadas na pandemia mais consistente ao exigir que as autoridades justificassem previamente suas iniciativas em elementos técnico-científicos. Ou seja: embora o exame das restrições a direitos e liberdades tenha seguido apenas a lógica da proporcionalidade, encorpou-se a ela um aspecto específico externo aos agentes públicos que editaram a medida e aos julgadores, consistente na justificativa prévia para o ato que deveria incorporar fundamentação técnico-científica.

O STF entendeu que todos os entes precisam justificar suas iniciativas no âmbito de suas competências comuns, inclusive com a apresentação de justificativas técnicas prévias, mas os entes locais não precisam se submeter a decisões dos órgãos técnicos da União, podendo valer-se de outras fontes para esse fim (ADPF nº 672 e ADI nº 6341).

Cap. 6 – DIREITOS FUNDAMENTAIS E ORDEM SOCIAL **155**

Não é o caso de fantasiar a neutralidade ou a objetividade do conhecimento científico, mas o dever da autoridade de buscar previamente elementos técnicos pertinentes ao assunto e de articular uma justificativa para suas decisões à luz desses elementos tem o potencial de conferir maior racionalidade à atuação do Estado e minimizar restrições desnecessárias a direitos e liberdades. O tema do dever de justificativa para os atos do Poder Público foi examinado no contexto dos direitos políticos e será tanto mais relevante quanto mais grave seja a repercussão da medida adotada sobre direitos e liberdades.

6.1.5.5 Direitos fundamentais e custos

Um último tema da maior importância para a interpretação e a aplicação dos direitos fundamentais e, portanto, para a construção de sua eficácia, é o dos custos[33]. O foco do debate aqui são os custos incorridos pelo Estado – e, portanto, pela sociedade como um todo – para garantir proteção, promoção e respeito dos direitos. Não se ignora, porém, que agentes privados também incorrem em custos para cumprir seus deveres em relação aos direitos fundamentais. No que diz respeito ao Estado, há aqui ao menos seis aspectos a considerar.

Em *primeiro lugar*, é preciso reconhecer que as palavras não são mágicas e não transformam, por si e automaticamente, o mundo dos fatos. Assim, o simples fato de uma norma constitucional ou legal prever um direito não produz sua realização: providências de variados tipos terão de ser tomadas e todas custarão dinheiro. Se essas providências couberem ao Estado, como frequentemente acontece, esses custos serão suportados pela sociedade. Ou seja: a realização concreta dos direitos depende em boa medida da existência e da utilização de recursos para custear as providências necessárias a produzir essa realização.

Um *segundo aspecto* a ter em conta envolve uma distinção que era comum, e tem sido bastante criticada, com razão, entre direitos positivos e negativos. De forma simples, essa distinção pretendia classificar os direitos em duas grandes categorias. Os direitos negativos seriam aqueles realizados mediante mera abstenção estatal, sem demandarem prestações específicas e, portanto, sem gerarem custos. Em geral, eram incluídos nessa categoria as liberdades individuais clássicas, o direito de propriedade e os direitos políticos. Os direitos positivos, por outro lado, seriam aqueles cuja promoção exigiria prestações estatais custosas, do que seriam exemplo os direitos sociais. O objetivo da classificação não era apenas descritivo. Ela visava concentrar o debate acerca dos custos em torno apenas dos direitos sociais, deixando os direitos individuais e políticos fora dele.

A verdade, porém, é que essa premissa não é verdadeira. Também os direitos individuais e os políticos demandam gastos por parte do Poder Público. São necessários recursos públicos, *e.g.*, para a manutenção da polícia e dos bombeiros, cuja função principal é proteger não apenas a vida, mas também a propriedade, direito tipicamente individual. Boa parte de toda a atuação do Poder Judiciário – cuja existência e funcionamento custa dinheiro, lembre-se – destina-se à proteção dos direitos individuais, como a propriedade, diversas formas de expressão da liberdade, a honra, a imagem etc. O cadastramento eleitoral, a realização de eleições e o funcionamento dos Legislativos e de toda a estrutura administrativa do Estado, para não alongar os exemplos, também dependem de recursos públicos. O ponto foi demonstrado de forma bastante analítica em uma conhecida obra chamada *The cost of rights*, de Stephen Holmes e Cass Sunstein, publicada em 1999.

---

[33] Para uma discussão mais aprofundada sobre o tema, veja-se Ricardo Lobo Torres. *Os direitos humanos e a tributação – Imunidades e isonomia*, 1995; Eros Roberto Grau. Despesa Pública – Conflito entre princípios e eficácia das regras jurídicas – O princípio da sujeição da Administração às decisões do Poder Judiciário e o princípio da legalidade da despesa pública (parecer), *Revista Trimestral de Direito Público* 2:140 e ss., 1993; Gustavo Amaral. *Direito, escassez e escolha*, 2009; e Flávio Galdino. *Introdução à teoria dos custos dos direitos*: direitos não nascem em árvores, 2005.

Ora, se é assim, os direitos sociais não são os únicos a custar dinheiro. A diferença entre os direitos sociais e os individuais, no que toca ao custo, é uma questão de grau, e não de natureza. Também a proteção dos direitos individuais tem seus custos, apenas se está muito acostumado a eles. É possível que os direitos sociais demandem mais recursos que os individuais, mas isso não significa que estes apresentem custo zero, bem ao contrário. A realização de todo e qualquer direito, portanto, custa dinheiro.

O que se acaba de expor não significa que a norma jurídica que prevê direitos não tenha qualquer relevância, sendo tudo definido pela existência ou não de dinheiro. A questão, como se verá, é muito mais complexa. Nada obstante, e esse é o *terceiro aspecto* a considerar, existe um limite máximo para a distância que separa a norma da realidade. Explica-se com um exemplo.

Imagine-se um dispositivo constitucional com o seguinte teor: todo cidadão tem direito subjetivo a 100 gramas de caviar por dia, a ser fornecido pelo Estado. Imagine-se, ainda, que o enunciado consta da Constituição de uma república paupérrima no interior da África Central. O exemplo é caricato, mas ajuda o raciocínio. Que se pode pensar de um comando como esse?

O direito público em geral, e especialmente o constitucional, tem como objeto principal, ainda que não único, estabelecer e regular relações das mais variadas naturezas entre o Estado e o particular. Uma das muitas relações possíveis é aquela que posiciona o indivíduo na condição de exigir determinado bem ou prestação do Estado. Ou seja: aquelas situações em que o Estado deverá gastar uma determinada quantidade de recursos financeiros para proporcionar um benefício ao indivíduo.

Quando se imagina uma relação de débito e crédito no âmbito do direito privado, o devedor, em geral, está perfeitamente identificado e tem uma noção ao menos razoável de quanto deve. As coisas se passam um tanto diversamente no direito público. Isso porque, quando se diz que o Estado deverá despender dinheiro, se está afirmando, em última análise, que os contribuintes em geral, a sociedade como um todo, deverá arcar com tais despesas, afora as hipóteses de empréstimos e emissão de moeda que, de toda sorte, repercutem sobre os indivíduos. Não há milagres e o dinheiro não cai do céu.

Desse modo, se definitivamente não houver recursos, as formas textuais mais claras e precisas não serão capazes de superar essa realidade fática: serão normas irrealizáveis. Luís Roberto Barroso já identificara essa situação, em que a manifesta ausência de condições materiais condena a norma desde o seu nascedouro, como uma forma de "insinceridade normativa"[34]. O que se pretende enfatizar, portanto, é que, ao cuidar da interpretação do direito público em geral, e do constitucional em particular, é preciso ter em mente, além dos elementos puramente jurídicos, dados da realidade, sendo um deles as condições materiais e financeiras de realização dos comandos normativos.

Como registrado por Hans Kelsen, há uma distância máxima que medeia entre o dever-ser e a realidade que ele quer transformar[35], distância essa que varia no tempo e no espaço. Muito provavelmente, as condições da república do interior da África Central são diferentes das que caracterizam o Brasil. De qualquer forma, ultrapassado esse limite, o direito passa a ser apenas um discurso desvinculado da realidade e incapaz de afetá-la. Não se pode ignorar esse fato no momento de construir a eficácia jurídica dos enunciados constitucionais. Serve apenas para desmoralizar o Direito afirmar que determinada prestação pode ser exigida judicialmente quando isso é verdadeiramente impossível.

---

[34] Luís Roberto Barroso. *O direito constitucional e a efetividade de suas normas*, 8. ed., 2006, p. 59 e ss.

[35] Hans Kelsen. *Teoria geral do direito e do Estado*, 3. ed., 1998, p. 176: "A relação que existe entre a validade e a eficácia de uma ordem jurídica – por assim dizer, a tensão entre o 'dever ser' e o 'ser' – pode ser determinada apenas por um limite superior e inferior. A concordância não deve nem exceder certo limite máximo, nem cair abaixo de um limite mínimo".

Por outro lado, não se pode olvidar que o propósito do Direito é alterar a realidade, de modo que lhe cabe dispor que seja justamente aquilo que ainda não é. Não haveria sentido nem utilidade em instituir normas jurídicas para descrever a realidade tal qual ela se apresenta. Esse segundo aspecto merece destaque para que o argumento da impossibilidade material não se vulgarize e seja usado para impedir mudanças programadas pelo Direito e esconder a distorção de prioridades na aplicação dos recursos e até mesmo a violação de outras normas, cujo propósito seria exatamente a criação de condições para esse avanço.

Seja como for, a máxima de que há necessidades e desejos ilimitados e recursos limitados continua válida, e será preciso enfrentar a circunstância da existência ou não de recursos disponíveis para atender às prestações positivas que se conclua que os direitos exijam. O debate em torno dessa questão tem sido identificado no Brasil por meio da expressão "reserva do possível". Mas o que significa essa expressão afinal no contexto do debate brasileiro? Esse é o *quarto aspecto* sobre o tema do custo dos direitos que se passa a destacar.

De forma geral, a expressão reserva do possível procura identificar o fenômeno econômico da limitação dos recursos disponíveis diante das necessidades quase sempre infinitas a serem por eles supridas. Assim, a reserva do possível significa que, para além das discussões jurídicas sobre o que se pode exigir judicialmente do Estado – e em última análise da sociedade, já que é esta que o sustenta –, é importante lembrar que há um limite de possibilidades materiais para esses direitos. Novamente: pouco adiantará, do ponto de vista prático, a previsão normativa ou a refinada técnica hermenêutica se absolutamente não houver dinheiro para custear a despesa gerada por determinado direito subjetivo.

A rigor, sob o título geral da reserva do possível convivem ao menos duas espécies diversas de fenômenos. O primeiro deles lida com a inexistência fática de recursos, algo próximo da exaustão orçamentária ou ao menos da ausência de disponibilidade de caixa, e pode ser identificado como uma reserva do possível fática. É possível questionar a realidade dessa espécie de circunstância quando se trata do Poder Público, tendo em conta a forma de arrecadação de recursos e a natureza dos ingressos públicos. Seja como for, a inexistência absoluta de recursos descreveria situações em relação às quais se poderia falar de reserva do possível fática.

O segundo fenômeno identifica uma reserva do possível jurídica já que não descreve propriamente um estado de exaustão de recursos, e sim a ausência de autorização orçamentária para determinado gasto em particular. Considerando que todo gasto público deve estar previsto no orçamento, a ausência de previsão para uma despesa em particular enfrenta o problema de não haver recursos alocados para esse fim. Em tese, caso a despesa precise efetivamente ser realizada, será necessário recorrer a eventuais recursos reservados para emergências, caso existam, ou simplesmente retirar recursos que haviam sido alocadas para outras despesas.

Em *quinto lugar*, a reserva do possível suscita a importante questão da definição de prioridades no gasto público. A definição de prioridades envolve sempre ter de dizer não para algo e eventualmente vai exigir escolhas trágicas[36]. Se não há recursos para tudo, investir os recursos existentes em determinada área significa, ao mesmo tempo, deixar de atender outras necessidades, ainda que a opção de abandonar um campo específico não tenha sido consciente.

A questão é complexa, pois exige o estabelecimento de prioridades e de critérios de escolha caso a caso, que poderão variar no tempo e no espaço, de acordo com as necessidades sociais mais prementes: por que aplicar os recursos na despoluição de um rio e não na pesquisa científica sobre doenças tropicais, ou na expansão da rede de ensino médio? Além de decidir em que gastar, é preciso também saber quanto deverá ser investido em cada uma das áreas escolhidas, já

---

[36] Sobre o tema, v. Calabresi e Bobbitt, *Tragic choices (The conflicts society confronts in the allocation of tragically scarce resource)*, 1978.

que as alternativas envolvem não apenas o binômio investir/não investir, mas também investir menos ou mais, de modo a tornar viável o atendimento de um maior número de necessidades. Por que razão, por exemplo, se deve proteger irrestritamente, em toda sua extensão, o direito de propriedade e abandonar completamente determinados direitos sociais por falta de recursos?

É certo que a Constituição estabelece uma série de metas prioritárias, objetivos fundamentais, entre os quais a promoção e a proteção de direitos, aos quais estão obrigadas as autoridades públicas. A despesa pública é o meio hábil para atingir essas metas. Logo, por bastante natural, as prioridades em matéria de gastos públicos devem seguir aquelas fixadas pela Constituição. Nesse sentido, o Pacto Internacional de Direitos Econômicos, Sociais e Culturais[37], a Convenção Internacional sobre o direito das crianças[38] e o Pacto de São José de Costa Rica[39] obrigam os Estados signatários a investirem o máximo dos recursos disponíveis na promoção dos direitos previstos em seus textos. A verdade, porém, é que, mesmo dentro do universo da proteção dos direitos, existem múltiplas possibilidades e decisões acerca de prioridades terão que ser tomadas.

---

[37] O Pacto Internacional sobre Direitos Econômicos, Sociais e Culturais, de 1966, foi aprovado pelo Decreto Legislativo nº 226, de 12.12.1991, e promulgado pelo Decreto nº 591, de 06.07.1992. Vale transcrever os seguintes artigos, por pertinentes:
"Art. 2. 1. Cada Estado Parte do Presente Pacto compromete-se a adotar medidas tanto por esforço próprio como pela assistência e cooperação internacionais, principalmente nos planos econômico e técnico, até o máximo de seus recursos disponíveis, que visem a assegurar, progressivamente, por todos os meios apropriados, o pleno exercício dos direitos reconhecidos no presente Pacto, incluindo, em particular, a adoção de medidas legislativas. (...) Art. 6. 1. Os Estados Partes do presente Pacto reconhecem o direito ao trabalho, que compreende o direito de toda pessoa de ter a possibilidade de ganhar a vida mediante um trabalho livremente escolhido ou aceito, e tomarão medidas apropriadas para salvaguardar esse direito. (...) Art. 11. 1. Os Estados Partes do presente Pacto reconhecem o direito de toda pessoa a um nível de vida adequado para si próprio e sua família, inclusive à alimentação, vestimenta e moradia adequadas, assim como a uma melhoria contínua de suas condições de vida. Os Estados Partes tomarão medidas apropriadas para assegurar a consecução desse direito, reconhecendo, nesse sentido, a importância essencial da cooperação internacional fundada no livre consentimento. (...) Art. 13. 1. Os Estados Partes do presente Pacto reconhecem o direito de toda pessoa à educação. Concordam em que a educação deverá visar ao pleno desenvolvimento da personalidade humana e do sentido de sua dignidade e fortalecer o respeito pelos direitos humanos e liberdades fundamentais. Concordam ainda em que a educação deverá capacitar todas as pessoas a participar efetivamente de uma sociedade livre, favorecer a compreensão, a tolerância e a amizade entre todas as nações e entre todos os grupos raciais, étnicos ou religiosos e promover as atividades das Nações Unidas em prol da manutenção da paz. 2. Os Estados Partes do presente Pacto reconhecem que, com o objetivo de assegurar o pleno exercício desse direito: a) A educação primária deverá ser obrigatória e acessível gratuitamente a todos; (...) Art. 14. Todo Estado Parte do presente Pacto que, no momento em que se tornar Parte, ainda não tenha garantido em seu próprio território ou territórios sob sua jurisdição a obrigatoriedade e a gratuidade da educação primária, se compromete a elaborar e a adotar, dentro de um prazo de dois anos, um plano de ação detalhado destinado à implementação progressiva, dentro de um número razoável de anos estabelecidos no próprio plano, do princípio da educação primária obrigatória e gratuita para todos".

[38] A Convenção sobre os direitos das crianças, de 1989, foi aprovada pelo Decreto Legislativo nº 28, de 14.09.1990, e promulgada pelo Decreto nº 99.710, de 21.11.1990. Veja-se: "Art. 4. Os Estados-partes tomarão todas as medidas apropriadas, administrativas, legislativas e outras, para a implementação dos direitos reconhecidos nesta Convenção. Com relação aos direitos econômicos, sociais e culturais, os Estados-partes tomarão tais medidas no alcance máximo de seus recursos disponíveis e, quando necessário, no âmbito da cooperação internacional".

[39] A Convenção Americana sobre Direitos Humanos, de São José de Costa Rica, 1969, aprovada pelo Decreto Legislativo nº 27, de 26.05.1992, e promulgada pelo Decreto nº 678, de 06.11.1992, traz a seguinte redação: "Art. 26. Desenvolvimento progressivo. Os Estados-Partes comprometem-se a adotar providência, tanto no âmbito interno como mediante cooperação internacional, especialmente econômica e técnica, a fim de conseguir progressivamente a plena efetividade dos direitos que decorrem das normas econômicas, sociais e sobre educação, ciência e cultura, constantes da Carta da Organização dos Estados Americanos, reformada pelo Protocolo de Buenos Aires, na medida dos recursos disponíveis, por via legislativa ou outros meios apropriados".

Por fim, em **sexto lugar**, a questão precisa ser examinada também sob a perspectiva das receitas que o Estado coleta. Isso porque, afora países em que os níveis de pobreza da população sejam extremos, faltando mesmo capacidade contributiva, os Estados têm, em geral, uma capacidade de crédito bastante elástica, tendo em vista a possibilidade de aumento de receita. Em um curto espaço de tempo, pouco mais de um ano no caso brasileiro, a autoridade pública tem condições técnicas de incrementar suas receitas, com a majoração de tributos, por exemplo.

Além disso, dentro de limites estabelecidos pela Constituição e pela legislação, o Estado pode também obter recursos por meio de empréstimos e pela emissão de títulos. Outras fontes de receita pública podem ser a alienação de bens ou a exploração onerosa de bens. Ou seja: a limitação de recursos existe, não há dúvida, mas além do debate acerca das prioridades nos gastos públicos, a realidade é que as receitas estatais não são fixas e imutáveis. Em resumo, as duas pontas da atividade financeira – arrecadação e gastos – devem ser examinadas quando se trata dos custos dos direitos e da atividade estatal como um todo.

6.1.5.6 *Destinatários dos deveres vinculados aos direitos fundamentais*

Discutidos alguns aspectos acerca da construção da eficácia jurídica dos direitos fundamentais em sua primeira perspectiva – isto é: a identificação do que se pode exigir com fundamento em tais normas – cabe tratar dos destinatários dos deveres que essas normas geram. De quem os efeitos dos direitos podem ser exigidos?

As normas que consagram direitos fundamentais podem em tese ser violadas e, por isso mesmo, exigem algum tipo de conduta para que sejam cumpridas: delas decorrem deveres. Na realidade, essa é uma característica das normas jurídicas em geral.

Uma previsão hipotética no sentido de que o sol surja nos céus todos os dias pela manhã simplesmente se verifica e não pode deixar de ser cumprida (ao menos não por ação humana): não há necessidade de qualquer conduta para o cumprimento dessa previsão, e daí a inutilidade de uma norma nesse sentido. No caso das normas jurídicas, porém, elas podem ser descumpridas pela liberdade humana e por isso demandam condutas que constituem deveres. O direito à vida pode ser violado e por isso a conduta de matar é vedada.

Nesse contexto, além da questão em torno de quem é o destinatário dos direitos – seu titular – é preciso saber quem é o destinatário dos deveres que esses direitos ensejam. A questão pode ser identificada nos seguintes termos: quem está obrigado a fazer ou deixar de fazer algo em decorrência das normas de direitos fundamentais?

Em um primeiro sentido, todas as pessoas são simultaneamente titulares dos direitos e destinatárias dos deveres que eles ensejam: essa é a lógica constitucional ao utilizar a expressão "dos direitos e deveres individuais e coletivos" no Capítulo I do Título II. Cada pessoa está obrigada ao menos a respeitar os direitos dos demais. Respeitar nesse contexto veicula a ideia de não violação, isto é, de abster-se de praticar atos que violem direitos alheios. A possibilidade de pessoas em geral serem obrigadas a praticar atos comissivos por conta dos direitos fundamentais de terceiros é um pouco mais complexa, como se verá, e envolve a chamada eficácia horizontal dos direitos ou a eficácia dos direitos no âmbito das relações privadas.

Mas garantir a observância das normas de direitos demanda mais do que omissões: trata-se de uma atividade complexa que exigirá muitos outros deveres, em geral associados aos Estados. Assim, tornou-se comum a utilização conjunta dos verbos "proteger, promover e respeitar" os direitos fundamentais para tentar refletir as múltiplas iniciativas envolvidas na realização desses direitos por parte dos Estados.

Também o Estado não pode violar os direitos fundamentais, por natural. O próprio Poder Público está obrigado a respeitar tais direitos em sua atuação como um todo: os agentes estatais também podem violar os direitos das pessoas, e historicamente não é incomum que isso aconteça. O Estado, portanto, não pode impor censura, matar, ferir, torturar, impedir as liberdades religiosas, de associação, dentre outras.

Um dos desafios para a garantia dos direitos humanos é justamente a existência de Estados ou de dinâmicas no âmbito de Estados que violam de forma sistemática e generalizada os direitos das pessoas – mortes, torturas, discriminação, prisões ilegais, restrições de propriedade e liberdades variadas, por exemplo, a opositores políticos e minorias religiosas –, não havendo por vezes a quem elas possam recorrer internamente, uma vez que as autoridades públicas que deveriam proteger direitos são as que perpetram as violações.

Mesmo nos Estados em que não há violação sistemática e generalizada, agentes estatais podem levar a cabo violações de direitos, ainda que eventuais. E aqui a dimensão do *respeito* se conecta com a da *proteção*: devem existir mecanismos institucionais no âmbito do Estado capazes de proteger as pessoas de ataques a seus direitos vindos de terceiros e de agentes do próprio Estado.

Como já observado no ponto da dimensão objetiva dos direitos, sua proteção demanda diversas estruturas institucionais. A atividade policial e de segurança pública, a defesa civil, os sistemas de fiscalização ambientais e trabalhistas, os sistemas de monitoramento de chuvas e desastres naturais visam proteger as pessoas e a sociedade de violações e danos a seus direitos. O Judiciário atua para proteger as pessoas de violações em múltiplos contextos e para lidar com violações que já aconteceram. Embora seja comum vincular esses mecanismos ao Direito Penal, ao lado da atividade policial, da investigação criminal, do Judiciário e do sistema prisional, existem muitas outras estruturas estatais não penais que visam a fiscalizar e proteger direitos, sendo certo que o Judiciário não atua apenas na aplicação do direito penal e dos direitos por ele protegidos. Esses e outros sistemas visam direta ou indiretamente a proteger direitos.

Nada obstante, iniciativas de promoção também podem ser necessárias, como já se observou: o caso do direito à educação ilustra facilmente o ponto, mas não é o único. Não se trata propriamente de proteger o direito à educação das pessoas contra eventuais ataques, mas de promovê-lo por meio de políticas específicas para esse fim. Em sentido similar, não basta proteger os indivíduos de ações que possam prejudicar-lhes a saúde, embora isso seja do mesmo modo importante; é necessário também promover a saúde por meio de iniciativas específicas.

Como referido acima, não apenas as pessoas físicas, mas também as pessoas jurídicas privadas estão obrigadas a respeitar os direitos fundamentais das pessoas com as quais lidam (consumidores, empregados, fornecedores etc.), o que envolve, em primeiro lugar, a observância de diversas normas que se aplicam a essas relações, *e.g.*, trabalhistas, urbanísticas, ambientais, sanitárias, normas que regulam o mercado de capitais, as relações com os acionistas etc.

No caso de pessoas jurídicas, um ponto sensível envolve as condutas individuais de seus empregados e agentes que não estejam diretamente relacionadas com suas próprias políticas e linhas de ação institucional. Uma empresa pode ter políticas institucionais de respeito e inclusão, mas um funcionário pode eventualmente (ou reiteradamente) adotar práticas racistas. O tema está mais ligado ao Direito Privado e como lidar com riscos e responsabilidades das diferentes atividades nesse contexto, mas vale o registro de que a dimensão do *respeito* pode exigir que determinados agentes privados, como grandes empresas e instituições, criem incentivos a um ambiente de respeito aos direitos fundamentais (as discussões em torno de exigências de *compliance* giram em torno dessa ideia), embora não tenham como controlar a conduta individual de todos seus colaboradores todo o tempo.

Esses incentivos envolvem em geral procedimentos internos destinados a estimular e desestimular padrões de conduta e minimizar o risco de pessoas serem alvo de discriminação, assédio etc., no contexto da atividade dessas instituições, com a possibilidade de apresentação de denúncias contra eventuais violações e a aplicação de sanções internas (sem prejuízo das sanções estatais por acaso pertinentes). A Lei nº 12.846/2013, a chamada Lei Anticorrupção,

Cap. 6 – DIREITOS FUNDAMENTAIS E ORDEM SOCIAL **161**

criou mecanismo nesse sentido (art. 7º, VIII), mas com foco no tema que preocupa a lei (corrupção), envolvendo as relações das empresas com o Poder Público.

De qualquer modo, é importante perceber que a delicadeza da discussão em torno da eficácia dos direitos fundamentais sobre as relações privadas está na possibilidade ou não de exigir-se, para além do respeito que decorre diretamente das normas que asseguram os direitos, outros deveres dos agentes privados sem previsão legal específica. Isso porque a liberdade e a legalidade (art. 5º, II) são igualmente direitos fundamentais constitucionalmente previstos e ninguém está obrigado a fazer coisa alguma salvo em virtude de lei. Assim, como regra, não é exigível dos particulares, sem previsão legal específica e válida, promover a realização de direitos fundamentais de outros particulares: esse é o papel do Estado, que decide, democraticamente, o que será feito e reparte por toda a sociedade o custo dessas iniciativas de promoção, por meio dos tributos.

Um exemplo próximo ilustra o ponto. Os moradores de um prédio de apartamento teriam deveres *jurídicos* específicos de cuidado em relação a um vizinho idoso e doente? Ou em face de crianças moradoras do mesmo edifício? A legislação dispõe sobre a figura da omissão de socorro, por exemplo, e deveres de cuidado no âmbito da família. Para além de tais previsões, porém, é um risco para o Estado de Direito imaginar que toda e qualquer autoridade com competência para aplicar normas jurídicas possa criar e impor deveres de promoção de direitos fundamentais a terceiros sem previsão legal específica. Mais ainda em uma sociedade plural em que as visões acerca dos direitos e de como promovê-los não são homogêneas do ponto de vista cultural, de modo que a concepção particular de cada autoridade em cada ponto do país acabaria por definir o que particulares estão ou não obrigados a fazer.

O Direito não ocupa – nem deve ocupar – todos os espaços das relações humanas: continuam a existir outros deveres, de fundamento moral, filosófico e religioso, que nem por isso se transformam em deveres jurídicos automaticamente. Seria lamentável inclusive considerar que as iniciativas humanas de cuidado, solidariedade e generosidade para com o próximo apenas poderiam ser motivadas por *deveres jurídicos* – por conta da imperatividade e coatividade a eles associadas – e não por outras razões relevantes o suficiente para levar à ação, mas inseridas no âmbito da liberdade de cada um.

Há uma comunicação natural e inafastável entre Direito e Moralidade, como se discutiu acima, mas os dois domínios não se confundem, até porque o Direito é sempre o espaço da imposição e da coação, que inclui o uso da força/violência. A tentativa de usar o Direito para impor uma determinada moralidade de forma abrangente – uma espécie de perfeccionismo moral – conduz em geral a totalitarismos e a opressões de toda sorte, como a história de muitos países ocidentais ilustra e como se observa hoje em várias partes do mundo nas quais se adotam governos teocráticos e/ou nos quais há identidade entre Direito e preceitos de determinada convicção religiosa ou moral.

Nada impede, porém, muito ao contrário, que a ordem jurídica crie estímulos para que os agentes privados se engajem na promoção de direitos fundamentais de forma voluntária. Exatamente nesse sentido, a ONU expediu, em 2011, documento contendo um conjunto de diretrizes para Estados e empresas (*Guiding Principles on Business and Human Rights*)[40]. Para além da obrigação básica de respeitar a legislação vigente que protege os direitos fundamentais, as diretrizes sugerem iniciativas para avaliar o impacto geral da atividade econômica sobre direitos e mecanismos visando remediar esses impactos.

---

[40] Disponível em: https://www.ohchr.org/Documents/Publications/GuidingPrinciplesBusinessHR_EN.pdf.

6.1.5.7 Garantias dos direitos fundamentais

Por fim, a eficácia jurídica dos direitos envolve não apenas saber o que se pode exigir com fundamento neles e de quem, mas também *como*. Uma das questões centrais dos direitos é, efetivamente, como garanti-los, já que a previsão normativa nem sempre é suficiente para que, no mundo dos fatos, eles sejam assegurados. Alguns direitos, em relação a determinados grupos e em alguns lugares do mundo, talvez contem com um cumprimento geral voluntário, fundado na cultura e nas tradições. Talvez em determinados lugares as pessoas não sejam torturadas, as liberdades sejam respeitadas, os níveis de criminalidade sejam baixos, haja em funcionamento sistemas educacionais e de prestação de serviços de saúde eficientes e abrangentes, por exemplo.

Em muitos outros locais do mundo, porém, essa não é uma descrição adequada da realidade. Nesses ambientes, a previsão contida na Constituição e o detalhamento legislativo, embora importantes, dificilmente são suficientes para garantir que os direitos sejam respeitados e fruídos pelas pessoas – seus destinatários – no mundo real do dia a dia de suas vidas. Como a violação às normas de direitos fundamentais não é incomum, é necessário que existam mecanismos destinados a garantir seu cumprimento tanto quanto possível.

No plano internacional, para além das normas de direitos humanos propriamente ditas, a estrutura de proteção desses direitos é integrada por Cortes encarregadas da aplicação dessas normas em situações específicas. A Corte Internacional de Direitos Humanos foi instalada em 1945. Em relação às Cortes regionais, a cronologia da edição dos documentos que as previram (primeira data) e o início de sua vigência (segunda data) é, resumidamente, o seguinte: a Corte Europeia de Direitos Humanos começou a funcionar em 1959, mas o Protocolo 11 à Convenção para Proteção dos Direitos Humanos e das Liberdades Fundamentais europeia, que criou a Corte única ou Corte nova, é de 1994/1998; a Convenção Americana dos Direitos Humanos, que trata da jurisdição compulsória da Corte Interamericana, é de 1969/1978; e o Protocolo que criou a Corte Africana sobre os Direitos Humanos e dos Povos é de 1998/2004[41].

Ao lado desse sistema jurisdicional, sobretudo no âmbito da ONU, existem também comitês permanentes criados para o fim de monitorar o progressivo cumprimento, pelos Estados, das normas pactuadas no âmbito internacional, afora estruturas pontuais ou temporárias que têm o propósito similar de monitoramento e avaliação.

O funcionamento dos comitês envolve o compromisso dos países de remeter periodicamente relatórios descrevendo a realidade nacional acerca dos direitos em foco, as providências adotadas, seus resultados, e as dificuldades enfrentadas no sentido de realizar, de fato, as previsões pactuadas nas normas internacionais. Além dos relatos oficiais recebidos, os comitês podem empreender verificações independentes e receber relatórios de organizações não governamentais sobre a situação interna de cada país. A partir dos dados obtidos, os comitês expedem observações e diretrizes a fim de auxiliar e, de certo modo, direcionar o esforço dos Estados. O ciclo se renova periodicamente com a apresentação de novos relatórios e novas apreciações por parte dos comitês.

No plano interno, é possível imaginar diferentes tipos de providências destinadas a garantir direitos. Em primeiro lugar, serão necessárias políticas públicas as mais variadas, e alguns exemplos ilustram o ponto, como já referido. O direito à saúde exige, é fácil perceber, complexas políticas públicas que envolvem práticas de prevenção, a definição das prioridades epidemiológicas, os tratamentos/procedimentos a serem adotados, e estruturas para atender a população e prestar esses serviços. Práticas de prevenção podem envolver políticas, por exemplo, de vacinação,

---

[41] Para um levantamento da jurisprudência das Cortes regionais, v. Langford (Org.). *Social Rights Jurisprudence. Emerging Trends in International and Comparative Law*. Cambridge: Cambridge University Press, 2008.

Cap. 6 – DIREITOS FUNDAMENTAIS E ORDEM SOCIAL **163**

atendimento preventivo, bem como normas que estabelecem limites em termos de poluição ou exigem a utilização de equipamentos de segurança, com a consequente necessidade de existir uma estrutura de fiscalização do cumprimento dessas normas.

Mas não são apenas os direitos sociais que exigem políticas públicas: todos os direitos, de uma forma ou de outra, vão depender delas. O direito de propriedade, por exemplo, exige a existência de sistemas de identificação e cadastramento das propriedades imóveis urbanas e rurais, além dos serviços de segurança pública (*e.g.*, polícia, bombeiros) que se destinam a proteger não apenas a vida e a integridade física das pessoas, mas também a propriedade. Além de, claro, ser necessário impedir a intervenção do Estado na propriedade privada para além dos limites previstos na Constituição, o que frequentemente exige a intervenção judicial, que igualmente tem custos para o próprio Estado.

Na mesma linha, a Constituição veda a tortura, mas são necessárias políticas para monitorar e punir sua violação, por exemplo. Vários direitos trabalhistas que, como regra, são exercitados em face dos empregadores e não propriamente do Estado (salvo quando ele é o empregador) exigem igualmente políticas de monitoramento e fiscalização e, eventualmente, sanção ou prêmio, dependendo do sistema que se adote para tentar ampliar a adesão à norma. Em qualquer caso, todas as políticas públicas dependem de recursos públicos, que deverão ser previstos no orçamento e executados.

É por isso, aliás, que se critica a tentativa de distinguir entre direitos positivos e negativos, ou entre direitos que demandariam políticas públicas e, portanto, teriam custos, e direitos que demandariam apenas omissões por parte do Estado, cuja realização não envolveria dispêndio de recursos. É verdade que a promoção de determinados direitos pode eventualmente demandar mais recursos que outras, o que precisará, em qualquer caso, ser apurado de forma concreta, e não a partir de pressuposições não demonstradas, a fim de que as prioridades na alocação dos recursos públicos, sempre escassos, sejam definidas democraticamente. Seja como for, a realidade é que todos os direitos, mais ou menos, demandam políticas públicas e recursos públicos[42].

A Constituição já prevê ou protege, desde logo, algumas instituições que, direta ou indiretamente, contribuem para promover a garantia de direitos, entre as quais o Poder Judiciário. Antes dele, porém, a Constituição se ocupa de proteger a família em vários contextos, já que ela será responsável, em primeiro lugar, por garantir os direitos de seus integrantes mais vulneráveis, como crianças, adolescentes e idosos (arts. 227 e 230), e inclusive terá o dever jurídico de fazê-lo[43].

A Constituição prevê ainda a Defensoria Pública, cuja missão principal é a orientação jurídica e a defesa judicial dos direitos dos necessitados (art. 134), e o Ministério Público (art. 127), a quem compete a defesa da ordem jurídica, do regime democrático e dos interesses sociais e individuais indisponíveis.

Por fim, o Judiciário e o conjunto de mecanismos processuais por meio dos quais questões relacionadas a direitos lhe podem ser submetidas tornaram-se um mecanismo importante de garantia dos direitos fundamentais sob múltiplas perspectivas, que vale detalhar brevemente. Em primeiro lugar, o Judiciário pode promover o respeito e a promoção dos direitos dos autores das demandas ou de seus eventuais substituídos. O formato pode ser descrito nos seguintes termos: uma previsão normativa consagra algum tipo de direito, esse direito é violado por ação ou por omissão, e alguém – o titular do direito, um representante ou substituto processual – ajuíza uma demanda sobre o tema.

---

[42] Flávio Galdino. *Introdução à teoria dos custos dos direitos*: direitos não nascem em árvores, 2005.

[43] O Estatuto da Criança e do Adolescente (Lei nº 8.069/1990) prevê uma série de deveres para a família, assim como o Estatuto do Idoso (Lei nº 10.741/2003).

O Poder Judiciário poderá, então, julgar procedente o pedido formulado e determinar que o réu adote certa conduta ou leve a cabo providências, de modo a respeitar e/ou promover o direito fundamental em questão. Na sequência de uma decisão dessa natureza, terá início o período de execução, que poderá assumir muitas formas. Uma vez executada integralmente a decisão, espera-se que o direito fundamental tenha sido ou venha a ser respeitado e/ou promovido.

Essa primeira dimensão tem admitido múltiplos desenvolvimentos. Um primeiro descreve as ações individuais, tradicionalmente manejadas por indivíduos para tutela de seus direitos, sejam eles a liberdade de locomoção, protegida pela via do habeas corpus, seja o direito a prestações de saúde, passando pela garantia da liberdade e da igualdade, entre tantos outros direitos de que se possa cogitar.

Um segundo desenvolvimento que pode ser identificado cuida das ações coletivas nas quais se postulam bens privados, isto é, aqueles que, ao serem consumidos, têm sua quantidade disponível reduzida para o restante da sociedade. Embora, por vezes, a natureza do direito tutelado seja a mesma das ações puramente individuais, a tutela coletiva poderá ter um impacto diferenciado sobre a promoção dos direitos fundamentais, tanto porque o número de eventuais beneficiados será maior, quanto porque a ação coletiva tem o potencial de afetar a política pública geral sobre o tema. Assim, uma ação ajuizada por uma associação de portadores de determinada doença postulando medicamentos pretende, em última análise, que cada associado receba o produto, assim como se passa em ações individuais com o mesmo pedido. Nada obstante, o impacto possível sobre a política pública de dispensação farmacêutica será provavelmente maior do que a desencadeada por várias ações individuais[44].

Um terceiro desenvolvimento do papel clássico da jurisdição em matéria de direitos fundamentais diz respeito a demandas nas quais se postulam bens públicos, isto é, aqueles cujo consumo não reduz a disponibilidade do bem para o restante das pessoas. Em geral, essa espécie de tutela enseja exigências específicas acerca da legitimação ativa (isto é: quem pode desencadear essa espécie de demanda), que não cabe aqui discutir, e pode desdobrar-se em três manifestações principais.

Em primeiro lugar, essa pretensão pode envolver o controle abstrato de constitucionalidade de atos normativos. Não há dúvida de que a declaração de inconstitucionalidade de um ato normativo pode ser da maior relevância para o respeito e/ou a promoção de direitos fundamentais. Um exemplo é suficiente para demonstrar o argumento: a declaração de inconstitucionalidade sem redução do texto da Emenda Constitucional nº 19/1998, que pretendia estabelecer um teto para o benefício da licença-maternidade, teve um impacto direto na garantia de direitos relacionados com a igualdade da mulher no mercado de trabalho e com a proteção da maternidade e da infância[45]. E o benefício obtido por cada mulher por conta da decisão não reduz o proveito possível para todas as demais.

Em segundo lugar, essa pretensão pode dizer respeito à exigibilidade de que exista uma política pública sobre determinado direito. Eventualmente, pode haver uma norma geral provendo sobre o direito, mas nenhuma política foi delineada para lhe dar concretude, ou há problemas sérios estruturais com as políticas existentes. Nesse contexto, é possível pedir ao Judiciário que imponha aos poderes competentes o dever de elaborar ou corrigir uma política pública sobre o tema em caráter geral.

---

[44] Para uma discussão sobre a importância das ações coletivas e sua capacidade de minimizar problemas observados nas ações individuais, v. Ana Paula de Barcellos. O direito a prestações de saúde: Complexidade, mínimo existencial e o valor das abordagens coletiva e abstrata. In: Sidney Guerra e Lilian Balmant Emerique (Org.). *Perspectivas constitucionais contemporâneas*. Rio de Janeiro: Lumen Juris, p. 221-247, 2010.

[45] STF, ADI 1946, Rel. Min. Sydney Sanches, *DJ* 03.06.2003.

Cap. 6 – DIREITOS FUNDAMENTAIS E ORDEM SOCIAL   165

Por fim, uma terceira subdivisão dessas pretensões de bens públicos congregaria aquelas hipóteses nas quais se postula a prestação concreta de serviços que, por sua natureza, serão fruídos coletivamente. É o caso, por exemplo, de plantas de tratamento de esgoto para determinada cidade, políticas ambientais, e a existência de hospitais ou escolas. Nesse caso não se postula, por exemplo, uma vaga em uma escola, ou um procedimento médico, mas a existência permanente da escola ou do hospital.

Demandas que postulam políticas públicas, sua correção ou a prestação de serviços que envolvam maior complexidade têm sido identificadas como demandas estruturais, litígios estruturantes, litígios de alta complexidade, litígios estratégicos, entre outras expressões similares. O tratamento diferenciado se justifica, pois os desafios envolvidos do ponto de vista processual, da prestação jurisdicional e da execução do que quer que seja decidido são bastante diversos. Basta comparar uma demanda na qual se postula, por exemplo, a entrega de um medicamento a ser custeado pela União, com a ADPF nº 635, na qual o STF discutiu (e continua a discutir) a política de segurança pública e de atuação policial em comunidades no Estado do Rio de Janeiro. O cumprimento das decisões tomadas no âmbito da ADPF nº 635 (que eventualmente precisam ser revistas diante de novas informações) está sendo monitorado por um grupo de trabalho no âmbito do CNJ criado para esse fim por determinação do STF. O nível de complexidade é claramente diverso e isso tem repercussões jurídicas variadas.

Junto a essa primeira dimensão, por força da qual a jurisdição contribui para o respeito e a promoção dos direitos fundamentais, há também duas outras, de difícil mensuração, mas que não devem, por isso, ser desprezadas. Para além do eventual efeito específico do cumprimento de uma decisão judicial em benefício de determinadas pessoas, comunidades ou até da sociedade como um todo, o conjunto de decisões judiciais em determinado sentido pode fortalecer o Estado de Direito e induzir uma maior adesão voluntária às normas jurídicas e, no caso, às normas que cuidam da promoção de direitos fundamentais[46].

Assim, *e.g.*, se o Judiciário reiterada e coerentemente invalida atos de natureza sancionatória praticados pelo Poder Público sem observância do devido processo legal, é muito possível que, com o tempo, este incorpore a observância dessa previsão. Se o Judiciário condena, de forma consistente, a discriminação social ou racial no acesso a condomínios de apartamentos, por exemplo, é possível que a administração desses condomínios, no mínimo pelo temor de uma condenação, descontinue ou minimize a prática da discriminação.

É certo que esses estímulos são recebidos pelos diferentes agentes públicos e privados de forma diversa, e nem sempre o resultado é o esperado. Condenações financeiras contra o Poder Público, por exemplo, dificilmente produzem como resultado a alteração de políticas públicas, já que raramente a Administração que responde à demanda será a que pagará a indenização por conta da passagem do tempo. Também não é incomum que tanto o Poder Público quanto agentes privados adaptem-se apenas para atender às decisões judiciais, sem necessariamente aderirem ao cumprimento da norma de forma ampla. Seja como for, esse efeito da prevenção geral é relevante, tanto mais quanto se observa uma tendência de objetivação da jurisprudência[47].

---

[46]   Joseph Raz. The rule of law and its virtues. In: *The authority of law*: essays on law and morality. Oxford: Clarendon Press, p. 210-232, 2009.

[47]   A objetivação da jurisprudência descreve o processo vivido no Brasil pelo qual às decisões dos Tribunais, sobretudo dos Superiores, se atribuem cada vez mais efeitos gerais e, em alguns casos, vinculantes. É o caso das decisões do STF em sede de mecanismos de controle concentrado de constitucionalidade, mas também das súmulas vinculantes que podem ser aprovadas valendo-se de decisões proferidas em sede de controle difuso de constitucionalidade. As súmulas expedidas pelos demais Tribunais Superiores, embora não tenham caráter vinculante, impõem restrições às possibilidades recursais e se destinam, afinal, a explicitar em caráter geral o entendimento das Cortes para a sociedade. O novo Código de Processo Civil expande a ideia de uniformização e objetivação da jurisprudência também para os demais tribunais, como se vê dos arts. 926 e 927.

Por fim, um terceiro efeito digno de nota que a jurisdição pode ter sobre a promoção de direitos fundamentais é o de pauta política. Determinadas decisões, mesmo quando não cumpridas de imediato ou no prazo previsto, podem influenciar a pauta política, seja por sua própria natureza (como aquelas que declaram uma omissão inconstitucional e constituem em mora os demais poderes), seja por conta da repercussão que tenham na imprensa, seja por força das sanções previstas ou por outras razões menos óbvias[48]. Por vezes, decisões judiciais ajudam a colocar determinados temas na pauta política, desencadeiam o debate público e contribuem para o processo de mudança social, ainda que de forma indireta e em conjunto com outros elementos[49].

A despeito da importância da jurisdição, é preciso não a superestimar. A evidência disponível, no Brasil e no mundo[50], é que quando se cuida de ações coletivas e/ou de demandas que envolvem bens públicos, como a alteração, correção ou implantação de uma política pública, a execução das decisões judiciais pode demorar décadas (mais tempo do que a política pública que se postula levaria para ser executada caso fosse uma prioridade governamental) ou, eventualmente, nunca acontecer. E isso porque a cooperação dos demais Poderes é essencial e os mecanismos de sanção de que o Direito dispõe simplesmente não têm como impor essa cooperação, caso ela não se desenvolva naturalmente, de acordo com a lógica política.

O debate contemporâneo sobre o assunto tem justamente apontado a necessidade de as demandas que postulam direitos serem acompanhadas por movimentos sociais e de pressão, cuja articulação no espaço público garanta que o tema objeto da decisão judicial tenha a necessária prioridade no debate político.

Além disso, o Judiciário decide as demandas que lhe são encaminhadas, de modo que há um filtro prévio que repercute sobre os temas que serão objeto de decisão judicial, relacionado com quem ajuíza demandas e que assuntos esses autores submetem ao Judiciário. Há considerável literatura destacando que, como regra, as demandas submetidas ao Judiciário não dizem respeito às necessidades dos mais pobres e excluídos da sociedade. E isso porque a decisão de ir ao Judiciário já envolve a disponibilidade de informações e recursos (não apenas financeiros) de que os pobres não dispõem, mas a que outros grupos têm acesso[51].

Em resumo, todos esses mecanismos – atuação internacional, políticas públicas internas, atuação das instituições e jurisdição – contribuem, em alguma medida, para proteger e promover os direitos fundamentais, o que continua a ser o grande desafio do século XXI. Sobretudo em realidades muito desiguais, como a brasileira, esse desafio é ainda maior, já que esse processo de garantir e promover direitos não será uniforme ou homogêneo no País como um todo ou nos diferentes grupos sociais.

---

[48] Birkland. Agenda setting in public policy. In: F. Fischer; G. Miller; M. Sidney (Ed.). *Handbook of public policy analysis. Theory, politics and methods*. New York: CRC Press, 2007.

[49] Sobre o debate acerca do potencial que litígios e decisões judiciais podem ter como instrumentos de transformação social, v., por muitos, K. Young. *Constituting economic and social rights*. Oxford: Oxford University Press, 2012; Sieder *et al. The judicialization of politics in Latin America*. New York: Palgrave Macmillian, 2009; Gargarella, Domingo e Roux. *Courts and social transformation in new democracies. An institutional voice for the poor?* Aldershot/Burlington: Ashgate, 2006.

[50] V., por todos, Gauri e Brinks. *Courting social justice. Judicial enforcement of social and economic rights in the developing world*. Cambridge: Cambridge University Press, 2008.

[51] Bilchitz. *Poverty and fundamental rights*. New York: Oxford University Press, 2007.

6.2 O SISTEMA CONSTITUCIONAL DOS DIREITOS FUNDAMENTAIS NA CONSTITUIÇÃO DE 1988

O tema dos direitos fundamentais é central na Constituição de 1988 e há muitas disposições relacionadas com ele de forma direta – e outras tantas de forma indireta. Antes de examinar-se cada direito de que a Constituição trata de forma específica, é importante ter uma visão do sistema como um todo e de como as diferentes partes dele se relacionam.

É possível identificar, para fins didáticos, quatro partes principais no grande sistema constitucional relacionado com proteção, promoção e respeito dos direitos fundamentais: (i) a enunciação dos direitos propriamente dita; (ii) as políticas públicas já delineadas pela Constituição na Ordem Social para a promoção de direitos; (iii) a atribuição de competências gerais aos entes federativos para proteção e promoção de determinados direitos por meio de atividade legislativa e político-administrativa; e (iv) a criação de instituições para a garantia dos direitos. É possível cogitar também da tributação como uma quinta parte (v) desse sistema sob duas perspectivas. As opções tributárias têm repercussões sobre os direitos, tema que recebeu especialmente atenção da reforma tributária aprovada pela EC nº 132/2023. E, em qualquer caso, um dos objetivos centrais da tributação é obter recursos para custear o Estado e as políticas públicas que visam a proteger e promover direitos.

Neste capítulo vamos aprofundar o estudo de (i) e (ii), que formam o subsistema temático dos direitos de forma específica, e fazer uma nota sobre as repercussões específicas da reforma tributária (EC nº 132/2023) para os direitos fundamentais (v). A distribuição de competências entre os entes federativos (iii) será examinada na parte sobre a organização do Estado. As previsões da Ordem Social, que tratam de políticas públicas, como se verá, já indicam atribuições a cargo dos diferentes entes federativos. Para além dessas normas, porém, existem igualmente competências gerais dos entes de que tratam, por exemplo, os arts. 22, 23, 24 e 30 da Constituição. O ponto é importante para que não se perca de vista a conexão do tema com a centralidade da pessoa humana e a proteção/promoção/respeito de seus direitos. As competências dos entes federados não são ativos que eles receberam e podem usar como quiserem: são poderes/deveres que visam a realizar os fins constitucionais.

Por fim, sobre (iv), quando se tratou acima da garantia dos direitos discutiu-se sobre instituições públicas que se destinam exatamente a sua proteção, como é o caso, por exemplo, do Judiciário, do Ministério Público e da Defensoria Pública. As previsões constitucionais que tratam dessas instituições serão examinadas em capítulos próprios.

Cada um dos direitos fundamentais previstos pela Constituição será estudado na sequência, assim como as políticas públicas já estruturadas pela Constituição para promoção de alguns deles. Antes, porém, será útil esclarecer algumas classificações e categorias utilizadas pela própria Constituição, pela doutrina e pela jurisprudência para identificar e descrever grupos de direitos.

6.2.1 Classificações dos direitos fundamentais

Há muitas formas de classificar os direitos fundamentais, sob diferentes critérios, mas considerando as opções do texto de 1988 é possível identificar, mesmo que de forma simplificada, as seguintes categorias: direitos individuais, direitos sociais – sob cuja epígrafe a Constituição apresenta também os direitos dos trabalhadores –, direitos de nacionalidade, direitos políticos e direitos coletivos e difusos.

Uma primeira observação envolve as epígrafes utilizadas pela Constituição e a classificação a ser atribuída a cada direito em particular. Seriam direitos individuais apenas aqueles listados no art. 5º da Constituição – já que a epígrafe fala de direitos e deveres individuais e coletivos – ou direitos previstos em outras partes do texto poderiam/deveriam ser descritos igualmente como individuais?

O ponto tem relevo prático por conta da cláusula pétrea do art. 60, § 4º, IV, que prevê que "Não será objeto de deliberação a proposta de emenda tendente a abolir: (...) os direitos e garantias individuais.". Há muitas discussões sobre qual o sentido e alcance da clausula pétrea em questão, inclusive sobre como deve ser compreendida a expressão "direitos e garantias individuais". Seja como for, um ponto já consolidado é o de que os direitos individuais não se resumem àqueles listados no art. 5º, de modo que direitos previstos em outras partes da Constituição podem ser considerados individuais para os fins da incidência da cláusula pétrea em questão. Ou seja: o critério topográfico não é decisivo no particular.

Nesse sentido, o STF já declarou inválidas emendas constitucionais por violação à cláusula pétrea referida acima considerando vulnerados dispositivos que não constam da lista do art. 5º. Foi o que aconteceu na ADI 939, por exemplo, na qual o STF considerou violados direitos dos contribuintes previstos no art. 150 pela emenda que criou o IPMF. Também na ADI 1946 o STF considerou inválido o teto previsto em emenda para benefícios previdenciários relativamente à licença maternidade por entender violadas disposições dos arts. 5º e 7º.

Independente do debate sobre o sentido e alcance da cláusula pétrea, a verdade é que nenhuma dessas categorias é extremamente rigorosa do ponto de vista técnico, pois elas misturam critérios diferentes. As expressões direitos trabalhistas, sociais e políticos, por exemplo, descrevem historicamente determinadas relações, no primeiro caso, entre empregados e empregadores e, no segundo e no terceiro, entre indivíduos e Estado[52]. Direitos individuais também invocam, em geral, os direitos clássicos de liberdade que se dirigem contra o Estado, embora vários deles repercutam também nas relações entre os agentes privados; direitos de nacionalidade são, a rigor, direitos individuais, assim como vários direitos dos trabalhadores podem igualmente ser compreendidos como individuais. Ou seja: essas expressões identificam determinados conteúdos e direitos em particular que historicamente se convencionou denominar dessa maneira.

Alguns direitos coletivos realmente dizem respeito a uma coletividade, como é o caso daqueles envolvendo associações e os sindicatos. Em outros contextos, entretanto, a classificação que distingue direitos individuais em contraste com direitos coletivos e difusos procura descrever a titularidade do direito naquela circunstância (qualquer que seja o direito, a rigor) e se preocupa sobretudo com as formas de tutela disponíveis para sua proteção, e não propriamente com o conteúdo do direito, ou as partes e a estrutura das relações que lhes dão origem.

Um exemplo ajuda a ilustrar o ponto. Sob a perspectiva dos direitos individuais, o titular do direito é que terá legitimidade ativa para defender seu próprio direito (ou pretensão) em juízo, se necessário. Assim, se um indivíduo compra um produto e recebe uma quantidade menor dele do que o referido no rótulo, por exemplo, caberá ao próprio indivíduo ajuizar demanda para defesa desse direito.

No caso de direitos coletivos e difusos, porém, o sistema jurídico atribui legitimidade ativa (extraordinária) a outras instituições no âmbito da sociedade para que elas defendam em juízo esses direitos chamados genericamente de transindividuais. O Superior Tribunal de Justiça entende, por exemplo, que o Ministério Público tem legitimidade ativa para atuar na defesa de direitos difusos, coletivos (e individuais homogêneos)[53] dos consumidores, ainda que decorrentes da prestação de serviço público (Súmula 601/STJ).

---

[52] Discute-se hoje outras dimensões desses direitos, que não se dirigem exclusivamente em face do Estado.

[53] Os direitos individuais homogêneos não são uma categoria prevista pela Constituição, mas sim pelo Código de Defesa do Consumidor, Lei nº 8.078/1990. Nos termos do art. 81, III, do CDC, são direitos individuais homogêneos aqueles que decorrem de origem comum.

Assim, se a disputa referida acima, envolvendo a quantidade menor de produto comprado pelo consumidor, não for um problema pontual, atingindo muitos consumidores, o Ministério Público poderá ajuizar demanda para a defesa desses direitos coletivos ou difusos. Nada impede, entretanto, que um consumidor ajuíze sua ação individual para tutela do seu próprio direito.

Seja como for, todas essas expressões são amplamente consagradas e utilizadas pela Constituição, de modo que é importante compreendê-las. Registre-se, desde logo, que essas categorias não são estanques por duas razões principais, que de certo modo decorrem da mistura de critérios que se acaba de referir. Em primeiro lugar, particularmente em sociedades de massas, quase todos os direitos podem ter dimensões individuais e coletivas; e mesmo os direitos difusos não se manifestam exclusivamente dessa forma, podendo ter, simultaneamente, dimensões individuais. Vejam-se alguns exemplos.

A liberdade de expressão é um direito individual clássico, titularizado por cada indivíduo (art. 5º, IV e IX), mas tem igualmente dimensões coletivas: a Constituição trata da liberdade de imprensa e dos meios de comunicação geral (art. 220), e é amplamente consolidada a relação direta que a liberdade de expressão tem com o debate político e com a democracia. A liberdade de reunião é naturalmente coletiva e individual ao mesmo tempo (art. 5º, XVI) já que cada pessoa tem a liberdade de reunir-se nos termos do dispositivo constitucional, mas o direito de reunião apenas faz sentido quando se trate de um grupo. O mesmo se passa com a liberdade de culto (art. 5º, VI), que é a manifestação coletiva da liberdade de crença.

Garantias individuais previstas constitucionalmente como ações para a tutela de direitos específicos – os chamados remédios constitucionais, como o mandado de segurança e o mandado de injunção – podem ter dimensões coletivas. Trata-se do mandado de segurança coletivo, previsto constitucionalmente de forma expressa (art. 5º, LXX) e do mandado de injunção coletivo, admitido pela jurisprudência do STF[54]: o primeiro pretende proteger o direito de um grupo contra ações ilegais, ao passo que o segundo procura garantir a fruição coletiva de direitos previstos constitucionalmente. O mesmo se pode dizer dos direitos trabalhistas.

De outra parte, muitos direitos sociais apresentam dimensões individuais, coletivas e difusas simultaneamente: o direito à saúde é um exemplo (arts. 6º e 196). O direito de determinado indivíduo, por exemplo, a um medicamento, convive com o direito de determinada coletividade, e.g., à existência de um posto de saúde, e ainda com o direito difuso associado a políticas públicas de saneamento básico e imunização, entre outras. Também um direito considerado tipicamente difuso, como é o caso do direito ao meio ambiente saudável (art. 225), terá incidências coletivas e individuais. Embora determinadas emissões poluidoras afetem o direito de todos a um meio ambiente saudável, certas pessoas ou grupos podem sofrer impactos específicos desse dano ambiental. Assim, por exemplo, um derrame de substâncias tóxicas em um corpo de água afeta a todos de algum modo, mas às populações que vivem no seu entorno serão atingidas de forma específica.

A segunda razão pela qual essas categorias não são estanques é sua interdependência, fenômeno que tem sido destacado pela doutrina que trata da teoria dos direitos fundamentais. Pouco sentido há na garantia, por exemplo, das liberdades de associação e de profissão, se o indivíduo é analfabeto e está em condições de miséria: os direitos sociais, ou ao menos um mínimo deles, são indispensáveis para que os direitos individuais possam ser fruídos. O mesmo se diga em relação aos direitos políticos: seu exercício depende de os cidadãos terem condições sociais básicas, sem as quais o direito de votar e de ser votado cairia no vazio.

Mas não se trata apenas das relações entre direitos sociais e direitos individuais e políticos. Condições de trabalho aviltantes repercutem sobre o direito à saúde, assim como condições

---

[54] STF, MI 73, Rel. Min. Moreira Alves, *DJ* 19.12.1994.

ambientais insalubres podem causar doenças, afetando o direito à saúde e a capacidade do indivíduo de fruir outros direitos. Os exemplos são muitos, e não há necessidade de prosseguir. O ponto fundamental é que os direitos se relacionam de múltiplas formas e mantêm laços de dependência entre si. Assim, embora seja necessário estudar cada um deles de forma razoavelmente isolada por razões didáticas, é preciso não perder de vista essa realidade.

Duas observações finais. Embora haja uma concentração de disposições tratando de direitos dos arts. 5º ao 15, há diversas outras previsões consagrando direitos ao longo do texto constitucional. Os direitos dos contribuintes estão descritos na parte sobre tributação; os direitos relativos ao meio ambiente equilibrado constam da Ordem Social, onde também se encontram detalhamentos de várias previsões acerca de direitos sociais meramente enunciados no art. 6º. Previsões que visam a garantir acessibilidade a pessoas com deficiência constam em vários pontos da Constituição, e a Ordem Social consagra ainda direitos reconhecidos/atribuídos a grupos específicos, como idosos, crianças e populações indígenas. Ou seja: as listagens contidas nos artigos 5º a 15 da Constituição não esgotam o tema. Será preciso examinar o sistema constitucional como um todo para identificar o conjunto de direitos previstos.

Além disso, o § 2º do art. 5º prevê que os direitos e garantias listados pelo texto constitucional não excluem outros que decorram do regime e princípios adotados pela Constituição e de tratados internacionais celebrados pelo Brasil. Trata-se de uma cláusula de abertura por força da qual se entende que as previsões de direitos contidas na Constituição não são exaustivas, sendo possível cogitar de outros que decorram do próprio sistema constitucional e de tratados internacionais.

O § 2º do art. 5º faz parte do texto original da Constituição de modo que sua referência aos tratados internacionais firmados pelo país assume o regime então vigente que não atribuía a tais normas um *status* normativo diferenciado no sistema jurídico brasileiro. A EC nº 45/2004 alterou as regras aplicáveis ao tema, autorizando que tratados internacionais de direitos humanos sejam internalizados com o *status* de emendas constitucionais. E a jurisprudência do STF passou a atribuir um *status* supralegal aos tratados de direitos humanos que não tenham sido internalizados de acordo com esse procedimento. O tema merece um exame específico no tópico a seguir.

6.2.2 Tratados internacionais sobre direitos humanos: emendas constitucionais e supralegalidade

A despeito de sua importância para a proteção dos direitos humanos, a Constituição de 1988 não atribuiu um *status* diferenciado aos tratados internacionais que tratassem do tema, para além da previsão constante do § 2º do art. 5º por força da qual os direitos e garantias listados pelo texto constitucional não excluem outros que decorram de tratados internacionais celebrados pelo Brasil. Parte da doutrina de direito internacional postulava o reconhecimento, pela via interpretativa, de *status* constitucional a todos os tratados de direitos humanos, mas esse entendimento não foi acolhido pelo STF.

O tema acabou sendo alvo do constituinte derivado. A Emenda Constitucional nº 45/2004 previu a possibilidade, regulada pelo § 3º do art. 5º, de que tratados e convenções internacionais sobre direitos humanos tenham o *status* de emenda constitucional caso sejam aprovados em cada Casa do Congresso em dois turnos por três quintos dos votos de seus membros (isto é: o mesmo procedimento previsto para a aprovação de emendas nos termos do art. 60 da Constituição). Assim, além dos direitos previstos no texto constitucional, é preciso também considerar os tratados aprovados nos termos do art. 5º, § 3º, que integram igualmente a ordem constitucional de proteção dos direitos fundamentais.

Desde 2004, quatro tratados internacionais sobre direitos humanos foram internalizados de acordo com o procedimento descrito e, portanto, têm *status* de emenda constitucional. Os dois primeiros foram a Convenção Internacional sobre os Direitos das Pessoas com Deficiência e o Protocolo Facultativo a essa mesma Convenção, os dois de 2007. Ambos os documentos foram aprovados pelo Congresso Nacional por meio do Decreto Legislativo nº 186/2008 e promulgados pelo Decreto nº 6.949/2009. A Convenção estabeleceu um novo marco conceitual e normativo na matéria, como se verá adiante.

Em 2018, o Decreto nº 9.522 promulgou o Tratado de Marraqueche, aprovado pelo Congresso Nacional por meio do Decreto Legislativo nº 261/2015. O tratado visa facilitar o acesso a obras publicadas às pessoas cegas, com deficiência visual ou com outras dificuldades para ter acesso ao texto impresso. Entre outras previsões, o Tratado prevê que as partes contratantes deverão prever na sua legislação nacional sobre direito autoral limitações e exceções de modo a facilitar a disponibilidade de obras em formatos acessíveis às pessoas com as deficiências citadas. Na sequência da promulgação do Tratado, o Poder Executivo Federal encaminhou projeto de lei ao Congresso (Mensagem nº 659/2021) para alterar a Lei nº 9.610/98 (Lei de Direitos Autorais) e editou desde logo o Decreto nº 10.882/2021 para regulamentar o Tratado.

Por fim, em 10.01.2022, foi promulgada pelo Decreto nº 10.932 a Convenção Interamericana contra o Racismo, a Discriminação Racial e Formas Correlatas de Intolerância, aprovada pelo Congresso pelo Decreto Legislativo nº 1/2021. A Convenção integra o Sistema Interamericano de Proteção dos Direitos Humanos, de modo que cabe à Comissão Interamericana de Direitos Humanos monitorar seu cumprimento, podendo para tanto receber denúncias de violação por um Estado-parte. Vale destacar brevemente apenas dois temas tratados pela Convenção, que têm sido discutidos pela doutrina e pela jurisprudência constitucionais brasileiras e que agora foram constitucionalizados.

A Convenção, que tem *status* de emenda constitucional, lembre-se, reconhece o fenômeno da discriminação indireta e o define como aquela que ocorre quando um critério aparentemente neutro acabar por acarretar uma desvantagem particular para pessoas pertencentes a um grupo específico por conta de sua raça, cor, ascendência ou origem nacional ou étnica. A Convenção afasta a discriminação indireta caso o critério em disputa tenha um objetivo ou justificativa razoável e legítima à luz do Direito Internacional dos Direitos Humanos.

A Convenção dispõe, também, de forma expressa sobre ações afirmativas, descritas como aquelas que visam promover condições equitativas para a igualdade de oportunidades, inclusão e progresso para essas pessoas ou grupos. A Convenção prevê que elas "não serão consideradas discriminatórias ou incompatíveis com o propósito ou objeto desta Convenção", observando, ainda, que "não resultarão na manutenção de direitos separados para grupos distintos e não se estenderão além de um período razoável ou após terem alcançado seu objetivo".

A EC nº 45/2004 não trata dos tratados de direitos humanos firmados pelo Brasil antes de sua edição – e, portanto, sem observar o procedimento agora previsto no § 3º do art. 5º – e nem daqueles que venham a ser internalizados de acordo com o procedimento ordinário. Após a edição da EC nº 45/2004, porém, o STF firmou o entendimento de que tratados de direitos humanos não internalizados na forma do § 3º do art. 5º têm, de todo modo, *status* jurídico supralegal, prevalecendo, portanto, em face da legislação em geral. A supralegalidade dos tratados internacionais já foi expressamente reconhecida pelo STF, por exemplo, à Convenção Americana de Direitos Humanos – Pacto de São José da Costa Rica.

Assim, em resumo, os tratados de direitos humanos firmados pelo Brasil terão no mínimo *status* jurídico supralegal no sistema jurídico brasileiro, podendo ter o *status* de emenda constitucional, caso tenham sido internalizados de acordo com o procedimento próprio para aprovação de emendas previsto pela EC nº 45/2004.

6.2.3 Sistematização dos direitos fundamentais

A tabela a seguir tenta propor uma sistematização dos principais direitos fundamentais previstos pela Constituição de 1988, para fins didáticos, em sete grandes grupos. O *primeiro grupo* identifica direitos tradicionalmente considerados como direitos individuais que formam um espaço de intangibilidade do indivíduo, de *reserva de autonomia*, em face do Estado e de outros particulares. Esse espaço de intangibilidade abarca uma dimensão física, uma dimensão existencial e um conjunto de liberdades intelectuais, espirituais e de ação.

O *segundo grupo* congrega os chamados direitos políticos. Tais direitos pretendem garantir, em uma democracia, que as pessoas possam influenciar e participar da formação da vontade estatal, bem como controlar o exercício dessa vontade, isto é: *controlar os atos do Poder Público*. Cuida-se, portanto, dos direitos de votar periodicamente, ser votado (candidatar-se e concorrer a mandatos eletivos), participar de processos deliberativos do Estado e controlar a ação estatal de forma ampla, o que inclui o direito de receber justificativas.

O *terceiro grupo* reúne direitos que funcionam como *limites e condicionantes* que a Constituição impõe *ao exercício da autoridade*: como regra, a autoridade exercitada pelo Estado, mas eventualmente também por particulares. O Estado poderá impor deveres, exigir condutas, restringir liberdades e propriedade, aplicar sanções, mas, para fazê-lo, além do respeito ao espaço de intangibilidade referido acima, deverá igualmente observar algumas previsões constitucionais que condicionam sua ação. Mesmo em uma democracia, e garantidos os direitos políticos previstos acima, a ação estatal encontra limites previstos na Constituição. Assim, entre outras limitações que deverão ser observadas, a criação de deveres e restrição de liberdades dependerá de lei, deverá ser razoável e isonômica e sanções não podem ser aplicadas sem o devido processo legal. Eventualmente, alguns desses direitos poderão impor limites também ao exercício de atividades privadas, sobretudo no âmbito de relações em que há grande assimetria entre as partes.

O *quarto grupo* que se propõe aqui para fins didáticos é composto de previsões que, para além de serem direitos em si mesmos, são a rigor *garantias de que outros direitos serão efetivamente respeitados*. É o caso do direito à nacionalidade, que assegura ao nacional o acesso aos direitos de forma ampla no âmbito de seu país, embora muitos dos direitos previstos na Constituição, como se verá, também sejam invocáveis por estrangeiros ou apátridas. Também integram essa categoria os direitos à informação, de petição e de ação e seus desdobramentos: não apenas a possibilidade de recorrer ao Judiciário diante de lesão ou de ameaça a direito, seja ela perpetrada por particulares ou pelo Estado, mas também o direito de manejar ações específicas previstas pela própria Constituição – os chamados remédios constitucionais –, que visam a garantir a tutela de alguns direitos considerados especialmente sensíveis, como se verá.

O *quinto grupo* concentra os *direitos historicamente identificados como trabalhistas*, de que tratam os arts. 7º a 11 da Constituição. Alguns desses direitos poderiam integrar o primeiro grupo referido acima, pois se preocupam com um espaço de intangibilidade intransponível do indivíduo nas relações de trabalho (é o caso, por exemplo, dos limites máximos de jornada e regras sobre descanso). Outros direitos trabalhistas também poderiam ser incluídos no quarto grupo, já que, além de direitos em si, apresentam uma dimensão de garantia de outros direitos (como acontece com os direitos relacionados às estabilidades e à organização sindical). Para fins didáticos, porém, e considerando a forma como tradicionalmente se estuda o tema, parece melhor conservá-los reunidos em um único grupo temático dos direitos trabalhistas.

O *sexto grupo* trata dos direitos sociais previstos pela Constituição no art. 6º e na Ordem Social, categoria na qual se incluiu também o direito ao meio ambiente saudável, embora a Constituição não o liste no art. 6º. Como discutido acima, embora dependam de forma intensa de políticas públicas, devendo ser compreendidos no contexto de sua estruturação coletiva, os direitos sociais não deixam de ter dimensões individuais. A pessoa que não tem acesso à educação básica garantida na Constituição e na legislação terá uma pretensão própria, assim como o indivíduo que faz jus a um benefício previdenciário que lhe foi negado pela autoridade. Ou seja: os *direitos sociais* são *estruturados de forma coletiva*, mas não deixam de apresentar igualmente dimensões individuais.

Por fim, no **sétimo grupo** se vai apresentar direitos que a Constituição de 1988 assegura no contexto específico da *proteção de grupos que considera vulneráveis*. Em alguns casos, a Constituição não prevê propriamente direitos diversos, mas estabelece prioridades, como acontece com as crianças e adolescentes. Em outras hipóteses, a Constituição prevê a necessidade de garantias específicas para que direitos previstos de forma geral possam ser efetivamente fruídos por um determinado grupo: é o caso da acessibilidade para as pessoas com deficiência. E a Constituição também atribui direitos específicos, que não são reconhecidos ao restante das pessoas, como faz ao tratar das populações indígenas.

Apresentada essa tentativa de sistematização na tabela a seguir – que, repita-se, tem finalidades sobretudo didáticas – cabe examinar cada um dos direitos em espécie de forma individualizada.

Direitos fundamentais e a CF/88 – uma tentativa de sistematização	
Direitos e liberdades que formam um espaço de autonomia do indivíduo em face da ação do Estado e eventualmente também de particulares	Direito à vida (art. 5º, *caput*) Direito à integridade física (art. 5º, III, XLVII e XLIX) Direito à integridade psíquica e moral (art. 5º, X e XLIX) Direitos à imagem, à honra e à proteção à privacidade em suas diversas manifestações (art. 5º, XI e XII) Inviolabilidade do domicílio (art. 5º, XI) Inviolabilidade das correspondências e comunicações (art. 5º, XII) Garantia da liberdade (art. 5º, *caput*) Garantia das liberdades intelectuais e espirituais: liberdades de manifestação de pensamento (art. 5º, IV), de consciência, crença e culto (art. 5º, VI e VIII) e de expressão em geral (art. 5º, IX) Garantia das liberdades de ação: liberdades de trabalho, ofício e profissão (art. 5º, XIII), de locomoção (art. 5º, XV), de reunião e associação (art. 5º, XVI a XXI) e de adquirir propriedade material e imaterial (art. 5º, XXII, XXIV, XXVII, XXIX)
Direitos políticos: direitos que garantem a participação/controle das pessoas na formação da vontade do Estado em uma Democracia	Direito de votar (art. 14) Direito de ser candidato/ser votado (art. 14) Direito de participar, de controlar e de receber justificativas (art. 1º, art. 5º, LIV e XXXIII, art. 31, § 3º, art. 74, § 2º) Ação popular (art. 5º, LXXIII)

Direitos fundamentais e a CF/88 – uma tentativa de sistematização	
Direitos (princípios) que, entre outras dimensões, funcionam como limites e condicionantes da ação da autoridade: estatal de forma geral e, eventualmente, também da ação de particulares	Legalidade (art. 5º, II) Isonomia (art. 5º, *caput* e I) e Convenção Interamericana contra o Racismo Devido processo legal processual: respeito ao contraditório, à ampla defesa, além da garantia de um órgão julgador imparcial (art. 5º, LIII a LVII) Devido processo legal substantivo (arts. 5º, LIV, e 1º): razoabilidade/proporcionalidade Segurança jurídica (arts. 5º, *caput*, XXXVI, XXXIX e 150, I e III) Limites à ação sancionadora estatal (art. 5º, XLV a L) Limites à ação estatal de restrição da propriedade privada (XXX) Limites à ação estatal de cobrança de tributos (XXX)
Direitos-garantias: são direitos em si, mas seu objetivo é assegurar o respeito aos direitos e liberdades, particularmente aqueles previstos nas demais categorias, dentre outros	Direito à nacionalidade (art. 12) Direito de acesso ao Judiciário (art. 5º, XXXV) e instituições associadas (assim como os remédios constitucionais específicos listados adiante) Assistência jurídica gratuita para os necessitados (art. 5º, LXXIV) Direitos à informação e à petição (art. 5º, XIV, XXXIII e XXXIV) *Habeas corpus* (art. 5º, LXVIII) Mandado de segurança (art. 5º, LXIX e LXX) Mandado de injunção (art. 5º, LXXI) *Habeas data* (art. 5º, LXXII)
Direitos trabalhistas: direitos que visam proteger as pessoas no contexto das relações de trabalho e promover a valorização do trabalho	Arts 7º a 11
Direitos sociais: direitos que visam garantir condições existenciais compatíveis com a dignidade humana	Direito à educação (arts. 6º e 205 e ss.) Direito a prestações de saúde (arts. 6º e 196 e ss.) Direito à previdência social, à proteção à maternidade e à infância e assistência aos desamparados (arts. 6º, 194, 195 e 201 e ss.) Direito à alimentação, ao trabalho, à moradia, ao transporte, ao lazer e à segurança (art. 6º) Direito à renda básica familiar para pessoas em situação de vulnerabilidade social (art. 6º, parágrafo único) Meio ambiente saudável (art. 225)

Direitos fundamentais e a CF/88 – uma tentativa de sistematização	
Direitos de grupos vulneráveis	Crianças e adolescentes (arts. 227 e 229) Idosos (arts. 229 e 230) Pessoas com deficiência (arts. 37, VII; 203, IV e V; 208, III; 227; 244; a Convenção sobre os Direitos das Pessoas com Deficiência e seu Protocolo e a Convenção de Marraqueche) Populações indígenas (arts. 231 e 232)

6.3 DIREITOS FUNDAMENTAIS EM ESPÉCIE

6.3.1 Direito à vida

A Constituição prevê no *caput* do art. 5º o direito à vida de todo ser humano, e esse certamente é um direito reconhecido a qualquer pessoa, independentemente de sua nacionalidade, a despeito da redação do próprio *caput* do art. 5º. Antes de ingressar no exame específico do direito à vida, é preciso fazer uma brevíssima nota de cunho filosófico que parece importante para o tema.

A Constituição não se ocupa do fundamento último pelo qual se reconhece o direito à vida: o valor da vida humana ingressa na ordem jurídica como um axioma. Nada obstante, como não existe neutralidade metafísica, as diferentes concepções que as pessoas têm sobre o assunto irão inevitavelmente repercutir sobre sua compreensão acerca do direito à vida, em particular em contextos sensíveis. Para pessoas que professam determinadas convicções religiosas, o valor da vida humana decorre da imagem de Deus que eles carregam; para outros, trata-se de uma construção social necessária à preservação da espécie, sem fundamentos metafísicos, dentre diversas possibilidades.

Acima se referiu, por exemplo, como diferentes concepções metafísicas – os ateísmos/naturalismos, os monoteísmos, os panteísmos etc. – compreendem de forma diversa a proteção dos animais e eventualmente seus direitos, inclusive à vida. É natural, portanto, que questões envolvendo situações limites do direito à vida e conflitos entre o direito à vida e outros direitos (por exemplo, uso e descarte de embriões, aborto e eutanásia) recebam a influência das diferentes concepções sobre o fundamento último desse direito. Não há aqui um problema, mas um dado próprio da humanidade e do pluralismo com o qual o Direito e a interpretação jurídica precisam lidar. Explica-se melhor.

Toda pessoa tem a sua cosmovisão, que corresponde ao conjunto de respostas que adota para as questões metafísicas básicas acerca de si própria e do cosmos. Para alguns, essas respostas correspondem a uma visão ateísta e naturalista: não existe uma divindade, mas apenas a matéria, com todas as consequências dessas premissas. Para outros, as respostas a essas perguntas incluem a existência de uma divindade ou de mais de uma, também com todas as consequências dessas premissas: são as chamadas cosmovisões religiosas. A perseguição a grupos religiosos dissidentes foi/é o contexto histórico que conduz ao reconhecimento da liberdade religiosa e à laicidade estatal, mas todas essas visões, religiosas ou não, são do mesmo modo cosmovisões.

Não existe neutralidade metafísica exatamente porque cada pessoa terá sua cosmovisão no particular e uma das características das sociedades plurais é exatamente a convivência de diferentes cosmovisões e das pessoas que as professam. O Estado que garante a liberdade religiosa e é laico será exatamente aquele que respeita todas as cosmovisões, sem fazer opções institucionais por qualquer delas. Mais que isso, nos sistemas, como o brasileiro, nos quais se reconhece a dignidade de cada pessoa como um axioma, há um dever jurídico de tratar as pessoas com respeito, independentemente da cosmovisão que adotem.

É natural, portanto, que o debate político sobre a regulação de temas sensíveis acerca do direito à vida e de conflitos que o envolvam confronte diferentes cosmovisões em alguma medida. E é igualmente natural que, quando esses temas são submetidos ao Judiciário, diferentes manifestações tentem influenciar a decisão a ser tomada, revelando cosmovisões diversas. Assim, independente das opções concretas que os órgãos competentes do Estado tomem sobre os temas envolvendo o direito à vida, tratar as pessoas com respeito exige considerar as opiniões de todas elas – e as cosmovisões eventualmente subjacentes a elas – com seriedade e sem arrogância. Feita a nota, retorne-se ao ponto.

O direito à vida integra um espaço de intangibilidade do indivíduo, em face do Estado e de outros particulares, juntamente com o direito à integridade física e com a vedação à tortura e às penas de morte e cruéis. Embora o direito à vida assegure, em um primeiro momento, a intangibilidade física das pessoas, ele também apresenta uma dimensão existencial. Examine-se cada uma delas.

Em primeiro lugar, o direito à vida pretende proteger a existência física das pessoas. O Estado não pode, a qualquer pretexto, matar pessoas e nem tampouco é permitido aos particulares tirar a vida de seus semelhantes. A Constituição autoriza a pena de morte apenas no caso de guerra declarada, logo ela não será possível em tempos de paz (art. 5º, XLVII, a). As hipóteses de exclusão da ilicitude do homicídio, como a legítima defesa, tentam lidar com situações concretas nas quais a ação de tirar a vida de outrem aconteceu de fato, mas tinha por objetivo a proteção de outro bem jurídico equiparável.

A necessidade de o Estado respeitar o direito à vida das pessoas é um tema particularmente relevante nas situações em que o Poder Público emprega violência como elemento para a realização de uma política pública, como é o caso da atuação policial. É preciso reconhecer que a questão não é singela. Não é incomum que as autoridades policiais se vejam envolvidas em confrontos com criminosos ou suspeitos de serem criminosos e eventualmente tenham de usar a violência para proteger a terceiros e a si próprias. Por outro lado, fora de situações em que haja risco para outras vidas, matar um suspeito que foge, por exemplo, é, a rigor, aplicar sumariamente, sem sequer devido processo legal, uma pena – a pena de morte – que a rigor é vedada no nosso sistema em tempos de paz. A existência de protocolos claros para a atuação policial poderia ser útil nesse contexto.

Esse tema – da letalidade da atuação policial especificamente no Rio de Janeiro – foi discutido perante o STF no âmbito da ADPF nº 635 e, na realidade, continua em discussão por meio de um grupo de trabalho junto ao CNJ encarregado de monitorar a implementação das diretrizes fixadas pela Corte. Uma das determinações do STF foi a necessidade de protocolos de atuação policial públicos e transparentes que observem, entre outras diretrizes, a seguinte: "A interpretação constitucionalmente adequada do direito à vida somente autorizaria o uso de força letal por agentes de Estado em casos extremos quando, (i) exauridos todos os demais meios, inclusive os de armas não letais, ele for (ii) necessário para proteger a vida ou prevenir um dano sério, (iii) decorrente de uma ameaça concreta e iminente. Em qualquer hipótese, colocar em risco ou mesmo atingir a vida de alguém somente será admissível se, após minudente investigação imparcial, feita pelo Ministério Público, concluir-se ter sido a ação necessária para proteger exclusivamente a vida – e nenhum outro bem – de uma ameaça iminente e concreta. Cabe às forças de segurança examinarem diante das situações concretas a proporcionalidade e a excepcionalidade do uso da força, servindo os princípios como guias para o exame das justificativas apresentadas a *fortiori*".

Como referido, o direito em tela não demanda apenas ações omissivas do Estado – a ação de não matar –, mas também comissivas. Cabe ao Estado proteger o direito à vida e para isso são necessárias normas e estruturas visando a impedir ameaças à vida das pessoas, tanto quanto seja possível, e igualmente para lidar de forma repressiva com violações a esse direito. O ponto já foi discutido quando se tratou acima das garantias aos direitos fundamentais.

Embora o tema da segurança pública em geral envolva a atividade policial, o vínculo entre segurança pública e direito à vida foi utilizado nas razões de decidir do STF na ADI nº 6680 ao tratar da regulação do porte de arma e munição por pessoas em geral, fora das organizações estatais de segurança. Na ocasião, a Corte considerou inválidos decretos presidenciais que tratavam do porte de armas e de munições por inovarem na ordem jurídica fragilizando o "controle responsável de armas de fogo e munições" instituído pelo Estatuto do Desarmamento (Lei nº 10.826/2003).

Uma realidade inevitável, com muitas repercussões jurídicas, é que a vida de cada ser humano, a despeito do que o Direito possa pretender, tem um início e tem também um fim. E esses momentos extremos suscitam discussões jurídicas acerca do que o direito à vida significa e exige: tais discussões não são novas, mas têm sido potencializadas pelo desenvolvimento de tecnologias, inclusive médicas, que não existiam até décadas passadas. No que diz respeito ao início da vida há ao menos dois debates que devem ser registrados.

O primeiro deles envolve qual seria o momento a partir do qual se pode dizer que há vida antes do nascimento e, portanto, a proteção que decorre do direito à vida incidiria. A resposta a essa questão – quando começa a vida humana? – não é dada pelo Direito, por óbvio, e não é singela, havendo diferentes visões sobre o assunto (e diferentes cosmovisões têm algo a dizer sobre ela, como referido acima).

O ponto é relevante sob a perspectiva jurídica, pois, antes de nascer, e por muitos anos depois de nascida (eventualmente, por toda sua vida), a pessoa não tem meios próprios de proteger a si mesma e a sua vida. Essa proteção dependerá necessariamente de terceiros. Assim, o momento a partir do qual se entenda que há vida será relevante para definir os deveres dos terceiros responsáveis por protegê-la.

O tema foi discutido pelo STF na ADI 3510, na qual a validade da Lei nº 11.105/2005, que regulou a pesquisa com células-tronco, foi questionada. As células-tronco embrionárias, segundo apurado pela Corte, "são células contidas num agrupamento de outras, encontradiças em cada embrião humano de até 14 dias (outros cientistas reduzem esse tempo para a fase de blastocisto, ocorrente em torno de 5 dias depois da fecundação de um óvulo feminino por um espermatozoide masculino). Embriões a que se chega por efeito de manipulação humana em ambiente extracorpóreo, porquanto produzidos laboratorialmente ou *in vitro*, e não espontaneamente ou *in vida*. A conclusão do STF foi a de que tais células não caracterizam vida nos termos constitucionais. Logo, as pesquisas autorizadas por lei são válidas, não se cogitando de violação do direito à vida na hipótese.

Uma segunda discussão, que se relaciona com essa primeira, mas que tem certa autonomia, diz respeito a conflitos entre o direito à vida e direitos e liberdades dos pais e da gestante em particular e a possíveis formas de solucionar esses conflitos. Toda vida humana depende, para seu surgimento e desenvolvimento autônomo, de outros seres humanos e, de forma muito específica, da gestante. Essa dependência é dramática durante a gestação, mas não se encerra com o nascimento, por evidente. É nesse contexto que os conflitos entre diferentes direitos e liberdades, incluindo o direito à vida, se manifestam.

A conexão com o tema anterior – em que momento inicia a vida – é relevante pois a partir de quando se reconheça que há vida os conflitos se materializam de forma mais intensa. Antes de se reconhecer a existência de vida, as discussões parecem menos complexas. O tema da utilização de embriões em geral e em particular do descarte de embriões excedentes mantidos congelados para fins de reprodução assistida, por exemplo, parece se inserir nesse ambiente. Não se considera no Brasil que haja vida ainda, e, portanto, os embriões não são protegidos a esse título, embora haja normas éticas editadas pelo Conselho Federal de Medicina. De todo modo, como se viu acima, a resposta sobre em que momento começa a vida não é simples e essa dificuldade repercute também nesse segundo debate.

O tema mais sensível aqui é sem dúvida o do aborto. Não há maiores debates, claro, acerca da incidência do direito à vida e de sua proteção no caso de aborto cometido por um terceiro sem a solicitação ou consentimento da gestante: a conduta viola o direito à vida e será punida. A questão gira em torno de como o Estado deve/pode tratar a conduta voluntária da gestante, e de quem a auxilie nesse caso, na medida em que se visualiza que há, ou pode haver, um conflito entre o direito à vida e direitos e liberdades fundamentais titularizados pela gestante.

É preciso registrar que o tema do aborto se tornou tão polarizado política e ideologicamente que defensores das posições mais extremas por vezes sequer conseguem reconhecer que o problema envolve um conflito de direitos. Essa argumentação pode ter um objetivo estratégico na defesa de uma posição, mas, além de falaciosa, dificulta o debate em torno da construção de outras soluções, para além dos extremos, que possam produzir concordância prática entre os diferentes direitos envolvidos e garantir alguma eficácia a todos eles[55].

A solução atualmente dada no âmbito da legislação brasileira para esse conflito de direitos utiliza as ferramentas do Direito Penal. A lei tipifica o aborto praticado por gestante ou com seu consentimento como um ilícito com pena de detenção de 1 a 3 anos, e exclui da ilicitude o chamado aborto necessário, feito para salvar a vida da gestante, e o aborto no caso de gestação que decorra de estupro, com o consentimento da gestante ou de seu representante legal quando incapaz (Código Penal, arts. 124 e 128).

Na ADPF 54, o Plenário do STF examinou uma situação diversa envolvendo esse conflito de direitos e atribuiu interpretação conforme aos dispositivos penais para excluir do tipo penal do aborto a antecipação terapêutica do parto de feto com anencefalia[56]. Ao apreciar o conflito nessas circunstâncias, o STF entendeu que a anencefalia inviabiliza a vida extrauterina e cria riscos adicionais para a saúde da gestante, além de sofrimento extraordinário. Assim, a solução prevista no Código Penal seria inconstitucional, pois, ao exigir que a gestante levasse a gravidez a termo sem a possibilidade de uma vida ao final, a norma penal imporia a seus direitos e liberdades restrições desproporcionais.

Ainda sobre o tema, em decisão em sede de *habeas corpus* individual (HC nº 124.306), a maioria dos Ministros da 1ª Turma do STF entendeu que se deveria atribuir interpretação conforme aos dispositivos legais sobre o aborto para excluir de sua incidência toda interrupção voluntária da gestação ocorrida no primeiro trimestre de gestação. O argumento central adotado pelos Ministros na ocasião sobre o ponto foi o de que a vida teria início apenas a partir do segundo trimestre gestacional, com a formação do sistema nervoso central. Ao embrião até o terceiro mês, portanto, não se reconheceria o direito à vida e assim a restrição aos direitos e liberdades da gestante previstos na norma penal seria inválida por desproporcionalidade.

Não apenas o início da vida, mas também seu fim tem suscitado debates jurídicos acerca dos deveres que o direito à vida gera para profissionais de saúde e terceiros, familiares do doente terminal ou do idoso em geral. Por vezes, as tecnologias médico-hospitalares hoje disponíveis, ao mesmo tempo em que desempenham um papel fundamental na preservação da vida, tornam essas discussões ainda mais dramáticas.

A primeira questão a definir aqui é quando se considera que a vida – a vida biológica – termina e, portanto, a proteção específica do direito à vida se encerra. A questão não se colocará para a maior parte das pessoas, mas eventualmente a dúvida se apresenta. A Lei nº 9.434/1997, que dispõe sobre transplantes, considera que a vida se encerra com a morte encefálica. A partir

---

[55] Sobre o tema, v. Jamal Grenne. *How rights went wrong. Why our obsession with rights is tearing America apart*, 2021.

[56] Do ponto de vista da técnica empregada, a antecipação terapêutica do parto não se confunde com as técnicas abortivas: trata-se de um parto antecipado propriamente.

desse momento, os familiares da pessoa cuja morte encefálica tenha sido declarada pelos profissionais de saúde poderão autorizar a retirada de órgãos para fins de transplantes.

Antes, porém, de a morte efetivamente acontecer, outras dificuldades podem surgir. Do ponto de vista subjetivo, conflitos entre a vontade da pessoa, de seus familiares e dos profissionais de saúde eventualmente envolvidos e, do ponto de vista objetivo, a qualificação das intervenções e tratamentos médicos que poderão/deverão ou não ser adotados em cada caso.

Objetivamente, e de forma simplificada, tratamentos/intervenções podem ser considerados (i) necessários por conta do potencial de salvar a vida e produzir cura do ponto de vista médico; (ii) algumas intervenções visam efetivamente a acelerar a morte; (iii) outras ainda têm finalidades paliativas, de minimizar o sofrimento; e (iv) determinados tratamentos são considerados fruto de mera obstinação terapêutica visando a preservar a vida de forma artificial.

Embora na maior parte dos casos a classificação dos procedimentos/intervenções nessas categorias seja simples, em situações extremas as fronteiras entre elas podem se apresentar permeáveis. Assim, a opção por evitar intervenções obstinadas adotando cuidados paliativos é em geral associada com a figura da ortotanásia: a chamada boa morte. Procedimentos que visam a acelerar a morte, porém, caracterizam eutanásia.

Do ponto de vista subjetivo, a questão é quem pode validamente tomar decisões no particular. O drama dos suicídios está fora do escopo do Direito sob a perspectiva da proteção da vida: já não há o que fazer. Mas a incitação e o auxílio de terceiros ao suicídio são crimes no Brasil (Código Penal, art. 122) e o fenômeno da eutanásia é discutido nesse contexto. A pessoa certamente pode deixar instruções prévias – ou decidir no momento, se possível – acerca da não submissão a tratamentos que não deseje ou que considere mera obstinação terapêutica, por exemplo. Na ausência de manifestação de vontade da própria pessoa, porém, caberá aos familiares a decisão, mas muitas vezes eles dependerão de informações e avaliações dos profissionais de saúde acerca de como cada procedimento ou intervenção possível deve ser qualificado no contexto daquela pessoa em particular.

As discussões em torno da ortotanásia que se acaba de referir, por exemplo, e do direito que a pessoa tem de decidir não ser submetida a determinadas intervenções, revelam que o direito à vida tem também uma dimensão existencial. Na experiência humana, cada pessoa dá a sua vida um significado, uma dignidade, um valor próprio e particular, de modo que o direito à vida envolve também a autonomia para definir seus próprios projetos de vida. Caberá ao Estado, como regra, respeitar a autonomia de cada um de definir seus próprios projetos existenciais, sem pretender impor algum que a maioria considere "melhor" em determinado momento histórico.

Esse ponto tem sido especialmente discutido no contexto de um conflito bastante conhecido, que envolve a transfusão de sangue de pessoas que integram a religião dos Testemunhas de Jeová, tendo em conta suas convicções religiosas acerca do procedimento de transfusão de sangue.

O tema chegou ao STF que, em setembro de 2024, decidiu que pessoas maiores e capazes que sejam testemunhas de Jeová têm o direito de recusar procedimento médico que envolva transfusão de sangue, com base na autonomia individual e na liberdade religiosa.

Por fim, o direito à vida tem uma conexão direta com vários direitos sociais, dos quais se tratará adiante, como o direito à alimentação e o direito a prestações de saúde. Os debates registrados acima em torno do início e do fim da vida, sem prejuízo de sua relevância, não devem retirar o foco das necessárias discussões em torno dos deveres que a proteção da vida exige entre esses dois pontos extremos, isto é: ao longo da vida das pessoas. A fome e a insegurança alimentar são uma realidade diária de milhões de pessoas no Brasil e, embora os avanços produzidos pelo SUS nas últimas décadas sejam notáveis, a desigualdade de acesso a serviços de saúde no país ainda é marcante. O ponto será retomado adiante.

6.3.2 Direito de não ser torturado ou submetido a tratamento desumano e degradante/Direito à integridade física e moral

Ao lado do direito à vida, a Constituição assegura ainda o direito de não ser torturado ou submetido a tratamento desumano ou degradante (art. 5º, III), e se preocupa de forma específica com o respeito à integridade física e moral dos presos (art. 5º, XLIV). Tais direitos têm uma primeira dimensão física: a proteção do corpo das pessoas propriamente. Não se trata apenas de não matar, mas também de não ferir.

Além da dimensão física, porém, há também uma dimensão moral ou psicológica: a pessoa não é apenas o seu corpo, mas um complexo que inclui também vontade, sentimentos e cognição. Além de violar os tecidos e órgãos, também é vedado impor tratamento que degrade a pessoa ou que seja incompatível com a dignidade essencial de todo ser humano. Não é à toa que, nos termos da Constituição, a proteção à integridade física inclui também a integridade moral e tanto a Convenção contra a Tortura (Decreto nº 40/1991) quanto a legislação que define os crimes de tortura no país (Lei nº 9.455/1997) deixam claro que ela envolve não apenas causar dano e sofrimento físico, mas também mental.

Os direitos em questão terão uma série de eficácias possíveis e dirigem-se sobretudo ao Estado, mas também aos particulares. Assim, em primeiro lugar, tais normas impõe ao Estado deveres de abstenção: os agentes estatais não podem violar a integridade física ou moral das pessoas, ou torturá-las. Por isso integram esse espaço de intangibilidade também a vedação a penas cruéis e, em tempos de paz, a pena de morte (art. 5º, XLVII). Também os particulares estão obrigados a se abster de violar a integridade física e moral ou torturar pessoas, por natural, sem prejuízo de exceções pontuais reguladas pelo Direito Penal, como é o caso da legítima defesa.

A relevância desses direitos levou o STJ a fixar a Súmula nº 647, consolidando o entendimento de que são imprescritíveis as ações indenizatórias por danos morais e materiais decorrentes de atos de perseguição política com violação de direitos fundamentais ocorridos durante o regime militar. A maior parte dos precedentes que deram origem à súmula envolviam exatamente a prática de tortura e prisão.

A vedação à tortura é absoluta: nada e nenhuma circunstância a autoriza. Trata-se de um interessante exemplo do equívoco de generalizar-se a frase "nenhum direito é absoluto": embora muitos direitos de fato admitam ponderações, o direito de não ser torturado, ao menos no sistema constitucional brasileiro, é absoluto. É certo que o conceito de tortura pode admitir alguma indeterminação (para além, claro, de conteúdos mínimos acerca dos quais há amplo consenso) mas, ainda assim, definido do ponto de vista normativo que uma conduta caracteriza tortura, ela é vedada.

Outras atuações estatais às quais tais dispositivos são particularmente aplicáveis são a custódia de presos e a manutenção do sistema prisional como um todo. E aqui já se misturam deveres de abstenção do Estado com deveres positivos e deveres de proteção, que decorrem da dimensão objetiva desses direitos. A gravidade do tema no Brasil é ilustrada pela existência de um dispositivo constitucional específico para tratar dele. Talvez o ponto do art. 5º, XLIV, seja exatamente lembrar que presos, independente do que tenham feito e da pena que estejam cumprindo, continuam a ser pessoas, seres humanos.

Em primeiro lugar, os agentes estatais não podem violar os direitos referidos, mas é preciso também que o Estado proveja as estruturas necessárias que garantam sua proteção, como celas e banheiros em quantidade adequada para o número de presos. Adicionalmente, é necessário que existam sistemas para proteger esses direitos contra eventuais agressões oriundas não apenas de agentes estatais, mas de particulares: no caso específico, frequentemente de outros presos. A violação sistemática desse conjunto de deveres por parte do Estado brasileiro levou o STF a declarar, no âmbito da ADPF nº 347, a existência de um Estado de Coisas Inconstitucional no sistema carcerário brasileiro.

A despeito das previsões normativas, e lamentavelmente, a violação à integridade física e moral dos presos está longe de ser incomum e uma eficácia associada ao direito é a reparação. O STF fixou em sede de repercussão geral a seguinte tese sobre o tema (Tema nº 365): "Considerando que é dever do Estado, imposto pelo sistema normativo, manter em seus presídios os padrões mínimos de humanidade previstos no ordenamento jurídico, é de sua responsabilidade, nos termos do art. 37, § 6º, da Constituição, a obrigação de ressarcir os danos, inclusive morais, comprovadamente causados aos detentos em decorrência da falta ou insuficiência das condições legais de encarceramento".

O direito em tela não se dirige, por evidente, apenas aos presos. A necessidade de o Estado não causar ainda maiores danos à integridade moral das vítimas e de testemunhas de crimes violentos no âmbito da persecução penal levou a Lei nº 14.321/2022 a introduzir o crime de "violência institucional" na chamada Lei de Abuso de Autoridade (Lei nº 13.869/2019). O tipo descreve como conduta criminosa "Submeter a vítima de infração penal ou a testemunha de crimes violentos a procedimentos desnecessários, repetitivos ou invasivos, que a leve a reviver, sem estrita necessidade". Exige-se, assim, uma avaliação rígida da necessidade de providências que possam submeter essas pessoas a novas violências a sua dimensão moral e psicológica.

A existência de deveres positivos e de proteção dirigidos ao Estado para proteção dos direitos em tela engloba na realidade toda a sociedade. Assim, cabe ao Estado proteger a vida e a integridade física das pessoas em geral contra-ataques de terceiros, o que exige uma série de esforços: normas que desestimulem condutas lesivas a tais direitos – como é o caso das normas penais – e estruturas que garantam que essas normas serão cumpridas.

Um tema particularmente relevante nesse contexto é o da violência doméstica contra a mulher, que pode envolver violência física, sexual e psicológica (Lei Maria da Penha – Lei nº 11.340/2006, art. 7º). Embora a legislação tenha avançado na criação de mecanismos para tentar impedir esse tipo de violência, o tema é complexo sob muitas perspectivas e nem sempre as normas e estruturas estatais existentes produzem o resultado esperado.

Em interessante decisão sobre o tema, o STF julgou improcedente pedido formulado pela Associação dos Magistrados Brasileiros (AMB) na ADI nº 6138 e considerou válida alteração da Lei Maria da Penha que autorizou a concessão por policiais e delegados, em caráter excepcional, de medida protetiva de urgência para o afastamento imediato do agressor do local de convivência com a ofendida, a ser referendada pela autoridade judicial. A Corte entendeu que situações de risco atual e iminente à vida ou à integridade física ou psicológica da mulher em situação de violência doméstica e familiar, ou de seus dependentes, justifica a antecipação administrativa da medida, sem excluir a palavra final do Judiciário na matéria.

Para além das normas penais e estruturas destinadas a garantir sua eficácia, há um conjunto de outras normas e estruturas que visam também a proteger a vida e a integridade física das pessoas. É o caso, por exemplo, das normas que cuidam de temas ambientais, sobretudo da poluição, e da segurança do trabalho. O direito a prestações de saúde está também, naturalmente, relacionado ao direito à vida e à integridade física, mas ele será examinado a seguir de forma específica.

6.3.3 Direito à imagem e à honra

A Constituição protege de forma específica a imagem, a honra, a intimidade e a vida privada dos indivíduos, considerados direitos da personalidade (art. 5º, X). Mas o que exatamente esses direitos protegem? Que deveres eles impõem e como resolver conflitos que se observam entre eles e outros direitos?

Inicie-se pelo *direito à imagem*. A imagem de uma pessoa é algo razoavelmente objetivo: trata-se da sua figura ou de partes dela que a identifiquem. O uso da imagem de um indivíduo é, em princípio, algo que deve estar sob seu controle. Ninguém pode usar a imagem de outra pessoa para fins comerciais sem sua autorização, por exemplo. Mas é fácil perceber que no contexto da atividade jornalística e do exercício das liberdades de expressão e informação, por exemplo, poderão surgir conflitos: um jornalista ou autor precisaria de autorização das pessoas mencionadas para usar suas imagens, por exemplo? Uma informação dependeria da autorização das pessoas envolvidas para ser divulgada (que eventualmente podem ter todo interesse em que a divulgação não aconteça)? Um chargista ou um ator não poderia representar uma pessoa pública em uma peça de humor?

Os arts. 20 e 21 do Código Civil de 2002 parecem sugerir que a solução desse conflito seria resolvida em geral em favor do direito da personalidade: seu texto afirma que, salvo quando necessário "à administração da justiça ou à manutenção da ordem pública", a utilização da imagem poderia ser proibida por seu titular.

O tema foi submetido ao STF na ADI nº 4815 no que diz respeito a biografias: precisariam elas ser autorizadas previamente pelos biografados? Aqui não se trata apenas do direito de imagem, mas também da intimidade e da vida privada, sobre o que se tratará na sequência. A pergunta poderia ser assim formulada: as previsões dos arts. 20 e 21 do Código Civil não restringiriam gravemente as liberdades de expressão e informação?

O STF entendeu, de fato, que a autorização prévia não era necessária e deu "interpretação conforme à Constituição aos arts. 20 e 21 do Código Civil, sem redução de texto, para, em consonância com os direitos fundamentais à liberdade de pensamento e de sua expressão, de criação artística, produção científica, declarar inexigível autorização de pessoa biografada relativamente a obras biográficas literárias ou audiovisuais, sendo também desnecessária autorização de pessoas retratadas como coadjuvantes (ou de seus familiares, em caso de pessoas falecidas ou ausentes)".

O direito à honra é igualmente assegurado pela Constituição. Mas em que consiste o direito à honra, afinal? A resposta a essa pergunta nem sempre é fácil e os contornos desse direito se identificam mais claramente no confronto com outros direitos igualmente previstos pela Constituição, como as liberdades de expressão e informação. A "honra" já foi utilizada para justificar muitas violações de outros direitos e por isso é um tema sensível. O STF já decidiu, por exemplo, que a chamada "legítima defesa da honra" é apenas um "recurso argumentativo/retórico odioso, desumano e cruel utilizado pelas defesas de acusados de feminicídio ou agressões contra a mulher para imputar às vítimas a causa de suas próprias mortes ou lesões" (ADPF nº 779).

Em geral se associa a honra com duas ideias básicas que se relacionam: uma objetiva e social – a reputação ou a consideração que a pessoa tem diante da sociedade – e uma subjetiva: a percepção da sua própria dignidade e valor, sua autoestima. As duas dimensões estão ligadas pois a concepção que cada um tem da sua dignidade é em alguma medida construída, e abalada, no e pelo ambiente social no qual vive.

Um primeiro tipo de violação possível à honra envolve a imputação falsa de *fatos* a alguém, ao passo que outra espécie envolve o uso de expressões ofensivas. Dificilmente a realidade se ajusta a essa distinção e é comum que, em determinada situação, alguém impute a outrem fatos e expressões ofensivas simultaneamente. A distinção é relevante de todo modo, pois fatos podem ser considerados falsos ou verdadeiros e é possível ao menos tentar avaliar se a pessoa que os imputou sabia que eram falsos. Expressões ofensivas não admitem essa espécie de avaliação e funcionam como opiniões. Embora o direito à honra vise a proteger o indivíduo, ele não pode ser concebido a partir das hipersensibilidades individuais e nem deve esvaziar outros direitos.

Com efeito, ao disciplinar os tipos penais definidos como "crimes contra a honra", o Código Penal identifica três situações que ajudam a compreender os contornos da ideia de honra (arts. 139 a 140): imputar falsamente fato definido como crime (calúnia); imputar fato ofensivo a reputação ou decoro (difamação); e ofender a dignidade e o decoro (injúria). "Fato definido como crime" é um dado objetivo e, portanto, de fácil verificação; o mesmo não pode ser dito de fatos "ofensivos a reputação ou decoro", e menos ainda de expressões ou falas que ofendam "a dignidade e o decoro".

Para além das possíveis repercussões penais dos chamados "crimes contra a honra" e da responsabilização civil de quem os comete, o STF considerou possível também a responsabilização civil de veículo de imprensa por publicação de entrevista em que o entrevistado comete calúnia contra terceiro (RE nº 1.075.412, Tema/RG nº 995) justamente para a proteção do direito à honra. A tensão com a liberdade de expressão e de imprensa é evidente.

A Corte entendeu que a responsabilização civil do veículo de imprensa poderá acontecer se: "(i) à época da divulgação, havia indícios concretos da falsidade da imputação; e (ii) o veículo deixou de observar o dever de cuidado na verificação da veracidade dos fatos e na divulgação da existência de tais indícios". Pendem embargos de declaração contra a decisão que suscita algumas perplexidades. Como compatibilizar, por exemplo, entrevistas ao vivo com as verificações cogitadas pela decisão. Um outro ponto sensível envolve o casuísmo da apreciação desses parâmetros – que serão apreciados pelos milhares de órgãos do Poder Judiciário – e a impossibilidade de o STF controlar a interpretação e a aplicação da tese por ele fixada, em prejuízo do seu papel na uniformização da interpretação da Constituição.

Além de responsabilizações penais e civis, a violação do direito a honra pode ter repercussões sucessórias. A Lei nº 14.661/2023 prevê que o trânsito em julgado da condenação criminal por indignidade do herdeiro ou legatário produzirá sua exclusão imediata, independente de outras providências, sendo certo que uma das causas de indignidade é o crime contra a honra do autor da herança ou de seu cônjuge ou companheiro (Código Civil, art. 1.814, II).

O direito à honra tem ainda uma importante dimensão coletiva em relação a grupos que historicamente sofreram e/ou sofrem discriminação e apresenta contornos próprios nesse ambiente. O discurso discriminatório em geral não se ocupa da imputação de fatos, de modo que a distinção referida acima não tem maior relevo aqui. Seu objetivo é inferiorizar ontologicamente determinados grupos de pessoas em relação aos demais seres humanos. O direito à honra funciona, portanto, como uma proteção contra a discriminação em geral e contra o racismo em particular que se manifesta por meio desse tipo de manifestação e discurso. Nesse sentido, a Lei nº 14.532/2023 alterou a Lei nº 7.716/1989 e passou a prever a conduta de "injuriar alguém, ofendendo-lhe a dignidade ou o decoro, em razão de raça, cor, etnia ou procedência nacional" como crime resultante de preconceito de raça ou de cor a conduta (art. 2º-A), sendo também crime "Praticar, induzir ou incitar a discriminação ou preconceito de raça, cor, etnia, religião ou procedência nacional" (art. 20).

O STF inclusive já se manifestou no sentido da imprescritibilidade do tipo penal em questão, tendo em conta o 5º, XLII, da Constituição que dispõe que a prática do racismo constitui crime inafiançável e imprescritível (STF, HC nº 154.248).

A realidade das mídias sociais e da internet potencializa em nível global o dano à honra desses grupos e por isso o STJ entendeu, por exemplo, que compete à Justiça Federal julgar a conduta delituosa de divulgar pelo *Facebook* mensagens de cunho discriminatório contra o povo judeu. A potencial transnacionalidade do crime decorre de que o conteúdo racista veiculado na rede social é, a rigor, acessível de qualquer lugar do mundo (STJ, CC nº 163420, 3ª Seção, Rel. Min. Joel Ilan Paciornik).

Retornando ao direito à honra individual, é certo que ele pode entrar em tensão com a liberdade de expressão e de informação, como já apontado. Não é incomum que a divulgação de determinadas informações acerca de uma pessoa seja por ela considerada como violadora da sua honra. Por exemplo: a notícia do ajuizamento de uma ação penal contra o indivíduo. Poderia ele impedir a divulgação dessa informação? No mesmo sentido, a divulgação de uma opinião crítica sobre alguém pode, compreensivelmente, ser considerada ofensiva da sua honra pelo indivíduo ou ser "ofensiva sua reputação" – como lidar com esse conflito?

6.3.3.1 Parâmetros para a solução de conflitos

Em geral, três conjuntos de parâmetros são utilizados pela doutrina e jurisprudência para delinear os espaços de cada um desses direitos e a forma de resolver os conflitos entre eles. Em *primeiro* lugar, tendo em conta a posição preferencial da liberdade de expressão e de informação, tal qual definida pelo STF na ADPF 130, sobre a qual se tratará adiante, como regra geral *não se admite a proibição da publicação ou divulgação de informação ou opinião*. Ainda que se conclua que houve violação da honra, as soluções adotadas serão o direito de resposta e/ou a indenização pecuniária (art. 5º, V e X).

Esse foi o critério adotado pela Corte no RE nº 1.075.412, Tema/RG nº 995, referido anteriormente, que prevê a possibilidade de responsabilização civil da imprensa pela divulgação de entrevistas nas quais o entrevistado calunia terceiros. Nos termos da decisão do STF: "A plena proteção constitucional à liberdade de imprensa é consagrada pelo binômio liberdade com responsabilidade, vedada qualquer espécie de censura prévia. Admite-se a possibilidade posterior de análise e responsabilização, inclusive com remoção de conteúdo, por informações comprovadamente injuriosas, difamantes, caluniosas, mentirosas, e em relação a eventuais danos materiais e morais. Isso porque os direitos à honra, intimidade, vida privada e à própria imagem formam a proteção constitucional à dignidade da pessoa humana, salvaguardando um espaço íntimo intransponível por intromissões ilícitas externas".

Adiante se vai examinar a liberdade de expressão e o argumento do STF – de que a vedação a censura prévia com responsabilização posterior protege a liberdade – será aprofundado. A questão não é tão simples quanto parece, já que a responsabilização civil posterior pode acabar por inviabilizar o exercício dessa liberdade.

Em *segundo* lugar, a maior ou menor proteção da honra muitas vezes está relacionada com a pessoa em relação à qual a informação ou opinião se refere. Assim, por exemplo, entende-se em geral que a divulgação de *informações e opiniões sobre agentes públicos em geral*, e políticos em particular, ainda que críticas e mesmo duras, *são atividades legítimas em uma democracia*, não violando a honra desses indivíduos. A publicidade dos atos do Poder Público legitima a ampla circulação de informações e o direito de crítica, de oposição política e de controle social dos agentes que presentam o Estado, sobretudo daqueles eleitos, mas não apenas deles, reforça a posição preferencial das liberdades de expressão e de informação.

Aplicando esse parâmetro, o STF concedeu ordem em favor de jornalista contra ato do Presidente de CPI Mista do Congresso Nacional dos Atos de 8 de janeiro de 2023 que o havia descredenciado, impedindo-o assim de acompanhar os trabalhos da CPI, por haver captado e divulgado ao público conversa privada do referido parlamentar em violação de sua honra e intimidade (MS nº 39.378). O STF destacou que as liberdades comunicativas não são absolutas, sendo possível a responsabilização criminal, civil e administrativa por ilícitos, e que não se nega aos agentes públicos a inviolabilidade de comunicações nem o núcleo essencial do direito à privacidade, mas acabou por atribuir maior peso ao argumento de que "há maior tolerância quanto a matérias de cunho potencialmente lesivo à honra dos agentes públicos, especialmente quando existente interesse público no conteúdo".

Um *terceiro* parâmetro frequentemente utilizado envolve a tensão entre o direito à honra e a liberdade de informação e ele procura examinar a conduta de quem divulga a informação – sua ciência acerca da falsidade do conteúdo, seu cuidado com a verificação, sua intenção com a divulgação – e sua potencial abusividade. Embora nem sempre a informação falsa gere impacto sobre a honra de pessoas ou grupos, esse resultado não é incomum. Esse parâmetro foi de certo modo incorporado pelo STF no Tema RG nº 995 mencionado, ao condicionar a responsabilização civil do veículo de imprensa por declarações de entrevistados à existência de indícios de falsidade das afirmações e ao cumprimento de um "dever de cuidado" do veículo de fazer verificações acerca do que seus entrevistados afirmam.

A tensão entre liberdade de informação e direito à honra ganha contornos específicos no âmbito do direito eleitoral, já que, para além da honra das pessoas envolvidas, o abuso da liberdade de informação nesse contexto afeta o conjunto de dados considerados pelo eleitor para tomar suas decisões, podendo distorcer sua liberdade eleitoral e o funcionamento do regime democrático. Nesse sentido, por exemplo, a Lei nº 13.834/2019 tipificou como crime eleitoral "Dar causa à instauração de investigação policial, de processo judicial, de investigação administrativa, de inquérito civil ou ação de improbidade administrativa, atribuindo a alguém a prática de crime ou ato infracional de que o sabe inocente, com finalidade eleitoral". O tema será retomado nos tópicos sobre democracia e direitos políticos.

Note-se que esse terceiro parâmetro demanda *que se distinga entre a afirmação de fatos* – que podem ser considerados falsos ou verdadeiros – *e a emissão de opiniões*, às quais a classificação falso/verdadeiro não se aplica. Além disso, mesmo em relação a fatos, o conhecimento humano é limitado de modo que entre aquilo que é possível saber no momento que é efetivamente verdadeiro ou falso, existe um amplo campo de possibilidades acerca dos quais não é possível ter certeza. E mesmo quando se tem certeza, não é incomum que determinada compreensão acerca de fatos como falsos ou verdadeiros hoje, seja desmentida no futuro por novas informações.

O conflito entre direito à honra e a liberdade de expressão e de informação não é novo, mas tem ganhado dimensões maiores, mais complexas e dramáticas nos espaços virtuais, além de estar em geral abarcado por um novo nome: *fake news*. Os parâmetros referidos acima continuam aplicáveis à questão também nos ambientes virtuais e esse é um ponto importante: a premissa constitucional acerca do assunto continua a ser a liberdade de expressão e de informação e qualquer tentativa de controle estatal, por qualquer de seus órgãos, deve ser vista com especial cuidado. A censura sempre se apresenta como a melhor roupagem disponível no momento histórico e como o meio de realizar as melhores intenções e projetos.

Vale o registro de alguns elementos que tornam o conflito do qual se está tratando muito mais complexo no espaço virtual. Nem sempre será possível saber com facilidade quem (que IP) iniciou a divulgação da notícia falsa e em que lugar do mundo. Existem hoje diferentes ferramentas automatizadas – perfis falsos, perfis robôs, impulsionamento, *marketing* dirigido etc. – que podem divulgar de forma ampla, pulverizada e eventualmente direcionada informações, opiniões e todo tipo de conteúdo. Essas ferramentas podem ser contratadas por alguém com objetivos criminosos, para difundir informações falsas visando a denegrir alguém ou atingir algum outro objetivo. Além disso, pessoas reais podem igualmente compartilhar *posts* imaginando que são verdadeiros (ou simplesmente sem se importar se são falsos ou não).

É verdade que as mídias sociais tornaram possível, praticamente sem custo, que alguém que tenha sido ofendido possa publicar seu "direito de resposta" independentemente de intervenção judicial. Mas as ferramentas referidas acima, embora possam em tese ser utilizadas por todos, custam dinheiro e, portanto, estarão mais acessíveis a uns que a outros. Além disso, a dimensão global das mídias sociais e a disponibilidade permanente desses conteúdos em qualquer momento, por praticamente qualquer pessoa e em qualquer lugar do globo multiplicam o impacto das violações a honra que ocorrem *on-line*.

E o conflito conta com um elemento adicional que não era tão relevante nos cenários tradicionais: as plataformas, isto é, as empresas privadas que prestam serviços e viabilizam a existência desses ambientes virtuais, seus algoritmos e as condições de uso que cada uma delas adota e às quais os usuários devem aderir para poderem utilizar o serviço.

Vale ainda fazer um registro final sobre duas discussões relacionadas com o conflito entre liberdade de expressão e de opinião e direito à honra, ambas potencializadas pelos ambientes virtuais e mídias sociais. A primeira diz respeito às pretensões em torno de um direito ao esquecimento. Uma dessas pretensões envolveria impedir, em razão da passagem do tempo, a divulgação de fatos ou dados verídicos em meios de comunicação. Assim, por exemplo, pessoas que cometeram crimes e já cumpriram suas penas, ou mesmo as vítimas desses crimes, pretenderiam ter um direito ao esquecimento do qual se extrairia essa pretensão: apagar os registros sobre o evento passado. Uma outra pretensão, diversa e menos radical, é a desindexação das URLs daquele conteúdo dos buscadores normais na internet: embora a informação permaneça pública e disponível na internet, ela não será recuperada com tanta facilidade.

O STF considerou incompatível com a Constituição a primeira pretensão referida e fixou a seguinte tese em repercussão geral (Tema nº 786): "É incompatível com a Constituição Federal a ideia de um direito ao esquecimento, assim entendido como o poder de obstar, em razão da passagem do tempo, a divulgação de fatos ou dados verídicos e licitamente obtidos e publicados em meios de comunicação social – analógicos ou digitais. Eventuais excessos ou abusos no exercício da liberdade de expressão e de informação devem ser analisados caso a caso, a partir dos parâmetros constitucionais, especialmente os relativos à proteção da honra, da imagem, da privacidade e da personalidade em geral, e as expressas e específicas previsões legais nos âmbitos penal e cível".

Uma segunda discussão, relacionada com essa primeira, e que a rigor foi debatida em conjunto com ela no julgamento do STF referido, envolve os chamados direitos à memória coletiva e à história. Por dolorosa que seja a lembrança de alguns eventos para as pessoas nele envolvidas, a sociedade e as gerações futuras têm uma pretensão no sentido de preservar e conhecer sua história. O direito ao esquecimento, ademais, sobretudo em suas pretensões mais radicais, pode servir para a manipulação da memória coletiva e da história, como se observa em muitos regimes totalitários.

6.3.4 Direito à intimidade, à vida privada e à inviolabilidade do domicílio e das correspondências e dados

O art. 5º, X, protege a intimidade e a vida privada. A percepção de que os indivíduos possuem uma esfera própria que deve ser preservada da intromissão de terceiros é tão antiga quanto o próprio conceito de indivíduo, embora o conteúdo específico do que integra esse espaço de privacidade individual varie no tempo, no espaço e em função de elementos culturais. Diferentes ramos do conhecimento têm se ocupado de explicar e justificar a intimidade e a vida privada como fenômeno a ser protegido. A intimidade seria uma necessidade psicológica, indispensável para a preservação do equilíbrio pessoal em contraponto à dinâmica social cada vez mais complexa e impessoal. A intimidade e a vida privada seriam fundamentais também para o desenvolvimento de relacionamentos próximos, de amor, afeto e cuidado.

Do ponto de vista filosófico, a proteção da intimidade está relacionada tanto à liberdade pessoal quanto à dignidade humana. Ser vigiado é uma forma de ser controlado: não se é efetivamente livre quando se está sendo observado. Excluir a intimidade da vigilância externa – do

Estado ou de outras pessoas – é garantir à pessoa liberdade ao menos em relação a essa área da sua vida. De outra parte, a proteção à intimidade decorre também da dignidade humana: o indivíduo não é um objeto, mas um sujeito. E algumas esferas da existência humana – suas relações mais íntimas – dizem respeito apenas a ele mesmo, não podendo ser funcionalizadas para atender os interesses do Estado e da sociedade, sejam esses interesses considerados legítimos, como obter uma compreensão mais profunda de um dado momento histórico ou de um fenômeno cultural, ou potencialmente ilegítimos, como vigiar, controlar ou apenas atender à curiosidade acerca do que se passa na intimidade alheia.

Seja qual for o fundamento ou justificação subjacentes, o certo é que a proteção da vida privada encontra consagração praticamente universal nos textos jurídicos nacionais e internacionais. Mas qual o seu conteúdo específico? A tradição francesa enumerava oito temas inerentes à vida privada, cujo sigilo devia ser respeitado: vida sentimental, conjugal e familiar; direito ao nome; saúde, incluindo informações sobre a causa da morte; eventos familiares; emoções; lazer; opiniões políticas, filosóficas e religiosas; e patrimônio. Na tradição anglo-saxã identificam-se três esferas principais para a vida privada: a família, a casa e o corpo do indivíduo. Já no século XX, desenvolvem-se na Alemanha teorias indicando a existência de níveis diferentes – de maior e menor proteção – dentro da noção mais geral de vida privada, tendo a teoria dos chamados círculos concêntricos se tornado bastante difundida no Brasil. De forma simples, a vida privada comportaria três níveis sob a forma de três círculos concêntricos: quanto mais internos os círculos, maior o nível de proteção oferecido.

Assim, e de acordo com os desenvolvimentos nacionais do tema, o círculo mais externo (vida privada) envolveria as informações patrimoniais, financeiras e fiscais do indivíduo, bem como o registro das comunicações. O círculo intermediário (intimidade) seria o espaço próprio dos sigilos familiar, profissional, doméstico e do conteúdo das comunicações. Por fim, o círculo mais interior (segredo) comportaria as informações e relações mais íntimas do indivíduo, sobre seu corpo, sua vida sexual e relações afetivas próximas.

O tema da privacidade recebe tratamento constitucional em vários dispositivos. Além do art. 5º, X, a Constituição faz duas outras referências à intimidade: o art. 5º, LX, prevê que "a lei só poderá restringir a publicidade dos atos processuais quando a defesa da intimidade ou o interesse social o exigirem" e, em linha similar, o art. 93, IX, autoriza a limitação da publicidade dos julgamentos pelo Poder Judiciário por conta da intimidade dos envolvidos.

O art. 5º, X, é também expressamente mencionado pela Constituição em duas oportunidades: (i) no art. 37, § 3º, II, ao dispor que a lei, ao disciplinar o acesso dos usuários a informações sobre atos do governo, deverá observar a inviolabilidade da intimidade e da vida privada; e (ii) no art. 220, § 1º, ao prever que a lei não poderá criar embaraço à plena liberdade de informação jornalística em qualquer veículo de comunicação social, observada a inviolabilidade da intimidade e da vida privada, entre outras previsões.

Um tema diretamente relacionado ao direito fundamental aqui em tela envolve o sigilo bancário e fiscal: até que ponto ele deve ser protegido, como expressão da privacidade e da vida privada dos indivíduos, e quanto aos interesses da comunidade em torno da arrecadação tributária, prevenção à criminalidade financeira e à lavagem de dinheiro, por exemplo, autorizam restrições a esse sigilo e em que termos essas restrições podem acontecer.

Ao apreciar a questão, e embora reconhecendo que o sigilo bancário e fiscal é manifestação dos direitos referidos, o STF considerou válida previsão da Lei Complementar nº 101/2000, que permite que as autoridades fiscais tenham acesso direto às informações bancárias das pessoas, sem autorização judicial, uma vez que haja em curso processo administrativo ou procedimento fiscal.

O assunto voltou a ser discutido pela Corte sob outra perspectiva: agora o debate envolvia a possibilidade de autoridades fiscais compartilharem informações com autoridades de persecução penal. Em decisão proferida em dezembro de 2019, no Recurso Extraordinário nº 1.055.941 com repercussão geral (Tema nº 990), o STF fixou a seguinte tese sobre o tema: "1 – É constitucional o compartilhamento dos relatórios de inteligência financeira da UIF [antigo COAF] e da íntegra do procedimento fiscalizatório da Receita Federal do Brasil, que define o lançamento do tributo, com os órgãos de persecução penal, para fins criminais, sem a obrigatoriedade de prévia autorização judicial, devendo ser resguardado o sigilo das informações em procedimentos formalmente instaurados e sujeitos a posterior controle jurisdicional. 2 – O compartilhamento pela UIF e pela Receita Federal do Brasil, referente ao item anterior, deve ser feito unicamente por meio de comunicações formais, com garantia de sigilo, certificação do destinatário e estabelecimento de instrumentos efetivos de apuração e correção de eventuais desvios".

Um outro tema relacionado com a intimidade e a vida privada diz respeito às informações genéticas e de saúde dos indivíduos, em contraste com o possível interesse coletivo de coleta desses dados para fins, por exemplo, de pesquisa científica. Essa tensão foi examinada pelo STF na ADI nº 5.545, na qual foi declarada a inconstitucionalidade de lei estadual do Rio de Janeiro que permitia coleta e armazenagem de dados genéticos do nascituro e da parturiente, independentemente de prévio consentimento. O STF entendeu que a lei violava o direito à privacidade, ao permitir a coleta de dados supersensíveis, como os genéticos, sem consentimento, e violava também o dever estatal de criar estruturas capazes de proteger esses dados da intromissão de terceiros, incluindo o próprio Estado.

Com o desenvolvimento cada vez maior da vida nos espaços virtuais, a proteção a informações pessoais, dados, correspondências e comunicações parece enfrentar ainda novos desafios. Boa parte das discussões descrita envolvia a tensão entre a intimidade e a vida privada dos indivíduos e as liberdades de expressão e de informação de outras pessoas, ou ainda os interesses coletivos/estatais na persecução penal e na arrecadação tributária. Tais fenômenos continuam a existir e são igualmente potencializados pelas ferramentas de tecnologia da informação cada vez mais poderosas que podem ser utilizadas para esses fins.

Paralelamente, porém, a coleta e o processamento rotineiros de dados pessoais em enormes quantidades e a utilização desses dados para os mais variados fins são atividades que fazem parte do modelo econômico de muitos dos serviços digitais oferecidos gratuitamente em todo mundo e utilizados diariamente pela maioria absoluta das pessoas. Em alguma medida, esses dados são fornecidos pelos próprios usuários desses serviços de forma voluntária, ainda que nem sempre bem esclarecida e consciente.

O tema tem sido discutido em todo o mundo e, no Brasil, a Lei nº 13.709/2018, a chamada Lei Geral de Proteção de Dados (LGPD), procurou disciplinar exatamente esse fenômeno: a coleta e a utilização de dados pessoais feita rotineiramente por agentes privados e públicos no âmbito de suas atividades a fim de garantir, entre outros objetivos, o caráter realmente voluntário e consciente dessa coleta e, assim, a intimidade e a privacidade das pessoas. A LGPD associa de forma direta a regulamentação do tratamento de dados pessoais em meios digitais ao direito de privacidade, bem como à liberdade e ao desenvolvimento da personalidade das pessoas naturais, e impõe deveres aos agentes públicos e privados que coletam e processam dados.

A importância do tema levou o Congresso Nacional a aprovar a Emenda Constitucional nº 115/2022, que incluiu no rol de direitos do art. 5º o inc. LXXIX com a seguinte redação: "É assegurado, nos termos da lei, o direito à proteção dos dados pessoais, inclusive nos meios digitais". A emenda atribuiu à União competência privativa para legislar sobre "proteção e tratamento de dados pessoais" (art. 22, XXX) e a competência político-administrativa para organizar e fiscalizar a proteção e o tratamento de dados pessoais, nos termos da lei (art. 21, XXVI).

Na realidade, o tema já havia sido regulamentado pela Lei Geral de Proteção de Dados suprarreferida. A emenda constitucional, porém, tem o condão de limitar a competência legislativa dos Estados no particular, já que definiu a matéria como de competência legislativa privativa da União. Também antes da emenda constitucional, e a fim de garantir o cumprimento das previsões da LGPD, a Lei nº 13.853/2019 criou no âmbito da administração pública federal um órgão dedicado a essa função: a Autoridade Nacional de Proteção de Dados (ANPD). Também aqui, a emenda centralizou na União a competência político-administrativa no particular.

É interessante observar que, na linha do exposto, a LGPD, embora se ocupe da proteção dos direitos em tela, reflete também o fenômeno de ampliação das limitações à intimidade e à privacidade em prol da defesa de bens coletivos. Nesse sentido, por exemplo, o art. 4º, III, da LGPD afirma que ela não se aplicará ao tratamento de dados pessoais realizado para fins exclusivos de segurança pública, defesa nacional, segurança do Estado e investigação e repressão de infrações penais. O STF, porém, fixou uma série de parâmetros para o compartilhamento de dados entre órgãos e entidades da Administração (ADI nº 6649 e ADPF nº 695) visando garantir o respeito aos princípios de proteção da LGPD, incluindo a existência de sistema de registro de acesso para permitir posterior controle e eventual responsabilização por abusivos, e a limitar as medidas ao estritamente necessário para a interesse público vinculado a específica função estatal.

Por fim, o antigo conflito, sempre atual, entre intimidade e privacidade e liberdade de expressão também é tratado pela LGPD, que exclui sua aplicação no caso de tratamento de dados, *e.g.*, para fins exclusivamente jornalísticos (art. 4º, II, *a*).

Nesse mesmo contexto, a Constituição consagra a inviolabilidade do domicílio (art. 5º, XI) e das correspondências e comunicações (art. 5º, XII), embora admita que decisão judicial possa afastar essa proteção constitucional em determinadas circunstâncias que especifica. Quanto ao domicílio, embora a Constituição use a expressão "casa", é entendimento consolidado do STF que o conceito é mais amplo, de modo que, por exemplo, o quarto de hotel ocupado pelo indivíduo terá a mesma proteção constitucional, equiparando-se a um domicílio.

O desrespeito à inviolabilidade do domicílio é um tema sensível em favelas/comunidades das grandes cidades brasileiras e a validade de determinadas práticas judiciais e policiais tem sido examinada pelos Tribunais Superiores. Como regra, nos termos do dispositivo constitucional, o ingresso no domicílio só é possível (i) com o consentimento do morador; (ii) no caso de flagrante delito, desastre ou para prestar socorro; e (iii), durante o dia, por determinação judicial.

Sobre a primeira possibilidade, o STJ tem firmado o entendimento de que "os agentes policiais, caso precisem entrar em uma residência para investigar a ocorrência de crime e não tenham mandado judicial, devem registrar a autorização do morador em vídeo e áudio, como forma de não deixar dúvidas sobre o seu consentimento" (STJ, HC nº 598.051 e AgRg no AREsp nº 2.223.319-MS).

Quando ao flagrante delito, o STF entende que "a entrada forçada em domicílio sem mandado judicial só é lícita, mesmo em período noturno, quando amparada em fundadas razões, devidamente justificadas *a posteriori*, que indiquem que dentro da casa ocorre situação de flagrante delito, sob pena de responsabilidade disciplinar, civil e penal do agente ou da autoridade e de nulidade dos atos praticados" (Tema RG nº 280 e ADPF nº 635). Um debate próprio do direito penal, mas extremamente relevante para o direito em tela envolve saber o que exatamente caracteriza "flagrante delito" relativamente a cada tipo penal.

Sobre a terceira possibilidade, discute-se a validade ou não dos chamados "mandados de busca e apreensão coletivos", que pretendem autorizar de forma genérica a exceção à inviolabilidade do domicílio no âmbito de favelas/comunidades em áreas pobres das grandes cidades brasileiras. Já há manifestações do STJ no sentido da invalidade dessa espécie de ordem judicial genérica (HC 435.934) por descumprimento da legislação penal e, também, por violação do art. 5º, XI.

Os temas da inviolabilidade do domicílio e da reserva de jurisdição têm sido discutidos também sob uma perspectiva inteiramente diversa: no âmbito de opções legislativas autorizando a execução extrajudicial de garantias oferecidas por devedores em contratos.

A Lei nº 14.711/2023, conhecida como o Marco Legal das Garantias, previu a possibilidade de execução extrajudicial de diferentes garantias, e, adicionalmente, regulou a possibilidade de o oficial de registro de títulos e documentos levar a cabo busca e apreensão extrajudicial do bem dado em garantia não voluntariamente entregue pelo devedor. O dispositivo legal que trata da busca e apreensão extrajudicial (art. 6º) chegou a ser vetado pelo Presidente da República por inconstitucionalidade, mas o veto foi superado pelo Congresso Nacional.

O STF já considerou válida outra previsão legal no contexto do sistema financeiro imobiliário que tratava de execução extrajudicial de garantias (Tema/RG nº 982: "É constitucional o procedimento da Lei nº 9.514/1997 para a execução extrajudicial da cláusula de alienação fiduciária em garantia, haja vista sua compatibilidade com as garantias processuais previstas na Constituição Federal"). Não há manifestação do STF sobre a possibilidade de busca e apreensão extrajudicial. O dispositivo correspondente da Lei nº 14.711/2023 foi questionado pela ADI nº 7.600, requerida pela União dos Oficiais de Justiça do Brasil, e aguarda apreciação perante o STF.

A inviolabilidade das correspondências e comunicações, prevista na Constituição de 1988 como regra geral (art. 5º, XII), tem sido cada vez mais "flexibilizada" no Brasil e no mundo. Esse é um ponto extremamente sensível acerca das restrições aos direitos fundamentais.

Com efeito, ao longo das últimas décadas, a expansão das ações terroristas em todo mundo, sobretudo após os ataques nos EUA em 11 de setembro de 2001, e da criminalidade de forma geral, têm sido acompanhadas de maiores restrições à vida privada e à intimidade das pessoas, e particularmente de maior acesso por parte das autoridades a comunicações e dados pessoais. Além do terrorismo, tráfico de pessoas, pornografia infantil, corrupção, lavagem de dinheiro, dentre outros crimes, mobilizam inclusive esforços conjuntos de investigação por vários países.

As discussões jurídicas aqui envolvem, por exemplo, a necessidade (ou não) dessas maiores restrições aos direitos para a prevenção e o combate ao crime, o eventual limite que essas restrições, mesmo que necessárias, precisariam respeitar, e – talvez ainda mais importante – a quem cabe tomar tais decisões no âmbito do Estado, afinal.

No Brasil, a Lei nº 9.296/1996 regula, como previsto na Constituição, as possibilidades e os limites da restrição a esse espaço de intangibilidade individual – isto é: a possibilidade de interceptação das comunicações – e, a rigor, apenas a autoriza para fins de persecução penal. A verdade é que, a despeito do texto constitucional e até mesmo do que dispõe a lei referida, a jurisprudência brasileira tem ampliado consideravelmente as possibilidades de interceptação de comunicações e de seu uso.

Nesse contexto, é consolidado no STF, por exemplo, o entendimento de que é possível utilizar em processos administrativos sancionadores ou disciplinares, como prova emprestada, o material obtido em interceptações telefônicas autorizadas para fins penais (Inq 2.424 QO-QO e RMS 28.774). O STF também considerou lícitas as sucessivas renovações de interceptação telefônica, a despeito do prazo máximo previsto na Lei nº 9.296/1996. Exigiu, porém, que a decisão judicial inicial e as prorrogações sejam devidamente motivadas, com justificativa legítima, ainda que sucinta, a embasar a continuidade das investigações (Tema 661).

O STJ, por seu turno, considera dispensável a exigência legal de transcrição do conteúdo das conversas interceptadas, sendo suficiente que o acusado tenha acesso à íntegra das gravações, cabendo a ele, portanto, fazer a degravação e transcrição, caso deseje (REsp 1.800.516/SP). Tanto o STF quanto o STJ consideram que é possível mais de uma prorrogação do prazo para intercepção telefônica (a despeito do que diz a lei) mediante decisão motivada, mas pende no STF a definição sobre um eventual prazo máximo de duração de uma interceptação telefônica no âmbito de investigações penais (RE 625.263, Repercussão Geral Tema 661).

6.3.5 Direito à liberdade

A Constituição assegura no art. 5º, *caput*, o direito geral à liberdade, que vai ser detalhado ao longo do dispositivo em várias liberdades específicas. De forma simples, a liberdade pode ser descrita como o *status* fundamental pelo qual cada pessoa, como padrão geral, encontra-se livre para agir como lhe parecer por bem, sem dever obediência a quem quer que seja. Está, portanto, diretamente relacionada com a autonomia individual, isto é, com a possibilidade de definir seus próprios projetos de vida e persegui-los e, nesse sentido, conecta-se igualmente com a dignidade pessoal. Diversamente do que acontece com os direitos que a Constituição consagra de forma específica, que por isso mesmo apresentam um conteúdo próprio, a liberdade é definida apenas de forma indireta: ela assegura de forma geral a não imposição de deveres pelo Estado, salvo nos termos autorizados pela Constituição.

A garantia geral da liberdade em face da autoridade pública decorre do princípio da legalidade (art. 5º, II), pelo qual o indivíduo apenas pode ser obrigado a fazer ou deixar de fazer alguma coisa em virtude de lei. O princípio da legalidade que vincula a Administração Pública (art. 37, *caput*) é a outra face da mesma garantia, exigindo que a ação do Estado, e da Administração Pública em geral, esteja respaldada por uma decisão majoritária contida em norma jurídica prévia. Nos termos da teoria democrática, a legalidade não constitui, propriamente, uma negação da liberdade. A lei será elaborada pelos representantes eleitos pelo povo; assim, ao obedecê-la, o povo submete-se à deliberação por ele mesmo chancelada indiretamente.

É certo, porém, que a expressão "lei" contida no art. 5º, II, e que poderá restringir o estado geral de liberdade, engloba todas as espécies normativas previstas pela própria Constituição (art. 59), nos limites de sua competência, além, evidentemente, das próprias disposições constitucionais. E é cada vez mais comum que essas espécies legislativas transfiram espaços de definição normativa para outras instâncias no âmbito do Estado, particularmente da Administração Pública. O ponto é examinado de forma específica ao se tratar da garantia da legalidade mais adiante.

A Constituição procura garantir o *status* fundamental da liberdade dos indivíduos não apenas em face do Estado, mas também em face de outros agentes privados, seja para restringir a liberdade de uma das partes em relações jurídicas notoriamente desiguais do ponto de vista socioeconômico, seja para impor deveres cujo objetivo é proteger determinados grupos de pessoas e assegurar-lhes melhores condições para exercer sua liberdade.

Em tais casos, a lei, muitas vezes, funcionará como instrumento para garantir a liberdade, ao menos de uma das partes da relação, e não para restringi-la. Nessa linha, a Constituição trata da defesa do consumidor (art. 5º, XXXII), assegura direitos trabalhistas (art. 7º) e destina uma disciplina específica, por exemplo, para crianças e adolescentes (arts. 24, XV, e 227), idosos (art. 230) e deficientes (arts. 23, II, 24, XIV, 203, IV, e 244). A liberdade de iniciativa em todos os campos constitui, igualmente, um dos fundamentos do Estado (art. 1º, IV).

Afora as previsões gerais acerca das liberdades, a Constituição protege uma série de liberdades específicas. Uma tentativa de classificação pode agrupar tais liberdades em duas categorias principais: a) liberdades intelectuais e espirituais, que englobam as liberdades de manifestação de pensamento (art. 5º, IV), de consciência, crença e culto (art. 5º, VI e VIII) e de expressão em geral (art. 5º, IX); e b) liberdades de ação, que congregam as liberdades de desenvolver atividades, trabalhos e ofícios em geral, incluindo a liberdade profissional (art. 5º, XIII), de locomoção (art. 5º, XV), de reunião e associação (art. 5º, XVI a XXI). Cabe examinar de forma específica cada uma delas.

6.3.6 Liberdade de expressão

A Constituição assegura a livre manifestação do pensamento, vedado o anonimato (art. 5º, IV) e a liberdade de expressão independente de autorização ou censura (art. 5º, IX). Além do aspecto individual, a liberdade de expressão apresenta uma dimensão coletiva que a Constituição igualmente protege de forma específica, a saber: os meios de comunicação social e a imprensa de forma ampla e procura impedir a monopolização do setor (art. 220).

É interessante observar que a distinção entre a dimensão individual e coletiva da liberdade de expressão, embora continue relevante, era muito mais clara no contexto histórico em que a Constituição foi elaborada do que hoje. O desenvolvimento da vida digital e de suas ferramentas – mídias sociais, *blogs*, *podcasts*, *videocasts*, canais no *Youtube* etc. – aproximou esses fenômenos. Além disso, os meios de comunicação dos quais a Constituição cogita: veículos impressos, rádio e televisão (via radiodifusão ou outras tecnologias) são apenas algumas das possibilidades hoje existentes.

A liberdade de expressão tem um percurso histórico conturbado, não apenas no Brasil, mas no mundo. Opiniões contrárias e críticas não são em geral bem recebidas por governantes e autoridades – ou por quem quer que exerça alguma espécie de poder social – de modo que o emprego de meios capazes de silenciar opositores e de mecanismos de censura foi/é prática amplamente utilizada pelos Estados autoritários.

Na verdade, trata-se de uma liberdade que está sempre sob ameaça pois as pessoas podem com relativa facilidade tentar usar o poder de que disponham, seja qual for sua origem, para impedir manifestações que lhe sejam desagradáveis. Afinal, no fundo, todos gostamos mesmo é de elogios. Cabe ao direito conferir uma proteção reforçada às liberdades de informação e de expressão justamente nessas hipóteses: o elogio não precisa de proteção, mas a crítica sim.

É comum que a liberdade de expressão caminhe ao lado da liberdade de acesso à informação. O direito à informação exigível do Poder Público é fenômeno diverso e será examinado adiante. A liberdade de expressão envolve a comunicação de ideias e opiniões, ao passo que a liberdade de informação cuida da liberdade de procurar, receber e divulgar fatos, mas não é incomum que opiniões e fatos sejam apresentados em conjunto.

A distinção é relevante, pois o exercício da liberdade de informação envolve um parâmetro de controle – a verdade dos fatos –, além de ter de lidar com limites dados pela proteção da intimidade, como visto acima, e eventualmente pela segurança do Estado e da sociedade. É certo que esse parâmetro pode ser menos rígido do que se imagina. Os fatos são complexos, a realidade é multifacetada e o conhecimento é sempre limitado. Além disso, a realidade é sempre alvo de interpretação daquele que a reporta. Assim, é preciso humildade no uso do parâmetro "verdade dos fatos". A despeito dessas observações, o parâmetro impõe limites: a afirmações que são pura e simplesmente falsas.

A lógica do verdadeiro/falso, porém, não se aplica a opiniões, e os limites referidos também não fazem sentido no âmbito da liberdade de expressão. Cada indivíduo pode ter uma opinião diversa e pessoal sobre o mesmo tema, mas cada um não poderá ter o seu próprio "fato" pessoal, ainda que versões de um mesmo evento sejam não apenas possíveis, como permitam, em geral, uma melhor compreensão acerca dele.

Em sua dimensão individual, a liberdade de expressão assegura que cada pessoa é livre para pensar por si própria, formar seu próprio juízo e avaliação críticos, ter suas próprias opiniões e veiculá-las. As conexões da liberdade de expressão com a dignidade humana, com a autonomia individual e com a liberdade são evidentes. A liberdade de expressão é também um corolário do pluralismo na medida em que ela pressupõe que as pessoas terão opiniões diversas e, muitas vezes, desconfortáveis para a maioria, daí a necessidade da proteção.

Embora o desenvolvimento da liberdade de expressão esteja historicamente ligado à liberdade de crença religiosa e à crítica política, ela não está limitada a tais temas. A liberdade de expressão tutela a livre comunicação de qualquer espécie de ideia, opinião ou crítica, sobre qualquer assunto. Em princípio, mesmo opiniões que pareçam absurdas e nocivas à maioria deverão ser combatidas com outras opiniões, e não com proscrição.

Cap. 6 – DIREITOS FUNDAMENTAIS E ORDEM SOCIAL **193**

A liberdade de expressão é um direito individual e, portanto, valioso em si mesmo, mas a verdade é que ela cria condições indispensáveis para o desenvolvimento da democracia e esse valor instrumental merece destaque. Sem liberdade de expressão (e, também, de informação) sobre os problemas públicos e sobre a ação estatal, a minoria política, os grupos de pressão organizados e a população em geral não têm como levar a cabo qualquer forma de controle. Ademais, o próprio exercício do controle social e da crítica da ação dos agentes públicos por parte da sociedade depende de se assegurar ampla liberdade de expressão. Do mesmo modo, o livre debate acerca das propostas a serem adotadas ou rejeitadas, inerente ao pluralismo político e ideológico, só pode ter lugar se respeitadas tais liberdades.

O vínculo entre a liberdade de expressão e a democracia é da maior importância, mas não se deve perder de vista que a liberdade em tela é igualmente fundamental no âmbito das relações privadas. É também a garantia das liberdades de expressão e de informação que viabiliza o controle social não apenas do Estado e de seus agentes, mas também de poderes privados: econômicos, sociais ou de qualquer outra espécie. Abusos, discriminações e injustiças praticados nas esferas privadas podem ser objeto de escrutínio e debate público se tais liberdades forem asseguradas.

Como já referido, a Constituição se preocupa de forma expressa também com a dimensão coletiva da liberdade de expressão. Nesse contexto, ela protege os meios de comunicação social de forma ampla e veda sua monopolização. É impossível superestimar a importância da imprensa nas sociedades democráticas. Em primeiro lugar, sua capacidade de obter e difundir informações e ideias não tem precedentes, já que se cuida de empresas ou instituições com essa finalidade e que contam com profissionais dedicados a esse fim. Ainda que a evolução tecnológica e o desenvolvimento das mídias sociais e outras ferramentas venha alterando esse quadro, um indivíduo ou um pequeno grupo terão dificuldade de difundir informações, opiniões e críticas em caráter geral sem o apoio de um veículo de imprensa. Em segundo lugar, a imprensa é também uma das grandes responsáveis por definir a pauta dos debates públicos. Aquilo que a imprensa decide divulgar torna-se naturalmente um tema comentado e discutido pela sociedade, ao passo que outros assuntos, por não serem objeto de atenção da imprensa, permanecem à sombra.

É fácil perceber que se alguém pudesse ter o controle da imprensa, essa circunstância lhe atribuiria um poder amplíssimo na sociedade, e extremamente perigoso: o poder de definir os temas a serem discutidos, as informações a que se teria acesso e de influenciar, sem contraponto, as opiniões que se deveria ter. A limitação desse poder exige ampla liberdade de expressão e informação, e a vedação de monopolização dos veículos de imprensa de que cuida a Constituição.

Exatamente nesse sentido, o Supremo Tribunal Federal tem um entendimento consolidado no sentido de que a liberdade de expressão, e particularmente a liberdade de imprensa, conta com uma posição preferencial no eventual conflito com outros direitos e liberdades, bem como com fins públicos[57]. Esse foi o fundamento principal adotado no julgamento da ADPF 130, na qual se declarou a não recepção da Lei de Imprensa pela Constituição de 1988[58], e em diversas reclamações nas quais o STF tem reiterado sua jurisprudência no particular.

Nos termos do entendimento firmado pelo STF, a posição preferencial da liberdade de expressão e de imprensa significa que, na hipótese de conflito com outros direitos e fins públicos, a vedação à publicação será sempre a solução excepcional, dando-se preferência, na medida do

---

[57] Apenas para registrar alguns julgados recentes do STF sobre o tema: ADI 4.451 MC, Rel. Min. Ayres Britto, *DJ* 01.07.2011; ADPF 187, Rel. Min. Celso de Mello, *DJ* 27.06.2011; ADPF 130, Rel. Min. Carlos Britto, *DJ* 06.11.2009; STF, AI 690.841 AgR, Rel. Min. Celso de Mello, *DJ* 05.08.2011; RE 511.961, Rel. Min. Gilmar Mendes, *DJ* 13.11.2009; RE 208.685, Rel. Min. Ellen Gracie, *DJ* 22.08.2003.

[58] ADPF 130, Rel. Min. Carlos Britto, *DJ* 09.12.2009 e *DJ* 26.02.2010.

possível, à condenação posterior do veículo a indenizar pelo eventual dano causado no caso de abuso da liberdade. Esse aspecto da posição preferencial decorre não apenas da preferência geral atribuída às liberdades de expressão e informação no contexto coletivo, mas também da dinâmica e do ritmo próprios da atividade da imprensa. No mais das vezes, é inviável discutir previamente a publicação ou não como forma de impedir a lesão de um direito por conta de uma publicação da imprensa; de todo modo, o tempo necessário para essa apreciação levaria, frequentemente, à perda de objeto da questão, já que a notícia teria perdido a relevância.

A posição preferencial definida pelo STF ajuda, mas não resolve todos os problemas envolvendo a liberdade de expressão e outros direitos e pretensões. Embora a posição preferencial garanta a divulgação da opinião naquele momento, o próprio STF admite a possibilidade de condenação posterior de quem a emitiu por eventual abuso (em geral em face do direito à honra). Essa possibilidade (e sua aplicação relativamente frequente) pode gerar um efeito silenciador óbvio sobre as pessoas a partir dali. Quem terá condições de correr esse risco financeiro?

A preocupação com o impacto silenciador das condenações de natureza civil por manifestações de opinião levou a Emenda Constitucional nº 35/2001 a explicitar, relativamente à imunidade material dos parlamentares, que deputados e senadores são invioláveis, *civil e penalmente,* por suas opiniões, palavras e votos. Esse é um ponto relevante e a doutrina tem destacado, a partir de pesquisas empíricas inclusive, a grande subjetividade dos julgadores no exame do que configura ou não abuso da liberdade de expressão[59].

De outra parte, embora preferencial, a liberdade de expressão precisa conviver em alguma medida com os demais direitos e há aqui muitos temas relevantes. Examine-se brevemente dois deles: o discurso de ódio e a proteção de crianças e adolescentes.

Tanto a Convenção Interamericana (art. 13) quanto o Pacto Internacional sobre Direitos Civis e Políticos (arts. 19 e 20), por exemplo, autorizam que a lei proíba propaganda de guerra e apologia de ódio nacional, racial ou religioso que constitua incitamento à discriminação, à hostilidade ou à violência. As Convenções identificam duas características principais nessa atividade que o legislador nacional poderá vedar sem com isso violar a liberdade de expressão: o ódio a determinados grupos – *e.g.,* nacionais, raciais ou religiosos – e a incitação à discriminação, à hostilidade ou à violência. Embora nem sempre seja simples distinguir esses elementos, eles são úteis na compreensão do fenômeno e sobretudo para distingui-lo de manifestações protegidas pela liberdade de expressão.

A Constituição de 1988 não traz cláusula específica na linha do previsto nas Convenções, mas dois incisos do art. 5º guardam conexão com o assunto, a saber: "XLI – a lei punirá qualquer discriminação atentatória dos direitos e liberdades fundamentais; XLII – a prática do racismo constitui crime inafiançável e imprescritível, sujeito à pena de reclusão, nos termos da lei".

A discriminação e o racismo podem ser levados a cabo por meio de diferentes tipos de conduta não diretamente relacionadas com a liberdade de expressão, como, por exemplo, impedir o acesso de determinado grupo de pessoas a estabelecimentos abertos ao público. Mas o discurso igualmente pode ser veículo de discriminação em si mesmo, e a incitação à discriminação, de que as Convenções tratam por exemplo, é uma atividade tipicamente realizada por meio do discurso.

Em sua redação original, a Lei nº 7.716/1989, que trata dos crimes de racismo, já previa como um tipo: "Praticar, induzir ou incitar a discriminação ou preconceito de raça, cor, etnia, religião ou procedência nacional" (art. 20), bem como dispunha sobre aumento de pena caso tais crimes sejam cometidos "por intermédio dos meios de comunicação social ou publicação de

---

[59] F. C. Leite; G. F. C. F. Almeida; I. A. R. Hannikainen. Liberdade de expressão e direito à honra: medindo atitudes e prevendo decisões. *Revista Espaço Jurídico,* p. 1-26, 2020.

qualquer natureza" (art. 20, § 2º). A Lei nº 14.532/2023 alterou o art. 20, § 2º, para explicitar que há crime quando a publicação acontece "em redes sociais, da rede mundial de computadores". Ou seja: a lei cogita exatamente manifestações veiculadas por quaisquer meios de comunicação, incluindo redes sociais, autorizando ao magistrado determinar a cessação das transmissões e a interdição das páginas na internet em que a divulgação esteja ocorrendo, por exemplo. Ainda no campo do discurso como veículo possível de discriminação, a Lei nº 14.532/2023 passou a prever como tipo específico a conduta de "injuriar alguém, ofendendo-lhe a dignidade ou o decoro, em razão de raça, cor, etnia ou procedência nacional". Outras normas preveem punições para condutas discriminatórias, por exemplo, no âmbito das relações trabalhistas, e o Código Penal tipifica a incitação ao crime e a apologia de fato criminoso (arts. 286 e 287).

Na ADO 26, o STF discutiu a omissão legislativa na edição de lei visando a realizar o pretendido pelo art. 5º, XLI e XLII referidos *supra*, relativamente aos integrantes do grupo LGBT, tendo decidido por maioria: "a) reconhecer o estado de mora inconstitucional do Congresso Nacional na implementação da prestação legislativa destinada a cumprir o mandado de incriminação a que se referem os incisos XLI e XLII do art. 5º da Constituição, para efeito de proteção penal aos integrantes do grupo LGBT; (...) d) dar interpretação conforme à Constituição, em face dos mandados constitucionais de incriminação inscritos nos incisos XLI e XLII do art. 5º da Carta Política, para enquadrar a homofobia e a transfobia, qualquer que seja a forma de sua manifestação, nos diversos tipos penais definidos na Lei nº 7.716/1989, até que sobrevenha legislação autônoma, editada pelo Congresso Nacional".

Outro tema envolvendo a liberdade de expressão e outros direitos e pretensões diz respeito à proteção de crianças e adolescentes como pessoas em desenvolvimento, cujo discernimento e capacidade de avaliação e escolha ainda são incompletos, e a possibilidade de impor-se restrições à liberdade de expressão com esse fundamento.

A Convenção Interamericana de Direitos Humanos (art. 13), por exemplo, autoriza a lei a submeter os espetáculos públicos a censura prévia, a fim de regular o acesso a eles para proteção moral da infância e da adolescência. A regra da Constituição de 1988, no particular, é diversa e trata apenas da classificação indicativa de diversões públicas e programas de rádio e TV (arts. 21, XVI, e 220, § 3º).

Há amplo debate público sobre a possibilidade de lei limitar propaganda comercial de produtos e serviços com fundamento na proteção de crianças e adolescentes. A propaganda é considerada uma manifestação da liberdade de expressão e informação com características próprias e sujeita a limitações constitucionais específicas. A Constituição prevê de forma expressa que lei federal poderá "estabelecer os meios legais que garantam à pessoa e à família a possibilidade de se defenderem de propaganda de produtos, práticas e serviços que possam ser nocivos à saúde e ao meio ambiente" (art. 220, § 3º, II) e já indica que a propaganda comercial de tabaco, bebidas alcoólicas, agrotóxicos, medicamentos e terapias estará sujeita a restrições legais (art. 220, § 4º).

A discussão jurídica acerca das restrições a propaganda comercial com fundamento na proteção de crianças e adolescentes envolve não apenas a liberdade dos fabricantes e anunciantes, as hipóteses de restrição à propaganda comercial expressamente previstas pela Constituição e a proteção prioritária conferida a crianças e adolescentes (art. 227). Além desses elementos, é relevante também o debate acerca dos papéis do Estado e da Família no controle dos conteúdos a que crianças e adolescentes têm acesso, bem como na decisão de o que elas irão consumir ou não.

O tema já chegou ao STF. Na ADI 5631, a Corte considerou constitucional lei estadual que vedou a veiculação de "publicidade, dirigida a crianças, de alimentos e bebidas pobres em nutrientes e com alto teor de açúcar, gorduras saturadas ou sódio" das 6h às 21h e, no âmbito de escolas públicas e privadas, em qualquer horário. Três interessantes linhas de argumentação principais constam do voto do Ministro Relator e que valem registrar.

Em primeiro lugar, a Corte considerou relevante do ponto de vista normativo recomendações da Organização Mundial de Saúde – OMS, visando a proteção da saúde e da infância, que recomendam aos Estados a regulação da publicidade de bebidas não alcoólicas e alimentos ricos em gorduras e açúcares. A fundamentação científica das recomendações foi enfatizada pelo STF.

Em segundo lugar, sob a perspectiva federativa, embora a competência para legislar sobre propaganda comercial seja privativa da União (art. 22, XXIX) e o art. 220, ao tratar especificamente de restrições a publicidade, mencione lei federal, o STF entendeu que a omissão da União em regular o tema não impede o exercício da competência concorrente legislativa dos Estados para a defesa da saúde e a proteção da infância (art. 24, XII e XV). Por fim, em terceiro lugar, o Tribunal entendeu que a restrição imposta pela lei estadual atendia as exigências da proporcionalidade na medida em que "implica restrição muito leve à veiculação de propaganda, porquanto limitada ao local para o qual é destinada, delimitada apenas a alguns produtos e a um público ainda mais reduzido".

A liberdade de expressão pode gerar tensões também com direitos da personalidade e alguns desses conflitos foram examinados quando da discussão de cada um desses direitos (honra, imagem, intimidade etc.), a que se reporta o leitor.

Por fim, um último espaço de tensão da liberdade de expressão envolve o processo eleitoral, tanto no que diz respeito à propaganda eleitoral levada a cabo por partidos e candidatos, quanto às manifestações dos cidadãos de forma mais ampla. No pleito de 2022, o TSE editou resolução dispondo sobre o "enfrentamento à desinformação que atinja a integridade do processo eleitoral". A Resolução proibiu "a divulgação ou compartilhamento de fatos sabidamente inverídicos ou gravemente descontextualizados que atinjam a integridade do processo eleitoral, inclusive os processos de votação, apuração e totalização de votos", sob pena de multa e de decisão do TSE, dirigia à plataforma digital, de imediata remoção do conteúdo (TSE, Resolução 23.714, de 20.10.2022). A norma autorizou ainda a Presidência do TSE, monocraticamente, a aplicar decisões do Plenário do TSE sobre desinformação a outras situações com idênticos conteúdos.

Nesse caso, como se vê, expressão e informação acabam se mesclando, embora a ênfase da norma do TSE seja o controle de discursos de desinformação. A validade da resolução do TSE foi confirmada pelo STF na ADI nº 7261, que entendeu que ela não veiculava censura prévia e registrou que a "A disseminação de notícias falsas, no curto prazo do processo eleitoral, pode ter a força de ocupar todo espaço público, restringindo a circulação de ideias e o livre exercício do direito à informação. O fenômeno da desinformação veiculada por meio da internet, caso não fiscalizado pela autoridade eleitoral, tem o condão de restringir a formação livre e consciente da vontade do eleitor".

Já na Pet nº 10.391, também no contexto eleitoral de 2022, o Plenário do STF considerou válida decisão determinando o bloqueio de determinado canal/perfil na plataforma Telegram sob argumento diverso. Nesse caso, a Corte considerou que a restrição se justificava para impedir a "propagação de discursos com conteúdo de ódio, subversão da ordem e incentivo à quebra da normalidade institucional e democrática".

6.3.7 Liberdade religiosa

A Constituição garante de forma ampla a liberdade de pensamento, convicção e expressão, como visto acima, e confere proteção particular a uma manifestação específica dessa liberdade, que é a liberdade religiosa. Com efeito, nos termos dos incisos VI e VIII do art. 5º, "é inviolável a liberdade de consciência e de crença, sendo assegurado o livre exercício dos cultos religiosos e garantida, na forma da lei, a proteção aos locais de culto e a suas liturgias" e "ninguém será privado de direitos por motivo de crença religiosa ou de convicção filosófica ou política, salvo se as invocar para eximir-se de obrigação legal a todos imposta e recusar-se a cumprir prestação alternativa, fixada em lei".

O fenômeno religioso faz parte da experiência humana e as concepções religiosas de uma pessoa – e o mesmo acontece com as concepções decorrentes de qualquer cosmovisão – têm o potencial de repercutir sobre toda sua existência e relações e constituir o objeto principal de sua lealdade pessoal. Assim, de um lado, não é incomum que grupos religiosos majoritários tentem usar o Estado e o Direito para impor suas convicções aos demais e/ou para impedir a prática de outras religiões. De forma mais geral, a perseguição estatal a grupos religiosos foi e continua a ser comum em ambientes autoritários.

As relações do Estado e do Direito com o fenômeno religioso têm duas dimensões principais. A primeira envolve a liberdade religiosa, isto é, a garantia que o Estado oferece para que as pessoas e grupos pratiquem livremente suas convicções religiosas. É interessante observar que, historicamente, a garantia da liberdade religiosa não se vincula apenas ao reconhecimento da dignidade e liberdade de todas as pessoas, mas também à inviabilidade observada ao longo do tempo de eliminar ou sobrepujar a existência de grupos religiosos por meio da força. A garantia da liberdade religiosa em boa medida foi um meio de a autoridade lidar com essa circunstância e assim tentar dar fim a guerras longas e sangrentas. A segunda dimensão trata das relações entre o Estado e as instituições religiosas.

A proteção que a Constituição de 1988 confere à liberdade religiosa se desdobra em três dimensões: uma individual, uma coletiva e uma institucional. Do ponto de vista individual, assegura-se a liberdade de crença propriamente dita: cada um tem a liberdade de decidir acerca da convicção religiosa que deseje ter – inclusive de não ter uma convicção religiosa e adotar uma cosmovisão diversa –, o que inclui a possibilidade de alterar essa decisão ao longo da vida.

A liberdade religiosa não visa a proteger propriamente a dimensão íntima da pessoa (até porque ela seria inútil para esse fim), mas, sobretudo, as manifestações exteriores e públicas dessa decisão pessoal. Assim, a liberdade religiosa inclui a liberdade de identificar-se como religioso e de viver essa opção em suas diferentes manifestações, privadas e públicas, isto é: a pessoa é livre para expressar sua religião e tomar decisões acerca de sua vida em função de suas próprias convicções religiosas, não podendo o indivíduo ser privado de direitos por essa razão.

O discurso religioso, como se vê, tem uma proteção especialmente reforçada no sistema constitucional brasileiro atraindo a proteção própria da liberdade de expressão e adicionalmente da liberdade religiosa. Nesse sentido, o STF já entendeu que o proselitismo, na medida em que integra determinadas crenças religiosas, está protegido pela liberdade religiosa e, portanto, lei estadual não pode vedar discurso proselitista em rádio comunitária (ADI 2.566). As razões adotadas pela Corte foram resumidas pelo Ministro Relator nos seguintes termos: "A liberdade religiosa não é exercível apenas em privado, mas também no espaço público, e inclui o direito de tentar convencer os outros, por meio do ensinamento, a mudar de religião. O discurso proselitista é, pois, inerente à liberdade de expressão religiosa. (...) A liberdade política pressupõe a livre manifestação do pensamento e a formulação de discurso persuasivo e o uso de argumentos críticos. Consenso e debate público informado pressupõem a livre troca de ideias e não apenas a divulgação de informações. O artigo 220 da Constituição Federal expressamente consagra a liberdade de expressão sob qualquer forma, processo ou veículo, hipótese que inclui o serviço de radiodifusão comunitária. Viola a Constituição Federal a proibição de veiculação de discurso proselitista em serviço de radiodifusão comunitária".

Em linha similar, na ADO 26, já referida, na qual o STF criminalizou a homofobia e a transfobia, a Corte ressaltou o espaço protegido da liberdade religiosa nos seguintes termos: "2. A repressão penal à prática da homotransfobia não alcança nem restringe ou limita o exercício da liberdade religiosa, qualquer que seja a denominação confessional professada, a cujos fiéis e ministros (sacerdotes, pastores, rabinos, mulás ou clérigos muçulmanos e líderes ou celebrantes das religiões afro-brasileiras, entre outros) é assegurado o direito de pregar e de divulgar, livremente, pela palavra, pela imagem ou por qualquer outro meio, o seu pensamento e de externar suas convicções de acordo com o que se contiver em seus livros e códigos sagrados, bem assim o de ensinar segundo sua orientação doutrinária e/ou teológica, podendo buscar e conquistar prosélitos e praticar os atos de culto e respectiva liturgia, independentemente do espaço, público ou privado, de sua atuação individual ou coletiva, desde que tais manifestações não configurem discurso de ódio, assim entendidas aquelas exteriorizações que incitem a discriminação, a hostilidade ou a violência contra pessoas em razão de sua orientação sexual ou de sua identidade de gênero".

Para além do discurso religioso, porém, as pessoas podem tomar outros tipos de decisões com fundamento em suas convicções religiosas, e essas decisões poderão eventualmente afetar em alguma medida terceiros e a sociedade como um todo. Esse é um ponto sensível para o Direito pois envolve potenciais conflitos entre liberdades e direitos e as razões e limites para eventuais restrições e acomodações recíprocas.

A sensibilidade do assunto decorre de que não cabe ao Estado, por evidente, decidir o que é ou não importante para qualquer religião: a utilização de cláusulas como "ordem pública e bons costumes" foi utilizada por muitas Constituições brasileiras como meio de controle de práticas religiosas diversas das majoritárias. Por outro lado, a liberdade religiosa não pode se transformar em um argumento absoluto infenso a qualquer limite a despeito de danos a direitos reais de terceiros e da sociedade.

O art. 5º, VIII, trata desde logo de um conflito dessa natureza e traz uma regra particular com importante relevância histórica: a expressa possibilidade de o indivíduo não prestar serviço militar obrigatório, mas alguma atividade alternativa, por razões religiosas ou filosóficas. O art. 153, § 1º, da Constituição reproduz a mesma garantia, ao disciplinar as Forças Armadas, e a Lei nº 8.239/1991 regulamenta o assunto no plano infraconstitucional. Embora a recusa em envolver-se em atividades militares tenha o óbvio potencial de afetar terceiros e a sociedade como um todo – sobretudo em um contexto de guerra –, a centralidade da questão para muitas convicções religiosas e filosóficas exige a criação de alternativas: a pessoa será obrigada, como os demais, a contribuir para a coletividade, mas desenvolvendo outras atividades que não vulnerem suas convicções.

O tema do direito das pessoas que compartilham da crença dos Testemunhas de Jeová de se negarem a receber transfusão de sangue, de que se tratou acima no tópico sobre o direito à vida, se insere nessa mesma discussão. A centralidade do tema para esse grupo é evidente – eles estão dispostos a morrer por isso – e não se vislumbra restrição relevante a qualquer direito de terceiro. Seja como for, o STF entendeu que o tema tem repercussão geral e ele aguarda apreciação pela Corte (Tema 1069). A tese a ser apreciada foi enunciada nos seguintes termos: "Recurso extraordinário em que se discute, à luz dos artigos 1º, inciso III; 5º, *caput* e incisos II, VI e VIII; e 196 da Constituição Federal, o direito de autodeterminação dos Testemunhas de Jeová de submeterem-se a tratamento médico realizado sem transfusão de sangue, em razão da sua consciência religiosa".

Outro conflito já decidido pelo STF em sede de repercussão geral envolve os dias de guarda praticados por determinadas convicções religiosas e as datas previstas em editais de concursos públicos. Não é incomum que as provas sejam marcadas em dias de guarda e candidatos questionam o ponto com fundamento em suas convicções religiosas. O STF entendeu que o questionamento é relevante e que a acomodação deve ser buscada na medida do possível nos seguintes termos: "Nos termos do art. 5º, VIII, da CF, é possível a realização de etapas de concurso público em datas e horários distintos dos previstos em edital por candidato que invoca a escusa de consciência por motivo de crença religiosa, desde que presente a razoabilidade da alteração, a preservação da igualdade entre todos os candidatos e que não acarrete ônus desproporcional à Administração pública, que deverá decidir de maneira fundamentada" (Tema 386).

Conclusão diversa foi apurada pelo STF no que diz respeito à obrigatoriedade de vacinação de crianças e adolescentes que, entendeu-se, não pode ser afastada por conta da convicção filosófica ou religiosa dos pais. A tese foi firmada em repercussão geral (Tema 1.103) e envolvia a pretensão de pais veganos que, por conta de suas convicções religiosas, pretendiam não submeter seu filho menor a vacinações definidas como obrigatórias pelo Ministério da Saúde. A Corte registrou que "A liberdade de consciência é protegida constitucionalmente (art. 5º, VI e VIII) e se expressa no direito que toda pessoa tem de fazer suas escolhas existenciais e de viver o seu próprio ideal de vida boa", mas não tem uma dimensão absoluta e "precisa ser ponderada com a defesa da vida e da saúde de todos (arts. 5º e 196), bem como com a proteção prioritária da criança e do adolescente (art. 227)".

Diante desse conflito, o STF entendeu ser "legítimo impor o caráter compulsório de vacinas que tenha registro em órgão de vigilância sanitária e em relação à qual exista consenso médico-científico". A tese de repercussão geral fixada pela Corte na ocasião foi a seguinte: "É constitucional a obrigatoriedade de imunização por meio de vacina que, registrada em órgão de vigilância sanitária, (i) tenha sido incluída no Programa Nacional de Imunizações, ou (ii) tenha sua aplicação obrigatória determinada em lei ou (iii) seja objeto de determinação da União, Estado, Distrito Federal ou Município, com base em consenso médico-científico. Em tais casos, não se caracteriza violação à liberdade de consciência e de convicção filosófica dos pais ou responsáveis, nem tampouco ao poder familiar".

Além da dimensão individual da liberdade religiosa, a Constituição protege igualmente a manifestação coletiva dessa liberdade – a *liberdade de culto* – que, frequentemente, envolve a reunião de pessoas e determinadas práticas. A Constituição imperial brasileira de 1824, por exemplo, embora assegurasse a práticas de outras religiões que não a oficial do império, vedava cultos públicos e mesmo edifícios com aparência de templos (art. 5º). A liberdade de culto, assegurada progressivamente pelas Constituições posteriores no Brasil, tem especial relevo histórico entre nós.

O mesmo debate registrado acima sobre eventuais tensões entre práticas religiosas e direitos de terceiros podem se manifestar também no âmbito da liberdade de culto. Novamente, é importante ter em conta que não cabe ao Estado decidir que práticas devem ou não ser adotadas em determinado culto religioso, e é saudável lembrar que para os não praticantes de determinada religião, seu culto pode causar uma sensação de estranhamento natural. Por outro lado, também aqui a liberdade de culto não pode ser um argumento absoluto a permitir qualquer tipo de prática que cause danos a terceiros. Alguns exemplos ilustram debates em torno do tema.

O STF entendeu válida lei que autorizava o sacrifício de animais em cultos tendo em conta a liberdade religiosa e de culto, afastando o argumento de violação à proteção dos animais (RE 494.601). Como se sabe, o sacrifício de animais é uma prática adotada nos cultos de diferentes convicções religiosas.

Em sentido diverso, o STF entendeu proporcional e válido decreto estadual que proibiu a realização de cultos coletivos presenciais durante determinados períodos da pandemia de Covid-19 (ADPF 811). Três linhas de argumentação foram adotadas pela Corte no caso. Em primeiro lugar, destacou-se as recomendações da Organização Mundial de Saúde acerca do assunto e as medidas adotadas por alguns países que "passaram a adotar proibições ou restrições ao exercício de atividades religiosas coletivas. Com variações de intensidade e de horizonte temporal, essas medidas ora consistiam na proibição total da realização de cultos, ora na fixação de diretrizes intermediárias ao funcionamento das casas religiosas". A Corte destacou a excepcionalidade de eventuais restrições à liberdade de culto, mas registrou que a Constituição autorizaria "a restrição relativa dessa liberdade [de culto] ao prever cláusula de reserva legal para o exercício dos cultos religiosos (art. 5º, VI, da CF)".

O ponto é interessante pois, embora se entenda que a ausência de referência expressa a regulação por lei nos dispositivos que tratam de direitos não impede, por isso, que o legislador trate do assunto em alguma medida, a cláusula "na forma da lei" contida no art. 5º, VI, não se refere a regulação da liberdade de culto, como o acordão parece sugerir. A cláusula se conecta com a disciplina da garantia de "proteção aos locais de culto e a suas liturgias", de que também trata o dispositivo constitucional.

Em segundo lugar, a Corte entendeu que os Estados "têm competência para legislar e adotar medidas sanitárias voltadas ao enfrentamento da pandemia de Covid-19". A questão do exercício das competências compartilhadas pelos entes federados foi um tema especialmente discutido pelo STF ao longo do ano de 2020 no contexto das medidas de enfrentamento da pandemia da Covid-19 e o ponto será aprofundado na parte sobre federação. De forma objetiva a Corte aplicou aqui o entendimento que já havia firmado na ADI 6341 no sentido de que a eventual omissão da União na adoção de determinada medida de enfrentamento da pandemia da Covid-19 não impedia o exercício das competências legislativas compartilhadas e administrativas comuns relativas à proteção da saúde (arts. 23, II, e 24, XII). A circunstância de a restrição no caso ter sido veiculada por decreto do Governador, e não por lei, não chegou a ser um tema enfrentado de forma específica pela maioria da Corte.

Em terceiro lugar, o STF entendeu que a restrição atendia às exigências da proporcionalidade tendo em conta os números de mortes e internações, a superlotação dos estabelecimentos de saúde e a afirmação dos órgãos técnicos no sentido de que o risco de contágio da Covid-19 era maior em atividades religiosas coletivas do que em atividades econômicas.

Outro ponto de tensão frequentemente examinado pelo Judiciário envolve a submissão dos cultos e práticas religiosas a regras locais que limitam a emissão de ruídos. Em geral, uma vez que as regras sejam razoáveis em si e aplicáveis a todos – e não especificamente dirigidas a cultos e práticas religiosas –, o entendimento predominante é o de que a liberdade de culto não tem o condão de afastar a incidência de tais previsões.

Por fim, além da dimensão individual e coletiva da liberdade religiosa, a Constituição garante que essas coletividades possam se organizar institucionalmente, criando pessoas jurídicas que gozam de determinadas proteções como, por exemplo, imunidade tributária relativamente a impostos (art. 150, VI, b). A Emenda Constitucional nº 116/2022 pretendeu inclusive esclarecer que a imunidade relativa ao IPTU se aplica a templos de qualquer culto ainda que as entidades religiosas sejam locatárias (e não proprietárias) do imóvel utilizado para esse fim, tema que era controvertido na jurisprudência

Ao lado da liberdade religiosa propriamente dita, uma outra dimensão das relações entre o Direito e o Estado e o fenômeno religioso procura identificar o tipo de relação que determinado Estado tem com instituições religiosas.

Em geral se imaginam dois conceitos simples aqui: o Estado confessional e o Estado laico. Na verdade, a realidade é mais complexa e existem algumas variações históricas em torno desses dois conceitos e outras tantas intermediárias entre eles. Assim, por exemplo, o Irã é um Estado confessional, mas a Inglaterra e a Alemanha igualmente mantêm relações institucionais específicas, e inclusive algum financiamento, a determinadas igrejas. A rigor, todos poderiam ser denominados de confessionais, mas o tipo de relação existente em cada hipótese é bastante diverso.

Note-se ainda que um Estado confessional ou que mantém uma relação permanente com uma religião específica pode garantir a liberdade religiosa, ao passo que um Estado supostamente laico – supostamente porque, na realidade, se estará adotando uma outra cosmovisão, apenas que não religiosa – pode impedir o exercício da liberdade religiosa. A Inglaterra e Israel são exemplos da primeira hipótese, ao passo que os Estados comunistas praticavam a segunda combinação descrita.

A Constituição de 1988, seguindo a tradição iniciada com a primeira Constituição republicana, é um Estado laico, o que significa que ele não estabelece – isto é: não cria ou defende – nem subvenciona qualquer culto religioso (*rectius*: qualquer cosmovisão), nos termos expressos do art. 19, e igualmente não pode embaraçar-lhes o funcionamento, na linha das liberdades já discutidas acima.

O Estado brasileiro, portanto, não pode defender determinados cultos, nem os subsidiar: tanto quanto possível ele deve se colocar de forma neutra em relação às diferentes cosmovisões. Há aqui, é claro, uma questão sensível: os legislativos são formados de pessoas e pessoas têm inevitavelmente suas cosmovisões. Não é incomum que elementos religiosos integrem a cultura dos povos: a própria expressão *cultura* indica a centralidade do culto na construção e desenvolvimento do conceito. Nesse sentido, leis eventualmente poderão veicular opções influenciadas pelas convicções religiosas de uma determinada maioria, o que é natural e esperado, afinal, em uma Democracia. Por outro lado, a liberdade religiosa e a laicidade do Estado constituem exatamente limites às maiorias. Até que ponto a maioria pode ir?

Naturalmente que qualquer norma que pretenda afetar a liberdade religiosa de terceiros, em suas três dimensões, ou que tente utilizar o Estado para estabelecer ou subvencionar determinado culto será inválida: há um amplo campo de temas protegidos por tais normas e que são facilmente identificados. Mas em temas menos centrais nem sempre será fácil estabelecer os limites entre o que a maioria pode legitimamente decidir e o que viola a liberdade religiosa de terceiros e/ou a laicidade do Estado, e a discussão precisará ser feita caso a caso.

Por fim, a laicidade do Estado brasileiro não significa hostilidade ao fenômeno religioso (característica do laicismo). Ao contrário, a Constituição manifesta respeito e reconhecimento pelo fenômeno religioso ao garantir (i) assistência religiosa em instituições de internação coletiva (art. 5º, VII); (ii) ensino religioso de matrícula facultativa no ensino fundamental (art. 210, § 1º); e (iii) efeitos civis do casamento religioso (art. 226, § 2º). Além disso, a Constituição prevê a possibilidade de colaborações de interesse público com instituições religiosas (art. 19, I).

6.3.8 Liberdade de iniciativa e liberdade profissional

A Constituição consagra como fundamento do próprio Estado a liberdade de iniciativa – de que se tratou no capítulo sobre princípios – e sua aplicação na ordem econômica é especificamente prevista pelo art. 170, *caput* e parágrafo único. De forma particular, a Constituição protege a liberdade das pessoas de desenvolver atividades, trabalhos e ofícios em geral, incluindo a liberdade profissional (art. 5º, XIII).

A Constituição autoriza que a lei estabeleça condicionamentos ou exigências para o exercício de atividades profissionais. Recorrendo à classificação do Professor José Afonso da Silva acerca das normas constitucionais, o art. 5º, XIII, consagra hipótese de norma de eficácia contida (ou restringível), isto é: ausente regulamentação legal, a liberdade é ampla. E, em qualquer caso, eventuais exigências criadas pelo Legislador para o exercício de determinada profissão deverão atender ao princípio da proporcionalidade.

Dois elementos considerados especialmente relevantes no exame da proporcionalidade de eventuais exigências de qualificação profissional dizem respeito a natureza da atividade profissional e sua eventual conexão com outras liberdades, por exemplo, bem como os riscos de dano que o exercício da profissão pode vir a causar a terceiros e a sociedade de forma geral.

O STF já teve oportunidade de considerar inválida, por exemplo, legislação que pretendia exigir diploma de curso superior, registrado pelo Ministério da Educação, para o exercício da profissão de jornalista (RE 511.961). A Corte entendeu que a restrição era desproporcional considerando sobretudo a conexão da profissão com as liberdades de expressão e de informação. Nos termos do voto do Ministro Relator: "O jornalismo é uma profissão diferenciada por sua estreita vinculação ao pleno exercício das liberdades de expressão e de informação. O jornalismo é a própria manifestação e difusão do pensamento e da informação de forma contínua, profissional e remunerada. Os jornalistas são aquelas pessoas que se dedicam profissionalmente ao exercício pleno da liberdade de expressão". Nesse contexto, a exigência de diploma de curso superior para a prática do jornalismo foi considerada pela Corte uma restrição injustificada, "um impedimento, uma verdadeira supressão do pleno, incondicionado e efetivo exercício da liberdade jornalística, expressamente proibido pelo art. 220, § 1º, da Constituição".

A Corte também considerou inválida lei que pretendia criar conselho com competências de registro, fiscalização e inclusive de aplicação de sanções para a atividade de músicos. O STF entendeu que as restrições não se justificavam, já que a atividade não envolve qualquer risco a terceiros (ADPF 183).

Por outro lado, o STF em decisão unânime considerou válida a exigência legal de exame e inscrição na OAB para o exercício da advocacia (RE 603.583). O exame da OAB foi considerado um meio adequado de aferir a qualificação profissional e garantir condições mínimas ao exercício da advocacia, que é afinal uma atividade essencial à Justiça e, caso desempenhada de forma inadequada, pode vir a causar danos à parte e a própria atividade de prestação jurisdicional como um todo.

Embora a Constituição trate da possibilidade de a lei instituir "qualificações profissionais", o STF entende possível que a lei crie condicionamentos ao exercício de profissões não relacionadas a qualificação profissional, mas visando a minimizar eventuais riscos que a atividade pode desencadear. O STF considerou válida, por exemplo, norma que prevê a exigência de garantia (caução) para o exercício da profissão de leiloeiro (RE 1.263.641), tendo em vista os possíveis riscos que a gestão de bens de terceiros, pelo leiloeiro, pode gerar. A Corte entendeu que, embora excepcional, é possível a criação de regulação estritamente necessária para a proteção "outros bens jurídicos de interesse público igualmente resguardados pela própria Constituição, como segurança, saúde e ordem pública".

Esse é um tema sensível já que, em tese, há muitos interesses públicos potencialmente resguardados pela Constituição que, a princípio, poderiam autorizar restrições à liberdade profissional. Foi o que entendeu determinado Município que editou lei proibindo o "uso de carros particulares cadastrados ou não em aplicativos, para o transporte remunerado individual de pessoas". A finalidade imediata da previsão era a ordenação das vias urbanas, de competência municipal, e a mediata provavelmente dizia respeito à preservação de uma reserva de mercado para os permissionários municipais que atuam no setor de transporte. Poderia o Município restringir o ingresso de competidores no mercado tendo em conta a realização de fins coletivos?

A questão chegou ao STF, que considerou inconstitucional a referida lei municipal (ADPF 449). O STF entendeu que a restrição era inválida e que a ordenação das cidades, de competência municipal, não pode impor restrições excessivas e desproporcionais à liberdade profissional. O critério utilizado pelo STF, portanto, não foi o de que não seria possível restrições à liberdade profissional com fundamento em fins coletivos, mas que a restrição no caso seria desproporcional. O Ministro Relator considerou relevantes no debate inclusive o impacto negativo sobre os consumidores que a medida promovia e a existência de "evidências empíricas sobre os benefícios gerados à fluidez do trânsito por aplicativos de transporte, tornando patente que a norma proibitiva nega 'ao cidadão o direito à mobilidade urbana eficiente', em contrariedade ao mandamento contido no art. 144, § 10, I, da Constituição, incluído pela Emenda Constitucional nº 82/2014".

6.3.9 Liberdade de locomoção

A Constituição assegura a liberdade de locomoção no território brasileiro em tempos de paz (art. 5º, XV), além de impedir os entes da Federação de estabelecerem distinções entre

Cap. 6 – DIREITOS FUNDAMENTAIS E ORDEM SOCIAL **203**

brasileiros (art. 19, III). Assim, União, Estados, Distrito Federal e Municípios não podem criar restrições à locomoção das pessoas em seus territórios por conta de sua origem, de modo que garante não apenas a liberdade de ir e vir, de transitar, mas também de mudar-se e instalar-se em outra parte do país com seus bens, como parecer a cada um mais conveniente.

A liberdade de locomoção pode ser limitada no caso de decretação de estado de sítio: o art. 139, I, prevê que uma das medidas possíveis é a determinação de que as pessoas sejam obrigadas a permanecer em localidade determinada. Durante os piores momentos da pandemia da Covid-19, em 2020, determinados Estados e Municípios proibiram a circulação de pessoas em alguma medida e por algum tempo – os chamados *lockdown* – a fim de tentar reduzir o contágio da doença.

Um tema tradicionalmente discutido no contexto da liberdade de locomoção é o do pedágio cobrado em rodovias, e da eventual necessidade de o Estado manter vias alternativas sem pedágio de modo a permitir a locomoção utilizando veículos sem custo. O pedágio, como se sabe, é em geral parte do preço ajustado entre o Poder Público concedente e a empresa privada vencedora da licitação para a concessão do serviço de manutenção (e muitas vezes expansão) da rodovia. Eventualmente, o poder concedente pode prever no contrato de concessão a necessidade de o concessionário manter a existência de alguma via alternativa sem pedágio. Caso não exista previsão nesse sentido, porém, discute-se se o Estado então teria tal dever por conta da liberdade de locomoção.

A questão aguarda definição pelo STF em um contexto específico: trata-se do RE 645.181, Tema de Repercussão Geral 513. No caso submetido à Corte, determinado Município é cortado por rodovia que é usada pelos habitantes para se deslocar no dia a dia, tendo sido instalada uma praça de pedágio dentro do território municipal. A pretensão recursal é no sentido de que os habitantes do Município sejam isentos de pagar o pedágio até que seja construída uma via alternativa. O STF identificou a tese a ser examinada pela Corte nos seguintes termos: "Recurso extraordinário em que se discute, à luz dos artigos 5º, II, XV, LXXIII, e 150, V, da Constituição Federal, e dos princípios da razoabilidade e da proporcionalidade, a possibilidade, ou não, da cobrança de pedágio intermunicipal, em virtude da utilização de rodovias conservadas pelo Poder Público, sem a disponibilização de via alternativa".

Embora o tema do pedágio seja da maior relevância, a restrição mais dramática à liberdade de locomoção é naturalmente a prisão. A Constituição expressamente autoriza a pena de prisão, impedindo, porém, a prisão perpétua (art. 5º, XLVII, *b*). A pena de prisão afeta de forma imediata a liberdade de locomoção, mas não apenas ela: o preso não fica impedido apenas de ir e vir, mas do exercício de muitas outras liberdades e direitos.

A Constituição assegura o tradicional remédio do *habeas corpus* (art. 5º, LXVIII) para impedir (ou remediar) violência ou coação à liberdade de locomoção por ilegalidade ou abuso de poder. A relevância da restrição que a prisão acarreta à liberdade é ilustrada pelo fato de que o *habeas corpus* pode ser impetrado por qualquer pessoa, em seu favor ou de outrem, e pela previsão de que os órgãos do Judiciário podem expedir *habeas corpus* de ofício caso no curso de processo verifiquem que alguém sofre ou está na iminência de sofrer coação ilegal (CPC, art. 654). A interpretação dada pela doutrina e jurisprudência ao cabimento do *habeas corpus* é mais ampla do que o texto constitucional parece sugerir. Entende-se que ele será cabível não apenas na iminência da efetiva prisão ilegal em si, mas também diante de uma clara ilegalidade ao longo do processo penal que possa vir a conduzir a uma prisão ilegal.

O tema da prisão é desenvolvido de forma analítica no âmbito do Direito Penal e do Processo Penal, mas a Constituição traz desde logo algumas previsões que devem ser observadas pelo Legislador e pelo aplicador do direito. Em primeiro lugar, o art. 5º, LXVII, proíbe a prisão civil por dívida, salvo a do responsável por inadimplemento voluntário e inescusável de obrigação alimentícia e a do depositário infiel.

O tema da possibilidade de prisão do depositário infiel – e até mesmo de figuras que a legislação equiparou ao longo do tempo ao depositário (como, por exemplo, a pessoa que financiou um carro por meio de *leasing*) – foi discutido por muitos anos no Brasil após a promulgação da Constituição. E isso porque em 1992 o Brasil aderiu ao Pacto Internacional dos Direitos Civis e Políticos e à Convenção Americana sobre Direitos Humanos – Pacto de São José da Costa Rica, sendo que ambos os instrumentos impedem a prisão civil do depositário infiel. O Pacto prevê em seu art. 11 que "Ninguém poderá ser preso apenas por não poder cumprir com uma obrigação contractual" e o art. 7º, 7, da Convenção Interamericana tem o seguinte teor: "7. Ninguém deve ser detido por dívidas. Este princípio não limita os mandados de autoridade judiciária competente expedidos em virtude de inadimplemento de obrigação alimentar".

O STF acabou por pacificar o entendimento na matéria ao editar a Súmula Vinculante 25, que afirma que "É ilícita a prisão civil de depositário infiel, qualquer que seja a modalidade do depósito". A Corte chegou a tal conclusão por considerar que os Tratados de Direitos Humanos incorporados antes EC nº 45/2004 têm *status* supralegal no Brasil – abaixo da Constituição, mas acima da legislação – tornando inaplicável, assim, toda a legislação infraconstitucional com eles eventualmente conflitantes. Nesse sentido, toda a legislação que disciplinava a prisão do depositário infiel perdeu sua validade após a vigência no país dos dois tratados referidos acima. A EC nº 45/2004, como se sabe, passou a prever o procedimento de que trata o art. 5º, § 3º, para internalização de tratados de direitos humanos com *status* de emendas constitucionais.

Em segundo lugar, por conta da relevância da liberdade, embora prisões preventivas sejam possíveis, a jurisprudência do STF exige que elas sejam fundamentadas de forma específica, isto é, com a apresentação de elementos concretos relativos ao caso, a fim de demonstrar sua necessidade. Embora a exigência pareça óbvia para qualquer decisão judicial que restrinja direitos, e mais ainda para aquelas que determinem a prisão de alguém sem que haja necessariamente ainda decisão condenatória, a frequência com que o tema chega ao STF revela que a realidade resiste a ela.

Esse tema foi expressamente abordado pelo STF no âmbito da ADPF 347, na qual se discutiu o estado de coisas inconstitucional do sistema prisional brasileiro. De forma concreta, a Corte determinou, em sede cautelar, que juízes e tribunais assegurem a realização de audiências de custódia, viabilizando o comparecimento do preso perante autoridade judiciária em no máximo 24 horas do momento da prisão, tal qual assegurado nos artigos 9.3 do Pacto dos Direitos Civis e Políticos e 7.5 da Convenção Interamericana de Direitos Humanos.

O STF voltou a tratar do tema na ADI 3360, agora para estabelecer condições nas quais a chamada prisão temporária será admitida, atribuindo interpretação conforme a Lei nº 7.960/1989 que a prevê. Nesse sentido, a Corte fixou que a prisão temporária apenas poderá ser decretada quando, entre outras condições, seja imprescindível para as investigações do inquérito policial, constatado a partir de elementos concretos, e não meras conjecturas, for medida adequada à gravidade do crime e quando a imposição de outras medidas cautelares não seja suficiente, devendo a fundamentação da decisão, por natural, expor tais elementos.

Como é fácil perceber, a liberdade de locomoção será indispensável para a fruição de diversas outras, como as liberdades de iniciativa e de profissão, examinadas acima, bem como as liberdades de reunião e associação, de que se passa a tratar.

6.3.10 Liberdade de reunião pública

O art. 5º, XVI, protege de forma específica a liberdade de reunião pública, isto é, a possibilidade de as pessoas se reunirem, pacificamente e sem armas, em locais públicos, salvo quando já haja reunião pública anteriormente convocada para o mesmo local. A garantia constitucional prevê que tais reuniões não estão sujeitas a autorização, devendo apenas ser comunicadas à autoridade competente.

A liberdade de reunião pública está diretamente ligada à liberdade de expressão em sua manifestação coletiva: a liberdade não é apenas de as pessoas estarem juntas em um local público em silêncio, por óbvio, mas de trocarem ideias, defenderem posições de forma coletiva e pública. Assim, embora a Constituição utilize a expressão "reunião", é mais comum que o fenômeno seja descrito como manifestações, passeatas, marchas etc. A liberdade de reunião pública, bem como a liberdade de reunião privada, poderá ser restringida no caso de decretação do estado de defesa (art. 136, § 1º, *b*) e suspensa em determinadas circunstâncias no caso de estado de sítio (art. 139, IV).

A exigência de comunicação de que trata o dispositivo visa a informar a autoridade para que tome eventuais providências de modo a garantir que a reunião seja pacífica, bem como para que não frustre outra reunião convocada para o mesmo local, não podendo se transformar em uma forma enviesada de autorização que a Constituição expressamente veda. O STF já firmou tese em sede de repercussão geral sobre o assunto nos seguintes termos (Tema 855): "A exigência constitucional de aviso prévio relativamente ao direito de reunião é satisfeita com a veiculação de informação que permita ao poder público zelar para que seu exercício se dê de forma pacífica ou para que não frustre outra reunião no mesmo local".

A despeito da clareza do dispositivo constitucional, tentativas de restringir a liberdade de reunião não são incomuns e têm sido examinadas pelo STF. Um primeiro debate envolveu a possibilidade de controle do conteúdo das manifestações públicas, expressamente rejeitado pelo STF sob pena de violação da liberdade de reunião (ADPFs nº 187 e nº 4.274).

Os casos envolviam manifestações que ficaram conhecidas como "Marcha da Maconha" nas quais se defendia a alteração da legislação e a descriminalização do uso de entorpecentes. De fato, e independentemente da opinião que se tenha quanto ao mérito, não faria sentido algum que a manifestação pública em defesa de alteração de uma lei pudesse ser considerada uma atividade ilícita.

Nesse sentido, o STF distinguiu entre manifestações públicas por meio das quais grupos defendem a alteração de normas vigentes, naturais em uma democracia, dos tipos de incitação à prática de delito e apologia de fato criminoso, observando que "Nenhuma lei, seja ela civil ou penal, pode blindar-se contra a discussão do seu próprio conteúdo. Nem mesmo a Constituição está a salvo da ampla, livre e aberta discussão dos seus defeitos e das suas virtudes, desde que sejam obedecidas as condicionantes ao direito constitucional de reunião, tal como a prévia comunicação às autoridades competentes".

Um segundo debate que tem chegado ao STF envolve a possibilidade – e a eventual validade ou invalidade – de se estabelecerem restrições à liberdade de reunião pública por conta dos inconvenientes e restrições que ela pode causar a terceiros pela realização da reunião em si. Manifestações públicas podem, naturalmente, afetar o trânsito, congestionar os meios de transporte, e geram barulho e outras inconveniências para as pessoas que trabalham e/ou vivem nas proximidades dos locais onde a reunião se realizar. Eventualmente, o acesso a estabelecimentos pode ficar inviabilizado por determinado período, e se esses estabelecimentos forem, por exemplo, hospitais, a questão pode se tornar dramática.

Na ADI nº 1.969, por exemplo, o STF considerou inválido decreto do DF que pretendeu impedir o uso de equipamentos de som em manifestações na Praça dos Três Poderes, na Esplanada dos Ministérios e na Praça do Buriti. O objetivo declarado do decreto era impedir incômodos a população e em especial a quem trabalha na região. A Corte considerou inválido o decreto por violação da proporcionalidade, já que ao proibir o uso de aparelhagem de som o decreto inviabilizava a manifestação de pensamento não havendo propósito em reuniões públicas silenciosas.

Em sentido similar, na ADI nº 5.852, o STF declarou inválido decreto, agora do Estado do Mato Grosso do Sul, que estabelecia uma série de proibições para manifestações públicas realizadas no "Parque dos Poderes", incluindo o uso de equipamentos de som, vedando de forma genérica "a prática de qualquer ato que possa acarretar perturbação à execução da atividade laboral pelos servidores e pelas autoridades públicas, ao acesso ao serviço público pela população em geral, ao trânsito de veículos e de pessoas, bem como degradação ou prejuízo ao meio ambiente". O STF entendeu que a previsão concederia "verdadeira carta-branca para a restrição do uso do bem público com base em juízo de conveniência e oportunidade das autoridades, subordinando a realização de reunião pública à discricionariedade administrativa, já que todo e qualquer ato de manifestação pública pressupõe algum grau de afetação a direitos de terceiros".

Note-se que a Constituição não cogita da possibilidade de os interesses referidos acima poderem restringir a liberdade de reunião. Nada obstante, a verdade é que o STF tem examinado o ponto sob a perspectiva da proporcionalidade, admitindo em tese a possibilidade de restrições, embora atribua uma posição preferencial à liberdade de reunião pública.

6.3.11   Liberdade de associação

Além da liberdade de reunião, a Constituição garante ainda uma outra dimensão coletiva das liberdades de ação que é a liberdade de associação (art. 5º, XVI a XXI). Associações constituem a união de pessoas que se organizam e colaboram para a realização de fins não econômicos, não envolvendo a criação de deveres ou direitos entre os associados. Embora a liberdade de associação seja um corolário da liberdade de iniciativa de forma ampla, ela não se confunde com a liberdade de iniciativa econômica e as formas empresariais que a veiculam. As associações não se destinam a desenvolver atividades econômicas e a disciplina civil da matéria destaca o ponto (Código Civil, art. 53).

O ponto é importante pois a liberdade de iniciativa na ordem econômica é protegida pela Constituição, não há dúvida, mas poderá ser submetida, e também assim as formas empresariais, a uma regulamentação muito mais detalhada, tendo em conta outros fins constitucionais a serem protegidos, como a poupança popular, a proteção do consumidor etc. Assim, uma atividade empresarial não poderá pretender descumprir normas aplicáveis a sua atividade invocando para tanto a proteção geral contra a intervenção estatal em seu funcionamento (art. 5º, XVIII) dirigida às associações.

A liberdade de associação tem uma dimensão positiva – as pessoas são livres para associarem-se –, mas também uma dimensão negativa: ninguém pode ser compelido a associar (art. 5º, XX). Assim, nem o Estado nem entidades privadas podem tentar obrigar as pessoas a se associarem contra sua vontade. Nesse sentido, o STF considerou inválida lei que condicionava o recebimento do benefício do seguro-desemprego à filiação do interessado a colônia de pescadores de sua região (ADI nº 3.464).

A Constituição veda de forma geral a intervenção estatal nas associações, mas cogita de exemplos específicos para os proibir. Assim, veda-se a exigência de autorização para a criação de associações (art. 5º, XVIII), bem como a possibilidade de o Poder Público suspender atividades de associações ou determinar sua dissolução compulsória, o que apenas pode ser levado a cabo por decisão judicial, no último caso transitada em julgado.

Adicionalmente, a Constituição atribuiu a essas entidades, quando expressamente autorizadas, legitimidade ativa para representarem seus associados judicial ou extrajudicialmente (art. 5º, XXI). Associações também estão legitimadas para a impetração de mandado de segurança coletivo, nos termos do art. 5º, LXX, *b*, em defesa dos interesses dos seus associados. A iniciativa integra o esforço da Constituição, sobre o qual se tratará adiante, de superar os óbices que as pessoas isoladamente podem ter para acessar o Judiciário.

Ao lado das associações, o art. 5º, XVIII, menciona também as cooperativas, remetendo sua criação à disciplina legal que não poderá exigir autorização para tanto, sendo vedada também a interferência estatal em seu funcionamento. As cooperativas são espécies específicas de associações por meio das quais os trabalhadores se organizam para prestar seus serviços ou oferecer seus produtos por meio de uma empresa de propriedade coletiva e gerida democraticamente, com o objetivo de realizar aspirações econômicas, sociais e culturais comuns.

Além da proteção de que cuida o art. 5º, XVIII, em vários outros pontos a Constituição indica que políticas públicas devem ser adotadas para estimular o cooperativismo em geral: (i) o art. 174, § 2º, prevê que "A lei apoiará e estimulará o cooperativismo e outras formas de associativismo"; (ii) normas específicas tratam do apoio ao cooperativismo no âmbito de determinadas atividades, como o garimpo (art. 174, §§ 3º e 4º, da CF), a agricultura (art. 187, VI, da CF) e o crédito (arts. 192 da CF e 47 do ADCT). Paralelamente, a Constituição dispõe que os atos cooperativos praticados pela cooperativa devem receber adequado tratamento tributário (art. 146, III, *c*, da CF).

6.3.12 Direitos de propriedade e limites a sua restrição

O art. 5º, *caput,* da Constituição de 1988 assegura o direito de propriedade ao lado dos direitos à vida, à liberdade, à igualdade e à segurança, e o inciso XXII do mesmo dispositivo prevê que "é garantido o direito de propriedade". Tais normas, é certo, não existem isoladamente. Outros incisos do mesmo art. 5º tratam do tema (art. 5º, XXIV, XXVII, XXIX), assim como previsões contidas em outras partes do texto constitucional: os limites ao poder de tributar dizem respeito à ação estatal que extrai propriedade dos particulares e as políticas urbana e rural delineadas pela Constituição indicam desde logo os contornos da função social de propriedades imóveis urbanas e rurais.

Para fins didáticos, é possível examinar o tema da propriedade no plano constitucional sob três perspectivas. *Em primeiro lugar,* vale identificar os diferentes objetos sobre os quais o direito de propriedade incide – daí falar-se em direitos de propriedade – e a disciplina específica conferida a eles pela Constituição. *Em segundo lugar,* é importante compreender o escopo do direito conferido pela Constituição, que envolve a ideia de função social. Por fim, *em terceiro lugar*, cabe examinar os limites que a Constituição estabelece desde logo à ação estatal de restrição ao direito de propriedade privada (e, eventualmente, também à ação privada restritiva).

A Constituição garante o direito de propriedade de forma ampla no art. 5º, *caput* e XXII, sem especificar nesse dispositivo qualquer objeto em particular. Na experiência humana, a apropriação privada de bens materiais – móveis e imóveis – é o fenômeno mais comum e, portanto, é natural que a garantia do direito de propriedade incida sobre eles. A Constituição não se ocupa de forma particular dos bens móveis, assumindo que o direito de propriedade incide sobre eles de forma ampla. De fato, a liberdade de locomoção inclui a possibilidade de a pessoa levar consigo seus bens (art. 5º, XV), uma das penas admitidas pela Constituição é a perda de bens (art. 5º, XLVI, *b*) e a restrição aos bens das pessoas depende, nos termos constitucionais, de prévio devido processo legal (art. 5º, LIV). A propriedade de veículos automotores justifica, como se sabe, a cobrança de um tributo, nos termos do art. 155.

A Constituição dá especial atenção às propriedades imóveis, urbanas e rurais, e por razões evidentes, tendo em conta a relevância para a sociedade e para as comunidades locais do uso que os proprietários venham a dar a tais bens. Embora a utilização de alguns bens materiais móveis possa eventualmente ser socialmente relevante, essa não é uma característica apenas eventual das propriedades imóveis, mas estrutural.

De forma simples, basta lembrar que é a partir das propriedades imóveis rurais que alimento é produzido para consumo de todos; além disso, as pessoas e famílias precisam morar em algum tipo de imóvel, cada vez mais nas áreas urbanas, e o desenvolvimento de atividades comerciais, industriais e de prestação de serviços exigem em alguma medida imóveis para serem levadas a cabo. A virtualização da economia – com a prestação de serviços online e comércio digital – não elimina a necessidade de instalações físicas para a produção e estoque de produtos, por exemplo.

Por conta dessa relevância para a sociedade, a Constituição trata especificamente das propriedades imóveis rurais e urbanas ao delinear as políticas urbana e rural no âmbito da ordem econômica: o tema será examinado no capítulo próprio. Nesse contexto, a Constituição já indica que utilizações podem ser dadas a imóveis rurais e urbanos e quais são vedadas, além de regular os mecanismos que o Estado pode utilizar para estimular e impor a observância dessas previsões.

Além de bens materiais – móveis e imóveis –, a Constituição assegura também a propriedade de bens considerados imateriais, que resultam do trabalho intelectual das pessoas. As propriedades imateriais protegidas de forma específica pela Constituição são o direito autoral (art. 5º, XXVII), o direito de arena (art. 5º, XXVIII) e a propriedade industrial (art. 5º, XXIX).

A proteção desses bens por meio do direito de propriedade se relaciona, em primeiro lugar, com a valorização do trabalho humano, o que inclui, naturalmente, o trabalho intelectual. Mas há um segundo propósito nessa proteção: trata-se de estimular, por meio das vantagens que o direito de propriedade assegura em cada caso, que os autores divulguem suas criações intelectuais em benefício de toda a sociedade.

Nos termos do art. 5º, XXVII, o direito autoral assegura aos autores, e seus herdeiros pelo tempo fixado em lei, o direito exclusivo de utilização, publicação ou reprodução de suas obras. A Lei nº 9.610/1998 regula o tema detalhando o que é objeto de proteção do direito autoral e o que não é, e os direitos morais do autor em relação a sua obra – de ser identificado como autor, de alterá-la etc. – e os direitos relacionados com o proveito patrimonial que o autor e seus herdeiros poderão ter. A lei lida desde logo também com alguns conflitos previsíveis entre o direito autoral e outros direitos e liberdades. Assim, por exemplo, a citação de trechos de uma obra na imprensa ou em outro livro – na medida do necessário para fins de informação, estudo ou crítica, sempre acompanhado da indicação do autor e da origem da obra – não caracteriza violação de direitos autorais.

O art. 5º, XXVIII, *a*, assegura ainda o chamado direito de arena dos atletas em conjunto e a proteção individual da imagem deles no âmbito de atividades desportivas coletivas, isto é: a garantia de que cada atleta receba algo por sua participação no evento. A legislação de fato prevê em geral que o direito de arena pertence às entidades desportivas, que poderão negociar a exibição do espetáculo com os eventuais interessados, mas assegura que um percentual dos valores obtidos seja distribuído em partes iguais aos atletas participantes do espetáculo.

Note-se que o dispositivo constitucional trata de outros temas relacionados ao direito autoral e não apenas das atividades desportivas, na medida em que ele protege de forma ampla as participações individuais em obras coletivas. São extremamente comuns, como se sabe, produções artísticas coletivas, e não apenas desportivas: a gravação de uma música, por exemplo, envolve frequentemente o compositor, o instrumentista e o cantor. O trabalho intelectual de cada uma dessas pessoas deve ser reconhecido e receber a remuneração correspondente. Para garantir a realidade desse direito, a Constituição explicita que os criadores e intérpretes, bem como suas representações sindicais e associativas, têm o direito de fiscalizar o aproveitamento econômico de suas obras.

Além do direito autoral e do direito de arena, o art. 5º, XXIX, prevê que a lei deverá assegurar privilégio temporário aos autores de inventos industriais e proteger a propriedade das marcas, nomes de empresas e outros signos distintivos, tendo em vista o interesse social e o desenvolvimento tecnológico e econômico do País. A Lei nº 9.279/1996 regula a propriedade industrial no Brasil e confere, na linha da previsão constitucional, privilégio temporário para a exploração, comumente denominado de patente (15 ou 20 anos), e disciplina a proteção de marcas, preocupando-se em particular com a concorrência desleal e a proteção do consumidor, que pode ser induzido em erro pelo uso de nomes e signos de terceiros.

A chamada propriedade industrial ou, mais precisamente, a proteção conferida a inventos industriais e marcas, tem, como referido acima, duplo propósito do ponto de vista constitucional: a valorização da dignidade e do trabalho de quem inventa e o estímulo a que inventos que podem ser úteis para a sociedade como um todo sejam criados e divulgados. Esse segundo ponto é explicitamente registrado pelo dispositivo constitucional ao mencionar que a proteção a ser prevista em lei deve ter em vista "o interesse social e o desenvolvimento tecnológico e econômico do País".

Mas se é verdade que a proteção patentária especificamente contribui para esses dois objetivos, é igualmente verdade que ela limita a concorrência, criando um monopólio durante o tempo de sua vigência. Assim, "o interesse social e o desenvolvimento tecnológico e econômico do País" também depende de que esse privilégio seja temporário. As opções legislativas na matéria não apenas sobre o prazo, mas também acerca do escopo do que é patenteável e do procedimento para se obter a proteção patentária, visam a produzir um equilíbrio ótimo entre esses diferentes aspectos.

Os incs. XXX e XXXI do art. 5º asseguram ainda o direito de herança – isto é: o direito de a propriedade (qualquer propriedade) ser transmitida após a morte do seu titular original aos seus herdeiros – e regras em benefício de herdeiros brasileiros. Essa proteção não impede a incidência de tributo sobre a transmissão – que em qualquer caso não poderá ser confiscatório –, vedando, porém, que o legislador pretenda limitar de outra forma a transmissão da propriedade nesse contexto.

E o art. 5º, XXVI, protege de forma específica a pequena propriedade imóvel rural trabalhada pela família em face de penhoras por dívidas que tenham sido contraídas para viabilizar sua atividade produtiva. O dispositivo indica ainda que a lei deve disciplinar meios de financiar o desenvolvimento da produção rural oriunda de pequenas propriedades familiares. A preocupação do constituinte com as condições para a viabilidade e desenvolvimento da produção rural – não apenas com financiamento, mas também com seguro, apoio técnico etc. – é refletida também no art. 187, na disciplina da política agrícola.

Percorridos os objetos específicos sobre os quais o direito de propriedade incide, cabe tratar do seu escopo. É certo que o tema será disciplinado de forma específica pelas normas infraconstitucionais do Direito Privado, mas a Constituição já estabelece desde logo que o escopo do direito de propriedade inclui o respeito a sua função social. O art. 5º, XXIII, prevê de forma expressa que a propriedade deve cumprir a sua função social. Previsão equivalente consta do art. 170 da Constituição, na disciplina da ordem econômica. Mas o que significa a "função social" da propriedade?

De forma simples, o conteúdo essencial da função social da propriedade exige que o proprietário dê a seu bem as utilizações *ordinárias, naturalmente* associadas a cada tipo de propriedade, de tal modo que ele obtenha o proveito dessa utilização, como proprietário, e a sociedade seja igualmente beneficiada por conta do efeito social dessa utilização. A função social não é, a rigor, um limite ao direito de propriedade, mas sim um elemento que integra seu próprio conceito. Além desse conteúdo essencial, a função social autoriza também limitações administrativas ao uso da propriedade – particularmente das propriedades imóveis –, tendo em conta o interesse da coletividade na preservação de um meio ambiente saudável e equilibrado e na ordenação adequada das cidades.

A exigência de que o proprietário observe a função social de sua propriedade fundamenta as previsões contidas na própria Constituição, que consideram, portanto, vedadas determinadas utilizações por violação a função social, preveem sanções e autorizam o legislador a disciplinar o ponto.

É certo que a função social de cada tipo de propriedade é diversa. Assim, por exemplo, a utilização ordinária de imóveis urbanos será sua ocupação, seja para oferecer moradias, seja para oferecer espaços para o desenvolvimento de atividades econômicas ou de outra natureza. O proprietário se beneficiará da renda obtida por esse uso, como é natural, e também a sociedade que terá acesso aos imóveis para as diferentes utilizações necessárias para a população. De outra parte, a contínua e voluntária manutenção de imóveis urbanos desocupados por seus proprietários viola a função social dessa propriedade e autoriza intervenções estatais, como se verá no capítulo sobre a ordem econômica.

No caso da propriedade rural, sua função social está diretamente relacionada com sua produtividade: uma propriedade produtiva gera, naturalmente, proveito para seu proprietário e igualmente para a sociedade em alimentos e empregos, além de tributos. Também aqui, a contínua e voluntária manutenção de imóveis rurais improdutivos viola sua função social e autoriza intervenções estatais, como se verá.

Por fim, em terceiro lugar, cabe tratar dos limites e condições que a Constituição estabelece às possíveis – e previsíveis – iniciativas estatais que pretendam restringir a propriedade privada. O Estado precisa de recursos para custear sua própria existência e as atividades que pretenda desenvolver. Embora a Constituição de 1988 atribua bens ao Estado (à União, sobretudo) cuja exploração gera receitas, é em geral no patrimônio privado que o poder público vai buscar a maior parte dos recursos de que precisa ou que deseja.

A Constituição autoriza, em primeiro lugar, que a propriedade privada seja restringida para atender necessidades ou utilidades públicas e interesses sociais, mas assegura que caso tal restrição esvazie totalmente ou de forma significativa o conteúdo econômico da propriedade, o proprietário deverá ser indenizado. A lógica subjacente aqui é a da igualdade: se existe um interesse da sociedade que envolve utilizar ou restringir a propriedade de alguém em particular, a mesma sociedade, que será beneficiada pela restrição do direito de uma pessoa, deverá compartilhar esse custo e indenizar o proprietário.

A figura da desapropriação é a mais radical nesse contexto, já que envolve a transferência compulsória da propriedade do particular para o Poder Público. A hipótese é prevista expressamente no art. 5º, XXIV, a ser regulada por lei que deverá assegurar justa e prévia indenização em dinheiro ao proprietário, salvo nos casos previstos na própria Constituição que envolvem o uso da desapropriação como sanção pela violação da função social da propriedade. A requisição por iminente perigo público também é autorizada pelo art. 5º, XXV, devendo haver indenização ulterior ao proprietário caso a requisição tenha causado danos.

Como referido anteriormente, a fim de garantir a função social da propriedade, o Estado pode impor igualmente limitações administrativas gerais no que diz respeito à utilização de propriedades por razões ambientais e urbanísticas. Entretanto, se a pretexto de meras limitações administrativas o Poder Público esvazia o conteúdo econômico da propriedade, a situação equipara-se para todos os efeitos a uma desapropriação que deverá ser indenizada. Assim, por exemplo, embora o direito de construir no âmbito de determinada cidade deva observar a regulamentação municipal, se tais normas aniquilarem a própria propriedade e seu conteúdo econômico já não se trata de limitação administrativa, mas de verdadeira desapropriação a ser indenizada.

A Constituição também autoriza e regula de forma detalhada uma segunda forma de atuação estatal que restringe a propriedade privada: a tributação. As limitações ao poder de tributar, de que cuida o art. 150, estão diretamente relacionadas ao direito de propriedade, já que estabelecem os limites que o Poder Público, de forma geral, não poderá ultrapassar no exercício de suas competências para instituir e cobrar tributos das pessoas.

No capítulo sobre tributação, o tema será examinado de forma mais detalhada, mas já se pode adiantar que afora limites específicos ao poder de tributar de cada um dos entes federados, a Constituição exige que a instituição e aumento de tributos seja feita por lei, respeite a capacidade contributiva – em uma aplicação da isonomia –, não surpreenda o contribuinte e não seja excessiva, vedando-se o confisco.

Em terceiro lugar, a Constituição prevê ainda a possibilidade de aplicação de sanções de natureza pecuniária (como multas), bem como o perdimento de bens no caso de determinados ilícitos, como no caso de tráfico de drogas e trabalho escravo (art. 243). É possível ainda que as pessoas sejam condenadas, em sede administrativa ou judicial, a reparar danos que tenham causado: nesse caso, não se trata propriamente de o Estado intervir na propriedade do indivíduo, mas recolocar, na medida do possível, os diferentes envolvidos na situação que estariam se não tivesse ocorrido o evento causador do dano e que autoriza a responsabilização. Em qualquer caso, qualquer decisão estatal que restrinja ou limite a propriedade dependerá de prévio devido processo legal, que será mais exigente no caso da aplicação de sanções.

Por fim, discute-se ainda se o uso da propriedade privada poderia ser limitado por imposição de agentes privados, e não do Estado. O debate é frequente no âmbito de convenções de condomínios de apartamentos: poderiam elas limitar determinados usos dos imóveis por parte de seus proprietários. O tema tem sido discutido pelo STJ em especial no que diz respeito à proibição, por convenções condominiais, do aluguel de imóveis residenciais por meio de plataformas digitais para locações de curta duração.

Até aqui, examinou-se um conjunto básico de direitos e liberdades que formam um espaço de autonomia do indivíduo e mesmo de intangibilidade em alguns casos em face da ação do Estado e eventualmente também de particulares. Alguns dos direitos e liberdades examinados poderão ser restringidos pelo Estado, como se viu, mas tais restrições deverão observar determinadas limitações e condições, como, *e.g.*, legalidade, isonomia, devido processo legal e proporcionalidade/razoabilidade.

Antes de examinar tais limitações e condicionamentos à atuação estatal, no entanto, parece importante tratar dos direitos políticos. E isso porque, antes mesmo da obrigação de observar as limitações constitucionais que se vai estudar, esse Estado que irá eventualmente tomar decisões no sentido de restringir direitos e liberdades é, nos termos da Constituição, um Estado democrático de direito. Ou seja: a vontade estatal manifestada pelos diferentes órgãos e entidades deve ser formada a partir da participação da população ou ao menos reconduzida a ela, e deve estar sob contínuo controle da população. Ora, essa dinâmica é viabilizada pelos direitos políticos assegurados pela Constituição.

6.3.13 Direitos políticos (votar, ser votado, participar e controlar)

Os direitos políticos são aqueles que dizem respeito à participação das pessoas na formação da vontade do Estado e ao controle da atuação estatal. Os dois principais direitos políticos são o *direito de votar e o direito de candidatar-se para cargos eletivos e ser votado*, regulados no art. 14 da Constituição, e não há dúvida de que eles são absolutamente centrais em uma democracia e na formação da vontade do Estado, tendo em conta a preeminência da lei e o papel do Chefe do Executivo: essa, portanto, é uma dimensão da participação das pessoas na formação da vontade estatal.

Além dos direitos de votar e ser votado, o art. 14 prevê ainda a possibilidade de participação, a ser regulada por lei, através dos chamados mecanismos de democracia semidireta, a saber: plebiscito, referendo e iniciativa popular. Paralelamente aos Legislativos e aos Executivos centrais, porém, existem diversos outros órgãos e entidades que em alguma medida falam pelo Estado. Embora suas decisões e manifestações se reconduzam e se subordinem em última análise à lei e/ou ao Chefe do Executivo, conforme o caso, participar do processo decisório desses órgãos e entidades pode ser relevante para a democracia: esse tem sido um tema importante sobretudo no âmbito do Direito Administrativo.

Do mesmo modo, a possibilidade de controlar as múltiplas atividades estatais de forma contínua, inclusive dos agentes eleitos é fundamental para assegurar que a ação do Estado seja responsiva à população de forma permanente, e não apenas no momento eleitoral. Aqui se incluem os direitos de obter informações – e, a rigor, o dever de publicidade de forma ampla – e a exigência de que a autoridade justifique publicamente suas ações.

Sobre o direito de votar, a Constituição o considera um direito/dever: como se sabe, o voto é obrigatório para aqueles com mais de 18 anos e menos de 70 anos. O art. 14 prevê também que ele deve ser universal, direto e secreto e deve ter valor igual para todos. A universalidade do voto no Brasil é restringida apenas pela idade mínima de 16 anos. Sobre o "valor igual" de cada voto, a despeito da previsão do art. 14, ele não será respeitado em algumas situações por conta de opções do próprio constituinte originário acerca, por exemplo, do limite mínimo (8) e máximo (70) de deputados federais por Estados (art. 45). Assim, em Estados mais populosos a quantidade de votos necessária para eleger um deputado federal será maior que aquela suficiente em um Estado com menor população.

A jurisprudência do STF indica um controle rígido por parte da Corte em relação à validade constitucional de leis regulando em alguma medida o voto. Nesse sentido, por exemplo, o STF declarou inconstitucional lei que exigia a apresentação concomitante do título de eleitor e de documento oficial com foto no momento da votação (ADI nº 4.467). A Corte entendeu que a exigência era desproporcional com potencial impacto negativo sobre o direito, pois o documento oficial com foto seria suficiente para a identificação. A Corte também considerou inválida norma que previa a impressão de cada voto eletrônico, pois a providência não agregaria à segurança e a confiabilidade das eleições e representaria risco para o sigilo do voto e algo custo, sendo, portanto, desproporcional (ADI nº 5.889).

Quanto ao direito de ser votado, o art. 14, § 3º, prevê condições de elegibilidade para os diferentes cargos eletivos existentes no País, isto é: exigências gerais a serem atendidas por quem queira ser candidato, como nacionalidade brasileira, domicílio eleitoral na circunscrição onde pretende concorrer, idade mínima (variável a depender do cargo), filiação a partido etc.

Além das condições de elegibilidade, os §§ 4º a 8º do art. 14 preveem inelegibilidades, que são circunstâncias que impedem uma pessoa de se candidatar, restringindo, portanto, seu direito de ser votado. Entre as inelegibilidades constitucionalmente previstas está, *e.g.*, a que impede cônjuges e parentes até o segundo grau dos Chefes do Executivo, de todos os níveis federativos, de se candidatarem no "território de jurisdição" do titular, salvo se já forem titulares de mandato eletivo e candidatos à reeleição.

Assim, por exemplo, a filha do Presidente da República não poderá se candidatar, pela primeira vez, a qualquer cargo eletivo durante o mandato do pai, e o filho de Governadora de Estado igualmente não poderá se candidatar durante o mandato da mãe a cargos no âmbito do

Estado. A lógica da restrição é bastante clara e visa a impedir o uso da máquina administrativa, pelo Chefe do Executivo, em benefício de seu cônjuge ou parente, em prejuízo da igualdade de chances que deve ser assegurada a todos os candidatos.

Além das previsões constitucionais, o § 9º do art. 14 autoriza que lei complementar estabeleça outras hipóteses de inelegibilidade "a fim de proteger a probidade administrativa, a moralidade para exercício de mandato considerada vida pregressa do candidato, e a normalidade e legitimidade das eleições contra a influência do poder econômico ou o abuso do exercício de função, cargo ou emprego na administração direta ou indireta". Foi com fundamento nessa previsão que foi editada a chamada Lei da Ficha Limpa (Lei Complementar nº 135/2010).

Sobre o direito de ser votado, desde meados da década de 1990, a legislação eleitoral brasileira se preocupa em criar estímulos e impor regras a fim de promover uma maior representação de mulheres no Legislativo. Essa preocupação tem igualmente repercutido no plano constitucional. O art. 2º da Emenda Constitucional nº 111/2021 prevê regra destinada a viger de 2022 a 2030 segundo a qual, "Para fins de distribuição entre os partidos políticos dos recursos do fundo partidário e do Fundo Especial de Financiamento de Campanha (FEFC), os votos dados a candidatas mulheres ou a candidatos negros para a Câmara dos Deputados nas eleições realizadas de 2022 a 2030 serão contados em dobro". E a Emenda Constitucional nº 117/2022 acrescentou dois parágrafos ao art. 17 (§§ 7º e 8º) exigindo que os partidos apliquem no mínimo 5% dos recursos do fundo partidário em programas de promoção e difusão de participação política de mulheres, bem como que destinem a suas candidatas no mínimo 30% do tempo de propaganda gratuita e dos recursos do FEFC e da parcela do fundo partidário destinado a campanhas eleitorais.

Uma dimensão coletiva dos direitos políticos, sobretudo na dimensão do direito de ser votado, envolve a organização partidária, de que a Constituição trata em seu art. 17. Embora a regra geral seja a da autonomia dos partidos para se organizarem – na linha geral da liberdade das associações –, a Constituição estabelece desde logo algumas regras de observância obrigatória. Em primeiro lugar, a Constituição exige dos partidos compromissos básicos com a democracia, com o pluralismo político, com os direitos fundamentais da pessoa humana e com a soberania nacional, além de vedar o recebimento de recursos de entidades ou estados estrangeiros.

A Constituição disciplina ainda dois outros temas, ambos alterados pela Emenda Constitucional nº 97/2017: coligações partidárias e acesso aos recursos do fundo partidário e ao horário gratuito (para os partidos) de TV e rádio. Nos termos atualmente vigentes, os partidos podem se coligar para as eleições majoritárias, coligações essas que não precisam ser as mesmas nos níveis nacional e local. As coligações não são possíveis, porém, nas eleições proporcionais, isto é: para a eleição de vereadores, deputados estaduais e federais.

A emenda estabeleceu novas regras para o acesso dos partidos ao fundo partidário e o horário gratuito de rádio e TV exigindo um apoiamento mínimo do eleitorado no pleito anterior, número mínimo de deputados federais eleitos e dispersão desse apoiamento por pelo menos um terço dos Estados da Federação.

Ainda sobre o tema dos direitos políticos, tanto na dimensão individual quanto na coletiva, vale anotar sobre o tema da fidelidade partidária, que recebeu nova disciplina com a Emenda Constitucional nº 111/2021, mas é preciso compreender o percurso que nos levou até a nova norma. O art. 17, § 1º, da Constituição prevê que cabe aos partidos, no âmbito de sua autonomia, estabelecer normas sobre fidelidade partidária. Desde sua promulgação, em várias ocasiões, tanto a Justiça Eleitoral quanto o STF foram provocados sobre o tema, mantendo por vários anos o entendimento de que a matéria se inseria no âmbito da autonomia dos partidos.

Esse quadro mudou, porém, em 2007, quando o STF passou a adotar entendimento diverso em relação a um aspecto da chamada infidelidade partidária: a mudança do eleito do partido pelo qual se elegeu para o outro, ao longo de seu mandato. O STF passou a entender que a mudança do parlamentar eleito por um partido, pelo sistema proporcional, para outro partido, sem justa causa, poderá ter como consequência a perda do mandato pelo indivíduo, mantendo-se o mandato no partido originário.

A lógica subjacente a esse entendimento, nos termos da decisão do STF, é a seguinte: a eleição "faz-se pelo sistema da representação proporcional, por lista aberta, uninominal. No sistema que acolhe – como se dá no Brasil desde a Constituição de 1934 – a representação proporcional para a eleição de deputados e vereadores, o eleitor exerce a sua liberdade de escolha apenas entre os candidatos registrados pelo partido político, sendo eles, portanto, seguidores necessários do programa partidário de sua opção. O destinatário do voto é o partido político viabilizador da candidatura por ele oferecida. O eleito vincula-se, necessariamente, a determinado partido político".[60] O STF esclareceu de forma expressa que esse entendimento não se aplica no caso do sistema eleitoral majoritário, como é o caso da eleição para senadores e para chefes do Poder Executivo.

A Emenda Constitucional nº 111/2021 introduziu o § 6º ao art. 17 da Constituição para prever que os parlamentares eleitos pelo sistema proporcional "que se desligarem do partido pelo qual tenham sido eleitos perderão o mandato, salvo nos casos de anuência do partido ou de outras hipóteses de justa causa estabelecidas em lei". Ou seja: a emenda confere desde logo a possibilidade de o partido anuir com o desligamento, impedindo assim o efeito da perda do mandato, e remete para a legislação a definição das hipóteses de justa causa para o desligamento que podem afastar a perda do mandato.

Além dos direitos de votar e ser votado, como já referido, os direitos políticos envolvem também o ***direito de participar***. Acima já se mencionou os mecanismos de democracia semidireta previstos pelo art. 14: plebiscito, referendo e iniciativa popular. Esses mecanismos viabilizam que a população não apenas escolha quem vai decidir, mas participe diretamente do conteúdo propriamente de determinadas decisões – no caso do plebiscito e do referendo – e da definição do que deve ser discutido pelo Legislativo, no caso da iniciativa popular.

É interessante observar que existem hoje mecanismos digitais, por exemplo, no âmbito da Câmara dos Deputados (edemocracia.camara.leg.br), que permitem participação ainda mais abrangente que os mecanismos de democracia semidireta previstos na Constituição em sua versão física e que se encontram disponíveis de forma permanente. Com efeito, por meio do e-democracia é possível influenciar na definição da pauta das votações na Câmara dos Deputados, apresentar proposições legislativas e participar de audiências remetendo perguntas.

A Constituição prevê ainda que ações estatais de caráter permanente se desenvolvam incluindo a participação da população. Para isso, a Constituição indica a necessidade de serem criados espaços de debate e discussão e garante a participação da sociedade ou de grupos específicos nesses espaços. É o que acontece, por exemplo, em relação às políticas relacionadas

---

[60] STF, MS 26.604, Rel. Min. Cármen Lúcia, *DJe* 03.10.2008; MS 26.602, Rel. Min. Eros Grau, *DJe* 17.10.2008; e MS 26.603, Rel. Min. Celso de Mello, *DJe* 19.12.2008. Os três mandados de segurança foram julgados em 04.10.2007.

Cap. 6 – DIREITOS FUNDAMENTAIS E ORDEM SOCIAL **215**

com a seguridade social[61], a assistência social[62], a educação[63], a saúde[64], e a cultura[65], bem como com a política agrícola[66].

A Constituição assegura a participação dos trabalhadores e empregadores nos colegiados de órgãos públicos nos quais seus interesses sejam objeto de deliberação e decisão[67] e prevê que a lei deve regular formas de participação do usuário na Administração Pública direta e indireta[68]. Tanto o Fundo de Combate à Erradicação da Pobreza quanto os Fundos de Combate à Pobreza previam, no plano constitucional, participação de representantes da sociedade civil em seus conselhos e órgãos de gestão[69].

A Emenda Constitucional nº 111/2021 introduziu dois novos parágrafos ao art. 14 – §§ 12 e 13 – regulando a realização de consultas populares sobre questões locais no âmbito dos

---

[61] Constituição de 1988: "Art. 194. A seguridade social compreende um conjunto integrado de ações de iniciativa dos Poderes Públicos e da sociedade, destinadas a assegurar os direitos relativos à saúde, à previdência e à assistência social. Parágrafo único. Compete ao Poder Público, nos termos da lei, organizar a seguridade social, com base nos seguintes objetivos: (...) VII – caráter democrático e descentralizado da administração, mediante gestão quadripartite, com participação dos trabalhadores, dos empregadores, dos aposentados e do Governo nos órgãos colegiados. (Redação dada pela Emenda Constitucional nº 20, de 1998)".

[62] Constituição de 1988: "Art. 204. As ações governamentais na área da assistência social serão realizadas com recursos do orçamento da seguridade social, previstos no art. 195, além de outras fontes, e organizadas com base nas seguintes diretrizes: (...) II – participação da população, por meio de organizações representativas, na formulação das políticas e no controle das ações em todos os níveis".

[63] Constituição de 1988: "Art. 206. O ensino será ministrado com base nos seguintes princípios: (...) VI – gestão democrática do ensino público, na forma da lei".

[64] Constituição de 1988: "Art. 198. As ações e serviços públicos de saúde integram uma rede regionalizada e hierarquizada e constituem um sistema único, organizado de acordo com as seguintes diretrizes: (...) III – participação da comunidade".

[65] Constituição de 1988: "Art. 216-A. O Sistema Nacional de Cultura, organizado em regime de colaboração, de forma descentralizada e participativa, institui um processo de gestão e promoção conjunta de políticas públicas de cultura, democráticas e permanentes, pactuadas entre os entes da Federação e a sociedade, tendo por objetivo promover o desenvolvimento humano, social e econômico com pleno exercício dos direitos culturais. (Incluído pela Emenda Constitucional nº 71, de 2012) § 1º O Sistema Nacional de Cultura fundamenta-se na política nacional de cultura e nas suas diretrizes, estabelecidas no Plano Nacional de Cultura, e rege-se pelos seguintes princípios: (Incluído pela Emenda Constitucional nº 71, de 2012) (...) X – democratização dos processos decisórios com participação e controle social; (Incluído pela Emenda Constitucional nº 71, de 2012)".

[66] Constituição de 1988: "Art. 187. A política agrícola será planejada e executada na forma da lei, com a participação efetiva do setor de produção, envolvendo produtores e trabalhadores rurais, bem como dos setores de comercialização, de armazenamento e de transportes, levando em conta, especialmente".

[67] Constituição de 1988: "Art. 10. É assegurada a participação dos trabalhadores e empregadores nos colegiados dos órgãos públicos em que seus interesses profissionais ou previdenciários sejam objeto de discussão e deliberação".

[68] Constituição de 1988: "Art. 37. (...) § 3º A lei disciplinará as formas de participação do usuário na administração pública direta e indireta, regulando especialmente".

[69] Constituição de 1988: "Art. 79. É instituído, para vigorar até o ano de 2010, no âmbito do Poder Executivo Federal, o Fundo de Combate e Erradicação da Pobreza, a ser regulado por lei complementar com o objetivo de viabilizar a todos os brasileiros acesso a níveis dignos de subsistência, cujos recursos serão aplicados em ações suplementares de nutrição, habitação, educação, saúde, reforço de renda familiar e outros programas de relevante interesse social voltados para melhoria da qualidade de vida. (Incluído pela Emenda Constitucional nº 31, de 2000) (Vide Emenda Constitucional nº 42, de 19.12.2003) (Vide Emenda Constitucional nº 67, de 2010). Parágrafo único. O Fundo previsto neste artigo terá Conselho Consultivo e de Acompanhamento que conte com a participação de representantes da sociedade civil, nos termos da lei. (Incluído pela Emenda Constitucional nº 31, de 2000)" e "Art. 82. Os Estados, o Distrito Federal e os Municípios devem instituir Fundos de Combate à Pobreza, com os recursos de que trata este artigo e outros que vierem a destinar, devendo os referidos Fundos ser geridos por entidades que contem com a participação da sociedade civil. (Incluído pela Emenda Constitucional nº 31, de 2000)".

Municípios, a serem realizadas concomitante com as eleições municipais. As Câmaras Municipais poderão aprovar questões locais a serem submetidas à consulta popular no âmbito do Município e deverão informar à Justiça Eleitoral até 90 dias da eleição.

Os direitos políticos envolvem também a existência de mecanismos à disposição da população para o controle da ação estatal. A publicidade dos atos do Poder Público é a garantia básica para que qualquer controle seja possível, assim como o correlato direito à informação: os dois temas serão tratados adiante de forma específica.

Além do dever de publicidade e do direito à informação de forma ampla, a Constituição prevê ainda (art. 31, § 3º) que as contas municipais ficarão à disposição dos contribuintes durante 60 dias todos os anos: a norma claramente cogita de uma realidade física, isto é: as contas devem estar fisicamente disponíveis para consulta durante esse período. Paralelamente à essa exigência, e nos termos da legislação sobre informação, os Municípios devem disponibilizar esses mesmos dados de forma permanente *on-line*.

Por fim, um último direito que se extrai da Constituição no contexto do controle da ação estatal – e daí sua vinculação com os direitos políticos – é o de que o Poder Público justifique seus atos, incluindo iniciativas normativas. De forma simples, as pessoas têm o direito de receber justificativas em relação aos atos de autoridades públicas que lhe afetem de algum modo, sendo certo que elas agem, em uma democracia, por delegação popular. O povo é o verdadeiro titular do poder soberano, nos termos expressos do art. 14 da Constituição, de modo que quem exerce parcela desse poder por delegação deve prestar contas de sua atividade. Assim, existe um direito – e um correlato dever – de receber justificativas, isto é, de saber que informações e razões foram consideradas pela autoridade para decidir ou para propor alguma medida a ser adotada pelo Estado.

A informação e a justificativa prestada pelo Poder Público visam, em primeiro lugar, a viabilizar o controle social, político, por parte da população em face do Estado. Nem toda a ação estatal com a qual não se concorda é por isso ilícita: o desacordo político é da maior importância na democracia, mas é veiculado por outros meios que não os próprios do Direito, que podem envolver contatos com os representantes eleitos, manifestações públicas, protestos, dentre muitos outros mecanismos de pressão popular.

É possível, todavia, que atos do Poder Público sejam efetivamente ilícitos. Para essas situações, a Constituição prevê no art. 74, § 2º, que "qualquer cidadão, partido político, associação ou sindicato é parte legítima para, na forma da lei, denunciar irregularidades ou ilegalidades perante o Tribunal de Contas da União". E o art. art. 5º, LXXIII, confere legitimidade a todo cidadão para ajuizar ação popular cujo objetivo é anular ato lesivo ao patrimônio público ou de entidade de que o Estado participe, à moralidade administrativa, ao meio ambiente e ao patrimônio histórico e cultural. Além disso, qualquer pessoa poderá ajuizar ação perante o Judiciário para o fim de proteger sua esfera subjetiva que tenha sido afetada por algum ato estatal ilícito.

6.3.14   Direito à legalidade

O art. 5º, II, assegura que ninguém será obrigado a fazer ou deixar de fazer coisa alguma salvo em virtude de lei. A regra geral, portanto, é a da liberdade e a Constituição exige do Estado um procedimento específico – a lei – para que seja possível impor deveres às pessoas. Ou seja: a atuação estatal que pretenda criar direitos ou impor obrigações apenas pode ser veiculada por lei. O direito à liberdade é um direito em si e uma garantia da liberdade: qualquer restrição a ela apenas pode ser veiculada por meio de lei.

A verdade, porém, é que a realidade dos Estados contemporâneos – não apenas do Brasil – soa muito mais complexa e intrincada do que o art. 5º, II, da Constituição parece sugerir. Uma enorme variedade de autoridades no país impõe condutas às pessoas. O que lei significa afinal? Qual o sentido e alcance do art. 5º, II? É preciso dar um passo atrás para avançar e compreender o contorno do direito à legalidade.

O Estado de Direito, desde sua origem histórica, está intimamente ligado ao princípio da legalidade e à preeminência da lei que, em determinado momento, foi concebida como a decantação da ideia de uma vontade geral compartilhada por todos. Superada essa idealização, ainda assim a lei não é apenas um mero ato produzido pelas autoridades competentes no âmbito do Estado, mas é um meio de realização de fins constitucionais da maior relevância, entre os quais a democracia representativa, a igualdade e a segurança jurídica. Aprofunde-se brevemente a questão.

A legalidade, em primeiro lugar, veicula a participação democrática dos titulares do poder político, ainda que por meio de representantes. A despeito de todas as dificuldades do processo representativo, é no parlamento que diferentes grupos e visões existentes da sociedade, de alguma forma, têm oportunidade de vocalizar suas posições. Em uma democracia na qual se respeita a liberdade e o pluralismo, não existem, do ponto de vista político, respostas certas ou consensuais para a maior parte das questões em uma sociedade plural. Os problemas são complexos, as pessoas têm visões diferentes e é no debate público que as soluções serão negociadas e definidas. A legalidade é o veículo desse processo.

Em segundo lugar, a legalidade formal cria condições para o tratamento isonômico dos indivíduos. A generalidade e a abstração próprias da lei substituíram, com ampla vantagem, a vontade individual e muitas vezes voluntariosa do soberano, em proveito da igualdade. Embora a lei nem sempre seja instrumento da razão e da justiça, não há dúvida de que a legalidade é uma garantia inicial da igualdade, ainda que nem sempre suficiente. É certo que a lei pode consagrar tratamentos discriminatórios e poderá ser questionada por isso. Mas sua generalidade e abstração asseguram que a mesma regra será aplicada a todos seus destinatários: se a cada agente administrativo e a cada juiz coubesse definir qual a norma aplicável, parece certo que cada um poderia ter – e, frequentemente, teria – opiniões as mais diversas sobre qual deveria ser a solução para determinada questão.

O terceiro fim realizado pela legalidade formal envolve a criação e a preservação de um ambiente de segurança jurídica[70]. A segurança é um princípio que admite vários desdobramentos, mas, para os fins aqui em discussão, duas ideias são essenciais à sua realização: estabilidade para o passado e previsibilidade para o futuro. Em nome da estabilidade, protegem-se os atos pretéritos e seus efeitos, abrigando-os em categorias como ato jurídico perfeito, direito adquirido e coisa julgada. A previsibilidade visa permitir o planejamento da própria conduta e o resguardo das expectativas legítimas, imunizando os indivíduos contra a atuação administrativa abusiva, surpreendente ou incoerente.

A legalidade está também historicamente associada à ideia de controle do poder e de eventuais abusos, na medida em que a imposição de obrigações já não pode agora decorrer da vontade individual de qualquer detentor de poder, mas apenas da lei, elaborada por um colegiado formado por pessoas eleitas.

O papel da legalidade de impedir o abuso de poder da autoridade continua relevante, ainda que a lei também possa, eventualmente, criar obrigações de forma abusiva. Mas a lei também pode ser instrumento para a criação de direitos e para a proteção das pessoas em face da ação abusiva de outros poderes existentes na sociedade, não necessariamente estatais. A legalidade atua, portanto, nessas duas dimensões: controlando a restrição voluntariosa de

---

[70] Luís Roberto Barroso. A segurança jurídica na era da velocidade e do pragmatismo. In: *Temas de Direito Constitucional*, t. I, 2002, p. 50; e Almiro do Couto e Silva. Princípios da legalidade da Administração Pública e da segurança jurídica no Estado de Direito contemporâneo, *Revista de Direito Público, v. 84, n.* 46, 1987, p. 46 e ss.

direitos e liberdades por parte da autoridade e garantindo o respeito, a proteção e a promoção de direitos fundamentais em algum aspecto. É certo que as normas podem, eventualmente, restringir direitos e liberdades, justamente no esforço de promover outros direitos, de modo que muitas vezes as duas dimensões se apresentam em conjunto[71].

Estabelecidos os fins constitucionais aos quais a legalidade está diretamente ligada, cabe agora responder à pergunta: qual, afinal, o sentido e o alcance do art. 5º, II, da Constituição na dinâmica da interpretação e aplicação do direito? O sentido mais evidente do dispositivo é o de que a criação de qualquer espécie de obrigação depende de lei formal, isto é, aquela elaborada pelo Poder Legislativo. A questão não é tão simples assim.

Em primeiro lugar, a legalidade já não inclui apenas os atos expedidos pelo Poder Legislativo. A Constituição de 1988 equiparou à lei formal, em determinadas circunstâncias, atos do Poder Executivo. A principal competência normativa primária – isto é: que inova de forma originária na ordem jurídica – conferida ao Poder Executivo pela Constituição é a edição de medidas provisórias (art. 84, XXVI), tema discutido na parte sobre processo legislativo e espécies legislativas. As Constituições estaduais também podem prever que o Governador terá competência para expedir medidas provisórias, nos mesmos termos do modelo federal.

Além das medidas provisórias, a Constituição, no art. 153, § 1º, prevê que o Poder Executivo poderá, nos termos e limites previstos em lei, alterar alíquotas dos impostos de importação, exportação, IPI e IOF. Embora essa competência apenas possa ser exercida nos termos e limites da legislação, não há dúvida de que esses decretos tributários inovam na ordem jurídica de forma originária.

Por fim, o art. 84, VI, após a alteração introduzida pela EC nº 32/2001, autoriza o Executivo a dispor diretamente mediante decreto, independentemente de lei, sobre organização e funcionamento da administração federal, quando não implicar aumento de despesa nem criação ou extinção de órgãos públicos, e sobre extinção de funções ou cargos públicos, quando vagos.

Em segundo lugar, o próprio Legislativo vale-se, eventualmente, de delegações normativas, implícitas ou explícitas, transferindo ao Poder Executivo considerável margem para a edição de normas. Os limites de validade dessa delegação e a nova acomodação entre Legislativo e Executivo no que diz respeito às competências normativas é um tema especialmente atual. Retomando, então, a pergunta: o que exatamente a garantia da legalidade significa?

Como é corrente, para os indivíduos e pessoas privadas, o princípio da legalidade constitui-se em garantia do direito de liberdade, e materializa-se na proposição tradicional do direito brasileiro que consta do inciso II do art. 5º da Constituição. Fica assim protegida a autonomia da vontade individual, cuja atuação somente deverá ceder ante os limites impostos pela lei, aqui já compreendida não apenas como ato elaborado pelo Legislativo, mas como aquilo que a Constituição considera equiparável à lei. De tal formulação se extrai a conclusão de que tudo aquilo que não está proibido por lei é juridicamente permitido.

Para o Poder Público, todavia, o princípio da legalidade, referido no *caput* do art. 37 da Constituição, assume feição diversa. Ao contrário dos particulares, que se movem por vontade própria, aos agentes públicos somente é facultado agir por imposição ou autorização legal. Inexistindo lei, não haverá atuação administrativa legítima. São, na realidade, perspectivas de uma mesma realidade: os indivíduos e pessoas privadas podem fazer tudo o que a lei não veda; os Poderes Públicos somente podem praticar os atos determinados pela lei.

---

[71] Os direitos fundamentais, como se sabe, têm muitas dimensões que se imbricam. Há aspectos individuais e coletivos, presentes e futuros, há tensões e sinergias. Por vezes, a promoção de determinados direitos pode ter impactos negativos sobre outros, ao passo que em outras ocasiões a proteção de determinado direito produz um círculo virtuoso. Sobre o ponto, v. Ana Paula de Barcellos. *A eficácia jurídica dos princípios constitucionais*: o princípio da dignidade da pessoa humana. Rio de Janeiro: Renovar, 2011, p. 200 e ss.

Do ponto de vista operacional, e considerando a realidade brasileira contemporânea, parece correto afirmar que o princípio da legalidade se desdobra em dois conteúdos principais, ou subprincípios: o da preeminência da lei e o da reserva da lei[72]. *Preeminência da lei* significa que todo e qualquer ato infralegal será inválido se estiver em contraste com alguma lei. Há aqui, como se vê, um sentido hierárquico: a lei prevalece sobre as categorias normativas inferiores. Os atos infralegais que contrariam as leis serão inválidos por ilegais.

Vale notar que, diferentemente do que acontece com o controle das leis em face da Constituição, não existe, no sistema brasileiro, um mecanismo de controle judicial concentrado e abstrato de legalidade. Isto é: não há um meio de o Judiciário proferir uma decisão geral declarando inválido um ato infralegal incompatível com a lei. Essa discussão, portanto, terá de ser levada a cabo pelos interessados no âmbito de seus processos subjetivos.

A *reserva de lei*, por outro lado, significa que a criação de direitos e obrigações, interferindo na liberdade ou na propriedade das pessoas, apenas pode ser levada a cabo por meio de lei. A reserva legal comporta dois desdobramentos: (i) o da reserva de lei material ou formal, e (ii) o da reserva de lei absoluta ou relativa. Haverá reserva de lei formal quando determinada matéria só possa ser tratada por ato emanado do Poder Legislativo, mediante adoção do procedimento analítico ditado pela própria Constituição, que, normalmente, incluirá iniciativa, discussão e votação, sanção-veto, promulgação e publicação.

Como referido, a Constituição contempla atos normativos que, embora não emanados diretamente do Legislativo, têm força de lei. Dizem-se, assim, atos materialmente legislativos, gênero onde se situam, *e.g.*, espécies normativas como as medidas provisórias e as leis delegadas. Onde se admite a regulação por tais atos, a reserva de lei será meramente material. O art. 62, como se sabe, lista as matérias que não podem ser objeto de medida provisória, e o art. 68 os que são vedados às leis delegadas: esse conjunto de temas está submetido à reserva de lei formal.

Por outro lado, a reserva de lei será absoluta quando se exija do legislador que esgote o tratamento da matéria no relato da norma, sem deixar espaço remanescente para a atuação discricionária dos agentes públicos que vão aplicá-la. Será relativa a reserva legal quando se admitir a atuação subjetiva integradora do aplicador da norma ao dar-lhe concreção.

A reserva relativa de lei não significa, porém, que o legislador possa abdicar da competência constitucional que lhe cabe e de tomar as decisões políticas que lhe competem, tampouco que possa abster-se de estabelecer os parâmetros dentro dos quais irá agir o administrador. Embora não esgote integralmente os juízos atinentes ao motivo ou ao objeto do ato a ser praticado, o legislador há de balizá-los de forma adequada[73]. Essas premissas são relevantes diante do fenômeno contemporâneo das chamadas delegações legislativas.

Historicamente, a transferência de função normativa atribuída ao Legislativo sempre foi vedada pelas Constituições brasileiras, de forma explícita ou implícita (salvo, sintomaticamente, a Carta de 1937)[74]. A Carta de 1967-69 dispunha textualmente nesse sentido[75] e o art. 25 do ADCT da Constituição de 1988 pretendeu revogar todas as leis que delegassem ao Poder Executivo competências do Congresso Nacional em matéria de ação normativa.

Na prática, porém, as delegações legislativas tornaram-se cada vez mais frequentes ao longo das últimas décadas e a doutrina e jurisprudência tiveram que enfrentar a questão. O

---

[72]   Alberto Xavier. *Legalidade e tributação*, RDP 47-48/329.

[73]   V. Celso Antonio Bandeira de Mello. Poder regulamentar ante o princípio da legalidade, *Revista Trimestral de Direito Público*, v. 4, n.71, p. 75.

[74]   Veja-se, sobre o tema, Carlos Roberto de Siqueira Castro. *O Congresso e as delegações legislativas*, 1986.

[75]   CF 1967/1969: "Art. 6º São Poderes da União, independentes e harmônicos, o Legislativo, o Executivo e o Judiciário. Parágrafo único. Salvo as exceções previstas nesta Constituição, é vedado a qualquer dos Poderes delegar atribuições; quem for investido na função de um deles não poderá exercer a de outro".

fenômeno não é apenas brasileiro, vale notar. A ampliação dos papeis do Estado tem levado ao crescimento vertiginoso do Poder Executivo e da Administração Pública, com órgãos e entidades variados, que passam a se ocupar de temas que exigem conhecimentos técnicos e/ou demandam respostas rápidas. Paralelamente, os Legislativos vivem uma crise nas últimas décadas, que parece ter como uma de suas consequências a retração de sua atuação normativa. Mesmo no que diz respeito às leis aprovadas pelo Legislativo, por exemplo, de 1999 a agosto de 2004, 79,45% das leis aprovadas pelo Congresso Nacional foram de iniciativa do Poder Executivo[76].

É certo que, em algumas circunstâncias, a transferência de espaços normativos do Legislativo para o Executivo pode ser razoavelmente alocada no âmbito do poder regulamentar – competência típica do Poder Executivo –, quando se atribua a ele a competência para minudenciar, detalhar a aplicação da norma geral já editada. Em outras hipóteses, porém, essa alocação já não é viável. Importou-se, então, a teoria norte-americana do *delegation with standards*, por força da qual a delegação legislativa não seria inválida, uma vez que o ato emanado do órgão legislativo transferindo atribuições, além de fazê-lo de forma expressa, fixasse parâmetros, *standards* adequados e satisfatórios para pautarem a atuação do órgão delegado, tanto a fim de estabelecer limites, quanto de permitir o controle posterior dos atos praticados a esse título. O STF tem exigido também que a delegação se justifique logicamente tendo em conta a natureza da matéria (em geral de viés técnico) a ser disciplinada.

Embora sejam fenômenos próximos – contíguos, talvez –, delegação legislativa e poder regulamentar não se confundem. A delegação legislativa enseja a prática de ato normativo primário, que inova originariamente na ordem jurídica tal qual uma lei, ao passo que o exercício do poder regulamentar resulta em atos normativos secundários de cunho administrativo[77]. Um e outro, é certo, são atos normativos, de caráter geral e impessoal, mas, caso se imagine a criação do direito como um *continuum* no qual o ato administrativo mais vinculado de que se possa cogitar está em uma ponta e a emenda constitucional na outra, regulamento e ato praticado com fundamento em delegação legislativa estão em pontos bastante distintos desse *continuum*.

Considerando a realidade da edição de atos normativos por força de delegação, agora não mais pelo Legislativo e sim por outros órgãos e entidades no âmbito do Estado, discute-se, além dos elementos citados, a necessidade da adoção de procedimentos capazes de realizar minimamente os fins constitucionais referidos inicialmente, aos quais a legalidade se vincula, a saber: representação democrática, isonomia e segurança jurídica. Ou seja: a elaboração de normas por instâncias da Administração Pública deve garantir algum nível de participação daqueles que serão por elas afetados, além de assegurar isonomia e segurança jurídica em seus termos e em sua interpretação e aplicação.

Por fim, um último registro. A pandemia da Covid-19 trouxe à tona em cores ainda mais vivas o debate suprarresumido acerca dos contornos da garantia da legalidade e dos processos de transferência de competências normativas para o Poder Executivo. Como se sabe, nos primeiros meses de 2020, o mundo foi assolado pela pandemia da Covid-19. No Brasil, em 6 de fevereiro de 2020, foi promulgada a Lei nº 13.979, dispondo sobre as "medidas para enfrentamento da emergência de saúde pública de importância internacional decorrente do coronavírus". Múltiplos outros atos normativos, leis, medidas provisórias e atos infralegais, foram editados pela União e por Estados, Distrito Federal e Municípios, tanto com o objetivo de lidar com os impactos sanitários da pandemia, quanto com suas repercussões econômicas e sociais. Milhões de pessoas morreram no mundo por conta do coronavírus e o impacto da pandemia sobre muitos outros direitos ainda nem começou a ser dimensionado.

---

[76] Marilene Talarico Martins Rodrigues. Lei complementar. *Revista dos Tribunais*, n. 668, p. 62, 2004.

[77] Carlos Mário da Silva Velloso. Delegação Legislativa. A Legislação por Associações. *Revista de Direito Público*, v. 22, n. 90, p. 179-188, 1989.

Nos termos do art. 5º, II, cabe à lei criar direitos e obrigações. Anteriormente se discutiu que essa garantia tem sido flexibilizada por opções da própria Constituição e por sua interpretação e aplicação para comportar as figuras das reservas de lei formal, material, absoluta e relativa.

A Lei nº 13.979/2020, como referido, previu uma série de medidas de enfrentamento da pandemia em abstrato, que poderiam ser adotadas pelas autoridades competentes. A dinâmica da aplicação das medidas previstas na lei nacional – bem como de outras nela não previstas – foi levada a cabo pelos Poderes Executivos, em particular no âmbito de Estados, Distrito Federal e Municípios. Mesmo liberdades e direitos em relação aos quais a Constituição expressamente registra a reserva de lei para sua restrição – como a liberdade de culto – foram afetados por atos dos Chefes do Executivo.

Também aqui, nada de realmente novo aconteceu na pandemia: a transferência de poderes normativos para o Executivo, seja pela ampliação de seu poder regulamentar ou por meio de delegações legislativas, é um fenômeno antigo com o qual o Direito Constitucional e o Direito Administrativo têm procurado lidar. Para além da discussão acerca dos limites à validade das delegações legislativas, e como referido acima, parece importante discutir quais exigências devem ser impostas à atividade normativa do Poder Executivo de forma ampla, inclusive do Chefe do Executivo, de modo que as garantias associadas à legalidade (democracia, segurança jurídica e isonomia) sejam em alguma medida observadas.

6.3.15 Direito à isonomia

No direito constitucional brasileiro, o princípio genérico da igualdade vem capitulado como direito individual – "todos são iguais perante a lei, sem distinção de qualquer natureza" (CF, art. 5º, *caput*) – e como objetivo fundamental da República – "promover o bem de todos, sem preconceitos de origem, raça, sexo, cor, idade e quaisquer outras formas de discriminação" (CF, art. 3º, IV). A ação estatal, em qualquer de suas apresentações, está vinculada pelo respeito à igualdade. A igualdade é um corolário imediato da dignidade de cada ser humano.

Embora a Constituição vede quaisquer formas de discriminação, o art. 3º, IV, indica alguns elementos que são desde logo apresentados como altamente suspeitos como fundamento para tratamento diferenciado: origem, raça, sexo, cor e idade. Origem pode se referir à outra nacionalidade atual ou anterior – isto é: eventuais discriminações quanto ao estrangeiro ou mesmo quanto ao brasileiro naturalizado – e diferentes naturalidades, pessoas originárias de diferentes Estados da Federação. O estrangeiro tem um tratamento diferenciado em relação ao nacional, mas não se admite que ele seja discriminado, exigindo-se, portanto, um controle de razoabilidade/proporcionalidade de normas e práticas sob essa perspectiva. Até porque um dos compromissos internacionais do Brasil é com a prevalência dos direitos humanos (art. 4º, II). Quanto ao brasileiro naturalizado, a Constituição só admite o tratamento diferenciado por ela mesma previso (art. 12, § 2º). A Constituição veda de forma absoluta tratamento diferenciado com base em diferenças quanto à naturalidade do indivíduo (art. 19, III).

No mesmo sentido, o elemento raça e cor veda de forma absoluta qualquer tipo de tratamento diferenciado discriminatório. Ao mesmo tempo, considerando uma realidade de discriminação, a Constituição admite e prevê ações afirmativas para promover a igualdade material, como se verá adiante. Ao enunciar raça e cor como dois elementos distintos, a Constituição destaca a dimensão histórica e a relevância do racismo contra pessoas pretas e pardas no país – a exigir, portanto, atenção específica da ordem jurídica –, embora o racismo dirigido a outros grupos, por óbvio, seja igualmente vedado.

Em seu texto originário, a Constituição repudia de forma explícita o racismo em suas relações internacionais (art. 4º, VIII) e prevê que sua prática deve ser criminalizada de forma rigorosa nos termos do art. 5º, XLII: "a prática do racismo constitui crime inafiançável e imprescritível, sujeito à pena de reclusão". A Convenção Interamericana contra o Racismo, a Discriminação Racial e Formas Correlatas de Intolerância, integrada à Constituição com *status* de emenda, dispõe de forma expressa sobre ações afirmativas e sobre o fenômeno da discriminação indireta. Na ADO nº 26, o STF equiparou a discriminação de pessoas por conta de sua orientação sexual dirigida a pessoas do mesmo sexo/gênero (homofobia) ao racismo nos termos do art. 5º, XLII, da Constituição.

O elemento sexo – no sentido do texto original da Constituição referindo-se sobretudo à distinção físico-biológica entre homens e mulheres – como fundamento de tratamento discriminatório tem uma história e uma complexidade próprias com múltiplas repercussões. A Constituição se preocupa de forma específica com a igualdade entre homens e mulheres em geral (art. 5º, I), no âmbito do casamento (art. 226, § 5º) e no mercado de trabalho (art. 7º, XX). De fato, o efeito discriminatório contra a mulher no mercado de trabalho – sobretudo para aquelas em idade fértil – foi um dos fundamentos utilizados pelo STF para considerar excluir a licença-maternidade do teto para os benefícios previdenciários introduzido pela Emenda Constitucional nº 20/1998[78]. E isso porque, caso a mulher ganhasse mais do que o teto, o empregador teria que arcar com a diferença durante o período da licença-maternidade, em claro desincentivo à contratação de mulheres.

Por outro lado, o tema da licença-maternidade tem suscitado discussões interessantes sobre a igualdade entre homens e mulheres para além de estereótipos, e sobre o real destinatário do direito: a proteção da criança. Assim, no Tema de Repercussão Geral nº 1.182, por exemplo, o STF estendeu ao pai genitor monoparental o benefício da licença-maternidade, de modo a garantir a proteção integral da criança e assegurar ao chamado "pai-solo" possibilidades similares àquelas conferidas à mãe para o cuidado com a criança. A partir de lógica similar, o STF entendeu que a mãe não gestante em relação homoafetiva tem igualmente direito à licença-maternidade, pelas mesmas razões (Tema de RG nº 1.072).

Isso não significa que a Constituição não admita tratamento diferenciado em favor das mulheres em determinados contextos, à luz da razoabilidade/proporcionalidade, como se verá com mais detalhes adiante. É preciso, porém, haver sempre um certo cuidado sobre (i) o que significa exatamente que algo é "em favor" das mulheres, já que a expressão é genérica, pode carregar concepções históricas e culturais, as mulheres têm diferentes interesses (em favor de quais?) e o grupo "mulheres" não é homogêneo, e sobre (ii) quem decide o que se considera "em favor" delas.

Dois exemplos interessantes desse tipo de tratamento diferenciado valem ser registrados, um normativo e outro jurisdicional. O Decreto nº 12.154/2024 regulou pela primeira vez no Brasil o serviço militar feminino, que terá natureza voluntária com um quantitativo de vagas limitado. Na ADI nº 5938, o STF considerou inválida norma da Reforma Trabalhista que admitia que gestantes exercessem atividades consideradas insalubres em grau médio ou mínimo e que lactantes desempenhassem atividades insalubres em qualquer grau, exceto quando apresentassem atestado de saúde, emitido por médico de sua confiança, que recomendasse o afastamento. A Corte entendeu a proteção à maternidade e à criança são direitos irrenunciáveis e não podem ser prejudicados pela própria gestante ou lactante que eventualmente não apresente o atestado médico, até porque dificuldades de acesso à saúde básica podem dificultar a obtenção de atestado para esse fim por parte das mulheres.

Para além de vedar discriminações contra as mulheres, a Constituição se preocupa com a promoção da igualdade material. Políticas de ações afirmativas de gênero em matéria

---

[78] STF, ADI 1946, Rel. Min. Sydney Sanches, *DJ* 16.05.2003.

político-eleitoral, existentes no plano infraconstitucional há várias décadas, passaram também a ser alvo de emendas constitucionais, como se verá.

Por fim, o último elemento indicado no art. 3º, IV, como altamente suspeito para fins de discriminação é a idade, e as atenções aqui se voltam para a idade tenra – crianças e adolescentes – e a idade avançada – pessoas idosas. É interessante observar que todas as idades têm suas próprias necessidades e características e todos fomos crianças e adolescentes e, ao menos em tese, todos desejamos ser idosos. Nada obstante, e de forma lamentável, crianças, adolescentes e pessoas idosas são alvos mais frequentes de discriminação na nossa cultura por conta de suas necessidades próprias.

A relevância do tema é revelada pela disciplina constitucional específica dirigida a esses grupos pelos arts. 227 a 230. Se, de um lado, esses grupos são considerados vulneráveis e demandam cuidados específicos por parte das famílias e da sociedade, de outro, eles são pessoas dotadas de igual dignidade – não pelo que serão ou pelo que já foram, mas pelo que são – da mesma forma que os "adultos" de idade média que integram a força de trabalho. O tratamento diferenciado exige equilíbrio entre cuidado e respeito para que não caracterize discriminação.

Há outros desdobramentos da igualdade explicitados no texto constitucional que valem ser mencionados. A Constituição assegura como um direito dos trabalhadores que o mesmo trabalho, prestado ao mesmo empregador, deve receber a mesma remuneração. Nesse sentido, a Constituição veda qualquer diferença injustificada entre remunerações, conforme o art. 7º, XXX, que se aplica também aos servidores públicos, nos termos do art. 39, § 3º, da Constituição.

De forma mais abrangente, e ainda no âmbito das relações de trabalho, o STF já se manifestou no sentido de que era inválida a existência de dois regimes distintos para os empregados que exerciam as mesmas funções, no Brasil, apenas em função de sua nacionalidade (ainda que ambos os regimes cumprissem as normas trabalhistas básicas). O elemento de discriminação na hipótese foi considerado irrazoável – aspecto sobre o que se tratará adiante – e a isonomia, aplicável às relações privadas, violada[79].

Por fim, o tema da igualdade é especialmente detalhado pela Constituição ao estabelecer os princípios e regras que a Administração Pública deve observar nas suas relações com a sociedade. Assim, a Constituição prevê o princípio da impessoalidade de forma geral, além de disciplinar, desde logo, as figuras do concurso público e da licitação, como meios principais de garantir a igualdade/impessoalidade na seleção tanto dos recursos humanos quanto dos agentes econômicos que a Administração tenha interesse em contratar. Essas questões estão desenvolvidas, de forma específica, na parte sobre Administração Pública.

Feitos esses breves registros acerca das previsões constitucionais diretamente relacionadas com o tema da isonomia, cabe fazer algumas notas teóricas. Na linha do conhecimento convencional na matéria, o princípio da isonomia ou da igualdade, previsto no art. 5º, *caput*, da Constituição de 1988 envolve um aspecto formal e um material. A isonomia formal visualiza a questão sob a perspectiva das normas e sua aplicação, como se verá, ao passo que a isonomia material se ocupa da situação real em que as pessoas se encontram, embora as duas dimensões interajam continuamente. Explica-se melhor.

A isonomia material busca promover a igualdade *real* dos indivíduos – ou, ao menos, a redução das desigualdades –, o que pode ser levado a cabo por meio de mecanismos variados. O sistema de assistência social previsto pela Constituição (arts. 203 e 204), por exemplo, procura socorrer a quem esteja em situação de necessidade extrema, de modo a impedir a miséria. O critério de "baixa renda" da família é utilizado pela Constituição em várias oportunidades para prever benefícios específicos a esses grupos (*e.g.*, arts. 7º, XII, e 201, IV e § 12).

---

[79] STF, RE 161.243, Rel. Min. Carlos Velloso, *DJ* 19.12.1997.

A igualdade material pode ser perseguida também por meio de benefícios específicos dirigidos por determinado tempo a grupos considerados particularmente discriminados, cujo fundamento não é, propriamente, a questão da baixa renda: tais políticas, como se sabe, são frequentemente chamadas de ações afirmativas[80]. A Constituição já trata expressamente de uma política nesse sentido, relativa a pessoas com deficiência: a lei deverá reservar percentual dos cargos e empregos públicos para essas pessoas, e definirá os critérios de sua admissão (art. 37, VIII). O STF já se manifestou no sentido da validade de ações afirmativas étnico-raciais instituídas por lei ou mesmo por ato administrativo, por exemplo, de universidades[81].

Em linha similar, a Emenda Constituição nº 111/2021 criou uma espécie de ação afirmativa a fim de fomentar a maior representatividade de mulheres e negros na Câmara dos Deputados. O art. 2º da Emenda prevê que nas eleições de 2022 a 2030 os votos recebidos por candidatas mulheres e candidatos negros serão computados em dobro para fins de distribuição entre os partidos políticos dos recursos do fundo partidário e do Fundo Especial de Financiamento de Campanha (FEFC). Em sentido similar, a Emenda Constitucional nº 117/2022 acrescentou os §§ 7º e 8º ao art. 17 para impor aos partidos o dever de distribuir a suas candidatas no mínimo 30% dos recursos do FEFC, da parcela do fundo partidário destinado a campanhas e do tempo do horário eleitoral gratuito. A Emenda Constitucional nº 133/2024 criou regra similar no novo § 9º do art. 17, determinando a aplicação de 30% dos recursos do FEFC e do fundo partidário em candidaturas de pessoas pretas e pardas.

Uma outra dimensão da igualdade material, de certo modo preventiva, é a chamada igualdade de chances ou oportunidades, que consiste na garantia universal dos direitos sociais de saúde e educação, sobretudo a crianças e adolescentes, que de fato receberam atenção prioritária da Constituição (art. 227). A lógica subjacente à ideia da igualdade de chances ou de oportunidades é a de que, uma vez que todos tenham reais oportunidades iniciais de desenvolvimento pessoal e capacitação para a cidadania e para o trabalho, as extremas desigualdades poderão ser reduzidas no futuro.

Sob o aspecto formal, e de modo simples, o princípio envolve o tratamento isonômico na esfera jurídica e tem dois destinatários principais[82]: a igualdade *na lei* – ordem dirigida ao legislador – e *perante a lei* – ordem dirigida aos aplicadores da lei. É bem de ver que a isonomia formal não é sinônimo de igualitarismo, mesmo porque legislar, em última análise, consiste em discriminar situações e pessoas por variados critérios[83], na linha, inclusive, do que se acaba de registrar acerca da igualdade material. Por isso mesmo, a isonomia envolverá o tratamento igual daqueles que se encontrem em situações equivalentes e o tratamento desigual dos desiguais, na medida de sua desigualdade.

É, portanto, equivocada a proposição sumária de que a lei não possa criar desequiparações. O que o princípio da isonomia veda são as desequiparações que não tenham um *fundamento* racional e razoável e que não se destinem a promover um *fim* constitucionalmente legítimo. Veda-se o arbítrio, o capricho, o aleatório, o desvio[84].

Considerando exatamente a ausência de um fim constitucional legítimo a justificar a desequiparação prevista em lei, o STF declarou inconstitucional a previsão do Código de Processo Penal que previa direito à prisão especial aos portadores de diploma de nível superior. A Corte

---

[80] V., por todos, Joaquim B. Barbosa Gomes. *Ação afirmativa e princípio constitucional da igualdade,* 2001.

[81] STF, ADPF 186, Rel. Min. Ricardo Lewandowski, *DJe* 20.10.2014.

[82] O princípio da igualdade também poderá repercutir nas relações privadas. Sobre o tema, v. Daniel Sarmento. *Direitos fundamentais e relações privadas,* 2004.

[83] V. sobre o tema: Celso Antônio Bandeira de Mello. *Conteúdo jurídico do princípio da igualdade,* 2005, p. 11 e ss.

[84] Vejam-se, em meio a outros, San Tiago Dantas. Igualdade perante a lei e *due process of law.* In: *Problemas de direito positivo*: Estudos e pareceres, 1953, p. 37 e ss.

entendeu que o tratamento diferenciado com fundamento no grau de instrução acadêmica do preso não se justifica e, portanto, viola a isonomia (ADPF nº 334).

Assim, e como já se tornou corrente, o princípio da isonomia opera sempre acompanhado da razoabilidade/proporcionalidade[85], parâmetro pelo qual se vai aferir se o fundamento da diferenciação é aceitável e se o fim por ela visado é legítimo. A doutrina propõe que a verificação da razoabilidade de uma norma que crie desequiparações envolva três testes sucessivos. Em primeiro lugar, verifica-se se o fator de discrímen escolhido pela norma para apurar se tal elemento corresponde a uma diferenciação real – isto é: objetivamente existente entre as pessoas, situações ou coisas – é relevante. No contexto brasileiro, por exemplo, a circunstância de pessoas serem ruivas ou albinas, embora corresponda a um elemento da realidade, não é um elemento de discrímen relevante para qualquer tipo de tratamento diferenciado. Em outros ambientes culturais, essa conclusão pode ser diversa.

Na sequência, é preciso que haja um nexo racional e razoável entre a diferença das situações – demarcada pelo elemento de discrímen – e o tratamento diferenciado criado pela norma, tendo em conta o fim por ela pretendido. Ou seja: a disciplina diferenciada que se justifica por conta da situação diversa observada na realidade deve fazer sentido, considerando o fim pretendido pela norma. Daí porque a jurisprudência apenas tem admitido restrições de idade em matéria de concurso público, por exemplo, quando haja especial necessidade em função da atividade a ser desempenhada pelo agente público.

Por fim, em terceiro lugar, ainda que seja racional e razoável o tratamento diferenciado criado pela norma, ele deve ser compatível com os demais princípios e regras constitucionais. A Constituição, por exemplo, veda qualquer discriminação entre nacionais de diferentes partes do País (art. 19, III), de modo que esse elemento de discrímen, ainda que pareça razoável, não poderá ser utilizado. Ou seja: o princípio da isonomia não veicula o igualitarismo absoluto, sendo legítimas as normas que criam desequiparações razoáveis.

A avaliação da razoabilidade de tratamentos diferenciados pode envolver muitas complexidades, sobretudo quando ele utilize como critério de distinção elementos discriminatórios sensíveis, como, por exemplo, sexo/gênero e orientação sexual. O STF examinou dois casos que revelam essa complexidade.

A Corte considerou válido, por exemplo, o art. 384 da CLT, hoje revogado, que previa um intervalo para descanso de 15 minutos apenas para as mulheres antes do eventual início de período extraordinário de trabalho (RE nº 658.312). A Corte entendeu que há diferenças de capacidade física entre homens e mulheres e que o tratamento diferenciado se justificava, não havendo por outro lado elementos técnicos demonstrando que a previsão dificultaria a inserção da mulher no mercado de trabalho. Já na ADI nº 5.543, a maioria dos Ministros considerou inválida normas do Ministério da Saúde e da Anvisa que criavam restrições específicas para a doação de sangue por gays. A maioria entendeu que a restrição violava a dignidade humana e a igualdade, tratando gays de forma desproporcionalmente desigual. Os quatro votos vencidos, por seu turno, entenderam pela validade das normas por conta da existência de dados técnicos e científicos a justificar o tratamento diferenciado, bem como da deferência que o Judiciário deveria ter para com esse tipo de decisão tomada por órgãos e entidades técnicas.

Embora não envolva o uso de um critério de distinção sensível, como nos dois casos anteriores, outra decisão do STF merece registro, por envolver também a apreciação da razoabilidade

---

[85] Em linhas gerais, observa-se certa fungibilidade entre os conceitos da razoabilidade e da proporcionalidade. A primeira denominação tem origem no direito norte-americano, enquanto a segunda pode ser atribuída à doutrina alemã que, mais do que ter cunhado uma nova formulação, parece ter acrescentado importantes desenvolvimentos a uma mesma ideia. Para uma discussão mais aprofundada sobre a distinção entre as duas expressões, v. Humberto Ávila. *Teoria dos princípios,* 2003.

de tratamentos normativos diferenciados: trata-se da decisão que considerou válida a norma do art. 331 do Código Penal, que tipifica o desacato (ADPF nº 496). O debate envolvia a possível existência de um tratamento diferenciado – e injustificado – apenas a agentes públicos, limitando a liberdade de expressão dos demais. A maioria da Corte entendeu que a norma era razoável, e, portanto, válida, na medida em que os agentes públicos no exercício de suas funções estão submetidos a um regime jurídico diferenciado, tanto de deveres e punições, quanto de prerrogativas e proteções. De toda forma, o STF fixou que o tipo deve ser interpretado sempre de forma restritiva, já que os agentes públicos estão naturalmente mais sujeitos a críticas.

No que diz respeito à igualdade *perante a lei*, ela significa que a norma jurídica deverá ser interpretada e aplicada aos indivíduos de forma isonômica, isto é, sem discriminações injustificáveis do ponto de vista jurídico. A igualdade *perante a lei,* assim como a igualdade *na lei,* não significa, porém, igualitarismo. Observar a igualdade não impõe ao juiz o dever de aplicar mecânica e formalmente a norma, ao modo de uma máquina. Não só isso não seria possível, já que o intérprete traz consigo uma bagagem pessoal e inseparável de pré compreensões, como não seria apropriado, tendo em conta as inúmeras particularidades dos casos concretos[86].

A rigor, as próprias normas dificilmente são unívocas. Assim como legislar é, no mais das vezes, criar distinções – exigindo-se, porém, que elas sejam justificáveis –, aplicar a norma também envolverá necessariamente a avaliação das características do caso, o que poderá justificar soluções distintas por parte do aplicador. Neste ponto, a isonomia encontra-se com a segurança jurídica.

Nada obstante, tanto a isonomia quanto a segurança jurídica impõem ao agente público o dever de adotar, para casos equiparáveis, o mesmo tipo de decisão. O fundamento último dessa exigência, além de assegurar a previsibilidade no âmbito das relações entre indivíduos e Estado, pode ser descrito nos seguintes termos: se as pessoas são iguais e se encontram em situações equivalentes, nada justifica que recebam um tratamento diferenciado por parte do Poder Público.

A questão fundamental consiste, justamente, em verificar o que torna dois casos semelhantes ou equiparáveis ou, sob ângulo diverso, que elementos do caso concreto podem ser considerados relevantes para o fim de distingui-los e, assim, justificar soluções diferenciadas. E não se trata aqui de qualquer diferença, mas de uma distinção relevante entre os casos, que justifique o tratamento desigual. De forma bastante específica, trata-se de saber o que o magistrado, por exemplo, pode legitimamente considerar *diverso* ou *não equiparável* em um caso concreto para o fim de deixar de adotar, naquela hipótese, entendimento consolidado pela jurisprudência e que aparentemente seria aplicável.

A questão envolve muitas complexidades sob a ótica da argumentação jurídica, que não se vai examinar aqui. Um critério central deve ser registrado desde logo: a diferenciação entre casos concretos aparentemente idênticos deve ter por fundamento uma distinção constante do próprio ordenamento jurídico, e não decorrer da livre avaliação do aplicador. Se a igualdade perante a lei e a segurança jurídica pudessem ser superadas pela mera alegação do intérprete de que considera as situações de fato substancialmente diversas, pouca consistência haveria em tais garantias constitucionais. Ou seja: o aplicador deverá ser capaz de justificar, com fundamento na norma jurídica a ser aplicada, e no sistema no qual ela se insere, a razão pela qual o caso por ele examinado é diverso da jurisprudência formada anteriormente[87]. Um exemplo ilustra o ponto.

Como já referido, a situação econômica dos indivíduos é considerada relevante por um conjunto de disposições normativas. A concessão de determinados benefícios – como a

---

[86]   Luís Roberto Barroso. *Interpretação e aplicação da Constituição,* 2003, p. 245 e ss.

[87]   Robert Alexy. *Teoria da argumentação jurídica,* 2001, p. 212.

Cap. 6 – DIREITOS FUNDAMENTAIS E ORDEM SOCIAL **227**

gratuidade de justiça, por exemplo – vincula-se à circunstância de o requerente ser ou não pobre e é relevante para a interpretação e aplicação da norma. A cor da pele, sexo ou profissão da pessoa, porém, não são relevantes para a aplicação dessa norma.

A igualdade perante a lei exige que o aplicador interprete e aplique a lei de modo que indivíduos em situações equivalentes recebam a mesma resposta por parte do Estado. A adoção de solução diversa a caso aparentemente similar apenas se justifica se o aplicador for capaz de explicar, com base em argumentos extraídos do próprio conjunto normativo a ser aplicado, que as características do caso concreto o distinguem de forma relevante dos outros casos que formaram o entendimento vigente.

Uma série de alterações no texto constitucional e na legislação processual tem procurado induzir a criação de uma cultura de precedentes sobretudo no âmbito do Poder Judiciário, com a fixação de teses pelos Tribunais Superiores, em especial pelo STF, que devem ser observadas pelos demais órgãos jurisdicionais.

No plano constitucional, não apenas as súmulas vinculantes editadas pelo STF, mas também as teses fixadas pela Corte em sede de repercussão geral visam justamente a uniformizar entendimentos que devem ser observados pelo Judiciário como um todo, a fim de garantir a isonomia perante a lei. O desafio continua a ser, claro, a caracterização dos diferentes casos como similares ou distintos em face daquele que deu origem à tese fixada pela Corte.

6.3.16 Direito ao devido processo legal processual e seus corolários

A garantia do devido processo legal remonta ao direito anglo-saxão e à Magna Carta, de 1215, documento reconhecido como um dos grandes antecedentes do constitucionalismo. Modernamente, sua consagração em texto positivo se deu por meio das emendas 5ª e 14ª à Constituição norte-americana[88]. A cláusula do *due process of law* tornou-se uma das principais fontes da expressiva jurisprudência da Suprema Corte dos Estados Unidos ao longo dos últimos dois séculos.

Em seu desenvolvimento histórico, a garantia do devido processo legal assumiu dupla face: a primeira, de caráter estritamente processual (*procedural due process*), e a segunda, de cunho substantivo (*substantive due process*), por intermédio da qual se procede ao exame da razoabilidade e racionalidade das normas jurídicas e dos atos do Poder Público em geral. Neste ponto, se vai tratar do conteúdo da cláusula em sua versão processual. Mais adiante, se vai examinar de forma específica as ideias de razoabilidade e também de proporcionalidade como limites e condicionantes à ação estatal como um todo.

Embora não tenha um sentido unívoco predefinido, e possa variar em seus detalhes em função do procedimento de que se cuida, o devido processo legal abarca um conjunto mínimo de conteúdos que envolvem (i) a garantia do juiz natural dotado de imparcialidade; (ii) a garantia do contraditório e da ampla defesa, aí incluído o privilégio da não autoincriminação; e (iii) a garantia de um procedimento regular: público, em tempo razoável e que não se valha de provas ilegalmente obtidas ou de medidas ilegais[89].

A Constituição brasileira de 1988, pela primeira vez na história constitucional brasileira, previu, de forma expressa, o *due process of law* no seu elenco de direitos e garantias individuais ao dispor que "ninguém será privado da liberdade ou de seus bens sem o devido processo legal" (art. 5º, LIV). A Constituição prevê, desde logo, alguns desdobramentos dessa garantia, tais como a inafastabilidade do controle jurisdicional (CF, art. 5º, XXXV), o contraditório e a

---

[88] As dez primeiras emendas, conhecidas como *Bill of Rights*, foram aprovadas em 15.12.1791.

[89] V. José Celso de Mello Filho. *A tutela judicial da liberdade*. Revista dos Tribunais nº 526, p. 298-299; Pinto Ferreira. *Comentários à Constituição Brasileira*, 1. v., 1989, p. 175/176.

ampla defesa (CF, art. 5º, LV), e a obrigatoriedade da motivação das decisões judiciais (CF, art. 93, IX). Tais princípios, embora contemplados de forma autônoma no texto constitucional, constituem subprincípios decorrentes do devido processo legal[90].

Nesse sentido, a atividade do Estado-Juiz ou, de forma mais ampla, a atividade do Estado que, de alguma forma, priva as pessoas de seus bens, direitos ou liberdades, está submetida ao devido processo legal e a seu conjunto de exigências. As pessoas até podem ser confinadas em prisões por conta de uma decisão estatal, mas ela deverá ter sido tomada com observância desses limites. Assim, a cláusula do devido processo legal tem aplicação não apenas nos processos judiciais, mas em todo e qualquer procedimento que importe risco para a liberdade ou o patrimônio das pessoas, como é o caso dos processos administrativos e dos mecanismos alternativos de solução de controvérsias, como a arbitragem.

Um tema que tem sido discutido nesse contexto envolve a possibilidade constitucional de leis autorizarem a execução extrajudicial de garantias concedidas por devedores no âmbito de um contrato, permitindo que a privação de bens e direitos aconteça sem a intervenção judicial. Previsões nesse sentido constam da Lei nº 9.514/2017, que trata da alienação fiduciária de imóvel no contexto dos contratos de mútuo pelo Sistema Financeiro Imobiliário (SFI). A Lei nº 14.711/2023, conhecida como o Marco Legal das Garantias, previu a possibilidade de execução extrajudicial de diferentes garantias.

A lógica da opção legislativa de desjudicializar a execução das garantias é a criação de mecanismos mais rápidos para que credores recuperem seus créditos, de modo a estimular, espera-se, a redução do custo do crédito no país. O ponto envolve saber se a garantia do devido processo legal nesses casos, além das exigências procedimentais a serem observadas pelas autoridades extrajudiciais encarregadas dessa execução extrajudicial, estaria logicamente vinculada a uma reserva de jurisdição ou se poderia ser atendida sem a intervenção do Poder Judiciário.

O STF já examinou o ponto sob a perspectiva da previsão contida na Lei nº 9.514/2017 e considerou válida a opção do legislador. Trata-se do Tema de Repercussão Geral nº 982, que foi divulgado com a seguinte redação: "É constitucional o procedimento da Lei nº nº 9.514/1997 para a execução extrajudicial da cláusula de alienação fiduciária em garantia, haja vista sua compatibilidade com as garantias processuais previstas na Constituição Federal". A validade das opções da Lei nº 14.711/2023 nesse particular foi questionada na ADI nº 7.601, requerida pela Associação dos Magistrados Brasileiros (AMB), e aguarda apreciação perante o STF.

A realidade é que as garantias integrantes do devido processo legal – desenhadas originalmente para o processo penal, em razão das condutas imputadas e das penas a que estão sujeitos os acusados nessa esfera – foram estendidas não apenas aos demais processos judiciais, mas também à esfera administrativa, como forma de limitação ao poder e de garantia dos indivíduos perante todas as manifestações do Estado – o que inclui, como é natural, a Administração Pública[91].

Embora a aplicação de tais garantias, sobretudo aos processos administrativos sancionadores, já decorresse do sistema, como mencionado anteriormente, a Carta de 1988 optou por ser explícita, garantindo a proteção da ampla defesa e do contraditório em qualquer processo administrativo em que haja litigantes, entendidos como "titulares de interesses em conflito"[92].

---

[90] Veja-se, ainda, acerca do tratamento dado à cláusula do devido processo legal pela Constituição brasileira de 1988, Luís Roberto Barroso. *Tutela e efetividade do direito constitucional à liberdade*. In: Anais da XVII Conferência Nacional dos Advogados, 1999.

[91] Sobre o ponto, v., entre outros: Ada Pellegrini Grinover. Princípios processuais e princípios de Direito Administrativo no quadro das garantias constitucionais. *Revista Forense 387*:3, 2006, p. 4-5; e Odete Medauar. *A processualidade no direito administrativo*, 1993, p. 95 e ss.

[92] Ada Pellegrini Grinover. Princípios processuais e princípios de Direito Administrativo no quadro das garantias constitucionais. *Revista Forense 387*:3, 2006, p. 5; e Paulo Roberto de Gouvêa Medina. *Direito processual constitucional*, 2003, p. 30.

Nessa linha, também o legislador infraconstitucional cuidou de incluir as garantias entre os princípios de observância obrigatória pela Administração, de modo geral, como consta do art. 2º da Lei nº 9.784/1999, que regula o processo administrativo federal.

Cabe, agora, aprofundar brevemente os conteúdos específicos da garantia do devido processo legal. A *garantia do juiz natural* (CF, art. 5º, LIII) significa que se exige que a definição do julgador competente em cada caso decorra de normas gerais, abstratas e prévias à disputa a ser por ele decidida[93]. Por esse mecanismo, como se sabe, busca-se impedir eventuais direcionamentos ou manipulações das partes, ou de terceiros, no que diz respeito a quem será o órgão julgador. Trata-se de uma garantia de que aquele Juízo não foi preparado especialmente para aquela situação. O oposto do juiz natural é o juízo de exceção. A expressão "tribunal de exceção" designa, em geral, aqueles: a) criados após o fato que vai ser julgado (*ex post facto*); e/ou b) instituídos para o julgamento de determinadas pessoas ou de certas infrações penais[94].

A rigor, a garantia do juiz natural visa, em última análise, assegurar a imparcialidade do julgador[95], já que, ao lado da ampla defesa, a imparcialidade daquele que vai decidir é elemento essencial para a garantia do devido processo legal. Não é à toa que diversos tratados internacionais de direitos humanos, ao lado das previsões sobre outras garantias inerentes ao devido processo legal, mencionam expressamente o direito do indivíduo a ter sua causa examinada por tribunais *imparciais*[96]. Realmente, pouco adiantaria assegurar ao interessado o direito de apresentar razões, produzir provas e contraditar os fatos narrados pela parte adversa se o destinatário de todo esse material – o julgador – já estivesse intimamente predisposto a decidir em um sentido determinado[97].

A *imparcialidade do julgador* – na esfera administrativa ou jurisdicional – é também um corolário direto da igualdade perante a lei. Os particulares estão obrigados a recorrer ao Estado, ou a mecanismos por ele reconhecidos, para solucionar em caráter definitivo suas disputas e poder valer-se, se necessário, da coerção e da violência manipuladas pelo aparato estatal. Em contrapartida, recebem a garantia de que serão alvo de um tratamento imparcial quando seus casos estiverem sendo julgados pelos agentes estatais[98].

A imparcialidade do julgador no âmbito de processos administrativos clássicos, que opõem administrados e a Administração, envolve complexidades próprias. Os agentes públicos

---

[93] Nelson Nery Junior. *Princípios do processo civil na Constituição Federal*, 2002, p. 66-67.

[94] STF, RDA 181-182/168.

[95] Não se confunda, aqui, imparcialidade com a exigência de neutralidade, a rigor impossível, ou com indiferença para com os fins considerados valiosos pela Constituição e pelo Direito em geral. Veja-se sobre o ponto, Luís Roberto Barroso. Fundamentos teóricos e filosóficos do novo direito constitucional brasileiro (Pós-modernidade, teoria crítica e pós-positivismo). In: *A nova interpretação constitucional*, 2003, p. 8.

[96] V. Declaração Universal dos Direitos Humanos (ONU, 1948), art. 10: "Toda pessoa tem direito, em plena igualdade, a uma audiência justa e pública por parte de um tribunal independente e imparcial, para decidir de seus direitos e deveres ou do fundamento de qualquer acusação criminal contra ele" (negrito acrescentado); Pacto Internacional de Direitos Civis e Políticos (ONU, 1966; Decreto Legislativo nº 226/1991; Decreto nº 592/1992), art. 14, 1: "(...) Toda pessoa terá o direito de ser ouvida publicamente e com as devidas garantias por um tribunal competente, independente e imparcial, estabelecido por lei, na apuração de qualquer acusação de caráter penal formulada contra ela ou na determinação de seus direitos e obrigações de caráter civil"; Convenção Americana sobre Direitos Humanos – Pacto de San José (OEA, 1969; Decreto Legislativo nº 27/1992; Decreto nº 678/1992), art. 8º, 1: "Toda pessoa tem direito a ser ouvida, com as devidas garantias e dentro de um prazo razoável, por um juiz ou tribunal competente, independente e imparcial, estabelecido anteriormente por lei, na apuração de qualquer acusação penal formulada contra ela, ou para que se determinem seus direitos ou obrigações de natureza civil, trabalhista, fiscal ou de qualquer outra natureza".

[97] José Carlos Barbosa Moreira. Reflexões sobre a imparcialidade do juiz. *Doutrina ADCOAS 7*:254, jul./1998.

[98] Antônio Carlos de Araújo Cintra; Ada Pellegrini Grinover; Cândido Rangel Dinamarco. *Teoria geral do processo*, 2002, p. 52.

responsáveis pelas decisões, ainda que ligados do ponto de vista laboral ao Estado, continuam obrigados a atuar imparcialmente[99], mas uma certa predisposição em favor da posição estatal parece possível (e talvez provável) e por isso mesmo determinados órgãos julgadores de estruturas de contencioso administrativo – fiscal, por exemplo – são formados de forma paritária por representantes do Estado e representantes dos contribuintes. É o caso do Conselho Administrativo de Recursos Fiscais (Carf), órgão de cúpula do contencioso administrativo fiscal federal.

Apesar da importância do tema, a verdade é que o Direito não é capaz de assegurar a imparcialidade do julgador de fato: simplesmente não é possível ingressar na consciência e motivação humanas de modo a verificar ou produzir um juízo isento no íntimo da pessoa ou das pessoas que decidirão determinada controvérsia. Inviável essa espécie de controle, o direito se ocupou de criar um sistema de garantias basicamente formais, cujo objetivo é minimizar o risco de parcialidades[100]. Além das regras que definem quem será o juiz natural, as normas processuais preveem mecanismos adicionais, particularmente as chamadas exceções de impedimento e suspeição, que visam a eliminar possíveis parcialidades que as partes foram capazes de perceber e demonstrar.

A *possibilidade de revisão* da decisão por um órgão diverso daquele que a proferiu, amplamente admitida pela Constituição e pelas leis, é também uma forma de minimizar o risco de parcialidades, garantindo uma segunda apreciação do caso[101], além de minimizar possíveis erros e, ao menos potencialmente, aprimorar a decisão tomada. Não se ignora a controvérsia sobre a existência[102] ou não[103] de um "direito constitucional ao duplo grau de jurisdição", em qualquer caso ou procedimento. Seja como for, além de um meio inerente à defesa, não há como negar sua contribuição para assegurar a imparcialidade do julgamento.

A previsão de órgãos julgadores colegiados desempenha papel semelhante. Por meio dos colegiados, reduz-se o impacto de eventuais peculiaridades pessoais e fomenta-se o controle recíproco entre seus membros. E a Constituição exige, também, que os julgamentos sejam públicos, e as decisões sejam fundamentadas e publicadas, o que igualmente pode desincentivar parcialidades e peculiaridades[104].

Órgãos julgadores colegiados podem suscitar um desafio específico: o empate. No contencioso administrativo tributário, o empate na votação em órgãos colegiados paritários não será incomum se os representantes de contribuintes votarem alinhados e o mesmo acontecer com os representantes da Fazenda. A relevância do tema é refletida em alterações legislativas recentes envolvendo o Carf, órgão de cúpula do contencioso administrativo fiscal federal. A regra até 2020 era a de que no caso de empate o Presidente, sempre um representante da Fazenda, teria o voto de qualidade. A Lei nº 13.988/2020 previu que no caso de empate não haveria voto de qualidade do Presidente resolvendo-se a questão favoravelmente ao contribuinte, mas o dispositivo foi revogado pela Lei nº 14.689/2023, que voltou a prever o voto de qualidade do Presidente do Carf como solução para o empate.

---

[99] Nesse sentido é a doutrina administrativista mais recente. V., exemplificativamente, Ana Teresa Ribeiro da Silveira. A *reformatio in pejus* e o processo administrativo, *Interesse Público 30*:69-71, 2005.

[100] Reis Friede. *Vícios de capacidade subjetiva do julgador*: Do impedimento e da suspeição do magistrado (no processo civil, penal e trabalhista), 2001, p. 45.

[101] Não só de parcialidades, mas também de erros. V. José Carlos Barbosa Moreira. *Comentários ao Código de Processo Civil*, v. 5, 2006, p. 237.

[102] Em favor da existência de um direito constitucional ao duplo grau de jurisdição v., exemplificativamente, Sérgio Ferraz e Adilson Abreu Dallari. *Processo administrativo*, 2007, p. 221-2.

[103] Sustentando a inexistência do direito ao duplo grau de jurisdição, confira-se Paulo Roberto de Gouvêa Medina. *Direito processual constitucional*, 2003, p. 31.

[104] CF, art. 5º, LX e art. 93, IX.

Cap. 6 – DIREITOS FUNDAMENTAIS E ORDEM SOCIAL **231**

O tema do empate em processos judiciais e administrativos, é relevante também em outros contextos. Em matéria penal, a Lei nº 14.836/2024 prevê que em todos os julgamentos em matéria penal ou processual penal em órgãos colegiados, havendo empate, prevalecerá a decisão mais favorável ao indivíduo imputado, proclamando-se de imediato esse resultado. Nesse caso, a solução do empate reflete uma opção a favor da liberdade.

Embora, como se viu, não haja como interferir no interior de um ser humano e em suas cogitações, esse conjunto de garantias tenta impedir manifestações mais grosseiras de abusos, que terão, ao menos, de ser dissimuladas.

Superada a questão da imparcialidade do julgador, uma segunda garantia é a que assegura a ***ampla defesa e o contraditório*** que, assim como ocorre com a cláusula do devido processo legal, não têm um conteúdo unívoco predeterminado ou idêntico em qualquer caso, mesmo em âmbito judicial. A ampla defesa apresenta possibilidades distintas conforme se trate de processo penal ou civil e, mesmo dentro de um único sistema processual, há procedimentos diferenciados, previstos na legislação processual, cada qual apresentando uma sequência própria de fases e atos permitidos às partes.

Assim, o conteúdo específico da ampla defesa e do contraditório em cada espécie de procedimento é definido pela lei e pelos demais atos normativos, cada qual no âmbito de sua competência. O comando constitucional que assegura tais garantias aos acusados e litigantes em geral destina-se, sob uma primeira perspectiva, ao legislador. Este tem o dever de dar-lhes conteúdo próprio no âmbito das diversas espécies processuais, podendo, naturalmente, conformar tais garantias de acordo com as finalidades e características de cada procedimento.

Naturalmente que a atuação do legislador é limitada pelo conteúdo da garantia veiculada na norma constitucional, sendo certo que se trata, na hipótese, de um direito fundamental. A lei não poderá, seja o procedimento judicial ou administrativo, afetar o sentido mínimo dos conceitos de ampla defesa e contraditório. A liberdade de conformação do legislador deve respeitar o núcleo essencial do direito fundamental em questão, sob pena de inconstitucionalidade. Não fosse assim – isto é, se a lei pudesse tudo nesse particular –, a proteção constitucional poderia ser inteiramente esvaziada.

A doutrina costuma apontar elementos diversos como essenciais à ampla defesa e ao contraditório, bem como a relação de continência entre os conceitos. De modo geral, é possível afirmar que a ampla defesa pressupõe, entre outros: o direito ao contraditório, o direito à prova, o direito à assistência judiciária, o direito à igualdade de tratamento entre as partes e o direito à legalidade dos delitos e das penas[105]. O contraditório, por seu turno, é formado por dois elementos, de acordo com a doutrina especializada: *informação e reação*[106]. Por meio das manifestações antagônicas dos interessados no provimento final é que se haverá de garantir a imparcialidade do julgador[107]. Note-se que, mesmo quando os antagonistas, no processo administrativo, são a Administração Pública e o particular, o contraditório permanece exigível[108].

---

[105] Para uma resenha das principais manifestações da doutrina especializada acerca do conteúdo da cláusula do devido processo legal em geral, confira-se Egon Bockmann Moreira. *Processo administrativo* – princípios constitucionais e a Lei 9.784/1999, 2007, p. 254 e ss.

[106] Confira-se, por todos, Antônio Carlos de Araújo Cintra; Ada Pellegrini Grinover; Cândido Rangel Dinamarco. *Teoria geral do processo*, 1996, p. 57.

[107] Ada Pellegrini Grinover. Princípios processuais e princípios de Direito Administrativo no quadro das garantias constitucionais, *Revista Forense 387*:3, 2006, p. 5-6.

[108] STF, *DJU* 17.09.2004, MS 24.268, Rel. para acórdão Min. Gilmar Mendes: "3. Direito de defesa ampliado com a Constituição de 1988. Âmbito de proteção que contempla todos os processos, judiciais ou administrativos, e não se resume a um simples direito de manifestação no processo".

Além de poder produzir provas e contraditar os fatos que lhe são imputados, os acusados, em geral, têm ainda o direito de não se autoincriminar: trata-se, na verdade, de noção antiga, sendo reconhecida por diversos sistemas jurídicos. A partir de 1641, por exemplo, há registros de que o Parlamento inglês (o *Long Parliament*) extinguiu o juramento *ex officio*[109], por força do qual se exigia que a pessoa jurasse que responderia às perguntas que lhe seriam feitas, antes de saber quais seriam as perguntas ou até mesmo qual era a acusação.

Já no contexto norte-americano, a Quinta Emenda previu expressamente que "ninguém (...) será compelido, em qualquer processo criminal, a ser testemunha contra si mesmo" e no famoso caso *Miranda vs. Arizona,* julgado em 1966[110], decidiu-se que quaisquer declarações de acusados só seriam válidas se, entre outras exigências, eles fossem informados claramente de seu direito de permanecerem calados.

A Constituição de 1988 não utiliza a expressão *"não autoincriminação",* mas esta decorre de princípios consagrados por ela, bem como de regras específicas. Em primeiro lugar, a não autoincriminação – desde sua origem e até hoje – diz respeito à tutela da autonomia individual e dos direitos mais essenciais ao ser humano: sua liberdade, seu espaço de privacidade e sua integridade física, todos tutelados de forma específica pela Constituição de 1988 (arts. 1º, III, 5º, *caput,* III, X, LIV, XLIX, entre outros). Ou seja: sob essa primeira perspectiva, o princípio tem como finalidade a *proteção da pessoa.*

Além disso, a não autoincriminação decorre do devido processo legal e, de forma específica, de um de seus principais corolários: a ampla defesa. A conexão entre os dois elementos pode ser descrita, de forma simples, nos seguintes termos: o princípio da não autoincriminação conforma o exercício do poder estatal no âmbito processual, impondo limites aos meios de que se pode valer o Estado para alcançar o fim da persecução penal. A imposição da sanção penal – como, de resto, qualquer decisão judicial – só é legítima quando resulta de um procedimento racionalmente adequado e justo. E não é adequado, tampouco justo ou razoável, que o Estado dependa do suspeito ou acusado para incriminá-lo. Esse é um ônus que cabe exclusivamente ao Estado. Não por outra razão, parte da doutrina relaciona o princípio da não autoincriminação também com a presunção de inocência[111].

A Constituição de 1988 incluiu expressamente o *direito ao silêncio* (art. 5º, LXIII) no rol de direitos e liberdades individuais, com *status* de cláusula pétrea. Antes da nova Carta, o direito ao silêncio era referido apenas no Código de Processo Penal. E, mesmo assim, de forma um tanto ineficaz, já que, na redação original do seu art. 186, o silêncio poderia ser interpretado em prejuízo da defesa[112].

A despeito da redação do art. 5º, LXIII, mencionar apenas o "preso", é incontroverso no direito constitucional brasileiro que o direito ao silêncio é assegurado não só ao preso, mas também a todos que, com sua resposta, possam se incriminar. São, por isso, titulares desse direito não só o réu, mas também qualquer investigado[113] (mesmo quando ainda não

---

[109] Confira-se interessante relato em: http://www.british-history.ac.uk.

[110] 384 U.S. 436 (1966). Note-se que o acórdão diz respeito a quatro casos julgados em conjunto: além de Miranda v. Arizona, Vignera v. New York, Westover v. United States e California v. Stewart.

[111] V. Antonio Magalhães Gomes Filho. *Direito à prova no processo penal,* 1997, p. 113 e Guilherme de Souza Nucci. *Manual de processo penal e execução penal,* 2008, p. 90.

[112] Esta é a redação original do art. 186 do Código de Processo Penal, antes da Lei nº 10.792/2003: "Antes de iniciar o interrogatório, o juiz observará ao réu que, embora não esteja obrigado a responder às perguntas que lhe forem formuladas, o seu silêncio poderá ser interpretado em prejuízo da própria defesa". Após a CF/88, a parte final do dispositivo foi declarada inconstitucional pelo STF (STF, *RTJ* 180:1001, HC 80.949, Rel. Min. Sepúlveda Pertence; STF, *DJ* 20.03.1998, RE 199.570, Rel. Min. Marco Aurélio).

[113] V. STF, *DJ* 28.08.1992, HC 68.929, Rel. Min. Celso de Mello.

indiciado[114]) e, desde que a resposta possa lhe incriminar, também a testemunha[115]. O direito brasileiro considera também indispensável, sob pena de nulidade da prova obtida por meio do depoimento do investigado, que a autoridade estatal informe ao indivíduo sobre a garantia do direito ao silêncio[116].

Desde a promulgação da Constituição de 1988, tanto a doutrina[117] quanto a jurisprudência do Supremo Tribunal Federal[118] sempre reconheceram que o silêncio não pode ser interpretado negativamente contra aquele que exerceu o direito de manter-se calado – a despeito da redação original do art. 186 do CPP, já referida. Essa constatação, que já decorria diretamente da norma constitucional, foi expressamente prevista na Lei nº 10.792/2003. A nova lei alterou o dispositivo processual penal referido e afastou definitivamente qualquer prejuízo para a defesa decorrente do exercício do direito ao silêncio.

Uma dimensão do devido processo legal especialmente relevante no âmbito sancionador é a **presunção de inocência,** de que trata o art. 5º, LVII (ninguém será considerado culpado até o trânsito em julgado de sentença penal condenatória). A garantia tem repercussões sobre o ônus da prova, por exemplo, e se liga ao direito já referido de não autoincriminação.

Outra possível repercussão da presunção de inocência que tem sido discutida no direito penal e constitucional brasileiros envolve o momento do início do cumprimento da pena de prisão. A questão, do ponto de vista constitucional, envolve saber se o art. 5º, LVII, veda a prisão antes do trânsito em julgado da decisão condenatória ou se seria possível, do ponto de vista constitucional, o início do cumprimento da pena em algum momento anterior. A jurisprudência do STF na matéria tem oscilado.

Da promulgação da Constituição até 2009, o entendimento do STF sobre o momento inicial da execução de uma pena de prisão era de que ela poderia ocorrer logo após a decisão em sede de apelação, mesmo que houvesse recursos especial e extraordinário pendentes sem efeito suspensivo. O STF expediu diversas ordens reforçando esse entendimento em *habeas corpus* e uma votação de 8 a 2 era comum (por exemplo, HC nº 69.964, HC nº 67.986, HC nº 68.342, HC nº 72.102, HC nº 72.610, HC nº 72.366).

Em 2009, a composição do Tribunal mudou quase completamente: da composição do início da década de 1990, restavam apenas dois dos onze ministros. E, em 2009, o entendimento do Tribunal sobre o início da execução de uma pena de prisão mudou. Por 7 votos a 4, o Tribunal decidiu que a presunção de inocência de que trata a Constituição Federal exige que o início da execução da pena espere até que todos os recursos pendentes sejam resolvidos e a decisão seja definitiva. O Tribunal adotou esse novo entendimento ao conceder um *habeas corpus* (HC nº 84.078).

Em 2016, seis dos ministros que participaram da decisão de 2009 já não estavam mais no Tribunal, e um novo entendimento foi estabelecido. Em fevereiro de 2016, por 7 votos a 4, e novamente em um *habeas corpus*, o Tribunal retornou ao entendimento anterior a 2009 e decidiu que a Constituição não impedia o início da execução da pena de prisão enquanto houvesse recursos extraordinários pendentes (HC nº 126.292).

Ainda em 2016, partidos políticos ingressaram com as ações diretas de constitucionalidade (ADCs) nº 43, nº 44 e nº 45, recolocando a questão em sede abstrata e sob a perspectiva da validade do art. 283 do Código de Processo Penal. Os requerentes solicitaram uma liminar

---

[114]   STF, *DJ* 16.02.2000, HC 79.812, Rel. Min. Celso de Mello.

[115]   Nesse sentido: STF, *RTJ* 163/626, HC 73.035, Rel. Min. Carlos Velloso.

[116]   STF, *DJ* 19.12.2002, HC 82.463, Rel. Min. Ellen Gracie.

[117]   Tucci, Rogério Lauria. *Direitos e garantias individuais no processo penal brasileiro*, 2004, p. 370; e Dotti, René Ariel. Garantia do direito ao silêncio e dispensa do interrogatório, *RT* 740:425, 2000.

[118]   STF, *LEXSTF* 312:387, 2005, *RT* 833:478, 2005, HC 84517, Rel. Min. Sepúlveda Pertence.

imediata para impedir prisões em casos criminais com recursos extraordinários pendentes até que o Tribunal decidisse essas ações. O Tribunal negou a liminar em outubro de 2016 e reiterou a decisão de fevereiro do mesmo ano, agora por 6 votos a 5. Um dos votos dissidentes propunha que o início da execução da pena deveria ocorrer imediatamente após a decisão do STJ, mesmo que o recurso apresentado ao STF ainda estivesse pendente. Os outros quatro votos dissidentes continuaram a entender que a Constituição impede o início da execução de uma pena de prisão enquanto houver qualquer recurso pendente.

Em novembro de 2019, o Tribunal decidiu afinal as ADCs requeridas em 2016 e reverteu seu entendimento por 6 votos a 5, retornando ao posicionamento adotado pelo Tribunal de 2009 até 2016. A ordem atual do STF sobre o início da execução de uma pena de prisão, portanto, é que a Constituição Federal impede que ela comece antes de uma decisão final. Enquanto houver recursos pendentes, ordinários ou extraordinários, a execução de uma pena de prisão não pode ser iniciada.

Uma exceção, porém, foi firmada pela Corte em 2024 relativamente às decisões do Tribunal do Júri. O STF definiu como Tese de Repercussão Geral nº 1.068 que a soberania dos veredictos do Tribunal do Júri autoriza a imediata execução de condenação imposta pelo corpo de jurados, independentemente do total da pena aplicada.

Por fim, a legislação e a jurisprudência têm se preocupado com o uso abusivo pelas partes de possibilidades associadas ao devido processo legal. A Lei nº 14.879/2024, por exemplo, prevê que o ajuizamento de ação em juízo aleatório – isto é: aquele sem vinculação com o domicílio ou a residência das partes ou com o negócio jurídico discutido na demanda – é uma prática abusiva que justifica a declinação de competência de ofício. A mesma lei limita a eleição de foro que deve guardar pertinência com o domicílio de uma das partes ou com o local da obrigação. A legislação processual descreve situações de abuso do direito de recorrer e prevê a aplicação de multas nessas hipóteses.

O Conselho Administrativo de Defesa Econômica (Cade) já condenou empresas pela prática da *"sham litigation"* como conduta anticoncorrencial. A prática é descrita como um exercício abusivo do direito de petição/ação que se caracteriza quando uma ou mais empresas coordenam ações sem fundamento contra um concorrente com o objetivo de causar dano econômico.

6.3.17 Direitos no âmbito da ação sancionadora estatal. Limites ao poder punitivo do Estado

Como referido, o Estado deve observar o devido processo legal no âmbito dos processos que conduz e decide, o que exigirá o respeito ao contraditório, à ampla defesa, além da garantia de um órgão julgador imparcial (art. 5º, LIII a LVII). Na realidade, como se verá, toda a ação estatal – legislativa, administrativa e jurisdicional – deve ser aprovada em determinados testes básicos da razoabilidade e da proporcionalidade, extraídas, em geral, das garantias do devido processo legal (art. 5º, LIV) e da cláusula do Estado de Direito (art. 1º).

Além da incidência dos princípios e regras referidos acima, a Constituição traz previsões específicas que condicionam a ação sancionadora do Estado e em particular o fenômeno da prisão, a restrição mais intensa a direitos de que se cogita nos Estados democráticos contemporâneos em tempo de paz. Com efeito, embora as garantias constitucionais do devido processo legal processual apliquem-se a toda a atividade estatal de prestação jurisdicional e de contencioso administrativo, no caso de tal atividade discutir potencial aplicação de sanções aos indivíduos, a incidência das garantias constitucionais será ainda mais pertinente. Aprofunde-se brevemente a questão.

O poder punitivo do Estado pode manifestar-se sob formas variadas e regimes diferencia-dos. Essas várias formas, porém, das quais certamente o direito penal e o direito administrativo

Cap. 6 – DIREITOS FUNDAMENTAIS E ORDEM SOCIAL **235**

sancionador são as principais, apresentam traços comuns e compartilham princípios gerais relativamente uniformes, que são extraídos do próprio texto constitucional. Basta observar, por exemplo, que a restrição de direitos é uma modalidade de sanção empregada tanto pelo direito penal como pelo direito administrativo e que afeta direitos que decorrem diretamente de garantias constitucionais, como as liberdades de iniciativa, de empresa e de exercício de atividade econômica (CF, arts. 1º, IV, 5º, XIII e 170, *caput* e parágrafo único). Daí exigir-se cuidado especial na aplicação dessas sanções.

Na realidade, diante da expansão da ação punitiva do Estado com base em seu poder de polícia administrativa, parece evidente que essa nova expressão do poder sancionatório do Estado – que vai até mesmo substituindo, em muitos campos, a repressão penal clássica – não é ontologicamente diferente do direito penal. Sua diferenciação relativamente ao direito penal é apenas de grau ou, muitas vezes, mera opção legislativa[119].

Assim, além do devido processo legal, sobre o qual já se tratou, aplicam-se na esfera penal e na administrativa (ainda que em níveis diversos) os princípios da presunção de inocência e do *in dubio pro reo*, comuns ao direito punitivo[120]. A presunção de inocência significa, de forma simples, que a culpabilidade de quem quer que seja deve ser provada, não bastando para isso a afirmação daquele que acusa. Ou seja: a conduta punível precisa ser demonstrada, ainda que haja, por certo, uma diversidade de tratamento no que diz respeito à prova do ilícito penal e do administrativo.

Quanto ao *in dubio pro reo*, trata-se da regra secular segundo a qual, havendo dúvida razoável acerca da existência do ato ilícito ou de sua autoria, a sanção não deve ser aplicada. A premissa é a da liberdade, cabendo à autoridade demonstrar que houve o ilícito de forma consistente para que a sanção possa incidir e a liberdade ser restringida.

Desses dois princípios básicos decorrem vários corolários valendo destacar um deles, que é o direito a não autoincriminação. O direito em tela significa não apenas que a prova do ilícito deve ser produzida pela autoridade, mas também que o acusado não pode ser obrigado a produzir prova contra si mesmo. Desse direito decorre, por exemplo, o direito de permanecer calado sem que se possa punir o indivíduo por essa conduta isolada ou extrair do silêncio qualquer consequência do ponto de vista da prova do ilícito do que ele é acusado (art. 5º, LXIII).

O STF tem admitido certa flexibilização do direito a não autoincriminação sobretudo no contexto da legislação de trânsito. A Corte entendeu que o crime de fuga do local de acidente de trânsito (art. 305 do Código de Trânsito Brasileiro) é constitucional, não violando o direito a não autoincriminação, já que permanece garantido o direito ao silêncio e ressalvadas as hipóteses de exclusão da tipicidade e da antijuridicidade (Tema de Repercussão Geral nº 907). O STF considerou também que não viola o referido princípio a previsão de sanções administrativas ao motorista que se negue a realizar o teste do "bafômetro", também previstas no Código de Trânsito (Tema de Repercussão Geral nº 1.079).

Além da observância aos princípios da presunção da inocência e do *in dubio pro reo e seus corolários*, a Constituição impõe, ainda, outros limites e condicionamentos à atividade sancionadora do Estado. A Constituição assegura, em primeiro lugar, o princípio da pessoalidade da pena, previsto no art. 5º, XLV, segundo o qual *nenhuma pena passará da pessoa do condenado*. Em linhas gerais, o princípio significa que ninguém pode ser apenado por ato de terceiro, para o qual não teve qualquer participação direta ou indireta. Para que haja punição, é necessário haver o nexo de causalidade entre a atuação do agente e o resultado ilícito gerado. A exceção é

---

[119] Nelson Hungria. Ilícito Administrativo e ilícito penal. *Revista de Direito Administrativo* – Seleção Histórica 1945-1995.

[120] Fábio Medina Osório. *Direito administrativo sancionador*, 2000, p. 394, 395, 403 e 404. Sobre o tema, v. também, Romeu Felipe Bacellar Filho. *Princípios constitucionais do processo administrativo disciplinar*, 1998, p. 199 e ss.

a pena pecuniária que poderá ser cobrada dos sucessores do condenado na medida dos bens que dele receberam. A ideia, portanto, é a de que a pena está vinculada ao culpado pelo ilícito, não podendo ser imputada a outra pessoa.

Vale o registro de que muitas vezes normas sancionadoras preveem responsabilidades objetivas – isto é: independente de culpa –, o que pode gerar certa tensão com a garantia constitucional em tela. A convivência dessas previsões com a Constituição é feita em geral pela distinção entre normas que tratam da reparação dos danos causados pelo ilícito e normas propriamente punitivas. A reparação dos danos que o ilícito causou segue a lógica da responsabilidade objetiva sem maiores dificuldades: não se trata, afinal, de pena. A aplicação de penas, porém, recebe a incidência do dispositivo constitucional, de modo que uma pessoa não pode receber a aplicação de uma pena pela conduta de outra.

Em segundo lugar, a Constituição veda a utilização de provas obtidas por meios ilícitos (art. 5º, LVI), garantia que limita apenas a ação do Estado, de qualquer litigante, a rigor, mas terá particular incidência na ação sancionadora do Estado. Naturalmente que parte importante das discussões em torno do sentido e alcance desse dispositivo está na definição do que é ou não lícito, em cada circunstância, como meio de obtenção de prova.

Um tema que tem ensejado muitas discussões é o das gravações telefônicas, cujo sigilo é previsto de forma explícita pela Constituição (art. 5º, XII). Nos termos constitucionais, apenas por força de decisão judicial para fins de apuração criminal é possível a interceptação telefônica, em termos a serem regulados por lei, o que foi feito pela Lei nº 9.296/1996.

Em 2009, o Conselho Nacional do Ministério Público – CNMP editou a Resolução 36, estabelecendo uma série de procedimentos acerca dos pedidos e da utilização de interceptações telefônicas, bem como dos deveres dos membros do Ministério Público no particular e de sanções aplicáveis pelo descumprimento desses deveres. A validade da Resolução foi questionada perante o STF por meio da ADI 4263, alegando-se que o CNMP teria exorbitado do seu poder regulamentar criando exigências não previstas na Lei nº 9.296/1996. O STF, porém, por maioria, julgou a ADI improcedente[121], considerando válidas as normas previstas na Resolução referida.

Ainda assim, uma série de circunstâncias não disciplinadas especificamente pela lei tem se colocado. O STF entende válida, por exemplo, a gravação sem autorização judicial por um dos interlocutores que é vítima de crime, ou por um terceiro, a pedido deste[122]. O STF também considerou lícitas as sucessivas renovações de interceptação telefônica (a despeito do prazo previsto na Lei nº 9.296/1996), demonstrada a necessidade da medida diante de elementos concretos e a complexidade da investigação, uma vez que a decisão judicial inicial e as prorrogações sejam devidamente motivadas, com justificativa legítima, ainda que sucinta, a embasar a continuidade das investigações (Tema nº 661).

Em terceiro lugar, o art. 5º, XLVI, assegura o que se denomina em geral de individualização da pena. A garantia tem duas consequências principais. Ela exige, em primeiro lugar, que os órgãos estatais de acusação individualizem razoavelmente as condutas imputadas a cada acusado quando formulam a denúncia ou figura similar. Essa exigência, por natural, está diretamente relacionada com o direito de defesa, já que o acusado precisa saber do que deverá se defender.

A segunda consequência é o dever do órgão estatal encarregado de decidir e de individualizar a pena aplicada, considerando o que cada indivíduo efetivamente fez e suas circunstâncias específicas. A garantia pretende exigir que o Estado, por seus vários órgãos, considere cada pessoa como um indivíduo realmente, e não "no atacado", como elemento indistinto de uma coletividade despersonalizada.

---

[121] STF, ADI 4263, Rel. Ministro Luís Roberto Barroso, *DJe* 30.04.2018.
[122] STF, HC 74.678, Rel. Min. Moreira Alves, j. 10.06.97, 1ª T., *DJ* 15.08.1997.

Por fim, em quarto lugar, a Constituição prevê que "ninguém será considerado culpado até o trânsito em julgado de sentença penal condenatória" (art. 5º, LVII). Uma questão diretamente relacionada com esse dispositivo diz respeito à possibilidade da execução provisória da pena de prisão ou, como o tema ficou mais conhecido, a possibilidade de prisão após decisão condenatória proferida em segunda instância, mas antes do trânsito em julgado. Em decisão encerrada em 7 de novembro de 2019, o STF, por 6 votos a 5, alterou seu entendimento anterior para concluir que a execução da pena privativa de liberdade apenas poderá acontecer após o trânsito em julgado (ADCs nº 43, nº 44 e nº 54).

Sobre o tema específico das prisões, a Constituição traz ainda outras regras específicas. Em primeiro lugar, salvo na hipótese de flagrante delito, quando a prisão, a rigor, pode ser levada a cabo por qualquer pessoa, e na hipótese de transgressão militar e crime militar, a prisão depende sempre de decisão judicial, naturalmente motivada (art. 5º, LXI). A Constituição prevê ainda que toda prisão deve ser imediatamente comunicada ao juiz competente (art. 5º LXII), para que decida sobre sua legalidade (art. 5º, LXV) e sobre a possibilidade de liberdade provisória com ou sem fiança (art. 5º, LXVI). A necessidade de fundamentação específica para a prisão provisória foi discutida acima, quando se tratou da liberdade de locomoção.

Um segundo conjunto de normas constitucionais diz respeito à execução concreta da prisão. Em primeiro, a Constituição é expressa em afirmar que ao preso é assegurado o respeito à integridade física e moral (art. 5º, XLIX). Ou seja: o preso, por pior que tenha sido a conduta por ele praticada, não deixa por isso de ser pessoa, titular de direitos e de dignidade – a restrição à liberdade não autoriza o desrespeito à integridade física e moral dessas pessoas.

A Constituição exige ainda que a pena privativa de liberdade seja cumprida em estabelecimentos distintos, de acordo com a natureza do delito, a idade e o sexo do apenado (art. 5º, XLVIII). E que o sistema carcerário seja organizado de forma que as presidiárias possam permanecer com seus filhos durante o período de amamentação (art. 5º, L). Como já referido, essas garantias têm sido sistematicamente descumpridas pelo Estado brasileiro.

6.3.18 Direito ao devido processo legal substantivo – proporcionalidade e razoabilidade

Anteriormente se tratou do devido processo legal em sua versão processual originária, que atua como limitador e condicionante da atuação do Estado (e, eventualmente também de particulares) no âmbito de processos nos quais lhe cabe tomar decisões que afetam a esfera jurídica de particulares, e particularmente, no contexto do direito sancionador. Paralelamente a esse conteúdo clássico, a expansão da ação estatal no plano da criação de normas e da prática de atos administrativos variados conduziu igualmente à expansão da ideia de devido processo legal substantivo ou razoabilidade ou proporcionalidade.

Na verdade, as expressões razoabilidade e proporcionalidade são frequentemente usadas de forma indistinta no Brasil, e já se consolidaram definitivamente como princípios constitucionais para o controle do conteúdo de atos normativos e administrativos. Os princípios têm, a rigor, dupla origem. Tradicionalmente, e assim foi introduzido no Brasil (CF, art. 5º, LIV), eles decorrem do desenvolvimento da garantia do devido processo legal anglo-saxão.

Os EUA importaram a noção de *law of the land* inglesa, que remonta à Magna Carta, e a desenvolveram, já sob a denominação de *due process of law*. Inicialmente, como referido antes, e assim como na Inglaterra, o devido processo legal correspondia a um conjunto de garantias processuais do acusado, reconhecidas na Inglaterra e nos EUA como decorrentes da *law of the land*. Com o tempo, porém, o devido processo legal adquiriu também um caráter substantivo, servindo de limite à atuação também do legislativo. Sob a perspectiva da *common law,* assim como o processo judicial estava vinculado a um conjunto tradicional de garantias, também o legislador não poderia editar normas que violassem o consenso da razoabilidade e do bom senso.

Essa versão substantiva do devido processo legal teve amplo desenvolvimento nos EUA até a década de 1930, como meio de controle, àquela altura, das políticas intervencionistas do governo. De meados da década de 1930 até a década de 1950, o princípio sofreu refluxo, renascendo, porém, a partir da década de 50 na Corte Warren. Nesse terceiro período, a Suprema Corte, com fundamento na cláusula do devido processo legal substantivo, desenvolveu ampla atividade criadora para a superação do racismo, a garantia de direitos dos acusados em processos criminais, a garantia da liberdade de expressão e de imprensa, entre outras.

A segunda fonte da noção de proporcionalidade como mecanismo de controle dos atos normativos em geral vem da Alemanha, que extrai o princípio do Estado de Direito (CF, art. 1º). Embora a primeira influência brasileira na matéria seja a norte-americana, a fluidez dos conceitos ali empregados dificultou o desenvolvimento da ideia no Brasil. Os autores alemães, porém, contribuíram para dar conteúdo jurídico mais consistente ao princípio, desdobrando-o em três aspectos[123]:

a) A atividade estatal, normalmente, se dá à vista de certas circunstâncias (motivos) e destina-se a prover meios para realizar determinados fins. Assim, em primeiro lugar, há que haver uma adequação entre o meio empregado pela norma e o fim que ela pretende alcançar. Isto é, deve tratar-se de um meio hábil para produzir o efeito desejado pela norma, só se justificando a restrição da liberdade individual nesse caso. Ademais, no caso de discriminação – pois legislar é, quase sempre, discriminar –, é necessário que o elemento de discrímen corresponda a uma diferenciação real, relevante e objetivamente existente entre as pessoas, situações ou coisas.

b) Em segundo lugar, deve-se aferir a relação custo-benefício do meio empregado com referência aos direitos que serão restringidos. Trata-se da vedação do excesso – se o poder público pode impor ato menos gravoso que alcance o mesmo objetivo, não se justifica que adote a medida mais grave desnecessariamente.

c) Por fim, será preciso verificar a proporcionalidade em sentido estrito entre o bem preservado e o bem sacrificado, sob a ótica do sistema constitucional como um todo. Ou seja: mesmo que a norma ou ato sejam adequados e necessários internamente, à luz de sua própria finalidade específica, eles podem ser vedados por outras proposições do sistema constitucional ou promover restrições excessivamente intensas a outros bens ou direitos[124].

Embora se faça referência indistintamente *à* razoabilidade ou *à* proporcionalidade, a verdade é que a doutrina alemã, registrada particularmente por Humberto Bergman Ávila, tem distinguido entre proporcionalidade, cujo conteúdo é o exposto anteriormente, e a razoabilidade, que teria outros usos, como, por exemplo, o exame da propriedade da aplicação da medida a determinado indivíduo ou situação, tendo considerado suas condições pessoais e individuais. A ideia se aproxima da noção de equidade. Assim, o juízo de razoabilidade pressupõe que a norma pode ser proporcional em tese, e não o ser no caso concreto.

Nesse contexto, vale o registro de que a Lei nº 13.655/2018, que alterou a Lei de Introdução às Normas do Direito Brasileiro, passou a prever que o Judiciário e a Administração Pública poderão/deverão formular juízos de proporcionalidade e de razoabilidade no momento da aplicação da norma, particularmente diante da invalidação de atos e contratos. Nos termos da nova redação dada ao art. 21, a autoridade deverá considerar tanto as circunstâncias do caso

---

[123] Luís Roberto Barroso. *Interpretação e aplicação na Constituição,* 2002, p. 213 e ss.

[124] Raquel Denize Stumm. *Princípio da proporcionalidade no direito constitucional brasileiro,* 1995; e Suzana de Toledo Barros. *O princípio de proporcionalidade e o controle de constitucionalidade das leis restritivas de direitos fundamentais,* 1996.

quanto as consequências da invalidação, em contraste com opções viáveis de regularização do ato ou contrato discutido.

Na verdade, em um Estado de Direito, não é possível conceber a função estatal sem se levar em conta o princípio da razoabilidade/proporcionalidade. Por meio dele, é possível verificar se determinado ato do Poder Público, incluindo uma lei, foi praticado em conformidade com o ordenamento jurídico, considerado de forma ampla[125], tendo-se em vista, inclusive, que em um Estado de Direito não se admite a prática de atos irracionais, que restrinjam direitos sem propósito ou de forma excessiva.

Como já referido, as pessoas e seus direitos são o centro do sistema jurídico e estatal organizado pela Constituição de 1988. Nesse sentido, ainda quando direitos e liberdades precisem ser restringidos por leis ou atos administrativos (por conta de outros direitos ou fins coletivos considerados relevantes pela própria Constituição), nada justifica que isso seja feito sem observar os parâmetros referidos, que a razoabilidade e a proporcionalidade impõem. A proporcionalidade e a razoabilidade constituem, portanto, direitos que limitam a ação estatal de forma ampla.

A jurisprudência do STF utiliza com frequência a proporcionalidade/razoabilidade como critério de aferição da validade de atos do Poder Público, incluindo leis. Acima discutiu-se vários exemplos de leis e atos normativos que foram consideradas inconstitucionais exatamente por estabelecerem restrições consideradas desproporcionalidades a, *e.g.*, liberdade profissional, liberdade de reunião e ao direito de voto. Na parte sobre os princípios que vinculam a Administração Pública, o tema da proporcionalidade será discutido novamente de forma específica, agora sob essa perspectiva.

6.3.19   Direito à segurança

A segurança – e, no seu âmbito, a segurança jurídica – é um dos fundamentos do Estado e do direito, ao lado da justiça e, mais recentemente, do bem-estar social[126]. As teorias democráticas acerca da origem e justificação do Estado, de base contratualista, assentam-se sobre uma cláusula comutativa: recebe-se em segurança aquilo que se concede em liberdade. Consagrada no art. 2º da Declaração dos Direitos do Homem e do Cidadão, de 1789, como um direito natural e imprescritível, a segurança encontra-se positivada como um direito individual na Constituição brasileira de 1988, ao lado dos direitos à vida, à liberdade, à igualdade e à propriedade, na dicção expressa do *caput* do art. 5º.

A segurança jurídica funciona, em muitos momentos, como um limite à atuação estatal, que deverá respeitar seus conteúdos básicos nas suas múltiplas intervenções, e é sob essa perspectiva que ela será examinada aqui. Mas há outras dimensões para a segurança, como acontece, em geral, com os direitos fundamentais. Caberá ao Estado garantir o respeito da segurança jurídica entre os particulares – na execução de contratos e na aplicação da legislação pertinente, mesmo quando já não mais vigente, por exemplo –, em geral por meio das estruturas judiciais.

Paralelamente à segurança jurídica, a segurança pública é igualmente um direito das pessoas e das comunidades. Há a segurança externa, a proteção contra agressões de outros Estados, cujo zelo é atribuição principal das Forças Armadas (CF, art. 142). Há a segurança interna, consistente na manutenção da ordem pública e da incolumidade das pessoas e do patrimônio, para cuja promoção existe a autoridade policial (CF, art. 144).

---

[125]   Sobre o tema, v. Maria Sylvia Zanella Di Pietro. *Direito administrativo,* 2001, p. 80 e ss., Lucia Valle Figueiredo. *Curso de direito administrativo*, 1994, p. 42, e Diogo de Figueiredo Moreira Neto. *Curso de direito administrativo,* 1997, p. 72 e ss., entre outros.

[126]   Humberto Ávila. *Sistema constitucional tributário,* 2004, p. 295.

A própria Constituição estrutura a organização da atividade policial no País no art. 144, distribuindo órgãos de segurança pública e, naturalmente, o exercício de suas competências, aos diferentes entes federados. Nos termos da Constituição, no âmbito da União foram previstas a polícia federal, a polícia rodoviária federal e a polícia ferroviária federal. No âmbito dos Estados e do Distrito Federal, as polícias civis, militares estaduais e os corpos de bombeiros militares. Os Municípios poderão criar guardas municipais, destinadas a proteção de seus bens, serviços e instalações.

A EC nº 104/2019 introduziu um novo inciso no art. 144 – o inciso VI – para criar um órgão de segurança pública novo: trata-se das polícias penais, a serem criadas no âmbito da União, do Distrito Federal e dos Estados. Nos termos do § 5º-A do art. 144, as polícias penais serão os órgãos de segurança encarregados dos estabelecimentos penais.

Na ADI nº 6680, o STF estabeleceu um vínculo entre a regulação da posse privada de armas e munições, de que trata o Estatuto do Desarmamento (Lei nº 10.826/2003), e a segurança pública com base em uma premissa empírica. Na ocasião, a Corte afirmou que estudos científicos revelam a "inequívoca correlação entre a facilitação do acesso da população às armas de fogo e o desvio desses produtos para as organizações criminosas, milícias e criminosos em geral, por meio de furtos, roubos ou comércio clandestino, aumentando ainda mais os índices gerais de delitos patrimoniais, de crimes violentos e de homicídios". O ponto é interessante, pois revela como em muitos contextos o Judiciário, para decidir, precisa assumir determinadas premissas estudadas por outras áreas do conhecimento fora do direito. A ação discutia a ilegalidade de decretos presidenciais que "flexibilizavam o acesso a armas", que foram afinal declarados inválidos.

Eventual grave comprometimento da ordem pública é um dos fundamentos que autorizam a União a intervir nos Estados e no DF, nos termos do art. 34, III, da Constituição. Ou seja: embora caiba aos Estados e ao DF, como regra geral, a garantia da segurança pública em seus territórios, por meio de suas polícias, a União poderá decretar intervenção federal diante de um grave comprometimento da ordem pública – é a expressão constitucional –, revelador da incapacidade (ou omissão) dos órgãos de segurança do ente federal.

Essa foi a hipótese constitucional que autorizou a intervenção federal da União no Distrito Federal, decretada pelo Presidente da República em 8 de janeiro de 2023 por meio do Decreto nº 11.377, diante de ações de grupos que invadiram e depredaram prédios públicos naquela data, incluindo o Congresso Nacional e o Supremo Tribunal Federal. O interventor nomeado recebeu competências relacionadas com a área de segurança pública, afastando, assim, a atuação das autoridades do DF no particular durante o prazo fixado no Decreto.

Um tema complexo que se deve mencionar aqui envolve os riscos de violação à segurança pública pelos órgãos encarregados de garanti-la. Ainda que seja inevitável que órgãos estatais empreguem violência – controladamente – para impedir ou controlar a violência, os níveis de letalidade da atividade policial no Brasil têm despertado debates sobre, de um lado, a omissão e/ou a deficiência estrutural dos serviços de segurança pública prestados pelo Poder Público e, de outro, a violação direta de direitos humanos de determinadas populações. Nesse contexto, na ADPF nº 635, o STF determinou ao Estado do Rio de Janeiro a elaboração e a apresentação de um plano visando à redução da letalidade policial e da violação de direitos humanos, bem como de informações sobre sua execução.

A decisão do STF na ADPF nº 635, além da relevância do tema de fundo, tenta adotar técnicas diferenciadas de decisão, próprias dos chamados processos estruturais, nos quais a Corte estabelece diretrizes e cria incentivos, mas privilegia planos desenvolvidos pelas autoridades competentes. Assim, tenta-se construir a solução em conjunto com os demais agentes públicos envolvidos e com a sociedade e acompanhar sua implementação ao longo do tempo.

É interessante notar que a violação generalizada do direito à segurança pública acaba por repercutir sobre a fruição de outros direitos e liberdades, como, por exemplo, a liberdade de locomoção. Infelizmente, em muitos locais do País, a violência impede a livre circulação das pessoas. A Constituição distribuiu competências no particular, sobretudo entre a União e os Estados, e prevê, desde logo, uma série de instituições policiais encarregadas da prestação do serviço de segurança pública. Feita essa nota, cabe examinar o tema da segurança jurídica de forma específica.

O princípio da segurança jurídica apresenta um sentido nuclear ligado à garantia de que novas obrigações somente podem ser exigidas dos cidadãos após sua prévia e válida introdução na ordem jurídica. Esta é, como se sabe, a proteção básica conferida pelas ideias complementares de legalidade e irretroatividade, que estão diretamente associadas ao princípio da segurança jurídica. Essas são, de certa forma, garantias formais, já que prescrevem determinada forma de criação de obrigações e proíbem sua exigência em relação a fatos anteriores.

A Constituição de 1988 não assegura, a rigor, uma regra geral vedando a retroatividade da lei nova. O que se veda, de forma ampla, no art. 5º, XXXVI, é que a lei nova prejudique o ato jurídico perfeito, o direito adquirido e a coisa julgada. Os conceitos de ato jurídico perfeito, direito adquirido e coisa julgada são delineados pela Lei de Introdução às Normas do Direito Brasileiro e a doutrina e a jurisprudência discutem amplamente os contornos da proteção oferecida, sobretudo, em relação ao direito adquirido. Por outro lado, nada impede que uma lei que não prejudica qualquer desses elementos ou que os beneficie, ao invés de prejudicá-los, possa prever, de forma expressa, sua aplicação retroativa.

Além da previsão geral do art. 5º, XXXVI, a Constituição prevê ainda, de forma específica, que a lei penal não retroagirá, salvo para beneficiar o réu (art. 5º, XL). A garantia contra a retroação da lei penal gravosa deve ser compreendida como uma garantia geral do direito sancionador, gênero do qual o direito penal é uma espécie.

Por fim, a Constituição prevê ainda (art. 150, III, *a*) a garantia contra a retroação em matéria tributária, vedando-se a cobrança de tributos "em relação a fatos geradores ocorridos antes do início da vigência da lei que os houver instituído ou aumentado", o chamado princípio da anterioridade. Emendas constitucionais posteriores ampliaram essa garantia e introduziram duas outras alíneas ao inciso: a alínea *b* (EC nº 3/1993) passou a vedar a cobrança do tributo no mesmo exercício financeiro em que publicada a lei que os instituiu ou aumentou; e a alínea *c* (EC nº 42/2003) passou a exigir, como regra geral, um prazo mínimo de noventa dias, sem prejuízo da garantia da alínea *b*, entre a publicação da lei nova e o início da cobrança (há, note-se, exceções a essa previsão). Como é fácil perceber, as emendas procuraram ampliar a garantia de previsibilidade do contribuinte em face do aumento da carga tributária, impedindo não apenas a retroação da norma nova, mas também um período de antecedência (os noventa dias) para que o contribuinte se prepare para a nova exação.

Como se sabe, a ordem jurídica gravita em torno de dois grandes valores fundamentais: a segurança e a justiça. Há institutos cujo fim precípuo é promover segurança, e outros que têm por objetivo assegurar a realização de justiça, de modo a produzir-se um equilíbrio entre eles. O inc. XXXVI do art. 5º da Constituição – "a lei não prejudicará o direito adquirido, o ato jurídico perfeito e a coisa julgada" – é uma das previsões constitucionais diretamente relacionadas com a segurança jurídica.

Nos termos do art. 6º, § 3º, da Lei de Introdução às Normas do Direito Brasileiro, "chama-se coisa julgada ou caso julgado a decisão judicial de que já não caiba recurso". A coisa julgada é garantia tradicional do direito constitucional brasileiro, que preserva os jurisdicionados até mesmo contra as tentativas de interferência do próprio Legislativo, que, embora seja o único órgão constitucionalmente legitimado para inovar com definitividade na ordem jurídica, jamais poderá fazê-lo para desconstituir situações jurídicas subjetivas decorrentes de decisões transitadas em julgado (Constituição de 1934, art. 113, nº 3; de 1946, art. 141, § 3º; de 1967, art. 150, § 3º; Emenda Constitucional nº 1, de 1969, art. 153, § 3º; Constituição de 1988, art.

5º, XXXVI). A leitura correta do dispositivo é que *nem mesmo a lei* pode prejudicar a coisa julgada, o que significa a natural exclusão de quaisquer outros atos jurídicos.

Na realidade, a norma atinge, também, o poder constituinte *derivado*, já que a não retroação, nas hipóteses constitucionais, configura direito individual que, como tal, é protegido pelas limitações materiais do art. 60, § 4º, IV. Disso resulta que as emendas à Constituição, tanto quanto as leis infraconstitucionais, não podem afetar o direito adquirido, o ato jurídico perfeito e a coisa julgada. O princípio da não retroatividade só não condiciona o exercício do poder constituinte *originário*. Mesmo assim, deverá ele dispor de modo expresso, como discutido na parte sobre direito constitucional intertemporal.

É interessante observar que em muitos outros países (uma exceção são os Estados Unidos[127]) essa espécie de garantia contra a irretroatividade consta de legislação ordinária, admitindo sua derrogação por legislação superveniente. No Brasil, diferentemente, a previsão tem *status* constitucional e constitui cláusula pétrea, e por isso nem sempre a doutrina e a jurisprudência estrangeiras sobre o assunto serão pertinentes no Brasil[128].

Como referido, a garantia da coisa julgada não é um instrumento instituído pelo ordenamento para promover o valor constitucional *justiça*, mas, sim, *segurança*. Em nome da justiça militam outras relevantes garantias constitucionais, como as de ampla defesa, contraditório, duplo grau de jurisdição, devido processo legal (CF, art. 5º, LIV e LV), entre outras. A própria Constituição faz referência à ação rescisória, regulada pela ordem infraconstitucional, que é uma hipótese excepcional de revisão da coisa julgada. Na dialética entre os valores segurança e justiça, cada instituto tem o seu papel.

Veja-se que mesmo que alguém considere a decisão injusta – o que frequentemente acontece, aliás –, ela estará protegida pela coisa julgada. Por meio da coisa julgada, e após concluído o processo, o titular do direito reconhecido poderá ter a certeza jurídica de que ele ingressou definitivamente no seu patrimônio. Na realidade, a garantia da coisa julgada liga-se diretamente à própria lógica da prestação jurisdicional, uma vez que esta tem como finalidade precípua eliminar, definitivamente, a incerteza que provocou o litígio entre as partes, e não manter o conflito em aberto. Em algum momento, é preciso que a disputa chegue ao fim, e que a decisão apurada se torne, então, definitiva.

Sem prejuízo da importância central da coisa julgada para a segurança jurídica, muito se tem discutido nos últimos anos sobre a chamada "coisa julgada inconstitucional", e vale fazer um registro sobre o assunto. A expressão descreve a situação específica do particular que tenha sido parte em um processo no qual já se formou coisa julgada, mas que teve por fundamento lei ou ato normativo posteriormente declarado inconstitucional pelo STF. Muitos autores defendiam a possibilidade de desconstituição dessa coisa julgada, mesmo fora das hipóteses existentes de ação rescisória, entre outras razões, por conta do princípio geral da supremacia da Constituição.

Parece importante sublinhar, desde logo, a delicadeza do tema, considerando o sistema constitucional. De um lado, é certo, tem-se a previsão constitucional que foi violada pela norma declarada inconstitucional, bem como o interesse de uniformizar o entendimento acerca da matéria. De outra parte, porém, existe a garantia – também de estatura constitucional – da proteção à coisa julgada, que nem mesmo lei ou emenda constitucional podem desrespeitar. Além disso, há ainda os direitos garantidos constitucionalmente àquela pessoa ao devido processo legal, que serão, no mínimo, tensionados, já que ela sofrerá o efeito de decisão proferida pelo

---

[127] Nos Estados Unidos, a Constituição de 1787 veda a edição de leis retroativas de uma maneira geral (art. 1º, seção 9, 1: "*ex post facto* law") e proíbe aos Estados que elaborem leis que prejudiquem a obrigatoriedade dos contratos (art. 1º, seção 10, 1: "law impairing the obligation of contracts").

[128] José Carlos Moreira Alves. Direito adquirido. *Fórum Administrativo*, n. 15, p. 581.

STF da qual não participou, decisão essa que terá o condão de desconstituir aquela proferida e transitada em julgado no processo do qual foi parte. A questão, portanto, está longe de ser singela.

Pois bem. Nos termos do atual Código de Processo Civil (CPC/2015), decisão transitada em julgado que violar "manifestamente norma jurídica" poderá ser desconstituída por meio de ação rescisória no prazo de dois anos[129], que serão contados a partir do pronunciamento do STF (e não da decisão rescindenda)[130], incluindo-se nessa expressão as que se fundarem em lei ou ato normativo declarado inconstitucional pelo STF. Antes da edição do CPC/2015, havia uma tendência de exigir que essa decisão do Supremo Tribunal Federal tivesse sido proferida em sede de controle concentrado e abstrato, mas hoje entende-se que também as julgadas em sede de controle difuso e incidental autorizam a ação rescisória.

Além disso, poderá ser considerada inexigível obrigação em título executivo judicial fundado em "lei ou ato normativo considerado inconstitucional pelo Supremo Tribunal Federal, ou fundado em aplicação ou interpretação da lei ou do ato normativo tido pelo Supremo Tribunal Federal como incompatível com a Constituição Federal, em controle de constitucionalidade concentrado ou difuso", nos termos dos arts. 525, § 12, e 535, § 5º, do CPC/2015. Nesta hipótese, a decisão do STF deverá ter sido proferida antes do trânsito em julgado da decisão exequenda, mas a questão poderá ser discutida no curso da própria execução. O dispositivo legal é explícito no sentido de que tanto decisões proferidas pelo STF em sede de controle concentrado quanto difuso autorizam a desconstituição do título executivo judicial, salvo, claro, se a própria Corte modular no tempo os efeitos do julgamento.

Ao lado da coisa julgada, o art. 5º, XXXVI, protege ainda o ato jurídico perfeito e o direito adquirido contra a incidência da lei nova, de modo que cabe examiná-los brevemente. Mas o que são afinal, o ato jurídico perfeito e o direito adquirido? E qual o sentido e o alcance da proteção constitucional, afinal?

Não há disputa entre os autores acerca do seguinte ponto: se a lei tentar modificar eventos que já ocorreram e se consumaram ou desfazer os efeitos já produzidos de atos praticados no passado, ela será retroativa e, consequentemente, inválida nesse particular. A controvérsia que opôs os dois principais doutrinadores que trataram do tema e seus seguidores – o italiano Gabba[131] e o francês Paul Roubier[132] – versava, entretanto, sobre outro tipo de situação, que ensejava a seguinte pergunta: que se passa quando, de um ato praticado no passado, na vigência da lei velha, decorrem efeitos futuros que apenas se concretizam quando a nova lei já se encontra em vigor?[133]

Para Roubier, a lei nova aplicava-se desde logo a esses efeitos, e a essa circunstância o autor denominava efeito imediato da lei, e não de retroatividade (no caso de contratos, porém, Roubier entendia que a lei velha continuava a aplicar-se, como se verá). Gabba, por sua vez, rejeitava essa solução com fundamento no conceito de direito adquirido, para concluir que, também nessa hipótese, haveria retroação inválida. Ainda para Gabba, os efeitos futuros deveriam continuar a ser regidos pela lei que disciplinou sua causa, isto é, a lei velha.

A posição do autor italiano acabou por preponderar e, no Brasil, as Constituições sempre adotaram a fórmula de Gabba de proteção do direito adquirido (ao lado do ato jurídico perfeito e da coisa julgada). Exatamente nesse sentido, o Supremo Tribunal Federal consolidou o entendimento de que a retroatividade – resultado vedado pela Constituição – pode assumir três

---

[129] Lei nº 13.105/2015, art. 966, V.

[130] Lei nº 13.105/2015, art. 525, § 15, e art. 535, § 8º.

[131] Gabba, *Teoria della retroattività delle leggi*, 1868.

[132] Paul Roubier. *Le droit transitoire* (conflits des lois dans le temps), 1960.

[133] Caio Mário da Silva Pereira. *Direito constitucional intertemporal*. Revista Forense, v. 304, p. 31.

formas: a retroatividade máxima, média e mínima, todas inválidas. A chamada retroatividade mínima descreve exatamente esse tipo de hipótese: a incidência da lei nova sobre efeitos que, embora pendentes, se ligam a uma causa ocorrida na vigência da lei velha[134].

Na verdade, se apenas os eventos já definitivamente ocorridos no passado estivessem a salvo da lei nova, os conceitos de direito consumado e adquirido[135] se confundiriam e haveria pouco propósito na existência da cláusula constitucional do art. 5º, XXXVI, uma vez que são muito raras as situações em que a lei nova pretende modificar o passado de forma direta. O problema de direito intertemporal se coloca exatamente em relação aos eventos que começaram a se verificar antes, mas seus efeitos ou parte deles apenas ocorreram depois da vigência da nova lei[136].

Na realidade, a segurança jurídica seria seriamente afetada se apenas se pudesse ter certeza das regras aplicáveis a atos ou negócios instantâneos, que se esgotassem em um único momento, podendo qualquer relação que perdurasse no tempo ser colhida pela lei nova. Justamente por essa razão é que o próprio Roubier não aplicava sua formulação geral aos contratos.

Uma questão que doutrina e jurisprudência brasileira discutiram durante algum tempo no Brasil envolvia a possibilidade de as chamadas leis de ordem pública retroagirem, sob o argumento da supremacia do interesse público[137]. O entendimento que se consolidou é o de que a Constituição não prevê exceções, de modo que qualquer lei, seja qual for o adjetivo que se lhe vier a agregar, está obrigada a respeitar essas garantias, mesmo porque nenhum sentido haveria em admitir-se que a lei, conferindo a si própria determinada qualificação, pudesse afastar a garantia constitucional[138]. Ademais, a proteção contra a irretroatividade em tais hipóteses corresponde a uma norma constitucional que goza do *status* de cláusula pétrea, de modo que nada pode corresponder mais ao interesse público do que o respeito a tal previsão. O STF já se manifestou várias vezes sobre o tema nesse sentido[139].

Cabe, agora, tentar apresentar uma conceituação mais precisa do significado das expressões *ato jurídico perfeito* e *direito adquirido*. Não há controvérsia na doutrina e na jurisprudência sobre a caracterização dos contratos: são eles a forma mais típica de ato jurídico perfeito. Em outros domínios, porém, o tema apresenta algumas complexidades que vale registrar.

Parte da doutrina visualiza nessas três figuras (ato jurídico perfeito, direito adquirido e coisa julgada) três estruturas diversas, cada qual alvo de proteção autônoma da Constituição[140]. A maioria dos autores, contudo, e o Supremo Tribunal Federal[141], identificam o *direito adquirido* como o objeto principal da proteção constitucional, sendo o ato jurídico perfeito e a coisa julgada apenas dois modos típicos – ainda que não únicos – de geração de direitos adquiridos. Ou seja: o ato jurídico perfeito e a coisa julgada dão origem a direitos adquiridos. A verdade,

---

[134] STF, ADIn 493/DF, Rel. Min. Moreira Alves, j. 25.06.1992, RTJ 143/744-5.

[135] Reynaldo Porchat. *Da retroactividade das leis civis*, 1909, p. 32.

[136] Celso Antônio Bandeira de Mello. O direito adquirido e o direito administrativo. *Revista Trimestral de Direito Público* nº 24, 1998, p. 58.

[137] Para uma contestação deste que sempre foi considerado um dos principais paradigmas do direito público brasileiro, confira-se o trabalho de Humberto Bergmann Ávila. Repensando o "princípio da supremacia do interesse público sobre o particular". *Revista Trimestral de Direito Público*, n. 24, pp. 159-180.

[138] Caio Mário da Silva Pereira. *Instituições de direito civil*, vol. I, 1997, p. 107.

[139] Nesse mesmo sentido, entre outros: STF, RE 205.193/RS, Rel. Min. Celso de Mello, *DJ* 06.06.1997.

[140] Nesse sentido, Pontes de Miranda. *Comentários à Constituição de 1967 com a Emenda nº 1 de 1969*, t. V, 1971, p. 102; e José Afonso da Silva. *Curso de direito constitucional positivo*, 1997, p. 414: "A diferença entre direito adquirido e ato jurídico perfeito está em que aquele emana diretamente da lei em favor de um titular, enquanto o segundo é negócio fundado na lei".

[141] V. STF, RE 102.216/SP, Rel. Min. Moreira Alves, *DJ* 28.09.1984; e RE 140894-SP (1ª Turma, 10.05.95). RE 171.235-MA, rel. Min. Ilmar Galvão, 21.05.1996.

Cap. 6 – DIREITOS FUNDAMENTAIS E ORDEM SOCIAL **245**

porém, é que os conceitos de ato jurídico perfeito e de coisa julgada são mais simples e precisos que o de direito adquirido, de modo que a referência a eles, ainda que o objetivo indireto seja a proteção do direito adquirido por eles gerado, simplifica a discussão[142].

Na definição legal transcrita, ato jurídico perfeito é *o já consumado segundo a lei vigente ao tempo em que se efetuou*. Trata-se do negócio jurídico, ou do ato jurídico propriamente dito, como as declarações unilaterais de vontade[143]. Os contratos, como já referido, constituem o exemplo mais citado de ato jurídico perfeito. Quanto ao direito adquirido, a posição majoritária, inspirada pela opinião de Gabba, visualiza duas características centrais: (i) ter sido consequência de um fato idôneo para a sua produção; e (ii) ter-se incorporado definitivamente ao patrimônio do titular[144].

Assim, tendo o ocorrido o fato necessário à aquisição de um direito (ou o conjunto de fatos) integralmente sob a vigência de determinada lei, mesmo que seus efeitos ou sua fruição somente se produzam em um momento futuro, eles deverão ser respeitados por eventual lei nova[145]. Na verdade, o direito adquirido pode ser mais bem compreendido se confrontado com outras categorias que lhe são próximas, a saber: a faculdade jurídica, a expectativa de direito e o direito consumado. Considerando a sucessão de normas no tempo e as diferentes posições jurídicas que um indivíduo pode ter em face delas e de suas previsões, é possível ordenar estes conceitos em sequência cronológica: em primeiro lugar, faculdade jurídica, depois a expectativa do direito, o direito adquirido e, por fim, o direito consumado.

A *faculdade jurídica* descreve a situação em que existe uma norma, mas o indivíduo não tem qualquer relação específica com ela. Imagine-se, por exemplo, o conjunto de regras, constitucionais inclusive, que tratam do regime geral da previdência social e, particularmente, da aquisição do direito à aposentadoria. De forma simplificada, essas regras exigem, para a aquisição do direito, 35 anos de contribuição, se homem, e 30, se mulher, e idade mínima de 65 anos para homens e 62 anos para mulheres (CF, art. 201, § 7º). Pois bem. Essas regras existem, mas determinado indivíduo não é filiado ao sistema: sua relação com ele é de mera faculdade jurídica. Ele pode vir a filiar-se, se desejar, mas não o fez, de modo que não terá qualquer pretensão jurídica contra eventual alteração dessas normas.

A *expectativa de direito* identifica a situação em que o fato aquisitivo do direito ainda não se completou quando sobrevém uma nova norma alterando o tratamento jurídico da matéria. Prosseguindo no mesmo exemplo, é o caso dos indivíduos que já ingressaram no sistema, mas têm, por exemplo, apenas dez anos de contribuição. Neste caso, não se produz o efeito previsto na norma, pois seu fato gerador não se aperfeiçoou. Entende-se, sem maior discrepância, que a proteção constitucional não alcança esta hipótese, embora outros princípios, no desenvolvimento doutrinário mais recente (como o da boa-fé e da confiança), venham oferecendo algum tipo de proteção também ao titular da expectativa de direito[146].

Na sequência dos eventos, *direito adquirido* traduz a situação em que o fato aquisitivo aconteceu por inteiro, mas por qualquer razão ainda não se operaram os efeitos dele resultantes. No exemplo, o tempo necessário de contribuição foi atingido, assim como a idade mínima, mas a aposentadoria ainda não foi deferida ou implantada pelos órgãos administrativos. Nessa

---

[142] Clóvis Beviláqua. *Teoria geral do direito civil*, 1976, p. 26-27; e José Carlos Moreira Alves. Direito adquirido. *Fórum Administrativo*, n. 15, p. 582-583.

[143] Pontes de Miranda. *Comentários à Constituição de 1967 com a Emenda nº 1 de 1969*, t. V, 1971, p. 102.

[144] V. Gabba. *Teoria della retroattività delle leggi*, 1868, p. 191.

[145] Reynaldo Porchat. *Da retroactividade das leis civis*, 1909, p. 32.

[146] Almiro do Couto e Silva. Princípios da legalidade da Administração Pública e da segurança jurídica no Estado de direito contemporâneo. *Revista de Direito Público*, vol. 84, out./dez. 1987.

hipótese, a Constituição assegura a regular produção de seus efeitos, tal como previsto na norma que regeu sua formação, nada obstante a existência da lei nova.

Por fim, o *direito consumado* descreve a última das situações possíveis – quando não se vislumbra mais qualquer conflito de leis no tempo – que é aquela na qual tanto o fato aquisitivo quanto os efeitos já se produziram normalmente. Isto é: a aposentadoria já foi implantada, e a pessoa está recebendo o benefício. Nesta hipótese, não é possível cogitar de retroação alguma[147].

Antes de concluir, é preciso fazer uma última observação acerca do que se convencionou denominar *regime jurídico* ou *regime legal* e que, a rigor, constitui uma exceção ao que se expôs até aqui[148]. O chamado *regime jurídico* designa um espaço no qual, segundo a doutrina e, em especial, a jurisprudência, não há direito adquirido. Alguns exemplos citados com frequência para exemplificar essa figura são as relações que existem entre o servidor e o ente público que o remunera[149] e entre os indivíduos em geral e o padrão monetário existente no País[150]. Daí a afirmação, sempre repetida, de que, *e.g.*, não há direito adquirido do servidor ao regime jurídico existente quando de sua entrada no serviço público, estando a lei nova autorizada a modificar esse regime mesmo em relação àquelas pessoas que já eram, antes de sua entrada em vigor, servidores.

A construção da ideia de *regime jurídico* representa, na verdade, uma tentativa de delimitar – fora das hipóteses em que se cuide de ato jurídico perfeito e de coisa julgada – as situações que geram direito adquirido e as que não geram. A definição do que é e do que não é *regime jurídico* tem sido resolvida casuisticamente pela jurisprudência, e até o momento não se produziram parâmetros claros, capazes de definir esses espaços. Na verdade, dois elementos têm sido empregados comumente para identificar o que seria o *regime jurídico*, um positivo e outro negativo. Em primeiro lugar, diz-se, há regime jurídico quando a relação decorre da lei e não de um acordo de vontade das partes. O segundo elemento é assim formulado: há regime jurídico quando não se trate de uma relação contratual[151].

Ao lado do aspecto predominantemente formal da segurança jurídica que se acaba de expor, que se desenvolve, sobretudo, sob a perspectiva das normas em abstrato e de suas pretensões retroativas, a segurança jurídica ostenta também uma dimensão material, que é a possibilidade que as pessoas devem ter de prever razoavelmente as obrigações decorrentes do sistema normativo[152]. Com efeito, pouco adiantaria afirmar a necessidade de edição de lei e impedir a sua retroatividade se os indivíduos afetados não pudessem identificar, com segurança e clareza, a conduta que lhes é exigida a partir dos textos legislados.

Nesse sentido, as garantias inerentes ao princípio da segurança jurídica não se destinam a proteger os indivíduos apenas contra os enunciados normativos em abstrato, mas também contra a aplicação desses textos, já que são os aplicadores – Administração e Judiciário, sobretudo – que vão definir o sentido e o alcance da lei. Assim, a segurança jurídica é um limite à atuação do Poder Público como um todo: Legislativo, Executivo e Judiciário.

---

[147] Reynaldo Porchat. *Da retroactividade das leis civis*, 1909, p. 32.

[148] José Carlos Moreira Alves. Direito adquirido. *Fórum Administrativo*, n. 15, p. 584.

[149] STF, RE 178.802/RS, Rel. Min. Maurício Correa, *DJ* 19.04.1996.

[150] STF, RE 114982/RS, Rel. Min. Moreira Alves, *DJ* 01.03.1991.

[151] STF, RE 226.855/RS, Rel. Min. Moreira Alves, *DJ* 13.10.2000.

[152] Humberto Ávila. *Sistema constitucional tributário*, 2004, p. 145: "Segundo, o dever de determinação *(Bestimmtheitgebot)* exige uma certa medida de inteligibilidade, clareza, calculabilidade e controlabilidade para os destinatários da lei. A diretriz decorrente dessas prescrições pode ser definida com *aspecto material da segurança jurídica*, que mantém contato com o conteúdo da lei. Ele é também denominado legalidade em sentido material. Nessa perspectiva, a segurança jurídica diz respeito à possibilidade de calcular previamente *algo*".

Se a cada momento a Administração e o Judiciário pudessem modificar o seu entendimento sobre a legislação em vigor e atribuíssem às novas decisões efeitos retroativos, instalar-se-ia a absoluta insegurança jurídica. Nada do que ocorreu no passado poderia ser jamais considerado definitivo pelos particulares, já que, a qualquer momento, a questão poderia ser revista. É evidente que uma construção nesse sentido seria totalmente incompatível com a ordem constitucional brasileira.

O tema tem sido particularmente discutido no âmbito tributário. Parece certo que uma previsibilidade mínima nas relações jurídicas exige que o particular, quando pratica determinado ato, tenha ou possa ter ciência de suas repercussões tributárias[153]. Se entendimentos administrativos e decisões judiciais podem modificar essa repercussão, a regra da irretroatividade tributária aplica-se igualmente a tais fenômenos, e não apenas à inovação legislativa[154]. A legislação, na realidade, já reflete essa evidência. O art. 146 do CTN dispõe que eventual mudança de interpretação, fruto de decisão administrativa ou judicial, equivale à edição de lei nova e apenas poderá ser aplicada aos fatos ocorridos em momento posterior à introdução do novo entendimento, ou seja, da nova norma[155]. Embora o dispositivo trate de forma específica do lançamento, seu fundamento pode ser generalizado de forma consistente.

É certo que tanto a Administração como o Judiciário podem eventualmente modificar sua posição acerca de determinada questão, seja para se adaptar a novos fatos, seja simplesmente para rever sua interpretação anterior. As exigências da segurança jurídica, evidentemente, não têm o condão de cristalizar a jurisprudência e impedir o avanço social também no âmbito da prestação jurisdicional[156]. Essa modificação, porém, estabelecerá um novo paradigma a partir do qual as expectativas dos jurisdicionados serão construídas. Ou seja, o órgão que aplica o direito sempre poderá modificar o seu entendimento acerca de determinada matéria, mas o princípio da segurança jurídica continua a incidir: o novo entendimento não deverá afetar os casos anteriores e, de todo modo, a partir desse momento, os casos novos equivalentes deverão receber a mesma solução.

Nesse ponto, a garantia da segurança jurídica se conecta diretamente, também, com outros parâmetros que devem pautar as relações do Poder Público – por qualquer de suas estruturas – com os cidadãos, particularmente no âmbito de um Estado Democrático de Direito, no qual as pessoas e seus direitos são o centro do sistema. Trata-se dos parâmetros da confiança legítima e da boa-fé.

Confiança legítima significa que o Poder Público não deve frustrar, deliberadamente, a justa e razoável expectativa que tenha criado no administrado ou no jurisdicionado. Ela envolve, portanto, coerência nas decisões, razoabilidade nas mudanças e a não imposição retroativa de ônus imprevistos. A boa-fé traduz-se em uma atitude de lealdade e transparência, sem a intenção de lesar, locupletar-se ou obter vantagem indevida ou irrazoável. É a versão jurídica do mandamento ético de respeito ao próximo, do qual se extrai o dever de tratar o outro com a mesma medida com que gostaria de ser tratado.

---

[153] Misabel Abreu Machado Derzi. Comentário ao art. 146 do CTN. In: Carlos Valder do Nascimento (org.), *Comentários ao Código Tributário Nacional*. 1998, p. 387-388.

[154] Ricardo Lobo Torres. *Normas de interpretação e integração do direito tributário*, 2000, p. 75.

[155] CTN, art. 146: "A modificação introduzida, de ofício ou em consequência de decisão administrativa ou judicial, nos critérios jurídicos adotados pela autoridade administrativa no exercício do lançamento somente pode ser efetivada, em relação a um mesmo sujeito passivo, quanto a fato gerador ocorrido posteriormente à sua introdução".

[156] V. sobre a interpretação evolutiva, Luís Roberto Barroso. *Interpretação e aplicação da Constituição*, 2003, p. 137 e ss.

A obrigação dos órgãos do Poder Público de não vulnerar a confiança legítima e de agir com boa-fé é inerente ao Estado Democrático de Direito. Sob um regime constitucional, Estado e sociedade não podem ser vistos como antagonistas ou como polos opostos de uma relação conflituosa. Ao contrário, ambos devem conviver em unidade e harmonia, compartilhando valores, princípios e objetivos comuns. Nesse ambiente, a relação entre o Estado e o particular não opõe duas partes privadas, cada qual defendendo seu interesse, embora também entre partes privadas haja o dever recíproco de boa-fé. Na verdade, o Poder Público deriva sua autoridade do conjunto de administrados, agindo em nome e por conta da totalidade da população, não se concebendo que possa agir deslealmente em relação a seus próprios constituintes.

A proteção da confiança ou das expectativas legítimas, assim como a boa-fé, são princípios que se dirigem, primariamente, à Administração Pública[157] e ao Poder Judiciário[158]. Compete a tais órgãos aplicar o direito aos casos concretos e, nesse ofício, devem atuar com certa constância e previsibilidade, já que lhes cabe preservar a ordem jurídica existente e assegurar a isonomia perante a lei.

Nem mesmo o legislador poderá ser totalmente indiferente a tais princípios constitucionais. Embora lhe caiba justamente inovar na ordem jurídica, modificando o direito aplicável, em determinadas circunstâncias, quando seja possível caracterizar a legítima expectativa do cidadão diante, *e.g.*, da longa permanência no tempo de determinada disciplina jurídica, a proteção da confiança poderá gerar o direito dos particulares a um regime de transição razoável[159]. Nesse sentido, a jurisprudência tem entendido que os benefícios fiscais, se concedidos como incentivo à execução de determinado projeto específico, não podem ser interrompidos na pendência do desenvolvimento do projeto, em homenagem à boa-fé do particular[160].

A doutrina tem construído alguns parâmetros a fim de conferir maior densidade jurídica[161] à noção de expectativa legítima, que merece proteção jurídica. Três deles merecem especial registro. *Em primeiro lugar*, será juridicamente legítima, e merecerá proteção, a expectativa que decorra de um comportamento objetivo do Poder Público, isto é, que não seja apenas uma esperança inconsequente, sem vínculo com elementos reais e objetivos da atuação estatal. Um discurso do Chefe do Executivo não gera, por si só, uma expectativa legítima, mas um decreto poderá justificá-la.

Em segundo lugar, a expectativa será digna de proteção se a conduta estatal que a gerou perdurar razoavelmente no tempo, de modo a ser descrita como consistente e transmitir a ideia de certa estabilidade, levando o particular a praticar atos fiados na conduta estatal. Por

---

[157] Nesse sentido, v. Maria Sylvia Zanella Di Pietro. *Direito administrativo,* 2000, p. 85.

[158] STJ, *DJU* 27.03.2000, REsp 227940/AL, Rel. Min. Jorge Scartezzini: "O Poder Judiciário deve ao jurisdicionado, em casos idênticos, uma resposta firme, certa e homogênea. Atinge-se, com isso, valores tutelados na ordem político-constitucional e jurídico material, com a correta prestação jurisdicional, como meio de certeza e segurança para a sociedade. Afasta-se, em consequência, o rigor processual técnico, no qual se estaria negando a aplicação do direito material, para alcançar-se a adequada finalidade da prestação jurisdicional, que é a segurança de um resultado uniforme para situações idênticas".

[159] V. Luís Roberto Barroso. Constitucionalidade e legitimidade da reforma da previdência (Ascensão e queda de um regime de erros e privilégios). In: *Temas de direito constitucional,* t. III, 2005: "Nada obstante, é possível sustentar, nessa matéria, uma posição de vanguarda, harmonizada com a democratização do Estado e da Administração Pública, no sentido de que o Poder Público, em nome da própria segurança jurídica e, também, do princípio da boa-fé, não seja indiferente às expectativas de direito nem as frustre inteiramente. Como natural, expectativa não se confunde com direito adquirido, não podendo postular o mesmo grau de proteção. Com base nela, no entanto, é possível cogitar do direito a uma transição razoável, notadamente no caso de servidores que ingressaram de longa data no sistema".

[160] STJ, *RDA 190*:89, REsp 1073/SP, Rel. Min. Demócrito Reinaldo.

[161] Humberto Ávila. *Sistema constitucional tributário,* 2004, p. 474-475 e, do mesmo autor, Benefícios fiscais inválidos e a legítima expectativa dos contribuintes, *Revista Tributária e de Finanças Públicas* 42:101, 2002.

fim, *em terceiro lugar,* será relevante saber, para a avaliação da legitimidade da expectativa, se o particular podia ou não, razoavelmente, prever o risco de futura modificação do ato do Poder Público. É natural e esperado que uma decisão liminar proferida por juiz de primeiro grau ou mesmo uma sentença sejam posteriormente modificadas, o mesmo não se passando com decisões transitadas em julgado, por exemplo.

Nesse contexto vale o registro de que a Lei nº 13.655/2018, que alterou a Lei de Introdução às Normas do Direito Brasileiro, trouxe previsões expressas consagrando algumas das noções que se acaba de resumir. Assim, nos termos do novo art. 23, "interpretação ou orientação nova sobre norma de conteúdo indeterminado, impondo novo dever ou novo condicionamento de direito, deverá prever regime de transição quando indispensável para que o novo dever ou condicionamento de direito seja cumprido de modo proporcional, equânime e eficiente e sem prejuízo aos interesses gerais". O novo art. 24, incluído pela Lei nº 13.655/2018, prevê, por seu turno, que a mudança da "orientação geral" da Administração Pública ou da jurisprudência não poderá gerar a revisão dos atos e ajustes perfeitamente praticados e completados sob a vigência da "orientação geral" anterior.

No capítulo sobre controle de constitucionalidade, discute-se o tema da modulação dos efeitos das decisões que reconhecem a inconstitucionalidade de leis, por força do qual se admite que tais decisões não tenham efeitos retroativos, justamente, entre outras razões, por conta do respeito à segurança jurídica. Na verdade, de forma mais ampla, o STF tem entendido que, por razões de segurança jurídica, o poder de autotutela da Administração – isto é: o poder de anular seus próprios atos que considere ilegais – sofrerá a limitação do prazo de dez anos, no caso de não haver norma específica dispondo prazo diverso[162]. Apenas o tempo dirá como o STF irá compreender os novos comandos da Lei nº 13.655/2018 e a incidência deles sobre sua atividade.

6.3.20 Direito à nacionalidade

Os direitos de nacionalidade – originária ou derivada –, de que cuida o art. 12, são considerados direitos individuais e, ao mesmo tempo, garantias dos demais direitos e liberdades no âmbito do Estado brasileiro. A nacionalidade é o vínculo jurídico que liga um indivíduo a determinado Estado, gerando para ele direitos e deveres em face desse Estado.

O Estado tem deveres para com seus nacionais, que, no caso do Brasil, incluem a impossibilidade de penas de banimento (art. 5º, XLVII, *d*) e, para os brasileiros natos, a proibição de extradição (art. 5º, LI). Como regra, o nacional tem sempre o direito de permanecer no território do seu país, o que, a rigor, não é uma garantia assegurada de forma absoluta aos estrangeiros, mesmo àqueles que estejam em situação regular no país. A Lei nº 13.445/2017 estabelece, no plano interno e infraconstitucional, os direitos assegurados aos estrangeiros no país.

Embora os direitos humanos sejam reconhecidos a toda e qualquer pessoa, independentemente de sua nacionalidade, o nacional pode reivindicar a tutela do Estado ao qual está vinculado para sua proteção. Daí por que a situação do apátrida – isto é: o indivíduo sem nacionalidade – é sempre delicada e instável do ponto de vista de seus direitos.

Por isso mesmo, a nacionalidade é considerada um direito humano, e a Convenção sobre o Estatuto dos Apátridas (Decreto Legislativo nº 38/1995 e Decreto nº 4.246/2002) tenta assegurar direitos mínimos a esses indivíduos que, por força de uma combinação infeliz dos critérios de nacionalidade previstos pelos países onde nasceram e dos quais seus pais são originários, acabaram não recebendo a incidência de qualquer norma que lhes garanta uma nacionalidade.

---

[162] No âmbito federal, a Lei nº 9.784/1999 prevê o prazo de cinco anos (art. 54). O STF considerou o prazo de 10 anos como máximo (na ausência de lei): v. STF, *DJU* 05.11.2004, MS 22357-0/DF, Rel. Min. Gilmar Mendes; e STF, *DJU* 17.09.2004, MS 24268/MG, Rel. Min. Ellen Gracie, Rel. para acórdão Min. Gilmar Mendes.

O art. 12 da Constituição de 1988 prevê os critérios adotados para atribuição da nacionalidade brasileira e, em boa medida, é possível dizer que eles se estruturam para evitar a apatridia daqueles indivíduos que tenham vínculos com o Brasil.

A regra geral de atribuição de nacionalidade no Brasil é a do *ius solis* (art. 12, I, *a*), isto é, serão nacionais aqueles nascidos no Brasil (salvo se os pais da pessoa forem estrangeiros e estiverem no Brasil a serviço de seu país de origem). Nada obstante, a Constituição prevê vários outros critérios que utilizam o parâmetro do *ius sanguinis*, isto é, a vinculação a pais brasileiros, independentemente do lugar do nascimento.

O art. 12, I, *b,* atribui nacionalidade brasileira ao nascido no estrangeiro de pai ou mãe brasileira, uma vez que qualquer deles (o pai ou a mãe) estejam a serviço do Brasil no exterior. Trata-se daqui da aplicação do critério *ius sanguinis* e não *ius solis*.

E o mesmo acontece com o art. 12, I, *c*. Na sua redação atual, ele confere nacionalidade brasileira ao nascido no exterior de pai ou mãe brasileira desde que sejam registrados em repartição brasileira competente (*e.g.* consulados brasileiros no exterior) ou venham a residir no Brasil e optem, em qualquer tempo, após atingida a maioridade, pela nacionalidade brasileira. A alínea *c* confere duas possibilidades na prática para o reconhecimento da nacionalidade brasileira: aos pais (ou a um deles), que poderão providenciar o registro do menor na repartição brasileira no exterior, ou da própria pessoa, já maior de idade, que poderá decidir residir no Brasil e optar pela nacionalidade brasileira. Em qualquer caso, trata-se de nacionalidade originária de modo que o ato que a reconhece é declaratório, produzindo efeitos desde o nascimento do indivíduo. Isto é: ainda que a opção aconteça após a maioridade, a pessoa será considerada brasileira nata desde que nasceu.

A Constituição regula também a aquisição derivada da nacionalidade brasileira – a naturalização – no art. 12, II, criando uma facilidade especial para os indivíduos originários de países de língua portuguesa. O tema é detalhado na Lei nº 13.445/2017, suprarreferida. Diferentemente da nacionalidade originária, a naturalização é um ato de natureza constitutivo: antes de ser naturalizado, o indivíduo era estrangeiro (ou apátrida) e apenas após a naturalização é que ele se tornará brasileiro.

A regra geral de acordo com a Constituição de 1988 é de igualdade jurídica entre brasileiros natos e naturalizados (art. 12, § 2º), salvo as exceções previstas pela própria Constituição. Algumas dessas exceções envolvem o acesso a determinados cargos públicos, os quais se consideram privativos de brasileiros natos (art. 12, § 3º). Uma outra distinção envolve o regime aplicável no caso de extradição solicitada por Estado estrangeiro. Nos termos do art. 5º, LI, o brasileiro nato não poderá ser extraditado[163], como referido acima, ao passo que essa possibilidade existe no caso do naturalizado relativamente a crimes ocorridos antes da naturalização ou envolvimento com tráfico de drogas.

A Constituição prevê ainda (art. 12, § 4º) as hipóteses de perda da nacionalidade brasileira derivada (naturalização) e originária: o tema recebeu ampla alteração pela Emenda Constitucional nº 131/2023.

Nos termos da nova redação do inc. I do § 4º, a nacionalidade derivada poderá ser perdida por força de decisão judicial transitada em julgado – garantido o devido processo legal, naturalmente – que apure (i) fraude relacionada ao processo de naturalização ou (ii) atentado contra a ordem constitucional e o Estado Democrático. Quanto a (ii), a alteração da Constituição acompanha a mudança legislativa, já que Lei nº 14.197/2021 revogou a antiga Lei de

---

[163] Existe uma discussão ainda em aberto sobre a possibilidade de extradição de nacionais prevista pelo Tribunal Penal Internacional. Isso porque a Constituição, art. 5º, § 4º, prevê que "O Brasil se submete à jurisdição de Tribunal Penal Internacional a cuja criação tenha manifestado adesão".

Segurança Nacional e criou um título no Código Penal para tratar dos crimes contra o Estado Democrático de Direito.

O inc. II do § 4º, por seu turno, passou a prever que será declarada a perda de nacionalidade do brasileiro (nato ou naturalizado) que "fizer pedido expresso de perda da nacionalidade brasileira perante autoridade brasileira competente, ressalvadas situações que acarretem apatridia". A compreensão desta alteração implementada pelo constituinte derivado exige um breve registro histórico.

A redação anterior do inc. II sugeria que a perda da nacionalidade ocorreria apenas no caso de um ato livre e voluntário de opção por uma outra nacionalidade. A Constituição explicitava que não haveria perda de nacionalidade no caso de reconhecimento de outra nacionalidade originária – até porque ela decorre de condições existentes no nascimento do indivíduo, e não de um ato voluntário. E embora previsse a perda da nacionalidade brasileira pela aquisição de outra (isto é: pela naturalização), excepcionava-se a aquisição de uma nacionalidade derivada pelo brasileiro residente em outro país quando ela fosse necessária para a permanência no território ou para o exercício de direitos civis naquele país.

A verdade, porém, é que decidir se determinada naturalização era ou não necessária para a permanência do brasileiro no território estrangeiro ou para o exercício de seus direitos civis no outro país envolve interpretação. O tema foi alvo de disputa perante o STF em casos nos quais a extradição de brasileiros que haviam se naturalizado foi requerida por Estado estrangeiro. O argumento do Estado estrangeiro era o de que não haveria óbice para a extradição uma vez que a naturalização do indivíduo não teria sido necessária para a permanência no território ou exercício de direitos civis e, portanto, teria produzido a perda da nacionalidade brasileira. O STF apreciou pedidos de extradição com esses contornos em mais de uma ocasião entendendo ter havido a perda da nacionalidade brasileira, como argumentado pelo Estado estrangeiro, e decidindo ser possível a extradição.

A EC nº 131/2023 representa uma reação do Congresso Nacional ao entendimento do STF em um exemplo de diálogo entre as instituições: Judiciário e Legislativo. A nova redação do dispositivo teve o claro objetivo de impedir que a naturalização pudesse ser interpretada como causa de perda da nacionalidade brasileira. Nos termos da EC nº 131/2023, a perda da nacionalidade só terá lugar se o próprio indivíduo formular pedido expresso nesse sentido – renúncia da nacionalidade – perante a autoridade brasileira. Ainda assim, a perda da nacionalidade não acontecerá se dela resultar apatridia do indivíduo e o novo § 5º do art. 14 prevê ainda que a renúncia da nacionalidade, nos termos do inc. II do § 4º deste artigo, não impedirá o interessado de readquirir sua nacionalidade brasileira originária, nos termos do que dispuser a legislação.

Antes de concluir este tópico, vale fazer um breve registro sobre o tratamento que a Constituição confere aos estrangeiros, isto é, àqueles que não estão juridicamente vinculados ao Brasil, mas que por alguma razão encontram-se sob a incidência das normas brasileiras, em geral por se encontrarem no território nacional.

O art. 5º, *caput*, prevê que os direitos ali previstos se aplicam, como regra geral, a brasileiros e a estrangeiros residentes no país. Na maior parte dos casos, porém, a jurisprudência não exige a residência para reconhecer aos estrangeiros em geral a titularidade de tais direitos. Na realidade, o inciso LII do art. 5º destina-se a proteger estrangeiros de forma específica (residentes ou não), ao vedar a extradição de estrangeiro por crime político ou de opinião.

Mais que isso, no contexto da extradição, e mesmo quando ela seja possível, o STF exige que o Estado estrangeiro se comprometa a não aplicar ao estrangeiro penas vedadas pelo direito brasileiro, o que inclui a limitação temporal da pena privativa de liberdade. O Código Penal previa que essa limitação era de 30 anos, mas a Lei nº 13.964/2019, o chamado Pacote Anticrime, ampliou o tempo máximo da pena de prisão para 40 anos. Ao discutir o assunto em sede de extradição (Ext 1652), a 1ª Turma do STF entendeu que o prazo de 40 anos deve aplicar-se apenas a fatos ocorridos após a edição da Lei nº 13.964/2019, na medida em que a garantia da não retroação de lei penal mais gravosa aplica-se também a estrangeiros.

Compete à União (art. 22, XV) legislar sobre "emigração e imigração, entrada, extradição e expulsão de estrangeiros". A legislação vigente sobre o tema é a Lei nº 13.445/2017, chamada Lei de Migração. Um ponto que tem ensejado alguma discussão judicial envolve a possibilidade ou não de expulsão de estrangeiro que tenha filho brasileiro sob sua dependência econômica. A expulsão é medida administrativa de retirada do estrangeiro do território em geral por conta de condenação penal por ele sofrida.

A legislação anterior – Lei nº 6.815/1980 – previa que a expulsão seria possível se o nascimento/reconhecimento do filho fosse posterior ao fato motivador da expulsão (art. 75, parágrafo único). O STF iniciou discussão, no âmbito do RE nº 608.898-RG/SP, acerca da não recepção do dispositivo pela Constituição de 1988, tendo em vista a prioridade conferida pelo constituinte à proteção da família e da criança. Embora já haja maioria formada no sentido da não recepção, o julgamento ainda não foi concluído. Foi com esse fundamento, porém, entendendo que o dispositivo se tornou inválido a partir de 5.10.1988, que o Min. Celso de Mello, por exemplo, concedeu *habeas corpus* em favor de estrangeiro para invalidar portaria do Ministério da Justiça que determinava sua expulsão com fundamento no art. 75, parágrafo único, da Lei nº 6.815/1980 (HC nº 114.901).

De qualquer sorte, o dispositivo encontra-se hoje revogado pela Lei nº 13.445/2017, que eliminou qualquer exigência temporal no particular, impedindo a expulsão na hipótese de o expulsando ter filho brasileiro sob sua dependência econômica ou socioafetiva (art. 55).

Acesse o QR Code e assista ao vídeo.
> https://uqr.to/1vvy1

6.3.21 Direito à informação e direito de petição

Como já referido, a Constituição assegura direitos que são direitos em si mesmos e garantias de outros direitos, isto é, seu objetivo é, tanto quanto possível, assegurar o respeito aos direitos e liberdades em geral.

Além do direito à nacionalidade discutido acima, essa característica está presente igualmente no direito à informação e no direito de petição (art. 5º, XXXIII e XXXIV) e no direito de acesso ao Judiciário (art. 5º, XXXV), com seus diversos corolários e instituições associadas, bem como as várias ações específicas, comumente chamadas de remédios constitucionais, a saber: *habeas corpus* (art. 5º, LXVIII), mandado de segurança (art. 5º, LXIX e LXX), mandado de injunção (art. 5º, LXXI), *habeas data* (art. 5º, LXXII), ação popular (art. 5º, LXXIII). Os chamados remédios constitucionais visam a fornecer uma solução rápida e específica para a ameaça ou a efetiva lesão a determinados direitos, ao lado da garantia geral do direito de ação. Como se viu anteriormente, apesar de suas limitações, a jurisdição continua a ser um mecanismo importante para a garantia dos direitos. Examine-se então agora o direito de informação e de petição garantidos pela Constituição.

O direito de petição aos Poderes Públicos em defesa de direitos ou contra ilegalidade ou abuso de poder, de que trata o art. 5º, XXXIV, passou a ser menos relevante ao longo do tempo com a expansão do acesso ao Judiciário, de que se tratará a seguir. De toda sorte, é certo que as pessoas continuam a ter essa possibilidade a que, naturalmente, corresponde o dever do

Poder Público de responder à petição encaminhada apresentando a justificativa para o ato questionado pelo particular.

Sobre o direito de petição e o acesso ao Judiciário, o entendimento consolidado do STF é no sentido de que não há necessidade de exaurir-se eventuais instâncias administrativas para então o interessado ir ao Judiciário. Entretanto, a Corte entendeu que, no caso de discussões judiciais acerca de benefícios previdenciários, só haverá interesse de agir se a parte houver formulado previamente o requerimento próprio ao INSS e ele tiver sido negado ou não respondido no prazo legal, ou ainda se for notório o entendimento contrário do INSS acerca da pretensão do particular (RE nº 631.240 – Tema nº 350).

Em segundo lugar, a Constituição de 1988 consagrou de forma expressa o direito de acesso à informação (art. 5º, XIV e XXXIII), ao lado dos correspondentes deveres de publicidade e de prestação de contas, impostos aos agentes públicos em geral (arts. 37, *caput*, § 3º, II e § 8º, II; 49, IX; 84, XI e XXIV; e 74, I e II). O ponto é fundamental para a democracia e para o controle da ação estatal, daí sua centralidade para a garantia dos direitos como um todo. Nesse sentido, e nos termos da Constituição, a publicidade será sempre a regra, e o sigilo dos atos do Poder Público apenas é admitido para preservação da intimidade e quando seja necessário à segurança da sociedade e do Estado[164].

O direito de acesso à informação desdobra-se em duas direções. Em primeiro lugar, cada indivíduo tem o direito de ter acesso a informações acerca de si próprio, mas que estejam sob poder do Estado. Esse primeiro aspecto do tema se vincula a interesses como a privacidade, o poder do indivíduo de controlar suas informações pessoais e, eventualmente, a proteção contra discriminações[165]. A figura do *habeas data*, sobre a qual se tratará mais adiante, foi criada pela Constituição de 1988 tendo em vista essa preocupação.

A Constituição assegura ainda, nesse contexto, a obtenção, sem custo, de certidões de repartições públicas para defesa de direitos e esclarecimento de situações de interesse pessoal (art. 5º, XXXIV, *b*). O tema foi examinado pelo STF na ADI 2259, na qual se examinava norma legal que previa o pagamento de custas para a expedição de certidões pela Justiça Federal. A Corte entendeu, em primeiro lugar, que o direito a certidões gratuitas abrange qualquer repartição pública, incluindo aquelas expedidas pelo Judiciário. Por outro lado, esclareceu que o direito não abarca toda e qualquer certidão, mas apenas aquelas necessárias à defesa de direitos do interessado ou para esclarecimento de situações de seu interesse pessoal.

Em segundo lugar, o acesso à informação diz respeito ao direito de todos, e de cada um, de ter acesso em caráter permanente a informações sobre os atos públicos de interesse geral. O art. 5º, XXXIII, identifica como objeto desse aspecto do direito "informação de interesse coletivo ou geral". O art. 37, § 3º, II, de forma mais específica, menciona o direito de ter acesso a registros administrativos e a informações sobre atos de governo. Ou seja: cada pessoa pode solicitar acesso não apenas àquilo que diga respeito a seus interesses em particular, mas também a tudo que caracterize "informação de interesse coletivo ou geral".

A Lei nº 12.527/2011 (Lei de Acesso à Informação) regulamentou de forma específica o direito à informação. Entre suas previsões está o dever do Poder Público – de todos os níveis

---

[164] Constituição de 1988, arts. 5º, XXXIII e LX; 37, *caput*, §§ 1º e § 3º, II; e 93. IX.

[165] A Corte Europeia de Direitos Humanos já reconheceu esse direito, embora considere que uma ponderação será necessária em cada caso, tendo em conta o legítimo interesse estatal, *e.g.*, na segurança nacional (v. CEDH: Leander v. Suécia (1987), Gaskin v. Reino Unido (1989), Guerra v. Itália (1998), Odiévre v. França (2003), e Segertedt-Wibergand e outros v. Suécia (2006)). A Constituição brasileira de 1988 previu expressamente o direito de o indivíduo obter dos órgãos públicos informações de seu interesse individual, embora também tenha ressalvado que a segurança da sociedade e do Estado podem limitar esse direito (art. 5º, XXXIII e LXXII).

federativos e de todos os Poderes – de prestar informação de forma ativa, e não apenas em resposta a solicitações. Além disso, a lei estabelece como diretriz geral na matéria, a ser adotada pelos entes públicos, a "utilização de meios de comunicação viabilizados pela tecnologia da informação". Ou seja, cabe ao Poder Público alimentar seus sites de forma permanente com as informações acerca de sua atuação, e não aguardar a solicitação dos particulares. De qualquer modo, a Lei de Acesso à Informação prevê que qualquer interessado pode solicitar pedido de acesso à informação – para informações que não estejam disponíveis – e que deverá ser respondido em no máximo 20 dias (art. 10).

Vale o registro de que a Emenda Constitucional nº 109/2021 previu de forma expressa (art. 37, § 16) que a Administração Pública deve "realizar avaliação das políticas públicas, inclusive com divulgação do objeto a ser avaliado e dos resultados alcançados, na forma da lei". Ou seja: um dos dados a ser apurado pela Administração e divulgado ativamente diz respeito à avaliação das políticas públicas e aos resultados por elas alcançados ao longo do tempo.

6.3.22 Direito de acesso ao Judiciário e aos remédios constitucionais

Um direito absolutamente central no Estado de Direito é o acesso ao Judiciário. Nesse sentido, o art. 5º, XXXV, prevê que a lei não excluirá da apreciação do Poder Judiciário lesão ou ameaça a direito, assegurando, portanto, um acesso preventivo – diante da ameaça – ou repressivo. Lei aqui, como em outras previsões constitucionais similares, significa, de forma ampla, qualquer espécie legislativa, incluindo emendas constitucionais e naturalmente atos infralegais.

Isso não significa que o Judiciário seja o único meio de resolução de conflitos e garantia de direitos. A própria Constituição estimula soluções negociadas. Por exemplo, no âmbito das relações trabalhistas, muitos conflitos são resolvidos por meio do contencioso administrativo, acerca do qual a Constituição trata expressamente, como já referido, e o STF já consolidou o entendimento de que o acordo entre as partes no sentido de submeterem suas disputas à arbitragem vincula validamente e não afeta a garantia de acesso ao Judiciário. Em qualquer caso, a possibilidade ao menos em tese de submeter eventual ameaça ou violação de direito ao Judiciário é uma garantia fundamental sem a qual todos os demais direitos e liberdades seriam respeitados apenas na medida da boa vontade de cada pessoa.

Como já se mencionou anteriormente, o STF tem entendimento consolidado no sentido de que não há necessidade de exaurimento das instâncias administrativas para que só então o particular possa ir ao Judiciário. Ou seja: o exaurimento do contencioso administrativo não é uma condição para o acesso ao Judiciário. Eventualmente se considera necessário que o particular tenha formulado previamente requerimento à Administração Pública acerca de sua pretensão, antes de ir ao Judiciário, mas isso não se confunde com o exaurimento de todas as instâncias administrativas.

Nesse sentido, por exemplo, a Lei nº 9.507/1997, que regula o *habeas data,* exige que a petição inicial do remédio constitucional seja acompanhada da comprovação da recusa ao acesso aos dados ou do decurso de mais de 10 dias sem resposta após a solicitação ao órgão próprio. Ou seja: cabe ao autor demonstrar seu interesse afinal (necessidade/utilidade) na tutela pretendida perante o Judiciário, sob pena de indeferimento da petição inicial, como já decidiu o STJ (HD nº 469).

Por outro lado, o próprio constituinte originário previu uma limitação ao acesso ao Judiciário no caso de disputas envolvendo disciplina e competições esportivas. Nos termos do art. 217, § 1º, o Poder Judiciário apenas admitirá ações sobre esses temas após esgotadas as instâncias da chamada justiça desportiva que, note-se, não é um órgão do Poder Judiciário estatal. As paixões próprias do esporte justificam a opção do constituinte.

Cap. 6 – DIREITOS FUNDAMENTAIS E ORDEM SOCIAL   255

A garantia de acesso à Justiça de que cuida o art. 5º, XXXV, não se esgota na possibilidade formal de ingresso em juízo. Todas as pessoas devem efetivamente ter acesso ao Judiciário[166], mas a verdade é que a questão não é assim tão simples. A Constituição se preocupou com esse ponto de forma específica, procurando criar mecanismos capazes de superar óbices que podem existir para o acesso à Justiça.

Um primeiro obstáculo do acesso à Justiça envolve o eventual custo que ajuizar uma demanda pode acarretar para o interessado. A fim de superar essa dificuldade, a Constituição consagrou a assistência jurídica gratuita para os necessitados (art. 5º, LXXIV), o que, nos termos constitucionais, impõe ao Estado a prestação de serviços de "assistência jurídica integral e gratuita aos que comprovarem insuficiência de recursos" e a gratuidade das ações de *habeas corpus* e *habeas data* (art. 5º, LXXVII). Ou seja: a pessoa que não seja capaz de custear as despesas processuais sem prejuízo de seu sustento e de sua família fará jus ao benefício.

A assistência jurídica integral consagrada pela Carta de 1988 não diz respeito apenas ao processo judicial, englobando outras necessidades jurídicas básicas instituídas pelo próprio Estado, como, *e.g.*, os emolumentos relativos aos atos praticados no âmbito dos Registros Gerais de Imóveis[167], que compõem, juntamente com o acesso à Justiça, o conteúdo mínimo dessa assistência jurídica integral[168].

Mas além dos custos com o processo em si, as pessoas podem não ter recursos para contratar um advogado. A fim de minimizar esse óbice, a Constituição institucionalizou a Defensoria Pública (arts. 134 e 135), cuja missão é "a orientação jurídica, a promoção dos direitos humanos e a defesa, em todos os graus, judicial e extrajudicial, dos direitos individuais e coletivos, de forma integral e gratuita, aos necessitados". Nos termos constitucionais, cada Estado-membro deve ter a sua Defensoria, além da Defensoria da União. Entre a previsão constitucional e a realidade, porém, há uma distância. Poucos Estados têm Defensoria Pública em todas as comarcas, e o número de defensores é, em geral, insuficiente para atender às demandas da população necessitada.

Na eventual ausência de defensores públicos, a representação jurídica dos necessitados pode ser parcialmente suprida pela nomeação de advogados dativos, nos termos da Lei nº 8.906/1994. A Constituição previu, ainda, a criação de Juizados Especiais Cíveis e Criminais que, em determinadas hipóteses previstas na legislação, dispensam a representação por advogado, além de terem o objetivo de tornar mais célere a resposta jurisdicional (art. 98).

Um segundo obstáculo para o acesso à Justiça é a falta de informação[169]. Para ajuizar uma ação, é preciso uma quantidade razoável de informação que, infelizmente, os setores mais excluídos e invisíveis da sociedade não detêm: é preciso saber, ou ao menos imaginar, que se tem um direito e que ele é exigível, é preciso saber que, no caso de necessidade, o pagamento das custas do processo será dispensado; é preciso saber que a Defensoria existe e onde ela se localiza.

É possível existir uma estrutura bem montada de assistência jurídica integral e gratuita, incluindo o patrocínio de advogados, mas que simplesmente não é utilizada pelos indivíduos em

---

[166]   Veja-se, sobre o tema, José Afonso da Silva. *Poder constituinte e poder popular*, 2000, p. 150 e ss.

[167]   De acordo com o art. 236 da Constituição de 1988, os serviços notariais e de registro são exercidos em caráter privado, por delegação do Poder Público.

[168]   José Carlos Barbosa Moreira. O Direito à assistência jurídica: evolução no ordenamento brasileiro de nosso tempo (janeiro de 1992). In: Sálvio de Figueiredo Teixeira (Coord.). *As garantias do cidadão na justiça*, 1993, p. 210 e ss.; Robson Flores Pinto. A garantia constitucional da assistência jurídica estatal aos hipossuficientes, *CDCCP* – RT 3: 101 e ss.; e Glauco Gumerato Ramos. Assistência jurídica integral ao necessitado, *Revista dos Tribunais* 765: 49 e ss.

[169]   Paulo Cezar Pinheiro Carneiro. *Acesso à justiça*: juizados especiais e ação civil pública, 1999, p. 57-58.

função do total desconhecimento, em primeiro lugar, de seus direitos materiais e, em segundo, da própria estrutura que lhe proporcionaria acesso à Justiça.

A solução constitucional (e, na sequência, legal) para esse problema foi a atribuição de legitimação extraordinária a determinadas instituições para o ajuizamento de ações coletivas na defesa de interesses difusos, coletivos e eventualmente individuais homogêneos, da sociedade como um todo ou de grupos específicos dentro dela. Entre outras atribuições, a Constituição conferiu também essa legitimação ao Ministério Público, que poderá, nos termos do art. 129, III, "promover o inquérito civil e a ação civil pública, para a proteção do patrimônio público e social, do meio ambiente e de outros interesses difusos e coletivos".

O art. 4º, VII, da Lei Complementar nº 80/1994, na redação que lhe deu a LC nº 132/2009, atribuiu também à Defensoria Pública legitimidade para "promover ação civil pública e todas as espécies de ações capazes de propiciar a adequada tutela dos direitos difusos, coletivos ou individuais homogêneos quando o resultado da demanda puder beneficiar grupo de pessoas hipossuficientes". A Associação Nacional dos Membros do Ministério Público – Conamp ajuizou ação direta de inconstitucionalidade contra o dispositivo, mas o STF julgou improcedente a ADI, considerando o dispositivo constitucional[170].

A Constituição atribuiu ainda aos sindicatos legitimidade para a "defesa dos direitos e interesses coletivos ou individuais da categoria, inclusive em questões judiciais ou administrativas" (art. 8º, III), e as associações em funcionamento há pelo menos um ano podem impetrar mandado de segurança coletivo em defesa de seus associados (art. 5º, LXX, *b*).

Interessantemente, dificuldades similares no acesso à Justiça podem afetar não apenas pessoas físicas, mas até entes da federação, como é o caso de boa parte dos Municípios, cujos recursos financeiros e humanos são extremamente limitados. Nesse sentido, a Lei nº 14.341/2022 criou a figura da "Associação de Representação de Municípios" para atuar na defesa de interesses gerais dos Municípios. A mesma lei alterou o CPC para admitir que a referida associação, quando autorizada, represente o Município em juízo para a defesa de assuntos de interesse comum dos Municípios associados.

Afora o mecanismo das formas de tutela coletiva, pelos quais é possível que terceiros, legitimados extraordinariamente, demandem em nome e em benefício de outras pessoas, não se vislumbra solução jurídica específica e imediata para a desinformação[171]. A médio e a longo prazo, a generalização de um ensino básico de qualidade por toda a população brasileira e a inclusão em seu conteúdo curricular de noções sobre o Judiciário e seu papel, o acesso à Justiça e os mecanismos postos à disposição do cidadão para o exercício de seus direitos podem ser capazes de proporcionar um nível geral ao menos razoável de informação cívica.

É importante distinguir o direito de ação do direito material que as partes disputam no âmbito de uma demanda específica. Ao ajuizar uma ação, o autor tem realizado seu direito de ação, ainda que venha a ser derrotado e não obtenha aquilo que pretendia. O direito de ação é, portanto, autônomo em relação a pretensão nele veiculada e não se confunde com ela.

Por fim, ao lado da garantia geral de acesso ao Judiciário, a Constituição prevê os chamados remédios constitucionais que são ações específicas – garantias constitucionais em si mesmas – que visam a proteger determinados direitos considerados extraordinariamente relevantes, e que têm para isso procedimentos em geral mais expeditos.

O *habeas corpus* (art. 5º, LXVIII) é bastante tradicional no direito brasileiro e visa proteger a liberdade de locomoção contra a ilegalidade ou abuso de poder, e é frequentemente usado para

---

[170] STF, ADI 3943, Rel. Min. Carmen Lúcia, *DJe* 06.08.2015.

[171] José Afonso da Silva. *Poder constituinte e poder popular*, 2000, p. 157.

Cap. 6 – DIREITOS FUNDAMENTAIS E ORDEM SOCIAL **257**

reverter ou impedir prisões consideradas ilegais e/ou abusivas. Uma nota histórica interessante remonta à primeira Constituição republicana.

A redação do remédio contida na Constituição de 1891 não mencionava expressamente a liberdade de locomoção, de modo que durante um período da República Velha, e até 1926, a conhecida "doutrina brasileira do *habeas corpus*" ampliou sua utilização para o fim de combater qualquer tipo de ilegalidade e abuso de poder (o mandado de segurança ainda não existia no país). A EC nº 3/1926 alterou a redação do dispositivo para circunscrevê-lo ao seu uso tradicional, relacionado a prisão ou constrangimentos ilegais no âmbito da liberdade de locomoção.

Como referido acima ao se tratar do direito de locomoção, o *habeas corpus* tem um regime processual particular diante da relevância do direito que ele visa a proteger: qualquer pessoa pode impetrá-lo em favor de si próprio ou de um terceiro com quem não precisa ter qualquer relação específica. Além disso, os órgãos judiciários podem conceder *habeas corpus* de ofício caso visualizem, no curso do processo, ilegalidade que ameaça à liberdade de locomoção.

O mandado de segurança (art. 5º, LXIX e LXX) foi criado pela Constituição de 1934 e funciona como um remédio constitucional mais genérico: ele visa a proteger os chamados "direitos líquidos e certos" contra ilegalidades ou abusos de poder, sempre que não haja um remédio mais específico para enfrentar a questão, como é o caso do *habeas corpus* e do *habeas data*. A regulamentação do mandado de segurança é dada pela Lei nº 12.016/2009 (e suas alterações posteriores).

De forma muito singela, o direito líquido e certo é aquele que pode ser demonstrado desde logo na petição inicial, documentalmente, sem necessidade de instrução. Isto é: trata-se de um remédio destinado a lidar rapidamente com ilegalidades evidentes, de fácil comprovação. O ponto é importante, pois nem todo direito (*rectius*: pretensão) caracteriza direito líquido e certo: eventualmente provas testemunhais ou periciais serão necessárias, afastando o cabimento do mandado de segurança. Isso não impede que a pretensão do indivíduo seja apresentada ao Poder Judiciário, apenas ela deverá ser veiculada por meio de outro tipo de ação, que não o mandado de segurança.

Tradicionalmente a legislação prevê o prazo decadencial de 120 dias para a impetração do mandado de segurança, contados do ato coator, isto é, do ato ilegal que se alega violar direito líquido e certo. No caso de ilegalidade por omissão contínua da autoridade, esse prazo renova-se igualmente, de modo que não haverá decadência enquanto a omissão persistir. Discutiu-se a validade desse prazo e se ela restringiria de forma desproporcional a garantia constitucional. O entendimento do STF, veiculado inclusive na Súmula 632, é que a fixação do prazo decadencial por lei é válida. Lembre-se que, após o prazo, o interessado ainda poderá levar a questão ao Judiciário, observados os prazos prescricionais pertinentes, apenas não poderá fazê-lo por meio do remédio expedito do mandado de segurança.

O STF entende ainda que não cabe mandado de segurança contra lei em tese (Súmula 266), ou seja, o mandado de segurança não pode fazer as vezes de um mecanismo de controle abstrato de constitucionalidade de leis nem se transformar em uma ação de natureza objetiva para a tutela da ordem jurídica. O mandado de segurança é uma ação subjetiva e seu propósito é impedir ou remediar uma lesão a direito líquido e certo do impetrante – que poderá, como se viu, ser uma associação ou sindicato, no caso de mandados de segurança coletivos –, que, portanto, deve demonstrar que sua esfera jurídica se encontra concretamente ameaçada ou violada.

Outro remédio previsto na Constituição de 1988, e igualmente tradicional no direito brasileiro, é a ação popular (art. 5º, LXXIII), regulamentada pela Lei nº 4.717/1965. Trata-se de um mecanismo de que os cidadãos em geral podem se valer para o controle da ação estatal no caso de "ato lesivo ao patrimônio público ou de entidade de que o Estado participe, à moralidade administrativa, ao meio ambiente e ao patrimônio histórico e cultural". A Constituição pretende eliminar eventuais óbices à utilização do remédio prevendo que o autor popular, salvo comprovada má-fé, estará isento de custas judiciais e, mesmo que seus pedidos sejam julgados improcedentes, não arcará com os ônus da sucumbência.

A Constituição de 1988 criou ainda dois outros remédios constitucionais, não previstos anteriormente: o mandado de injunção (art. 5º, LXXI) e o *habeas data* (art. 5º, LXXII). O mandado de injunção é um mecanismo de controle da omissão inconstitucional e será objeto de exame específico no capítulo sobre controle de constitucionalidade. O *habeas data*, por seu turno, foi criado para garantir ao indivíduo acesso e controle sobre suas informações pessoais constantes de bancos de dados de entidades públicas ou de interesse público. Nessa última categoria estão, por exemplo, bancos de dados relacionados com a proteção de crédito, em face de quem o *habeas data* pode também ser manejado.

6.3.23 Direitos dos trabalhadores

Os art. 7º a 11 tratam dos direitos dos trabalhadores, individual ou coletivamente considerados, entre os quais salário mínimo (art. 7º, IV); duração do trabalho normal de 8h diárias e 44h semanais (art. 7º, XIII); garantia de remuneração diferenciada para o trabalho extraordinário (art. 7º, XVI); décimo terceiro salário (art. 7º, VIII); direito ao repouso semanal remunerado (art. 7º, XV) e férias (art. 7º, XVII).

Sobre o salário mínimo, o art. 7º, IV, traz duas previsões que merecem nota. A primeira é a de que o salário mínimo deve ser "*capaz de atender a suas necessidades vitais básicas e às de sua família com moradia, alimentação, educação, saúde, lazer, vestuário, higiene, transporte e previdência social*". Existe uma conexão direta entre as necessidades listadas no dispositivo, que devem ser atendidas pelo salário mínimo, e os direitos sociais listados no art. 6º. Como se sabe, porém, o comando constitucional está longe de se tornar realidade de modo que o salário mínimo, ao menos na maior parte do país, não é capaz de atender a essas necessidades do trabalhador e muito menos de toda sua família.

A questão chegou ao STF, que reconheceu a existência de uma inconstitucionalidade por omissão parcial na hipótese (ADI 1442). Entretanto, não se pode deixar de observar que o Direito e o Judiciário não têm meios de solucionar essa questão: eventual decisão que fixasse o salário mínimo em valor maior teria imediato impacto inflacionário, de modo que o aumento nominal do salário mínimo não aumentaria seu poder de compra de fato. A realização do comando constitucional depende sobretudo de políticas públicas a serem adotadas ao longo do tempo.

A segunda parte do art. 7º, IV, já dispõe sobre uma regra a ser observada em políticas públicas em geral e que visa a promover o incremento progressivo do poder aquisitivo real do salário mínimo. Trata-se da vedação de que se vincule para outros fins os reajustes periódicos do salário mínimo. A lógica do comando constitucional é clara: se os reajustes do salário mínimo se transformarem em um indexador da economia, o objetivo de incrementar seu poder aquisitivo não se realizará. Nesse sentido, o STF entende que "*Salvo nos casos previstos na Constituição, o salário mínimo não pode ser usado como indexador de base de cálculo de vantagem de servidor público ou de empregado, nem ser substituído por decisão judicial*" (Súmula Vinculante 4).

Alguns direitos previstos no art. 7º com o perfil de normas de eficácia limitada, cuja eficácia depende de regulamentação, prosseguem sem disciplina, o que tem sido alvo de questionamento e de decisões do STF. Na ADO nº 20, por exemplo, o STF declarou a omissão legislativa do Congresso Nacional em regular a licença-paternidade de que trata o art. 7º, XIX. A norma temporária do art. 10, § 1º, do ADCT – que previa 5 dias para a referida licença até que fosse editada a regulamentação – continua a ser aplicada. A decisão do STF foi publicada em 02.04.2024 e fixou um prazo de 18 meses para que o Poder Legislativo sane a omissão, sem o que o STF estará autorizado a deliberar sobre as condições concretas necessárias ao gozo do direito fundamental à licença-paternidade.

Cap. 6 – DIREITOS FUNDAMENTAIS E ORDEM SOCIAL **259**

Na ADO nº 74, o STF declarou inconstitucional a omissão legislativa do Congresso em disciplinar o adicional de penosidade de que trata o art. 7º, XXIII. Embora os adicionais de periculosidade e insalubridade já tenham sido disciplinados, o de penosidade permanece sem maior eficácia. A Corte fixou igualmente um prazo de 18 meses para que a omissão seja sanada, mas, diferentemente do que se passou na ADO nº 20, a maioria dos Ministros decidiu que o prazo nesse caso não veiculava "imposição de prazo para a atuação legislativa do Congresso Nacional, mas apenas da fixação de um parâmetro temporal razoável para que o Congresso Nacional supra a mora legislativa, nos termos do voto do Relator". O Ministro Fachin restou vencido sugerindo solução idêntica à adotada na ADO nº 20, isto é: vencido o prazo e mantida a omissão legislativa, caberia ao STF deliberar sobre o tema.

O art. 8º regula a figura dos sindicatos, modalidade de representação dos trabalhadores que recebeu especial atenção e proteção da Constituição. O art. 9º prevê e regula o direito de greve. Os arts. 10 e 11, por seu turno, tratam de outras modalidades de representação e participação dos trabalhadores no âmbito de órgãos públicos (art. 10) e da própria empresa (art. 11).

Além desses direitos, oponíveis, em geral, aos empregadores, a Constituição prevê também direitos que, embora custeados principalmente pelos empregadores, são atendidos por meio de prestações da seguridade social, administradas pelo Estado, sendo também, sob essa perspectiva, considerados direitos sociais. Ou seja: o mesmo direito é considerado pela Constituição um direito do trabalhador e um direito social.

É o caso, por exemplo, do seguro-desemprego (art. 7º, II), da licença-maternidade (art. 7º, XVIII) e do salário-família para o trabalhador de baixa renda com dependentes (art. 7º, XII). Todos são benefícios da previdência social, previstos, respectivamente, no art. 201, incisos II, III e IV. Além disso, nos termos do art. 6º, a previdência social é um direito social, e o dispositivo faz menção, ainda, à "proteção à maternidade e à infância" e à "assistência aos desamparados" como direitos sociais.

A distinção entre o direito individual do trabalho e o direito coletivo do trabalho é cada vez mais relevante por conta do reconhecimento que a Constituição confere ao que for negociado coletivamente no âmbito das convenções e acordos coletivos de trabalho (art. 7º, XXVI), sendo certo que a participação dos sindicatos é obrigatória nas negociações coletivas de trabalho (art. 8º, VI).

Isso porque, ao mesmo tempo em que estabelece regras acerca da duração do trabalho, a Constituição prevê que a negociação coletiva poderá dispor sobre jornada de trabalho e compensação de jornada (art. 7º, XIII e XIV). Na mesma linha, a Constituição assegura como regra geral a irredutibilidade do salário, mas autoriza, de forma expressa, que a negociação coletiva disponha inclusive sobre salários (art. 7º, VI). Esse quadro normativo revela a importância atribuída pelo constituinte a tais mecanismos de autocomposição coletiva de conflitos trabalhistas[172].

As opções constitucionais seguem as diretrizes das convenções internacionais sobre o assunto: a Convenção nº 154 da OIT (internalizada pelo Brasil pelo Decreto nº 1.256/1994), por exemplo, prevê o dever do Poder Público de estimular a negociação coletiva. Esse estímulo à negociação coletiva envolve, de um lado, o respeito ao que tenha sido negociado.

Nessa linha, o STF entende que a negociação coletiva levada a cabo pelos sindicatos dos trabalhadores poderá, inclusive, restringir direitos eventualmente previstos em lei, na linha do que a Constituição autoriza, respeitados apenas aqueles que sejam considerados de indisponibilidade absoluta[173]. Nesse sentido, o STF fixou no Tema de Repercussão Geral 1.046 o entendimento no sentido de que são constitucionais os acordos e as convenções coletivas que pactuam limitações

---

[172] Maurício Godinho Delgado. *Curso de Direito do Trabalho*, 2008, p. 57.

[173] STF, RE 590.415 (tema 152 da repercussão geral), Rel. Min. Luís Roberto Barroso, *DJe* 29.05.2015.

ou afastamentos de direitos trabalhistas, independentemente da explicitação especificada de vantagens compensatórias, desde que respeitados os direitos absolutamente indisponíveis. A Lei nº 13.467/2017 introduziu o art. 611-B na Consolidação das Leis do Trabalho, listando os temas considerados de indisponibilidade absoluta e que, portanto, não podem ser suprimidos ou restringidos por negociação coletiva.

Outra forma de estímulo à negociação coletiva envolve a limitação de funções não propriamente jurisdicionais atribuídas ao Judiciário pela Constituição no âmbito das relações trabalhistas. Nesse sentido, a Emenda Constitucional nº 45/2004 passou a prever que o ajuizamento de dissídio coletivo de natureza econômica – que não envolve a interpretação e aplicação de normas vigentes, e sim uma espécie de arbitramento, pelo Judiciário, de uma negociação em torno de interesses entre empregadores e empregados – apenas poderia acontecer por comum acordo entre as partes. Isto é: uma das partes já não pode unilateralmente submeter ao Judiciário a definição da negociação em curso. Ou bem as partes chegam a um acordo sobre os interesses em jogo, ou bem chegam ao menos a um acordo no sentido de que vão pedir ao Judiciário que arbitre o ponto (art. 114, § 2º). A validade da emenda foi questionada perante o STF, que afirmou sua constitucionalidade (Tema de Repercussão Geral 841).

O detalhamento dos direitos trabalhistas é estudado no campo específico do Direito do Trabalho, mas é claro que há muito que o Direito Constitucional tem a dizer sobre o assunto sob várias perspectivas. Um primeiro tema, que já se mencionou, envolve o sentido e o alcance da garantia constitucional de respeito e estímulo às negociações coletivas e à autonomia coletiva dos trabalhadores, que foi objeto de algumas decisões do STF no sentido de limitar a intervenção heterônoma do Estado nesses contextos.

Um segundo tema diz respeito a natureza de cláusulas pétreas dos direitos trabalhistas, tendo em vista a redação do art. 60, § 4º, IV da Constituição, que se refere a "direitos e garantias individuais". Existem diferentes posições sobre o assunto e algumas decisões do STF que sinalizam determinados entendimentos da Corte. As duas posições extremas entendem, uma, que os direitos trabalhistas não são classificados como direitos individuais pelo texto constitucional, logo não estariam abarcados pela cláusula pétrea. A outra, em sentido oposto, que os direitos trabalhistas são afinal direitos individuais – direitos da pessoa no contexto do trabalho – e, portanto, todos eles seriam protegidos pela cláusula pétrea.

Entre essas duas posições extremas existem muitas possibilidades. Alguns entendem que determinados direitos trabalhistas estariam protegidos pela cláusula pétrea por conta de sua fundamentalidade para a dignidade humana – como o salário mínimo, regras sobre jornada máxima, descanso, igualdade e saúde e segurança – ao passo que outras previsões, como por exemplo a figura do FGTS, não gozariam do mesmo *status*. Há diferentes visões acerca de quais direitos trabalhistas deveriam ser classificados em cada um desses dois grupos.

Embora não tenha enfrentado a questão em tese, a decisão do STF referida, no sentido de autorizar a intervenção estatal na negociação coletiva apenas nos casos em que haja eventual afronta a direitos de indisponibilidade absoluta, sinaliza no sentido dessa concepção intermediária que visualiza diferentes *status* para diferentes direitos ou pretensões no âmbito das relações de trabalho. A Lei nº 13.467/2017 seguiu nessa mesma linha ao listar assuntos considerados de indisponibilidade absoluta para o fim de limitar o escopo do que pode ser alvo de negociação coletiva.

Por fim, um terceiro importante tema nas conexões entre o Direito do Trabalho e o Direito Constitucional que tem sido examinado pelo STF envolve a ponderação entre a proteção do trabalhador, a livre iniciativa e o princípio da legalidade. Embora a interpretação e aplicação do Direito envolva alguma atividade criativa por parte do intérprete, existem limites a serem respeitados já que a garantia legalidade assegura que apenas a lei pode criar direitos e obrigações. Além disso, embora a proteção dos trabalhadores seja um fim constitucional da maior

Cap. 6 – DIREITOS FUNDAMENTAIS E ORDEM SOCIAL **261**

relevância, a livre iniciativa dos agentes econômicos de decidir como melhor organizar suas atividades não pode ser ignorada. Assim, examinando o tema da terceirização, por exemplo, o STF considerou inválida a Súmula nº 331 do TST, que, sem lei, vedou a terceirização de atividades por parte de empresas em diferentes hipóteses (ADPF nº 324). A Corte também considerou válidas leis que vieram a autorizar de forma expressa a terceirização (ADC nº 48).

6.4 DIREITOS SOCIAIS EM ESPÉCIE

6.4.1 Direito à educação

A educação é posta na Constituição como um direito social (art. 6º) e como uma atividade prioritária do Estado, pela qual se pode promover o pleno desenvolvimento da pessoa, seu preparo para o exercício da cidadania e sua qualificação para o trabalho (art. 205), asseguran-do-se ainda prioridade em sua prestação para as crianças e adolescentes (art. 227). O STF tem procurado registrar a fundamentalidade do direito à educação de forma geral[174]. Assim, quanto mais abrangente e completa for a prestação de educação pelo Poder Público, melhor terá se realizado a vontade constitucional. O acesso universal a prestações educacionais de qualidade e gratuitas está diretamente relacionado com a garantia de uma igualdade de chances para todas as pessoas.

Embora o Brasil ainda enfrente enormes desafios em elementos bastante básicos da edu-cação – como a alfabetização funcional –, a Emenda Constitucional nº 108/2020 incluiu como um dos princípios em torno dos quais o ensino deve ser organizado no art. 208, IX, a "garantia do direito à educação e à aprendizagem ao longo da vida". A previsão reflete uma das chaves de acesso à educação para o século XXI, de acordo com relatório da Unesco, tendo em conta a necessidade de contínua atualização de saberes em um mundo em permanente transformação e rápida evolução.

Nesse contexto, um saber que se tornou indispensável no mundo contemporâneo envol-ve a capacidade de utilizar tecnologias digitais. A fim de lidar com essa necessidade, a Lei nº 14.533/2023 instituiu a Política Nacional de Educação Digital, que tem como um de seus eixos a "Educação Digital Escolar". Por meio da inserção da educação digital nos ambientes escolares, a política pretende promover o "letramento digital" e a aprendizagem das tecnologias digitais (com ênfase na inclusão de pessoas com deficiência por meio de tecnologias assistidas), além de estimular a aprendizagem de computação, de programação, de robótica e de outras competências digitais. A política não se restringe ao ambiente escolar, entretanto. Outro eixo previsto é o da "Inclusão Digital", que se dirige à população em geral e que tem como uma de suas prioridades o "treinamento de competências digitais, midiáticas e informacionais, incluídos os grupos de cidadãos mais vulneráveis". A educação digital é um desafio adicional a ser enfrentado pelo país em conjunto com aqueles já tradicionais no campo da educação.

O tema da qualidade, universalidade e redução das desigualdades (equidade) em matéria de educação está presente desde o texto original da Constituição, mas várias emendas têm se ocupado dele de forma específica, em geral para criar mecanismos visando a sua promoção e vedar condutas que limitam o avanço nesse sentido. A mais recente foi a Emenda Constitu-cional nº 108/2020, que previu que os entes da federação devem colaborar (art. 211, § 4º) de forma a assegurar esses objetivos. O ponto é fundamental, pois o objetivo da Constituição não é propriamente que existam os serviços educacionais por ela previstos: tais serviços são apenas

---

[174] STF, *DJ* 07.08.2009, RE-AgR 594018/RJ, Rel. Min. Eros Grau: "1. A educação é um direito fundamental e indis-ponível dos indivíduos. É dever do Estado propiciar meios que viabilizem o seu exercício. Dever a ele imposto pelo preceito veiculado pelo artigo 205 da Constituição do Brasil. A omissão da Administração importa afronta à Constituição".

meios para realização dos fins de que trata o art. 205: pleno desenvolvimento da pessoa, seu preparo para o exercício da cidadania e sua qualificação para o trabalho.

Mas em que consiste exatamente o serviço a ser prestado em matéria de educação? A Constituição faz referência geral ao direito à educação no art. 6º, mas a rigor ele se desdobra em vários direitos mais específicos, aos quais correspondem serviços a serem prestados pelo Poder Público. A Constituição prevê o direito das crianças de até 5 anos de idade de ter acesso ao ensino infantil em creche e pré-escola (art. 208, IV). E a Emenda à Constituição nº 59/2009 introduziu a figura da educação básica obrigatória (art. 208, I e VII), que abrange o ensino ministrado dos 4 aos 17 anos e, portanto, inclui em parte a educação infantil, a saber: creche e pré-escola (crianças até 5 anos), o ensino fundamental (com duração de nove anos e início aos 6 anos de idade) e o médio (com duração mínima de três anos).

O regime jurídico do ensino fundamental e do ensino médio, porém, ainda não foram inteiramente equiparados, a despeito do avanço introduzido pela emenda. Com efeito, (ii) o ensino fundamental regular era e continua a ser de oferecimento obrigatório, havendo também previsão expressa do (iii) direito daqueles que não tiveram acesso a ele na idade própria e dos que não possam acompanhar aulas diurnas (em geral, adultos), de ter acesso ao ensino fundamental noturno, adequado a suas necessidades (art. 208, I e VI)[175].

O STF já teve ocasião de afirmar no Tema de Repercussão Geral nº 548 que o Estado tem o dever jurídico de oferecer todos os serviços de educação infantil – isto é: creche (zero a 3 anos) e pré-escola (4 e 5 anos) – e que, caso isso não se verifique, o interessado poderá exigir individualmente o serviço perante o Poder Judiciário.

Quanto ao ensino médio, a EC nº 59/2009 manteve o dispositivo que trata de sua progressiva universalização (art. 208, II), mas o incluiu no conceito de educação básica (art. 208, I) e, mais importante, dispôs que até 2016 a universalização em questão deveria estar concluída (EC nº 59/2009, art. 6º). A despeito da fixação da data e da passagem do tempo, aparentemente tal meta ainda não foi alcançada de modo que as políticas públicas ainda precisam se concentrar em sua realização.

É possível, portanto, identificar dois direitos aqui, que demandam serviços diversos: (iv) o direito à progressiva universalização do ensino médio para os educandos "na idade própria", isto é: adolescentes (art. 208, I, II, e EC nº 59/2009, art. 6º) e (v) o direito à progressiva universalização do ensino médio para aqueles que não tiveram acesso a ele na idade própria – adultos – e que não podem acompanhar aulas diurnas, a ser oferecido de forma adequada às suas necessidades (art. 208, I, II e VI, e EC nº 59/2009, art. 6º).

A Constituição assegura, ainda: (vi) o direito dos educandos da educação básica como um todo – ou seja: pré-escola, ensino fundamental e médio – de ser atendidos por programas suplementares de material didático-escolar, transporte, alimentação e assistência à saúde (art. 208, VII); (vii) o direito dos portadores de deficiência de ter acesso a atendimento educacional especializado (art. 208, III); e (viii) o direito de qualquer indivíduo, de acordo com sua capacidade, de ter acesso a níveis mais elevados de ensino (art. 208, V).

Outra preocupação constitucional é com a questão do financiamento da educação. Nesse contexto, a Emenda Constitucional nº 108/2020 se ocupa de avançar na questão do financiamento com duas ênfases, que já estavam presentes no texto constitucional original, mas que são agora aprofundadas: a prioridade da educação básica na alocação dos recursos públicos e a redução das desigualdades. Assim, além dos investimentos mínimos em educação a cargo da União, Estados, Distrito Federal e Municípios de que trata o art. 212, a Emenda Constitucional

---

[175] No plano legislativo, confira-se, a Lei nº 9.394/1996 (Lei de Diretrizes e Bases da Educação – LDB) e suas alterações posteriores.

nº 108/2020 incluiu o art. 212-A indicando a prioridade da educação básica obrigatória e, no âmbito dela, a educação infantil.

O art. 212-A disciplina também mecanismos de cooperação financeira a cargo da União, em favor dos demais entes federados, cujo objetivo é reduzir as desigualdades no investimento por aluno nas diferentes partes do país, de modo que um mínimo de recursos seja garantido a cada aluno. Isso porque, embora a educação seja uma competência comum de todos os entes (art. 23, V), a prestação dos serviços relacionados com a educação infantil e o ensino fundamental são atribuídos de forma prioritária aos Municípios (art. 30, VI, e art. 211, § 2º), com a cooperação técnica e financeira da União e do Estado. A prestação dos serviços relacionados ao ensino fundamental e médio é concentrado prioritariamente nos Estados e no Distrito Federal (art. 211, § 3º), também com a cooperação técnica e financeira da União. A indicação de que tanto Municípios quanto Estados devem atuar prioritariamente no ensino fundamental revela a importância da atividade.

O art. 205 deixa claro que o Estado não exerce o monopólio do tema educacional, o que nem faria sentido em um sistema constitucional no qual as pessoas e seus direitos, e não o Estado, são o centro. Assim, a Constituição indica a educação como um direito de todos e um dever do Estado e da família, a ser promovido e incentivado com a colaboração da sociedade. Uma das dimensões da colaboração da sociedade envolve, é claro, o custeio do sistema público de educação, mas muitas outras dimensões são possíveis.

O STF examinou um tema diretamente ligado à concepção do direito social à educação e os papéis do Estado, da família e da sociedade nesse contexto: o chamado ensino domiciliar ou *homeschooling*. O que se discutia em sede recursal era o pedido dos pais de menor no sentido de proverem educação domiciliar para sua filha, em vez de matriculá-la em curso oficial oferecido pelo Estado. Por maioria, porém, o STF entendeu que o pedido dos pais no caso não poderia ser acolhido, por conta da falta de legislação que regulamente preceitos e regras aplicáveis a essa modalidade de ensino[176]. A concepção da Corte no caso atribuiu centralidade ao Estado e ao controle estatal do processo educacional.

O STF já registrou a fundamentalidade do direito à educação quando em tensão com outros direitos ao impedir, por exemplo, bloqueio, penhora ou sequestro, para fins de quitação de débitos trabalhistas, de verbas públicas destinadas à merenda, ao transporte de alunos e à manutenção das escolas públicas. A Corte entendeu que a prioridade absoluta de proteção às crianças e aos adolescentes, em respeito à condição peculiar de pessoas em desenvolvimento que são (art. 227 da Constituição), justificam a especial proteção constitucional dos valores necessários à aplicação efetiva dos recursos públicos destinados à concretização dos efetivos direitos (ADPF nº 484).

A Corte também já apreciou vários recursos nos quais se discutia a pretensão de particulares de obter vaga em creche ou pré-escola (educação infantil) para crianças de até 5 anos, diante da indisponibilidade do serviço prestado pelo Poder Público (em geral Municipal). O STF consolidou o entendimento de que a pretensão veicula direito público subjetivo e de que é possível a intervenção judicial para efetivá-lo (RE nº 554.075; RE nº 464.143; RE nº 956.475).

Da mesma forma, a Corte julgou improcedente ação direta de inconstitucionalidade por omissão que pretendia ver declarada a omissão do Presidente da República na erradicação do analfabetismo e na implementação do ensino fundamental obrigatório gratuito para todos (ADI nº 1698). O STF julgou improcedente ação por entender que tem havido avanços nesses objetos, havendo diversas políticas públicas na área de educação.

---

[176] STF, RE 888.815, Rel. para acórdão Min. Alexandre de Moraes, j. 12.09.2018.

6.4.2 Direito à saúde

Além da previsão do art. 6º, o direito à saúde é disciplinado do art. 196 ao art. 200. Embora a Constituição afirme um direito à saúde, na realidade trata-se do direito de receber prestações e cuidados relacionados com a redução do risco de doença, e a promoção, a proteção e a recuperação da saúde, como esclarece o art. 196. Ou seja: a Constituição não assegura, nem teria como fazê-lo, que todos serão saudáveis ou que as prestações de saúde produzirão sempre o resultado desejado: o direito não tem esse poder. Embora o comentário pareça óbvio, essa premissa será relevante para a interpretação do que o direito à saúde assegura.

Seja como for, o certo é que as opções da Constituição de 1988 na matéria inauguraram uma fase inteiramente nova na saúde pública do Brasil, em face de tudo o que existiu antes no país. Até a década de 30 do século XX, a saúde pública no Brasil consistia em algumas ações de combate à lepra e à peste, algum controle sanitário nas áreas urbanas e campanhas de imunização, que frequentemente fizeram uso da força.

A partir da década de 1930, foi criado o Ministério da Educação e Saúde Pública e os Institutos de Previdência – IAPs. Já sob o regime militar pós-1964, os IAPs foram unificados, com a criação do Instituto Nacional de Previdência Social – INPS. Os trabalhadores formais – isto é: com carteira assinada – eram contribuintes do INPS e tinham direito ao atendimento na rede pública de saúde. Conviviam com essa rede pública as instituições privadas que forneciam serviços de saúde mediante pagamento direto pelo usuário, e instituições filantrópicas, como as Santas Casas de Misericórdia. Todo o restante da população ou teria de comprar esses serviços no mercado privado ou, caso não tivesse recursos para tanto, tentaria recorrer aos serviços filantrópicos. Como boa parte da população não tinha uma relação de emprego com carteira assinada, a abrangência do INPS era bastante limitada.

Esse era o quadro existente e que se pretendia alterar com a Constituição de 1988. Na realidade, desde meados da década de 1970 o tema da saúde vinha sendo amplamente discutido no contexto do movimento de redemocratização do país, pelo que veio a ser identificado como movimento sanitarista. A 8ª Conferência Nacional de Saúde, na qual várias propostas sobre políticas de saúde pública foram apuradas, foi um marco não apenas no processo de abertura política do país, como também na construção do sistema de saúde que viria a ser consagrado pela Constituição de 1988 e pela legislação posterior.

Alguns dos temas especialmente relevantes nesse debate eram às críticas (i) à excessiva medicalização e hospitalização do sistema de saúde, em contraste com uma concepção integral da saúde, que a relaciona com a prevenção e com as condições sociais, econômicas e culturais dos indivíduos; e (ii) à concepção que visualiza os serviços de saúde sob a perspectiva de um produto, sujeito à lógica do mercado, ao invés de um direito universal. Um último aspecto especialmente destacado pelo movimento sanitarista era a necessidade de participação da população nas decisões e nas estruturas prestadoras de serviços de saúde.

Nesse sentido, um dos objetivos expressos da Constituição de 1988 foi universalizar os serviços de saúde, superando assim as restrições dos modelos de IAPs e de INPS, de modo que todos passaram a ser beneficiários do sistema público de saúde, independentemente de pertencerem a uma categoria profissional ou de qualquer tipo de contribuição específica.

No contexto das críticas ao sistema anterior e ao foco que se atribuía à medicina curativa – centrada na hospitalização, procedimentos e medicamentos –, a Constituição vai enfatizar a atenção integral e o tema da prevenção e da promoção de saúde sob várias perspectivas. Nesse sentido, o art. 196 estabelece que o direito à saúde é garantido mediante "políticas sociais e econômicas que visem à redução do risco de doença e de outros agravos", bem como mediante "o acesso universal e igualitário às ações e serviços para sua promoção, proteção e recuperação".

A Constituição trata genericamente, de um lado, de políticas sociais e econômicas que tenham como objetivo a diminuição do risco de doenças (*e.g.*, saneamento básico) e, de outro, mais especificamente, de ações e serviços para a promoção da saúde (*e.g.*, a construção de hospitais). Embora o constituinte tenha sido bastante abrangente ao tratar do tema, é possível identificar algumas prioridades estabelecidas pela própria Constituição para a área da saúde: a prestação do serviço de saneamento (arts. 23, IX; 198, II; e 200, IV); o atendimento materno-infantil (art. 227, § 1º, I); as ações de medicina preventiva (art. 198, II); e as ações de prevenção epidemiológica (art. 200, II).

As escolhas do constituinte não foram aleatórias nem atécnicas. O saneamento básico, como se sabe, é a medida de saúde pública mais importante isoladamente. Percentuais importantes das doenças e da taxa de mortalidade mundiais decorrem da má qualidade da água utilizada pela população ou da falta de esgotamento sanitário adequado.

O atendimento materno-infantil, por seu turno, descreve o acompanhamento pré e pós-natal da gestante e da criança, cujo principal objetivo é prevenir ou tratar doenças que possam afetar a saúde da mãe ou do menor, assegurando também um parto saudável. O parto e os primeiros anos de uma criança constituem um período vital para a formação de suas condições de saúde para o resto da vida, de sorte que a prioridade dessa atuação responde a um certo consenso científico acerca da matéria. Sob a perspectiva da saúde da mulher, a gravidez, o parto e o pós-parto são momentos sensíveis que demandam atenção especial.

Por fim, as ações de medicina preventiva incluem uma séria de iniciativas, dentre as quais a prevenção epidemiológica, com as bem-sucedidas políticas de imunização, o controle de fatores de risco, como o excesso de peso, dieta inadequada, sedentarismo e consumo de tabaco, além do monitoramento de doenças como a hipertensão e o diabetes. Também integram o esforço de prevenção a incorporação de hábitos de higiene, a eliminação de condutas de risco e a rotina de exames periódicos preventivos, por meio dos quais se pode vir a diagnosticar e tratar doenças precocemente com maior probabilidade de resultado positivo.

Também aqui, a lógica constitucional tem uma racionalidade interna. As ações preventivas são medidas de saúde pública de necessidade e impacto coletivos, capazes de realizar o melhor custo-benefício na matéria, pois preservam as condições de saúde das pessoas e evitam custos maiores no futuro com ações de saúde reparadoras. No caso específico da prevenção de doenças infectocontagiosas por meio da imunização, essa racionalidade é ainda mais evidente. A Lei nº 8.080/1990, que organizou o Sistema Único de Saúde – SUS, explicitou, entre suas atribuições, uma série de atividades preventivas em saúde, além da vigilância sanitária e do controle de produtos e substâncias de interesse para a saúde. Ao mesmo tempo, a lei conferiu especial destaque aos cuidados com a saúde do trabalhador.

Além das atividades de prevenção e das outras prioridades mencionadas acima, a Constituição também dispõe que o sistema fornecerá medicina curativa e, no mesmo sentido, a Lei nº 8.080/1990 faz menção à assistência terapêutica integral, inclusive farmacêutica. A cada dois anos o SUS atualiza a listagem de medicamentos fornecidos gratuitamente (ou que devem ser fornecidos gratuitamente) denominada de Relação Nacional de Medicamentos Essenciais (Rename).

A política farmacêutica é um ponto extremamente sensível, pois a maior parte do debate jurídico e jurisdicional acerca do direito à saúde desde 1988 não diz respeito a aspectos de quaisquer das prioridades delineadas na Constituição para a saúde, mas ao fornecimento individualizado de medicamentos e de procedimentos médico-hospitalares. Como já se tornou corrente, a chamada judicialização da saúde descreve justamente o fenômeno de multiplicação de ações judiciais, sobretudo individuais, mas também coletivas, solicitando prestações de saúde, principalmente medicamentos e procedimentos médico-hospitalares. Essas ações têm se multiplicado ao longo do tempo, em geral com resultados positivos para os autores, e com a consequente condenação do SUS a custear ou fornecer tais bens e serviços.

A Constituição define que os serviços de saúde serão desenvolvidos e prestados por um sistema público unificado, o Sistema Único de Saúde – SUS. A particularidade do SUS é a integração dos três entes federativos em uma estrutura única, embora a prestação seja regionalizada e, tanto quanto possível, descentralizada. Essa opção constitucional e legal confere aos Municípios especial destaque no que diz respeito à prestação dos serviços, embora sem exclusividade. Os Estados e, sobretudo, a União têm um papel importante no financiamento do sistema e na cooperação técnica. Trata-se, aqui, de regulamentação constitucional do próprio art. 23, II. Nessa linha, o art. 198 prevê (i) a instituição do Sistema Único de Saúde – SUS, criado para universalizar as prestações de saúde, harmonizando a atuação dos entes federados, o que foi levado a cabo pela Lei nº 8.080/1990, já referida; e (ii) a obrigação administrativa e legislativa na elaboração do orçamento de investimento mínimo em ações e serviços de saúde.

Embora a opção preferencial que se extrai do texto constitucional é a de que os serviços públicos de saúde sejam prestados por estruturas públicas, a própria Constituição previu a possibilidade de a iniciativa privada atender à população, em nome e por conta do SUS, por meio de vários tipos de ajustes de direito administrativo com órgãos ou entidades públicas. As instituições filantrópicas de saúde têm reconhecida sua importância social pela Constituição por meio de desonerações fiscais. E, paralelamente ao SUS, os serviços de saúde são livres à iniciativa privada, que poderá oferecê-los à população com fins lucrativos, mas sob regulação estatal. Existe ampla legislação regulando o setor de saúde suplementar que cabe à Agência Nacional de Saúde Suplementar – ANS fazer cumprir.

A Constituição prevê que o custeio do SUS é levado a cabo de forma solidária, pela sociedade como um todo, por meio de recursos orçamentários dos entes federativos, oriundos, sobretudo, da tributação. Desde 1988, algumas alterações constitucionais tiveram por objetivo assegurar o financiamento do SUS. O Imposto Provisório sobre movimentação financeira e, posteriormente, a Contribuição Provisória sobre Movimentação Financeira, já extintos, foram criados com o objetivo político de ampliar a quantidade de recursos públicos que seriam destinados à saúde.

A Emenda nº 29/2000 criou a exigência, que consta do art. 198, §§ 2º e 3º, de que os entes federativos invistam percentuais mínimos de suas receitas em saúde, sob pena de uma série de consequências danosas no caso de Estados e Municípios, dentre as quais a intervenção federal.

A Constituição tem se preocupado de forma específica com a valorização dos profissionais de saúde não médicos e com sua remuneração, como se observa dos §§ 4º ao 13 do art. 198 e das diversas emendas que o disposto tem recebido. Um primeiro grupo identificado pela Constituição é composto pelos agentes comunitários de saúde e agentes de combate às endemias contratados pelo Poder Público nos vários pontos do País. A Emenda Constitucional nº 51/2006 prevê que lei federal deve regular seu regime jurídico e a Emenda Constitucional nº 63/2010 acrescentou que a lei deve dispor também sobre um piso salarial nacional e diretrizes para um plano de carreira, cabendo à União prestar auxílio financeiro aos demais entes federativos para que o referido piso seja cumprido. A Emenda Constitucional nº 120/2022 detalhou essa responsabilidade financeira fixando que o vencimento desses profissionais, que não poderá ser inferior a dois salários-mínimos, é de responsabilidade da União, cabendo aos entes o custeio de outros valores que lhes sejam devidos.

Ainda no tema da valorização dos profissionais de saúde, a Emenda Constitucional nº 124/2022 introduziu o § 12 no art. 198, prevendo que lei federal deve prever pisos salariais nacionais para outros profissionais de saúde – a saber: o enfermeiro, técnico de enfermagem, o auxiliar de enfermagem e a parteira –, a serem observados tanto pelo Poder Público quanto pelas pessoas jurídicas de direito privado. Na sequência da emenda, foi aprovada a Lei nº 14.434/2022, determinando quais seriam esses pisos salariais a serem pagos pela União, pelo DF e pelos Estados, Municípios, bem como pelo setor privado.

A Lei nº 14.434/2022 teve sua validade questionada perante o STF (ADI nº 7.222) e foi suspensa por decisão do Ministro Luís Roberto Barroso. O Ministro determinou a suspensão até que sejam prestadas informações acerca da avaliação feita pelo Congresso Nacional sobre (i) a situação financeira de Estados e Municípios; (ii) a empregabilidade; e (iii) a qualidade dos serviços de saúde. A decisão destaca a importância e a legitimidade da demanda da categoria de trabalhadores, mas sublinha a necessidade de que o Legislativo delibere bem-informado e consciente sobre o tema, tendo avaliado os impactos da lei sobre o setor privado e sobre Estados, DF e Municípios, impactos que podem ser graves e prejudicar esses próprios trabalhadores e os sistemas de atenção à saúde.

A EC nº 127/2022 pretendeu ser uma resposta à questão posta perante o STF na ação referida. A emenda prevê que compete à União prestar assistência aos entes federados, entidades filantrópicas e entidades privadas que atendam no mínimo 60% de seus pacientes pelo SUS, e indica a fonte da qual os recursos serão retirados (art. 3º). Adicionalmente, a emenda excluiu as despesas da União a esse título do teto de gastos previsto no art. 107 do ADCT e criou um processo de transição de doze anos até que os limites com gasto de pessoal de que trata o art. 169 se apliquem integralmente a tais despesas.

Encerradas as notas sobre o tema do custeio, cabe examinar algumas discussões que giram em torno do que se pode ou não exigir com fundamento no direito à saúde e de quem se pode exigir no âmbito do Estado brasileiro. Como referido acima, boa parte das discussões judiciais em torno do direito à saúde envolvem demandas, sobretudo individuais, mas também coletivas, solicitando prestações de saúde, principalmente medicamentos e procedimentos médico-hospitalares. Alguns desses debates chegaram ao STF, que já definiu algumas diretrizes na matéria em sede de repercussão geral.

Uma primeira decisão do STF que vale registrar é a que define a responsabilidade solidária de todos os entes federados para figurarem como réus em processos que demandam tratamentos médicos (RE nº 855.178 – Tema nº 793). Essa regra geral foi excepcionada mais recentemente por outra tese de repercussão geral firmada pela Corte acerca de medicamentos experimentais e sem registro sanitário (RE nº 657.718 – Tema nº 500). O STF fixou ainda que ações que demandem medicamentos sem registro na Anvisa apenas podem ser propostas perante a União. Essa, portanto, é a resposta do STF acerca da questão "de quem" se pode exigir aquilo que se entenda decorrer do direito à saúde.

A segunda questão – o que se pode exigir – é frequentemente levada ao Judiciário sob diferentes perspectivas, cabendo aqui destacar dois temas que já chegaram ao STF. Um primeiro tema envolve a pretensão, formulada por autores de ações, de que o SUS custeie medicamentos que não constam das listagens aprovadas pelos órgãos públicos do SUS. O STF decidiu que, como regra, o Estado não está obrigado a dispensar medicamento não constante de lista do SUS, salvo demonstração da imprescindibilidade (adequação e necessidade) do medicamento, sendo impossível a substituição por alternativa terapêutica existente no âmbito do SUS, e da incapacidade financeira do enfermo e dos membros da família solidária (nos termos do que dispõe o Código Civil sobre alimentos), assegurado ainda o direito de regresso (RE nº 566.471 – Tema nº 6).

Outro tema examinado diz respeito a pedidos formulados em demandas no sentido de que o SUS custeie medicamentos experimentais e sem registro na Anvisa, isto é, sem autorização para comercialização no País. O STF fixou que, como regra geral, o Estado não pode ser obrigado a fornecer medicamentos experimentais e que a ausência de registro na Anvisa impede o fornecimento de medicamento por decisão judicial. Essa regra geral poderá ser afastada, excepcionalmente, no caso de mora irrazoável da Anvisa em apreciar o pedido de registro e uma vez que o medicamento cujo registro pende de apreciação perante a Anvisa já tenha obtido registro em "renomadas agências de regulação no exterior" e não haja substituto terapêutico com registro no Brasil (Tema RG nº 500).

6.4.3 Direito à previdência social

O direito social à previdência social se conecta com uma realidade cada vez mais dramática nas sociedades contemporâneas: maior expectativa de vida, riscos variados que podem impedir uma pessoa de obter seu próprio sustento, além da idade avançada, e a redução do tamanho das famílias, que já não têm condições de absorver o custo dos cuidados com seus integrantes que, por qualquer razão, não possam gerar renda. É preciso conceber então soluções coletivas por meio das quais a sociedade estruture sistemas de proteção para essas situações.

O sistema constitucional de previdência no Brasil, sobretudo no que diz respeito ao benefício da aposentadoria, comporta uma primeira grande divisão em público e privado. A previdência privada ou complementar, como também é conhecida, tem sua matriz constitucional no art. 202 e é regulada por lei complementar. Trata-se de uma atividade privada em que empresas com fins lucrativos podem oferecer essa espécie de seguro de natureza contratual, facultativa e complementar. Nela, o Estado não participa, salvo na sua condição eventual de empregador, quando então será entidade patrocinadora, em situação análoga à de uma empresa. De acordo com a disciplina em vigor, a previdência privada pode ser aberta ou fechada[177].

Paralelamente à previdência privada, a Constituição organiza um sistema público e estatal de previdência – a chamada Previdência Social – de caráter contributivo e de filiação obrigatória. A previdência social pode ser compreendida como uma espécie de seguro público que visa a cobrir um conjunto amplo de riscos sociais, entre os quais se incluem a perda da capacidade de trabalho em razão de doença, invalidez ou idade avançada (aposentadorias), o desemprego involuntário (seguro-desemprego) e a hipótese de afastamento do trabalho em decorrência da maternidade (licença-maternidade).

O sistema público de previdência, ou Previdência Social, distingue-se do privado por seu caráter institucional (não contratual), de filiação compulsória e financiamento mediante contribuições sociais e recursos orçamentários. Existem dois modelos de Previdência Social no Brasil: (i) o regime geral (RGPS), que congrega todos os trabalhadores da iniciativa privada (bem como outras pessoas que podem voluntariamente filiar-se), e é gerido pelo INSS, uma autarquia federal; e (ii) o regime próprio dos servidores públicos (RPSP), organizado por cada uma das entidades estatais – União, Estados, Distrito Federal e Municípios –, que reúne os servidores que ocupam ou ocuparam cargos públicos efetivos. As regras gerais do regime próprio estão delineadas pela Constituição no art. 40.

A EC nº 103/2019 introduziu ampla reforma tanto no regime geral de previdência, quanto no regime próprio, aproximando em vários pontos os dois sistemas. Algumas das principais alterações introduzidas pela EC nº 103/2019 são (i) a fixação de uma idade mínima para aposentadoria em ambos os regimes – 62 anos para mulheres e 65 anos para homens, como regra geral –, além do período mínimo de contribuição; (ii) aumento das alíquotas que também passam a ser progressivas, em várias faixas a ser cobradas de acordo com o valor da base de contribuição ou dos proventos; e (iii) a criação de mecanismos para lidar com déficits atuariais

---

[177] A previdência pode ser mantida por entidades privadas, que serão consideradas fechadas ou abertas de acordo com a existência ou não de limitação subjetiva à participação nos respectivos planos de benefícios, nos termos dos arts. 31 e 36 da Lei Complementar nº 109, de 29.05.2001.

nos regimes próprios dos servidores, incluindo a possibilidade de cobrança de contribuições extraordinárias de servidores ativos, aposentados e pensionistas.

A EC nº 103/2019 criou ainda vários regimes de transição possíveis e revogou as regras de transição previstas em emendas anteriores, que igualmente haviam modificado o sistema previdenciário no plano constitucional, como as ECs nº 20/1998, nº 41/2003 e nº 47/2005.

6.4.4 Direito à assistência social

A assistência social tal qual organizada pela Constituição de 1988 tem duas dimensões principais. Sua primeira dimensão é proteger, como último recurso, a dignidade humana e impedir situações de miserabilidade. Assim, nos termos do art. 203, a assistência social será prestada a quem dela necessitar, independentemente de contribuição à seguridade social. O STF já esclareceu a assistência social, atendidos os requisitos legais, beneficia os brasileiros natos e naturalizados e os estrangeiros residentes (RE 587.970 – Tema 173).

A Constituição estabelece objetivos específicos que devem ser desenvolvidos pelo legislador, como, por exemplo, o amparo a crianças e adolescentes carentes (art. 203, II) e a redução da vulnerabilidade socioeconômica de famílias em situação de pobreza ou de extrema pobreza (art. 203, VI), novo inciso introduzido pela EC nº 114/2021. Ao lado desses objetivos, e das diferentes opções legislativas que venham a promovê-los, a Constituição assegura desde logo a garantia de um salário mínimo de benefício mensal à pessoa portadora de deficiência e ao idoso que comprovem não possuir meios de prover a própria manutenção ou de tê-la provida por sua família, que a lei deverá regulamentar (art. 203, V). A Lei nº 8.742/1993, e suas alterações posteriores, regula o sistema de assistência social e disciplinou esses benefícios em particular. A EC nº 114/2021 criou igualmente um outro direito de natureza assistencial: o direito à renda básica familiar para pessoas em situação de vulnerabilidade social, introduzido no art. 6º, parágrafo único. Esse novo direito social será examinado de forma específica adiante.

Além desses direitos previstos de forma específica diretamente pela Constituição, a Lei nº 8.742/1993 prevê a existência de benefícios eventuais a ser definidos pelos Estados, Distrito Federal e Municípios associados a eventos específicos como nascimento, morte, situações de vulnerabilidade temporária e de calamidade pública. Foi o que aconteceu, por exemplo, por meio da Lei nº 13.982/2020, que criou o chamado auxílio-emergencial por conta da pandemia da Covid-19.

É importante lembrar, no entanto, que a "assistência pública" é uma competência comum (art. 23, II), de modo que, paralelamente ao sistema de assistência social nacional de que trata a Constituição, os diferentes entes federados podem criar outros mecanismos para esse fim. No âmbito federal, até recentemente o principal programa de transferência de renda era o Bolsa Família, criado pela Lei nº 10.836/2004, que havia unificado vários outros benefícios anteriores (o Bolsa Escola – Lei nº 10.219/2001; o Programa Nacional de Acesso à Alimentação – Lei nº 10.689/2003, dentre outros). A Medida Provisória nº 1.061, de 9 de agosto de 2021, que deu origem à Lei nº 14.284, de 29 de dezembro de 2021, revogou a Lei nº 10.836/2004 e instituiu os Programas Auxílio Brasil e Alimenta Brasil. O Programa Auxílio Brasil inclui programas de transferência direta e indireta de renda, além de outras iniciativas relacionadas com o "incentivo ao esforço individual" e "inclusão produtiva rural e urbana, com vistas à emancipação cidadã" (art. 1º). O Programa Auxílio Brasil foi regulamentado pelo Decreto nº 10.852/2021. Paralelamente à atuação da União, diversos Estados e Municípios criaram igualmente programas de complementação e transferência de renda dirigidos à população mais carente. A existência de alguma espécie de programa de transferência de renda que garanta renda básica familiar a pessoas em situação de vulnerabilidade social passou agora a ser uma exigência constitucional, nos termos do art. 6º, parágrafo único, introduzido pela EC nº 114/2021.

Mas a assistência social, tal qual estruturada pela Constituição, tem uma segunda dimensão que visa a integrar as pessoas em geral no mercado de trabalho, incluindo as pessoas com deficiência por meio da habilitação ou reabilitação. Embora em algumas situações, por razões variadas, já não seja possível à pessoa retornar ao mercado de trabalho, quando isso seja possível, o objetivo da assistência social é contribuir para que isso venha a acontecer fornecendo meios e recursos para tanto. A assistência social nesse ponto se conecta com o direito à educação, que igualmente visa qualificar as pessoas para o trabalho, e eventualmente com o direito à saúde, que busca tanto quanto possível restaurar as funcionalidades da pessoa de modo que ela possa se integrar novamente ao mercado de trabalho ou, ao menos, à vida comunitária da melhor forma.

6.4.5 Direito à renda básica familiar

A EC nº 114/2021 introduziu um parágrafo único no art. 6º da Constituição e instituiu um novo direito social de *status* constitucional: o direito de todo brasileiro em situação de vulnerabilidade social a uma renda básica familiar. O dispositivo registra que o direito em tela será garantido pelo Poder Público por meio de programa permanente de transferência de renda a ser definido em lei, observada a legislação fiscal e orçamentária. A mesma EC nº 114/2021 explicitou também um novo objetivo para a assistência social no art. 203, VI: a redução da vulnerabilidade socioeconômica de famílias em situação de pobreza ou de extrema pobreza.

A EC nº 114/2021 criou ainda normas temporárias no ADCT – os arts. 107-A e 118 – relacionadas com a regulamentação e o custeio do direito à renda básica familiar para pessoas em situação de vulnerabilidade social. O art. 107-A do ADCT prevê que até o fim de 2026 haverá um limite a cada ano para as despesas orçamentárias destinadas ao pagamento de precatórios; o "espaço fiscal" decorrente da diferença entre o valor dos precatórios expedidos e o tal limite anual (cujo cálculo é detalhado pelo dispositivo) deverá ser utilizado no programa de que trata o parágrafo único do art. 6º e na seguridade social. O art. 118 do ADCT prevê que a regulamentação do novo direito previsto no parágrafo único do art. 6º deve acontecer até o fim do ano de 2022 e que, para o exercício de 2022, e exclusivamente para ele, a regulamentação poderá desrespeitar algumas regras sobre o aumento de despesas no mesmo exercício.

O objetivo da Emenda foi constitucionalizar a existência dessa espécie de prestação assistencial, que até então tinha origem em opções legislativas. Na expressão de diversos parlamentares quando de sua aprovação, a emenda transformou a existência de programas de transferência de renda em um tema de Estado – permanente e mais resistente a oscilações das deliberações majoritárias – e não apenas em pauta política de governos específicos.

Na realidade, desde o início dos anos 2000 existem no País, em âmbito nacional, programas de transferência de renda com foco em pessoas e famílias de baixa renda, afora iniciativas adotadas pelos demais entes federados. Até 2021, o principal programa dessa natureza era o Bolsa Família, criado pela Lei nº 10.836/2004, que havia unificado programas anteriores. A Lei nº 14.284/2021 (resultante da MP nº 1.061/2021) revogou a Lei nº 10.836/2004 e instituiu os Programas Auxílio Brasil e Alimenta Brasil. Por sua vez, a Lei nº 14.601/2023 instituiu o Programa Bolsa Família, em substituição ao Programa Auxílio Brasil. Todos esses programas, sem prejuízo de suas particularidades, tinham e têm por objetivo reduzir a vulnerabilidade social de pessoas e famílias em situação de extrema pobreza e pobreza.

O direito social previsto no art. 6º, parágrafo único, suscita algumas questões jurídicas que precisarão ser enfrentadas. A primeira delas diz respeito a sua regulamentação, que o art. 118 do ADCT expressamente refere deve ser feita até o final de 2022. Trata-se de uma regulamentação inteiramente nova? Ou a atual Lei nº 14.284/2021 poderá ser considerada regulamentação desse novo direito? Ou a referida lei precisará ser alterada para promover a regulamentação do novo direito?

A segunda questão diz respeito aos destinatários do direito. O texto do art. 6º, parágrafo único, faz menção expressa a brasileiros. O STF já se manifestou no sentido de que a assistência social, atendidas as exigências legais, pode beneficiar também estrangeiros residentes (RE nº 587.970 – Tema nº 173). A questão provavelmente voltará à Corte em algum momento, já que até agora não havia norma constitucional específica vinculando benefícios assistenciais a brasileiros: o art. 203 afirma de forma genérica que a assistência social será prestada a quem dela necessitar.

Uma terceira questão, mais complexa, envolve o que se deve entender por vulnerabilidade social e, portanto, que parcela da população será destinatária desse direito. E uma quarta questão envolve a relação do novo direito previsto na Constituição com a legislação já vigente no país sobre programas de transferência de renda. O ponto será definido, é claro, pelo Executivo e Legislativo no âmbito de suas competências, mas decisão proferida pelo STF no MI nº 7.300, ainda que anterior à EC nº 114/2021, merece registro pois diz respeito diretamente ao tema. Para compreender a decisão do STF e o caso que lhe foi submetido, porém, é preciso um registro prévio.

No dia imediatamente anterior à edição da Lei nº 10.836/2004, que criou o Bolsa Família, foi editada a Lei nº 10.835/2004, que instituiu a chamada "renda básica de cidadania". A Lei nº 10.835/2004 prevê que todos os brasileiros residentes no País e estrangeiros residentes há mais de cinco anos têm direito a um benefício econômico anual, independentemente de sua condição socioeconômica, "suficiente para atender às despesas mínimas de cada pessoa com alimentação, educação e saúde, considerando para isso o grau de desenvolvimento do País e as possibilidades orçamentárias." Trata-se, portanto, de um benefício de caráter universal e incondicional, embora o art. 1º, § 1º, preveja que a abrangência do benefício "deverá ser alcançada em etapas, a critério do Poder Executivo, priorizando-se as camadas mais necessitadas da população." O art. 2º da Lei dispõe caber ao Poder Executivo definir o valor do referido benefício, observadas as normas pertinentes da Lei de Responsabilidade Fiscal.

A edição praticamente simultânea das duas leis revela amplas disputas teóricas acerca do assunto: alguns defendem transferências de renda destinadas apenas àqueles em situação de vulnerabilidade social, ao passo que outros sustentam que todo cidadão, independente de outras considerações, deveria fazer jus a uma renda básica. São muitas e diferentes as razões que cada grupo articula em favor de sua visão e não é o caso de percorrê-las aqui. Do ponto de vista normativo, o certo é que ambas as leis foram editadas, mas enquanto o Bolsa Família foi implementado ao longo dos anos, a Lei nº 10.835/2004 não chegou a ser executada. Curiosamente, a EC nº 114/2021 usa o termo "renda básica", empregado pela Lei nº 10.835/2004, mas sua opção não é por uma renda universal, e sim por um direito direcionado às pessoas em situação de vulnerabilidade social. Feito o registro, cabe resumir o caso que acabou por ser decidido pelo STF.

Em abril de 2020, um cidadão, desempregado e em situação de rua, impetrou perante o STF o MI nº 7.300 sustentando a omissão do Chefe do Poder Executivo em regulamentar a renda básica de cidadania de que trata a Lei nº 10.835/2004, e pedindo que a Corte fixasse tal renda em um salário-mínimo mensal ou, por eventualidade, em 50% do valor do salário-mínimo. O impetrante alegou que receberia apenas R$ 91,00 por mês do Bolsa Família, e que o auxílio-emergencial instituído pela Lei nº 13.982/2020, criado no contexto do enfrentamento da pandemia de Covid-19, seria descontinuado. O Relator original, Ministro Marco Aurélio, votou no sentido de conceder a ordem para fixar a renda básica em favor do impetrante no valor de um salário-mínimo até que viesse a regulamentação por parte do Poder Executivo. Esse, porém, não foi o entendimento que prevaleceu no Plenário, que acabou por adotar o voto do Ministro Gilmar Mendes.

Em sua decisão final, a Corte, em primeiro lugar, conheceu do mandado de injunção apenas no que diz respeito ao art. 2º da Lei nº 10.835/2004, que trata da implementação da renda básica de cidadania para pessoas em situação de vulnerabilidade social (extrema pobreza e pobreza), considerando que existiria sim uma omissão constitucional mas apenas em relação a esse grupo, em face das várias previsões constitucionais que tratam da erradicação da pobreza e da assistência aos desamparados (arts. 3º, 6º e 23, X). Por outro lado, a Corte entendeu que não há previsão constitucional determinando ao Poder Público que assegure renda básica a toda a população brasileira, independente do critério socioeconômico.

Em segundo lugar, o STF considerou que o programa Bolsa Família, a despeito de sua importância, proporcionaria proteção constitucional insuficiente contra a extrema pobreza e a pobreza, até porque os valores fixados não teriam sido atualizados sofrendo importante perda de poder de compra ao longo do tempo. A Corte então concedeu parcialmente a ordem para "i) determinar ao Presidente da República que, nos termos do art. 8º, I, da Lei nº 13.300/2016, implemente, 'no exercício fiscal seguinte ao da conclusão do julgamento do mérito (2022)', a fixação do valor disposto no art. 2º da Lei nº 10.835/2004 para o estrato da população brasileira em situação de vulnerabilidade socioeconômica (extrema pobreza e pobreza – renda per capita inferior a R$ 89,00 e R$ 178,00, respectivamente – Decreto nº 5.209/2004), devendo adotar todas as medidas legais cabíveis, inclusive alterando o PPA, além de previsão na LDO e na LOA de 2022.

O STF decidiu ainda "ii) realizar apelo aos Poderes Legislativo e Executivo para que adotem as medidas administrativas e/ou legislativas necessárias à atualização dos valores dos benefícios básico e variáveis do programa Bolsa Família (Lei nº 10.836/2004), isolada ou conjuntamente, e, ainda, para que aprimorem os programas sociais de transferência de renda atualmente em vigor, mormente a Lei nº 10.835/2004, unificando-os, se possível". O STF esclareceu também que a execução de sua decisão não configuraria violação às normas eleitorais (Lei nº 9.504, art. 73, § 10), a despeito das eleições que ocorreriam em 2022.

Note-se, portanto, que a introdução, no plano constitucional, do direito social à renda básica familiar para brasileiros em situação de vulnerabilidade social não surge no vazio: a nova previsão ingressa em um ordenamento no qual já existe uma variedade de previsões infraconstitucionais sobre o tema, de políticas em curso sendo executadas, bem como de entendimentos do STF sobre elas.

Paralelamente a essas previsões que tratam de programas de transferência de renda de natureza geral, tanto o legislador como o constituinte derivado criaram programas de transferência de renda temporários ao longo dos anos de 2020 a 2022, tendo em conta situações extraordinárias. Em 2020 foi criado, no plano infraconstitucional, o chamado auxílio-emergencial temporário para pessoas em situação de vulnerabilidade por conta do estado de calamidade decorrente da pandemia de Covid-19.

A Emenda Constitucional nº 123/2022, por seu turno, reconheceu estado de emergência no ano de 2022 decorrente da "elevação extraordinária e imprevisível dos preços do petróleo, combustíveis e seus derivados e dos impactos sociais dela decorrentes", afastando a incidência de normas sobre despesas públicas e determinando o pagamento temporário (até o fim de 2022) de benefícios de transferência de renda. A emenda prevê, por exemplo, a ampliação do benefício pago pelo Auxílio Brasil, bem como benefícios específicos pagos a caminhoneiros e motoristas de táxi.

6.4.6 Direito à alimentação e à água potável

O direito à alimentação foi introduzido no art. 6º da Constituição pela Emenda Constitucional nº 64/2010. O direito à água potável não consta de forma expressa do texto constitucional, embora possa ser extraído sem dificuldade do direito à vida e à saúde e do próprio direito à alimentação, já que sem água o indivíduo irá a óbito em poucos dias. A importância global do acesso à água potável levou à aprovação pela Assembleia Geral da ONU da Resolução A/RES/64/292, em 28.07.2010, que reconheceu o direito humano à água potável e também ao saneamento. Parece consistente afirmar sua natureza de direito reconhecido pelo sistema constitucional nos termos do art. 5º, § 2º.

O atendimento dos direitos sociais à alimentação e à água, diferentemente do que acontece, por exemplo, com a educação e a saúde, serão em geral obtidos no mercado por meio da aquisição de bens e serviços. A Resolução da ONU menciona que os serviços de água devem ter custos razoáveis, mas não menciona gratuidade. Não se reconhece em geral, portanto, a possibilidade de um indivíduo pleitear prestações específicas do Estado gratuitamente para atender a essas necessidades, mas outras eficácias jurídicas poderão e deverão estar presentes aqui.

O acesso à alimentação e à água deveria ser custeado pelo salário mínimo nos termos do art. 7º, IV. Assim, como regra, o salário das pessoas – e a rigor o salário mínimo, inclusive – deveria ser suficiente para atender todas essas necessidades. Infelizmente, porém, nem sempre isso se verifica. A Constituição prevê o acesso à alimentação no conjunto de direitos educacionais (art. 208, VII) de modo que, em tese, crianças e adolescentes que frequentam a escola pública terão acesso à alimentação no âmbito da escola. Fora do ambiente escolar, programas de transferência de renda – agora constitucionalizados sob o direito à renda básica familiar previsto no art. 6º – visam, em geral, garantir recursos suficientes para a alimentação da família e os mecanismos de assistência social e de previdência têm objetivo similar em relação aos seus beneficiários.

Sob outra perspectiva, o fomento à produção alimentar é uma competência comum dos entes federados (art. 23, VIII) e a produtividade das áreas rurais é elemento inerente de sua função social.

Um ponto importante desse debate envolve o tratamento fiscal dos produtos que integram a cesta básica da população e o impacto desse tratamento na maior ou menor acessibilidade das pessoas de baixa renda ao alimento. A reforma tributária instituída pela Emenda Constitucional nº 132/2023 criou uma Cesta Nacional de Alimentos sobre os quais a alíquota de dois dos novos tributos criados pela reforma (Imposto sobre Bens e Serviços – IBS e a Contribuição sobre Bens e Serviços – CBS) deverá ser zero. A mesma emenda prevê que ovos, frutas e produtos hortícolas deverão ter um regime diferenciado de tributação.

Quanto ao acesso à água potável, nos termos constitucionais, os corpos de água existentes no território são, como regra, bens titularizados por algum ente federado (arts. 20, III, e 26, I). Além disso, cabe à União legislar sobre águas (art. 22, IV) e o fornecimento de água potável é tradicionalmente considerado um serviço público local (ou comum com outros Municípios e com o Estado, a depender das circunstâncias geográficas). Ou seja: o Poder Público brasileiro tem muitas possibilidades de regulação do tema de modo a promover o acesso à água potável. Nesse sentido, a Lei nº 14.898/2024 instituiu diretrizes para a tarifa social de água e esgoto em âmbito nacional, a fim de reduzir a tarifa cobrada pela água consumida por usuários de baixa renda.

Ainda em conexão com o direito à água, o Judiciário brasileiro tem discutido a validade de leis estaduais que determinam a obrigação de bares e restaurantes de servirem água filtrada gratuitamente e há ao menos um caso pendente no STF sobre o tema (ARE nº 1.437.523). Embora o direito à água seja invocado no debate, a discussão envolve sobretudo a possibilidade de a legislação estadual restringir ou não, e em que medida, a liberdade de iniciativa, impondo custos aos agentes econômicos para a realização de fins que considera relevantes.

6.4.7 Direito à moradia e ao saneamento

O direito à moradia foi incluído no art. 6º de forma expressa como um direito social pela Emenda Constitucional nº 26/2000. O direito ao saneamento não consta do art. 6º mas o tema é expressamente mencionado como uma prioridade do SUS (art. 200, IV), considerando a conexão existente entre a incidência de muitas doenças e a falta de saneamento básico. O saneamento é considerado uma das mais importantes intervenções para a saúde pública, podendo ser identificado como um direito extraído do direito à saúde em sua perspectiva coletiva. A Resolução da ONU A/RES/64/292, em 28.07.2010, reconheceu o direito humano à água potável e também ao saneamento. Assim como em relação ao acesso à água potável, parece consistente afirmar que o art. 5º, § 2º, da Constituição atribui ao saneamento o *status* de um direito fundamental.

Assim como no caso da alimentação, também aqui a Constituição não prevê que o direito à moradia ou ao saneamento serão garantidos pelo Estado de forma direta ou gratuita, e a Resolução da ONU menciona que o custo dos serviços de saneamento deve ser razoável. Nessa linha, a Lei nº 14.898/2024 instituiu diretrizes para a tarifa social de água e esgoto em âmbito nacional. Em tese, o salário mínimo deveria ser capaz de custear o acesso à moradia e aos serviços de saneamento. Políticas de transferência de renda e os sistemas de assistência e previdência social visam contribuir para que tal direito seja atendido.

Os direitos à moradia e ao saneamento são distintos, mas existe uma conexão operacional entre eles, sobretudo no âmbito das cidades, já que o direito à moradia adequada deve considerar o acesso das unidades habitacionais a serviços de saneamento, entre outros serviços (Resolução nº 4/1991 da ONU). Por outro lado, as áreas urbanas com grande concentração de moradias demandam mais serviços de saneamento. Essa associação é de certo modo refletida na Constituição, que atribui à União competência para estabelecer diretrizes para o desenvolvimento urbano incluindo habitação, saneamento básico e transporte (art. 21, XX) e a todos os entes a competência comum de promover programas de construção de moradias e a melhoria das condições habitacionais e de saneamento básico (art. 23, IX).

Embora se fale genericamente de saneamento, a expressão pode englobar diversos serviços. Na Resolução da ONU que trata do assunto, a preocupação se volta para o acesso a sanitários seguros, a água para higiene pessoal e para a eliminação segura de águas servidas e resíduos sólidos. A legislação brasileira sobre o tema (Lei nº 11.445/2007, amplamente alterada pela Lei nº 14.026/2020) identifica quatro serviços no conceito de saneamento básico: (i) abastecimento de água potável; (ii) esgotamento sanitário; (iii) limpeza urbana e manejo de resíduos sólidos; e (iv) drenagem e manejo das águas pluviais urbanas.

Nos termos da decidido pelo STF na ADI nº 1.842, cabe em tese aos Municípios prioritariamente a competência para prestar os serviços de saneamento, salvo se houver um interesse comum no serviço que ultrapassa os limites territoriais do Município. Essa realidade é bastante comum nas grandes cidades brasileiras, já que tanto a bacia hidrográfica quanto as estruturas dos serviços envolvem várias cidades. No caso de interesse comum, o STF decidiu que deve existir um colegiado formado pelos Municípios e pelo Estado, no âmbito do qual nenhum ente tenha predomínio absoluto, para a administração do serviço comum. Caberá, portanto, ao Município ou a esse colegiado decidir como prestar o serviço: se diretamente ou se por meio de delegação a agente privados ou alguma outra fórmula do direito administrativo.

A Constituição se ocupa de estabelecer mecanismos que visam estimular a oferta de moradias: as diretrizes da política urbana de que cuidam os arts. 182 e 183 da Constituição tratam do tema. A função social da propriedade urbana está diretamente ligada à edificação e à ocupação e, embora a moradia não seja a única finalidade dos imóveis urbanos, é uma delas. De toda sorte, a Constituição prestigia ainda a moradia urbana e rural de forma direta: (i) no primeiro caso, o art. 183 assegura a usucapião urbano de área de até 250 m² ao ocupante que a utiliza como moradia sua ou de sua família por 5 anos sem interrupção e sem oposição e que não é titular de outro imóvel; (ii) no segundo caso, a propriedade será adquirida no caso de moradia em área não superior a 50 hectares que o ocupante e sua família tenham tornado produtiva (art. 191).

Garantir oferta de moradia é uma das diretrizes da função social das propriedades imóveis urbanas, e a Lei nº 10.257/2001 (Estatuto da Cidade), editada a fim de regulamentar esses dispositivos constitucionais, criou vários mecanismos com esse objetivo. Durante a pandemia de covid-19, o STF proferiu várias decisões no âmbito da ADPF nº 828, suspendeu por determinados períodos desocupações coletivas e despejos, tendo em conta a proteção do direito à moradia naquele contexto de excepcionalidade.

O direito à moradia tem uma eficácia interpretativa importante. O STF entendeu que a penhora do bem de família do fiador é válida no âmbito de locações residenciais, já que a possibilidade em última análise favorece o acesso dos locatários a imóveis de modo a realizar seu direito à moradia, mas que essa mesma lógica não se aplica no caso de locações comerciais (RE nº 605.709).

6.4.8 Direito ao transporte

O direito ao transporte foi incluído pela Emenda Constitucional nº 90/2015 no art. 6º. A Emenda Constitucional nº 82/2014 tinha feito menção ao "direito à mobilidade urbana eficiente" no art. 144, § 10, I. O direito ao transporte tem uma característica instrumental: o transporte é necessário para que a pessoa tenha acesso a locais nos quais o atendimento a outros direitos poderá acontecer, como trabalho, educação e saúde. Um sistema de transporte ineficiente prejudica a fruição de outros direitos, consumindo a vida das pessoas, na medida em elas passarão uma grande quantidade de horas do dia no deslocamento, por exemplo, da casa para o trabalho. O direito à moradia adequado, a que se fez referência *supra*, inclui também o acesso das unidades habitacionais a meios de transporte.

Assim como o direito à alimentação e à moradia, o sistema constitucional não cogita do atendimento do direito ao transporte por meio de serviços gratuitos prestados pelo Estado. Mas a premissa constitucional é a de que o salário mínimo deveria ser capaz de custear despesas com transporte, de modo que o custo envolvido deveria ser razoável considerando uma renda mínima. Essa premissa nem sempre corresponde à realidade. Existem, porém, algumas regras constitucionais sobre o acesso ao transporte para determinados grupos.

A Constituição prevê no conjunto dos direitos educacionais o acesso ao transporte que será, portanto, gratuito (art. 208, VII). A Constituição também assegura gratuidade nos transportes coletivos urbanos para os maiores de 65 anos (art. 230, § 2º). O legislador ampliou esse benefício para assegurar à pessoa idosa acesso gratuito ou com desconto de, no mínimo, 50% a passagens interestaduais nos transportes rodoviário, ferroviário e aquaviário (Lei nº 10.741/2003).

Vale lembrar que os serviços de transporte são considerados pela Constituição como serviços públicos, de modo que caberá a cada ente competente regular sua prestação, incluindo as condições da eventual delegação de sua execução a agentes privados. Assim, o Poder Público tem meios de conceber a regulação de modo a promover o direito ao transporte, ao mesmo tempo que preserva, naturalmente, o equilíbrio econômico-financeiro dos eventuais ajustes que tenham delegado a prestação do serviço.

Nesse sentido, na ADI nº 5657, o STF considerou válida lei federal que determinou a reserva, por veículo, de duas vagas gratuitas e, após estas esgotarem, de duas vagas com tarifa reduzida em, no mínimo, 50%, para serem utilizadas por jovens de baixa renda no sistema de transporte coletivo interestadual de passageiros. O STF observou que a legislação prevê mecanismos de correção de eventual desequilíbrio econômico-financeiro dos contratos, de forma que a reserva de vagas gratuitas e com valor reduzido para jovens de baixa renda não implica ônus desproporcional às empresas concessionárias do serviço público de transporte coletivo interestadual de passageiros.

A promoção do direito ao transporte se conecta ainda com as diretrizes da política urbana de que cuida os arts. 182 e 183 da Constituição e com a função social da cidade, disciplinada pela Lei nº 10.257/2001 (Estatuto da Cidade). E o tema da mobilidade urbana tem ganhado maior atenção do legislador. A legislação nacional passou a exigir que os Municípios elaborem plano de mobilidade urbana (Lei nº 14.748/2023), no contexto da política nacional de mobilidade urbana. E a Lei nº 14.849/2024 alterou o Estatuto da Cidade para exigir que os Municípios, ao levarem a cabo estudo prévio de impacto de vizinhança (EIV), considerando o impacto da atividade que solicita a licença ou autorização sobre a mobilidade urbana, geração de tráfego e demanda por transporte.

Um tema importante quando se discute o acesso a qualquer bem ou serviço envolve a tributação incidente sobre ele. A reforma tributária instituída pela Emenda Constitucional nº 132/2023 prevê um regime diferenciado tributário incidente sobre o transporte público coletivo urbano, semiurbano e metropolitano, exatamente para reduzir o ônus da população de menor renda, principal usuária desses serviços.

6.4.9 Direito ao lazer

O direito ao lazer consta da redação do art. 6º desde a edição da Constituição de 1988 e a previsão relativa ao salário mínimo inclui eventual custo com o lazer no rol de despesas que ele deveria ser capaz de cobrir.

O lazer está relacionado com a saúde mental e, embora muitas atividades de lazer tenham inevitavelmente custo, o Estado é o titular de áreas como praias e parques e os Municípios são competentes, como se viu, para ordenação da cidade que devem incluir, no âmbito de sua função social, áreas públicas destinadas ao lazer.

Sobre o lazer, a Constituição prevê, ao tratar do desporto, que o Estado deve incentivar o lazer como forma de promoção social (art. 217, § 3º), e estabelece ainda que o lazer é um direito prioritário de crianças, adolescentes e jovens (art. 227). A Lei de Diretrizes e Bases da Educação dispõe sobre a promoção do desporto educacional e apoio às práticas desportivas não formais.

6.4.10 Direito à segurança

O art. 6º lista entre os direitos sociais o direito à segurança, que é igualmente mencionado no *caput* do art. 5º. No contexto dos direitos sociais, é provável que a segurança se relacione mais diretamente à redução de riscos, isto é, a segurança física das pessoas, de sua família e de seus bens. A segurança física tem muitas dimensões e há deveres estatais relativamente a várias delas.

Uma preocupação constitucional específica é com a segurança no âmbito dos ambientes de trabalho e com a adoção de mecanismos capazes de minimizar os riscos à saúde das pessoas nesse contexto (art. 7º, XXII). O art. 23, XII, estabelece como competência comum dos entes estabelecer e implantar política de educação para a segurança no trânsito: como se sabe, acidentes de trânsito são grandes causadores de mortes e lesões no país.

A Constituição detalha desde logo órgãos destinados a garantir a segurança pública nos termos do art. 144, cujo objetivo é a "preservação da ordem pública e da incolumidade das pessoas e do patrimônio". Todos os órgãos listados no dispositivo têm natureza policial, salvo, em parte, as guardas municipais. A preocupação aqui, claramente, é com atos ilícitos – crimes, frequentemente, mas não exclusivamente – que podem ser praticados de modo a causar danos para as pessoas e seus bens, assim como para a ordem pública.

Mas a verdade é que, além da criminalidade, eventos naturais, ou ao menos não criminosos, podem colocar em risco também a incolumidade das pessoas e do patrimônio: enchentes, incêndios, furacões, dentre outras calamidades possíveis. A Constituição indica que o Estado deve estar preparado para minimizar os danos decorrentes.

Por fim, a Constituição utiliza ainda segurança em sentido difuso, para tratar da segurança da sociedade e do Estado de forma geral ou mesmo da segurança nacional. O acesso à informação pode ser limitado, por exemplo, nos termos do art. 5º, XXXIII, caso o sigilo seja imprescindível à segurança da sociedade e do Estado. Determinadas áreas são destinadas constitucionalmente à segurança nacional e as preocupações do Conselho de Defesa Nacional giram em torno desse tema (art. 91). O Estado poderá explorar atividade econômica diretamente caso o legislador entenda que a medida é necessária para a segurança nacional (art. 173). Aos tradicionais riscos envolvendo conflitos potenciais com outros países, a segurança das sociedades e países pode ser afetada igualmente por ações terroristas, que se globalizaram, por ataques cibernéticos com variados propósitos, ou mesmo por iniciativas de grupos utilizando as ferramentas das mídias sociais hoje disponíveis.

6.4.11   Direito ao meio ambiente saudável

O art. 225 se ocupa, de forma particular, do direito ao meio ambiente ecologicamente equilibrado. É interessante observar que o direito de que cuida a Constituição tem dois públicos: a geração atual, seu uso comum do meio ambiente e sua sadia qualidade de vida, e as gerações futuras. O equilíbrio entre esses dois públicos e seus interesses, que eventualmente se confundem, estará presente em praticamente todos os debates acerca do direito ao meio ambiente.

O art. 225 impõe desde logo obrigações ao Poder Público e aos particulares. Algumas delas se preocupam de forma clara com a proteção da geração presente contra danos imediatos que podem advir de determinadas atividades. É certo que toda atividade humana gera algum tipo de impacto ambiental, mas a Constituição sugere que algumas atividades têm um impacto mais significativo e demandam cuidados maiores.

Assim, a Constituição estabelece a exigência de estudo prévio de impacto ambiental para a instalação de obra ou atividade potencialmente causadoras de significativa degradação do meio ambiente, embora caiba à lei, por natural, definir esses conceitos (art. 225, § 1º, IV).

A Constituição exige ainda que o Estado controle de algum modo a produção, a comercialização e o emprego de técnicas, métodos e substâncias que comportem risco para a vida, a qualidade de vida e o meio ambiente (art. 225, § 1º, V). O § 2º prevê que a lei deverá regular o dever oponível a quem explora recursos minerais de recuperar o meio ambiente degradado pela atividade. E o § 6º do art. 225 exige lei federal específica dispondo sobre a localização de usinas que operem com reator nuclear.

De outra parte, a Constituição se ocupa da preservação de áreas, de processos naturais, do patrimônio genético nacional e de espécies de forma geral (art. 225, § 1º, I, II, III e VII). O § 4º do dispositivo prevê que a lei disciplinará as condições de utilização de áreas localizadas na Floresta Amazônica brasileira, na Mata Atlântica, na Serra do Mar, no Pantanal Mato-Grossense e na Zona Costeira, para o fim de assegurar a preservação do meio ambiente nessas regiões.

A Constituição indica desde logo um sistema sancionador para o direito ambiental: ela afirma que os infratores de normas ambientais estarão sujeitos a responsabilização penal e administrativa, além do dever de reparar o dano: o tema é desenvolvido pela legislação infraconstitucional.

Uma das dimensões da proteção constitucional ao meio ambiente envolve a proteção dos animais contra práticas que os submetam à crueldade (art. 225, § 1º, VII). A proteção dos animais é um tema que tem suscitado diversas discussões, como observado anteriormente, e esses debates têm tido repercussões legislativas.

A Emenda Constitucional nº 96/2017 introduziu o § 7º no art. 225 em reação à decisão do STF na ADI nº 4983, envolvendo uma prática cultural típica de algumas partes do país, denominada de vaquejada. A Corte, na referida ADI, considerou que a prática submetia animais à crueldade e a proibiu. O § 7º introduzido pelo constituinte derivado no art. 225 passou a prever que "não se consideram cruéis as práticas desportivas que utilizem animais, desde que sejam manifestações culturais, conforme o § 1º do art. 215 desta Constituição Federal, registradas como bem de natureza imaterial integrante do patrimônio cultural brasileiro, devendo ser regulamentadas por lei específica que assegure o bem-estar dos animais envolvidos". Foi ajuizada ADI perante o STF contra a Emenda Constitucional nº 96/2017 (ADI nº 6063), que pende de julgamento.

Ainda acerca da proteção de animais, a Lei nº 14.064/2020 alterou a Lei nº 9.605/1998, que prevê sanções penais e administrativas às condutas e atividades lesivas ao meio ambiente, incluindo o tipo de maus tratos aos animais, para aumentar a pena prevista quando o animal for cão ou gato.

A Emenda Constitucional nº 123/2022 introduziu um novo dever ao Poder Público em matéria ambiental na forma de um novo inciso (VIII) ao § 1º do art. 225. O dispositivo cria o dever estatal de conferir tratamento fiscal favorecido aos biocombustíveis destinados ao consumo final de modo a assegurar que eles tenham uma tributação inferior à incidente sobre os combustíveis fósseis. Os destinatários desse novo dever são sobretudo os Estados, na disciplina do ICMS, e a União, no que diz respeito a contribuições sociais. Trata-se de uma política de fomento que visa, nos termos expressos do novo dispositivo constitucional, criar um "diferencial competitivo" para os biocombustíveis. O art. 4º da EC nº 123/2022 estabelece regras aplicáveis de imediato bem como limites ao futuro legislador complementar, que deverá regular o tema com mais detalhes.

6.4.12 Direitos de grupos vulneráveis

Por fim, a Constituição se preocupa, ainda, com a proteção de grupos – direitos coletivos, portanto – que considera especialmente vulneráveis: toda e qualquer criança, adolescente e jovem (art. 227 a 229), pessoas com deficiências, particularmente crianças e adolescentes (art. 227, § 1º, II, § 2º), idosos (art. 230) e índios (art. 231 e 232). A Constituição trata ainda de remanescentes das comunidades dos quilombos (ADCT – art. 68). Vale fazer um comentário sobre cada um desses grupos.

Como se viu, a Constituição estabelece prioridade no atendimento educacional e de saúde das crianças e adolescentes, sendo que um dos objetivos da assistência social é a proteção de crianças e adolescentes carentes.

Pouco menos de dois anos após a promulgação da Constituição, foi editada a Lei nº 8.069/1990, o Estatuto da Criança e do Adolescente – ECA, que dispõe sobre a proteção integral à criança e adolescente. Uma das previsões da lei (art. 145) é a necessidade da organização, no âmbito da Justiça dos Estados, de varas especializadas da infância e da juventude, que deverão contar ainda com profissionais de outras áreas do conhecimento humano, de modo a prover aconselhamento, orientação e encaminhamento dos menores, quando seja necessário.

A proteção integral à criança tem sido um fundamento constitucional importante para um conjunto de decisões do STF. No Tema de Repercussão Geral 782, a Corte fixou que a licença-adotante não pode ter prazos inferiores ao da licença-gestante, independentemente da idade da criança adotada. A Corte sublinhou que crianças mais velhas não deveriam receber proteção menor que os recém-nascidos, ao contrário, até por sua maior dificuldade de adaptação à família adotiva. Em linha similar (Tema de Repercussão Geral 1.182), o STF estendeu ao pai genitor monoparental o benefício da licença-maternidade, de modo a garantir a proteção integral da criança e assegurar ao chamado "pai-solo" possibilidades similares àquelas conferidas à mãe para o cuidado com a criança. O STF entendeu também que a mãe não gestante

Cap. 6 – DIREITOS FUNDAMENTAIS E ORDEM SOCIAL **279**

em relação homoafetiva tem do mesmo modo direito à licença-maternidade, considerando o foco de atenção à criança (Tema de RG nº 1.072).

Ainda sobre o tema da licença-maternidade, o STF decidiu conferir interpretação conforme a legislação que a regula para prever que o termo inicial da licença-maternidade e do respectivo salário-maternidade deve ser a alta hospitalar do recém-nascido e/ou de sua mãe, o que ocorrer por último, prorrogando-se durante o período da internação os referidos benefícios previdenciários (ADI 6327).

A preocupação com a criança é o principal fundamento da decisão do STF na ADO nº 20, que declarou a omissão legislativa do Congresso Nacional em regular a licença-paternidade de que trata o art. 7º, XIX. Até hoje o dispositivo não foi regulamentado, aplicando-se, desde 5 de outubro de 1988, a duração de 5 dias para a referida licença prevista no art. 10, § 1º, do ADCT. A decisão do STF na ADO nº 20 foi publicada em 02.04.2024 e fixou um prazo de 18 meses para que o Poder Legislativo sane a omissão. A decisão previu desde logo que, vencido o prazo e mantida a omissão, estará o Supremo Tribunal Federal autorizado a deliberar sobre as condições concretas necessárias ao gozo do direito fundamental à licença-paternidade.

Por fim, o STF considerou, também, não recepcionado dispositivo legal que permitia a expulsão de estrangeiro a despeito de ter filho brasileiro, caso a criança esteja sob sua guarda e dependência econômica (RE 608.898).

Embora a criança e o adolescente tenham recebido disciplina específica sobre vários aspectos, o art. 227 da Constituição menciona também o jovem como grupo cujos direitos devem receber atenção prioritária. A previsão constitucional foi invocada pelo STF na decisão proferida na ADI nº 5657. Na ocasião, o STF considerou válida lei federal que determinou a reserva, por veículo, de duas vagas gratuitas e, após estas esgotarem, de duas vagas com tarifa reduzida em, no mínimo, 50%, para serem utilizadas por jovens de baixa renda no sistema de transporte coletivo interestadual de passageiros.

A Corte entendeu que o Estado pode intervir na ordem econômica para assegurar o gozo de direitos fundamentais de pessoas em condição de fragilidade econômica e social, mas não pode acarretar ônus excessivos aos atores privados, mormente no caso de contratos administrativos. No caso, entendeu-se que a legislação prevê mecanismos de correção de eventual desequilíbrio econômico-financeiro dos contratos, de forma que a reserva de vagas gratuitas e com valor reduzido para jovens de baixa renda não implica ônus desproporcional às empresas concessionárias do serviço público de transporte coletivo interestadual de passageiros.

Em 2003, por seu turno, foi editado o chamado Estatuto do Idoso (Lei nº 10.741/2003, alterada por normas posteriores), com o objetivo de proteger os direitos dos maiores de 60 anos – e, dentro desse grupo, com especial prioridade, os maiores de 80 anos –, conferir direitos especiais e prevenir discriminações. Como já referido, um dos direitos assegurados pela legislação – que já era previsto em alguns Estados – é a gratuidade nos meios de transporte coletivo urbanos para maiores de 65 anos (art. 39).

Já quanto às pessoas com deficiência, é importante perceber que a Constituição trata do tema em vários dispositivos e sob várias perspectivas: do dever do Estado de desenvolver políticas para sua proteção e integração (arts. 23, II, 24, XIV, 203, IV e V, 208, III); da vedação a discriminação no ambiente de trabalho (art. 7º, XXXI); e da acessibilidade (arts. 227, § 1º, II, e § 2º, e 244), entre outros.

Já em 1989, a Lei nº 7.853/1989 tratava da acessibilidade a edifícios, logradouros e meios de transporte[178], referindo de forma mais geral o direito de acesso das pessoas com deficiência à educação, à saúde, à formação profissional e ao emprego.

---

[178] Também a Lei nº 8.899/1994 tratou do tema, concedendo gratuidade (dois assentos por veículo) para pessoas carentes com deficiência no transporte interestadual.

Em 2009, o Decreto nº 6.949, de 5 de agosto de 2009, promulgou no país a Convenção Internacional sobre os Direitos das Pessoas com Deficiência da ONU, observado o que dispõe o § 3º do art. 5º da Constituição, que dispõe amplamente sobre o assunto e constitui o novo marco normativo na matéria. Isso porque cuida-se de tratado internacional internalizado de acordo com o procedimento que lhe confere o *status* de emenda à Constituição, de modo que a Convenção Internacional sobre os Direitos das Pessoas com Deficiência é hoje norma constitucional.

A Lei nº 10.048/2000, por seu turno, trata não só das pessoas com deficiência, mas também de idosos, gestantes, lactantes e pessoas acompanhadas por crianças de colo (art. 1º). Seu objetivo é dispor sobre o atendimento prioritário desses cidadãos em repartições públicas ou em empresas concessionárias de serviço público (art. 2º), bem como sobre a acessibilidade dos logradouros e edifícios públicos (art. 4º) e dos meios de transporte coletivo (arts. 3º e 5º). A Lei nº 10.098/2000 se preocupou em estabelecer normas gerais e critérios básicos para a promoção da acessibilidade das pessoas portadoras de deficiência ou com mobilidade reduzida, mediante a supressão de barreiras e de obstáculos nas vias e espaços públicos, no mobiliário urbano, na construção e reforma de edifícios e nos meios de transporte e de comunicação.

A Lei nº 13.146/2015, editada com base na Convenção sobre os Direitos das Pessoas com Deficiência e seu Protocolo Facultativo, instituiu a "Lei Brasileira de Inclusão da Pessoa com Deficiência (Estatuto da Pessoa com Deficiência), destinada a assegurar e a promover, em condições de igualdade, o exercício dos direitos e das liberdades fundamentais por pessoa com deficiência, visando à sua inclusão social e cidadania".

É importante registrar que acessibilidade não envolve apenas a superação de obstáculos físicos para a liberdade de locomoção e de acesso das pessoas no âmbito de ruas, calçadas e edifícios, embora ela continue a ser da maior importância e esteja longe de estar totalmente realizada. De forma mais ampla, a acessibilidade é o mecanismo por meio do qual se vai eliminar as desvantagens sociais enfrentadas pelas pessoas com deficiência, pois dela depende a realização dos seus demais direitos.

Não é possível falar em direito das pessoas com deficiência à educação, à saúde, à inserção no mercado de trabalho, ou a quaisquer outros direitos, se a sociedade continuar a se organizar de maneira que inviabilize o acesso dessas pessoas a tais direitos, impedindo-as de participar plena e independentemente do convívio social. A acessibilidade, nesse sentido, é uma pré-condição ao exercício dos demais direitos por parte das pessoas com deficiência. Sem ela, não há acesso possível para as pessoas com deficiência. Por isso a acessibilidade é tanto um direito em si quanto um direito instrumental aos outros direitos.

É importante distinguir a acessibilidade em relação ao passado, de um lado, e ao presente/futuro, de outro, sendo certo que o "presente" começou a rigor com a Lei nº 7.853/1989 ou, ao menos, com a Convenção, internalizada em 2009. Quando ao presente e ao futuro, o art. 2º da Convenção prevê que o direito à acessibilidade impõe a agentes públicos e privados o dever de produzir espaços, tecnologias, serviços e demais canais de acesso ao convívio social de acordo com um desenho universal, isto é, de modo que sejam realmente capazes de permitir a sua fruição por todas as pessoas (não apenas "por todas as pessoas com deficiência", portanto). A lógica do desenho universal amplia o paradigma do ser humano usuário de produtos, ambientes, programas e serviços, permitindo uma abordagem de acessibilidade muito mais eficaz.

As maiores dificuldades surgem, naturalmente, na implementação das soluções posteriores de acessibilidade: um conjunto enorme de estruturas e serviços foi concebido e executado, no passado, ignorando inteiramente a existência e as características de muitas pessoas. Surge aqui, portanto, o dever de acomodação, isto é: o dever de adaptar as estruturas existentes de modo a eliminar, ou ao menos contornar, as barreiras existentes e que impedem o acesso de determinadas pessoas, em igualdade de condições com as demais, a essas estruturas. A Convenção da

ONU identifica essa tensão entre o dever de acomodar e os limites práticos que ele enfrenta, adotando, para o seu equacionamento, o conceito de acomodação razoável. É fácil perceber que o desenho universal elimina as duas maiores dificuldades na implementação de medidas de acessibilidade a um só tempo: os custos associados a adaptações posteriores e a desigualdade inerente à própria ideia de adaptação.

A Constituição brasileira de 1988 conferiu ainda proteções específicas aos povos indígenas e o Brasil internalizou também, em 2004, a Convenção 169 da OIT sobre Povos Indígenas e Tribais. O art. 216 da Constituição considera integrantes do patrimônio cultural brasileiro, dentre outros elementos, os "modos de criar, fazer e viver" (inciso II) dos grupos formadores da sociedade brasileira, dentre os quais certamente se encontram os povos indígenas. O art. 231 afirma que "São reconhecidos aos índios sua organização social, costumes, línguas, crenças e tradições, e os direitos originários sobre as terras que tradicionalmente ocupam".

Diversamente do que se passou em outros lugares na América Latina, portanto, a Constituição brasileira não atribuiu expressamente aos povos indígenas autonomia ou reconhecimento de suas normatividades próprias. As expressões "modos de criar, fazer e viver" e "organização social" poderiam eventualmente ser compreendidos nesse sentido, mas esse não parece ser o entendimento do STF. Com efeito, no rumoroso julgamento envolvendo a demarcação da reserva Raposa Serra do Sol, é possível ter uma percepção de que a compreensão da Corte é no sentido de que a Constituição não atribuiu qualquer validade ou eficácia a normatividades de origem indígena, devendo prevalecer em qualquer caso as normas de origem estatal, com clara predominância – liderança é o termo utilizado no acórdão – das iniciativas da União (Pet. nº 3.388).

A maior parte das disposições do art. 231 se ocupa do tema da terra: ocupação, demarcação e exploração dela e de recursos nela contidos. São consideradas terras tradicionalmente ocupadas pelos índios as por eles habitadas em caráter permanente, as utilizadas para suas atividades produtivas, as imprescindíveis à preservação dos recursos ambientais necessários a seu bem-estar e as necessárias a sua reprodução física e cultural, segundo seus usos, costumes e tradições, cabendo à União demarcá-las.

A Constituição prevê que as terras tradicionalmente ocupadas pelos índios são bens da União (art. 20, XI), mas lhes garante a posse permanente e o usufruto exclusivo das riquezas do solo, dos rios e dos lagos nelas existentes (art. 231, § 2º). De outro lado, a Constituição prevê a possibilidade de aproveitamento pela União de recursos hídricos, incluídos os potenciais energéticos, a pesquisa e a lavra das riquezas minerais existentes nessas áreas, mas subordina a autorização específica do Congresso Nacional e assegura participação nos resultados na forma a ser prevista em lei.

Um dos desafios em torno da demarcação das terras indígenas é, sem dúvida, a passagem do tempo e as mudanças operadas nas regiões. A lentidão no processo de demarcação não tem contribuído para a segurança jurídica no particular. Seja como for, a Constituição prevê que "são nulos e extintos, não produzindo efeitos jurídicos, os atos que tenham por objeto a ocupação, o domínio e a posse das terras a que se refere este artigo" (art. 231, § 6º).

Um debate em curso envolve exatamente o marco temporal da ocupação das terras que definiria o direito dos povos indígenas a elas. A disputa envolve saber se os povos indígenas teriam direito de ocupar apenas as terras que ocupavam ou já disputavam na data de promulgação da Constituição de 1988, ou se esse marco temporal não poderia ser utilizado para limitar a pretensão de povos indígenas.

Em 2023, o STF considerou inválida a tese do marco temporal, entendendo possível a pretensão de povos indígenas a ocupação de terras independente da demonstração de ocuparem ou disputarem a ocupação da terra em 5 de outubro de 1988 (RE nº 1.017.365). Na sequência da decisão do STF, o Congresso Nacional editou a editou a Lei nº 14.701/2023 e restabeleceu o marco temporal. Desde então, foram apresentadas quatro ações questionando a validade da lei (ADI nº 7582, ADI nº 7583, ADI nº 7586 e ADO nº 86) e uma pedindo que o STF declare sua constitucionalidade (ADC nº 87). A questão ainda pende de resolução.

Um desenvolvimento recente sobre o tema da proteção de grupos especialmente vulneráveis envolve a atuação da Defensoria Pública em processos judiciais como *custos vulnerabilis* na defesa coletiva desse tipo de grupo, reconhecendo-se a ela poderes processuais semelhantes aos das partes no processo. Essa prerrogativa da Defensoria tem sido extraída da redação do art. 134 da Constituição a partir da EC nº 80/2014, que incumbiu a instituição da defesa dos direitos individuais e coletivos dos necessitados, no contexto do regime democrático e da promoção dos direitos humanos.

Ministros do STF já reconheceram o papel de *custos vulnerabilis* à Defensoria Pública da União em ao menos dois processos (ADPFs nº 709 e nº 991), que discutiam pretensões de povos indígenas isolados e de recente contato, grupos que foram considerados de extrema vulnerabilidade. Na ADPF nº 709, o Ministro Relator Luís Roberto Barroso indicou os critérios que justificam essa atuação da Defensoria: "(i) a vulnerabilidade dos destinatários da prestação jurisdicional; (ii) o elevado grau de desproteção judiciária dos interesses que se pretende defender; (iii) a formulação do requerimento por defensores com atribuição para a matéria; e (iv) a pertinência da atuação com uma estratégia de cunho institucional, que se expressa na relevância do direito e/ou no impacto do caso sobre um amplo universo de representados. Tais requisitos asseguram um uso razoável e não excessivo do instituto. Embora a análise de alguns deles compita à própria instituição, o Poder Judiciário em princípio poderá aferir, como etapa prévia à admissão do ingresso, ao menos os três primeiros acima elencados".

Embora a atuação da Defensoria como *custos vulnerabilis* tenha se dado em demandas envolvendo povos indígenas especialmente vulneráveis, a racionalidade da figura não se limita a eles, podendo ser aplicada a qualquer grupo nessa condição.

6.5 DIREITOS FUNDAMENTAIS E ORDEM SOCIAL

O Título VIII da Constituição se ocupa da chamada "Ordem Social", na qual foram reunidos dispositivos sobre temas variados: de saúde e educação até cultura, desporto e índios. De forma simplificada, é possível afirmar que nesse Título a Constituição tem duas pretensões principais, que se comunicam: detalhar determinados direitos e delinear desde logo políticas públicas visando protegê-los e promovê-los, o que em alguns casos inclui a indicação de estruturas estatais que devem ser organizadas para esse fim.

Há uma conexão bastante direta entre os direitos sociais (art. 6º) e trabalhistas (art. 7º) e a ordem social. O art. 6º lista os direitos sociais, a saber: a educação, a saúde, a alimentação, o trabalho, a moradia, o transporte, o lazer, a segurança, a previdência social, a proteção à maternidade e à infância e a assistência aos desamparados, e vários desses direitos serão detalhados nas previsões da ordem social. O novo direito à renda básica familiar para pessoas em situação de vulnerabilidade social, criado pela EC nº 114/2021, foi acompanhado de um novo objetivo para o sistema de assistência social constante agora do art. 203, VI: "a redução da vulnerabilidade socioeconômica de famílias em situação de pobreza ou de extrema pobreza".

Alguns direitos dos trabalhadores previstos no art. 7º são também benefícios previdenciários – direitos sociais, portanto –, como a licença-maternidade e o auxílio-desemprego. Mas as conexões entre direitos dos trabalhadores e a ordem social são mais amplas. O sistema previdenciário está diretamente ligado ao mundo do trabalho. Um dos objetivos da assistência social é promover a integração das pessoas ao mercado de trabalho (art. 203, III) e, no caso da educação, um de seus propósitos é garantir a qualificação dos educandos para o trabalho (art. 205). Além disso, a saúde do trabalhador é uma prioridade do SUS (art. 200, II).

Mas não são apenas direitos trabalhistas e sociais que recebem braços e pernas por meio das previsões contidas na ordem social. A promoção da igualdade das mulheres em geral, e no ambiente de trabalho em particular, está subjacente ao benefício da licença-maternidade. A igualdade de grupos que apresentam vulnerabilidades no ambiente social demanda iniciativas específicas previstas na ordem social.

De forma mais ampla, como já se discutiu, existe grande interdependência entre os direitos fundamentais de modo que a garantia da liberdade profissional pouco significará na prática para pessoas analfabetas e que se encontram em situação de miserabilidade. Do mesmo modo, o direito de votar, ser votado, participar e controlar a ação estatal estará distante da realidade de pessoas que estejam passando fome. A liberdade de iniciativa e de locomoção será uma ficção para pessoas com deficiência na ausência de mecanismos de acessibilidade.

A ordem social, portanto, está estruturalmente ligada a todo o sistema dos direitos fundamentais organizado pela Constituição, embora ela se ocupe de detalhar alguns direitos apenas bem como de delinear determinadas políticas públicas. É nesse Título que constam normas mais analíticas sobre os direitos à educação, à saúde, à previdência e à assistência social, além da indicação de uma série de políticas públicas para a garantia desses direitos e igualmente para a proteção à maternidade e à infância e ao trabalho. Nem todos os direitos sociais do art. 6º, porém, encontram tratamento paralelo na ordem social: é na parte sobre política urbana, por exemplo, que a Constituição vai dispor sobre políticas públicas de promoção aos direitos à moradia, ao transporte e ao lazer.

O Capítulo I da Ordem Social (art. 193) prevê que ela "tem como base o primado do trabalho, e como objetivo o bem-estar e a justiça sociais". Como suprarreferido, preservar e recuperar a saúde do trabalhador, integrar as pessoas no mercado de trabalho e qualificar para o trabalho são objetivos constitucionais da seguridade social e da educação. O parágrafo único do art. 193, introduzido pela Emenda Constitucional nº 108/2020, traz duas informações importantes.

Em primeiro lugar, a Constituição deixa claro que a realização dos objetivos previstos no *caput* – bem-estar e justiça sociais – dependem de políticas públicas. Já se discutiu a centralidade das políticas públicas para a garantia de todos os direitos fundamentais e com ainda maior razão para a realização dos chamados direitos sociais.

Em segundo lugar, a Constituição prevê que, embora caiba ao Estado o planejamento e a execução das políticas públicas, a lei deve assegurar a participação da sociedade "nos processos de formulação, de monitoramento, de controle e de avaliação dessas políticas". Além da participação da sociedade em todos esses processos, a Constituição passa a indicar que as políticas públicas devem ser objeto de monitoramento, controle e avaliação. Afinal, seu objetivo é promover direitos fundamentais e só será possível saber se tais direitos estão sendo efetivamente promovidos por meio do monitoramento, controle e avaliação.

Na verdade, a Emenda Constitucional nº 109/2021 previu de forma mais geral (art. 37, § 16) que a Administração Pública deve "realizar avaliação das políticas públicas, inclusive com divulgação do objeto a ser avaliado e dos resultados alcançados, na forma da lei", e que as leis orçamentárias devem observar, no que couber, o resultado do monitoramento e da avaliação das políticas públicas (art. 165, § 16). O parágrafo único do art. 193 se insere nesse mesmo contexto, adicionando de forma específica a participação da sociedade nesses processos de monitoramento e avaliação das políticas sociais.

O Capítulo II do Título VIII (Da Ordem Social) trata do que a Constituição identifica como seguridade social, expressão que engloba os sistemas destinados a oferecer serviços relacionados com a promoção dos direitos à saúde, à previdência social e à assistência social. Nesse capítulo inicial, a Constituição se ocupa de estabelecer princípios para a organização desses sistemas e regras acerca do seu custeio. Na sequência, a Constituição trata de forma específica de delinear as políticas públicas que devem ser adotadas para a proteção da saúde, da previdência social e da assistência social.

Acerca da organização dos sistemas integrantes da seguridade social, duas previsões devem ser destacadas. A primeira é a que prevê que a lei, ao estruturá-los, deve ter como objetivo a universalidade da cobertura e do atendimento (art. 194, parágrafo único, I). Nos termos da própria Constituição, esse objetivo é alcançado de forma ampla no que diz respeito aos direitos à saúde e à assistência social: as prestações ofertadas pelos sistemas organizados pela Constituição para atendê-los estão acessíveis a todos. No caso da previdência social, de forma um pouco diversa, a própria Constituição dispõe que a fruição dos benefícios previstos pelo sistema público depende da filiação a ele (que é obrigatória no contexto do trabalho formal) e do atendimento a determinados requisitos, entre os quais a contribuição.

A universalidade da cobertura e atendimento, portanto, indica uma meta no sentido de que todas as pessoas devem contar com proteção diante de determinados eventos previsíveis como, por exemplo, doença e idade avançada. É importante, portanto, ampliar a cobertura dessas proteções, o que poderá ser realizado por meio de variados mecanismos, não necessariamente via estruturas estatais. Nesse sentido, a partir da Emenda Constitucional nº 20/1998, a contratação voluntária de planos de previdência privada passou a ser estimulada pela Constituição, nos termos do art. 202, justamente a fim de ampliar os meios capazes de realizar essa meta.

Uma segunda diretriz a ser observada pelos sistemas integrantes da seguridade social (art. 194, VII) é a gestão democrática e descentralizada da sua administração, o que nos termos da Constituição demanda a existência de órgãos colegiados com a participação não apenas do governo mais dos empregadores, dos trabalhadores e dos aposentados. A presença dos empregadores nessa composição é relevante tanto pela vinculação desses sistemas com o mundo do trabalho, já mencionada, quanto pela circunstância de que boa parte do custeio da seguridade social é extraída de contribuições sociais pagas pelos empregadores e trabalhadores.

Avançando para o tema do custeio, o art. 195 estabelece desde logo alguns princípios e regras. Em primeiro lugar, a Constituição já prevê contribuições sociais destinadas a custear os serviços a serem prestados por esses sistemas, a serem criadas por lei (art. 195, I a IV), estabelecendo uma série de regras acerca delas, como se vê dos parágrafos do art. 195. Vale lembrar que apenas a União pode criar contribuições sociais, nos termos do art. 149, de modo que as leis em questão são da competência exclusiva da União. Enquanto Estados, Distrito Federal e Municípios apenas podem instituir contribuição social a ser cobrada de seus servidores, para o custeio, em benefício destes, do seu próprio regime previdenciário, na linha do art. 149, § 1º.

Em segundo lugar, a Constituição autoriza a criação de novas fontes de custeio para a seguridade social, desde que a criação aconteça por meio de lei complementar e o novo tributo seja não cumulativo e não tenha fato gerador ou base de cálculo próprios dos já discriminados na própria Constituição: isso é o que resulta do art. 195, § 4º, combinado com o art. 154, I, a que ele se refere.

Em qualquer caso, e em terceiro lugar, as entidades beneficentes de assistência social que atendam às exigências estabelecidas em lei gozam de imunidade relativamente ao pagamento de contribuições para a seguridade social (art. 195, § 7º). Embora o dispositivo afirme que elas são "isentas", entende-se de forma tranquila que se trata de uma imunidade. E o STF entende igualmente que, embora o dispositivo mencione apenas "assistência social", deve-se entender a expressão de forma ampla para incluir também entidades que prestem serviços de saúde e educação. A ideia subjacente a essa imunidade é a de que a prestação, por agentes privados, de assistência social deve ser estimulada, não sendo naturalmente uma atividade privativa do Estado.

Por fim, uma última previsão da maior importância acerca do custeio é a que consta do art. 195, § 5º, de que "nenhum benefício ou serviço da seguridade social poderá ser criado, majorado ou estendido sem a correspondente fonte de custeio total". Trata-se de uma regra que visa assegurar a realidade financeira do sistema: a previsão de um novo benefício ou serviço deve ser acompanhada do dinheiro necessário para custeá-la. A norma se dirige inicialmente ao legislador e ao administrador que, no âmbito de suas competências, são os órgãos que podem criar, majorar ou estender benefícios ou serviços no âmbito da seguridade social. A realidade, porém, é que muitas vezes decisões judiciais produzem resultado similar – isto é: criam, majoram e estendem benefícios ou serviços – gerando as dificuldades mencionadas no tópico em que se tratou dos custos dos direitos.

A preocupação com a sustentabilidade financeira da seguridade social, particularmente no que diz respeito à previdência social, está subjacente a uma série de normas introduzidas pela EC nº 103/2019. Entre essas regras, vale destacar não apenas o aumento das alíquotas, mas também sua progressividade e, no caso dos servidores públicos, a possibilidade de cobranças extraordinárias para sanar déficits atuariais.

Nos capítulos seguintes, a Constituição passa a tratar de forma específica dos três sistemas que integram a seguridade social: educação, previdência social e assistência social. Cada um desses direitos será examinado na sequência, mas vale registrar algumas previsões constitucionais sobre como essas prestações de saúde serão organizadas e efetivamente oferecidas à população.

Em primeiro lugar, a Constituição organiza um sistema público, o Sistema único de Saúde – SUS, integrado por todos os entes da Federação, mas prevê que a prestação dos serviços será descentralizada. Ou seja: embora o sistema seja um só e em certa medida hierarquizado integrando União, Estados, Distrito Federal e Municípios, a ideia é que a prestação do serviço seja tão local quanto possível (art. 198, *caput* e I).

Uma segunda característica do Sistema Único de Saúde previsto expressamente pela Constituição é o seu caráter participativo (art. 198, III). A Constituição dispõe sobre a participação da comunidade em geral por meio de conselhos de saúde. Essa diretriz percorre toda a seguridade social, como suprarreferido, de modo que a participação da comunidade, dos usuários, trabalhadores e empregadores faz parte da estruturação da política pública que visa garantir esses direitos.

Uma terceira característica do SUS tal como organizado pela Constituição envolve quem presta os serviços. Como regra, eles serão prestados por estruturas do próprio Estado, dos diferentes níveis federativos, mas é possível que instituições privadas participem de forma complementar, prestando serviços por meio de contratos ou convênios firmados com o sistema (art. 199, § 1º). Na prática, isso é bastante comum no país como um todo.

Paralelamente ao SUS, a Constituição admite de forma expressa que a iniciativa privada possa prestar serviços de saúde com fins lucrativos, cobrando por eles, portanto (art. 199, *caput*). Trata-se de uma atividade privada, mas sob regulação estatal específica, tendo sido criada uma agência reguladora específica para o setor: a Agência Nacional de Saúde Suplementar (ANS). Além dos serviços de saúde comercializados, a Constituição reconhece a existência, histórica no país, de atividades filantrópicas na área de saúde, que gozam inclusive de benefícios fiscais (art. 199, § 1º). Os serviços de saúde, portanto, não são privativos do Estado: o Estado tem o dever constitucional de prestá-los, mas não exclusividade em sua prestação.

Na sequência, a Constituição vai se ocupar de organizar o sistema de previdência social, que é, como já referido, um direito social. O art. 201 vai detalhar os benefícios que a Constituição prevê no âmbito desse sistema, sobre os quais ser tratará adiante. O objetivo do sistema público de previdência social é oferecer um sistema subsidiado que proporcione, a custos em tese menores, coberturas para eventos razoavelmente previsíveis (como idade avançada e doença) que inviabilizam o trabalho e a geração de renda pelo indivíduo. Assim como acontece com a prestação de serviços de saúde, porém, os produtos e serviços previdenciários devem ser oferecidos pelo Estado, nos termos delineados pela Constituição, mas não são privativos do Estado. Também a iniciativa privada pode atuar nesse setor, oferecendo produtos e serviços em caráter comercial, como prevê o art. 202.

O último sistema da seguridade social é a assistência social. Aqui sim, a universalidade prevista no art. 194, I, é plenamente realizada, ao menos em tese, na medida em que o art. 203 prevê de forma expressa que os benefícios da assistência social serão prestados a quem deles necessitar, independentemente de contribuição à seguridade social.

A Constituição não estabelece propriamente benefícios específicos – caberá ao legislador fazê-lo –, mas objetivos que devem ser promovidos pelo sistema que vier a ser estruturado. Esses objetivos envolvem a proteção à família, à maternidade, à infância e à adolescência, o amparo a crianças e adolescentes carentes, a promoção de integração das pessoas ao mercado de trabalho e a habilitação e a reabilitação de pessoas portadoras de deficiência e a promoção da sua integração vida comunitária.

O inc. V do art. 203 prevê desde logo um benefício específico que o sistema deve assegurar: o benefício mensal, devido à pessoa portadora de deficiência e ao idoso que comprovem não ter meios de prover a própria manutenção ou de tê-la provida por sua família. A lei naturalmente irá detalhar como tais exigências deverão ser atendidas na prática.

O Capítulo III do Título VIII (Da ordem social) congrega a disciplina constitucional da educação, cultura e desporto. O direito à educação já foi examinado, e sobre a cultura vale o registro de que a Lei nº 14.903/2024 criou o marco regulatório de fomento à cultura de que trata o art. 216-A da Constituição. A lei pretende ser aplicável a todos os entes da federação invocando ser norma geral no âmbito da competência do art. 24, IX, da Constituição. A nova lei cria uma série de "instrumentos de execução do regime próprio de fomento à cultura" e veda de forma expressa a aplicação da Lei de Licitações e Contratos Administrativos (Lei nº 14.133/2021) aos instrumentos específicos do regime jurídico próprio de fomento à cultura por ela previstos.

O Capítulo IV cuida dos temas da ciência, tecnologia e inovação, prevendo deveres programáticos para o Poder Público, no sentido de promover e incentivar o desenvolvimento científico, a pesquisa, a capacitação científica e tecnológica e a inovação. O capítulo foi amplamente alterado pela Emenda Constitucional nº 85/2015 e, entre outras possibilidades, prevê a articulação entre o Poder Público e agentes privados na consecução dos fins ali descritos.

O Capítulo V se ocupa da dimensão coletiva da liberdade de expressão e informação, ao dispor sobre a comunicação social, e o Capítulo VI regula as relações com o meio ambiente, tema que já foi objeto de nota anterior. Os Capítulos VII e VIII protegem a família e trazem previsões acerca de grupos considerados vulneráveis: crianças, idosos, pessoas com deficiência e populações indígenas.

6.5.1 Direitos fundamentais e riscos coletivos

Como discutido *supra*, muitos direitos têm dimensões individuais e coletivas e por vezes até mesmo difusas. O direito ao meio ambiente saudável, por exemplo, diz respeito ao mesmo tempo ao indivíduo que contraiu uma doença por conta da contaminação da água, a uma comunidade pesqueira que teve sua atividade econômica prejudicada por um derrame de óleo na água e a toda uma região que sofre com a poluição atmosférica. Mas a realidade é que os direitos não têm apenas dimensões coletivas, como já descrito. Nas sociedades contemporâneas, os direitos podem sofrer de forma específica por conta de riscos coletivos.

Existem diferentes conceitos de riscos coletivos e não se pretende fazer aqui uma teorização sobre o ponto. Basta observar o fato de que atividades humanas e eventos naturais (e as interações entre eles) têm o potencial de gerar consequências indesejadas e por vezes dramáticas com impacto sobre os direitos – por vezes inclusive sobre o direito à vida – de grandes quantidades de pessoas.

Historicamente foram identificados riscos coletivos associados a atividades humanas específicas nas sociedades de massa e o direito tem tentado lidar com eles por meio de regulação estatal e seguros obrigatórios. Problemas podem acontecer no sistema financeiro em prejuízo dos poupadores: a regulação estatal levada a cabo pelo Banco Central tenta minimizar esses riscos, assim como aquela a cargo da Susep, no caso do mercado de seguros. Acidentes de trânsito afetam a vida e a integridade física de pessoas todos os dias: o sistema de seguro obrigatório para proteção de vítimas de acidentes de trânsito organiza indenizações para de algum modo minimizar os impactos dessas tragédias (Lei Complementar nº 207/2024).

Mais recentemente, porém, riscos coletivos de ainda maiores dimensões têm trazido danos a direitos de grandes grupos humanos. Pandemias, como a de covid-19 experimentada de 2020 a 2022, repercutiram sobre direitos à vida, à saúde, mas não apenas sobre eles: direitos à educação, à locomoção, entre outros foram também afetados. Enchentes, secas e furacões impactam um conjunto de direitos de uma grande quantidade de pessoas de forma dramática, como aconteceu com o estado do Rio Grande do Sul no ano de 2024.

A Constituição atribui à União a competência político-administrativa para planejar e promover a defesa permanente contra as calamidades públicas (art. 21, XVIII), mas isso não afasta a competência comum dos demais entes, por exemplo, para cuidar da saúde e assistência pública (art. 23, II), e, no caso dos Municípios, para enfrentar assuntos de interesse local (art. 30, I e II).

Uma das dimensões do enfrentamento de calamidades envolve a disciplina dos gastos públicos que é regulada por lei complementar federal (*rectius*: nacional). O art. 65 da Lei de Responsabilidade Fiscal – LRF (a Lei Complementar nº 101/2000) prevê que no caso de declaração de calamidade pública por qualquer ente federativo e enquanto ela durar ficam suspensas várias regras nela previstas em matéria de finanças públicas.

Além das previsões da LRF, a Emenda Constitucional nº 109/2021 criou uma disciplina geral para a figura da calamidade pública regulando o regime financeiro e orçamentário aplicável no caso de sua declaração pelo Congresso Nacional nos termos do art. 49, XVIII, da Constituição. Os novos arts. 167-B, 167-C, 167-D, 167-E, 167-F e 167-G trazem um conjunto de regras que flexibilizam normas orçamentárias e de finanças públicas a serem aplicadas durante o período da calamidade pública.

A partir da EC nº 109/2021, portanto, para além dos efeitos associados pelo art. 65 da Lei de Responsabilidade Fiscal para a declaração de calamidade pública por qualquer ente federativo, no caso de declaração de calamidade pelo Congresso Nacional nos termos do art. 49, XVIII, a Constituição prevê um sistema excepcional a ser aplicado.

Em maio de 2024, a Lei Complementar nº 206 alterou a Lei de Responsabilidade Fiscal para prever que, no caso de eventos climáticos extremos dos quais decorra estado de calamidade pública reconhecido pelo Congresso Nacional, mediante proposta do Poder Executivo federal, em parte ou na integralidade do território nacional a União fica autorizada a postergar o pagamento da dívida de entes federativos afetados pela calamidade pública reconhecida pelo Congresso Nacional e a reduzir a taxa de juros dos contratos de dívida dos referidos entes com a União.

Ou seja: existe hoje um sistema normativo voltado para regular as finanças públicos do ente federado envolvido pela calamidade e que prevê igualmente mecanismos de solidariedade federativa – entre a União e os entes federados afetados – de modo a contribuir para os esforços de recuperação com foco nos direitos das pessoas.

6.6 DIREITOS FUNDAMENTAIS E ORDEM ECONÔMICA

É importante perceber a conexão dos direitos fundamentais com o sistema constitucional como um todo e com cada uma de suas partes. Aqui se quer destacar duas grandes conexões dos direitos fundamentais com a ordem econômica.

A Constituição disciplina, a partir do art. 170, a ordem econômica, estabelecendo princípios gerais, regulando a atuação dos agentes econômicos privados, da intervenção estatal na economia, além de estabelecer diretrizes acerca do desenvolvimento de atividades socialmente relevantes (*e.g.* sistema financeiro) e do uso de bens também socialmente relevantes, como os imóveis rurais, indispensáveis para a produção de alimento, por exemplo, e os imóveis urbanos, em torno dos quais as cidades se organizam. A conexão de toda essa disciplina com os direitos fundamentais é bastante clara.

As pessoas são igualmente participantes da ordem econômica. O trabalho que move a ordem econômica é um direito social e, a rigor, uma necessidade das pessoas. As pessoas são empreendedoras e cooperadas. De outra parte, as pessoas são consumidoras, investidoras e poupadoras. Elas precisam de moradia, de alimento, de serviços, de mobilidade urbana, de bens necessários ao atendimento de direitos variados; elas são usuárias de serviços públicos. As pessoas recebem o impacto ambiental da degradação em seus corpos. As previsões da ordem econômica não dizem respeito a uma realidade diferente daquela onde vivem pessoas que são titulares de direitos fundamentais.

Uma segunda conexão da ordem econômica com os direitos fundamentais é mais indireta, mas não menos relevante. Um dos objetivos da República Federativa do Brasil, nos termos do art. 3º, III, da Constituição é a erradicação da pobreza e da marginalização. Vários dos direitos fundamentais expressamente previstos pela Constituição e examinados anteriormente se relacionam, direta ou indiretamente, com esse objetivo. Outros direitos, como a assistência social e a renda básica familiar, por exemplo, têm um objetivo mais modesto – e mais urgente – de tentar impedir que as pessoas vivam em um estado de pobreza extrema até que se avance no objetivo da erradicação da pobreza ao longo do tempo.

A despeito da urgência da pobreza extrema, o objetivo de mais longo prazo de erradicação da pobreza se relaciona de forma óbvia com a realidade da fruição dos direitos fundamentais, sobretudo dos direitos individuais e políticos, já que estes podem eventualmente ser prejudicados por uma dependência intensa e longa de programas assistenciais públicos.

O ideal, portanto, é que o desenvolvimento econômico do país promova inclusão social e avance o objetivo de erradicação da pobreza e da marginalização em bases sustentáveis, permanecendo o conjunto de direitos sociais, e os direitos da assistência social em particular, como uma rede de segurança para garantir a dignidade humana mesmo quando tudo deu errado na jornada da pessoa.

6.7 DIREITOS FUNDAMENTAIS E TRIBUTAÇÃO

Também aqui é importante compreender as múltiplas relações da tributação adotada por um país com os direitos fundamentais de sua população. *A primeira relação, e a historicamente mais antiga, associa a tributação com a restrição de direitos*, sobretudo da propriedade. Assim, as normas constitucionais que abordam o assunto ocupam-se, com boa razão, de limitar a ação estatal, a fim de proteger os direitos das pessoas contra a sanha arrecadatória do Estado. Na expressão clássica da jurisprudência norte-americana, o poder de tributar envolve o poder de destruir.

Essa relação continua extremamente relevante. Quanto mais tributos são cobrados, menos dinheiro as pessoas têm para dispor, elas mesmas, como acharem melhor: a restrição à propriedade é inevitável. Assim, uma parte importante das normas constitucionais sobre o tema vai estabelecer limites ao poder de tributar, definir os tributos que podem ser instituídos e cobrados, bem como as regras e competências para a criação de novos, tudo de modo a impedir que o Estado (União, Estados, Distrito Federal e Municípios) se exceda em sua atividade tributária em detrimento dos direitos das pessoas. As garantias dos contribuintes são consideradas cláusulas pétreas pelo STF, embora não constem do art. 5º (ADI nº 939). Isso significa que nem mesmo emendas constitucionais podem tender a abolir tais garantias.

Mas há uma *segunda relação do direito tributário com os direitos fundamentais* importante para sua compreensão e que complementa o ponto anterior, introduzindo certa tensão em relação a ele. Não há dúvida de que a ação tributária estatal pode ser uma ameaça para os direitos individuais, espoliando as pessoas de seus bens e meios de vida. Por outro lado, no entanto, as atividades estatais em geral, incluindo aquelas que envolvem a proteção e a promoção de direitos, são custeadas pelos recursos públicos, boa parte dos quais é obtido por meio da tributação. Assim, por exemplo, os serviços públicos de saúde, ou de educação, ou de segurança são custeados principalmente pela via da tributação.

Ou seja, se o direito constitucional tributário se preocupa com os limites da ação estatal, ele está consciente de que a tributação define também, em boa medida, as possibilidades de atuação do Estado. Várias normas constitucionais têm essa perspectiva – não apenas em relação à tributação, mas também, e sobretudo, no campo do orçamento e das finanças públicas – ao dispor, por exemplo, sobre a vinculação de determinados tributos a finalidades específicas (as contribuições), dos investimentos mínimos em certos setores como saúde e educação.

A atribuição de tarefas e serviços ao Estado pela Constituição, ou pelas leis, importa a necessidade de recursos para custeá-los. Esses recursos precisam vir de algum lugar, frequentemente da tributação. Quase tudo custa dinheiro e não adianta fingir que basta a consagração constitucional ou legal de um direito que o Estado deve de alguma forma proteger ou promover para que automaticamente isso aconteça. Atos concretos terão de ser praticados para que esse fim se realize e eles têm custos.

Há ainda uma *terceira relação da tributação com os direitos fundamentais* que tem sido discutida mais recentemente e envolve os impactos que as opções do sistema tributário têm sobre os direitos e, frequentemente, sobre os direitos dos grupos menos favorecidos em uma sociedade desigual. A percepção desses impactos tem suscitado o debate para que as opções legislativas acerca da tributação sejam concebidas de modo a minimizar efeitos indesejados e maximizar efeitos desejados também sob essa perspectiva.

Um sistema centrado em tributação indireta, por exemplo, penaliza a população de baixa renda, já que o pobre e o rico pagam o mesmo tributo ao consumir determinado produto ou serviço. Na mesma linha, a indiferenciação de amplas categorias de produtos e serviços para fins de tributação produz esse mesmo efeito. Uma categoria ampla como transporte, por exemplo, inclui avião e trem urbano, serviços utilizados por grupos com capacidade contributiva em geral bastante diversa. Mas o impacto não envolve apenas o critério renda. Determinados produtos, por exemplo, são consumidos apenas por mulheres, de modo que uma maior incidência tributária as prejudica de forma desproporcional.

Veja-se a distinção entre as duas relações da tributação com os direitos fundamentais que se acaba de descrever. Ao criar uma política de transferência de renda como o Bolsa Família, por exemplo, o Estado pretende promover direitos e para isso precisa de recursos que virão majoritariamente dos tributos pagos pela sociedade. De outra parte, ao reduzir os tributos incidentes sobre os serviços de transporte público coletivo de passageiros rodoviário e metroviário urbano, norma tributária modula a arrecadação e reduz o impacto sobre os mais pobres, que mais usam esses serviços. Essa relação da tributação com os direitos fundamentais recebeu especial atenção da EC nº 132/2023, como se verá.

Por fim, *uma quarta relação da tributação com os direitos fundamentais envolve o uso parafiscal dos tributos para a promoção de determinados direitos*. Embora a finalidade principal da tributação seja a obtenção de recursos, muitas vezes as opções tributárias visam promover outros fins, seja por meio de estímulo ou desestímulo.

Frequentemente, essa utilização parafiscal do sistema tributário visa a fins macroeconômicos, como o controle da inflação, ou ao desenvolvimento regional, ou ao desenvolvimento de determinado setor da economia. Mas essa utilização parafiscal do sistema tributário pode ter como fim mais imediato a promoção de direitos. Com a EC nº 132/2023, dois fins parafiscais diretamente associados com a promoção de direitos foram estabelecidos na Constituição: a proteção do meio ambiente e a proteção da saúde. Como se verá, o novo texto constitucional autoriza de forma expressa diferenciações tributárias visando à promoção desses dois fins e criou, inclusive, um novo imposto – o imposto seletivo (art. 153, VIII), batizado pela imprensa como "imposto do pecado", que se destina a desestimular o consumo de bens e serviços considerados prejudiciais à saúde e ao meio ambiente.

7

Organização do Estado e a Federação brasileira

7.1 CONCEITOS PRELIMINARES

O tema da forma de Estado diz respeito à distribuição do poder político no espaço[1]. Isto é, no âmbito do território, quem pode levar a cabo, e em que termos, as diferentes funções estatais a fim de promover o bem comum e a satisfação dos direitos fundamentais: legislativa, jurisdicional e todas as diversas atividades a cargo do Poder Executivo e da Administração Pública de forma ampla. Trata-se, portanto, de saber se o poder político se distribui no território por vários polos ou não, se esses polos são autônomos e em que medida, ou se dependem inteiramente da autoridade central, por exemplo. Historicamente, a forma de Estado mais comum era aquela na qual havia um único centro de poder político (Estado unitário) que eventualmente poderia descentralizar atividades nas localidades, mas sempre sob seu controle ou supervisão. Em um Estado absoluto ou autoritário, é natural que o Estado seja unitário com pouca descentralização, de modo que tudo dependa da autoridade central, que concentra a maior parte do poder político.

O processo de democratização que se observa no último século em parte do mundo foi também acompanhado de uma tendência de descentralização política mesmo nos Estados unitários. Assim, instâncias de poder local – as denominações e as traduções são as mais variadas e vão desde regiões, províncias, autarquias locais, municípios, vilas, cidades etc. – reivindicam mais atribuições e progressivamente vão conquistando mais espaço, ainda que em tese, ou do ponto de vista formal, dependam do poder central.

Outra fórmula que se desenvolveu ao longo do tempo em países como a Espanha, por exemplo, é o chamado Estado regional. A principal distinção teórica do Estado Regional para o Estado unitário descentralizado consiste em que no primeiro há uma Constituição que assegura, em alguma medida, espaços de autonomia das regiões, embora a demarcação dessa autonomia dependa ainda de decisões do ente central.

Ou seja: diferentemente do que acontece com o Estado unitário descentralizado, no qual a decisão de atribuir competências às localidades é tomada pelo ente central que, a rigor, pode alterá-la ao longo do tempo, no caso do Estado Regional é a própria Constituição que determina que as regiões terão espaços de autonomia, ainda que caiba àquele delimitá-los de forma concreta. Isso abre para as regiões mecanismos de controle jurídico em face de atos do ente central que considerem violar sua autonomia constitucionalmente garantida. No âmbito do

---

[1] Sobre diferentes visões do federalismo, ver Miguel Gualano de Godoy; Renata Naomi Tranjan. Supremo Tribunal Federal e federalismo: antes e durante a pandemia. *Revista Direito GV*, v. 19, p. 2311, 2023.

Estado unitário descentralizado, a rigor, os mecanismos de que as localidades podem se valer para obter e manter suas competências é, sobretudo, a pressão política sobre o ente central.

No Estado regional, portanto, há um fundamento jurídico-constitucional, e não apenas político, para a reivindicação de que algum nível de autonomia das regiões seja respeitado pelo ente central, e não é incomum que os Tribunais Constitucionais tenham competência para dirimir tais controvérsias. E qual seria a distinção do Estado Regional para o Estado federal, que é a forma de Estado adotada pelo Brasil desde a Constituição de 1891? Em resumo, e do ponto de vista teórico, a principal diferença consiste em que no Estado federal a demarcação da autonomia dos entes federados é feita desde logo pela Constituição, não dependendo da decisão política de qualquer outro ente. Aprofunde-se a questão.

A grande ideia alternativa ao Estado unitário foi concebida e executada na formação dos Estados Unidos da América: o Estado federal. A Federação é uma forma de distribuir territorialmente o poder político, de modo que passam a coexistir dois (ou mais) níveis de poder autônomo no âmbito de um mesmo Estado: o ente central e os entes locais. Tenham se formado por agregação (isto é: a partir de Estados anteriormente independentes) ou por desagregação (a partir de um único Estado unitário anterior, como é o caso do Brasil), todos os Estados federais procuram produzir um equilíbrio ótimo entre dois fins principais: a garantia da unidade nacional e a preservação da diversidade própria das localidades[2]. E, operacionalmente, é preciso garantir que os entes locais participem da formação da vontade nacional.

Há diferentes formas de organizar um Estado federal, como dão conta os variados modelos existentes no mundo. Em todos eles, porém, esses três elementos – participação, unidade e diversidade – estarão em alguma medida presentes (ainda que em intensidade diversa).

7.1.1 Participação dos entes locais na vontade nacional

Um elemento típico dos Estados federais é que as Constituições regulam a participação dos entes locais na formação da vontade tanto do ente central (União) quanto do ente global (República Federativa do Brasil), resultante do conjunto formado pelo ente central e pelo ente local, que é, em geral, presentado ao menos em parte pelos mesmos órgãos que manifestam a vontade do ente central (como, por exemplo, o Congresso Nacional e a Presidência da República)[3].

No caso brasileiro, além do Senado, casa de representação específica dos Estados (art. 46), também a circunscrição eleitoral para o pleito de deputados federais é o Estado-membro (art. 45). A exceção fica por conta dos Municípios, figura particular do federalismo brasileiro, que não têm participação direta na formação da vontade do ente central[4]. Note-se que o Congresso Nacional está encarregado de competências tanto relacionadas apenas com o ente central quanto com o país como um todo, competências propriamente nacionais, tanto do ponto de vista interno quanto internacional.

Há ainda outros mecanismos de participação que merecem registro, como a possibilidade de Assembleias Legislativas apresentarem propostas de emenda à Constituição Federal (art. 60, III) e a legitimidade ativa dos Governadores e da Mesa das Assembleias Legislativas, bem como da Câmara Legislativa do Distrito Federal, para ajuizarem perante o STF ações de controle de constitucionalidade (art. 103, IV e V) sobre temas de interesse do Estado ou do Distrito

---

[2]   Augusto Zimmermann, *Teoria geral do federalismo democrático*, 1999, p. 47.

[3]   Augusto Zimmermann, *Teoria geral do federalismo democrático*, 1999, p. 120-121.

[4]   Tal circunstância alimentou o debate sobre a posição dos Municípios como verdadeiros entes federativos, questão hoje a rigor superada pela expressa opção da Constituição de 1988 nesse sentido. Sobre o tema, v., por todos, José Afonso da Silva, *Curso de direito constitucional positivo*, 2001, p. 476-477; e Sérgio Ferrari, *Constituição estadual e Federação*, 2003, p. 79-83.

Federal. Esta última possibilidade é especialmente relevante, pois a interpretação e aplicação da Constituição levada a cabo pelo STF – e particularmente das normas que distribuem competências entre os entes – acaba por integrar também o sentido e alcance da vontade nacional. Vale observar que os Municípios e suas autoridades continuam excluídos dessas possibilidades de participação.

7.1.2 Unidade nacional

Sob a ótica da *unidade nacional*, as Constituições estabelecem regras obrigatórias para todos os entes federativos, além de prever um mecanismo excepcional de proteção de algumas dessas regras, consideradas mais essenciais: a intervenção do ente central nos entes locais (art. 34), sendo que no Brasil admite-se também a intervenção dos Estados nos Municípios (art. 35).

Na realidade, a Constituição de 1988 impôs um conjunto considerável de normas obrigatórias para Estados e Municípios, sobretudo no que diz respeito à organização do Executivo e do Legislativo e o relacionamento entre eles, à Administração Pública e, naturalmente à garantia de direitos. Para além das previsões expressamente contidas na Constituição de observância obrigatória pelos entes federados, o STF, tradicionalmente, adota interpretações que prestigiam a padronização nacional, e não a diversidade ou as autonomias locais.

Ainda na perspectiva da *unidade*, e como já se sinalizou acima, coexistem no Estado Federal brasileiro três esferas, na verdade, e não apenas duas: a central, a local e a nacional. Nos Estados federais, os órgãos que manifestam a vontade específica do ente central, na esfera de sua competência, manifestam também a vontade do chamado *ente global ou nacional*[5]. A despeito da descentralização do poder político, o Estado federal é um único Estado, e não vários. Assim, tanto do ponto de vista internacional como do interno, há uma instância que não se confunde com os entes tanto central como local, mas antes é formado pela reunião deles. Um exemplo ilustra o ponto.

Nos termos da Constituição, compete ao Presidente da República e ao Congresso Nacional, cada qual em sua esfera de atuação, dispor, *e.g.*, sobre os servidores do ente central, comumente chamados de "servidores federais". Tais normas, como é evidente, não se aplicam a Estados e Municípios, que têm o seu regime próprio nesse particular. Nada obstante, aos mesmos Presidente e Congresso compete dispor sobre direito civil e direito penal, sendo que as disposições editadas sobre tais matérias serão aplicáveis não apenas ao ente central, mas a todos no âmbito do Estado brasileiro. Como é fácil perceber, neste segundo caso, e em tantos outros previstos pela Carta de 1988, os órgãos em questão exercem competências de caráter *nacional* ou *global* que lhe foram atribuídas pela Constituição, e não apenas atribuições vinculadas ao ente central.

A unidade nacional tem ainda outros desdobramentos. A União precisa adotar critérios isonômicos em suas relações com Estados e Municípios, salvo quando a Constituição expressamente autoriza tratamentos diferenciados por conta de desigualdades regionais – e há diversas referências nesse sentido ao longo da Constituição. A Constituição veda que os entes federados criem tratamento diferenciado entre brasileiros (art. 19, III) por qualquer fundamento inclusive com base na naturalidade. Por esse fundamento, o STF declarou inconstitucional lei do estado do Amazonas que criava sistema de cotas para preenchimento de vagas em universidade estadual para candidatos egressos de escolas localizadas no respectivo ente federativo (RE nº 614.873).

---

[5] Tal noção foi desenvolvida de forma específica pela chamada *Escola de Viena* (ou *teoria das três entidades estatais*) e teve como um dos seus principais defensores Hans Kelsen. Para uma análise do tema, v. Luís Roberto Barroso, *Direito constitucional brasileiro*: o problema da Federação, 1982, p. 13; e Sérgio Ferrari, *Constituição estadual e Federação*, 2003, p. 43-44.

7.1.3 Diversidade e autonomia local

Feito esse registro breve sobre a participação dos entes locais na formação da vontade nacional e sobre as normas que a Constituição impõe desde logo aos entes federados como exigências da unidade nacional, cabe retornar ao elemento fundamental dos Estados Federais, corolário da ideia base de diversidade local, que é a noção de autonomia dos entes federados.

Sob a ótica do elemento *diversidade local,* as Constituições atribuem um espaço próprio de competências a cada um dos entes federativos, que corresponde aos contornos de sua autonomia. Existem diferentes critérios possíveis para a distribuição de competências e a Constituição de 1988 utiliza vários deles simultaneamente, como se verá. Os entes federados não são dotados de soberania, mas apenas da autonomia que lhes é demarcada pela Constituição. Não há hierarquia entre os entes, mas todos estão submetidos à Constituição Federal e a seus comandos[6].

O que se acaba de registrar significa, por exemplo, que não existe hierarquia entre leis federais, estaduais e municipais no caso brasileiro: o que há é distribuição de competências, de modo que cada ente federado apenas pode legislar sobre os temas que a Constituição lhe atribui. Uma lei federal, portanto, não "vale mais" nem é "superior" a leis editadas por estados e municípios: que lei "deverá valer" em cada caso dependerá da verificação de quem é o ente federado competente para tratar do assunto. O ponto será aprofundado adiante.

No caso brasileiro, e nos termos do art. 18 da Constituição de 1988, a Federação é composta pela União, Estados, Distrito Federal e Municípios, todos autônomos nos termos da própria Constituição. Note-se desde logo que o Distrito Federal, embora considerado um ente da federação e, em muitos momentos, equiparado aos Estados, goza de um regime próprio com um escopo de autonomia menor do que aquele próprio aos Estados-membro.

Embora haja grande diversidade entre os Estados federais no mundo, todos procuram um equilíbrio entre a garantia da unidade nacional e a preservação da autonomia e da diversidade própria das localidades[7]. A autonomia de cada ente, como se sabe, é demarcada pela própria Constituição Federal e não há entre eles, repita-se, hierarquia: cada um é autônomo nos termos de suas competências e todos estão submetidos à Constituição Federal e a seus comandos.

Conforme lição consagrada da doutrina, a autonomia dos entes federados é composta pelos poderes de auto-organização, autogoverno e autoadministração e, naturalmente, pelas demais competências que lhes são atribuídas pela Constituição Federal. A auto-organização envolve o poder de elaborar sua própria Constituição e assim criar e organizar seus órgãos e entidades, ao passo que o autogoverno se relaciona com o poder de preencher essas estruturas, escolhendo seus governantes.

A autoadministração, por seu turno, trata da capacidade dos entes de desenvolverem suas competências, dar execução a suas leis, o que inclui a gestão de seus bens e a prestação dos serviços que lhe cabem. Quanto às competências, além de atribuir bens aos diferentes entes, a Constituição identifica competências de natureza político-administrativa, legislativas e tributárias.

É certo que a auto-organização, o autogoverno e a autoadministração de todos os entes federados também estão submetidos às regras constitucionais. Nos tópicos sobre Poder Legislativo, Poder Executivo e Administração Pública se trata das várias previsões contidas na Constituição de 1988 que são obrigatórias não apenas para a União, mas também para Estados,

---

[6] Luís Roberto Barroso, *Direito constitucional brasileiro:* O problema da Federação, 1982, p. 22 e ss.; e José Afonso da Silva, *Curso de direito constitucional positivo,* 2001, p. 104.

[7] STF, MC na ADI 216/PB, rel. p/ acórdão Min. Celso de Mello, *DJU* 07.05.1993: "O Estado Federal exprime, no plano da organização jurídica, a síntese que decorre de dois movimentos que se antagonizam: a tendência à unidade ou à centralização, que se rege pelo princípio unitário, e a tendência à pluralidade, ou à descentralização, que se funda no princípio federativo".

Distrito Federal e Municípios, de tal modo que eles não podem decidir de forma diversa no particular. Na prática, considerando o modelo adotado pela Constituição de 1988, e como se verá, não sobram muitos temas a serem definidos de forma autônoma pelos entes federados no particular.

Igualmente, as competências de todos os entes decorrem do que dispõe a Constituição Federal. Como já referido, os entes federados não são soberanos, mas autônomos *nos termos da Constituição Federal,* de modo que é ela que delineia o espaço de autonomia conferido a cada um deles. Isso significa, portanto, que cada ente apenas poderá levar a cabo atividades de qualquer natureza – validamente – caso elas estejam inseridas no espaço de autonomia que lhes foi atribuído pela Constituição.

Além das previsões gerais contidas na Constituição acerca dos contornos da autonomia dos entes, note-se, como referido, disposições particulares que repercutem especificamente sobre o Distrito Federal e municípios. Cabe à União (art. 21, XIII e XIV) organizar e manter o Poder Judiciário, o Ministério Público e as polícias civil, penal (criada pela Emenda Constitucional nº 104/2019), militar e o corpo de bombeiros do Distrito Federal, bem como legislar sobre tais temas (arts. 22, XVII, e 32, § 4º), e não ao próprio Distrito Federal. Quanto aos Municípios, eles não contam com Poder Judiciário nem com força policial, de modo que a eventual execução forçada de suas decisões dependerá das polícias estaduais. Daí por que se observou acima que o Distrito Federal e os Municípios têm um regime diferenciado no sistema constitucional brasileiro.

Pois bem. Seja qual for a extensão da autonomia definida pela Constituição para cada ente, o fato é que, definidas essas competências, seu exercício para todos se dá por direito próprio, por uma legitimidade colhida diretamente da Constituição, e não por delegação ou concessão de um ente ao outro, o que denotaria hierarquia. O Estado federativo, por sua vez, considera-do em seu conjunto, é formado pela reunião desses entes, caracterizando-se pelo atributo da soberania. Assim, e considerando que parte dessas competências envolve a edição de normas, como se verá, é natural que em uma federação convivam várias ordens jurídicas – expedidas pelo ente central e pelos entes locais no âmbito de suas competências – em subordinação a um ordenamento global[8].

Além disso, órgãos nacionais coexistirão ao lado das estruturas propriamente federativas. É inevitável que seja assim, já que há um ordenamento nacional, aplicável a todos os entes e ao Estado nas suas relações internacionais. As linhas mestras desse regramento encontram-se na Constituição, mas são desenvolvidas e concretizadas por órgãos igualmente nacionais. Na Federação brasileira, é possível encontrar essas estruturas nos três Poderes constitucionais.

No âmbito do Poder Judiciário isso é especialmente visível, sobretudo em relação ao STF, que é um órgão nacional, assim como o Conselho Nacional de Justiça. Nos outros Poderes a questão reveste-se de maiores sutilezas, já que um mesmo órgão titulariza competências nacionais e propriamente as federais, isto é, restritas ao âmbito do ente central. É o caso da Presidência da República e do Congresso Nacional. O primeiro é o chefe da Administração Pública Federal, mas também o Chefe de Estado brasileiro, incumbindo-lhe a prática de atos imputados à República Federativa do Brasil em seu conjunto, como a declaração de guerra e a assinatura de tratados. Da mesma forma, o Congresso Nacional, como referido, ora desempenha a função de órgão legislativo do ente federativo União, ora a de órgão representativo nacional.

Em conclusão dessa introdução, lembre-se de que a forma federativa de Estado é uma das cláusulas pétreas, prevista pelo art. 60, § 4º, I, que veda emendas que tendam a sua abolição. O tema já foi examinado quando se tratou do controle de constitucionalidade das emendas constitucionais, e cabe aqui apenas fazer um resumo.

---

8   Hans Kelsen, *Teoria do direito e do Estado*, 1998, p. 452.

Basicamente, o entendimento consolidado do STF é no sentido de que a cláusula pétrea em questão protege o sentido básico e essencial da Federação, mas, para além disso, não há óbice à atuação do poder constituinte derivado. Até porque nem toda modificação na relação existente entre os entes federativos concretamente adotada por um Estado importará rompimento com o princípio federativo. E nem faria sentido que uma cláusula de proteção da forma federativa de Estado impedisse o debate democrático sobre alterações que cada geração considere necessárias acerca desse arranjo de distribuição de poder, de modo que qualquer modificação dependesse necessariamente de ruptura constitucional e nova manifestação do poder constituinte originário.

Um rápido exame dos Estados federais existentes no mundo demonstra que há efetivamente diversas formas de organizá-los, com diferenças no grau de autonomia, na forma de repartição de competências, na existência ou não de uma zona de interseção entre elas, no regime da intervenção federal, para citar apenas alguns fatores possíveis de diferenciação.

7.2 UNIÃO

Apenas para fins de sistematização, e como referido acima, no Direito constitucional brasileiro a União designa o chamado ente central, que coexiste com Estados, Municípios e o Distrito Federal, todos autônomos, como entes formadores da Federação brasileira (art. 18). A particularidade, como também mencionado, é que os mesmos órgãos que falam em nome do ente central presentam também a vontade do ente global, isto é, da República Federativa do Brasil, tanto do ponto de vista interno quanto do internacional.

Assim, o Presidente da República exerce competências próprias de Chefe da Administração do ente central, mas também de Chefe de Estado, isto é, do Brasil como um todo. O Presidente nomeia Ministros encarregados de conduzir atividades próprias ao ente central (art. 84, I), por exemplo, e decreta o estado de sítio (art. 84, IX), celebra tratados internacionais (art. 84, VIII), declara guerra e celebra paz (art. 84, XIX e XX). Do mesmo modo, o Congresso Nacional edita leis criando carreiras de servidores públicos federais, autoriza o estado de sítio (art. 49, IV), resolve definitivamente sobre tratados (art. 49, I), e autoriza declaração de guerra ou celebração de paz (art. 49, II).

No âmbito do Judiciário, embora haja uma divisão estrutural entre Judiciário dos Estados e do Distrito Federal e o da União, com quatro subdivisões – Justiça Eleitoral, Justiça Militar, Justiça do Trabalho e Justiça Federal comum –, esse desdobramento não gera uma segregação completa entre a atuação deles. O tema será examinado de forma específica na parte sobre Judiciário, mas já vale o registro de que os critérios de competência que definem o escopo de atuação de cada um desses braços do Poder Judiciário geram várias comunicações entre os entes federados e suas atividades. Assim, Estados e Municípios poderão ter de litigar perante órgãos da Justiça da União dependendo da matéria, por exemplo, e é comum que a Justiça dos Estados aplique normas nacionais editadas pela União. E, por sobre essas estruturas, há igualmente órgãos do Judiciário que são, a rigor, nacionais, como mencionado anteriormente.

Adiante se vai discutir de forma mais específica as diferentes competências atribuídas aos entes federados pela Constituição de 1988 que dão os contornos da autonomia de cada um deles. A particularidade das competências atribuídas à União é que elas envolvem tanto competências que dizem respeito apenas ao ente central, como referido, quanto também ao ente global – competências nacionais, portanto –, tanto do ponto de vista interno quanto internacional. Além disso, uma segunda particularidade é que, ao contrário do que acontece em outras federações, e como se verá, a Constituição de 1988 atribuiu competências bastante amplas à União.

De forma objetiva, as competências legislativas da União estão previstas no art. 22 (competências privativas) e no art. 24 (competências concorrentes). Os art. 49 a 52 descrevem ainda

Cap. 7 – ORGANIZAÇÃO DO ESTADO E A FEDERAÇÃO BRASILEIRA **297**

competências do Congresso Nacional, da Câmara dos Deputados e do Senado Federal, algumas de natureza legislativa e outras próprias da atividade de controle e fiscalização, sobre as quais se tratará na parte sobre Legislativo. Seja como for, essas atribuições todas estão concentradas em órgãos da União.

O art. 20 descreve os bens que foram atribuídos à União: a seguir se discutirá a importância desse acervo patrimonial. As competências político-administrativas da União estão concentradas nos arts. 21 (privativas) e 23 (comuns) e são, como se verá, amplíssimas. Do ponto de vista tributário, os impostos da União estão previstos no art. 153, mas ela recebeu ainda competências exclusivas para criar impostos (art. 154), empréstimos compulsórios (148) e contribuições em geral (art. 149), além da possibilidade de criar os tributos comuns (taxas e contribuições de melhoria – art. 145, II e III).

7.3 ESTADOS

Nos termos da redação atual da Constituição de 1988, o Brasil conta com 26 Estados que, nos termos expressos do art. 18, integram a federação como entes dotados de autonomia. A Constituição de 1988 criou três Estados além dos existentes até então: (i) Amapá e Roraima, que eram territórios federais, foram transformados em Estados (ADCT, art. 14), de modo que não existem no momento territórios federais; e (ii) Tocantins, resultante do desmembramento do estado de Goiás (ADCT, art. 13). Embora para muitos fins o Distrito Federal seja equipado a um Estado, ele na verdade recebe um regime constitucional diferenciado, como se verá a seguir.

A Constituição de 1988 prevê, no art. 18, § 3º, que os Estados podem incorporar-se entre si, subdividir-se ou desmembrar-se para se anexarem a outros, ou formarem novos Estados ou Territórios Federais, mas para isso há duas exigências cumulativas: (i) aprovação da população diretamente interessada, por meio de plebiscito; e (ii) lei complementar aprovada pelo Congresso Nacional. Ou seja: exige-se uma manifestação da população do Estado ou dos Estados envolvidos e uma manifestação do ente global, por meio do Congresso Nacional.

Vale o registro de que a Constituição de 1967/1969 previa que lei complementar nacional poderia criar Estados (sem previsão de qualquer forma de consulta), e essa competência foi de fato exercida em duas ocasiões: na fusão dos Estados da Guanabara e do Rio de Janeiro, que passaram a formar o Estado do Rio de Janeiro (LC nº 20/1974) e na criação do Estado do Mato Grosso do Sul, resultante da divisão de Mato Grosso (LC nº 31/1977).

A Constituição de 1988 estabelece desde logo uma série de normas sobre a eleição e organização das Assembleias Legislativas dos Estados (art. 27), a eleição dos Governadores (art. 28), além de trazer algumas regras a respeito do Judiciário dos Estados (art. 125). As competências legislativas dos Estados estão previstas no art. 25, § 3º (competência exclusiva), art. 25, § 1º (competência residual) e art. 24 (competência concorrente), sendo bastante limitadas no geral. Os bens estaduais estão listados no art. 26 e as competências político-administrativas no art. 25, § 2º (privativa) e no art. 23 (comuns). As competências tributárias envolvem os impostos que foram atribuídos especificamente aos Estados (art. 155) e contribuições para o custeio do sistema de previdência social de seus servidores (art. 149, § 1º), além de taxas e contribuições de melhoria, que são tributos comuns.

7.4 DISTRITO FEDERAL

O Distrito Federal é considerado pela Constituição de 1988 um ente da federação (art. 18), embora o espaço próprio de sua autonomia seja mais limitado do que aquele delineado para os Estados. Desde a Proclamação da República, o Distrito Federal localizava-se no atual Estado do Rio de Janeiro, embora discussões em torno da transferência da capital para o interior do país existam desde a época imperial. A Constituição de 1946, porém, previu (ADCT, art. 4º) que a "Capital da União será transferida para o planalto central do País", além de determinar a criação de comissão para levar a cabo esse projeto. A Lei nº 3.273/1957 fixou a data de transferência da capital para o novo Distrito Federal, em Brasília, para 21 de abril de 1960.

A particularidade do regime tradicionalmente atribuído aos Distritos Federais, inclusive em federações, decorre da circunstância de neles se localizarem os principais órgãos do ente central e, por consequência, também do ente global. Há uma compreensível conveniência de que o ente central tenha maior controle sobre esse espaço e o que acontece nele. A opção da Constituição de 1988 de considerar o Distrito Federal um ente da federação é uma exceção, a rigor, sendo mais comum que seu regime se aproxime daquele dos Territórios – que fazem parte da União, não tendo autonomia – do que daquele dos Estados, entes federados autônomos, como fez o constituinte brasileiro.

Com efeito, o art. 32 prevê que o Distrito Federal terá as competências legislativas dos Estados e Municípios (já que ele não é dividido em Municípios), salvo exceções previstas na própria Constituição; ele elegerá seu Legislativo (Câmara Legislativa), será regido por lei orgânica por ela aprovada, e elegerá igualmente Governador, no mesmo modelo aplicável aos Estados. O Distrito Federal compartilha com a União, Estados e Municípios das competências político-administrativa comuns previstas no art. 23, e das competências legislativas concorrentes do art. 24, que a Constituição atribuiu à União, aos Estados e ao Distrito Federal. O Distrito Federal participa da Câmara dos Deputados (art. 45) e do Senado Federal (art. 46) da mesma forma que os Estados. Além de representantes do Distrito Federal terem legitimidade ativa para ajuizar ações de controle concentrado de constitucionalidade perante o STF (art. 103).

Do ponto de vista tributário, o Distrito Federal recebeu os mesmos impostos que os Estados (art. 155) e ainda os dos Municípios (arts. 147 e 156). Assim como os Estados, o Distrito Federal pode cobrar contribuições para o custeio do sistema de previdência social de seus servidores (art. 149, § 1º); e, assim como os Municípios, está também autorizado a cobrar contribuições para custear o serviço de iluminação pública (art. 149-A), além dos tributos comuns (taxas e contribuições de melhoria).

Ao lado dessas regras gerais que equiparam para muitos fins o Distrito Federal aos Estados, algumas outras previsões, porém, atribuem à União certo controle sobre o funcionamento do Distrito Federal. Assim, como já referido, cabe à União (art. 21, XIII e XIV) organizar e manter o Poder Judiciário, o Ministério Público e as polícias civil, militar e o corpo de bombeiros do Distrito Federal, além da Defensoria Pública, bem como legislar sobre tais temas (arts. 22, XVII, 32, § 4º, 48, IX), e não ao próprio Distrito Federal. Ou seja: os agentes de repressão no âmbito do Distrito Federal, bem como a estrutura judicial e algumas das funções essenciais à Justiça nesse local estão sob controle da União. Além disso, a União está autorizada pela Constituição a prestar assistência financeira ao Distrito Federal para prestar seus serviços (art. 21, XIV).

7.5 MUNICÍPIOS

Durante muitos anos, até a Constituição de 1988, discutiu-se qual seria a posição dos Municípios na federação brasileira: se entes federados ou meras divisões administrativas dos Estados, ou alguma outra categoria entre esses dois extremos. A Constituição de 1988 encerrou o debate normativo, consagrando a posição dos Municípios como entes da federação, nos termos do art. 18. Nada obstante, parece correto afirmar que os Municípios assumem uma posição particular na federação, já que não lhes foram atribuídos vários poderes tradicionalmente associados aos entes federados, sobretudo no que diz respeito à participação nos órgãos que manifestam a vontade nacional e aos meios para garantir o cumprimento de suas decisões (polícia e Judiciário).

Cap. 7 – ORGANIZAÇÃO DO ESTADO E A FEDERAÇÃO BRASILEIRA **299**

Ainda assim, não há dúvida de que, no âmbito da autonomia que lhes foi conferida pela Constituição, os Municípios terão a palavra final, não havendo qualquer subordinação entre eles e Estados ou União. Interessantemente, e do ponto de vista da realidade política, alguns Municípios – por conta da sua capacidade de arrecadação tributária e financeira – gozam de mais autonomia do que determinados Estados, já que contam com mais recursos para desenvolver suas competências e prestar seus serviços, dependendo menos de recursos federais. É o que acontece, por exemplo, com determinados Municípios capitais de Estados, como São Paulo, em contraste com Estados mais pobres, como Piauí. O ponto sobre o impacto da realidade financeira sobre a autonomia dos entes federados será discutido mais adiante.

Sob a vigência da Constituição de 1967/1969, a criação de Municípios era regulada por lei complementar nacional, e a LC nº 1/1967, art. 2º, previa exigências mínimas em termos de população (10 mil), arrecadação tributária (5 milésimos da arrecadação estadual de impostos) e estrutura urbana (centro urbano com no mínimo 200 casas), além da consulta às populações interessadas e de lei estadual autorizativa. O art. 18, § 4º, da Constituição de 1988, em sua redação original, mudou esse regime e passou a prever que a criação, incorporação, fusão e desmembramento de Municípios dependeriam de lei estadual, observados requisitos fixados em lei complementar estadual, e consulta prévia às populações interessadas. Ou seja: quaisquer eventuais requisitos seriam fixados pelos Estados.

O que se observou na sequência, após 05.10.1988, foi uma explosão de criação de novos Municípios. No Rio Grande do Sul, por exemplo, de 1989 a 2001 foram criados 165 novos Municípios e em Minas Gerais, no mesmo período, 130. Existem hoje no Brasil, 5.570 Municípios, tendo 1.181 sido criados nesse período. Essa circunstância levou à aprovação da EC nº 15/1996, que passou a prever que a criação, incorporação, fusão ou desmembramento de Municípios apenas poderiam ser levados a cabo por lei estadual, mediante consulta às populações, em período definido por lei complementar federal e após divulgação de estudo de viabilidade municipal.

A verdade, porém, é que a lei complementar referida pela EC nº 15/1996 não foi editada e os Estados continuaram por algum tempo a aprovar leis para a criação de novos Municípios, de acordo com seus próprios parâmetros. O STF declarou inconstitucionais várias dessas leis, tendo em conta a nova redação do art. 18, § 4º, e a necessidade de submissão ao prazo a ser fixado pela lei complementar nacional. Em caso famoso, envolvendo o Município Luís Eduardo Magalhães, na Bahia, o STF declarou a inconstitucionalidade da lei, mas não declarou sua nulidade, já que o Município já havia sido criado há vários anos e encontrava-se em funcionamento (ADI nº 2240).

A omissão quanto à lei complementar não chegou a ser sanada, a despeito dos prazos fixados pelo STF para tanto, mas a EC nº 57/2008 acrescentou o art. 96 ao ADCT convalidando os atos de criação, fusão, incorporação e desmembramento de Municípios, cuja lei tenha sido publicada até 31 de dezembro de 2006, atendidos os requisitos estabelecidos na legislação do respectivo Estado à época de sua criação. Assim, os Municípios criados até 31.12.2006, mesmo em descumprimento das exigências incluídas pela EC nº 15/1996, permanecerão existindo, mas a partir desse momento será necessário aguardar a lei complementar nacional.

A Constituição de 1988 prevê que além de se submeterem aos princípios e regras da Constituição Federal, os Municípios sujeitam-se também aos princípios da Constituição Estadual (art. 29), embora caiba aos Estados obrigatoriamente respeitar a autonomia municipal, sob pena inclusive de intervenção federal (art. 34, VII, *c*). O potencial conflito que surge dessas previsões será examinado de forma específica mais adiante. A Constituição regula ainda, de forma detalhada, a eleição para Prefeito, a composição e a eleição das Câmaras de Vereadores (art. 29), bem como os limites de gastos com o Poder Legislativo municipal (art. 29-A). O art. 29 sofreu algumas alterações ao longo do tempo que vale mencionar.

A redação original do art. 29, IV, estabelecia que a fixação do número de vereadores deveria ser proporcional à população e fixava três faixas a serem observadas: entre 9 e 21 vereadores para Municípios de até um milhão de habitantes, de 33 a 41 para Municípios de mais de um milhão e menos de cinco milhões de habitantes, e de 42 a 55 para Municípios de mais de cinco milhões de habitantes. A ideia geral é que caberia a cada Município decidir, no âmbito de sua autonomia, pela fixação do número de seus vereadores, observadas as faixas previstas na Constituição.

No mais das vezes, porém, os Municípios fixavam o número de vereadores na quantidade máxima permitida pela Constituição Federal, o que foi alvo de múltiplos questionamentos, sobretudo pelo Ministério Público por meio de ações civis públicas. Adicione-se a isso o contexto, referido acima, de multiplicações de Municípios após a promulgação da Constituição de 1988. Instado a se manifestar, o STF acabou por decidir que o art. 29 exigia a aplicação de uma proporcionalidade matemática rígida no cálculo da quantidade de vereadores, e não apenas o respeito ao número máximo previsto nas faixas[9], e o TSE veio a editar resolução refletindo esse entendimento do STF[10]. Ou seja: os Municípios não poderiam escolher, dentro da faixa, a quantidade de vereadores que desejassem, já que esta deveria decorrer de forma rígida da população municipal.

De certa forma em reação a esse entendimento do STF e do TSE, e em interessante movimento de diálogo institucional entre os Poderes, o Congresso Nacional aprovou a EC nº 58/2009 que alterou o art. 29, IV, como referido acima, e estabeleceu faixas populacionais às quais vinculou um número de vereadores. A nova redação reduz consideravelmente o espaço de autonomia dos Municípios, comparando-se com o texto original do dispositivo, mas é menos rígida do que a solução adotada pelo STF/TSE.

Os Municípios não receberam da Constituição uma lista expressa de bens e, embora não tenham sido incluídos nas competências legislativas concorrentes do art. 24, fica a seu cargo, nos termos do art. 30, I, legislar sobre assuntos de interesse local – uma competência legislativa privativa – e, na forma do art. 30, II, suplementar a legislação estadual e federal no que couber. A Constituição menciona ainda de forma expressa a competência legislativa municipal para dispor sobre ordenação do solo urbano (art. 30, VIII) e da cidade de forma ampla, incluindo a elaboração do plano diretor (art. 182), embora, a rigor, tais competências possam ser consideradas inseridas na cláusula geral do interesse local.

Do ponto de vista político-administrativo, o critério constitucional é o mesmo definido para a competência legislativa: cabe aos Municípios prestar os serviços públicos de interesse local, categoria na qual a Constituição já posiciona o transporte coletivo (art. 30, V), além de compartilhar com os demais entes as competências comuns do art. 23. Sob a perspectiva tributária, além dos tributos comuns (taxas e contribuições de melhoria), os impostos municipais estão previstos no art. 156, e os Municípios poderão instituir contribuições para custeio do sistema previdenciário de seus servidores (art. 149, § 1º) e para custear o serviço de iluminação pública (art. 149-A).

Como referido anteriormente, porém, os Municípios não contam com Poder Judiciário: suas disputas, portanto, serão decididas por órgãos judiciais dos demais entes federados. Os Municípios também não dispõem de forças policiais propriamente, e dependerão de órgãos de outros entes diante da eventual necessidade de uso da violência para implementar a maior parte de suas decisões.

---

[9]   STF, Tribunal Pleno, RE 197.917/SP, rel. Min. Maurício Corrêa, j. 06.06.2002, *DJ* 07.05.2004. Vide: STF, Tribunal Pleno, RMS 25.110/SP, rel. p/ acórdão. Min. Eros Grau, j. 11.05.2006, *DJ* 09.03.2007; STF, Tribunal Pleno, ADI 3.345/DF, rel. Min. Celso de Mello, j. 25.08.2005, *DJe* 20.08.2010.

[10] STF, Tribunal Pleno, ADI 3.345/DF, rel. Min. Celso de Mello, j. 08.2005, *DJe* 20.08.2010.

Em tema de segurança pública, o que a Constituição prevê é que os Municípios podem organizar guardas municipais nos termos do art. 144, § 8º. Vale notar que as atribuições e meios atribuídos às guardas municipais têm sido ampliados ao longo do tempo por parte do Legislador. A Lei nº 10.826/2003 previu que os integrantes das guardas municipais das capitais e de cidades com mais de 500 mil habitantes podem ter porte de arma e para aqueles em cidades com população entre 50 mil e 500 mil o porte seria possível apenas em serviço. As restrições criadas pelo Legislador entre Municípios com base na população, porém, foram impugnadas perante o STF, e o Ministro Alexandre de Moraes as suspendeu liminarmente, de tal modo que a possibilidade de porte de arma hoje é ampla para os integrantes das guardas municipais de todo o País[11].

A Lei Federal nº 13.675/2018 posicionou as guardas municipais como órgãos integrantes do Sistema Único de Segurança Público, ao lado das forças policiais dos demais entes federados, pelos agentes penitenciários, entre outros agentes públicos.

Além disso, os Municípios não têm qualquer participação direta nos órgãos formadores da vontade nacional, particularmente no Congresso Nacional, nem órgãos municipais têm legitimidade ativa, por exemplo, para ajuizar perante o STF ações de controle de constitucionalidade abstrata. Embora hoje seja possível o controle de constitucionalidade abstrato de leis municipais em face da Constituição Federal, por meio da arguição de descumprimento de preceito fundamental, por exemplo, a verdade é que as autoridades municipais não têm legitimidade ativa para desencadeá-lo.

Por fim, é importante ter em vista que existe enorme diversidade entre os Municípios, a despeito de o mesmo regime jurídico constitucional se aplicar a todos eles de forma indistinta. Basta comparar um município como São Paulo, Rio de Janeiro ou Belo Horizonte, por exemplo, com a maioria absoluta dos municípios brasileiros, que tem menos de 20 mil habitantes e escassos recursos financeiros e humanos. A capacidade desses municípios de desenvolverem, no mundo real, as competências que lhes foram atribuídas pela Constituição e até mesmo de defenderem seus interesses em face dos demais entes federados é obviamente limitada. Nesse contexto, a Lei nº 14.341/2022 criou a figura da "Associação de Representação de Municípios" para atuar na defesa de interesses gerais dos municípios, em sede administrativa e judicial, desenvolver projetos de interesse municipal e serviços de assessoramento e assistência aos municípios relativamente a temas de interesse comum.

7.6 TERRITÓRIOS FEDERAIS

Por fim, vale fazer uma nota sobre os territórios – embora eles não sejam entes federados e não existam hoje no país –, figura que é disciplinada pela Constituição de 1988 e pode vir a ser criada. A primeira informação importante acerca dos territórios já foi referida e é a de que eles, a rigor, integram a União: os territórios federais não são entes da federação nem gozam de qualquer autonomia. Sua criação e manutenção estão ligadas, em geral, a necessidades de segurança nacional, e devem ser reguladas, nos termos do art. 18, § 2º, por lei complementar.

Embora a Constituição seja explícita em afirmar que os territórios federais integram a União (art. 18, § 2º), ainda assim ela contém uma série de normas acerca deles que deverão ser observadas pela União na hipótese de sua criação. Os territórios, quando existentes, elegerão quatro deputados federais cada um (art. 45, § 2º). Os territórios com mais de 100 mil habitantes deverão, por exemplo, contar com Ministério Público, Judiciários de primeira e segunda instância e Defensoria Pública organizados pela União (arts. 21, XIII, 22, XVII, 33, § 3º), assim como acontece com o Distrito Federal.

---

[11] STF, ADI 5.948, Rel. Min. Alexandre de Moraes, decisão liminar, *DJe* 01.08.2018.

O art. 33 prevê ainda que lei deverá dispor sobre a organização administrativa e judiciária dos territórios federais, embora os parágrafos do dispositivo já prevejam algumas normas na matéria: os territórios serão divididos em municípios e o controle das contas do território ficará a cargo do Tribunal de Contas da União. Nos territórios com mais de 100 mil habitantes a lei disporá sobre as eleições para a Câmara Territorial e sua competência deliberativa, e haverá também Governador a ser nomeado, provavelmente pelo Presidente da República, embora a Constituição não seja explícita sobre o assunto.

Note-se que os territórios federais funcionam como unidades (espécies de autarquias para muitos) descentralizadas da União, de forma muito similar ao que se passa em um Estado unitário descentralizado. Os territórios federais não têm autonomia, como os Estados e mesmo o Distrito Federal: é a lei federal que disporá sobre a competência da Câmara Territorial e suas competências, e o Chefe do Executivo é igualmente nomeado pelo ente central.

7.7 DISTRIBUIÇÃO DE COMPETÊNCIAS

Como referido anteriormente, o espaço de autonomia de cada um dos entes federados, além de auto-organização, autogoverno e autoadministração, é definido pelas competências que lhe foram atribuídas pela Constituição Federal. Assim, uma pergunta essencial que se precisa fazer no exame de qualquer norma ou ato do Poder Público para aferir sua constitucionalidade formal é justamente a da competência federativa: quem é competente afinal para tratar de tal assunto ou para praticar tal ato? Caso a norma ou ato tenha sido expedido por ente incompetente, haverá inconstitucionalidade formal.

A distribuição de competências levada a cabo pela Constituição envolve alguma complexidade, já que há diferentes espécies de competência e diversos tipos de critérios adotados. Assim, para fins didáticos, serão apresentados, primeiro, os principais critérios empregados pela Constituição de 1988 e depois as espécies de competências concretamente atribuídas pela Constituição aos entes federados.

7.7.1 Critérios de distribuição de competências

O modelo clássico de repartição de competências remonta ao constitucionalismo norte-americano, e se completou em duas etapas sucessivas: a primeira, no próprio texto original da Constituição de 1787 dos Estados Unidos da América, pela atribuição de poderes conferidos à União (art. 1º, 1 a 8) e dos implícitos necessários ao exercício dos poderes enumerados; a segunda veio com a Emenda X, de 1791, que completou o tratamento da repartição de competências, com a atribuição aos Estados dos poderes remanescentes[12].

Desde a Constituição republicana de 1891, todas as Cartas brasileiras seguiram nominalmente este modelo, distribuindo competências enumeradas à União e deferindo ao Estado as competências remanescentes, à exceção das matérias que dissessem respeito ao "peculiar interesse" dos Municípios. A Constituição de 1988, todavia, inspirou-se na Constituição alemã para romper com a rigidez da atribuição de competências exclusivas, concebendo uma fórmula em que, ao lado destas, passou-se a admitir competências comuns e concorrentes, ou seja: competências compartilhadas por mais de um ente federado. O interesse local como elemento definidor de competências municipais persiste. E a Constituição utiliza também a noção de "normas gerais" por meio da qual pretende organizar os espaços próprios de cada

---

[12] Raul Machado Horta, Repartição de competências na Constituição Federal de 1988, *Estudos de Direito Constitucional*, 1995, p. 401 e ss.

Cap. 7 – ORGANIZAÇÃO DO ESTADO E A FEDERAÇÃO BRASILEIRA **303**

ente no âmbito das competências concorrentes. Confira-se cada um desses critérios com um pouco mais de detalhes.

Um dos critérios utilizados pela Constituição é aquele que decorre do modelo clássico norte-americano chamado de federalismo dual, pelo qual cada competência é atribuída a apenas um ente com exclusão dos demais: são as chamadas competências exclusivas ou privativas. Mesmo quando a Constituição admite que um ente delegue competência a outro – como é o caso do parágrafo único do art. 22 –, ele o faz no exercício de sua autonomia.

A Constituição utiliza esse critério para distribuir bens entre os entes federados. Assim, o art. 20 lista os bens da União, que são apenas dela, embora no caso do petróleo, gás natural, recursos hídricos para fins de geração de energia elétrica e outros recursos minerais, o parágrafo único imponha que Estados, Distrito Federal e Municípios onde localizados tenham participação no resultado financeiro da exploração ou compensação. Não se trata, é certo, de um condomínio em relação a esses bens, mas de um dever da União e de um direito daqueles relativamente a tais bens no respectivo território, plataforma continental, mar territorial ou zona econômica exclusiva. O art. 26, por seu turno, lista os bens dos Estados, não havendo listagem específica na Constituição para os Municípios.

A Constituição também utiliza o critério dual para distribuir competências legislativas. O art. 22 trata das competências legislativas privativas da União, e o § 3º do art. 25 atribui uma competência legislativa privativa aos Estados.

As competências privativas dos Municípios são definidas pelo critério do interesse local, nos termos do art. 30, I, sobre o qual se tratará adiante. Adicionalmente, todos os entes terão competências legislativas privativas relacionadas com o exercício de auto-organização, autogoverno, autoadministração e, em alguma medida, para disciplinar também o exercício de suas competências político-administrativas e tributárias.

O critério dual é também utilizado para distribuir competências político-administrativas entre União (art. 21), Estados (§ 2º do art. 25) e Municípios (art. 30), bem como competências tributárias. Com efeito, há tributos que apenas podem ser instituídos por determinados entes: apenas a União pode instituir empréstimos compulsórios e contribuições, com algumas exceções, e criar impostos, por exemplo. E, no que diz respeito a impostos, cada ente recebeu a sua cota, não podendo instituir impostos atribuídos a outros entes nem criar outros, com exceção da União.

Paralelamente ao critério dual de distribuição de competências, porém, a Constituição de 1988 inaugurou também um modelo de federalismo cooperativo, pelo qual os entes recebem competências compartilhadas. De acordo com esse critério, determinadas competências dos entes não são estanques, mas se comunicam sob variadas formas por diferentes entes simultaneamente. No caso brasileiro, há competências concorrentes ou comuns tanto em matéria legislativa (arts. 24 e 30, II), como no que diz respeito à atuação político-administrativa e à prestação de serviços (art. 23).

É possível falar também de competências tributárias comuns, o que no contexto tributário significa que todos os entes podem instituir determinados tributos, como é o caso das taxas (art. 145, II) e contribuições de melhoria (art. 145, III), uma vez que seus requisitos estejam presentes, bem como contribuições para o custeio do sistema previdenciário de seus servidores (art. 149, § 1º).

Uma das dificuldades das competências concorrentes ou comuns é a coordenação da atuação dos diferentes entes, sobretudo em matéria legislativa e político-administrativa. É fácil perceber, por exemplo, que diferentes leis sobre o mesmo assunto dispondo em sentidos diversos podem gerar confusão e perplexidade para quem deve obedecê-las. No caso das competências político-administrativas comuns de que cuida o art. 23, seu parágrafo único prevê desde logo que Leis complementares fixarão normas para a cooperação entre a União e os

Estados, o Distrito Federal e os Municípios, tendo em vista o equilíbrio do desenvolvimento e do bem-estar em âmbito nacional.

No caso das competências legislativas concorrentes de que cuida o art. 24, a própria Constituição pretende desde logo, em seus parágrafos, demarcar os espaços da União, de um lado, e de Estados e Distrito Federal de outros, definindo que a competência da União "limita-se a estabelecer normas gerais", cabendo aos Estados a competência suplementar. A expressão "norma geral" também é utilizada pela Constituição ao atribuir determinadas competências legislativas privativas à União. A questão é: o que são – e o que não são – normas gerais?

A caracterização das normas gerais tem sido, desde a primeira menção que a elas se fez na Constituição de 1934, um desafio para os intérpretes[13]. Para Raul Machado Horta, por exemplo, norma geral deve ser uma lei, quadro, uma moldura legislativa. São normas não exaustivas, incompletas, de modo a não esgotar na competência da União a matéria da legislação concorrente. Diogo de Figueiredo Moreira Neto[14], por seu turno, identifica as seguintes características como as mais sugeridas pela doutrina para caracterizar as normas gerais: (i) elas estabelecem princípios, diretrizes, linhas mestras; (ii) elas não podem entrar em pormenores ou detalhes nem, muito menos, esgotar o assunto legislado; (iii) elas devem referir-se a questões fundamentais; e (iv) elas não são normas de aplicação direta.

A discussão acerca do espaço próprio das normas gerais a cargo da União repercute de forma direta, claro, na definição da competência suplementar dos Estados e, nos termos do art. 30, II, também eventualmente dos Municípios. O ponto é especialmente importante para a autonomia dos entes locais considerando que a União já conta com amplas competências legislativas privativas e uma interpretação ampliativa das normas gerais acaba por reduzir ainda mais as competências que os demais entes podem ter nas matérias listadas no art. 24.

Considerando a jurisprudência do STF, é muitíssimo mais frequente que normas estaduais sejam consideradas inconstitucionais por invadir competências da União do que o oposto. Há, porém, alguns casos de decisões considerando inconstitucionais normas da União justamente por haverem excedido sua competência, que seria apenas para a edição de normas gerais, invadindo assim o espaço dos demais entes. Os exemplos são ilustrativos.

A Constituição Federal conferiu à União competência para editar normas gerais sobre licitação (art. 22, XXVII), sendo certo que a Lei nº 8.666/1993, na maior parte de suas previsões, se presta exatamente a esse fim. O art. 17 da referida Lei regula as formas de alienação de bens da Administração Pública e de constituição de gravames sobre esses bens.

O dispositivo disciplina, por exemplo, os casos de concessão de direito real de uso prevendo de forma expressa a dispensa de licitação para algumas específicas situações. Embora exija a prévia licitação como regra, o art. 17 da Lei nº 8.666/1993 a dispensa nos seguintes casos: concessão de direito real de uso no âmbito de programa de regularização fundiária, em favor de outro órgão ou entidade da Administração Pública, e/ou em benefício de pessoa natural para ocupação de área rural na Amazônia Legal. O art. 17 tinha a pretensão de se aplicar a todos os entes federados. A pergunta então é a seguinte: tal dispositivo seria uma norma geral?

A questão chegou ao STF que respondeu negativamente quando da análise de pedido cautelar na ADI nº 927/RS, ainda em 1993. Embora inserido na Lei nº 8.666/1993, o STF entendeu, na linha do que a doutrina já registrava e continua a observar, que vários dos comandos contidos no art. 17 da referida Lei não têm natureza de *norma geral*, mas apenas de *norma*

---

[13]   Vejam-se, a propósito, Carlos Alberto Carvalho Pinto, *Normas gerais de direito financeiro*, publicação da Prefeitura do Município de São Paulo, 1949; e Rubens Gomes de Souza, Normas gerais de direito financeiro, *Revista Forense* vol. 155, p. 21.

[14]   Diogo de Figueiredo Moreira Neto, Competência concorrente limitada. O problema da conceituação das normas gerais, *Revista de Informação Legislativa* vol. 25, n. 100, p. 127-162, esp. p. 149.

Cap. 7 – ORGANIZAÇÃO DO ESTADO E A FEDERAÇÃO BRASILEIRA **305**

federal, aplicável, portanto, apenas à União. O raciocínio é simples. Não cabe à *norma geral* disciplinar de forma exaustiva os casos de contratação direta em relação aos bens municipais e estaduais, restringindo excessivamente a autonomia dos demais entes federativos para gerir os bens de sua titularidade. Entendimento contrário importaria violação ao princípio federativo[15].

O STF entendeu que semelhante restrição só se aplicaria no âmbito da própria União Federal, já que "a lei trataria mal a autonomia estadual e a autonomia municipal, se interpretada no sentido de proibir a doação a não ser para outro órgão ou entidade da Administração Pública. Tal interpretação constituiria vedação aos Estados e Municípios de disporem de seus bens, a impedir, por exemplo, a realização de programas de interesse público"[16].

Em linha similar, o STF considerou inválida norma da União que previa que o reajuste dos proventos de servidores inativos e pensionistas deveria ocorrer na mesma data e no mesmo índice adotado para os beneficiários do Regime Geral de Previdência Social (RGPS), pretendendo aplicar-se a todos os entes. A Corte entendeu que a norma se aplica apenas aos servidores e pensionistas da União, sendo inconstitucional sua incidência sobre os demais entes, na medida em que cabe à União editar apenas normas gerais sobre Direito Previdenciário, nos termos do art. 24, I, da Constituição (ADI nº 4.582).

Além dos critérios dual e cooperativo, e da noção de "normas gerais", utilizada a fim de organizar a atividade legislativa dos diversos entes que receberam competências concorrentes, a Constituição utiliza ainda o *critério do "interesse local"* para definir competência legislativa privativa dos Municípios (art. 30, I) bem como serviços de sua titularidade (art. 30, V). A norma procura realizar o denominado *princípio da subsidiariedade*, pelo qual deve ser de competência local tudo aquilo que seja de interesse tipicamente local, que se relacione com a realidade do lugar de forma específica e que a localidade tenha meios de atender e resolver. Resta, todavia, definir, o que é *interesse local*.

A rigor, praticamente todo e qualquer serviço, atividade ou norma apresentará, em última instância, uma dose de interesse local, já que tudo afeta as pessoas, e elas vivem nos municípios. De outra parte, frequentemente serviços ou normais locais poderão repercutir sobre interesses regionais e mesmo nacionais. Basta imaginar, *e.g.*, o serviço de telefonia, de produção de energia elétrica e de distribuição de gás canalizado, os dois primeiros conferidos à União (art. 21, XI e XII, *b*) e o último aos Estados (art. 25, § 2º). Todos esses serviços repercutem sobre os Municípios e seus habitantes que, por óbvio, desenvolvem os mais diversos *interesses* (utilizando-se a expressão aqui em sentido não técnico) acerca deles. Nada obstante isso, a própria Carta expressamente registra que tais serviços nunca poderão ser regulados pelos Municípios, já que as competências na matéria foram atribuídas a outros entes federativos de forma expressa.

Não há como negar que certa superposição de interesses é natural no Estado federal, como referido acima, não fosse pelo fato de os vários níveis de poder ocuparem o mesmo território, pela circunstância de a população de cada Município ser também de um Estado e estar igualmente ligada ao ente central. A proposta da doutrina para superar essa dificuldade é o critério da *predominância* do interesse[17]. Diogo de Figueiredo Moreira Neto procurou dar um conteúdo mais preciso à ideia de *predominância*, sistematizando os parâmetros sugeridos pela doutrina para identificar o interesse local nos seguintes termos: "1. predominância do local (Sampaio

---

[15] V. Jorge Ulisses Jacoby Fernandes, *Contratação direta sem licitação*, 2008, p. 240-241; e Flávio Amaral Garcia, *Licitações e contratos administrativos*, 2009, p. 214-2177.

[16] STF, ADIn 927/RS, rel. Min. Carlos Velloso, *DJ* 10.11.1993. Trecho extraído do voto do relator. Até a conclusão desta edição, o mérito da ADIn ainda não havia sido decidido pelo STF.

[17] Hely Lopes Meirelles, *Direito municipal brasileiro*, 10. ed., 1998, p. 262; José Nilo de Castro, *Direito municipal positivo*, 1998, p. 3, Antônio Celso Di Munno Corrêa, Planejamento urbano: competência para legislar dos Estados e dos Municípios, *Revista dos Tribunais* vol. 646, 1989, p. 47; e Joaquim Castro Aguiar, *Direito da cidade*, 1986, p. 29.

Dória); 2. interno às cidades e vilas (Black); 3. que se pode isolar (Bonnard); 4. territorialmente limitado ao município (Borsi); 5. sem repercussão externa ao município (Mouskheli); 6. próprio das relações de vizinhança (Jellinek); 7. simultaneamente oposto a regional e nacional (legal); 8. dinâmico (Dallari)"[18].

A noção de *predominância* de um interesse sobre os demais implica a ideia de um conceito dinâmico[19]. Isto é: determinada atividade considerada hoje de interesse predominantemente local, com a passagem do tempo e a evolução dos fenômenos sociais, poderá perder tal natureza, passando para a esfera de predominância regional, por exemplo. Uma série de fatores pode causar essa alteração: desde a formação de novos conglomerados urbanos, que acabam fundindo municípios limítrofes, até a necessidade técnica de uma ação integrada de vários municípios, para a realização do melhor interesse público. Esse fenômeno será particularmente relevante na formação das chamadas regiões metropolitanas, de que a Constituição cuida no art. 25, § 3º, e sobre o que se tratará adiante.

Alguns exemplos de decisões que reconhecem o interesse local municipal podem ajudar a esclarecer a aplicação do critério. O STF entendeu, por exemplo, que lei municipal que obriga à substituição de sacos e sacolas plásticos por sacos e sacolas biodegradáveis é válida (formal e materialmente), inserindo-se, sob a perspectiva da competência, no campo do interesse local (Tema RG 970). A Corte chegou à mesma conclusão ao reconhecer que compete aos municípios legislar sobre a obrigatoriedade de instalação de hidrômetros individuais nos edifícios e condomínios, em razão do preponderante interesse local envolvido (Tema RG 849).

Por fim, além desse conjunto de critérios que se acaba de apresentar resumidamente, a Constituição prevê ainda uma *regra de competência residual ou remanescente para os Estados*. Esse é o teor do art. 25, § 1º: "São reservadas aos Estados as competências que não lhes sejam vedadas por esta Constituição". Assim, não tendo a competência sido atribuída a qualquer ente (nem se tratando de interesse local, por evidente, que é o critério que define a competência municipal), a competência será dos Estados.

Apenas uma última observação antes de prosseguir para tratar das competências que concretamente foram distribuídas para os entes federativos. No modelo adotado pela Constituição de 1988, todos os Estados e todos os Municípios têm o mesmo regime de competências e, portanto, o mesmo espaço de autonomia. Assim, os Estados de São Paulo e do Piauí têm, ambos, as mesmas competências legislativas, político-administrativas e tributárias. Do mesmo modo, os municípios que são capitais dos Estados têm as mesmas competências que as cidades do interior, e as cidades do Rio de Janeiro e de São Paulo receberam a mesma listagem de competências que Adustina, no interior da Bahia. Trata-se do chamado *federalismo simétrico* do ponto de vista jurídico: todos os entes da mesma categoria (isto é: todos os Estados e todos os Municípios) recebem um tratamento simétrico, equivalente.

Essa opção constitucional traz alguns desafios considerando a profunda desigualdade regional existente no país, à qual a Constituição inclusive remete ao estabelecer como um dos objetivos da República a redução das desigualdades regionais (art. 3º, III). Ou seja: ao mesmo tempo em que há um federalismo simétrico do ponto de vista jurídico, há uma profunda assimetria de fato entre os entes federados no Brasil. E por qual razão isso seria relevante para o tema da federação em particular? A resposta não é difícil.

Como se viu, as dimensões da autonomia são a auto-organização, o autogoverno e a autoadministração, sendo que esta última prerrogativa envolve o poder de desenvolver as

---

[18] Diogo de Figueiredo Moreira Neto, Poder concedente para o abastecimento de água, *Revista de Direito da Associação dos Procuradores do Novo Estado do Rio de Janeiro* n. 1, 1999, p. 66-67.

[19] Adilson de Abreu Dallari, O uso do solo metropolitano, *Revista de Direito Público* n. 14, 1970, p. 289.

competências e prestar os serviços que lhe foram atribuídos pela Constituição. Ocorre que, no mundo real, para que essas prerrogativas possam efetivamente ser levadas a cabo, o ente federado precisa de recursos financeiros e humanos. É certo que todos têm a mesma competência tributária, mas a realidade sobre a qual ela incide é muito diversa e o resultado produzido será igualmente diferente.

Assim, por exemplo, os Estados têm como dois de seus principais impostos o ICMS e o IPVA. Se um Estado, no entanto, não conta com grande circulação de mercadorias e ou relevante frota de veículos automotores, sua arrecadação tributária – apesar da existência da competência em tese – não será significativa. Sem recursos, a capacidade do ente federado de desenvolver suas competências político-administrativas e prestar seus serviços será prejudicada.

Para minimizar em alguma medida esse problema, a Constituição prevê dois mecanismos principais. Em primeiro lugar, a *repartição de receitas* tributárias entre os entes, tema examinado no capítulo sobre tributação. De forma simplificada, por força das regras sobre repartição, a União deve dividir uma fração da receita de seus impostos com Estados, Distrito Federal e Municípios, e os Estados devem igualmente repartir uma parte de sua receita com impostos com os Municípios de seu território. A verdade, porém, é que boa parte das receitas tributárias federais não são submetidas à repartição, e, de qualquer modo, esta é calculada em geral sobre a arrecadação produzida a partir do território de cada Estado e de cada Município. Ora, se o problema é justamente a atividade econômica limitada da região, o mecanismo da repartição, embora certamente útil, terá possibilidades limitadas.

O segundo mecanismo de lidar com a desigualdade fática entre Estados e Municípios é a possibilidade constitucional de a União desenvolver *políticas específicas para determinadas regiões do país* a fim de promover seu desenvolvimento e reduzir as desigualdades regionais: o tema é disciplinado no art. 43. A questão é sensível, pois, como regra geral, a União não pode beneficiar ou prejudicar os diferentes entes federados, nem tratar de forma diversa os diferentes Estados, e bem assim os Municípios, salvo parâmetros objetivos que tenham respaldo constitucional.

As regiões não são entes federados, mas apenas complexos geoeconômicos e sociais aos quais a Constituição autoriza expressamente que a União, por meio de lei, dirija ações específicas. Essas ações podem envolver políticas de fomento tributário ou de crédito, bem como subsídios para determinados custos e preços de responsabilidade do Poder Público, tudo a fim de promover seu desenvolvimento socioeconômico.

Apresentados os critérios gerais utilizados pela Constituição de 1988 para distribuir competências entre os entes federativos, cabe agora examinar as competências que especificamente foram atribuídas a cada um deles.

7.7.2   Bens

A Constituição atribui a titularidade de determinados bens à União (art. 20), aos Estados e ao Distrito Federal (art. 26). Embora não haja referência expressa a bens municipais na Constituição, é certo que cada Município terá os bens que lhe sejam atribuídos em determinado momento ou que venha a adquirir. Mas em que medida a titularidade de determinados bens é relevante para definir a autonomia dos entes federativos? Em uma medida bastante ampla, é a resposta. E isso porque, o ente federado que é titular de determinado bem terá a competência, dentro dos limites constitucionais, de gerir esse bem, isto é, de administrá-lo, explorá-lo, bem como permitir que outros o utilizem ou o explorem, definindo em que termos eles poderão fazer isso. Em resumo, o ente titular dos bens poderá extrair dele todo o eventual proveito que ele possa oferecer.

Na realidade, a gestão dos bens públicos é tradicionalmente considerada uma prerrogativa inerente à autonomia de cada ente federado: isto é, a cada ente compete administrar seus próprios bens e dar-lhes a destinação que seja mais adequada em cada momento[20]. Não cabe a um ente interferir na gestão dos bens de outro ente, salvo nas hipóteses autorizadas de algum modo pela Constituição[21]. Nessa linha, aliás, o STF considerou inválido Decreto Presidencial que requisitava bens e serviços do Município do Rio de Janeiro afetados à prestação de serviços de saúde, por violação à autonomia municipal. A Corte entendeu que as requisições seriam possíveis, mas apenas nos casos de Estado de Defesa ou Estado de Sítio, previstos pela Constituição, e que não havia ocorrido no caso. Assim, a requisição configurava intervenção no espaço de autonomia própria do Município[22].

É certo que a expressão gestão de bens públicos pode envolver vários tipos de decisão política, que, no âmbito de cada ente federado, serão tomadas por diferentes autoridades. Até porque os bens públicos podem ser de domínio público (bens de uso comum) – como as praças – ou do domínio privado do Estado (bens de uso especial e bens dominicais)[23]. Entende-se, por exemplo, que a eventual decisão de retirar um bem do domínio público e incorporá-lo ao domínio privado envolve a gestão desse bem, mas depende de lei e, portanto, da manifestação conjunta do Poder Executivo e do Poder Legislativo do ente em questão[24].

Outro ato de gestão de bens públicos é, igualmente, a decisão de aliená-los ou conceder sua exploração, ou direito real a seu uso, por exemplo[25]. Nesse caso, a Constituição de 1988 prevê em seu art. 37, XXI, que as alienações dependem de licitação prévia, nos termos da lei e ressalvados os casos nela previstos, sendo certo que essa obrigação se aplica a todos os entes federados nos termos do *caput* do dispositivo. Por outro lado, o art. 22, XXVII, atribui à União competência para editar normas gerais de licitação e contratação, de modo que haverá aqui uma comunicação entre a competência de cada ente de gerir seus próprios bens e as normas gerais editadas pela União sobre a matéria.

A competência da União para editar normas gerais, porém, não pode invadir a competência dos demais entes para a gestão de seu patrimônio. Nesse sentido, o STF[26] entendeu, examinando a Lei nº 8.666/1993, que determinadas disposições contidas no art. 17 não tinham natureza de *norma geral*, devendo ser interpretadas conforme a Constituição como *normas federais*, aplicáveis apenas à União. Os dispositivos tratavam de limitações a doação e permuta de bens da Administração e o STF entendeu que não cabe à *norma geral* disciplinar de forma exaustiva os casos de contratação envolvendo bens municipais e estaduais, restringindo excessivamente a autonomia dos demais entes federativos para gerir os bens de sua titularidade. Entendimento contrário importaria violação ao princípio federativo[27]. A Lei nº 8.666/1993 foi revogada pela Lei nº 14.133/2021, a nova Lei de Licitações, que, no entanto, preservou a eficácia da Lei nº 8.666/1993 por dois anos. A nova Lei manteve norma similar ao referido art. 17 em seu art. 76 que, portanto, deverá receber a mesma interpretação conforme já definida pelo STF.

---

[20] Floriano de Azevedo Marques Neto, O uso de bens públicos estaduais por concessionárias de energia elétrica, *Revista de Direito Administrativo* n. 236, 2004, p. 12.

[21] Como a desapropriação, por exemplo.

[22] STF, MS 25295/DF, rel. Min. Joaquim Barbosa *DJe* 04.10.2007.

[23] Código Civil, arts. 98 a 103.

[24] Marçal Justen Filho, *Curso de direito administrativo*, 2012, p. 1055. Nesse sentido, STJ, REsp 33493/SP, Min. Cesar Asfor Rocha *DJ* 13.12.1993.

[25] José dos Santos Carvalho Filho, *Manual de Direito Administrativo*, 2013, p. 1181.

[26] STF, ADIn 927/RS, rel. Min. Carlos Velloso, *DJ* 10.11.1993.

[27] V. Jorge Ulisses Jacoby Fernandes, *Contratação direta sem licitação,* 2008, p. 240-241; e Flávio Amaral Garcia, *Licitações e contratos administrativos*, 2009, p. 214-2177.

Naturalmente que a competência para gerir seus bens será tanto mais relevante para os entes federados quanto sejam relevantes os bens que lhe foram atribuídos. E nesse momento um exame das listagens contidas nos arts. 20 e 26 revela a significativa concentração na União de bens, não apenas em confronto com aqueles que foram atribuídos aos Estados e Distrito Federal, mas também em relação à possibilidade em tese de determinados bens serem apropriados privadamente.

Assim, por exemplo, o art. 20 afirma serem bens da União todos os potenciais de energia hidráulica (inc. VIII), além das águas descritas no inc. III, todos os recursos minerais inclusive do subsolo (inc. IX), além dos recursos naturais da plataforma continental e da zona econômica exclusiva (inc. V). Isso significa, portanto, que toda a exploração de energia hidráulica e de quaisquer recursos minerais (mesmo que localizados em imóveis privados), bem como dos recursos da plataforma continental e da ZEE apenas poderá ser levada a cabo pela União ou sob seu controle.

Dessa forma, caberá à União explorar esses bens direta ou indiretamente, neste último caso por meio de mecanismos de delegação a agentes privados que, como regra, serão onerosos. Assim, por exemplo, quando a União delega o aproveitamento de substâncias minerais por meio de algum dos regimes previstos na legislação, ela obtém recursos com isso. Esses recursos serão necessários para o desenvolvimento das outras competências que a Constituição lhe atribui de forma direta.

Em tese, o mesmo que se acaba de afirmar pode ser dito em relação aos Estados no que diz respeito à gestão dos bens do art. 26 e aos municípios em relação aos bens de que seja titular. Não se pode deixar de destacar, no entanto, que os bens do art. 26 são muitíssimos menos relevantes do ponto de vista econômico do que aqueles atribuídos à União no art. 20.

Por outro lado, a titularidade da União sobre o mar territorial – elemento do território (art. 20, VI) – não pode esvaziar competências legislativas e político-administrativas atribuídas a outros entes. O tema foi examinado pelo STF na ADI nº 6218, que reconheceu a validade de lei do estado do Rio Grande do Sul, vedando a pesca de arrasto tracionada por embarcações motorizadas na faixa marítima da zona costeira gaúcha, editada com fundamento na competência legislativa concorrente para dispor sobre pesca e proteção ambiental (art. 24, VI). A Corte entendeu impertinente o argumento de que a competência seria da União para legislar sobre limites do território (art. 48, V), e a tese de que caberia à União legislar sobre seus bens, pontuando que o território é simultaneamente também de algum estado e município, e não apenas da União, de modo que a disciplina de matérias relacionadas com esses bens segue a distribuição de competências constitucional, não podendo a União opor uma suposta soberania aos demais entes federados.

Os bens são distribuídos de acordo com o critério dual, isto é, não há bens compartilhados entre entes federativos: no plano constitucional, ou os bens são federais ou dos Estados e do Distrito Federal. Nada impede que, contratualmente, os entes adquiram bens em condomínio, mas a Constituição não adotou esse critério em relação aos bens que distribuiu.

Uma nuance a essa afirmação pode ser encontrada no § 1º do art. 20, que trata da participação ou compensação devida a estados e municípios pela exploração de recursos minerais (incluindo petróleo e gás) e recursos hídricos em seus territórios ou na projeção deles na plataforma continental ou zona econômica exclusiva. O dispositivo foi inclusive alterado pela Emenda Constitucional nº 102/2019, para excluir da listagem de beneficiários dessa participação ou compensação "órgãos da Administração direta da União", de modo que hoje ela se destina apenas aos demais entes federativos. A emenda, de 2019, apenas produzirá efeitos a partir da execução orçamentária do exercício financeiro subsequente.

Como já referido, não há um condomínio relativamente a esses bens, mas há um dever constitucional de que os demais entes nos quais esses bens se localizam sejam beneficiados de forma específica por sua exploração.

Em resumo, a distribuição de bens entre os entes, como se vê, é responsável por definir uma série de competências e de possibilidades de obtenção de recursos, e terá por isso um papel importante na definição do maior ou menor escopo de sua autonomia.

7.7.3 Competências político-administrativas

A Constituição distribui entre os entes federados competências que a doutrina classifica em geral como político-administrativas, e que envolvem a promoção de determinados fins ou a realização de determinadas atividades por meio de ações administrativas em geral e da prestação de serviços à população em particular.

A distribuição de competências político-administrativas utiliza todos os critérios mencionados acima. O art. 21 apresenta uma longa lista de competências político-administrativas privativas da União que inclui, *e.g.*, atividades tradicionalmente associadas ao Estado em geral e à União, em um Estado Federal (*e.g.*, manutenção de relações internacionais, emissão de moeda, defesa nacional), serviços públicos a cargo da União assim definidos pela Constituição (*e.g.*, telecomunicações, radiodifusão, energia, transportes variados), monopólios (*e.g.*, atividades nucleares) e atividades administrativas mais típicas, incluindo poder de polícia, a fim de garantir o cumprimento de competências legislativas que também lhe foram atribuídas (*e.g.* fiscalizar o sistema financeiro, criar um sistema de inspeção do trabalho).

Essa lista foi ampliada pela Emenda Constitucional nº 115/2022, que atribuiu à União a competência para organizar e fiscalizar a proteção e o tratamento de dados pessoais, nos termos da lei (art. 21, XXVI). A mesma emenda concedeu também à União a competência legislativa privativa na matéria (art. 22, XXX) e, mesmo antes da emenda, a Lei nº 13.853/2019 criou no âmbito da administração pública federal um órgão dedicado a essa função: a Autoridade Nacional de Proteção de Dados – ANPD. Na prática, a emenda centralizou na União a competência político-administrativa no particular.

No que diz respeito aos Estados, o art. 25, § 2º, lhes atribui a competência para explorar os serviços locais de gás canalizado, além das eventuais competências remanescentes (art. 25, § 1º). A previsão de competências remanescentes para os Estados é geral, aplicando-se tanto as competências político-administrativas quanto as legislativas, sobre as quais se tratará adiante, embora na prática muito pouco exista de remanescente considerando as listagens de competências bastante analíticas contidas no contexto constitucional.

O art. 30, V, prevê que compete aos Municípios privativamente prestar os serviços de interesse local, enunciando desde logo nessa categoria o transporte coletivo. A jurisprudência do STF tem o entendimento de que, além do transporte coletivo local, também são serviços públicos de interesse local, e, portanto, de competência municipal, os serviços funerários[28], e os serviços de coleta de lixo são tradicionalmente levados a cabo pelos Municípios. Compete também aos Municípios a ordenação do solo urbano e de sua ocupação, o que envolve planejamento, parcelamento e controle do uso (art. 30, VIII).

Ao lado dessas competências privativas dos vários entes, existem ainda as competências político-administrativas comuns. O art. 23 atribui a todos eles de forma comum – União,

---

[28] ADI 1.221, rel. Min. Carlos Velloso, j. 09.10.2003, *DJ* 31.10.2003.

Estados, Distrito Federal e Municípios – uma série de competências, entre as quais, por exemplo: a prestação de serviços de saúde, de assistência pública, de proteção e garantia dos direitos das pessoas com deficiência (inc. II); a prestação dos serviços de educação (inc. V); o combate à poluição, a proteção do meio ambiente, das florestas, fauna e flora (incs. VI e VII); a proteção ao patrimônio histórico (inc. IV); o combate às causas da pobreza e marginalização (inc. X); a construção de moradias, a melhoria das condições habitacionais e de saneamento (inc. IX).

A Constituição não estabelece desde logo uma regra geral a respeito de como deve ser a coordenação entre os entes no exercício das diferentes competências do art. 23, o que a rigor deverá ser feito pela legislação de cada tema. Sem prejuízo disso, em relação a algumas competências específicas a Constituição sinaliza áreas de concentração para os entes, a serem detalhadas pelo legislador. Assim, por exemplo, a Constituição afirma que cabe ao Município prestar serviços de assistência de saúde à população, com a cooperação técnica do Estado e União (art. 30, VII). Norma similar existe em relação à proteção do patrimônio histórico-cultural local (art. 30, IX). Em relação à educação, o art. 30, VI, prevê que cabe ao Município manter programas de educação infantil e fundamental, com a cooperação técnica dos outros entes. Os demais níveis educacionais, portanto, ficam sob a responsabilidade de Estados e União.

Outra competência político-administrativa compartilhada é a segurança pública, mas o art. 144 já organiza entre os vários entes as competências para os diferentes serviços dirigidos a esse fim comum. Nesse sentido, cabe à União manter a polícia federal e as polícias rodoviária e ferroviária federais. Aos Estados cabe manter as polícias civil e militar, além do corpo de bombeiros, e os Municípios poderão ter guardas municipais, além de compartilharem com os Estados e o Distrito Federal a segurança viária.

Antes de passar às competências legislativas, cabe fazer uma observação. As competências político-administrativas envolvem, sobretudo, a prestação de serviços e o desenvolvimento de políticas públicas. Para que tais atividades sejam possíveis, no entanto, alguma atividade normativa será também necessária, já que várias decisões sobre essas políticas e serviços dependerão de definição legislativa. Esse ponto é relevante, pois, como se verá, nem sempre o ente que tem competência para desenvolver determinadas atividades político-administrativas recebeu também a competência legislativa na matéria. Não é incomum, por exemplo, que a competência legislativa para dispor sobre determinado tema seja da União, mas a competência para prestar os serviços ou desenvolver políticas relacionadas a esse tema sejam comuns. O mesmo também pode acontecer com competências político-administrativas privativas em alguma medida. Um exemplo ilustra o que se afirma.

Nos termos do art. 30, V, da Constituição de 1988, compete ao Município organizar e prestar, diretamente ou sob regime de concessão ou permissão, os serviços públicos de interesse local, incluído o de transporte coletivo, que tem caráter essencial. Como se verá, do ponto de vista legislativo, a União tem competência para instituir diretrizes para transportes urbanos (art. 21, XX), bem como para legislar sobre diretrizes da política nacional de transportes (art. 22, IX), competências que, naturalmente, não podem interferir na autonomia municipal para prestar o seu serviço que lhe cabe.

Por outro lado, no exercício de sua competência para prestar o serviço de transporte coletivo, direta ou indiretamente, o Município poderá eventualmente editar normas em geral, incluindo leis sobre o regime de prestação de serviço, por exemplo, entre outros assuntos que sejam relevantes para o exercício da competência. Ou seja: a competência político-administrativa carrega em si uma parcela de competência normativa, necessária a viabilizá-la. Ao mesmo tempo, essa associada àquela não poderá desrespeitar as normas editadas pelo ente que tem a competência legislativa na matéria; e também este, nesse exercício, não poderá invadir a competência político-administrativa dos demais.

Como é fácil perceber, há múltiplos pontos de contato entre os entes e suas competências de modo que os conflitos são inevitáveis. Por isso mais adiante se vai tratar de critérios para solucionar conflitos federativos. Antes, porém, cabe examinar a distribuição de competências legislativas.

7.7.4 Competências legislativas

Além de bens e competências político-administrativas, a Constituição distribuiu ainda entre os entes competências legislativas, isto é, competências para editar normas, inovar na ordem jurídica sobre determinado assunto. Também aqui a Constituição utilizou múltiplos critérios para a distribuição. A União recebeu as competências legislativas privativas descritas no art. 22, que incluem uma quantidade impressionante de temas como direito civil, comercial, penal, processual, eleitoral, agrário, marítimo, aeronáutico, espacial e do trabalho. Vale notar que os temas que se acaba de enunciar correspondem apenas ao inc. I do artigo, que conta com 29 incisos no total. Temas como desapropriação (inc. II), águas, energia, informática, telecomunicações e radiodifusão (inc. IV), e política de crédito, câmbio, seguros e transferência de valores (inc. VII) são também da competência legislativa privativa da União, entre outros.

Os temas que se acaba de enunciar correspondem apenas ao inc. I do artigo, que conta com 29 incisos no total. Temas como desapropriação (inc. II), águas, energia, informática, telecomunicações e radiodifusão (inc. IV), e política de crédito, câmbio, seguros e transferência de valores (inc. VII) são também da competência legislativa privativa da União, entre outros. A Emenda Constitucional nº 115/2022 acrescentou, ainda, um novo inciso a essa listagem – o inciso XXX – atribuindo à União competência privativa para legislar sobre "proteção e tratamento de dados pessoais" (art. 22, XXX). Essa competência já havia sido exercitada antes mesmo da emenda, com a edição da Lei nº 13.709/2018, a chamada Lei Geral de Proteção de Dados (LGPD). Mas o certo é que a emenda acabou por restringir eventual competência legislativa dos Estados no particular.

Da listagem do art. 22, vale destacar ainda as competências que atribuem à União competência legislativa para estabelecer "normas gerais" ou "diretrizes". Assim, compete à União estabelecer diretrizes da política nacional de transportes (inc. IX); diretrizes e bases da educação nacional (inc. XXIV); normas gerais de organização, efetivos, material bélico, garantias, convocação e mobilização das polícias militares e corpos de bombeiros militares (inc. XXI); e normas gerais de licitações e contratos (inc. XXVII). Uma vez que compete à União estabelecer diretrizes ou normas gerais – e não legislar integralmente sobre tais temas –, abre-se um espaço para a legislação concorrente dos demais entes federados a fim de complementarem essas diretrizes e normas gerais. Desse modo, embora previstas no art. 22, tais hipóteses consagram na realidade competências concorrentes em matéria legislativa.

O art. 22 prevê ainda, em seu parágrafo único, a possibilidade de a União autorizar os Estados a legislar sobre aspectos específicos das matérias relacionadas no artigo. Nesse caso, note-se, a eventual legislação estadual não será editada no exercício de uma autonomia estadual,

Cap. 7 – ORGANIZAÇÃO DO ESTADO E A FEDERAÇÃO BRASILEIRA **313**

mas por delegação, subordinando-se àquilo que a legislação federal tiver disposto e aos termos da autorização concedida[29].

Ainda no plano das competências legislativas privativas, cabe aos Municípios legislar sobre *assuntos de interesse local*, na dicção expressa do inc. I do art. 30. Ou seja: a competência legislativa municipal privativa é *expressa*, mas não enumerada (já que decorre da expressão genérica "interesse local"). Aplica-se aqui o que se discutiu anteriormente sobre o sentido da expressão "interesse local", o que não impede que eventuais conflitos se coloquem a fim de determinar os limites das competências legislativas dos demais entes diante da invocação da norma municipal de que ela trata de interesse local. Adiante se vai examinar de forma mais específica o tema dos conflitos federativos.

Aos Estados compete privativamente, mediante lei complementar, instituir regiões metropolitanas, aglomerações urbanas e microrregiões, nos termos do art. 25, § 3º. É a única competência legislativa privativa expressa estadual. Além disso, cabem-lhe as competências eventualmente remanescentes: na linha do que dispõe o § 1º do art. 25, cabe aos Estados legislar sobre os temas que não foram assinados à lei federal ou à lei municipal, nem à competência concorrente, embora na prática pouco parece sobrar para os Estados a esse título[30]. E, naturalmente, como já referido, cabe aos Estados a competência legislativa privativa relacionada com sua auto-organização, autogoverno e autoadministração.

Ao Distrito Federal foram atribuídas as competências legislativas dos Estados e dos Municípios, já que ele não é dividido em Municípios (art. 32, § 1º). Essa regra geral, porém, é excepcionada em alguns pontos pela Constituição que atribui à União, e não ao Distrito Federal, competências legislativas que são próprias dos Estados. É o caso, por exemplo, da legislação sobre a organização judiciária, do Ministério Público do Distrito Federal e dos Territórios e da Defensoria Pública dos Territórios, bem como organização administrativa destes (art. 22, XVII) e sobre a utilização, pelo Governo do Distrito Federal, das polícias civil e militar e do corpo de bombeiros militar (art. 32, § 4º), ambas de competência da União e não do Distrito Federal. Essa circunstância decorre da posição particular do Distrito Federal na Federação, à qual já se referiu, pois, embora lhe seja reconhecida autonomia (art. 18), o espaço próprio de autonomia que lhe foi conferido pela Constituição é menor do que aquele atribuído aos Estados.

Além das competências legislativas privativas de cada ente, o art. 24 prevê as chamadas competências legislativas *concorrentes*, em que são atribuídas à União, aos Estados-membros e ao Distrito Federal as matérias constantes de seus 16 incisos, entre as quais se incluem, além de muitos outros: direito tributário, financeiro, penitenciário, econômico e urbanístico (inc. I); produção e consumo (inc. V); proteção ao meio ambiente (inc. VI) e responsabilidade por dano ao meio ambiente (inc. VIII); educação (inc. IX) e defesa da saúde (inc. XII).

Como já referido, e diversamente do que acontece com as competências político-administrativas, a Constituição procura estabelecer desde logo regras para evitar conflitos de competências e antinomias normativas: os §§ 1º a 4º do mesmo art. 24 estabelecem essas regras, com o objetivo de promover a harmonia do sistema normativo. É possível resumir as regras constantes dos parágrafos do art. 24 nos seguintes termos: (a) compete à União Federal estabelecer normas gerais (§ 1º) – assunto já discutido anteriormente; e (b) compete aos Estados-membros a produção de normas suplementares (§ 2º), bem como o suprimento das omissões legislativas federais (§ 3º), enquanto perdurarem (§ 4º).

---

[29]   ADI 4.391, rel. Min. Dias Toffoli, j. 02.03.2011, *DJe* 20.06.2011.

[30]   V. Carlos Ari Sundfeld, Sistema constitucional das competências, *Revista Trimestral de Direito Público* n. 1, p. 272. Veja-se, sobre o tema, igualmente, Fernanda Dias Menezes de Almeida, *Competências na Constituição de 1988*, 1991.

Os Municípios não são mencionados no *caput* do art. 24, mas o art. 30, II, prevê que compete e eles suplementar a legislação federal e a estadual no que couber. Assim, da conjugação do art. 24 com o art. 30, II, tem-se que as competências legislativas concorrentes podem incluir todos os entes federativos: à União cabe estabelecer normas gerais, aos Estados compete a edição de normas suplementares, e os Municípios poderão ainda suplementar esses dois conjuntos normativos federal e estadual, no que couber.

7.7.5 Competências tributárias

A Constituição atribui ainda a cada um dos entes federados um conjunto de competências tributárias que, por sua importância, são destacadas para fins didáticos, já que elas envolvem tanto competências político-administrativas quanto legislativas. Na realidade, uma série de normas terá de ser editada pelos entes federados para que a tributação possa ser levada a cabo. Caberá à União estabelecer normas gerais sobre direito tributário (art. 24, I), norma que é reproduzida e detalhada no art. 146, no qual se registra inclusive que ela haverá de tomar a forma de uma lei complementar. Além das normas gerais editadas pela União, cada ente terá a competência suplementar de instituir por lei seus próprios tributos, organizar sua administração tributária.

Além disso, inúmeros atos administrativos terão de ser praticados e organizações estruturadas no âmbito da União, Estados, Distrito Federal e Municípios, para que a cobrança tributária aconteça de fato. Assim, a Receita Federal tem toda uma estrutura administrativa para a cobrança e fiscalização, por exemplo, do imposto de renda, e do mesmo modo as Fazendas Estaduais e Municipais para a cobrança e fiscalização de seus tributos. O tema foi discutido de forma específica na parte sobre direito tributário à qual se remete o leitor.

7.8 PODER JUDICIÁRIO E FEDERAÇÃO

Vale fazer algumas observações ainda sobre a Federação e o Poder Judiciário no sistema brasileiro. No que diz respeito à distribuição de competências e definição do escopo da autonomia de cada ente, a Constituição organiza o Poder Judiciário em dois grandes ramos: o Judiciário da União e o Judiciário dos Estados. O STF é o órgão de cúpula ou de superposição nacional e, do ponto de vista do controle administrativo, o Conselho Nacional de Justiça é também um órgão nacional.

O Judiciário da União é composto de quatro grandes estruturas: a Justiça Eleitoral (arts. 118 a 121), a Justiça Militar (arts. 122 a 124), a Justiça do Trabalho (arts. 111 a 116) e a Justiça Federal comum (arts. 106 a 110). As competências de cada um desses ramos da Justiça da União estão definidas de forma expressa pela Constituição e são todas exclusivas. Adicionalmente, a Constituição prevê que, na hipótese de conflito, as competências das chamadas Justiças especializadas da União – Eleitoral, Militar e do Trabalho – prevalecem sobre as competências da Justiça Federal comum.

A Justiça estadual, por seu turno, é prevista pela Constituição, que já estabelece algumas regras na matéria, mas deverá ser organizada por cada Estado, com observância das regras específicas a ela dirigidas e dos princípios e regras constitucionais aplicáveis ao Judiciário como um todo. As competências da Justiça estadual serão definidas de forma residual, isto é: tudo aquilo que não tenha sido atribuído aos ramos da Justiça da União, caberá ao Judiciário estadual (arts. 125 e 126). Aqui, diferentemente do que acontece com as competências político-administrativas e legislativas, o que "resta" para a Justiça estadual é muitíssimo. Os Municípios, como já referido, não contam com órgão do Poder Judiciário próprio.

Na realidade, independente dessa estruturação, todos os órgãos do Judiciário, sejam estaduais ou da União, estão submetidos a um regime nacional – o chamado Estatuto da

Magistratura – delineado pela própria Constituição no art. 93 e que deve ser disciplinado de forma mais específica pela lei complementar. Além disso, os princípios que regem a prestação jurisdicional – a maior parte deles previstos no art. 5º, como direitos fundamentais, e no próprio art. 93 – são todos nacionais, aplicando-se a todo e qualquer órgão do Poder Judiciário.

Sob outra perspectiva, cabe fazer uma nota sobre a legislação a ser interpretada e aplicada pelos diferentes órgãos do Judiciário, já que não há, como talvez pudesse parecer, uma vinculação federativa específica entre a origem da norma – isto é: o ente federativo que a edita – e o órgão judiciário que a aplica. Explica-se melhor.

Como regra geral, as chamadas Justiças da União interpretam e aplicam normas federais/ nacionais. E isso porque o direito do trabalho, o direito penal militar e o direito eleitoral, bem como o direito processual são competências legislativas privativas da União e boa parte dos temas da competência da Justiça federal comum são regulados por normas igualmente editadas pela União. Não há, porém, qualquer óbice a que normas estaduais ou municipais sejam também eventualmente consideradas e aplicadas por esses ramos do Judiciário, sobretudo no âmbito das instâncias ordinárias. Normas sobre feriados estaduais e municipais, por exemplo, terão de ser consideradas não apenas para fins de contagens de prazos processuais, por exemplo, mas também terão repercussão nos cálculos de verbas trabalhistas.

A Justiça estadual, por seu turno, interpreta e aplica amplamente tanto normas federais/ nacionais quanto normas estaduais e municipais. Em todas as disputas reguladas pelo direito civil e comercial de competência da Justiça estadual, por exemplo, normas nacionais serão aplicadas, sem falar do direito processual, também norma de competência da União. Além disso, serão de competência da Justiça estadual as múltiplas disputas envolvendo, por exemplo, normas tributárias estaduais e municipais, bem como demandas de servidores estaduais e municipais com fundamento nas normas desses entes que regulam seu regime jurídico.

Retomando o tema da distribuição de competências, embora se tenha referido acima que as competências dos órgãos jurisdicionais são exclusivas, há uma exceção a ser mencionada: não se trata, a rigor, de uma competência compartilhada, mas da possibilidade de alteração da competência prevista constitucionalmente. Cuida-se do chamado incidente de deslocamento de competência na hipótese de grave violação de direitos humanos, introduzido pela EC nº 45/2004 no § 5º do art. 109, também chamado de forma livre de "federalização" dos crimes contra os direitos humanos.

A Constituição prevê que o Procurador-Geral da República poderá suscitar perante o STJ o incidente para o fim de deslocar inquérito ou processo de competência da Justiça estadual para a Justiça Federal. A hipótese que justifica esse deslocamento é, nos termos constitucionais, que o fato que deu origem ao inquérito ou processo represente grave violação de direitos humanos e a providência seja necessária a fim de assegurar o cumprimento de obrigações decorrentes de tratados internacionais de direitos humanos dos quais o Brasil seja parte. Em geral, será preciso demonstrar que o Judiciário estadual e os órgãos de investigação do Estado não estão cumprindo de forma minimamente adequada suas competências.

Sob outra perspectiva, caberá ao Judiciário, por todos os seus órgãos, levar a cabo o controle difuso de constitucionalidade no qual se vai examinar a constitucionalidade dos atos do Poder Público como um todo, inclusive no que diz respeito à constitucionalidade formal que inclui, como se sabe, o respeito às normas de competências. Além disso, a Constituição atribuiu ao STF uma série de competências destinadas a resolver conflitos federativos. Em primeiro lugar, cabe ao STF dar a última palavra em relação ao controle de constitucionalidade difuso, e de fato algumas das hipóteses de cabimento do recurso extraordinário dizem respeito especificamente ao conflito entre competências federativas (art. 102, III, *c* e *d*).

Em segundo lugar, o STF recebeu uma série de competências de controle de constitucionalidade concentrado no âmbito das quais temas federativos podem ser suscitados – e o são frequentemente –, mais ainda considerando que tanto autoridades federais quanto estaduais têm legitimidade ativa para desencadeá-los. Cabe ainda ao STF, conhecer e julgar originariamente as causas e os conflitos entre a União e os Estados, a União e o Distrito Federal, ou entre uns e outros, inclusive as respectivas entidades da administração indireta (art. 102, I, *f*). Embora o STF atribua uma interpretação bastante estrita a essa competência[31], o certo é que o papel da Corte como um Tribunal da Federação não pode ser minimizado.

7.9 AS COMPETÊNCIAS EM INTERAÇÃO: ALGUNS EXEMPLOS

Acima se apresentou os vários elementos que compõem a autonomia dos entes federados – bens e diferentes tipos de competência – de forma relativamente esquemática, para permitir uma visualização do conjunto nos termos apresentados pela Constituição. Na prática, porém, esses vários elementos estão em interação, de modo que será útil acompanhar alguns exemplos que ilustram essa dinâmica.

A Constituição de 1988 distribuiu o domínio das águas entre a União e os Estados-membros, deixando de fora da partilha original os Municípios (arts. 20, III e VI, e 26, I). A Constituição, entretanto, distinguiu a propriedade da água em si da dos potenciais de energia hidráulica, sendo esta última sempre atribuída à União, nos termos dos arts. 20, VIII, e 176. Garante-se, nada obstante, aos Estados e Municípios em cujo território estiverem tais potenciais, participação no resultado (*royalties*) ou compensação financeira por sua exploração (art. 20, § 1º).

A água, porém, pode ter utilizações diversas além de poder receber vários tipos de disciplina jurídica, a partir de diferentes perspectivas. O fornecimento de água é um dos elementos básicos do saneamento e indispensável para o consumo de homens e animais, havendo inclusive o reconhecimento internacional de um direito humano à água[32]. A água é também elemento vital como insumo industrial ou agrícola (*e.g.*: resfriamento de caldeiras e irrigação) ou ainda como matéria-prima de outros bens (*e.g.*: produção de metano). Constitui meio de transporte limpo, barato e eficiente[33], e pode apresentar-se como importante fonte de energia. Sua preservação e conservação são hoje, compreensivelmente, alguns dos temas mais debatidos no mundo.

Essas múltiplas utilizações e preocupações em torno da água atraem a incidência de diferentes regras acerca da distribuição constitucional de competências entre os entes federados. Cabe aqui examinar rapidamente algumas delas.

Do ponto de vista legislativo, compete à União legislar genericamente sobre águas (art. 22, IV). Além disso, a Constituição confere à União a competência político-administrativa para "instituir sistema nacional de gerenciamento de recursos hídricos e definir critérios de outorga de direitos de seu uso" (art. 21, XIX). Ou seja: o constituinte concentrou na União as decisões fundamentais a respeito da utilização da água no país, sob suas variadas formas, bem como os critérios para acesso aos recursos hídricos e as prioridades no seu uso.

Aos Estados e Municípios compete (art. 23, XI) "registrar, acompanhar e fiscalizar as concessões de direitos de pesquisa e exploração de recursos hídricos e minerais em seus territórios". Os critérios para essas concessões, note-se, inserem-se na competência legislativa da União do art. 22, IV, de modo que Estados e Municípios estarão utilizando como parâmetro normativo para o exercício de sua competência político-administrativo a legislação editada pela União (trata-se, no caso, da Lei nº 9.433, de 08.01.1997).

---

[31] ACO nº 1.295 AgR-segundo, rel. Min. Dias Toffoli, j. 14.10.2010, *DJe* 02.12.2010; e ACO nº 1.846 AgR, 1ª T., rel. Min. Marco Aurélio, j. 25.02.2014, *DJe* 19.03.2014.

[32] Res. nº 64/292 da ONU, de 28.07.2010. A resolução pode ser encontrada em: http://www.un.org/es/comun/docs/?symbol=A/RES/64/292&lang=E. Acesso em: 1º ago. 2017.

[33] Compete à União legislar sobre regime dos portos, navegação lacustre, fluvial e marítima (art. 22, I).

Cap. 7 – ORGANIZAÇÃO DO ESTADO E A FEDERAÇÃO BRASILEIRA **317**

Diretamente relacionado com a utilização da água, como se viu, está o tema do saneamento. Durante muitos anos discutiu-se quem seria, nos termos constitucionais, o ente competente para prestar o serviço de saneamento ou, em outros termos, quem seria o titular do serviço, já que a Constituição não é clara no particular. Na realidade, ela contém apenas três dispositivos que tratam do saneamento: os arts. 21, XX, 23, IX, e 200, IV.

O art. 21, XX, prevê que compete à União "instituir diretrizes para o desenvolvimento urbano, inclusive habitação, saneamento básico e transportes urbanos", competência que foi implementada pela edição da Lei nº 11.445/2007, a chamada Lei do Saneamento Básico. A União, portanto, poderá fixar parâmetros nacionais no que diz respeito à prestação do serviço de saneamento, como, *e.g.*, de qualidade ou técnicos, de modo inclusive a inserir o saneamento na política nacional de gerenciamento dos recursos hídricos. Não custa lembrar que "instituir diretrizes" não autoriza a União a exaurir o tema, de modo a esvaziar a autonomia dos entes federativos competentes para prestar o serviço.

O art. 23, IX, por seu turno, prevê como competência político-administrativa comum dos entes "promover programas de construção de moradias e a melhoria das condições habitacionais e de saneamento básico". E o art. 200, IV, estabelece que a União deve participar, em conjunto com os demais entes, do planejamento das ações de saneamento e de sua execução, o que se poderá dar direta ou indiretamente, sob a forma de custeio e investimentos financeiros, auxílio técnico, entre outras atividades. As duas normas não se referem à titularidade do serviço, mas à possibilidade de uma ação de quaisquer dos entes estatais visando ao melhor resultado na matéria. A finalidade constitucional é a cooperação produtiva, nos termos do parágrafo único do mesmo art. 23.

Do ponto de vista constitucional, como se vê, existe a possibilidade de atuação político-administrativa por qualquer um dos entes estatais, embora, por evidente, a competência comum não deve significar superposição e bloqueio recíprocos, o que seria inútil e dispendioso[34]. Certa superposição de interesses é natural no Estado federal, como já referido. Na prática, porém, especificamente no caso do saneamento, a indefinição sobre quem seria o titular do serviço de saneamento paralisou os investimentos no serviço em vários lugares do país.

Pois bem. Em 2013 o STF decidiu demanda que havia sido ajuizada em 1998 estabelecendo alguns parâmetros para a matéria no contexto das regiões metropolitanas de que cuida o art. 25, § 3º, que constituíam efetivamente a situação mais sensível. Isso porque o dispositivo prevê que os Estados poderão, mediante lei complementar, instituir regiões metropolitanas, aglomerações urbanas e microrregiões, constituídas por agrupamentos de municípios limítrofes, para integrar a organização, o planejamento e a execução de funções públicas de interesse comum. A discussão envolvia, entre outros pontos, a compulsoriedade da adesão dos municípios à região metropolitana e sua participação na gestão dos serviços comuns, particularmente o de saneamento.

De forma simplificada, o que restou definido foi que há especial relevância do interesse local na matéria (e, portanto, da competência municipal) que, entretanto, pode ser superada pelo interesse comum no âmbito das regiões metropolitanas. De qualquer modo, ainda que a adesão à região metropolitana seja compulsória para os Municípios, isso não significa que a gestão dos serviços será simplesmente transferida para o Estado. O Estado e os Municípios devem organizar uma estrutura colegiada para a gestão da região metropolitana, sem que nenhum ente tenha predomínio absoluto no particular[35].

Um outro tema que vale lembrar é o da proteção ao meio ambiente e o do combate à poluição. A falta de esgotamento sanitário adequado, um dos serviços do saneamento, é uma

---

[34] Augusto Zimmermann, *Teoria geral do federalismo democrático*, 1999, p. 57.

[35] STF, ADI nº 1842, rel. para acórdão Min. Gilmar Mendes, *DJe* 16.09.2013.

das principais causas de contaminação do solo e das fontes de água, de modo que a proteção ambiental e o controle da poluição são temas intimamente relacionados ao saneamento[36].

A Constituição, entretanto, distribuiu diferentemente a competência legislativa e a competência político-administrativa na matéria. Com efeito, de acordo com o art. 24, VI, da Carta, compete à União e aos Estados, concorrentemente, *legislar* sobre proteção do meio ambiente e controle da poluição. Os Municípios não mereceram qualquer menção específica nessa distribuição, salvo que remanesce, em todo tempo, sua competência geral para suplementar a legislação federal e a estadual no que couber, como lhe autoriza o art. 30, II, da Carta de 1988. Do ponto de vista político-administrativo, é competência comum dos três níveis federativos "proteger o meio ambiente e combater a poluição em qualquer de suas formas", como dispõe o art. 23, VI[37].

Ou seja, simultaneamente ao sistema de competências referido acerca da água, que envolve sua titularidade, sua disciplina legal, e atividades político-administrativas envolvendo sua gestão, bem como as competências relativas ao serviço de saneamento, tanto legislativas quanto relativas à titularidade do serviço, será preciso considerar também as competências que cuidam da proteção ao meio ambiente.

Outro exemplo que ilustra a interação de competências entre os entes federativos diz respeito à rotina da ordenação das cidades e da política urbana[38]. Nos termos da Constituição de 1988, as competências para dispor sobre a ordenação da cidade e a política urbana estão concentradas nos Municípios[39]. Compete aos Municípios, legislar sobre interesse local (art. 30, I), promover adequado ordenamento territorial, mediante planejamento e controle do uso, do parcelamento e da ocupação do solo urbano (art. 30, VIII), e executar a política urbana (art. 182), nos termos do plano diretor a ser elaborado pela Câmara Municipal (art. 182, § 1º) em caráter obrigatório para Municípios com mais de vinte mil habitantes.

Outras competências, porém, merecem menção. Compete à União instituir diretrizes para o desenvolvimento urbano, inclusive habitação, saneamento básico e transportes urbanos (art. 21, XX) e editar normas gerais de direito urbanístico (art. 24, I)[40], que poderão ser suplementadas pelos Estados (art. 24, § 2º). O *caput* do art. 182 prevê especificamente que compete à União fixar as diretrizes gerais da política urbana. A respeito das competências da União e dos Estados em matéria urbanística, o STF já teve ocasião de registrar que elas devem ser limitar a normas gerais e diretrizes, sob pena de invadir competências privativas dos municípios[41].

A União estabeleceu diretrizes gerais para política urbana por meio da Lei nº 10.257/2001, conhecida como Estatuto da Cidade, que traz normas gerais que deverão ser observadas pelos Municípios. Um aspecto interessante da lei nacional merece destaque. O Estatuto da Cidade prevê, em seu art. 40, § 4º, que, na elaboração e fiscalização do Plano Diretor, os Poderes Executivo e Legislativo municipais devem garantir a publicidade das informações e promover audiências públicas e debates com a população interessada e com associações representativas da sociedade.

O art. 43 do Estatuto da Cidade prevê também que, a fim de garantir a gestão democrática da cidade, deverão ser empregados, entre outros instrumentos, debates, audiências e consultas públicas. Essa, portanto, uma diretriz que deverá ser observada pelas instâncias decisórias municipais. Isso não significa, porém, que caiba à União ou aos Estados decidir como essa diretriz será desenvolvida pelos Municípios, cabendo a cada um deles – por seus órgãos,

---

[36]   R. Franceys, J. Pickford y R. Reied, *Guía para el desarrollo del saneamiento in situ,* OMS, 1994, p. 4.

[37]   Vladimir Passos de Freitas, Poluição de águas, *Direito ambiental em evolução,* 1998, p. 361 e ss.

[38]   V., por exemplo, a Lei nº 10.257/2001 (Estatuto da Cidade).

[39]   Joaquim Castro Aguiar, *Competência e autonomia dos Municípios na Nova Constituição,* 1995, p. 115.

[40]   José Afonso da Silva, *Direito urbanístico brasileiro,* 1997, p. 58; e Joaquim Castro Aguiar, *Competência e autonomia dos Municípios na Nova Constituição,* 1995, p. 115.

[41]   STF, ADI 478/SP, rel. Min. Carlos Velloso, *DJ* 09.12.1996.

Cap. 7 – ORGANIZAÇÃO DO ESTADO E A FEDERAÇÃO BRASILEIRA **319**

democraticamente eleitos – decidir como se dará a participação popular no âmbito da política e do desenvolvimento urbanos[42].

O ponto é interessante já que o texto aprovado pelo Congresso Nacional previa um § 5º no art. 40 do Estatuto da Cidade, dispondo que seria nula a lei municipal que instituísse o plano diretor em desacordo com o disposto no § 4º do mesmo artigo. A Presidência da República, porém, vetou o § 5º, por inconstitucionalidade (Mensagem nº 730, de 10.07.2001) justamente porque: "Tal dispositivo viola a Constituição, pois fere o princípio federativo que assegura a autonomia legislativa municipal".

Em sentido similar o Órgão Especial do Tribunal de Justiça do Rio Grande do Sul declarou a inconstitucionalidade de norma da Constituição Estadual que pretendia impor aos Municípios o dever de assegurar a participação das entidades comunitárias legalmente constituídas na definição do plano diretor, justamente por violação à competência municipal na matéria e, *a fortiori*, à autonomia municipal[43]. E o STF já se manifestou no sentido da competência exclusiva do Município para dispor sobre a ordenação concreta da cidade, considerando inválida inclusive norma de Constituição Estadual que pretendia impor a obrigatoriedade de elaboração de plano diretor para os Municípios de 5 a 20 mil habitantes, fora da hipótese prevista, portanto, pela Constituição Federal[44].

Em resumo, os Municípios concentram as competências tanto legislativas quanto político-administrativas em matéria de ordenação da cidade e política urbana, devendo submeter-se às diretrizes gerais de política urbana fixadas pela União. União e Estados têm competência concorrente para legislar sobre direito urbanístico, mas essas normas devem manter-se no plano de disposições gerais, diretrizes e princípios, de modo a não invadir as competências privativas municipais[45].

Ainda um outro exemplo, de natureza tributária, diz respeito à competência legislativa da União para estabelecer, por meio de lei complementar, normas gerais em matéria de ICMS, imposto de competência estadual. A necessidade de interação e o eventual conflito entre as competências dos dois entes é inevitável. A Lei Complementar nº 194/2022, por exemplo, definiu que "os combustíveis, o gás natural, a energia elétrica, as comunicações e o transporte coletivo são considerados bens e serviços essenciais", limitando as alíquotas aplicáveis pelos Estados a operações com tais produtos.

A própria lei complementar estabeleceu previsões para que os Estados e o DF sejam compensados das perdas geradas pela nova regulamentação, mas isso não impediu que a lei fosse questionada perante o STF por diversos Estados (ADI nº 7191 e ADPF nº 984). Interessantemente, a Corte conduziu um processo de mediação nesses processos que culminou em um acordo entre a União e todos os Estados para o fim de solucionar o conflito federativo.

Diante dos exemplos que se acaba de apresentar, e do complexo de normas que precisam conviver e interagir, não é surpreendente nem incomum que conflitos surjam acerca da definição de competências nas circunstâncias concretas. Alguns dos conflitos observados nos exemplos acima já tiveram solução por parte do Judiciário, mas nem sempre há precedentes consolidados sobre as disputas. Assim, no tópico seguinte se vai tratar de alguns critérios que podem orientar a solução desses conflitos.

---

42 Regina Maria Macedo Nery Ferrari, *Direito municipal*, 2005, p. 44.

43 TJRS, ADIn 70019551563, rel. Desa. Maria Isabel de Azevedo Souza *DJe* 15.10.2007.

44 STF, ADI nº 826/AP, rel. Min. Sydney Sanches, *DJ* 12.03.1999.

45 Vladimir Oliveira da Silveira, O princípio da autonomia municipal e os Assuntos de interesse local na Constituição de 1988, *Revista Tributária e de Finanças Públicas*, n. 61, p. 223-224, 2005.

7.10 CONFLITOS DE COMPETÊNCIAS NA FEDERAÇÃO E CRITÉRIOS DE SOLUÇÃO

Como devem ser resolvidos eventuais conflitos entre os entes, sejam eles reais ou aparentes, no âmbito da Federação? A ideia simplista de que os entes federativos poderiam desenvolver, cada qual, suas competências sem contato uns com os outros – e, portanto, sem choques eventuais – é ilusória e equivocada e os exemplos anteriores ilustram essa realidade. Mesmo no modelo clássico do federalismo dual, consagrado nos Estados Unidos, no qual a divisão de competências entre os entes é rígida, esse cenário não seria possível. No caso brasileiro, por exemplo, embora legislar sobre direito civil e direito comercial sejam da competência legislativa privativa da União (art. 22), nem sempre será simples definir se determinado tema específico se enquadra nessas grandes categorias ou se, por outro lado, descreve norma de produção e consumo, esta de competência legislativa concorrente nos termos do art. 24.

No caso brasileiro, os conflitos se multiplicam inevitavelmente, pois as competências do ente central se desenvolvem no âmbito do território de Estados e Municípios e também as competências estaduais vêm à existência sobre o território municipal. Imaginar, portanto, que o Estado-membro ou o Município são senhores absolutos de seus territórios, neles podendo decidir o que bem desejarem, simplesmente não é possível. O Estado federal é ainda *um* Estado e todos os entes estão vinculados e subordinados ao que dispõe a Constituição Federal, não apenas no que diz respeito a suas próprias competências, mas também no que toca às competências dos demais entes.

Outro aspecto da questão é igualmente relevante. Como já referido, os órgãos do ente central desenvolvem também atividades inerentes ao que a doutrina identifica como *ente global* ou *nacional*. Ou seja: existem competências que lhe foram outorgadas pela Constituição e que devem necessariamente ser exercidas sobre todo o território nacional, a bem da unidade daquilo que, afinal, é apenas um Estado. Também nesses momentos, haverá inevitável contato entre a União, os Estados-membros e os Municípios: um exemplo é a política monetária, de competência da União, mas de abrangência nacional.

Esse quadro de interações entre os entes federativos acentua-se consideravelmente tendo em conta os modelos contemporâneos de federalismo cooperativo – do que a Constituição de 1988, como se viu, é um exemplo –, no qual as competências dos entes se comunicam sob variadas formas. No caso brasileiro, como descrito, há competências concorrentes ou comuns tanto em matéria legislativa, como no que diz respeito à atuação político-administrativa e à prestação de serviços. Nesse contexto, o relacionamento entre os entes é indispensável. E se houver, entre eles, conflito? Como solucioná-lo? É sobre isso que se passará a tratar a seguir.

7.10.1 Poderes implícitos, competências gerais e específicas, e nacionais e locais

O primeiro e principal critério para a solução de conflitos federativos é, sem dúvida, a identificação das competências atribuídas a cada um dos entes pela Constituição Federal. Assim, diante de um conflito, trata-se de identificar o que compete a cada ente. É apenas com fundamento na Constituição que um ente federativo poderá reivindicar o que quer que seja em face dos demais, mas é também por força do mesmo texto constitucional que ele estará submetido às disposições concernentes aos demais entes e ao Estado como um todo.

É certo que as competências atribuídas pela Carta aos entes federativos não são fórmulas vazias ou um conjunto de palavras, apenas. Com as competências são outorgados também os poderes necessários para as realizar. As competências são sempre poderes-deveres, de modo que, ao atribuí-las, a Constituição confere igualmente os meios lícitos para desincumbir-se delas.

Essa lógica está longe de ser nova: quem determina os fins, concede igualmente os meios[46]. Ou seja: esse primeiro critério de solução de conflitos envolve a identificação não apenas das competências expressamente descritas na Constituição, mas também das prerrogativas necessárias à sua realização.

É possível cogitar algumas hipóteses nas quais esse critério poderá ser aplicado e será útil para resolução do conflito. Em primeiro lugar, é provável que haja apenas uma competência constitucional de caráter privativo em disputa. É o que ocorre, *e.g.*, quando lei estadual dispõe sobre matéria de competência privativa da União, seja ela própria do ente central ou nacional. Nessa circunstância, há apenas uma competência constitucional em jogo e o conflito é solucionado na medida em que ela seja identificada.

Uma segunda possibilidade envolve as competências concorrentes ou comuns, isto é: há mais de uma competência envolvida no conflito, todas sobre o mesmo tema. Em tal hipótese, diferentes entes federativos partilham de uma determinada competência como acontece, *e.g.*, no que diz respeito às matérias previstas no art. 24 da Constituição de 1988, sobre as quais tanto a União, como Estados e o Distrito Federal têm competência concorrente para regular.

Nesse cenário, como se viu, a própria Constituição procura fornecer critérios para a solução das disputas. Os parágrafos do art. 24 tentam demarcar o espaço de atuação da União – normas gerais – e o espaço dos Estados e do Distrito Federal. Em relação às competências comuns de natureza político-administrativa, previstas no art. 23, seu parágrafo único prevê que lei complementar deve fixar normas para a cooperação entre os entes. Se tal lei não existir, porém, é do sistema constitucional que se precisarão extrair critérios para solucionar os conflitos.

Uma possibilidade mais complexa é a de conflito – ao menos aparente – entre entes federativos por conta de competências diferentes, atribuídas pela Constituição a cada um deles em caráter privativo. Em outras palavras, cada ente alega estar exercendo sua própria competência e tem-se o confronto. Um exemplo facilita a visualização da hipótese. Compete aos Municípios, como se viu acima, promover o adequado ordenamento territorial (art. 30, VIII) e compete aos Estados-membros explorar os serviços locais de gás canalizado (art. 25, § 2º). Ora, se os Municípios, a pretexto de exercerem a competência em questão, vierem a dificultar ou inviabilizar a prestação dos serviços estaduais, ter-se-á um problema na linha do que se acaba de descrever. Como resolver esse potencial conflito?

Dois parâmetros podem ser utilizados aqui para encaminhar a solução dessa tensão entre os entes federados. Em primeiro lugar, assim como acontece entre normas gerais e especiais, as competências específicas não podem ser inviabilizadas pelo pretenso exercício de competências gerais[47]. Isto é: a competência geral de um ente continua a ser plenamente exercida, mas não poderá prejudicar o desempenho da competência específica atribuída pela Constituição a outro.

As competências de caráter normativo (legislativo ou regulamentar) são modalidades de competência geral, ao passo que as competências relacionadas com a prestação de serviços ou a exploração de atividades econômicas, *e.g.*, são competências específicas. Assim, retomando o exemplo utilizado acima, a competência do Município para dispor sobre a ordenação do espaço urbano tem caráter geral e a competência estadual em matéria de serviço local de gás canalizado é específica. A primeira poderá ser exercida plenamente, uma vez que não procure onerar ou prejudicar o exercício da competência própria dos Estados nesse particular. A rigor, não se trata de uma restrição à competência municipal: a autonomia dos entes em um Estado

---

[46] A tese (*implied powers*) tem como grande precedente histórico a decisão da Suprema Corte americana em McCulloch *vs.* Maryland, 17 U.S. 316 (1819). Na literatura nacional, v. sobre o tema, *e.g.*, Alexandre Santos de Aragão, Princípio da legalidade e poder regulamentar no Estado contemporâneo, *Boletim de Direito Administrativo* n. 5, p. 370, maio 2002, p. 380.

[47] V. Carlos Maximiliano, *Hermenêutica e aplicação do direito*, 2002, p. 294.

federal não preexiste, mas é exatamente definida pelo texto constitucional, e o mesmo texto que confere a um ente determinada competência é o que atribui ao outro prerrogativa diversa, que deve ser respeitada[48].

Esse parâmetro, na verdade, decorre da noção, referida acima, de que a competência de um ente federativo envolve também, e como não poderia deixar de ser, os meios necessários para sua realização. Não faria sentido imaginar que a Constituição outorgasse competência a um ente e não lhe conferisse os poderes para executá-la, que poderiam ser restringidos ou mesmo inviabilizados pelos demais entes.

O segundo parâmetro pode ser enunciado nos seguintes termos: os entes locais, no exercício de suas próprias competências, não podem restringir ou inviabilizar o exercício de competências de caráter nacional. Este parâmetro, note-se, não se destina a definir quem é o titular de determinada competência diante de dúvida. No caso de dúvida, a diretriz aplicável deve ser o *princípio da subsidiariedade*, por força do qual os serviços que possam ser adequadamente prestados pelos entes locais – por se relacionarem com sua realidade específica –, devem ser por eles prestados[49].

Seja como for, definidas as competências dos diferentes entes, e havendo conflito entre elas, a ideia de que o exercício de competências locais não pode restringir o desenvolvimento de competências nacionais parece bastante intuitiva. Na realidade, o argumento é mais amplo: o que não se admite é que pretensões locais possam inviabilizar a realização de necessidades mais abrangentes, que incluem a localidade, mas vão para a além dela[50].

A distribuição de competências no âmbito do Estado Federal atende em geral a dois propósitos principais: evitar a concentração de poderes em apenas um ente[51] e incrementar a eficiência estatal, atribuindo aos entes menores as competências que eles possam desempenhar melhor que o ente central[52]. Ao ente central, como já referido, além das competências relacionadas com sua própria organização, competem também aquelas de interesse nacional, exatamente por ser ele o mais capacitado a realizá-las.

Essa lógica, que moveu o constituinte originário na elaboração da Carta, continua válida e deve conduzir a interpretação do sistema constitucional sobre a matéria. Com efeito, o fim de toda a estrutura do Estado Federal, como de tudo o mais no âmbito do Estado e do Direito, é o atendimento do interesse público, entendido aqui não como um conceito etéreo ou como o interesse fazendário de cada ente estatal[53], e sim como o bem-estar concreto das pessoas, individual e coletivamente consideradas. Nesse contexto, não haveria sentido algum em subordinar a realização de necessidades nacionais ou regionais – cometidas aos entes maiores – à vontade ou

---

[48] Caio Tácito, Saneamento básico – região metropolitana – competência estadual (parecer), *Revista de Direito Administrativo* n. 213, 1998, p. 324.

[49] Mariana Montebello, O princípio da subsidiariedade e a Constituição da República de 1988. In: Manoel Messias Peixinho, Isabella Franco Guerra e Firly Nascimento Filho, *Os princípios da Constituição de 1988*, 2001, p. 483 e 492.

[50] Isso não significa que, a pretexto de exercer competências mais abrangentes, os entes maiores possam esvaziar o espaço de autonomia local. Essa hipótese configuraria desvio ou abuso de poder.

[51] Gilberto Bercovici, *Dilemas do Estado Federal brasileiro*, 2004, p. 19; e André Luiz Borges Netto, *Competências legislativas dos Estados-membros*, 1999, p. 81.

[52] O princípio da subsidiariedade funda-se no pressuposto de que o ente local será mais eficiente tanto porque está mais próximo das necessidades da população – podendo conhecê-las melhor – como porque poderá ser melhor controlado por ela. Sobre o assunto, v. Augusto Zimmermann, *Teoria geral do federalismo democrático*, 1999, p. 199-213.

[53] Sobre a distinção entre interesse público primário – o interesse da coletividade, do povo, expressado na Constituição e nas leis – e o interesse público secundário – o interesse do Estado enquanto sujeito de direitos –, veja-se, por todos, Celso Antônio Bandeira de Mello, *Curso de direito administrativo*, 1992, p. 31-32 e 57.

aos interesses locais. A própria Constituição fornece um exemplo do que se acaba de descrever que é o das regiões metropolitanas, já referidas acima e sobre as quais se tratará mais adiante.

Em suma: os conflitos entre diferentes competências dos entes federativos devem ser resolvidos tendo em conta (i) as competências atribuídas a cada ente, e os meios necessários para executá-las; (ii) a natureza da competência, se de caráter normativo geral ou específico; e (iii) o caráter nacional ou local do interesse associado à competência. Interesses locais não podem inviabilizar a execução de competências de caráter nacional; a capacidade de regular determinado assunto não autoriza o ente a inviabilizar a execução de uma competência específica atribuída a outro; e os meios necessários à execução das competências outorgadas aos entes pela Constituição têm o mesmo *status*, para os fins aqui discutidos, ou seja, as nominalmente referidas pelo texto constitucional.

7.10.2 Conflito potencial entre Estado e Municípios: interesse local x interesse comum. Limites de cada competência. Regiões metropolitanas

Além dos conflitos de competência em geral entre os entes, e dos critérios para solução referidos acima, os entre os Estados e seus Municípios recebem a influência de alguns elementos constitucionais adicionais que merecem exame. De um lado há a eventual dificuldade da interpretação das cláusulas genéricas utilizadas pela Constituição, como interesse local, comum, regional. De outro, há a previsão constitucional de que os Municípios devem observar os princípios da Constituição Federal e também aqueles previstos na Constituição do respectivo Estado (art. 29, *caput*), ao mesmo tempo em que os Estados devem respeitar a autonomia municipal, sob pena inclusive de intervenção federal (art. 34, VII). Inicie-se pela primeira questão.

Acima já se tratou dos contornos que a doutrina atribui à noção de interesse local. Basicamente trata-se do interesse predominantemente local, que não repercute para além das fronteiras do território da cidade[54]. Quando um município existe de forma bastante isolada, não será em geral difícil identificar os interesses locais. A verdade, porém, é que nas últimas décadas, seguindo tendência mundial, a população brasileira vem se concentrando em torno das grandes cidades. Tal movimento migratório, determinado por circunstâncias geográficas, econômicas e sociais, frequentemente dá origem a massas urbanas contínuas por meio da aglutinação de Municípios contíguos.

Como é natural, essa concentração acaba por gerar ou fortalecer relações de dependência entre as localidades vizinhas, tornando interessante a coordenação das atividades desenvolvidas por cada uma delas, inclusive para que se possam obter os ganhos decorrentes da economia de escala. Mais que isso: é possível identificar uma verdadeira necessidade de coordenação, dada a assimetria entre os Municípios envolvidos, que se manifesta em diferentes aspectos[55].

Percebeu-se, com relativa facilidade, que os Municípios isoladamente não eram capazes de prestar os serviços demandados por essa enorme quantidade de pessoas que passou a viver nos grandes centros ou ao seu redor, sem qualquer preocupação específica com os limites municipais. O fato é que atender às necessidades desse contingente populacional tornou-se caro, complexo e muitas vezes tecnicamente inviável para cada Município sozinho. A solução foi adotar a prestação integrada pela autoridade regional, no caso os Estados, de modo que o interesse público – aí entendido o primário, isto é, da população – fosse mais bem atendido.

---

[54] Diogo de Figueiredo Moreira Neto, Poder concedente para o abastecimento de água, *Revista de Direito da Associação dos Procuradores do Novo Estado do Rio de Janeiro* n. 1, 1999, p. 66-67.

[55] Eros Roberto Grau, *Regiões metropolitanas:* regime jurídico, 1974, p. 5 e 10. No mesmo sentido, entre outros, Ives Gandra Martins, *Comentários à Constituição do Brasil,* vol. 3, t. I, 1992, p. 413.

Em suma: esses serviços deixaram de ser de interesse predominantemente local, para transformarem-se em serviços de conveniência regional ou estadual.

Por conta desses fatores, a autossuficiência tende a ser excepcional. E ainda quando ela se verifique em determinado Município, parece razoável que, no contexto de uma mesma comunidade política, haja mecanismos para induzir ou forçar alguma forma de atuação coordenada, em benefício do interesse público regional ou mesmo nacional. Essas observações não guardam relação apenas com o saneamento básico – sobre o que se tratou acima –, sendo pertinentes também no contexto de inúmeros serviços públicos ou atividades econômicas de interesse coletivo. A Constituição de 1988 procurou dar tratamento jurídico a essa realidade abrangente, por meio das figuras das regiões metropolitanas, aglomerações urbanas e microrregiões de que trata o art. 25, § 3º, prevendo que elas poderão ser criadas "para integrar a organização, o planejamento e a execução de funções públicas de interesse comum".

Duas observações a respeito do art. 25, § 3º, merecem destaque. Em primeiro lugar, a Constituição Federal não forneceu uma definição objetiva para cada uma dessas formas de agrupamentos urbanos – embora as Constituições de alguns Estados-membros ocupem-se de conceituá-las. Nessas circunstâncias, cumpre buscar na doutrina e na prática administrativas os elementos essenciais que caracterizam, de modo geral, essas figuras constitucionais. A partir das definições clássicas do professor José Afonso da Silva, é possível dizer que a região metropolitana é caracterizada pela existência de uma continuidade urbana entre Municípios limítrofes, gravitando em torno de um Município-polo. O termo microrregião, por sua vez, identifica um conjunto de Municípios contíguos que apresentam algumas realidades e problemas semelhantes, mas cujas sedes não se encontram unidas em um bloco urbano contínuo. Por fim, os aglomerados urbanos constituem pontos de encontro entre a urbanização de Municípios diversos, sem que haja um polo de atração[56].

Em segundo lugar, no tocante à distribuição de competências, a Constituição forneceu uma baliza geral na matéria: a instituição de alguma dessas formas de agrupamento depende de decisão política do Estado-membro, veiculada por meio de lei complementar. Disso decorrem duas consequências jurídicas, mutuamente implicadas. A primeira é que a instituição não está condicionada à aquiescência dos Municípios afetados, o que se explica pela já referida necessidade de integração e coordenação. Nessa linha, o STF já declarou inconstitucionais artigos de Constituições estaduais que previam a consulta prévia às Câmaras de Vereadores ou mesmo às populações afetadas[57]. Ou seja: a associação à região metropolitana é compulsória para os Municípios, uma vez que, se entende, o elemento local, particular, não pode prejudicar o interesse comum e geral[58].

Em segundo lugar, os Estados em conjunto com os Municípios devem dispor da prerrogativa de influir de forma efetiva, ainda que não monopolizada, na organização da região metropolitana, especialmente no que concerne à prestação dos serviços públicos que pressuponham integração. Aliás, é isso o que diz expressamente o art. 25, § 3º, ao determinar que os Estados podem instituir os referidos aglomerados urbanos para "integrar a organização, o planejamento e a execução de funções públicas de interesse comum".

---

[56] Nessa linha, v. José Afonso da Silva, *Curso de direito constitucional positivo*, 2008, p. 665.

[57] STF, ADI nº 796/ES, rel. Min. Néri da Silveira, *DJ* 17.12.1999; e STF, ADI nº 1841/RJ, rel. Min. Carlos Velloso, *DJ* 20.09.2002.

[58] Essa é a opinião, entre outros, de Nivaldo Brunoni, A tutela das águas pelo município In: Vladimir Passos de Freitas (org.), Águas: aspectos jurídicas e ambientais, 2000, p. 84; Alaôr Caffé Alves, Regiões metropolitanas, aglomerações urbanas e microrregiões: novas dimensões constitucionais da organização do estado brasileiro (parecer), 1999, *Revista de Direito Ambiental*, n. 15, 1999, p. 186; e Sérgio Ferraz, As regiões metropolitanas no direito brasileiro, *Revista de Direito Público* n. 37/38, 1976, p. 22.

Cap. 7 – ORGANIZAÇÃO DO ESTADO E A FEDERAÇÃO BRASILEIRA **325**

Realmente, não faria nenhum sentido conferir aos Estados a competência para instituir compulsoriamente regiões metropolitanas e, ao mesmo tempo, permitir que cada Município atuasse de forma isolada, perseguindo apenas os seus próprios interesses. A forma como essa dinâmica será organizada em cada caso, como já decidiu o STF, deverá ser organizada no âmbito de cada Estado, de tal modo que "a participação de cada Município e do Estado deve ser estipulada em cada região metropolitana de acordo com suas particularidades, sem que se permita que um ente tenha predomínio absoluto".[59]

Outro polo possível de conflito envolve, como referido, a autonomia municipal e a Constituição estadual. O Município é agora um ente autônomo, e não mais uma divisão administrativa dos Estados. Ainda assim, o ponto é relevante por conta da previsão do art. 29 da Constituição de 1988, que prevê que a Lei Orgânica municipal deve atender aos princípios da Constituição Federal e da Constituição do respectivo ente estadual. Questão semelhante se coloca em relação à interpretação do art. 25, § 1º, da Constituição, que afirma serem reservadas aos Estados as competências que não lhes sejam vedadas pela Constituição. Como se haverá de compreender esses dispositivos em face da autonomia municipal?

O tema tem sido examinado pelo STF em várias ocasiões e a conclusão é bastante direta: a Constituição Estadual e as leis estaduais não podem restringir a autonomia municipal pretendendo limitar sua auto-organização, autogoverno ou autoadministração, legislar sobre temas de competência local ou imiscuir-se na prestação dos serviços municipais[60]. Na linha do resumo preciso de Sérgio Ferrari, "no regime inaugurado pela Constituição de 1988, os Estados-membros – e consequentemente as constituições estaduais – não são competentes para dispor sobre a organização dos Municípios ou sobre suas competências (legislativas ou materiais). (...) Qualquer disposição da constituição estadual sobre a organização do Município, ou sobre suas competências, poderá ter duas sortes distintas: ser inconstitucional se amplia ou restringe o disposto na Carta Federal; ou ser ociosa, se a repete"[61]. Alguns exemplos ilustram o ponto.

Ainda em 1993, o STF suspendeu por inconstitucionais dispositivos da Constituição do Estado do Rio de Janeiro que pretendiam obrigar os Municípios, *e.g.*, a conceder determinados benefícios a microempresas e empresas de pequeno porte, e ainda que limitavam a autonomia municipal prevendo que projetos urbanos aprovados pelos Municípios apenas poderiam ser "modificados com a concordância de todos os interessados ou por decisão judicial"[62]. Em 2000, em sede cautelar na ADIn nº 2112-5, o STF suspendeu norma da Constituição do Estado do Rio de Janeiro que limitava a remuneração de vereadores (antes da entrada em vigor da EC nº 25/2000, à Constituição Federal, que veio a tratar da mesma matéria)[63]. Em 2007, na ADIn nº 3549/GO, rel. a Min. Cármen Lúcia, a Corte declarou inconstitucional dispositivo da Constituição de Goiás que pretendia regular a vocação sucessória dos cargos de prefeito e vice-prefeito na hipótese de dupla vacância. O STF entendeu que a matéria está inserida na auto-organização e autogoverno municipais, não cabendo ao Estado dispor sobre a matéria[64].

O STF também já teve ocasião de declarar inválidas normas estaduais que pretendiam interferir em competências legislativas e político-administrativas específicas dos Municípios. Em 2007, na ADIn nº 845/AP, rel. o Min. Eros Grau, a Corte declarou inválida disposição da Constituição do Amapá que pretendeu instituir "meia passagem" nos transportes coletivos de competência municipal. O STF observou que a Constituição Estadual poderia criar o benefício

---

[59]   STF, ADI nº 1842, rel. para acórdão Min. Gilmar Mendes, *DJe* 16.09.2013.

[60]   Joaquim Castro Aguiar, *Competência e autonomia dos Municípios na Nova Constituição*, 1995, p. 19-20.

[61]   Sérgio Ferrari, *Constituição estadual e federação*, 2003, p. 155.

[62]   STF, ADIn 851-0/600, rel. Min. Carlos Velloso, *DJ* 06.04.1993.

[63]   STF, ADIn-MC 2112, rel. Min. Sepúlveda Pertence, *DJ* 26.05.2000.

[64]   STF, ADI 3549/GO, rel. Min. Cármen Lúcia, *DJe* 17.09.2007.

em relação aos transportes de competência estadual, mas não está autorizada a interferir na disciplina dos transportes coletivos municipais[65]. Em 2008, novamente relator o Min. Eros Grau (ADIn nº 307/CE), o STF declarou a invalidade de disposições da Constituição do Estado do Ceará que pretendiam impor aos Municípios o encargo de transportar da zona rural para a sede do Município, ou Distrito mais próximo, alunos carentes matriculados a partir da 5ª série do ensino fundamental. A Corte entendeu que as normas violavam a autonomia municipal, pois interferiam num serviço público municipal.[66]

Na mesma linha, em 2013, a Corte declarou a inconstitucionalidade de lei do Estado de Santa Catarina que pretendia impor obrigações à empresa concessionária responsável pelo fornecimento de água, uma vez que lei estadual não poderia intervir no contrato de concessão de um serviço público local.[67] Ainda em 2013, na já referida decisão a propósito da gestão do serviço de saneamento no âmbito de regiões metropolitanas, a maioria do STF considerou inválida norma estadual que atribuía à Assembleia Legislativa estadual uma série de competências na matéria. Isso porque a Corte entendeu que a integração regional do serviço desencadeada pela criação da região metropolitana não significa a transferência, para o Estado, da gestão isolada do serviço, sendo indispensável a criação de um órgão colegiado no qual os municípios tenham igualmente participação, sob pena de violação de sua autonomia[68].

Em resumo, embora a Constituição Estadual possa estabelecer princípios aplicáveis aos Municípios, ela não pode interferir na autonomia municipal, entendidas nesta expressão tanto os poderes próprios à auto-organização, autogoverno e autoadministração quanto as competências atribuídas pela Constituição de 1988 aos Municípios. No mesmo sentido, estão fora do escopo da competência residual dos Estados de que cuida o art. 25, § 1º, da CF as competências municipais.

7.11 INTERVENÇÃO FEDERAL

A intervenção federal é o mecanismo excepcional previsto na maior parte das Federações destinado a lidar com elementos que rompem com a unidade e a integridade nacionais e/ou com padrões considerados de observância obrigatória e fundamental por todos os entes federados. A Constituição de 1988 disciplina a intervenção federal nos arts. 34 a 36 e admite a intervenção da União nos Estados e no Distrito Federal, e dos Estados em seus municípios. Assim, por exemplo, a União não poderá intervir – essa é a locução, que enfatiza o caráter excepcional da medida – salvo para impelir invasão estrangeira (art. 34, II) e para reorganizar as finanças do Estado em determinadas hipóteses que especifica (art. 34, V).

A intervenção federal será sempre excepcional na medida em que ela rompe a autonomia dos entes, autorizando que a União, no caso dos Estados e do Distrito Federal, e os Estados, no caso dos Municípios, pratique atos que caberiam ao ente federal e/ou no seu território, mas sem sua autorização. Assim, nos exemplos referidos acima, na hipótese de invasão estrangeira, a União poderá encaminhar as forças armadas para atuar no Estado, quer ele autorize quer não, assim como poderá interferir na autonomia financeira do Estado, para reorganizar suas finanças.

Note-se, de todo modo, e esse é um ponto importante, que as medidas concretas a serem adotadas em uma intervenção federal serão as mais variadas, a depender de qual questão que elas precisem solucionar. Repelir invasão estrangeira e pôr termo a grave comprometimento da ordem pública (art. 34, II e III) podem exigir amplo uso de força militar e/ou policial. Garantir

---

[65] STF, ADI 845/AP, rel. Min. Eros Grau, DJe 06.03.2008.

[66] STF, ADI 307/CE, rel. Min. Eros Grau, DJe 19.06.2008.

[67] STF, ADI 2340/SC, rel. Min. Ricardo Lewandowski, DJe 09.05.2013.

[68] STF, ADI nº 1842/RJ, rel. para acórdão Min. Gilmar Mendes, DJe 13.09.2013.

a execução de lei federal, ordem ou decisão judicial (art. 34, VI), que o Estado esteja se negando a cumprir, pode exigir o uso de ponto de força. A garantia dos chamados princípios sensíveis, listados no art. 34, VII, pode envolver apenas a declaração de inconstitucionalidade de norma estadual que os viole.

Na realidade, o decreto de intervenção deve especificar os termos e a abrangência de sua execução e deve adotar apenas as medidas necessárias para reestabelecer a normalidade institucional (art. 36). E o art. 36, § 3º, afirma efetivamente, que "nos casos do art. 34, VI e VII, ou do art. 35, IV, dispensada a apreciação pelo Congresso Nacional ou pela Assembleia Legislativa, o decreto limitar-se-á a suspender a execução do ato impugnado, se essa medida bastar ao restabelecimento da normalidade". Na medida em que se trata de medida excepcional, o excesso por parte do ente que intervém deve sempre ser evitado.

Os exemplos de intervenção federal da história recente do país envolvem o art. 34, III: "pôr termo a grave comprometimento da ordem pública". Essa foi a hipótese constitucional que autorizou a intervenção federal da União no Distrito Federal, decretada pelo Presidente da República em 8 de janeiro de 2023 por meio do Decreto nº 11.377, diante de ações de grupos que invadiram e depredaram prédios públicos, naquela data, incluindo o Congresso Nacional e o Supremo Tribunal Federal. O interventor nomeado recebeu competências relacionadas apenas com a área de segurança pública, afastando assim a atuação das autoridades do DF nesse particular durante o prazo fixado no decreto.

Em 16.02.2018, por meio do Decreto nº 9.288, a União decretou intervenção federal no Estado do Rio de Janeiro também "com o objetivo de pôr termo a grave comprometimento da ordem pública". Diversamente do que aconteceu na intervenção do DF, o decreto de intervenção não cita qualquer evento específico relacionado com seu fundamento constitucional. O decreto previu como prazo da intervenção 31.12.2018 e conferiu ao interventor as atribuições "necessárias às ações de segurança pública", restando todas as demais que não tiverem relação direta ou indireta com a segurança pública na titularidade do Governador.

Do ponto de vista operacional, como funciona a intervenção federal? A Constituição estabelece desde logo as hipóteses que a autorizam: o art. 34 prevê as hipóteses que admitem a intervenção da União nos Estados e no Distrito Federal e o art. 35 lista as hipóteses de intervenção dos Estados nos Municípios. A competência para decretar a intervenção federal e executá-la é do Presidente da República (art. 84, X), e dos Governadores, no caso dos Municípios, mas a Constituição prevê alguns procedimentos a serem observados para que essa decisão possa ser tomada pelo Poder Executivo, que irão variar dependendo da hipótese de intervenção de que se trata.

Como regra geral, o Presidente da República deverá ouvir os Conselhos da República (art. 90, I) e de Defesa Nacional (art. 91, § 1º, II). A manifestação dos Conselhos não é vinculante, mas gera um ônus político para o Chefe do Executivo, valendo lembrar que uma das hipóteses de crime de responsabilidade envolve atentar contra o livre exercício dos Poderes das unidades da Federação (art. 85, II). Sem prejuízo de outros procedimentos podem ser exigidos antes da prática do ato, como se verá na sequência, mas uma vez decretada a intervenção, esta deverá ser submetida ao Congresso Nacional (art. 49, IV) ou à Assembleia Legislativa, que tem 24 horas para aprovar ou suspender o ato de intervenção um procedimento. O art. 36, § 3º, dispensa a submissão ao Congresso Nacional ou à Assembleia Legislativa apenas nos casos previstos nos arts. 34, VI e VII, e 35, IV, nos quais há participação do Poder Judiciário.

Os arts. 36 e 35, IV, da Constituição preveem alguns dos procedimentos específicos exigidos para o decreto de intervenção. Na hipótese de intervenção de que trata o art. 34, IV (para garantir o livre exercício de qualquer dos Poderes nas unidades da Federação), um dos procedimentos exigidos pela Constituição consta do art. 36, I, que prevê que o decreto de intervenção dependerá de "solicitação do Poder Legislativo ou do Poder Executivo coacto ou impedido, ou de requisição do Supremo Tribunal Federal, se a coação for exercida contra o Poder Judiciário". No caso de desobediência à ordem ou decisão judiciária, a intervenção dependerá de requisição do STF, do STJ ou do TSE (art. 36, II).

Por fim, o art. 36, III, regula a chamada ação direta interventiva, à qual o art. 35, IV, também remete, de cujo provimento depende a intervenção da União sobre os Estados e o Distrito Federal no caso de recusa à execução de lei federal e para garantir a observância dos princípios constitucionais mencionados no art. 34, VII, a saber: (a) forma republicana, sistema representativo e regime democrático; (b) direitos da pessoa humana; (c) autonomia municipal; (d) prestação de contas da administração pública, direta e indireta; (e) aplicação do mínimo exigido da receita resultante de impostos estaduais, compreendida a proveniente de transferências, na manutenção e desenvolvimento do ensino e nas ações e serviços públicos de saúde.

O objeto da representação interventiva no âmbito federal é submeter à apreciação do STF qualquer ato comissivo ou omissivo estadual, inclusive normativo, que se considere violar os chamados princípios sensíveis previstos no art. 34, VII, da Constituição ou quando houver recusa à execução de lei federal[69]. Não se trata propriamente de um mecanismo abstrato de controle de constitucionalidade, já que se insere em uma disputa concreta entre a União e o Estado envolvido.

Caso o STF considere que os referidos princípios foram de fato violados, ele julgará procedente a representação impondo ao Presidente que decrete a intervenção. A maior parte da doutrina entendia que nesse caso não haveria discricionariedade da parte do Chefe do Executivo para a intervenção[70], o que foi ratificado pelo art. 11 da Lei nº 12.562/2011, que passou a regular a matéria. Caso, por seu turno, a ação seja julgada improcedente, a intervenção fica inviabilizada.

7.12 A INTERPRETAÇÃO DAS COMPETÊNCIAS FEDERATIVAS E CONTROLE SOCIAL

Até aqui, o foco da narrativa centrou-se nos entes federativos, suas competências e os conflitos entre eles. O Estado, porém, não existe para si mesmo, e sim para servir às pessoas: também o Estado federal existe para servir às pessoas. Cabe agora fazer uma breve reflexão da questão federativa sob a perspectiva do cidadão.

Já se mencionou que o Estado federal está relacionado, em primeiro lugar, ao controle do poder político: com vários centros de poder político autônomo, em vez de apenas um, pode haver maior controle entre eles e menor risco de abusos, ao menos em tese. Além disso, a Federação é associada, do ponto de vista teórico, com práticas mais democráticas – já que os centros de poder estão mais próximos das pessoas e mais sujeitos a seu controle social e permeáveis a sua participação – e com a prestação mais eficiente de serviços pelo Poder Público, já que a maior proximidade das populações servidas permitiria maior informação sobre as necessidades, melhor adequação do serviço a essas necessidades e, novamente, maior controle social.

Apesar da teoria, a estrutura dos Estados contemporâneos, sobretudo daqueles que contam com grandes territórios e populações, é bastante complexa, o que é multiplicado no caso de Estados federais. No caso brasileiro, o governo federal tem mais de uma dezena de ministérios,

---

[69] Essa hipótese foi acrescentada com a EC nº 45/2004, porque envolve, em regra, conflito entre o direito federal e o estadual, ou seja, matéria de competência.

[70] Existe certa controvérsia na doutrina acerca da desnecessidade de manifestação do Congresso em todas as hipóteses de intervenção que tenham sido precedidas de representação decidida pelo STF ou apenas em relação àqueles em que o decreto de intervenção se limite a suspender ato ou norma estadual. V. Luís Roberto Barroso. *O controle de constitucionalidade no direito brasileiro:* exposição sistemática da doutrina e análise crítica da jurisprudência. São Paulo: Saraiva, 2016. p. 378-379; Alexandre de Moraes. *Direito constitucional*. São Paulo: Atlas, 2014. p. 338; José Afonso da Silva. *Curso de direito constitucional positivo*. São Paulo: Malheiros, 2005. p. 488.

Cap. 7 – ORGANIZAÇÃO DO ESTADO E A FEDERAÇÃO BRASILEIRA **329**

e diversas secretarias vinculadas à Presidência da República, afora as entidades com personalidade jurídica própria; o mesmo se diga das secretarias dos Estados e dos Municípios, cada qual com uma diversidade de órgãos. Há ainda várias autarquias – entre as quais as agências reguladoras, aliás – e fundações que levam a cabo atividades relevantes para a ação estatal, sem falar nas sociedades de economia mista e empresas públicas.

Idealmente, além de acompanhar a atuação dos membros do Legislativo e dos Chefes do Executivo, o cidadão deveria também ter conhecimento das ações de cada uma dessas estruturas administrativas, para poder fazer as avaliações que entender pertinentes e tomar as decisões político-eleitorais que julgar próprias no contexto do controle social. Entretanto, considerando o volume e a complexidade da atuação do Estado, essa assertiva parece inteiramente irreal e inviável. Nem mesmo alguém que dedicasse sua vida integralmente a esse acompanhamento seria capaz de monitorar todas as entidades e órgãos públicos brasileiros, dos três níveis federativos.

Pois bem. Considerando esse cenário, um primeiro papel que o direito constitucional pode desempenhar – a fim de facilitar e fomentar o controle social – envolve a forma de interpretar o Estado federal, sobretudo no que diz respeito às competências político-administrativas atribuídas, concomitantemente, aos três entes federativos. Como se viu, nos termos do art. 23, *e.g.*, são de competência – e, portanto, de responsabilidade[71] – da União, dos Estados, do Distrito Federal e dos Municípios a prestação de serviços de saúde, de assistência social, entre outros. Trata-se da opção do constituinte por um federalismo cooperativo que imagina que a cooperação entre os diferentes entes produzirá resultados melhores na consecução das finalidades públicas.

Mas qual a relação do modelo federativo de cooperação com o tema do controle social? A resposta é simples. Diante da atribuição comum de competências[72], a população não sabe ao certo de quem é a responsabilidade pela prestação de tal ou qual serviço. Não raro, essa confusão de atribuições é alimentada pelos próprios agentes públicos que, diante de manifestações de insatisfação da população, procuram apontar os erros dos outros entes federativos, de modo a minimizar sua própria responsabilidade política diante dos eleitores.

O roteiro é conhecido: diante de alguma catástrofe, as autoridades municipais alegam que a União e o Estado não cumpriram sua parte, pois deixaram de repassar as verbas necessárias etc. A União, por seu turno, acusa os Municípios de não aplicarem os recursos adequadamente ou de não prestarem contas. O Estado, *e.g.*, reclama da falta de construção de presídios federais, ao que a União replica que o Estado não é capaz de treinar adequadamente um corpo probo de policiais.

No meio desse emaranhado de acusações cruzadas – que tratam as competências constitucionais como argumentos retóricos em uma disputa de discursos, e não como poderes-deveres –, quem é o responsável perante o cidadão? A rigor, é correto afirmar que todos são responsáveis, mas, na prática da rotina democrática, ninguém é responsável. Na impossibilidade de exercer algum tipo de controle sobre todos os entes federativos em suas múltiplas e complexas relações, o cidadão acaba perdendo o interesse já que, na sua percepção, seu esforço não fará qualquer diferença. O resultado é que o cidadão acaba não controlando coisa alguma. É aqui que o direito constitucional pode desempenhar um papel da maior relevância.

A interpretação hoje majoritária no tema das competências comuns – a discussão é mais frequente em matéria de saúde pública – procura visualizar uma solidariedade entre os entes no que diz respeito à prestação dos serviços[73]. Embora bem-intencionada – já que desenvolvida, no mais das vezes, a fim de multiplicar os responsáveis pela prestação do serviço do ponto de

---

[71]   Celso Antônio Bandeira de Mello, *Curso de direito administrativo*, 2006, p. 130.

[72]   E ausente a regulamentação geral de que trata o parágrafo único do art. 23 da Carta.

[73]   V., *e.g.*, STJ, AgRg no Ag 961677/SC, rel. Min. Eliana Calmon *DJ* 11.06.2008; e STJ, AgRg no Ag 886974/SC, rel. Min. João Otávio de Noronha. *DJ* 29.10.2007.

vista puramente jurídico –, essa linha de interpretação acaba por esvaziar qualquer possibilidade de a população, na rotina democrática, controlar os serviços cuja prestação é imposta pela Constituição ao Poder Público.

A alteração de perspectiva que se quer sugerir aqui não pretende desfazer o complexo sistema de cooperação entre os entes concebidos pelo constituinte. O que se pretende é isolar esse sistema da relação que deve existir entre o Poder Público, genericamente considerado, e as pessoas reais: os cidadãos não devem ter de lidar com essa complexidade e nem devem ser envolvidos, e paralisados, pela teia de relações travadas entre os entes federativos. Veja-se bem: as relações de cooperação entre os entes prosseguem, mas este deve ser um fenômeno que não repercute de forma direta sobre os indivíduos. Haverá, portanto, dois espaços distintos: um no qual se travam os contatos entre os entes federativos e outro no qual se haverá de estabelecer a relação entre algum ente federativo e a população, relativamente a um determinado serviço. Nesse segundo espaço, um ente apenas deverá ser identificado como o responsável pela prestação do serviço. Algumas observações parecem importantes.

É certo que, com frequência, o ente federativo precisará contar com o auxílio de outros entes a fim de prestar o serviço que lhe tenha sido cometido. Entretanto, essa circunstância não deve ser relevante para o cidadão nesse momento. A responsabilidade diante do cidadão por cada serviço em particular haverá de ser atribuída, tanto quanto possível, a apenas um ente, de modo a tornar viável alguma espécie de controle social nesse particular. Caberá a esse ente buscar a colaboração dos demais, considerando os deveres a eles atribuídos pela ordem jurídica. Ou seja: os deveres de cooperação entre os entes permanecem inalterados; a única distinção é que seu eventual descumprimento não interferirá na relação entre o ente responsável por aquele serviço e a população. Exemplos oriundos das relações privadas ilustram a proposta aqui formulada.

Imagine-se que um indivíduo adquire um pacote turístico no Brasil para passar uma semana em Bariloche, Argentina, que inclui passagem aérea, hospedagem e passeios pela região. Ao chegar lá, o prestador local de serviços deixa de fornecer algo que foi contratado. De quem será a responsabilidade – inclusive jurídica, por natural – perante o indivíduo? A resposta do direito brasileiro é simples: a responsabilidade será da empresa brasileira que vendeu o pacote turístico; as relações de tal empresa com seus parceiros comerciais no exterior são irrelevantes para o cliente brasileiro. Se a empresa em Bariloche falhou, a brasileira não poderá alegar tal circunstância perante seu cliente para eximir-se de responsabilidade. Sua obrigação perante o consumidor permanece e o que ela poderá eventualmente fazer é acionar a empresa argentina.

É interessante notar que a aplicação dessa espécie de raciocínio ao federalismo cooperativo, além de melhorar as condições para o desenvolvimento do controle social – na medida em que identifica um responsável e simplifica as informações que devem ser compreendidas pelo cidadão – pode também vir a desencadear outro efeito institucional benéfico. Na medida em que a ausência de cooperação deixar de servir de argumento para minimizar a responsabilidade política dos agentes públicos diante da população, a necessidade eleitoral de prestar os serviços de forma mais eficiente poderá estimular uma cooperação mais efetiva entre os entes federativos. Ou seja: o interesse dos agentes públicos em viabilizar a prestação adequada dos serviços de sua responsabilidade imediata perante a população será potencializado.

Resta a questão fundamental de definir que serviços atribuir a cada ente federativo, isto é: por quais serviços cada um deles é responsável perante a população. Em relação a alguns serviços, a própria Constituição já indica determinados parâmetros, e o ponto foi destacado acima. A educação pré-escolar e fundamental, por exemplo, são atribuídas de forma imediata aos Municípios (art. 30, VI), assim como o atendimento à saúde da população (art. 30, VII). A referência constitucional, nos dois incisos referidos, à cooperação técnica e financeira da União e do Estado ocuparia aquele primeiro espaço, no qual as relações entre os entes federativos são travadas. No segundo espaço, considerando a população, a responsabilidade pelo serviço há de ser atribuída a um ente apenas, no caso, os Municípios[74].

Outros parâmetros podem ser extraídos do texto constitucional, referente a outros temas, e mesmo da legislação eventualmente editada sobre determinada matéria[75]. Caberá à doutrina e à jurisprudência, como frequentemente acontece, debruçar-se sobre cada uma das competências comuns no esforço de identificar, fundamentadamente, o ente responsável perante a população. Sem prejuízo, repita-se, dos deveres de cooperação dos demais entes em face daquele que será o responsável perante os cidadãos. Cabe agora concluir.

Há muito se discute sobre a crise pela qual passa a federação brasileira sob variadas perspectivas[76]. Nada obstante a importância fundamental dos diagnósticos apresentados por esses estudos, a verdade é que boa parte das soluções aventadas estão fora do espaço próprio e imediato do direito constitucional, exigindo avaliações e decisões políticas que conduzam a alterações do texto da Constituição ou da legislação. Há, entretanto, alguns espaços que podem ser ocupados pelo direito constitucional e um deles envolve, na linha do que se expôs, a interpretação das competências comuns atribuídas pela Carta aos diferentes entes federativos. Afinal, a interpretação constitucional em geral – e por que não também da Federação? – deve ser orientada pelos próprios princípios constitucionais, que identificam fins a construir e desenvolver.

No caso, alguns princípios são especialmente relevantes para a interpretação do sistema de distribuição de competências entre os entes federativos: a democracia (o controle social sendo um elemento fundamental dela), os direitos fundamentais (que devem ser atendidos pela prestação dos serviços de que trata a Constituição) e a seriedade dos agentes públicos no trato de suas competências constitucionais. Identificar um responsável, perante a população, pela prestação de cada serviço pode contribuir, ainda que moderadamente, para a promoção desses fins constitucionais. Por outro lado, a forma como o tema é compreendido atualmente já demonstrou não produzir tais resultados.

7.13 A FEDERAÇÃO BRASILEIRA E A PANDEMIA DA COVID-19

A pandemia de covid-19 teve um impacto normativo específico sobre a federação e, talvez, alguns impactos hermenêuticos. Do ponto de vista normativo, a Emenda Constitucional nº 107/2020 adiou, por conta da pandemia, as eleições municipais que ocorreriam em outubro de 2020, para 15 de novembro (primeiro turno) e 29 de novembro (segundo turno), tendo os vários prazos eleitorais correspondentes sido também adiados na mesma proporção.

Do ponto de vista hermenêutico, a pandemia claramente não originou, mas talvez tenha acelerado e/ou aprofundado, à inclinação do STF por uma posição menos centralizadora acerca da interpretação das competências político-administrativas comuns do art. 23 e das competências legislativas concorrentes do art. 24 e do art. 30, II.

---

[74] Um ponto parece bastante interessante. O exame do texto constitucional conduz diversos serviços à esfera de responsabilidade direta dos municípios, ambiente no qual, ao menos do ponto de vista teórico, a intervenção do indivíduo poderia fazer maior diferença, criando melhores condições para o desenvolvimento do controle social. Sobre o tema, v. Aléxis Tocqueville, *A democracia na América*, 1961.

[75] Por exemplo, a Lei nº 8.080/1990, que regulamenta o SUS, atribui principalmente aos Municípios a competência de executar os serviços públicos de saúde. O ponto é desenvolvido por: Luís Roberto Barroso, Da falta de efetividade à judicialização excessiva: direito à saúde, fornecimento gratuito de medicamentos e parâmetros para a atuação judicial, *Interesse Público* v. 9, n. 46, p. 31, 2007.

[76] Entre muitos outros, v. Luís Roberto Barroso, A derrota da Federação: o colapso financeiro dos estados e municípios. *Temas de direito constitucional*, 2001, t. I; e Gilberto Bercovici, *Dilemas do Estado federal brasileiro*, 2004.

No enfrentamento da pandemia, duas competências receberam especial destaque. Em primeiro lugar, a "proteção e defesa da saúde" de que trata o inciso XII do art. 24: boa parte da atuação legislativa dos entes federados no contexto da pandemia foi levada a cabo com fundamento nesse dispositivo. Também o inciso II do art. 23 prevê que é competência comum de todos os entes "cuidar da saúde e assistência pública", mas não há lei complementar específica sobre a matéria. Foi sobretudo com fundamento nesse dispositivo que todos os entes praticaram os atos mais variados no esforço de enfrentamento da pandemia. Os Municípios, adicionalmente, têm a competência para legislar sobre assuntos de interesse local (art. 30, I). Além disso, a Constituição dispõe sobre o serviço único de saúde registrando que "As ações e serviços públicos de saúde integram uma rede regionalizada e hierarquizada e constituem um sistema único" (art. 198, *caput*), ao mesmo tempo em que uma de suas diretrizes é a "descentralização, com direção única em cada esfera de governo" (art. 198, I).

Mas essas competências não existem isoladamente, como se sabe. É possível, e provável, que elas entrem em contato e em tensão entre si e/ou com competências privativas ou exclusivas, isto é: aquelas atribuídas apenas a um dos entes. Assim, por exemplo, normas editadas no contexto da pandemia que dispunham sobre limites ao transporte coletivo rodoviário interestadual, embora relacionadas com a proteção da saúde, também interfeririam com o serviço público em questão, de competência da União, nos termos do art. 21, XII, *e*, da Constituição; e normas editadas por entes locais dispondo sobre relações de trabalho no âmbito da pandemia repercutiam sobre a competência privativa da União para legislar sobre direito do trabalho, nos termos do art. 22, I.

Diversas ações constitucionais foram decididas pelo STF no contexto da pandemia examinando argumentos em torno da validade ou invalidade de atos dos diferentes entes da Federação sob a ótica da distribuição de competências. Embora a Corte tenha impedido Estados e Municípios de tomar decisões de enfrentamento da pandemia que afetassem de forma específica atividades essenciais definidas pela União e serviços públicos federais (ADI nº 6341), no geral o STF fixou o entendimento de que Estados, Distrito Federal e Municípios podem agir no exercício de suas competências comuns independentemente de autorização da União ou de iniciativa prévia desta (ADPF nº 672). A Corte fixou ainda na ADPF nº 672 que o papel da União de planejamento e coordenação de iniciativas em matéria de saúde pública não a autoriza a afastar, unilateralmente, decisões dos demais entes federativos sobre o tema no âmbito de seus territórios (sem prejuízo, claro, do eventual exame da validade dessas decisões dos Estados, DF e Municípios).

Mais que isso, o STF declarou inválidas normas federais que pretendiam submeter iniciativas de Estados, DF e Municípios no enfrentamento da pandemia a manifestações prévias de órgãos ou entidades federais. Além disso, nessa mesma linha, se observou que todos os entes precisam justificar suas iniciativas no âmbito de suas competências comuns, inclusive com a apresentação de justificativas técnicas prévias, mas os entes locais não precisam se submeter a decisões dos órgãos técnicos da União, podendo valer-se de outras fontes para esse fim.

A Corte não chegou a estabelecer claramente a aplicação do princípio da subsidiariedade próprio ao federalismo de que se tratou acima, nem fixou uma preferência explícita em favor, por exemplo, das soluções municipais em face das estaduais e nacionais. A verdade, porém, é que no contexto da pandemia, o peso da realidade local nas opções políticas adotadas em cada parte do país restaram evidentes, como não poderia deixar de ser. Afinal, a circunstância de um município ser mais ou menos populoso, ter mais ou menos concentrações urbanas, ter maior ou menor contato com residentes de outras localidades, ter maior ou menor infraestrutura de prestação de serviços de saúde, bem como o perfil das atividades econômicas da região, dentre outros fatores, eram e são relevantes na avaliação do que seria o melhor interesse da população local nos esforços de controle da doença.

Cap. 7 – ORGANIZAÇÃO DO ESTADO E A FEDERAÇÃO BRASILEIRA **333**

Ainda não se sabe se essa inclinação menos centralizadora na interpretação das competências federativas será adotada de forma mais ampla pelo STF ou se ela foi uma resposta ao contexto político da pandemia. Ou ainda se esse entendimento apenas se aplicaria, ao ver da Corte, às competências relacionadas com a promoção da saúde. Só o tempo dirá. De qualquer modo, trata-se de uma indicação interessante de mudanças na interpretação da federação que atribuem maior relevância jurídica às competências dos entes locais e, *a fortiori*, maior relevância político-social a tudo o que acontece no âmbito dos Estados, do DF e dos Municípios.

8

Separação e organização de Poderes. Representação política

O exercício do poder político pelo Estado envolve muitas dimensões. No capítulo anterior, discutiu-se o tema da distribuição espacial do poder político no território e a opção da Constituição de 1988 de consagrar, mantendo a tradição brasileira, a forma federativa de Estado. Mas e como cada centro de poder político se organiza internamente? Sob outra perspectiva, como as pessoas chegam a ocupar as funções existentes no âmbito do poder político em um regime democrático?

As discussões em torno da separação e organização de poderes pretendem responder à primeira pergunta: como cada centro de poder político se estrutura internamente. A segunda questão envolve a representação política e seus desdobramentos principais, que incluem a disciplina dos partidos políticos e dos sistemas eleitorais. Esses são os dois assuntos centrais deste capítulo.

Em primeiro lugar, serão apresentadas de forma objetiva algumas noções teóricas sobre a separação de poderes, os principais modelos existentes no que diz respeito aos sistemas de governo, bem como as opções feitas pela Constituição de 1988, tanto ao definir o sistema presidencialista, quanto ao estabelecer a separação de poderes como uma cláusula pétrea. Em capítulos próprios se vai examinar como a Constituição organizou concretamente cada um dos Poderes, suas várias competências e relações recíprocas, iniciando pelo Poder Legislativo.

Ainda neste capítulo, em segundo lugar, serão examinados os temas da representação política, dos partidos políticos e dos sistemas eleitorais, bem como as principais opções formuladas pela Constituição de 1988 acerca deles.

8.1 SEPARAÇÃO DE PODERES: BREVE EVOLUÇÃO HISTÓRICA E DO PENSAMENTO POLÍTICO

O controle do potencial uso abusivo e autoritário do poder político exercido pelo Estado tem sido uma preocupação contínua dos seres humanos. Como impedir o governante de violar direitos e liberdades das pessoas, de perseguir desafetos e beneficiar protegidos, de utilizar-se do poder apenas para seu benefício pessoal, em prejuízo da coletividade? O axioma, atribuído a *Lord Acton*, de que o poder corrompe e o poder absoluto corrompe absolutamente continua indisputado pela história.

Ao lado dessas preocupações, que procuram conter ou limitar o exercício do poder político, desenvolveu-se também uma outra, a respeito da organização do exercício desse poder, ocupando-se de sua funcionalidade, isto é: daquilo de positivo que ele possa fazer para a sociedade, e não apenas dos males que possa causar. Assim, a pergunta é: como o exercício do poder político pode/deve organizar-se para atingir melhor seus fins e levar a cabo algo que possa ser considerado um governo bom? Essas duas preocupações – o limite do poder e a melhor organização possível do seu exercício – se entrelaçam em alguma medida, já que uma exigência inicial de um governo bom (seja qual for o sentido que se queira atribuir a bom) é que ele não seja abusivo e arbitrário, respeitando direitos e liberdades das pessoas.

Algumas premissas já se consolidaram acerca do tema ao longo do tempo, embora ele continue a merecer revisitações contínuas. A relativa mutabilidade do assunto é inevitável, já que cada geração enfrenta necessidades particulares, tanto em relação a novas ameaças que o poder político pode representar, quanto no que diz respeito a fins diversos que a sociedade poderá decidir atribuir ao Estado e que lhe caberá perseguir. Com efeito, há 200 anos não se poderia cogitar da tecnologia que permite hoje ao Estado (e não só a ele) ter amplíssimo acesso aos dados pessoais e à vida digital dos indivíduos como um todo. De outra parte, os Estados contemporâneos desempenham tarefas que sequer existiam há algumas décadas.

Seja como for, uma dessas premissas consolidadas envolve a separação de poderes ou, mais tecnicamente, a separação de funções[1]. Isto é: diferentes funções levadas a cabo pelo poder político são identificadas e atribuídas a órgãos diversos dentro da estrutura estatal, denominados, mais frequentemente, de poderes. Tradicionalmente, são três os poderes especializados nas funções que lhes dão nome: Executivo, Legislativo e Judiciário. Nada impede, porém, que ao longo do tempo e em diferentes lugares, concebam-se funções diversas e adicionais, bem como outros órgãos para exercê-las[2].

Por meio dessa separação ou divisão, pretende-se limitar o potencial abuso que a concentração de poderes em um único órgão poderia acarretar e, mediante essa limitação, proteger direitos e liberdades contra o arbítrio. Por outro lado, essa separação ou divisão também tende a conduzir a que cada poder se especialize em uma função e se organize internamente da melhor forma para desempenhá-la.

A separação de Poderes é frequentemente descrita como uma divisão/separação horizontal de Poderes. É possível cogitar ainda de uma divisão vertical ou territorial, classificação por vezes identificada como "formas de Estado" que, em geral, se ocupa de descrever como o poder político se distribui pelo território, identificando três principais modelos: os sistemas federativos, os Estados regionais e os Estados unitários mais ou menos descentralizados. Também a divisão territorial ou vertical, sobretudo quando haja uma efetiva separação entre vários centros de poder no território, como acontece na Federação, tem por objetivo, entre outros, dividir o poder político para controlar.

Retornando à separação de Poderes, além da identificação das funções e dos órgãos que se dedicarão a elas, outras questões são igualmente relevantes sob a perspectiva do controle do poder político. Como esses órgãos devem relacionar-se entre si e como impedir que um deles domine os demais? Todas essas questões são, em geral, respondidas por cada sistema de governo – parlamentarismos em seus variados modelos, presidencialismos, semiparlamentarismos ou semipresidencialismos – por meio da totalidade de competências que cada poder recebe, privativas ou em exercício conjunto, bem como pelo sistema de controles recíprocos que cada um poderá ter sobre os demais. E há ainda questões sobre a melhor forma de organizá-los internamente e acerca do exercício de suas funções.

É certo que essas múltiplas escolhas – sobre os contornos do sistema de governo, prerrogativas, controles recíprocos, organização interna dos Poderes e suas funções etc. – recebem uma

---

[1] A tal ponto que a Declaração de Direitos do Homem e do Cidadão, de 1789, fazia a seguinte afirmação em seu art. 16: "A sociedade em que não esteja assegurada a garantia dos direitos nem estabelecida a separação dos poderes não tem Constituição".

[2] Bruce Ackerman. Adeus, Montesquieu. *Revista de Direito Administrativo*, Rio de Janeiro, v. 265, jan./abr. 2014, p. 16-18.

Cap. 8 – SEPARAÇÃO E ORGANIZAÇÃO DE PODERES. REPRESENTAÇÃO POLÍTICA **337**

influência direta da realidade de cada povo, de sua história e necessidades. Assim, embora se tente, para fins didáticos, identificar modelos, eles são apenas uma aproximação simplificada da realidade.

A ideia de separação de poderes, tal qual entendida modernamente, tem como referência histórica original mais consistente as obras de John Locke (1632-1704) e Montesquieu (1689-1755). Nada obstante isso, a ideia básica de distribuir o exercício do poder político entre várias pessoas ou grupos, em vez de mantê-lo concentrado em um só indivíduo, é consideravelmente mais antiga, remontando às teorias da Constituição mista de Aristóteles.

Em sua teoria clássica das formas de governo, exposta em *Política*, Aristóteles classifica os governos, em um primeiro momento, por meio de um critério quantitativo – o governo de um só, de poucos ou de muitos –, sendo que cada uma dessas opções pode perfeitamente dar origem a uma forma *boa* de governo (monarquia, aristocracia e politia ou timocracia, comumente referida como república ou democracia) ou, igualmente, pode deteriorar-se em uma forma *má* (tirania, oligarquia e democracia – termo que, em geral, prefere-se evitar, embora de tradução mais acurada, adotando-se, tradicionalmente, demagogia).

Embora Aristóteles considere que qualquer das três formas é capaz de conduzir a um governo bom, ao analisar as constituições concretas observa que elas dificilmente adotam apenas uma daquelas três formas (sejam as puras ou as deterioradas). Mais que isso, o autor acaba por desenvolver a teoria da Constituição Mista, pela qual a forma de governo mais adequada é aquela em que os vários grupos ou classes sociais participam do exercício do poder político, de modo que este passa a tomar em conta os interesses de ricos e pobres, mesclando as três formas puras de governo. Vale notar que a fórmula da Constituição Mista se insere perfeitamente no contexto de seu pensamento filosófico, no qual se consagra o meio-termo como o ponto virtuoso de todas as coisas.

A ideia de Constituição Mista será também desenvolvida, tempos depois, por Políbio e Cícero, especialmente a partir da experiência republicana romana, que ambos os autores têm como uma espécie de Constituição Mista.

Pode-se traçar uma linha, ainda que tênue, ligando a ideia de Constituição Mista à moderna concepção da separação de Poderes, uma vez que é possível extrair da Constituição Mista o princípio bastante familiar pelo qual cada órgão constitucional, ou cada classe social, na medida em que tem acesso ao poder político, funciona perante as demais como um limite ou um contrapeso. Embora esta seja uma interpretação válida, não se pode deixar de registrar que se trata de uma visão do passado com os olhos e as categorias do presente.

Tratando ainda das origens remotas, e dando um salto no tempo, vale fazer um registro acerca da abordagem de Maquiavel sobre o tema. Maquiavel retoma a distinção aristotélica das formas de governo baseada no critério quantitativo para descrever os Estados de seu tempo, classificando-os em duas categorias: os governos de muitas pessoas – as repúblicas, que poderão ser aristocráticas ou democráticas, na medida em que os titulares do poder sejam mais ou menos numerosos – e o governo de um só – os principados.

A relevância da distinção de Maquiavel está, no entanto, em que, mais importante do que o simples diferencial quantitativo, o autor reconhece uma diferença qualitativa essencial, ainda que não a desenvolva, entre a vontade singular do príncipe – de uma pessoa física – típica das monarquias, e a vontade coletiva republicana, seja de um colegiado restrito, seja de uma assembleia popular.

De toda sorte, nada obstante o interesse que essas referências remotas possam despertar, a origem próxima da doutrina da separação dos Poderes deverá ser encontrada ao longo da idade moderna, em um contexto histórico específico: a oposição aos regimes monárquicos absolutos e a formação dos Estados de Direito Constitucionais. Assim, diferentemente dos registros históricos antigos, a doutrina contemporânea da separação de Poderes é um mecanismo engajado em um propósito: controlar o exercício do poder, a fim de que ele não se torne, por concentrado, arbitrário, garantindo-se o Estado de Direito e, principalmente, os direitos individuais. Esse caráter instrumental é uma marca que, de forma mais ou menos evidente, acompanha a doutrina da separação de Poderes ao longo do tempo[3].

O Reino Unido, precursor na formação de um Estado de Direito (*rule of law*) e de uma monarquia limitada por documentos de natureza constitucional, foi também, naturalmente, o primeiro onde se desenvolveu e se implementou a doutrina da separação de Poderes. Embora se atribua a Montesquieu especial destaque na matéria, por sua exposição sistemática e ordenada em *O espírito das leis*, não se pode deixar de reconhecer a importância da obra de John Locke para o desenvolvimento da doutrina, mesmo porque Montesquieu vai escrever a partir de sua leitura da realidade inglesa, que já havia recebido a influência dos escritos daquele.

Locke vai apresentar sua teoria da separação de Poderes no *Segundo Tratado do Governo Civil*: Ensaio concernente à verdadeira origem, extensão e fim do Governo Civil – Segundo Tratado, na sequência histórica da deposição dos Stuarts, com as pretensões absolutistas derrotadas por Guilherme de Orange e pelo Parlamento em 1688, e movido pela intenção de justificar racionalmente a nova ordem estabelecida na Inglaterra.

A teorização de Locke a respeito da separação de poderes parte de suas visões do estado de natureza, da igualdade dos homens e do contrato social, e tem como elemento fundamental a lei. Como se sabe, no estado de natureza de Locke, diferentemente do que se passa no de Hobbes, os homens encontram-se em uma posição de liberdade e igualdade generalizadas; trata-se, a princípio, de um cenário de paz. Nada obstante, a existência da propriedade privada e a circunstância de que todo o poder e jurisdição são recíprocos, cada qual, portanto, sendo juiz em causa própria, já deixa entrever características de uma sociedade concorrencial.

Nesse contexto, o contrato social não representa uma revolução integral na vida dos indivíduos, nem estes abrem mão totalmente de seus direitos e de sua liberdade, como pretendia Hobbes. Busca-se, com ele, apenas garantir o que não é possível obter no estado de natureza, a saber: a segurança dos homens e a salvaguarda da propriedade privada. Na visão de Locke, a lei fixa e estabelecida – e não apenas a lei natural típica do estado de natureza –, é a melhor forma de garantir esses fins, de modo que toda a estrutura do Estado será organizada para refletir esse objetivo.

Caberá, portanto, ao Estado recém-inaugurado elaborar as leis, por meio de seu Poder Legislativo. Igualmente, será da competência do Estado providenciar juízes imparciais com autoridade reconhecida para dirimir conflitos concretos de acordo com as leis estabelecidas – o que inexistia no estado de natureza – bem como providenciar um Poder Executivo capaz de garantir a execução das sentenças proferidas pelos juízes.

Por evidentes razões históricas, e pela própria lógica de seu raciocínio, Locke confere ao poder de fazer as leis considerável preeminência sobre os demais. O autor admite, entretanto, que o próprio Legislativo pode tornar-se arbitrário, sendo necessária a imposição de limites à sua atuação, dentre os quais vale ressaltar a impossibilidade de o Legislativo executar as leis por ele elaboradas, o que deverá ficar a cargo de outros órgãos estatais.

A esse modelo relativamente simples proposto por Locke, a experiência britânica foi agregando outros mecanismos destinados a aprimorar a ideia base da separação, tanto para conferir-lhe mais eficácia em relação a seus próprios fins – controle do poder e garantia dos direitos e liberdades individuais – como para assegurar maior eficiência à atuação estatal como um todo. Institutos como o veto real (ainda que abandonado já no início do século XVIII) e o

---

[3] E. García de Enterría. *La Constitución como norma y el Tribunal Constitucional*. Madrid: Civitas S.A., 1982, p. 45.

impeachment dos conselheiros reais, origem da responsabilidade política do Gabinete, dentre outros, foram tecendo uma malha de controles recíprocos entre o Monarca e seus conselheiros e o parlamento.

Com efeito, as relações entre Executivo e Legislativo tomam um rumo muito particular por volta de 1721 a 1742, com a progressiva autonomia dos Gabinetes e o desenvolvimento de relações cada vez mais próximas destes com o parlamento, a ponto de se dizer que há quase uma fusão entre os dois Poderes. Os opositores do governo à época, dentre os quais se destaca Bolingbroke, passaram a atacar o arranjo político sob o fundamento de que ele violaria qualquer noção de separação de Poderes, mesmo considerando-se a tradição inglesa de interdependência entre eles.

Nada obstante o protesto da oposição, o modelo britânico continuou a desenvolver-se nessa linha, institucionalizando relações especialmente próximas entre Executivo e Legislativo, a ponto de ser denominado, modernamente, de parlamentarismo "monista".

Passando ao continente europeu, Montesquieu, a grande referência no tema da separação de Poderes, procura apresentar uma teoria em abstrato, bem como uma descrição concreta dos mecanismos de governo inglês. Não raramente, as searas confundem-se, com prejuízos para a clareza da obra, o que fica evidente especialmente na percepção muitas vezes desconexa e mesmo equivocada que o autor tem de aspectos da realidade inglesa.

Diferentemente da maioria dos teóricos dos séculos XVII e XVIII, Montesquieu não aceita a ideia de contrato social, nem a que lhe é subjacente, a da igualdade natural de todos os homens. O autor mantém a ideia basicamente medieval, mas ainda em voga, especialmente na França, de que há uma desigualdade natural entre os homens. Daí por que Montesquieu, um nobre liberal, vai defender o papel da nobreza na estrutura do governo, como um estamento ao lado do povo e do Rei, com uma participação fundamental na elaboração da lei.

Montesquieu vai estruturar sua teoria retomando as classificações quantitativas dos antigos acerca das formas de governo: monarquias e repúblicas (democráticas ou aristocráticas, conforme o governo seja exercido por todos ou apenas por um grupo). A distinção mais importante feita pelo autor, no entanto, utiliza um critério qualitativo, e diz respeito à possibilidade de degeneração de qualquer daquelas formas básicas de governo em um despotismo.

Embora o autor trate de uma multiplicidade de fatores, o elemento mais evidente que distingue as formas moderadas de governo do despotismo é a existência de uma lei geral, abstrata e adequada às circunstâncias sociais, bem como a forma de aplicação da lei. Na medida em que se governa por decretos ocasionais, improvisados e arbitrários, tem-se um governo absoluto e despótico.

A solução para que tanto a república (aristocrática ou democrática) como a monarquia sejam governos moderados, *bons*, está na existência de poderes contrapostos, de modo que nenhum deles possa atuar arbitrariamente no âmbito do Estado. A separação de Poderes é precisamente o instrumento que, para Montesquieu, garante a moderação no exercício do poder político, evitando sua utilização abusiva e, principalmente, assegurando a liberdade e os direitos dos indivíduos.

Ele procura enfatizar que a edição e a execução das leis têm de estar confiadas a órgãos e pessoas diferentes. Quanto à solução dos conflitos concretos, Montesquieu a considera uma atividade de aplicação mecânica da lei, e por isso mesmo pouco importante, adotando integralmente a visão iluminista do juiz, referindo-se a ele como "a boca que pronuncia a palavra da lei".

Curiosamente, o autor importa das práticas inglesas alguns elementos pelos quais pretendia enfraquecer ainda mais o Judiciário; e sugere que os Tribunais sejam temporários, formados apenas de acordo com as necessidades e por indivíduos eleitos, e não por um corpo permanente. Ele parece não perceber que a instituição do júri, na qual vai colher essas características, era apenas um aspecto do sistema judicial inglês que, ao contrário do que pretende o autor, desenvolve uma marcante atividade criadora, típica do sistema da *common law*, em nada assemelhando-se à atividade mecânica pretendida pelos iluministas franceses.

A concretização de seu modelo teórico por meio da observação da realidade inglesa, e sob a influência das ideias de Constituição Mista, leva o autor a concluir que o Poder Legislativo corresponde, principalmente, à nobreza e aos representantes eleitos pelo povo, e o Executivo, ao Monarca.

Alguns controles recíprocos garantiriam o bom funcionamento do sistema: cabe ao Legislativo realizar o voto anual do orçamento e da lei que autoriza o exército permanente, bem como processar e julgar (*impeachment*) os conselheiros reais. Ao Executivo, compete convocar o Legislativo e exercer o poder de veto (embora desde 1707 o veto real não fosse mais praticado na Inglaterra). O autor não oferece, no entanto, uma resposta sistemática para o problema dos controles recíprocos dos Poderes, limitando-se a manifestar a crença de que "pelo movimento necessário das coisas, são [os três Poderes] constrangidos à marcha, serão forçados a marchar em harmonia"[4].

Nada obstante a convicção de Montesquieu acerca da natural harmonização dos Poderes, não foi isso que aconteceu em seu próprio país. A história política da França, após a Revolução, é a história de uma sociedade em busca de um governo, em sucessivas tentativas de alcançar o equilíbrio entre os Poderes.

Com efeito, se na Inglaterra de Locke, a partir da Revolução de 1688, consolidou-se uma monarquia constitucional, com Poderes separados, ainda que ao longo do tempo cada vez mais interdependentes, a França de Montesquieu conheceu momentos em que se procurou implementar modelos de separação rígida dos Poderes – como as Constituições de 1791 e 1795 –, outros em que vigorou uma prática monista de exercício do poder político, cujo exemplo clássico foi o assembleísmo jacobino de 1793, bem como alguns momentos dos períodos imperiais.

Por fim, na maior parte do tempo, a França procurou equilibrar um regime de separação mais flexível, por meio de práticas parlamentares, nem sempre bem-sucedidas. O último passo nesse percurso foi dado pela V República, iniciada com a Carta de 1958, que construiu um sistema peculiar, denominado por Maurice Duverger de *semipresidencialismo*[5], sobre o qual se falará adiante.

Encerrando este ponto de breves notas históricas, vale fazer ainda uma referência à visão de Kant sobre a separação dos Poderes. Todo o pensamento do Direito e do Estado exposto por Kant gravita em torno da ideia central da lei, segundo a qual, na visão do autor, praticamente todo o Estado, de uma forma ou de outra, reduz-se, de modo a assegurar aos indivíduos a liberdade de perseguirem seus projetos individuais. Para Kant, a lei, fruto da vontade geral e racional dos indivíduos, que agem movidos pelo imperativo categórico universal, vincula inclusive o governo, assumindo a forma do princípio da legalidade.

A separação dos poderes decorre naturalmente dessas premissas. Como o cidadão não pode ser prejudicado por aquilo que não decidiu, a vontade coletiva é que deve exercer o Poder Legislativo. Ao lado do Legislativo, figuram os demais poderes com suas funções privativas: o Executivo – que governa em conformidade com as leis – e o Judiciário – que determina, para cada um, o que é seu segundo a lei. Para Kant, a conjugação desses dois elementos – legalidade e separação de Poderes – é capaz de garantir a liberdade individual, finalidade principal do Estado.

A associação de toda essa construção teórica do século XVIII com o contexto histórico do século XIX – a saber: a desmontagem vitoriosa do Antigo Regime pelas Revoluções Burguesas – acabou por atribuir ao parlamento um papel bastante central nas concepções vigentes acerca

---

4 Charles de Secondat, Barão de Montesquieu. *Do Espírito das Leis*. São Paulo: Abril Cultural, 1979, p. 153.

5 Maurice Duverger. *Les Régimes semi-présidentiels*. Paris: Presses universitaires de France, 1986.

da separação de poderes. O século XX, porém, presenciará uma crise em torno da idealização da lei e dos parlamentos, do crescimento do papel do Executivo e de uma Administração Pública cada vez mais presente nos vários aspectos da vida da sociedade, e de uma reacomodação dos espaços de poder entre eles. As últimas décadas do século XX e primeiras do século XXI, por seu turno, têm sido marcadas por uma grande ascensão do Poder Judiciário e, particularmente, das chamadas Cortes constitucionais, em parte em detrimento do espaço dos Legislativos, e dos Executivos. Essas transformações, muitas vezes, são apontadas como indícios de que a separação de Poderes estaria em crise: a assertiva, porém, não é correta.

Como já se observou, é apenas natural que a separação de Poderes assuma diferentes contornos e organizações ao longo do tempo e em diferentes lugares e contextos históricos e culturais. Sua formulação derivou da percepção histórica de que o poder concentrado, sem controle, tende sempre a ser exercido de forma abusiva, arbitrária ou caprichosa, em detrimento daqueles que lhe estão subordinados, de modo que, em se tratando do poder político, era imperioso dividir seu exercício para que os direitos e as liberdades dos indivíduos fossem preservados. Essa primeira conclusão, embora um tanto óbvia, impõe uma visão flexível dos dogmas construídos em torno da ideia de separação de Poderes.

Na realidade, a suposta crise do princípio da separação de Poderes, já referida, é a crise dos parlamentos e, em alguma medida, do fim da idealização da lei como um produto puramente racional e não contingente e histórico. Com a democratização e o sufrágio universal, o parlamento deixa de ser um lugar de identidade ideológica, como na maior parte do século passado, para abrigar uma variedade de grupos distintos, ao passo que a lei, por isso mesmo, é o resultado das negociações possíveis. Associado a esse esfacelamento interno, o parlamento se vê acossado pelo crescimento do controle de constitucionalidade e, particularmente importante, do papel do Executivo. A crise dos legislativos acarretou, consequentemente, a crise do modelo de separação de Poderes, que consagrava, acima de todas as coisas, o parlamento e a lei.

Não se pode negar que esse formato de separação, que conferia total preeminência ao Legislativo, desempenhou um relevante papel histórico e trouxe em si um componente que continua fundamental para o exercício do poder político, que é a fórmula da representação popular democrática. Nada obstante, esse é um modelo que não atende mais, isoladamente, às necessidades contemporâneas e necessita de reformulação. O princípio da separação de Poderes, entretanto, permanece absolutamente válido e valioso em sua essência: a forma concreta de sua organização é que se encontra em transformação.

O poder concentrado continua sendo uma ameaça aos direitos individuais e, portanto, controlá-lo por meio da divisão de seu exercício permanece uma necessidade imperiosa. Na realidade, porém, não há um modelo absoluto e acabado de separação de Poderes que deva ser dogmaticamente aceito por todos os países. O controle do exercício do poder é sempre fundamental, mas cada Estado, em cada momento histórico, vai organizar um modelo próprio, em função de suas circunstâncias. A ciência política tem tentado identificar as características principais dos modelos existentes – com a inevitável limitação que esse esforço envolve – que seguem resumidas no próximo tópico.

8.2 SISTEMAS DE GOVERNO (PRESIDENCIALISMO, PARLAMENTARISMO E SEMIPRESIDENCIALISMO) E CONTROLE DO PODER POLÍTICO

Como referido, os mecanismos de controle do poder sobre o poder variam de acordo com as relações entre os órgãos de soberania – particularmente entre o Executivo e o Legislativo[6].

---

[6] Naturalmente, o Judiciário e outros órgãos autônomos, como os Tribunais de Contas e o Ministério Público, também têm papéis relevantes. No entanto, a ênfase aqui será nas relações entre o Executivo e o Legislativo.

342 CURSO DE DIREITO CONSTITUCIONAL · *Ana Paula de Barcellos*

Estas, por sua vez, divergem bastante de país para país, formando, conforme já mencionado, os diferentes *sistemas de governo*. Em um grande esforço de simplificação, a doutrina distingue dois tipos ideais de sistemas de governo puros e um misto, os quais encontrariam maior aceitação no mundo[7].

O *primeiro* deles é o *parlamentarismo*. Na tradição britânica, já referida, sua instituição não decorreu de um ato deliberado, mas de uma paulatina construção institucional e consolidação de costumes. A principal marca do parlamentarismo é a responsabilidade política do Governo – *i.e.*, dos Ministros – perante o Legislativo. Para isso, o Governo assume as mais importantes e efetivas competências do Executivo, remanescendo ao Chefe de Estado (monarca ou Presidente) um papel mais simbólico e cerimonial.

Todas as decisões relevantes são tomadas ou referendadas pelo Governo, que responde por elas diante do Parlamento e, por isso, só assume ou permanece no poder enquanto tiver a sua confiança. Diante de impasses entre o Governo e o Legislativo, ou os Ministros renunciam coletivamente e assume uma nova composição, com o apoio do Parlamento; ou se dissolve este para que, convocadas eleições, forme-se nova maioria ou coalizão que sustente o Governo existente ou promova sua substituição[8].

Dessa forma, no parlamentarismo, observa-se em geral: (i) um Executivo dual, cindido entre o Chefe de Estado e o Governo (este liderado pelo Premiê ou Primeiro-Ministro); (ii) uma separação flexível de Poderes, em que a chegada[9] e a permanência no poder dos membros do Legislativo e do Governo dependem da aprovação uns dos outros; e (iii) a responsabilidade política do Governo, que deve justificar suas decisões ao Parlamento em caráter permanente.

Convém enfatizar o último ponto. No parlamentarismo britânico – tomado aqui como modelo paradigmático –, um dos princípios constitucionais mais importantes é o que se chama *responsabilidade governamental* ou do *governo responsável* (*responsible government*), que se insere no âmago do modelo de democracia adotado por lá. Esse princípio se sustenta em um conjunto de ideias, dos quais duas são as mais relevantes. A *primeira* delas é que responsável é o governo permeável, responsivo às demandas sociais e à opinião pública, expressas difusamente pelo povo ou por instituições que o representem (como o Parlamento).

Em *segundo* lugar, a responsabilidade supõe também *accountability*, *i.e.*, o dever de prestar contas, ser transparente, explicar-se ou justificar-se, e, em consequência, sujeitar-se às sanções decorrentes de condutas consideradas indevidas. No Reino Unido, esse papel de garantir a aderência do Governo ao interesse popular e de chamar à responsabilidade os agentes que desviem desse fim cabe primariamente ao Parlamento, em especial à Câmara dos Comuns,

---

[7] Sobre o tema, confiram-se, entre muitos outros: Dalmo de Abreu Dallari. *Elementos de Teoria Geral do Estado*. 24. ed. São Paulo: Saraiva, 2003. p. 231 e ss.; Paulo Bonavides. *Ciência Política*. 12. ed. São Paulo: Malheiros. p. 317 e ss.; e Luís Roberto Barroso. A Reforma Política: uma proposta de sistema de governo, eleitoral e partidário para o Brasil. *Revista de Direito do Estado*, Rio de Janeiro, v. 1, n. 3., jul./set. 2006, p. 287-360.

[8] Via de regra, a sintonia do Governo com o Legislativo é confirmada ou não por meio de votos de confiança ou de desconfiança. Se o Governo propõe um voto de confiança e este é rejeitado, ou o Parlamento aprova um voto de desconfiança, uma de duas situações pode ocorrer: dissolve-se o Legislativo e convocam-se novas eleições; ou renuncia o Governo e forma-se um novo Ministério. No Reino Unido, o tema hoje é regulado pelo *Fixed-term Parliaments Act 2011*, que proíbe qualquer dissolução do Parlamento, senão: (i) após o término de uma legislatura de cinco anos; (ii) se a Câmara dos Comuns, por dois terços de seus membros, aprovar uma moção para convocar eleições antecipadas; ou (iii) se a Câmara dos Comuns, depois de aprovar uma moção de desconfiança em relação a um Governo, deixar de aprovar, em até 14 dias, uma moção de confiança em favor de um novo Governo.

[9] Na Alemanha e na Espanha, por exemplo, cabe ao Chefe de Estado propor um nome ao Parlamento, mas é deste a decisão final (v., na Lei Fundamental alemã, o art. 63; na Constituição espanhola, o art. 99).

Cap. 8 – SEPARAÇÃO E ORGANIZAÇÃO DE PODERES. REPRESENTAÇÃO POLÍTICA **343**

apesar das críticas a sua atuação[10]. A mesma linha é adotada em outros países que seguem tradição similar, como a Austrália[11] e o Canadá[12].

O *segundo* tipo puro de sistema de governo é o *presidencialismo* – este, sim, produto de uma decisão consciente, com certidão de nascimento específica: a Constituição dos EUA de 1787. Neste sistema de governo, o Executivo não é composto por derivação, a partir da maioria parlamentar; ao contrário, ele tem uma investidura própria e autônoma: seu Chefe é eleito pelo povo, direta ou indiretamente, para um mandato fixo, que não pode ser abreviado pela simples insatisfação política do Poder Legislativo. Como o Presidente tem um título democrático próprio para governar, não é necessário cindir o Executivo, que permanece uno: o Presidente é Chefe de Estado e de Governo. Somente em hipóteses muito graves é que se admite a remoção do Presidente antes do fim do seu mandato: pelo voto de uma elevadíssima maioria, o Legislativo pode declarar o impedimento (*impeachment*) do Presidente, tendo em vista a prática de ilicitudes tão graves que são aproximadas da noção de crimes (tanto que são chamados, no Brasil, de *crimes de responsabilidade*)[13].

Em síntese, e por oposição ao parlamentarismo, o presidencialismo se destaca por ter: (i) um Executivo uno; (ii) uma separação rígida de Poderes, já que os mandatos do Legislativo e do Executivo não dependem do alinhamento das suas orientações políticas; e (iii) a irresponsabilidade política do Poder Executivo, que deve contas aos eleitores, e não ao Legislativo, pelos atos que pratica.

Com o tempo, surgiu um híbrido, por vezes associado aos sistemas francês (da V República) e português (na Constituição de 1976). Na França, foi a instabilidade do sistema parlamentar das III e IV Repúblicas (nos 12 anos da IV República – de 1946 a 1958 – sucederam-se 22 gabinetes) que conduziu à criação de um modelo *sui generis*, batizado por Maurice Duverger de "semipresidencialismo", no qual o sistema parlamentar convive com um Chefe de Estado dotado de Poderes especialmente amplos.

O modelo francês, criado pela Constituição de 1958 e pelas reformas constitucionais de 1962 e 1974, é consideravelmente complexo e não se pretende apresentá-lo de forma completa, mas apenas pontualmente, sobretudo naqueles aspectos que se opõem ao modelo clássico de separação de Poderes, consolidado no século XIX.

Com efeito, a supremacia do parlamento, embora continue sendo um princípio fundamental da organização política francesa, já não é mais a mesma. A Constituição de 1958, inovando no ponto, listou as matérias de competência de lei, permitindo que as demais sejam disciplinadas pelo Executivo por meio de decretos. Mesmo em relação às matérias de competência legislativa, é possível a delegação ao Executivo, que poderá editar uma espécie de lei delegada (*ordonnances*).

Quanto à relação entre Executivo e Legislativo, o regime constitucional atual optou por fortalecer consideravelmente o primeiro. Além da ampliação dos poderes legislativos do Executivo, o Presidente passou a ser eleito diretamente, bem como a deter o poder de submeter projetos a referendo popular, o que, historicamente, tem se mostrado uma importante competência, como forma de contornar a oposição do Parlamento. Ademais, o Presidente pode, também, ser investido de poderes extraordinários, que a Carta não especifica, em caso de grave crise nacional (art. 16). Além disso a Constituição procurou dificultar a apresentação de moção de

---

[10] Mark Elliot; Robert Thomas. *Public Law*. Oxford: Oxford University Press, 2011. p. 358 e ss.

[11] Cheryl Saunders. *The Constitution of Australia*: a contextual analysis. Oxford and Portland: Hart, 2011, p. 147 e ss.

[12] R. MacGregor Dawson; W. F. Dawson. *Democratic government in Canada*. 5. ed. Toronto: Toronto University Press, 1998. p. 6 e ss.

[13] A condenação por crimes comuns, levada a cabo pelo Poder Judiciário, também pode ter impacto sobre o Chefe do Poder Executivo, mas o foco aqui é apenas o controle entre Executivo e Legislativo.

censura contra o Executivo, como compreensível reação à instabilidade da III e IV Repúblicas, o que vem garantindo grande estabilidade aos governos.

A descrição desse modelo como um *semipresidencialismo* ou *semiparlamentarismo* é compreensível, já que ele combina características dos outros dois, com o fim principal de garantir a estabilidade do Executivo no presidencialismo com a sintonia do Governo com o Legislativo, típica do parlamentarismo. Para isso, permanece a dualidade do Executivo, mas se confere ao Chefe de Estado um título próprio de legitimidade democrática (eletividade)[14] e um conjunto relevante de competências políticas, sem renunciar à responsabilidade do Governo perante o Legislativo. Consequentemente, há dois grandes polos de atração no sistema político (Presidente e Parlamento), cujo poder e influência variam conforme as circunstâncias.

Assim, o semipresidencialismo se caracteriza por: (i) um Executivo dual; (ii) uma separação relativa de poderes; e (iii) a combinação da responsabilidade do Governo diante do Parlamento com a irresponsabilidade do Presidente perante o Legislativo.

Essas são as considerações formais que correspondem à convenção na Teoria Geral do Estado. É preciso, porém, compreender tais categorias pelo que elas são: um esforço didático de simplificação por força do qual, assim como acontece com um mapa, procura-se captar traços do que acontece na dinâmica política dos governos, de modo a fornecer um guia para aqueles que queiram trafegar por eles. Não é a realidade, todavia, que se conforma às classificações, e sim o contrário: novas categorias são criadas periodicamente para dar conta das transformações do mundo real. Esses modelos básicos de sistemas de governo não nos foram dados por uma autoridade superior: eles são criações humanas.

Não é surpreendente, portanto, que existam tantos presidencialismos quantos Estados que o adotem, e o mesmo se diga para cada um dos outros modelos. Mesmo no plano jurídico, as regras adotadas pelos países apresentam muitas variações, a despeito de nominalmente o sistema de governo ser o mesmo, já que elas respondem não propriamente a uma categoria teórica, mas às circunstâncias históricas e políticas de cada povo, em cada momento. Em segundo lugar, e para além das disposições normativas, a verdade é que as coisas se passam de modo muitíssimo mais complexo na realidade do que um modelo teórico pode captar.

No parlamentarismo, por exemplo, a submissão do Governo ao Legislativo não é tão óbvia quanto parece: como aquele tem a maioria entre os parlamentares e estes só têm influência no Governo enquanto o apoiarem – qualquer mudança pode levar à ascensão da oposição –, os mecanismos de incentivos operam para favorecer as propostas do Governo e dificultar sua queda. Além disso, não é incomum que se use a disciplina intrapartidária para que o Governo – que é a liderança dentro do partido – imponha sua orientação sobre eventuais dissidentes[15]. O real controle, portanto, é realizado pela oposição, sempre disponível para assumir o poder.

Com efeito, não há real confronto entre maioria parlamentar e Executivo, uma vez que as decisões são, em geral, tomadas em conjunto ou referendadas pelos parlamentares. Aparentemente, tal sistema acabaria por concentrar no bloco governista um conjunto amplíssimo de poderes sem qualquer contraponto, já que Legislativo e Executivo não se controlam mutuamente. Nada obstante, assim não acontece, principalmente em função da atuação dos partidos de oposição. Na realidade, essa é uma tendência observada em muitos sistemas parlamentares, nos quais a

---

[14]   Nessa linha, a Constituição francesa de 1958 (art. 6º) e a Constituição portuguesa de 1976 (art. 121) preveem a eleição do Presidente por sufrágio universal direto.

[15]   Restrições jurídicas também podem desempenhar um papel semelhante: na Alemanha, por exemplo, o Parlamento não pode remover um Ministro em particular, mas apenas o Governo como um todo, o que torna muito arriscado para a maioria governamental a intromissão em assuntos do Executivo. V. Ruth Zimmerling. Alemanha: parlamentarismo e o fantasma de Weimar. *Lua Nova*, São Paulo, n. 24. set. 1991. p. 76.

Cap. 8 – SEPARAÇÃO E ORGANIZAÇÃO DE PODERES. REPRESENTAÇÃO POLÍTICA **345**

antiga separação entre Executivo e Legislativo foi substituída pela separação entre maioria governamental e oposição, desempenhando o papel de poder contraposto ao bloco majoritário[16].

Na verdade, também no sistema presidencialista brasileiro o papel da oposição política como agente de controle de poder é cada vez mais fundamental. Nessa linha, em caso decidido ainda em 2007, o STF manifestou-se no sentido de que a maioria parlamentar não pode, a pretexto de interpretação regimental, inviabilizar o exercício de direito das minorias – considerado, inclusive, líquido e certo – de ver instaurada Comissão Parlamentar de Inquérito para qual todos os requisitos constitucionais haviam sido atendidos, justamente por conta de seu papel de fiscalizar o exercício do poder político pelas maiorias[17].

Toda essa dinâmica ainda pode se tornar mais intrincada em função do sistema partidário: quanto mais partidos relevantes houver representados no Parlamento, mais a necessidade de formar coalizões pode levar a compromissos diferenciados na composição e na condução do Governo. Ademais, ao risco de excessiva instabilidade, alguns países respondem com instrumentos para evitar períodos de crise e acefalia[18].

Da mesma forma, o presidencialismo do mundo real dificilmente envolve uma independência absoluta entre o Executivo e o Legislativo. Além de ser comum a previsão de formas de interferências recíprocas, como o veto e o controle de agenda do Congresso (isto é: aquilo que o Congresso vai discutir e decidir) pelo Presidente, em muitos aspectos – como legislação e orçamento –, exige-se que se forme um acordo entre os Poderes[19]. O problema é que, não havendo mecanismos institucionais para resolver impasses, crises de governabilidade podem estimular – como historicamente já fizeram – a adoção de soluções unilaterais, em geral pelo Presidente.

Quanto ao semipresidencialismo, a realidade se move entre dois extremos: em uma ponta, o Presidente e a maioria parlamentar estão alinhados, e aquele atua com poder quase total, contando com o Primeiro-Ministro como seu principal subordinado; do outro lado, é possível formar-se uma maioria parlamentar de oposição ao Presidente, que é forçado a conviver com um adversário como Premiê (o que se chama, na França, de *cohabitation*), com as dificuldades daí decorrentes[20].

Em verdade, há um conjunto de fatores – e a maior parte deles não tem natureza jurídica – que repercutem sobre o papel político de cada órgão e suas relações no semipresidencialismo, inclusive a dinâmica dos partidos políticos e a personalidade dos envolvidos[21]. Resumidas de forma breve as características dos principais sistemas de governo, cabe concentrar o exame na realidade brasileira de forma mais específica.

8.3   O PRESIDENCIALISMO BRASILEIRO

O Brasil tem adotado, de forma praticamente ininterrupta, o sistema de governo presidencialista ao longo de sua história republicana, ainda que variações em sua configuração possam ser observadas ao longo do tempo. A exceção fica por conta do período entre a Emenda

---

[16]   Vital Moreira. Princípio da maioria e princípio da constitucionalidade. In: *Legitimidade e Legitimação da Justiça constitucional*. Colóquio no 10º aniversário do Tribunal Constitucional. Coimbra: Coimbra editora, 1995, p. 183.

[17]   STF, MS 26.441/DF, Tribunal Pleno Rel. Min. Celso de Mello, j. 25.04.2007, *DJe* 18.12.2009.

[18]   Na Alemanha, por exemplo, há o chamado *voto de desconfiança construtivo*: o Parlamento não pode remover um Governo nem nomear outro para o seu lugar (Lei Fundamental, art. 67). V. Ruth Zimmerling. Alemanha: parlamentarismo e o fantasma de Weimar. *Lua Nova*, São Paulo, n. 24. set. 1991. p. 76-77.

[19]   Philippe Ardant. Os regimes constitucionais. In: Robert Darnton; Olivier Duhamel (Dir.). *Democracia*. Trad. Clóvis Marques. Rio de Janeiro: Record, 2001. p. 225.

[20]   Bruce Ackerman. The new separation of powers. *Harvard Law Review*, Cambridge, v. 113, n. 3, jan. 2000. p. 648.

[21]   Analisando o modelo português, v. Maritheresa Frain. Relações entre o Presidente e o primeiro-ministro em Portugal: 1985-1995. *Análise Social*, Lisboa, v. XXX (133). 1995, p. 653-678.

Constitucional nº 4, de 2 de setembro de 1961, e a Emenda Constitucional nº 6, de 23 de janeiro de 1963: a primeira instituiu um sistema parlamentarista, submetendo-o a plebiscito (*rectius:* referendo), que decidiria sobre a manutenção ou não do sistema parlamentar. O plebiscito rejeitou o novo sistema, e a EC nº 6/1963 revogou, então, a EC nº 4/1961, reestabelecendo o sistema presidencialista.

Seguindo a tradição, a Constituição de 1988 organizou igualmente um sistema presidencialista – apesar de propostas parlamentaristas terem sido discutidas antes e durante a assembleia nacional constituinte –, mas submeteu a questão ao plebiscito previsto no art. 2º do ADCT. Mais uma vez, o resultado da consulta popular foi no sentido da manutenção do sistema de governo presidencialista.

Do ponto de vista teórico, o sistema presidencialista estrutura-se em torno de três eixos principais: especialização funcional entre os poderes, independência orgânica – que dá a nota de uma separação rígida, em oposição à separação flexível dos parlamentarismos – e controles recíprocos. Por *especialização funcional* quer-se descrever a situação na qual cada Poder é titular de determinadas competências privativas, a serem exercidas sem interferência externa ou somente com as interferências expressamente autorizadas pelo texto constitucional. Nessa linha, e como regra, um órgão (o Legislativo) deverá editar as normas gerais sobre determinado assunto, enquanto a outro (o Executivo) caberá aplicá-las de ofício, e a um terceiro (o Judiciário), competirá julgar os conflitos que surjam em decorrência dessas atividades no âmbito de um devido processo legal.

Em segundo lugar, a separação de Poderes – sobretudo na conformação do Presidencialismo brasileiro atual – impõe a *independência orgânica* que, entre outras exigências, veda que uma mesma pessoa seja membro de mais de um Poder ao mesmo tempo, além de impedir que um Poder destitua os integrantes de outro por força de uma decisão exclusivamente política. O *impeachment,* como se verá, não veicula uma decisão exclusivamente política, convivendo, portanto, com a ideia geral de independência orgânica[22].

Complementando o sistema, a Constituição instituiu, ainda, *controles recíprocos* entre os Poderes, de modo a evitar o agigantamento de qualquer deles. A existência, em tese, de mecanismos de fiscalização recíproca entre Executivo, Legislativo e Judiciário integra a ideia de separação dos Poderes, mas as hipóteses concretas de interferência devem constar de previsão constitucional expressa. No caso brasileiro, essa conclusão é reforçada pelo fato de a Constituição de 1988 ser especialmente analítica ao enunciar as hipóteses de controle recíproco.

Nessa linha, o entendimento consolidado na matéria pelo STF é o de que não é possível a criação de novas hipóteses de controles recíprocos por ato infraconstitucional, nem poderão os Poderes estenderem, por conta própria, o alcance das previsões constitucionais existentes. Essa limitação afeta igualmente a autonomia de Estados, DF e Municípios, já que o STF entende, por essa mesma razão, que esses entes não podem criar outros mecanismos de controles recíprocos para além dos previstos na Constituição Federal[23].

---

[22] Note-se, a propósito, que a destituição do Chefe do Executivo por crime de responsabilidade é um processo de natureza político-administrativa pautado por regras constitucionais e legais, cuja observância é sindicável judicialmente. A Constituição trata diretamente do tema nos arts. 85 e 86. No plano infraconstitucional, a matéria vem disciplinada na Lei nº 1.079/1950, aplicável ao Presidente da República e aos Governadores, bem como aos Ministros e Secretários de Estado, e no Decreto-lei nº 201/1967, referente aos Prefeitos e Vereadores.

[23] V., entre muitos outros exemplos, STF, ADI 3.046/SP, Tribunal Pleno Rel. Min. Sepúlveda Pertence, j. 15.04.2004, *DJU,* 28.05.2004: "2. A fiscalização legislativa da ação administrativa do Poder Executivo é um dos contrapesos da Constituição Federal à separação e independência dos Poderes: cuida-se, porém, de interferência que só a Constituição da República pode legitimar. 3. Do relevo primacial dos 'pesos e contrapesos' no paradigma de divisão dos poderes, segue-se que à norma infraconstitucional – aí incluída, em relação à Federal, a

Cap. 8 – SEPARAÇÃO E ORGANIZAÇÃO DE PODERES. REPRESENTAÇÃO POLÍTICA **347**

Como essas diretrizes gerais do presidencialismo realizam-se do ponto de vista concreto? A Constituição de 1988 criou uma elaborada malha de competências privativas de cada um dos três poderes, bem como pontos de contato e controle recíprocos entre eles. Com efeito, cada poder é especializado na função que lhe dá nome, sem, no entanto, exercê-la com absoluta exclusividade. Assim, cabe ao Legislativo, preponderantemente, legislar: produzir o direito, inovar na ordem jurídica; ao Executivo, administrar, isto é, aplicar a lei de ofício; e ao Judiciário compete julgar, aplicando a lei contenciosamente no âmbito de um devido processo legal.

A Constituição, no entanto, prevê hipóteses em que o Judiciário administra e legisla, o Executivo julga e legisla e o Legislativo administra e julga. Assim se passa quando o Judiciário gerencia toda a administração de seu pessoal, bem como de seus serviços (apenas exemplificativamente, confira-se os arts. 93, X, e 96), bem como quando os Tribunais elaboram seus regimentos internos (art. 96, I, *a*), atividade essencialmente legislativa.

O mesmo se pode dizer do contencioso administrativo no âmbito do Executivo (art. 5º, LV) que, embora não exclua a possibilidade de apreciação final pelo Judiciário, representa uma modalidade de atividade judicante. Talvez a faceta mais visível dessa interpenetração entre as funções estatais esteja nas competências legislativas próprias conferidas pela Constituição ao Executivo – as medidas provisórias (art. 62) e os decretos autorizados pela Constituição a alterar, como se lei fossem, alíquotas de determinados impostos (art. 153, § 1º).

Assim como o Judiciário, também cabe ao Legislativo administrar seu pessoal e serviços (arts. 51, IV, e 52, XIII) sem interferências do Executivo. Por outro lado, o Legislativo tem um papel judicante fundamental quando processa e julga os chamados crimes de responsabilidade (art. 52, I e II).

Além desses pontos de contato, por força dos quais cada poder exerce atividades que não correspondem à sua especialidade funcional, a Constituição prevê, também, um conjunto de controles recíprocos propriamente entre os poderes.

O Judiciário, por exemplo, tem competência para apreciar a constitucionalidade e a legalidade dos atos produzidos pelo Legislativo e pelo Executivo, invalidando-os se for o caso (arts. 5º, LXIX; 102, I, *a*; 125, § 2º). Por outro lado, os órgãos de cúpula do Judiciário brasileiro – Supremo Tribunal Federal e Superior Tribunal de Justiça – são integrados mediante nomeação do Presidente da República, com a prévia aprovação dos nomes dos Ministros pelo Senado Federal (arts. 101 e 104).

O Executivo, além de participar da formação do Poder Judiciário, como referido, tem um papel fundamental na atuação do Legislativo, uma vez que, ao lado de suas competências legislativas próprias, a Constituição lhe confere a iniciativa privativa para o processo legislativo em relação a um considerável conjunto de matérias (art. 61), bem como o poder de veto (art. 66). O desrespeito a qualquer dessas regras, como se sabe, acarreta a inconstitucionalidade formal da lei cujo processo legislativo foi irregular.

Por fim, ao Legislativo, especificamente ao Senado Federal, compete aprovar, como já referido, os nomes indicados pelo Executivo para o STF e o STJ. Nas relações com o Executivo, cabe-lhe aprovar previamente a escolha de nomes indicados para uma série de cargos no âmbito da Administração (*v.g.*, presidente e diretores do Banco Central, chefes de missão diplomática em caráter permanente etc. – art. 52, III, *d*, e IV). Além disso, cabe ao Senado uma função vital de controle do endividamento público, fixando os limites dentro dos quais as Administrações da União, Estados e Municípios podem transitar na matéria (art. 52, V, VI, VII, VIII, IX).

A Constituição confere ainda ao Poder Legislativo uma ampla competência fiscalizatória, especialmente dos atos do Executivo (art. 49, X), que vai desde a possibilidade de sustar os

---

constituição dos Estados-membros –, não é dado criar novas interferências de um Poder na órbita de outro que não derive explícita ou implicitamente de regra ou princípio da Lei Fundamental da República".

atos normativos que exorbitem do poder regulamentar ou da delegação legislativa conferida ao Executivo (art. 49, V), até a sustação de atos (art. 71, X) e contratos (art. 71, § 1º) firmados pela Administração que sejam considerados ilegais. Além disso, o controle legislativo também se manifesta na convocação de autoridades para prestar informações (art. 50), na atividade legislativa ordinária, na superação de vetos, na aprovação de leis que revoguem políticas adotadas pelo Poder Executivo. Um mecanismo especial de controle do Legislativo sobre a Administração Pública em particular será, como se sabe, a investigação por meio de Comissões Parlamentares de Inquérito (art. 58, § 3º).

Por fim, a separação rígida entre os Poderes precisa lidar com o fato de que qualquer um deles pode cometer graves infrações. Sob pena de criarem-se bolsões de irresponsabilidade absoluta, é importante contemplar essas situações com algum tipo de controle – o poder, onde estiver, deve ser controlado. As violações à ordem jurídica, via de regra, podem ser endereçadas pelo processo judicial, resultando nas sanções que a legislação previr. E, de fato, mesmo no presidencialismo, os membros do Executivo e do Legislativo continuam sujeitos à responsabilidade criminal, ainda que haja alguns temperamentos, como se verá, decorrentes do seu regime jurídico particular.

Em certa medida, o *impeachment* segue o raciocínio que inspira os crimes comuns, na medida em que também envolve o enquadramento de condutas concretas em *tipos infracionais*, ainda que especialmente abertos, como a enunciação tanto constitucional quanto legal ilustram. E é aqui que ele mais se distancia do parlamentarismo, em que não há necessidade de sequer indicar um ato ou conjunto de atos específicos ou, muito menos, afrontas ao direito como estopins para a remoção do Governo. Não há, porém, uma identificação entre os crimes comuns e os de responsabilidade. Estes diferenciam-se daqueles principalmente pela natureza do ilícito imputado e esta, por sua vez, repercute na competência para apreciá-lo[24], já que, como se sabe, o *impeachment* será decidido pelo Legislativo, e não pelo Judiciário. O tema será examinado de forma específica adiante, quando se tratar das regras relativas ao Poder Executivo.

Apenas uma nota final antes de concluir este tópico. A necessidade de mecanismos de controle sobre o Executivo é particularmente reforçada no Brasil pela circunstância de que ele concentra poderes amplíssimos. Em *primeiro* lugar, assim como em boa parte do mundo, o Brasil tem experimentado uma relevante transferência de poder (normativo em particular) para órgãos e entidades do Poder Executivo[25]. Além dos decretos presidenciais, portarias e resoluções ministeriais, o Brasil convive com normas expedidas rotineiramente, por exemplo, pelo Conselho Monetário Nacional, Conselho Nacional de Seguros Privados, Ibama, Banco Central, agências reguladoras variadas etc. É certo que, em boa parte, essa transferência decorre de opções do próprio Legislativo, na forma de delegações normativas ou emprego de cláusulas gerais, mas o resultado em termos de concentração de poder político é evidente.

Em *segundo* lugar, o sistema de governo em curso no Brasil é identificado como presidencialismo de coalizão, pelo qual, de forma simples, o Presidente da República forma uma base de

---

[24] Um dos aspectos pouco lembrados do princípio da separação de Poderes é a exigência de adequação funcional entre o órgão e a atribuição que ele exerce. O ponto, contudo, é registrado por alguns importantes autores, como J. J. Gomes Canotilho. *Direito Constitucional*. Coimbra: Almedina, 1993, p. 689: "A adequação funcional pressupõe que o órgão ou órgãos de soberania são, do ponto de vista estrutural, constitucionalmente idóneos e adequados para o exercício de funções que, a título específico ou primário, lhes são atribuídas". No Brasil, v., *e.g.*, Diego Werneck Arguelhes; Fernando Leal. O argumento das "capacidades institucionais" entre a banalidade, a redundância e o absurdo. *Direito, Estado e Sociedade*, Rio de Janeiro, n. 38, jan./jun. 2011, p. 6-50.

[25] Sobre o tema, v., dentre muitos outros, Argelina Cheibub Figueiredo. Instituições e política no controle do Executivo. *DADOS – Revista de Ciências Sociais*, Rio de Janeiro, v. 44, n. 4. 2001, p. 690.

Cap. 8 – SEPARAÇÃO E ORGANIZAÇÃO DE PODERES. REPRESENTAÇÃO POLÍTICA **349**

apoio parlamentar com múltiplos partidos, valendo-se de mecanismos variados de recompensa política com os partidos ou com os parlamentares diretamente. Essa base de apoio parlamentar é que viabiliza os planos e projetos do Executivo no âmbito do Congresso Nacional[26].

No presidencialismo de coalizão brasileiro há, portanto, um bloco governista formado pelo Executivo e por sua base de apoio. Os constrangimentos políticos sobre a atuação do Presidente da República decorrem fundamentalmente da necessidade de se manter essa base no Congresso, o que repercute no teor das políticas adotadas – que refletem compromissos com os partidos aliados –, na própria composição do Governo, por meio da indicação de Ministros ou outras autoridades do Executivo por lideranças partidárias, e na liberação de verbas. De todo modo, havendo coesão entre o Executivo e uma base suficiente no Legislativo, "o governo funciona como se houvesse uma fusão de poderes"[27], e o Presidente se torna praticamente imune a qualquer tipo de controle parlamentar mais forte.

Dessa forma, os controles recíprocos próprios dos presidencialismos não se desenvolvem normalmente entre Executivo e Legislativo, mas entre maioria e minoria, isto é, entre Governo e oposição[28]. Caso, por qualquer razão, esta não seja articulada ou relevante, o bloco governista segue praticamente sem controle. No entanto, como a minoria, por definição, não pode carregar o resultado das votações, só lhe resta usar da palavra na tribuna, recorrer a outros órgãos de controle (*e.g.*, pela propositura de ações diretas no STF ou pela apresentação de denúncias ao Tribunal de Contas) ou, no máximo, instituir uma Comissão Parlamentar de Inquérito – que é uma prerrogativa sua, observados os requisitos da Constituição. Mesmo assim, porém, como a composição das comissões parlamentares deve refletir a representatividade dos partidos na Casa, o bloco governista, se majoritário, terá a mesma condição na CPI e, com isso, além dos votos, terá acesso a posições fundamentais, como a presidência e a relatoria.

É possível que duas inovações tenham introduzido alterações nesse cenário, que ainda não puderam ser suficientemente avaliadas por serem recentes: (i) a mudança no regime de "trancamento de pauta" pelas medidas provisórias, que reduziu o controle presidencial da agenda legislativa[29]; e (ii) a execução obrigatória das emendas parlamentares ao orçamento, que retirou do Presidente o poder de negociar a liberação desses recursos[30]. Seja como for, o poder do Executivo ainda está longe de ser desprezível – notadamente na nomeação dos dirigentes da Administração, com acesso a recursos relevantes.

---

[26] Sobre o tema, v. Argelina Cheibub Figueiredo; Fernando Limongi. *Executivo e Legislativo na nova ordem constitucional*. Rio de Janeiro: FGV, 1999; Sérgio Henrique Abranches. O presidencialismo de coalizão: o dilema institucional brasileiro. *DADOS* – Revista de Ciências Sociais, Rio de Janeiro, v. 31, 1988, p. 5-33 e Fernando Limongi. A democracia no Brasil. Presidencialismo, coalizão partidária e processo decisório. *Novos Estudos CEBRAP*, São Paulo, v. 76, nov. 2006, p. 17-41.

[27] Argelina Cheibub Figueiredo. Instituições e política no controle do Executivo. *DADOS* – Revista de Ciências Sociais, Rio de Janeiro, v. 44, n. 4. 2001, p. 691.

[28] Eventualmente, outros agentes – como o Tribunal de Contas, o Ministério Público e até o Poder Judiciário – podem desempenhar um papel de *veto players* desse bloco majoritário.

[29] Quando era Presidente da Câmara dos Deputados, Michel Temer resolveu questão de ordem submetida por parlamentar para declarar que a expressão "todas as demais deliberações legislativas da Casa" (CF/1988, art. 62, § 6º) inclui apenas a discussão e votação de projetos de leis ordinárias e, mesmo assim, daqueles relativos a temas que possam ser veiculados por medidas provisórias. V. Câmara dos Deputados. *Interpretação do Presidente Michel Temer sobre o trancamento de pauta pelas Medidas Provisórias*. Disponível em: http://www2.camara.leg.br/a-camara/presidencia/gestoes-anteriores/michel-temer-2009-2010/discursos/interpretacao--do-presidente-michel-temer-sobre-o-trancamento-de-pauta-pelas-medidas-provisorias. Acesso em: 29 jul. 2016.

[30] Trata-se da EC nº 86/2015.

8.4 SEPARAÇÃO DE PODERES COMO CLÁUSULA PÉTREA: UMA NOTA

A separação de Poderes, prevista no art. 60, § 4º, III é, como se sabe, uma das cláusulas pétreas, isto é: não será objeto de deliberação proposta de emenda (ou de qualquer outra norma) tendente a abolir a separação de poderes. O art. 2º da Constituição, por seu turno, consagra a separação de poderes como um princípio fundamental nos seguintes termos: "São Poderes da União, independentes e harmônicos entre si, o Legislativo, o Executivo e o Judiciário".

A questão que se coloca é simples de enunciar: o que exatamente a cláusula pétrea em questão protege, considerando que, como visto, há múltiplas formas de realizar a separação de poderes? A previsão impediria qualquer alteração do texto constitucional que tenha repercussão sobre a distribuição de competências entre os Poderes e/ou o exercício de controles entre eles? A resposta é negativa.

A ideia, já registrada pela doutrina[31] e pelo STF, é a de que a cláusula pétrea em questão protege o núcleo de sentido da separação de Poderes, mas não inviabiliza quaisquer mudanças no assunto. O que o núcleo do princípio determina, em síntese, é uma divisão das funções legislativa, executiva e jurisdicional entre órgãos diversos. Em regra, não se cuida de divisão absoluta, mas sim de uma especialização funcional, sem prejuízo da existência de espaços de interseção, que atendem a duas finalidades: i) garantir a autonomia de cada um dos Poderes, evitando que a atividade de um fique na dependência da atuação dos demais; ii) funcionar como mecanismo de controle recíproco, incrementado. Para além desse núcleo, há um certo espaço de indefinição, que admite soluções diversas.

A separação de poderes é, a rigor, um princípio, de modo que pode ser descrita como tendo um núcleo de sentido e uma área não nuclear, que admite desenvolvimentos diversos. Na realidade, se os tribunais, na sua atividade cotidiana de interpretação da Constituição, se veem na contingência de efetuar ponderações envolvendo o princípio da separação de Poderes – reconhecendo que não se trata da imposição de um figurino inflexível – não seria legítimo impedir categoricamente que o poder constituinte derivado faça o mesmo. Inconcebível seria negar a mesma possibilidade aos mecanismos institucionais de reforma enfeixados no poder constituinte derivado, sob pena de grave esvaziamento do princípio democrático[32].

Assim, a cláusula pétrea que resguarda o princípio da separação dos Poderes deve ser compreendida como uma proteção ao seu núcleo, cujos contornos foram delineados no começo deste tópico. Não se trata da garantia de determinado arranjo institucional, muito menos da imutabilidade da forma de organização interna de cada um dos Poderes. A violação ou não desse núcleo deve ser aferida diante de cada situação concreta, sem reducionismos ou mistificações.

---

[31] Flávio Bauer Novelli. Norma constitucional inconstitucional? *Revista de Direito Administrativo*, Rio de Janeiro, n. 199, jan/mar.1995, p. 23 e ss.

[32] Nesse exato sentido, tratando da questão dos direitos fundamentais, v. Cláudio Ari Mello. *Democracia constitucional e direitos fundamentais*. Porto Alegre: Livraria do Advogado, 2004, p. 11-12: "Um modelo constitucional que lance na conta de um conjunto de princípios de significado fluido e aberto a discussões morais a imposição de uma soberania absoluta dos direitos fundamentais, da qual resulte uma supremacia do Poder Judiciário, comete o erro de asfixiar o exercício da política e das deliberações legislativas, que são a alma de uma sociedade democrática".

Cap. 8 – SEPARAÇÃO E ORGANIZAÇÃO DE PODERES. REPRESENTAÇÃO POLÍTICA **351**

Dois exemplos podem ser indicados aqui, e em ambos os casos não se considerou que havia inconstitucionalidade na atuação do constituinte derivado.

A Emenda Constitucional nº 32/2001 restringiu a competência do Chefe do Poder Executivo para editar medidas provisórias. Embora houvesse diversas vozes na doutrina que reputavam inconstitucional a sistemática das sucessivas e ilimitadas reedições, fato é que a praxe contava com a chancela do STF[33] e, dessa forma, integrava na prática o elenco de competências do Poder Executivo. É interessante observar que a atividade legislativa do Poder Executivo integra o rol de controles recíprocos. Nada obstante, a referida emenda restringiu essa competência, sem que se falasse em inconstitucionalidade por ruptura do modelo de separação de Poderes instituído pelo constituinte originário.

O segundo exemplo, alvo de decisão específica do STF, envolveu a criação do Conselho Nacional de Justiça pela Emenda Constitucional nº 45/2004. A ADI nº 3.367, ajuizada contra a emenda, pretendeu sustentar, entre outros fundamentos, que ela violaria a cláusula pétrea da separação de Poderes por criar uma espécie de controle dos demais Poderes sobre o Poder Judiciário. O STF entendeu, porém, que não houve violação da cláusula pétrea em questão, tanto porque o núcleo de sentido do princípio não teria sido afetado, quanto porque o controle a ser levado a cabo pelo CNJ teria natureza puramente administrativa, não interferindo com o exercício da função jurisdicional pelos órgãos do Poder Judiciário[34].

Uma questão mais específica nesse debate envolve saber se emenda constitucional poderia alterar o sistema de governo para instituir um parlamentarismo, no lugar do atual sistema presidencialista. Além da previsão do art. 60, § 4º, III, são relevantes para examinar essa pergunta duas outras: a do art. 2º, que descreve os Poderes como *independentes*, já mencionada; e a do art. 2º do ADCT, por força da qual a escolha do sistema de governo foi submetida a consulta popular após a promulgação da Constituição de 1988, que optou pela manutenção do presidencialismo.

Existem diferentes posições na matéria[35] e a questão está posta para apreciação perante o STF por meio de um mandado de segurança, impetrado em 1997, por força do qual se pretendia impedir a tramitação de proposta de emenda constitucional que instituía um parlamentarismo no País, sob o argumento de que a proposta violaria cláusula pétrea[36]. Para alguns, o resultado do plebiscito teria complementado a opção do constituinte originário na matéria, que seria não apenas no sentido da adoção de uma separação de Poderes qualquer, mas do presidencialismo como o único modelo – ainda que admitindo variações internas – de separação de Poderes admitido no sistema brasileiro. Ou seja: apenas um novo poder constituinte originário poderia produzir essa alteração.

Outros sustentam, porém, que a alteração seria possível, já que a cláusula pétrea é a separação de poderes, e não o presidencialismo, e ela pode assumir outras formas; mas dependeria, em qualquer caso, de submissão e aprovação específicas da população em nova consulta popular, de modo a que se respeitasse a manifestação anterior. A premissa hermenêutica aqui, de certo modo, é a de que não se deve interpretar de forma ampliativa as cláusulas pétreas, tendo em conta a restrição que elas impõem às maiorias de cada momento histórico.

---

[33] STF, RE 232.896/PA, Tribunal Pleno, Rel. Min. Carlos Velloso, j. 02.08.1999, *DJ* 01.101999: "Não perde eficácia a medida provisória, com força de lei, não apreciada pelo Congresso Nacional, mas reeditada, por meio de nova medida provisória, dentro de seu prazo de validade de trinta dias".

[34] STF, ADI 3367/DF, Tribunal Pleno, Rel. Min. Cezar Peluso, j. 13.04.2005, *DJ* 17.03.2006.

[35] Entendendo pela necessidade de uma nova constituinte para substituição do modelo presidencialista v. França, Vladimir da Rocha. Limites à reforma do sistema de governo no Direito Brasileiro. Disponível em: http://www.direitodoestado.com.br/colunistas/vladimir-da-rocha-franca/limites-a-reforma-do-sistema-de--governo-no-direito-brasileiro. Acesso em: 19 ago. 2017. Em sentido contrário, considerando que inexiste cláusula pétrea ao sistema de governo v. Câmara dos Deputados, Parecer do Relator à PEC nº 245/2016.

[36] STF, MS 22.972/DF.

352 CURSO DE DIREITO CONSTITUCIONAL · *Ana Paula de Barcellos*

Feita essa introdução sobre a separação de poderes e sobre o presidencialismo, que será aprofundado nos capítulos próprios que tratam da organização concreta de cada um dos Poderes e suas competências, cabe agora examinar os temas da representação política, dos partidos políticos e dos sistemas eleitorais.

8.5 REPRESENTAÇÃO POLÍTICA

Ao lado das discussões em torno da separação de poderes e do sistema de governo, há uma outra que diz respeito a como alguém chega a ocupar funções no âmbito do poder político. Em uma república democrática, a resposta tradicional a essa questão é dada pela eletividade combinada com a periodicidade dos mandatos: a representação política. Ou seja: pessoas poderão fazer parte da estrutura estatal e exercerão poder político na medida em que sejam eleitas pela população para mandatos temporários, renovando-se periodicamente esse processo eleitoral. Mas essa afirmação ainda é muito genérica. Como exatamente se desenvolve esse processo?

Diferentes formas de representação política já existiam muito antes das revoluções liberais ou da organização das democracias ocidentais contemporâneas. Desde a Antiguidade, embaixadores negociavam representando o seu povo, e não era incomum que dois guerreiros representassem seus respectivos exércitos e povos em disputa por meio de um combate individual, que determinaria o destino da guerra como um todo, como na conhecida história registrada na Bíblia de Davi e Golias.

Uma primeira discussão que continua relevante acerca da representação política é, a rigor, prévia, e examina sua posição e valor em face da democracia direta, na qual, idealmente, todos os cidadãos pudessem deliberar e decidir sobre todos os assuntos. Precisamos realmente da representação política? Ou a representação seria um apenas mal inevitável, adotado pela inviabilidade operacional da democracia direta? As críticas à democracia representativa são muitas e, portanto, vale iniciar examinando essa primeira questão.

A representação tem, não há dúvida, várias dificuldades, como se verá adiante. Mas a democracia direta enfrenta igualmente desafios que não se limitam à inviabilidade de reunião simultânea de todos os cidadãos para deliberação e decisão: é possível inclusive imaginar um cenário no qual essa inviabilidade pode vir a ser superada por meio da tecnologia. Para além dessa questão operacional, há outras.

A desafio mais evidente para a democracia direta parece ser a de que a maioria absoluta dos temas a serem decididos e regulados pelo Estado não comporta, por sua complexidade, uma resposta binária de "sim" ou "não". É possível selecionar questões específicas e submetê-las a consulta popular no modelo de resposta binária – como previsto pelo art. 14, I, II e § 12º, da Constituição ao tratar do plebiscito, referendo e das consultas locais. Mas esses mecanismos, embora sirvam para definir opções básicas e estabelecer limites aos representantes, precisarão ser acompanhados da atividade dos representantes na elaboração da disciplina do tema.

Ademais, nesse processo deliberativo, visões diferentes podem demandar negociações, compromissos e a construção de soluções intermediárias que vão sendo avaliadas, rejeitadas, reformuladas e ajustadas até contarem com o apoio da maioria. Como levar a cabo esse tipo de processo deliberativo e decisório envolvendo milhares de pessoas sobre uma enorme diversidade de temas? De outra parte, as pessoas têm tempo limitado e precisam dedicar-se a muitas atividades (trabalho, estudo, família etc.)? Como teriam condições de engajar-se nessa espécie de processo de discussão e deliberação?

Não é difícil imaginar, considerando os elementos trazidos, que a democracia direta poderia ensejar uma exclusão ainda maior dos grupos da população que não tivessem condições – porque precisam trabalhar, porque não têm acesso à internet, ou por quaisquer outras razões – de se dedicar à atividade de deliberação e decisão públicas. Esses grupos excluídos da população

Cap. 8 – SEPARAÇÃO E ORGANIZAÇÃO DE PODERES. REPRESENTAÇÃO POLÍTICA **353**

sequer teriam um representante na hipótese de um sistema de democracia direta exclusivo. O exemplo da antiguidade grega, na qual apenas os homens livres e ricos participavam da democracia direta, é ilustrativo: mulheres, escravos e homens livres, mas que precisavam trabalhar para gerar seu sustento, não frequentavam a Ágora.

Por fim, consultas populares podem embutir o risco de manipulação da população em detrimento da própria democracia, tradicionalmente associado aos autoritarismos cesaristas. A história registra muitos episódios em que consultas populares autorizaram a concentração de poderes em indivíduos, a eliminação de sistemas de separação de poderes e abriram o caminho para regimes autoritários. Essa a razão, aliás, porque a Constituição de 1988 concentra apenas nos Legislativos a possibilidade de sua convocação.

Como se vê, seria um equívoco descrever a representação política como um mal inevitável, adotado apenas porque a democracia direta não teria condições operacionais de funcionar. Isso não significa, como referido, que mecanismos de democracia semidireta não possam e devam ser utilizados para consultar a população, impondo aos representantes diretrizes e limites a partir de seus resultados. Trata-se de uma combinação proveitosa que integra participação popular direta e representação política.

Como já se mencionou, desde a EC nº 111/2021, o art. 14 prevê, além do plebiscito, referendo e iniciativa popular, também a possibilidade de consultas sobre temas locais a serem definidas pelas Câmaras dos Vereadores. Na verdade, para além desses mecanismos de democracia semidireta estruturados no plano constitucional, soluções digitais têm sido adotadas para ouvir e consultar a população pela Câmara dos Deputados, por exemplo (www.edemocracia.leg.br).

As dificuldades da democracia direta não tornam os problemas da democracia representativa menos relevantes, muito ao contrário. Cabe agora examinar alguns deles.

Uma dificuldade inerente a qualquer representação, não apenas a política, é a dualidade de vontades e os problemas que podem decorrem desse fenômeno. O representante e o representado são pessoas diversas que até podem concordar com algo hoje, mas poderão discordar amanhã. Como os representados poderão saber como o representante se comportará? Ou, de forma menos ambiciosa, como os representados poderão ter ao menos uma expectativa razoável de como o representante se comportará?

Ao longo da idade média, o problema da dualidade de vontades era minimizado em vários lugares por meio do chamado mandato imperativo. Essa inclusive era a sugestão de Rousseau: que os mandatos fossem curtos e imperativos. De forma simples, por meio do mandato imperativo, o representante escolhido recebia dos representados instruções específicas sobre como deveria votar acerca dos assuntos que seriam deliberados. Assim, por exemplo, convocada uma corte geral por determinado monarca para deliberar sobre aumento de impostos, o representante dos nobres de uma determinada região compareceria à reunião já com a sua posição sobre o tema predefinida.

Com a progressiva ampliação e complexificação da atividade dos legislativos, o mandato imperativo se tornou inviável e veio afinal a ser abandonado ou mesmo proibido, consagrando-se o chamado mandato livre. Com efeito, já não era possível antecipar todos os assuntos que viriam a ser debatidos e decididos pelo legislativo, que eram agora permanentes e se viam tratando dos temas mais diversos, alguns sequer antecipados quando das campanhas eleitorais.

Ademais, ainda que fosse possível antecipar os temas, seria pouco viável apurar a vontade de todos os milhares de eleitores sobre cada um deles e bastante improvável que todos os eleitores de um determinado representante – que, ao contrário da idade média, já não integravam uma mesma classe homogênea do ponto de vista cultural e econômico – tivessem a mesma opinião acerca de todos os assuntos sobre os quais o parlamentar precisaria se manifestar. E, ainda que tudo isso fosse possível, a dificuldade para a democracia direta – a eventual necessidade de negociação e composição para que se consiga chegar a uma solução apoiada pela maioria – tornaria o mandato imperativo inviável.

O mandato livre, por outro lado, se estabelece a partir de uma relação de confiança entre os eleitores e o representante, cabendo a este decidir e se manifestar em cada questão como achar por bem, sem qualquer vinculação jurídica à vontade de seus representados. Do ponto de vista teórico, o mandato livre, em oposição ao mandato imperativo, esteve associado a uma certa idealização política: as ideias de que o representante eleito agiria orientado pela razão e pelo bem comum, e que ele já não seria um representante do grupo ou do local específico que o elegeu, mas da nação como um todo. A Constituição francesa de 1791 afirmava expressamente que os representantes eleitos pelos departamentos não eram representantes dos departamentos, mas da nação.

Se o mandato imperativo se tornou inviável ainda nas revoluções liberais, e muito mais nas democracias contemporâneas, a liberdade conferida pelos mandatos livres autoriza que os representantes atuem de forma que não é a que os representados, ou parte deles, escolheria: retornamos ao problema da dualidade de vontades. Esse fenômeno pode dar lugar à frustração das expectativas dos eleitores com a atuação de seus representantes e, logo, à insatisfação dos primeiros com os últimos.

Os eleitores insatisfeitos poderão manifestar seu descontentamento com os representantes nas eleições seguintes, por natural. O risco de não serem reeleitos pode ser incentivo suficiente para que os representantes alinhem sua atuação com a dos seus eleitores, mas algumas inter-corrências podem prejudicar essa dinâmica, natural e esperada em uma democracia.

Em primeiro lugar, pode haver informação limitada ou inadequada à disposição dos eleitores sobre a atuação dos representantes: os eleitores sequer conseguem formar um juízo sobre as decisões dos representantes por falta de informação. Daí a centralidade do tema da publicidade e da informação dos atos de todo e qualquer agente público para a democracia. Em segundo lugar, a multiplicidade de partidos e o sistema eleitoral proporcional pode tornar pouco claro para a população quem são os responsáveis por determinada decisão do Estado. O presidencialismo, igualmente, tende a associar a responsabilidade política por toda a ação estatal nos chefes dos Executivos, e não nos parlamentares.

Uma solução pontual adotada em alguns lugares para a insatisfação dos eleitores com representantes é o mecanismo de democracia semidireta denominado de recall, inexistente no Brasil até o momento. Por meio do recall, uma parcela da população pode solicitar a convocação de uma consulta geral dos eleitores para o fim de destituir representantes eleitos no curso de seus mandatos. Na Califórnia, por exemplo, é possível destituir qualquer representante eleito, mas o quórum de deflagração varia em função do cargo e, havendo destituição, haverá eleições de imediato. Na Colômbia, apenas governadores e prefeitos podem ser destituídos, seguindo-se novas eleições. Na Venezuela e no Equador, não há novas eleições, convocando-se o suplente[37].

Para além da ampliação da publicidade e da informação acerca da atividade dos represen-tantes, é possível afirmar que a principal resposta à questão do alinhamento de expectativas dos eleitores em face de seus representantes foi dada pelo desenvolvimento da atividade partidária, sobretudo a partir de meados do século XIX. E isso porque, considerada a identidade ideoló-gica de cada partido, seria possível ao eleitor ter ao menos uma ideia razoável sobre como os candidatos, se eleitos, se posicionariam sobre determinados temas.

Naturalmente que a capacidade de os partidos políticos efetivamente desempenharem esse papel de alinhar expectativas entre eleitores e representantes depende, em primeiro lugar, da consistência e da clareza ideológica de cada partido. Na realidade brasileira, por exemplo, em que existem algumas dezenas de partidos, muitos dos quais sem qualquer identidade ideológica, esse propósito pode ser parcialmente frustrado. Em segundo lugar, não basta que o partido

---

[37] Raphael Ramos Monteiro de Souza; José Ribas Vieira. *Recall,* democracia direta e estabilidade institucional, *Revista de Informação Legislativa,* ano 51, número 202, abr./jun. 2014, p. 43-57.

Cap. 8 – SEPARAÇÃO E ORGANIZAÇÃO DE PODERES. REPRESENTAÇÃO POLÍTICA **355**

tenha uma determinada orientação ideológica clara: os representantes eleitos devem seguir a orientação de seus partidos, o que nos conduz ao tema da fidelidade partidária, sobre o qual se tratará adiante, na parte sobre partidos políticos.

Por fim, ainda sobre o tema da dualidade das vontades na representação política, a idealização referida acima, de que o representante se descolaria do grupo que o elegeu tornando-se um representante do povo como um todo, rapidamente mostrou suas limitações. A verdade é que existem grupos diferentes na sociedade e os representantes estão ligados a eles e não, difusamente, a um interesse geral hipotético compartilhado igualmente por todos.

Na realidade, o desenvolvimento do sistema eleitoral proporcional, sobre o qual se tratará adiante, foi uma forma de incorporar a realidade de que existem diferentes grupos de interesse na sociedade no processo de representação política. Modelos de representação política vinculada a classes econômicas/corporações foram utilizados por vários países ao longo do século XX, inclusive pela Constituição brasileira de 1934, partindo da mesma premissa: existem diferentes grupos de interesse na sociedade. A historiografia associa a representação corporativa, porém, com práticas autoritárias por parte dos governos, como no caso da Ditadura Vargas, de controle e manipulação dos movimentos sindicais.

Uma última questão que vale registrar acerca do tema da representação política diz respeito às possíveis distorções nas três principais etapas do processo: (i) na seleção de quem serão os candidatos por parte dos partidos políticos, (ii) nas campanhas eleitorais; e (iii) no sistema adotado para transformar os votos em resultados eleitorais, isto é, o sistema eleitoral. A questão da seleção interna levada a cabo pelos partidos acerca de seus candidatos será examinada a seguir, no tópico sobre partidos, e o debate em torno dos sistemas eleitorais no tópico próprio sobre o assunto, adiante. Cabe aqui examinar brevemente o tema das distorções nas campanhas eleitorais.

A Constituição de 1988 identifica duas distorções que podem afetar o processo de escolha de representantes durante as campanhas eleitorais: o abuso de poder econômico e o abuso de função, cargo ou emprego públicos (art. 14, §§ 9º e 10º). A Constituição já estabelece inelegibilidades que visam impedir o potencial abuso de função, cargo ou emprego públicos, sobretudo dos Chefes do Executivo (art. 14, § 7º), além de lhes impor a renúncia seis meses antes do pleito caso pretendam concorrer a outros cargos (art. 14, § 6º). A Constituição autoriza também que lei complementar discipline o assunto (art. 14, § 9º).

O risco do abuso de poder econômico tem sido abordado também, ainda que indiretamente, pela legislação ordinária e pela regulação expedida pelo TSE acerca da propaganda eleitoral. Com efeito, um dos objetivos dos limites impostos aos possíveis meios de propaganda eleitoral é reduzir e controlar seus custos, de modo a minimizar o impacto do maior poder econômico de determinado grupo político na disputa.

O risco do abuso de poder econômico está igualmente conectado com o tema do financiamento dos partidos que será examinado no próximo tópico. De forma geral, o financiamento se relaciona sob duas perspectivas com o poder econômico e seu potencial abuso. Em primeiro lugar, caso um candidato tenha acesso a recursos ilimitados, o uso intensivo desses recursos em uma campanha eleitoral poderá tornar seus concorrentes pouco visíveis para os eleitores. Ainda que as mídias sociais tenham alterado um pouco essa dinâmica, a assertiva continua verdadeira. Em segundo lugar, existe o risco de que vultosas doações privadas a candidatos façam parte de um acerto no qual este se compromete, caso eleito, a utilizar o aparato estatal para proporcionar vantagens indevidas para os doadores.

Uma nota final parece relevante sobre a representação política em uma democracia e sua regulação pelo Estado. Qualquer que seja a legislação aprovada pelo Estado, ela reflete de alguma forma os interesses da maioria política que esteja no poder. Essa premissa se aplica, por natural, a eventual legislação que regule as diferentes dimensões da representação política. É fácil perceber que existe aqui uma tensão que não pode ser ignorada do ponto de vista constitucional: a pretexto de regular, a legislação pode tentar dificultar o acesso democrático das minorias políticas ao processo eleitoral e aos cargos integrantes do poder político, privilegiando os grupos que já estão no poder.

8.6 PARTIDOS POLÍTICOS

A regulação estatal dos partidos não é uma opção política banal, envolvendo uma tensão relevante do ponto de vista constitucional. De um lado, a filiação a um partido é condição de elegibilidade nos termos do art. 14, de modo que se tratam de organizações privadas essenciais ao funcionamento da democracia. De outro lado, porém, os partidos são organizações da sociedade que deve ter a liberdade e autonomia de se organizar como preferir, sobretudo para fazer oposição a quem esteja no poder.

E há ainda uma outra perspectiva que não pode ser ignorada: qualquer regulação estatal é decidida exatamente por quem está no poder, que poderá tentar usá-la para benefício próprio e eventualmente para prejudicar seus concorrentes no próximo pleito. A Emenda Constitucional nº 133/2024 ilustra o uso da regulação estatal para benefício de quem está no exercício do poder político na parte em que afasta, por meio de vários mecanismos, a aplicação, sobre os partidos, das consequências legais pelo descumprimento passado da legislação.

Seja como for, a Constituição estabelece, em seu art. 17, princípios gerais para a organização dos partidos que tentam estabelecer um equilíbrio entre legítimos interesses regulatórios da sociedade e a autonomia partidária.

É interessante registrar que, no plano infraconstitucional, a importância dos partidos levou à recriação da "propaganda partidária" gratuita em rádio e televisão (extinta em 2017) pela Lei nº 14.291/2022. Nos termos da lei, os partidos terão acesso a tempo de transmissão no rádio e TV para divulgação de seus programas partidários, bem como para difundir a participação política de mulheres, jovens e negros. A propaganda de candidatos e a propaganda eleitoral é expressamente vedada, e em anos eleitorais a propaganda partidária apenas acontecerá no primeiro semestre, justamente para evitar a confusão com a propaganda eleitoral.

Retornando ao plano constitucional, o caput do art. 17 e seus quatro incisos estabelecem alguns princípios gerais que organizam e limitam a atividade partidária no país. De um lado, a Constituição prevê a liberdade de criação de partidos e o § 1º do mesmo artigo assegura que eles terão autonomia para definir sua organização e funcionamento internos, exemplificando diversos temas abarcados por essa autonomia. Como se verá, essa autonomia já não é absoluta, mas continua a ser significativa.

De outra parte, a Constituição estabelece diferentes tipos de limites aos partidos. Em primeiro lugar, há limites programáticos-ideológicos. Não se admitem partidos que não estejam comprometidos com a soberania nacional, daí a vedação de que recebam recursos de entidade ou governo estrangeiros ou tenham relações de subordinação com eles. E não se admitirá partidos que não se comprometam com o regime democrático, o pluripartidarismo e os direitos fundamentais da pessoa humana.

É interessante o registro histórico de que, em 1947, o TSE cassou o registro do Partido Comunista do Brasil por violações a disposições similares às do art. 17 que constavam da Constituição de 1946 (Resolução 1.841, de 07.05.1947). A maioria da Corte entendeu que o PCB violava os princípios da soberania nacional, por seus vínculos internacionalistas e em particular com a URSS, da democracia e do pluripartidarismo, na medida em que defendia a ditadura do proletariado[38].

---

[38] A íntegra dos votos consta de https://www.justicaeleitoral.jus.br/++theme++justica_eleitoral/pdfjs/web/viewer.html?file=https://www.justicaeleitoral.jus.br/arquivos/tse-resolucao-1841-cancelamento-do-registro-do-pcb/@@download/file/TSE-resolucao-1841-cancelamento-registro-pcb.pdf. Acesso em: 19.12.2022.

Um segundo limite imposto aos partidos diz respeito a sua abrangência: os partidos brasileiros devem ser nacionais. A Lei nº 9.096/1995 (e suas alterações) operacionaliza essa exigência. A criação de um partido depende, entre outros requisitos, de que seus fundadores tenham domicílio eleitoral em, no mínimo, um terço dos Estados da Federação (art. 8º), e o registro de seus estatutos junto ao TSE depende da comprovação, no período de dois anos, de apoiamento eleitoral de pelo menos meio por cento dos votos dados na última eleição geral para a Câmara dos Deputados, distribuídos por um terço, ou mais, dos Estados, com um mínimo de um décimo por cento do eleitorado que haja votado em cada um deles (art. 7º).

Um terceiro limite importante imposto aos partidos envolve a prestação de contas à Justiça Eleitoral. Trata-se de um controle financeiro que tem uma relação direta com o tema da soberania nacional, já referido, de modo a impedir financiamento estrangeiro, e com o risco de abuso de poder econômico. O tema será retomado adiante quando se tratar especificamente do financiamento dos partidos no Brasil.

Por fim, um quarto limite que a Constituição impõe aos partidos consta do art. 17, IV: "funcionamento parlamentar de acordo com a lei". A frase remete ao tema das cláusulas de barreira ou de performance por meio das quais se pode vir a estabelecer exigências relativamente ao resultado eleitoral obtido por cada partido para que eles possam efetivamente funcionar no âmbito parlamentar.

O mecanismo é utilizado por vários países e o exemplo mais famoso é provavelmente o da Alemanha, onde os partidos que recebam menos de 5% dos votos válidos na eleição proporcional não participam da divisão de mandatos, tendo seus votos excluídos do cálculo eleitoral. O objetivo da cláusula de barreira é evitar uma excessiva fragmentação partidária criando incentivos para a fusão de partidos com pequena expressão eleitoral.

A despeito da previsão contida no art. 17, IV, leis que tentaram estabelecer espécies de cláusulas de barreira ou de performance após a Constituição de 1988 têm sido consideradas inconstitucionais pelo STF sob o argumento, dentre outros, de violação ao pluralismo político. A Lei nº 8.713/1993 dispôs acerca das eleições que aconteceriam em 1994 e previu que apenas poderiam lançar candidatos à presidência da república e aos governos dos estados os partidos que houvessem recebido uma votação mínima no pleito anterior. Por exemplo, apenas poderiam lançar candidatos à presidência os partidos que tivessem recebido cinco por cento dos votos para a Câmara dos Deputados em 1990, distribuídos em pelo menos um terço dos estados ou que contassem com representação de pelo menos dois por cento do total dos Deputados Federais.

Em decisão majoritária (ADIs nº 958 e nº 966), o STF declarou inválidas as referidas previsões da Lei nº 8.713/1993. A Corte entendeu que o art. 17, IV, não autorizaria a limitação ao lançamento de candidatos, e que a lei restringiria de forma inconstitucional o pluripartidarismo, limitando a atuação dos pequenos partidos, sobretudo daqueles criados após o pleito anterior.

Dois anos depois, a Lei nº 9.096/1995 introduziu uma nova cláusula de barreira em seu art. 13, que seria aplicada apenas na eleição de 2006. A norma subordinava o funcionamento parlamentar dos partidos à obtenção de pelo menos cinco por cento dos votos no pleito para a Câmara dos Deputados, distribuídos em no mínimo um terço dos estados com pelo menos dois por cento do total em cada um deles. A validade do dispositivo foi questionada logo após sua edição, e o STF, em decisão cautelar, considerou que ele seria válido. Cerca de dez anos depois, antes de sua primeira aplicação, a Corte declarou sua inconstitucionalidade por violação ao pluripartidarismo (ADIs nº 1351 e nº 1354).

Mais de vinte anos depois dessa segunda tentativa, a Emenda Constitucional nº 97/2017 estabeleceu, agora no plano da própria Constituição, uma espécie diversa, e menos restritiva, de cláusula de barreira. A emenda introduziu um § 3º ao art. 17, conferindo direito a recursos do fundo partidário e acesso gratuito a rádio e TV apenas aos partidos que obtiverem três por cento dos votos para a Câmara dos Deputados, distribuídos em pelo menos um terço dos estados com um mínimo de dois por cento dos votos em cada um deles ou que tenham elegido pelo menos quinze deputados federais distribuídos em pelo menos um terço dos Estados.

Ou seja: a nova previsão constitucional não impede o funcionamento parlamentar, mas limita o acesso a recursos e ao horário eleitoral gratuito em função da performance. Ademais, reduziu-se o percentual mínimo de cinco por cento, previsto nas leis referidas anteriormente, para três por cento, e a própria EC nº 97/2017 previu um regime de transição gradual de modo que os percentuais integrais por ela previstos apenas se aplicarão nas eleições de 2030.

Voltando ao plano legislativo e à jurisprudência do STF, em 2024 (ADIs nº 7263 e nº 7325), a Corte declarou a inconstitucionalidade de previsão da Lei nº 14.211/2021, que condicionava a participação na distribuição das vagas resultantes de sobras eleitorais a determinada performance dos partidos e dos candidatos (partidos que tenham obtido pelo menos 80% do quociente eleitoral e candidatos cuja votação tenha sido no mínimo igual a 20% do quociente eleitoral).

Um terceiro tema que vale registrar acerca da disciplina dos partidos políticos, e que se liga à cláusula de barreira ou performance hoje existente no país, diz respeito ao seu financiamento. Já se referiu anteriormente que os partidos devem prestar contas à Justiça Eleitoral, mas a pergunta aqui é diversa: como os partidos podem obter recursos para desenvolver suas atividades? É possível cogitar de três modelos principais no particular: (i) financiamento de fontes totalmente privadas, (ii) financiamento exclusivamente público e (iii) financiamento misto.

Existem, naturalmente, vantagens e desvantagens em todas essas modelagens. Os defensores do financiamento privado sustentam que, em uma democracia, essa é uma forma legítima e desejável de engajamento dos diferentes grupos da sociedade na política, em apoio dos candidatos que os representem, sem que se gaste recursos dos contribuintes – sempre escassos e que devem ser destinados à promoção de direitos – para esse fim. De outra parte, os defensores do financiamento público alegam que ele seria capaz de garantir maior paridade de armas entre todos os candidatos, impedindo a influência do poder econômico privado no pleito. Ademais, alega-se que o financiamento público eliminaria o vínculo de dependência dos representantes eleitos a seus doadores de campanha – sobretudo empresas –, que poderia incentivar mecanismos de corrupção por meio dos quais os representantes usariam contratações públicas, por exemplo, para "pagar" o investimento feito pelos doadores.

O Brasil adota um sistema misto no qual convivem o financiamento público com o financiamento privado. Nos últimos anos, como se verá, houve uma considerável ampliação do financiamento público e redução do privado. A primeira fonte de recursos públicos para os partidos é o fundo partidário, regulado pela Lei nº 9.096/1995. Ele é composto sobretudo de recursos orçamentários da União, entre outras fontes. Esses recursos são distribuídos, nos termos da referida lei, cinco por cento em partes iguais a todos os partidos e noventa e cinco por cento na proporção dos votos recebidos na última eleição geral para a Câmara dos Deputados. Ou seja: os partidos que receberam mais votos, receberão mais recursos.

O horário eleitoral gratuito é também uma forma de financiamento público da atividade partidária. A mesma Lei nº 9.096/1995 prevê que as emissoras terão redução tributária correspondente ao faturamento que teriam com a comercialização de comerciais por conta do horário utilizado para a propaganda gratuita. Ou seja: a sociedade é quem arca com os custos desse recurso que os partidos utilizam.

A Lei nº 9.096/1995 previa e regulava igualmente a possibilidade de doações privadas aos partidos por pessoas físicas e jurídicas e de doações diretamente ao fundo partidário, para distribuição entre os partidos nos termos supra referidos. Em julgamento ocorrido em 2015, porém (ADI nº 4650), o STF declarou a inconstitucionalidade das previsões da referida lei que autorizavam doações por pessoas jurídicas, limitando o financiamento privado a doações de pessoas físicas. Na sequência da decisão do STF, a Lei nº 13.487/2017 criou um outro fundo público – o Fundo Especial de Financiamento de Campanhas (FEFC) - constituído por recursos

Cap. 8 – SEPARAÇÃO E ORGANIZAÇÃO DE PODERES. REPRESENTAÇÃO POLÍTICA **359**

orçamentários da União em ano eleitoral, que é igualmente distribuído aos partidos de acordo com regras próprias.

Assim, em resumo, o financiamento dos partidos políticos brasileiros tem como suas principais fontes o fundo partidário e o fundo especial de financiamento de campanhas, ao lado de doações privadas apenas admitidas por parte de pessoas físicas.

Um quarto tema a ser mencionado no regime jurídico dos partidos políticos envolve os limites impostos à autonomia partidária em várias dimensões e que tem se ampliado nos últimos anos em interessantes discussões constitucionais.

O art. 17 prevê, como referido, autonomia dos partidos para sua organização e funcionamento internos e, ao mesmo tempo, o regime democrático como princípio a ser observado por eles. Uma primeira aplicação do princípio diz respeito à observância do regime democrático na atuação externa dos partidos, isto é: na disputa eleitoral propriamente. Mas o que dizer da sua organização interna? Não deveriam os partidos observar também, em sua organização e funcionamento, regras democráticas? Por outro lado, quem imporia aos partidos tais regras, para além de seus próprios filiados? A eventual intervenção estatal para impor regras democráticas ao funcionamento interno dos partidos tensiona a autonomia partidária.

O STF enfrentou uma manifestação desse tema na ADI nº 6230, na qual declarou inconstitucional previsão da Lei nº 9.096/1995 que previa a possibilidade de um mandato de até oito anos para órgãos provisórios dos partidos. Adicionalmente, o STF fixou interpretação conforme dispositivo da mesma lei para assentar que os partidos políticos podem, no exercício de sua autonomia constitucional, estabelecer a duração dos mandatos de seus dirigentes desde que tais previsões sejam compatíveis com o princípio republicano da alternância do poder concretizado por meio da realização de eleições periódicas em prazo razoável. Ou seja: o STF não fixou duração específica dos mandatos, mas estabeleceu diretrizes que devem ser observadas pelos partidos.

Uma segunda dimensão da autonomia partidária que recebe limites da Constituição e da legislação envolve a escolha dos candidatos que serão lançados pelos partidos e a alocação de recursos nas campanhas. A redação original da Constituição já previa hipóteses de inelegibilidades no art. 14 e remetia à lei complementar (§ 9º) a possibilidade de criação de novas inelegibilidades. Os objetivos constitucionais fixados para a lei complementar são minimizar os dois riscos gerais de distorção da representação política – abuso de poder econômico de abuso do exercício de função pública – e garantir a probidade administrativa e a moralidade para exercício de mandato considerada vida pregressa do candidato.

A Lei Complementar nº 64/1990 é a lei base no tema das inelegibilidades, tendo sofrido várias alterações ao longo do tempo, as mais importantes introduzidas pela chamada Lei da Ficha Limpa: a Lei Complementar nº 135/2010. A Lei da Ficha Limpa considerou inelegíveis as pessoas condenadas por um conjunto de crimes, em decisão transitada em julgado ou proferida por órgão colegiado, desde a condenação até oito anos após o cumprimento das penas impostas. As inelegibilidades, por evidente, excluem a possibilidade de os partidos escolherem tais indivíduos como candidatos.

Mas a autonomia partidária no tema da escolha de candidatos não recebe influência apenas de normas que excluem possíveis candidatos, mas também de previsões que direcionam as escolhas entre os candidatos possíveis. Um tema relevante nos debates da representação política envolve exatamente a sub-representação de determinados grupos da sociedade entre os candidatos e entre os eleitos.

Nesse contexto, por exemplo, desde a década de 1990, existe legislação no Brasil prevendo cotas para candidatas mulheres em relação às eleições proporcionais para o Legislativo: o percentual previsto hoje é de no mínimo 30%. A despeito da existência de legislação, não houve uma repercussão relevante na quantidade de mulheres eleitas ao longo das últimas décadas.

Várias emendas constitucionais passaram a dispor sobre o tema sob a perspectiva do financiamento. A Emenda Constitucional nº 111/2021 previu que, nos pleitos realizados até 2030, os votos dados a candidatas mulheres e candidatos negros para a Câmara dos Deputados serão computados em dobro para fins de distribuição, entre os partidos, dos recursos do fundo partidário e do fundo especial de financiamento de campanhas. O objetivo da previsão é criar um incentivo para que os partidos invistam na viabilidade dessas campanhas.

A Emenda Constitucional nº 117/2022, por seu turno, previu que no mínimo 30% dos recursos dos dois fundos referidos acima bem como do horário eleitoral gratuito sejam distribuídos pelos partidos às respectivas candidatas. A distribuição interna, entre as candidatas, será feita de acordo com normas internas do partido, consideradas a autonomia e o interesse partidário. E a Emenda Constitucional nº 133/2024 previu, de forma similar, que os partidos devem aplicar 30% dos recursos desses dois fundos em candidaturas de pessoas pretas e pardas, nas circunscrições que melhor atendam aos interesses e às estratégias partidárias.

Por fim, um último tema que merece registro nesse ponto diz respeito à disciplina da fidelidade partidária. Em primeiro lugar, é preciso distinguir duas manifestações distintas da chamada "infidelidade partidária": (i) a manifestação/voto/decisão do representante eleito em desacordo com uma diretriz do partido; e (ii) a mudança do representante do partido pelo qual ele foi eleito para outro partido.

A redação original do § 1º do art. 17 da Constituição estabelecia de forma expressa que caberia aos estatutos dos partidos definir normas de fidelidade e disciplina partidárias, sem distinguir as hipóteses de infidelidade. Ou seja: o tema estaria inserido no âmbito da autonomia partidária.

De fato, esse foi o entendimento várias vezes reiterado pelo TSE e pelo STF da edição da Constituição de 1988 até 2007. E essa continua a ser a compreensão desses Tribunais acerca de eventuais consequências impostas a representante que vota, por exemplo, em desacordo com a orientação partidária: caberá ao partido decidir a questão no âmbito de sua autonomia.

Nada obstante, em 27 de março de 2007, o TSE alterou seu entendimento em relação à infidelidade associada à migração de partidos. Em resposta a uma consulta, o TSE concluiu que os mandatos dos parlamentares eleitos pelo sistema proporcional (deputados federais, estaduais e distritais e vereadores) pertencem na realidade aos partidos, e não aos eleitos, de modo que, ausente justa causa, a migração de partido pode gerar a perda do mandato por parte do parlamentar, com preservação da vaga pelo partido. O TSE chegou a entender que também eleitos pelo sistema majoritário seriam abarcados por esse novo entendimento.

A perda do mandato não é imediata ou automática, por natural. Ela poderá vir a ser determinada por decisão da Justiça Eleitoral após um devido processo legal no qual se discutirá a existência ou não de justa causa para a decisão do parlamentar de deixar o partido pelo qual foi eleito. É possível, por exemplo, que o partido tenha abandonado seu programa ideológico e o parlamentar, mantendo-se fiel ao programa original em face do qual foi eleito, decida migrar de partido para manter-se alinhado às expectativas de seus eleitores, quando então haveria justa causa para a migração.

O STF confirmou a constitucionalidade do novo entendimento do TSE, mas o limitou aos eleitos pelo sistema proporcional. Nesse sentido, em 2015 (ADI nº 5.081), o STF decidiu que a perda do mandato por mudança de partido aplica-se a deputados federais, estaduais, distritais e vereadores, mas não se aplica aos eleitos pelo sistema majoritário (chefes do executivo e senadores), pois isso violaria a soberania popular e as escolhas feitas pelos eleitores.

Por fim, a Emenda Constitucional nº 111/2021 incluiu o § 6º no art. 17 da Constituição para prever de forma expressa o atual entendimento do STF acerca da possibilidade de perda de mandato dos parlamentares eleitos pelo sistema proporcional na hipótese de migração partidária. A emenda prevê, no entanto, que a anuência do partido pode afastar essa consequência

Cap. 8 – SEPARAÇÃO E ORGANIZAÇÃO DE PODERES. REPRESENTAÇÃO POLÍTICA **361**

e que, em qualquer caso, a migração não interferirá nos cálculos para fins de distribuição do fundo partidário, de outros fundos públicos e do horário eleitoral gratuito.

8.7 SISTEMAS ELEITORAIS

O sistema eleitoral é a metodologia específica que transforma votos em resultados eleitorais. Os diferentes conjuntos de regras que dão corpo a essas metodologias decorrem de opções políticas e filosóficas diversas e apresentam vantagens e desvantagens em si e na interação com outros elementos do sistema constitucional e político de cada país. Além disso, sistemas com a mesma denominação podem apresentar variações importantes em diferentes países.

Historicamente, o primeiro sistema eleitoral desenvolvido, e que prossegue sendo amplamente adotado, é o majoritário. A regra básica do sistema majoritário é relativamente simples: o candidato mais votado é eleito e os votos atribuídos a outros candidatos são desconsiderados e não produzem resultado eleitoral. Trata-se do sistema natural no caso de eleições nas quais só haja uma vaga a ser preenchida, como acontece com os chefes de Executivo.

 A adoção do sistema majoritário para eleições parlamentares envolve a divisão do território e do eleitorado nele distribuídos em unidades menores denominadas em geral de distritos (ou qualquer outra denominação que se queira dar). Cada distrito, então, elegerá seu representante: daí se identificar também o sistema majoritário como sistema distrital. Aplicando-se a mesma lógica, o candidato mais votado no distrito será eleito e os votos atribuídos aos demais candidatos descartados. Nos Estados Unidos, por exemplo, essa é a regra adotada para a eleição dos "deputados federais". Cada distrito – são 435 – corresponde a aproximadamente 700 mil pessoas e cada Estado terá a quantidade de distritos proporcional a sua população.

Não é incomum que o sistema majoritário preveja mais de um turno de votação, de modo a obter novas manifestações do eleitorado diante de opções mais restritas. A Constituição de 1988 regula em seu art. 77 a eleição do chefe do Executivo Federal nesses termos: será eleito aquele que obtiver a maioria absoluta dos votos válidos em uma primeira votação ou, caso isso não se verifique, quem obtenha a maioria dos votos válidos em segundo turno, para o qual se qualificam os dois candidatos mais votados no primeiro turno. A mesma regra se aplicará à eleição para governadores e prefeitos de cidades com mais de 200 mil habitantes: para cidades menores não haverá segundo turno (art. 29, II).

No sistema brasileiro, os senadores também são eleitos pelo sistema majoritário, nos termos do art. 46. Como se sabe, as três vagas de senadores por Estado renovam-se um terço em uma eleição e dois terços na seguinte. Desse modo, na eleição em que serão renovadas duas das três vagas para o Senado, os dois candidatos mais votados são eleitos, e não apenas o primeiro.

O sistema majoritário, sobretudo na sua aplicação aos Legislativos, apresenta forças e fragilidades razoavelmente conhecidas. De um lado, ele cria incentivos para a redução da multiplicidade partidária, pode baratear cada campanha eleitoral e facilitar a responsabilização política do representante em face dos representados, já que será claro para todos quem é o representante do distrito. Por outro lado, o sistema majoritário pode limitar a representação de minorias no Legislativo, enfatizar excessivamente discussões locais, a despeito de debates mais amplos e nacionais, e o desenho dos distritos pode gerar distorções, a depender da distribuição dos grupos políticos no território.

As críticas ao sistema majoritário levaram ao desenvolvimento de um sistema eleitoral diverso: o sistema proporcional. O art. 45 da Constituição de 1988 é expresso em afirmar que a Câmara dos Deputados é composta de representantes do povo eleitos pelo sistema proporcional em cada estado, DF e Territórios, e a mesma regra é aplicada aos demais entes da federação, ainda que não haja previsão específica nesse sentido.

De forma simples, no sistema proporcional, o percentual de apoiamento eleitoral recebido por cada partido na eleição deve atribuir ao partido o mesmo percentual de cadeiras no Legislativo (ou o mais próximo disso que foi possível). Assim, se o partido A recebe 10% dos votos, deverá ter 10% das cadeiras existentes no Legislativo; se o partido B recebe 25% dos votos, 25% das cadeiras devem lhe ser atribuídas, e assim sucessivamente. A regra básica do sistema proporcional é, como se vê, um pouco mais complexa do que no sistema majoritário e demanda a definição de alguns outros elementos para ser operacionalizada, a maior parte dos quais está definido na legislação eleitoral brasileira.

Um primeiro conceito importante para a compreensão de como funciona o sistema proporcional é o de quociente eleitoral. O quociente eleitoral corresponde à divisão da quantidade de votos válidos pelo número de vagas a serem preenchidas em determinada eleição. Assim, se um determinado legislativo hipotético é composto de 100 vagas, e há 100.000 votos válidos na eleição, o quociente eleitoral será de 1.000 votos. Isso significa que um partido apenas elegerá um candidato para a dita eleição se conseguir obter 1.000 votos.

A definição de quantos candidatos cada partido elegerá decorrerá de uma conta simples: a divisão da quantidade de votos recebido pelo partido (ou pela coligação) pelo quociente eleitoral. Assim, se o partido A, no exemplo dado, recebeu 4.000 votos, ele elegerá quatro candidatos. A esse número, que corresponde à divisão dos votos válidos recebidos pelo partido pelo quociente eleitoral, dá-se o nome de quociente partidário.

Eventualmente, a distribuição de votos entre os partidos produzirá as chamadas "sobras" ou "restos" eleitorais. Prosseguindo no exemplo, imagine-se que o partido A, em vez de 4.000 votos, tivesse recebido 3.500, elegeria três candidatos e "sobrariam" 500 votos, que não completam o quociente eleitoral. Ao fim da distribuição das vagas por todos os partidos, mais sobras podem ser observadas na votação recebida por cada um deles. A legislação eleitoral prevê a regra da maior média para definir que partido receberá cada uma das eventuais vagas remanescentes por conta das sobras.

A Lei nº 14.211/2021 alterou o Código Eleitoral, prevendo que apenas partidos que tenham obtido pelo menos 80% do quociente eleitoral e candidatos cuja votação tenha sido no mínimo igual a 20% do quociente poderiam participar da distribuição das chamadas sobras eleitorais (isto é: das vagas remanescentes por conta das sobras de votos). Trata-se de uma espécie de cláusula de desempenho partidária. Em 2024, porém, o STF declarou com efeitos *ex nunc* – ou seja: com eficácia apenas a partir do momento da decisão e para o futuro – a inconstitucionalidade dessas previsões por violação ao pluralismo político, à soberania popular, à representatividade e ao sistema proporcional (ADIs nº 7263 e nº 7325).

Por fim, o sistema eleitoral proporcional exige também que se defina qual regra sobre que candidatos serão eleitos dentro de cada partido, tendo em conta a votação recebida. Existem duas regras básicas que admitem variações: a lista fechada e a lista aberta. No modelo de lista fechada, o partido define uma lista de candidatos em determinada ordem e o eleitor apenas tem a possibilidade de votar no partido, aderindo, assim, à lista por ele definida. Nessa estrutura, serão eleitos os candidatos na ordem indicada pelo partido, conforme a votação recebida. Assim, no nosso exemplo, se o partido recebeu votos correspondentes a quatro vezes o quociente eleitoral, serão eleitos os quatro primeiros integrantes da lista.

De acordo com o sistema de lista aberta, adotado pelo Brasil, o partido registra uma lista de candidatos e o eleitor poderá votar no partido ou no candidato individualmente (votação nominal). A quantidade de candidatos eleitos por cada partido dependerá do quociente partidário, isto é: a divisão da quantidade de votos válidos que o partido e seus candidatos receberam pelo quociente eleitoral. E, no âmbito de cada partido, serão eleitos os candidatos na ordem de

Cap. 8 – SEPARAÇÃO E ORGANIZAÇÃO DE PODERES. REPRESENTAÇÃO POLÍTICA **363**

suas votações nominais (da maior para a menor, claro), uma vez que o candidato tenha obtido no mínimo uma votação nominal de 10% do quociente eleitoral. Assim, se o partido conseguiu obter quatro vagas na eleição, serão eleitos os seus quatro candidatos mais votados, garantido que os quatro tenham obtido no mínimo votos correspondentes a 10% do quociente eleitoral.

A exigência da votação mínima nominal de 10% foi introduzida pela Lei nº 14.211/2021. Seu objetivo foi minimizar o impacto do fenômeno do "puxador de votos": o candidato que obtinha uma grande votação nominal, de múltiplos do quociente eleitoral, e que acabava por gerar a eleição de vários outros candidatos da lista partidária que poderiam não ter recebido qualquer votação individual. Embora o fenômeno continue a acontecer, a lei passou a exigir que cada candidato, para ser eleito, tenha recebido uma votação nominal mínima de 10% do quociente eleitoral.

Por fim, se o sistema eleitoral proporcional favorece a representação das diferentes visões políticas existentes na sociedade, ele também estimula a criação de partidos, podendo levar a uma certa disfuncionalidade tanto do sistema eleitoral quanto das relações entre Executivo e Legislativo, por conta de uma grande quantidade de partidos. A figura da cláusula de barreira ou de performance, supra discutida, pretende minimizar esse risco. O sistema proporcional torna mais complexa a eleição, como se viu da descrição acima, e menos direta e clara a relação de responsabilidade política entre os eleitos e os eleitores.

É possível combinar o sistema majoritário com o proporcional de múltiplas formas e vários países o fazem de diferentes formas. Uma possibilidade – chamada de sistema misto de superposição ou sistema distrital misto –, por exemplo, é a divisão das vagas de um determinado legislativo em dois grupos: vagas para eleição majoritária e vagas para eleição proporcional. O eleitor teria então dois votos na mesma eleição: um para a vaga pelo sistema proporcional e outra para o seu distrito, na eleição majoritária.

8.8 SEPARAÇÃO DE PODERES E DIÁLOGOS

No modelo presidencialista, a separação de poderes, como se viu, envolve certa rigidez de modo que as decisões políticas de um dos Poderes não podem destituir os demais, como acontece no parlamentarismo, e cada um dos Poderes têm o seu conjunto de competências próprias, que convivem com os controles recíprocos. Essas assertivas, corretas em tese, mas que apresentam múltiplas nuances na dinâmica política, não impedem que no exercício de suas competências os Poderes "dialoguem", interagindo acerca da disciplina ou encaminhamento de um determinado tema.

Esse "diálogo" é natural entre Executivo e Legislativo e faz parte da rotina da política. Mas a literatura tem se ocupado do tema sob a perspectiva do Judiciário e da expansão da jurisdição constitucional. São várias as perspectivas de estudo do tema. Algumas examinam como outros Poderes (e eventualmente grupos sociais) interagem com e reagem à expansão do Judiciário e à crescente relevância das decisões judiciais para múltiplos aspectos da vida em sociedade; outras questionam a legitimidade do Judiciário de ter a última palavra sobre a interpretação da Constituição e defendem a necessidade de algum tipo de diálogo, entre outras possibilidades.

Alguns autores enfatizam a importância do diálogo das Cortes com os demais Poderes na interpretação e na aplicação da Constituição extraindo dessa premissa consequências herme-nêuticas, como a deferência judicial. Outros enfatizam a necessidade de que a população (e não apenas as partes e as instituições públicas) seja igualmente ouvida pelo Judiciário e participe desse diálogo. O tema dos diálogos é também examinado no âmbito de processos estruturais nos quais a implementação de decisões judiciais dependerá da construção de soluções em conjunto com os demais Poderes. O tema se conecta igualmente com o fenômeno da superação de decisões judiciais pelo Congresso Nacional, por meio da aprovação de leis ou emendas constitucionais dispondo de forma diversa do que tenha sido decidido (com a observação, feita por alguns, de que essa hipótese descreve mais uma sobreposição de monólogos do que um diálogo[39]).

Não cabe aqui aprofundar esse debate, mas apenas registrar sua existência e trazer alguns exemplos do fenômeno. A realidade é que a separação de poderes apresenta muitas dimensões em sua dinâmica que envolverão a interpretação das competências constitucionais dos Poderes e seus limites e a identificação de como essas competências interagem.

Sob a perspectiva da intervenção judicial em políticas públicas em processos que têm sido descritos como "estruturais", por exemplo, o STF já se manifestou em sede de repercussão geral (Tema RG 698) no sentido de que "A Intervenção do Poder Judiciário em políticas públicas voltadas à realização de direitos fundamentais, em caso de ausência ou deficiência grave do serviço, não viola o princípio da separação dos poderes – 1. A intervenção do Poder Judiciário em políticas públicas voltadas à realização de direitos fundamentais, em caso de ausência ou deficiência grave do serviço, não viola o princípio da separação dos poderes. 2. A decisão judicial, como regra, em lugar de determinar medidas pontuais, deve apontar as finalidades a serem alcançadas e determinar à Administração Pública que apresente um plano e/ou os meios adequados para alcançar o resultado". A decisão do STF sugere uma espécie de diálogo forçado na medida em que a Corte fixaria as finalidades da ação estatal de forma impositiva e o Executivo os meios para alcançá-las.

Sob uma ótica diversa, desde a promulgação da Constituição de 1988, há vários exemplos de superação de decisões do STF pelo Congresso Nacional por meio da aprovação de emendas constitucionais. Os diferentes contextos são relevantes. Em alguns casos, a reação do Congresso visa atender ou contornar uma exigência visualizada pelo STF de modo que o resultado desejado possa ser produzido. Em outros, o objetivo do Congresso é superar o entendimento da Corte no contexto de uma disputa política. Alguns exemplos ilustram o ponto.

Com fundamento na redação original da Constituição, o STF entendia serem inconstitucionais as leis municipais prevendo alíquotas progressivas de IPTU, salvo se destinadas a assegurar o cumprimento da função social da propriedade urbana (RE nº 153.771). A Emenda Constitucional nº 29/2000 autorizou de forma expressa a progressividade do IPTU e a Corte então editou a Súmula nº 668 com o seguinte teor: "É inconstitucional a lei municipal que tenha estabelecido, antes da Emenda Constitucional nº 29/2000, alíquotas progressivas para o IPTU, salvo se destinada a assegurar o cumprimento da função social da propriedade urbana".

O STF considerou inconstitucionais leis municipais que instituíam taxa de iluminação pública, por entender inviável utilizar essa espécie tributária para essa finalidade (RE nº 233.332). A Emenda Constitucional nº 39/2002 passou a permitir que municípios e o DF instituíssem e cobrassem contribuição – outra espécie tributária – para o custeio da iluminação pública.

Em 2023, o STF considerou inválida lei estadual que autorizava a permuta de juízes vinculados a Tribunais de Justiça diversos por se tratar de matéria de competência da União (ADI nº 6782). Alguns meses depois, a Emenda Constitucional nº 130/2023 alterou o art. 93 da Constituição para permitir a permuta de juízes de direito vinculados a diferentes Tribunais.

Em caso diverso, o STF declarou a inconstitucionalidade de lei estadual que regulamentava a vaquejada, por considerar que a atividade caracteriza crueldade contra os animais (ADI nº 4.983). Na sequência, em direta reação, o Congresso aprovou a Emenda Constitucional nº 96/2017, incluindo o § 7º ao art. 225 para registrar que práticas desportivas que sejam manifestações culturais e utilizem animais não são consideradas cruéis. Por esse mecanismo, o Legislativo constitucionalizou seu entendimento sobre o assunto, impondo a quem deseje impugná-lo o ônus de demonstrar que ele viola alguma das cláusulas pétreas constitucionais.

---

[39] Daniel Wunder Hachem; Eloi Pethechust. A superação das decisões do STF pelo Congresso Nacional via emendas constitucionais: diálogo forçado ou monólogos sobrepostos? *Revista de Investigações Constitucionais*, Curitiba, vol. 8, n. 1, p. 209-236, jan./abr. 2021. DOI: 10.5380/rinc.v8i1.82738.

9

O Legislativo brasileiro

9.1 PODER LEGISLATIVO

A organização de órgãos legislativos no Brasil remonta ao período colonial, no qual as províncias desenvolveram colegiados locais que disciplinavam suas questões e temas de interesse, como os *conselhos geraes* das províncias e as câmaras dos distritos. Do ponto de vista nacional, e de forma institucional, o Legislativo brasileiro tem início com a eleição para a Assembleia Geral Constituinte e Legislativa do Império do Brasil, que se reúne pela primeira vez, em sessão preparatória, no dia 17 de abril de 1823. A Assembleia, no entanto, foi dissolvida em novembro do mesmo ano por D. Pedro I, que acabou por promulgar a Constituição de 1824.

Seja como for, a Constituição de 1824 organizou a *Assembleia Geral* composta pela Câmara dos Deputados e pelo Senado (ou Câmara de Senadores), este já oriundo de representantes das províncias, como o Poder Legislativo nacional, que começou a funcionar em 1826. É interessante observar que, durante o Império e a primeira república, a sessão legislativa da Assembleia Geral (chamada de sessão anual) era, como regra, de apenas quatro meses[1]. A Constituição reconhecia, ainda, a existência dos órgãos legislativos locais, integrados na estrutura de um estado unitário que, ao menos formalmente, previa um certo grau de descentralização política.

A primeira Constituição republicana, de 1891, denominou o Legislativo Nacional de Congresso Nacional, composto igualmente pela Câmara dos Deputados e Senado, nome que se mantém até hoje. A Constituição de 1891 organizou, como se sabe, um Estado federal, de modo que as Assembleias Legislativas dos Estados receberam um tratamento específico, próprio da autonomia federativa dos entes que elas passariam a representar.

Não é o caso de fazer um histórico linear do Poder Legislativo brasileiro aqui, mas três observações merecem um registro especial. Uma primeira envolve as competências de natureza diversa das legislativas atribuídas ao Senado Federal, ao longo do tempo, pelas Constituições republicanas brasileiras. A Constituição de 1934, por exemplo, considerava incumbir ao Senado Federal a "coordenação dos Poderes", e lhe atribuía uma série de competências como, *e.g.*, suspender a execução de atos do Poder Executivo considerados ilegais e propor ao Executivo, mediante reclamação fundamentada dos interessados, a revogação de atos de autoridades administrativas praticados com abuso de poder (art. 91, II e III). Também é a Constituição de 1934 que começa a atribuir ao Senado Federal competências em matéria de fiscalização e controle do endividamento público.

Uma segunda observação que merece nota foi a novidade, introduzida pela Constituição de 1934, da representação de classes no âmbito da Câmara dos Deputados. O art. 23 da Constituição

---

[1]   O império do Brasil. Disponível em: http://www2.camara.leg.br/a-camara/conheca/historia/historia/oimperio. html. Acesso em: 26 maio 2017.

de 1934 previa que 20% dos Deputados seriam eleitos por associações profissionais organizadas em torno de quatro categorias: lavoura e pecuária; indústria; comércio e transportes; profissões liberais e funcionários públicos. A curta vida da Constituição de 1934 não permitiu maiores experiências práticas com a previsão.

A terceira nota que não se pode deixar de fazer diz respeito aos dois períodos nos quais parlamentares foram perseguidos, presos e/ou cassados, e os Legislativos brasileiros estiveram fechados, à força, em decorrência de movimentos autoritários oriundos do Poder Executivo. O primeiro período tem início em 1937 – quando é outorgada por Getúlio Vargas uma nova Constituição e o Congresso é fechado após quase dois anos de tensões e perseguições – e encerra-se apenas em 1945. Durante todo esse período, não apenas o Legislativo federal, mas também as Assembleias Legislativas estiveram completamente fechadas, e o Poder Executivo federal concentrou todas as competências legislativas, inclusive de alterar a Constituição. O segundo período vai do movimento militar de 1964 até 1985. Embora o Congresso Nacional tenha permanecido aberto a maior parte do período, mais de 40 parlamentares foram cassados, e mais de 4.500 pessoas tiveram seus direitos políticos cassados e ou suspensos[2].

Feito esses brevíssimos registros históricos, cabe agora examinar o regime jurídico atual do Poder Legislativo no Brasil. A Constituição de 1988 organizou, como se sabe, um Estado federal em três níveis – União, Estados, Distrito Federal e Municípios – de modo que todos os entes federados têm seu Poder Legislativo próprio. A Constituição disciplina, de forma razoavelmente analítica, o Poder Legislativo Federal e suas competências.

Além disso, o constituinte prevê, desde logo, algumas regras especificamente aplicáveis aos Legislativos dos Estados, Distrito Federal e Municípios e, adicionalmente, o STF entende que, em geral, o sistema constitucional federal na matéria deve ser reproduzido por Estados, Distrito Federal e Municípios[3]. O espaço de autonomia dos Estados, DF e Municípios na matéria, portanto, é bastante limitado, como se verá.

Além desses dois conjuntos normativos aplicáveis aos entes federados – as disposições expressamente previstas pela Constituição e aquelas que o STF considerada devem ser reproduzidas –, a jurisprudência do STF tem considerado inválidas determinadas opções dos entes federados acerca de seus legislativos à luz de princípios constitucionais como o republicano e o democrático. Na ADI nº 7.350, por exemplo, o STF declarou a inconstitucionalidade de Constituição estadual que previa eleições concomitantes, no início de cada legislatura, da Mesa Diretora de Assembleia Legislativa para os dois biênios subsequentes. Por outro lado, e considerando os mesmos princípios constitucionais, a Corte considerou válida previsão de lei orgânica municipal que proíbe reeleição de membros da Mesa Diretora da Câmara Legislativa (ADPF nº 1002).

No âmbito federal, o Legislativo é composto por duas casas: Câmara dos Deputados e Senado Federal que, reunidas, dão origem ao Congresso Nacional. Embora as competências legislativas gerais da União sejam exercidas pelas duas casas separada e sucessivamente, há competências próprias do Congresso Nacional – isto é: das duas casas agrupadas – e, ainda, atribuições exclusivas de cada uma delas, separadamente. No âmbito dos Estados e dos Municípios, o Legislativo

---

[2]   A 4ª República. Disponível em: http://www2.camara.leg.br/a-camara/conheca/historia/historia/a4republica. html. Acesso em: 27 maio 2017.

[3]   STF, ADI 2.872/PI, Tribunal Pleno, Rel. p/ acórdão Min. Ricardo Lewandowski, j. 01.08.2011, *DJ* 02.09.2011: "I – A inconstitucionalidade dos preceitos impugnados decorre da violação ao princípio da simetria, uma vez que a Constituição do Estado do Piauí exige a edição de Lei Complementar para o tratamento de matérias em relação às quais a Constituição Federal prevê o processo legislativo ordinário. II – A jurisprudência reiterada desta Corte é no sentido de que o Estado-membro, em tema de processo legislativo, deve observância cogente à sistemática ditada pela Constituição Federal".

Cap. 9 – O LEGISLATIVO BRASILEIRO **367**

é composto por apenas uma casa, nos primeiros denominada de Assembleia Legislativa e, nos Municípios, de Câmara dos Vereadores.

Confiram-se os dados mais importantes das duas Casas que compõem o Legislativo nacional brasileiro.

9.1.1 Câmara dos Deputados

A Câmara dos Deputados é composta de representantes do povo eleitos no âmbito de todos os Estados, de eventuais territórios existentes e do Distrito Federal. Isto é: os candidatos a deputados federais deverão apresentar-se e concorrer por determinado Estado ou pelo Distrito Federal (já que, no momento, não existem territórios), e receberão votos apenas dos eleitores daquela unidade, não havendo a possibilidade de candidaturas nacionais.

Embora a lógica geral na formação da Câmara dos Deputados seja a de que o voto de cada eleitor deve ter o mesmo valor, ela não é aplicada de forma rígida. O art. 45 da Constituição de 1988 prevê que a quantidade de deputados dos Estados e do Distrito Federal deverá ser fixada em lei complementar proporcionalmente à sua população, respeitado em todo caso, porém, no mínimo oito e no máximo 70 representantes por cada Estado e Distrito Federal. Os territórios, quando existentes, elegerão quatro deputados federais cada um.

A Lei Complementar nº 78/1993, atualmente em vigor, fixa o número total de deputados federais em 513 e o número das bancadas estaduais de acordo com os dados do censo disponível na ocasião. São Paulo é o único Estado que conta com 70 deputados; em seguida tem-se Minas Gerais com 53 e o Rio de Janeiro com 46. Diversos Estados, além do DF, têm o mínimo de oito deputados: Acre, Amazonas, Amapá, Mato Grosso, Mato Grosso do Sul, Rio Grande do Norte, Rondônia, Roraima, Sergipe e Tocantins.

É bem de ver que, desde 1993, já foram realizados dois censos demográficos pelo IBGE (2000 e 2010) e não apenas o número, mas também a dispersão da população brasileira pelo território dos Estados pode ter se alterado de forma relevante. Nada obstante, a Lei Complementar que trata da composição da Câmara dos Deputados não foi revista.

Em 2013, o TSE expediu a Resolução nº 23.389, alterando o número de representantes das bancadas estaduais de acordo com o censo de 2010, valendo-se, para tanto, de delegação constante da Lei Complementar nº 78/1993. Em junho de 2014, porém, o STF declarou a inconstitucionalidade da resolução referida, considerando que cabe apenas ao Congresso Nacional – e não ao TSE –, por meio de lei complementar, tratar do tema, não sendo possível, ademais, delegação legislativa em matéria reservada a lei complementar, nos termos do art. 68, § 1º, da Constituição[4].

Vale o registro de que em 2017 o Estado do Pará ajuizou perante o STF ação direta de inconstitucionalidade por omissão (ADO nº 38), na qual sustenta a inconstitucionalidade por omissão do Congresso acerca da atualização das bancadas, e pede que sejam tomadas as providências cabíveis. A questão, portanto, ainda poderá ser reexaminada pelo Supremo Tribunal Federal, agora sob outra perspectiva.

A questão dos limites mínimo e máximo fixados pela Constituição para a representação dos Estados e do Distrito Federal na Câmara dos Deputados é alvo de alguma controvérsia. De um lado, critica-se o mecanismo na medida em que ele pode gerar a sub-representação de Estados mais populosos e a super-representação de Estados menos populosos, distorcendo a máxima

---

4   STF, ADI 4.963, Tribunal Pleno, Relª. Minª. Rosa Weber, j. 01.07.2014, *DJe* 30.10.2014. A decisão foi tomada pelo STF no âmbito de seis Ações Diretas de Inconstitucionalidade (ADIs nº 4947, nº 4963, nº 4965, nº 5020, nº 5028 e nº 5130) e de uma Ação Declaratória de Constitucionalidade (ADC nº 33).

368 CURSO DE DIREITO CONSTITUCIONAL · *Ana Paula de Barcellos*

de que cada voto deve ter o mesmo valor. De fato, a eleição de um deputado federal no Acre, por exemplo, exige bem menos votos do que a eleição de um deputado federal por São Paulo.

Por outro lado, os limites acabam garantindo maior representação para áreas tradicionalmente menos ricas, como as regiões Norte e Nordeste. A contracrítica a essa maior representação de determinadas regiões é que essa equiparação representativa já seria promovida pelo Senado, no qual todos os Estados têm representação equitativa, não devendo ser repetida na Câmara dos Deputados em detrimento da representação popular. O tema, como se vê, é controverso e, a rigor, considerando que eventual alteração dessas previsões dependeria de emenda constitucional, é improvável, do ponto de vista político, que se forme a maioria necessária no particular, que precisaria contar com representantes dos diferentes Estados.

A Câmara dos Deputados é eleita pelo sistema proporcional: isso significa, de forma simplificada, que considerada a bancada a que faz jus cada Estado ou Distrito Federal, os partidos receberão a quantidade de cadeiras proporcional ao apoiamento eleitoral recebido nas urnas. Assim, se o partido A recebeu 10% dos votos, terá 10% das cadeiras, e assim sucessivamente. Considerando o Estado de São Paulo, por exemplo, que tem 70 cadeiras, o partido A teria sete deputados federais (10% do total).

A principal vantagem associada ao sistema proporcional é a garantia de representação das minorias e das diferentes visões existentes na sociedade. Por outro lado, o sistema proporcional pode alimentar uma pluralidade de partidos e uma diversidade de bancadas no âmbito do Legislativo, dificultando a formação de maiorias e a identificação, pelo eleitor, de quais grupos são responsáveis por decisões tomadas pelo Legislativo.

A doutrina discute, e há propostas de emenda constitucional no Congresso nesse sentido, pretendendo alterar esse sistema – sobretudo em relação à eleição dos deputados federais –, instituir um sistema distrital misto. Nesse eventual novo modelo, uma fração dos deputados seria eleita proporcionalmente – o mesmo sistema atual – e uma outra seria eleita majoritariamente por distritos. As propostas em discussão dependeriam, portanto, da divisão do território dos Estados em determinada quantidade de distritos, de modo que a população de cada distrito passaria a eleger um representante pelo sistema majoritário. Simultaneamente, as pessoas do Estado inteiro elegeriam outro conjunto de deputados pelo sistema proporcional.

Os Deputados federais são eleitos para mandatos de quatro anos, podendo reeleger-se de forma indefinida. Os requisitos gerais de elegibilidade estão previstos no art. 14, § 3º, valendo destacar que a idade mínima para a candidatura a deputado federal é de 21 anos.

Adiante se vai examinar, de forma específica, as competências atribuídas pela Constituição de 1988 à Câmara dos Deputados, tanto normativas quanto de controle e fiscalização, algumas das quais exercidas isoladamente e outras em conjunto com o Senado Federal, sobre o qual se passa a tratar.

9.1.2 Senado Federal

O Senado Federal é a segunda casa que compõe o Legislativo Nacional (o Congresso Nacional), ao lado da Câmara dos Deputados. Se a primeira, com as limitações já apontadas, é uma casa de representação do povo, o Senado é a casa de representação dos Estados e do Distrito Federal. Nos termos do art. 46 da Constituição, cada Estado e o Distrito Federal elegem três senadores, independentemente da sua população, para um mandato de oito anos, pelo sistema majoritário.

Assim, diversamente do que acontece com os deputados federais, o número total de senadores já está, desde logo, fixado pela Constituição, não sofrendo variação em função de alterações populacionais: a ideia é garantir a todos os entes da Federação (apenas aos Estados e ao DF, na realidade, já que não há uma câmara similar para os Municípios) igualdade de participação no âmbito do Senado.

A eleição dos senadores, a despeito de seu mandato mais longo, se dá a cada quatro anos, em conjunto com a eleição geral. Em um pleito, a população de cada Estado e do DF elege apenas um senador e, no pleito seguinte, dois serão eleitos, e assim sucessivamente. Os senadores são eleitos pelo sistema majoritário, mas sem mecanismo de segundo turno, de modo que o candidato mais votado será o eleito ou, na eleição em que duas vagas se encontram abertas, os dois mais votados serão, afinal, os senadores eleitos.

Também os senadores podem se reeleger de forma indefinida, como todos os demais parlamentares. Para candidatar-se a senador, porém, exige-se a idade mínima de 35 anos, além dos demais requisitos para elegibilidade do art. 14. Como se verá adiante, para além de competências normativas, exercidas, no mais das vezes, em conjunto com a Câmara dos Deputados, o Senado Federal concentra diversas competências de fiscalização e controle, muitas delas relacionadas às atividades financeiras e de endividamento dos entes federativos.

9.1.3 Legislativos dos Estados, Distrito Federal e Municípios

A Constituição de 1988 consagra Estados, Distrito Federal e Municípios como entes da federação, aos quais se reconhece autonomia *nos termos da própria Constituição*. Isto é: a capacidade de auto-organização, autogoverno e autoadministração desses entes existe, mas nos limites definidos pela Constituição Federal que, no que diz respeito aos legislativos de cada um, já traz várias previsões.

Assim como os deputados federais, deputados estaduais e vereadores têm mandatos de quatro anos (art. 44) e são eleitos pelo sistema proporcional, sendo que a circunscrição eleitoral na qual são eleitos, nos dois primeiros casos, é o Estado e, no último, o Município. Ou seja: a população do Estado como um todo elege, pelo sistema proporcional, seus deputados federais e estaduais, e a população do Município elege os vereadores, também pelo sistema proporcional.

Ainda sobre o tema da definição da quantidade de parlamentares nas Casas Legislativas, a Constituição de 1988 estabelece parâmetros bastante rígidos a serem observados no particular pelos Estados, Distrito Federal e Municípios.

O art. 27 prevê uma fórmula para o número máximo de deputados estaduais nas Assembleias Legislativas, em função da quantidade de Deputados Federais do Estado ou Distrito Federal. Note-se, portanto, que a eventual alteração das bancadas no âmbito da Câmara dos Deputados poderá repercutir igualmente sobre o número de deputados estaduais nas Assembleias Legislativas.

O art. 29, IV, por seu turno, na redação que lhe deu a EC nº 58/2009, prevê, das alíneas *a* até a *x*, faixas populacionais e o correspondente número máximo de vereadores que as Câmaras Municipais poderão ter. As alterações sofridas pelo art. 29, IV, ao longo do tempo, merecem um rápido registro.

A redação original do art. 29, IV, estabelecia que o número de vereadores deveria ser proporcional à população e fixava três faixas a serem observadas: entre nove e 21 vereadores para Municípios de até um milhão de habitantes, de 33 a 41 para Municípios de mais de um milhão e menos de cinco milhões de habitantes, e de 42 a 55 para Municípios de mais de cinco milhões de habitantes. A ideia geral é que caberia a cada Município decidir, no âmbito de sua autonomia, pela fixação do número de seus vereadores, observadas as faixas previstas na Constituição.

No mais das vezes, porém, os Municípios fixavam o número de vereadores na quantidade máxima permitida pela Constituição Federal, o que foi alvo de múltiplos questionamentos, sobretudo pelo Ministério Público, por meio de ações civis públicas. Instado a se manifestar, o STF acabou por decidir que o art. 29 exigia a aplicação de uma proporcionalidade matemática

370 CURSO DE DIREITO CONSTITUCIONAL · *Ana Paula de Barcellos*

rígida no cálculo da quantidade de vereadores, e não apenas o respeito ao número máximo previsto nas faixas[5], e o TSE veio a editar resolução refletindo esse entendimento do STF[6]. Ou seja: os Municípios não poderiam escolher, dentro da faixa, a quantidade de vereadores que desejassem, já que esta deveria decorrer de forma rígida da população municipal.

De certa forma em reação a esse entendimento do STF e do TSE, e em interessante movimento de diálogo institucional entre os Poderes, o Congresso Nacional aprovou a EC nº 58/2009 que alterou o art. 29, IV, como referido, e estabeleceu faixas populacionais às quais vinculou um número de vereadores. A nova redação reduz consideravelmente o espaço de autonomia dos Municípios, comparando-se com o texto original do dispositivo, mas é menos rígida do que a solução adotada pelo STF/TSE.

Feitas essas notas iniciais descritivas acerca dos Legislativos brasileiros, a exposição que se segue será organizada em três grandes blocos, em uma tentativa de sistematização das normas constitucionais que tratam dos vários temas relativos ao Legislativo, e particularmente do Legislativo federal, embora muitas normas sejam também aplicáveis a Estados e Municípios, mas não todas (particularmente, entende-se que o regime das prerrogativas parlamentares previsto na Constituição não se aplica automaticamente a deputados estaduais e vereadores, como se verá).

Em primeiro lugar, vai-se cuidar do chamado regime dos parlamentares, que envolve suas prerrogativas ou garantias e vedações, e a disciplina da perda do mandato. Um segundo bloco de temas envolve as competências atribuídas ao Legislativo federal como um todo, e ao Congresso Nacional, Câmara dos Deputados e Senado Federal em particular. Para fins didáticos, essas competências serão organizadas em dois grandes grupos: competências normativas e competências de controle e fiscalização. Por fim, o terceiro bloco de temas detalha o exercício das competências normativas que envolve o processo legislativo e as espécies legislativas propriamente ditas.

9.1.4   Regime jurídico dos parlamentares

9.1.4.1   Prerrogativas

A Constituição de 1988 atribui aos parlamentares três conjuntos de prerrogativas ou garantias, cujo objetivo é assegurar o pleno e livre exercício de suas atividades, protegendo-os de pressões, ameaças, perseguições ou retaliações tanto quanto possível. Tais prerrogativas, portanto, estão relacionadas não propriamente às pessoas dos parlamentares, mas às funções que eles e elas exercem. Vale registrar que o regime das prerrogativas dos parlamentares sofreu considerável alteração pela EC nº 35/2001 e também por alterações na jurisprudência do STF em relação à extensão da prerrogativa de foro para deputados federais e senadores. Confira-se.

A primeira prerrogativa ou garantia de que a Constituição cuida é a chamada *imunidade material ou inviolabilidade* prevista no art. 53, *caput*, por força da qual os parlamentares são invioláveis, civil e penalmente, por quaisquer de suas opiniões, palavras e votos. Trata-se de uma proteção especialmente reforçada à liberdade de expressão dos parlamentares, que devem poder manifestar qualquer opinião e levar a cabo toda a crítica que considerarem pertinente sem o temor de serem processados criminalmente ou civilmente.

A redação original do dispositivo previa que a inviolabilidade impedia apenas a consequência penal dos chamados crimes contra a honra (CP, arts. 138 a 145). A proteção contra a

---

[5]   STF, RE 197.917/SP, Tribunal Pleno, Rel. Min. Maurício Corrêa, j. 06.06.2002, *DJ* 07.05.2004. Vide: STF, RMS 25.110/SP, Tribunal Pleno, Rel. p/ acórdão. Min. Eros Grau, j. 11.05.2006, *DJ* 09.03.2007; STF, ADI 3.345/DF, Tribunal Pleno, Rel. Min. Celso de Mello, j. 25.08.2005, *DJe* 20.08.2010.

[6]   STF, ADI 3.345/DF, Tribunal Pleno, Rel. Min. Celso de Mello, j. 25.08.2005, *DJe* 20.08.2010.

responsabilização civil foi incluída pela EC nº 35/2001, na medida em que restou evidente que o risco de condenações vultosas a título de danos morais por conta de manifestações e opiniões poderia ter um efeito silenciador muito semelhante àquele produzido pela ameaça penal.

As manifestações protegidas pela imunidade material ou inviolabilidade são aquelas vinculadas às funções e à atividade parlamentar – relação que o STF descreve como implicação recíproca –, sendo certo que as funções parlamentares abrangem, além da elaboração de leis, a fiscalização dos outros Poderes e, de modo ainda mais amplo, o debate de ideias, fundamental para o desenvolvimento da democracia. Assim, protegem-se não apenas manifestações no interior das Casas Legislativas ou dos espaços institucionais do Poder Público, mas na imprensa em geral, mídias sociais etc. Há, a rigor, uma certa presunção de que as manifestações públicas dos parlamentares estão vinculadas às suas funções. Essa presunção, porém, não é absoluta e pode ser afastada: assim, aquelas que claramente não se relacionem com a atividade parlamentar não estarão protegidas pela inviolabilidade[7].

Mais recentemente, além do nexo de vinculação do discurso com o desempenho das funções parlamentares, sem o qual a imunidade pode ser afastada, o STF tem avançado para realizar um controle do conteúdo da manifestação dos parlamentares. Com efeito, a Corte tem entendido que a imunidade parlamentar também poderá ser afastada nas hipóteses em que o discurso é utilizado para "a prática de flagrantes abusos, usos criminosos, fraudulentos ou ardilosos" (v., por exemplo, Pet 8242), inclusive para fins de condenação criminal (v., por exemplo, AP 1044).

A jurisprudência do STF tem destacado uma situação particular, que é a das manifestações de parlamentar que é candidato a cargo eletivo no contexto de sua campanha eleitoral. O STF observa que o parlamentar, nessa circunstância, não terá a mesma proteção oriunda da garantia da inviolabilidade, uma vez que suas manifestações estejam vinculadas não à sua atividade como parlamentar propriamente, e sim à sua campanha eleitoral. Essa aplicação diferenciada da inviolabilidade justifica-se até mesmo para evitar tratamento diferenciado entre os candidatos, garantindo a igualdade de chances, já que nem todos serão parlamentares[8].

Uma discussão paralela que se encontra em curso no STF envolve a possibilidade de o Estado ser responsabilizado por conta de eventuais danos causados por manifestação protegida por imunidade parlamentar. O tema é alvo do RE 632.115, Rel. Ministro Luís Roberto Barroso, que foi admitido com repercussão geral e aguarda apreciação.

O art. 27, § 1º, prevê que recaem sobre os deputados estaduais as regras gerais da Constituição, inclusive sobre imunidades, de modo que a aplicação da inviolabilidade na hipótese não enseja maiores controvérsias.

No caso dos vereadores, porém, o art. 29, VIII, da Constituição prevê que eles serão invioláveis por suas opiniões, palavras e votos no exercício do mandato e na *circunscrição do Município*. A restrição territorial, embora possa ser útil para demarcar a vinculação com o mandato, pode, por outro lado, fazer pouco sentido em determinadas circunstâncias, já que não será incomum que um vereador se manifeste, no exercício legítimo do seu mandato, na

---

[7]   V. STF, AO 2.002/DF, Segunda Turma, Rel. Min. Gilmar Mendes, j. 02.02.2016, *DJe* 26.02.2016; e Inq. 3.932/DF, Primeira Turma, Rel. Min. Luiz Fux, j. 21.06.2016, *DJ* 09.09.2016.

[8]   STF, Inq 1.400 QO/PR, Tribunal Pleno, Rel. Min. Celso de Mello, j. 14.12.2002, *DJ* 10.10.2003: "A garantia constitucional da imunidade parlamentar em sentido material (CF, art. 53, *caput*) – destinada a viabilizar a prática independente, pelo membro do Congresso Nacional, do mandato legislativo de que é titular – não se estende ao congressista, quando, na condição de candidato a qualquer cargo eletivo, vem a ofender, moralmente, a honra de terceira pessoa, inclusive a de outros candidatos, em pronunciamento motivado por finalidade exclusivamente eleitoral, que não guarda qualquer conexão com o exercício das funções congressuais". V. também, STF, ARE 674.093/SC, decisão monocrática, Rel. Min. Gilmar Mendes, j. 20.03.2012, *DJe* 26.03.2012; STF, AI 657.235 ED/MA, Segunda Turma, Rel. Min. Joaquim Barbosa, j. 07.12.2010, *DJe* 01.02.2011.

capital do Estado, por exemplo, ou mesmo em Brasília, em algum evento diretamente relacionado com o exercício parlamentar[9].

Nesse sentido, o STF já decidiu que manifestações de vereadores na internet, presentes os demais requisitivos, estão protegidas pela inviolabilidade, destacando que, "Nos dias atuais, caracterizados por avanços tecnológicos em que a internet se tornou um dos principais meios de comunicação entre os mandatários e o eleitor, não é mais possível restringir o exercício parlamentar do mandato aos estritos limites do recinto da Câmara Municipal" (ARE nº 1.421.633).

Além da inviolabilidade ou imunidade material, a Constituição assegura aos parlamentares federais – deputados federais e senadores – a chamada *prerrogativa de foro* perante o STF para eventuais ações penais por crimes ocorridos após a diplomação na qual sejam réus, também chamada de foro por prerrogativa de função ou, locução que já veicula um certo juízo, foro privilegiado (art. 53, § 1º). Ou seja: tais ações penais serão processadas perante o STF. Embora o dispositivo não tenha sofrido alteração formal até o momento, o sentido e o alcance da prerrogativa de foro passaram por grandes transformações desde a promulgação da Constituição, exclusivamente por conta de alterações da jurisprudência do Supremo Tribunal Federal. Antes de abordar essas alterações, porém, alimentadas em boa medida pelas críticas a que a figura tem sido submetida, é conveniente lembrar alguns de seus propósitos históricos.

Não é implausível imaginar que inimigos políticos tentem valer-se de processos penais para perseguir parlamentares, ou mesmo opositores tentem qualificar atos com os quais discordem como ilícitos penais: a atribuição a um órgão nacional, mais distante das disputas políticas locais, e com maior visibilidade – e, portanto, submetido a maior controle social –, pode minimizar esse risco de utilização imprópria da jurisdição penal. Além disso, a possibilidade de um parlamentar responder a processos criminais em várias partes do País poderia atrapalhar consideravelmente seu trabalho no âmbito do Legislativo, tendo em vista a necessidade de deslocar-se e preparar múltiplas defesas em várias localidades. A prerrogativa de foro, portanto, tinha e tem por objetivo impedir que o processo criminal seja utilizado politicamente, assegurando o exercício livre das funções dos parlamentares.

A despeito desses objetivos, da maior relevância, a experiência brasileira na matéria tem suscitado outras questões igualmente importantes. Em primeiro lugar, a quantidade de denúncias contra parlamentares perante o STF mostrou-se surpreendentemente grande ao longo dos anos. Esse volume imprevisto de trabalho tem tido consequências amplamente indesejáveis.

O STF, que não foi concebido para ser uma Corte de instrução, acaba dispendendo grande quantidade de tempo e recursos com a condução dos processos penais de parlamentares, em prejuízo de suas outras competências. Por outro lado, e a despeito do esforço dos Ministros, a passagem do tempo acaba tornando o risco da prescrição penal bastante real nesses casos, alimentando uma percepção de impunidade que fragiliza o Estado de Direito e desprestigia o próprio Judiciário.

A percepção de que há um conflito entre essas diferentes questões – as razões subjacentes ao foro por prerrogativa de função e os problemas que sua utilização na prática têm suscitado – ajuda a compreender as alterações pelas quais sua interpretação e sua aplicação têm passado ao longo do tempo.

---

[9] "Nos limites da circunscrição do município e havendo pertinência com o exercício do mandato, garante-se a imunidade do vereador". Esta tese foi assentada pelo STF, RE 600.063/SP, Tribunal Pleno, Rel. p/ acórdão Min. Roberto Barroso, j. 25.02.2015, *DJ* 15.05.2015. Os ministros entenderam que, ainda que ofensivas, as palavras proferidas por vereador no exercício do mandato, dentro da circunscrição do município, estão garantidas pela imunidade parlamentar conferida pela Constituição Federal, que assegura ao próprio Poder Legislativo a aplicação de sanções por eventuais abusos.

Após a promulgação da Constituição de 1988, o STF manteve o entendimento, fixado em 1964 e veiculado na Súmula nº 394, por força do qual a competência especial por prerrogativa de função deveria prevalecer mesmo findo o exercício da função[10]. Assim, o STF continuaria competente para processar e julgar as ações penais dos parlamentares mesmo após o encerramento, por qualquer razão, de seus mandatos.

Em 1999, porém, a Súmula nº 394 foi cancelada pelo STF[11], que passou a entender que o fim do mandato encerra, igualmente, a justificativa para a prerrogativa de foro, passando a valer as regras gerais acerca de competência penal, com a consequente redistribuição do processo para o foro competente. A partir desse momento, o STF afirmou que a prerrogativa de foro deveria ser interpretada de forma estrita, por se tratar de uma exceção diante do princípio republicano, e por isso apenas justificada durante a vigência do mandato parlamentar. Cerca de 10 anos depois da edição da Constituição, as preocupações que inicialmente motivavam uma interpretação mais ampliada da prerrogativa de foro perderam um pouco de sua importância histórica.

Tanto é assim que em 2002 foi editada a Lei nº 10.628, que pretendeu restaurar o entendimento da Súmula nº 394, a essa altura já revogada pelo STF, e, adicionalmente, estender o foro por prerrogativa de função também às ações por improbidade. O Supremo Tribunal Federal, entretanto, considerou as duas normas inconstitucionais. Não deixou de ser curioso, do ponto de vista institucional do relacionamento entre os Poderes, que o Tribunal tenha considerado inconstitucional lei cujo teor era idêntico ao de entendimento que durante vários anos foi adotado pela própria Corte. Quanto à extensão da prerrogativa de foro para as ações por improbidade, o STF entendeu que apenas a Constituição poderia prever tal exceção às regras gerais de competência[12].

Mais recentemente, o STF tem flexibilizado seu entendimento acerca do fim de sua competência nas hipóteses em que o encerramento do mandato acontece quando já concluída a instrução penal e pendente apenas o julgamento, sobretudo em casos de renúncia, quando há indícios de que o objetivo do parlamentar é procrastinar o feito – com sua remessa para outro juízo – e provocar a prescrição da pretensão punitiva[13]. A lógica subjacente a tais decisões, que mantém a competência do STF a despeito do encerramento do mandato do parlamentar, está diretamente ligada à eficiência da atividade jurisdicional. O STF formou maioria para manter esse entendimento no julgamento do HC nº 232.627, uma decisão que altera entendimento de 1999, na questão de ordem no Inq nº 687, segundo o qual o fim do cargo encerrava também a competência do STF[14].

---

[10] STF, Súmula nº 394 (cancelada), *DJ* 08.05.1964: prevalece a competência especial por prerrogativa de função, ainda que o inquérito ou a ação penal sejam iniciados após a cessação daquele exercício.

[11] Na sessão plenária de 25 de agosto de 1999, a Súmula nº 394 foi cancelada, com efeito *ex nunc*, nos seguintes julgamentos: Inq 687 QO (RTJ 179/912), AP 315 QO (RTJ 180/11), AP 319 QO (*DJ* 31.10.2001), Inq 656 QO (*DJ* 31.10.2001), Inq 881 QO (RTJ 179/440), AP 313 QO (RTJ 171/745).

[12] STF, ADI 2797/DF, Tribunal Pleno, Rel. Min. Sepúlveda Pertente, j. 15.09.2005, *DJ* 19.12.2006.

[13] STF, AP 568/SP, Primeira Turma, Rel. Min, Roberto Barroso, j. 14.04.2015, *DJe* 18.05.2015: "A Turma, por maioria de votos, já decidiu que a renúncia de parlamentar, após o final da instrução, não acarreta a perda de competência do Supremo Tribunal Federal. (...) No Inq 3.734, a Turma entendeu, por ocasião do recebimento da denúncia, que na hipótese de não reeleição não se aplica o mesmo critério de fixação de competência. O caso presente, que envolve julgamento de ação penal, é análogo a este último. No entanto, a instrução foi concluída e o voto do relator preparado quando o denunciado ainda era titular de mandato. Diante disso, o relator propôs a concessão de *habeas corpus* de ofício, já que seu voto era pela absolvição. A Turma concordou que vulneraria o mandamento da celeridade processual deixar-se de formalizar a extinção do processo com base no art. 386, III do CPP quando relator e revisor já haviam formado tal convicção".

[14] STF, HC 232627, Plenário, Rel. Min. Gilmar Mendes, j. 29.03.2024.

Por fim, ao menos por enquanto, em julgamento de questão de ordem no âmbito de ação penal ocorrido em maio de 2018, o STF, em votação majoritária, firmou novo entendimento sobre o escopo da prerrogativa de foro. O STF entendeu que era o caso de limitá-la um pouco mais, não apenas no tempo, mas também no que diz respeito ao tipo de imputações criminais abarcadas pela prerrogativa de foro. Assim, nos termos do que restou decidido: "(i) O foro por prerrogativa de função aplica-se apenas aos crimes cometidos durante o exercício do cargo e relacionados às funções desempenhadas;"[15]. Fora dessa hipótese, portanto, a definição acerca das autoridades competentes para investigar, processar e julgar fatos criminosos envolvendo as autoridades referidas no art. 102, I, *b*, resultará da aplicação das regras gerais na matéria, aplicáveis a todas as demais pessoas.

Na mesma ocasião o STF consolidou também o entendimento referido acima no sentido de que, "Após o final da instrução processual, com a publicação do despacho de intimação para apresentação de alegações finais, a competência para processar e julgar ações penais não será mais afetada em razão de o agente público vir a ocupar outro cargo ou deixar o cargo que ocupava, qualquer que seja o motivo". A Corte esclareceu ainda, de forma expressa, que esse seu novo entendimento deve se aplicar imediatamente aos processos em curso, com a ressalva de todos os atos praticados e decisões proferidas pelo STF e pelos demais juízos com base na jurisprudência anterior.

A Constituição nada diz, especificamente, sobre a prerrogativa de foro para deputados estaduais e vereadores, mas o STJ entende que a reprodução desta para os parlamentares pelas Constituições estaduais corresponde a uma manifestação do "paralelismo constitucional" que seria próprio da federação brasileira[16].

Além da inviolabilidade e da prerrogativa de foro, um terceiro conjunto de garantias de que cuida a Constituição relativamente aos parlamentares envolve as de natureza processual que constam dos demais parágrafos do art. 53. Duas delas merecem destaque específico. A primeira envolve a possibilidade de sustação do processo penal em curso perante o STF por deliberação da maioria dos membros da Casa a que o parlamentar pertença (Câmara ou Senado), com a consequente suspensão do prazo prescricional. O dispositivo foi alterado pela EC nº 35/2001 já que, nos termos originais da Constituição, o início do processo penal dependia de licença prévia da Casa: a doutrina, inclusive, denominava essa figura de imunidade processual, embora o termo hoje já não se justifique.

Sob o regime anterior, sem muita surpresa, a ausência de licença prévia mantinha os inquéritos pendentes no STF por anos a fio, sem que as ações pudessem se iniciar. A alteração constitucional inverteu o sentido da inércia, de modo que a inação do Legislativo já não impede o processamento das ações penais, sem prejuízo da possibilidade de uma deliberação das Casas promover sua sustação. O STF entendeu que a EC nº 35/2001 era autoaplicável e determinou o processamento de todos os procedimentos em curso na Corte contra parlamentares.

Uma segunda garantia processual prevista constitucionalmente é a limitação da possibilidade de prisão de parlamentar, que só poderá acontecer diante de flagrante de crime inafiançável. Vale o registro de que o STF já se manifestou no sentido da possibilidade de suspender parlamentar do exercício do mandato com o objetivo cautelar de impedir sua interferência em prejuízo de investigações criminais[17].

Sobre esse ponto, após alguma controvérsia, o STF decidiu por 6 votos a 5 (ADI nº 5526) que: "3. A imunidade formal prevista constitucionalmente somente permite a prisão de parlamentares

---

[15] O novo entendimento do STF acerca do escopo da prerrogativa de foro foi definido pelo Plenário em questão de ordem no âmbito da AP 937, Rel. Min. Luís Roberto Barroso, j. 03.05.2018.

[16] STJ, CC 105.227/TO, Terceira Seção, Relª. Minª. Maria Thereza de Assis Moura, j. 24.11.2010, *DJ* 25.03.2011.

[17] STF, AC 4070 Ref/DF, Tribunal Pleno, Rel. Min. Teori Zavascki, j. 05.05.2016, *DJe* 20.10.2016.

Cap. 9 – O LEGISLATIVO BRASILEIRO **375**

em flagrante delito por crime inafiançável, sendo, portanto, incabível aos congressistas, desde a expedição do diploma, a aplicação de qualquer outra espécie de prisão cautelar, inclusive de prisão preventiva prevista no art. 312 do Código de Processo Penal. 4. O Poder Judiciário dispõe de competência para impor aos parlamentares, por autoridade própria, as medidas cautelares a que se refere o art. 319 do Código de Processo Penal, seja em substituição de prisão em flagrante delito por crime inafiançável, por constituírem medidas individuais e específicas menos gravosas; seja autonomamente, em circunstâncias de excepcional gravidade. 5. Os autos da prisão em flagrante delito por crime inafiançável ou a decisão judicial de imposição de medidas cautelares que impossibilitem, direta ou indiretamente, o pleno e regular exercício do mandato parlamentar e de suas funções legislativas, serão remetidos dentro de vinte e quatro horas a Casa respectiva, nos termos do § 2º do art. 53 da Constituição Federal, para que, pelo voto nominal e aberto da maioria de seus membros, resolva sobre a prisão ou a medida cautelar".

Além das prerrogativas apontadas, o texto constitucional estabelece, no art. 53, § 6º, que "Os Deputados e Senadores não serão obrigados a testemunhar sobre informações recebidas ou prestadas em razão do exercício do mandato, nem sobre as pessoas que lhes confiaram ou deles receberam informações". A limitação reflete a garantia da separação de Poderes, mantendo a independência do Legislativo em face dos demais. O enunciado normativo determina que os parlamentares não poderão ser conduzidos coercitivamente para testemunhar, devendo ser convidados. É válido notar que tal prerrogativa apenas se sustenta para as informações recebidas em decorrência da condição de membro do Legislativo, de modo que, se a informação não tem qualquer relação com o mandato, deve ser dado ao parlamentar o mesmo tratamento de qualquer testemunha. A praxe tem mostrado que, comumente, confere-se a possibilidade do Deputado ou Senador escolher onde será ouvido e em que horário.

A incorporação às Forças Armadas de Deputados e Senadores, ainda que em tempo de guerra, e mesmo que militares, dependerá de prévia licença da Casa respectiva, conforme determina o art. 53, § 7º. Essa prerrogativa funcional é dada aos parlamentares em decorrência do fato de as Forças Armadas serem organizadas com base na hierarquia e sob chefia do Poder Executivo (art. 142 da Constituição). Entendeu o constituinte que a independência do Legislativo poderia ficar prejudicada na hipótese de o membro do legislativo ser um inferior hierárquico em relação ao Presidente da República dentro da estrutura militar[18]. Assim, para integrar as Forças Armadas, é imperativo que haja prévia autorização da Câmara ou Senado.

Por fim, a Constituição determina que "as imunidades de Deputados ou Senadores subsistirão durante o estado de sítio, só podendo ser suspensas mediante o voto de dois terços dos membros da Casa respectiva, nos casos de atos praticados fora do recinto do Congresso Nacional, que sejam incompatíveis com a execução da medida". Conforme essa expressa previsão do art. 53, § 8º, para que haja a suspensão das prerrogativas que envolvem atos praticados fora do Congresso Nacional, serão necessários dois requisitos: aprovação pela Casa legislativa; e que elas sejam consideradas contrárias à execução do estado de sítio.

9.1.4.2   Vedações

Ao lado das prerrogativas ou garantias do art. 53, o art. 54 da Constituição estabelece vedações dirigidas aos parlamentares: algumas que incidem a partir da diplomação – isto é: a partir do ato formal da Justiça Eleitoral que reconhece que o candidato foi eleito e, portanto, está apto a tomar posse – e outras a partir da posse. Entre a diplomação e a posse passam-se,

---

[18]   Lenio Streck; Marcelo Andrade Cattoni Oliveira; Dierle Nunes. Comentário ao art. 53. In: J. J. Gomes Canotilho; Gilmar F. Mendes; Ingo W. Sarlet (Coords.). *Comentários à Constituição do Brasil*. São Paulo: Saraiva/Almedina, 2013, p. 1076.

em geral, algumas semanas, permitindo aos eleitos um tempo para tomarem as providências eventualmente necessárias de modo a não incorrerem nas vedações previstas no dispositivo, cuja violação pode levar, inclusive, à perda do mandato (art. 55, I).

As vedações visam, direta ou indiretamente, eliminar relações que possam gerar subordinação ou dependência entre os parlamentares e a Administração Pública de forma ampla, e o Poder Executivo em particular, a fim de permitir que os parlamentares desempenhem suas funções livres de pressões e sem o temor de sofrer qualquer tipo de retaliação por conta de sua atuação. A lógica subjacente a tais vedações é bastante simples. Uma das competências do Legislativo é controlar a atuação do Poder Executivo e da Administração Pública de forma geral. Caso os parlamentares tenham interesses pessoais vinculados à Administração Pública, é plausível imaginar que eles não terão condições de independência suficientes para levar a cabo suas competências.

Assim é que deputados e senadores não podem, *e.g.*, exercer cargo, emprego ou função, nem manter contrato – direta ou indiretamente – com entidade da Administração Pública direta ou indireta. A exceção fica por conta de contratos padronizados como, *e.g.*, contas bancárias em instituições como Banco do Brasil ou Caixa Econômica Federal. Isso significa, por exemplo, que parlamentares não podem ser controladores – aqui entendido o poder de controle de forma ampla – ou diretores de empresas que sejam titulares de contratos de concessão ou permissão administrativa, nem exercer nelas qualquer função remunerada.

9.1.4.3   Perda do mandato

O art. 55 da Constituição regula as hipóteses e condições em que deputados federais e senadores poderão vir a perder seus mandatos durante seu exercício. O tema tem sido bastante discutido no País nos últimos anos e algumas questões encontram-se indefinidas na jurisprudência do STF sobre o assunto.

Como regra geral, a Constituição submete a declaração da perda de mandato a alguma espécie de manifestação da Casa Legislativa da qual o parlamentar faz parte. No caso de perda do mandato por faltas injustificadas a mais de um terço das sessões (inc. III); suspensão ou perda dos direitos políticos, nos termos do art. 15 (inc. IV); e quando a perda do mandato for decretada pela Justiça Eleitoral (inc. V), o § 3º do dispositivo afirma que caberá à Casa *declarar* a perda do mandato, observada a ampla defesa. A referência à ampla defesa faz sentido, sobretudo em relação à hipótese do inciso I (faltas não justificadas), mas não haverá muito o que se possa discutir, por exemplo, em relação à decisão da Justiça eleitoral. As decisões da Casa, em tais hipóteses, têm natureza predominantemente declaratória realmente, atestando que o evento que causa a perda do mandato ocorreu.

Nas hipóteses, porém, de perda do mandato por infração às vedações do art. 55 (inc. I); por procedimento considerável incompatível com o decoro parlamentar (inc. II); e por força de condenação criminal transitada em julgado (inc. VI), o § 2º afirma que "a perda do mandato será *decidida* pela Câmara dos Deputados ou pelo Senado Federal, por maioria absoluta, mediante provocação da respectiva Mesa ou de partido político representado no Congresso Nacional, assegurada ampla defesa".

No caso das decisões envolvendo a infração às vedações do art. 54 e à quebra de decoro parlamentar, caberá à Casa efetivamente apurar, assegurada ampla defesa, a prática do ilícito e decidir sobre a perda do mandato. A controvérsia que tem surgido na jurisprudência do STF envolve, a despeito de sua literalidade, a incidência do art. 55, § 2º, na hipótese de condenação criminal transitada em julgado.

Com efeito, na AP nº 470 (dezembro de 2012), o STF decidiu, por cinco votos a quatro, que a perda do mandato dos deputados federais condenados seria automática, cabendo à Câmara apenas declarar tal consequência, nos termos do § 3º do art. 55, e não propriamente tomar uma decisão na matéria, como sugere o § 2º. Na AP nº 565 (agosto de 2013), porém, novamente por cinco votos a quatro, o STF condenou deputado federal por variados crimes, mas remeteu a questão da perda do mandato à Câmara dos Deputados, nos termos do art. 55, § 2º.

Por fim, no MS nº 32.326, em decisão monocrática (setembro de 2013), o Ministro Luís Roberto Barroso considerou que a perda do mandato de deputado federal condenado no caso seria automática – cabendo a Câmara dos Deputados apenas declará-la, nos termos do § 3º do art. 55 –, uma vez que a pena a ser cumprida em regime inicial fechado seria superior ao restante do mandato do parlamentar, inviabilizando, portanto, seu exercício. Na AP no 996 (maio de 2018), por maioria, a 2ª Turma entendeu que a perda do mandato não seria automática e determinou a remessa da decisão condenatória de deputado federal à Câmara dos Deputados.

Ou seja, não é possível afirmar, no momento, qual é efetivamente o entendimento do STF sobre a matéria, e nem mesmo se o Tribunal adotará uma posição geral ou se, na linha da decisão monocrática do Ministro Luís Roberto Barroso, optará por um exame das circunstâncias de cada caso. A questão é sensível, porque, de um lado, o dispositivo constitucional é bastante claro, de modo que uma afirmação geral no sentido de que ele não é aplicável é, sem prejuízo das melhores intenções dos Ministros, incompatível com o texto e, nesse sentido, uma solução casuística pode ser mais facilmente justificada. A preocupação social da maioria que se formou na AP nº 470, de fácil percepção, era impedir que as Casas Legislativas decidissem pela manutenção dos mandatos, a despeito da gravidade dos crimes que levaram à condenação dos parlamentares. O temor é compreensível, mas, institucionalmente, cabe ao Legislativo assumir o ônus político de suas decisões perante a população, e não ao Judiciário livrá-lo de suas responsabilidades.

É importante, ainda, registrar a hipótese hoje admitida pelo STF de perda do mandato parlamentar proporcional por mudança imotivada de partido, modalidade de infidelidade partidária. O art. 55 não trata da hipótese, mas o STF acabou por entender que a possibilidade decorre do sistema constitucional. Explica-se melhor.

Até 2007, aproximadamente, o Supremo Tribunal Federal sempre se manifestou no sentido de que a mudança de partido não teria como consequência a perda do mandato parlamentar, cabendo aos partidos disciplinarem internamente, no âmbito de sua autonomia, como previsto pelo art. 17 da Constituição, as eventuais consequências da infidelidade partidária. Em 2007, porém, ao decidir um conjunto de mandados de segurança, o STF alterou seu entendimento na matéria e consolidou a posição no sentido de que, relativamente aos mandatos eleitos pelo sistema proporcional, a mudança de partido sem justa causa poderá levar à perda do mandato pelo parlamentar, remanescendo a vaga com o partido. Isso porque, no sistema proporcional, o destinatário do voto é, sobretudo, o partido, e não o candidato[19]. Vale ressaltar que, em fevereiro de 2016, foi promulgada a Emenda Constitucional nº 91, a qual criou uma janela de 30 dias para desfiliação a partir da promulgação da emenda. Isso significou que os titulares de cargo eletivo proporcional tiveram até o dia 19 de março de 2016 para se desfiliarem do seu partido sem que perdessem o mandato.

Em qualquer caso, a perda do mandato apenas poderá ser decidida em processo perante a Justiça Eleitoral, após garantida ampla defesa ao parlamentar, que poderá demonstrar que se desfiliou de seu partido original com justa causa, quando, então, a perda do mandato não

---

[19] STF, MS 26.604/DF, Tribunal Pleno, Relª. Minª. Cármen Lúcia, j. 04.10.2007, *DJe* 03.10.2008. No mesmo sentido, STF, MS 26.602/DF, Tribunal Pleno, Rel. Min. Eros Grau, j. 4.10.2007, *DJE* 17.10.2008; STF, MS 26.603/DF, Tribunal Pleno, Rel. Min. Celso de Mello, j. 04.10.2007, P, *DJe* 19.12.2008.

ocorrerá[20]. No caso dos mandatos cuja eleição obedece ao sistema majoritário – para senadores – a eventual infidelidade partidária por mudança de partido não gera a perda do mandato, já que o parlamentar recebe os votos pessoalmente[21].

Na sequência da jurisprudência do STF, a Emenda Constitucional nº 111/2021 introduziu um § 6º ao art. 17 para prever de forma expressa a regra geral de que os parlamentares eleitos pelo sistema proporcional em todos os níveis federativos que se desliguem do partido pelo qual foram eleitos perderão seus mandatos, e introduziu desde logo duas exceções a essa regra. Em primeiro lugar, a perda do mandato poderá ser afastada se houver anuência do partido: ou seja, eventual acordo entre o parlamentar eleito e o partido pode afastar a consequência da perda do mandato. Em segundo lugar, a perda do mandato poderá igualmente ser afastada "em outras hipóteses de justa causa estabelecidas em lei". Em qualquer caso, a migração de partido não afetará a distribuição de recursos ou o tempo de rádio e TV.

Exposto de forma objetiva o regime jurídico dos parlamentares, cabe agora examinar as competências atribuídas ao Legislativo pela Constituição de 1988.

9.1.5   Poder Legislativo e suas competências

A Constituição prevê que o Congresso Nacional deverá se reunir anualmente de 2 de fevereiro a 17 de julho e de 1º de agosto a 22 de dezembro (art. 57). Trata-se do que a Constituição define como sessão legislativa ordinária, que terá especial relevância em vários contextos. O § 5º do art. 60, por exemplo, prevê que a matéria constante de proposta de emenda rejeitada ou havida por prejudicada não pode ser objeto de nova proposta na mesma sessão legislativa; e, nos termos do art. 67, a matéria constante de projeto de lei rejeitado somente poderá constituir objeto de novo projeto, na mesma sessão legislativa, mediante proposta da maioria absoluta dos membros de qualquer das Casas do Congresso Nacional. O mesmo art. 57 prevê a possibilidade de convocação extraordinária, e as circunstâncias em que ela é possível, quando o Congresso Nacional não esteja funcionando.

Um outro conceito de natureza temporal utilizado pela Constituição é o da legislatura. Ela corresponde ao período de quatro anos para o qual são eleitos os deputados federais, deputados estaduais e vereadores (art. 44). As Casas devem reunir-se em sessões preparatórias, no primeiro ano da legislatura, para eleição e posse das respectivas mesas diretoras, por exemplo. Além da óbvia relevância organizacional da legislatura, esse período é utilizado em determinadas circunstâncias como critério: o STF, por exemplo, entende que o prazo determinado para o funcionamento das Comissões Parlamentares de Inquérito, embora possa ser prorrogado, não poderá ultrapassar a legislatura[22].

As deliberações das Casas Legislativas e de suas Comissões serão tomadas, como regra, por maioria absoluta de membros presentes (art. 47). Trata-se do quórum de maioria simples. Para algumas decisões, porém, a Constituição exigirá quóruns mais qualificados de maioria absoluta, de dois terços e três quintos dos membros da Casa Legislativa. Quando não haja exigência específica, porém, entende-se que a regra é a da maioria simples. Ainda sobre as deliberações, como regra elas deverão ser abertas, mas há hipóteses em que a própria Constituição prevê a votação secreta.

---

[20]   STF, MS 27.938/DF, Tribunal Pleno, Rel. Min. Joaquim Barbosa, j. 11.03.2010, *DJe* 30.04.2010: "O reconhecimento da justa causa para transferência de partido político afasta a perda do mandato eletivo por infidelidade partidária. Contudo, ela não transfere ao novo partido o direito de sucessão à vaga. Vide STF, MS 26.604/DF, Tribunal Pleno, Relª. Minª. Cármen Lúcia, j. 04.10.2007, *DJe* 03.10.2008.

[21]   STF, ADI 5.081/DF, Tribunal Pleno, Rel. Min. Roberto Barroso, j. 27.05.2015, *DJe* 19.08.2015.

[22]   STF, HC 71261/RJ, Tribunal Pleno, Rel. Min. Sepúlveda Pertence, j. 11.05.1994, *DJ* 24.06.1994.

Para fins didáticos, vai-se aqui organizar as competências atribuídas ao Legislativo pela Constituição em dois grandes grupos: (i) competências normativas, isto é, que envolvem a elaboração de normas e (ii) competências de controle e fiscalização, categoria que reúne todas as demais atribuições, tanto do Congresso Nacional, quanto da Câmara dos Deputados e do Senado separadamente.

9.1.5.1 Competências normativas

As competências para edição de normas conferidas ao Poder Legislativo podem ser divididas em dois grandes grupos: as que contam com a participação do Poder Executivo – por meio, sobretudo, da sanção/veto – e as competências privativas, das quais o Executivo não participa. Vejam-se alguns detalhes sobre elas.

9.1.5.1.1 Competências normativas com participação do Executivo

Toda a competência legislativa da União de que tratam os arts. 22 e 24, neste último caso relativamente a normas gerais, será levada a cabo por meio de leis elaboradas pelo Congresso Nacional, com participação do Poder Executivo por meio da sanção/veto. O art. 48, expressamente, afirma isso: "Cabe ao Congresso Nacional, com a sanção do Presidente da República, não exigida esta para o especificado nos arts. 49, 51 e 52, dispor sobre todas as matérias de competência da União, especialmente sobre: (...)", além de reproduzir alguns temas já mencionados antes e referir outros. Em resumo, e essa a regra geral, a atividade de criação de normas nacionais e federais compete ao Congresso Nacional, com participação do Poder Executivo.

Mais adiante, vai-se examinar de forma específica o processo legislativo, as espécies legislativas e como a Constituição regula o exercício concreto dessa atividade de elaboração normativa, incluindo a distribuição de competências entre Legislativo e Executivo. Já fica o registro de que o STF entende que as normas sobre o processo legislativo, particularmente as que demarcam os espaços do Legislativo e do Executivo, devem ser reproduzidas por Estados, Distrito Federal e Municípios por darem forma à estrutura da separação de poderes e ao sistema de controles recíprocos a ela inerente organizados pela Constituição de 1988[23].

9.1.5.1.2 Competências normativas sem participação do Executivo (arts. 49, 51 e 52)

Paralelamente às competências normativas em geral, que como visto são levadas a cabo pelo Congresso Nacional com participação do Executivo, a Constituição estabelece algumas competências normativas específicas nos arts. 49, 51 e 52 que cabem, com exclusividade, ao Congresso Nacional, à Câmara dos Deputados e ao Senado Federal, sem qualquer participação do Poder Executivo. Isto é: tais normas são elaboradas, promulgadas e publicadas diretamente pelo Poder Legislativo. Os arts. 49, 51 e 52 preveem igualmente competências de controle e fiscalização, acerca das quais se tratará na sequência. Neste momento, vai-se examinar rapidamente apenas as competências de natureza propriamente normativa.

O art. 49 confere uma competência normativa exclusiva ao Congresso Nacional que é, nos termos do inc. I, "resolver definitivamente sobre tratados, acordos ou atos internacionais

---

[23] STF, ADI 821/RS, Tribunal Pleno, Rel. Min. Gilmar Mendes, j. 02.09.2015, *DJ* 26.11.2015: "6. É firme a jurisprudência desta Corte orientada pelo princípio da simetria de que cabe ao Governador do Estado a iniciativa de lei para criação, estruturação e atribuições de secretarias e de órgãos da administração pública. 7. Violação ao princípio da separação dos poderes, pois o processo legislativo ocorreu sem a participação chefe do Poder Executivo. 8. Ação direta julgada procedente".

que acarretem encargos ou compromissos gravosos ao patrimônio nacional". O tema envolve algumas complexidades que merecem registro do ponto de vista constitucional, e outras mais diretamente relacionadas com o direito internacional público.

Nos termos do art. 84, VIII, da Constituição, compete privativamente ao Presidente da República "celebrar tratados, convenções e atos internacionais, sujeitos a referendo do Congresso Nacional". Trata-se da fase de negociação e assinatura conduzida internacionalmente pelo Poder Executivo. Na sequência, porém, competirá ao Congresso Nacional decidir pela aprovação ou não do tratado que, uma vez aprovado, tomará a forma de decreto legislativo. Curiosamente, embora a Constituição nada diga sobre isso de forma específica, a tradição constitucional brasileira exige que o decreto legislativo aprovado pelo Congresso Nacional seja afinal promulgado por decreto do Poder Executivo, produzindo efeitos apenas a partir desse momento[24].

Uma outra controvérsia em torno do sentido e alcance do art. 49, I, envolve saber se o Poder Executivo pode denunciar tratado internalizado unilateralmente, ou se a denúncia dependeria também de manifestação do Congresso Nacional. O entendimento tradicional no direito internacional foi alterado pelo STF na ADI nº 1625 e na ADC nº 39, firmando-se a tese de que "a denúncia pelo Presidente da República de tratados internacionais aprovados pelo Congresso Nacional, para que produza efeitos no ordenamento jurídico interno, não prescinde da sua aprovação pelo Congresso". É indispensável fazer um registro histórico para que se possa compreender o debate subjacente à mudança de orientação na matéria bem como as outras manifestações do STF sobre o tema na ADC nº 39.

O entendimento tradicional no direito internacional era o de que o Poder Executivo poderia sim denunciar unilateralmente tratados, como aplicação de sua competência para conduzir as relações internacionais do País. Essa percepção foi alterada em parte após a EC nº 45/2004, para entender-se que a denúncia unilateral já não seria possível no caso de tratados e convenções internacionais de direitos humanos internalizados pelo Congresso Nacional de acordo com o procedimento para aprovação de emendas, de que trata o § 3º do art. 5º, que, nos termos do dispositivo, passam a ser equivalentes a emendas. Nesse caso, a denúncia dependeria da participação do Congresso Nacional[25].

A prerrogativa de denúncia unilateral do Executivo, porém, continuaria em relação a tratados internalizados em circunstâncias diversas da prevista no art. 5º, § 3º. O tema, entretanto, foi rediscutido na referida ADI nº 1.625. A questão concreta discutida envolve a Convenção OIT nº 158, que foi aprovada por decreto legislativo e promulgada internamente por decreto presidencial e, posteriormente, denunciada pelo Poder Executivo, que comunicou sua decisão por meio do Decreto nº 2.100/1996. A ADI nº 1.625 pretendia a declaração de invalidade do referido decreto, ao passo que a ADC nº 39 pretendia a declaração de sua constitucionalidade.

Em 2023, ao julgar a ADC nº 39, o STF tomou várias decisões sobre o assunto. Em primeiro lugar, firmou um novo entendimento geral na matéria. A Corte entendeu que, à luz da Constituição de 1988, o Estado Democrático de Direito e o princípio da legalidade exigem que a denúncia de um tratado, sob a perspectiva de sua exclusão do direito positivo interno, dependa da anuência do Congresso Nacional, ainda que essa denúncia produza efeitos no âmbito externo apenas com a manifestação de vontade do presidente da República.

Nada obstante, o STF não declarou a inconstitucionalidade do Decreto nº 2.100/1996 por razões de segurança jurídica. Os Ministros consideraram que isso abriria a possibilidade de invalidar todos os atos de denúncia unilateral praticados até o momento em períodos variados

---

[24]   STF, ADI 1.480-3/DF, decisão monocrática, Rel. Min. Celso de Mello, j. 26.06.2001, *DJ* 18.05.2001.

[25]   Há quem entenda que é impossível a denúncia dos tratados internacionais de direitos humanos que constituem o bloco de constitucionalidade, sob pena de ferir o princípio da vedação ao retrocesso. V. Valério de Oliveira Mazzuoli. *Curso de direito internacional público*. 9. ed. São Paulo: Revista dos Tribunais, 2015, p. 356.

da história nacional, quando a prática era um "costume consolidado pelo tempo e que, não tendo sido formalmente invalidado, vinha sendo adotado de boa-fé e com justa expectativa de legitimidade". Por conta disso, o STF determinou a aplicação do novo entendimento apenas a partir da publicação da ata do julgamento, mantendo-se a eficácia das denúncias realizadas até esse marco temporal. E registrou, ainda, um apelo ao legislador para que elabore disciplina acerca da denúncia dos tratados internacionais que preveja a chancela do Congresso Nacional como condição para a produção de efeitos na ordem jurídica interna.

Por fim, embora o art. 49 não mencione de forma expressa, competirá naturalmente ao Congresso Nacional, com exclusividade, elaborar seu regimento interno (chamado regimento comum), assim como compete à Câmara dos Deputados (art. 51, III) e ao Senado Federal (art. 52, XII) criar os seus. São atos normativos privativos das Casas legislativas que tomam a forma de resoluções. Como se verá mais adiante, embora a Constituição estabeleça algumas normas básicas acerca do processo legislativo, muitas outras constam dos regimentos internos das Casas legislativas.

Tanto a Câmara dos Deputados (art. 51, IV) quanto o Senado Federal (art. 52, XIII) receberão da Constituição uma competência normativa exclusiva para "dispor sobre sua organização, funcionamento, polícia, criação, transformação ou extinção dos cargos, empregos e funções de seus serviços, e a iniciativa de lei para fixação da respectiva remuneração, observados os parâmetros estabelecidos na lei de diretrizes orçamentárias".

Ou seja: respeitado o que dispõe a lei de diretrizes orçamentárias – da qual o Poder Executivo participa –, sobretudo no que diz respeito aos limites admitidos de despesas, caberá a cada Casa legislativa dispor sobre sua organização interna e a gestão de seus serviços. Trata-se de uma garantia constitucional ligada à independência orgânica do Poder Legislativo. Note-se, porém, que quanto à fixação da remuneração, a competência conferida a cada uma das Casas pelos dispositivos referidos é apenas para a iniciativa do projeto de lei sobre o tema: iniciado o processo legislativo, ele seguirá o curso normal, com participação do Senado Federal e da Câmara dos Deputados.

O Senado Federal tem ainda competências relacionadas com o controle do endividamento público que, embora diretamente relacionadas com o controle e a fiscalização de ações do Poder Executivo e da Administração Pública, serão levadas a cabo por meio da edição de normas: trata-se das competências previstas nos incs. VII, VIII e IX do art. 52 para dispor sobre limites e condições incidentes sobre, *e.g.*, operações de crédito externo e interno, concessão de garantia da União e montante da dívida mobiliária de Estados, DF e Municípios. Tais "limites e condições" constam, como regra, de resoluções e gozam de algum grau de generalidade e abstração. As Resoluções nº 43/2001 e nº 48/2007 do Senado, por exemplo, estabelecem determinadas regras gerais na matéria. O tema será retomado na sequência, sob a perspectiva do conteúdo de tais competências, que é propriamente o controle e a fiscalização de ações administrativas que podem gerar endividamento.

9.1.5.2 Competências de controle e fiscalização

Como já se viu, o Estado leva a cabo seus fins por meio de três funções principais em que se divide sua atividade e que dão nome aos chamados três poderes: legislativa, administrativa e judicial. É certo, porém, que cada um dos poderes estatais não exerce, de modo exclusivo, a função que nominalmente lhe corresponde, e sim tem nela sua competência principal ou predominante[26]. Assim, além de suas atribuições *típicas*, desempenham eles, igualmente, funções *secundárias* ou *atípicas*.

---

[26] Vejam-se, por todos, Miguel Seabra Fagundes. *O Controle dos Atos Administrativos pelo Poder Judiciário*. Rio de Janeiro: Forense, 1979, p. 4-5; e Raul Machado Horta. Limitações Constitucionais dos Poderes de Investigação. *Revista de Direito Público*, São Paulo, v. 5, 1968, p. 5.

382 CURSO DE DIREITO CONSTITUCIONAL · *Ana Paula de Barcellos*

A atividade típica dos órgãos legislativos é não apenas a função legislativa, isto é, a criação de normas, mas também a fiscalização. Na realidade, desde suas origens, a atuação do Parlamento envolve atividades legislativas e fiscalizadoras, além da função representativo-democrática. Aliás, com a crescente hegemonia do Poder Executivo no processo legislativo, como se verá mais adiante – pela iniciativa reservada ou privativa, pela atribuição de urgência aos projetos de sua iniciativa, pela sanção e veto, e pela edição de atos com força de lei – a ênfase da atuação do Legislativo tem recaído, efetivamente, na fiscalização, isto é, na investigação e no controle dos atos do Poder Público.

Assim, ao lado das competências para a edição de normas, a Constituição atribuiu ao Legislativo um complexo de competências de controle e fiscalização, particularmente incidentes sobre a atividade da Administração Pública, mas que não se limitam a ela, já que há igualmente mecanismos de controle que incidem sobre o Judiciário e o Ministério Público.

O STF entende que as competências de controle e fiscalização não podem ser ampliadas por norma infraconstitucional[27] – apenas eventualmente pelo constituinte derivado, respeitada, de toda forma, o núcleo básico da separação de poderes – aí incluídas, como normas infraconstitucionais, as normas das Constituições Estaduais. Na realidade, o STF pontuou que os Estados e Municípios não podem ampliar, seja por norma constitucional, lei orgânica ou legislação ordinária, nem mesmo hipóteses de convocação de autoridades pelo Legislativo, por exemplo, ou penalidades, devendo reproduzir integralmente o paradigma da Constituição Federal[28].

A lógica subjacente a esse entendimento, na mesma linha da distribuição de competências entre Executivo e Legislativo acerca do processo legislativo, é a de que os mecanismos de controle e fiscalização entre os Poderes, e do Legislativo sobre os demais, estão diretamente vinculados às opções que estruturam a separação de Poderes tal qual organizada pela Constituição de 1988. Por se tratar de um princípio fundamental e cláusula pétrea, essas opções devem ser observadas por todos os entes da federação.

Isso não significa, porém, que uma emenda constitucional não possa alterar, em alguma medida, essa estrutura da separação de Poderes. O STF já decidiu, ao examinar a validade da criação do Conselho Nacional de Justiça – CNJ pela Emenda Constitucional nº 45/2004, que a cláusula pétrea que protege contra alterações tendentes a abolir a separação de Poderes não cristaliza o texto constitucional como um todo em relação a tudo que diga respeito ao relacionamento entre eles. A proteção diz respeito ao núcleo de sentido do princípio, de modo que, em tese, alterações no sistema de controles recíprocos são possíveis, sem que com isso se tenha por violada a cláusula pétrea em questão[29].

Como já discutido na parte sobre conceitos preliminares, existe uma cooperação e tensão simultâneas entre Constituição e democracia em sua perspectiva majoritária. A Constituição garante determinados conteúdos mínimos – sobretudo em relação à garantia de direitos e ao próprio procedimento democrático – contra a ação das maiorias. Essa limitação das maiorias do passado sobre as do presente justifica-se na medida em que tais conteúdos mínimos

---

[27] STF, ADI 3.046/SP, Tribunal Pleno, Rel. Min. Sepúlveda Pertence, j. 15.04.2004, *DJ* 28.05.2004: "Do relevo primacial dos 'pesos e contrapesos' no paradigma de divisão dos poderes, segue-se que à norma infraconstitucional – aí incluída, em relação à Federal, a Constituição dos Estados-membros –, não é dado criar novas interferências de um Poder na órbita de outro que não derive explícita ou implicitamente de regra ou princípio da Lei Fundamental da República".

[28] STF, ADI 3.279/SC, Tribunal Pleno, Rel. Min. Cezar Peluso, j. 16.11.2011, *DJe* 15.02.2012: "É inconstitucional a norma de Constituição do Estado que, como pena cominada, caracterize como crimes de responsabilidade a ausência injustificada de secretário de Estado a convocação da Assembleia Legislativa, bem como o não atendimento, pelo governador, secretário de Estado ou titular de entidade da administração pública indireta, a pedido de informações da mesma Assembleia".

[29] STF, ADI 3367/DF, Tribunal Pleno, Rel. Min. Cezar Peluso, j. 13.04.2005, *DJ* 17.03.2006.

estruturam a própria democracia e a igualdade e a dignidade de cada pessoa, que são seu pressuposto lógico: esses limites garantem que todos tenham seus direitos respeitados e possam participar em igualdade de condições da democracia, e impedem que a maioria destrua a própria democracia.

Para além da dinâmica que se acaba de descrever, porém, outros limites que a Constituição imponha às maiorias começam a agravar a tensão com a própria democracia, sobretudo quando se trate de limites intransponíveis – como é o caso das cláusulas pétreas – cujos contornos são definidos, afinal, pelo Judiciário. Nesse sentido é que não faz sentido atribuir às cláusulas pétreas – particularmente as que tratam da forma federativa de Estado e da separação de Poderes – um sentido e alcance tão amplos que limitem excessivamente as maiorias de cada momento histórico de tomar as decisões que considerem próprias, tendo em vista suas circunstâncias. Mais ainda quando a forma federativa de Estado e a separação de Poderes, sem prejuízo de seus conteúdos essenciais, admitem muitas variações e arranjos diversos. Feita essa nota inicial, cabe agora examinar as competências de controle e fiscalização propriamente conferidas pela Constituição de 1988 ao Poder Legislativo.

A Constituição prevê igualmente que compete ao Congresso Nacional, à Câmara dos Deputados e ao Senado, de forma ampla, fiscalizar os atos do Poder Executivo e da Administração Pública direta e indireta e suas contas em particular (art. 49, X). Na realidade, cabe ao Congresso Nacional o controle externo, com o auxílio do Tribunal de Contas, de toda a atuação da Administração Pública (art. 70 e 71, *caput*), que envolve a "fiscalização contábil, financeira, orçamentária, operacional e patrimonial da União e das entidades da administração direta e indireta, quanto à legalidade, legitimidade, economicidade, aplicação das subvenções e renúncia de receitas" (art. 70). Adiante vai-se examinar de forma mais específica as competências do Tribunal de Contas.

Além dessa competência geral, a Constituição confere determinadas competências-meio específicas, que poderão ser usadas para levar a cabo essa atividade de fiscalização. Assim é que Câmara dos Deputados e Senado Federal, bem como suas comissões, podem convocar Ministros ou titulares de órgãos subordinados à Presidência da República para prestar informações nos termos do art. 50. Além disso, poderão ser criadas Comissões Parlamentares de Inquérito, nos termos e limites constitucionais (art. 58, § 3º), justamente para investigar fato certo relacionado, por exemplo, com a ação da Administração. Por sua importância, o tema das CPIs será tratado de forma específica mais à frente.

No contexto dessa competência de fiscalização geral, cabe ao Congresso Nacional, de forma particular, julgar anualmente as contas do Presidente da República (art. 49, IX), considerado parecer do TCU (art. 71, I) e à Câmara dos Deputados proceder à tomada dessas contas, caso elas não sejam prestadas no prazo constitucional (art. 51, II). O julgamento das contas do restante da Administração Pública – salvo seu Chefe – cabe ao Tribunal de Contas (art. 71, II). A mesma solução aplica-se a Estados, Distrito Federal e Municípios, isto é: cabe ao Legislativo julgar as contas do Chefe do Executivo, e ao Tribunal de Contas as contas do restante da Administração Pública[30].

Um tema específico sobre o qual a fiscalização do Legislativo recai, como já mencionado, é o endividamento público. O art. 52 conferiu ao Senado Federal uma série de competências para a aprovação de emissões de títulos da dívida pública e de contratações financeiras celebradas por entes federativos, tudo no contexto do controle do endividamento público[31]. Trata-se,

---

[30] V. STF, RE 848.826/CE, Tribunal Pleno, Rel. Min. Ricardo Lewandowski, j. 10.08.2016.

[31] Sobre a relevância dessa competência, v. Juarez de Souza; José Luiz Lobo Paiva; Mauro Márcio Oliveira. O papel do Senado Federal no controle do endividamento público no Brasil. *Revista de Informação Legislativa*, Brasília, n. 123, jul./set. 1994, p. 130.

como referido, de uma das hipóteses de controle recíproco entre os Poderes, no caso, do Poder Legislativo sobre a atividade da Administração Pública.

De acordo com o sistema constitucional, o endividamento público é levado a cabo, no mais das vezes, pelo Poder Executivo e fiscalizado pelo Senado Federal, na qualidade de órgão de representação paritária dos Estados que compõem a Federação, na medida em que se assume que o comprometimento financeiro de qualquer um dos entes federativos lança projeções sobre o Estado Federal em seu conjunto[32]. Ou seja: essa atividade de fiscalização específica a cargo do Senado Federal abarca não apenas a atividade da Administração Pública federal – como acontece em relação à fiscalização em geral da Administração Pública –, mas também dos Estados, do DF e dos Municípios. O Senado atua aqui como órgão de controle nacional para o tema do endividamento público.

Embora não se trate rigorosamente de uma função legislativa, ao tratar do controle do endividamento público, o Senado pode expedir resoluções dotadas de certa abstração, impondo aos entes federativos determinados padrões de conduta relativamente a esse tema, nos termos do que autoriza o art. 52, VI a IX, da Constituição. Assim, compete ao Senado Federal não apenas autorizar determinadas operações, mas também estabelecer limites e condições gerais na matéria, de modo a impedir o superendividamento e o sacrifício excessivo das gerações futuras.

A fiscalização a cargo do Legislativo não envolve apenas o controle formal do gasto do dinheiro público e do endividamento público, descritos anteriormente, mas também a efetiva realização, no mundo dos fatos, dos planos de governo (art. 49, IX). Esse é um tema particularmente e grandemente negligenciado, já que, no mais das vezes, os planos de governo em geral, e as políticas públicas em particular, não são acompanhados por sistemas de monitoramento dos resultados produzidos na realidade e, em última análise, na vida das pessoas.

Nessa mesma linha, postulando um controle e fiscalização dos efeitos concretos das normas sobre a realidade, a Constituição confere ao Senado Federal competência para avaliar periodicamente a funcionalidade do Sistema Tributário e o desempenho das atividades administrativas relacionadas com a arrecadação tributária (art. 52, XV). Naturalmente que essa competência de fiscalização e controle estará ligada à possibilidade de apresentação, pelos Senadores, de propostas legislativas de correção, revisão do sistema existente. A delicadeza aqui é que eventual proposta que envolva, *e.g.*, a criação de cargos públicos, ou qualquer outro tema previsto no art. 61, § 1º, estará submetido a reserva de iniciativa do Chefe do Poder Executivo.

Uma competência especialmente importante do Congresso Nacional é a possibilidade de sustação de ato normativo do Executivo que exorbite do poder regulamentar ou da delegação legislativa (art. 49, V), para preservação da competência legislativa do próprio Poder Legislativo (art. 49, XI). Embora o Poder Executivo venha progressivamente acumulando poderes normativos mais amplos, a verdade é que a Constituição confere ao Congresso Nacional mecanismos de controle para impedir eventuais abusos. A eventual não utilização dessa competência pelo Congresso, quando cabível, decorre, portanto, da dinâmica política entre Executivo e Legislativo, em geral descrita como presidencialismo de coalizão, e não do sistema concebido pela Constituição.

---

[32] V. Geraldo Ataliba. Dívida pública estadual – Resolução do Bacen – Inconstitucionalidade – Invasão da competência do Senado – Autonomia financeira dos Estados. *Revista de Direito Público*, São Paulo, n. 88, 1988, p. 77; e Celso Antônio Bandeira de Mello. Títulos da Dívida Estadual – Registro pelo Banco Central – Competência do Senado Federal. *Revista de Direito Público*, São Paulo, n. 88, 1988, p. 66-67.

Compete ainda ao Congresso Nacional participar de decisões políticas do Executivo que tenham impacto sobre a normalidade institucional do País, como, por exemplo, declaração de guerra (art. 49, II), de estado de defesa, sítio e a intervenção federal (art. 49, IV). Elas são em geral descritas como típicas da Chefia de Estado e envolvem de forma predominante elementos discricionários. Além do controle desses julgamentos marcadamente políticos, o Congresso Nacional também participa de decisões que, embora tenham um caráter mais propriamente administrativo, são consideradas especialmente relevantes ou sensíveis.

Nesta última categoria estão, por exemplo, as decisões que o Executivo venha a tomar relativamente a: (i) concessões de emissoras de rádio e TV (art. 49, XII), especialmente relevante por conta do controle de meios de comunicação social ainda muito populares e seu impacto sobre a liberdade de expressão e o pluralismo (o tema é disciplinado de forma específica no art. 223); (ii) iniciativas nucleares, tema que a Constituição trata em vários pontos com especial cuidado (art. 49, XIV); (iii) exploração de recursos minerais em áreas indígenas (art. 49, XVI – vale conferir também o art. 231); e (iv) concessão ou alienação de grandes áreas de terras públicas (art. 49, XVII). Todas as decisões em torno desses temas terão de ser aprovadas ou autorizadas pelo Congresso Nacional.

Um dos mecanismos de controle clássicos do Legislativo sobre os demais Poderes de que se vale a Constituição é a participação na nomeação de pessoas para determinados cargos ou funções. Assim é que compete ao Senado Federal aprovar previamente a escolha de magistrados – dentre os quais, *e.g.*, os Ministros do STF (art. 101), do STJ (art. 104), do TST (art. 111-A) –, do Procurador-Geral da República (art. 52, III, *e*) e dos membros do CNJ e do CNMP indicados pelo Executivo (arts. 103-B, § 2º, e 130-A). Também cabe ao Senado participar da nomeação de cargos específicos no âmbito da própria Administração Pública, como diretores do Banco Central (art. 52, III, *d*) e chefes de missão diplomática de caráter permanente (art. 52, IV).

A Constituição atribuiu ao Legislativo – especificamente ao Congresso Nacional – a competência para autorizar referendos e convocar plebiscitos (art. 49, XV). Não cabe ao Poder Executivo, portanto, valer-se diretamente de tais mecanismos de democracia semidireta: a Constituição procura eliminar, assim, qualquer risco de uso cesarista das consultas populares por parte do Chefe do Executivo.

Por fim, compete ao Senado Federal julgar o Chefe do Executivo e seus Ministros, bem como os Ministros do Supremo Tribunal Federal, os membros do Conselho Nacional de Justiça e do Conselho Nacional do Ministério Público, o Procurador-Geral da República e o Advogado-Geral da União nos crimes de responsabilidade (art. 52, I e II). No caso do Presidente da República, Vice-Presidente e Ministros, compete antes à Câmara autorizar a instauração do processo de *impeachment*, que só então seguirá para o Senado Federal (arts. 51, I, e 86). Compete também à Câmara autorizar o processo criminal contra o Presidente da República perante o STF (arts. 51, I, e 86). O tema da responsabilização do Presidente da República – por crimes comuns perante o STF ou por crimes de responsabilidade perante o Senado – será examinado no capítulo sobre Poder Executivo.

9.1.5.3   Comissões Parlamentares de Inquérito

Como descrito anteriormente, as competências de controle e fiscalização atribuídas pela Constituição ao Poder Legislativo assumem múltiplas formas e podem valer-se de vários mecanismos, um dos quais é a criação de comissões parlamentares de inquérito. As chamadas CPIs passaram a ter considerável importância para o exercício das competências fiscalizadoras do Legislativo e para a dinâmica política entre maioria e minoria parlamentares, como se verá. Paralelamente, e justamente por sua importância política, diversas discussões jurídicas desenvolveram-se acerca dos contornos constitucionais das CPIs, e daí a conveniência de dedicar um tópico específico ao assunto. Com efeito, cabe ao STF conhecer de eventuais medidas judiciais ajuizadas contra atos de CPIs constituídas no âmbito da Câmara dos Deputados e/ou do Senado Federal, e o volume de jurisprudência sobre a matéria é de tal monta que justificou a organização de uma publicação temática pela Corte, compilando por temas suas decisões[33].

Desde os primórdios do constitucionalismo moderno, na Inglaterra, passando pelas experiências francesa e norte-americana, se reconhece ao Parlamento o poder de organizar-se em comissões para apurar fatos relativos aos negócios públicos. No Brasil, as Constituições do Império, de 1824, assim como a primeira Carta republicana, de 1891, não contemplaram a possibilidade expressa de criação de tais comissões. Nada obstante, em ambos os períodos elas foram nomeadas pelas câmaras.[34] O art. 36 da Constituição de 1934 introduziu o tema no direito positivo constitucional brasileiro, no que foi seguida por todas as Constituições subsequentes, salvo a Carta de 1937.

A Constituição de 1988 previu a existência de comissões permanentes e temporárias (art. 58)[35]. Entre estas últimas, situam-se as comissões parlamentares de inquérito, por via das quais o Legislativo exerce seus poderes investigatórios, difusamente contemplados ao longo do texto e expressamente referidos no inc. X do art. 49, que atribui ao Congresso Nacional, com exclusividade, competência para "fiscalizar e controlar, diretamente, ou por qualquer de suas Casas, os atos do Poder Executivo, incluídos os da administração indireta".

O texto constitucional trata especificamente das Comissões Parlamentares de Inquérito nos seguintes termos (art. 58): "§ 3º As comissões parlamentares de inquérito, que terão poderes de investigação próprios das autoridades judiciais, além de outros previstos nos regimentos das respectivas Casas, serão criadas pela Câmara dos Deputados e pelo Senado Federal, em conjunto ou separadamente, mediante requerimento de um terço de seus membros, para a apuração de fato determinado e por prazo certo, sendo suas conclusões, se for o caso, encaminhadas ao Ministério Público, para que promova a responsabilidade civil ou criminal dos infratores".

A Lei nº 1.579/1952, alterada pela Lei nº 13.367/2016, estabelece normas gerais acerca do funcionamento das CPIs. As principais modificações introduzidas em 2016 (algumas um tanto controvertidas) envolvem a possibilidade de a CPI solicitar ao juízo criminal da localidade a condução de testemunhas, a aplicação de penalidades, bem como a imposição de medidas cautelares.

As discussões em torno do sentido e alcance do art. 58, § 3º, da Constituição ao longo do tempo dizem respeito, sobretudo, aos contornos e limites de suas competências. Mais recentemente, o STF tem destacado o papel das CPIs como um instrumento das minorias parlamentares que não pode ser inviabilizado pela maioria. Como já referido, considerando que a competência originária para apreciar mandados de segurança ou *habeas corpus* contra atos das comissões das Casas Legislativas federais é do STF, é na jurisprudência do Tribunal que se vão encontrar os principais parâmetros para a compreensão do que o dispositivo significa. Segue um resumo das principais questões já consolidadas pela jurisprudência na matéria.

---

[33] A publicação temática está disponível em: http://www.stf.jus.br/arquivo/cms/publicacaoPublicacaoTematica/anexo/CPI.pdf. Acesso em: 22.06.2017.

[34] V. Pimenta Bueno. *Direito Público Brasileiro e Análise da Constituição do Império*. Vol. I. Rio de Janeiro: Villeneuve, 1857, p. 106; José Alfredo de Oliveira Baracho. Teoria Geral das Comissões Parlamentares. Rio de Janeiro: Forense, 1988, p. 108; Paulo Brossard. Da obrigação de depor perante Comissões Parlamentares de Inquérito criadas por Assembleia Legislativa. *Revista de Informação Legislativa do Senado Federal*, Brasília, n. 69, jan./mar. 1981, p. 15.

[35] O art. 32 do Regimento Interno da Câmara dos Deputados lista as comissões permanentes da Casa e o mesmo faz o art. 72 do Regimento Interno do Senado Federal.

Em caso decidido ainda em 2007, o STF manifestou-se no sentido de que a maioria parlamentar não pode, a pretexto de interpretação regimental, inviabilizar o exercício de direito das minorias – considerado, inclusive, líquido e certo – de ver instaurada Comissão Parlamentar de Inquérito para qual todos os requisitos constitucionais haviam sido atendidos[36]. Assim, ainda que, como em qualquer comissão parlamentar, a composição da CPI deva refletir a representação proporcional dos partidos ou blocos que integram a Casa Legislativa (art. 58, § 1º), a instauração de uma CPI – para o que se exige, nos termos constitucionais, um terço de apoio de Deputados ou Senadores – é um instrumento importante de controle e fiscalização de que podem se valer as minorias parlamentares.

A Constituição estabelece três requisitos explícitos para a instauração de uma CPI. O primeiro, já referido, é o apoiamento de um terço dos membros da Casa Legislativa, acerca do qual, naturalmente, não há maiores controvérsias. O segundo envolve o prazo certo. A ideia é a de que a Comissão não deve ser uma devassa permanentemente em aberto – até por conta dos poderes extraordinários que ela detém, como se verá –, mas uma investigação que deve produzir um resultado. Os regimentos internos estabelecem, em geral, um prazo de 120 dias para as CPIs com possibilidade de prorrogação[37]. O STF já firmou o entendimento de que múltiplas prorrogações são válidas, contanto que se respeite, como termo máximo para o encerramento, o término da legislatura[38].

Em terceiro lugar, a Constituição dispõe que as CPIs serão criadas, atendidas as exigências de quórum e prazo, para a *apuração de fato determinado*: e aqui há maiores debates. A exigência de que a Comissão seja criada para apurar *fato determinado* está ligada a duas ordens lógicas principais. Em primeiro lugar, há um imperativo de funcionalidade. Elas existem por um prazo certo para conduzir investigações que devem ter o potencial de produzir esclarecimentos, resultados e conclusões para a sociedade. Se não há clareza acerca do que se vai investigar e de qual o escopo do fato a ser apurado, será impossível chegar aonde se pretende, e os recursos – sempre escassos – da Casa Legislativa serão desperdiçados sem propósito.

Além disso, a identificação do fato determinado que será apurado é relevante para circunscrever os poderes de investigação atribuídos pela Constituição às CPIs. Elas receberam amplas prerrogativas para desenvolver seus trabalhos – poderes de investigação próprios das autoridades judiciais –, mas eles não são ilimitados. E um de seus limites é, justamente, sua vinculação ao fato determinado que justifica a criação da própria Comissão Parlamentar de Inquérito[39].

Porém, em que consistiria, de forma mais precisa, o *fato determinado*? A Comissão de Constituição e Justiça do Senado Federal (CCJSF), no Parecer nº 131/1996[40], indica parâmetros para que se possa avaliar se há ou não indicação de "fato determinado" nos requerimentos de CPIs[41]: (i) o fato deve existir ou ter existido, ou seja, não se pode criar CPI para apurar a existência

---

[36] STF, MS 26.441/DF, Tribunal Pleno, Rel. Min. Celso de Mello, j. 25.04.2007, *DJ* 18.12.2009. V. também: STF, MS 24.831/DF, Tribunal Pleno, Rel. Min. Celso de Mello, j. 22.06.2005, *DJ* 04.08.2006.

[37] Regimento Interno da Câmara dos Deputados, art. 35, § 3º, e Regimento Interno do Senado Federal, art. 152 c/c art. 76, § 4º.

[38] STF, HC 71.261/RJ, Tribunal Pleno, Rel. Min. Sepúlveda Pertence, j. 11.05.1994, *DJ* 24.06.1994; STF, HC 71.231/RJ, Tribunal Pleno, Rel. Min. Carlos Velloso, j. 05.05.1994, *DJ* 31.10.1996.

[39] STF, MS 33882 MC, decisão monocrática, Rel. Min. Edson Fachin, j. 09.12.2015, *DJ* 11.12.2015: "(...) A devida caracterização do fato determinado a ser objeto de investigação é exigida para assegurar a garantia do devido processo legal, sem a qual as Comissões Parlamentares de Inquérito podem se transformar em verdadeiros teatros macarthistas".

[40] *Diário do Senado Federal*, Brasília, DF, n. 50, p. 04688 e ss, 23.03.1996.

[41] No mesmo sentido, Paulo Ricardo Schier. *Comissões Parlamentares de inquérito e o conceito de fato determinado*. Rio de Janeiro: Lumen Juris, 2005, p. 161.

afinal de uma situação que não se sabe se aconteceu; (ii) o fato ou fatos devem ser descritos com um mínimo de clareza; e (iii) o fato ou fatos devem ser balizados no espaço e no tempo.

Por sua vez, de forma similar, a Comissão de Constituição e Justiça da Câmara dos Deputados (CCJCD) destaca que "fatos vagos ou imprecisos, bem como meras conjecturas, não podem constituir objeto de investigação parlamentar" e que "o Legislativo não dispõe de poderes gerais e indiscriminados de investigação. A Constituição impõe que o inquérito parlamentar objetive atos, ações ou fatos concretos"[42]. Em sentido similar, o STF já sinalizou seu entendimento acerca do que o requisito constitucional de "fato determinado" exige, a saber: a indicação de fatos concretos, circunstanciados e existentes, sobre os quais a investigação parlamentar se debruçará, e não invocações genéricas, vagas ou indefinidas[43].

Uma circunstância interessante é a que envolve investigações simultâneas por CPI e pelos órgãos de investigação. O entendimento que se tem firmado na matéria é o de que as Comissões Parlamentares de Inquérito não estão impedidas de investigar, no âmbito dos fatos determinados para cuja apuração foram criadas, eventos considerados criminosos que estejam sendo investigados por outras instâncias, como a polícia, o Ministério Público ou o Poder Judiciário. A investigação levada a cabo pelas CPIs é autônoma e tem escopo próprio[44]. Com efeito, o STF admite que a investigação da CPI possa envolver aspectos que ao mesmo tempo relacionam-se com o fato certo que justificou a criação da CPI e com investigações policiais. Mas uma CPI não poderá ser criada para promover a investigação de crimes, sob pena de invasão das competências constitucionais do Poder Executivo e do Ministério Público[45].

Além desses três requisitos explícitos, há ainda um último requisito – implícito – a ser observado pelas CPIs, que diz respeito às competências da Casa Legislativa à qual se vinculam. Ou seja: as CPIs apenas podem se ocupar daquilo que esteja inserido no âmbito das atribuições possíveis do Legislativo federal, estadual, distrital ou municipal, conforme o caso. Nesse sentido, se determinada matéria é da competência dos Estados ou dos Municípios, não caberá às Casas do Congresso Nacional criarem CPIs para sua apuração, o mesmo se passando no âmbito das Assembleias Legislativas e Câmaras de Vereadores, que não podem criar CPIs para tratar de temas de competência federal[46].

Por fim, paralelamente às questões acerca dos requisitos para instauração de Comissões Parlamentares de Inquérito, muito se tem discutido ao longo do tempo sobre o que significa exatamente a cláusula constitucional que atribui às CPIs "poderes de investigação próprios das autoridades judiciais". A jurisprudência do STF sofreu várias alterações na matéria ao longo do tempo, mas alguns pontos podem ser considerados consolidados.

O STF entende que os poderes de investigação das CPIs, justamente por sua natureza investigativa, não incluem a determinação de providências de natureza cautelar, isto é, cujo objetivo é garantir a eficácia de uma eventual decisão final, e não de obter informações. Assim,

---

[42] Comissão de Constituição, Justiça e Cidadania do Senado Federal. Do parecer em resposta ao Recurso nº 14/2007 do Senado Federal de 14 de maio de 2007. Relator Deputado Colbert Martins.

[43] STF, MS 26441/DF, Tribunal Pleno, Rel. Min. Celso de Mello, j. 25.04.2007, DJ 18.12.2009.

[44] Eduardo Fortunato Bim. A função constitucional das Comissões Parlamentares de Inquérito. Instrumentos da minoria parlamentar e informação da sociedade. *Revista de Informação Legislativa*, Brasília, v 42, n. 165, jan./mar. 2005, p. 116.

[45] STF, MS 23652/DF, Tribunal Pleno, Rel. Min. Celso de Mello, j. 22.11.2000, DJ 16.02.2001.

[46] Sobre o ponto, v. Luís Roberto Barroso. Comissões parlamentares de inquérito: limite de sua competência; sentido da expressão constitucional 'poderes de investigação próprios das autoridades judiciais'; inadmissibilidade de busca e apreensão sem mandado judicial, *Revista forense*, Rio de Janeiro, v. 92, n. 335, jul./set. 1996, p. 167; e Paulo Ricardo Schier. A comissão parlamentar de inquérito e o âmbito de limitação competencial de sua atuação. *Cadernos da Escola de Direito e Relações Internacionais da Faculdades do Brasil*, Curitiba, n. 1, mar./ago. 2002, p. 82.

por exemplo, o Supremo Tribunal Federal tem considerado que Comissão não pode determinar o bloqueio ou a indisponibilidade de bens de eventuais investigados[47]. A Lei nº 13.367/2016, já referida, reconhece o ponto ao prever que a CPI poderá solicitar ao "juízo criminal competente medida cautelar necessária, quando se verificar a existência de indícios veementes da proveniência ilícita de bens" (art. 3º-A da Lei 1.579/1952).

Outro parâmetro utilizado pelo STF envolve as medidas restritivas de direitos que estão submetidos pela Constituição à reserva de jurisdição e, portanto, fora dos poderes das CPIs. Dito de outro modo, tais medidas apenas podem ser determinadas pelo Poder Judiciário. É o caso, por exemplo, da interceptação telefônica[48] e da quebra da inviolabilidade do domicílio[49].

De parte esses limites, porém, as CPIs podem determinar, por exemplo, a quebra de sigilo telefônico, fiscal e bancário, bem como, de acordo com o entendimento atual do STF, busca e apreensões em áreas não protegidas pela inviolabilidade do domicílio. O Tribunal exige, porém, que a determinação de tais medidas restritivas de direitos seja decidida pelo colegiado da Comissão (e não apenas, *e.g.*, por seu Relator)[50] e conte com uma fundamentação mínima que aponte os indícios existentes, os quais justificam a restrição de direito que se pretende impor aos investigados[51]. A lógica dessas exigências é a de que as CPIs devem observar, ainda que em nível menor de exigência, os mesmos deveres impostos pela Constituição às autoridades judiciais no exercício de sua função investigativa. Assim, as decisões devem ser tomadas pela autoridade competente (colegiado) e devem contar com motivação que indique a necessidade da medida.

Nessa mesma linha da aplicação às CPIs dos limites que as autoridades judiciais devem respeitar no âmbito de suas atividades de investigação, o STF assegura, igualmente, aos convocados para depor perante Comissão Parlamentar de Inquérito o direito ao silêncio, isto é, o direito de não responder às perguntas formuladas, que decorre do privilégio constitucional da não autoincriminação[52] extraído do art. 5º, LXIII.

9.1.6 Controle de constitucionalidade dos atos do Poder Legislativo

O direito constitucional discute amplamente o controle de constitucionalidade *das leis* pelo Judiciário ou por um órgão especificamente criado para esse fim, como acontece em muitos países. O tema merece um capítulo inteiro deste *Curso*. Um tema diverso envolve a possibilidade (ou não) de controle de constitucionalidade, por parte do Judiciário, dos atos praticados pelo Poder Legislativo no âmbito de suas atividades internas, isto é: atos diversos da edição propriamente de uma lei.

O tema é sensível do ponto de vista da separação de poderes e da tensão entre democracia majoritária, Constituição e jurisdição constitucional, já que em geral os atos internos do Legislativo são praticados com base nos regimentos das Casas. No Tema de Repercussão Geral nº

---

47 STF, MS 23.480/RJ, Tribunal Pleno, Rel. Min. Sepúlveda Pertence, j. 04.05.2000, *DJ* 15.09.2000.

48 STF, MS 27.483 MC-REF/DF, Tribunal Pleno, Rel. Min. Cezar Peluso, j. 14.08.2008, *DJe* 10.10.2008.

49 STF, MS 33.663 MC/DF, decisão monocrática, Rel. Min. Celso de Mello, j. 19.06.2015, *DJe* 18.08.2015: "Impossibilidade jurídica de CPI praticar atos sobre os quais incida a cláusula constitucional da reserva de jurisdição, como a busca e apreensão domiciliar (...)".

50 STF, MS 24.817/DF, Tribunal Pleno, Rel. Min. Celso de Mello, j. 03.02.2005, *DJe* 06.11.2009.

51 STF, MS 23.466/DF, Tribunal Pleno, Rel. Min. Sepúlveda Pertence, j. 04.05.2000, *DJ* 06.04.2001: "Quebra ou transferência de sigilos bancário, fiscal e de registros telefônicos que, ainda quando se admita, em tese, susceptível de ser objeto de decreto de CPI – porque não coberta pela reserva absoluta de jurisdição que resguarda outras garantias constitucionais –, há de ser adequadamente fundamentada: aplicação no exercício pela CPI dos poderes instrutórios das autoridades judiciárias da exigência de motivação do art. 93, IX, da CR".

52 V., dentre muitas, STF, HC 96.981-MC/DF, decisão monocrática, Rel. Min. Joaquim Barbosa, j. 26.11.2008, *DJe* 01.12.2008.

1.120, o STF fixou a seguinte tese sobre o assunto: "Em respeito ao princípio da separação dos poderes, previsto no art. 2º da Constituição Federal, quando não caracterizado o desrespeito às normas constitucionais, é defeso ao Poder Judiciário exercer o controle jurisdicional em relação à interpretação do sentido e do alcance de normas meramente regimentais das Casas Legislativas, por se tratar de matéria *interna corporis*".

Apesar da aparente clareza do enunciado da tese, a questão não é simples e a frase "quando não caracterizado o desrespeito às normas constitucionais" já deixa em aberto a possibilidade de exceções à regra geral. O exame da jurisprudência do STF revela que essa regra geral tem sido excepcionada em quatro contextos principais.

Em primeiro lugar, quando o ato do Poder Legislativo afeta direitos individuais. O STF entende – com toda razão – que o Legislativo, como qualquer órgão estatal, deve respeito aos direitos individuais assegurados pela Constituição de 1988, como o direito de ir e vir, o direito ao contraditório e à ampla defesa, o direito à privacidade e a eventuais sigilos que ele autorize, bem como à proteção de dados e do domicílio, entre outros. Assim, seja na organização interna das Casas Legislativas, seja na sua atuação de fiscalização ou de aplicação de sanções, tais direitos individuais previstos pela Constituição têm sido considerados fundamentos válidos para a intervenção judicial na atividade do Poder legislativo, ainda que para tanto seja necessário examinar, interpretar ou mesmo invalidar norma interna das Casas Legislativas.

Em segundo lugar, o STF tem considerado possível controlar atos do Legislativo para proteger prerrogativas dos próprios parlamentares e, sobretudo, das minorias parlamentares com fundamento na garantia de funcionamento da própria democracia. O STF já invalidou, por exemplo, decisão do Legislativo a fim de garantir o direito das minorias à instauração de CPIs (v., por exemplo, o MS nº 24.831). A Corte autoriza também parlamentares a impetrar mandado de segurança contra processo legislativo que vise à deliberação de proposição tendente a abolir cláusula pétrea.

Em terceiro lugar, o STF já se manifestou no sentido de que o respeito à separação de poderes e à preservação do Legislativo – de seu funcionamento adequado e de suas funções – em face do Executivo autoriza o controle de atos internos do próprio Legislativo. Foi o que aconteceu no MS nº 27.931, que consagrou o entendimento firmado pelo Presidente da Câmara acerca das matérias que sofreriam o efeito obstativo das medidas provisórias. Na ocasião, o STF justificou a intervenção em uma disputa interna entre os próprios parlamentares para preservar a separação de poderes e os controles recíprocos que ela exige, tendo em conta o impacto que a dinâmica do presidencialismo brasileiro e das relações entre maioria e minoria parlamentar tem sobre esses elementos constitucionais.

Por fim, em quarto lugar, a Corte considera possível controlar atos do Poder Legislativo no âmbito do processo legislativo tendo em conta suas conexões com o devido processo legislativo, com a democracia, com a cidadania, com a necessidade de transparência e prestação de contas e com a garantia de condições para que o controle e a participação sociais sejam levados a cabo nesse contexto. Esse aspecto será examinado de forma específica na sequência da apresentação sobre o processo legislativo.

9.2 TRIBUNAIS DE CONTAS

Como já referido, o art. 71 da Constituição de 1988 descreve o Tribunal de Contas como um órgão auxiliar do Poder Legislativo, e o art. 75 prevê que as normas estabelecidas pela Constituição para o Tribunal de Contas da União aplicar-se-ão, no que couber, aos Tribunais de Contas dos Estados e do Distrito Federal e aos Tribunais e Conselhos de Contas dos Municípios por acaso existentes em 5 de outubro de 1988. Isso porque, o art. 31, § 4º, da Constituição vedou a criação de novos Tribunais de Contas Municipais, de modo que apenas os existentes quando da promulgação da Constituição de 1988 é que continuarão existindo.

Nos termos do art. 73 da Constituição, o Tribunal de Contas da União é composto por nove Ministros, escolhidos um terço pelo Presidente da República, com prévia aprovação do Senado Federal (ou seja: três), e dois terços – seis, portanto – pelo Congresso Nacional. O art. 73 estabelece os requisitos gerais exigidos de quem quer que se pretenda escolher como Ministro do TCU, sendo que, adicionalmente, dois dos três Ministros escolhidos pelo Chefe do Executivo deverão ser, alternadamente, auditores e membros do Ministério Público junto ao próprio Tribunal, indicados em lista tríplice pelo próprio órgão, segundo os critérios de antiguidade e merecimento. Essa mesma distribuição de competências entre Executivo e Legislativo, bem como a obrigatoriedade de fração dos membros do Tribunal de Contas ser originário das carreiras de auditor e Ministério Público junto ao Tribunal de Contas deve ser observada pelos Tribunais de Contas Estaduais e Municipais[53].

Assim, os Tribunais de Contas, além de seus integrantes propriamente – denominados, no caso do TCU, de Ministros, e, em geral, de Conselheiros no âmbito estadual e municipal –, terão um quadro próprio de pessoal (no mínimo de auditores), além do Ministério Público junto ao próprio Tribunal, que haverá de ser uma instituição própria e autônoma.

Embora descrito como um órgão auxiliar do Legislativo, não há uma relação de hierarquia entre o Tribunal de Contas e o Legislativo, como já entendeu o STF[54]. Isso porque aquele recebe diretamente da Constituição suas competências – particularmente dos arts. 71 e 72 – e não do Legislativo, e as exerce de forma autônoma, ainda que algumas dessas competências envolvam auxiliar tecnicamente o Parlamento. De semelhante modo, como se verá, a Constituição delega aos Tribunais de Contas outras atribuições de fiscalização e controle imediatos de determinados atos, inclusive com a aplicação de sanções, que não envolvem de forma direta um auxílio ao Poder Legislativo.

Trata-se, portanto, de um órgão autônomo, de estatura constitucional, auxiliar do Poder Legislativo, ao qual o constituinte atribuiu uma série de competências de fiscalização do emprego dos recursos públicos de forma ampla, sobre as quais se vai tratar a seguir. O STF, inclusive, já considerou inválida norma constitucional estadual que pretendeu retirar do Tribunal de Contas, e atribuir à própria Assembleia Legislativa, competências que a Constituição Federal delega aos Tribunais de Contas, entendendo que o constituinte decorrente não está autorizado a modificar o sistema criado pela Constituição Federal no particular[55].

Pois bem. Mas *o que* e *quem* o Tribunal de Contas fiscaliza, e utilizando quais *critérios*? De forma simples, o Tribunal de Contas fiscaliza o emprego de recursos públicos de forma ampla, incluindo, nos termos do *caput* do art. 70, a fiscalização contábil, financeira, orçamentária, operacional e patrimonial, e da aplicação das subvenções e renúncia de receitas. Não se trata, portanto, apenas do que se gasta, mas também do que se deixa de arrecadar ou obter por meio de renúncia de receitas ou de uma gestão patrimonial deficiente, por exemplo.

Quanto ao *quem*, será objeto de fiscalização, nos termos do art. 70, parágrafo único, qualquer pessoa física ou jurídica, pública ou privada, que utilize, arrecade, guarde, gerencie ou administre dinheiros, bens e valores públicos ou pelos quais a União responda, ou que, em nome desta, assuma obrigações de natureza pecuniária. Não apenas os agentes públicos estão

---

[53] STF, ADI 3.276/CE, Tribunal Pleno, Rel. Min. Eros Grau, j. 02.06.2005, *DJ* 01.02.2008 e ADI 374/DF, Tribunal Pleno, Rel. Min. Dias Toffoli, j. 22.03.2012, *DJe* 21.08.2014.

[54] STF, ADI 4.190 MC-REF/RJ, Tribunal Pleno, Rel. Min. Celso de Mello, j. 10.03.2010, *DJe* 11.06.2010: "A competência institucional dos Tribunais de Contas não deriva, por isso mesmo, de delegação dos órgãos do Poder Legislativo, mas traduz emanação que resulta, primariamente, da própria Constituição da República".

[55] STF, ADI 3.077/SE, Tribunal Pleno, Relª. Minª. Cármen Lúcia, j. 16.11.2016, *DJ* 31.07.2017.

sujeitos à fiscalização do Tribunal de Contas, mas também particulares que mantenham relações com o Poder Público e de alguma forma lidem com recursos públicos. Também poderão submeter-se à fiscalização do TCU agentes públicos estaduais, distritais e/ou municipais, e não apenas federais, que por qualquer fundamento gerenciem recursos públicos federais.

Por fim, quanto aos critérios que o Legislativo e os Tribunais de Contas podem utilizar para levar a cabo a fiscalização do emprego dos recursos públicos, o art. 70 da Constituição menciona três: legalidade, economicidade e legitimidade. A legalidade, como é evidente, envolve o cumprimento das normas vigentes por aqueles que gerem recursos públicos; a economicidade já trata do aspecto financeiro do princípio da eficiência a que a Administração Pública está vinculado: ainda que aparentemente "legal", um contrato administrativo poderá ser viciado caso preveja valores muitíssimo superiores aos praticados pelo mercado para bens ou serviços, ensejando revisão: a rigor, a própria legislação trata dessa situação para o fim de coibi-la, de modo que, em determinadas circunstâncias, a violação da economicidade será, em última análise, uma ilegalidade.

O critério da legitimidade será um pouco mais sensível por sua abertura semântica já que, naturalmente, não cabe ao Tribunal de Contas substituir-se à competência constitucionalmente atribuída ao Poder Executivo, e à Administração Pública como um todo, de dar execução à legislação. Esta envolve a prática de múltiplos atos, a celebração de contratos, entre muitas outras providências, e sempre terá elementos de discricionariedade, cuja avaliação está a cargo da Administração. Parece consistente afirmar, portanto, que a utilização do critério da legitimidade pelos Tribunais de Contas deve ser deferente às opções dos órgãos competentes, e justificar-se de forma consistente à luz da finalidade da legislação e do controle de opções claramente abusivas. Sensível a essa distinção entre os critérios, as sanções que a Constituição autoriza que sejam aplicadas diretamente pelo Tribunal de Contas estão associadas a hipóteses de ilegalidade, ao passo que "irregularidades ou abusos" apurados devem ser comunicados ao Poder competente.

É possível organizar as competências atribuídas aos Tribunais de Contas pelos arts. 71 e 72 da Constituição a partir de vários critérios e perspectivas diferentes. Em primeiro lugar, é possível classificar as competências de fiscalização e controle exercidas *a posteriori* – que são a regra geral – da competência de controle de que cuida o art. 71, III, por força do qual compete aos Tribunais de Contas apreciar, para fins de registro, os atos administrativos originários de admissão de pessoal (salvo os cargos em comissão), bem como os atos de concessão de aposentadorias, reformas e pensões.

A apreciação para fins de registro veicula, a rigor, um controle prévio, embora não seja incomum que os Tribunais de Contas demorem muitíssimo para levá-lo a cabo, de tal modo que é frequente que a situação de fato do agente público acabe por se consolidar, enquanto se aguarda o registro pelo Tribunal de Contas. Tanto assim que a jurisprudência do STF entende que, embora não seja exigível do Tribunal de Contas que observe um devido processo legal no exercício dessa competência, ele será exigível caso já tenham se passado mais de cinco anos desde que o processo administrativo tratando do ato de pessoal chegou ao TC, sem que qualquer decisão tenha sido tomada[56].

Seja como for, essa é a única competência pela qual o Tribunal de Contas se manifesta *antes* da prática do ato. Todas as demais envolvem a fiscalização e o controle *a posteriori* de atos já praticados (ou em curso) e o STF já se pronunciou algumas vezes no sentido de que é inconstitucional norma estadual que pretenda submeter contratos administrativos à prévia aprovação do órgão de Contas estadual. Isso porque tal inovação ampliaria as hipóteses de fiscalização e

---

[56] STF, MS 25043/MG, Tribunal Pleno, Rel. Min. Ayres Britto, j. 15.09.2010, *DJe* 10.02.2011.

Cap. 9 – O LEGISLATIVO BRASILEIRO **393**

controle previstas pela Constituição e invadiria competência própria do Executivo, alterando assim a estrutura de separação de poderes, o que se considera vedado aos Estados[57].

Uma segunda classificação possível das competências dos Tribunais de Contas as distingue entre aquelas que importam fiscalização e controle diretos – isto é: competências nas quais o órgão de Contas relaciona-se diretamente com as pessoas alvo da fiscalização, podendo, em determinadas circunstâncias, aplicar-lhes inclusive sanções – e aquelas que envolvem auxílios ao Poder Legislativo. Estas últimas competências envolvem, sobretudo, o fornecimento de informações e apreciações que possam instruir o Legislativo no desempenho de suas próprias competências.

Nesta segunda categoria, por exemplo, estão (i) a competência do Tribunal de Contas para elaborar parecer sobre as contas do Presidente da República – que serão julgadas pelo Congresso Nacional – (arts. 71, I, e 49, IX), (ii) atender a pedidos formulados pelo Legislativo e/ou suas comissões para a realização de inspeções e auditorias (art. 71, IV), que nada obstante também podem ser levadas a cabo de ofício; (iii) prestar informações solicitadas pelo Legislativo e/ou por suas comissões (art. 71, VII); e (iv) elaboração do pronunciamento de que cuida o art. 72, § 1º, dirigido à Comissão Mista permanente do orçamento, composto por Deputados e Senadores (art. 166).

Por outro lado, compete diretamente ao Tribunal de Contas (i) julgar as contas dos administradores e demais pessoas de alguma forma responsáveis por recursos públicos (art. 71, II); (ii) realizar inspeções e auditorias por iniciativa própria (art. 71, IV); (iii) fiscalizar empresas supranacionais de cujo capital a União de alguma forma participe (art. 71, V); e (iv) fiscalizar o repasse de recursos federais aos demais entes da federação (art. 71, VI).

Por fim, é possível identificar e agrupar competências atribuídas pela Constituição aos Tribunais de Contas que visam concretamente punir e reparar/corrigir os vícios apurados. Assim é que o art. 71, VIII, prevê que o Tribunal de Contas poderá aplicar aos responsáveis, em caso de ilegalidade de despesa ou irregularidade de contas, as sanções previstas em lei, dentre as quais multa. A Lei nº 8.443/1992 trata do assunto no âmbito do Tribunal de Contas da União. Nos termos do § 3º do art. 71, as decisões do Tribunal de Contas que imponham multas ou imputem débito terão eficácia de título executivo, podendo ser executadas de imediato.

Paralelamente às sanções dirigidas ao responsável pela ilegalidade, a Constituição prevê competências destinadas a tentar corrigir a situação, evitando que a ilegalidade se perpetue. Assim, o Tribunal de Contas poderá assinar prazo para que o órgão ou entidade adote as providências necessárias ao cumprimento da legislação (art. 71, IX) e, caso não seja atendido, poderá sustar a execução do ato, comunicando à Câmara dos Deputados e ao Senado (art. 71, X). No caso de contratos – isto é: atos bilaterais que envolvem necessariamente outra parte que não apenas a Administração Pública Federal –, a Constituição prevê que caberá ao Congresso Nacional sustá-los, solicitando ao Executivo as providências cabíveis. Caso, porém, após 90 dias da solicitação do Tribunal de Contas dirigida ao Congresso nada tenha acontecido, o Tribunal decidirá a respeito (art. 71, §§ 1º e 2º).

Algumas notas finais são relevantes. Apesar da denominação de "tribunal" e da previsão constitucional de que lhes cabe, em determinadas hipóteses, "*julgar* as contas" (art. 71, II), os Tribunais de Contas não integram o Poder Judiciário. Suas decisões são passíveis de revisão judicial: o STF, por exemplo, é o órgão competente para conhecer de mandado de segurança impetrado contra ato do Tribunal de Contas da União (art. 102, I, *d*). Nada obstante, os Tribunais

---

57 STF, ADI 916/MT, Tribunal Pleno, Rel. Min. Joaquim Barbosa, j. 02.02.2009, *DJe* 06.03.2009.

de Contas receberam da Constituição garantias de independência e autonomia funcional, administrativa e financeira similares àquelas conferidas ao Judiciário[58].

Embora as decisões dos Tribunais de Contas sejam passíveis de revisão judicial, já se observou que, em relação àquelas que imponham débitos ou multas, a própria Constituição lhes confere eficácia de título executivo. A Lei nº 8.443/1992, já mencionada, prevê outras sanções, como a inabilitação para o exercício de cargo em comissão e função de confiança (art. 60). Ou seja: independentemente da possibilidade de revisão judicial futura, não há dúvida de que as decisões dos Tribunais de Contas poderão afetar de forma importante e séria a esfera subjetiva dos indivíduos.

Não é por outra razão que o STF consolidou na Súmula Vinculante nº 3 que os Tribunais de Contas devem observar o devido processo legal, garantindo o contraditório e ampla defesa aos interessados[59]. Aplicam-se aqui, portanto, as garantias do art. 5º, LIV e LV, já que se trata, a rigor, de um processo administrativo no âmbito do qual decisões que afetam a esfera de direitos das pessoas poderão ser produzidas. A súmula observa que não há necessidade de garantia de contraditório ou ampla defesa para o registro dos atos de pessoal. Nada obstante, e como já referido, a jurisprudência posterior do STF exige a observância do devido processo legal também para o registro nas hipóteses em que já tiverem se passado mais de cinco anos desde que o ato de pessoal foi submetido ao Tribunal de Contas e não apreciado. A possibilidade de alteração da situação particular do indivíduo depois de cinco anos exige que ele tenha oportunidade de se defender.

Além da exigência geral de que os Tribunais de Contas observem o devido processo legal no âmbito de seus procedimentos, dois outros temas têm sido discutidos relativamente aos poderes implícitos que os órgãos de Contas teriam no contexto de suas competências. Um primeiro tema envolve a possibilidade de eles declararem a inconstitucionalidade de leis ou atos normativos no contexto de suas decisões. O segundo tema trata da possibilidade de utilizarem determinadas medidas de natureza cautelar para assegurar a eficácia de suas decisões posteriores.

Sobre o primeiro tema, o STF tem uma súmula, editada em 1963 (Súmula nº 347), que afirma que o Tribunal de Contas pode declarar a inconstitucionalidade de lei no exercício de suas competências. O precedente que deu origem à súmula envolvia ato de Tribunal de Contas que negou aplicação à lei estadual, tendo em conta que ela já havia sido declarada inconstitucional pelo STF em sede de controle difuso e, naturalmente, de acordo com o modelo então vigente, com efeitos apenas para o caso concreto examinado pela Corte.

Desde 1963, porém, o sistema de controle de constitucionalidade foi amplamente alterado, e é certo que os Tribunais de Contas não receberam qualquer competência em matéria de controle de constitucionalidade por parte da Constituição de 1988. Na realidade, parece realmente questionável que os Tribunais de Contas possam negar vigência à legislação sob o fundamento de inconstitucionalidade, sem decisão judicial e, na prática, com efeitos gerais, já que

---

[58] STF, ADI 4.418/TO, Tribunal Pleno, Rel. Min. Dias Toffoli, j. 15.12.2016, *DJe* 03.03.2017: "As cortes de contas seguem o exemplo dos tribunais judiciários no que concerne às garantias de independência, sendo também detentoras de autonomia funcional, administrativa e financeira, das quais decorre, essencialmente, a iniciativa reservada para instaurar processo legislativo que pretenda alterar sua organização e funcionamento, conforme interpretação sistemática dos arts. 73, 75 e 96, II, *d*, da Constituição Federal". Vide STF, ADI 1.994/ES, Tribunal Pleno, Rel. Min. Eros Grau, j. 24.05.2006, *DJ* 08.09.2006.

[59] STF, Súmula Vinculante nº 3, *DJe* 06.06.2007: "Nos processos perante o Tribunal de Contas da União asseguram-se o contraditório e a ampla defesa quando da decisão puder resultar anulação ou revogação de ato administrativo que beneficie o interessado, excetuada a apreciação da legalidade do ato de concessão inicial de aposentadoria, reforma e pensão". Como já referido, a despeito da cláusula final da súmula vinculante, o tribunal de contas terá que observar o devido processo legal se já se tiverem passado cinco anos de quando o processo de aposentadoria/reforma/pensão tiver chegado ao TCU sem decisão.

os potenciais destinatários das normas relacionadas de alguma forma com a gestão de recursos públicos estarão submetidos a sua fiscalização. Nesse sentido, os Tribunais de Contas estariam equiparando-se ao STF ou aos Tribunais de Justiça no desempenho das competências para o controle de constitucionalidade em abstrato que lhes foram atribuídas de forma expressa pela Constituição. A questão provavelmente será revisitada em algum momento próximo pelo STF[60].

Quanto ao segundo ponto, o Supremo Tribunal Federal tem entendimento razoavelmente consolidado no sentido de que o Tribunal de Contas da União pode impor medidas cautelares para garantir a eficácia de suas decisões, incluindo a possibilidade de decretar a indisponibilidade de bens dos responsáveis por atos ilegais, nos termos autorizados pelo art. 44 da Lei nº 8.443/1992[61]. Não poderão, porém, determinar a quebra de sigilos, já que não há autorização constitucional ou legal para que eles pratiquem tais atos[62] que, ademais, não têm natureza propriamente cautelar.

Mais recentemente, porém, o Ministro Marco Aurélio, em várias decisões, tem visualizado uma distinção no âmbito desse poder geral de cautela, entendendo que ele não abarca a possibilidade de o Tribunal de Contas decretar bloqueio de bens dos particulares contratantes com a Administração, sobretudo quando se trate de empresas em relação às quais o bloqueio pode inviabilizar suas atividades[63]. Tais decisões monocráticas ainda não foram objeto de debate pelo Plenário do STF.

Encerrada a apresentação objetiva acerca dos contornos constitucionais dos Tribunais de Contas, finaliza-se também a exposição sobre as atribuições do Legislativo em matéria de controle e fiscalização, às quais os Tribunais de Contas estão ligados. Passa-se agora a examinar, portanto, as competências de elaboração normativa a cargo do Legislativo, iniciando-se pelo processo legislativo para, em seguida, tratar das espécies legislativas.

9.3 PROCESSO LEGISLATIVO

Ao lado da atividade de fiscalização, a elaboração de normas é a principal função do Poder Legislativo. Em um Estado constitucional fundado na separação de Poderes, a regra é que o Legislativo desempenhe a função legislativa, isto é, pratique os atos de criação do direito positivo e inovação da ordem jurídica. Nos Estados contemporâneos, porém, essa função já não é exclusiva do Legislativo.

Em inúmeros países do mundo, inclusive o Brasil, o Poder Executivo pode eventualmente desempenhar competências legislativas primárias, em situações de urgência, editando atos com força de lei (medidas provisórias, decretos-leis). Tais atribuições, como natural, não eliminam as do Congresso Nacional (e dos Legislativos estaduais e municipais, cada qual no seu âmbito de competência), que continua a ser o principal órgão de criação de atos legislativos.

Além dessa competência do Poder Executivo, como se verá, a Constituição prevê ainda que caberá a outros órgãos ou entidades – o Executivo em particular, mas também o Judiciário e o Ministério Público – encaminhar ao Legislativo, para discussão, anteprojeto de lei sobre

---

[60] Ao conceder liminar no MS 25.888 (*DJ* 29.03.2006), impetrado pela Petrobras contra ato do TCU, o Ministro Gilmar Mendes sinalizou a necessidade de a Corte rever a Súmula nº 347. O MS ainda não foi decidido pelo Plenário.

[61] STF, MS 33.092/DF, Segunda Turma, Rel. Min. Gilmar Mendes, j. 24.03.2015, *DJe* 17.08.2015:"Tribunal de Contas da União. Tomada de contas especial. Dano ao patrimônio da Petrobras. Medida cautelar de indisponibilidade de bens dos responsáveis. Poder geral de cautela reconhecido ao TCU como decorrência de suas atribuições constitucionais".

[62] STF, MS 22.801/DF, Tribunal Pleno, Rel. Min. Menezes Direito, j. 17.12.2007, *DJe* 14.03.2008.

[63] STF, MS 34.392 MC/DF, decisão monocrática, Rel. Min. Marco Aurélio, j. 31.08.2016. Informação disponível em: http://www.stf.jus.br/portal/cms/verNoticiaDetalhe.asp?idConteudo=324917. Acesso em: 21 ago. 2017.

matérias específicas. Ou seja: em relação a esses temas, a iniciativa legislativa compete a instituições diversas do próprio Legislativo – embora continue a caber a ele a decisão, por natural –, revelando, de todo modo, uma interação maior entre diferentes órgãos e entidades no que diz respeito à elaboração normativa.

Por fim, e sob outra perspectiva, observa-se também uma ampliação do fenômeno da delegação legislativa, por força da qual o próprio Legislativo transfere espaços normativos consideravelmente amplos a outros órgãos e entidades – em geral, no âmbito da Administração Pública – estabelecendo, muitas vezes, apenas diretrizes gerais a serem observadas e preenchidas de sentido por atos infralegais.

Essa discussão – importante e complexa – será examinada de forma específica ao tratar-se do princípio da legalidade. Fica aqui, de todo modo, o registro, já que, embora a delegação decorra em geral de uma decisão do próprio Legislativo – que, portanto, pode alterá-la no futuro –, o certo é que alguém que decida pesquisar as normas em vigor no País sobre determinado assunto, encontrará, ao lado de leis propriamente, diversos atos infralegais. Apenas um exemplo para ilustrar o ponto. Compete à União legislar sobre o sistema financeiro, mas a legislação permite que o Banco Central discipline, por ato próprio, vários aspectos da atividade bancária, observados, naturalmente, os parâmetros fixados na lei. Um banco, portanto, não poderá apenas se preocupar em conhecer e cumprir a lei, mas deverá também estar atento às normas eventualmente editadas pelo Banco Central.

Seja como for, e embora a norma elaborada pelo Poder Legislativo de fato já não exista sozinha, no Brasil, pelo menos, não há dúvida de que a lei goza de preeminência, isto é: todo e qualquer ato infralegal deverá obediência à lei. E mesmo considerando a possibilidade de o Executivo editar atos com força legal – como é o caso, entre nós, das medidas provisórias –, caberá ao Legislativo, em todo caso, decidir acerca deles. E, por fim, a disciplina de vários temas – que compõe a chamada reserva formal de lei – apenas poderá ser levada a cabo pelo Legislativo.

Ao lado dessas considerações acerca da importância da lei no contexto do sistema normativo mais diretamente, não se pode perder de vista que a legalidade formal – isto é: a legislação elaborada pelo Poder Legislativo – funciona como uma garantia central no âmbito do Estado de Direito, vinculando-se a três fins valiosos do ponto de vista constitucional.

O primeiro, mais evidente, é veicular a participação democrática dos titulares do poder político, ainda que por meio de representantes. Como se sabe, não existem respostas consensuais para a maior parte das questões em uma sociedade plural. Os problemas são complexos, as pessoas têm visões diferentes e é no debate público que as soluções serão negociadas e definidas. A legalidade é o veículo desse processo, já que o parlamento, em primeiro lugar, reúne diferentes visões e perspectivas existentes na sociedade (sobretudo considerando o sistema eleitoral proporcional). Além disso, o processo legislativo ordinário é organizado justamente para permitir a participação e o debate.

Como se sabe, e se verá adiante, a regra geral é que as proposições legislativas percorram várias comissões ao longo de seu percurso dentro das Casas Legislativas, onde podem ser alvo de discussão e modificação. Além da composição das próprias Comissões que precisa garantir a representatividade dos diferentes partidos, nas mesmas proporções que existem na Casa Legislativa como um todo, é nas Comissões que serão realizadas audiências com autoridades e com os setores da sociedade, que informações serão coletadas e que as discussões terão melhores condições de se desenvolver.

Em segundo lugar, a legalidade formal cria condições básicas para o tratamento isonômico dos indivíduos. A generalidade e a abstração próprias da lei substituíram, com ampla vantagem,

Cap. 9 – O LEGISLATIVO BRASILEIRO **397**

a vontade individual e muitas vezes arbitrária do soberano, em proveito da igualdade. Embora a lei nem sempre seja instrumento da razão e da justiça, não há dúvida de que a legalidade é uma garantia inicial da igualdade, ainda que nem sempre suficiente[64]. É certo que ela pode consagrar tratamentos discriminatórios e poderá ser questionada por isso. Porém, sua generalidade e abstração asseguram, ao menos, que a mesma regra será aplicada a todos seus destinatários. Se cada juiz ou cada administrador puderem criar a regra que acharem melhor para cada pessoa ou situação, a isonomia sofrerá inevitavelmente.

O terceiro fim realizado pela legalidade formal envolve a criação e a preservação de um ambiente de segurança jurídica[65]. A segurança é um princípio que admite vários desdobramentos, mas duas ideias são essenciais à sua realização: estabilidade para o passado e previsibilidade para o futuro. Em nome da estabilidade, protegem-se os atos pretéritos e seus efeitos, abrigando-os em categorias como ato jurídico perfeito, direito adquirido e coisa julgada. A previsibilidade visa permitir o planejamento da própria conduta e o resguardo das expectativas legítimas, imunizando os indivíduos contra a atuação administrativa abusiva, surpreendente ou incoerente.

Em resumo: a lei formal, isto é, elaborada pelo Poder Legislativo, embora já não seja a fonte exclusiva de normatividade nos Estados contemporâneos, continua tendo uma importância central, não apenas do ponto de vista técnico-jurídico (por conta de sua superioridade em relação aos atos infralegais), mas também em decorrência dos fins constitucionais fundamentais que ela promove. Feita essa rápida introdução sobre o tema da legalidade – que será aprofundado na parte sobre princípios –, cabe agora examinar de forma específica o processo legislativo tal qual delineado pela Constituição de 1988.

O processo legislativo corresponde ao conjunto de etapas e fases ordenadas que conduz à elaboração das espécies legislativas. As regras básicas dele são definidas pela Constituição e sua violação tem como consequência a inconstitucionalidade formal da espécie legislativa que venha a ser afinal promulgada. De forma simples, são seis as etapas do processo legislativo completo, sobre as quais se tratará adiante: iniciativa, discussão, votação, sanção/veto, promulgação e publicação. As espécies legislativas, por seu turno, estão descritas no art. 59 e são as emendas constitucionais, leis complementares, leis ordinárias, leis delegadas, medidas provisórias, decretos legislativos e resoluções.

Na sequência, vai-se apresentar a estrutura geral do processo legislativo, própria das leis ordinárias. Registre-se, desde logo, que algumas espécies legislativas apresentam características particulares em relação a essas etapas e outras sequer contam com algumas delas. As propostas de emendas constitucionais e os projetos de decretos legislativos e resoluções, por exemplo, não vão à sanção/veto por parte do Poder Executivo. As medidas provisórias não têm propriamente uma fase de iniciativa, já que são editadas com força de lei diretamente pelo Poder Executivo e apenas depois submetidas ao Legislativo. Para fins didáticos, vai-se examinar primeiro todas as etapas possíveis do processo legislativo, de acordo com o modelo geral, e, na sequência, cada uma das espécies legislativas será alvo de estudo, com as suas particularidades.

---

[64] Note-se que o tratamento isonômico de situações equivalentes é um dos elementos que promove a coerência do sistema jurídico. V. STF, AgR no RE 205377/RS, Segunda Turma, Rel. Min. Marco Aurélio, *DJU* 05.02.1999: "Alusão a precedente do Plenário, a respaldar a decisão atacada mediante o extraordinário, não implica, em si, o empréstimo de efeito vinculante, mas *homenagem* à coerência, buscando-se a unidade do Direito Constitucional".

[65] Luís Roberto Barroso. A segurança jurídica na era da velocidade e do pragmatismo. In: *Temas de direito constitucional*. T. I. Rio de Janeiro: Renovar, 2002, p. 50; e Almiro do Couto e Silva. Princípios da legalidade da Administração Pública e da segurança jurídica no Estado de Direito contemporâneo. *Revista de Direito Público*, São Paulo, n. 84, out./dez. 1987, p. 46 e ss.

9.3.1 Iniciativa

O primeiro passo do processo legislativo geral é chamado, comumente, de iniciativa. Na realidade, de maneira mais precisa, iniciativa identifica a possibilidade que a Constituição atribui a alguém de desencadear o processo, apresentando ao Poder Legislativo uma proposta/minuta de uma proposição legislativa (em geral denominada de anteprojeto), para que ele a examine, discuta, e, se for o caso, venha a submetê-la a votação.

O poder de iniciativa é da maior relevância, pois, embora caiba ao Legislativo avaliar e decidir o que fazer com a proposição encaminhada, quem encaminha uma proposta tem, em primeiro lugar, a possibilidade de pautar os temas que serão examinados pelo Legislativo. Dentre os múltiplos assuntos que possam ser relevantes para a sociedade, a iniciativa destaca um ou alguns, trazendo-os para o topo da lista do debate público. Pode parecer pouco, mas não é. No caso brasileiro, esse poder de pautar as deliberações é reforçado, no caso do Poder Executivo, diante do mecanismo de solicitação de urgência de que ele pode se valer relativamente aos projetos de sua iniciativa, com o consequente trancamento de pauta caso esse exame não aconteça em determinado prazo (art. 64, §§ 1º e 2º): o pedido de urgência será examinado à frente, quando se tratar da fase da discussão.

Em segundo lugar, o poder de iniciativa confere também a quem o recebe não apenas a possibilidade de colocar no topo do debate público determinado tema, mas de influenciar desde logo esse debate, por força das opções contidas na minuta apresentada. Um anteprojeto encaminhado já reflete uma série de opções políticas de quem o elaborou – o que se escolheu tratar, o que se escolheu não tratar e como tratar – que inevitavelmente terão um impacto na forma como as discussões irão se desenvolver.

A questão em torno da iniciativa, portanto, envolve saber quem está autorizado a desencadear o processo legislativo e em que circunstâncias. Em alguns lugares do mundo, a resposta a essa pergunta é simples: a iniciativa legislativa cabe aos parlamentares e apenas a eles e, em alguns casos, a um conjunto mínimo de parlamentares. Essa é, a rigor, a regra geral nos Estados democráticos de Direito: cabe aos parlamentares apresentar projetos de lei, discuti-los e votá-los. No Brasil, porém, a resposta é um pouco mais complexa.

Para as espécies legislativas mais comuns – as leis ordinárias e complementares – a Constituição de 1988 organiza duas grandes categorias no que diz respeito à iniciativa: a chamada iniciativa geral ou concorrente e a privativa. Outras espécies legislativas terão regras particulares, e a Constituição prevê, ainda, a figura da iniciativa popular. Aprofunde-se o tema.

O art. 61, *caput*, traz uma previsão geral dispondo que aos parlamentares, ao Presidente da República, ao STF, aos Tribunais Superiores e ao Procurador-Geral da República cabe a iniciativa de leis ordinárias e complementares *na forma e nos casos previstos na Constituição*. O texto não é particularmente didático, mas sua interpretação, no contexto do sistema constitucional, pode ser resumida nos termos que se seguem.

Em primeiro lugar, e como regra geral, os parlamentares e o Chefe do Executivo têm iniciativa legislativa sobre qualquer tema (salvo os submetidos à reserva de iniciativa privativa, como se verá). Essa é a chamada iniciativa geral ou concorrente. Como já referido, a atribuição dela aos parlamentares corresponde ao que é natural nos Estados democráticos de Direito. E, a rigor, não é incomum nos Presidencialismos que o Presidente da República participe do processo legislativo mediante a apresentação de anteprojetos de lei ao Congresso, por meio de mensagem. Nas últimas décadas, no Brasil, boa parte das leis aprovadas resultaram de iniciativa presidencial.

Ou seja: em princípio, os parlamentares e o Chefe do Executivo poderão apresentar projetos de lei sobre qualquer tema. Vale mencionar que o processo legislativo federal terá início, como regra, na Câmara dos Deputados (art. 64), salvo se a iniciativa tiver sido de Senador ou Comissão do Senado. Todos os projetos apresentados por instituições externas ao Legislativo ou por Deputados Federais ou Comissões da Câmara terão sempre começo na Câmara dos Deputados.

Paralelamente à iniciativa geral ou concorrente, a Constituição prevê também a chamada iniciativa privativa, por força da qual apenas um determinado órgão ou entidade – externo ao Legislativo – poderá apresentar anteprojetos de lei ordinária ou complementar acerca de certos temas. A iniciativa privativa tem caráter excepcional, já que restringe a liberdade dos parlamentares de iniciar o processo legislativo sobre determinados assuntos. O desrespeito a ela gera a inconstitucionalidade da lei que venha a ser aprovada, que se considera insanável. Como qualquer norma excepcional, as regras que tratam da iniciativa privativa devem ser interpretadas de forma estrita[66].

A Constituição atribuiu iniciativa legislativa privativa (também chamada de reservada), por exemplo, ao Poder Executivo (art. 61, § 1º), ao Poder Judiciário (arts. 93 e 96, II)[67] e ao Ministério Público (art. 127, § 2º) para temas relacionados a sua própria organização interna. Dessas previsões, a mais relevante na prática – por conta da abrangência dos temas que afeta – é a atribuída ao Poder Executivo pelo § 1º do art. 61 da Constituição. Será ainda especialmente relevante a iniciativa privativa que consta do inc. II, *a*, do art. 61, § 1º, por força da qual cabe ao Executivo – e apenas a ele – propor projetos que criem cargos, funções ou empregos públicos na administração direta e autárquica, ou tratem de aumento de sua remuneração.

A despeito do registro teórico feito anteriormente, no sentido de que as iniciativas privativas devem ser interpretadas de forma estrita, quando se trata da iniciativa reservada do Poder Executivo, a jurisprudência do STF não tem seguido essa diretriz, ao menos não de forma geral. Assim, é comum visualizar nas decisões do STF o entendimento de que a iniciativa privativa abarca, na verdade, qualquer norma que interfira em alguma medida com a organização da Administração Pública – mesmo que não crie cargos, funções ou empregos, nem afete sua remuneração[68].

O ponto é relevante, pois impõe uma restrição bastante ampla aos parlamentares, já que praticamente qualquer espécie de intervenção do Poder Público sobre a realidade envolverá, concretamente, ações da Administração Pública. Ora, se os parlamentares não podem apresentar projetos que interfiram em qualquer medida com o que a Administração Pública faz ou deve fazer, seu escopo de atuação resta consideravelmente limitado no particular, o que acaba por contribuir para reduzir sua relevância política e incrementar ainda mais os poderes do Executivo. Adiante-se, desde logo, que a iniciativa privativa terá outras consequências sobre a fase da discussão, já que impõe determinados limites ao poder de emenda dos parlamentares e permite, como já mencionado, o pedido de urgência pelo Poder Executivo.

Conforme abordado anteriormente, o desrespeito à iniciativa privativa gera a inconstitucionalidade formal da lei afinal aprovada e é entendimento consolidado do STF que a sanção

---

[66] STF, ADI 724 MS/RS, Tribunal Pleno, Rel. Min. Celso de Mello, j. 07.05.1992, *DJ* 27.04.2001: "A iniciativa reservada, por constituir matéria de direito estrito, não se presume e nem comporta interpretação ampliativa, na medida em que – por implicar limitação ao poder de instauração do processo legislativo – deve necessariamente derivar de norma constitucional explícita e inequívoca".

[67] A ADI 5017/DF, Rel. Min. Luiz Fux, discute no STF a extensão da iniciativa privativa do Judiciário em matéria de emendas constitucionais.

[68] STF, ADI 2.329/AL, Tribunal Pleno, Relª. Minª. Cármen Lúcia, j. 14.04.2010, *DJe* 25.06.2010: "Lei alagoana 6.153, de 11-5-2000, que cria o programa de leitura de jornais e periódicos em sala de aula, a ser cumprido pelas escolas da rede oficial e particular do Estado de Alagoas. Iniciativa privativa do chefe do Poder Executivo estadual para legislar sobre organização administrativa no âmbito do Estado. Lei de iniciativa parlamentar que afronta o art. 61, § 1º, II, *e*, da CR, ao alterar a atribuição da Secretaria de Educação do Estado de Alagoas. Princípio da simetria federativa de competências. Iniciativa louvável do legislador alagoano que não retira o vício formal de iniciativa legislativa".

do Chefe do Executivo não sana esse vício, mesmo que a iniciativa reservada violada tenha sido a do próprio Chefe do Executivo[69].

Do ponto de vista federativo, já se mencionou que o entendimento do Supremo Tribunal Federal é o de que as regras básicas do processo legislativo previstas na Constituição Federal são obrigatórias para Estados, Distrito Federal e Municípios, e esse entendimento é especialmente reforçado no caso das iniciativas privativas, por conta de seu papel na dinâmica da separação de Poderes organizada pelo constituinte originário. O STF entende, inclusive, que as Assembleias Legislativas não podem aprovar como emendas à Constituição estadual normas que seriam de iniciativa privativa do Executivo, sob pena de inconstitucionalidade. Tal expediente caracterizaria burla à iniciativa reservada do Poder Executivo prevista constitucionalmente, agravada ainda pela circunstância, já mencionada, de que as emendas constitucionais não vão à sanção[70], o que priva o Executivo de qualquer participação no processo de elaboração da norma, ao contrário do que pretende o texto constitucional.

Para além da iniciativa geral/concorrente e da iniciativa reservada, a Constituição previu a iniciativa popular no art. 61, § 2º. Ela exige, nesse caso, que o projeto de lei seja subscrito por, no mínimo, um por cento do eleitorado nacional, distribuído pelo menos por cinco Estados, com não menos de três décimos por cento dos eleitores de cada um deles.

Não se trata de uma exigência singela, e a quantidade de assinaturas exigidas corresponde a consideravelmente mais votos, por exemplo, do que os necessários para a eleição de um deputado federal: no normal das circunstâncias, será mais simples que um parlamentar apresente o projeto diretamente. No plano da organização interna das Casas, vale o registro de que tanto a Câmara dos Deputados quanto o Senado Federal contam com comissões de legislação participativa, que recebem sugestões legislativas de associações, órgãos de classe, sindicatos e entidades da sociedade civil.

Apresentado à Câmara dos Deputados, o projeto de lei oriundo de iniciativa popular não vincula, a rigor, o Legislativo, que lhe dará o processamento previsto no regimento interno, mas poderá alterá-lo ou mesmo rejeitá-lo. Nada obstante, justamente pela mobilização popular que enseja, seu peso político não pode ser minimizado. Esse peso, e sua consequente legitimidade do ponto de vista democrático, foi considerado relevante pelo STF na apreciação da validade da chamada Lei da Ficha Limpa (Lei Complementar nº 135/2010), que se originou de um projeto de iniciativa popular[71].

A Constituição não é clara acerca da possibilidade de propostas de emendas constitucionais serem apresentadas por meio de iniciativa popular: o art. 61, *caput*, trata apenas de leis ordinárias e complementares, e o art. 60, ao tratar das regras específicas sobre a iniciativa no caso de emendas, não cuida da possibilidade. Parte considerável da doutrina, entretanto, considera a

---

[69]   STF, ADI 2.867/ES, Tribunal Pleno, Rel. Min. Celso de Mello, j. 03.12.2013, *DJ* 09.02.2007.

[70]   STF, ADI 3.555/MA, Tribunal Pleno, Rel. Min. Cezar Peluso, j 04.03.2009, *DJe* 08.05.2009. Note-se que o mesmo raciocínio não se aplica, na visão do STF, ao Legislativo federal, que pode criar emenda constitucional tratado sobre assuntos que seriam, em caso de propositura de projeto de lei, de iniciativa reservada do Chefe do Executivo v. STF, ADI 5.296/DF, Tribunal Pleno, Relª. Minª. Rosa Weber, j. 18.05.2016: "1. No plano federal, o poder constituinte derivado submete-se aos limites formais e materiais fixados no art. 60 da Constituição da República, a ele não extensível a cláusula de reserva de iniciativa do Chefe do Poder Executivo, prevista de modo expresso no art. 61, § 1º, apenas para o poder legislativo complementar e ordinário – poderes constituídos".

[71]   STF, ADC 30/DF, Tribunal Pleno, Rel. Min. Luiz Fux, j. 16.02.2012, *DJ* 28.06.2012: "Volto, pois, a enfatizar, não foi a iniciativa dos senhores parlamentares, mas sim a mobilização de um número expressivo de nossos concidadãos que fez com que a Lei Complementar nº 135/2010 viesse finalmente a dar efetividade ao comando constitucional, homenageando um dos valores fundamentais da República que é a moralidade e a honestidade no exercício das funções públicas".

possibilidade viável diante do sistema constitucional: a verdade, porém, é que a questão ainda não foi objeto de discussão e definição, seja pelo Legislativo, seja pelo Judiciário. Em interessante decisão (ADI nº 825) o STF considerou válida norma de Constituição Estadual que previa a possibilidade de apresentação de emendas constitucionais por meio de iniciativa popular.

Uma outra questão em aberto envolve saber se a iniciativa popular poderia apresentar projeto sobre tema submetido a iniciativa privativa (do Executivo, por exemplo).

Para além das regras sobre a iniciativa geral/concorrente e privativa, aplicáveis às leis ordinárias e complementares, e aquelas sobre a iniciativa popular, a Constituição disciplina de forma específica também como o processo legislativo em relação às demais espécies legislativas – emendas constitucionais, leis delegadas, medidas provisórias, decretos legislativos e resoluções – deve se desenvolver. O ponto será examinado adiante, quando se tratar de cada uma delas.

Por fim, a Constituição prevê uma regra geral de bloqueio – que afeta, em alguma medida, o poder de iniciativa –, pela qual matéria constante de projeto de lei rejeitado somente poderá constituir objeto de novo projeto, na mesma sessão legislativa, mediante proposta da maioria absoluta dos membros de qualquer das Casas do Congresso Nacional. A previsão consta do art. 67 e veicula a regra geral da irrepetibilidade de projetos rejeitados na mesma sessão legislativa.

Pois bem. Iniciado o processo legislativo por quem quer que a Constituição considere competente, terá início a fase de discussão dentro da Casa Legislativa, e é sobre ela que se passa a tratar.

9.3.2   Discussão e votação

Como regra geral, na fase da discussão, os projetos percorrerão as comissões dentro de cada Casa Legislativa, que poderão vir a aprová-los, rejeitá-los/arquivá-los ou alterá-los, quando então serão submetidos à votação. Esse *iter* pode ser modificado (reduzido, basicamente) por força de algumas circunstâncias – as chamadas urgências –, algumas delas previstas constitucionalmente. Assim, três são os temas especialmente relevantes do ponto de vista constitucional na fase da discussão: as comissões, as emendas, e o regime de urgência e seu subproduto, o trancamento da pauta legislativa.

Em primeiro lugar, a Constituição prevê que o Congresso e suas Casas deverão contar com comissões permanentes e temporárias cujo objetivo é tanto aprofundar, quanto ampliar os debates acerca das matérias examinadas. As Comissões, como acontece com os órgãos em geral do Legislativo, devem manter, em sua composição, a mesma proporcionalidade entre os partidos que existe na Casa como um todo.

Os debates levados a cabo no âmbito das Comissões receberão contribuições de representantes da sociedade civil e de outros Poderes e da circunstância de serem examinados sob diferentes perspectivas, tendo em conta as diferentes especialidades temáticas das comissões. Compete a elas, igualmente, e nesse mesmo contexto, apurar informações que possam ser relevantes para o que esteja sendo examinado.

Caberá aos regimentos internos das Casas definir a forma e as atribuições das Comissões, mas a Constituição, art. 58, já define, em termos gerais, que lhes cabe: discutir e votar projetos de lei que dispensarem, na forma do regimento, a competência do Plenário, salvo se houver recurso de um décimo dos membros da Casa (são os chamados pareceres terminativos, em geral de competência da Comissão de Constituição e Justiça e da Comissão de Finanças); apreciar e elaborar parecer sobre programas de obras e planos de desenvolvimento; coletar informações e razões por meio da oitiva de pessoas (Ministros de Estado, autoridades, cidadãos e entidades da sociedade civil) e do debate em audiências públicas etc. Todas essas atividades atribuídas às Comissões envolvem justamente a problemática em torno dos diferentes argumentos e informações relativos aos projetos e planos submetidos ao Poder Legislativo.

Os regimentos internos, por seu turno, organizam várias comissões temáticas e as proposições normativas devem, como regra, percorrer várias delas, de modo a permitir que o tema seja examinado sob múltiplas perspectivas[72]. Os regimentos preveem, ainda, (genericamente, é bem de ver) que as proposições devem ser fundamentadas[73], e há órgãos auxiliares destinados a auxiliar o Congresso Nacional na avaliação das proposições normativas e no monitoramento da execução das normas e dos impactos por elas produzidos[74].

Os projetos podem, por natural, receber emendas ao longo de seu percurso no âmbito das Casas Legislativas. A regra geral é a da liberdade dos parlamentares para apresentar emendas, e os regimentos internos preveem, inclusive, diversas normas sobre a matéria, que não serão examinadas aqui. A Constituição, por seu turno, estabelece alguns limites, e a jurisprudência do STF tem fixado outros. Em primeiro lugar, nos casos de iniciativa privativa ou reservada, o art. 63 determina que as emendas parlamentares não podem aumentar as despesas previstas no projeto.

A jurisprudência do STF entende, adicionalmente, que as emendas devem ter pertinência temática com a matéria que está sendo proposta. A exigência de pertinência temática não consta de forma expressa do texto constitucional, mas tem sido cobrada pelo STF, tanto para conferir maior racionalidade e transparência ao processo legislativo quanto para evitar os chamados "contrabandos legislativos"[75]. Esse entendimento acerca dos limites ao poder de emenda foi reiterado na ADI nº 6.091 nos seguintes termos: "Embora possível a apresentação de emendas parlamentares a projetos de iniciativa privativa do chefe do Poder Executivo, são inconstitucionais os atos normativos resultantes de alterações que promovem aumento de despesa (CF/1988, art. 63, I), bem como que não guardem estrita pertinência com o objeto da proposta original, ainda que digam respeito à mesma matéria".

Nesse mesmo sentido, aliás, o STF decidiu que serão consideradas inconstitucionais emendas parlamentares introduzidas em projetos de conversão de lei de medidas provisórias que não guardem relação temática com a matéria original da MP[76]. O STF definiu que tal entendimento passaria a ser aplicado a partir de 15 de outubro de 2015 (data do julgamento) e seu objetivo é, na expressão usada pela própria Corte, impedir o chamado "contrabando legislativo". A manobra, que não era incomum, envolvia incluir emenda parlamentar sobre assunto totalmente diverso no projeto de lei de conversão de medida provisória que, considerando os prazos mais exíguos de tramitação nesse caso, acabava por passar despercebida e ser aprovada de roldão, sem se submeter a qualquer debate ou decisão específicos.

Por fim, como referido, o percurso dos projetos pelas comissões pode ser alterado – limitado ou reduzido, a rigor – por conta de circunstâncias previstas constitucionalmente ou nos regimentos internos. No plano constitucional, prevê-se, ao longo dos parágrafos do art. 64, que o Presidente da República poderá solicitar urgência para projetos de sua iniciativa. Nessa hipótese, a apreciação do PL deverá ultimar-se em 100 dias – 45 dias para decisão da Câmara, 45 dias para exame do Senado, e mais 10 para que a Câmara possa apreciar eventuais emendas do Senado. Cada Casa terá que decidir por quais comissões o projeto passará e quais serão eventualmente dispensadas. A não observância desses prazos tem como consequência o chamado "bloqueio da pauta" ou "trancamento da pauta" – nos termos constitucionais: "sobrestar-se-ão

---

[72] As comissões são disciplinadas no Regimento Interno da Câmara dos Deputados a partir do art. 25, e, no Regimento Interno do Senado Federal, a partir do art. 71.

[73] RICD, arts. 103 e 107; RISF, arts. 233, 249, 376.

[74] RICD, arts. 275 e 276.

[75] STF, ADI 3.114/SP, Tribunal Pleno, Rel. Min. Ayres Britto, j. 24.08.2005, DJ 07.04.2006 e ADI 2.853/DF, Tribunal Pleno, Relª. Minª. Cármen Lúcia, j. 01.08.2011, DJe 26.08.2011.

[76] STF, ADI 5127/DF, Tribunal Pleno, Rel. Min. Edson Fachin, j. 15.10.2015, DJe 11.05.2016.

todas as demais deliberações legislativas da respectiva Casa, com exceção das que tenham prazo constitucional determinado, até que se ultime a votação".

Os regimentos internos disciplinam hipóteses em que o próprio Legislativo, em geral por sua presidência, poderá atribuir urgência à tramitação de proposições legislativas. A possibilidade de controle judicial de tais decisões já foi submetida ao STF, que entendeu que a adoção do rito de urgência em proposições legislativas é prerrogativa regimental atribuída à respectiva Casa Legislativa e consiste em matéria *interna corporis*, de modo que não cabe ao Poder Judiciário qualquer interferência, sob pena de violação ao princípio de separação dos Poderes (ADPF nº 971/SP; ADPF nº 987/SP; ADPF nº 992/SP).

A Constituição prevê, ainda, que, se a Medida Provisória não tiver sido apreciada pelo Congresso após 45 dias de sua edição, ela entrará em regime de urgência nos termos anteriormente especificados, em cada Casa, produzindo igualmente o efeito do "bloqueio de pauta". Vale o registro de que a PEC nº 91/2019 – aprovada em junho de 2019 mas até o momento não promulgada – define prazos específicos para a tramitação das MPs no Congresso: 40 dias para a Comissão Especial, 40 dias para a Câmara, 30 para o Senado e 10 para a revisão de eventuais emendas pela Câmara. A PEC prevê ainda que a MP entrará em regime de urgência a partir do 30º dia de tramitação na Câmara, do 20º dia de tramitação no Senado e durante todo o período de tramitação para revisão na Câmara (se houver).

No caso específico das Medidas Provisórias, porém, há uma particularidade na interpretação do que exatamente o "bloqueio de pauta" impede, isto é, o que as Casas poderão ou não deliberar na pendência de Medidas Provisórias ainda não apreciadas após os 100 dias. E isso porque o STF considerou válido entendimento da Câmara dos Deputados no sentido de que o sobrestamento de deliberações imposto pelo regime de urgência das medidas provisórias aplica-se apenas a matérias que poderiam ser tratadas por medidas provisórias. Assim, não estão submetidas ao bloqueio, por exemplo, propostas de emenda à Constituição, projetos de lei complementar, resoluções, decretos legislativos, ou mesmo de leis ordinárias, caso versem tema vedado às medidas provisórias[77].

No plano regimental, há ainda a possibilidade do chamado regime de "urgência urgentíssima", previsto no art. 155 do Regimento Interno da Câmara dos Deputados e nos arts. 336 a 351 do Regimento Interno do Senado Federal. Trata-se da possibilidade de uma proposição ser incluída automaticamente na Ordem do Dia do Plenário – daquele mesmo dia – independentemente da fase em que ela eventualmente se encontre.

O requerimento de urgência urgentíssima é, em geral, deliberado pelas lideranças partidárias e submetido à aprovação simbólica do Plenário e, embora os regimentos internos a associem a determinadas justificativas – *e.g.*, "matéria de relevante e inadiável interesse nacional" ou "matéria que envolva perigo para a segurança nacional ou de providência para atender a calamidade pública" –, não há, como regra, qualquer exposição ou discussão sobre o ponto. Além disso, a literatura especializada aponta que, embora excepcional, o regime de urgência tornou-se, muitas vezes, a regra[78].

Encerrada a fase de discussão, chega-se ao momento da votação. É importante lembrar, como já referido, que determinadas comissões podem votar projetos de lei que dispensem, na forma do regimento, apreciação do Plenário, cabendo sempre recurso de um décimo dos

---

[77] STF, MS 27931/DF, Tribunal Pleno, Rel. Min. Celso de Mello, j. 29.06.2017, *DJe* 01.08.2017.

[78] Argelina Cheibub Figueiredo; Fernando Limongi. Mudança Constitucional, Desempenho Legislativo e Consolidação Institucional. *Revista Brasileira de Ciências Sociais*, n. 29, 1995, p. 183-184; e Antônio Octávio Cintra; Leany Barreiro Lemos; Marcelo Barroso Lacombe; Ana Regina V. P. Amaral. O Poder Legislativo na Nova República: a visão da Ciência Política. In: Lúcia Avelar; Antônio Octávio Cintra. *Sistema Político Brasileiro*: uma introdução. São Paulo: Editora Unesp, 2015, p. 93.

membros da Casa para que a questão seja revista por este (art. 58, § 2º, I). Salvo essa hipótese, porém, os projetos serão deliberados pelo Plenário e, nos termos do art. 65, devem ser aprovados por ambas as Casas, com prevalência da iniciadora – isto é: onde o processo legislativo teve início – que decidirá sobre emendas eventualmente incluídas pela casa revisora e remeterá para sanção e veto, conforme o caso. A Casa iniciadora é, como regra, a Câmara dos Deputados, salvo em relação a projetos de iniciativa de Senadores ou de Comissões do Senado Federal.

Ou seja: os projetos de lei, em geral, devem contar com a concordância simultânea de ambas as Casas, por manifestação de seus Plenários de acordo com o quórum exigido pela Constituição, e a violação a essa regra conduz à inconstitucionalidade formal, como acontece com o descumprimento de qualquer norma constitucional que cuide da elaboração de normas. Assim, por exemplo, se o Senado Federal altera projeto oriundo da Câmara e o encaminha diretamente para sanção ou veto presidencial, sem devolvê-lo para que a Câmara aprecie as alterações, haverá inconstitucionalidade. O STF entende, porém, que modificações puramente redacionais ou de estilo, que não alterem o sentido do projeto, dispensam o retorno para reapreciação[79].

Não estão submetidas a essa regra geral – de que as proposições legislativas devem ser aprovadas por ambas as Casas – o conjunto de competências que a Constituição atribui privativamente a cada uma delas. Assim, por exemplo, a resolução que aprova o regimento interno da Câmara dos Deputados (art. 51, III) é aprovada apenas pela Câmara. No mesmo sentido, as competências do art. 52 são privativas do Senado, de modo que, por exemplo, a resolução que dispõe "sobre limites globais e condições para as operações de crédito externo e interno da União, dos Estados, do Distrito Federal e dos Municípios, de suas autarquias e demais entidades controladas pelo Poder Público federal" (art. 52, VII), será decidida apenas pelo Senado Federal.

Ainda sobre o momento da votação, já se mencionou o regime de urgência e o efeito de bloqueio de pauta que ele desencadeia, impedindo a deliberação de qualquer outra proposição (ou de algumas proposições, no caso das Medidas Provisórias) até que o projeto em regime de urgência seja apreciado. Ou seja: a decisão sobre o que deliberar e em que momento – que cabe, como regra, à própria Casa – sofrerá influência direta do regime de urgência. Na verdade, apesar da textualidade da Constituição, o entendimento da Câmara que procurou restringir a abrangência do trancamento da pauta decorrente do processamento das medidas provisórias – referendado, afinal, pelo STF – foi uma tentativa exatamente de limitar o poder excessivo do Executivo de definir a agenda do Congresso Nacional por meio da edição de medidas provisórias.

Há ainda uma outra previsão constitucional que não se relaciona com a tramitação de projetos, mas que, nos termos da Constituição, também teria o efeito de bloquear a pauta. Trata-se da apreciação dos vetos presidenciais acerca dos quais o art. 66, § 6º, prevê o seguinte: "Esgotado sem deliberação o prazo estabelecido no § 4º, o veto será colocado na ordem do dia da sessão imediata, sobrestadas as demais proposições, até sua votação final". Na realidade, porém, esse efeito não é observado, de modo que, ao que parece, o Congresso Nacional decide se e quando vai apreciar os vetos e, inclusive, quais deles pretende apreciar.

Sobre este último ponto, vale o registro de que o tema já conta com manifestação do STF, ainda que em sede cautelar. Deputado federal impetrou mandado de segurança perante o STF para o fim de impedir a apreciação de determinado veto pelo Congresso Nacional até que todos os vetos anteriores, pendentes de apreciação, fossem decididos. Examinando a cautelar (que havia sido monocraticamente concedida pelo Min. Luiz Fux), o Plenário rejeitou a pretensão do parlamentar e o mandado de segurança acabou perdendo seu objeto posteriormente[80].

---

[79] STF, ADI 2.238 MC/DF, Tribunal Pleno, Rel. p/ acórdão Min. Ayres Britto, j. 09.08.2007, *DJe* 12.09.2008 e ADI 2.182/DF, Tribunal Pleno, Relª. p/ acórdão. Minª. Cármen Lúcia, j. 12.05.2010, *DJe* 10.09.2010.

[80] STF, MS 31.816 MC-AgR/DF, Tribunal Pleno, Rel. p/ acórdão Min. Teori Zavascki, j. 27.02.2013, *DJe* 10.05.2013.

Superados eventuais óbices ao que se pode deliberar por conta do trancamento da pauta, uma questão importante a saber é quem, afinal, decide o que será submetido à deliberação do Plenário das Casas. Ou, em outros termos: quem decide a pauta legislativa? O ponto é da maior importância para o funcionamento democrático no âmbito dos legislativos e, por isso, vale um registro rápido.

Nos termos dos regimentos internos tanto da Câmara dos Deputados quanto do Senado Federal, compete ao Presidente elaborar a "pauta" de votações e a "Ordem do Dia", devendo consultar-se com o colégio de Líderes e observar as preferências previstas também nos regimentos. Isto é: cabe ao Presidente definir o que será objeto de discussão e votação pelo Plenário e quando isso acontecerá.

O Regimento da Câmara dos Deputados, por exemplo, prevê (art. 17, I, *s* e *t*) que a agenda a ser elaborada pelo Presidente deve ser distribuída aos parlamentares e ter a "previsão das proposições a serem apreciadas no mês subsequente". A Ordem do Dia, de cada dia, por seu turno, deveria observar essa agenda mensal, "ressalvadas as alterações permitidas" pelo regimento. No âmbito do Senado Federal, não há previsão de uma programação a ser divulgada antecipadamente, mas apenas a exigência de que as proposições tenham sido publicadas com 10 dias de antecedência, antes de sua eventual inclusão na Ordem do Dia.

A despeito de tais previsões regimentais, não é incomum, sobretudo na Câmara dos Deputados, que os temas sejam incluídos na Ordem do Dia na própria data em que serão submetidos à deliberação do Plenário, independentemente de previsão anterior em agenda mensal organizada. O resultado inevitável é que os parlamentares que não integram a liderança não têm quaisquer condições – de tempo – de examinar o que será objeto de deliberação e menos ainda de articular-se para apresentar críticas ou considerações. O ponto é relevante, pois qualquer controle ou contraponto às proposições da maioria restam prejudicados na prática, simplesmente porque os parlamentares, e os integrantes da minoria em particular, são surpreendidos a cada dia com os temas que serão deliberados naquele momento[81].

Quanto às votações propriamente ditas, a regra geral é a da maioria simples, nos termos do art. 47 da Constituição: presentes, no mínimo, a maioria dos membros da Casa para que possa haver sessão, as deliberações serão decididas por maioria dos votos. Em algumas hipóteses, a Constituição exige quóruns especiais de deliberação: (i) a aprovação de lei complementar (art. 69) e a superação do veto (art. 66, § 4º), por exemplo, exigem maioria absoluta, isto é: o voto da maioria dos membros da Casa legislativa (e não apenas da maioria dos presentes); (ii) determinadas deliberações exigem aprovação por dois terços da Casa Legislativa competente: é o caso da aprovação de lei orgânica pelas Câmaras Municipais (art. 29), entre outras; e (iii) a aprovação de propostas de emendas exige a concordância de três quintos dos membros da Câmara e do Senado em duas votações em cada Casa (art. 60, § 2º). É fácil perceber que esses quóruns especiais, ao mesmo tempo em que exigem um apoiamento maior por parte dos parlamentares para a deliberação considerada, conferem um certo poder de veto às minorias parlamentares.

Por fim, como regra geral, as votações no âmbito do Legislativo devem ser abertas, salvo expressa previsão constitucional de que a deliberação deva ser secreta. Vale o registro de que a Emenda à Constituição nº 76/2013 eliminou previsões anteriormente existentes na Constituição de votações secretas (a saber: deliberações sobre perda de mandato parlamentar e para apreciação de veto).

Concluída a votação dos projetos de lei ordinária e complementar, eles seguirão para sanção ou veto. Como já referido, emendas constitucionais, resoluções, decretos legislativos, medidas

---

[81] Argelina Cheibub Figueiredo; Fernando Limongi. Mudança Constitucional, Desempenho Legislativo e Consolidação Institucional. *Revista Brasileira de Ciências Sociais*, n. 29, 1995, p. 183-184.

provisórias e leis delegadas não são submetidos à sanção ou veto: as emendas não seguem para sanção por expressa previsão constitucional, como se verá; as resoluções e decretos legislativos, pois são de competência privativa das Casas Legislativas, sem participação do Executivo, e as medidas provisórias e leis delegadas, porque são, afinal, espécies legislativas editadas diretamente pelo próprio Executivo. Quanto às medidas provisórias, uma vez submetidas ao Congresso, o projeto de lei de sua conversão também não seguirá para sanção caso não tenha sofrido qualquer mudança pelo Legislativo. Caso tenha sido alterado, porém, a fase da sanção ou veto será obrigatória, como se passa com qualquer projeto de lei ordinária[82]. Cabe, então, tratar da sanção e do veto, bem como das fases finais de promulgação e publicação.

9.3.3   Sanção/veto, promulgação e publicação

Nos países presidencialistas, como regra geral, o Executivo participa do processo legislativo por meio da sanção ou veto. A sanção é o ato pelo qual o que antes era projeto transforma-se em norma positiva. Não anuindo, o Executivo pode vetar o PL, hipótese em que ele somente virá a converter-se em lei se o veto for derrubado por maioria absoluta da manifestação conjunta, no âmbito federal, de Deputados e Senadores.

Nos termos da Constituição, a sanção pode ser expressa ou tácita, por decurso de tempo: neste último caso, será considerado sancionado o projeto aprovado pelo Legislativo e enviado ao Chefe do Executivo depois de 15 dias sem sua manifestação (art. 66, § 3º). O STF já se manifestou no sentido de que o Chefe do Executivo não pode vetar proposição após transcorridos os 15 dias (ADPF nº 893) nem se arrepender e vetar proposição que já havia sancionado, ainda que dentro do prazo de 15 dias (ADPF nº 714).

Após sancionada a nova lei, cabe ao Chefe do Executivo promulgá-la e remetê-la para publicação. A promulgação é o ato formal que declara a regularidade e conclusão do processo legislativo. A publicação, como se sabe, marca o momento a partir do qual a ficção do conhecimento geral da lei tem início e, portanto, a partir do qual ela poderá começar a produzir efeitos.

A promulgação não sana, por evidente, qualquer vício que tenha havido no processo legislativo capaz de gerar a inconstitucionalidade da lei aprovada: trata-se apenas de uma espécie de certificação de caráter formal. Sobre o tema da inconstitucionalidade, vale lembrar, o que já se registrou sobre a sanção: ela não convalida vício de iniciativa, mesmo que o projeto de lei devesse ter sido proposto pelo Chefe do Executivo, que sanciona o PL[83].

A Constituição procura dar uma solução para a hipótese de o Chefe do Executivo, no caso de sanção tácita ou de superação do veto, quedar-se inerte e não promulgar a lei ou remetê-la para publicação. A resposta para isso está no art. 66, § 7º, que prevê: "Se a lei não for promulgada dentro de quarenta e oito horas pelo Presidente da República, nos casos dos §§ 3º e 5º, o Presidente do Senado a promulgará, e, se este não o fizer em igual prazo, caberá ao Vice-Presidente do Senado fazê-lo". As espécies legislativas que não são objeto de sanção e veto são promulgadas e remetidas à publicação diretamente pelo Legislativo.

Ao invés de sancionar o projeto aprovado pelo Legislativo, no entanto, o Chefe do Executivo poderá vetá-lo total ou parcialmente, entendido como parcial o que recai sobre texto integral de

---

[82]   STF, RE 217.194/PR, Segunda Turma, Rel. Min. Maurício Corrêa, j. 17.04.2001, *DJ* 1º.06.2001: "Conversão em lei das medidas provisórias, sem alteração substancial do seu texto: ratificação do ato normativo editado pelo presidente da República. Sanção do chefe do Poder Executivo. Inexigível. Medida provisória alterada pelo Congresso Nacional, com supressão ou acréscimo de dispositivos. Obrigatoriedade da remessa do projeto de lei de conversão ao presidente da República para sanção ou veto, de modo a prevalecer a comunhão de vontade do Poder Executivo e do Legislativo".

[83]   STF, ADI 2.867/ES, Tribunal Pleno, Rel. Min. Celso de Mello, j. 03.12.2003, *DJ* 09.02.2007.

artigo, parágrafo, inciso ou alínea (art. 66, § 2º), não se admitindo veto de palavras isoladas. O art. 66 prevê ainda que ele deve sempre ser motivado, admitindo-se dois fundamentos distintos: contrariedade ao interesse público (motivação política) e/ou inconstitucionalidade (motivação jurídica). O veto deve ser submetido ao Legislativo, que poderá superá-lo, por voto da maioria absoluta de seus membros, como já referido.

O veto jurídico é um exemplo de controle de constitucionalidade levado a cabo por um órgão político. A doutrina discutiu se seria válido que o Judiciário examinasse os argumentos utilizados na motivação do veto, para controlar sua consistência[84], isto é: se caberia ao Judiciário, eventualmente, considerá-lo inconstitucional quando se utilizar de indevidos fundamentos de inconstitucionalidade. A questão foi submetida ao STF, que entendeu que o controle não é possível, já que o veto, seja qual for seu fundamento, é um ato privativo de outro poder, sendo insindicável juridicamente[85].

Sancionada a lei (ou superado o veto), promulgada e publicada, ela poderá, então, começar a produzir efeitos. A regra geral da Lei de Introdução às Normas do Direito Brasileiro é que, salvo disposição contrária (da própria lei aprovada, naturalmente), as leis começam a vigorar 45 dias depois de sua publicação oficial: trata-se do período de *vacatio legis*, que pode não existir – quando a lei prevê que seus efeitos terão início com a publicação – ou ser maior que 45 dias. Iniciada a vigência da lei nova, começa uma nova fase da atuação estatal: a execução da legislação, que cabe, sobretudo, ao Executivo (art. 84, IV). As competências atribuídas ao Executivo para levar a cabo essa atribuição constitucional serão examinadas na parte sobre Poder Executivo e Administração Pública.

9.3.4 O controle judicial do processo legislativo. O princípio do devido processo legislativo

Antes de encerrar a parte sobre o processo legislativo e examinar as espécies legislativas de forma específica, cabe fazer alguns breves registros sobre o tema do controle judicial do processo legislativo.

Em primeiro lugar, é relativamente frequente o controle judicial de regras do processo legislativo previstas na Constituição, com a consequente declaração de inconstitucionalidade formal da proposição aprovada que as tenha desrespeitado. É o que acontece, *e.g.*, com leis aprovadas que violaram regras de iniciativa privativa; leis ordinárias que trataram de matéria reservada a lei complementar, entre tantos outros exemplos.

É importante observar, porém, que há previsões em outras partes do texto constitucional, fora do capítulo sobre o processo legislativo, que igualmente devem ser observadas sob pena de invalidade. O art. 113 do ADCT exige que proposição legislativa que crie ou altere despesa obrigatória ou renúncia de receita deve ser acompanhada de estimativa de seu impacto orçamentário e financeiro. O STF já decidiu que a ausência da referida estimativa, exigível em todos os níveis federativos, gera a inconstitucionalidade formal da norma eventualmente aprovada. No mesmo sentido, o art. 150, § 6º, exige que qualquer espécie de benefício fiscal relativo a impostos, taxas e contribuições apenas possa ser aprovada por meio de lei específica, que trate exclusivamente desse assunto.

Ainda no plano constitucional, a EC nº 128/2022 introduziu um § 7º ao art. 167 dispondo que a lei não pode transferir encargos financeiros associados à prestação de serviços públicos

---

[84] Defendendo a possibilidade de controle de constitucionalidade do veto jurídico v. Gustavo Binenbojm. *A nova jurisdição* constitucional – Legitimidade democrática e instrumentos de realização. 4. ed. revista, ampliada e atualizada. Rio de Janeiro: Renovar, 2014, p. 266.

[85] STF, ADPF 1 QO/RJ, Tribunal Pleno, Rel. Min. Néri da Silveira, j. 03.02.2000, *DJ* 07.11.2003.

para qualquer dos entes federados sem prever também a fonte dos recursos necessários ao custeio dessas despesas. Ou seja: a criação de políticas públicas e a previsão legal de serviços a serem prestados deve ser acompanhado da indicação da fonte da qual sairão os recursos para pagar por essas atividades. Ainda não há manifestação do STF sobre a consequência a ser associada no caso de descumprimento desse dispositivo, mas é razoável imaginar que seria a inconstitucionalidade formal da proposição aprovada.

O STF entende, porém, que o desrespeito a exigências contidas em leis acerca do processo legislativo não produz a invalidade da norma aprovada. O art. 59, parágrafo único, da Constituição prevê que lei complementar deve dispor sobre a elaboração, redação, alteração e consolidação das leis e para esse fim foi editada a Lei Complementar nº 95/1998, que estabelece um conjunto de regras para a racionalização da atividade legislativa. Em 2000, foi editada também a Lei de Responsabilidade Fiscal (LC nº 101), impondo regras a serem observadas no processo legislativo sob a perspectiva da responsabilidade fiscal. Em ambos os casos, porém, o STF entendeu que a violação das referidas leis complementares é matéria infraconstitucional, não gerando a invalidade da lei aprovada com desrespeito a suas disposições.

Ao lado das regras constitucionais que tratam do processo legislativo, é possível identificar também um princípio mais geral que tem sido denominado de princípio do devido processo legislativo. A atividade de elaboração legislativa é uma atividade estatal que, sem prejuízo da liberdade de conformação do parlamento acerca do conteúdo das proposições em discussão, deve respeitar determinados fins valiosos para sistema constitucional relativamente ao procedimento de deliberação. Ou seja: assim como o devido processo legal impõe exigências inclusive procedimentais para outras atividades estatais, ele impõe também para a atividade de elaboração normativa.

Dois dos fins básicos do devido processo legislativo são (i) que os parlamentares deliberem bem-informados e conscientes acerca do que estão discutindo e decidindo; e (ii) que seja possível, ainda que em tese, haver ciência e controle por parte da sociedade acerca do que está sendo deliberado pelo legislativo. Naturalmente que não é possível exigir nem garantir que os parlamentares efetivamente deliberem bem-informados e conscientes: o objetivo do princípio é criar condições e incentivos para que esse fim possa se realizar.

As exigências constitucionais expressas referidas acima, por exemplo, no sentido de que apenas lei específica e exclusiva trate de benefícios fiscais e de que as proposições que criam despesas obrigatórias e renúncias de receitas sejam acompanhadas de estimativa de impacto, visam promover exatamente esses fins constitucionais. Elas pretendem garantir mais informação sobre os impactos do que está sendo afinal decidido – decisões mais informadas e conscientes – e mais clareza e visibilidade para o debate, que não ficará perdido no meio de uma proposição tratando de diversos temas.

Para além das regras expressas na Constituição, o STF tem entendido que o princípio do devido processo legislativo pode impor outros deveres, não explicitados no texto constitucional. Na ADI nº 5.127, por exemplo, o STF firmou o entendimento no sentido da inconstitucionalidade formal de emendas a projetos de conversão de medidas provisórias que não guardem pertinência temática com o conteúdo original da MP, os chamados "contrabandos legislativos", a ser aplicado apenas para o futuro. Não há norma específica na Constituição que trate do assunto. Ainda assim, reconheceu-se o referido dever em conexão com o devido processo legislativo. Ou seja: as regras constitucionais que tratam do processo legislativo não esgotam necessariamente os parâmetros a partir dos quais poderá haver controle judicial de sua validade, na medida em que o princípio do devido processo legislativo pode ser usado para esse fim.

Outra discussão relevante nesse particular trata das normas constantes dos regimentos internos das Casas Legislativas. Seu desrespeito autorizaria controle judicial? O entendimento tradicional da maioria do STF afirma que a discussão em torno da violação dos regimentos internos da Casa é matéria *interna corporis* do Legislativo, que não lhe cabe rever. A despeito disso, é possível localizar vários exemplos na jurisprudência da Corte em que normas regimentais foram utilizadas como parâmetro para controle judicial do processo legislativo.

Até porque, e embora certamente o respeito à decisão do próprio Legislativo acerca da interpretação regimental deva ser a regra geral, nem todas as normas regimentais serão iguais do ponto de vista constitucional. Algumas podem ser essenciais, por exemplo, para o exercício de prerrogativas básicas das minorias parlamentares de fazerem oposição e crítica à posição majoritária. Nessas circunstâncias, esses atos das Casas Legislativas, embora possam veicular alguma forma de interpretação de norma regimental, afetam direitos subjetivos das minorias, direitos esses que decorrem da própria Constituição e cuja violação prejudica o funcionamento do sistema democrático.

Em 2022, o STF aprovou em sede de repercussão geral o Tema nº 1.020, que parece flexibilizar um pouco seu entendimento na matéria. Essa a redução da tese fixada: "Em respeito ao princípio da separação dos poderes, previsto no art. 2º da Constituição Federal, quando não caracterizado o desrespeito às normas constitucionais pertinentes ao processo legislativo, é defeso ao Poder Judiciário exercer o controle jurisdicional em relação à interpretação do sentido e do alcance de normas meramente regimentais das Casas Legislativas, por se tratar de matéria *interna corporis*". A cláusula "quando não caracterizado o desrespeito às normas constitucionais pertinentes ao processo legislativo" parece sinalizar que a eventual conexão entre as normas regimentais e previsões constitucionais será um elemento relevante na análise.

Por fim, um último debate que vale mencionar diz respeito a se seria possível suscitar violações à Constituição no âmbito de processo legislativo ainda em curso, isto é, que não produziu ainda a aprovação de uma proposição legislativa. O entendimento do STF é de que, como regra geral, não é possível esse controle prévio, mas que excepcionalmente parlamentares – e apenas eles – podem impetrar mandado de segurança com a finalidade de coibir atos praticados no processo de aprovação de lei ou emenda constitucional incompatíveis com disposições constitucionais que disciplinam o processo legislativo[86].

Expostos os elementos básicos do processo legislativo brasileiro, cabe agora examinar as espécies legislativas existentes no plano federal.

9.4 ESPÉCIES LEGISLATIVAS

9.4.1 Emendas constitucionais

A emenda constitucional é a espécie legislativa (art. 59) que promove alterações no próprio texto da Constituição: cuida-se de uma manifestação do poder constituinte derivado ou reformador. A Constituição, como se sabe, tem vocação de permanência e, justamente por isso, sobretudo quando se esteja diante de um texto analítico, será importante que ela conte com mecanismos que permitam sua alteração, de modo a viabilizar seu ajuste ao longo do tempo e diante de novas circunstâncias e necessidades. Em alguns contextos, essas modificações podem ser levadas a cabo por meio da interpretação sem alteração do texto propriamente.

---

[86] STF, MS 24.667 AgR/DF, Tribunal Pleno, Rel. Min. Carlos Velloso, j. 04.12.2003, *DJ* 23.04.2004; e MS 32.033/DF, Tribunal Pleno, Rel. p/ acórdão. Min. Teori Zavascki, j. 20.06.2013, *DJe* 18.02.2014.

Como já se viu, as Constituições rígidas são aquelas nas quais o procedimento de reforma do texto constitucional é mais complexo do que o adotado para elaboração da legislação em geral, de tal modo que a Constituição e as emendas constitucionais são dotadas de superioridade hierárquica em relação às demais normas. O tema da supremacia das normas constitucionais é discutido na parte sobre conceitos preliminares, bem como no capítulo sobre controle de constitucionalidade, de modo que não é o caso de retomar o assunto aqui. Basta lembrar que, embora listada em conjunto com as demais espécies legislativas, as emendas constitucionais gozam de superioridade hierárquica em relação a todas elas.

A questão jurídica central em torno das emendas envolve justamente o procedimento exigido pela Constituição para sua aprovação, bem como, para além do procedimento, os eventuais limites que o constituinte originário tenha fixado relativamente ao exercício do poder constituinte derivado ou reformador. Este último ponto ocupa-se, sobretudo, da discussão em torno da existência ou não, em determinada Constituição, de cláusulas pétreas. De forma simples, portanto, as perguntas a responder são: o que é necessário para aprovar uma emenda e o que ela eventualmente não poderá alterar.

Um brevíssimo registro histórico pode dar uma melhor perspectiva para a discussão. A Constituição de 1824 era semirrígida, isto é: apenas determinados assuntos estavam submetidos a um processo de alteração mais complexo; os outros poderiam ser alterados por legislação ordinária. Quanto ao procedimento, o Executivo não podia propor emendas constitucionais, e uma legislatura deveria aprovar que haveria uma discussão acerca do tema, cabendo à legislatura seguinte discuti-lo e decidi-lo efetivamente.

A Constituição de 1891, que adota um modelo rígido para o texto como um todo, continuou a não conferir iniciativa para o Executivo, e introduziu três cláusulas pétreas: República, Federação e igualdade dos Estados no Senado. A Constituição de 1934 criou dois níveis diferentes de rigidez – um mais rigoroso que outro, embora ambos mais complexos que o procedimento próprio da legislação ordinária – para temas diversos dentro da Constituição. O Executivo permaneceu fora da iniciativa para emendas e as cláusulas pétreas passaram a ser federação e república apenas. A Carta de 1937 foi a primeira a introduzir a iniciativa do Presidente para emendas constitucionais, além de lhe conferir um poder de veto na matéria, sendo que, na hipótese de discordância entre Legislativo e Presidente, deveria haver um plebiscito para resolver a questão. A Constituição continuou rígida, mas não havia previsão de cláusulas pétreas.

A Constituição de 1946 retornou ao modelo anterior: excluiu a participação do Presidente, inclusive quanto à iniciativa, e voltou a prever as cláusulas pétreas da federação e república. O sistema voltou a ser rígido, adotando-se o mesmo procedimento para toda e qualquer alteração do texto constitucional. A Constituição de 1967/1969, por seu turno, reintroduziu a possibilidade de o Executivo apresentar propostas de emenda. O procedimento continuou rígido, e as mesmas cláusulas pétreas foram mantidas: Federação e República.

O que se pode observar deste rápido apanhado histórico? O sistema rígido manteve-se sem maiores alterações ao longo do tempo, e as cláusulas pétreas giraram sempre em torno dos temas da Federação e República. Nos períodos de maior autoritarismo, a Constituição conferiu maiores competências ao Executivo no particular, ao passo que nos períodos de maior normalidade democrática, o Executivo não tinha participação no processo de elaboração de emendas à Constituição. Cabe, agora, examinar o sistema organizado pelo Constituinte de 1988 na matéria.

A Constituição de 1988 regula o tema da elaboração de emendas em seu art. 60. A rigidez do texto constitucional é composta, na verdade, por um conjunto de elementos que vão desde as regras de iniciativa para apresentação de proposta de emenda, passam pelo quórum de votação e incluem vários limites, inclusive os limites materiais ou as cláusulas pétreas. Opta-se por começar a abordagem pela iniciativa.

Podem apresentar proposta de emenda à Constituição, nos termos do art. 60, um terço de deputados, um terço de senadores, o Presidente da República, e mais da metade das Assembleias Legislativas dos Estados[87]. Tendo em vista que qualquer parlamentar pode iniciar o processo legislativo no caso da legislação em geral (salvo no caso das iniciativas privativas), já há, aqui, uma exigência relevante de apoiamento mínimo parlamentar para que o processo seja iniciado.

Mantendo modelo de 1967/1969, a Constituição continua a atribuir ao Chefe do Executivo iniciativa para emendas, sem maiores restrições; e a decisão da maioria das Assembleias Legislativas poderá também desencadear o processo legislativo no âmbito do Congresso – trata-se de um dos mecanismos de participação da vontade dos entes federados na formação da vontade global ou nacional. Note-se, porém, que nos termos do art. 60, § 5º, a matéria constante de proposta de emenda rejeitada ou havida por prejudicada não pode ser objeto de nova proposta na mesma sessão legislativa. Ou seja: apenas no ano seguinte poder-se-á apresentar proposta de emenda constitucional tratando de tal matéria.

Paralelamente às regras sobre iniciativa, a Constituição prevê alguns limites de caráter provisório ou circunstancial para a discussão e aprovação de emendas: tal não poderá ocorrer na vigência de intervenção federal, de estado de defesa ou de estado de sítio (art. 60, § 1º). A lógica subjacente a essa previsão é evidente: a alteração do texto constitucional não deve ser levada a cabo em momentos de exceção institucional. Não se verificando quaisquer dessas circunstâncias e apresentada a proposta por quem tenha iniciativa para tanto, terá início o processo legislativo e, na linha do que se expôs, a proposta percorrerá as comissões, poderá receber emendas, até chegar ao ponto da deliberação.

No que diz respeito à deliberação, a Constituição exige que ela conte com a aprovação de três quintos de Deputados e Senadores em duas votações em cada Casa Legislativa. Isto é: imaginando que a Casa iniciadora seja a Câmara, duas votações na Câmara dos Deputados, com três quintos de aprovação; e depois duas votações no Senado, com aprovação pelo mesmo quórum. Caso o Senado introduza alterações, a proposta retornará para exame da Câmara, também por três quintos em duas votações. Alcançado esse quórum em todas as votações, a proposta terá sido aprovada e será promulgada e remetida para publicação pelas Mesas da Câmara e do Senado, sem participação do Executivo para fins de sanção/veto, promulgação e publicação (art. 60, § 3º).

Vale lembrar que, nos termos do art. 5º, § 3º, introduzido pela Emenda Constitucional nº 45/2004, os tratados e convenções internacionais sobre direitos humanos que forem aprovados, em cada Casa do Congresso Nacional, em dois turnos, por três quintos dos votos dos respectivos membros, serão equivalentes às emendas constitucionais. Apesar da discussão, sobretudo no âmbito do direito internacional, acerca do *status* dos tratados de direitos humanos internalizados antes de tal previsão, o entendimento do STF, ao menos por enquanto, é no sentido de que apenas os tratados internalizados após a EC nº 45/2004, e de acordo com o procedimento por ela previsto, é que terão *status* de emenda constitucional. No capítulo sobre direitos fundamentais, os tratados com esse *status* são examinados. Em relação aos tratados de direitos humanos anteriores à EC nº 45/2004, o STF tem várias manifestações no sentido de que eles teriam *status* supralegal, mas não constitucional[88].

Além dos limites circunstanciais já referidos e das regras sobre iniciativa e deliberação, a Constituição estabelece alguns outros limites, chamados materiais, e mais comumente referidos

---

[87] A Constituição deixa claro que a manifestação no âmbito de cada Assembleia Legislativa poderá se dar por maioria simples, aqui chamada de relativa.

[88] STF, RE 466343/SP, Tribunal Pleno, Rel. Min. Cezar Peluso, j. 03.12.2008, *DJe* 05.06.2009; STF, HC 95967/MS, Tribunal Pleno, Relª. Minª Ellen Gracie, j. 11.11.2008, *DJe* 28.11.2008 e STF, ADI 5240/SP, Tribunal Pleno, Rel. Min. Luiz Fux, j. 20.08.2015, *DJe* 01.02.2016.

como cláusulas pétreas, que constam do art. 60, § 4º. Eles são estabelecidos pela seguinte redação: "Não será objeto de deliberação a proposta de emenda tendente a abolir", e, na sequência, são apresentados os quatro temas acerca dos quais não se admitirá deliberação que tenda a aboli-los: I – a forma federativa de Estado; II – o voto direto, secreto, universal e periódico; III – a separação dos Poderes; IV – os direitos e garantias individuais. Algumas observações preliminares são relevantes antes de discutir com mais detalhes o sentido e alcance das cláusulas pétreas.

A federação continua sendo uma cláusula pétrea, na linha da tradição constitucional brasileira, mas a república não aparece aqui de forma expressa, embora constem de forma específica a separação dos Poderes e o voto direto, secreto, universal e periódico. O ponto é compreensível, já que a Constituição submeteu a um plebiscito a opção entre a forma de governo – monarquia/república – e sistema de governo – presidencialismo/parlamentarismo (ADCT, art. 2º), realizado em 1993, que acabou por manter as opções políticas, já constantes do texto, pela república e pelo presidencialismo.

Além das quatro cláusulas pétreas de que cuida o art. 60, § 4º, a doutrina no Brasil entende de forma bastante consolidada que também o próprio art. 60 é uma cláusula pétrea implícita, de modo que também ele não pode ser alterado. Assim, não se admite entre nós a chamada dupla revisão (considerada válida em outros países), por força da qual, por meio de duas deliberações, seria possível alterar uma cláusula pétrea, isto é: em uma primeira deliberação, alterar-se-iam as regras sobre as emendas para, em seguida, alterar aquilo que o texto original vedava. No Brasil, de acordo com o entendimento atual, essa possibilidade não existe[89].

Também se consideram cláusulas pétreas implícitas os princípios constantes dos arts. 1º a 3º, considerando que se trata de decisões estruturais e fundantes do Estado que a Constituição de 1988 organizou – a abolição de alguns deles alteraria radicalmente as decisões fundamentais do constituinte originário, veiculando, a rigor, a pretensão de se estabelecer um novo Estado por um novo poder constituinte originário[90]. Por fim, o STF entende que os Estados não podem alterar as regras básicas acerca da aprovação de emendas, e do quórum em particular[91].

Encerradas essas observações preliminares, cabe aprofundar um pouco mais a questão das cláusulas pétreas e de sua interpretação. No sistema brasileiro, as emendas constitucionais podem ser objeto de controle de constitucionalidade tanto do ponto de vista formal – para verificar o cumprimento das regras para sua aprovação que, afinal, são também consideradas cláusulas pétreas implícitas – e, sobretudo, para garantir o respeito às cláusulas pétreas. De outra parte, porém, é importante lembrar que as emendas existem justamente para modificar o texto constitucional e resultam de uma manifestação majoritária extremamente qualificada.

Se há uma presunção de validade dos atos do Legislativo em geral, essa presunção é especialmente reforçada no caso das emendas constitucionais: a declaração de inconstitucionalidade de uma emenda não é uma decisão banal, e exige demonstração consistente das razões que a justificam. É nesse contexto que cabe perguntar: o que significam, afinal, cada uma das quatro cláusulas pétreas explícitas?

Uma primeira questão relevante, e já amplamente consolidada no Brasil, envolve qual seria o escopo de proteção fornecido pelas cláusulas pétreas: elas vedariam a alteração textual

---

[89] V. Uadi Lamêgos Bulos. *Curso de Direito Constitucional*. 8. ed. São Paulo: Saraiva, 2013, p. 420; Gilmar Ferreira Mendes; Paulo Gustavo Gonet Branco. *Curso de Direito Constitucional*. São Paulo: Saraiva, 2016, p. 121. Defendendo a possibilidade de dupla revisão v. Manoel Gonçalves Ferreira Filho. *O poder constituinte*. São Paulo: Saraiva, 2014, p. 120 e ss.

[90] Gilmar Ferreira Mendes; Paulo Gustavo Gonet Branco. *Curso de Direito Constitucional*. São Paulo: Saraiva, 2016, p. 121; Raul Machado Horta. *Direito constitucional*. 3. ed. Belo Horizonte: Del Rey, 2002, p. 88; Raul Machado Horta. *Estudos de direito constitucional*. Belo Horizonte: Del Rey, 1995, p. 95.

[91] STF, ADI 486/DF, Tribunal Pleno, Rel. Min. Celso de Mello, j. 03.04.1997, *DJ* 10.11.2006.

dos dispositivos a que se referem ou protegeriam o sentido neles contido e a posição subjetiva por eles conferida? A resposta é na linha da segunda opção. As cláusulas pétreas protegem não apenas a textualidade, mas o sentido subjacente a ela, de modo que, mesmo que o texto original da Constituição não sofra alteração, se uma emenda (ou lei) tender a abolir seu sentido e a proteção por ela conferida, será reputada inconstitucional. Mas, afinal, qual é o seu sentido?

O voto direto, secreto, universal e periódico é um conceito razoavelmente objetivo e, ao menos até o momento, não houve qualquer discussão em torno de seu sentido e alcance diante de alguma norma que tenha pretendido aboli-lo. A forma federativa de Estado e a separação de poderes já apresentam maiores complexidades, por ao menos duas razões. Em primeiro lugar, considerando-se a experiência histórica do Brasil e de outros países, é certo que há múltiplas formas de organizar uma federação e, igualmente, várias possibilidades para a relação entre os Poderes. Assim, alterações do modelo adotado pelo texto constitucional acerca desses dois assuntos não podem ser descritas necessariamente como tendendo a abolir a forma federativa de Estado e a separação de poderes, já que outros modelos possíveis realizam os sentidos básicos dessas duas noções.

Por outro lado, muitas disposições constitucionais relacionam-se, direta ou indiretamente, com esses dois temas. As distribuições de bens e competências legislativas, político-administrativas e tributárias entre os entes são normas diretamente conectadas com o tema da federação. Todas as previsões que tratam do Legislativo, do Tribunal de Contas, do Executivo e do Judiciário, e das relações entre eles, são comandos associados à separação de poderes. Caso se imaginasse que essas duas cláusulas pétreas impediriam qualquer mudança nesse conjunto de normas, uma grande parte do texto constitucional seria considerada imutável.

Nesse sentido, o STF já se manifestou em algumas ocasiões – sobretudo examinando os princípios federativo e da separação de Poderes – para esclarecer que a cláusula pétrea protege o conteúdo nuclear dos princípios previstos no dispositivo constitucional, e não todo o eventual detalhamento que lhe tem sido dado pelo constituinte originariamente[92].

Essa premissa foi adotada pelo STF ao examinar a criação do Conselho Nacional de Justiça pela Emenda Constitucional nº 45/2004. A ADI nº 3.367, ajuizada contra a emenda, pretendeu sustentar, entre outros fundamentos, que ela violaria a cláusula pétrea da separação de poderes por criar uma espécie de controle destes sobre o Judiciário. O STF entendeu, porém, que não houve violação no caso concreto, tanto porque o núcleo de sentido do princípio não teria sido afetado, quanto porque o controle a ser levado a cabo pelo CNJ teria natureza puramente administrativa, não interferindo com o exercício da função jurisdicional pelos órgãos do Poder Judiciário[93].

Por outro lado, em conjunto com a violação ao ato jurídico perfeito e à coisa julgada, o STF considerou violar a separação de poderes, sob a perspectiva da capacidade do Judiciário de julgar e ver cumpridas suas decisões, emenda que previa novo parcelamento para o pagamento dos precatórios[94]. Essa capacidade, portanto, foi considerada integrante do núcleo de sentido da separação de Poderes.

A EC nº 114/2021 previu (ADCT, art. 107-A) um teto anual com o gasto de precatórios até o ano de 2026, definindo que o "espaço fiscal" decorrente da diferença entre o valor dos precatórios expedidos e o tal limite anual seja utilizado para custear o benefício da "renda básica familiar" (parágrafo único do art. 6º) e a seguridade social. Uma parte dos credores, é claro, deixará de receber os valores que lhe são devidos no prazo constitucional durante esse período, o que se assemelha a uma forma de parcelamento. A emenda autoriza que os credores prejudicados optem por celebrar acordos para recebimento no mesmo exercício, mas impõe

---

92 STF, ADI 2.024/DF, Tribunal Pleno, Rel. Min. Sepúlveda Pertence, j. 27.10.1999, *DJ* 01.12.2000, voto do relator.

93 STF, ADI 3367/DF, Tribunal Pleno, Rel. Min. Cezar Peluso, j. 13.04.2005, *DJ* 17.03.2006.

94 STF, ADI 2356 MC/DF e ADI 2.363 MC/DF, Tribunal Pleno, Rel. p/ acórdão Min. Ayres Britto, j. 25.11.2010, *DJe* 19.05.2011.

uma renúncia de 40% do valor (ADCT, art. 107-A, § 3º). O cenário é um pouco diverso do já examinado pelo STF pois a EC nº 113/2021 ampliou significativamente as hipóteses de cessão e de uso dos precatórios. Seja como for, não há dúvida de que a norma produz algum impacto sobre a capacidade do Judiciário de ver cumpridas suas decisões.

Embora esse entendimento tenha, em geral, se manifestado acerca da separação de Poderes e da federação, ele também se aplica, em alguma medida, aos direitos e garantias fundamentais. Embora integrem o rol de cláusulas pétreas da Constituição brasileira, doutrina[95] e jurisprudência[96] admitem, sem dificuldades, a possibilidade de limitação do conteúdo dos direitos fundamentais, até mesmo pelo legislador infraconstitucional, desde que preservado o núcleo essencial dos mesmos e a proporcionalidade nas restrições. É natural, e até mesmo inevitável, que seja assim, diante da necessidade de convivência entre os direitos e entre eles e fins coletivos considerados relevantes pela própria Constituição. Até porque, a promoção dos próprios direitos não se desenvolve de forma singela, entre outras razões, porque os seus destinatários não estão na mesma situação, e esse é um ponto interessante a destacar. O STF já teve ocasião de examinar esse fenômeno sob a perspectiva do direito à moradia. A discussão envolvia a validade de lei que afastava a impenhorabilidade do bem de família do fiador. A maioria do Tribunal entendeu que a aparente restrição prevista pela lei (era de lei que se tratava, no caso) em relação ao direito do fiador era uma política legislativa legítima, justamente para promover o acesso à moradia de um outro grupo: aqueles que, não sendo proprietários, precisam alugar imóveis e, para isso, precisam de fiadores que sejam aceitos pelos proprietários[97].

Uma última questão envolve, porém, o que deve ser considerado "direito e garantia individual" para o fim de gozar, mesmo que relativamente a seu conteúdo essencial, do *status* de cláusula pétrea. O STF já se manifestou, casuisticamente, no sentido de que os direitos e garantias individuais não se limitam à listagem contida no art. 5º da Constituição. Assim, a Corte já declarou inconstitucionais emendas por violação à garantia da anterioridade tributária (prevista no art. 150, III, *a*, e considerada uma garantia individual tributária[98]); e por violação à proteção devida à maternidade e à infância (direitos sociais – art. 6º), em conjunto com a violação à igualdade entre homens e mulheres[99].

A doutrina discute – e a questão, em algum momento, chegará ao STF – em que extensão os direitos sociais e os direitos trabalhistas previstos na Constituição seriam também "direitos e garantias individuais" e, portanto, cláusulas pétreas. O tema é relevante porque envolve os eventuais limites que se colocariam, ou não, para a alteração do texto constitucional relativamente a esses temas.

Em relação aos direitos sociais, os autores desenvolvem seus argumentos em função de duas posições principais: uma que sustenta que os direitos sociais previstos constitucionalmente

---

[95] Ana Paula de Barcellos. *Ponderação, racionalidade e atividade jurisdicional*. Rio de Janeiro: Renovar, 2005. No mesmo sentido, v., entre outros, Wilson Antônio Steinmetz. *Colisão de direitos fundamentais e princípio da proporcionalidade*. Porto Alegre: Livraria do Advogado, 2001, p. 60 e ss.; e Gilmar Ferreira Mendes. *Direitos fundamentais e Controle de constitucionalidade*. São Paulo: Saraiva, 2012, p. 26 e ss.

[96] Nesse sentido, a título de exemplo, STF, MS 23452/RJ, Tribunal Pleno, Rel. Min. Celso de Mello, j. 16.09.1999, *DJ* 12.05.2000: "Os direitos e garantias individuais não têm caráter absoluto. Não há, no sistema constitucional brasileiro, direitos ou garantias que se revistam de caráter absoluto".

[97] STF, RE 407.688/SP, Tribunal Pleno, Rel. Min. Cesar Peluso, j. 08.02.2006, *DJ* 06.10.2006.

[98] STF, ADI 939/DF, Tribunal Pleno, Rel. Min. Sydney Sanches, j. 15.12.1993, *DJ* 18.03.1994.

[99] STF, ADI 1946 MC/DF, Tribunal Pleno, Rel. Min. Sydney Sanches, j. 29.04.1999, *DJ* 14.09.2001, voto do Min. Marco Aurélio: "a premissa de que a emenda alcançou o salário-maternidade e aí mostrou-se conflitante com as disposições emanadas do constituinte originário, revelando-se discrepante das balizas do artigo 60 da Constituição Federal, no que veda a tramitação de emenda tendente a abolir direitos e garantias".

Cap. 9 – O LEGISLATIVO BRASILEIRO **415**

integrariam a categoria de cláusulas pétreas, e uma outra que entende que esses direitos não gozariam de tal *status*[100]. Relativamente aos direitos trabalhistas, também são duas as posições principais: os que sustentam que a integralidade dos direitos previstos nos arts. 7º a 9º seriam cláusulas pétreas e aqueles que alocam apenas alguns – em função de sua fundamentalidade sob a perspectiva da dignidade humana, por exemplo – nessa categoria[101].

Na realidade, como referido anteriormente, o STF já utilizou o direito social à maternidade e à infância – previsto no art. 6º –, como parâmetro de controle para emendas constitucionais, ainda que em conjunto com direitos constantes do art. 5º. Por outro lado, o Supremo Tribunal Federal considerou válida emenda que criou contribuições previdenciárias para inativos e pensionistas, por exemplo, sem entender que tal alteração violaria cláusulas pétreas[102]. Trata--se de um tema que, para além dessas diretrizes gerais, terá necessariamente de ser tratado de forma casuística.

Por fim, e como já referido, o STF reconhece aos parlamentares – e apenas a eles – legitimidade ativa para impugnar o processo legislativo de propostas de emenda constitucional, em geral por meio de mandado de segurança, caso haja violação das disposições constitucionais na matéria. O argumento mais utilizado pelos parlamentares, ao menos por enquanto, é o de que as propostas afetariam cláusulas pétreas.

O Supremo Tribunal Federal, no entanto, e com razão, entende que tal intervenção judicial apenas poderá se dar em casos extremos, já que o Legislativo, e mais ainda no exercício do poder constituinte derivado ou reformador, é o fórum próprio para discussão dos temas de interesse nacional, não cabendo ao Judiciário, como regra, interferir ou impedir o debate público[103].

---

[100] Defendendo que os direitos sociais são cláusulas pétreas v. Ingo Wolfgang Sarlet. *A eficácia dos direitos fundamentais*. Porto Alegre: Livraria do Advogado, 2015, p. 440. Entendendo que os direitos sociais não são cláusulas pétreas v. Gilmar Mendes. Os limites da revisão constitucional. *Cadernos de direito constitucional e ciência política*, São Paulo, n. 21, 1992, p. 86; Otávio Bueno Magano. Revisão constitucional. *Cadernos de direito constitucional e ciência política*. São Paulo, n. 7, 1994. p. 110-111.

[101] Pela condição de cláusula pétrea dos direitos previstos no art. 7º da CF/1988, v. Arnaldo Süssekind. As cláusulas pétreas e a pretendida revisão dos direitos constitucionais do trabalhador. *Revista do TST*, Brasília, v. 67, n. 2, abr./jun. 2001, p. 16 e ss. Entendendo que nem todos os direitos trabalhistas são fundamentais, v. Fábio Rodrigues Gomes. *Direitos fundamentais dos trabalhadores*: critérios de identificação e de aplicação prática. São Paulo: LTr, 2013.

[102] Por exemplo, STF, ADI 3.105/DF, Tribunal Pleno, Rel. p/ acórdão Min. Cezar Peluso, j. 18.08.2004, *DJ* 18.02.2005; STF, ADI 3128/DF, Tribunal Pleno, Rel. p/ acórdão Min. Cezar Peluso, j. 18.08.2004, *DJ* 18.02.2005.

[103] STF, MS 34.448 MC/DF, decisão monocrática, Rel. Min. Luís Roberto Barroso, j. 10.10.2016, *DJ* 11.10.2016: "Direito Constitucional. Processo Legislativo. Mandado de Segurança. Proposta de Emenda Constitucional. Novo Regime Fiscal. Pedido de sustação da tramitação, por violação de cláusula pétrea. 1. O controle de constitucionalidade de emendas constitucionais tem caráter excepcional e exige inequívoca afronta a alguma cláusula pétrea da Constituição. Mais excepcional ainda é o controle preventivo de constitucionalidade, visando a impedir a própria tramitação de proposta de emenda constitucional. 2. O Congresso Nacional, funcionando como poder constituinte reformador, é a instância própria para os debates públicos acerca das escolhas políticas a serem feitas pelo Estado e pela sociedade brasileira, e que envolvam mudanças do texto constitucional. Salvo hipóteses extremas, não deve o Judiciário coibir a discussão de qualquer matéria de interesse nacional. 3. Por significarem severa restrição ao poder das maiorias de governarem, cláusulas pétreas devem ser interpretadas de maneira estrita e parcimoniosa. Não há, na hipótese aqui apreciada, evidência suficiente de vulneração aos mandamentos constitucionais da separação de Poderes, do voto direto, secreto, universal e periódico e dos direitos e garantias individuais. 4. A responsabilidade fiscal é fundamento das economias saudáveis, e não tem ideologia. Desrespeitá-la significa predeterminar o futuro com déficits, inflação, juros altos, desemprego e todas as consequências negativas que dessas disfunções advêm. A democracia, a separação de Poderes e a proteção dos direitos fundamentais decorrem de escolhas orçamentárias transparentes e adequadamente justificadas, e não da realização de gastos superiores às possibilidades do Erário, que comprometem o futuro e cujos ônus recaem sobre as novas gerações. 5. Por certo, há risco de setores mais vulneráveis e menos representados politicamente perderem a disputa

9.4.2 Leis complementares e leis ordinárias

As diferenças básicas entre lei ordinária e lei complementar são duas: o quórum necessário à sua aprovação e o âmbito material de sua incidência. Quanto aos demais aspectos do processo legislativo, as regras são as mesmas, já expostas anteriormente. O art. 69 da Carta Magna dispõe que as leis complementares deverão ser aprovadas por maioria absoluta, requisito que se contrapõe ao quórum de maioria simples, referido no art. 47 da Constituição e aplicado ao procedimento legislativo das leis ordinárias. Não há, porém, hierarquia entre lei complementar e lei ordinária, e sim distribuição de competência constitucional[104]. Explica-se melhor.

A Constituição Federal dispensou às leis complementares tratamento diferenciado propositadamente, exigindo o quórum qualificado. Por esse mecanismo, o constituinte decidiu restringir a capacidade política das maiorias circunstanciais, a fim de assegurar maior estabilidade à disciplina jurídica das matérias que devem tomar a forma de leis complementares. A diferença de quórum, porém, não define, por si, que matérias serão tratadas por lei ordinária e que outras deverão tomar a forma de lei complementar. Nesse ponto é que se pode introduzir o segundo elemento distintivo, que cuida do campo material ocupado por cada uma dessas espécies legislativas.

Ao longo do texto constitucional, inúmeros dispositivos fazem menção expressa à lei complementar, especificando matérias que devem ser tratadas por essa espécie normativa. Assim é que, *e.g.*, o art. 14, § 9º, prevê que lei complementar estabelecerá os casos de inelegibilidade e os prazos de sua cessação; o art. 154, I, traz a possibilidade de a União instituir impostos não previstos na Carta somente por meio de lei complementar; o parágrafo único do art. 23 diz que lei complementar fixará as normas para a cooperação entre a União, os Estados, Distrito Federal e os Municípios, dentre muitos outros comandos constitucionais que prescrevem que a *lei complementar disporá (...)*, ou utilizam fórmula semelhante. O âmbito material das leis complementares, portanto, foi especificamente predeterminado pelo constituinte.

Na realidade, a escolha de uma espécie legislativa mais elaborada, de processamento mais complexo, relativamente a determinados assuntos, decorre de um juízo de conveniência do constituinte acerca da importância político-social atribuída a tais matérias e da necessidade de segurança e estabilidade jurídicas. Precisamente por essa razão, e esse é o entendimento convencional da doutrina[105] e jurisprudência, somente nas hipóteses expressamente previstas na Constituição é exigível a edição de lei complementar[106].

A lei ordinária, diferentemente, é ao mesmo tempo a espécie legislativa básica do ordenamento jurídico brasileiro e a residual. Ou seja: toda a matéria infraconstitucional que não foi entregue expressamente à lei complementar, aos decretos legislativos ou às resoluções deverá ser tratada mediante lei ordinária. Daí por que se pode dizer que o âmbito material da lei ordinária é também *residual,* isto é, determina-se por exclusão.

Registre-se ainda que, durante certo tempo, doutrina e jurisprudência discutiram se haveria ou não hierarquia entre essas duas espécies legislativas; porém, tal questão já se encontra amplamente consolidada no sentido de que não há hierarquia entre lei complementar e lei ordinária, mas sim campos de competências distintos. Com efeito, tanto as leis ordinárias quanto as leis complementares têm seu fundamento de validade, sua justificativa, diretamente relacionadas à Constituição Federal. Assim, não há que se falar em relação hierárquica entre ambas.

---

por recursos escassos. Porém, esta não é uma questão constitucional, mas política, a ser enfrentada com mobilização social e consciência cívica, e não com judicialização".

[104] Nesse sentido, STF, RE 377.457/PR, Tribunal Pleno, Rel. Min. Gilmar Mendes, j. 17.09.2008, *DJe* 19.12.2008, com repercussão geral.

[105] Marilene Talarico Martins Rodrigues. *Lei complementar.* Revista dos Tribunais n. 668, p. 62.

[106] STF, ADI 2028 MC/DF, Tribunal Pleno, Rel. Min. Moreira Alves, j. 11.11.1999, *DJ* 16.06.2000.

Haverá, assim, inconstitucionalidade formal quando matéria que deve ser tratada por lei complementar – porque assim a Constituição o determina – é disciplinada por lei ordinária. De outra parte, se uma lei é processada e aprovada como lei complementar, mas trata, em determinados artigos, de matéria própria de lei ordinária, nem por isso transforma tais temas em próprios de lei complementar: só a Constituição pode fazê-lo, na verdade. Nesse caso, a lei complementar aprovada terá, em relação a esses artigos, natureza de lei ordinária, de tal modo que lei ordinária posterior poderá vir a alterá-los.

9.4.3 Leis delegadas

A lei delegada é regulada pela Constituição no art. 68. Trata-se, a rigor, de uma figura em extinção, tendo em conta a existência das medidas provisórias. De forma simples, a lei delegada é, na realidade, uma lei elaborada pelo Poder Executivo que, para tanto, pede uma autorização prévia ao Congresso Nacional, sendo certo que a Constituição estabelece desde logo limites a essa delegação. Não podem ser objeto de delegação, por exemplo, as matérias reservadas à lei complementar, às competências privativas das Casas Legislativas, à legislação sobre direitos individuais e políticos, entre outros assuntos (art. 68, § 1º).

Caso o Congresso Nacional concorde com a solicitação do Executivo, expedirá resolução autorizando a elaboração da lei delegada, que especificará o conteúdo e os termos do exercício dessa delegação. A resolução poderá prever que o texto elaborado seja submetido a aprovação do Congresso Nacional em votação única, nessa hipótese não se admitindo emendas. Caso essa submissão não seja prevista e o Executivo venha a desrespeitar os limites da delegação legislativa outorgada, o Congresso Nacional poderá sustar o ato, nos termos do art. 49, V.

Como é fácil perceber, faz pouco sentido político para o Poder Executivo solicitar autorização para elaborar lei delegada quando, presentes a relevância e a urgência, ele pode valer-se de medidas provisórias para quantidade considerável de temas. Não é à toa que a última lei delegada federal foi editada em 1992. Seja como for, a disciplina da lei delegada tem tido, ao longo do tempo, algumas funções hermenêuticas relevantes.

Em primeiro lugar, ela deixa claro o caráter excepcional da delegação legislativa ao Poder Executivo e, em qualquer caso, a necessidade de parâmetros que conduzam o exercício dessa delegação por parte do Executivo. O caráter excepcional foi destacado também pelo art. 25 do ADCT, que tem a seguinte redação: "Art. 25. Ficam revogados, a partir de cento e oitenta dias da promulgação da Constituição, sujeito este prazo a prorrogação por lei, todos os dispositivos legais que atribuam ou deleguem a órgão do Poder Executivo competência assinalada pela Constituição ao Congresso Nacional, especialmente no que tange a: I – ação normativa".

Em segundo lugar, e sobretudo antes da EC nº 32/2001, que alterou o regime das medidas provisórias, os limites à lei delegada serviram, também, de fundamento para a fixação, pela doutrina e jurisprudência, de barreiras à edição de medidas provisórias, antes de haver qualquer previsão expressa nesse sentido. Na realidade, esses parâmetros continuam a ser úteis quando se discutem limites à delegação legislativa em geral.

9.4.4 Medidas provisórias

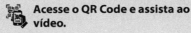

Acesse o QR Code e assista ao vídeo.

> https://uqr.to/1vvy4

As medidas provisórias, embora listadas no art. 59 como espécies legislativas, são, na realidade, editadas diretamente pelo Poder Executivo – com *status* e eficácia imediata de lei – e não pelo Poder Legislativo. Trata-se, porém, de um ato normativo sob condição suspensiva, já que, passado o prazo constitucionalmente previsto – agora de 60 dias, prorrogável apenas uma vez por mais 60 dias –, ele perderá a eficácia, caso não convertido em lei pelo Legislativo. A disciplina das medidas provisórias consta do art. 62 e foi substancialmente alterada pela EC nº 32/2001, e a compreensão do regime atual exige uma breve nota sobre o anterior.

A disciplina original das medidas provisórias era bastante sucinta. Quanto aos elementos básicos, a Constituição previa que elas poderiam ser editadas pelo Executivo na hipótese de relevância e urgência, teriam o prazo de 30 dias e perderiam sua eficácia, desde a origem, caso não convertidas em lei nesse tempo, cabendo ao Congresso Nacional disciplinar as relações dela decorrentes na hipótese de não conversão.

A prática, porém, foi consolidando uma série de abusos e impondo desafios para a interpretação e aplicação do sistema constitucional sobre a matéria. Uma primeira questão foi a possibilidade de prorrogação, que não constava do texto constitucional, mas que, amplamente adotada pelo Executivo, não foi questionada ou rejeitada pelo Legislativo e foi, compreensivelmente, admitida pela jurisprudência do STF.

Ao longo dos anos, no entanto, as prorrogações chegaram a tal ponto que diversas medidas provisórias vigeram por mais de cinco anos via prorrogações sucessivas, sem manifestação do Legislativo. Uma segunda questão envolvia o escopo possível das Medidas Provisórias, que passaram a realmente tratar de cada vez mais assuntos, já que a Constituição não tinha fixado limites materiais explícitos para as MPs: aos poucos, a jurisprudência foi impondo determinadas barreiras que decorrem do sistema, como as matérias vedadas à lei delegada, como referido. Um outro problema envolvia a insegurança no que diz respeito às relações formadas ao longo da vigência da MP caso ela viesse a perder a eficácia, diante do desinteresse do Congresso de regular a situação.

A EC nº 32/2001 alterou de forma bastante ampla a disciplina das medidas provisórias, sobretudo para dar alguma solução a essas questões. Em primeiro lugar, ela passou a prever um prazo maior de vigência para as MPs – 60 dias – prorrogável apenas uma vez. Além disso, o § 1º do art. 62 passou a listar as matérias que não podem ser objeto de medida provisória, consagrando, em torno delas, uma reserva de lei formal. Assim, há hoje reserva de lei formal explícita no sistema constitucional brasileiro, composta, justamente, pelos temas que não podem ser objeto de medida provisória, mas apenas de lei elaborada pelo Legislativo.

Sobre o processo legislativo das MPs – a rigor, da lei de conversão – a emenda trouxe duas inovações principais. Em primeiro lugar, regulamentou o regime de urgência associado à tramitação das medidas provisórias, acerca do que já se tratou, valendo lembrar, como já referido, que o trancamento da pauta neste caso atinge hoje apenas proposições de natureza ordinária que poderiam ser tratadas por Medidas Provisórias – e não quaisquer proposições –, na linha do entendimento adotado pela Câmara dos Deputados e considerado válido pelo STF.

Em segundo lugar, a emenda previu que uma comissão mista de Deputados e Senadores deveria apreciar e emitir um parecer sobre as medidas provisórias, antes de sua apreciação pelas Casas Legislativas. Apesar da previsão constitucional, esse procedimento não vinha sendo adotado, substituindo-se o parecer da comissão pelo parecer de um relator designado (com fundamento na Resolução nº 1/2002 do Congresso Nacional). O STF considerou inconstitucional essa prática na ADI nº 4.029, entendendo indispensável a existência e manifestação da comissão, mas modulou os efeitos de sua decisão para preservar a validade das Medidas Provisórias já convertidas em lei ou que estivessem em tramitação no Legislativo[107].

---

[107] STF, ADI 4.029/DF, Tribunal Pleno, Rel. Min. Luiz Fux, j. 08.03.2012, *DJe* 27.06.2012.

Ainda sobre o processo legislativo das leis de conversão, mas não relacionado com a EC nº 32/2001, vale lembrar o entendimento firmado no STF acerca da invalidade de apresentação, no decurso daquele, de emendas parlamentares que não guardem pertinência temática com a MP (o chamado "contrabando legislativo")[108].

Retornando às alterações introduzidas pela EC nº 32/2001, a Constituição passa a prever uma regra aplicável na hipótese de o Congresso não disciplinar as relações surgidas durante a vigência da Medida Provisória, caso ela seja rejeitada ou perca a eficácia: em não havendo disciplina específica, as relações jurídicas constituídas e decorrentes de atos praticados durante a vigência da MP conservar-se-ão por ela regidas (art. 62, § 11). Ou seja: embora a Constituição afirme que as medidas provisórias perderão a eficácia – desde a edição – se não forem convertidas em lei, isso só acontecerá se o Congresso expedir decreto legislativo para regular as relações constituídas por força da MP. Caso isso não aconteça, os efeitos dela serão preservados, tal como uma lei que é posteriormente revogada.

Por fim, a EC nº 32/2001 previu ainda – mas o dispositivo não foi incorporado no texto do art. 62, constando apenas da emenda propriamente – que todas as medidas provisórias em vigor quando de sua promulgação permaneceriam vigentes. Essa a redação do art. 2º da emenda: "Art. 2º As medidas provisórias editadas em data anterior à da publicação desta emenda continuam em vigor até que medida provisória ulterior as revogue explicitamente ou até deliberação definitiva do Congresso Nacional". De fato, há ainda vigendo medidas provisórias anteriores à EC nº 32/2001, às quais, portanto, aplica-se esse regime específico.

Vale o registro de que em junho de 2019 foi aprovada pelo Congresso Nacional a PEC 91/2019 que define prazos específicos para a tramitação das MPs no Congresso, a saber: a comissão mista de deputados e senadores terá 40 dias para votar a proposta; em seguida, a Câmara dos Deputados terá mais 40 dias; e, depois disso, é a vez do Senado, que terá 30 dias para analisar a PEC. No caso de emendas pelos Senadores, a Câmara terá 10 dias para apreciá-las. Até o momento, porém, a PEC 91/2019 não foi promulgada.

Alguns outros comentários sobre as medidas provisórias são relevantes. O STF entende que os requisitos de relevância e urgência são, como regra, de apreciação política e apenas excepcionalmente podem ser objeto de controle judicial[109]. Uma ocasião em que essa excepcionalidade se verificou foi na ADI nº 7.232, que declarou inconstitucional medida provisória que pretendeu desconstituir o que foi deliberado pelo Congresso Nacional e reafirmado na derrubada dos vetos presidenciais anteriores. Segundo a Corte, admite-se o "controle de constitucionalidade de medida provisória quando se comprove desvio de finalidade ou abuso da competência normativa do Chefe do Executivo, pela ausência dos requisitos constitucionais de relevância e urgência".

Quanto ao veto, como já referido, ele será dispensado caso a lei de conversão não tenha alterado a Medida Provisória, quando então ela será promulgada diretamente pela Presidência do Senado (já que o processo legislativo, nesses casos, sempre se iniciará na Câmara dos Deputados). Caso tenha havido alteração, todavia, o projeto terá de ser submetido a sanção ou veto do Chefe do Executivo[110].

Do ponto de vista federativo, o STF já se manifestou no sentido de que os Estados também podem adotar a possibilidade de Governador expedir medidas provisórias, mas, para tanto,

---

[108] STF, ADI 5.127/DF, Tribunal Pleno, Rel. p/ acórdão Min. Edson Fachin, j. 15.10.2015, *DJe* 11.05.2016.

[109] STF, ADC 11 MC/DF, Tribunal Pleno, Rel. Min. Cezar Peluso, j. 28.03.2007, *DJ* 29.06.2007 e ADI 4.029/DF, Tribunal Pleno, Rel. Min. Luiz Fux, j. 08.03.2012, *DJe* 27.06.2012.

[110] STF, RE 217.194/PR, Segunda Turma, Rel. Min. Maurício Corrêa, j. 17.04.2001, *DJ* 01.06.2001.

420 CURSO DE DIREITO CONSTITUCIONAL • *Ana Paula de Barcellos*

além da observância dos padrões previstos na Constituição Federal, deverá haver previsão expressa na Constituição Estadual[111].

9.4.5   Decretos legislativos e resoluções

Os decretos legislativos e resoluções são as espécies legislativas por meio das quais as Casas Legislativas – no âmbito federal, Câmara dos Deputados, Senado Federal e o Congresso Nacional – veiculam suas competências privativas ou exclusivas. Embora caiba aos regimentos internos das Casas regular a questão, os decretos legislativos são, em geral, utilizados apenas pelo Congresso Nacional. A Constituição menciona, por exemplo, que é o decreto legislativo que deverá regular as relações oriundas de medidas provisórias que deixaram de viger (art. 62, § 3º).

As resoluções, por seu turno, são utilizadas pela Câmara dos Deputados, Senado Federal e órgãos colegiados das Casas Legislativas, e, eventualmente, também pelo Congresso Nacional. A Constituição menciona, algumas vezes, o uso delas. Assim, a delegação feita pelo Congresso ao Presidente, no caso da lei delegada, tomará a forma de uma resolução do Congresso Nacional, como se viu (art. 68, § 2º). As competências do Senado para dispor sobre alíquotas de ICMS previstas constitucionalmente são exercitadas por meio desse instrumento legislativo (art. 155, § 2º, IV e V). A Constituição não faz menção a resoluções no caso dos incisos VII, VIII e IX do art. 52, mas essas competências do Senado para dispor a respeito de limites e normas sobre modalidades de endividamento público são também veiculadas, geralmente, por meio delas.

Como regra, a iniciativa dos decretos legislativos e resoluções é privativa dos parlamentares integrantes da própria Casa Legislativa, mas há exceções previstas pela própria Constituição: é o caso, por exemplo, dos tratados – que têm origem no Executivo (art. 49, I) – e da competência privativa do Senado, que consta do art. 52, VI, que deverá decidir acerca de proposta encaminhada pelo Executivo. Em todo caso, e independentemente de a iniciativa ser externa, decretos legislativos e resoluções jamais são submetidos à sanção ou veto do Chefe do Executivo.

---

[111]   STF, ADI 2.391/SC, Tribunal Pleno, Relª. Minª. Ellen Gracie, j. 16.08.2006, *DJ* 16.03.2007.

10

Poder Executivo

Do ponto de vista histórico, parece correto afirmar que os Estados absolutos europeus tinham, em termos de órgãos estatais, sobretudo Poder Executivo. As diferentes funções públicas eram concentradas na pessoa do monarca que as exercia, diretamente ou por delegação, mas sob seu controle. O que se observa ao longo do tempo, portanto (não de forma linear, mas com muitas idas e vindas que prosseguem até hoje), são múltiplos processos de limitação desse abrangente Poder Executivo que concentrava em si o exercício de todo o poder estatal em suas diversas manifestações.

Assim, a república limita o Poder Executivo ao submetê-lo à eletividade, à periodicidade e à responsabilidade política. Sob outra perspectiva, a organização do Legislativo em caráter permanente e a atribuição a ele de competências próprias – fiscalizatórias e legislativas – retira essas mesmas atribuições da esfera do Executivo e, em alguma medida, constrói um contraponto a ele. A progressiva independência do Poder Judiciário produz cenário semelhante: a tradicional função de resolver os conflitos entre as pessoas e, eventualmente, aplicar as normas a eles (quando normas houvesse) já não cabe mais ao monarca nem a seus agentes delegados, mas a um órgão independente.

A realidade, porém, é que o Executivo continua a concentrar todas as atividades que não lhe foram, ao longo do tempo e em cada lugar, retiradas e atribuídas como privativas ou típicas de outros poderes/órgãos, ainda que agora o exercício dessas funções esteja submetido às regras que impõem limites, restrições e procedimentos. No modelo atual de organização dos Poderes, tudo que não é legislar ou fiscalizar, nos termos atribuídos ao Legislativo, ou prestar jurisdição, é, em última análise, levado a cabo pelo Executivo.

Essa perspectiva ajuda a compreender algumas questões importantes. Em primeiro lugar, a transformação da realidade que as normas e mesmo as decisões judiciais pretendem promover passa, em boa medida, pelas atividades levadas a cabo pelo Executivo. É ele, a rigor, que prestará os serviços que a legislação prevê, e garantirá – com uso da violência, se necessário – que normas e decisões sejam cumpridas, caso os destinatários não se submetam a elas voluntariamente. Eventualmente, não fará nada disso, e as normas e as decisões poderão não ter efeito concreto algum. Ou seja: o Executivo concentra, na realidade, um complexo amplo e variado de competências.

Em segundo lugar, essa perspectiva traz à tona o enorme poder político que, na prática, o Executivo tem e a importância do debate em torno dos controles políticos, sociais e jurídicos sobre ele em um Estado Democrático de Direito. É o Executivo, a rigor, que controla o dinheiro – isto é: a arrecadação e o gasto dos recursos públicos – e o uso da violência monopolizada pelo Estado, dois elementos da maior relevância, tanto para a promoção, quanto para a violação de direitos. Ele praticará os atos capazes de implementar, no mundo dos fatos, as normas, inclusive constitucionais, bem como as decisões judiciais, sobretudo as mais complexas, que envolvam, por exemplo, a correção ou mesmo a criação de políticas públicas.

Em geral, afirma-se que a função executiva ou administrativa envolve a aplicação da lei de ofício, o que é correto. Porém, note-se que sob essa frase as mais diversas atribuições podem ser abrigadas: desde declarar guerra, prestar serviços de limpeza urbana e de educação básica, organizar a segurança pública, conceder indulto, expedir decretos regulamentares para execução da lei, e fiscalizar e punir em sede administrativa infrações, por exemplo, à legislação ambiental, entre muitos outros exemplos. É certo que há normas tratando, em alguma medida, de todos esses assuntos – por vezes bastante gerais, como no caso da declaração de guerra – de modo que não é impreciso reconduzir tais competências à ideia genérica da aplicação da lei de ofício. Todavia, parece evidente que tais atividades são bastante variadas, envolvem a prática de atos diversos e, por isso mesmo, atraem diferentes parâmetros normativos.

Essa reflexão conduz a um ponto importante que tem sido especialmente discutido na doutrina de Direito Administrativo e que cabe registrar desde logo, ainda que de forma simplificada. Tradicionalmente, afirmava-se que os atos administrativos – aqui considerados os atos praticados pela Administração Pública de forma geral – seriam discricionários ou vinculados, tendo em vista a norma com a qual estão, de algum modo, relacionados. Os atos discricionários seriam aqueles em relação aos quais a norma atribui ao Poder Executivo, ou, de forma mais geral, à Administração Pública, a competência para decidir a conveniência de sua prática e, em alguma medida, até qual seu exato conteúdo. Não se tratava de arbítrio, mas de uma avaliação, feita pelo legislador, de que seria melhor para o interesse público que o administrador tomasse tais decisões diante das circunstâncias concretas, ao invés de o legislador tentar tomá-las em abstrato. No caso do ato vinculado, por seu turno, a norma não apenas atribui a competência para a prática do ato, mas já define o conteúdo deste e a circunstância que exige sua prática.

A realidade, porém, é que são raros os atos totalmente discricionários e aqueles inteiramente vinculados. Declarar guerra é um ato considerado predominantemente discricionário, mas há normas que impõem alguns limites a essa competência do Executivo: o Conselho de Defesa Nacional, previsto no art. 91 da Constituição, deverá ser ouvido (ainda que sua opinião não vincule) e haverá o controle do Congresso Nacional, nos termos do art. 49, II. De outra parte, mesmo a aplicação da lei mais simples pelo Executivo não elimina algum nível de discricionariedade: no mínimo, caberá a ele definir que lugares (do País, do Estado ou do Município) serão priorizados nas atividades de execução da lei, por exemplo. Daí porque se conclui que, a rigor, as competências do Poder Executivo, e da Administração Pública como um todo, são formadas por elementos discricionários e vinculados, mesmo que eventualmente haja, de fato, maior predominância de uns que de outros.

De parte a distinção entre atos discricionários e vinculados – ou, mais precisamente, entre atos com predominância de alguns desses elementos ou de outros –, é possível identificar na doutrina outras classificações tradicionais acerca das competências do Poder Executivo – competências próprias de Chefia de Estado, de Governo ou de Administração, como se verá adiante – que ajudam a organizar o conhecimento, mas seu fundamento é principalmente tradicional e histórico. A tentativa de classificação das competências que se vai apresentar adiante – entre normativas (primárias e secundárias) e político-administrativas (que admitem graus de concentração na quantidade de elementos discricionários ou de elementos vinculados) – é, igualmente, apenas uma pretensão didática de organizar o conhecimento.

Esse esforço de organização, de compreensão e organização das competências do Executivo tem recebido, ainda, novos desafios, considerando o crescimento da atuação do Estado nas últimas décadas com o *welfare state* e com a intervenção estatal na economia. E mesmo com a redução de algumas modalidades desses tipos de atuação em certos lugares, o Estado regulador continua em expansão. Ora, quem leva a cabo os serviços típicos do *welfare state*? E a intervenção do Estado na economia? E quem desenvolve a regulação? É certo que todas essas intervenções dependem de normas prévias – elaboradas, em geral, pelo Legislativo – e

Cap. 10 – PODER EXECUTIVO **423**

acabam aumentando a quantidade de demandas judiciais, a cargo do Judiciário. Em geral, porém, quem efetivamente levará a cabo todas essas atividades são os órgãos ou entidades do Poder Executivo: ministérios, secretarias, autarquias, fundações, empresas públicas, sociedades de economia mista e agências reguladoras.

Desse fenômeno decorre, igualmente, um outro desafio: o Poder Executivo tornou-se policêntrico. Já não se trata apenas do Chefe do Executivo e de sua equipe organizada em ministérios, mas de um complexo de organizações, pessoas jurídicas autônomas, algumas com regime especial de autonomia, todas encarregadas, em última análise, de levar a cabo esse conjunto de funções que o Poder Executivo concentra. E neste ponto se chega a uma distinção importante que deve ser feita desde logo entre o Poder Executivo, ou a Administração Pública direta, e a Administração Pública indireta.

Até aqui, tratou-se do Poder Executivo e da Administração Pública de forma razoavelmente indistinta, mas é preciso aprofundar a questão. A Administração Pública é, a rigor, um gênero que reúne duas espécies: a Administração Pública direta e a Administração Pública indireta. A primeira confunde-se com o próprio Poder Executivo, que tem como chefe o Presidente, Governador ou Prefeito, conforme o caso, e estrutura-se por meio de órgãos diretamente vinculados a ele sem personalidade jurídica própria, em geral denominados ministérios ou secretarias.

Paralelamente, há a Administração Indireta. O art. 37, XIX, da Constituição permite que a lei crie ou autorize a criação de pessoas jurídicas autônomas para o desenvolvimento específico de atividades que competem, de forma genérica, ao Poder Executivo. São em geral quatro as espécies de pessoas jurídica que podem ser criadas: fundações, autarquias, empresas públicas e sociedades de economia mista.

Assim, por exemplo, o Poder Executivo federal poderia gerenciar os serviços previdenciários diretamente, por meio de um Ministério, por exemplo, mas Legislativo e Executivo acharam por bem criar uma autarquia dedicada apenas a essa atividade, que é o INSS. A intervenção do Estado na ordem econômica, por exemplo, pode levar a lei a autorizar a criação de empresas públicas e sociedades de economia mista, figuras que têm personalidade de direito privado, nos termos do art. 173 da Constituição. Assim, por exemplo, o Banco do Brasil e a Petrobras são sociedades de economia mista, ao passo que a Caixa Econômica Federal e o BNDES são empresas públicas.

As pessoas jurídicas que integram a Administração Pública indireta foram criadas em consequência de uma opção política de descentralizar determinadas atividades estatais ou, no caso da intervenção na ordem econômica, por conta de decisão de explorar atividades econômicas. Em qualquer caso, a premissa subjacente é de que quaisquer que sejam essas atividades – prestação de serviços públicos, regulação, exploração de atividades econômicas etc. – elas poderão ser mais bem executadas por meio dessas estruturas autônomas do que pelo Poder Executivo diretamente.

Embora esse tema seja mais próprio do Direito Administrativo, vale o registro de que a Constituição prevê uma série de normas aplicáveis à Administração Pública como um todo, ou seja, à Administração direta e indireta: é o caso, de forma geral, do que consta do art. 37 e do art. 202, §§ 3º e 4º, por exemplo. Outras disposições constitucionais aplicam-se particularmente às sociedades de economia mista e empresas públicas, como é o caso do art. 22, XXVII, *in fine*, art. 169, § 1º, II, e art. 173. E outras ainda se dirigem apenas à Administração direta, autarquias e fundações, como é o caso do art. 39.

Feita essa apresentação geral do tema, o plano de trabalho que se vai seguir envolve o exame, em primeiro lugar, das previsões constitucionais que tratam do Poder Executivo em si e, particularmente, do Chefe do Poder Executivo. E, na sequência, serão abordadas as principais normas constitucionais que dizem respeito à Administração Pública como um todo.

10.1 PODER EXECUTIVO: INGRESSO E GARANTIAS

10.1.1 Eleição e sucessão

A Constituição de 1988 organizou, como se sabe, uma república presidencialista, opções confirmadas pelo plebiscito realizado em 1993. Assim, o Chefe do Executivo em todos os níveis federativos é eleito diretamente pelo povo, e a Constituição estabelece várias normas sobre a matéria, as quais cabe observar.

A primeira questão relevante a definir é quem pode ser candidato a Chefe do Executivo. O art. 14 dispõe sobre uma série de condições de elegibilidade e, no caso específico do Presidente e do Vice-Presidente da República, exige também que eles sejam brasileiros natos (art. 12, § 3º, I e II), obrigação que não se aplica a Governadores e Prefeitos. Sobre as condições de elegibilidade previstas no art. 14, alguns comentários são importantes.

Condições de elegibilidade são, em alguma medida, restrições aos direitos políticos das pessoas, que incluem, entre outras prerrogativas próprias à cidadania, o direito de votar e *ser votado*. Este pressupõe, logicamente, o direito de se candidatar. Assim, é preciso não perder de vista que as condições de elegibilidade são a exceção, sendo a regra o direito de ser votado, e, portanto, devem ser interpretadas de forma estrita.

Sem prejuízo do que se acaba de registrar, a Constituição tem três metas principais ao tratar das inelegibilidades. Em primeiro lugar, assegurar condições mínimas de educação, idade e inserção na comunidade – são as exigências dos §§ 3º e 4º do art. 14, basicamente. Em segundo lugar, garantir tanto quanto possível a igualdade de chances entre os candidatos no pleito, coibindo o abuso de poder econômico e impedindo o uso da máquina administrativa em favor de determinados candidatos – para esse fim, existem as previsões que tratam da necessária desincompatibilização do Chefe do Executivo, caso queira concorrer a qualquer outro cargo, não aplicável na hipótese de reeleição (§ 6º), a inelegibilidade de parentes dos Chefes do Executivo (§ 7º) e a previsão de que lei complementar poderá criar novas hipóteses de inelegibilidade com esse fundamento (§ 9º). Além das regras sobre elegibilidade, o abuso de poder econômico, a corrupção ou fraude poderão ensejar a impugnação do mandato perante a Justiça Eleitoral, nos termos dos §§ 10 e 11, também do art. 14.

Por fim, em terceiro lugar, a Constituição preocupa-se com a proteção da probidade administrativa e com a garantia de padrões de moralidade para exercício de mandato, considerada vida pregressa do candidato. O texto constitucional não previu desde logo condições de elegibilidade ou mesmo inelegibilidades diretamente relacionadas com essa meta, mas autorizou que lei complementar o fizesse, nos termos do § 9º do art. 14, já referido. Justamente com esse fundamento constitucional que foi editada a chamada "Lei da Ficha Limpa", Lei Complementar nº 135/2010, originária de iniciativa popular, que dentre outras previsões criou uma série de novas inelegibilidades, várias delas decorrentes da situação de o indivíduo haver sido condenado criminalmente (em geral, com a exigência de que a decisão tenha sido proferida órgão colegiado). A validade da Lei Complementar nº 135/2010 foi questionada perante o STF sob várias perspectivas (suposta violação dos direitos políticos, da presunção de inocência, da irretroatividade das normas etc.), mas o Supremo Tribunal Federal acabou por concluir, em interessante acórdão, pela constitucionalidade da norma[1].

Feita essa breve nota sobre as condições de elegibilidade, cabe prosseguir. Os mandados de todos os Chefes do Executivo terão quatro anos (arts. 82, 28, 29, I) admitida a reeleição para um único período subsequente. Esta não era prevista originalmente, e foi introduzida pela EC nº 16/1997 (art. 14, § 5º). Nada impede, porém, que alguém que já foi Presidente, Governador

---

[1] STF, ADI 4578/AC, Tribunal Pleno, Rel. Min. Luiz Fux, j. 16.02.2012, *DJe* 28.06.2012.

ou Prefeito candidate-se para esses mesmos cargos em momento no futuro, isto é, que não seja subsequente.

A escolha do Presidente da República é regulada no art. 77, sendo que sua eleição importa a do Vice-Presidente com ele registrado, isto é: há apenas uma eleição que escolherá a chapa registrada de forma única. A Constituição regula, ainda, os dias em que as votações ocorrerão e a hipótese do segundo turno, caso nenhum candidato obtenha maioria absoluta em uma primeira votação (§ 3º). O art. 28 do texto constitucional dispõe, nessa mesma linha, sobre a escolha de Governadores, remetendo inclusive ao art. 77, e o art. 29 faz o mesmo em relação à eleição de prefeitos, com a distinção de que não se aplica a regra do segundo turno em Municípios com população abaixo de 200 mil habitantes.

A Emenda Constitucional nº 111/2021 alterou a data da posse dos Chefes do Executivo estaduais e federal, prevista originalmente para 1º de janeiro do ano subsequente às eleições, alteração prevista para ser aplicada a partir das eleições de 2026. O art. 28 passou a prever que Governadores e Vice-Governadores tomarão posse no dia 6 de janeiro, e o art. 82 dispõe agora que a posse do Presidente e Vice-Presidente ocorrerá no dia 5 de janeiro, sempre no ano seguinte às eleições. A data da posse de Prefeitos, prevista no art. 29, III, não foi alterada, permanecendo em 1º de janeiro.

O texto constitucional trata, também, das situações de sucessão do Presidente da República. O Vice-Presidente é o substituto natural do Presidente, de modo que, no caso de impedimento deste, por qualquer razão, o Vice assumirá e concluirá o mandato para o qual foram eleitos: é o que prevê o art. 79.

Na hipótese chamada de vacância dupla, quando Presidente e Vice se tornam impedidos ou, por qualquer razão, seus cargos fiquem vagos, não há propriamente uma substituição, mas apenas pessoas que serão chamadas ao exercício temporário da presidência (previstas no art. 80) até que se realize nova eleição. Esta será direta se a dupla vacância ocorrer antes dos primeiros dois anos do mandato, ou indireta – pelo Congresso Nacional – caso a dupla vacância ocorra nos últimos dois anos[2], tudo nos termos do art. 81. Em qualquer caso, o eleito terminará o período do mandato em curso.

Sobre a sucessão de que cuida o art. 80, o STF já se manifestou no sentido de que as pessoas ali listadas – o Presidente da Câmara dos Deputados, o do Senado Federal e o do Supremo Tribunal Federal – não poderão vir a suceder o Presidente caso sejam réus em processo criminal, considerando o afastamento que a Constituição impõe ao próprio Presidente pelo art. 86, § 1º, na hipótese de ele se tornar réu em processo criminal perante o STF[3].

Ainda sobre a questão da dupla vacância e como resolvê-la, o STF entende que Estados e Municípios podem dispor, no âmbito de sua autonomia, sobre como lidar com a questão, contanto que seja por meio de eleição[4].

A Constituição se ocupa de tratar especificamente de um outro grupo de pessoas que integra o Poder Executivo (no caso, federal): os Ministros de Estado. Estes, como se sabe, não são eleitos, mas escolhidos livremente pelo Presidente e, da mesma forma, livremente demissíveis

---

[2] Em 08.03.2018 o Plenário do STF decidiu a ADI nº 5.525/DF, Rel. Min. Roberto Barroso, para atribuir interpretação conforme a Constituição ao § 4º do art. 224 do Código Eleitoral (na redação que lhe deu a Lei nº 13.165/2015). A lei prevê que serão realizadas eleições diretas em casos de indeferimento de registro de candidatura, cassação de diploma ou perda de mandato decretadas pela Justiça Eleitoral, ocorridas entre o início do terceiro ano de mandato e os seus seis meses finais. O STF atribuiu interpretação conforme ao dispositivo legal para excluir de sua incidência as situações de vacância nos cargos de Presidente e Vice-Presidente da República, bem como de Senador da República, que contam com disciplina constitucional específica.

[3] ADPF 402 MC-REF/DF, Rel. Min Marco Aurélio, *DJ* 21.12.2016.

[4] STF, ADI 4.298 MC/DF, Tribunal Pleno, Rel. Min. Cezar Peluso, j. 07.10.2009, *DJ* 27.11.2009.

(art. 84, I), sendo exemplos clássicos dos chamados cargos em comissão de que cuida o art. 37, II e V, ao estabelecer as regras gerais em matéria de ingresso na Administração Pública.

A Constituição prevê como limites explícitos a esta competência do Chefe de Estado que a pessoa nomeada esteja no exercício de seus direitos políticos e tenha mais de 21 anos. Trata-se, portanto, de um daqueles atos com elementos predominantemente discricionários. Nada obstante, um tema que o STF já examinou, e que talvez venha a ser rediscutido, envolve a aplicação ou não da Súmula Vinculante nº 13[5], que veda o nepotismo, em relação aos Ministros de Estado e Secretários Estaduais e Municipais.

Em decisão de 2008, o STF entendeu que o Governador podia nomear seu irmão como Secretário de Estado, já que a SV nº 13 não se aplicava a cargos de natureza política[6]. Em fevereiro de 2017, porém, o Ministro Marco Aurélio suspendeu a nomeação de filho do Prefeito da cidade do Rio de Janeiro como Secretário Municipal, entendendo aplicável a SV nº 13 também a tais hipóteses[7], e determinou a submissão do caso ao Plenário, considerando que há divergência entre os Ministros acerca da matéria.

10.1.2 Garantias

A Constituição assegura ao Chefe do Executivo – especificamente o Presidente da República – algumas garantias próprias que vale mencionar: (i) a chamada imunidade temporária de que cuida o art. 86, § 4º; (ii) a prerrogativa de foro perante o STF para processos por crimes comuns, com prévia autorização da Câmara dos Deputados (art. 86); e (iii) a garantia contra prisão antes do trânsito em julgado (art. 86, § 3º).

Nos termos literais do art. 105, I, *a*, da Constituição, os Governadores de Estado também gozam de prerrogativa de foro para processos por crime comum perante o STJ e os Prefeitos, perante os Tribunais de Justiça, nos termos do art. art. 29, X. A extensão dessa prerrogativa de foro, porém, significa hoje algo diverso do que significava anos atrás.

E isso porque, em maio de 2018, o STF redefiniu a extensão da prerrogativa de foro das autoridades referidas no art. 102, I, *b*, para limitá-la apenas aos "crimes cometidos durante o exercício do cargo e relacionados às funções desempenhadas"[8].

A decisão do STF não tratou de forma específica, por natural, da prerrogativa de foro dos Governadores ou dos Prefeitos, ou ainda das demais hipóteses de prerrogativa de foro previstas no texto constitucional. O STJ, porém, já se manifestou no sentido de aplicar o mesmo entendimento firmado pelo STF, definindo que a prerrogativa de função no caso de Governadores e Conselheiros de Tribunais de Contas ficará restrita a fatos ocorridos durante o exercício do cargo e em razão deste[9].

Sobre o processamento de ações penais no caso de Governadores, em maio de 2017, o STF alterou o seu entendimento anterior para definir que "é vedado às unidades federativas

---

5   STF, Súmula Vinculante nº 13, *DJ* 29.08.2008: "A nomeação de cônjuge, companheiro ou parente em linha reta, colateral ou por afinidade, até o terceiro grau, inclusive, da autoridade nomeante ou de servidor da mesma pessoa jurídica investido em cargo de direção, chefia ou assessoramento, para o exercício de cargo em comissão ou, ainda, de função gratificada na administração pública direta e indireta em qualquer dos Poderes da União, dos Estados, do Distrito Federal e dos Municípios, compreendido o ajuste mediante designações recíprocas, viola a Constituição Federal".

6   STF, RCl 6650 MC-AgR/PR, Tribunal Pleno, Rel. Min. Ellen Gracie, j. 19.10.2008, *DJe* 21.11.2008.

7   STF, RCl 26.303, decisão monocrática, Rel. Min. Marco Aurélio, j. 07.03.2017, *DJe* 13.03.2017.

8   O novo entendimento do STF acerca do escopo da prerrogativa de foro foi definido pelo Plenário em questão de ordem no âmbito da AP 937, Rel. Min. Luís Roberto Barroso, j. 03.05.2018.

9   STJ, Corte Especial, Questão de Ordem nas APs 857, Rel. Min. Mauro Campbell Marques, e 866, Rel. Min. Luis Felipe Salomão, j. 20.06.2018.

Cap. 10 – PODER EXECUTIVO **427**

instituírem normas que condicionem a instauração de ação penal contra governador, por crime comum, à previa autorização da casa legislativa, cabendo ao Superior Tribunal de Justiça dispor, fundamentadamente, sobre a aplicação de medidas cautelares penais, inclusive afastamento do cargo"[10]. Assim, a exigência de que o Legislativo – na realidade, a Câmara dos Deputados – autorize previamente a instauração de processo criminal contra o Chefe do Executivo aplica-se apenas ao Presidente da República.

Nesse mesmo sentido, aliás, já era o entendimento do STF acerca das outras garantias previstas no art. 86, isto é: a garantia contra prisão (art. 86, § 3º) e a imunidade temporária do art. 86, § 4º[11], que não se aplicam a Governadores e Prefeitos, mas apenas ao Presidente da República[12].

Alguns comentários sobre as garantias que se acaba de apresentar parecem importantes. A chamada imunidade temporária significa que o Presidente da República não poderá ser processado criminalmente por atos não relacionados com o exercício da função, sendo certo que a prescrição fica suspensa durante o mandato. Encerrado esse, o ex-Presidente poderá ser responsabilizado normalmente, nos termos da legislação, pelo que quer que tenha cometido.

Sobre a prerrogativa de foro, cabe fazer um resumo aqui, já que o tema foi explorado em mais detalhes ao se tratar dos parlamentares. Após a promulgação da Constituição de 1988, o STF manteve o entendimento, fixado em 1964 e veiculado na Súmula nº 394, por força do qual a competência especial por prerrogativa de função deveria prevalecer mesmo findo o exercício da função[13]. Assim, o STF continuaria competente para processar e julgar as eventuais ações penais relativas aos ex-Presidentes, mesmo após o encerramento de seus mandatos.

Em 1999, porém, a Súmula nº 394 foi cancelada[14], e passou-se a entender que o fim do mandato encerra igualmente a justificativa para a prerrogativa de foro, passando a valer as regras gerais acerca de competência penal, com a consequente redistribuição do processo para o foro competente. Em 2002, foi editada a Lei nº 10.628, que pretendeu restaurar o entendimento da Súmula nº 394, a essa altura já revogada pelo STF, e, adicionalmente, estender o foro por prerrogativa de função também às ações por improbidade. O STF, entretanto, considerou as duas previsões inconstitucionais em julgamento ocorrido em setembro de 2005[15].

A Constituição prevê que também os Ministros de Estado gozam de prerrogativa de foro perante o STF, nos termos do art. 102, I, *c*, e há algumas considerações a fazer acerca dessa hipótese. Isso porque, em 22 de dezembro de 2004, o Congresso Nacional converteu medida provisória, que tratava de tema correlato, na Lei nº 11.036. A nova lei criou duas regras principais: (i) atribuiu *status* de Ministro de Estado ao Presidente do Banco Central, aplicando a ele o que dispõe o art. 102, I, *c*, da Constituição, no que diz respeito à prerrogativa de foro; e (ii) reproduziu a regra geral da Lei nº 10.628/2002, dispondo especificamente sobre a manutenção da competência especial por prerrogativa de foro para julgar atos administrativos "praticados por ex-ocupantes do cargo de Presidente do Banco Central do Brasil no exercício da função pública".

---

[10]   STF, ADI 4.764/AC, Tribunal Pleno, Rel. p/ acórdão Min. Roberto Barroso, j. 04.05.2017, *DJ* 15.08.2017.

[11]   STF, HC 83.154/SP, Tribunal Pleno, Rel. Min. Sepúlveda Pertence, j. 11.09.2003, *DJ* 21.11.2003.

[12]   STF, ADI 1.634 MC/SC, Tribunal Pleno, Rel. Min. Néri da Silveira, j. 17.09.1997, *DJ* 08.09.2000 e Inq. 3.983/DF, Tribunal Pleno, Rel. Min. Teori Zavascki, j. 03.03.2016, *DJe* 12.05.2016.

[13]   STF, Súmula nº 394 (cancelada), *DJ* 08.05.1964: "Cometido o crime durante o exercício funcional, prevalece a competência especial por prerrogativa de função, ainda que o inquérito ou a ação penal sejam iniciados após a cessação daquele exercício".

[14]   Na sessão plenária de 25.08.1999, a Súmula nº 394 foi cancelada, com efeito *ex nunc*, nos seguintes julgamentos: Inq 687 QO (*DJ* 09.11.2001), AP 315 QO (*DJ* 31.10.2001), AP 319 QO (*DJ* 31.10.2001), Inq 656 QO (*DJ* 31.10.2001), Inq 881 QO (*DJ* 31.10.2001), AP 313 QO (*DJ* 12.11.1999).

[15]   STF, ADI 2797/DF, Tribunal Pleno, Rel. Min. Sepúlveda Pertence, j. 15.09.2005, *DJ* 19.12.2006.

428 CURSO DE DIREITO CONSTITUCIONAL · *Ana Paula de Barcellos*

Essa lei foi igualmente impugnada perante o STF, mas, nesse caso, em decisão proferida alguns meses antes daquela acerca da Lei nº 10.628, já referida. O STF considerou que as previsões eram válidas – tanto a equiparação do Presidente do Banco Central a Ministro, quanto a manutenção do foro para ex-Presidentes do Bacen relativamente a atos praticados no exercício da função pública –, não sendo imprópria a existência de sistemas singulares a fim de garantir a independência para cargos importantes[16]. No momento, portanto, existe uma exceção à posição do STF no sentido de que a prerrogativa de foro se extingue com o fim do mandato ou da função que a justifica: os ex-Presidentes do Banco Central, que continuarão tendo prerrogativa de foro perante o STF. Mas, como indicado no capítulo anterior, o STF já formou maioria para estabelecer o entendimento de que o término do mandato não desloca o foro do tribunal.

10.2 PODER EXECUTIVO: PERDA DO MANDATO. O CASO DO *IMPEACHMENT*

A Constituição disciplina as circunstâncias em que o Chefe do Executivo, e o Presidente da República em particular, poderá vir a perder o mandato. Algumas hipóteses são naturais, como a morte, ou decorrem de um ato de vontade do próprio Presidente, como a renúncia. As questões mais complexas são aquelas que decorrem, na realidade, de decisões de um outro Poder, que são denominadas de cassação do mandato. Nos termos constitucionais, o mandato do Chefe do Executivo pode ser cassado: (i) como consequência da condenação criminal de um crime comum ou eleitoral, levada a cabo pelo Judiciário; (ii) como decorrência da condenação por crime de responsabilidade, levada a cabo pelo Legislativo. Aprofunde-se a questão iniciando pelo crime comum.

Tal qual referido anteriormente, o Presidente da República – e a regra não se aplica a Governadores e Prefeitos, como se viu – goza de imunidade temporária (art. 86, § 4º), de modo que eventual processo criminal comum apenas será admitido durante o mandato caso os fatos guardem relação com a função. Superada a imunidade temporária, o art. 86 regula a questão: o processo criminal contra o Presidente da República será da competência do STF (art. 102, I, *a*) e dependerá de prévia autorização da Câmara dos Deputados, sendo que o quórum dessa deliberação é de dois terços (art. 51, I).

Admitida a acusação pela Câmara e recebida a denúncia ou queixa-crime pelo STF, o Presidente será suspenso de suas funções por 180 dias, retornando caso o processo não tenha sido concluído nesse prazo. A condenação criminal, dentre as penas eventualmente cabíveis, produz a perda ou suspensão dos direitos políticos, nos termos do art. 15, III, com a consequente cassação do mandato. Caso o mandato presidencial termine antes de concluído o processo criminal, o STF entende que a prerrogativa de foro se encerra e o processo será encaminhado para o Juízo competente, de acordo com as regras processuais gerais aplicáveis.

Uma outra possibilidade de cassação do mandato dos Chefes do Executivo é a decisão da Justiça Eleitoral no âmbito de ação de impugnação de mandato, por conta de abuso de poder econômico, corrupção ou fraude, de que trata o art. 14, §§ 10 e 11, da Constituição. Apurado que houve algum desses ilícitos, a consequência, entre outras, será a cassação do mandato. A competência no âmbito da Justiça eleitoral é definida pelo juízo competente para a diplomação dos eleitos. Assim, ação de impugnação de mandato contra o Presidente da República será objeto de análise pelo TSE; no caso de Governadores, o TRE; e no caso de Prefeitos, a Junta Eleitoral.

Também é possível a cassação do mandato do Chefe do Executivo – agora por decisão do Legislativo – em decorrência da condenação por crime de responsabilidade. O tema é disciplinado, na Constituição, nos arts. 85, 86, 51, I, e 52, I e parágrafo único. O STF entende, ademais, que a União tem competência legislativa exclusiva para tratar do tema, não podendo os demais

---

[16] STF, ADI 3289/DF, Tribunal Pleno, Rel. Min. Gilmar Mendes, j. 05.05.2005, *DJ* 24.02.2006.

Cap. 10 – PODER EXECUTIVO **429**

entes tratar do assunto[17]. Nesse sentido, a Lei nº 1.079/1950 define os crimes de responsabilidade e regula o processo de julgamento aplicável ao Presidente e aos Governadores, e o Decreto-Lei nº 201/1967 faz o mesmo em relação aos Prefeitos, tendo sido ambas as normas recepcionadas naquilo que sejam compatíveis com as novas regras constitucionais sobre a matéria[18]. Vale o registro de que os dois diplomas foram alterados pela Lei nº 10.028/2000, que incluiu hipóteses específicas de crimes de responsabilidade contra a lei orçamentária.

Do ponto de vista constitucional, o processo por crime de responsabilidade envolvendo o Presidente da República pode ser descrito, de forma objetiva, nos seguintes termos:

(i) a Câmara dos Deputados admite a denúncia apresentada (por qualquer pessoa, a rigor), em decisão tomada por dois terços de seus membros (arts. 51, I, e 86), e a remete ao Senado Federal[19];

(ii) o Senado Federal decide acerca da instauração do processo propriamente dito por meio de uma deliberação expressa do Plenário (de acordo com o entendimento do STF[20]) e, caso instaurado, o Presidente é suspenso de suas funções por 180 dias (retornando caso o procedimento não se conclua nesse prazo);

(iii) sob a Presidência do Presidente do STF (art. 52, parágrafo único), o Senado Federal conduz o procedimento no qual se deverá observar um devido processo legal ao Presidente acusado, nos termos da legislação, podendo inclusive o STF controlar o respeito a essas garantias processuais[21];

(iv) caberá ao Senado Federal decidir pela condenação ou absolvição do Presidente acerca dos crimes de responsabilidade em deliberação a ser tomada por dois terços dos membros da Casa (art. 52, parágrafo único); e

(v) a pena aplicável pelo Senado Federal é, nos termos do art. 52, parágrafo único, a "perda do cargo, com inabilitação, por oito anos, para o exercício de função pública, sem prejuízo das demais sanções judiciais cabíveis".

Sobre o último ponto – das penas aplicáveis –, vale observar que, por ocasião do julgamento do *impeachment* da Presidente Dilma, o Senado entendeu que poderia decidir aplicar apenas a pena de perda do cargo, e não a inabilitação para o exercício de função pública por oito anos, o que foi feito. O ponto foi impugnado perante o STF, mas, ao menos até o momento, não houve decisão desautorizando o entendimento do Senado Federal[22]. Sobre as várias deliberações tomadas pelo Legislativo ao longo do processo de *impeachment*, o STF entendeu, de forma importante, que todas elas devem ser abertas[23].

Essa é uma descrição objetiva e simples dos passos principais do procedimento, mas, por sua relevância, o tema do *impeachment* exige um aprofundamento, já que ele integra, a rigor, o

---

[17] STF, Súmula Vinculante 46, *DJe* 17.04.2015: "A definição dos crimes de responsabilidade e o estabelecimento das respectivas normas de processo e julgamento são da competência legislativa privativa da União".

[18] Em seu voto condutor no STF, MS 21.689/DF, Tribunal Pleno, Rel. Min. Carlos Velloso, j. 16.02.1993, *DJ* 07.04.1995, consignou o relator que: "A Lei nº 1.079, de 1950, editada sob o pálio da CF/46, que foi recepcionada em sua grande parte pela CF/1988, é a lei referida no parágrafo único do art. 85".

[19] STF, ADPF 378 MC/DF, Tribunal Pleno, Rel. p/ acórdão Min. Roberto Barroso, j. 17.12.2015, *DJe* 08.03.2016.

[20] STF, ADPF 378 MC/DF, Tribunal Pleno, Rel. p/ acórdão Min. Roberto Barroso, j. 17.12.2015, *DJe* 08.03.2016.

[21] V., *e.g.* acórdãos do STF, MS 20.941/DF, Tribunal Pleno, Rel. p/ acórdão Min. Sepúlveda Pertence, j. 09.02.1990, *DJ* 31.08.1992; MS 21.564/DF, Tribunal Pleno, Rel. p/ acórdão Min. Carlos Velloso, j. 23.09.1992, *DJ* 27.08.1993; MS 21.689/DF, Tribunal Pleno, Rel. Min. Carlos Velloso, j. 16.12.1993, *DJ* 07.04.1995.

[22] As decisões cautelares afastaram o *periculum in mora* negando a segurança v. STF, MS 34.403 MC/DF, decisão monocrática, Relª. Minª. Rosa Weber, j. 09.09.2016, *DJ* 13.09.2016.

[23] STF, ADPF 378 MC/DF, Tribunal Pleno, Rel. p/ acórdão Min. Roberto Barroso, j. 17.12.2015, *DJe* 08.03.2016 e ADI 5.498 MC/DF, Tribunal Pleno, Rel. Min. Marco Aurélio, j. 14.04.2016, *DJ* 11.05.2017.

sistema de controles organizado pela Constituição sobre o Poder Executivo no presidencialismo. O tema ganha certa sensibilidade, porque na separação rígida própria do presidencialismo não se admite que o Legislativo remova o Presidente da República – que conta com uma legitimação democrática autônoma, já que é eleito – por conta de uma avaliação global sobre a qualidade da política adotada pelo Executivo.

Com efeito, a responsabilidade política que é típica do parlamentarismo e do semipresidencialismo (em relação ao Governo) se sustenta em certa identificação do Parlamento com a vontade popular ou, ao menos, na presunção de que o Legislativo estaria em melhores condições de interpretar e definir o interesse público do que o Governo. O desalinhamento entre eles retira a legitimidade deste último – que é derivada da eleição do Parlamento e, por isso, depende da sua confiança – e leva a uma rearrumação. No presidencialismo, por sua vez, o Executivo responde ao povo diretamente por suas políticas, tendo legitimidade eletiva própria para interpretar, ele mesmo, o interesse público. Se sua concepção entrar em choque com a do Legislativo, é preciso que cheguem a um acordo para evitar a inação ou uma ruptura institucional. O sistema não oferece uma saída formal para os impasses, como a queda do Governo ou a dissolução do Legislativo no parlamentarismo.

Nada obstante, a separação rígida entre os Poderes precisa lidar com o fato de que qualquer um deles pode cometer graves infrações. Sob pena de se criarem bolsões de irresponsabilidade absoluta, é importante contemplar essas situações com algum tipo de controle – o poder, onde estiver, deve ser controlado. As violações à ordem jurídica, via de regra, podem ser endereçadas pelo processo judicial, resultando nas sanções que a legislação previr. E, de fato, mesmo no presidencialismo, os membros do Executivo e do Legislativo continuam sujeitos à responsabilidade criminal, ainda que haja alguns temperamentos, decorrentes do seu regime jurídico particular.

Em certa medida, o *impeachment* segue o raciocínio que inspira os crimes comuns, na medida em que também envolve o enquadramento de condutas concretas em *tipos infracionais*, ainda que especialmente abertos, como as enunciações tanto constitucionais quanto legais ilustram. E é aqui que ele mais se distancia do parlamentarismo, em que não há necessidade de sequer indicar um ato ou conjunto de atos específicos ou, muito menos, afrontas ao direito como estopins para a remoção do Governo. Porém, seria um equívoco imaginar que há uma identificação entre os crimes comuns e os de responsabilidade. Estes se diferenciam daqueles principalmente pela natureza do ilícito imputado e esta, por sua vez, repercute na competência para apreciá-lo.

Trata-se, na realidade, de infrações especialíssimas, de acentuado caráter *político*, que envolvem graves afrontas à confiança depositada, pela sociedade, em seus representantes[24]. Não há dúvida de que existe um componente político inerente e inafastável na aplicação do *impeachment*, embora ele não se confunda com a preservação da confiança do Legislativo, como se passa, em geral, nos sistemas parlamentaristas. Esse componente está na natureza das infrações, na estrutura aberta de sua enunciação, e na própria escolha dos órgãos incumbidos dessa tarefa – as Casas Legislativas –, de quem não se espera (nem faria sentido esperar) uma avaliação puramente jurídica, e por isso se traduz na decisão tomada. Nas palavras de José Afonso da Silva, há um "julgamento político, que não é um tipo de julgamento próprio de tribunais jurisdicionais, porque estes não devem senão exercer a jurisdição técnico-jurídica"[25].

---

[24] Alexander Hamilton. The Federalist No. 65. In: Alexander Hamilton; James Madison; John Jay. *The Federalist Papers*. New York: Pocket Books, 2004. p. 466-467.

[25] José Afonso da Silva. *Curso de direito constitucional positivo*. 37. ed. rev. e atual. São Paulo: Malheiros, 2014. p. 558.

Ora, se a Constituição optou pelo Congresso – quando, em outros contextos, preferiu órgãos judiciais para julgamento de crimes de responsabilidade[26] –, essa diferença não deve considerada irrelevante. Da mesma forma, se a Carta insistiu na distinção entre crimes comuns e de responsabilidade do Presidente da República para submeter uns ao Senado e outros ao STF[27], é porque se deseja a decisão de um órgão político em um caso e de uma autoridade judicial no outro[28].

Como já se discutiu, o Poder Executivo concentra poderes particularmente amplos, mais ainda no sistema de presidencialismo de coalizão praticado no Brasil. Nesse contexto, o sistema de controles – do qual o *impeachment* faz parte – organizado pela Constituição é fundamental para garantir que o poder político enfrentará freios e contrapesos, restando assim livre de maiores abusos.

Registradas brevemente as hipóteses de perda do mandato do Chefe do Executivo, pelas causas já mencionadas, cabe tratar de suas competências a partir do que prevê a Constituição de 1988.

10.3 COMPETÊNCIAS

10.3.1 Introdução e reserva de administração

Como discutido anteriormente, o Poder Executivo tem múltiplas competências, de naturezas as mais diversas, que para fins didáticos se vai ordenar em duas categorias: competências de natureza normativa e político-administrativas. As competências normativas envolvem a edição de normas, que podem ser primárias – como é o caso das Medidas Provisórias e determinados decretos – ou secundárias – como os regulamentos.

As competências político-administrativas, por seu turno, abarcam todas as demais atribuições e envolvem, de uma forma ou de outra, a prática de atos que visam interferir na realidade concretamente. É certo que dentro dessa grande categoria há competências com elementos fortemente discricionários, outras que mesclam aspectos discricionários e vinculados e outras, ainda, em relação às quais predominam os elementos vinculados.

Uma tradicional classificação, que se beneficia das experiências parlamentaristas na qual Chefe de Governo e o Chefe de Estado são órgãos distintos, tenta diferenciar as competências do Executivo presidencialista em três grandes categorias: atos de Chefia de Estado, atos de Chefia de Governo e atos de Chefia de Administração[29]. Percorrendo as principais competências do art. 84 a partir dessa classificação, na primeira categoria estão, tradicionalmente, a

---

[26] No Brasil, cabe: (i) ao Supremo Tribunal Federal julgar "nos crimes de responsabilidade, os Ministros de Estado e os Comandantes da Marinha, do Exército e da Aeronáutica, ressalvado o disposto no art. 52, I, os membros dos Tribunais Superiores, os do Tribunal de Contas da União e os chefes de missão diplomática de caráter permanente" (CF/1988, art. 102, I, c); (ii) ao Superior Tribunal de Justiça julgar, nos crimes de responsabilidade, "os desembargadores dos Tribunais de Justiça dos Estados e do Distrito Federal, os membros dos Tribunais de Contas dos Estados e do Distrito Federal, os dos Tribunais Regionais Federais, dos Tribunais Regionais Eleitorais e do Trabalho, os membros dos Conselhos ou Tribunais de Contas dos Municípios e os do Ministério Público da União que oficiem perante tribunais" (CF/1988, art. 105, I, a); (iii) aos Tribunais Regionais Federais, julgar os crimes de responsabilidade imputados aos "juízes federais da área de sua jurisdição, incluídos os da Justiça Militar e da Justiça do Trabalho" (CF/1988, art. 108, I, a); e (iv) "aos Tribunais de Justiça julgar os juízes estaduais e do Distrito Federal e Territórios, bem como os membros do Ministério Público, nos crimes comuns e de responsabilidade (...)" (CF/1988, art. 96, III).

[27] CF/1988, arts. 52, I, 86, *caput*, e 102, I, b.

[28] Paulo Brossard de Souza Pinto. *O impeachment*: aspectos da responsabilidade política do Presidente da República. 2. tir. Porto Alegre: Livraria do Globo, 1962, p. 138.

[29] No mesmo sentido a divisão feita por José Afonso da Silva. *Curso de direito constitucional positivo*. 37 ed. rev. e atual. São Paulo: Malheiros, 2014. p. 555-556; Alexandre de Moraes. *Direito Constitucional*. 30. ed. São Paulo: Atlas, 2014, p. 488. Tal divisão remonta à diferença que existe na Ciência Política entre Estado, Governo

432 CURSO DE DIREITO CONSTITUCIONAL · *Ana Paula de Barcellos*

representação internacional do País, as decisões de celebrar tratados, firmar declarações de guerra e paz, exercer o comando supremo das forças armadas, conceder indulto e comutar pena e, para muitos, também as competências de decretar estado de sítio ou de defesa, embora alguns considerem que essas últimas seriam próprias da Chefia de Governo.

Por outro lado, competências como nomear Ministros, apresentar projetos de lei e planos de governo, bem como sancionar e vetar projetos de lei aprovados pelo Legislativo, expedir medidas provisórias e nomear autoridades da própria Administração Pública e também de outros Poderes (como o Judiciário e o Tribunal de Contas) seriam próprias da Chefia de Governo. Por fim, a direção superior da Administração Pública, e todos os múltiplos atos que ela levará a cabo por seus órgãos e entidades, a expedição de regulamentos para execução de leis, a decisão de prover e extinguir cargos, seriam atos de Administração.

É possível perceber uma intensidade decrescente no grau de discricionariedade à medida em que se migra das competências tradicionais da Chefia de Estado, passa-se para a Chefia de Governo e chega-se à Chefia de Administração, ao mesmo tempo que os elementos vinculados vão se tornando mais numerosos. Embora essa classificação, como se disse, tenha um fundamento histórico e tradicional, ela é útil, em alguma medida, para organizar o conhecimento.

Antes de tratar brevemente de algumas das competências atribuídas pela Constituição de 1988 ao Poder Executivo, vale fazer um registro sobre o chamado princípio da reserva de Administração. De forma simples, ele é a aplicação da separação rígida de poderes às competências privativas do Executivo e significa que o exercício dessas competências deve ser protegido da ingerência de outros Poderes, sobretudo do Poder Legislativo. Assim, o Legislativo não pode editar lei para alterar, *e.g.*, ato administrativo de competência do Executivo[30], ou rescindir ou alterar contrato administrativo[31], já que a celebração de contratos em geral (e igualmente sua modificação ou seu desfazimento, nas hipóteses admitidas em lei) encontra-se na esfera própria da atuação administrativa.

Por isso mesmo, a jurisprudência do Supremo Tribunal Federal não admite que lei subordine a celebração de contratos ou convênios à prévia aprovação do Legislativo[32]. De forma mais geral, o STF tem afirmado ser inconstitucional qualquer ingerência do legislador em temas de exclusiva competência administrativa do Executivo[33].

O STF já considerou inválidas iniciativas do Legislativo de tentar definir conteúdos ou prazos para iniciativas de lei que são privativas do Executivo[34]. A Corte também considerou

---

e Administração, entre outros, v. Benedito Silva. Estado, Governo e Administração. *Revista da faculdade de direito da Universidade Federal de Minas Gerais*, Belo Horizonte, v. 6, 1954, p. 98-110.

[30] STF, RE 427.574 ED/MG, Segunda Turma, Rel. Min. Celso de Mello, j. 13.12.2011, *DJe* 13.02.2012.

[31] STF, ADI 3.343/DF, Tribunal Pleno, Rel. p/ acórdão Min. Luiz Fux, j. 01.02.2011, *DJe* 22.11.2011: "Ofende a denominada reserva de administração, decorrência do conteúdo nuclear do princípio da separação de poderes (CF, art. 2º), a proibição de cobrança de tarifa de assinatura básica no que concerne aos serviços de água e gás, em grande medida submetidos também à incidência de leis federais (CF, art. 22, IV), mormente quando constante de ato normativo emanado do Poder Legislativo fruto de iniciativa parlamentar, porquanto supressora da margem de apreciação do chefe do Poder Executivo distrital na condução da administração pública, no que se inclui a formulação da política pública remuneratória do serviço público".

[32] STF, ADI 342/PR, Tribunal Pleno, Rel. Min. Sydney Sanches, j. 06.02.2002, *DJU* 11.04.2003.

[33] STF, ADI 2.364 MC/AL, Tribunal Pleno, Rel. Min. Celso de Mello, j. 01.08.2001, *DJU* 14.12.2001. No mesmo sentido, v. STF, ADI 766 MC/RS, Tribunal Pleno, Rel. Min. Celso de Mello, j. 03.09.1992, *DJ* 27.05.1994. O mesmo entendimento foi reafirmado na ADI nº 4727.

[34] STF, ADI 179/RS, Tribunal Pleno, Rel. Min. Dias Toffoli, j. 19.02.2014, *DJ* 27.03.2014: "É inconstitucional qualquer tentativa do Poder Legislativo de definir previamente conteúdos ou estabelecer prazos para que o Poder Executivo, em relação às matérias afetas a sua iniciativa, apresente proposições legislativas, mesmo em sede da Constituição estadual, porquanto ofende, na seara administrativa, a garantia de gestão superior dada ao Chefe daquele poder".

inconstitucional norma estadual que pretendia afetar 10% do orçamento anualmente para projetos agrícolas. O STF entendeu que a norma, a despeito de ter se originado de projeto de lei de iniciativa popular, usurpava a iniciativa exclusiva do Governador do Estado, subtraindo de sua alçada a avaliação a respeito da conveniência e da oportunidade dos investimentos públicos a cada ano por meio da contínua revisão das prioridades de gastos, da reorganização das despesas e da alocação dos recursos escassos (ADI nº 2.674).

O mesmo princípio se aplica, em tese, ao Judiciário, porém aqui sua aplicação envolve muitas controvérsias, até porque é o próprio Judiciário quem decide, em última instância, o que caracteriza ou não competência privativa do Executivo e até que ponto os juízes podem intervir. O princípio geral, porém, é que, embora caiba ao Judiciário controlar os atos da Administração Pública à luz dos elementos do sistema jurídico aos quais os agentes do Poder Executivo estão vinculados, não lhe cabe substituir juízos que a ordem jurídica atribuiu de forma privativa ao Poder Executivo[35].

10.3.2 Competências normativas

A Constituição atribuiu ao Poder Executivo competências normativas, algumas das quais já se mencionou e vale apenas relembrar. A principal competência normativa primária – isto é: que inova de forma originária na ordem jurídica – conferida ao Poder Executivo pela Constituição é a edição de medidas provisórias (art. 84, XXVI), tema discutido na parte sobre processo legislativo e espécies legislativas. As Constituições estaduais também podem prever que o Governador terá competência para expedir medidas provisórias, nos mesmos termos do modelo federal[36].

Além das medidas provisórias, a Constituição, no art. 153, § 1º, prevê que o Poder Executivo (não necessariamente o Chefe do Executivo) poderá, nos termos e limites previstos em lei, alterar alíquotas dos impostos de importação, exportação, IPI e IOF. Embora essa competência apenas possa ser exercida nas circunstâncias determinadas pela legislação, não há dúvida de que esses decretos tributários inovam na ordem jurídica de forma originária.

Por fim, o art. 84, VI, após a alteração introduzida pela EC nº 32/2001, autoriza o Executivo a dispor diretamente, mediante decreto, independentemente de lei, sobre organização e funcionamento da administração federal, quando não implicar aumento de despesa nem criação ou extinção de órgãos públicos, e sobre extinção de funções ou cargos públicos, quando vagos.

Se a competência normativa primária do Executivo é excepcional e limitada às hipóteses especificamente previstas na Constituição – já que, como regra, a competência de editar normas

---

[35] STF, RCl 11.243/República Italiana, Tribunal Pleno, Rel. p/ acórdão Min. Luiz Fux, j. 08.06.2011, DJ 05.10.2011: "O princípio da separação dos Poderes (art. 2º da CRFB) indica não competir ao STF rever o mérito de decisão do presidente da República, enquanto no exercício da soberania do País, tendo em vista que o texto constitucional conferiu ao chefe supremo da Nação a função de representação externa do País. (...) A extradição não é ato de nenhum Poder do Estado, mas da República Federativa do Brasil, pessoa jurídica de direito público externo, representada na pessoa de seu chefe de Estado, o presidente da República".

[36] STF, ADI 2.391/SC, Tribunal Pleno, Relª. Minª. Ellen Gracie, j. 16.08.2006, DJ 16.03.2007.

originariamente é do Legislativo, e não do Executivo –, a sua competência para editar normas secundárias, visando dar execução à lei, é ampla. Trata-se do chamado poder regulamentar que é, a rigor, uma atribuição privativa do Executivo, nos termos do art. 84, IV, no qual se afirma competir a ele expedir decretos e regulamentos para fiel execução das leis[37].

Nesse caso, porém, tais atos normativos expedidos pelo Executivo são secundários, subordinando-se hierarquicamente à lei que pretendem regulamentar. Caso a violem, serão inválidos por ilegalidade, não se admitindo, por exemplo, que por meio do poder regulamentar o Executivo tente suspender a lei à qual lhe cabe dar execução[38]. O poder regulamentar pode ser delegado para outras entidades ou órgãos da Administração Pública, uma vez que haja razões que tornem a delegação necessária e relevante.

É certo que o espaço a ser ocupado pelo poder regulamentar depende, em boa medida, daquilo que a lei disponha[39]. Não é incomum que leis estabeleçam apenas diretrizes e parâmetros acerca de determinadas matérias, transferindo definições mais detalhadas para o poder regulamentar – chegando ao ponto de falar-se de delegação legislativa. Embora em alguma medida essa delegação seja possível, ela nunca poderá ser total, nem desacompanhada de parâmetros, além de precisar justificar-se do ponto de vista lógico[40]. Ou seja: o Legislativo poderá transferir espaços mais amplos de poder normativo para o regulamento a cargo do Executivo se isso for necessário, justificável em função das circunstâncias que a norma pretende disciplinar, e sempre com a previsão de parâmetros e diretrizes capazes de balizar a atuação do Executivo. O tema será aprofundado no tópico sobre legalidade.

É próprio ainda alocar na categoria de competência para a prática de atos normativos – indireta ou parcialmente pelo menos – as competências do Executivo de iniciativa legislativa: sancionar, vetar, promulgar e fazer publicar as leis (art. 84, III, IV e V). Embora nenhum desses atos, isoladamente, produza uma norma, eles fazem parte do processo legislativo, por meio do qual as normas são elaboradas e entram em vigor no País. O art. 84 trata especificamente de duas iniciativas legislativas da maior importância: a mensagem e o plano de governo, que pode envolver a apresentação de iniciativas legislativas (art. 84, XI) e as iniciativas da legislação orçamentária (art. 84, XXIII).

A legislação orçamentária é a ponte, realmente, entre os atos normativos em geral e os atos político-administrativos que vão tentar transformar as normas em realidade. A ação da Administração Pública, qualquer que seja ela, envolve custos e exige recursos para ser levada a cabo, de modo que é a legislação orçamentária e a execução desta que vão definir, afinal, que normas serão realmente concretizadas e em que medida.

---

[37] STF, ADI 3.394/AM, Tribunal Pleno, Rel. Min. Eros Grau, j. 02.04.2007, *DJe* 24.08.2007, voto do relator: "Em texto de doutrina anotei o seguinte: '(o)s regulamentos de execução decorrem de atribuição explícita do exercício de função normativa ao Executivo (Constituição, art. 84, IV). O Executivo está autorizado a expedi-los em relação a todas as leis (independentemente de inserção, nelas, de disposição que autorize emanação deles). Seu conteúdo será o desenvolvimento da lei, com a dedução dos comandos nela virtualmente abrigados'".

[38] STF, RE 582.487 AgR/ES, Segunda Turma, Relª. Minª. Cármen Lúcia, j. 25.09.2012, *DJe* 25.09.2012, voto da relatora: "(...) o Supremo Tribunal Federal assentou que é vedado ao chefe do Poder Executivo expedir decreto a fim de suspender a eficácia de ato normativo hierarquicamente superior".

[39] STF, ADI 4.218 AgR/DF, Tribunal Pleno, Rel. Min. Luiz Fux, j. 13.12.2012, *DJe* 19.02.2013.

[40] STF, RMS 28.487/DF, Primeira Turma, Rel. Min. Dias Toffoli, j. 26.02.2013, *DJe* 15.03.2013: "A Câmara de Regulação do Mercado de Medicamentos (CMED) está prevista na Lei nº 10.742/2003 como órgão técnico necessário à regulação do setor farmacêutico, justificando-se, especialmente, pelas complexidades do mercado de medicamentos. A amplitude da delegação normativa consiste no fundamento fático-jurídico do exercício do poder regulamentar pela administração pública, que deve atuar em consonância com a lei, atendendo à necessidade de regulação do setor farmacêutico e em respeito à dinâmica e às peculiaridades técnicas do mercado de medicamentos".

10.3.3 Competências político-administrativas

Além das competências normativas, primárias e secundárias, cabe ao Executivo igualmente uma gama de competências político-administrativas que de forma geral envolvem, como referido, a prática de atos que visam interferir na realidade, seja para alterar sua conformação de algum modo, seja para impedir que determinados fenômenos se verifiquem, tudo a fim de que a realidade se conforme tanto quanto possível àquilo que as normas pertinentes preveem. Essas, como se sabe, não transformam de imediato a realidade por suas simples palavras. Em algumas hipóteses é até possível, por exemplo, que pessoas alterem seu comportamento de forma automática diante de uma regra que passa a impor ou vedar determinada conduta. Ainda assim, algum tipo de estrutura de fiscalização e sanção é necessária para garantir o cumprimento geral. Além disso, muitas normas pretendem que o próprio Poder Público pratique atos, implemente políticas públicas, preste serviços – elas sozinhas, porém, não são capazes de fazer surgir na realidade esse conjunto de ações: caberá ao Poder Executivo e, a rigor, à Administração Pública, de forma mais ampla, fazê-lo.

Assim, por exemplo, todo o conjunto de atos praticados para prestar o serviço de educação envolve o exercício de competências político-administrativas: desde a contratação de professores, supervisores, construção e manutenção de escolas, compra de material e merenda, organização de serviços de transporte, de matrícula, de acompanhamento dos alunos, de avaliação, entre outros. Paralelamente, é claro, existem competências normativas – regulamentos que detalham currículos e outros temas –, tudo sendo levado a cabo a fim de dar execução à Constituição e à legislação na matéria. Da mesma forma, a prestação concreta dos serviços de segurança pública – corpo de bombeiros, polícias civil, militar, federal, ferroviária e rodoviária – envolve a prática de um sem-número de ações, todas relacionadas com a execução dessa competência político-administrativa.

O art. 84 da Constituição apresenta a lista de competências conferidas ao Chefe do Poder Executivo da União – normativas e político-administrativas –, e seu inciso XXVII prevê que o rol apresentado não exclui outras atribuições previstas na Constituição. Assim, no que diz respeito às competências político-administrativas do Poder Executivo, além do que consta do art. 84, estão a cargo do Executivo federal, por exemplo, as de que cuida o art. 21 – competências da União – como, por exemplo, emitir moeda, administrar as reservas cambiais do País, fiscalizar o mercado financeiro, de crédito, de seguros e de previdência, organizar e manter os serviços oficiais de estatística, geografia, geologia e cartografia de âmbito nacional, prestar os serviços, diretamente ou por meio de delegação, de que cuidam os incisos XI e XII etc. Também cabe ao Poder Executivo federal as atribuições em matéria de segurança pública de que cuidam os arts. 21 e 144, a gestão dos bens públicos federais (art. 20), e as competências comuns do art. 23, que deverão ser levadas a cabo de forma coordenada com os Estados, Distrito Federal e Municípios.

O mesmo se diga em relação aos Estados, Distrito Federal e Municípios. Cabe ao Poder Executivo dos Estados e Distrito Federal – e à Administração Pública estadual e distrital de forma ampla –, além daquilo que lhe seja aplicável a partir do art. 84, a gestão dos bens estaduais (art. 26), a competência político-administrativa que lhe foi atribuída de forma direta em matéria de gás canalizado (art. 25, § 2º), as competências remanescentes (art. 25, § 1º), as comuns (art. 23) e aquelas que lhe cabem em relação ao serviço de segurança pública (art. 144). E, ao Poder Executivo dos Municípios, do mesmo modo, além do que lhe seja pertinente a partir do art. 84, cabe a gestão dos bens municipais, as competências político-administrativas referidas no art. 30, e as do art. 23.

Feita essa nota geral, cabe retornar ao art. 84. Note-se, desde logo, que as competências ali previstas nem sempre serão exercidas diretamente pelo Presidente da República, sendo possível a delegação para Ministros de Estado e outras autoridades, nos termos do art. 84, parágrafo único. Na realidade, mesmo em hipóteses não expressamente previstas pelo parágrafo único, o STF tem considerado válida a prática de atos por Ministros de Estado, por delegação do Presidente da República[41].

Compete ao Poder Executivo federal, de forma privativa, a condução das relações internacionais do País. Vários dispositivos tratam do assunto, a saber: VII, VIII, XIX e XX. O Supremo Tribunal Federal já decidiu que a palavra final em relação à extradição, por exemplo, será do Executivo, uma vez que o STF tenha considerado que ela é possível[42]. Ou seja: o STF verifica se há algum óbice à extradição e pode impedi-la. Se considerar que ela é possível, no entanto, compete ao Presidente da República decidir acerca da matéria.

Um tema que se encontra em discussão perante o STF diz respeito à possibilidade de o Poder Executivo denunciar unilateralmente tratados já internalizados pelo Congresso Nacional, sem depender, para isso, de autorização deste. Isso porque, embora caiba ao Poder Executivo celebrar tratados, cabe ao Congresso Nacional decidir acerca de sua internalização (art. 49, I). Por outro lado, compete ao Executivo conduzir as relações internacionais. O tema está em debate no âmbito da ADI nº 1.625, que discute a validade do Decreto nº 2.100/1996, por força do qual o Presidente da República deu publicidade a denúncia à Convenção nº 158 da Organização Internacional do Trabalho (OIT).

Note-se, então, que embora as competências sejam marcadamente discricionárias – e mais políticas que administrativas, portanto, ainda assim há elementos vinculados a serem considerados. No caso da extradição, o Presidente não poderá decretá-la se o STF considerar que ela é inviável e, eventualmente, deverá observar condições que a Corte estabeleça, caso decida determiná-la. No caso da celebração de tratados, o Executivo é livre para fazê-los ou não, mas, a depender da decisão do STF, uma vez internalizados, já poderá não ser livre para denunciá-los unilateralmente.

Outra competência atribuída ao Poder Executivo federal pelo art. 84 é a concessão de indulto e a comutação de penas (art. 84, XII). O STF já entendeu que, por se tratar de uma competência própria do Executivo, assim atribuída pelo constituinte, o Legislador não pode restringi-la para além do que dispõe a Constituição[43].

No âmbito interno, compete ao Presidente da República decretar a intervenção federal, estado de defesa e sítio, exercer o comando das Forças Armadas e nomear integrantes do Judiciário, do Tribunal de Contas da União, da Administração Pública, o Advogado-Geral da União e o Procurador-Geral da República; parte deles, como se sabe, após autorização do Senado Federal (art. 84, XIII a XVII). Algumas dessas competências serão aplicáveis a Estados e Municípios. Assim, compete aos Governadores o comando das polícias estaduais e cabe a eles nomear, no âmbito estadual, por exemplo, o Procurador-Geral do Estado. O STF já decidiu, inclusive, que os Estados não podem submeter ao Legislativo a decisão própria do Governo de exonerar Procurador-Geral do Estado[44]. Não há polícia no âmbito municipal, como se sabe, mas onde haja guardas municipais, cabe ao Prefeito seu comando e a nomeação do Procurador-Geral do Município.

Por fim, compete ao Poder Executivo exercer a direção superior da Administração (art. 84, II) e dar execução às leis (art. 84, IV), no que se inclui prover e extinguir cargos públicos na forma da lei (art. 84, XXV). Essas competências gerais desdobram-se em múltiplas outras, já que a execução das normas poderá exigir a organização de políticas públicas, a realização de obras,

---

[41]   STF, HC 101.269/DF, Primeira Turma, Relª. Minª. Cármen Lúcia, j. 03.08.2010, *DJe* 20.08.2010.

[42]   STF, RCl 11.243/República Italiana, Tribunal Pleno, Rel. p/ acórdão Min. Luiz Fux, j. 08.06.2011, *DJ* 05.10.2011.

[43]   STF, HC 81.565/SC, Primeira Turma, Rel. Min. Sepúlveda Pertence, j. 19.02.2002, *DJ* 22.03.2002.

[44]   STF, ADI 291/MT, Tribunal Pleno, Rel. Min. Joaquim Barbosa, j. 07.04.2010, *DJe* 10.09.2010.

Cap. 10 – PODER EXECUTIVO **437**

a compra de materiais, a prestação de serviços, a contratação de pessoal, com a consequente celebração de contratos, realização de licitações, entre outros muitos atos.

Essas últimas competências descrevem, a rigor, a maior parte da atividade da Administração Pública no dia a dia. É sobretudo para desenvolver essas competências da melhor forma que União, Estados, Distrito Federal e Municípios, por exemplo, decidem descentralizar determinadas atividades e criar pessoas jurídicas independentes, dando origem à Administração Pública indireta, como se referiu. Não há, porém, incompatibilidade entre a autonomia de que essas entidades podem eventualmente gozar, nos termos da lei, e a competência do Poder Executivo para a direção superior da Administração, já que não lhes cabe tomar decisões políticas originárias acerca dos serviços de que estão encarregadas[45].

As competências para dirigir a Administração Pública e dar execução às leis – aí incluída a própria Constituição (e as competências político-administrativas de cada ente, como já referido) e a legislação em geral – envolvem, como é fácil perceber, muitos elementos vinculados, já que a maior parte das decisões em torno da gestão de recursos humanos depende de reserva legal, e a execução da legislação está, por óbvio, subordinada ao que ela dispõe. Não seria correto imaginar, porém, que não há aqui consideráveis espaços de discricionariedade a cargo do administrador. Com efeito, é frequente que a execução de uma lei possa ser levada a cabo de múltiplas formas e cada ato a ser praticado envolva diversas decisões que não estão predefinidas na norma, mas que caberão ao administrador, e é natural e necessário que seja assim. Alguns exemplos ilustram o ponto.

O serviço de segurança pública, como já se viu, compete em parte aos Estados e há legislação dispondo sobre vários aspectos do tema, tanto do ponto de vista dos servidores e suas carreiras, quanto do serviço propriamente dito. Porém, *como* concretamente o serviço será prestado nas várias regiões do Estado? Como será feito o policiamento? Quais as prioridades? Como será a interação com as comunidades? Quais as rotinas ou protocolos a serem utilizados pelos policiais nas diferentes circunstâncias? E o que dizer do serviço de educação básica? Entre a lei e os regulamentos, diversas decisões terão de ser tomadas até que se chegue ao objetivo final que é promover a aprendizagem de crianças e adolescentes e, ainda, dos adultos que não tiveram acesso ao serviço de educação na idade própria. E o que dizer do serviço de saneamento básico, em suas várias dimensões: abastecimento de água, esgotamento sanitário, limpeza urbana, manejo de recursos sólidos e das águas pluviais? Não há necessidade de prosseguir.

O ponto que se quer sublinhar é que as competências gerais de "dar execução às leis" e "dirigir a Administração Pública" envolvem um número muito grande de decisões que serão tomadas pela Administração Pública, por meio de agentes públicos – nem sempre pelo Chefe do Poder Executivo – e executadas por aqueles que a integram.

Daí por que, além de dispor sobre o Poder Executivo, a Constituição ocupa-se também de estabelecer um conjunto de princípios e regras dirigidos à Administração Pública como um todo. E aqui há um aspecto interessante a destacar. Anteriormente se comentou acerca dos diferentes níveis de vinculação ou discricionariedade das diferentes competências do Poder Executivo ou, mais precisamente, da existência de elementos vinculados e discricionários em praticamente todas elas.

Ao tratar da Administração Pública, e para além dos elementos vinculados que possam existir em relação a cada competência específica, por força das normas que lhe são aplicáveis, a Constituição estabelece, desde logo, alguns elementos gerais de vinculação aplicáveis a todo e qualquer ato administrativo: constituem os princípios da Administração. Embora boa parte deles seja veiculada sob a forma de princípios, e, portanto, sua aplicação envolva certa flexibilidade,

---

[45] STF, ADI 2.095 MC/RS, Tribunal Pleno, Rel. Min. Octavio Gallotti, j. 22.03.2000, *DJ* 19.09.2003.

eles estabelecem limites e condições a serem observados pela Administração Pública relativamente a qualquer ato que seja praticado. Ou seja: além dos elementos vinculados específicos que possam existir em cada caso, há aqueles que são gerais, porque decorrem dos princípios e regras da Administração Pública previstos constitucionalmente, e é deles que se passa a tratar.

11

Administração Pública

11.1 INTRODUÇÃO: REGIME PÚBLICO E PRIVADO E SUAS RECÍPROCAS COMUNICAÇÕES

Ainda é comum a referência de que existiriam dois regimes razoavelmente estanques no âmbito do sistema jurídico brasileiro: o público e o privado. O regime jurídico privado, próprio das pessoas físicas e jurídicas privadas, se caracterizaria por relações de coordenação, nas quais a autonomia da vontade manifestar-se-ia amplamente. Normas supletivas seriam aplicáveis na omissão das partes. O regime público, por sua vez, disciplinaria as relações das quais o Estado participasse. As relações de direito público seriam marcadas pela subordinação dos agentes privados ao Estado, pela existência de leis imperativas e pela circunstância – legitimadora das duas características anteriores – de caber ao Poder Público a tutela do denominado *interesse público,* que seria dotado de supremacia sobre os interesses privados[1].

A verdade, porém, é que todas as afirmações descritas passaram – e continuam a passar, a rigor – por ampla reformulação. Embora a distinção entre regimes jurídicos de direito público e de direito privado continue sendo útil, há muito já se sabe que tais regimes não são opostos e muito menos estanques. As relações de subordinação povoam as antigas relações de direito privado e, por isso mesmo, entre outras razões, cada vez mais são introduzidas normas imperativas nesse ambiente[2]. A autonomia da vontade, embora importante, sofre restrições variadas, de modo a que outros interesses sejam atendidos. No que diz respeito ao regime de direito público, as mudanças foram talvez ainda mais amplas.

Em primeiro lugar, nas últimas décadas superou-se a ideologia estadocêntrica, ao menos do ponto de vista teórico, que funcionalizava o indivíduo à realização dos fins do Estado, idealizado como defensor supremo e incontestável de um interesse público etéreo e que não era reconduzido a ninguém em particular. Venceu, afinal, a concepção filosófica que visualiza

---

[1] Sobre o princípio da supremacia do interesse público, v. Celso Antônio Bandeira de Mello. *Curso de direito administrativo.* São Paulo: Malheiros, 2010, p. 69, e Hely Lopes Meirelles. *Direito administrativo brasileiro.* São Paulo: Malheiros, 2016, p. 113.

[2] Mesmo no âmbito da interpretação e aplicação do Direito Civil – o ramo de direito privado por excelência – é cada vez maior o temperamento da autonomia da vontade e da liberdade individual por disposições de ordem pública, sobretudo tendo-se em conta a tutela dos direitos fundamentais e dos princípios constitucionais. Sobre o tema, v. Pietro Perlingieri. *Perfis do direito civil*: introdução ao direito civil constitucional. 3. ed. Rio de Janeiro: Renovar, 2007; Maria Celina Bodin de Moraes. A caminho de um direito civil constitucional. *Revista de Direito Civil Imobiliário, Agrário e Empresarial,* Rio de Janeiro, n. 65, jul./set. 1993, p. 21, e Gustavo Tepedino. O Código Civil, os chamados microssistemas e a Constituição: premissas para uma reforma legislativa. In: *Problemas de direito civil-constitucional,* 2001, p. 5.

o homem, com sua dignidade e direitos, como elemento central, sendo o Estado, a rigor, um meio para a promoção de seu bem-estar.

Essa mudança de paradigma confunde-se, de certo modo, com a promulgação da Carta de 1988 e o processo subsequente de sua ascensão científica e institucional. Isso porque, embora possa ser alvo de muitas e pertinentes críticas, a Constituição foi o veículo que consolidou, no Brasil, a centralidade da dignidade humana e dos direitos fundamentais. Além disso, a Constituição transitou de forma bem-sucedida, ao longo desses anos, para o centro do sistema jurídico, impondo a reinterpretação dos diversos ramos do Direito, inclusive do Direito Administrativo.

Essa conjugação de elementos – centralidade da Constituição, e, dentro dela, dos direitos fundamentais, e inquestionável força normativa de suas disposições – refletiu com grande impacto sobre as relações entre os indivíduos e o Poder Público. O indivíduo já não é mais súdito, e sim cidadão. O Estado, por todos os seus órgãos e entidades, age por delegação do povo, afinal, e por isso mesmo deve prestar contas de sua atuação. Vale dizer: o Estado é instrumento e não mais fim em si mesmo. Nesse novo contexto, as ideias de subordinação irrestrita dos indivíduos e de supremacia absoluta do interesse público – identificado como o interesse do ente estatal – sobre os particulares não podem sobreviver sem grandes adaptações.

O que se acaba de registrar não significa, é certo, que tenha deixado de existir um regime jurídico de direito público. O Poder Público continua a receber da ordem jurídica poderes especiais em determinadas circunstâncias – como, *e.g.*, a autoexecutoriedade de seus atos e, em certa medida, a autotutela – e privilégios não extensíveis aos particulares em condições equivalentes – como, *e.g.*, a possibilidade de alterar unilateralmente as condições de execução de contratos (preservado, naturalmente, o equilíbrio econômico-financeiro do ajuste). Tais normas, porém, devem ser compreendidas nesse novo contexto. Seu fundamento não é um direito autônomo do Estado de impor-se aos indivíduos. Muito ao revés, o fundamento – e os limites – de tais poderes e privilégios são encontrados no interesse ou fim público que o Poder Público deve atender ou perseguir.

Nesse ambiente, a noção clássica de interesse público comporta uma distinção fundamental que o divide em primário e secundário[3]. Aquele é a razão de ser do Estado e sintetiza-se nos fins que cabe a ele promover: de forma geral, justiça, segurança e bem-estar social e, de forma específica, os direitos fundamentais das pessoas. Estes são os interesses da sociedade como um todo. Isso significa, portanto, que a realização do interesse público primário, muitas vezes, se consuma apenas pela satisfação das pretensões privadas das pessoas. Se tais anseios forem protegidos por uma cláusula de direito fundamental, não há de haver qualquer dúvida. Os poderes e privilégios atribuídos à Administração Pública são instrumentos para a consecução do interesse público, particularmente, é certo, do interesse público *primário*.

O interesse público *secundário* é o da pessoa jurídica de direito público que seja parte em uma determinada relação jurídica – quer se trate da União, do Estado-membro, do Município ou das suas autarquias. Em ampla medida, pode ser identificado como o anseio do erário, que é o de maximizar a arrecadação e minimizar as despesas. Ele não é, por evidente, desimportante. A realização do interesse público primário depende sempre de recursos financeiros. Sem recursos adequados, o Estado não tem capacidade de promover investimentos sociais nem de prestar de maneira adequada os serviços públicos que lhe tocam. Porém, ainda assim, não será

---

[3] Sobre essa classificação, v. Renato Alessi. Sistema Istituzionale del diritto amministrativo *apud* Celso Antônio Bandeira de Mello. *Curso de direito administrativo. São Paulo: Malheiros, 2010, p. 72.* Depois de Celso Antônio, outros autores passaram a utilizar a distinção. V. Diogo de Figueiredo Moreira Neto. *Curso de direito administrativo.* Rio de Janeiro: Forense, 2014, p. 613 e ss.

legítimo sacrificar o interesse público primário com o objetivo de satisfazer o secundário. A inversão da prioridade constitucional seria patente[4].

A distinção que se acaba de enunciar não é estranha à ordem jurídica brasileira. É dela que decorre, por exemplo, a conformação constitucional das esferas de atuação do Ministério Público e da Advocacia Pública. Ao primeiro cabe a defesa do interesse público primário; à segunda, a do interesse público secundário. Aliás, a separação clara dessas duas esferas foi uma importante inovação da Constituição Federal de 1988. É essa diferença conceitual entre ambos que justifica, também, a existência da ação popular e da ação civil pública, que se prestam à tutela dos interesses gerais da sociedade, mesmo quando em conflito com interesses secundários do ente estatal ou até dos próprios governantes.

A comunicação entre regimes público e privado tem ainda uma outra dimensão. Cada vez mais a Administração Pública se vale de mecanismos típicos da iniciativa privada para atingir seus objetivos, ainda que sempre esteja presente algum elemento próprio do regime público. A criação de sociedades de economia mista e empresas públicas – pessoas jurídicas de direito privado – é um exemplo desse fenômeno, mas ele é muito mais abrangente: são novos modelos contratuais, de parceria e de cooperação, mecanismos de gestão mais eficientes e soluções alternativas para os conflitos[5].

Na realidade, exatamente a fim de promover o interesse público da melhor forma, sobretudo a partir da EC nº 19/1998, espera-se da atuação administrativa resultados, eficiência, bom desempenho na prestação dos serviços e desenvolvimento de atividades de sua competência. De forma específica, a EC nº 109/2021 introduziu o § 16 no art. 37 para exigir que a Administração realize avaliação das políticas públicas desenvolvidas, com divulgação do objeto a ser avaliado e dos resultados alcançados.

E eventualmente instrumentos mais próximos das práticas privadas serão mais capazes de produzir esses resultados. Também nesse contexto, a Lei nº 13.934/2019 regulamenta o contrato de desempenho, a que se refere o art. 37, § 8º, da Constituição, a ser celebrado no âmbito da administração direta federal de qualquer dos Poderes da União, autarquias e fundações públicas federais. O contrato de desempenho envolve a concessão de maior grau de autonomia e flexibilidade ao órgão supervisionado ao mesmo tempo em que lhe cabe cumprir metas de desempenho e indicadores de qualidade em prazos determinados, tudo conforme ajustado com o órgão supervisor.

A nova Lei de Licitações, a Lei nº 14.133/2021, incorporou algumas possibilidades oriundas das práticas privadas, e que podem ser extremamente úteis para o atendimento do interesse público no contexto das contratações públicas. Assim, por exemplo, na licitação, o administrador poderá adotar como critério de julgamento, além dos tradicionais, melhor preço, melhor técnica e técnica e preço, também o maior retorno econômico e o maior desconto. A lei criou ainda uma outra modalidade de licitação – o diálogo competitivo – que permite a Administração desenvolver alternativas capazes de atender suas necessidades por meio do diálogo e da interação com licitantes pré-selecionados mediante critérios objetivos.

---

[4] Luis Roberto Barroso. Prefácio: o Estado contemporâneo, os direitos fundamentais e a redefinição da supremacia do interesse público. In: Daniel Sarmento (Org.). *Interesses públicos* versus *interesses privados*: Desconstruindo o Princípio da Supremacia do Interesse Público. Rio de Janeiro: Lumen Juris, 2010.

[5] O regime jurídico administrativo abre-se, cada vez mais, para o experimentalismo, o pragmatismo e a flexibilidade do regime de direito privado. Sobre o assunto v. Leonardo Coelho Ribeiro. O direito administrativo como caixa de ferramentas e suas estratégias. *Revista de Direito Administrativo*, Rio de Janeiro, n. 272, maio/ago. 2016, p. 209-249; e José Vicente Santos de Mendonça. *Direito Constitucional econômico*: a intervenção do estado na economia à luz da razão pública e do pragmatismo. Belo Horizonte: Fórum, 2014.

11.2 PRINCÍPIOS E REGRAS GERAIS DA ADMINISTRAÇÃO PÚBLICA

O Capítulo VII do Livro I da Constituição de 1988 se ocupa da Administração Pública e ao longo do texto constitucional há diversas outras normas que também se dirigem a ela, valendo notar o art. 173, cujos parágrafos tratam, de forma particular, das sociedades de economia mista e empresas públicas que exploram atividades econômicas. O art. 37, que abre o Capítulo VII, estabelece desde logo um conjunto de princípios e regras que se aplicam, nos termos de seu *caput*, à administração pública direta e indireta de qualquer dos Poderes da União, dos Estados, do Distrito Federal e dos Municípios. Ou seja: todos os órgãos integrantes da Administração direta de todos os entes federativos, bem como todas as entidades da Administração indireta desses entes (autarquias, fundações, sociedades de economia mista e empresas públicas) estarão submetidas de forma geral a tais previsões. É sobre elas, portanto, que se passa a tratar.

11.2.1 Princípio da legalidade administrativa

O art. 37 da Constituição inicia a lista dos princípios que vinculam a Administração Pública pela legalidade. De forma simples, este princípio significa que a Administração Pública deve sempre agir com fundamento em uma decisão majoritária. O princípio da legalidade está diretamente ligado, em primeiro lugar, à própria garantia do Estado Democrático de Direito: a ação estatal deve ter como fundamento uma decisão majoritária, democrática, e não pessoal ou voluntariosa do agente público.

Além disso, trata-se do contraponto necessário à garantia da liberdade prevista no art. 5º, II: se ninguém será obrigado a fazer ou deixar de fazer coisa alguma senão em virtude de lei, é natural que apenas com fundamento legal a Administração possa agir. A intervenção estatal – mesmo que para promoção de direitos – sempre interfere em alguma medida com a liberdade das pessoas, no mínimo pelo aumento dos gastos públicos que, em última análise, terá que ser pago por elas.

A expressão *legalidade*, porém, deve ser compreendia de forma adequada, considerando o sistema constitucional. Em primeiro lugar, a própria Constituição é norma jurídica, dotada inclusive de superioridade hierárquica, e poderá eventualmente servir de fundamento direto para a ação administrativa: daí porque a doutrina tem preferido usar a expressão juridicidade em vez de legalidade[6]. O ponto pode ser sensível quando o fundamento constitucional que se pretenda usar seja um princípio geral, por exemplo, que admite múltiplos desenvolvimentos e a decisão acerca deles deva ser tomada majoritariamente, no contexto do pluralismo político e, portanto, pelo Legislativo. Não cabe ao Executivo usurpar a competência do Legislativo no particular.

Isso não significa, porém, que do núcleo de princípios não possam decorrer regras obrigatórias desde logo, que se impõem como conteúdo mínimo do enunciado normativo, como já se viu no capítulo sobre princípios, e que poderão servir de fundamento para a ação administrativa, assim como das disposições constitucionais que já tenham, desde logo, estrutura de regra. Foi o que se passou no caso da norma editada pelo Conselho Nacional de Justiça vedando práticas de nepotismo no âmbito do Judiciário e das decisões concretas tomadas com fundamento nela.

Embora o CNJ seja um órgão do Judiciário, sua atuação era tipicamente administrativa e foi praticada com fundamento direto nos princípios constitucionais do art. 37, considerando que, nos termos do CNJ, lhe cabe "zelar pela observância do art. 37 e apreciar, de ofício ou mediante

---

6   Gustavo Binenbojm. O sentido da vinculação administrativa à juridicidade no direito brasileiro. In. Alexandre dos Santos Aragão; Floriano de Azevedo Marques Neto (Coords.). *Direito Administrativo e seus novos paradigmas*. Belo Horizonte: Fórum, 2008, p. 145-204; Patrícia Baptista. *Transformações do Direito Administrativo*. Rio de Janeiro: Renovar, 2003, p. 107 e ss.

Cap. 11 – ADMINISTRAÇÃO PÚBLICA **443**

provocação, a legalidade dos atos administrativos praticados por membros ou órgãos do Poder Judiciário" (art. 103-B, § 4º, II). A norma foi impugnada perante o STF que, no entanto, declarou sua validade, entendendo que as vedações ao nepotismo nela contidas decorriam justamente do núcleo dos princípios previstos no art. 37[7].

Sob outra perspectiva, já se viu que o sistema constitucional confere *status* de lei também a atos que não são elaborados pelo Poder Legislativo e, além disso, que a própria lei pode, dentro de certos limites, transferir espaços de definição e detalhamentos da norma para o poder regulamentar. É o caso de organizar um pouco melhor todas essas informações e de examinar o que significa, afinal, o princípio da legalidade administrativa à luz delas.

Como se acaba de ver, ao contrário dos particulares, que se movem por vontade própria, aos agentes públicos somente é facultado agir por imposição ou autorização legal. Inexistindo norma, não haverá atuação administrativa legítima. Assim, os indivíduos e pessoas privadas podem fazer tudo o que a lei não veda; os Poderes Públicos somente podem praticar os atos que contem com fundamento em norma jurídica. Como decorrência, tudo aquilo que não resulta de prescrição legal é vedado ao administrador. Mais que isso, o administrador não apenas *pode* praticar os atos que as normas prevejam, mas *deve* fazê-lo: trata-se de um poder/dever, e não de uma liberdade.

O princípio da legalidade, porém, tornou-se muito mais complexo ao longo do tempo, e a doutrina tem tentado organizar essa complexidade. Assim, em primeiro lugar, da legalidade entende-se que decorrem dois efeitos principais: o da preeminência da lei e o da reserva de lei[8]. *Preeminência da lei* significa que todo e qualquer ato infralegal será inválido se estiver em contraste com alguma lei. O princípio tem, nesta acepção, um sentido hierárquico: a lei prevalece sobre as categorias normativas inferiores.

A *reserva de lei*, por outro lado, significa que determinadas matérias somente podem ser tratadas mediante lei. A rigor, somente a lei pode criar deveres e obrigações e impor omissões ou ações a quem quer que seja. A reserva legal comporta, ainda, especificações que permitem identificar duas grandes categorias, que abrangem a reserva de lei (i) material ou formal, e (ii) absoluta ou relativa.

Haverá reserva de lei formal quando determinada matéria só puder ser tratada por ato emanado do Poder Legislativo, mediante adoção do procedimento analítico ditado pela própria Constituição, que, normalmente, incluirá iniciativa, discussão e votação, sanção-veto, promulgação e publicação. A Constituição contempla, de outra parte, atos normativos que, embora não emanados diretamente do Legislativo, têm força de lei. Dizem-se, assim, atos materialmente legislativos, gênero onde se situam, *e.g.*, espécies normativas como as medidas provisórias e as leis delegadas. Nos contextos em que se admita a regulação por tais atos, a reserva de lei será meramente material. As matérias vedadas às medidas provisórias, portanto, constituem reserva de lei formal.

Por outro lado, a reserva de lei será absoluta quando se exija do legislador que esgote o tratamento da matéria no relato da norma, sem deixar espaço remanescente para a atuação discricionária dos agentes públicos que vão aplicá-la. Será relativa a reserva legal quando se admitir a atuação subjetiva integradora do aplicador da norma ao dar-lhe concreção. É nesse espaço que a delegação legislativa pode se verificar, uma vez observados os limites impostos pela Constituição. A reserva relativa de lei não significa que o legislador possa abdicar da decisão política que lhe compete, tampouco que possa se abster de estabelecer os parâmetros

---

[7]   STF, ADC 12MC /DF, Tribunal Pleno, Rel. Min. Carlos Britto, j. 16.02.2008, *DJe* 01.09.2006.

[8]   As ideias que se seguem, fundadas na doutrina que se produziu na Alemanha e na Itália acerca do tema, encontram-se sinteticamente expostas em notável conferência do Professor Alberto Xavier, publicada na *Revista de Direito Público*, n. 47/48, p. 329, sob o título de Legalidade e tributação.

dentro dos quais irá agir o administrador. Embora não esgote integralmente os juízos atinentes ao motivo ou ao objeto do ato a ser praticado, o legislador há de balizá-los adequadamente.[9]

Essa breve organização do princípio da legalidade é importante para que se tenha em conta o sistema no qual a ação administrativa se verifica. Em resumo: a ação administrativa depende de estar adequadamente fundamentada em lei, entendida a expressão *lei* como juridicidade para abarcar a própria Constituição, em seu topo, e os atos equiparados pela própria Constituição à lei, quando pertinente. Assim, todo ato administrativo deve ser capaz de se reconduzir e justificar à luz de fundamentos normativos que autorizam sua prática, fundamentos esses que devem, inclusive, ser enunciados.

Não é só, no entanto. No Capítulo 5, na parte geral sobre legalidade, discutiu-se os fenômenos da expansão do poder regulamentar e da delegação legislativa, por força dos quais a Administração, ainda que com fundamento – por vezes remoto – em lei, acaba por concentrar amplas competências normativas que serão exercitadas pela edição de atos infralegais. Essa realidade tem exigido uma reflexão específica sobre as exigências que devem ser observadas quando da edição de normas pela Administração: o ponto já foi discutido no Capítulo 5, não sendo o caso de reproduzir as mesmas observações aqui. Um ponto adicional, porém, merece registro.

O Decreto nº 10.139/2019, que dispõe sobre a revisão e consolidação dos atos normativos inferiores a decretos, impôs desde logo aos órgãos e entidades administrativos prazos para revisão, triagem e consolidação de seus atos normativos, de modo a atender a uma série de parâmetros ali previstos. Os prazos finais previstos para que a Administração se adapte aos termos do Decreto são 1º de agosto e 1º de setembro de 2022, conforme o caso. O Decreto prevê ainda que todos os atos normativos da Administração deverão ser divulgados na internet em sítio eletrônico que abranja todos os atos do órgão ou entidade.

O Decreto nº 10.139/2019 prevê ainda que o descumprimento pelas autoridades administrativas da determinação de consolidação dos atos normativos poderá ter algumas consequências nas relações entre Administração e particulares por determinado prazo, a saber: a impossibilidade de a Administração cobrar multa prevista na norma não consolidada e a impossibilidade de a Administração indeferir requerimento ou solicitação com fundamento no descumprimento de exigência prevista em norma não consolidada.

11.2.2 Princípio da finalidade

O *princípio da finalidade* não consta explicitamente do *caput* do art. 37 da Constituição Federal, muito embora conte como previsão expressa no art. 2º da Lei nº 9.784/1999, que regula o processo administrativo na Administração Pública federal[10]. A verdade, porém, é que tal previsão seria mesmo dispensável, já que a finalidade é uma decorrência necessária do *princípio da legalidade*[11]. O ponto é simples. A atuação administrativa legitima-se na medida em que se funda em alguma deliberação democrática anterior, frequentemente externada por meio da lei e eventualmente pela própria Constituição. Em qualquer caso, a norma na qual se funda a ação administrativa – seja legal, seja constitucional – vincula-se a uma finalidade

---

[9]   V. Celso Antônio Bandeira de Mello. Poder regulamentar ante o princípio da legalidade. *Revista Trimestral de Direito Público*, São Paulo, n. 4, 1993, p. 75.

[10]   Lei nº 9.784/1999: "Art. 2º A Administração Pública obedecerá, dentre outros, aos princípios da legalidade, finalidade, motivação, razoabilidade, proporcionalidade, moralidade, ampla defesa, contraditório, segurança jurídica, interesse público e eficiência".

[11]   Adilson Abreu Dallari. Formalismo e Abuso de Poder. *Revista Eletrônica de Direito do Estado*, Salvador, n. 16, out./dez. 2008, p. 4.

pública em particular. O respeito à legalidade, portanto, exige igualmente o compromisso com a finalidade inerente à norma.

A finalidade última de toda norma é, ou ao menos deveria ser, a realização do interesse público. Este deve corresponder, ou ao menos decorrer, de um valor expressa ou implicitamente consignado na Constituição, e relacionado ao interesse da coletividade. De parte isso, e de forma mais específica, a ação administrativa deverá estar diretamente vinculada à finalidade própria da norma que lhe atribui competência para agir e à qual compete ao administrador dar execução[12]. Isto é: além de vinculada ao interesse público de forma geral, a ação administrativa deve mostrar adesão também à finalidade da norma com fundamento na qual é praticada. No exercício de sua competência, portanto, a Administração Pública não pode cometer atos desviados da finalidade que anima a lei que lhe cabe aplicar, sob pena de burlá-la.

Em suma: a validade da ação administrativa deve contar com fundamento legal, o que exige, por natural, que os atos administrativos vinculem-se à finalidade que essa mesma lei procura consagrar[13]. O eventual desvirtuamento do ato administrativo em relação à finalidade poderá ensejar sua invalidade por desvio de finalidade ou abuso de poder.

11.2.3 Princípio da motivação

O princípio da motivação também não consta do art. 37, embora conste do art. 2º da Lei nº 9.784/1999, já referida. Trata-se da exigência geral de que o administrador justifique seus atos, expondo os fundamentos normativos que autorizam sua ação, bem como as razões ou motivos pelos quais decidiu levá-la a cabo, tendo em conta a realidade e, mais ainda, quando o ato envolva elementos discricionários. A relação da motivação com a legalidade é direta: trata-se do meio de assegurar a verificação da legalidade do ato. Isto é: por meio da motivação, tanto os particulares quanto a própria Administração podem avaliar de forma adequada a legalidade do ato praticado.

Além de sua conexão imediata com a legalidade, o princípio da motivação decorre de forma mais ampla do próprio princípio republicano. Em uma república, todos são iguais, e os agentes públicos exercem um poder delegado, devendo prestar contas dos atos praticados, até porque eles terão inevitável repercussão sobre a vida das pessoas. Por meio da motivação, o administrador presta contas à sociedade de forma geral, explicando por que considera estar autorizado pela ordem jurídica para praticar determinado ato, bem como as razões que o levam a praticá-lo.

Por fim, além da prestação de contas à sociedade, vale fazer o registro de que a motivação dos atos administrativos sempre esteve relacionada à possibilidade de controle desses atos, em primeiro lugar pela sociedade, e eventualmente também por parte do Poder Judiciário. A EC nº 109/2021 introduziu o § 16 no art. 37 para exigir que a Administração realize avaliação das políticas públicas desenvolvidas, com divulgação do objeto a ser avaliado e dos resultados alcançados, e dispôs que a legislação orçamentária deve observar os resultados desse monitoramento

---

[12] Celso Antônio Bandeira de Mello. *Curso de direito administrativo*. São Paulo: Malheiros, 2010, p. 106: "Em rigor, o princípio da finalidade não é uma decorrência do princípio da legalidade. É mais que isto: é uma inerência dele; está nele contido, pois corresponde à aplicação da lei tal qual é; ou seja, na conformidade da sua razão de ser, do objetivo em vista do qual foi editada".

[13] Note-se que os princípios que norteiam a atuação administrativa não devem ser tomados de forma dissociada uns dos outros, mesmo porque se complementam em sua aplicação. É mesmo possível construir uma ligação direta entre os princípios da finalidade e impessoalidade, como o faz Hely Lopes Meirelles. *Direito administrativo brasileiro*. São Paulo: Malheiros, 2016, p. 97: "O princípio da impessoalidade referido na Constituição de 1988 (art. 37, *caput*), nada mais é que o clássico princípio da finalidade, o qual impõe ao administrador público que só pratique o ato para o seu fim legal. E o fim legal é unicamente aquele que a norma de Direito indica expressa ou virtualmente como objetivo do ato, de forma impessoal".

e avaliações (art. 165, § 16). Isto é: a sociedade deve saber quais os objetivos pretendidos pelas políticas públicas em curso, quanto elas custam, e quais os resultados efetivamente alcançados ao longo do tempo.

Do ponto de vista do controle jurídico, desenvolveu-se a chamada "teoria dos motivos determinantes", por força da qual o administrador, para além dos parâmetros legais, vincula-se ao motivo declarado, de modo que o ato será considerado inválido, uma vez que se verifique, por exemplo, que o motivo não é verdadeiro. Ou seja: no caso dos atos administrativos, os motivos dirigem-se não apenas à sociedade, mas também ao Judiciário, servindo para o controle da juridicidade dos atos administrativos[14].

11.2.3.1 Motivação e direito administrativo sancionador

A Administração Pública pratica diferentes tipos de atos e é razoável imaginar que as exigências em torno da motivação de cada um deles não serão idênticas. Um grupo em particular de atos administrativos merece atenção específica nesse particular: trata-se dos atos que aplicam sanções, que veiculam o que é em geral denominado de direito administrativo sancionador.

O poder punitivo estatal é um gênero que comporta três espécies principais: o direito penal, o direito administrativo sancionador e o direito administrativo disciplinar. O direito administrativo disciplinar se ocupa do controle interno da conduta dos próprios agentes estatais, que mantêm com a Administração uma relação de sujeição especial. O direito administrativo sancionador propriamente dito envolve a apuração de ilícitos e a aplicação de sanções a particulares em geral.

A Constituição de 1988 estabelece desde logo em seu art. 5º uma série de garantias que formam um estatuto para a atividade sancionadora estatal como um todo, e que subordina a autoridade pública – judicial ou administrativa – que detém competência para apurar ilícitos e aplicar sanções. Dentre essas garantias está a exigência de motivação das decisões judiciais e administrativas em geral, e com ainda maior cuidado aquelas que apliquem sanções.

Embora o dever de motivar decorra de forma direta da própria Constituição, a Lei nº 13.655/2018 deu nova redação à Lei de Introdução às Normas do Direito Brasileiro – LINDB para explicitar algumas exigências específicas desse dever no âmbito da atividade sancionadora do Estado, inclusive e particularmente administrativa. Duas delas podem ser registradas desde logo.

Em primeiro lugar, a decisão deverá considerar as consequências práticas do que vier a ser decidido, evitando-se ônus ou perdas excessivos ou desproporcionais (parágrafos únicos dos arts. 20 e 21). Ou seja: ao longo do processo, além da apuração dos fatos ocorridos e do exame das questões jurídicas pertinentes, as consequências práticas das possíveis decisões deverão ser igualmente discutidas pelas partes. E, ao fim, a decisão deverá se manifestar de forma expressa sobre o ponto em sua motivação, justificando que consequências considerou ou não relevantes, por quais razões e que peso atribuiu a cada uma delas no contexto de suas avaliações.

Em segundo lugar, a motivação da decisão administrativa que aplica sanções deverá justificar de forma expressa a adequação e a necessidade da medida adotada, inclusive em face das possíveis alternativas (art. 20, parágrafo único). Não é incomum que a legislação conceda a entidades administrativas com competências sancionadoras – como, *e.g.*, Cade, Bacen, CVM – um amplo espaço de discricionariedade na aplicação de sanções, que por vezes envolvem multas, obrigações de fazer e de não fazer e restrições a direitos.

---

[14] Nesse sentido v. Paulo Otero. *Legalidade e administração pública*: o sentido da vinculação administrativa à juridicidade. Coimbra: Almedina, 2003. Sobre o tema específico dos motivos determinantes no âmbito do direito administrativo brasileiro, v. Maria Sylvia Zanella Di Pietro. *Direito Administrativo*. 27. ed. São Paulo: Atlas, 2014, p. 220.

O que a lei exige é que a decisão justifique a proporcionalidade da medida adotada não apenas em abstrato, mas em comparação com as outras possibilidades de sanções existentes no próprio sistema jurídico. A comparação levará em conta, sobretudo sob a perspectiva do elemento necessidade, as consequências práticas de cada uma delas, na linha do referido acima.

11.2.3.2 Motivação e análise de impacto regulatório

A Administração Pública não edita apenas atos de conteúdo administrativo, mas também atos normativos. Na parte sobre o princípio da legalidade discutiu-se o crescimento da atividade normativa da Administração, tanto pela ampliação do conceito de poder regulamentar, quanto em decorrência de delegações legislativas, por meio das quais a própria lei transfere competências normativas a órgãos ou entidades administrativos.

Embora essas competências normativas da Administração existam em muitos ambientes, elas são particularmente frequentes no âmbito da atividade estatal de ordenação da ordem econômica. Assim, por exemplo, as agências reguladoras setoriais (*e.g.*, a ANP, Aneel, ANTT, ANTAQ, ANS, Bacen, CVM etc.), o Cade, bem como as entidades que tratam de matéria ambiental (como o Ibama, no âmbito federal) e urbanística, dentre outras entidades, todas receberam do legislador que as criou e organizou amplas competências normativas.

Pois bem. Se é certo, como referido acima, que o dever de motivação dos atos administrativos em geral decorre da própria Constituição, o legislador se ocupou mais recentemente de detalhar esse dever no caso de atos normativos, criando a figura, já bastante discutida em outros países, da análise de impacto regulatório. A Lei nº 13.848/2019, que trata especificamente das agências regulatórias, previu (art. 6º) que "a adoção e as propostas de alteração de atos normativos de interesse geral dos agentes econômicos, consumidores ou usuários dos serviços prestados serão, nos termos de regulamento, precedidas da realização de Análise de Impacto Regulatório (AIR), que conterá informações e dados sobre os possíveis efeitos do ato normativo".

Trata-se, portanto, da exigência de que a agência reguladora, antes de editar um ato normativo, apresente à sociedade sua proposta acompanhada de uma motivação que se ocupe de analisar os possíveis efeitos do ato que se pretende adotar. A lei não detalha quais devem ser os efeitos a serem considerados ou como eles deverão ser avaliados, remetendo o tema a regulamento. A lei detalha ainda a participação da sociedade no processo decisório relativo à edição de novos atos normativos (arts. 9º a 12). Eventuais interessados devem poder apresentar sugestões e críticas à proposta, inclusive e particularmente à luz da análise de impacto regulatório apresentada.

A Lei nº 13.874/2019, a chamada Lei da Liberdade Econômica, generalizou a exigência de AIR para quaisquer propostas de edição ou alteração de atos normativos de interesse de agentes econômicos ou de usuários dos serviços prestados, a serem editadas por qualquer órgão ou entidade da Administração Pública federal, incluídas autarquias e fundações (art. 5º). Ou seja: já não se trata agora de um dever apenas das agências reguladoras, mas da Administração Pública federal como um todo.

Além disso, o dispositivo sinaliza que o objetivo da AIR é avaliar "os possíveis efeitos do ato normativo para verificar a razoabilidade do seu impacto econômico". A lógica da AIR, nos termos da Lei da Liberdade Econômica, é que o Estado tem o dever de justificar as restrições que pretenda impor à livre iniciativa e à liberdade econômica dos particulares. Por meio da AIR, portanto, a Administração deverá demonstrar que efeitos a proposta normativa pretende produzir, por quais razões se entende que ela de fato irá produzi-los, e que outros efeitos negativos e custos ela terá, de modo a que seja possível avaliar se ela seria razoável.

11.2.4 Princípios da segurança jurídica e da boa-fé

A segurança jurídica é um dos propósitos gerais do Direito, ao lado da justiça, e um princípio implícito da Constituição, manifestado em um conjunto de dispositivos, como os que preveem a proteção ao direito adquirido, à coisa julgada e ao ato jurídico perfeito (CF, art. 5º, XXXVI) e o princípio da anterioridade tributária (CF, art. 150, III), dentre outros. O princípio não consta do art. 37 de forma expressa, mas novamente a Lei nº 9.784, de 29 de janeiro de 1999, que dispõe acerca dos processos administrativos em geral, cuidou de explicitar tanto o princípio da segurança como o da boa-fé, bem como a regra, deles derivada, que veda a aplicação retroativa de nova interpretação conferida à norma jurídica pela Administração.

A Lei nº 13.874/2019, a Lei da Liberdade Econômica, tratou amplamente do tema da boa-fé, prevendo de forma expressa que todas as normas de ordenação pública sobre atividades econômicas privadas deverão ser interpretadas "em favor da liberdade econômica, da boa-fé e do respeito aos contratos" (art. 1º, § 2º). Além disso, a lei prevê como um dos princípios que a norteiam a boa-fé do particular perante o Poder Público (art. 2º, II).

Somente para fins didáticos apresentam-se esses princípios em conjunto com o princípio da legalidade – embora, a rigor, eles tenham existência autônoma – apenas pela circunstância de que um dos objetivos da legalidade é justamente garantir segurança jurídica. Ademais, em um Estado Democrático de Direito, não se haverá de admitir que agentes delegados, como são legisladores e administradores, pudessem agir com menos do que boa-fé em relação àqueles que são os verdadeiros titulares do poder político que eles exercem: a população.

Com efeito, na dinâmica das relações entre Administração Pública e administrados, o princípio da segurança jurídica se liga ao dever de boa-fé[15], igualmente implícito no texto constitucional, no sentido de impor à Administração o dever de agir com coerência e lógica, respeitando as legítimas expectativas dos administrados criadas em decorrência da observação, por estes, dos padrões de comportamento da própria Administração. Cabe a ela zelar por manter um ambiente de previsibilidade e segurança em suas relações com os particulares, excepcionando motivadamente as situações que exijam tratamento específico diferenciado.

Note-se, portanto, que o dever de boa-fé é um limite jurídico à ação discricionária da Administração Pública, que não pode simplesmente adotar qualquer comportamento, encontrando-se vinculada a agir em boa-fé e de forma uniforme diante de situações idênticas, não surpreendendo o administrado injustificadamente[16]. Isso não significa, naturalmente, que a Administração não possa eventualmente alterar o seu entendimento acerca de determinada matéria. Essa alteração, porém, não poderá retroagir e, em qualquer caso, a partir desse momento deverá ser aplicada de maneira uniforme para todas as situações equiparáveis.

A Lei nº 13.655/2018, que alterou a Lei de Introdução às Normas do Direito Brasileiro, passou a impor alguns deveres à Administração Pública decorrentes dos princípios da segurança jurídica e da boa-fé. Assim, nos termos do novo art. 23, "interpretação ou orientação nova sobre norma de conteúdo indeterminado, impondo novo dever ou novo condicionamento de direito, deverá prever regime de transição quando indispensável para que o novo dever ou condicionamento de direito seja cumprido de modo proporcional, equânime e eficiente e sem prejuízo aos interesses gerais". O novo art. 24, também incluído pela Lei nº 13.655/2018, prevê, por seu turno, que a mudança da "orientação geral" da Administração Pública ou da jurisprudência não poderá gerar a revisão dos atos e ajustes perfeitamente praticados e completados sob a vigência da "orientação geral" anterior.

---

[15] Sobre o tema, embora sob ótica civilista, v. Teresa Negreiros. *Fundamentos para uma interpretação constitucional do princípio da boa-fé*. Rio de Janeiro: Renovar, 1998.

[16] Celso Antônio Bandeira de Mello. *Discricionariedade e controle jurisdicional*. São Paulo: Malheiros, 1992, p. 60.

11.2.5 Autotutela e controles internos

Por fim, ainda em relação com a legalidade, vale fazer uma nota sobre o chamado princípio da autotutela[17]. O princípio significa que o Poder Público possui a prerrogativa de rever e anular seus próprios atos que sejam reputados viciados[18]. Ou seja: o vínculo da Administração com a legalidade não se esgota com a prática do ato em si: a eventual verificação posterior de uma invalidade deve ser trazida à luz.

A Constituição determina que os Poderes tenham seus sistemas internos de controle (arts. 70 e 74), que deverão reportar qualquer ilegalidade, no âmbito federal, ao Tribunal de Contas da União (art. 74, § 1º). Estrutura similar deve ser reproduzida pelos demais entes federativos no âmbito de seus Poderes e a Constituição faz, inclusive, menção expressa ao controle interno que deve haver no âmbito do Poder Executivo municipal (art. 31). Vale o registro de que o STF entende que o sistema de controle interno da União (CGU – Controladoria Geral da União) pode fiscalizar a gestão de verbas federais onde quer que elas estejam sendo aplicadas (Estados, Distrito Federal e Municípios), tendo, portanto, um impacto interfederativo[19].

A autotutela não veicula, porém, uma prerrogativa absoluta, que possa ser exercida de forma arbitrária. Sobretudo diante de contrato, sua invalidação exige processo administrativo prévio, com o exercício de contraditório[20], e poderá impor a indenização do contratado se ele estiver de boa-fé[21].

Além disso, há de haver um limite temporal para essa possibilidade, tendo em conta também o compromisso da Administração com o princípio da segurança jurídica. Nesse sentido, a Lei nº 9.784/1999 prevê prazo decadencial de cinco anos para que o Poder Público federal[22] anule seus próprios atos[23]. Em junho de 2019, o STJ aprovou a Súmula nº 633, determinando a aplicação da mesma regra a Estados de Municípios, caso não haja norma local sobre o ponto. Essa a redação da Súmula: "A Lei nº 9.784/1999, especialmente no que diz respeito ao prazo decadencial para a revisão de atos administrativos no âmbito da Administração Pública federal, pode ser aplicada, de forma subsidiária, aos estados e municípios, se inexistente norma local e específica que regule a matéria".

---

[17]   STF, Súmula nº 346, *DJ* 13.12.1963: "A Administração Pública pode declarar a nulidade dos seus próprios atos". STF, Súmula nº 473, *DJ* 10.12.1969: "A Administração pode anular seus próprios atos, quando eivados de vícios que os tornem ilegais, porque deles não se originam direitos; ou revogá-los, por motivo de conveniência ou oportunidade, respeitados os direitos adquiridos e ressalvada, em todos os casos, a apreciação judicial".

[18]   José dos Santos Carvalho Filho. *Manual de direito administrativo*. São Paulo: Atlas, 2014, p. 161.

[19]   STF, RMS 25.943/DF, Tribunal Pleno, Rel. Min. Ricardo Lewandowski, j. 24.11.2010, *DJe* 02.03.2011.

[20]   STF, RE 158.543/RS, Segunda Turma, Rel. Min. Marco Aurélio, j. 30.08.1994, *DJ* 06.10.1995: "Tratando-se da anulação de ato administrativo cuja formalização haja repercutido no campo de interesses individuais, a anulação não prescinde da observância do contraditório, ou seja, da instauração de processo administrativo que enseje a audição daqueles que terão modificada situação já alcançada. Presunção de legitimidade do ato administrativo praticado, que não pode ser afastada unilateralmente, porque é comum à Administração e ao particular".

[21]   Lei nº 8.666/1993, arts. 49, § 3º, e 59; e Lei nº 14.133/2021, arts. 137, 138 e 139.

[22]   Entende o STJ que ausente lei específica, os comandos normativos contidos na Lei nº 9.784/1999 são aplicáveis no âmbito das Administrações Estadual e Municipal, os quais estabelecem o prazo de cinco anos para a Administração rever seus próprios atos. Nesse sentido v. STJ, RMS 36422/MT, Primeira Turma, Rel. Min. Sérgio Kukina, j. 28.05.2013, *DJ* 04.06.2013; STJ, RMS 24.423/RS, Quinta Turma, Rel. Min.ª Laurita Vaz, j. 23.08.2011, *DJ* 08.09.2011.

[23]   STF, RMS 25.856/DF, Segunda Turma, Rel. Min. Eros Grau, j. 09.03.2010, *DJe* 14.05.2010: "A Administração Pública tem o direito de anular seus próprios atos, quando ilegais, ou revogá-los por motivos de conveniência e oportunidade [Súmulas nº 346 e nº 473, STF]. O prazo decadencial estabelecido no art. 54 da Lei nº 9.784/1999 conta-se a partir da sua vigência [1º.02.1999], vedada a aplicação retroativa do preceito para limitar a liberdade da Administração Pública".

450 CURSO DE DIREITO CONSTITUCIONAL · *Ana Paula de Barcellos*

De forma mais geral, e quando a Lei nº 9.784/1999 referida não seja aplicável e não haja outra lei específica, o STF já se manifestou no sentido de que, por força do sentido mínimo do princípio da segurança jurídica, a prerrogativa do Poder Público de rever seus próprios atos está limitada a um prazo máximo de 10 anos[24].

11.2.5.1 LINDB: novos parâmetros

Na realidade, além da exigência de um processo administrativo prévio, do respeito à boa--fé e do limite temporal ao poder de autotutela, a Lei nº 13.655/2018, que deu nova redação à LINDB, estabeleceu ao menos 4 novos parâmetros para o exame do tema.

Em primeiro lugar, a lei impõe aos responsáveis por avaliar a eventual regularidade e/ou validade de ato, contrato ou decisão administrativa tomada no passado a consideração expressa de dois elementos, para além dos fatos diretamente relacionados com a questão e as normas jurídicas aplicáveis. Em primeiro lugar, o órgão com competência decisória deverá examinar as dificuldades reais enfrentadas pelo gestor no momento da prática do ato, tendo em conta as necessidades das políticas públicas que lhe cabia gerir e as limitações práticas com as quais ele tinha que conviver quando tomou a decisão agora examinada (art. 22).

Em segundo lugar, qualquer órgão judicial ou administrativo que vá rever a validade de atos ou contratos administrativos, deverá examinar também a proporcionalidade da solução de invalidação (a lei se refere de forma específica à adequação e à necessidade) comparada com a alternativa de regularização do ato ou contrato, dentre eventuais outras possibilidades de solução que não envolvam a invalidação do ato (art. 20, parágrafo único e art. 21, parágrafo único).

Esses dois parâmetros devem orientar o contraditório ao longo do processo administrativo e a decisão deve apreciá-los de forma expressa. A lei claramente atribui certa preferência à solução de regularização dos atos e contratos, sem, porém, torná-la obrigatória. A exigência, claramente, é de que a opção pela invalidação seja claramente justificada tendo em conta não apenas a literalidade da legislação, mas também os dois elementos referidos anteriormente.

Um terceiro parâmetro se dirige à decisão que determine a regularização do ato ou contrato: ela deverá indicar de forma expressa as condições para a regularização, condições essas que devem garantir que essa regularização ocorra de forma "proporcional e equânime e sem prejuízo aos interesses gerais, não se podendo impor aos sujeitos atingidos ônus ou perdas que, em função das peculiaridades do caso, sejam anormais ou excessivos" (art. 21, parágrafo único).

O quarto parâmetro, por fim, se destina às decisões que decidam no sentido da invalidade do ato ou contrato administrativo examinado. Tal decisão deverá indicar de modo expressa quais as consequências jurídicas e administrativas da decisão de invalidação (art. 21, *caput*). Ou seja: não basta dizer que o ato ou contrato é inválido: é preciso detalhar quais as consequências disso para todos os eventuais envolvidos ou afetados.

11.2.6 Princípio da impessoalidade

Na sequência do princípio da legalidade, o art. 37 prevê como um princípio a ser observado pela Administração Pública o da impessoalidade. Ao *princípio da impessoalidade* se atribuem, em geral, dois sentidos complementares, porém distintos. O primeiro envolve a circunstância de os atos da Administração não serem imputados aos agentes que, em dado momento, ocupam determinada função, mas ao órgão ou entidade. Trata-se, aqui, da despersonalização do poder.

---

[24] STF, MS 22357/DF, Tribunal Pleno, Rel. Min. Gilmar Mendes, j. 27.05.2004, *DJ* 05.11.2004; e STF, MS 24.781/DF, Tribunal Pleno, Rel. p/ acórdão Min. Gilmar Mendes, j. 02.03.2011, *DJ* 09.06.2011.

Daí por que, como regra, a responsável pelas consequências dos atos praticados é a pessoa jurídica de direito público e não o servidor, tema que se vai abordar adiante. Pela mesma razão, a atuação do agente está vinculada ao interesse público[25], e não aos seus próprios. Nesse ponto, a impessoalidade aproxima-se do princípio da moralidade administrativa[26]. Esse é igualmente o fundamento pelo qual o § 1º do art. 37 veda expressamente que a publicidade governamental seja utilizada para promoção pessoal de autoridades ou servidores públicos. A ação estatal, embora levada a cabo por diversas pessoas, não é a ação dessas pessoas individual ou pessoalmente, mas do Poder Público.

O segundo sentido diz respeito ao dever da Administração de tratar a todos igualmente, sem preferências ou distinções. Trata-se da imparcialidade do poder[27]. Nessa segunda dimensão, portanto, o princípio da impessoalidade se aproxima do princípio da isonomia. Ele determina à Administração que não atue com vistas a prejudicar ou beneficiar pessoas determinadas, conduzindo-se exclusivamente de acordo com o interesse público, independentemente de quem seja o indivíduo afetado[28].

Como é corrente, o princípio da isonomia ou da igualdade, previsto no art. 5º, *caput*, da Constituição de 1988 envolve um aspecto formal e um material. A isonomia material busca promover a igualdade *real* dos indivíduos – ou, ao menos, a redução das desigualdades – por meio de benefícios específicos dirigidos a determinados grupos[29]. Sob o aspecto formal, o princípio envolve o tratamento isonômico na esfera jurídica e tem dois destinatários principais[30]: a igualdade *na lei* – ordem dirigida ao legislador – e *perante a lei* – ordem dirigida aos aplicadores da lei.

A isonomia formal, porém, não é sinônimo de igualitarismo[31], já que ela envolverá o tratamento igual daqueles que se encontrem em situações equivalentes e o tratamento desigual dos desiguais, na medida de sua desigualdade. A rigor, o que o princípio da isonomia veda, e assim também o da impessoalidade, são as desequiparações que não tenham um *fundamento* racional e razoável e que não se destinem a promover um *fim* constitucionalmente legítimo.

Nesse sentido, toda a atividade administrativa relativa aos administrados deve pautar-se pela impessoalidade. No âmbito da legislação infraconstitucional, o princípio está implicitamente previsto na Lei nº 9.784, art. 2º, parágrafo único, III, que exige, nos processos administrativos, a observância do critério de "objetividade no atendimento do interesse público, vedada a promoção pessoal de agentes ou autoridades".

Se a Administração se encontra diante de situações rigorosamente idênticas, não havendo nenhum elemento de fato relevante que as diferencie, está obrigada a proceder da mesma forma em relação a todas elas. Mais que isso, o particular terá o direito de exigir o mesmo tratamento com fundamento no princípio da isonomia, que impõe limite fundamental ao

---

[25] Hely Lopes Meirelles. *Direito administrativo brasileiro*. São Paulo: Malheiros, 2016, p. 97-98.

[26] Celso Antônio Bandeira de Mello. *Curso de direito administrativo*. São Paulo: Malheiros, 2010, p. 114.

[27] José Afonso da Silva. *Curso de direito constitucional positivo*. 37. ed. rev. e atual. São Paulo: Malheiros, 2014, p. 676-677.

[28] Maria Sylvia Zanella Di Pietro. *Direito Administrativo*. 27. ed. São Paulo: Atlas, 2014, p. 68.

[29] STJ, RMS 13.084/CE, Primeira Turma, Rel. Min. José Delgado, j. 28.05.2002, *DJU* 1º.07.2002: "O tratamento diferenciado dispensado aos deficientes físicos configura princípio constitucional que procura, por meio de tratamento distinto, promover-lhes a integração na sociedade. O princípio da isonomia, ao invés de ser infringido, é prestigiado, conforme os postulados da igualdade material que atualmente consubstancia". Na doutrina, v., por todos, Joaquim B. Barbosa Gomes. *Ação afirmativa e princípio constitucional da igualdade*. Rio de Janeiro: Renovar, 2001.

[30] O princípio da igualdade também poderá repercutir nas relações privadas. Sobre o tema, v. Daniel Sarmento. *Direitos fundamentais e relações privadas*. Rio de Janeiro: Lumen Juris, 2010.

[31] V. sobre o tema: Celso Antônio Bandeira de Mello. *Conteúdo jurídico do princípio da igualdade*. 3. ed. São Paulo: Malheiros, 2000.

poder discricionário da Administração[32]. Nesse ponto, é fácil perceber como os princípios se interligam: por meio da motivação, o administrador poderá demonstrar que o tratamento diferenciado se justifica e é razoável e, ao mesmo tempo, é também a motivação que permitirá o melhor controle de sua atuação.

Dois corolários bastante conhecidos do princípio da impessoalidade, inscritos no próprio texto constitucional, são o procedimento licitatório, a ser observado pela Administração quando de suas contratações, e o concurso público para o preenchimento de cargos, empregos e funções públicas. Os dois mecanismos têm a mesma finalidade: assegurar condições de igualdade de acesso a todos os interessados em contratar com a Administração ou ingressar em seus quadros de funcionários. A escolha será apurada em função de elementos objetivos: melhor preço, melhor técnica, melhor pontuação nas provas etc. Na sequência, se fará uma breve nota sobre ambos: concurso e licitação.

Cabe apenas fazer uma última nota sobre a impessoalidade dos agentes administrativos que têm a função de julgar processos administrativos. Como se sabe, existem no âmbito da Administração Pública muitos espaços nos quais se desenvolvem processos administrativos contenciosos (chamado contencioso administrativo) conduzidos por órgãos encarregados de julgar essas disputas. A própria Constituição trata do fenômeno no art. 5º, LV. O mais comum é que essas disputas se estabeleçam entre a própria Administração e os particulares: estes têm oportunidade, por exemplo, de impugnar administrativamente autos de infração tributários, aplicação de multas ou penas em geral, fazer pedidos junto ao INSS, impugnar decisões da autarquia etc. Eventualmente, o órgão administrativo julgador poderá apreciar disputas entre particulares: é o caso de determinadas agências reguladoras que têm essa espécie de competência[33].

O ponto que se quer destacar aqui é que, no caso dessa atividade administrativa, a impessoalidade reveste-se de especial significado, já que deve caracterizar-se como imparcialidade, a rigor. Com efeito, o imperativo da imparcialidade do julgador – conquista importante do processo civilizatório – não é limitado a juízes e tribunais judiciais. Ao contrário, aplica-se a todos os atos estatais decisórios – tanto assim que as normas constitucionais que visam a assegurá-lo sequer se concentram no capítulo dedicado ao Poder Judiciário, como, *e.g.*, as que fazem valer o princípio do juiz natural (art. 5º, XXXVII e LIII), do devido processo legal (art. 5º, LIV) e as garantias do contraditório e da ampla defesa (art. 5º, LV). Portanto, o requisito da imparcialidade de quem julga deve estar presente tanto no processo judicial como no administrativo[34].

A Lei nº 9.784, de 29 de janeiro de 1999, já mencionada e que, como se viu, disciplina o processo administrativo no âmbito da Administração Pública federal, direta ou indireta, contém uma série de princípios e regras que cuidam de assegurar a imparcialidade de quem exerce função julgadora na Administração Pública. Dentre eles, destacam-se normas específicas (arts. 18 a 20) sobre a suspeição e impedimento da autoridade administrativa encarregada de decidir a questão, que muito se assemelham aos casos previstos no Código de Processo Civil, dirigidos às autoridades judiciais (arts. 144 a 148).

11.2.6.1   Licitações

Como referido, um dos corolários do princípio da impessoalidade é a regra geral que trata da licitação. A Constituição Federal de 1988, como se sabe, impõe que, via de regra, as

---

[32]   Lúcia Valle Figueiredo. *Curso de direito administrativo*. São Paulo: Malheiros, 1994, p. 124; e Odete Medauar. *Poder discricionário da administração*. Revista dos Tribunais, São Paulo, n. 610, ago. 1986, p. 44.

[33]   É o caso, *e.g.*, da ANTT e da Antaq, conforme Lei nº 10.233/2001, art. 20, II, *b*.

[34]   Nelson Nery Junior. *Impedimento e suspeição de conselheiro do CADE no processo administrativo da concorrência (parecer)*. Revista de Processo nº 100, São Paulo, out. 2000, p. 208.

contratações firmadas pela Administração Pública direta e indireta sejam feitas mediante processo de licitação, garantida a igualdade de condições entre todos os concorrentes (art. 37, XXI). O processo licitatório destina-se a garantir os princípios constitucionais do art. 37, *caput*, notadamente os da impessoalidade e da publicidade, permitindo que a Administração Pública escolha, num procedimento transparente e de igual condições para todos os envolvidos, aquela proposta que lhe seja mais vantajosa, *i.e.*, que apresente melhores condições para o atendimento do interesse público[35].

A Lei nº 14.133/2021 passou a estabelecer as normas gerais de licitação e contratação no País. Embora editada em 1º de abril de 2021, ela apenas substituirá completamente a Lei nº 8.666/1993, que regulava o tema de forma geral até então, a partir de abril de 2023. As finalidades da licitação são basicamente duas: a *obtenção da melhor solução/oferta/proposta para a Administração Pública* e o *tratamento isonômico entre os interessados*.

A primeira finalidade remete ao princípio da economicidade, corolário do princípio constitucional da eficiência[36]: a Administração deve selecionar aquela proposta que apresente a melhor relação entre custo e benefício para o desempenho da finalidade almejada, considerando-se os custos da contratação e o atendimento ao interesse público. A economicidade pressupõe, assim, a ampla competitividade entre os agentes do mercado, assegurando que a Administração escolha a mais vantajosa entre todas as propostas oferecidas[37].

A segunda finalidade – a isonomia –, por sua vez, apresenta diversos consectários ao longo de todo o processo licitatório, entre eles a garantia de competitividade e de livre acesso dos interessados à disputa[38], bem como a vedação de desequiparação entre os disputantes, ou a adoção de critério que importe em injusta diferenciação entre competidores no julgamento das propostas.

A aplicação do princípio às licitações públicas impõe que todos os licitantes sejam tratados igualmente, em termos de direitos e obrigações. Por isso mesmo, a Administração deve, em suas decisões, pautar-se por critérios objetivos, sem levar em conta as características pessoais ou subjetivas do licitante, salvo as expressamente previstas na lei ou no instrumento convocatório, e que naturalmente sejam relevantes para o objeto a ser contratado[39]. Isso significa, em suma, que a Administração deverá buscar a proposta mais vantajosa para resguardar o interesse público, independentemente de qualquer fator subjetivo do licitante. O que interessa ao Poder Público, como a jurisprudência tem destacado[40], é a execução do serviço nos termos previstos no edital e no contrato.

---

[35] Marçal Justen Filho. *Comentários à Lei de Licitações e Contratos Administrativos*. São Paulo, Revista dos Tribunais, 2008, p. 63.

[36] Diogo de Figueiredo Moreira Neto. *Curso de direito administrativo*. Rio de Janeiro: Forense, 2014, p. 182. Destacando que a eficiência vai além da economicidade v. Fernando Leal. Propostas para uma abordagem teórico-metodológica do dever constitucional de eficiência. *Revista Eletrônica de Direito do Estado*, Salvador, ago./set. 2008.

[37] Nesse sentido, Marcos Juruena Villela Souto. *Licitações e contratos administrativos*. Rio de Janeiro: Esplanada, Adcoas, 1998, p. 65-66.

[38] Marçal Justen Filho. *Comentários à Lei de Licitações e Contratos Administrativos*. São Paulo: Revista dos Tribunais, 2008, p. 66-67.

[39] Maria Sylvia Zanella Di Pietro. *Direito Administrativo*. 27. ed. São Paulo: Atlas, 2014, p. 378.

[40] STJ, ROMS 13607/RJ, Primeira Turma, Rel. Min. José Delgado, j. 02.05.2002, *DJ* 10.06.2002: "O exame do disposto no art. 37, XXI, da Constituição Federal, em sua parte final, referente a 'exigências de qualificação técnica e econômica indispensáveis à garantia do cumprimento das obrigações' revela que o propósito aí objetivado é oferecer iguais oportunidades de contratação com o Poder Público não a todo e qualquer interessado, indiscriminadamente, mas, sim, apenas a quem possa evidenciar que efetivamente dispõe de condições para executar aquilo a que se propõe". No mesmo sentido, STJ, REsp 172.232/SP, Tribunal Pleno, Rel. Min. José Delgado, j. 17.08.1998, *DJ* 21.09.1998.

454 CURSO DE DIREITO CONSTITUCIONAL • *Ana Paula de Barcellos*

Além dessas duas finalidades básicas, o art. 5º da Lei nº 14.133/2021 indica ainda que na aplicação da lei deve ser observado, dentre vários princípios, o "desenvolvimento nacional sustentável". Nesse sentido, a nova lei prevê em vários pontos que elementos relacionados, por exemplo, com o impacto ambiental das propostas a serem apresentadas devem igualmente ser considerados na avaliação do melhor atendimento do interesse público.

Uma inovação interessante da Lei nº 14.133/2021 pretende lidar com situações em que a necessidade pública é complexa e a própria Administração não sabe de antemão qual a melhor solução para atendê-la. Trata-se da modalidade de licitação denominada de "diálogo competitivo" (arts. 28, V, e 32) por meio da qual, em um primeiro momento, licitantes pré-selecionados de acordo com critérios objetivos terão oportunidade de apresentar sugestões de soluções para enfrentar as necessidades e exigências divulgadas pela Administração. Encerrado o diálogo e escolhida pela Administração a solução a ser adotada, terá início então a fase competitiva, na qual os licitantes apresentarão propostas para a implementação da solução escolhida.

É bem de ver, de todo modo, que o procedimento licitatório não é, propriamente, um fim em si mesmo: trata-se de um instrumento para o melhor atendimento do interesse público e dos princípios constitucionais que regem a Administração Pública[41]. Assim, se essas mesmas finalidades não puderem ser atingidas pela realização da licitação, ou se esta não se mostrar vantajosa para a Administração por alguma razão objetiva, é possível a flexibilização motivada da regra da licitação para afastar-se a sua exigência em determinado caso. Por essa razão, a Lei nº 14.133/2021 continua a regular as hipóteses em que a licitação pode ser dispensada (art. 75), bem como aquelas em que a licitação é inviável e, portanto, inexigível (art. 74), devendo, em todo caso, o administrador motivar sua decisão no particular (art. 72).

11.2.6.2 Concurso público

Na mesma linha, como um corolário da isonomia e da impessoalidade, a Constituição Federal de 1988 instituiu, como regra, a exigência da realização de concurso público de provas e títulos para a investidura em cargo no âmbito da Administração Pública (art. 37, II).

A Lei nº 14.965/2024 dispõe sobre normas gerais relativas a concursos públicos a fim de assegurar, de acordo com os seus termos, "aplicação dos princípios da administração pública e do disposto no inc. II do *caput* do art. 37 da Constituição Federal". De acordo com seu art. 1º, § 3º, a nova lei não se aplica aos concursos para Magistratura, Ministério Público, Defensoria e para sociedades de economia mista e empresas públicas que não recebam recursos do ente federado (União, Estados, DF ou Municípios) para pagamento de despesas de pessoal ou de custeio em geral.

A exigência da realização de concurso público é associada à realização de dois fins constitucionais. *Em primeiro lugar*, o concurso permite que, no atendimento do interesse público, a Administração Pública possa escolher aqueles que estejam mais aptos a desempenharem as funções de que necessita, de acordo com suas habilidades físicas e intelectuais[42]. *Em segundo lugar*, ele possibilita que o acesso ao serviço público se dê mediante um regime de livre concorrência, com igualdade de condições para todos os candidatos e impessoalidade nos critérios de seleção. Trata-se, sob essa segunda perspectiva, de uma aplicação dos princípios da igualdade, da impessoalidade e da moralidade administrativa, como também dos demais princípios previstos no art. 37, *caput*, da Constituição Federal.

---

[41] Marçal Justen Filho. *Comentários à Lei de Licitações e Contratos Administrativos*. São Paulo: Revista dos Tribunais, 2008, p. 57: "(...) [A] licitação não apresenta fins em si próprios. É imperioso ter em vista que a realização das formalidades próprias à licitação não satisfaz, de modo automático, os interesses protegidos pelo Direito".

[42] Marçal Justen Filho. *Curso de direito administrativo*. São Paulo: Revista dos Tribunais, 2015, p. 926-927.

Em sua projeção no campo do concurso público, os princípios traduzem a ideia da igualdade entre os competidores, que não podem ser desequiparados arbitrariamente. Nesse contexto, note-se que a própria Constituição prevê que, nos termos da lei, um percentual dos cargos e empregos públicos – acessíveis, naturalmente, por concurso – devem ser reservados para as pessoas portadoras de deficiência, cabendo à lei também definir os critérios de sua admissão.

O tratamento diferenciado, além de se tratar de uma opção do constituinte originário, justifica-se de forma muito evidente por conta da desigualdade fática e das enormes dificuldades, em todos os níveis, que as pessoas com deficiência enfrentam para conseguirem fruir dos direitos que a Constituição assegura a todos e dos serviços públicos em geral (como educação, saúde, locomoção, transporte etc.).

Assim, nos termos do art. 5º da Lei nº 8.112/1990, 20% das vagas oferecidas em concursos públicos serão, como regra, reservadas a pessoas com deficiência. O Decreto nº 9.508/2018 regula a matéria no âmbito da Administração Pública Federal.

A igualdade *na lei* veda a inclusão, no edital, de cláusulas e condições que façam qualquer tipo de discriminação irrazoável entre os candidatos ou privilegiem injustificadamente uns em detrimento de outros. Já a igualdade *perante a lei* veda que, no decorrer do concurso, seja concedida algum tipo de vantagem sem fundamento a um candidato, em violação ao princípio da impessoalidade[43]. Qualquer um desses comportamentos interferiria com a realização do objetivo principal do concurso público, que é, como visto, o atendimento do interesse público e, igualmente, violaria as garantias da isonomia e impessoalidade na seleção.

É bem de ver, no entanto, que a isonomia e a impessoalidade nos concursos públicos não são fenômenos abstratos: ao contrário, elas existem para promover o próprio atendimento do interesse público. Com efeito, garantir a igualdade em um concurso público não significará, por exemplo, que todos poderão concorrer a determinado cargo público.

A Administração Pública pode – e deve – estipular exigências objetivas que selecionem, de forma mais específica, quem pode ou não participar no certame, em função da necessidade pública que deverá ser atendida. Não faria qualquer sentido, a pretexto de isonomia, organizar-se um concurso – com todos os custos envolvidos – para selecionar candidatos que não tivessem as qualificações e habilidades necessárias para exercer as funções pretendidas pela Administração Pública, em prejuízo do bom e eficiente cumprimento das finalidades estatais. O ponto não é controverso e decorre de forma expressa do art. 39, § 3º, da Constituição.

Assim, por exemplo, o STF já entendeu que os critérios a serem considerados em exames médicos no âmbito de concursos devem ser previstos antecipadamente no edital[44] e que exames psicotécnicos, embora possíveis, dependem de previsão legal[45]. No mesmo sentido, restrições à inscrição para concurso público (de idade, por exemplo), além de previstas em lei, devem ser justificadas diante da função a ser exercida[46]. O STF assentou também que, como regra

---

[43]   Celso Antônio Bandeira de Mello. *Curso de direito administrativo*. São Paulo: Malheiros, 2010, p. 282; e Raquel Discacciati Bello. O princípio da igualdade no concurso público. *Revista de Informação Legislativa*, Brasília, v. 33, n. 131, jul./set. 1996, p. 313-314.

[44]   STF, AI 850.638 AgR/BA, Segunda Turma, Rel. Min. Ricardo Lewandowski, j. 11.10.2011, *DJe* 25.10.2011.

[45]   STF, Súmula Vinculante nº 44, *DJe* 17.04.2015: "Só por lei se pode sujeitar a exame psicotécnico a habilitação de candidato a cargo público".

[46]   STF, Súmula nº 683, *DJ* 13.10.2003: "O limite de idade para a inscrição em concurso público só se legitima em face do art. 7º, XXX, da Constituição, quando possa ser justificado pela natureza das atribuições do cargo a ser preenchido". Também entendeu o tribunal que o momento para comprovação do limite de idade fixado no concurso público há de ser a inscrição no certame, v. STF, ARE 840.592/CE, Primeira Turma, Rel. Min Roberto Barroso, j. 23.06.2015, *DJ* 10.08.2015.

geal, não é possível restringir candidatos em concursos públicos por terem tatuagens, salvo em situações excepcionais[47].

Ademais, o Supremo Tribunal Federal tem entendimento no sentido de que a circunstância de candidato estar respondendo a inquérito ou a ação penal não transitada em julgado não poderá excluí-lo do certame, por conta da presunção de inocência[48]. Em algum momento, talvez, o STF terá de revisitar esse tema à luz das razões subjacentes à Lei da Ficha Limpa que, como referido, consideram inelegível o indivíduo que tenha sido condenado criminalmente por órgão colegiado, independentemente do trânsito em julgado. Embora o processo pelo qual alguém, via eleição, se torna um agente público seja bastante diverso daquele pelo qual alguém, via concurso, ingressa na Administração, há pontos inevitáveis de contato.

Por fim, embora o concurso público seja a regra geral em matéria de admissão de pessoal na Administração, existem hipóteses previstas constitucionalmente em que pessoas podem se tornar agentes públicos independentemente de concurso. O ponto será examinado adiante quando se tratar genericamente dos agentes públicos.

11.2.7 Princípio da proporcionalidade

O art. 37 da Constituição não contém um princípio da proporcionalidade dirigido à Administração Pública, embora ele conste do já referido art. 2º da Lei nº 9.784/1999. Nada obstante, há amplo consenso no sentido de que a ação administrativa – a rigor a ação do Estado como um todo – está submetida ao princípio da proporcionalidade. Do ponto de vista normativo, sobretudo a partir da Constituição de 1988, as exigências da razoabilidade e da proporcionalidade dirigidas aos atos estatais, em geral, têm sido extraídas pela doutrina e pela jurisprudência tanto da garantia do devido processo legal substantivo quanto da cláusula do Estado de Direito, como, de forma mais ampla, do sistema dos direitos fundamentais[49].

A Constituição de 1988 assegura de forma expressa a garantia de que "ninguém será privado da liberdade ou de seus bens sem o *devido processo legal*" (art. 5º, LIV). Historicamente, sobretudo a partir da experiência anglo-saxã, a garantia do devido processo legal se desenvolveu inicialmente à vista da atuação do Estado-Juiz, o chamado devido processo legal processual. Assim, embora o Estado, por meio do Judiciário, pudesse impor restrições sérias à liberdade e ao patrimônio das pessoas, elas não poderiam ser aplicadas de forma livre ou aleatória. Regras e limites, que se desenvolveram ao longo do tempo, deveriam ser observados nessa atuação estatal, tendo em seu núcleo a imparcialidade do juízo e as garantias de defesa.

Com a ampliação dos papéis do Estado ao longo dos últimos 100 anos, a mesma lógica subjacente ao devido processo legal processual – de que a atuação estatal não poderá ser irracional, abusiva, ou ilógica – expandiu-se para ser aplicada também à atuação do Estado-Administração Pública, que passou a ter cada vez mais competências, e chegou igualmente à atividade normativa estatal, que cresceu sem precedentes. O devido processo legal, portanto, sem prejuízo de sua faceta processual, desenvolveu também uma faceta substantiva, como um mecanismo de controle da razoabilidade dos atos do Poder Público em geral. De forma simples, a ideia é que qualquer ação estatal se destina a afetar, em alguma medida (positiva ou negativamente), a liberdade e os direitos das pessoas, de modo que deve ser, no mínimo, razoável.

---

[47]   STF, RE 898.450/SP, Tribunal Pleno, Rel. Min. Luiz Fux, j. 17.08.2016, *DJ* 30.05.2016.

[48]   STF, AI 829.186 AgR/CE, Primeira Turma, Rel. Min. Dias Toffoli, j. 23.04.2013, *DJe* 27.06.2013.

[49]   Gilmar Ferreira Mendes; Paulo Gustavo Gonet Branco. *Curso de Direito Constitucional*. São Paulo: Saraiva, 2016, p. 216-219.

Cap. 11 – ADMINISTRAÇÃO PÚBLICA **457**

A doutrina brasileira destaca também, a partir da tradição alemã, uma ideia aproximada[50] que se desenvolveu justamente a partir da garantia do Estado de Direito em conexão com o sistema dos direitos fundamentais[51]: trata-se da exigência de proporcionalidade que se dirige à ação estatal como um todo. Nesse sentido, aqueles qualificadores da lei inerentes ao Estado de Direito antes referidos proscreveriam a ação estatal abusiva, ilógica ou desproporcional, servindo, portanto, como limites às leis e aos atos do Poder Público de forma mais ampla.

Antes da Constituição atual, na realidade, a jurisprudência do Supremo Tribunal Federal já utilizava a ideia de proporcionalidade ou, de forma mais genérica, de razoabilidade, com maior ou menor elaboração, e muitas vezes associada à noção de abuso ou desvio de poder. O primeiro caso apontado pela historiografia do Supremo Tribunal Federal como antecedente da utilização da razoabilidade no século XX foi decidido em 1951, no Recurso Extraordinário nº 18.331, Relator o Ministro Orozimbo Nonato[52]. Na hipótese, o Município de Santos havia aumentado em 1.000% o imposto de licença sobre cabines de banho, e determinada empresa afetada alegava que o aumento inviabilizava sua atividade econômica, o que foi acolhido, ao fim, pelo STF. A Corte invocou a noção, oriunda da experiência norte-americana, de que o poder de tributar é o poder de manter vivo, e concluiu que há limites a esse poder, que não pode ser utilizado de forma abusiva de tal modo que inviabilize as atividades econômicas.

A proporcionalidade ganhou muitos desenvolvimentos analíticos na Alemanha, no Brasil e em outras partes do mundo, que procuram operacionalizar sua utilização[53]. Reproduzindo o modelo mais comumente adotado pela doutrina e jurisprudência brasileiras, entende-se que atenderá à proporcionalidade a norma ou ato que seja capaz de atender a três testes sucessivos: o da adequação lógica entre os meios empregados e os fins a que eles se destinam; o da vedação do excesso ou da necessidade, que envolve uma comparação entre os meios adotados pela norma ou ato e outros eventualmente menos gravosos para os direitos envolvidos e igualmente capazes de produzir os resultados pretendidos; e, por fim, o teste identificado como da proporcionalidade em sentido estrito, que cuida de um confronto da norma ou ato com o sistema constitucional como um todo, de modo a aferir se, ao pretender realizar determinado fim, ele respeita minimamente as demais normas constitucionais.

Como se pode perceber, a adequação lógica e a necessidade constituem exames internos, tendo em conta a norma ou o ato em si mesmo: seus motivos, meios (efetivamente adotados ou alternativos) e fins. Já a proporcionalidade em sentido estrito descreve um confronto da norma com o sistema externo a ela, a saber, com o sistema constitucional como um todo. O

---

[50]   Embora boa parte da doutrina e da jurisprudência equipare razoabilidade e proporcionalidade, se está de acordo com a parte da doutrina que distingue esses dois conceitos. Sobre o tema, v. Humberto Ávila. *Teoria dos Princípios*: da definição à aplicação dos princípios jurídicos. 2. ed. São Paulo: Malheiros, 2003. O ponto, porém, não tem especial consequência para o objeto deste estudo, de modo que fica apenas o registro teórico.

[51]   Gilmar Ferreira Mendes; Paulo Gustavo Gonet Branco. *Curso de Direito Constitucional*. São Paulo: Saraiva, 2016, p. 217 e ss.

[52]   Alexandre Araújo Costa. *O Princípio da Razoabilidade na Jurisprudência do STF*: O século XX. Brasília: Thesaurus, 2008.

[53]   A doutrina nacional tem elaborado de forma muito consistente o princípio da razoabilidade. Veja-se, por muitos, Patrícia Mothé Glioche Béze. Devido Processo Legal (Princípio do-). In: Ricardo Lobo Torres; Eduardo Takemi Kataoka; Flávio Galdino (org.); Silvia Faber Torres (Sup.). *Dicionário de Princípios Jurídicos*. Rio de Janeiro: Elsevier, 2011, p. 245-252; Luis Roberto Barroso. *Interpretação e Aplicação da Constituição*. São Paulo: Saraiva, 2014, p. 224 e ss.; Suzana de Toledo Barros. 1996. *O princípio da proporcionalidade e o controle de constitucionalidade das leis restritivas de direitos fundamentais*. São Paulo: Malheiros, 1996; Celso Antônio Bandeira de Mello. *Conteúdo jurídico do princípio da igualdade*. 3. ed. São Paulo: Malheiros, 2000; Carlos Roberto de Siqueira Castro. *O devido processo legal e a razoabilidade das leis na nova Constituição do Brasil*, Rio de Janeiro: Forense, 1989. San Tiago Dantas. Igualdade perante a lei e *due process of law*. In: *Problemas de Direito Positivo*: Estudos e Pareceres. Rio de Janeiro: Forense, 1953.

confronto externo é próprio da possibilidade de controle de constitucionalidade que decorre da superioridade hierárquica da Constituição.

A popularidade da noção aumentou consideravelmente nos últimos anos, e tornou-se inclusive frequente a declaração de inconstitucionalidade de leis e atos do Poder Público com fundamento nas exigências da razoabilidade e/ou da proporcionalidade[54], a tal ponto que parte da doutrina tem, inclusive, observado a necessidade de maior cuidado na utilização desses parâmetros. O que a doutrina tem destacado nesse ponto, com razão, é que, no mundo real, as avaliações acerca das relações de adequação lógica entre os meios e os fins, bem como acerca dos meios alternativos capazes de produzir os mesmos resultados de forma menos gravosa, são complexas e multifacetadas, e não singelas e lineares como nos exemplos acadêmicos. Além disso, os agentes públicos não dispõem de todo o tempo do mundo para fazer suas avaliações: pressões de tempo estão sempre presentes.

Por fim, a Administração e o Legislativo atuam de forma prospectiva – cabe a elas avaliar e prever da melhor forma possível os resultados futuros de seus atos, mas não há garantias. O Judiciário, portanto, ao avaliar a eventual invalidade de uma norma ou ato sob a perspectiva da razoabilidade ou da proporcionalidade, não pode ignorar essas circunstâncias reais nas quais eles foram editados. O julgador não pode perder de vista que se encontra em uma posição totalmente diversa para fazer suas avaliações: o Judiciário examina o que já aconteceu, tem informações efetivas sobre os resultados produzidos (e não apenas avaliações prospectivas), e não sofre pressões de tempo da mesma natureza[55].

A Lei nº 13.655/2018, que alterou a Lei de Introdução às Normas do Direito Brasileiro, passou a prever de forma expressa que a Administração Pública e também o Poder Judiciário deverão assumir algumas das premissas resumidas acima.

Em primeiro lugar, o Judiciário e a Administração Pública poderão/deverão formular juízos de proporcionalidade e de razoabilidade no momento da aplicação das normas, particularmente diante da invalidação de atos e contratos. Nos termos da nova redação dada ao art. 21, a autoridade deverá considerar tanto as circunstâncias do caso quanto as consequências da invalidação, em contraste com opções viáveis de regularização do ato ou contrato discutido.

Além disso, o novo art. 22 prevê de forma expressa que, sem prejuízo dos direitos dos administrativos, ao avaliar atos, ajustes ou normas administrativas passadas, o intérprete (administrativo ou judicial) deve considerar "os obstáculos e as dificuldades reais do gestor e as exigências das políticas públicas a seu cargo", bem como "as circunstâncias práticas que houverem imposto, limitado ou condicionado a ação do agente".

Uma outra dimensão do dever de proporcionalidade se dirige hoje de forma específica aos agentes públicos encarregados da persecução penal, e assume a seriedade de um crime. Com efeito, a Lei nº 14.321/2022 tipificou o crime de "violência institucional" no âmbito da chamada Lei de Abuso de Autoridade (Lei nº 13.869/2019), que descreve como conduta criminosa "Submeter a vítima de infração penal ou a testemunha de crimes violentos a procedimentos desnecessários, repetitivos ou invasivos, que a leve a reviver, sem estrita necessidade".

Como é fácil perceber, a avaliação da proporcionalidade ou não do procedimento adotado – sobretudo sob a perspectiva da necessidade, descrita pelo dispositivo como "estrita" – consistirá no elemento central do tipo referido. Da mesma forma como se observou acima, se de um lado a proteção da vítima e das testemunhas de crimes violentos de novas violências é

---

[54]   Alexandre Araújo Costa. *O Princípio da Razoabilidade na Jurisprudência do STF*: O século XX. Brasília: Thesaurus, 2008; e Gustavo Ferreira Santos. *O princípio da proporcionalidade na jurisprudência do Supremo Tribunal Federal*: limites e possibilidades. Rio de Janeiro: Lumen Juris, 2004.

[55]   Humberto Ávila. Limites e Intensidade dos controles de razoabilidade, de proporcionalidade e de excessividade das leis. *Revista de Direito Administrativo*, Rio de Janeiro, n. 236, abr./jun. 2004, p. 369-384.

um valor da maior relevância, a avaliação do que é necessário ou não e das opções alternativas existentes em cada caso nem sempre será singela, sobretudo quando feita a posteriori por um órgão de controle.

11.2.8 Princípio da moralidade

O princípio da moralidade é o terceiro dos princípios listados no art. 37. Desde 1988 há certa discussão doutrinária acerca de qual seria o conteúdo específico do princípio da moralidade, já que, de certo modo, a legalidade – incluindo a noção de finalidade –, a impessoalidade e a eficiência cobririam boa parte do que poderia ser considerado imoral: a rigor, um ato imoral seria também ilegal, ou violaria a impessoalidade ou a eficiência. O tempo mostrou, no entanto, a utilidade do princípio e as possibilidades de sua aplicação para impor padrões de moralidade e lealdade que eventualmente poderiam não se reconduzir aos demais princípios.

Uma primeira aplicação do princípio da moralidade – em conjunto com os demais, é verdade –, foi a vedação do nepotismo, que o STF acabou por entender que decorria diretamente do princípio. Como visto anteriormente, ao examinar norma expedida pelo Conselho Nacional de Justiça vedando o nepotismo no âmbito do Judiciário, o STF declarou sua validade, entendendo que as vedações ao nepotismo nela contidas decorriam justamente do núcleo dos princípios previstos no art. 37 e particularmente do princípio da moralidade[56]. Mais que isso, também com fundamento em tal princípio, o STF editou a Súmula Vinculante nº 13, que estendeu a vedação do nepotismo ao todos os Poderes em todos os níveis federativos[57].

Um outro tema com o qual o princípio da moralidade está intimamente ligado é o da improbidade. Esta, como se sabe, não é apenas uma ilegalidade, ou um equívoco ou erro por parte do agente público, mas uma conduta dolosa ou gravemente culposa que viola adicionalmente os deveres de honestidade e lealdade e, por isso, enseja punição mais grave[58]. Nessa linha, a jurisprudência do Eg. STJ tem entendido que a improbidade administrativa não se confunde com a mera ilegalidade[59], e que o elemento subjetivo da improbidade não deve ser, por isso, presumido[60].

A Lei nº 8.429, de 2 de junho de 1992, alterada pela Lei nº 14.230/2021, dispõe sobre os atos de improbidade de que trata o art. 37, § 4º, da Constituição e as sanções a eles aplicáveis. São considerados atos de improbidade as condutas dolosas praticadas por agentes públicos ou não que: (i) gerem enriquecimento ilícito ou vantagem patrimonial indevida para o agente (art. 9º); ou que (ii) causem de alguma forma dano ao Poder Público (art. 10); ou ainda (iii) as

---

[56] STF, ADC 12MC /DF, Tribunal Pleno, Rel. Min. Carlos Britto, j. 16.02.2008, *DJe* 01.09.2006.
[57] Como se viu anteriormente, o STF tem o entendimento que a Súmula Vinculante nº 13 não se aplicaria a agentes políticos, como Ministros e Secretários, mas é possível que o tema volte a ser discutido pela Corte.
[58] Marlon Alberto Weichert. A sentença condenatória na ação de improbidade administrativa. *Revista de Informação Legislativa*, Brasília, n. 70, abr./jun. 2006, p. 66.
[59] STJ, AgRg no REsp 1253667/MG, Segunda Turma, Rel. Min. Humberto Martins, j. 24.04.2012, *DJ* 11.05.2012.
[60] STJ, REsp 939.118/SP, Primeira Turma, Rel. Min. Luiz Fux, j. 15.02.2011, *DJ* 01.03.2011 e AgRg no AREsp 184923/SP, Primeira Turma, Rel. Min. Napoleão Nunes Maia Filho, j. 02.05.2013, *DJ* 09.05.2013.

condutas que constituem violação dos deveres de honestidade, de imparcialidade e de legalidade previstas no art. 11 da lei.

As alterações introduzidas pela Lei nº 14.230/2021 tiveram por objetivo, em primeiro lugar, enfatizar a necessidade de dolo para caracterização dos atos de improbidade, embora esse já fosse o entendimento predominante no STJ. A lei é expressa em afirmar, por exemplo, além da exigência de que as condutas sejam dolosas, que "O mero exercício da função ou desempenho de competências públicas, sem comprovação de ato doloso com fim ilícito, afasta a responsabilidade por ato de improbidade administrativa (art. 1º, § 3º). Em segundo lugar, várias das alterações pretenderam limitar a discricionariedade do intérprete na interpretação e aplicação da norma.

Vale o registro de que, em 27.12.2022, no âmbito da ADI nº 7236, o Ministro Alexandre de Moraes suspendeu, monocraticamente, alguns dispositivos introduzidos pela Lei nº 14.230/2021 na Lei de Improbidade (LAI). Foram suspensos, por exemplo, o art. 1º, § 8º, que excluía a improbidade no caso de ação e omissão decorrente de "divergência interpretativa da lei, baseada em jurisprudência, ainda que não pacificada, mesmo que não venha a ser posteriormente prevalecente nas decisões dos órgãos de controle ou dos tribunais do Poder Judiciário", bem como o art. 12, §§ 1º e 10: o primeiro parágrafo permitia que a penalidade de perda da função pública atingisse apenas o vínculo de mesma qualidade e natureza do agente com o poder público no momento da prática do ato; e o art. 12, § 10, por sua vez, dispunha que "para efeitos de contagem do prazo da sanção de suspensão dos direitos políticos, computar-se-á retroativamente o intervalo de tempo entre a decisão colegiada e o trânsito em julgado da sentença condenatória". Em algum momento no futuro, o Plenário do STF haverá de decidir o tema em caráter definitivo.

Um último campo no qual a moralidade administrativa poderá ser particularmente relevante, embora ainda não tenha sido desenvolvido pela doutrina e siga aqui como uma sugestão para reflexão, é na aproximação e aprendizado com a regulação há muito existente acerca dos deveres de lealdade dos administradores de empresas privadas. O tema é regulado por várias normas[61] que dispõem, por exemplo, que o administrador daquelas tem deveres de lealdade gerais para com a sociedade, devendo servir a seus objetivos sociais com cuidado e diligência[62], e não se servir dela[63].

Além disso, e particularmente, a legislação disciplina a figura do conflito de interesse que pode se verificar entre o administrador e a sociedade. Ora, parece consistente afirmar que, se administradores de empresas, no seu mister de gerenciar interesses de terceiros, têm uma série de deveres de lealdade e moralidade, com uma racionalidade semelhante, com as adaptações pertinentes, deve ser igualmente aplicável aos administradores públicos, que também gerenciam os interesses de terceiros: a sociedade como um todo.

11.2.9 Princípio da publicidade

O princípio da publicidade dirige-se não apenas à Administração Pública, mas ao Estado como um todo, e está diretamente relacionado com o direito de acesso à informação (art.

---

[61] Lei nº 5.674/1971; Código Civil, arts. 52, 1.010, 1.011 e 1.017; e Lei nº 6.404/1976, arts. 115, 155 e 156.

[62] Vale notar que os objetivos sociais das sociedades devem incorporar igualmente a dimensão de sua função social. Sobre o tema, v. Fábio Konder Comparato; Calixto Salomão Filho. *O poder de controle na sociedade anônima*. Rio de Janeiro: Forense, 2014, p. 371 e ss.

[63] Paulo Fernando Campos Salles de Toledo. *O Conselho de Administração na Sociedade Anônima*. São Paulo: Atlas, 1997, p. 57: "[o dever de lealdade é o dever] de ser fiel aos interesses e à finalidade da empresa honrando os compromissos dela (...) deve servir à companhia, e não servir-se dela"; e Modesto Carvalhosa. *Comentários à Lei das Sociedades Anônimas*. V. III, São Paulo: Saraiva, 2003, p. 289: "a relação entre a companhia e o administrador é chamada, com efeito, de *fiduciary relationship*, a refletir as relações jurídicas de confiança que norteiam a conduta deste último".

Cap. 11 – ADMINISTRAÇÃO PÚBLICA **461**

5º, XIV e XXXIII)[64]. Na realidade, de um lado está o direito à informação das pessoas e da sociedade em geral, e de outro os correspondentes deveres de publicidade[65] e de prestação de contas, impostos aos agentes públicos (art. 37, *caput*, § 3º, II, e § 8º, II; art. 49, IX; art. 84, XI e XXIV; art. 74, I e II)[66]. Nos termos da Constituição, a publicidade será sempre a regra, e o sigilo dos atos do Poder Público apenas é admitido para preservação da intimidade e quando seja necessário à segurança da sociedade e do Estado[67].

O direito de acesso à informação desdobra-se em duas direções. Em primeiro lugar, cada indivíduo tem o direito de ter acesso a informações acerca de si próprio, mas que estejam sob poder do Estado. Esse primeiro aspecto do tema se vincula a interesses como a privacidade, o poder do indivíduo de controlar suas informações pessoais e, eventualmente, a proteção contra discriminações[68]. Em segundo lugar, o acesso à informação diz respeito ao direito de todos, e de cada um, de ter acesso em caráter permanente a informações sobre os atos públicos de interesse geral: esse é o ponto que interessa de forma direta a este estudo. O art. 5º, XXXIII, identifica como objeto desse aspecto do direito "informação de interesse coletivo ou geral". O art. 37, § 3º, II, de forma mais específica, menciona o direito de ter acesso a registros administrativos e a informações sobre atos de governo[69].

A publicidade é um dever constitucional que se destina a todos os órgãos e entidades públicos, de modo que Executivo, Legislativo e Judiciário, salvo exceções previstas pela própria Constituição[70], estão a ele vinculados. Há, portanto, uma dimensão da publicidade que claramente se aproxima da estrutura de uma regra: a previsão incide sobre qualquer ato ou informação relacionados com a ação do Poder Público, salvo as exceções validamente previstas na Constituição ou na lei.

Há, porém, um outro aspecto do dever de publicidade que o aproxima estruturalmente de um princípio e envolve o *como* se dará a publicidade. O estado ideal pretendido pela norma constitucional parece simples: proporcionar às pessoas envolvidas e/ou interessadas conhecimento acerca dos atos do Poder público[71]. Entretanto, dependendo da informação e do público, meios diferentes poderão ter de ser empregados para produzir esse resultado.

---

[64] Ingo Wolfgang Sarlet e Carlos Alberto Molinaro. Direito à informação e direito de acesso à informação como direitos fundamentais na constituição brasileira, *Revista da AGU*, Brasília, v. 42, out./dez. 2014, p. 1-10.

[65] Embora a publicidade seja frequentemente identificada como um princípio, parece mais adequado identificá-la como uma regra no que diz respeito ao objeto sobre o qual ela incide: todo e qualquer ato do poder público, salvo exceção expressa. Debates contemporâneos sobre como garantir efetiva publicidade, dependendo do público e do conteúdo do ato, aproximam a previsão normativa de um princípio, já que há meios variados de produzir esse resultado.

[66] Rosanne Mannarino. Prestação de contas do Governo da República. Para quem? A sociedade brasileira. In: José Geraldo de Souza Junior (Org.) *Sociedade democrática, direito público e controle externo*. Brasília: Universidade de Brasília, 2006, p. 229.

[67] Constituição de 1988, art. 5º, XXXIII e LX; art. 37, *caput*, §§ 1º e 3º, II; art. 93, IX.

[68] A Corte Europeia de Direitos Humanos já reconheceu esse direito, embora considere que uma ponderação será necessária em cada caso, tendo em conta o legítimo interesse estatal, *e.g.*, na segurança nacional (v. CEDH: Leander v. Suécia (1987), Gaskin v. Reino Unido (1989), Guerra v. Itália (1998), Odiévre v. França (2003), e Segertedt-Wibergand e outros v. Suécia (2006).). A Constituição brasileira de 1988 previu expressamente o direito da pessoa de obter dos órgãos públicos informações de seu interesse individual, embora também tenha ressalvado que a segurança da sociedade e do Estado podem limitar esse direito (art. 5º, XXXIII e LXXII).

[69] A Lei nº 12.527/2011, chamada Lei de acesso à informação, trata deste segundo aspecto do direito à informação de forma específica.

[70] A excepcionalidade do sigilo é objeto de destaque também na jurisprudência do STF. V., MS 28.178/DF, Tribunal Pleno, Rel. Min. Roberto Barroso, j. 04.03.2015, *DJe* 08.05.2015.

[71] Têmis Limberger. Transparência administrativa e novas tecnologias: o dever de publicidade, o direito a ser informado e o princípio democrático. *Revista Interesse Público*, São Paulo, v. 39, set. 2006, p. 69-94.

462 CURSO DE DIREITO CONSTITUCIONAL · *Ana Paula de Barcellos*

Não se vai aqui ingressar na discussão sobre quais os meios adequados para garantir a publicidade, embora valha o registro de que o art. 3º, III, da Lei nº 12.527/2011 (Lei de Acesso à Informação), prevê, como diretriz geral na matéria, a "utilização de meios de comunicação viabilizados pela tecnologia da informação". Seja como for, e independentemente do meio empregado para proporcionar às pessoas ciência e conhecimento acerca das informações públicas, o que se quer destacar neste ponto é que o dever de publicidade não significa, apenas, que as informações e atos públicos não serão sigilosos. Esse é um primeiro aspecto especialmente relevante acerca do dever de publicidade, que merece comentários adicionais.

A falta do sigilo é, por certo, uma condição necessária para que se chegue ao fim pretendido pelo comando constitucional, mas está muito longe de ser suficiente. A circunstância de atos e informações públicas não serem sigilosos corresponde a uma posição passiva por parte do Estado, que transfere aos indivíduos todo o esforço necessário para obtenção de ciência e conhecimento acerca do ato referido. O que o dever de publicidade exige, muito mais do que a passividade, é uma postura estatal ativa nesse particular. Quando se conecta esse dever com o dever de prestar contas que decorre do princípio republicano, já discutido, a insuficiência de uma posição passiva resta ainda mais evidente. Ou seja: o dever de publicidade demanda uma posição ativa do Poder Público por seus vários órgãos no sentido de dar publicidade às informações de interesse público.

Se havia alguma dúvida sobre o ponto, a já referida Lei nº 12.527/2011 (Lei de Acesso à Informação) prevê expressamente (art. 3º, II) que uma das diretrizes para assegurar o direito de acesso à informação é a "divulgação de informações de interesse público, independentemente de solicitações". Na realidade, o direito de acesso à informação apenas precisará ser manejado quando o dever de publicidade tiver sido descumprido. Como regra, as informações de interesse público devem ser divulgadas como rotina e de modo espontâneo, sem necessidade de requerimento.

Por fim, note-se que o dever de publicidade e o direito à informação preponderam, por exemplo, sobre invocações de proteção do direito à intimidade ou a vida privada dos agentes públicos, de tal modo que a divulgação da folha de pagamento de órgãos e entidades estatais é uma exigência do princípio, já que esses são dados do aspecto público da vida do agente público[72].

11.2.10 Princípio da eficiência

O princípio da eficiência foi introduzido formalmente no *caput* do art. 37 da Constituição Federal pela Emenda Constitucional nº 19, de 4 de junho de 1998, e traduz-se, de forma bastante ampla, no dever imposto à Administração Pública de decidir pela melhor opção disponível, considerando os custos envolvidos e benefícios almejados. Trata-se não apenas de atuar de maneira legal e razoável, mas de buscar a solução juridicamente possível que seja a mais apropriada ao atendimento de determinado interesse público[73].

A ideia de eficiência relaciona-se diretamente com a noção de custo/benefício e de *economicidade* administrativa[74], isto é, a atuação eficiente será aquela que produza o melhor resultado na realização da finalidade pública com o menor custo[75]. Note-se, porém, que a eficiência não

---

[72] STF, SS 3.902 AgR-segundo/SP, Primeira Turma, Rel. Min. Ayres Britto, j. 09.06.2011, *DJe* 03.10.2011 e RE 586.424 ED/RJ, Segunda Turma, Rel. Min. Gilmar Mendes, j. 24.02.2015, *DJe* 12.03.2015.

[73] Marcelo Harger. Reflexões iniciais sobre o princípio da eficiência. *Revista de Direito Administrativo*, Rio de Janeiro, jul./set. 1999, n. 217, p. 159.

[74] Lúcia Valle Figueiredo. *Controle da Administração Pública*. São Paulo: Revista dos Tribunais, 1991, p. 36.

[75] Paulo Modesto. Notas para um debate sobre o princípio constitucional da eficiência. *Interesse Público*, São Paulo, n. 7, jul./set. 2000, p. 75.

se ocupa apenas de custos financeiros (embora também o faça); o abalo e/ou a restrição que outros bens valiosos para a Administração Pública venham a sofrer (como, *e.g.*, a interrupção na prestação de um serviço público, ou retardamento no atendimento de determinada necessidade coletiva) também deverão ser considerados[76].

O princípio da eficiência relaciona-se de forma bastante clara com o princípio da finalidade, sobre o qual já se tratou. A atribuição de fins à Administração Pública exige que ela empregue meios que promovam esses fins de modo satisfatório. A capacidade da ação administrativa de promover os fins que lhe foram atribuídos pela lei fornecerá a medida da eficiência administrativa em cada caso. Nesses termos, se por força da legalidade a atividade de gestão pública é necessariamente instrumental, voltada a servir aos interesses públicos específicos que animam a norma, será juridicamente inadmissível o comportamento administrativo negligente, contraprodutivo ou ineficiente[77]. Em suma: atividade administrativa *eficiente* é aquela que é capaz de promover de forma válida e satisfatória a finalidade pública contida na lei que a autoriza e justifica.

Diretamente associado ao princípio da eficiência está o chamado princípio da competitividade, que será relevante sobretudo nas contratações da Administração. A ideia é que a ampla competitividade é o meio pelo qual a Administração pode obter a melhor proposta e, portanto, produzir o resultado mais eficiente na gestão dos recursos públicos e na consecução dos fins públicos.

Uma decorrência direta da competitividade[78] é o dever que se impõe à Administração Pública de estimular a existência do *maior número possível de proponentes*[79]. Por essa razão, a Administração não pode criar exigências irrelevantes ou impertinentes, que não sejam necessárias – o termo empregado pela Constituição é *"indispensáveis"* – para assegurar a boa execução do objeto do contrato. Esse comando vem contido no próprio texto constitucional, no inc. XXI do art. 37, e foi detalhado pelo art. 3º, § 1º, I, da Lei nº 8.666/1993. Previsões similares constam igualmente da Lei nº 14.133/2021 (art. 6º, XXV, c e d, por exemplo).

11.3 AGENTES PÚBLICOS

Além de dispor sobre princípios gerais que se aplicam a toda a Administração Pública, a Constituição ocupa um conjunto razoável de dispositivos para disciplinar os agentes públicos, gênero que descreve o conjunto de pessoas que prestam serviços ao Estado como um todo (não apenas à Administração Pública, a rigor). Cabe fazer alguns breves comentários sobre as principais previsões constitucionais na matéria.

Dentro do gênero dos agentes públicos, a Constituição distingue algumas espécies principais que cabe desde logo identificar, a saber: os titulares de mandato eletivo; os membros de poder; os servidores titulares de cargos efetivos; os titulares de cargos em comissão; os empregados públicos e os contratados temporários. Cada um desses grupos conta com alguma particularidade acerca do seu regime jurídico, sem prejuízo de normas em comum aplicáveis a todos eles. Adicionalmente, alguns agentes públicos receberam tratamento específico da Constituição, como é o caso dos Magistrados (art. 93).

---

[76] Alexandre dos Santos Aragão. O princípio da eficiência. *Revista de Direito Administrativo*, Rio de Janeiro, n. 237, jul./set. 2004, p. 1; e Odete Medauar. *O direito administrativo em evolução*. São Paulo: Revista dos Tribunais, 2003, p. 242.

[77] Humberto Ávila. Moralidade, razoabilidade e eficiência na Administração Pública. *Revista Brasileira de Direito Público*, Belo Horizonte, n. 1, abr. 2003, p. 127-132.

[78] A violação da competitividade é considerada infração penal pela Lei nº 8.666/1993, art. 90. Também o art. 178 da Lei nº 14.133/2021 prevê como crime a "frustração do caráter competitivo da licitação" – trata-se do art. 337-E do Código Penal.

[79] José dos Santos Carvalho Filho. *Manual de direito administrativo*. São Paulo: Atlas, 2014, p. 249.

Os titulares de cargo eletivo ingressam no serviço do Estado por meio de eleição pelo período de seu mandato e, como se viu, durante esse período têm um regime próprio de trabalho, sendo que a Constituição prevê as hipóteses em que o mandato pode ser cassado. A despeito desse regime particular, vale o registro de que sua remuneração está submetida ao teto constitucional – art. 37, XI – sobre o que se tratará adiante de forma mais específica. A categoria dos membros de poder sobrepõe-se parcialmente à dos titulares de cargo eletivo, mas há membros de poder que não são eleitos, como é o caso dos Ministros do STF, por exemplo. Também eles gozam de um regime próprio e igualmente estão submetidos ao teto remuneratório.

Os chamados servidores públicos são os agentes públicos que ingressam na Administração direta da União, Estados e Municípios, autárquica e fundacional (art. 39), por meio de concurso público, para ocupar cargos efetivos criados por lei. Nos termos do art. 39, cada ente federado deve instituir um regime jurídico próprio para seus servidores, que observe as regras que a Constituição já prevê acerca deles, algumas das quais se vai examinar adiante.

Os empregados públicos, por seu turno, são aqueles que ingressam, também por força de concurso público, em geral nas sociedades de economia mista e empresas públicas. Seu regime jurídico, diferentemente dos servidores públicos, é regido pelas mesmas regras aplicáveis aos empregados privados em geral, com as adaptações que decorrem das previsões constitucionais. Assim, além da exigência de concurso público para ingresso, por exemplo, o STF entende que a demissão dos empregados públicos, embora sempre possível, deve ser motivada, para resguardar o princípio da impessoalidade[80].

A Constituição autoriza, ainda, que a lei crie os chamados cargos em comissão, declarados de livre nomeação e exoneração (art. 37, II e V), que se destinam a atribuições de direção, chefia e assessoramento. Os titulares desses cargos ingressam no serviço do Estado por meio de livre nomeação da autoridade a qual a lei confere tal competência, e podem igualmente ser exonerados *ad nutum*. É o caso, como referido anteriormente, dos Ministros de Estado e Secretários de Estado e Municipais.

Os cargos em comissão fogem à regra geral do concurso público e, por isso, sua criação é excepcional e deve ser especialmente justificada à vista da necessidade. A EC nº 19/1998 alterou o art. 37, V, justamente para prever que a lei estabelecerá que os cargos em comissão devem ser preenchidos em percentuais mínimos por servidores públicos. Nesse mesmo sentido, o STF já manifestou que é possível o controle de constitucionalidade de leis que criam cargos em comissão para avaliar se se trata realmente de cargo que justifique tal categorização, e a exceção ao concurso público[81].

Por fim, a Constituição prevê ainda uma outra categoria de agentes públicos, que são os contratados por tempo determinado para atender a necessidade temporária de excepcional interesse público de que cuida o art. 37, IX, em geral sem concurso público ou por meio de algum processo seletivo simplificado. A validade da contratação temporária depende do atendimento de alguns critérios: a) que os casos excepcionais estejam previstos em lei; b) que o prazo de contratação seja predeterminado; c) que a necessidade seja temporária; d) que o interesse público seja excepcional; e) que a necessidade de contratação seja indispensável, sendo vedada a contratação para os serviços ordinários permanentes do Estado, e que devam estar sob o espectro das contingências normais da administração[82].

---

[80] STF, RE 589.998/PI, Tribunal Pleno, Rel. Min. Ricardo Lewandowski, j. 20.03.2013, *DJe* 12.09.2013.

[81] STF, ADI 3.706/MS, Tribunal Pleno, Rel. Min. Gilmar Mendes, j. 15.08.2007, *DJ* 05.10.2007 e AI 309.399 AgR/SP, Primeira Turma, Rel. Min. Dias Toffoli, j. 20.03.2012, *DJe* 23.04.2012.

[82] STF, RE 658.026/MG, Tribunal Pleno, Rel. Min. Dias Toffoli, j. 09.04.2014, *DJe* 31.10.2014 e ADI 2.229/ES, Tribunal Pleno, Rel. Min. Carlos Velloso, j. 09.06.2004, *DJ* 25.06.2004.

Considerando a realidade da Administração policêntrica, que conta com vários órgãos e entidades, bem como os diferentes mecanismos de colaboração da Administração Pública com a sociedade, não é incomum que a jurisprudência seja chamada a decidir se determinadas regras constitucionais acerca dos agentes públicos aplicam-se ou não a certos grupos. Assim, por exemplo, o STF já se manifestou no sentido de que o chamado Sistema S[83] não está obrigado a realizar concurso público para contratar pessoal, já que não integra a Administração Pública[84]. Já os Conselhos de fiscalização profissional, autarquias que são, estão submetidos à regra constitucional do concurso público[85].

Fica o registro de que a Constituição utiliza a exigência de concurso público em outros ambientes que não o de admissão de pessoal para o seu serviço: é o caso dos serviços notariais e de registro, que devem ser prestados privadamente, mas por delegação do Poder Público, e o mecanismo pelo qual se escolherá o delegatário é exatamente o concurso. Nesse sentido, a Constituição exige que o ingresso na atividade notarial e de registro seja feito por meio de concurso público de provas e títulos, não se permitindo que qualquer serventia fique vaga, sem abertura de concurso de provimento ou de remoção, por mais de seis meses (art. 236)[86].

Após essa apresentação geral dos agentes públicos, cabe fazer alguns comentários sobre regras constitucionais aplicáveis sobretudo aos servidores públicos, e que deverão ser incorporadas pelos regimes jurídicos criados pelos diferentes entes federados. A primeira regra diz respeito ao ingresso, que deverá se dar via concurso público: o tema já foi examinado quando se cuidou do princípio da impessoalidade. Adicione-se apenas que, por respeito à regra do concurso público, o STF já consolidou o entendimento no sentido de que é vedado o chamado "provimento derivado", expressão que descreve hipóteses nas quais o indivíduo faz concurso para determinado cargo e depois, internamente, migra para outro cargo sem maiores conexões com o primeiro, tudo sem novo concurso[87]. Como se verá adiante, embora essa seja a regra geral, há situações particulares envolvendo, por exemplo, reorganização, fusão ou extinção de carreiras, que demandarão uma solução menos rígida[88].

Um segundo tema que recebe especial atenção da Constituição é a remuneração dos servidores públicos. Em primeiro lugar, ela deve ser fixada em lei (art. 37, X) e não pode ser objeto de convenção coletiva negociada entre trabalhadores e o empregador[89]. A Constituição veda igualmente (art. 37, XIII) a vinculação da remuneração a qualquer elemento – por exemplo,

---

[83] A expressão "Sistema S" identifica o conjunto de organizações das entidades corporativas voltadas para o treinamento profissional, assistência social, consultoria, pesquisa e assistência técnica, que além de terem seu nome iniciado com a letra S, têm raízes comuns e características organizacionais similares. Fazem parte do sistema S: Serviço Nacional de Aprendizagem Industrial (Senai); Serviço Social do Comércio (Sesc); Serviço Social da Indústria (Sesi); e Serviço Nacional de Aprendizagem do Comércio (Senac). Existem, ainda: Serviço Nacional de Aprendizagem Rural (Senar); Serviço Nacional de Aprendizagem do Cooperativismo (Sescoop); e Serviço Social de Transporte (Sest).

[84] STF, RE 789.874/DF, Tribunal Pleno, Rel. Min. Teori Zavascki, j. 17.09.2014, *DJe* 19.11.2014.

[85] STF, RE 539.224/CE, Primeira Turma, Rel. Min. Luiz Fux, j. 22.05.2012, *DJe* 18.06.2012. Vale lembrar que a OAB, quando vai contratar seus empregados, não precisa realizar concurso público. Embora constitua órgão de fiscalização profissional, seu regime jurídico é *sui generis*. V. STF, ADI 3.026/DF, Tribunal Pleno, Rel. Min. Eros Grau, j. 08.06.2006, *DJ* 29.09.2006.

[86] STF, MS 28.279/DF, Tribunal Pleno, Relª. Minª. Ellen Gracie, j. 16.12.2010, *DJe* 29.04.2011 e MS 30.014 AgR/DF, Tribunal Pleno, Rel. Min. Dias Toffoli, j. 18.12.2013, *DJe* 18.02.2014.

[87] STF, Súmula Vinculante nº 43, *DJe* 17.04.2015: "É inconstitucional toda modalidade de provimento que propicie ao servidor investir-se, sem prévia aprovação em concurso público destinado ao seu provimento, em cargo que não integra a carreira na qual anteriormente investido".

[88] STF, ADI 4.303/RN, Tribunal Pleno, Relª. Minª. Cármen Lúcia, j. 05.02.2014, *DJe* 28.08.2014.

[89] STF, Súmula nº 679, *DJe* 09.10.2003: "A fixação de vencimentos dos servidores públicos não pode ser objeto de convenção coletiva".

índice de correção monetária –, de modo a impedir o chamado efeito "gatilho", que é o aumento automático por conta da alteração do elemento vinculado. O aumento da remuneração dependerá de uma lei específica que trate do assunto[90].

Sobre a problemática do reajuste, a Constituição prevê que deverá haver uma revisão anual da remuneração, igual para todos, sendo certo, no entanto, que a iniciativa de lei com esse teor será sempre privativa do Chefe do Poder Executivo. E se o Chefe do Poder Executivo não encaminha projeto de lei tratando do reajuste anual dos servidores? O tema já foi examinado pelo STF, que concluiu que não é possível obrigar o Executivo a encaminhar projeto de lei nesse sentido[91], e nem cabe ao Judiciário conceder indenização a pretexto de perdas salariais por conta da inflação não reposta via reajuste[92].

Continuando sobre o tema remuneratório, o STF firmou o entendimento em súmula vinculante que não cabe aumentar remuneração de servidores públicos a pretexto de aplicação do princípio da isonomia[93]. O que o STF admite diante da eventual omissão na equiparação remuneratória entre carreiras equivalentes, por exemplo, é a ação direta de inconstitucionalidade por omissão para declarar que o Poder competente encontra-se omisso[94].

Por fim, um assunto que suscitou, desde a edição da Constituição, diversas controvérsias, que envolveram interpretações do STF e reações por parte do Legislativo por meio de emendas constitucionais, é o do teto remuneratório constitucional, previsto no art. 37, XI. Nos termos da redação original art. 37, XI, e do art. 17 do ADCT, a partir de 5 de outubro de 1988 nenhum servidor público no âmbito do Executivo Federal, por exemplo, poderia receber, a qualquer título, mais do que os Ministros de Estado, no Judiciário federal, mais que os Ministros do STF e, no âmbito do Poder Legislativo, mais que os membros do Congresso Nacional. A mesma lógica se aplicava no âmbito dos demais entes federativos, e não se admitiria em qualquer caso, por força do art. 17 do ADCT, invocação de direitos anteriormente adquiridos para justificar o recebimento de valores acima desses limites.

Ainda em 1989, o STF entendeu que as chamadas vantagens de caráter pessoal (como tempo de serviço, quintos, gratificação de gabinete e função etc.) estariam excluídas do teto constitucional de que cuida o art. 37, XI, da Constituição[95]. Em 1998 foi editada a Emenda Constitucional nº 19 que, entre outras modificações, alterou o art. 37, XI, para prever que as vantagens pessoais ou de qualquer outra natureza deveriam sim submeter-se ao teto remuneratório constitucional – ao contrário do entendimento do STF –, que agora passaria a ser o subsídio dos Ministros do Supremo Tribunal Federal. Além disso, a emenda passou a dirigir seus comandos aos ocupantes de cargos, funções e empregos públicos da administração direta, autárquica e

---

[90] STF, Súmula Vinculante nº 42, DJe 20.03.2015: "É inconstitucional a vinculação do reajuste de vencimentos de servidores estaduais ou municipais a índices federais de correção monetária".

[91] STF, ADI 2.061/DF, Tribunal Pleno, Rel. Min. Ilmar Galvão, j. 25.04.2001, DJ 29.06.2001 e ADI 3.303/DF, Tribunal Pleno, Rel. Min. Ayres Britto, j. 27.09.2006, DJ 16.03.2007.

[92] STF, RE 505.194 AgR/RS, Primeira Turma, Relª. Minª. Cármen Lúcia, j. 13.12.2006, DJ 16.02.2007.

[93] STF, Súmula Vinculante nº 37, DJ 24.10.2014: "Não cabe ao Poder Judiciário, que não tem função legislativa, aumentar vencimentos de servidores públicos sob o fundamento de isonomia".

[94] STF, RE 264367 AgR/SP, Primeira Turma, Rel. Min. Carlos Britto, DJ 23.06.2006; e STF, RE 173252/SP, Tribunal Pleno, Rel. Min. Moreira Alves, j. 05.11.1998, DJ 18.05.2001.

[95] STF, RE 174.742/PR, Segunda Turma, Rel. p/ acórdão Min. Nelson Jobim, j. 14.03.2006, DJ 23.06.2006: "Entendimento do Supremo – anterior à EC 19/1998 e à EC 41/2003 – de que o adicional por tempo de serviço é vantagem de caráter pessoal excluída do limitador constitucional (ADI 14, Célio Borja). Verbas relativas à natureza do cargo incluem-se no teto. Precedente (RE 218.465, Gallotti)". No mesmo sentido: STF, RE 590.164-AgR-segundo-AgR/SP, Primeira Turma, j. 17.09.2013, DJe 04.11.2013; STF, RE 316.552-AgR/SC, Primeira Turma, Rel. Min. Marco Aurélio, j. 08.02.2011, DJe 03 mar.2011; STF, RE 491.480-AgR/SP, Primeira Turma, Relª. Minª. Cármen Lúcia j. 30.06.2009, DJe 21.08.2009.

Cap. 11 – ADMINISTRAÇÃO PÚBLICA **467**

fundacional, dos membros de qualquer dos Poderes da União, dos Estados, do Distrito Federal e dos Municípios, dos detentores de mandato eletivo e dos demais agentes políticos.

A EC nº 19/1998, porém, remeteu a fixação desse subsídio à lei de iniciativa conjunta dos três Poderes, e o STF entendeu que a nova previsão constitucional não seria autoaplicável, dependendo da edição da tal lei, a despeito de a emenda prever que ela deveria se aplicar desde logo, com a adequação das remunerações pagas, não se admitindo recebimentos a maior a qualquer título.

Em 2003, nova emenda constitucional, agora a EC nº 41/2003, alterou mais uma vez o art. 37, XI. Em sua nova versão, o dispositivo manteve a referência de que vantagens pessoais ou de qualquer natureza estão incluídas no teto, e esse é correspondente ao subsídio dos Ministros do STF. Além disso, criou subtetos no âmbito de Estados, DF e Municípios, eliminou a exigência de lei de iniciativa conjunta, determinou a aplicação imediata do teto, considerando-se o valor recebido pelos Ministros do STF na ocasião, e previu de forma expressa a aplicação do art. 17 do ADCT a qualquer espécie de recebimento no âmbito da Administração Pública direta, autárquica e fundacional de todos os entes federativos.

Em 2006, o STF, examinando agora a nova emenda constitucional, considerou imediatamente aplicáveis suas disposições, mas, a fim de preservar a irredutibilidade de vencimentos (espécie de direito adquirido), considerou que não poderia ser prejudicado por emenda constitucional, não autorizou a redução imediata dos valores percebidos acima do teto, como pretendido pela EC nº 41/2003. A solução concebida pelo STF na ocasião (em votação majoritária e bastante dividida) foi no sentido de congelar os valores recebidos acima do teto (já que não haveria direito adquirido à fórmula de composição da remuneração) de modo que, com o passar do tempo e as sucessivas alterações do valor do teto, esses valores fossem, afinal, absorvidos por ele[96].

Em 2014, porém, o Supremo Tribunal Federal alterou o seu entendimento na matéria para concluir que a EC nº 41/2003 incide de forma imediata e sem ressalvas, produzindo a redução de todas as remunerações recebidas a maior, não se cogitando de invocação de irredutibilidade de vencimentos ou direito adquirido a recebimentos acima do teto, já que a garantia de irredutibilidade sempre esteve condicionada pelo respeito ao limite remuneratório do art. 37, XI[97].

As razões extraídas do julgamento foram fixadas como tese geral pelo STF nos seguintes termos (tema 480 – Repercussão geral): "O teto de retribuição estabelecido pela Emenda Constitucional nº 41/2003 possui eficácia imediata, submetendo às referências de valor máximo nele discriminadas todas as verbas de natureza remuneratória percebidas pelos servidores públicos da União, Estados, Distrito Federal e Municípios, ainda que adquiridas de acordo com regime legal anterior. Os valores que ultrapassam os limites estabelecidos para cada nível federativo na Constituição Federal constituem excesso cujo pagamento não pode ser reclamado com amparo na garantia da irredutibilidade de vencimentos". Até mesmo vantagens pessoais, ainda que adquiridas antes da EC nº 41/2003 devem estar dentro do teto[98].

Um outro tema constitucional relevante no que diz respeito ao regime constitucional dos servidores públicos é o direito de greve. O art. 37, VII, submete o exercício do direito de greve dos servidores públicos em geral à edição de lei específica na matéria, que até o momento não foi editada. Após várias manifestações no sentido de que não lhe cabia tratar da matéria, em 2008 o STF alterou o seu entendimento e julgou procedente mandado de injunção para permitir a fruição imediata do direito, independentemente da ausência de lei regulamentadora, observados, porém, por analogia, os parâmetros da Lei nº 7.783/1989, que trata dos limites do

---

96   STF, MS 24.875/DF, Tribunal Pleno, Rel. Min. Sepúlveda Pertence, j. 11.05.2006, *DJ* 06.10.2006.

97   STF, RE 609.381/GO, Tribunal Pleno, Rel. Min. Teori Zavascki, j. 02.10.2014, *DJe* 11.12.2014.

98   STF, RE 606.358/SP, Tribunal Pleno, Relª. Minª. Rosa Weber, j. 18.11.2015, *DJ* 07.04.2016.

direito de greve em atividades consideradas essenciais[99]. O Supremo Tribunal Federal decidiu no sentido da impossibilidade de realização de greve por policiais civis, uma vez que ligados às atividades de segurança pública[100] (art. 144 da Constituição). O STF já se manifestou também no sentido de que o desconto dos dias parados no caso de greve é possível, salvo se a greve foi provocada por conduta ilícita do Poder Público[101].

A Constituição regula ainda a acumulação de cargos, empregos ou funções públicas (art. 37, XVI e XVII) que só é admitida nas hipóteses nela previstas[102]. E garante a figura da estabilidade (art. 41) para os servidores públicos nomeados para cargo de provimento efetivo em virtude de concurso público após três anos de efetivo exercício, prevendo as hipóteses em que ele poderá perder o cargo. Uma dessas hipóteses, introduzida pela EC nº 19/1998, é mediante procedimento de avaliação periódica de desempenho, na forma de lei complementar, assegurada ampla defesa.

O regime previdenciário dos servidores recebeu também especial atenção da Constituição, que trata do tema no art. 40. O art. 202, por seu turno, na redação que lhe deu a EC nº 20/1998, traz várias regras sobre o regime de previdência privada complementar aplicáveis à Administração direta e indireta como um todo, incluindo sociedades de economia mista e empresas públicas.

Antes de concluir este breve tópico sobre agentes públicos e seu regime jurídico constitucional, é importante fazer uma nota sobre o impacto da passagem do tempo e da evolução das necessidades da Administração nesse contexto. A estrutura concebida pela Constituição em torno do serviço público é bastante rígida, e não é o caso de discutir aqui vantagens e desvantagens desse modelo em relação a outros. O ponto é: como essa estrutura pode se adaptar ao longo do tempo? O que fazer, por exemplo, quando determinada carreira é extinta? Ou quando se decide reorganizar determinada atividade e as carreiras de servidores públicos que trabalham na área? Alguns exemplos ilustram que soluções têm sido adotadas nessas circunstâncias.

O art. 41, § 3º, da Constituição prevê que, apesar da exigência geral de concurso público, um servidor posto em disponibilidade deverá ser aproveitado em outro cargo, de atribuições e vencimentos compatíveis com o anteriormente ocupado[103]. Afasta-se aqui a exigência do concurso para, em nome do interesse público e da eficiência, permitir à Administração Pública aproveitar da melhor forma possível os recursos humanos já vinculados ao Estado.

No plano infraconstitucional, a Lei nº 8.112/1990 contempla, na esfera federal, outras hipóteses que permitem à Administração maior dinamismo na gestão de seus recursos humanos. Trata-se, *e.g.*, das hipóteses de (i) *promoção*, por força de qual o servidor é guindado a um cargo mais elevado na hierarquia administrativa, por critério de merecimento ou antiguidade[104]; (ii) *readaptação*, destinada aos casos em que o servidor sofreu uma limitação de capacidade física ou mental e, por isso, deve ser transferido a um cargo de atribuições e responsabilidades compatíveis (art. 24); (iii) *reversão*, que é o retorno à atividade do aposentado (art. 25); e (iv) *reintegração*, quando há o retorno daquele ilegalmente desligado do seu cargo (art. 28).

---

[99]   STF, MI 708/DF, Tribunal Pleno, Rel. Min. Gilmar Mendes, j. 25.10.2007, *DJe* 31.10.2008.

[100] STF, ARE 654.432/GO, Tribunal Pleno, Rel. p/ acórdão Min. Alexandre de Moraes, j 05.04.2017, informativo 860: "O exercício do direito de greve, sob qualquer forma ou modalidade, é vedado aos policiais civis e a todos os servidores públicos que atuem diretamente na área de segurança pública".

[101] STF, RE 693.456 RG/RJ, Tribunal Pleno, Rel. Min. Dias Toffoli, j. 27.10.2016, informativo 845.

[102] STF, RE 141.376/RJ, Segunda Turma, Rel. Min. Néri da Silveira, j. 02.10.2001, *DJ* 22.02.2002.

[103] Na legislação federal, v. Lei nº 8.112/1990: "Art. 30. O retorno à atividade de servidor em disponibilidade far-se-á mediante aproveitamento obrigatório em cargo de atribuições e vencimentos compatíveis com o anteriormente ocupado".

[104] Celso Antônio Bandeira de Mello. *Curso de direito administrativo*. São Paulo: Malheiros, 2010, p. 311.

Por fim, o STF também já examinou e considerou válidas reformas legislativas que visavam reestruturar ou unificar carreiras no âmbito da Administração Pública, sem entender que tais opções dos legisladores de diferentes entes federativos caracterizariam hipóteses constitucionalmente vedadas de provimento derivado[105]. O Supremo Tribunal Federal assegurou que as reestruturações das carreiras podem ser escolhas legítimas dos Poderes Executivo e Legislativo, que procuram adaptar os recursos humanos disponíveis às novas realidades, para promoção do interesse público e dos princípios da eficiência e da racionalização administrativa.

11.4 UMA NOTA SOBRE O REGIME JURÍDICO DAS SOCIEDADES DE ECONOMIA MISTA E EMPRESAS PÚBLICAS EXPLORADORAS DE ATIVIDADES ECONÔMICAS

Como já referido, a atuação do Estado no desempenho de suas funções constitucionais pode se dar de modo centralizado, por seus próprios órgãos, ou de forma descentralizada, pela constituição de entes dotados de personalidade jurídica própria, sob seu controle[106]. Surge, assim, a denominada Administração Pública indireta, integrada, consoante conhecimento convencional, pelas autarquias e fundações públicas – pessoas de direito público – e pelas sociedades de economia mista e empresas públicas – pessoas de direito privado.

Ao intervir como agente econômico, o Estado poderá atuar na prestação de serviços públicos (CF, art. 175) ou na exploração da atividade econômica propriamente dita (CF, art. 173). Nesta última hipótese, à vista do princípio fundamental e setorial da livre iniciativa (CF, arts. 1º, IV e 170, *caput*), a participação estatal tem caráter de exceção, quer atue em regime de monopólio (CF, art. 177) ou em regime concorrencial, somente sendo admitida quando expressamente prevista na Constituição (CF, art. 173).

Em sua atuação empresarial, o Estado pode instituir sociedades de economia mista e empresas públicas, cuja criação deverá ser autorizada por lei (admitindo-se apenas uma autorização geral para a criação de subsidiárias)[107]. As sociedades de economia mista e as empresas públicas deverão observar o regime jurídico próprio das empresas privadas (CF, art. 173, § 1º, II), acrescido dos princípios e regras de direito público determinados pela Constituição, o que dá origem a um certo regime jurídico híbrido.

Assim, ao mesmo tempo em que devem observar a disciplina própria das empresas privadas, a Constituição prevê a aplicação de um regime próprio de licitação e contratação para tais empresas, desde que observados os princípios gerais da Administração Pública inscritos no *caput* do art. 37 (art. 173, § 1º, III). As sociedades de economia mista e empresas públicas submetem-se ainda a outros comandos específicos de natureza pública – *v.g.*, em matéria orçamentária (art. 165, § 5º), endividamento (arts. 163, e 52, VII) e prestação de contas (art. 71, II), bem como o imperativo do concurso público para contratação de pessoal (art. 37, II), conforme entendimento do Supremo Tribunal Federal[108].

Após sua admissão por concurso público, os empregados das sociedades de economia mista e empresas públicas que exploram atividade econômica em regime concorrencial serão tipicamente privados, disciplinados pela CLT e por eventuais normas coletivas negociadas pelos sindicatos durante sua vigência. O STF, entretanto, firmou no Tema RG nº 1022 uma regra diferenciada para as paraestatais acerca da dispensa sem justa causa que, nos termos da CLT,

---

[105] STF, ADI 1591/RS, Tribunal Pleno, Rel. Min. Octavio Gallotti, j. 19.08.2008, *DJ* 30.06.2000.

[106] Há, ainda, uma outra possibilidade de atuação descentralizada, que não é relevante para os objetivos aqui visados, que é a delegação à iniciativa privada.

[107] STF, ADI 1.491 MC/DF, Tribunal Pleno, Rel. p/ acórdão Min. Ricardo Lewandowski, j. 08.05.2014, *DJe* 30.10.2014.

[108] STF, MS 21.322/DF, Tribunal Pleno, Rel. Min. Paulo Brossard, j. 03.12.1992, *DJ* 23.04.1993.

470 CURSO DE DIREITO CONSTITUCIONAL • *Ana Paula de Barcellos*

não exige qualquer motivação por parte do empregador. O entendimento firmado pelo STF é o de que "as empresas públicas e as sociedades de economia mista, sejam elas prestadoras de serviço público ou exploradoras de atividade econômica, ainda que em regime concorrencial, têm o dever jurídico de motivar, em ato formal, a demissão de seus empregados concursados, não se exigindo processo administrativo. Tal motivação deve consistir em fundamento razoável, não se exigindo, porém, que se enquadre nas hipóteses de justa causa da legislação trabalhista".

A Lei nº 13.303/2016 pretendeu dispor sobre o estatuto jurídico da empresa pública, da sociedade de economia mista e de suas subsidiárias, no âmbito da União, dos Estados, do Distrito Federal e dos Municípios. O art. 91 da Lei prevê que a empresa pública e a sociedade de economia mista constituídas anteriormente à sua vigência deverão, no prazo de 24 meses, promover as adaptações necessárias para adequar-se a seus termos, de modo que, em princípio, essa transição terá se completado em 30 de junho de 2018.

11.5 UMA NOTA SOBRE A RESPONSABILIDADE CIVIL DO ESTADO

Ao tratar do princípio da impessoalidade, mencionou-se que uma de suas dimensões é a despersonalização do poder, de modo que os atos do Estado são imputáveis a ele, e não às pessoas que os praticam. Uma consequência dessa premissa é o que consta do art. 37, § 6º, da Constituição Federal de 1988, por força do qual "as pessoas jurídicas de direito público e as de direito privado prestadoras de serviços públicos responderão pelos danos que seus agentes, nessa qualidade, causarem a terceiros, assegurado o direito de regresso contra o responsável nos casos de dolo ou culpa".

Consagrou-se, deste modo, a responsabilidade objetiva do Estado e dos prestadores de serviço público[109], ainda quando se trate de pessoa jurídica de direito privado. A configuração de dolo ou culpa, portanto, é importante apenas para fins de direito de regresso em face do agente responsável. Esta questão já era defendida pela doutrina anterior à Constituição e, ao final, se mostrou vitoriosa[110].

Nos termos da previsão constitucional, não apenas o Estado, como também as concessionárias de serviço público, respondem de maneira objetiva pelos danos causados. A previsão constitucional foi louvada por boa parte dos autores[111], na medida em que não haveria qualquer justificativa para que as empresas referidas, que agem em substituição ao Estado, prestando serviços públicos, não estivessem sujeitas ao mesmo tipo de responsabilidade. Portanto, é o caráter público do serviço prestado a fonte da responsabilidade objetiva, devendo o concessionário atuar de forma ideal. Em resumo, o Estado e seus concessionários, estes no contexto

---

[109] Contrariando a doutrina praticamente unânime sobre o tema, Marcelo Meireles Lobão afirma que "Com efeito, ao contrário do que sustenta a maioria dos juristas pátrios, entendemos que o direito positivo brasileiro consagrou não a teoria objetiva, mas a teoria subjetivo-ativa da responsabilidade do Estado". V. Marcelo Meireles Lobão. A teoria subjetivo-ativa (*Rechtswidrig*) e o fundamento unitário da responsabilidade do Estado: uma alternativa teórica. *Revista dos Tribunais*. São Paulo, v. 859, n. 59, jul. 2007, p. 78. No mesmo sentido, Marçal Justen Filho. *Curso de direito administrativo*, 2015, p. 1.396: "Não é necessário investigar a existência de uma vontade psíquica no sentido da ação ou omissão causadora do dano. A omissão da conduta necessária e adequada consiste na materialização de vontade defeituosamente desenvolvida. Logo, a responsabilidade continua a envolver um elemento subjetivo, consistente na formulação defeituosa da vontade de agir ou deixar de agir".

[110] Carlos Edison do Rêgo Monteiro Filho. Problemas de responsabilidade civil do Estado. *Revista Trimestral de Direito Civil*. Rio de Janeiro, v. 3, n. 11, jul./set. 2002, p. 44.

[111] V. Antônio Elias de Queiroga. *Responsabilidade civil e o novo Código Civil*. Rio de Janeiro: Renovar, 2007, p. 265; e Verusca Citrini Braga. Responsabilidade civil do Poder Público. *Interesse Público*, Porto Alegre, v. 5, n. 25, maio/jun. 2004, p. 243.

da prestação dos serviços que lhe foram cometidos, responderão de forma objetiva, bastando que o lesado comprove o dano e o nexo de causalidade[112].

Um ponto que enseja certo debate é o da responsabilidade do Estado e dos concessionários por atos omissivos[113]. Não há dúvida de que aquele, bem como estes, podem causar danos a terceiros, o que ocorre não apenas por meio de ações, mas também por conta de omissões, isto é, não fazeres[114]. Porém, qual o regime dessa responsabilização, sobretudo considerando que o Estado, nos termos constitucionais, tem deveres bastante amplos em relação ao bem-estar das pessoas em geral?

Alguns autores consideram que, uma vez que a Constituição não faz distinção, a responsabilidade estatal por atos omissivos deveria ser ampla e objetiva, tal qual a comissiva[115]. Há autores, por seu turno, que criticam a responsabilização objetiva ampla no caso de ações omissivas, sobretudo por considerar que ela ampliaria excessivamente o ônus do Estado, transformando-o em uma espécie de segurador universal[116]. Outros ainda propõem uma distinção entre omissões próprias ou específicas e omissões impróprias ou genéricas[117]. No caso de omissões específicas, a responsabilidade seria objetiva, enquanto nas omissões genéricas, a responsabilidade seria subjetiva[118].

O STF parece ter indicado uma pacificação do tema no sentido dessa última concepção. Com efeito, examinando hipótese de morte de detento dentro do sistema prisional, o Supremo Tribunal Federal entendeu que "a omissão do Estado reclama nexo de causalidade em relação ao dano sofrido pela vítima nos casos em que o Poder Público ostenta o dever legal e a efetiva possibilidade de agir para impedir o resultado danoso"[119] e que, no caso, "o tribunal *a quo* assentou que não ocorreu a comprovação do suicídio do detento, nem outra causa capaz de romper o nexo de causalidade da sua omissão com o óbito ocorrido, restando escorreita a decisão impositiva de responsabilidade civil estatal".

A tese fixada na repercussão geral foi a seguinte: "em caso de inobservância do seu dever específico de proteção previsto no artigo 5º, inciso XLIX, da Constituição Federal, o Estado é responsável pela morte do detento". É bem de ver, no entanto, que o STF não fixou uma tese geral na matéria, nem excluiu a possibilidade de responsabilização por atos omissivos em outras circunstâncias.

---

[112] A jurisprudência majoritária dos tribunais superiores entende que a vítima somente pode ajuizar a ação contra o Estado. Se este for condenado, poderá acionar o servidor que causou o dano em caso de dolo ou culpa, é a chamada tese da dupla garantia. V. STF, RE 327.904/SP, Primeira Turma, Rel. Min. Ayres Britto, j. 15.08.2006, *DJ* 08.09.2006; STF, RE 720.275/SC, decisão monocrática, Rel. Min. Dias Toffoli, j. 10.12.2012, *DJ* 04.02.2013.

[113] Sergio de Andréa Ferreira. Gestores públicos e responsabilidade civil da Administração Pública. *Boletim de Direito Administrativo*, São Paulo, v. 21, n. 12, dez. 2005, p. 1.331-1.332.

[114] V. Álvaro Lazzarini. Responsabilidade civil do Estado por atos omissivos dos seus agentes. *Revista de Jurisprudência do Tribunal de Justiça do Estado de São Paulo*. São Paulo, v. 23, n. 117, mar./abr. 1989, p. 15.

[115] Gustavo Tepedino. A evolução da responsabilidade civil no direito brasileiro e suas controvérsias na atividade estatal. In: *Temas de direito civil*. Rio de Janeiro: Renovar, 2004, p. 209-210.

[116] Celso Antônio Bandeira de Mello. *Curso de direito administrativo*. São Paulo: Malheiros, 2010, p. 1015; Verusca Citrini Braga. Responsabilidade civil do Poder Público. *Interesse Público*, Porto Alegre, v. 5, n. 25, maio/jun. 2004, p. 245; e João Agnaldo Donizeti Gandini; Diana Paola da Silva Salomão. A responsabilidade civil do Estado por conduta omissiva. *Revista da AJURIS*. Porto Alegre, n. 94, jun. 2004, p. 159.

[117] Entre eles v. Guilherme Couto de Castro. *A responsabilidade objetiva no direito brasileiro*. Rio de Janeiro: Forense, 2005, p. 61-62.

[118] Marçal Justen Filho. *Curso de direito administrativo*. São Paulo: Revista dos Tribunais, 2015, p. 1.406-1.408.

[119] STF, RE 841.526 RG/RS, Tribunal Pleno, Rel. Min. Luiz Fux, j. 30.03.2016, *DJ* 01.08.2016.

12

Poder Judiciário

12.1 FUNÇÃO JURISDICIONAL E PODER JUDICIÁRIO: INTRODUÇÃO

Acesse o QR Code e assista ao vídeo.
> https://uqr.to/1vvy7

Como já discutido, a premissa da separação de Poderes tem como corolário a criação de órgãos específicos para o desempenho de determinadas funções estatais. Uma dessas funções é a jurisdicional, que pode ser descrita modernamente como o poder de resolver conflitos de interesses por meio da aplicação das normas jurídicas em um processo, observado um devido processo legal. O Poder Judiciário é o órgão estatal encarregado predominantemente de prestar jurisdição, ainda que não exclusivamente. Parece importante nesta introdução aprofundar brevemente as noções em torno da função jurisdicional em geral, a cargo do Poder Judiciário no Brasil, bem como as distinções e relações entre as funções a cargo do Poder Judiciário e dos Poderes Executivo e Legislativo na realidade constitucional brasileira.

A função jurisdicional compreendida de forma ampla envolve, como referido supra, o poder de resolver conflitos por meio da aplicação das normas jurídicas no âmbito de um processo e observado o devido processo legal. A primeira observação a ser feita é a de que o Judiciário não é o único órgão encarregado dessa função, ainda que a função jurisdicional atribuída ao Poder Judiciário tenha características próprias como se verá.

No âmbito da Administração Pública há diversas estruturas que levam a cabo um processo, com observância do devido processo legal, no qual são decididos conflitos entre os particulares e a própria Administração Pública, nos quais se discutem atos da Administração com os quais os particulares não estejam de acordo: são os chamados mecanismos de contencioso administrativo.

O contencioso administrativo é tão relevante que a Constituição ao tratar da garantia do devido processo legal expressamente se refere aos litigantes em processo judicial *ou administrativo* (art. 5º, LV). No âmbito federal, a Lei nº 9.784/1999 regula o conteúdo das garantias próprias do devido processo legal no contexto dos processos administrativos, que incluem, por exemplo, o direito de ser notificado de decisões que possam afetar sua esfera jurídica ou seu interesse, o direito de produzir provas e de se manifestar, e de ter suas razões consideradas pela autoridade administrativa competente para decisão. O STF já expediu inclusive uma súmula vinculante sobre o tema, dirigida especificamente ao Tribunal de Contas da União (trata-se da Súmula Vinculante nº 3), impondo a observância do contraditório e ampla defesa quando a decisão administrativa puder afetar a esfera jurídica dos particulares.

No âmbito tributário, por exemplo, os diferentes entes da Federação têm mecanismos dessa natureza que processam e julgam disputas entre os contribuintes e a Receita Federal, Estadual, Distrital ou Municipal, conforme o caso. O Conselho Administrativo de Recursos Fiscais (Carf) é o órgão de cúpula desse sistema em sede federal. Ele integra o Ministério da Fazenda e é formado de forma paritária por representantes da Fazenda Nacional e dos contribuintes, embora a presidência caiba sempre a representantes da Fazenda. Mecanismos de contencioso administrativo existem em muitos outros órgãos e entidades administrativas, como é o caso do INSS – que aprecia disputas entre os segurados e a autarquia –, as agências reguladoras, os Detrans etc.

É certo que as decisões tomadas no âmbito desses processos administrativos sempre poderão ser revistas pelo Poder Judiciário, mas, de toda sorte, caso não haja impugnação judicial, essas decisões administrativas terão solucionado o conflito. Sobre a revisão judicial, não há necessidade de exaurimento das instâncias administrativas para que só então o particular possa ir ao Judiciário: esse é o entendimento tranquilo do STF. Ou seja: o exaurimento do contencioso administrativo não é uma condição para o acesso ao Judiciário. Esse entendimento foi reiterado pelo STF ao decidir que o segurado, antes de recorrer à Justiça para a concessão de benefício previdenciário, deve formular o requerimento administrativo junto ao INSS, sob pena de não ter interesse de agir. A exigência do prévio requerimento administrativo, porém, não se confunde com o exaurimento de todas as instâncias administrativas.

O contencioso administrativo não é o único exemplo de atividade jurisdicional, ou quase jurisdicional, admitida pela Constituição de 1988. O Senado Federal, como se sabe, atua como órgão julgador nos processos de *impeachment* de que trata o art. 52, I e II, sendo sua decisão no particular final. O STF poderá controlar o respeito ao devido processo legal por parte do Senado Federal, mas, como regra, não lhe caberá revisitar a decisão de mérito. No mesmo sentido, as Casas Legislativas têm a competência de decidir a perda do mandato do parlamentar, por exemplo, por quebra de decoro, devendo garantir ampla defesa no âmbito do procedimento instaurado para esse fim (art. 55, II, §§ 1º e 2º).

Além dessas atividades a cargo do Executivo e do Legislativo, vale mencionar ainda os meios alternativos de solução de controvérsia e particularmente a arbitragem. O STF considerou válida a previsão da Lei nº 9.307/1996 (Lei da Arbitragem), que previu a possibilidade de execução específica da cláusula compromissória pactuada entre as partes, isto é, a possibilidade de o Judiciário impor ao contratante que pactuou a arbitragem que se submeta a ela. O STF entendeu que as partes podem, no âmbito de sua autonomia, optar por submeter sua eventual disputa à arbitragem e não ao Judiciário, e que cabe a este garantir o cumprimento de tal opção nos termos da lei.

Desde então a utilização da arbitragem tem se tornado mais frequente no Brasil, inclusive no âmbito de contratos firmados pela Administração Pública, o que veio a ser expressamente previsto pela Lei nº 13.129/2015. Como regra, a decisão arbitral não poderá ser revista pelo Judiciário, salvo hipóteses específicas previstas na lei que autorizam a propositura de uma ação para o fim de declarar a nulidade da decisão arbitral. De toda sorte, caso seja necessário promover a execução forçada da decisão arbitral, será indispensável recorrer ao Judiciário.

E nesse ponto chega-se então novamente ao exercício da função jurisdicional pelo Poder Judiciário e suas particularidades. Como se viu, não é apenas o Judiciário que se ocupa da função jurisdicional, mas quando essa função é desenvolvida por ele duas características a distinguem como o exercício de uma parcela do poder de império derivado da soberania estatal. Em primeiro lugar, as decisões judiciais resolvem os conflitos em caráter definitivo e final, tanto assim que nem a lei nova pode afetar decisões transitadas em julgado (art. 5º, XXXVI). E, em segundo lugar, as decisões judiciais autorizam o uso da violência monopolizada pelo Estado para sua execução. Explica-se melhor.

Como referido, as decisões tomadas por órgãos ou entidades no âmbito dos vários mecanismos de contencioso existentes na Administração Pública poderão sempre ser alvo de revisão judicial. Ou seja: não são finais ou definitivas. Por outro lado, as decisões arbitrais, mesmo quando finais, dependerão da intervenção judicial caso não sejam acolhidas voluntariamente e seja necessário executá-las. Caberá ao Judiciário determinar o uso da violência para garantir seu cumprimento. Na mesma linha, as decisões do próprio Poder Judiciário, caso não cumpridas voluntariamente, poderão ser executadas por meio da violência.

12.1.1 Judiciário e legitimidade democrática

Em vários pontos deste curso discutiu-se a questão da legitimidade democrática do controle de constitucionalidade das leis e atos do Poder Público pelo Judiciário. Na realidade, a questão da legitimidade democrática do Poder Judiciário é, a rigor, mais ampla, na medida em que este poder como um todo e cada um de seus órgãos – isto é: cada juiz e cada tribunal – exercem poder político, interferindo na vida das pessoas inclusive por meio da violência. Suas decisões não são, portanto, meros conselhos, exercícios filosóficos ou argumentativos, mas atos praticados com fundamento no poder político estatal. No entanto, juízes não são eleitos no modelo brasileiro e suas decisões não estão submetidas a qualquer tipo de controle por parte da sociedade. Qual seria, nesse contexto, a legitimidade democrática para sua atuação?

É possível apontar quatro fundamentos principais para a legitimidade democrática do Poder Judiciário, bastando apenas quatro registros objetivos sobre a questão. Em primeiro lugar, a existência do Poder Judiciário, no formato e com as competências que lhe foram atribuídas, decorre de decisões majoritárias, a saber: da Constituição e da legislação. É a Constituição e a legislação que decidem a estrutura do Poder Judiciário e o que lhe competirá fazer, e não este último.

É certo que o constituinte derivado e o legislador não podem esvaziar a autonomia do Judiciário inviabilizando sua capacidade de exercer as funções que lhe cabem sob a perspectiva da separação de poderes, que é uma cláusula pétrea. Por outro lado, imaginar que o Congresso não possa alterar a estrutura e as competências do Judiciário, sob pena de inconstitucionalidade, tensiona excessivamente a atuação desse poder com o regime democrático, já que sua legitimidade não decorre da escolha popular.

Em segundo lugar, a Constituição e a legislação regulam igualmente o processo que deverá ser observado para a tomada de decisões pelo Poder Judiciário: trata-se de conjunto amplo de previsões que podem ser agrupadas sob a expressão geral "devido processo legal". Esse é um ponto especialmente importante e que se conecta em parte ao anterior. A rigor, é a lei que define os diferentes aspectos do devido processo legal a serem observados pelo Judiciário no processamento e no julgamento de demandas. Embora os regimentos internos dos Tribunais tenham um papel importante na organização dos serviços prestados, o devido processo legal não pode ser subvertido por normas internas do próprio Judiciário.

É o devido processo legal que exige, por exemplo, a motivação das decisões judiciais: a autoridade estatal precisa oferecer às partes e à sociedade como um todo, em uma modalidade de prestação de contas inerente às repúblicas democráticas, as razões de suas decisões.

Em terceiro lugar, as decisões judiciais em si legitimam-se na medida em que seu conteúdo se vincule a decisões majoritárias. A vinculação entre a decisão judicial e uma decisão majoritária nem sempre será singela, e os elementos tradicionais de interpretação podem eventualmente não conduzir a um resultado único. Outras diretrizes hermenêuticas poderão ser ainda aplicáveis, mas sua atuação já estará limitada pelas possibilidades definidas em função dos elementos semântico e sistemático. Por outro lado, essa vinculação não haverá de ser apenas retórica ou formal. Ou seja, não basta a menção a um dispositivo normativo qualquer – impertinente ou genérico – para que a exigência referida se encontre atendida. Na realidade, a decisão judicial precisa demonstrar a sua conexão com as decisões majoritárias em vigor e explicitar, de forma racional, suas escolhas, em especial nas hipóteses em que existam várias conexões possíveis – e diferentes – com o sistema jurídico.

Por fim, em quarto lugar, e sob outra perspectiva, se é certo que o Judiciário exerce um poder político que interfere na vida das pessoas e deve por isso legitimar-se democraticamente, é certo também que ele é o órgão estatal que está encarregado de garantir o Estado de Direito, a própria Democracia e os direitos fundamentais das pessoas, inclusive contra a ação de outros órgãos estatais. Naturalmente que se está considerando um regime de normalidade institucional democrática: contra armas e tanques o Judiciário pode muito pouco. Como referido acima, as decisões judiciais dependem do aparato de violência estatal para serem cumpridas: se esse instrumento, porém, se revolta contra o Estado de Direito e se nega a cumprir decisões judiciais, o Direito encontra infelizmente seu limite no esforço de organizar e submeter o poder.

12.1.2 Judiciário e os demais Poderes

Deixando momentos de ruptura da normalidade democrática de lado, o Estado de Direito exige que os órgãos estatais – incluindo o Legislativo e o Executivo – submetam-se às normas jurídicas e o Judiciário é o órgão encarregado de assegurar que assim seja. Entre essas normas jurídicas estão, com destaque, as cláusulas pétreas que se ocupam, principalmente, de garantir o funcionamento do próprio sistema democrático e os direitos fundamentais das pessoas.

É verdade que o Legislativo poderá sempre alterar a legislação e eventualmente até a Constituição – respeitadas as cláusulas pétreas –, mas apenas para o futuro. Caberá, por evidente, ao Judiciário respeitar as novas normas jurídicas que tenham sido editadas validamente pelos órgãos constitucionalmente competentes para tanto. Nada obstante, até para alterar tais normas os órgãos competentes deverão observar as regras constitucionais previstas, por exemplo, acerca do processo legislativo em cada caso.

Feito esse primeiro registro, cabe agora aprofundar um pouco o debate em torno da função jurisdicional levada a cabo pelo Judiciário no contexto do sistema constitucional brasileiro atual no confronto com a atuação dos outros Poderes. Historicamente, a função estatal de resolver conflitos de interesse estava tradicionalmente associada ao que hoje denominaríamos de Poder Executivo – o monarca, o chefe –, pessoalmente, ou por meio de agentes delegados. E em geral essa decisão era fundamentada na sua vontade pessoal, sendo louvados os monarcas que decidiam de forma justa e sábia, embora o arbítrio e a discriminação entre amigos e inimigos do Rei não fossem incomuns, bem ao contrário. Como discutido na parte sobre Poder Executivo, o grande esforço da separação de Poderes envolveu, sobretudo, a retirada de poderes desse órgão estatal central e a atribuição a outros órgãos independentes que iam sendo organizados ao longo do tempo.

As preocupações com o *como* tais decisões seriam tomadas também evoluiu substancialmente ao longo do tempo. Na legislação mosaica de Israel antigo, por exemplo, havia a previsão de que uma decisão condenatória dependeria de duas testemunhas em desfavor do réu, havendo sanções severas previstas para a falsa testemunha. A experiência inglesa da idade média deu corpo a garantias básicas do devido processo legal, sendo a Magna Carta de 1215 um marco inicial desse percurso, que foram se desenvolvendo ao longo do tempo. Com a consolidação da separação de Poderes e a organização do Poder Judiciário de forma independente, a ideia de devido processo legal é hoje tão central que é incorporada à própria noção de jurisdição.

A função jurisdicional se distingue, e é importante sublinhar o ponto, da função administrativa, embora compartilhe com ela pontos em comum. A função administrativa se ocupa de garantir a execução da legislação *de ofício*, isto é: cabe aos órgãos e entidades da Administração

Pública praticar os atos, adotar as políticas necessárias para que o que a legislação prevê se torne realidade na vida das pessoas. A função jurisdicional, diversamente, envolve também aplicar as normas jurídicas, mas a um conflito concreto, a fim de resolver uma disputa de interesses entre as partes, no âmbito de um processo e observado o devido processo legal. Daí se afirmar que o Judiciário aplica a lei no âmbito de um contencioso – isto é: de uma disputa entre as partes –, ou contenciosamente, ao passo que a Administração Pública a aplica *de ofício,* como exercício próprio de sua competência e independentemente de qualquer conflito ou solicitação específica.

É fácil perceber que do ponto de vista da transformação das previsões legais em realidade, a atividade da Administração Pública é muitíssimo mais abrangente do que a do Judiciário. Este atende os casos que lhe são dirigidos e suas decisões afetam, a rigor, essas partes e dependem de serem efetivamente executadas para transformar a realidade. A Administração Pública, por seu turno, pode implementar políticas públicas gerais capazes de afetar grandes comunidades simultaneamente.

É verdade, porém, e o ponto é importante, que as competências do Judiciário hoje no Brasil não se resumem apenas a decidir conflitos individuais com efeitos entre partes. Em primeiro lugar, existem as chamadas demandas coletivas que podem dizer respeito tanto a disputas que afetam grupos bastante amplos de pessoas (como, por exemplo, os empregados de empresas que desenvolvem determinada atividade econômica, ou os filiados de uma associação de defesa de consumidores etc.), quanto a pretensões de natureza indivisível a respeito das quais qualquer decisão afetará uma coletividade como um todo, como acontece, por exemplo, em determinadas questões ambientais.

Além das demandas coletivas, os chamados processos estruturais têm atribuído ao Judiciário disputas que envolvem complexas decisões sobre políticas públicas e sua implementação ao longo do tempo. Os processos estruturais se parecem muito pouco com ações judiciais ordinárias, em que partes privadas disputam obrigações de dar, fazer ou pagar algo. O tema será examinado de forma específica no contexto do controle de constitucionalidade.

Em segundo lugar, a legislação brasileira, no plano constitucional e infraconstitucional, tem procurado atribuir às decisões dos Tribunais efeitos que atingem terceiros e não apenas as partes que litigaram no processo no qual a decisão foi proferida. Trata-se do esforço de valorizar os chamados precedentes, entendidos como as decisões que consolidam entendimentos dos Tribunais sobre determinadas matérias, de modo a garantir maior previsibilidade das decisões judiciais e, assim, maior isonomia perante a lei. Ou seja: os precedentes judiciais se aproximam quanto aos efeitos de normas gerais editadas pelo Legislativo e Executivo.

A legislação processual prevê diferentes espécies de efeitos sobre terceiros, que não são partes nos processos nos quais as decisões foram proferidas, que não cabe explorar aqui. Basta o registro do art. 927 do CPC/2015, que tem a seguinte redação: "Art. 927. Os juízes e os tribunais observarão: I – as decisões do Supremo Tribunal Federal em controle concentrado de constitucionalidade; II – os enunciados de súmula vinculante; III – os acórdãos em incidente de assunção de competência ou de resolução de demandas repetitivas e em julgamento de recursos extraordinário e especial repetitivos; IV – os enunciados das súmulas do Supremo Tribunal Federal em matéria constitucional e do Superior Tribunal de Justiça em matéria infraconstitucional; V – a orientação do plenário ou do órgão especial aos quais estiverem vinculados".

O exemplo de efeito mais amplo e significativo é o da súmula vinculante, introduzida em nosso sistema pela EC nº 45/2004, que o STF pode aprovar após reiteradas decisões que haja tomado acerca da validade, da interpretação e da eficácia de normas determinadas (art. 103-A). Do ponto de vista operacional, o efeito vinculante da súmula significa, nos termos do § 3º do art. 103-A, que caberá reclamação diretamente ao STF contra ato administrativo ou decisão judicial que contrariar a súmula aplicável ou que indevidamente a aplicar.

O STF, se julgar procedente a reclamação, anulará o ato administrativo ou cassará a decisão judicial reclamada, e determinará que outra seja proferida com ou sem a aplicação da súmula, conforme o caso. Ou seja, a incidência da decisão do STF sobre terceiros é imediata e nem será ocasião de discutir sua aplicação por meio dos recursos próprios – a reclamação será dirigida diretamente ao STF para que ele controle a autoridade de sua decisão. As decisões proferidas pelo STF em sede de repercussão geral também têm recebido eficácias gerais variadas, ainda que o cabimento de reclamação nesse caso tenha sido bastante limitado pela jurisprudência do Tribunal.

Por fim, tanto os Tribunais de Justiça dos Estados quanto o STF têm competências de controle concentrado e abstrato de constitucionalidade, no âmbito das quais esses Tribunais decidirão em abstrato a validade de normas e atos normativos com efeitos gerais e vinculantes. É o caso da representação por inconstitucionalidade no âmbito dos Tribunais de Justiça, que confronta leis ou atos normativos estaduais e municipais com a Constituição do Estado e, por exemplo, a ação direta de inconstitucionalidade perante o STF, entre outros mecanismos, que faz o exame de validade de leis ou atos normativos federais ou estaduais à luz da Constituição Federal.

Tais processos são considerados objetivos na medida em que não visam a solucionar qualquer conflito de interesses entre partes – o que caracteriza a natureza subjetiva dos processos em geral –, mas apenas decidir o confronto normativo entre leis e atos normativos e a Constituição em abstrato. A despeito da correção dessa assertiva, é certo que qualquer decisão que os Tribunais de Justiça ou o STF tomem no âmbito de tais ações afetarão interesses concretos de grupos da sociedade, direta ou indiretamente. Essa interação entre processos objetivos de controle de constitucionalidade e interesses subjetivos terá reflexos na regulamentação desses processos, como se verá na parte sobre controle de constitucionalidade. Seja como for, o ponto central a destacar aqui é que as decisões em controle concentrado e abstrato de constitucionalidade afetam a rigor a todos, de modo que já não é próprio dizer que as decisões do Judiciário afetam apenas as partes no processo.

Por fim, o que dizer da função jurisdicional em face da função legislativa? Há muito já se superou a premissa de que a atividade de interpretação e aplicação do direito seria puramente cognitiva e sem qualquer contribuição criativa ou volitiva por parte do intérprete. Se essa crença já era ilusória no século XIX e na primeira metade do século XX, o que dizer sobre os dias de hoje, tendo em conta a abertura dos sistemas jurídicos contemporâneos? Por outro lado, no entanto, é certo que as atividades legislativa e jurisdicional não são fungíveis e, embora possa haver áreas de aproximação importantes, há igualmente distinções fundamentais, que estruturam o próprio Estado democrático de direito, e nele continua a ser vedado ao juiz inovar na ordem jurídica sem fundamento majoritário, sob pena de usurpar a competência própria dos demais Poderes estatais.

Essa premissa merece alguns comentários considerando, sobretudo, competências hoje reconhecidas ao Poder Judiciário e ao STF, em particular, no âmbito do controle de constitucionalidade. O primeiro comentário envolve o uso da interpretação conforme a Constituição. Como se viu na parte sobre interpretação constitucional, a interpretação conforme é uma técnica pela qual se procura atribuir ao texto normativo sentido que, embora possa não ser o mais óbvio, seja compatível com as possibilidades semânticas do enunciado linguístico e do sistema, a fim de preservá-lo da declaração de inconstitucionalidade.

A delicadeza aqui envolve os limites desse sentido a ser atribuído ao enunciado normativo por força da interpretação conforme: se ele está razoavelmente comportado pelo texto ou se na verdade é uma inovação, ultrapassando a fronteira da atividade jurisdicional e ingressando na legislativa. Neste último caso, o adequado será a declaração de inconstitucionalidade da norma impugnada, e não a tentativa artificial de preservar um sentido que na realidade não envolve uma preservação, mas uma criação.

O segundo comentário envolve as hipóteses em que o Judiciário examina uma inconstitucionalidade por omissão parcial por força da violação do princípio da igualdade. A hipótese mais comum é a da norma que regulamenta um direito ou concede um benefício a um determinado grupo de pessoas e deixa de fora outras que, por força de regras de isonomia, deveriam ter recebido o mesmo tratamento. As soluções para essa espécie de problema são, a rigor, três: estender o benefício às pessoas não incluídas inicialmente, retirar o benefício daqueles que o receberam, ou não fazer coisa alguma, reconhecendo que a questão deve ser solucionada pelo Legislativo. A primeira solução envolve, a rigor, uma atuação do Judiciário como legislador positivo, na medida em que amplia para outras situações previsão legislativa.

O STF entende, ao menos no que diz respeito a vencimentos de servidores, que não lhe cabe estender benefícios, de modo que a solução deve ser dada pelo Legislativo. Esse é o teor da Súmula Vinculante nº 37 que trata do tema: "Não cabe ao Poder Judiciário, que não tem função legislativa, aumentar vencimentos de servidores públicos sob o fundamento de isonomia".

Por fim, vale fazer um terceiro comentário sobre o mandado de injunção previsto no art. 5º, LXXI, da Constituição, por força do qual caberá a determinados órgãos do Poder Judiciário – e particularmente ao STF, de acordo com as regras de competência – elaborar norma regulamentadora faltante a fim de permitir a fruição de determinados direitos constitucionais especificamente referidos pelo dispositivo. Não há dúvida de que ao elaborar a norma regulamentadora em sede de mandado de injunção o Tribunal competente formulará opções políticas e inovando, ainda que em caráter temporário, até que o Legislativo edite norma sobre a matéria.

A realidade, porém, é que o constituinte originário já tomou várias decisões políticas fundamentais acerca dos direitos e liberdades que prevê, bem como sobre a nacionalidade, soberania e cidadania – ainda que não todas, daí a necessidade de regulamentação para garantir que os titulares do direito possam exercê-lo –, incluindo a decisão política de criar um instrumento jurisdicional que garantisse sua fruição na pendência da regulamentação. Assim, embora o Judiciário vá, efetivamente, inovar ao decidir o mandado de injunção, ele o fará com fundamento em uma decisão majoritária prévia que assim o autoriza de forma expressa, e na linha das decisões políticas já tomadas acerca dos direitos em questão pelo constituinte originário.

Antes de concluir, é importante lembrar que, além da atividade jurisdicional, o Poder Judiciário leva a cabo também atividades administrativas – indispensáveis à garantia de sua independência orgânica – e normativas (ainda que não legislativas). Assim, cabe ao Judiciário organizar concursos para prover os cargos que integram sua estrutura, fazer a gestão de seu pessoal, comprar materiais e contratar serviços, entre outras providências tipicamente administrativas.

Também os Tribunais têm competências normativas para edição de seus regimentos internos que, em todo caso, não poderão contrariar a legislação. E o Conselho Nacional de Justiça, órgão de controle administrativo do Judiciário, tem igualmente competências normativas expressamente concedidas pelo art. 103-B, § 4º, I, para o fim de editar atos regulamentares no âmbito de suas competências.

Feita essa introdução, cabe agora examinar como o Poder Judiciário foi estruturado pela Constituição de 1988.

12.2 ORGANIZAÇÃO DO PODER JUDICIÁRIO

12.2.1 Órgãos do Poder Judiciário e distribuição constitucional de competências

A Constituição de 1988 se ocupa de prever a estrutura básica dos órgãos do Poder Judiciário e definir suas competências, isto é, a distribuição de parcelas de poder jurisdicional a cada um deles. Nesse sentido, é possível organizar os vários órgãos previstos pela Constituição em três grandes grupos: o Judiciário da União, o Judiciário dos Estados e do Distrito Federal e de eventuais territórios (arts. 125 e 126) e os órgãos nacionais de superposição: STF (arts. 101 a 103) e o STJ (arts. 104 e 105). O Judiciário da União, por seu turno, é dividido ainda em dois outros grupos: as três Justiças especializadas da União – Justiça Eleitoral (arts. 118 a 121); Justiça do Trabalho (arts. 111 a 116); e Justiça Militar (arts. 122 a 124) – e a Justiça Federal comum (arts. 106 a 110).

A Justiça Estadual é composta por dois níveis de órgãos: os órgãos de primeira instância e o Tribunal de Justiça. O mesmo acontece com a Justiça Federal comum, que é integrada pelos órgãos de primeira instância e os Tribunais Regionais Federais. A Justiça Eleitoral e do Trabalho, por seu turno, contam com três níveis de órgãos próprios: os órgãos de primeiro grau, os Tribunais Regionais existentes em cada Estado e seus Tribunais Superiores. A Justiça militar conta apenas com dois níveis: os órgãos de primeiro grau e o Superior Tribunal Militar, nos termos da Lei nº 8.457/1992, que a organizou.

Embora o mais frequente seja que as demandas da competência de qualquer desses ramos do Judiciário tenham início nos órgãos de primeira instância, chegando aos Tribunais por meio de recursos, a própria Constituição e também a legislação, quando a Constituição o autoriza, prevê competências originárias para os Tribunais, isto é, demandas que iniciam diretamente no âmbito dos próprios Tribunais. Na parte em que se tratou sobre Executivo e Legislativo discutiu-se amplamente uma modalidade dessas competências originárias, que é a chamada prerrogativa de foro. Os Tribunais, portanto, terão competências originárias e recursais.

Na sequência serão apresentados apenas os traços gerais das competências de cada Justiça de forma ampla para permitir uma visão geral do sistema. Maior espaço será dedicado a algumas competências, recursais e originárias, do STJ e, sobretudo, do STF por sua relevância para o direito constitucional.

Antes de prosseguir com a estrutura desses diferentes órgãos do Poder Judiciário e suas competências, vale fazer desde logo algumas observações. Em primeiro lugar, e apesar da divisão central dos órgãos entre Justiça da União e Justiça dos Estados, o Judiciário apresenta, simultaneamente, uma dimensão nacional com vários desdobramentos. A Constituição estabelece desde logo, por exemplo, um conjunto de normas aplicáveis a todos os órgãos do Poder Judiciário (arts. 93 e 96), sendo certo que lei complementar que trata do Estatuto da Magistratura (atualmente denominada de Lei Orgânica da Magistratura Nacional – Loman, LC nº 35/1979) é igualmente nacional.

Além disso, o STJ, o STF e também o Conselho Nacional de Justiça são órgãos nacionais. Ao STJ cabe, entre outras competências, uniformizar a interpretação da legislação nacional (e federal) e, para tanto, ele conhece e processa recursos interpostos contra decisões proferidas tanto por órgãos do Judiciário da União quanto dos Estados. O mesmo se diga do STF, cuja missão principal é a guarda da Constituição e, nesse contexto, cabe-lhe também harmonizar no país como um todo a interpretação e aplicação da Constituição.

O CNJ, por seu turno, é um órgão de controle administrativo do Poder Judiciário com competências sobre todos os órgãos jurisdicionais, e o STF já decidiu que sua atuação nacional não viola a autonomia dos Estados nem o princípio federativo, não impedindo o poder correcional dos Tribunais de Justiça no âmbito do Judiciário de cada Estado. Isto é: as competências do CNJ são exercidas nacionalmente, sem prejuízo, porém, das de controle administrativo que cada Tribunal de Justiça continua a ter sobre os órgãos da Justiça daquele Estado.

Uma segunda observação envolve os Municípios. Como referido em vários pontos, embora entes da Federação, os Municípios têm uma situação particular e, ao contrário dos outros, eles não contam com órgãos próprios do Poder Judiciário. Assim, eventual disputa na qual os Municípios se envolvam será decidida por órgãos do Judiciário do Estado ou da União conforme as regras de competência venham a determinar. Como regra, as disputas dos Municípios com pessoas privadas – tributárias, por exemplo – estará a cargo da Justiça estadual.

Em terceiro lugar, embora se trate de um truísmo, o Judiciário dos Estados não interpreta e aplica apenas leis estaduais e municipais. Na realidade, considerando a grande concentração de competências normativas na União, a maior parte dos casos processados e decididos pela Justiça Estadual envolve aplicação de normas nacionais, editadas pela União, como é o caso do Código Civil, Código Penal, Código do Consumidor, Lei das S.A., sem falar na legislação processual, civil e penal, toda de competência da União.

De outra parte, embora as Justiças da União se ocupem de fato da interpretação e aplicação da legislação federal e nacional – a Justiça eleitoral, da legislação eleitoral, a Justiça do Trabalho, da legislação trabalhista, a Justiça Militar, das normas penais militares, e a Justiça Federal da legislação federal comum –, isso não significa que elas não possam vir a considerar normas estaduais e municipais. Assim, por exemplo, em uma disputa na Justiça do Trabalho, normas estaduais e municipais sobre feriados poderão ser relevantes para a definição de verbas trabalhistas eventualmente devidas. É certo que a consideração de normas locais pela Justiça da União será pontual, mas nada impede que essa interação eventualmente aconteça.

12.2.2 Justiça Estadual

Feitas essas observações, retome-se a estrutura dos órgãos do Judiciário definidos pela Constituição e suas competências. Inicie-se pela Justiça dos Estados, de que a Constituição cuida de forma genérica nos arts. 125 e 126, determinando, como parece natural, que caberá à Constituição e à legislação de cada Estado dispor de forma mais específica sobre seus órgãos. De todo modo, do sistema constitucional já se extrai que a Justiça dos Estados terá duas instâncias: a primeira composta pelos Juízes de Direito, por Tribunais do Júri (art. 5º, XXXVIII) e pelos juizados especiais (art. 98); e a segunda composta pelos Tribunais de Justiça, havendo ainda a possibilidade de criação de um Tribunal de Justiça militar.

A Emenda Constitucional nº 134/2024 incluiu um parágrafo único no art. 96 regulando o processo eleitoral dos órgãos diretivos dos Tribunais de Justiça estaduais com mais de 170 desembargadores (caso de São Paulo e Rio de Janeiro). O dispositivo prevê que a eleição será realizada entre os membros do tribunal pleno, por maioria absoluta e por voto direto e secreto, para um mandato de dois anos, vedada mais de uma recondução sucessiva, admitindo, portanto, uma reeleição.

Quanto à competência, a regra que define a competência da Justiça dos Estados é a residual, na linha do que dispõe o art. 25, § 1º. Ou seja: todas as disputas que não sejam da competência das Justiças especializadas da União ou da Justiça federal comum, serão de competência da Justiça Estadual. Diferentemente do que acontece no campo das competências legislativa e político-administrativa, porém, o critério residual aplicado à atividade jurisdicional atribui à Justiça dos Estados um grande volume de competências. Assim, se não se trata de matéria de competência da Justiça Eleitoral, Trabalhista ou da Justiça militar, e não se aplica qualquer das hipóteses do art. 109, que define as competências da Justiça Federal comum, ou competências específicas originárias dos Tribunais no âmbito da Justiça da União ou mesmo do STJ ou do STF, caberá à Justiça dos Estados decidir a disputa.

É claro que outras regras de competência serão ainda necessárias para definir, no caso de conflito, qual Estado será o competente e, no âmbito da Justiça estadual, qual o órgão jurisdicional será competente de forma específica. Essas normas são encontradas na Constituição estadual, na legislação processual e nas normas de organização judiciária de cada Estado.

A Constituição de 1988 contém de qualquer modo algumas previsões que deverão ser observadas pelos Estados na organização de seu Judiciário valendo destacar algumas delas desde logo. Em primeiro lugar, os Estados deverão instituir representação de inconstitucionalidade de leis ou atos normativos estaduais ou municipais em face da Constituição Estadual, vedada

CURSO DE DIREITO CONSTITUCIONAL · *Ana Paula de Barcellos*

a atribuição da legitimação para agir a um único órgão (art. 125, § 2º). O tema foi tratado no capítulo sobre o controle de constitucionalidade e, no que diz respeito à legitimação ativa, é bastante frequente que os Estados façam uma adaptação, para o âmbito estadual, dos legitimados previstos no art. 103 para o ajuizamento de ADI perante o STF.

Em segundo lugar, e como referido, a Constituição prevê a possibilidade de criação de uma Justiça Militar Estadual, nos Estados onde o efetivo de militares estaduais (policiais e bombeiros) seja superior a vinte mil integrantes (art. 125, §§ 3º a 5º). De forma geral, a competência da Justiça Militar Estadual envolve o julgamento de militares dos Estados – isto é: policiais e bombeiros – pela prática de crimes militares definidos em lei e as ações judiciais contra atos disciplinares militares. Apenas os Estados de São Paulo, Minas Gerais e Rio Grande do Sul contam com Tribunais de Justiça Militar.

12.2.3 Justiças da União

Passando para a Justiça da União, tem-se, como visto anteriormente, duas subdivisões: as chamadas Justiças especializadas da União, que são a Justiça Eleitoral, a Justiça do Trabalho e a Justiça Militar, e a chamada Justiça Federal comum.

12.2.4 Justiça Eleitoral

A Justiça Eleitoral é provavelmente o mais particular ramo do Poder Judiciário brasileiro e isso por três razões principais. Em primeiro porque ela desenvolve como rotina não apenas funções jurisdicionais, mas também atividades administrativas relacionadas com a organização e controle das eleições. É certo que todas as estruturas do Poder Judiciário desenvolvem algum tipo de atividade administrativa relacionada com a gestão de seu pessoal e dos serviços necessários ao seu próprio funcionamento, como garantia de sua independência orgânica. Não é disso, porém, que se trata aqui no caso da Justiça Eleitoral. Para além dessas atividades administrativas vinculadas à própria existência do órgão jurisdicional, a Justiça Eleitoral se ocupa de muitas outras.

É a Justiça eleitoral, por exemplo, que faz o registro dos eleitores e das candidaturas, recebe as prestações de contas dos candidatos e organiza toda a parte logística necessária à realização das eleições, além de ser responsável por fazer a contabilização e divulgação dos resultados eleitorais. Além disso, cabe-lhe toda a atividade jurisdicional relacionada com o processo eleitoral, que envolve desde a impugnação de registro de candidatura, disputas ao longo da campanha, impugnação de mandato, crimes eleitorais etc. Além das previsões contidas na Constituição, as competências da Justiça eleitoral estão delineadas na legislação, valendo destacar o Código Eleitoral (Lei nº 4.737/1965, e alterações posteriores).

A segunda particularidade da Justiça Eleitoral diz respeito à competência normativa reconhecida ao Tribunal Superior Eleitoral para expedir instruções destinadas a "dar execução" ao Código Eleitoral (Código Eleitoral, art. 23, IX), bem como a competência para responder consultas em tese em matéria eleitoral (Código Eleitoral, art. 23, XIII). A primeira competência tem autorizado o TSE a dispor por meio de resolução sobre uma série de temas, particularmente sobre limites da propaganda eleitoral e a prestação de contas devida pelos candidatos. Essa competência normativa, naturalmente, encontra limites, e eventualmente o STF tem declarado a invalidade de resoluções do TSE, como aconteceu com a resolução que pretendeu alterar a distribuição do número de deputados federais por Estado[1].

---

[1]   A decisão foi tomada pelo STF no julgamento das Ações Diretas de Inconstitucionalidade nº 4947, nº 4963, nº 4965, nº 5020, nº 5028 e nº 5130 e também da ADC nº 33.

A competência atribuída pela lei ao TSE de responder consultas em tese, embora não seja vinculante para o próprio Tribunal, tem uma importância prática significativa na medida em que sinaliza para os possíveis candidatos e partidos qual será o entendimento acerca das normas eleitorais adotado pela Corte. Nesse sentido, as respostas a consultas acabam por ter um papel muito próximo ao de uma norma em si, já que orientam as condutas dos *players* eleitorais.

Por fim, uma terceira particularidade da Justiça Eleitoral é a de que ela, embora tenha uma estrutura administrativa permanente, inclusive de pessoal, não tem um corpo próprio de magistrados. Os órgãos do Judiciário eleitoral são compostos de membros de outros ramos do Judiciário e de advogados nomeados, todos servindo à Justiça Eleitoral por dois anos (prorrogáveis em geral por mais dois), sendo depois substituídos por outros.

Assim, por exemplo, os Juízes eleitorais em primeira instância são os Juízes de Direito – isto é: os magistrados integrantes da Justiça dos Estados – que acumulam funções durante o período eleitoral. Os Tribunais Regionais Eleitorais são compostos, nos termos do art. 120 da Constituição, de Desembargadores dos Tribunais de Justiça, Juízes de Direito, um integrante do Tribunal Regional Federal ou Juiz Federal, e dois advogados nomeados pelo Presidente da República entre os indicados pelo Tribunal de Justiça dos Estados. E o TST, por seu turno, é composto de Ministros do STF, do STJ e de advogados nomeados pelo Presidente da República, nos termos do art. 119.

A inexistência de um corpo próprio e permanente de magistrados no âmbito da Justiça Eleitoral se explica, entre outras razões, pela ineficiência de manter-se uma estrutura permanente considerando a sazonalidade das demandas eleitorais. Por outro lado, uma observação em geral associada à variação da composição, sobretudo do TSE ao longo do tempo, é igualmente a variação em sua jurisprudência. É certo que a estabilidade da jurisprudência de um Tribunal não depende necessariamente da manutenção de uma mesma composição, podendo ser obtida por outros meios.

12.2.5 Justiça do Trabalho

A Justiça do Trabalho foi prevista como uma justiça especializada desde a Constituição de 1934 e organizada afinal na década de 1940 (1941), funcionando desde então sem interrupções. Considerando a redação original da Constituição de 1988, duas alterações importantes foram implementadas por emendas posteriores: (i) a EC nº 24/1999 extinguiu a representação classista nos órgãos da Justiça do Trabalho, adotando um modelo apenas de juízes de carreira (ou togados), bem como as Juntas de Conciliação e Julgamento como órgão de primeira instância, substituindo-as por Juízes do Trabalho; e (ii) a EC nº 45/2004 alterou em vários pontos as competências da Justiça do Trabalho. Explica-se melhor.

De acordo com o modelo original da Constituição, o órgão de primeira instância da Justiça do Trabalho eram as Juntas de Conciliação e Julgamento, compostas por um juiz de carreira e dois representantes classistas, um dos trabalhadores e outro dos empregadores. Também os demais órgãos da Justiça do Trabalho – Tribunais Regionais do Trabalho e Tribunal Superior do Trabalho – tinham representantes classistas. A EC nº 24/1999 extinguiu a representação classista no âmbito da Justiça do Trabalho, de modo que hoje todos os seus órgãos são compostos apenas de Juízes togados.

No que diz respeito às competências da Justiça do Trabalho, elas podem ser encontradas no art. 114 da Constituição, hoje na redação que lhe deu a EC nº 45/2004. Parece correto afirmar que a emenda constitucional ampliou as competências da Justiça do Trabalho para abarcar as disputas em geral decorrentes ou vinculadas às relações de trabalho, e não apenas de emprego. O STF continua a entender, porém, que as disputas envolvendo relações de natureza estatutária entre a Administração Pública e seus servidores devem ser resolvidas no âmbito da Justiça dos Estados ou Federal, conforme o caso.

De outra parte, as competências em matéria de dissídio coletivo e, sobretudo, no que toca ao poder normativo da Justiça do Trabalho nesse particular, foram restringidas, nos termos dos §§ 1º e 2º que acompanham hoje o art. 114 da Constituição. Os dissídios coletivos são demandas nas quais toda a categoria é parte, sendo, na realidade, a primeira espécie de demanda coletiva experimentada na realidade brasileira. Em geral, os protagonistas dos dissídios coletivos são os sindicatos, mas a Constituição admite que o Ministério Público do Trabalho ajuíze dissídio coletivo no caso de greve em atividade essencial, quando haja possibilidade de lesão do interesse público (art. 114, § 3º).

12.2.6 Justiça Militar

À Justiça Militar compete, nos termos da Constituição, art. 124, processar e julgar os crimes militares definidos em lei, que vem a ser o Código Penal Militar (Decreto-lei nº 1.001/1969). Embora em geral crimes militares envolvam integrantes das Forças Armadas, há hipóteses em que crimes militares podem ser praticados por civis, que estarão então sujeitos à Justiça Militar. O STF tem examinado, pontualmente, a recepção de disposições do Código Penal Militar tendo declarado válido, por exemplo, o crime de prática de ato libidinoso em lugar sujeito a Administração Militar (art. 235), dando-lhe apenas interpretação conforme para considerar como libidinoso qualquer prática sexual, e não apenas homossexual (STF, ADPF nº 291).

Quanto à estrutura, a Constituição prevê desde logo que a Justiça Militar será composta pelo Superior Tribunal Militar e tribunais e juízes militares instituídos por lei (art. 122). O STM conta com uma particularidade que é a participação, em sua composição, de integrantes das Forças Armadas nomeados pelo Presidente após aprovação do Senado Federal, assim como acontece com todos os demais integrantes do Tribunal.

12.2.7 Justiça Federal comum

Por fim, a Justiça Federal comum tem suas competências definidas no art. 109 da Constituição. Não é o caso de percorrer aqui todos os incisos do dispositivo valendo destacar apenas alguns deles. O inc. I concentra, na prática, parte considerável das competências da Justiça federal comum e, ao contrário do que acontece com os critérios adotados para a definição de competência das Justiças especializadas da União – que giram em torno de determinados assuntos ou matérias (*ratione materiae*) –, o critério aqui é a presença de algumas pessoas na demanda judicial (*ratione personae*): especificamente a União, entidade autárquica ou empresa pública federais, na qualidade de autoras, rés, assistentes ou oponentes. Nos termos do mesmo dispositivo, a presença dessas pessoas nas lides não atrai a competência da Justiça Federal no caso das ações de falência – sujeitas ao chamado juízo universal –, de acidente do trabalho e, de forma geral, no caso de ações de competência das Justiças Eleitoral e do Trabalho.

Não é incomum que uma demanda tenha início no âmbito da Justiça Estadual e posteriormente a União, entidade autárquica ou empresa pública federal solicite ingresso afirmando ter interesse no processo. O entendimento consolidado pelo STJ (Súmula nº 150) é o de que nesses casos o feito deve ser remetido de imediato para a Justiça Federal, que será a competente para examinar o pedido de ingresso e a alegação de interesse. Isto é: não cabe à Justiça Estadual decidir acerca da real presença ou não do interesse da União no caso.

Os incs. IV, V, VI, IX e X do art. 109 atribuem à Justiça Federal comum uma série de competências de natureza criminal. Assim, são de competência da Justiça federal, por exemplo, os crimes praticados em detrimento de bens, serviços ou interesse da União ou de suas entidades autárquicas ou empresas públicas – ressalvada a competência da Justiça Militar e da Justiça Eleitoral –, bem como os crimes contra a organização do trabalho e contra o sistema financeiro e a ordem econômico-financeira, nos casos previstos na legislação. Também compete à Justiça Federal comum crimes envolvendo ingresso e permanência irregular de estrangeiro, bem como ações referentes à nacionalidade ou naturalização.

A Justiça Federal comum está organizada, como já referido, em dois níveis: os órgãos de primeira instância (Juízes federais, Juizados Especiais etc.) e seis Tribunais Regionais Federais. Diferentemente do que acontece com a Justiça Eleitoral e do Trabalho, que conta com um Tribunal Regional em cada Estado, a Justiça Federal comum conta com apenas seis Tribunais Regionais Federais, sendo o país dividido em seis regiões, cada uma submetida à jurisdição de um TRF[2].

Vale o registro de que a EC nº 73/2003 pretendeu criar mais quatro Tribunais Regionais Federais. Nada obstante, o Presidente do STF na ocasião, em decisão monocrática, suspendeu a vigência da emenda constitucional no âmbito da ADI nº 5017, que segue suspensa sem que tenha havido qualquer decisão colegiada até o momento. Independentemente do debate sobre a emenda, que permanece inconcluso, a Lei nº 14.226/2021 criou o Tribunal Regional Federal da 6ª Região, com jurisdição no Estado de Minas Gerais e sede em Belo Horizonte, já instalado.

Duas observações finais ainda sobre a Justiça Federal comum e interações que ela pode estabelecer com a Justiça dos Estados. O Instituto Nacional de Seguridade Social (INSS) é uma autarquia federal, portanto todas as ações ajuizadas por segurados em face dele, discutindo qualquer espécie de questão a respeito de benefícios previdenciários, será da competência da Justiça Federal comum. Nada obstante, o § 3º do art. 109 cogita a possibilidade – que não é incomum – de não existir vara federal em determinada comarca do país. O problema então se coloca: o segurado que tem domicílio nessa comarca precisaria deslocar-se para outra a fim de ajuizar ação contra o INSS? O óbice ao acesso à Justiça seria evidente. A solução constitucional, prevista no dispositivo referido, é atribuir à Justiça estadual da comarca onde não há vara federal competência para processar e julgar ações de segurados contra o INSS. O eventual recurso contra a decisão proferida pelo Juiz estadual no exercício dessa competência federal será de qualquer modo dirigido e decidido pelo TRF competente, nos termos do § 4º.

A segunda observação envolve a figura do incidente de deslocamento de competência para a Justiça Federal que consta agora do § 5º do art. 109, introduzido pela EC nº 45/2004. A Constituição passou a prever a possibilidade de o Procurador-Geral da República suscitar perante o STJ, para o fim de deslocar da Justiça Estadual para a Justiça Federal, a competência para processar e julgar inquérito ou processo no caso de "grave violação de direitos humanos" e com a "finalidade de assegurar o cumprimento de obrigações decorrentes de tratados internacionais de direitos humanos dos quais o Brasil seja parte".

Além dos dois requisitos anteriores, o STJ tem exigido adicionalmente a demonstração da "incapacidade – oriunda de inércia, omissão, ineficácia, negligência, falta de vontade política, de condições pessoais e/ou materiais etc. – de o Estado-membro, por suas instituições e autoridades, levar a cabo, em toda a sua extensão, a persecução penal" (IDC nº 1/PA, rel. Min. Arnaldo Esteves Lima, j. 08.06.2005, *DJ* 10.10.2005). O mecanismo envolve certa sensibilidade, por conta do equilíbrio federativo, e ao menos por enquanto tem sido utilizado muito pontualmente pelo PGR.

---

[2] Tribunal Regional Federal da 1ª Região: abrange os Estados: AC, AM, AP, BA, DF, GO, MA, MT, PA, PI, RO, RR;
Tribunal Regional Federal da 2ª Região: abrange os Estados: ES, RJ;
Tribunal Regional Federal da 3ª Região: abrange os Estados: MS, SP;
Tribunal Regional Federal da 4ª Região: abrange os Estados: PR, RS, SC;
Tribunal Regional Federal da 5ª Região: abrange os Estados: AL, CE, PB, PE, RN, SE.
Tribunal Regional Federal da 6ª Região: abrange o Estado de MG.

Sobrepondo-se aos diversos ramos do Poder Judiciário, estadual e da União, a Constituição previu dois Tribunais Superiores: o STJ e o STF. As competências do STF que envolvem controle de constitucionalidade mais diretamente, seja no âmbito do controle difuso seja do incidental, foram discutidas de forma específica na parte sobre controle de constitucionalidade. Cabe aqui fazer apenas uma apresentação geral das competências atribuídas pela Constituição a esses dois Tribunais.

12.2.8   Superior Tribunal de Justiça – STJ

O STJ foi criado pela Constituição de 1988 com a missão principal, embora não explicitada, de uniformizar a interpretação da legislação federal/nacional comum. O adjetivo "comum" se justifica na medida em que caberá ao TSE, TST e STM uniformizar a legislação (nacional nos dois primeiros casos e federal no último) considerada especial, isto é: a legislação eleitoral, a legislação trabalhista e a legislação penal militar federal, respectivamente. Ao STJ, portanto, caberá "apenas" uniformizar a interpretação de todo o restante da legislação federal/nacional que, como se viu na parte sobre distribuição de competências legislativas, é bastante vasta. A missão do STJ se tornou mais evidente com a introdução, pela Emenda Constitucional nº 125/2022, do chamado "filtro de relevância" para o cabimento dos recursos especiais dirigidos ao Tribunal. O ponto será retomado adiante.

É importante observar que a interpretação e uniformização da legislação federal comum, embora seja missão principal do STJ, não é a única. O Tribunal tem uma série de competências originárias, por exemplo, que não guardam relação direta com essa missão geral, como as relacionadas com a persecução penal de autoridades estaduais (Governadores, Desembargadores dos Tribunais de Justiça etc. – art. 105, I, *a*), a solução de conflitos de competências e atribuições envolvendo determinadas autoridades judiciais e autoridades administrativas (art. 105, I, *d* e *g*), e ainda a homologação de sentenças estrangeiras (art. 105, I, *i*).

A reforma tributária, introduzida pela EC nº 132/2023, atribuiu ao STJ uma nova competência originária (art. 105, I, *j*): caberá ao STJ conhecer e julgar os conflitos entre entes federativos, ou entre estes e o Comitê Gestor do Imposto sobre Bens e Serviços, relacionados aos tributos previstos nos arts. 156-A e 195, V. O art. 156-A trata do novo Imposto sobre Bens e Serviços (IBS), de competência compartilhada entre estados, Distrito Federal e municípios, cuja disciplina será dada por lei complementar editada pela União. E o referido Comitê Gestor é a entidade criada pelo art. 156-B por meio da qual estados, o Distrito Federal e municípios exercerão de forma integrada as competências administrativas relativas ao IBS, também a ser regulada por lei complementar nacional. O art. 195, V, por seu turno, trata da Contribuição sobre Bens e Serviços (CBS) de competência federal. Ocorre que a reforma tributária prevê um regime jurídico substancialmente único para o IBS e a CBS, a ser definido por lei complementar.

É possível imaginar um sem-número de conflitos entre os entes federados e entre estes e o Comitê Gestor por conta dos dois novos tributos, incluindo conflitos entre os estados ou o Distrito Federal e a União, ou entre os estados. Nesse caso, aparentemente a competência do STJ terá natureza especial – caso o conflito envolva algum dos novos tributos –, em face da competência originária de natureza geral do STF de que trata o art. 102, I, *f*. De toda sorte, caberá em última análise ao STF a interpretação de como as competências dos dois Tribunais, ambas previstas pela Constituição, deverão conviver.

Como já referido, os Tribunais em geral e o STJ têm competências originárias e recursais. Algumas das competências originárias do STJ foram mencionadas acima exemplificativamente (art. 105, I), e o art. 105 prevê também duas competências recursais diversas: o recurso ordinário (art. 105, II) e o recurso especial (art. 105, III). O recurso ordinário e o recurso especial dirigidos ao STJ têm natureza bastante diversa – assim como acontece com o recurso ordinário e o recurso extraordinário dirigidos ao STF – justificando uma rápida explicação.

De forma simplificada, é possível afirmar que as demandas em geral podem discutir e decidir dois tipos de questões: fáticas e jurídicas. Assim, muito frequentemente caberá ao Judiciário definir questões de fato para apurar, por exemplo, o que efetivamente aconteceu no evento disputado pelas partes, quais as causas de determinado fato ou que outras circunstâncias podem ser relevantes para certa hipótese. Para esse fim, as partes têm o direito de produzir provas de modo a demonstrar sua versão dos fatos cabendo ao Judiciário apreciar essas provas e tomar sua decisão no particular. Tradicionalmente os Tribunais Superiores entendem que interpretação de contratos é considerada também uma questão de fato.

Paralelamente à definição dos fatos, as demandas judiciais podem igualmente envolver disputas de natureza jurídica que precisarão ser decididas: qual a norma aplicável, ou conjunto de normas aplicáveis, qual o sentido e alcance específico delas, que solução elas geram, isoladamente ou em conjunto para o caso concreto. Um exemplo ajuda a ilustrar o ponto. Imagine-se uma demanda ajuizada pela empresa A, que adquiriu determinado maquinário, contra a empresa B, que o vendeu, que pretende a devolução do valor pago por suposto defeito nele. As partes disputam, por exemplo, do ponto de vista fático, se há realmente um defeito no maquinário, já que a empresa B alega que o problema é apenas que a empresa A não seguiu as instruções e não sabe operá-lo. Para além dessa questão de fato, há a discussão jurídica sobre qual a norma aplicável e se ela admite como solução a devolução do dinheiro ou apenas a assistência técnica para que o maquinário funcione adequadamente.

Pois bem. Os recursos de natureza ordinária admitem em geral que o órgão revisor examine e decida questões de fato e de direito, nos limites de seu escopo específico. Isto é: em tese, no âmbito de um recurso ordinário, o Tribunal poderá reapreciar as provas produzidas e chegar a conclusões diversas acerca dos fatos, além de poder fazer seu próprio juízo sobre as questões de direito que lhe são submetidas.

O mesmo não acontece, porém, nos recursos de natureza extraordinária, de que são espécies, por exemplo, os recursos especial e extraordinário, o primeiro dirigido ao STJ e o segundo ao STF. Nesses recursos se discutirá apenas questões de direito, não sendo mais possível solicitar a revisão das questões de fato decididas pelas instâncias anteriores: no caso do recurso especial, a questão de direito que se poderá discutir envolve a interpretação e aplicação da legislação nacional/federal comum, e, no recurso extraordinário, a interpretação e aplicação da Constituição. Isto é: no recurso especial, o STJ assumirá como verdade quanto aos fatos o que foi decidido pelo Tribunal *a quo*, do qual o recurso se origina, e o STJ apreciará apenas a questão jurídica referente à legislação nacional/federal. O mesmo se diga em relação ao STF ao decidir recursos extraordinários.

Feita a nota, cabe prosseguir. Os recursos ordinários de que cuida o art. 105, II, da Constituição são, como o nome sinaliza, de natureza ordinária, admitindo, portanto, que o STJ reveja questões de fato e de direito. São três as hipóteses previstas no dispositivo: *habeas corpus* e mandado de segurança decididos em única ou última instância pelos TJ ou TRFs quando denegatória a decisão (alíneas *a* e *b*) e as chamadas causas internacionais, nas quais disputam Estado estrangeiro ou organismo internacional, de um lado, e Município ou pessoa residente ou domiciliada no Brasil de outro (alínea *c*), sendo que nesta última hipótese o STJ funciona como segundo grau de jurisdição, recebendo o recurso ordinário diretamente a partir da decisão do Juiz Federal (art. 109, II).

As duas primeiras hipóteses de recurso ordinário apresentam duas características interessantes. Em primeiro lugar, elas ilustram o que se mencionou acima a respeito do caráter nacional do STJ, já que tanto decisões oriundas da Justiça Estadual (TJs) quanto da Justiça Federal (TRFs) comum poderão ser revistas pelo STJ nesse contexto. Em segundo lugar, a hipótese revela a opção constitucional de proteger preferencialmente o indivíduo em face da ação estatal, já que o recurso ordinário só será cabível se as decisões proferidas nos dois remédios constitucionais referidos – *habeas corpus* e mandado de segurança – tiverem sido desfavoráveis ao impetrante.

Por fim, o art. 105, III, trata do recurso especial no qual o STJ se ocupará de forma concentrada da sua missão de uniformizar a interpretação da legislação nacional/federal comum. Nos termos do dispositivo, caberá recurso especial contra decisão proferida em última ou única instância pelos TJ ou TRFs que haja contrariado tratado ou lei federal, ou lhes negado vigência (alínea *a*) ou ainda quando a decisão recorrida tiver dado à lei federal interpretação divergente da que outro Tribunal lhe tenha dado (alínea *c*). Ou seja: caberá recurso especial caso o recorrente seja capaz de demonstrar que há uma divergência entre os Tribunais do país referente à interpretação de lei nacional/federal. É fácil perceber que a uniformização do entendimento acerca do sentido da lei nacional/federal reflete na garantia da igualdade perante a lei, de modo que a norma tenha o mesmo sentido e efeito para todos os jurisdicionados, independentemente de onde estejam no país. Decisão proferida em única ou última instância significa aquela contra a qual não cabe mais recurso de natureza ordinária.

A alínea *b*, por seu turno, autoriza o recurso especial no caso de a decisão recorrida julgar válido ato de Governo local (estado ou município) contestado em face de lei federal. A previsão reflete as hipóteses nas quais cabe a Estados e Municípios dar execução à legislação nacional, de modo que o confronto se estabelece entre atos infralegais desses entes e a lei nacional, de maneira que se trata realmente da interpretação da lei nacional/federal. A eventual disputa entre lei estadual ou municipal e a lei federal/nacional envolve, a rigor, uma controvérsia sobre a distribuição constitucional de competências legislativas entre os entes federativos, devendo ser resolvida pelo STF em sede de recurso extraordinário, como acertadamente se previu a partir da EC nº 45/2004 (art. 102, III, *d*).

A Emenda Constitucional nº 125/2022 criou o § 2º ao art. 105, introduzindo o chamado "filtro de relevância" para o cabimento dos recursos especiais. A figura se assemelha à exigência de "repercussão geral" criada pela EC nº 45/2004 para o recurso extraordinário dirigido ao STF. Além dos requisitos descritos nas alíneas do art. 105, III, portanto, o recorrente deverá demonstrar também a "relevância das questões de direito federal infraconstitucional discutidas no caso" para que o recurso especial seja cabível. O tema será disciplinado por lei, mas a emenda já define hipóteses em que necessariamente haverá relevância (*e.g.*, ações penais e de improbidade, ações cujo valor da causa seja maior que 500 salários mínimos etc.). O Pleno do STJ definiu que o filtro de relevância só será exigido após a entrada em vigor da lei regulamentadora.

Ainda sobre o STJ, embora suas decisões não tenham efeitos vinculantes, como acontece com determinadas decisões do STF, nem tenha ele competência para aprovar súmulas vinculantes, é certo que o Código de Processo Civil prevê uma série de mecanismos que visam prestigiar as decisões consolidadas do STJ sobre o sentido e alcance da legislação nacional/federal. Assim, além da previsão geral do CPC art. 927, IV, que prevê que os juízes deverão observar as súmulas do STJ em matéria infraconstitucional, o Código de Processo Civil autoriza, por exemplo, que o juiz julgue liminarmente improcedente demanda cujo pedido contrarie súmula deste tribunal ou decisão por ele proferida em sede de recursos repetitivos (CPC, art. 332), e que relator, monocraticamente, negue ou dê provimento ao recurso em função de sua adequação ou não a súmula do STJ (CPC, art. 932).

Quanto à organização, e nos termos do art. 104 da Constituição, o STJ é composto de 33 Ministros, nomeados pelo Presidente da República após aprovação do Senado Federal. A nomeação, porém, não é totalmente livre, devendo ser feita de acordo com as seguintes regras: um terço dos Ministros deve ser escolhido entre Desembargadores dos Tribunais de Justiça dos Estados; um terço, entre Juízes dos Tribunais Regionais Federais; e um terço, em partes iguais,

Cap. 12 – PODER JUDICIÁRIO **489**

entre advogados e membros do Ministério Público Federal, Estadual, do Distrito Federal e Territórios, alternadamente, na forma do art. 94 da Constituição.

12.2.9 Supremo Tribunal Federal – STF

O STF concentra, no sistema brasileiro, múltiplas funções. O art. 102 da Constituição afirma que lhe cabe, precipuamente, a guarda da Constituição e, de fato, como já se viu na parte de controle de constitucionalidade, o STF tem uma série de competências originárias diretamente relacionadas com a interpretação e aplicação da Constituição, além do recurso extraordinário, por força do qual as diversas decisões em sede de controle difuso podem receber do STF um tratamento uniformizador. Esses mecanismos já foram examinados na parte sobre controle de constitucionalidade e não há necessidade de reproduzir aqui as mesmas discussões.

Assim como acontece com todos os demais Tribunais, também o STF recebeu, como se sabe, competências originárias (art. 102, I) e recursais e, na mesma linha do STJ, suas competências recursais dividem-se em recursos ordinários (art. 102, II) e recursos extraordinários (art. 102, III). A mesma distinção feita antes ao discutir-se o recurso especial dirigido ao STJ, no que diz respeito à natureza dos chamados recursos ordinários (que possibilitam revisão de fato e de direito) e dos recursos extraordinários (que apenas admitem revisão de questões jurídicas), aplica-se aos recursos ordinários e extraordinários da competência do STF.

No que diz respeito às competências originárias, e para além dos mecanismos concentrados de controle de constitucionalidade já examinados, cabe ao STF decidir uma série de disputas que apenas indiretamente se relacionam com a guarda da Constituição. Assim, por exemplo, o STF recebeu uma série de competências criminais quando sejam réus o Presidente da República, Deputados Federais e Senadores, entre outras autoridades (art. 102, I, *b* e *c*). Também compete ao STF originariamente decidir conflitos entre entes federados (art. 102, I, *f*), conflitos de competência que envolvam Tribunais Superiores (art. 102, I, *o*) e causas em que toda a magistratura seja interessada (art. 102, I, *n*). Com a criação do Conselho Nacional de Justiça e do Conselho Nacional do Ministério Público, o STF recebeu também a competência para decidir ações que sejam ajuizadas contra eles (art. 102, I, *r*).

Quanto aos recursos ordinários, de que trata o art. 102, II, eles serão cabíveis (alínea *a*) no caso de decisão denegatória em *habeas corpus*, mandado de segurança, *habeas data* e mandado de injunção quando a decisão tenha sido proferida em única instância pelos Tribunais Superiores. A previsão do recurso ordinário nessa hipótese acaba por garantir ao indivíduo (mas não à autoridade coatora ou ré) acesso ao duplo grau de jurisdição, já que a hipótese é de decisão denegatória proferida por Tribunal Superior no âmbito de suas competências originárias, já que se trata de decisão proferida em única instância. A alínea *b* prevê o recurso ordinário para a hipótese de crime político, que é decidido em primeiro grau pela Justiça Federal comum, nos termos do art. 109, IV.

O recurso extraordinário já foi objeto de exame na parte sobre controle de constitucionalidade, valendo apenas fazer algumas observações a seu respeito no contexto da estrutura do Poder Judiciário como um todo. Nos termos do art. 102, III, caberá ao STF julgar, em recurso extraordinário, "causas decididas em única ou última instância", uma vez presentes as hipóteses das alíneas, o requisito da repercussão geral, previsto no § 3º do dispositivo, bem como os outros pressupostos de admissibilidade consolidados na jurisprudência da Corte. O ponto que se quer destacar aqui, porém, é que em tese, e presentes os demais requisitos, o recurso extraordinário pode ser interposto em face de decisão final dos TJs, TRFs, STJ, TST, TSE, STM, bem como de outros órgãos (como o Conselho Recursal dos Juizados Especiais): basta que se trate de decisão proferida em única ou última instância. A previsão contrasta com o cabimento do recurso especial dirigido ao STJ, que é cabível apenas contra decisões dos TJs e TRFs.

Assim, qualquer questão constitucional surgida no âmbito das Justiças especializadas da União, da Justiça Federal comum ou da Justiça dos Estados poderá ser levada ao STF por meio de recurso extraordinário, após esgotadas as instâncias ordinárias. As alíneas do art. 102, III, abarcam a interpretação e aplicação da Constituição de forma direta (alínea *a*), bem como sua aplicação indireta como parâmetro normativo para o controle da constitucionalidade de leis nacionais/federais e tratados (alínea *b*), leis locais e atos administrativos (alínea *c*), e ainda para o controle entre leis de diferentes entes federados à luz da distribuição de competências levada a cabo pela Constituição (alínea *d*).

Quanto à organização, o art. 101 prevê que o STF é composto de 11 Ministros nomeados pelo Presidente da República após aprovação do Senado Federal, que podem ser escolhidos entre cidadãos com mais de 35 e menos de 70 anos de idade (nos termos da alteração introduzida pela EC nº 122/2022), de notável saber jurídico e reputação ilibada. Não se aplicam ao STF, portanto, nem a regra do quinto constitucional de que cuida o art. 94, nem outras limitações sobre o seu universo de escolha.

12.3 PRINCÍPIOS CONSTITUCIONAIS DE ORGANIZAÇÃO DO PODER JUDICIÁRIO

Como referido inicialmente, embora organizado em estruturas estaduais e federais, o Judiciário brasileiro tem uma dimensão nacional e princípios e regras de organização aplicáveis a todos os seus ramos. A Constituição traz princípios e regras aplicáveis à estrutura e organização do Judiciário em geral e ao regime jurídico dos magistrados, valendo mencionar rapidamente alguns deles.

O primeiro princípio de organização que a ser citado é o da autonomia do Poder Judiciário e dos Tribunais em particular. O art. 103-B, § 4º, I, prevê como uma das competências do Conselho Nacional de Justiça zelar pela autonomia do Poder Judiciário. Essa autonomia é delineada, sobretudo, nos arts. 96, 98 e 99 da Constituição. O art. 99 atribui ao Judiciário autonomia administrativa e financeira, os arts. 97 e 98 atribuem aos Tribunais várias competências privativas para iniciar o processo legislativo acerca de temas relacionados com sua organização, além de competências administrativas. Nessa linha, o próprio Estatuto da Magistratura, de que trata o art. 93 da Constituição, é lei cuja iniciativa foi reservada ao STF.

A autonomia do Poder Judiciário, assim como a do Executivo e do Legislativo, está relacionada à separação de poderes. Por outro lado, a atuação do Judiciário, assim como dos demais poderes, submete-se à lei que, em última análise, será deliberada pelo Legislativo, ainda que caiba ao Judiciário a iniciativa das proposições. Há aqui, portanto, uma tensão possível entre autonomia do Judiciário e o espaço de deliberação e conformação do legislador em uma democracia.

Esse ponto foi examinado pelo STF da ADI nº 6188 que discutiu a validade de previsões da Lei nº 13.467/2017, conhecida como Reforma Trabalhista, estabelecendo parâmetros para edição, revisão ou cancelamento de súmulas dos Tribunais Regionais do Trabalho e Tribunal Superior do Trabalho. O STF entendeu que houve ofensa aos princípios da separação dos poderes e da autonomia dos tribunais, pois "os magistrados não podem ser engessados por critérios elencados por um Poder exógeno, isto é, o Legislativo, que se arroga o direito 'de fixar um padrão de uniformidade e estabilidade no processo de elaboração e alteração de súmulas, em homenagem ao princípio da segurança jurídica'".

Ao lado da autonomia, aplicam-se também ao Judiciário os princípios do art. 37 da Constituição – a saber: legalidade, impessoalidade, moralidade, publicidade e eficiência – o que restou expresso com a criação do CNJ. Com efeito, o art. 103-B, § 4º, II, prevê que cabe ao Conselho Nacional de Justiça zelar pela observância do art. 37 no contexto do controle da atuação administrativa e financeira do Poder Judiciário e do cumprimento dos deveres funcionais dos juízes.

Do ponto de vista do regime jurídico dos magistrados, a Constituição traz desde logo uma série de princípios e regras que vale mencionar, sem prejuízo do que a legislação previr. O ingresso na carreira de juiz se dá por meio de concurso público de provas e títulos (art. 93, I) e vários incisos deste artigo tratam da promoção dos juízes e seu acesso aos Tribunais por antiguidade ou merecimento. Paralelamente, o art. 94 da Constituição prevê a figura do chamado "quinto constitucional" por força do qual um quinto dos membros dos Tribunais de Justiça e dos Tribunais Regionais Federais será composto por advogados e membros do Ministério Público em partes iguais, indicados em lista sêxtupla pelos órgãos de representação das respectivas classes e escolhidos e nomeados, respectivamente, pelo Governador ou pelo Presidente da República. A lógica do quinto constitucional é permitir que esses Tribunais tenham uma formação mais plural, contando com visões e experiências diferentes, para além daquelas eventualmente compartilhadas pelos magistrados de carreira.

O art. 95 prevê garantias e vedações dirigidas aos magistrados, todas direcionadas a garantir melhores condições de imparcialidade e autonomia para o juiz no exercício de suas funções. Assim, por exemplo, ao magistrado é assegurada vitaliciedade, que só poderá ser perdida, após os dois anos iniciais de exercício de suas funções, por força de decisão judicial transitada em julgado (art. 95, I). A proteção conferida aos magistrados é consideravelmente maior do que a destinada aos servidores públicos estáveis em geral que, nos termos do art. 41, podem perder o cargo por conta de decisão em processo administrativo ou ainda mediante procedimento periódico de desempenho regulado em lei complementar, sempre assegurada ampla defesa. Aos magistrados é ainda garantida inamovibilidade, de modo que ele só pode ser transferido para outra localidade por interesse público, na forma prevista na legislação, e por decisão do Colegiado do Tribunal (arts. 95, II, e 93, VIII).

Sob a perspectiva das vedações, o magistrado não pode exercer qualquer outra função, salvo uma de magistério, nem pode envolver-se com atividade político-partidária. A EC nº 45/2004 introduziu ainda a regra da quarentena, vedando o exercício da advocacia pelos magistrados no Tribunal ou Juízo ao qual estavam vinculados nos primeiros três anos após sua aposentadoria ou exoneração (art. 95, parágrafo único).

A EC nº 130/2023 passou a prever (art. 93, VIII-B) a possibilidade de permuta entre magistrados vinculados a diferentes Tribunais na esfera da Justiça Estadual, Federal e do Trabalho. Na realidade, a possibilidade de permuta entre juízes federais vinculados a diferentes Tribunais Regionais Federais já era possível, assim como entre juízes vinculados a diferentes TRTs: não há aqui maior dificuldade, já que a Justiça Federal e a Justiça do Trabalho são cada qual estruturas do Judiciário da União. A novidade propriamente da EC nº 130/2023 é a possibilidade de permuta entre juízes estaduais de diferentes Estados da Federação. Vale o registro de que alguns meses antes da promulgação da emenda, o STF havia declarado a inconstitucionalidade de lei estadual que autorizava a permuta de juízes vinculados a Tribunais de Justiça diversos por se tratar de matéria de competência da União (ADI nº 6782).

12.4 PRINCÍPIOS CONSTITUCIONAIS DE FUNCIONAMENTO DO PODER JUDICIÁRIO

A Constituição prevê ainda princípios e regras aplicáveis ao funcionamento do Poder Judiciário no que diz respeito à sua função típica, isto é: à prestação jurisdicional propriamente, que constam, sobretudo, dos arts. 5º e 93 da Constituição. Esses princípios e regras, ao mesmo tempo em que condicionam a atividade jurisdicional, são também direitos fundamentais dos jurisdicionados nas suas relações com o Estado-Juiz. Como discutido inicialmente, a atividade jurisdicional envolve o exercício do poder político do Estado, ensejando inclusive o uso da violência, de modo que as pessoas têm o direito de que ela seja levada a cabo de forma adequada no âmbito de um Estado Democrático de Direito. Enunciam-se muito brevemente alguns deles.

Um primeiro princípio diretamente relacionado ao funcionamento do Poder Judiciário, e igualmente um direito individual, é a garantia de inafastabilidade do controle judicial diante de lesão a direito ou ameaça de lesão de que trata o art. 5º, XXXV. Em um Estado de Direito é natural que a violação a direitos, ou a ameaça a eles, possa ser tutelada pelo Poder Judiciário, sob pena de não haver muito sentido na previsão de direitos que apenas valem se forem respeitados voluntariamente pelos indivíduos. Vale observar que o direito de ação que essa garantia assegura é autônomo e diverso do material que as partes venham a discutir em uma demanda, de modo que mesmo que o autor venha a perder o litígio que ajuizou, por exemplo, terá exercido seu direito de ação.

Além de garantir o acesso ao Judiciário, um dos princípios de funcionamento do Poder Judiciário é a imparcialidade. Nesse contexto, a Constituição prevê a garantia do juiz natural (art. 5º, LIII), que basicamente assegura que o juiz competente para processar e julgar determinado caso deve ser definido de acordo com regras gerais, abstratas e anteriores aos fatos que dão origem à ação, de modo a impedir qualquer espécie de direcionamento. A exigência do juiz natural busca exatamente assegurar uma garantia mínima e geral de imparcialidade do órgão julgador. É certo que, mesmo observadas as regras do juiz natural, elementos de parcialidade podem ser examinados em um caso concreto: para lidar com eles a legislação prevê outros mecanismos, como as figuras da suspeição e impedimento.

Além da garantia do juiz natural, a Constituição veda também de forma expressa a existência de juízos ou tribunais de exceção (art. 5º, XXXVII), que descrevem exatamente aqueles organizados de forma casuística e depois dos fatos, isto é, aqueles que violam a exigência do juiz natural. A garantia mínima de imparcialidade do órgão julgador é tão relevante para o sistema brasileiro que ao apreciar os pedidos de extradição, o STF tradicionalmente avalia se a pessoa, deferida à extradição, será submetida no país requerente a um tribunal de exceção, negando a extradição caso essa hipótese se caracterize.

Já no âmbito do processo, a Constituição assegura de forma ampla o devido processo legal (art. 5º, LIV) e de forma específica o contraditório e ampla defesa, com os meios e recursos a ela inerentes (art. 5º, LV), além de vedar a utilização de provas ilícitas (art. 5º, LVI). O devido processo legal tem conteúdos mínimos constitucionais, mas será desenvolvido do ponto de vista legislativo e poderá assumir contornos mais ou menos detalhados conforme o tipo de procedimento. Assim, é natural que o procedimento nos Juizados Especiais, por exemplo, seja mais simples do que aquele aplicável a um processo criminal.

Tratando de processos criminais, e no contexto da ampla defesa com os meios e recursos a ela inerentes, a Constituição de 1988 não assegura de forma geral a garantia do duplo grau de jurisdição e, de fato, tanto o STJ quanto o STF têm competências originárias para ações penais, não havendo previsão de recurso capaz de rever fato e direito. O Pacto de San Jose da Costa Rica, porém, internalizado pelo Brasil e ao qual o STF reconheceu *status* supralegal, prevê a garantia do duplo grau de jurisdição no âmbito de processos criminais.

Ao tratar das decisões e julgamentos judiciais, por fim, a Constituição exige que eles sejam públicos e motivados (arts. 5º, LX, e 93, IX). A publicidade dos julgamentos poderá ser excepcionada em casos específicos, justificadamente, mas a motivação é obrigatória em todo e qualquer casos e deve envolver tanto a definição dos fatos – isto é, as razões pelas quais o juízo entendeu que determinados fatos, e não outros, ocorreram – quanto das questões jurídicas, incluindo o exame das razões apresentadas pelas partes. A consequência para o descumprimento dessas regras é a nulidade das decisões. Além de um dever de prestação de contas, inerente a atividade do agente público, e de respeito para com os destinatários da decisão, o dever de motivação é essencial para garantir à parte insatisfeita o direito de recorrer: é indispensável para o exercício desse direito que se saiba quais as razões da decisão, para que se possa apresentar uma impugnação racional a elas.

12.5 FUNÇÕES ESSENCIAIS À JUSTIÇA

A prestação jurisdicional não tem condições de se desenvolver sozinha. O Judiciário é inerte, isto é, ele apenas conhece e decide as demandas que lhe são dirigidas. Assim, há todo um conjunto de outras instituições que a Constituição identifica como "funções essenciais à Justiça" e que, em conjunto com o Judiciário, são responsáveis afinal pela produção de "justiça" no contexto da função jurisdicional. De forma simples, são duas as funções identificadas pela Constituição como essenciais à Justiça: o Ministério Público e a Advocacia, aqui incluída a advocacia privada, a Defensoria Pública, e a advocacia pública, isto é, a advocacia dos entes estatais.

Os arts. 127 a 130 disciplinam a estrutura e a atividade do Ministério Público e o art. 130-B, introduzido pela EC nº 45/2004, organizou o Conselho Nacional do Ministério Público (CNMP) Do ponto de vista estrutural, a Constituição prevê a existência do Ministério Público Estadual e da União, sendo que há quatro estruturas diversas dentro do Ministério Público da União: o Ministério Público Federal, o Ministério Público do Trabalho, o Ministério Público Militar e o Ministério Público do Distrito Federal e Territórios. O paralelismo com os ramos da Justiça da União é evidente, valendo o registro de que o Ministério Público também atua junto à Justiça Eleitoral, mas assim como acontece com os magistrados, o Ministério Público Eleitoral não tem um corpo próprio, sendo formado por integrantes do Ministério Público Federal e Estadual, nos termos da LC nº 75/1993, que disciplina o tema.

De forma simples, o *Parquet*, em qualquer das atividades que desempenha, não atua como um advogado propriamente. O advogado fala, nos limites da ética, em nome e no interesse do seu cliente. O Ministério Público não tem, a rigor, qualquer cliente, mas deve atuar, nos termos do art. 127 da Constituição, na defesa da ordem jurídica, do regime democrático e dos interesses sociais e individuais indisponíveis. Ou seja: em toda sua atuação, o Ministério Público deve agir de forma independente, não dirigido a "ganhar" qualquer espécie de disputa, mas na defesa daquilo que considere corresponder à defesa da ordem jurídica, do regime democrático e dos interesses sociais e individuais indisponíveis.

Esse ponto é importante, pois o *Parquet*, para levar a cabo seu papel, tem atribuição para desenvolver várias atividades, entre as quais ajuizar demandas. Cabe-lhe, por exemplo, privativamente, promover a ação penal pública (art. 129, I), ajuizar ações civis públicas para a defesa do patrimônio público e social, do meio ambiente e de outros interesses difusos e coletivos, como os dos grupos indígenas (art. 129, III e V) e ajuizar ações de controle de constitucionalidade (art. 129, IV), por exemplo. Cabe-lhe ainda manifestar-se em determinadas ações como *custos legis*, nas hipóteses previstas em lei, e exercer o controle externo da atividade policial (art. 129, VII), entre outras atribuições.

Nada obstante, ao ser o "autor" de determinada demanda, o compromisso do Ministério Público não é "ganhar" a causa, mas promover a defesa da ordem jurídica, do regime democrático e dos interesses sociais e individuais indisponíveis. Se ao longo da demanda ele verificar que sua improcedência ou uma solução diversa da pedida inicialmente é o que promove a defesa daqueles elementos, caberá a ele se manifestar nesse sentido.

Ao lado do Ministério Público, a Advocacia de forma geral é descrita pela Constituição de 1988 como uma função essencial à Justiça (art. 133), recebendo especial atenção a Advocacia Pública e a Defensoria Pública. União, Estados, Distrito Federal e Municípios, bem como as entidades públicas em geral, precisam ter, por evidente, um corpo de advogados atuando na defesa de seus interesses tanto primários quanto secundários. Assim, cabe aos advogados públicos, por exemplo: ajuizar demandas para cobrar tributos não pagos, defender o ente público de pretensões indenizatórias que lhe sejam dirigidas; ajuizar demandas contra particulares para garantir o cumprimento da legislação; ajuizar demandas em face de outros entes federados, em hipótese de conflito, entre tantas outras possibilidades que se pode cogitar.

No âmbito da União a própria Constituição já identifica desde logo dois grupos: a Advocacia-Geral da União e a Procuradoria da Fazenda Nacional, esta encarregada da execução da dívida ativa de natureza tributária; no âmbito dos Estados, a referência é a Procuradores. A Constituição prevê que tanto no âmbito da União, quanto nos Estados e no Distrito Federal esses agentes públicos devem ser organizados em carreiras específicas com servidores selecionados mediante concurso público de provas e títulos (arts. 131 e 132).

Por fim, a Constituição disciplina de forma específica a Defensoria Pública, instituição essencial à Justiça e que tem a especial atribuição de assegurar que os necessitados tenham acesso não apenas ao Judiciário, mas a orientação jurídica de forma ampla na proteção e garantia de seus direitos (art. 134). A Constituição prevê que a Defensoria Pública deve contar com instituições no âmbito dos Estados, do Distrito Federal, dos Territórios (quando eles existam) e da União.

É importante observar que os Defensores Públicos, embora sejam um corpo de servidores públicos, atuam como advogados dos necessitados na defesa de seus interesses contra quem quer que seja e frequentemente contra o próprio ente público ao qual a Defensoria está vinculada. Daí a importância de garantir-se algum grau de autonomia da instituição em face do ente público que a remunera, o que passou a ser previsto de forma expressa no § 2º do art. 134, introduzido pela EC nº 45/2004.

A EC nº 80/2014 introduziu o § 4º ao art. 134 para prever como princípios institucionais da Defensoria a unidade, a indivisibilidade e a independência funcional, e fazer incidir sobre ela, no que couber, previsões constitucionais que regulam a magistratura. A mesma emenda constitucional ampliou a missão institucional da Defensoria, prevista no *caput* do art. 134, para esclarecer que lhe cabe a defesa, judicial e extrajudicial, dos direitos individuais e coletivos dos necessitados, incluindo a orientação jurídica. O dispositivo associa a atuação da Defensoria a uma garantia instrumental da democracia e à promoção dos direitos humanos.

A partir dessa nova redação do art. 134, desenvolveu-se na doutrina e na jurisprudência uma nova atuação para a Defensoria em processos judiciais descrita como de *custos vulnerabilis*. Em feitos nos quais se discutam pretensões de grupos especialmente vulneráveis, com elevado grau de desproteção judicial, a Defensoria Pública poderá solicitar ingresso como *custos vulnerabilis* para a defesa coletiva desse tipo de grupo, reconhecendo-se a ela poderes processuais semelhantes aos das partes no processo. Em ao menos duas ocasiões, Ministros do STF reconheceram o papel de *custos vulnerabilis* à Defensoria Pública da União em processos que discutiam pretensões de povos indígenas isolados e de recente contato, considerados de extrema vulnerabilidade (ADPFs nº 709 e nº 991).

Sobre a advocacia em geral, seu papel na construção da Justiça não pode ser minimizado. São os advogados – públicos e privados – que suscitam as pretensões, constroem teses jurídicas novas, garantem a realidade do contraditório e da ampla defesa das partes, fornecem aos magistrados afinal o conjunto de elementos a partir dos quais eles terão condições de produzir a melhor decisão possível, além de atuarem no controle da atuação desse ramo do Estado.

13

Ordem econômica, tributação, orçamento e finanças públicas

A Constituição de 1988 se ocupa, a partir do art. 170, de disciplinar a ordem econômica, a tributação, os orçamentos públicos e as finanças públicas[1]. A respeito da ordem econômica a Constituição estabelece princípios, regula as modalidades de intervenção do Estado e cuida particularmente de três grandes temas econômicos de enorme relevância coletiva: sistema financeiro, política urbana (também chamado de direito das cidades) e política rural.

Uma grande quantidade de dispositivos é destinada ainda ao chamado direito constitucional tributário: quais os limites e competências da ação estatal de cobrança de tributos, bem como de que forma os recursos arrecadados devem ser distribuídos entre os diferentes entes federativos. Se a tributação regula a arrecadação de recursos pelo Estado, o tema das finanças cuida das regras sobre os gastos públicos, ao passo que a disciplina dos orçamentos trata de ambas as atividades: previsão de receitas e gastos e, sobretudo, planejamento.

Cada um desses temas é vastíssimo e, sem surpresa, dá origem a disciplinas específicas nos cursos de Direito, que examinam, além das disposições constitucionais, a vasta legislação infraconstitucional que trata dessas matérias. O objetivo dos tópicos que se seguem é fornecer a compreensão dos subsistemas constitucionais que cuidam de cada um desses assuntos, isto é: os marcos fixados pela Constituição que deverão ser respeitados pelo legislador e pelo intérprete, e a partir dos quais novas opções políticas poderão ser feitas no plano infraconstitucional. A exposição, portanto, apresenta um primeiro capítulo – indispensável, mas apenas o primeiro – no estudo de cada um desses temas.

13.1 ORDEM ECONÔMICA

13.1.1 Introdução: direito constitucional e ordem econômica

Como já se discutiu em outras partes deste curso, os conteúdos originários e clássicos da Constituição envolviam a proteção de direitos e a organização do exercício do poder político. Alguns dos temas sobre os quais se tratará neste capítulo mais à frente – tributação, orçamento e finanças públicas – até podem ser em alguma medida, enquadrados em uma dessas duas categorias. Os direitos dos contribuintes e os limites ao poder de tributar são, de fato, temas clássicos do direito constitucional e, no mesmo sentido, também a disciplina da atividade estatal de gastar recursos é central para o exercício do poder político. O mesmo, porém, não

---

[1] Para um estudo mais aprofundado sobre cada um desses temas veja-se Eros Grau. *A ordem econômica na Constituição de 1988 (interpretação e crítica)*. São Paulo: Malheiros, 2010; Kiyoshi Harada. *Direito financeiro e tributário*. 17. ed. São Paulo: Atlas, 2008; e Ricardo Lobo Torres. *Tratado de direito constitucional financeiro e tributário*. Rio de Janeiro: Renovar, 2007. v. 5.

pode ser dito acerca das normas que dispõem sobre a ordem econômica, o que se passa a tratar na sequência.

Nesse sentido, vale o registro de que ao longo do século XX, sobretudo, verificou-se uma expansão dos temas tratados pelas Constituições, para além dos dois referidos acima. Se na primeira metade do século XIX as Constituições se ocupavam de um Estado mínimo e dos direitos de pessoas consideradas individualmente, fora de qualquer contexto social, no século XX esse quadro se alterou substancialmente sob ambas as perspectivas.

O Estado progressivamente deixou de ser mínimo para passar a intervir em vários setores da vida social e, particularmente, na ordem econômica, seja por meio da atuação direta de empresas criadas por ele, seja por meio de regulações variadas. As crises econômicas que chegaram ao seu ápice na década de 1930 em várias partes do mundo ilustraram as limitações do mercado para se autorregular de modo que os Estados assumiram cada vez mais papéis nesse contexto. De outra parte, a evidência de que as pessoas não existem em abstrato, mas em contextos sociais concretos expôs a limitação dos direitos individuais para a garantia de condições mínimas de dignidade ou mesmo de liberdade.

As Constituições, ao longo do século XX, receberam o impacto dessas alterações. A progressiva introdução nos textos constitucionais de direitos trabalhistas e sociais reflete esse fenômeno. Do mesmo modo, elas passaram a incluir capítulos pretendendo regular a ordem econômica e, nesse contexto, não apenas limitar a ação estatal, mas, ao contrário, direcioná--la – de certo modo estimulando essa ação – a fim de que determinadas metas pudessem ser alcançadas na vida social como um todo e na economia em particular. O esforço de regular a ordem econômica é compreensível tendo em vista sua centralidade para a vida das pessoas, a efetiva fruição de muitos direitos e para a existência do próprio Estado.

Essa concepção que visualiza na Constituição um meio ou uma ferramenta para tentar transformar a realidade social de forma ampla, e, especialmente, as relações econômicas, foi particularmente identificada pela expressão "Constituição dirigente", que faz referência a uma obra de 1982 do autor português J. J. Gomes Canotilho[2]. De forma simples, a ideia subjacente era a de que a Constituição deveria ser o agente diretor da ação estatal como um todo, que levaria à transformação da vida social e da ordem econômica.

Quatro observações devem ser feitas aqui. Em primeiro lugar, é importante perceber que existem relações recíprocas e inevitáveis entre o poder político e o poder econômico e a Constituição não surge no vácuo, mas nesse contexto. Não é o caso de adotar uma concepção marxista sobre as relações entre infraestrutura econômica e superestrutura (incluindo o aparato estatal, o direito, entre outras construções sociais)[3]: basta reconhecer que existe uma influência direta das estruturas de poder econômico sobre a organização social e do poder político, ainda que estas também influenciem a superestrutura[4].

Nesse contexto, e retomando aqui os conceitos de Constituição sociológica e Constituição normativa e a relação entre eles, é importante lembrar que a capacidade da Constituição (e de qualquer norma jurídica) de transformar a realidade existe, mas não é ilimitada: meras palavras ou folhas de papel não transformam automaticamente ou magicamente a realidade. Até porque a própria elaboração da Constituição reflete as forças de poder em geral, inclusive econômicas, no âmbito da sociedade. O potencial de transformação das normas constitucionais precisa ser desenvolvido, como se verá.

---

[2]   José Joaquim Gomes Canotilho. *Constituição dirigente e vinculação do legislador*. Coimbra: Coimbra Ed., 2001.

[3]   Dentro da ótica marxista v. Karl Marx. *Contribuição à crítica da economia política*. 2. ed. Trad. Florestan Fernandes. São Paulo: Expressão Popular, 2008.

[4]   José Afonso Silva. *Curso de direito constitucional positivo*. 25. ed. São Paulo: Malheiros, 2005. p. 790.

Em segundo lugar, qualquer regulação da ordem econômica – isto é: a tentativa de o Estado impor comportamentos e/ou produzir determinados resultados na esfera da economia – será sempre um esforço complexo por várias razões. As relações econômicas tendem a se adaptar e contornar as regulações para maximizarem seus interesses produzindo efeitos colaterais por vezes imprevistos e indesejados. Ou seja: a ordem econômica resiste em certa medida às tentativas de conformá-la, concebendo formas alternativas de ação. A legislação deseja proteger, por exemplo, o imóvel usado como bem de família: o mercado passa a exigir que o fiador no âmbito de locações tenha dois imóveis, e não apenas um, dificultando a situação dos locatários.

Além disso, as relações econômicas muitas vezes têm características sistêmicas. A própria Constituição, art. 7º, IV, reconhece o ponto ao vedar o uso do salário mínimo como indexador ("vedada sua vinculação para qualquer fim"). A lógica subjacente a essa regra é simples e reflete a experiência obtida com o período de inflação alta: se tudo foi reajustado pelo índice de aumento do salário mínimo, será impossível manter ou aumentar de fato seu poder de compra. O tema foi discutido também pelo STF ao tratar da norma constitucional originária que cuidava do limite de 12% à taxa de juros praticada no país (art. 192, § 3º)[5], posteriormente revogada. A tentativa de impor o cumprimento daquele enunciado pela Corte provocaria múltiplos efeitos na economia, que uma decisão judicial simplesmente não teria condições de dar conta.

Essa percepção relacionada especificamente com o tema dos juros exemplifica a terceira observação. Apesar das grandes expectativas na capacidade dirigente das Constituições, alimentadas nas últimas décadas do século XX, a verdade é que a implementação desse projeto se mostrou um pouco frustrada. A percepção do fracasso das experiências de transformação radical da sociedade e da ordem econômica pelos movimentos socialistas ou comunistas contribuiu para essa frustração, mas a verdade é que mesmo tentativas menos abrangentes de conformação da realidade mostraram-se difíceis e de maturação demorada, demandando esforço contínuo. Inclusive, J. J. Gomes Canotilho reviu sua obra anterior, apontando os limites e equívocos do projeto da Constituição dirigente[6]. No Brasil, esse refluxo do dirigismo econômico foi de certo modo refletido no conjunto de reformas, relativamente a temas econômicos, pelas quais o texto original passou, sobre as quais se tratará mais à frente.

Isso não significa que as Constituições tenham deixado de regular a ordem econômica ou que suas normas na matéria tenham deixado de ser relevantes, muito ao contrário. Porém, no Brasil, e em outras partes, o texto constitucional retraiu um pouco sua pretensão de impor de forma analítica um modelo econômico. A Constituição demarca limites e princípios importantes – em alguns pontos impõe regras efetivamente – que deverão ser observados pelas maiorias em qualquer caso, mas caberá a estas formular parte importante das opções políticas na matéria.

Nesse sentido, as maiorias não apenas alteraram pontos do texto constitucional nas últimas décadas, mas também elaboraram normas infraconstitucionais relevantes sobre o tema, valendo destacar a Lei nº 13.874/2019, a chamada Lei da Liberdade Econômica. Dentre vários objetivos e disposições, a Lei nº 13.874/2019 pressupõe a liberdade econômica dos particulares como a regra geral, e estabelece um dever geral do Estado de justificar adequadamente suas intervenções tendo em conta os impactos e custos que possa gerar em face dos objetivos pretendidos pela intervenção. O tema foi examinado de forma mais aprofundada ao se tratar do princípio da livre-iniciativa.

E isso porque, ainda que nem sempre seja simples modelar a ordem econômica por meio de normas jurídicas, o Estado é um agente profundamente influente nesse ambiente. O Estado pode editar normas regulando atividades econômicas, exigir o atendimento de determinadas

---

5   STF, Tribunal Pleno, ADI 4/DF, rel. Min. Sydney Sanches, j. 07.03.1991, *DJ* 25.06.1993.

6   Na 2ª edição da obra *Constituição dirigente e vinculação do legislador.*

obrigações por parte dos particulares e impor sanções para o seu descumprimento: suas intervenções, porém, devem ser justificadas tendo em conta os impactos e custos antecipados e os objetivos que se pretende promover.

A atuação estatal na ordem econômica, entretanto, vai além. O Estado pode premiar condutas; explorar atividades e prestar serviços diretamente. Além disso, o Estado é, de outra parte, um grande consumidor de bens e serviços: suas escolhas nesse particular terão enorme repercussão sobre o mercado. Ele pode ainda, dentro dos limites constitucionais, fomentar atividades, criar estímulos ou desestímulos a comportamentos. Enfim, e o tema será discutido adiante sob a ótica da Constituição de 1988, a disciplina das possibilidades de intervenção estatal na ordem econômica é o caminho principal que as Constituições e a legislação utilizam para o fim de, por meio do Estado, produzirem a regulação da ordem econômica.

Nada obstante, e essa é a quarta observação que se pretendia fazer, o papel do Estado na ordem econômica é um tema profundamente controverso do ponto de vista político e ideológico, não só no Brasil, mas no mundo. Diferentes visões se alternam sobre a matéria na disputa democrática ao longo do tempo e ao longo, também, das circunstâncias históricas de cada lugar. O Estado é, por vezes, visualizado como um agente de controle e repressão a abusos, garantidor de direitos e promotor de equilíbrio e desenvolvimento; em outras ocasiões é descrito como um fator de ineficiência, que não produz e atrapalha o crescimento econômico e a geração de empregos; há situações até em que as duas visões se apresentam em conjunto, dependendo do tema, e por isso mesmo muitos sustentam mais intervenção do Estado em determinadas áreas e menos em outras, e assim sucessivamente.

Nesse contexto, observadas as previsões constitucionais, as decisões específicas acerca de como e em que medida o Estado deve ou não intervir na ordem econômica caberá às instâncias majoritárias. Desde a promulgação da Constituição de 1988, as opções políticas na matéria se alteraram de forma relevante, em parte por meio de emendas constitucionais, em parte por meio da legislação ordinária. Originalmente a Constituição continha amplas restrições a empresas estrangeiras e a capitais estrangeiros no país, posteriormente reduzidas. A Carta concebia ainda o Estado como o prestador direto de uma série de serviços à população: emendas autorizaram a delegação da execução desses serviços a agentes privados e, de fato, muitos deles foram delegados por meio de leis. Ao longo das últimas décadas, tornou-se mais importante a concepção de regulação setorial das atividades econômicas (aqui incluídas as atividades econômicas propriamente e os serviços públicos) e múltiplas agências reguladoras foram criadas pelos vários entes da Federação em função de suas competências.

Em resumo: a Constituição contém um conjunto de previsões sobre a ordem econômica e particularmente os papéis do Estado nesse contexto que serão examinadas a seguir. Essas disposições, como todo o restante do texto constitucional, são de observância obrigatória para as maiorias de cada momento histórico e condicionam a interpretação da legislação infraconstitucional. A Constituição, porém, não faz todas as escolhas na matéria nem lhe caberia fazer: uma quantidade importante de decisões estará no espaço próprio das maiorias democraticamente eleitas em cada momento histórico.

13.1.2 A ordem econômica na Constituição de 1988

13.1.2.1 Fundamentos da ordem econômica

A *livre-iniciativa* e o *valor do trabalho humano* são dois dos princípios fundamentais do Estado brasileiro e os fundamentos da ordem econômica, nos termos dos arts. 1º, IV, e 170, *caput,* da Carta de 1988. Eles correspondem a decisões políticas fundamentais do constituinte originário e repercutem sobre toda a ação no âmbito do Estado, bem como sobre a interpretação das normas constitucionais e infraconstitucionais. A ordem econômica, em particular, e cada um de seus agentes – os da iniciativa privada e o próprio Estado – estão vinculados a esses dois bens: a valorização do trabalho, [e, *a fortiori*, de quem trabalha] e a livre-iniciativa de todos – que, afinal, também abriga a ideia de trabalho –, espécie do gênero liberdade humana.

O *princípio da livre-iniciativa* encontra-se desdobrado em algumas outras previsões constitucionais. Pressupõe ele, em primeiro lugar, a existência de *propriedade privada*, isto é, de apropriação particular dos bens e dos meios de produção (CF, arts. 5º, XXII, e 170, II), embora ela deva observar sua função social, como se verá. Decorre também do núcleo da ideia de livre-iniciativa a *liberdade de empresa*, conceito materializado no parágrafo único do art. 170, que assegura a todos o livre exercício de qualquer atividade econômica, independentemente de autorização, salvo nos casos previstos em lei. Na verdade, embora a atividade empresarial seja a mais comum no âmbito da ordem econômica, o chamado terceiro setor está abarcado também na ideia geral de livre-iniciativa.

Em terceiro lugar situa-se a *liberdade de lucro*, lastro para a faculdade de o empreendedor estabelecer os seus preços, que hão de ser determinados pelo mercado, por meio de "livre concorrência", locução abrigada no art. 170, IV. Do ponto de vista constitucional, não há, portanto, nada de reprovável na busca de lucro ou na efetiva produção dele – ao contrário – mas, também aqui, como no caso da propriedade, o eventual abuso do poder econômico – que distorça as condições de concorrência e gere, por exemplo, lucro abusivo – pode ser alvo de intervenção estatal regulatória. Por fim, é da essência do regime de livre-iniciativa a *liberdade de contratar*, decorrência lógica do princípio da legalidade, fundamento das demais liberdades, pelo qual ninguém será obrigado a fazer ou deixar de fazer alguma coisa senão em virtude de lei (CF, art. 5º, II).

Dois registros históricos devem ser feitos desde logo. Em primeiro lugar, embora a referência à livre-iniciativa seja tradicional nos textos constitucionais brasileiros, a Carta de 1988 estabelece maiores limites ao legislador ordinário para restringi-la. A Constituição de 1967/1969, por exemplo, atribuía ampla competência na matéria ao legislador ordinário, ao qual era reconhecida até mesmo a possibilidade de instituir monopólios estatais[7]. Hoje se entende que as exceções ao princípio da livre-iniciativa, portanto, haverão de estar autorizadas pelo próprio texto da Constituição de 1988 que o consagra. Não se admite que o legislador ordinário possa livremente excluí-la, salvo se agir fundamentado em outra norma constitucional específica.[8]

O segundo registro envolve o conjunto de reformas pelas quais o texto original da Constituição de 1988 passou nos primeiros dez anos de sua existência, justamente em temas diretamente relacionados com a ordem econômica e com os contornos da livre-iniciativa. As EC nº 6 e nº 7, ambas de 15.08.1995, extinguiram uma série de restrições ao capital estrangeiro, que constavam do texto original. A EC nº 5/1995 permitiu a contratação com empresas privadas do serviço de gás canalizado de competência dos Estados alterando o art. 25 da Constituição.

A EC nº 8/1995 modificou o texto dos incs. XI e XII do art. 21, que só admitiam a concessão dos serviços ali descritos a empresa estatal, para autorizar sua delegação a agente privados. E a EC nº 9/1995 flexibilizou atividades econômicas tidas como estratégicas, como pesquisa e lavra de petróleo, para permitir a delegação de tais atividades à iniciativa privada. Essas alterações do texto constitucional foram acompanhadas de legislação ordinária que levou a cabo a chamada *desestatização* que promoveu a alienação do controle de entidades estatais e a concessão de serviços públicos a empresas privadas. Esse conjunto de reformas revela uma clara opção político-majoritária no sentido da redução da presença do Estado na economia e da valorização da iniciativa privada, inclusive mediante investimentos estrangeiros.

---

[7]   Constituição de 1967/1969, art. 163.

[8]   Diogo de Figueiredo Moreira Neto. *Ordem econômica e desenvolvimento na Constituição de 1988*. Rio de Janeiro: Apec, 1989, p. 69-70.

500 CURSO DE DIREITO CONSTITUCIONAL · *Ana Paula de Barcellos*

Ao lado da livre-iniciativa, o segundo princípio fundamental do Estado brasileiro em geral, e da ordem econômica em particular, é o valor social do trabalho (art. 1º, IV) ou a valorização do trabalho humano (art. 170, *caput*). A Constituição de 1988 já formulou um conjunto de opções a fim de concretizar *o princípio da valorização do trabalho* em regras, listadas em seu art. 7º, do qual consta o rol de direitos assegurados aos trabalhadores. O elenco que ali figura não exclui outros direitos que visem à melhoria de sua condição social, nos termos expressos no *caput* do mesmo artigo.

O constituinte prestigiou, nessa mesma linha, o trabalho dos autores e inventores, por meio das garantias do direito autoral (art. 5º, XXVII) e da proteção patentária (art. 5º, XXIX), e daqueles profissionais que participam de espetáculos públicos ou de obras coletivas (art. 5º, XXVIII). O fundamento da proteção ao trabalhador e da valorização do trabalho encontra-se na própria dignidade da pessoa humana (art. 1º, III)[9].

O princípio certamente envolve o respeito aos direitos já assegurados ao trabalhador pela Constituição e pela legislação em vigor. Ao mesmo tempo, é também certo que ele pretende que todos os trabalhadores possam fruir desses mesmos direitos, de modo que a inclusão da mão de obra informal no mercado formal haverá de ser uma meta associada à sua realização, ainda que como alcançá-la seja um tema aberto a múltiplas visões e possibilidades. Nesse sentido, inclusive, um dos princípios-fins da ordem econômica, como se verá adiante, é a busca do pleno emprego.

A valorização do trabalho humano deverá passar ainda por políticas públicas de qualificação profissional, de modo que o trabalho se torne mais estimado e sua remuneração seja incrementada, bem como as condições em que ele é desenvolvido. Nos termos do art. 205 da Constituição, a educação é uma das políticas públicas que se destina justamente à "qualificação para o trabalho". Esse princípio provavelmente envolve ainda o fortalecimento dos sindicatos, já que organizados coletivamente os trabalhadores têm melhores condições de negociar a valorização do seu trabalho.

Como é fácil perceber, a valorização do trabalho humano descreve vários fins ideais que se interligam e que devem ser perseguidos pelos Poderes Públicos, ainda que os meios pelos quais se vai construir a promoção deles não estejam totalmente definidos pelo texto constitucional e caibam em última análise às maiorias de cada momento histórico.

Os princípios da livre-iniciativa e da valorização do trabalho devem conviver entre si e com os princípios setoriais da ordem econômica sobre os quais se passa a tratar, expostos nos incisos do art. 170[10]: todos em conjunto conduzirão a ordem econômica. Assim, a livre-iniciativa, embora não possa ser esvaziada, sujeita-se à atividade reguladora e fiscalizadora do Estado, cujo fundamento é a efetivação das normas constitucionais destinadas a neutralizar ou reduzir as distorções que possam advir do abuso da liberdade de iniciativa e lhe aprimorar as condições de funcionamento. Esse é um ponto importante.

A ponderação é a técnica utilizada para a neutralização ou atenuação da colisão de normas constitucionais. Destina-se a assegurar a convivência de princípios que, caso levados às últimas consequências, acabariam por se chocar[11]. É evidente, entretanto, que a ponderação encontra limites no conteúdo próprio e típico de cada princípio. Não fosse assim, a interpretação constitucional seria um mero jogo de palavras sem conteúdo e sem valor. Bastaria afirmar que se está "ponderando" um determinado princípio para, por essa expressão mágica, o intérprete

---

[9] Nesse contexto, a EC nº 81 que deu nova redação ao art. 243 da CF para permitir a expropriação de propriedades rurais e urbanas onde forem localizadas a exploração de trabalho escravo.

[10] Sobre a distinção entre princípios fundamentais, gerais e setoriais, veja-se: Luís Roberto Barroso. *Interpretação e aplicação da constituição*. 6. ed. São Paulo: Saraiva, 2006. p. 151 e ss.

[11] Luís Roberto Barroso. *Temas de direito constitucional*. Rio de Janeiro: Renovar, 2001. p. 65-68.

Cap. 13 – ORDEM ECONÔMICA, TRIBUTAÇÃO, ORÇAMENTO E FINANÇAS PÚBLICAS **501**

encontrar-se autorizado a transgredir livremente o que o princípio determina. Isso é particularmente relevante acerca dos princípios fundamentais e setoriais da ordem econômica, que, frequentemente, entram em tensão e precisarão ser ponderados sem eliminação de qualquer deles.

13.1.2.2 Princípios setoriais da ordem econômica (art. 170)

Além de repetir que a valorização do trabalho humano e a livre-iniciativa constituem os fundamentos da ordem econômica, como já o são do Estado de forma mais geral, o art. 170 da Constituição enuncia os demais princípios que devem orientar a atuação de todos os agentes – públicos e privados – envolvidos em atividades econômicas no país, os chamados princípios setoriais. Essa a redação atual do dispositivo:

> "Art. 170. A ordem econômica, fundada na valorização do trabalho humano e na livre-iniciativa, tem por fim assegurar a todos existência digna, conforme os ditames da justiça social, observados os seguintes princípios:
>
> I – soberania nacional;
>
> II – propriedade privada;
>
> III – função social da propriedade;
>
> IV – livre concorrência;
>
> V – defesa do consumidor;
>
> VI – defesa do meio ambiente, inclusive mediante tratamento diferenciado conforme o impacto ambiental dos produtos e serviços e de seus processos de elaboração e prestação;
>
> VII – redução das desigualdades regionais e sociais;
>
> VIII – busca do pleno emprego;
>
> IX – tratamento favorecido para as empresas de pequeno porte constituídas sob as leis brasileiras e que tenham sua sede e administração no País.
>
> Parágrafo único. É assegurado a todos o livre exercício de qualquer atividade econômica, independentemente de autorização de órgãos públicos, salvo nos casos previstos em lei."

Da leitura dos princípios setoriais em questão é fácil perceber que não há uma homogeneidade funcional entre eles. O papel que a livre concorrência desempenha na ordem econômica é diverso daquele reservado ao princípio que propugna pela busca do pleno emprego ou pela redução das desigualdades regionais e sociais. À vista dessa constatação, é possível reuni-los em dois grandes grupos, conforme se trate de *princípios de funcionamento* da ordem econômica e de *princípios-fins*. Em linhas gerais, os *princípios de funcionamento* estabelecem os parâmetros de convivência básicos que os agentes da ordem econômica deverão observar, englobando os seis primeiros incisos. Os *princípios-fins*, por sua vez, correspondem aos três últimos incisos e descrevem realidades materiais que o constituinte deseja que sejam alcançadas.

A distinção não é importante apenas por razões didáticas, mas também porque dela decorrem consequências relativamente aos poderes atribuídos ao Estado no seu papel de regulador e normatizador da atividade privada no âmbito da ordem econômica. Como se verá, os princípios de funcionamento autorizam o uso de sanções para a imposição das regras consideradas necessárias, por exemplo, para garantir a função social da propriedade ou a livre concorrência e a proteção do meio ambiente. Relativamente aos princípios-fins, por seu turno, o Estado apenas poderá se valer de mecanismos de fomento para atrair a iniciativa privada para a promoção deles, cabendo ao Poder Público, por meio dos múltiplos mecanismos de que dispõe, promover sua realização de forma direta. O ponto será retomado adiante.

502 CURSO DE DIREITO CONSTITUCIONAL · *Ana Paula de Barcellos*

Os princípios de funcionamento, como referido, estabelecem as regras básicas do jogo econômico, às quais todos os seus agentes estão vinculados. Podem ser classificados como *princípios de funcionamento* aqueles referidos nos incs. I a VI do art. 170, a saber: (i) soberania nacional; (ii) propriedade privada; (iii) função social da propriedade; (iv) livre concorrência; (v) defesa do consumidor; e (vi) defesa do meio ambiente. A seguir uma breve nota sobre eles.

Soberania Nacional – Soberania é um atributo essencial do Estado que se desdobra, do ponto de vista internacional, na ideia de igualdade entre os Estados e de não subordinação; do ponto de vista interno trata-se da supremacia da Constituição e da lei, e da superioridade jurídica do Poder Público na sua interpretação e aplicação. A soberania nacional como princípio da ordem econômica significa, de forma simples, que todos os agentes em operação no país – mesmo que tenham vínculos com o exterior – estão obrigados a obedecer às normas expedidas pelas autoridades competentes no país: sejam normas contábeis, tributárias, ambientais, comerciais etc. Se o Brasil decretar, por exemplo, embargo comercial a um país, proibindo as exportações, todas as empresas terão que obedecer. Normas brasileiras consideradas de ordem pública não poderão ser afastadas pelas partes, e assim sucessivamente.

Propriedade privada, função social da propriedade e livre concorrência – A propriedade privada é condição inerente à livre-iniciativa e lugar da sua expansão[12], além de direito individual constitucionalmente assegurado[13]. Sua função como princípio setorial da ordem econômica é, em primeiro lugar, assegurar a todos os agentes que nela atuam ou pretendam atuar a possibilidade de apropriação privada dos bens e meios de produção. Ao mesmo tempo, impõe aos indivíduos em geral o respeito à propriedade alheia e limita a ação do Estado, que só poderá restringir o direito à propriedade nas hipóteses autorizadas pela Constituição Federal[14].

Seja como for, o próprio art. 170, III, superando uma concepção puramente individualista da propriedade, prevê que, na ordem econômica por ele disciplinada, a propriedade deverá ter uma função social. De forma geral, a noção de função social está associada ao aproveitamento *adequado* do bem que garante ao seu titular a vantagem que lhe é própria, mas, simultaneamente, assegura também à coletividade os benefícios razoavelmente esperados de sua utilização[15]. É fácil perceber que a função social variará dependendo do tipo de propriedade de que se cuide: adiante serão examinadas de forma específica as regras constitucionais que tratam da função social relativamente às propriedades imóveis urbanas e rurais.

Por fim, o princípio da livre concorrência, corolário direto da liberdade de iniciativa, expressa a opção pela economia de mercado. Nele se contém a crença de que a competição entre os agentes econômicos, de um lado, e a liberdade de escolha dos consumidores, de outro, produzirão os melhores resultados econômicos: qualidade dos bens e serviços e preço justo. Como regra, portanto, não deve o Poder Público substituir a regulação natural do mercado por

---

[12] Tércio Sampaio Ferraz Jr. Congelamento de preços – tabelamentos oficiais (parecer). *Revista de Direito Público*, São Paulo, v. 22, n. 91, jul. 1989, p. 77.

[13] CF/1988, art. 5º, XXII.

[14] A Constituição enunciou quatro formas de intervenção estatal na propriedade privada, a saber: a) a instituição e cobrança de tributos, obedecidas as limitações constitucionais ao poder de tributar (art. 148 e ss., especialmente o art. 150), entre as quais figura a proibição de utilizar tributo com efeito de confisco; b) privação de bens por meio de devido processo legal, assegurada a ampla defesa e o contraditório aos litigantes (art. 5º, LIV e LV); c) o perdimento de bens (art. 5º, XLVI, *b*) e a expropriação, sem indenização, dos bens envolvidos no cultivo de plantas psicotrópicas e no tráfico de entorpecentes (art. 243), como modalidade de pena criminal; e d) a desapropriação, garantida, como regra, prévia e justa indenização, e a requisição ou ocupação temporárias, assegurada igualmente a indenização se houver dano (arts. 5º, XXIV, 182, § 4º, III, 184 e 5º, XXV).

[15] Miguel Reale Jr. *Casos de direito constitucional*. São Paulo: RT, 1992, p. 14: "A propriedade exerce uma função social, se realiza um fim economicamente útil, produtivo e em benefício do proprietário e de terceiros, mormente os que com o trabalho intervêm no processo de utilização de meios econômicos".

Cap. 13 – ORDEM ECONÔMICA, TRIBUTAÇÃO, ORÇAMENTO E FINANÇAS PÚBLICAS

sua ação cogente, salvo diante de situações de ruptura das condições de concorrência livre ou para evitá-las. Os agentes privados têm o direito subjetivo à livre concorrência, mas também o dever jurídico de não adotarem comportamentos anticoncorrenciais, sob pena de se sujeitarem à ação disciplinadora e punitiva do Estado.

Defesa do consumidor e do meio ambiente – A despeito da premissa de que o livre mercado será o meio mais eficiente de assegurar a satisfação dos interesses do consumidor, a experiência demonstra que nem sempre isso se verifica. O sistema de autorregulação do mercado, embora possa funcionar no mais das vezes acerca do preço, nem sempre é eficaz em relação a um conjunto de outros aspectos dos produtos e serviços, como qualidade e segurança, veracidade das informações ao consumidor, vedação de cláusulas abusivas, atendimento pós-consumo etc. Daí a necessidade de uma regulamentação específica de proteção ao consumidor, que veio inscrita inclusive como um direito individual constitucionalizado no art. 5º, XXXII. Trata-se, aqui, tanto de um princípio de funcionamento da ordem econômica, ao qual está vinculada a iniciativa privada, quanto de um dever do Estado. A ele cabe, não apenas assegurar um mercado efetivamente concorrencial, como também criar condições equitativas entre partes naturalmente desiguais, ainda que de forma induzida, e assegurar condições objetivas de boa-fé negocial[16].

Por fim, a preservação do meio ambiente condiciona o exercício das atividades econômicas em geral. O constituinte de 1988 não apenas incluiu sua defesa entre os princípios da ordem econômica (CF, art. 170, VI), como também dedicou todo um capítulo (Capítulo VI do Título VIII) à sua disciplina, elevando-o à categoria de direito de todos.

O agente econômico, público ou privado, não pode destruir o meio ambiente a pretexto de exercer seu direito constitucionalmente tutelado da livre-iniciativa. Um ambiente saudável é o limite ao livre-exercício da atividade econômica e, para defendê-lo e garantir a sadia qualidade de vida da população, o Estado tem o poder-dever de intervir na atuação empresarial, mediante a edição de leis e regulamentos que visem a promover o desenvolvimento sustentado.

Além dessa atividade reguladora/normatizadora do Estado, a EC nº 42/2003 previu ainda a possibilidade de produtos e serviços receberem tratamento diferenciado do Poder Público em função do impacto ambiental que eles e seus processos de produção e prestação produzam. A situação pressuposta pelo dispositivo é a existência de vários produtos ou serviços, todos observando as normas básicas de proteção ao meio ambiente, mas alguns com impacto ambiental mais relevante do que outros. Nesse contexto, a previsão viabiliza uma ferramenta de fomento pela qual o Estado pode utilizar esse "tratamento diferenciado" para estimular aqueles com menor impacto ambiental, sem que se considere – dentro dos limites da razoabilidade – haver violação à isonomia ou tratamento privilegiado ou discriminatório.

Adotando lógica similar, a reforma tributária introduzida pela EC nº 132/2023 adicionou a defesa do meio ambiente como um princípio também do sistema tributário nacional (art. 145, § 3º) e determinou em várias partes que a legislação preveja tratamento diferenciado tendo em conta questões ambientais. Assim, por exemplo, os Estados a partir de agora poderão prever alíquotas diferenciadas em função do impacto ambiental para o imposto sobre veículos automotores (IPVA).

Além de autorizar a utilização da tributação como ferramenta de fomento positiva, a fim de estimular a defesa do meio ambiente, a reforma tributária previu um novo imposto – o chamado imposto seletivo ou "imposto do pecado" (art. 153, VIII) – de competência da União que deverá incidir sobre bens e produtos prejudiciais à saúde ou ao meio ambiente.

Este conjunto de princípios setoriais forma, em suma, as "regras do jogo", que limitam e obrigam a conduta dos particulares. O destinatário principal dos princípios de funcionamento

---

[16] Sobre o tema, v. Teresa Negreiros. *Fundamentos para uma interpretação constitucional do princípio da boa-fé.* Rio de Janeiro: Renovar, 1998.

504 CURSO DE DIREITO CONSTITUCIONAL · *Ana Paula de Barcellos*

da ordem econômica é, como se vê, a iniciativa privada (e também o Estado quando atua empresarialmente, nos termos do art. 173 da Constituição). Cabe ao Poder Público, nesse particular, regulamentar aquilo que lhe compete – como, *e.g.*, os direitos do consumidor – e respeitar, sem outras interferências não autorizadas, o exercício da livre-iniciativa.

Porém, além dos princípios de funcionamento, o art. 170, tanto em seu *caput* quanto em seus incisos finais prevê ainda como fins da ordem econômica: (i) tratamento favorecido para as empresas de pequeno porte constituídas sob as leis brasileiras e que tenham sua sede e administração no país; (ii) redução das desigualdades regionais e sociais; (iii) busca do pleno emprego; e (iv) existência digna para todos. Os princípios-fins delineiam os objetivos que, como produto final, a ordem econômica como um todo deverá atingir.

Cada um desses princípios descreve um fim ideal, uma realidade que o constituinte deseja que se torne efetiva e que é por isso uma meta para o Poder Público. Assim, o constituinte deseja o fortalecimento das empresas brasileiras de pequeno porte, admitindo, então, tratamento favorecido por parte do Estado. Além disso, a Constituição harmoniza os objetivos da ordem econômica – redução das desigualdades, pleno emprego e existência digna para todos – com os objetivos fundamentais da República Federativa do Brasil, constantes do art. 3º da Carta. Também ali se pode ler, nos incs. III e IV, que erradicar a pobreza e a marginalização, reduzir as desigualdades sociais e regionais, e promover o bem de todos, sem preconceitos de origem, raça, sexo, cor, idade e quaisquer outras formas de discriminação, são objetivos fundamentais do Estado brasileiro como um todo.

Como a própria expressão sugere, os *princípios-fins* são finalidades pretendidas pelo Estado na ordem econômica, já que, ao lado dos particulares, o Poder Público também é um agente econômico. Vale dizer, representam os objetivos sociais do Estado dentro dessa mesma ordem, informando a política econômica do Governo no sentido da plena realização dos preceitos constitucionais.

Nada impede, muito ao contrário, que o Estado procure valer-se dos mecanismos de que dispõe para estimular comportamentos da iniciativa privada que, buscando o lucro, também contribuam para alguns desses fins. Existe legislação prevendo, por exemplo, incentivos fiscais ou vantagens em termos de acesso a crédito público para a instalação de empresas privadas em determinadas regiões do país: trata-se de tentar atrair o setor privado no sentido de reduzir a desigualdade regional. O tema será retomado adiante ao abordar-se o fomento, como uma das atividades estatais na ordem econômica.

Uma última observação importante a ser feita a respeito dos princípios setoriais, em qualquer de suas categorias, é que nenhum deles – desde a meta de assegurar a todos existência digna até o tratamento favorecido para as empresas nacionais de pequeno porte – poderá contrariar ou esvaziar os princípios fundamentais da ordem econômica, tal como positivados no *caput* do art. 170, ainda que lhes estabeleçam certo nível de restrições. Não se pode, sob o pretexto de realizar qualquer deles, eliminar a livre-iniciativa ou depreciar o trabalho humano.

13.1.3 Agentes econômicos e seus papéis

Como registrado na introdução deste capítulo, a Constituição se ocupa, sobretudo, de regular os papéis do Estado na ordem econômica. Como regra, porém, não é o Estado o agente central em um sistema capitalista de livre concorrência que tem a livre-iniciativa como um de seus fundamentos, e sim a iniciativa privada. Antes de tratar do Estado, portanto, cabe fazer alguns comentários sobre os agentes privados.

13.1.3.1 Agentes privados

Em um sistema capitalista, a maior parte dos agentes privados busca, como regra geral, o lucro. A lógica ideal subjacente ao sistema é a de que, ao buscarem obter lucros, as empresas produzem bens e serviços para a sociedade, geram empregos e pagam tributos. É certo que nem sempre essa lógica ideal se verifica: distorções acontecem e a ideia é que o Estado intervenha de múltiplas formas para corrigi-las. O lucro, por exemplo, embora natural e desejável do ponto de vista do sistema constitucional, pode ser o sintoma de uma dessas distorções: e a Constituição prevê que a lei reprimirá o abuso de poder econômico que vise ao aumento arbitrário dos lucros (art. 173, § 4º).

Um tema importante que tem sido discutido mais recentemente, por conta, sobretudo, de várias opções do legislador, envolve a ideia da preservação da empresa tendo em vista a sua função social. A Constituição não trata da função social da empresa, mas do papel social da propriedade, como se viu. Ocorre que a empresa é uma utilização possível da propriedade que atende à função social, na medida em que a atividade empresarial envolve a aplicação de recursos, que gera lucro para seus proprietários, mas produz igualmente bens, serviços e empregos para a comunidade[17].

Nesse contexto, a manutenção da empresa atende a um interesse coletivo[18], na medida em que ele é "fonte geradora de empregos, tributos e da produção ou mediação de bens e serviços para o mercado, sendo, assim, propulsora de desenvolvimento"[19]. Essa é a compreensão que a jurisprudência do STJ e do STF tem manifestado, por exemplo, ao examinar, respectivamente, a aplicação e a validade de dispositivos da chamada Lei de Recuperação Judicial, a Lei nº 11.101/2005[20]. Feito esse registro, cabe prosseguir.

Os agentes privados estão submetidos aos princípios gerais e setoriais descritos acima e, particularmente, quanto a estes, aos chamados princípios de funcionamento. Cada um desses princípios fundamentará um conjunto de normas infraconstitucionais que os regulamenta e detalha. Assim, as normas que tratam da função social de diferentes tipos de propriedade estabelecem limites para sua utilização pelos agentes privados: como se verá, por exemplo, os imóveis urbanos não podem ficar desocupados indefinidamente. As normas que se destinam a proteger o consumidor e o meio ambiente, bem como as que cuidam dos direitos dos trabalhadores, deverão ser obedecidas pelos agentes econômicos em geral, e estes se submetem igualmente ao sistema brasileiro de defesa da concorrência, que conta não apenas com normas, mas com estruturas administrativas permanentes destinadas a garantir sua eficácia.

Os exemplos são muitos e não há necessidade de enumerá-los. Apenas um último ponto vale observar aqui. Como toda a lei, também aquelas que realizam os princípios da ordem econômica poderão vir a ser consideradas inconstitucionais caso violem o que a Constituição determina. Um ponto sensível na regulamentação da ordem econômica e no exame de sua validade será a garantia de que a norma, para realizar determinado fim que considera relevante, não esvazie os demais fins igualmente estabelecidos pelo texto constitucional. Esse equilíbrio nem sempre é simples já que o caráter compromissório da Constituição é bastante visível e muitas

---

[17] Sobre o tema, v. Viviane Perez. Função social da empresa. *Revista de Direito do Estado*, Rio de Janeiro, v. 1, n. 4, out.-dez. 2006, p. 141-171; e Eduardo Tomasevicius Filho. A função social da empresa. *Revista dos Tribunais*, São Paulo, v. 810, ano 92, abr. 2003, p. 33-50.

[18] Fábio Konder Comparato. A reforma da empresa. *Revista Forense,* Rio de Janeiro, n. 290, v. 81, abr. 1985, p 15; Paulo Roberto Colombo Arnoldi e Ademar Ribeiro. A revolução do empresariado. *Revista de Direito Privado*, São Paulo, v. 3, n. 9, jan. 2002, p. 221.

[19] Sergio Campinho. *Sociedade por cotas de responsabilidade limitada.* Rio de Janeiro: Renovar, 2000, p. 111. Sobre o tema no direito do trabalho, veja-se: Manoel de Queiroz Pereira Calças. A Nova Lei de Recuperação de Empresas e Falências: repercussão no direito do trabalho (Lei nº 11.101, de fevereiro de 2005, *Revista do Tribunal Superior do Trabalho*, Brasília, v. 73, n. 4, out.-dez. 2007, p. 40.

[20] STF, Tribunal Pleno, ADI 3934, rel. Min. Ricardo Lewandowski, j 27.05.2009, *DJe* 06.11.2009; e STJ, Segunda Seção, CComp 73380/SP, rel. Min. Hélio Quaglia, j. 28.11.2007, *DJU* 21.11.2008.

506 CURSO DE DIREITO CONSTITUCIONAL · Ana Paula de Barcellos

vezes será necessário recorrer à técnica da ponderação com a preocupação de preservar-se a concordância prática entre os dispositivos em tensão.

Além dessas observações gerais a respeito da iniciativa privada na ordem econômica, cabe fazer três observações específicas relacionadas com três grupos e situações que receberam da Constituição atenção específica: os agentes privados estrangeiros, as cooperativas e o chamado terceiro setor.

13.1.3.2 Agentes estrangeiros

Qual a relação do sistema constitucional brasileiro, no que diz respeito à ordem econômica particularmente, com os estrangeiros? Considerando uma economia cada vez mais globalizada sob todas as perspectivas (capital, pessoas, bens, serviços, tecnologia, informações etc.), o ponto é importante e se torna ainda mais porque a Constituição de fato tratou, e continua a tratar, dele.

De forma geral, é correto afirmar que a possibilidade de se estabelecerem restrições aos direitos dos estrangeiros no Brasil, e em particular no âmbito da ordem econômica, é excepcional, ao menos desde meados do século XX. Tanto a Constituição brasileira de 1967 (com a redação que lhe deu a EC nº 1/1969) quanto a redação original da Constituição de 1988 previram a livre-iniciativa como princípio fundamental do Estado e da ordem econômica (art. 160 da CF/1967/1969 e arts. 1º, IV, e 170, *caput,* da CF/1988). De modo coerente com essa opção, ambos os textos reconheceram, como regra geral, que os estrangeiros teriam os mesmos direitos e deveres dos nacionais (art. 153 da CF/1967/1969 e art. 5º, *caput,* da CF/1988).

É certo que esses elementos gerais – igualdade entre brasileiros e estrangeiros e excepcionalidade das restrições dirigidas a esses últimos – conviviam, no texto original da Constituição de 1988, com várias hipóteses de limitações dirigidas ao capital estrangeiro. Boa parte da doutrina destacava, de todo modo, que os dispositivos que previam tratamento diferenciado deveriam ser interpretados de forma estrita por sua excepcionalidade. A preferência pela contratação de empresas brasileiras de capital nacional, referida no § 2º do art. 171, por exemplo, deveria restringir-se aos casos de empate, sob pena de ofensa ao princípio da igualdade e à obrigatoriedade de sujeição ao procedimento de licitação[21].

As EC nº 6 e nº 7, ambas de 15 de agosto de 1995, extinguiram uma série dessas restrições ao capital estrangeiro, modificando o regime jurídico de temas relevantes como a nacionalidade das empresas constituídas no Brasil, pesquisa e lavra de recursos minerais, aproveitamento de potenciais de energia elétrica e navegação de cabotagem. Com efeito, a EC nº 6/1995 realizou três alterações importantes: modificou a redação dos arts. 170, IX, e 176, § 1º, e revogou o art. 171.

O art. 171, que deixou de existir, tinha dois conteúdos principais. *Em primeiro lugar*, o dispositivo estabelecia uma distinção entre *empresas brasileiras* e *empresas brasileiras de capital nacional*. As empresas brasileiras de capital nacional eram aquelas cujo controle encontrava-se sob a titularidade de residentes ou domiciliados no Brasil ou de entidades de direito público interno. *Em segundo lugar*, o antigo art. 171 da Constituição descrevia uma série de privilégios que apenas as empresas brasileiras de capital nacional poderiam vir a receber.

O texto original do art. 170, IX, por seu turno, previa como princípio da ordem econômica o "tratamento favorecido para as empresas brasileiras de capital nacional de pequeno porte". A EC nº 6/1995 alterou o texto do inciso, que passou a ser o seguinte: "tratamento favorecido para as empresas de pequeno porte constituídas sob as leis brasileiras e que tenham sua sede e administração no País". Ou seja: o constituinte derivado eliminou a distinção fundada na nacionalidade do capital por acaso investido nas empresas brasileiras, permitindo que pessoas

---

[21] Pinto Ferreira. *Comentários à Constituição brasileira.* São Paulo: Saraiva, 1994. p. 285; e José Cretella Jr. *Comentários à Constituição de 1988.* Rio de Janeiro: Forense Universitária, 1993. v. 8, p. 3999.

Cap. 13 – ORDEM ECONÔMICA, TRIBUTAÇÃO, ORÇAMENTO E FINANÇAS PÚBLICAS **507**

jurídicas constituídas por capital estrangeiro recebam tratamento não apenas paritário, mas até privilegiado em relação a empresas de capital nacional que apresentem maior porte.

Além de revogar o art. 171 e alterar o art. 170, IX, já referidos, a EC nº 6/1995 modificou ainda o art. 176, § 1º, da Constituição. Em sua redação original, o texto reservava a brasileiros e a empresas brasileiras de capital nacional a possibilidade de desenvolverem atividades de pesquisa e lavra de recursos minerais, bem como o aproveitamento dos potenciais hidroelétricos, tudo mediante prévia autorização ou concessão da União. Após a emenda, a Constituição exige apenas que a atividade seja desenvolvida por empresa constituída sob as leis brasileiras, o que é considerado suficiente para assegurar a proteção do interesse nacional envolvido nas atividades em questão.

As alterações acabaram por eliminar do texto constitucional a distinção entre capital nacional e estrangeiro. E essa mesma lógica orientou a EC nº 7/1995, que alterou a redação do art. 178 para eliminar a vedação a que embarcações estrangeiras atuem na navegação de cabotagem e interior, desde que cumpridas as exigências legais pertinentes[22]. Na linha do que já previa o *caput* do art. 5º da Carta, ficou bastante reforçado o princípio geral da igualdade de tratamento, também na ordem econômica.

Isso não significa, porém, que a nacionalidade seja um elemento de *discrimen* que não possa ser utilizado pelo legislador em determinados contextos. E isso porque, mesmo após o conjunto de reformas que se acaba de descrever, o texto constitucional continua a contemplar algumas restrições pontuais fundadas na nacionalidade. O art. 172 da Carta mantém a previsão segundo a qual a "lei disciplinará, com base no interesse nacional, os investimentos de capital estrangeiro, incentivará os reinvestimentos e regulará a remessa de lucros". O art. 178, já mencionado, dispõe caber à lei estabelecer as condições em que o transporte de mercadorias na cabotagem e a navegação interior poderão ser feitos por embarcações estrangeiras: o tema aqui é a nacionalidade do bem e não da empresa. O art. 190 estabelece que a lei deverá limitar a aquisição ou arrendamento de propriedades rurais por pessoas físicas ou jurídicas estrangeiras.

O art. 199, § 3º, prevê que "é vedada a participação direta ou indireta de empresas ou capitais estrangeiros na assistência à saúde no País, salvo nos casos previstos em lei". A restrição aqui – que pode ser afastada pelo legislador – envolve a nacionalidade da empresa e de seu capital. Por fim, o art. 222 da CF/1988 estabelece restrições dirigidas, genericamente, aos meios de comunicação social, envolvendo a nacionalidade da empresa e dos funcionários que desempenhem determinadas funções, de seu capital total e do votante.

Em resumo, e diante do contexto acima, não seria correto afirmar que o legislador estaria totalmente impedido, no âmbito da ordem econômica, de introduzir restrições fundadas na nacionalidade. Nada obstante, essas restrições devem estar previstas de forma clara e devem ser interpretadas de forma estrita[23]. Por outro lado, deixou de existir fundamento constitucional para a distinção entre empresas brasileiras em função do capital nelas investido.

13.1.3.3 Cooperativas

Um segundo grupo de agentes privados que atuam na ordem econômica e receberam atenção específica da Constituição são as cooperativas. Na descrição clássica da aliança cooperativa internacional, elas são associações autônomas de pessoas que se unem voluntariamente para

---

[22] Celso Ribeiro Bastos. *Emendas à Constituição de 1988*. São Paulo: Saraiva, 1996. p. 82.

[23] Trata-se do princípio da clareza e determinação das normas restritivas de direitos. Sobre o tema, v. Gilmar Ferreira Mendes. *Direitos fundamentais e controle de constitucionalidade*. São Paulo: Instituto Brasileiro de Direito Constitucional, 1998. p. 35-36; e Jorge Reis Novais. *As restrições aos direitos fundamentais não expressamente autorizadas pela Constituição*. Coimbra: Coimbra Ed., 2003. p. 771.

constituir uma empresa de propriedade coletiva e gerida democraticamente, com o objetivo de realizar aspirações econômicas, sociais e culturais comuns[24]. A legislação base que dispõe sobre o tema é anterior à Constituição: trata-se da Lei nº 5.764/1971, embora o Código Civil, art. 1.094, trate igualmente das cooperativas.

Nos termos do seu art. 5º, XVIII, a Constituição considera um direito fundamental de liberdade a possibilidade de criarem-se associações e, na forma da lei, cooperativas, vedando tanto a exigência de autorização quanto a intervenção estatal em seu funcionamento. Disposições da legislação anterior que previam intervenções estatais nas cooperativas foram inclusive consideradas inválidas por esse fundamento[25].

Além dessa previsão, a Constituição sinaliza que políticas públicas devem ser adotadas para apoiar e estimular o cooperativismo em geral, nos termos do art. 174, § 2º: "A lei apoiará e estimulará o cooperativismo e outras formas de associativismo". A Constituição traz ainda normas de apoio ao cooperativismo em relação a atividades específicas, como o garimpo (art. 174, §§ 3º e 4º, da CF), a agricultura (art. 187, VI, da CF) e o crédito (arts. 192 da CF e 47 do ADCT). Paralelamente, prevê que os atos cooperativos praticados pela cooperativa devem receber *adequado tratamento tributário* (art. 146, III, *c*, da CF).

A Carta republicana, portanto, visualiza no cooperativismo e no associativismo formas alternativas, dentro da ordem econômica capitalista, por meio das quais os próprios trabalhadores organizam-se para prestar seus serviços ou oferecer seus produtos, o que deve ser estimulado.

13.1.3.4   Terceiro setor

Por fim, o terceiro grupo que merece nota no âmbito das considerações sobre os agentes privados na ordem econômica é o chamado terceiro setor. A particularidade das instituições do terceiro setor é que elas não têm fins lucrativos e nesse ponto elas se distinguem das empresas em geral e de certo modo também das cooperativas que, embora não tenham fins lucrativos em si, têm por objetivo promover a atividade econômica dos cooperados, de modo que eles tenham lucro com o seu trabalho.

De outra parte, elas frequentemente se ocupam de atividades relacionadas com a promoção e proteção de direitos fundamentais, aproximando-se nesse sentido da própria atuação atribuída aos Estados contemporâneos. É secular a tradição brasileira de instituições filantrópicas dedicadas à atenção da saúde, educação, assistência social, amparo a idosos, entre outros temas.

Ao menos desde a década de 1990 discute-se no Brasil, e antes disso em outras partes do mundo, o crescimento do chamado terceiro setor e suas repercussões sociais e jurídicas, bem como a conveniência de uma regulamentação mais adequada para tais atividades[26]. A Constituição de 1988 desde sua redação original já mencionava a colaboração entre o Estado e entidades do terceiro setor, e o tema se tornou mais frequente em emendas constitucionais editadas posteriormente.

---

[24]   Para mais informações sobre a Aliança Cooperativa Internacional, v. <http://ica.coop/es>. Acesso em 13 maio 2017.

[25]   STJ, 4ª T., REsp 13.074/SP, rel. Min. Barros Monteiro, j. 29.09.1992, *DJ* 16.11.1992.

[26]   A expressão terceiro setor designa genericamente associações e entidades privadas sem fins lucrativos que se ocupam, por razões diversas, de atividades de interesse público. Sobre o tema, v., exemplificativamente, Paulo Modesto. Reforma do marco legal do terceiro setor no Brasil. *Revista de Direito Administrativo*, Rio de Janeiro, n. 214, out.-dez. 1998, p. 55-68; Nuria Cunill Grau. A rearticulação das relações Estado-Sociedade: em busca de novos significados. *Revista do Serviço Público*, Brasília, v. 120, jan.-abr. 1996, p. 113-140; e Gustavo Justino de Oliveira (coord.). *Direito do terceiro setor*. Belo Horizonte: Fórum, 2006. Ao longo dos últimos anos, a *Revista de Direito do Terceiro Setor (RDTS)* tem sido um fórum importante de debates sobre o assunto.

Assim, por exemplo, a Constituição trata do assunto ao cuidar: (i) da saúde (entidades sem fins lucrativos e as filantrópicas podem atuar em colaboração com o SUS por meio de convênios ou contratos de direito público – art. 199, § 1º); (ii) da educação (escolas comunitárias, filantrópicas ou confessionais sem fins lucrativos poderão receber recursos públicos em determinadas hipóteses – art. 213 –, valendo o registro de que instituições educacionais sem fins lucrativos gozam de imunidade tributária – art. 150, VI, c); (iii) da assistência social (que será prestada de forma descentralizada, com a colaboração de entidades beneficentes e de assistência social – art. 204 –, sendo válida a nota de que instituições de assistência social sem fins lucrativos gozam da imunidade tributária do art. 150, VI, c, e entidades beneficentes de assistência social usufruem de imunidade em relação às contribuições sociais – art. 195, § 7º); (iv) do sistema nacional de cultura (que contará com a cooperação de agentes públicos e privados – art. 216-A, § 1º, IV); e (v) do sistema nacional de ciência, tecnologia e inovação (que será organizado em regime de colaboração entre entes públicos e privados – art. 219-B).

Existem, portanto, dois eixos principais de normas constitucionais relevantes para o terceiro setor: um primeiro diz respeito às imunidades tributárias que essas instituições fazem jus e o segundo envolve mecanismos de colaboração entre o terceiro setor e o próprio Poder Público. Os dois temas são regulamentados pela ordem infraconstitucional de forma específica: o primeiro pelas normas tributárias e que tratam da seguridade social e o segundo recebeu disciplina mais recente pelas Leis nº 13.019/2014 e nº 13.204/2015.

Feitas essas notas acerca da iniciativa privada, cabe agora examinar de forma mais específica a disciplina constitucional sobre a atuação do Estado na ordem econômica.

13.1.4 Estado

Como já referido, caberá ao Estado garantir e promover os princípios constitucionais da ordem econômica e, particularmente, implementar políticas para a realização dos princípios-fins referidos acima. Além dos princípios gerais e setoriais da ordem econômica, já discutidos, a Constituição prevê outras metas que ensejarão intervenções estatais no âmbito da economia. A principal delas é, sem dúvida, a proteção e promoção dos direitos fundamentais. Além desse objetivo central do Estado brasileiro, a Constituição prevê ainda que o Estado deverá promover o turismo (art. 180), o patrimônio público (art. 216, § 1º), o desenvolvimento científico e tecnológico (art. 218), e já se mencionou anteriormente o comando constitucional que trata do estímulo ao cooperativismo e associativismo.

Para atingir esses múltiplos objetivos o Estado poderá se valer de meios variados, mas não ilimitados: a Constituição regula as possibilidades de intervenção estatal de modo a proporcionar os meios necessários para a promoção dos fins pretendidos, porém, simultaneamente, impedir que o Estado acabe por inviabilizar a livre-iniciativa.

Antes de examinar essas modalidades de intervenção estatal na ordem econômica de que a Constituição trata, é importante lembrar – conectando o tema aqui em exame com o da Federação – que a expressão "Estado", usada genericamente, poderá significar a rigor União, Estados, Distrito Federal e/ou Municípios em cada caso. A questão deve ser compreendida no contexto da distribuição de competências legislativas, político-administrativas e tributárias atribuídas a cada um dos entes federativos pela Constituição, já examinada.

Assim, a intervenção regulatória ou normativa poderá ser levada a cabo por aquele ente, ou aqueles entes, que tenha(m) competência legislativa e regulatória para tanto. Compete à União, por exemplo, legislar privativamente sobre o sistema financeiro nacional. Há competência legislativa concorrente, porém, para tratar de produção e consumo e responsabilidade por danos ao meio ambiente. No mesmo sentido, os serviços públicos serão prestados e regulados pela União, Estados, Distrito Federal e Municípios em função das competências que receberam do texto constitucional. Mecanismos de fomento tributários, por exemplo, apenas poderão ser utilizados no contexto das competências de cada ente federativo, e nos limites admitidos constitucionalmente. Na exposição que se segue não se vai reproduzir tudo o que já foi dito acerca das competências de cada um, mas os temas, por natural, devem ser compreendidos em conjunto.

13.1.4.1 Modalidades de intervenção estatal na ordem econômica

Existem muitas classificações relativas às formas ou modalidades de intervenção do Estado no domínio econômico, mais ou menos analíticas e descritivas[27]. Por simplicidade, parece suficiente identificar três grandes conjuntos entre eles: a disciplina/regulação, o fomento e a atuação direta.

O Poder Público interfere com a atividade econômica, em primeiro lugar, por meio da *disciplina ou da regulação* imposta às atividades sob diversas perspectivas. Assim, há normas trabalhistas, sanitárias, ambientais, tributárias, contábeis, societárias, entre muitas outras que terão de ser observadas pelos agentes econômicos. De forma geral, a disciplina ou regulação envolve a edição de normas – legais e infralegais – que estabeleçam as condutas obrigatórias ou vedadas nos vários temas relevantes, bem como a existência de sistemas de monitoramento e de garantia de execução dessas normas (por meio de fiscalização, aplicação de sanções ou prêmios, exigência de relatórios, entre outros mecanismos), além, é claro, do exercício do poder de polícia.

Nesse sentido, o Estado exerce competências normativas primárias e edita normas decisivas para o desempenho da atividade econômica, algumas com matriz constitucional, como, por exemplo, o Código do Consumidor (art. 5º, XXXII), a lei de remessa de lucros (art. 172), a lei de repressão ao abuso do poder econômico (art. 173, § 4º), entre inúmeras outras. Exerce, ademais, competências normativas de cunho administrativo, editando decretos regulamentares, resoluções, deliberações, portarias, algumas em domínios sensíveis como a política de crédito e a política de câmbio, em meio a muitas outras. Além disso, muitas vezes existem órgãos ou entidades permanentemente encarregados da fiscalização ou do monitoramento do cumprimento dessas normas. Por fim, o Estado desempenha, também, o poder de polícia, restringindo direitos e condicionando o exercício de atividades em favor do interesse coletivo (*e.g.*, polícia ambiental, sanitária, fiscalização trabalhista).

Ou seja: o Estado aqui – União, Estados, Distrito Federal e/ou Municípios conforme o caso – se vale de um conjunto de atividades com o objetivo de impor determinada disciplina ou regulação aos agentes econômicos em geral. Essa atuação está relacionada à promoção e garantia dos princípios gerais e dos princípios de funcionamento da ordem econômica.

De outra parte, o Estado interfere no domínio econômico por via do *fomento*, isto é, apoiando a iniciativa privada e estimulando determinados comportamentos. Assim, por exemplo, por meio de *incentivos fiscais*, o Poder Público promove a instalação de indústrias ou outros ramos de atividade em determinada região. Do mesmo modo, a *elevação ou redução da alíquota de impostos* – notadamente os que têm regime excepcional no tocante aos princípios da legalidade e anterioridade, como IPI, importação, IOF – é decisiva na expansão ou retração de determinado segmento da economia. Igualmente relevante, no fomento da atividade econômica, é a oferta de *financiamento público* a determinadas empresas ou setores do mercado, mediante, por exemplo, linha de crédito junto ao BNDES.

É interessante observar que, nos termos do art. 174 da Constituição, essas duas modalidades de intervenção do Estado na ordem econômica são descritas de forma conjunta: a distinção,

---

[27] Diogo de Figueiredo Moreira Neto. *Curso de direito administrativo*. Rio de Janeiro: Forense, 1996. p. 365; Celso Antônio Bandeira de Mello. *Curso de direito administrativo*. São Paulo: Malheiros, 2010. p. 803-812; e José dos Santos Carvalho Filho. *Manual de direito administrativo*. São Paulo: Atlas, 2014. p. 927-950.

porém, é pertinente para fins didáticos já que a atividade de fomento, como se verá, apresenta características bastante particulares. Essa a redação do dispositivo constitucional: "Art. 174. Como agente normativo e regulador da atividade econômica, o Estado exercerá, na forma da lei, as funções de fiscalização, incentivo e planejamento, sendo este determinante para o setor público e indicativo para o setor privado".

Por fim, o Estado interfere, ainda, na ordem econômica, mediante *atuação direta*. Aqui, todavia, é necessário distinguir duas grandes possibilidades que envolvem certa complexidade e que serão examinadas adiante: (a) a exploração de atividades econômicas propriamente ditas; e (b) a prestação de serviços públicos. Os critérios que distinguem essas duas categorias nem sempre são singelos, mas a distinção é da maior importância.

Como se verá, a exploração de atividades econômicas, nos termos da Constituição, admite duas possibilidades distintas: os monopólios e a exploração de atividades econômicas em regime de igualdade de concorrência com a iniciativa privada. Por seu turno, os serviços públicos, como também vão ser examinados na sequência, podem ser prestados pelo próprio Estado (*diretamente*, pelos órgãos despersonalizados integrantes da Administração, ou *indiretamente*, por entidades com personalidade jurídica própria) ou sua execução pode ser delegada à iniciativa privada. E há ainda serviços que o Estado tem o dever de prestar – como educação, saúde e previdência – e que também a iniciativa privada pode explorar, mas nesse caso não há igualdade de condições concorrenciais entre Estado e agentes privados. Cada uma dessas questões será aprofundada a seguir.

13.1.4.2 Disciplina/regulação

Como referido, a disciplina/regulação da ordem econômica congrega um conjunto de diferentes atividades estatais nas quais há uma especial predominância do aspecto imperativo do poder do Estado. Embora haja uma importante tendência de emprego de práticas que envolvam maior diálogo e cooperação com os administrados, que muitas vezes serão mais eficientes para promover os fins pretendidos, é certo que a disciplina poderá sempre se valer, em última análise, dos mecanismos de sanção próprios da autoridade pública.

Além disso, a edição de leis e atos normativos que disciplinem a ordem econômica, diversamente do que acontece no caso da intervenção direta, não é propriamente uma ação excepcional. Intrinsecamente vinculada à disciplina jurídica acaso existente, estará também a ação regulatória estatal (CF, art. 174), que integra a própria ordem econômica[28], envolvendo uma ampla gama de atribuições (*e.g.*, administrativas, regulamentares e para-jurisdicionais) e incidindo sobre atividades econômicas propriamente ditas, serviços públicos e até mesmo sobre atividades monopolizadas.

É certo que todas essas atividades, como já referido, devem observar a distribuição de competências dentro do Estado Federal. A atuação estatal na ordem econômica, mesmo que autorizada em tese pela Constituição, apenas será válida se for levada a cabo pelo ente constitucionalmente competente para tanto.

Assim, por exemplo, existem as normas que abordam os direitos dos trabalhadores. O Ministério do Trabalho leva a cabo a fiscalização dessas normas e vale-se de vários mecanismos

---

[28] Eros Grau. *A ordem econômica na Constituição de 1988* (interpretação e crítica). São Paulo: Malheiros, 2010. p. 146 e ss.; Marçal Justen Filho. *Curso de direito administrativo*. São Paulo: Saraiva, 2005. p. 449, Diogo de Figueiredo Moreira Neto. *Ordem econômica e desenvolvimento na Constituição de 1988*. Rio de Janeiro: Apec, 1989. p. 28; Floriano de Azevedo Marques Neto. Regulação e poder de polícia no setor do gás. *Revista de Direito Público da Economia*, Belo Horizonte, v. 2, n. 6, abr. 2004, p. 100; e Luís Roberto Barroso. Agências reguladoras, Constituição, transformações do Estado e legitimidade democrática. *Temas de direito constitucional*. Rio de Janeiro: Renovar, 2003. t. II, p. 271.

– inclusive sancionatórios – para garantir seu cumprimento. O mesmo se diga em relação às normas ambientais que contam com entidades de vários níveis federativos para assegurar seu cumprimento que, no caso, envolve não apenas um controle *a posteriori,* mas licenças e autorizações prévias.

Para além das normas sobre temas gerais, que decorrem dos princípios da ordem econômica, aplicáveis, portanto, a todas as atividades, determinados setores econômicos contam com uma legislação específica – *e.g.*, petróleo e derivados, energia, transporte terrestre, transporte aquaviário, gestão de recursos hídricos, entre outros – e ainda com agências reguladoras dedicadas à disciplina, nos limites das competências recebidas, e à regulação desses setores.

Na realidade, embora a matéria seja, sobretudo, objeto da legislação infraconstitucional, vários assuntos próprios da disciplina/regulação da ordem econômica – seja quanto aos temas gerais ou quanto a setores econômicos específicos – receberam referências do texto constitucional. Assim, a Constituição, por exemplo, trata da elaboração e execução de planos nacionais e regionais de ordenação do território e de desenvolvimento econômico e social (art. 21, IX); a fiscalização de operações financeiras, como a de crédito, câmbio, seguros e previdência privada (art. 21, VIII); a reserva da função relativa ao serviço postal (art. 21, X) e a organização dos serviços de telecomunicações – com a criação de agência reguladora –, radiodifusão, energia elétrica (incs. XI e XII). O mesmo se passa com relação à competência legislativa privativa, prevista no art. 22 da CF, para legislar sobre comércio exterior e interestadual (inc. VIII); sobre organização do sistema nacional de empregos (inc. XVI); sobre os sistemas de poupança, captação e garantia da poupança popular (inc. XIX); diretrizes da política nacional de transportes (inc. IX); sobre jazidas, minas e outros recursos minerais (inc. XII). A Constituição determina, ainda, que a União, Estados, Distrito Federal e os Municípios devem fomentar a produção agropecuária e organizar o abastecimento alimentar (art. 23, VIII); proteger o meio ambiente (art. 23, VI); assegurar aos Estados a competência para explorar diretamente, ou mediante concessão, os serviços locais de gás canalizado (art. 25, § 2º); determinar que deverá ser regulado, pela via infraconstitucional, a remessa de lucros (art. 172) e a limitação da aquisição ou do arrendamento de propriedade rural por pessoa física ou jurídica estrangeira (art. 190); garantir o monopólio da União sobre determinadas atividades econômicas (art. 177), entre outras funções de regulação.

De forma mais detalhada, porém, a Constituição abre capítulos para tratar da disciplina/regulação do ambiente urbano (política urbana), rural e do sistema financeiro, de modo que se vai tratar brevemente de cada um deles.

13.1.4.2.1 A política urbana

A Constituição se ocupa diretamente da política urbana nos arts. 182 e 183. O tema é hoje muitas vezes identificado com o direito das cidades, reconhecidas como centros de convivência humana com problemas e realidades particulares e complexas. Uma preocupação específica da Constituição é com a disciplina/regulação do uso e apropriação do solo urbano – isto é: dos bens imóveis – e é sobre isso, sobretudo, que os dispositivos tratam.

Em 2001 foi editado o Estatuto da Cidade (Lei nº 10.257/2001), a fim de regulamentar as disposições constitucionais. Além de tratar da ordenação do solo urbano, a lei cuida também de outros temas relevantes para a cidade, entre os quais os serviços públicos e equipamentos urbanos indispensáveis para o desenvolvimento das funções sociais da cidade relativamente a seus habitantes, a gestão democrática da cidade e as regras que os planos diretores municipais devem observar no exercício de suas competências.

Note-se aqui a conjugação de competências entre a União e os Municípios. A União tem competência para tratar de direito urbanístico (art. 24, I) e estabelecer as diretrizes a que se

Cap. 13 – ORDEM ECONÔMICA, TRIBUTAÇÃO, ORÇAMENTO E FINANÇAS PÚBLICAS   **513**

refere o art. 182. Aos Municípios, por seu turno, compete legislar sobre assuntos de interesse local (art. 30, I) e promover o adequado ordenamento territorial, o que inclui a ordenação do solo urbano (art. 30, VIII).

Retornando à Constituição, e em uma especificação do princípio geral da função social da propriedade, o art. 182 deixa claro que, embora caiba ao plano diretor detalhar a ordenação de cada cidade, a não ocupação/não edificação/não utilização do solo urbano são condutas que violam sua função social, autorizando que o legislador preveja, e a Administração aplique, uma série de medidas. Entre essas providências estão, progressivamente, o parcelamento e edificação compulsórios, o IPTU progressivo no tempo e a desapropriação, afastada a garantia geral de indenização prévia. Assim, se um proprietário mantém seu imóvel urbano inutilizado, o Município poderá vir a impor essas sanções.

O art. 183, no mesmo contexto, prevê a figura da usucapião urbano especial que em última análise pretende prestigiar a efetiva utilização dos imóveis urbanos, particularmente na sua função de moradia. A usucapião urbano especial foi especialmente disciplinado e ampliado pelo Estatuto da Cidade, que previu ainda uma série de outros mecanismos – chamados instrumentos da política urbana – cujo objetivo é promover a função social da propriedade e pacificar, na medida do possível, os conflitos em torno da posse de imóveis urbanos.

Um último registro, apenas a fim de conectar os vários subsistemas constitucionais no que diz respeito às restrições à propriedade privada. O capítulo sobre política urbana que se acaba de comentar prevê uma série de mecanismos de intervenção na propriedade privada como consequência da violação a sua função social por conta da não utilização dos imóveis. O mesmo acontece, como se verá a seguir, no capítulo sobre a política rural. Nada obstante, a Constituição prevê várias outras possibilidades de restrição ao direito de propriedade. Ainda no campo das sanções, a Constituição autoriza a instituição de penas de multas (art. 5º, XLVI) e de perdimento de bens (arts. 5º, XLV, e 243), sendo este último já associado, pela Constituição, aos imóveis nos quais haja cultivo de drogas ou se explore trabalho escravo.

Fora do campo das sanções, e nos termos expressos do art. 182, o atendimento à função social poderá exigir o cumprimento a outras exigências previstas no plano diretor municipal. Em geral, essas exigências são denominadas genericamente de limitações administrativas, impostas de forma geral a todas as propriedades na mesma situação. A Constituição determina desde logo, por exemplo, que a lei deverá prever condições de acessibilidade de logradouros e edifícios de uso público para pessoas com deficiência (art. 244).

Há outras normas nesse mesmo conjunto de limitações administrativas que define, por exemplo, quais atividades podem ser desenvolvidas em que regiões da cidade (zoneamento), gabarito máximo das edificações, condições de segurança e salubridade (códigos de obras), entre outros temas. Assim, é a legislação municipal que dirá, por exemplo, onde indústrias podem se instalar na cidade, as regras que devem ser obedecidas para quem queira construir um prédio (altura máxima, equipamentos de segurança, áreas comuns etc.).

Além dessas limitações gerais, a Constituição autoriza as específicas ao direito de propriedade, que eventualmente sejam necessárias para atender interesses coletivos. É o caso, entre outros, das desapropriações tratadas no art. 5º, XXIV, por força das quais o Poder Público expropria determinado bem – não se trata, portanto, de um ato negocial, mas de uma imposição estatal – para dar-lhe uma aplicação que se considerou relevante para a sociedade. Desapropriações são comuns, por exemplo, para a construção de rodovias, viadutos, hidroelétricas e instalações públicas diversas. Nesse caso, porém, o proprietário expropriado deverá receber indenização prévia e justa por seu bem.

O tema das restrições à propriedade será examinado com mais detalhes quando se cuidar propriamente do direito de propriedade, mas vale apontar, desde logo, a aproximação possível entre as limitações administrativas e a desapropriação. As limitações administrativas devem

514 CURSO DE DIREITO CONSTITUCIONAL · *Ana Paula de Barcellos*

ser gerais e não poderão esvaziar o conteúdo econômico da propriedade e, por isso mesmo, são gratuitas, isto é, não geram para o titular do bem qualquer pretensão indenizatória.

As desapropriações, de outra parte, são específicas, esvaziam o conteúdo econômico do bem e geram para o Poder Público o dever de indenizar. Não é incomum, porém, que o Poder Público leve a cabo atos como se fossem meras limitações administrativas, mas que, na verdade, caracterizam desapropriações, a fim de tentar burlar o dever de indenizar, fenômeno conhecido como "desapropriação indireta".

13.1.4.2.2 A política rural

A política agrícola recebeu especial atenção do constituinte nos arts. 184 a 191 que cuidou de estabelecer uma série de previsões desde logo, muitas delas relacionadas com a disciplina/regulação das atividades desenvolvidas no setor rural e com a função social da propriedade rural. Há várias outras normas nesse capítulo que tratam mais diretamente de metas que o Estado pretende que sejam promovidas e, para isso, além da disciplina/regulação, a Constituição prevê também a possibilidade do uso de mecanismos de fomento. O art. 5º, XXVI, se relaciona igualmente com o tema, ao determinar que a pequena propriedade rural, desde que trabalhada pela família, deverá receber da legislação proteção contra penhora por dívidas, além de receber estímulo (fomento) para o seu desenvolvimento.

Os dispositivos constitucionais ocupam-se, em primeiro lugar, de delinear o que a função social da propriedade rural exige, ainda que o tema deva ser disciplinado de forma mais detalhada em lei. Em linha similar ao que se passa com a propriedade urbana, a função social requer, antes de tudo, o aproveitamento racional e adequado do bem. Isto é: a manutenção de terras improdutivas viola sua função social. O imposto territorial rural poderá ser utilizado para desestimular a manutenção de terras improdutivas – na mesma linha do IPTU, referido acima – tal qual autoriza a Constituição em seu art. 153, § 4º. Além disso, a observância das normas ambientais e de proteção aos trabalhadores integram igualmente a noção de função social (art. 186, II e III).

Ainda ao tratar da propriedade imóvel rural e de sua função social, a Constituição traz uma série de previsões impondo restrições e autorizando o estabelecimento de outras relativamente à aquisição de terras públicas (art. 188), à aquisição ou utilização de terras por estrangeiros (art. 190) e à negociabilidade de terras obtidas em decorrência de reforma agrária (art. 189). A Constituição prevê ainda a usucapião especial rural (art. 191), seguindo uma lógica similar à do usucapião especial urbano.

Em segundo lugar, a Carta republicana trata da desapropriação para fins de reforma agrária aplicável aos imóveis rurais que não cumpram sua função social. A desapropriação funciona aqui claramente como sanção, já que a indenização, embora a Constituição use a expressão prévia, consiste em títulos da dívida agrária resgatáveis em até 20 anos a partir do segundo ano de sua emissão (art. 184). Ou seja: não será realmente prévia, ao contrário das desapropriações em geral sem caráter sancionatório.

Em terceiro lugar, a Constituição estabelece as diretrizes da política agrícola, categoria que inclui, nos termos da própria Constituição, as atividades agroindustriais, agropecuárias, pesqueiras e florestais. Nesse contexto, o texto constitucional ocupa-se não apenas da disciplina dos imóveis rurais, mas também de vários outros temas: em relação a alguns deles a atuação estatal concentrar-se-á na disciplina/regulação propriamente, em outros casos o foco claramente está nos mecanismos de fomento e em outros ainda a Constituição trata da atuação direta do Estado tanto na prestação de serviços públicos quanto, eventualmente, na exploração de atividades econômicas. Sem prejuízo, é claro, de todas essas modalidades de atuação estatal atuarem simultaneamente em relação a vários temas.

Assim, por exemplo, a Constituição prevê como uma das diretrizes da política rural a eletrificação rural, sendo que os serviços de energia elétrica são um serviço público de competência da União a ser executado direta ou indiretamente (art. 21, XII, *b*). Na mesma linha, instrumentos de crédito para o setor rural e seguro agrícola – outras diretrizes previstas no art. 187 – envolvem não apenas disciplina, mas eventualmente atuação direta do Estado já que, a rigor, oferecer crédito e seguro são atividades econômicas privadas próprias do sistema financeiro, ou instrumentos de fomento, caso necessário para estimular a oferta desse produto pelo setor privado. De outra parte, o incentivo à pesquisa e à tecnologia suscita a possibilidade de emprego de mecanismos de fomento, mas o próprio Estado poderá vir a decidir, nos termos do art. 173, por desenvolver diretamente atividade de pesquisa para o setor[29]. Anteriormente se referiu ao cooperativismo, também uma das diretrizes da política agrícola, que envolverá disciplina/regulação e fomento.

Na realidade, e como se observou acima, a identificação das modalidades de intervenção do Estado na ordem econômica é importante não apenas para fins didáticos, mas porque, conforme será abordado, os parâmetros constitucionais aplicáveis a cada uma delas são diversos. Na prática, porém, é muito comum que um determinado tema – e a política agrícola é um exemplo disso – enseje intervenções estatais de todas as modalidades simultaneamente.

13.1.4.2.3   O sistema financeiro

A Constituição traz um capítulo específico sobre o sistema financeiro nacional, composto pelo art. 192, acerca de sua disciplina/regulação. Embora tenha sido substancialmente alterado, e reduzido, por meio de emendas ao longo do tempo, vale um rápido comentário sobre ele. Note-se, desde logo, que a intervenção do Estado no âmbito do sistema financeiro não se limita à regulação/disciplina. É comum que a União utilize mecanismos de fomento para estimular ou desestimular determinadas condutas no âmbito dessa atividade (ex.: estimular a concessão de crédito para determinados fins) e o Estado explora também de forma direta a atividade financeira, em regime concorrencial com a iniciativa privada. No âmbito federal, são exemplos de atuação direta o Banco do Brasil e a Caixa Econômica Federal e muitos Estados mantêm bancos estaduais.

Nada obstante seu caráter privado – não se trata de um serviço público, portanto –, o bom andamento, a estabilidade e a confiabilidade do sistema financeiro envolvem interesse público da maior relevância, tendo em vista que as atividades financeiras se integram à economia do país de forma estrutural, sofrendo sua influência e, sobretudo, influenciando-a amplamente. Trata-se, portanto, como ocorre também em outras áreas, de atividade econômica que demanda um tratamento específico pelo Estado.

Na realidade, o acesso da população a serviços e produtos bancários e financeiros – a chamada inclusão financeira ou bancária – tem um papel importante na inclusão social, sobretudo, da população de mais baixa renda. O acesso a uma conta bancária permite que o indivíduo tenha maior segurança quanto a seus recursos, acesso a investimentos, crédito, sistemas de pagamento, entre outros serviços.

A limitação do acesso da população brasileira a serviços bancários é ilustrada pela EC nº 129/2023, que acrescentou o art. 123 ao ADCT a fim de assegurar prazo de vigência adicional aos vários tipos de ajustes existentes no país entre a Caixa Econômica Federal – CEF e casas lotéricas, tendo em conta controvérsias jurídicas existentes acerca do prazo de vigência e da possibilidade de prorrogação de determinadas figuras utilizadas para organizar o relacionamento entre a CEF e esses estabelecimentos.

---

[29]   É o caso da Embrapa, por exemplo.

Parece curioso que o tema tenha sido alvo de uma emenda constitucional, mas o debate parlamentar revela que uma das razões para a constitucionalização do assunto foi exatamente a preocupação com os serviços bancários prestados pelas lotéricas, sobretudo em regiões onde não há agências de bancos.

As alterações sofridas pelo art. 192 ao longo do tempo refletem o movimento, já referido, de desconstitucionalização das normas relativas à ordem econômica, transferindo para política majoritária as decisões na matéria. Com efeito, nos termos atuais, o art. 192 prevê dois fins gerais que devem orientar a atividade e, portanto, sua regulamentação: a promoção do desenvolvimento equilibrado do país e dos interesses nacionais. Essa previsão é complementada, do ponto de vista sistemático, por exemplo, com a competência da União para legislar sobre a garantia da poupança popular (art. 21, XIX).

O art. 192 contém ainda dois outros comandos relevantes. Ele autoriza a edição de regras específicas destinadas a disciplinar a participação de capital estrangeiro nas instituições financeiras, de modo que essa é mais uma daquelas autorizações pontuais para tratamento diferenciado com base na nacionalidade. E, por fim, o art. 192 exige que a regulamentação do sistema financeiro seja veiculada por leis complementares, impondo, assim, a formação de uma maioria mais qualificada do que a necessária para a aprovação de leis ordinárias.

13.1.4.3   Fomento

Como referido, a atividade de fomento é expressamente tratada no art. 174 da Constituição que a identifica como um instrumento da atividade normativa e regulatória do Estado. Para fins didáticos, e por suas particularidades jurídicas, a atividade de fomento será tratada de forma autônoma. Ela está relacionada com as funções de incentivo e planejamento indicativo a que o texto do dispositivo se refere.

O fomento envolve, como referido, mecanismos de que o Estado se vale capazes de tornar atraente para a iniciativa privada – o que no mais das vezes significa potencialmente mais lucrativo ou menos arriscado – engajar-se em atividades que promovam fins considerados relevantes pela Constituição. Assim, o Estado oferece benefícios fiscais associados a determinadas atividades, ou financiamento a juros mais baixos, ou garantia de compra de produtos e serviços, e assim sucessivamente. Não é difícil perceber, no entanto, que a atividade estatal de fomento pode entrar em tensão com o princípio da igualdade. E isso porque, por meio do fomento, o Estado estará efetivamente privilegiando determinadas atividades e não outras, utilizando de um tratamento diferenciado.

É por essa razão que, para além de regras específicas que eventualmente sejam pertinentes[30], quatro parâmetros constitucionais gerais substantivos serão sempre aplicáveis à atividade estatal de fomento. São eles: (i) a legalidade; (ii) a validade do fim pretendido pela medida de fomento; (iii) a razoabilidade-proporcionalidade da medida, tanto no tocante à atividade escolhida quanto ao meio utilizado[31]; e (iv) a isonomia da distribuição dos ônus que decorrem da atividade de fomento. Existem ainda regras constitucionais relativas ao processo legislativo que devem ser observadas. Confira-se.

A legalidade é uma exigência ordinária: qualquer política de fomento deve ter fundamento e autorização expressos em lei. Os outros três parâmetros demandam maiores comentários. Como já se destacou, o fomento compreende alguma forma de estímulo a determinada

---

[30]   Por exemplo, os incentivos fiscais, de modo geral, só podem ser concedidos por lei específica, nos termos do art. 150, § 6º, todos da CF.

[31]   De fato, é necessário que a atividade escolhida seja adequada à realização do fim visado e que, ademais, o meio selecionado seja necessário e proporcional em sentido estrito.

atividade econômica. Incentivar certa atividade, porém, não é um fim em si mesmo, trata-se de um meio para a realização de uma finalidade considerada valiosa para o interesse público como um todo. Desse modo, e enunciando a questão de forma simples, o estímulo se justifica, em primeiro lugar – embora represente um privilégio direcionado –, na medida em que o fim que ele pretende promover justifique-se como algo útil, proveitoso ou valioso para a sociedade como um todo, à luz do sistema constitucional.

A Constituição estabelece, desde logo, determinadas finalidades que justificam a eventual decisão legislativa de se valer de mecanismos de fomento. Um exemplo é dado pelos fins contidos no art. 170, a que já se referiu. Também o art. 218 da Constituição, *e.g.*, prevê que o Estado "promoverá e incentivará o desenvolvimento científico, a pesquisa e a capacitação científica e tecnológica e a inovação". Nesse sentido, medidas de fomento que tenham por finalidade a proteção do consumidor (art. 170, V) e do meio ambiente (art. 170, VI), o desenvolvimento regional (art. 170, VII) e a capacitação tecnológica de empresas ou pessoas (art. 218), por exemplo, estarão justificadas sob essa perspectiva.

Sob a perspectiva ambiental, a Emenda Constitucional nº 123/2022 alterou o art. 225 para prever que os biocombustíveis destinados ao consumo final deverão necessariamente sofrer uma tributação inferior à incidente sobre os combustíveis fósseis, de modo a criar um "diferencial competitivo" em favor daqueles produtos. O mesmo dispositivo foi alterado pela EC nº 132/2023 que instituiu a reforma tributária, para incluir os novos tributos por ela criados na listagem.

Na realidade, a EC nº 132/2023 trouxe várias outras previsões autorizando a diferenciação tributária – um dos mecanismos de fomento – para promover fins relacionados com a promoção ambiental e com a proteção da saúde. O novo imposto seletivo (art. 153, VIII), por exemplo, incidirá exatamente sobre produção, extração, comercialização ou importação de bens e serviços prejudiciais à saúde ou ao meio ambiente. Iniciativas de promoção desses fins poderão ter um tratamento favorecido por expressa previsão constitucional.

A Constituição prevê também diretamente algumas políticas específicas de fomento. A EC nº 132/2023 criou o Fundo Nacional de Desenvolvimento Regional (art. 159-A), uma estrutura permanente de fomento visando reduzir as desigualdades regionais e sociais, objetivos que a Constituição expressamente elege e que autorizam atividades de fomento (arts. 3º, III, e 43).

No contexto das desigualdades regionais, uma política específica que tem sido tratada pela Constituição envolve a Zona Franca de Manaus. O art. 40 do ADCT constitucionalizou o tema estabelecendo um prazo de 25 anos, já expirado, para os benefícios fiscais da região, mas várias emendas posteriores acabaram por preservar o regime diferenciado. A EC nº 132/2023 previu, no art. 92-B, também do ADCT, que as leis que instituam os novos tributos por ela previstos – o IBS e a CBS – devem criar mecanismos para garantir o diferencial competitivo assegurado à Zona Franca de Manaus nos níveis estabelecidos pela legislação relativa aos tributos extintos pela reforma tributária. A EC nº 132/2023 criou ainda dois fundos de fomento específicos para a região Norte (também no art. 92-B do ADCT): o Fundo de Sustentabilidade e Diversificação Econômica do Estado do Amazonas e o Fundo de Desenvolvimento Sustentável dos Estados da Amazônia Ocidental e do Amapá.

Outra política de fomento especificamente regulada pela Constituição, sobretudo a partir da EC nº 132/2023, envolve o transporte público coletivo de passageiros. A Emenda previu que uma das destinações dos recursos arrecadados com a contribuição de intervenção econômica conhecida como CIDE-Combustíveis, de que trata o art. 177, § 4º, deverá ser o pagamento de subsídios a tarifas de transporte público coletivo de passageiros (alínea *d*). A EC nº 132/2023 prevê ainda um regime diferenciado de tributação para o transporte público coletivo de passageiros rodoviário e metroviário de caráter urbano, semiurbano e metropolitano (art. 9º , § 1º , VII).

Além dos fins expressamente escolhidos pelo constituinte, o legislador tem certa liberdade de conformação para eleger outros objetivos tidos como valiosos para a sociedade e empregar mecanismos de fomento que se destinem a promovê-los. Em cada momento histórico, a maioria democraticamente eleita poderá decidir, *e.g.*, que determinada manifestação artística deve ser incentivada, por conta dos benefícios que pode trazer para determinada comunidade; ou a indústria naval, por seu potencial para a geração de empregos, entre tantas outras possibilidades. Essa liberdade, porém, não é absoluta e não está infensa a controle. O legislador não pode se valer dos mecanismos de fomento de forma desviada, para beneficiar amigos ou prejudicar inimigos, de maneira caprichosa ou peculiar. Ou seja: embora tenha considerável liberdade para eleger quão importante a promoção de determinados fins, as escolhas do Legislativo só serão válidas se puderem ser razoavelmente justificadas à luz do sistema constitucional.

Afora esse primeiro parâmetro, exige-se também que a escolha da atividade específica a ser estimulada guarde uma relação de razoabilidade com o fim que se pretende afinal alcançar e, ademais, que sejam igualmente proporcionais os mecanismos de fomento escolhidos pelo legislador. A ação estatal, qualquer que seja ela, não pode ser irracional, ilógica, sem sentido ou contraditória. Não se admite que o Poder Público, agindo de forma irrazoável, desperdice os recursos públicos – não apenas financeiros, mas também humanos – que lhe cabe gerir. Não há necessidade de discutir aqui as ideias de razoabilidade e proporcionalidade, já aventadas na parte sobre princípios.

O que importa sublinhar é que a proporcionalidade das iniciativas estatais em matéria de fomento envolve a avaliação tanto da atividade que se decidiu estimular, tendo em vista o fim pretendido, quanto dos mecanismos empregados. Imagine-se que a finalidade que se pretende alcançar com o fomento é incrementar o turismo na região Centro-Oeste do país. Para isso, porém, são abertas linhas de crédito especial, *e.g.*, para a indústria de celulose. Não é difícil perceber que não haveria aqui qualquer relação de adequação entre a decisão de estimular tais atividades e o fim que se pretende alcançar. Também é preciso verificar se os mecanismos específicos de fomento empregados são proporcionais tendo em vista os fins pretendidos e as circunstâncias de cada hipótese. Embora incentivos financeiros – benefícios fiscais, linhas de crédito etc. – sejam, de fato, os mecanismos mais frequentes de fomento, não são os únicos de que se pode cogitar.

Por fim, qualquer iniciativa de fomento deverá respeitar a isonomia (CF, art. 5º, *caput*)[32] no que diz respeito à repartição dos ônus por ela gerados, isto é: o estímulo a um determinado setor ou atividade não pode ser levado a cabo ao custo de prejudicar outras atividades ou setores de forma específica. Embora dirigido a uma atividade econômica em particular, o fomento se justifica porque, em última análise, visa a beneficiar a sociedade como um todo. Se é assim, os encargos que decorrem do fomento devem ser suportados igualmente por toda a coletividade e não por grupos específicos[33]. Dito de outro modo, se a sociedade como um todo recebe o retorno socioeconômico do fomento sem partilhar os ônus dele resultantes – que recaem sobre certo indivíduo ou conjunto de pessoas –, haverá evidente violação à isonomia. A lógica é a mesma que subjaz a necessidade de indenização nas hipóteses gerais de desapropriação.

Além desses parâmetros substantivos, a Constituição impõe ainda a observância de duas regras para o processo legislativo que venha a discutir (e aprovar) determinados mecanismos de

---

[32] Além da aplicação específica destacada mais adiante, é evidente que a isonomia proíbe também o fomento que beneficie exclusivamente ou exclua um determinado particular, sem razões que justifiquem o tratamento diferenciado. Referida situação implicaria violação, ainda, aos princípios da impessoalidade, da moralidade e livre concorrência (CF, arts. 37, *caput*, e 170, IV).

[33] O que se acaba de mencionar pode ser facilmente ilustrado pelas isenções tributárias (que nada mais são que medidas de fomento). V. Marlon Alberto Weichert. Isenções tributárias em face do princípio da isonomia. *Revista de Informação Legislativa*, Brasília, n. 145, jan.-mar. 2000, p. 251; e André Ramos Tavares. *Direito constitucional econômico*. São Paulo: Método, 2006. p. 312-313.

fomento. Ambas visam melhorar as condições para uma deliberação informada e transparente por parte do Legislativo.

Nesse sentido, o art. 113 do ADCT exige que proposição legislativa que crie ou altere renúncia de receita deve ser acompanhada de estimativa de seu impacto orçamentário e financeiro. Benefícios fiscais e creditícios (*e.g.*, empréstimos em condições mais favoráveis que as praticadas pelo mercado) são instrumentos típicos de renúncia de receita usados, em geral, como meios de fomento. A ausência da estimativa de impacto produzirá a inconstitucionalidade da norma eventualmente aprovada. Além da estimativa de impacto, o art. 150, § 6º, exige que qualquer espécie de benefício fiscal relativo a impostos, taxas e contribuições apenas possa ser aprovado por meio de lei específica, que trate exclusivamente desse assunto.

Por fim, vale o registro de que o art. 4º da Emenda Constitucional nº 109/2021 previu que o Poder Executivo deveria encaminhar ao Congresso em seis meses plano de redução gradual de benefícios fiscais federais, de modo que, ao fim do prazo previsto, eles não superem 2% do PIB. O plano foi encaminhado e encontra-se sob apreciação do Legislativo (trata-se do PL nº 3.203/2021). A emenda excluiu desde logo determinados benefícios fiscais desse plano e a Emenda Constitucional nº 121/2022 ampliou a lista de exclusões, preservando, entre outros, os benefícios relacionados com a Zona Franca de Manaus, mencionada acima. A EC nº 109/2021 prevê ainda a necessidade de avaliação periódica obrigatória dos impactos econômicos e sociais de benefícios fiscais, financeiros e creditícios e a divulgação dos resultados dessas avaliações, tudo a ser regulado por lei complementar.

Percorridos de forma geral os temas da regulação/disciplina e do fomento, cabe agora examinar a atuação direta do Estado na ordem econômica.

13.1.4.4 Atuação direta

A atuação direta do Estado na ordem econômica descreve as situações em que o Estado presta efetivamente serviços ao público ou explora atividades econômicas atuando como uma empresa atuaria do ponto de vista do usuário/consumidor. Assim, no contexto de sua atuação direta, o Estado presta serviços, desenvolve atividades industriais, vende produtos etc. Como já se referiu, nos termos da Constituição de 1988, a atuação direta do Estado na ordem econômica apenas pode se dar em circunstâncias limitadas por ela descritas que envolvem (i) a exploração de atividades econômicas propriamente ditas; e (ii) a prestação de serviços públicos. Cada uma dessas categorias admite subdivisões que serão examinadas a seguir. Antes, porém, um registro histórico é importante.

Apesar de seu desempenho questionável nos períodos anteriores no que diz respeito a sua atuação direta, o Estado foi depositário de uma série de expectativas a esse respeito pelo constituinte de 1988. As previsões originais que tratavam do tema, porém, passaram por reformas ao longo do tempo, com o objetivo principal de flexibilizar as normas que impunham a atuação direta do Estado na prestação de serviços públicos e na exploração de atividades econômicas monopolizadas.

Nesse sentido, a EC nº 5/1995, alterou a redação do § 2º do art. 25 abrindo a possibilidade de os Estados-membros concederem às empresas privadas a exploração dos serviços públicos locais de distribuição de gás canalizado, que, anteriormente, só podiam ser delegados a empresa sob controle acionário estatal. O mesmo se passou com relação aos serviços de telecomunicações e de radiodifusão sonora e de sons e imagens. É que a EC nº 8/1995, modificou o texto dos incs. XI e XII do art. 21, que só admitiam a concessão a empresa estatal.

Na área do petróleo, a EC nº 9/1995 rompeu, igualmente, com o monopólio estatal, facultando à União Federal a contratação com empresas privadas de atividades relativas à pesquisa e lavra de jazidas de petróleo, gás natural e outros hidrocarbonetos fluidos, a refinação do petróleo nacional ou estrangeiro, a importação, a exportação e o transporte dos produtos e derivados básicos de petróleo (outrora vedados pelo art. 177, *caput* e § 1º, da CF).

Essas alterações constitucionais foram seguidas da edição de normas infraconstitucionais que levaram a cabo as opções no sentido da alienação de empresas estatais e da delegação de execução de atividades, antes privativas do Estado, à iniciativa privada. E é interessante observar que a redução da intervenção direta do Estado na ordem econômica foi acompanhada de um crescimento da sua atuação na modalidade de disciplina/regulação.

Assim, na mesma década de 1990, uma série de leis foi editada sobre temas econômicos em setores como energia (Lei nº 9.427/1996), telecomunicações (Lei nº 9.472/1997) e petróleo (Lei nº 9.478/1997), com a criação das respectivas agências reguladoras; modernização dos portos (Lei nº 8.630/1993, revogada integralmente pela Lei nº 12.815/2013) e defesa da concorrência (Lei nº 8.884/1994, revogada pela Lei nº 12.529/2011); concessões e permissões (Leis nº 8.987/1995 e nº 9.074/1995), para citar alguns exemplos.

A realidade é que o tema do tamanho do Estado e de seus papéis na ordem econômica continua em grande discussão na realidade brasileira. A Emenda Constitucional nº 49/2006, por exemplo, flexibilizou o monopólio estatal em relação a materiais nucleares, permitindo que nas hipóteses descritas no art. 21, XXII, algumas atividades relacionadas ao tema possam ser delegadas à iniciativa privada. A Emenda Constitucional nº 118/2022 ampliou essa flexibilização de modo que agora também a produção de radioisótopos para pesquisa e uso médico possa ser delegada. Feita a nota, retome-se a narrativa.

A intervenção direta do Estado no domínio econômico, como referido, pode se dar por duas formas: (i) a prestação de serviços públicos e (ii) a exploração de atividade econômica. A distinção é fundamental, porque a exploração pelo Estado de atividades econômicas tem um caráter de subsidiariedade: considerando o princípio da livre-iniciativa, somente em hipóteses restritas e constitucionalmente previstas poderá o Estado atuar, diretamente, como empresário, no domínio econômico. Isso é o que consta expressamente do art. 173 da Constituição: "Ressalvados os casos previstos nesta Constituição, a exploração direta de atividade econômica pelo Estado só será permitida quando (...)". Ou seja: em relação a atividades econômicas em geral, a regra é que elas sejam exploradas pela livre-iniciativa, sendo a atuação empresária estatal uma exceção.

Tais exceções envolvem os casos de: (a) imperativos de segurança nacional previsto em lei (CF, art. 173, *caput*); (b) relevante interesse coletivo previsto em lei (CF, art. 173, *caput*); e (c) monopólio outorgado à União (CF, art. 177). Em tais hipóteses, quando não se trate de monopólio, o Estado deverá atuar sob o mesmo regime jurídico das empresas privadas, na linha do que exige o art. 173, § 1º, II, da CF.

Ou seja: a lei poderá entender que o Estado deve explorar determinada atividade econômica por conta de imperativos de segurança nacional ou de relevante interesse coletivo. Em qualquer caso, a atividade estatal deverá submeter-se às mesmas regras aplicáveis à iniciativa privada, de modo a impedir o estabelecimento de uma concorrência desleal. Isso não significa que o legislador tenha um cheque em branco, a despeito do caráter relativamente indeterminado das expressões "imperativo de segurança nacional" e "relevante interesse coletivo". Lei que viesse a definir tal conceito em relação a um dado setor de exploração econômica poderia perfeitamente ter sua constitucionalidade aferida pelo Poder Judiciário, mormente no que tange à razoabilidade ou proporcionalidade desta definição.

De outra parte, os monopólios estatais estão desde logo previstos no art. 177 da Constituição. O exercício de atividade econômica pelo Estado em regime de monopólio significa que tais atividades não apenas passam a ser exercidas pelo Estado, como que os particulares estão impedidos de explorá-las, salvo por delegação estatal específica. Diferentemente do que acontece com a hipótese do art. 173, o monopólio exclui a possibilidade de atuação livre dos

Cap. 13 – ORDEM ECONÔMICA, TRIBUTAÇÃO, ORÇAMENTO E FINANÇAS PÚBLICAS **521**

agentes privados. Trata-se, portanto, da antítese da livre-iniciativa e, por esse motivo, a doutrina é pacífica em afirmar que, a partir da entrada em vigor da nova Carta, só são admitidos os monopólios estatais por ela previstos expressamente.

Um tema controvertido envolveu a qualificação jurídica do chamado "serviço postal" discutida e decidida pelo STF na ADPF 46[34]. O art. 177 não trata do tema e nem há uma referência expressa da Constituição no sentido de que se trataria de um serviço público. O art. 21, X, da Constituição, porém, afirma que compete à União "manter o serviço postal e o correio aéreo nacional" e a Lei nº 6.538/1978 previa determinadas atividades relativas ao serviço postal como monopólio postal. Em apertada votação por cinco votos a quatro o STF acabou por entender que o monopólio legal teria sido recepcionado por conta da redação do art. 21, X[35].

Assim, se a intervenção do Estado na exploração de atividades econômicas é excepcional, sendo a regra a livre-iniciativa, o mesmo não se pode dizer da prestação de serviços públicos, e daí a relevância da distinção. A rigor, os serviços públicos são titularizados pelo Estado estando fora do campo de incidência da livre-iniciativa, cabendo ao Estado prestá-los diretamente ou por meio de agentes delegados, com o objetivo de satisfazer concretamente às necessidades coletivas, sob regime jurídico total ou parcialmente público.

A pergunta que se coloca, porém, é simples de enunciar, mas não necessariamente de responder: mas o que são afinal serviços públicos? E como distingui-los das atividades econômicas propriamente ditas? Embora em alguns casos a distinção possa parecer intuitiva e consensual – como no caso da atividade policial e da diplomacia –, em outros pode não ser tão simples separar as duas categorias.

O Estado brasileiro continua a titularizar um rol importante de serviços, alguns inerentes à sua soberania – os chamados *serviços públicos inerentes* – e outros que, na verdade, apresentam natureza de atividade econômica, mas que a Constituição (ou mesmo a lei dentro de certos parâmetros que preservem a livre-iniciativa) decide qualificar como serviços públicos – *serviços públicos por opção político-normativa*[36].

Isto é, embora seja possível apontar alguns elementos que caracterizam os serviços públicos – a saber: elemento *subjetivo* (o serviço é prestado pelo Estado ou por seus delegados); elemento *material* (o serviço se destina à satisfação concreta de necessidades coletivas); e elemento *formal* (o serviço se submete a regime jurídico total ou parcialmente público) –, a definição de quais atividades se enquadram nessa moldura acaba por ficar a cargo da norma jurídica.

A conciliação de valores e interesses diversos, que envolvem a preservação do interesse público e do bem-estar social, a eficiência e a otimização de recursos, entre outros, levou a Constituição a instituir diferentes regimes de prestação dos serviços públicos. Estes regimes combinam, em intensidade variável, a participação do Poder Público e dos particulares, e podem ser sistematizados nas quatro categorias.

O primeiro regime é aquele em que apenas o Poder Público, com exclusividade, pode prestar determinados serviços, caso típico dos serviços públicos inerentes (como defesa nacional, diplomacia, segurança pública, prestação de jurisdição, atividade legislativa, entre outros). A segunda possibilidade constitui a regra geral em matéria de serviços públicos, prevista no art.

---

34 STF, Tribunal Pleno, ADPF 46, rel. Min. Marco Aurélio, rel. p/ acórdão Min. Eros Grau, j. 05.08.2009, *DJ* 26.02.2010.

35 A questão continua envolta em certa controvérsia tendo em conta a complexidade na interpretação de quais atividades seriam consideradas monopólio postal.

36 Hely Lopes Meirelles. *Direito administrativo brasileiro*. 42. ed. São Paulo: Malheiros, 2016. p. 418 e ss.; Miguel Reale. *Temas de direito positivo*. São Paulo: RT, 1992. p. 136; Norbert Reich. Intervenção do Estado na economia (reflexões sobre a pós-modernidade na teoria jurídica). *Revista de Direito Público*, São Paulo, n. 94, 1990, p. 265 e ss.; e Luís Roberto Barroso. Regime constitucional do serviço postal. Legitimidade da atuação da iniciativa privada. *Temas de direito constitucional*. Rio de Janeiro: Renovar, 2002. t. II, p. 145 e ss.

175 da Constituição e reproduzida quando da previsão de vários serviços específicos. Por este regime, o Estado pode explorar diretamente o serviço *ou* delegar sua execução aos particulares por meio de concessão, permissão ou autorização, sempre mediante licitação. A decisão a esse respeito estará na esfera infraconstitucional.

A terceira possibilidade prevista pela Constituição é a da prestação conjunta do serviço pelo Estado e pelos particulares. Nessa hipótese, porém, diversamente do que se passa com a regra geral do art. 175, a execução dos serviços pela iniciativa privada dependerá, no máximo, de uma licença – ato administrativo vinculado – uma vez atendidas as exigências legais. É o caso dos serviços de educação (CF, art. 209), saúde (CF, art. 199) e previdência (CF, art. 201 e seguintes). A própria Constituição delega aos particulares a prestação desses serviços e o legislador infraconstitucional não poderá obstruir essa faculdade.

O último regime constitucional acerca da prestação de serviços públicos é aquele em que a Constituição atribui ao particular, de forma direta, mediante concurso público, e com exclusão do Poder Público, o desempenho da atividade. É o que se passa com os serviços notariais e de registro, nos termos do art. 236 da Carta em vigor.

Três observações finais devem ser feitas aqui. Em primeiro lugar, a circunstância de não existir um conceito rígido a respeito da natureza dos serviços públicos, e de eles muitas vezes decorrerem de uma opção normativa, não confere à lei liberdade absoluta para definir o que é serviço público. A Constituição estabelece determinados limites que terão de ser observados pelo legislador no particular. Um primeiro limite de natureza geral *é composto pelas* normas constitucionais que asseguram a liberdade econômica. Embora não exista uma definição clara na Constituição referente aos limites dessa liberdade, seria uma fraude se os entes políticos, por meio lei, pudessem considerar como serviço público, *v.g.*, o comércio em geral, vedando ao particular – salvo concessão ou permissão, na forma do art. 175 da Carta – sua exploração.

Além desse limite geral, há também um específico, representado pelas normas constitucionais que, direta ou indiretamente, consideram determinadas atividades como tipicamente econômicas. Em relação a estas, cabe ao Estado o poder de fiscalização e regulação (art. 174) e, caso decida explorá-las diretamente, submete-se aos termos do art. 173 da Constituição.

Em segundo lugar, boa parte dos serviços públicos – como referido acima – pode ser prestada pelo próprio Estado ou por entidades por ele criadas ou sua execução pode ser delegada à iniciativa privada. Assim, o Estado pode constituir pessoas jurídicas públicas (autarquias e fundações públicas) ou privadas (sociedades de economia mista e empresas públicas) e, mediante lei (CF, art. 37, XIX), *outorgar* a tais entes a prestação do serviço público, seja de educação, água, eletricidade ou qualquer outro.

Ou pode, por outro lado, *delegar* à iniciativa privada, mediante contrato ou outro ato negocial, a prestação do serviço. Serve-se aí o Estado de figuras jurídicas como a concessão e a permissão, como previsto no art. 175. Mais recentemente, têm sido concebidas diferentes formas de delegação, identificadas genericamente como *terceirização*, que incluem espécies negociais como a franquia e o contrato de gestão, entre outros.

A estrutura da Administração Pública indireta bem como as características principais desses ajustes e atos administrativos receberão outros comentários no capítulo específico sobre a Administração Pública. O tema, porém, é objeto específico do estudo do Direito Administrativo.

Por fim, a terceira e última observação pode ser enunciada nos seguintes termos. Como referido, a distinção entre atividades econômicas e serviços públicos é da maior importância por várias razões. No campo das atividades econômicas propriamente ditas a regra é a da livre-iniciativa; ao passo que na esfera dos serviços públicos não é esse o caso – os serviços públicos são titularizados pelo Estado e a eventual decisão no sentido de delegar sua execução à iniciativa privada cabe apenas ao poder concedente, que estabelecerá ademais as condições em que essa delegação dar-se-á. Por isso mesmo, o regime jurídico base das atividades econômicas é distinto daquele dos serviços públicos.

Assim, a construção e exploração de um *shopping center*, por exemplo, é uma atividade econômica que, embora submetida a múltiplas normas de disciplina/regulação, tem como regra geral a livre-iniciativa. De outra parte, a prestação dos serviços de telefonia móvel por uma empresa privada se dá nos termos e prazos do seu contrato de concessão firmado com o poder concedente, no caso a União, já que se trata de um serviço público.

Sem prejuízo do que se acaba de expor, é interessante registrar duas tendências observadas nos últimos anos que, sob determinada perspectiva, acabam por aproximar os dois fenômenos. De um lado, tem-se a ampliação das normas de disciplina/regulação aplicáveis a determinadas atividades econômicas típicas. Ou seja: embora livres à iniciativa privada, determinados setores recebem uma ampla regulamentação estatal. O sistema financeiro, como já referido, é um exemplo: trata-se de uma atividade econômica amplamente regulada pelo Poder Público.

De outra parte, observa-se a progressiva utilização, pelo Poder Público, de práticas mais próximas do regime concorrencial privado na construção do regime jurídico aplicável aos serviços públicos concedidos, bem como certa aproximação, a despeito das diferenças, entre as figuras do "usuário" dos serviços públicos daquela do consumidor. O exemplo dos serviços públicos de telecomunicação em geral, e da telefonia móvel em particular, ilustra o ponto. No sistema atual, como se sabe, há vários agentes privados que executam o serviço, por delegação, em regime concorrencial. É certo que essa opção decorreu de uma decisão do poder concedente que avaliou ser esse o mais perfeito formato para promover melhor o interesse dos usuários do serviço, e nesse sentido integra o regime jurídico de direito público aplicável ao serviço, mas não deixa de ser interessante observar essa aproximação entre as duas realidades.

A edição do chamado Código de Defesa do Usuário dos Serviços Públicos, Lei nº 13.460/2017, ilustra igualmente essa tendência em certo sentido. Além de direitos e deveres dos usuários dos serviços públicos, porém, a lei provê também mecanismos de participação e avaliação continuada dos serviços, na linha do que dispõe o art. 37, § 3º, da Constituição.

13.2 TRIBUTAÇÃO E A REFORMA TRIBUTÁRIA (EC Nº 132/2023)

A Constituição trata de forma explícita e sistemática da tributação em seus arts. 145 a 162; é importante registrar, porém, que várias disposições do Ato das Disposições Constitucionais Transitórias (ADCT) são também relevantes para o tema ao disciplinarem fundos que distribuem recursos tributários entre os entes federados para determinadas finalidades. A Emenda Constitucional nº 132, de 20 de dezembro de 2023, introduziu ampla reforma tributária, cuja implementação será progressiva e se completará, de acordo com seus termos, em 2033. Boa parte das previsões introduzidas pela EC nº 132/2023 depende da edição de legislação infraconstitucional atualmente em discussão no Congresso Nacional.

Ao contrário das normas relacionadas com a ordem econômica, toda a disciplina em torno da arrecadação de recursos pelo Estado por meio de tributos é um tema historicamente constitucional, assim como, em alguma medida, a regulação dos gastos levados a cabo pelo Estado – isto é: o orçamento e as finanças públicas –, sobre o que se tratará adiante. Inicialmente, porém, mais que disciplinar de forma detalhada os gastos estatais, uma das preocupações centrais dos documentos que na Idade Média procuravam impor limites ao Estado era justamente a questão tributária. E esse, como se sabe, foi um tema importante de todas as revoluções liberais.

O direito tributário, embora profundamente constitucional, como se verá, ganhou enorme desenvolvimento teórico e legislativo nas últimas décadas, de modo que seu estudo exige hoje uma dedicação e uma expertise específicas. Nesse sentido, como já se sinalizou em outras partes deste curso, o que se vai apresentar aqui é um primeiro conjunto de informações, mas há muitas outras camadas de conhecimento a serem adquiridas e adicionadas. De qualquer forma, é certo que todo o direito tributário deverá obediência às regras e princípios fixados na Constituição: do Código Tributário Nacional às portarias ou instruções normativas das Receitas Federal, Estaduais ou Municipais. Daí por que é essencial estabelecer o fundamento constitucional primeiro, antes de avançar na investigação infraconstitucional das discussões.

Algumas observações gerais antes de nos aproximarmos de forma mais organizada do sistema tributário nacional delineado pelo texto atual da Constituição de 1988. Em primeiro lugar, a tributação é, sem dúvida, o principal meio pelo qual o Estado – aqui considerado genericamente para incluir União, Estados, Distrito Federal e Municípios – obtém recursos para custear seu funcionamento e suas atividades. Não é, porém, o único meio. Paralelamente aos tributos, o Estado pode obter recursos também pela exploração de seus próprios bens e serviços públicos, além de eventualmente poder realizar lucro por meio da exploração de atividades econômicas, nos termos permitidos pela Constituição[37].

Assim, por exemplo, os recursos minerais do subsolo são propriedade da União (art. 20, IX): a União poderá explorar diretamente tais bens ou, como é mais comum, autorizar a exploração por terceiros mediante o recebimento de uma participação nos resultados. O Estado pode alugar seus imóveis, por exemplo, ou autorizar seu uso em alguma medida por meio de remuneração. O mesmo se diga da prestação de serviços públicos: o Poder Público poderá prestá-los diretamente de forma onerosa ou delegar sua execução a particulares, como se viu acima, obtendo recursos por força dessa delegação, caso haja vários interessados em competir para obter a concessão/permissão estatal.

Em segundo lugar, embora o objetivo principal dos sistemas tributários continue a ser a obtenção de recursos, a verdade é que eles se tornaram bastante complexos e realizam hoje outras finalidades, denominadas de parafiscais ou regulatórias. Isto é: por meio da política tributária, além de obter recursos, o Estado estimula ou desestimula atividades e condutas ou o consumo de determinados produtos ou serviços, e pode ser utilizada para promover direitos e fins públicos relevantes, aspectos da política econômica, da política de comércio internacional, entre outras possibilidades.

A EC nº 132/2023, por exemplo, estabeleceu a proteção do meio ambiente como um fim constitucional que autoriza várias diferenciações tributárias, e seu art. 8º criou uma Cesta Nacional de Alimentos sobre os quais a alíquota dos novos tributos criados pela reforma (Imposto sobre Bens e Serviços – IBS e a Contribuição sobre Bens e Serviços – CBS) deverá ser zero.

Sob a perspectiva do desestímulo, na parte sobre política urbana e rural se mencionou a possibilidade de cobrança progressiva do IPTU e do ITR na hipótese de propriedades, respectivamente, desocupadas ou improdutivas, de modo a induzir ao cumprimento de sua função social. Com finalidade similar, a reforma tributária introduzida pela EC nº 132/2023 criou o chamado imposto seletivo (art. 153, VIII) – batizado pela imprensa como "imposto do pecado" – que deverá incidir sobre produção, extração, comercialização ou importação de bens e serviços prejudiciais à saúde. O objetivo é desestimular o consumo desses bens e serviços.

Há muitos outros mecanismos de que a tributação pode se valer – e que o sistema brasileiro efetivamente utiliza – como alíquotas diferenciadas, imunidades, isenções e benefícios fiscais, cujo objetivo, para além de arrecadar propriamente recursos, é produzir outros resultados econômicos, políticos e sociais.

Por fim, a tributação envolve uma limitação ou intervenção imposta pelo Estado ao direito fundamental à propriedade. A relação da tributação com os direitos fundamentais é multifacetada,

---

[37] Daí a distinção entre receitas públicas derivadas (originárias de tributos ou sanções) e originárias (oriundas da exploração de bens ou serviços públicos).

Cap. 13 – ORDEM ECONÔMICA, TRIBUTAÇÃO, ORÇAMENTO E FINANÇAS PÚBLICAS **525**

já que a tributação, de um lado, é uma restrição ao direito de propriedade, repercutindo sobre a liberdade e a autonomia individuais; e, de outro, é um mecanismo por meio do qual direitos podem ser promovidos. Feita essa introdução, cabe aprofundar o exame do tema.

13.2.1 Tributação e reforma tributária: Direitos Fundamentais e Federação

Do ponto de vista constitucional, o tema do direito tributário pode ser mais bem compreendido a partir de dois eixos principais: as suas múltiplas relações com os direitos fundamentais e com a estrutura federativa do Estado brasileiro. Cabe examiná-los a luz do sistema constitucional vigente considerando a EC nº 132/2023.

13.2.1.1 Tributação, reforma tributária e direitos fundamentais: restrição, promoção, impactos e parafiscalidade

Para fins didáticos, é possível dizer que a tributação estabelece quatro grandes relações com os direitos fundamentais. *A primeira relação, e a historicamente mais antiga, associa a tributação com a restrição de direitos*, sobretudo da propriedade. Assim, as normas constitucionais que abordam o assunto ocupam-se, com boa razão, de limitar a ação estatal, a fim de proteger os direitos das pessoas contra a sanha arrecadatória do Estado. Na expressão clássica da jurisprudência norte-americana, o poder de tributar envolve o poder de destruir[38].

A tributação restringe direitos fundamentais e integra o conjunto de possibilidades constitucionalmente admitidas, nos limites autorizados, de intervenção estatal no direito de propriedade, que incluem ainda as limitações administrativas (art. 5º, XXIII), as desapropriações (art. 5º, XXIV), as requisições (art. 5º, XXV) e as sanções (art. 5º, LIV). O ponto é importante, uma vez que o Poder Público não pode pretender restringir livremente a propriedade privada a pretexto de seu poder de império: ele só poderá fazê-lo por meio de um dos mecanismos admitidos constitucionalmente e observadas as previsões constitucionais aplicáveis a cada um deles.

Assim, por exemplo, a desapropriação é possível, mas exige que uma série de requisitos esteja presente. Do mesmo modo, a tentativa estatal de retirar bens de um indivíduo sob o fundamento de uma sanção depende de as garantias próprias do direito sancionador terem sido observadas. O mesmo vale para a tributação: o Estado, aqui incluindo todos os entes federativos, poderá instituir e cobrar tributos, porém deverá fazê-lo em obediência às previsões constitucionais que tratam do assunto.

Assim, uma parte importante das normas constitucionais sobre o tema vai estabelecer limites ao poder de tributar, definir os tributos que podem ser instituídos e cobrados, bem como as regras e competências para a criação de novos, tudo de modo a impedir que o Estado (União, Estados, Distrito Federal e Municípios) se exceda em sua atividade tributária em detrimento dos direitos das pessoas.

Com efeito, é interessante observar que essas normas, que constituem, na realidade, garantias dos contribuintes, são consideradas cláusulas pétreas pelo STF. Embora não constem do art. 5º, o STF já se pronunciou no sentido de que os direitos dos contribuintes são direitos e garantias individuais tendo o *status* de cláusula pétrea[39]. Isso significa que nem mesmo emendas constitucionais podem tender a abolir tais garantias.

O caso decidido pelo STF envolveu a criação, por emenda constitucional de um novo imposto: o imposto provisório sobre movimentação financeira (IPMF), de competência da

---

[38] O célebre enunciado é de autoria de John Marshall, Juiz da Suprema Corte norte-americana, ao julgar o caso *McCulloch vs. Maryland*, de 1819, envolvendo a tributação de Banco Nacional por um Estado da Federação.

[39] STF, Tribunal Pleno, ADI 939/DF, rel. Min. Sydney Sanches, j. 15.12.1993, *DJ* 18.03.1994.

União[40]. A dificuldade estava em que a emenda pretendia que o imposto fosse cobrado de imediato sem respeitar uma das garantias do contribuinte que é a anterioridade, no formato da anualidade, sobre a qual se tratará adiante (art. 150, III, *b*). Em suma, o que a garantia prevê é que não se podem cobrar tributos no exercício financeiro (isto é: no mesmo ano) em que publicada a lei que o instituiu ou aumentou. O STF declarou a emenda inconstitucional nesse ponto, determinando que a cobrança do novo imposto apenas poderia ter início em 1º de janeiro do ano seguinte, já que a anterioridade era uma cláusula pétrea que não podia ser afastada pelo constituinte derivado.

Mas há uma *segunda relação do direito tributário com os direitos fundamentais*, importante para sua compreensão e que complementa o ponto, introduzindo certa tensão em relação a ele. Não há dúvida de que a ação tributária estatal pode ser uma ameaça para os direitos individuais, espoliando as pessoas de seus bens e meios de vida. Por outro lado, no entanto, as atividades estatais em geral, incluindo aquelas que envolvem a proteção e promoção de direitos, são custeadas pelos recursos públicos, boa parte dos quais é obtido por meio da tributação. Assim, por exemplo, os serviços públicos de saúde ou de educação ou de segurança são custeados principalmente pela via da tributação.

Ou seja: se o direito constitucional tributário se preocupa com os limites da ação estatal, ele está consciente de que a tributação define também, em boa medida, as possibilidades de atuação do Estado. Várias normas constitucionais têm essa perspectiva – não apenas em relação à tributação, mas também e sobretudo, no campo do orçamento e das finanças públicas sobre o qual se tratará adiante – ao dispor, por exemplo, da vinculação de determinados tributos a finalidades específicas (as contribuições), dos investimentos mínimos em certos setores e das consequências do descumprimento desses investimentos, dos fundos vinculados a alguns fins, dentre outras previsões.

Esse é um eixo importante e que precisa ser levado a sério. A atribuição de tarefas e serviços ao Estado pela Constituição, ou pelas leis, importa a necessidade de recursos para custeá-los. Esses recursos precisam vir de algum lugar, frequentemente da tributação. Quase tudo custa dinheiro e não adianta fingir que basta a consagração constitucional ou legal de um direito que o Estado deve de alguma forma proteger ou promover para que automaticamente isso aconteça. Atos concretos terão de ser praticados para que esse fim se realize e eles têm custos.

É certo que há outras discussões da maior relevância nesse contexto, como a gestão eficiente dos recursos públicos disponíveis – como fazer mais com menos –, o combate à corrupção e ao desperdício, a melhor administração dos bens estatais etc. Em qualquer caso, existe uma relação direta e inevitável entre a tributação e a quantidade de recursos disponíveis para custear as atividades que a sociedade decide atribuir ao Estado, entre as quais aquelas que visam promover direitos.

Há, ainda, uma *terceira relação da tributação com os direitos fundamentais,* que tem sido discutida mais recentemente e envolve os impactos que as opções do sistema tributário têm sobre os direitos e, frequentemente, sobre os direitos dos grupos menos favorecidos em uma sociedade desigual. A percepção desses impactos tem suscitado o debate para que as opções legislativas acerca da tributação sejam concebidas de modo a minimizar efeitos indesejados e maximizar efeitos desejados também sob essa perspectiva.

Alguns exemplos ilustram o fenômeno. Um sistema centrado em tributação indireta penaliza a população de baixa renda, já que o pobre e o rico pagam o mesmo tributo ao consumir determinado produto ou serviço. Na mesma linha, a indiferenciação de amplas categorias de

---

[40] O IPMF tinha um prazo de vigência. Posteriormente, foi criado e recriado outro tributo – agora uma contribuição e não mais um imposto – com perfil similar denominado de contribuição provisória sobre movimentação financeira (CPMF).

produtos e serviços para fins de tributação produz esse mesmo efeito. Uma categoria ampla como transporte, por exemplo, inclui avião e trem urbano, serviços utilizados por grupos com capacidade contributiva em geral bastante diversa. Mas o impacto não envolve apenas o critério renda. Determinados produtos, por exemplo, são consumidos apenas por mulheres, de modo que uma maior incidência tributária as prejudica de forma desproporcional.

Veja-se que a segunda relação da tributação com os direitos fundamentais identificada se relaciona com esta, mas elas se apresentam de forma distinta. Ao criar uma política de transferência de renda como o Bolsa Família, por exemplo, o Estado pretende promover direitos e para isso precisa de recursos que virão majoritariamente dos tributos pagos pela sociedade. De outra parte, ao reduzir os tributos incidentes, por exemplo, sobre os serviços de transporte público coletivo de passageiros rodoviário e metroviário de caráter urbano, semiurbano e metropolitano, a norma tributária modula a arrecadação e distribui seu impacto sobre a sociedade de modo a observar direitos como a igualdade, a capacidade contributiva e o fim geral de redução das desigualdades sociais.

Essa relação da tributação com os direitos fundamentais recebeu especial atenção da EC nº 132/2023, que criou mecanismos a fim de tentar minimizar, por exemplo, o impacto tributário sobre os mais pobres, de modo a reduzir a desigualdade de renda, sobretudo aquela agravada pela própria tributação. O art. 8º da EC nº 132/2023, por exemplo, criou uma Cesta Nacional de Alimentos sobre os quais a alíquota de dois dos novos tributos criados pela reforma (Imposto sobre Bens e Serviços – IBS e a Contribuição sobre Bens e Serviços – CBS) deverá ser zero. Produtos de higiene e limpeza majoritariamente consumidos por famílias de baixa renda, produtos de cuidado básico à saúde menstrual e o transporte coletivo urbano receberam um regime diferenciado de tributação com alíquotas menores.

A reforma tributária previu, ainda, um sistema de devolução do IBS pago (*cash back*) a pessoa física de baixa renda com o objetivo de reduzir as desigualdades de renda; lei complementar disporá sobre as operações que autorizarão essa devolução e a Emenda já define que o benefício deverá incidir sobre operações de compra de energia elétrica e de bujão de gás (art. 156-A, § 5º, VIII, §§ 12 e 13).

Por fim, *uma quarta relação da tributação com os direitos fundamentais envolve o uso parafiscal dos tributos para a promoção de determinados direitos*. Como mencionado, embora a finalidade principal da tributação seja a obtenção de recursos, muitas vezes as opções tributárias visam promover outros fins, seja por meio de estímulo ou desestímulo. Trata-se de um dos mecanismos de que o Estado pode se valer para intervir na ordem econômica na modalidade de fomento.

A decisão estatal de utilizar a tributação como meio de fomento exige a observância do princípio da legalidade, a validade do fim pretendido e a razoabilidade/proporcionalidade do meio adotado, a isonomia na distribuição do ônus associado ao fomento, e o respeito a eventuais regras de processo legislativo. Assim, por exemplo, a lei orçamentária anual deve ser acompanhada de demonstrativo regionalizado do efeito, sobre receitas e despesas, de eventuais benefícios fiscais (art. 165, § 6º), e a política pública de fomento deve ser monitorada e avaliada considerando seus objetivos, e a discussão orçamentária deve considerar essas informações (arts. 165, § 16, e 37, § 16).

Frequentemente essa utilização parafiscal do sistema tributário visa a fins macroeconômicos, como o controle da inflação, o desenvolvimento regional ou o desenvolvimento de determinado setor da economia. Essa utilização parafiscal do sistema tributário pode ter como fim mais imediato a promoção de direitos. Com a EC nº 132/2023, dois fins parafiscais diretamente associados com a promoção de direitos foram estabelecidos na Constituição: a proteção do meio ambiente e a proteção da saúde. O novo texto constitucional autoriza de forma expressa diferenciações tributárias visando à promoção desses dois fins.

Sobre a saúde, a reforma tributária introduzida pela EC nº 132/2023 criou o chamado imposto seletivo (art. 153, VIII) – batizado pela imprensa como "imposto do pecado" – que deverá incidir sobre produção, extração, comercialização ou importação de bens e serviços prejudiciais à saúde. O objetivo é desestimular o consumo desses bens e serviços. A redação original da Constituição já permitia a seletividade do IPI e do ICMS em função da essencialidade do produto, autorizando alíquotas maiores para produtos não essenciais, categoria que poderia abarcar aqueles considerados prejudiciais. O texto atual, porém, é explícito no objetivo e institui um tributo específico para esse fim.

Ainda sobre saúde, a reforma tributária prevê que os novos tributos – Imposto sobre Bens e Serviços – IBS e a Contribuição sobre Bens e Serviços – CBS – terão regimes diferenciados com alíquotas menores para serviços de saúde, medicamentos e dispositivos médicos, por exemplo.

Acerca da defesa do meio ambiente, além da previsão geral de que se trata de um princípio do sistema tributário (art. 145, § 3º), a EC nº 132/2023 criou mecanismos tanto de estímulo quanto de desestímulo visando a sua promoção. O imposto seletivo incidirá também sobre produtos e serviços prejudiciais ao meio ambiente (art. 153, VIII) e os Estados estão autorizados a prever alíquotas diferenciadas para o imposto sobre veículos automotores (IPVA) em função do impacto ambiental (art. 155, § 6º, II). Uma fração (pequena, é verdade) dos recursos devidos aos Municípios no sistema de repartição será distribuída com base em índices de preservação ambiental, definidos em lei estadual (art. 158, § 2º, II). Iniciativas de desenvolvimento regional – incluindo o novo Fundo Nacional de Desenvolvimento Regional, criado pela reforma – deverão priorizar projetos que prevejam ações de sustentabilidade ambiental e redução das emissões de carbono (arts. 159-A, § 2º, e 43, § 4º).

13.2.1.2 Tributação, reforma tributária e federação: competências compartilhadas e o novo fundo para redução das desigualdades

O segundo eixo do qual a compreensão do direito constitucional tributário depende é a federação. Parte importante das normas constitucionais tributárias estão relacionadas com a dinâmica federativa brasileira sob diferentes aspectos e o tema foi alvo de várias alterações pela reforma tributária introduzida pela EC nº 132/2023. Assim, em primeiro lugar, é preciso regular a atividade tributária de todos os entes, distribuindo entre eles competências, estabelecendo limites e evitando conflitos entre as suas atuações múltiplas e simultâneas. A Constituição se ocupa de distribuir as competências tributárias entre União, Estados, Distrito Federal e Municípios, de aplicar a todos eles os limites que garantem os direitos dos contribuintes e de estabelecer diretrizes para a solução de conflitos entre eles, que devem ser desenvolvidas por lei complementar.

Além disso, e na linha exposta acima, todos os entes – União, Estados, Distrito Federal e Municípios – receberam competências e atribuições do texto constitucional. Em tese, os recursos obtidos por meio da tributação (ou aqueles oriundos de receitas originárias) deveriam ser capazes de custear essas atividades. A realidade, porém, não é tão simples, infelizmente, e isso reflete diretamente no tema da tributação.

O Brasil é um país desigual e uma das dimensões bastante pronunciadas dessa desigualdade é geográfica ou territorial. Os Estados-membros têm realidades econômicas, geográficas, populacionais muito diferentes, e o mesmo se diga dos Municípios. Do ponto de vista fático, portanto, o Brasil é uma federação assimétrica, isto é: Estados e Municípios são profundamente diversos na sua realidade econômico-social. A comparação de São Paulo com Piauí ou Maranhão e do Município de São Paulo com os Municípios de Teresina ou de São Luís são suficientes para demonstrar o ponto.

Cap. 13 – ORDEM ECONÔMICA, TRIBUTAÇÃO, ORÇAMENTO E FINANÇAS PÚBLICAS **529**

Nada obstante isso, do ponto de vista jurídico, a nossa federação é simétrica. Ou seja: todos os Estados receberam da Constituição as mesmas competências em geral, inclusive tributárias, e todos os Municípios são destinatários das mesmas normas constitucionais que descrevem suas atribuições e competências tributárias. A Constituição prevê, é verdade, que a União poderá articular sua ação visando à redução das desigualdades regionais por meio de incentivos regionais e planos de investimento para as diferentes regiões (art. 43). Essa previsão, porém, deveria ser a exceção, não a regra, e em qualquer caso depende da iniciativa da União, e não do exercício da autonomia dos entes federados.

A simetria jurídica da Federação brasileira significa que o Estado de São Paulo e o Estado do Piauí têm as mesmas responsabilidades e competências para prestar serviços, assim como as mesmas competências tributárias. As realidades sobre as quais essas competências incidem, porém, são bastante diversas. Basta imaginar, para fins de ilustração, o volume de circulação de mercadorias e serviços nos dois Estados – sobre o que incidirá o ICMS, imposto estadual que será extinto em 2033, nos termos da EC nº 132/2023 – e, portanto, a quantidade de tributos devidos em cada caso. O mesmo se passa com os Municípios: o imposto predial e territorial urbano – IPTU é um dos principais tributos municipais, mas muitos Municípios brasileiros são predominantemente rurais, arrecadando pouquíssimo IPTU.

Ou seja: as competências tributárias atribuídas aos entes pela Constituição nem sempre serão capazes de prover recursos necessários para o desempenho de suas atribuições. A dimensão financeira da autonomia no âmbito da Federação é da maior relevância, já que pouco adianta deter competências nominais se o ente não é capaz de levá-las a cabo por falta de recursos: eles são indispensáveis para que se possa falar de autonomia federativa real. Essa realidade levou a Constituição a estruturar, para além das competências tributárias originariamente atribuídas a cada ente federativo, um sistema de repasses obrigatórios de verbas oriundas de impostos entre os entes, de modo a minimizar essas desigualdades. Assim, como se verá, uma parte do que é arrecadado pela União a título de imposto de renda, por exemplo, é obrigatoriamente repassada para Estados, Distrito Federal e Municípios, de acordo com as regras que a Constituição estabelece.

Além da desigualdade regional e seus efeitos no sistema de arrecadação tributária, a realidade é que a Constituição de 1988 concentrou na União parte significativa das competências tributárias. E alguns tributos federais – como as contribuições – não se submetem às regras que cuidam dos repasses obrigatórios, sendo que eles representam um percentual cada vez maior da arrecadação da União. A consequência disso é a crescente dependência de Estados e Municípios da ajuda financeira federal: já não mais apenas dos repasses constitucionais, obrigatórios nos termos da Constituição, mas de outras formas de obtenção de recursos que os entes negociam com a União.

Três das principais alterações introduzidas pela EC nº 132/2023 envolvem justamente a federação brasileira. Em primeiro lugar, e essa é a alteração mais relevante, a reforma tributária prevê a extinção, em 2033, de quatro tributos, sendo dois de competência da União (Cofins e PIS), um estadual (ICMS)_e um municipal (ISS), e a substancial redução do IPI a partir de 2027, também federal; esses cinco tributos serão substituídos por dois novos: um de competência da União (a Contribuição sobre Bens e Serviços – CBS) e um novo imposto de competência compartilhada entre os Estados, Distrito Federal e Municípios (o Imposto sobre Bens e Serviços – IBS).

A gestão compartilhada do IBS será feita pelos Estados, Distrito Federal e Municípios por meio do Comitê Gestor do Imposto sobre Bens e Serviços, de acordo com a regulação prevista pelo texto constitucional e que será detalhada em lei complementar (art. 156-B). A Constituição prevê que os entes federados poderão fixar sua própria alíquota ou aderir a alíquota de referência pelo Senado, mas a arrecadação será unificada bem como o contencioso administrativo correspondente.

Trata-se da primeira experiência de uma competência tributária efetivamente compartilhada entre diferentes entes da federação que ensejará desafios práticos para os quais, espera-se, a legislação deverá oferecer soluções. Como exatamente o Comitê Gestor funcionará e como se estabelecerá a relação entre ele e os entes federados? Em face de quem ações de contribuintes discutindo aspectos do IBS deverão ser ajuizadas: do ente federado ou do comitê gestor? E qual será o Judiciário competente para eventuais ações discutindo decisões do comitê gestor?

Uma segunda inovação envolve a chamada tributação no destino, e não mais na origem, como era a regra dos impostos que serão extintos. O IBS, portanto, tributará o consumo e não a produção, sendo devido ao ente federado onde o consumo do bem ou serviço se verificar. Caberá à lei complementar detalhar o ponto, já que definir onde o consumo acontece pode não ser uma operação simples, sobretudo em relação a bens e serviços não materiais difundidos por meios digitais. Do ponto de vista federativo, a alteração pretendeu inviabilizar a chamada "guerra fiscal" entre os entes, que, com a tributação incidente sobre a produção, usavam incentivos fiscais para atrair a instalação de empresas em seus territórios.

Uma terceira inovação da EC nº 132/2023 foi a criação do Fundo Nacional de Desenvolvimento Regional, cujo objetivo é reduzir as desigualdades regionais e sociais (art. 159-A). Por meio do fundo, a União entregará recursos aos Estados e ao Distrito Federal para iniciativas descritas nos incisos do art. 159-A visando à redução das desigualdades. O art. 43 da Constituição já previa a possibilidade de a União articular iniciativas visando à redução das desigualdades regionais, e o novo Fundo constitucionaliza uma ação nesse sentido.

Apresentados esses dois eixos em torno dos quais o direito constitucional tributário se articula, cabe agora percorrer, ainda que brevemente, as limitações ao poder de tributar e o sistema tributário de que cuida a Constituição de 1988. Vale o registro de que a reforma tributária introduzida pela EC nº 132/2023 previu que sua implementação será feita por etapas ao longo do tempo, concluindo-se em 2033, de modo que determinados dispositivos ainda não se encontram vigentes e outros perderão a vigência nos próximos anos.

13.2.2 Limitações ao poder de tributar

A Constituição identifica, dentro do capítulo sobre o sistema tributário nacional, que inicia no art. 145, uma seção específica – arts. 150 a 152 – tratando das "limitações ao poder de tributar", que é sobre o que se abordará neste tópico. Essas limitações são da maior relevância e se comunicam, a rigor, com os dois eixos discutidos acima. Parte delas está diretamente relacionada com (i) a proteção dos contribuintes contra o potencial destrutivo da ação tributária estatal. Outra parte das limitações, como se verá, diz respeito à (ii) promoção de fins considerados valiosos pela Constituição, destacando-se nesse contexto a técnica das imunidades tributárias. E outras limitações se preocupam ainda com (iii) o equilíbrio federativo e a autonomia dos entes federados.

Antes de examinar essas limitações ao poder de tributar, é relevante ter em vista que, para além dessa seção, muitas outras previsões constituem também limitações gerais ao poder de tributar. A organização do próprio sistema tributário – que prevê desde logo que tributos podem ser instituídos e criados pelos entes federados – constitui uma limitação, já que os entes não poderão criar outros para além daqueles previstos, estando vinculados aos parâmetros constitucionais na matéria. O ponto será retomado adiante.

13.2.2.1 *Limitações ao poder de tributar: proteção do contribuinte*

Na linha enunciada acima, é possível agrupar as limitações ao poder de tributar em três grandes grupos para fins didáticos. O primeiro cuida de limites à ação tributária do Estado visando a proteger o contribuinte contra o autoritarismo, a discriminação, a surpresa e o excesso na tributação. Aprofunde-se brevemente a questão.

Assim, a primeira garantia constitucional do contribuinte é a de que União, Estados, Distrito Federal e Municípios apenas poderão exigir ou aumentar tributo por meio de lei (art. 150, I). Trata-se de uma aplicação específica da garantia geral da legalidade pela qual ninguém poderá ser obrigado a fazer ou deixar de fazer coisa alguma senão em virtude de lei (art. 5º, II). A ideia subjacente – clássica inclusive (*no taxation without representation*) – é a de que a decisão de exigir tributos ou aumentá-los depende sempre da concordância dos representantes da população afetada – o Legislativo – e não apenas da iniciativa ou do desejo do Poder Executivo.

Embora a *legalidade tributária* pareça simples de enunciar sua operacionalização pode envolver várias complexidades valendo proferir apenas duas delas de forma bastante simplificada. Em primeiro lugar, existe certa divergência teórica a respeito da compreensão que se deve ter acerca do que a legalidade tributária exige afinal. Para parte da doutrina, a legalidade tributária impõe uma tipicidade fechada no sentido de que cabe à lei formal descrever todos os elementos do tributo de forma precisa. Assim, uma vez que a realidade econômica não se enquadre na descrição legal, não haverá fundamento para a tributação[41]. Outra parte da doutrina sustenta que essa visão excessivamente rígida da legalidade tributária estimula todo tipo de manobra formal por parte dos agentes econômicos, sobretudo dos que têm maior capacidade econômica, para evitar a tributação. Isso desequilibraria o sistema, desonerando justamente quem tem maior capacidade contributiva e privando o Estado de recursos para a realização de seus fins[42].

Outra complexidade envolve os processos de delegação legislativa, cada vez mais frequentes na atividade estatal como um todo e que repercutem também na tributação. Com efeito, a própria Constituição traz uma delegação em matéria tributária para o Poder Executivo. Na forma do art. 153, § 1º, o Poder Executivo, nos termos e limites fixados em lei, poderá alterar as alíquotas dos impostos de importação (II), exportação (IE), sobre produtos industrializados (IPI) e sobre operações financeiras (IOF – na realidade sobre "operações de crédito, câmbio e seguro, ou relativas a títulos ou valores mobiliários").

A EC nº 132/2023 previu ao menos mais duas hipóteses de delegação: (i) o Poder Executivo municipal poderá atualizar a base de cálculo do IPTU conforme critérios estabelecidos pela lei municipal (art. 156, § 1º, III) e (ii) o Executivo Federal e o Comitê Gestor do Imposto sobre Bens e Serviços poderão revisar o valor do crédito presumido concedido na hipótese do art. 9º, § 5º, da EC nº 132/2023, sem observância da garantia do art. 150, I.

Não há dúvida sobre a validade da delegação prevista pela própria Constituição, mas até que ponto o legislador pode transferir à Administração a definição de elementos tributários sem violar com isso a garantia da legalidade tributária? Não é incomum, na prática, que decisões de órgãos e entidades do Poder Executivo acabem tendo repercussão considerável sobre a obrigação tributária devida pelo particular.

Como se viu ao tratar da legalidade de forma geral, o STF tem estabelecido alguns parâmetros para o exame da validade das delegações legislativas. Em primeiro lugar, a delegação deve ser logicamente necessária por razões técnicas, ou de celeridade, ou diante dos fins que se pretende alcançar. E, em segundo lugar, a delegação deve ser acompanhada de parâmetros que permitam o controle. Aparentemente, a jurisprudência tem considerado que o atendimento a essas exigências é suficiente também em matéria tributária[43], embora a discussão esteja longe de ser encerrada.

---

[41] Alberto Xavier. *Os princípios da legalidade e da tipicidade da tributação*. São Paulo: RT, 1978. p. 69-70

[42] José Marques Domingues de Oliveira. Legalidade tributária, o princípio da proporcionalidade e a tipicidade aberta. *Revista de Direito Tributário*, São Paulo, n. 70, 1998, p. 106-116.

[43] STJ, REsp 1.428.077/SC, rel. Min. Herman Benjamin, j. 09.01.2014, *DJ* 20.03.2015.

A segunda garantia assegurada aos contribuintes pela Constituição é a de que não se admite tratamento desigual para pessoas em situação equivalente, sendo certo que o constituinte já exclui, desde logo, a possibilidade de o legislador considerar como "situação não equivalente" a ocupação profissional ou função do contribuinte, bem como a denominação jurídica dos rendimentos, títulos ou direitos. Trata-se, portanto, da *garantia da isonomia e da vedação à discriminação no contexto tributário* (art. 150, II).

Garantir a isonomia, como já se discutiu na parte específica sobre princípios, não significa assegurar um tratamento sempre igualitário, já que situações diversas podem exigir um tratamento igualmente diverso. A grande questão, como se sabe, é definir que situações podem efetivamente ser consideradas diversas e que tratamento diverso pode ou deve ser atribuído em cada caso. O tema passa necessariamente pela discussão da validade do elemento de *discrimen* escolhido e do tratamento diferenciado adotado.

Pois bem, no contexto tributário, a Constituição estabelece o grande elemento de *discrimen* que deve nortear a ação estatal, sobretudo no que diz respeito aos impostos: trata-se da capacidade econômica – e, *a fortiori*, da capacidade contributiva – do contribuinte, na linha do art. 145, § 1º. Ou seja: no que diz respeito aos impostos, quem ganha mais, tem mais, deve pagar mais.

Mas como implementar o respeito à capacidade contributiva? O ponto traz à tona uma distinção muito relevante e discutida no âmbito do direito tributário que é a dos impostos diretos e indiretos, tema que foi alvo de diversas alterações pela EC nº 132/2023. De forma simplificada, os impostos diretos são aqueles que incidem sobre os bens e renda das pessoas e, no sistema atual, são o imposto de renda (IR), o imposto sobre a propriedade de veículos automotores (IPVA) e o imposto sobre a propriedade territorial urbana (IPTU), o imposto sobre a propriedade territorial rural (ITR) e o imposto sobre grandes fortunas (IGF), sendo que este último não foi até o momento instituído.

Relativamente aos impostos diretos, é possível graduá-los em função da capacidade econômica do contribuinte de forma mais direta, de modo que, *e.g.*, quem tem mais renda pagará um valor maior a título de IR; quem é proprietário de um imóvel de maior valor, pagará mais IPTU ou ITR, conforme o caso. Esse pagamento a maior, a rigor, decorreria da aplicação da mesma alíquota para todos os casos, mas o certo é que a Constituição autoriza de forma expressa a utilização de cobranças progressivas relativamente ao IR (art. 153, § 2º, I), ao IPTU (art. 156, § 1º, I) e ao ITR (art. 153, § 4º, I), como mecanismo de equalizar a capacidade contributiva. A EC nº 132/2023 autorizou igualmente a adoção pelos Estados de alíquotas progressivas para o imposto de transmissão *causa mortis* e doação, em função do valor do quinhão, legado ou doação (art. 155, § 1º, VI).

Vale lembrar que, em relação ao IPTU, a possibilidade do uso regular da progressividade foi introduzida pela EC nº 29/2000, após o STF entender no sentido da inconstitucionalidade de leis municipais que pretendiam atribuir esse perfil ao imposto sem uma expressa autorização constitucional. O texto original da Constituição previa a progressividade do IPTU apenas como mecanismo de sanção na hipótese de violação da função social da propriedade urbana. Após a emenda, porém, os Municípios passaram a poder, validamente, instituir IPTU progressivo em função do valor do imóvel, que não se confunde com o mecanismo de sanção de que trata o art. 182, § 4º, II, da Constituição.

Os chamados impostos indiretos, por seu turno, são aqueles que incidem sobre a produção de bens, a prestação de serviços e a circulação deles, como, por exemplo, o imposto sobre circulação de mercadorias e serviços (ICMS), o imposto sobre serviços (ISS) e o imposto sobre produtos industrializados (IPI), entre outros. Em última análise esses impostos acabam sendo incorporados ao preço dos produtos e serviços e pagos pelos consumidores em geral. No âmbito dos impostos indiretos, é muitíssimo mais difícil considerar a capacidade do contribuinte de fato (isto é: o consumidor a quem, ao fim, é repassado o custo desses impostos). Assim, um milionário e alguém que recebe um salário-mínimo por mês pagarão a mesma quantidade de imposto ao comprarem alimentos, roupas, sapatos etc.

Existem mecanismos pelos quais é possível reduzir esse impacto uniforme dos impostos indiretos. É possível, por exemplo, adotar alíquotas menores para produtos e serviços considerados essenciais – e a Constituição o determina relativamente ao IPI (art. 153, § 3º, I) e ao ICMS (art. 155, § 2º, III) –, sob a premissa de que eles serão adquiridos necessariamente pelas pessoas com menor capacidade contributiva, e tributar mais produtos considerados de luxo, por exemplo.

Seja como for, parece evidente que o ideal seria que a tributação se concentrasse nos impostos diretos e não nos indiretos, de modo a equilibrar o custeio do Estado brasileiro em função da capacidade contributiva. Infelizmente, porém, não é essa a realidade brasileira. A carga tributária é concentrada nos tributos indiretos, e não nos diretos. Ou seja, os mais pobres são proporcionalmente mais onerados do ponto de vista tributário – já que pagam grande quantidade de tributo em tudo que consomem – do que os ricos.

A reforma tributária, introduzida pela EC nº 132/2023, ocupou-se, sobretudo, dos impostos indiretos: da tributação sobre o consumo. A reforma não reduziu o volume da tributação indireta, que continua altíssimo. Mas a EC nº 132/2023 tentou torná-la mais simples e reduzir seu impacto sobre os mais pobres.

Sob a perspectiva da simplicidade, a EC nº 132/2023 pretende extinguir quatro tributos incidentes sobre a cadeia produtiva (da União: Cofins e PIS; dos Estados/DF: ICMS; e dos Municípios: ISS), reduzir substancialmente o IPI, também da União, e substituí-los por dois novos, também indiretos: um de competência da União (a Contribuição sobre Bens e Serviços – CBS) e um novo imposto de competência compartilhada entre os Estados, Distrito Federal e Municípios (o Imposto sobre Bens e Serviços – IBS)[44]. De acordo com o novo art. 149-B, o CBS e o IBS terão uma disciplina básica uniforme (mesmo fato gerador, base de cálculo, hipóteses de não incidência, sujeitos passivos, imunidades, regimes específicos, diferenciados ou favorecidos de tributação etc.).

Note-se que, embora seja uma contribuição, a nova CBS funciona como um imposto indireto sob a perspectiva do respeito ou não da capacidade contributiva, isto é: ele não consegue por si só capturar a capacidade contributiva de quem consome o produto ou serviço tributado.

Sob a perspectiva da capacidade contributiva e do impacto desproporcional que os tributos indiretos produzem sobre os mais pobres, a EC nº 132/2023 trouxe dois conjuntos de inovações principais. Em primeiro lugar, regimes tributários diferenciados – com alíquotas menores – para produtos e serviços que a norma assume são consumidos de forma específica pelos mais pobres. Assim, a reforma cria uma Cesta Básica Nacional de Alimentos, sobre os quais a alíquota do CBS e do IBS deverá ser zero (EC nº 132/2023, art. 8º), e os parágrafos do seu art. 9º descrevem regimes diferenciados de tributação em benefício, por exemplo, de produtos de higiene e limpeza consumidos predominantemente por famílias pobres, transporte público coletivo urbano, semiurbano e metropolitano, ovos, frutas e produtos hortícolas.

Em segundo lugar, a EC nº 132/2023 criou a figura da devolução do IBS (art. 156-A, § 5º, VIII) e da CBS (art. 195, § 18) pagos por pessoas físicas de baixa renda – *cash back* – com o objetivo de reduzir a desigualdade de renda. Caberá à lei complementar dispor sobre o tema, mas o art. 156-A, § 13, já prevê que o benefício deverá incidir sobre as operações de fornecimento de energia elétrica e de gás de bujão ao consumidor de baixa renda.

Os tributos indiretos carregam ainda uma outra característica problemática. Eles são invisíveis no mais das vezes para o consumidor: ao pagar x por um quilograma de arroz, o

---

[44] O IPI, a rigor, não será extinto, mas sua alíquota será zerada a partir de 2027 para todos os produtos, salvo aqueles incentivados da Zona Franca de Manaus (ADCT, art. 126, III).

consumidor não sabe quanto de x corresponde a impostos. A situação é diversa nos impostos diretos: todo trabalhador que tem imposto de renda descontado em folha sabe exatamente quanto é retido, por mês, a título de imposto e, do mesmo modo, os proprietários de imóveis sabem, com clareza, o quanto é pago a título de IPTU ou ITR periodicamente.

Há, portanto, um *problema de transparência* sério em relação aos impostos indiretos. Ciente dessa questão, a Constituição, em seu art. 150, § 5º, prevê que "A lei determinará medidas para que os consumidores sejam esclarecidos acerca dos impostos que incidam sobre mercadorias e serviços".

A Lei nº 12.471/2012 regulamentou o dispositivo constitucional exigindo que dos documentos fiscais conste a informação do valor aproximado correspondente à totalidade dos tributos federais, estaduais e municipais incidentes na formação do preço de venda do produto ou serviço. Trata-se de um avanço, sem dúvida, porém limitado, já que o preço é informado ao consumidor já incorporando a tributação, sem distinções prévias. Apenas após a compra ou contratação é que o consumidor poderá – se souber que essa informação consta da nota e tiver interesse nela – visualizar o quanto pagou de tributos.

A gravidade da falta de transparência e do descontrole por parte da população dos tributos que efetivamente paga é ainda maior tendo em conta que os impostos indiretos não são, como se viu, residuais no sistema, representando, ao contrário, parte significativa do total arrecadado no país.

A EC nº 132/2023 adicionou a transparência como um novo princípio do sistema tributário nacional (art. 145, § 3º) sem, no entanto, outros desenvolvimentos que ficaram a cargo da legislação infraconstitucional. Ao tratar do IBS, o art. 156-A, § 1º, XIII, prevê que sempre que possível ele terá seu valor informado, de forma específica, no respectivo documento fiscal. Trata-se de norma similar à já prevista pela Lei nº 12.741/2012.

Por fim, o tema da isonomia se comunica com o do fomento como modalidade de intervenção estatal na ordem econômica na medida em que tratamentos tributários diferenciados tensionam, ao menos em tese, a isonomia, particularmente se não estiverem claramente vinculados à capacidade contributiva do contribuinte, e precisam se justificar no plano constitucional. A pergunta é simples: por quais razões um grupo de contribuintes ou segmentos deve receber um tratamento fiscal mais favorável?

Aqui o tema da parafiscalidade já mencionado é novamente relevante. O Estado pode valer-se de mecanismos de fomento para estimular ou desestimular atividades, processos em função de fins considerados valiosos do ponto de vista constitucional. Não é incomum que o Estado se valha, justamente, de mecanismos tributários para veicular ações de incentivo: seja incrementando ou reduzindo tributação, seja concedendo benefícios fiscais, ou quaisquer outras possibilidades.

Como referido, os sistemas tributários hoje, para além de obter recursos para o Estado, desempenham também funções parafiscais sendo mecanismos importantes pelos quais o Poder Público pode promover fins constitucionalmente valiosos. Com a EC nº 132/2023, a proteção da saúde e a defesa do meio ambiente foram expressamente estabelecidos como fins que autorizam diferenciações tributárias visando a sua promoção. Seja como for, o fomento como modalidade de intervenção estatal na ordem econômica deve considerar a promoção dos fins autorizados constitucionalmente e as exigências da isonomia. O ponto já foi discutido acima e não há necessidade de reproduzir as mesmas questões aqui. O que se deve destacar é que, embora a capacidade contributiva seja o principal elemento de *discrimen* a ser utilizado, sobretudo no que diz respeito aos impostos, é certo que a tributação poderá ser graduada ou modulada também em função de outros fins considerados relevantes pelo próprio sistema constitucional, nos limites determinados por esse mesmo sistema.

Além da legalidade e da isonomia, as *limitações ao poder de tributar pretendem proteger o contribuinte também contra a surpresa e a insegurança* em relação à atividade tributária. As três alíneas do inc. III do art. 150 tratam desse tema.

A alínea *a* garante a irretroatividade tributária, isto é: não é possível cobrar tributos em relação a fatos ocorridos antes do início da vigência da lei que os instituiu ou aumentou. Isso significa que uma norma que institua ou aumente tributo apenas pode pretender incidir para o futuro – e mesmo assim observadas as alíneas seguintes – e jamais para o passado. O contribuinte deve ter a garantia de que valem as regras tributárias vigentes quando os fatos econômicos relevantes em sua vida acontecem, não podendo ser surpreendido com normas novas que pretendam aplicar-se retroativamente.

Como se sabe, a Constituição garante de forma geral não propriamente a irretroatividade das leis, mas a proteção, contra a lei nova, do ato jurídico perfeito, do direito adquirido e da coisa julgada (art. 5º, XXXVI): o ponto já foi tratado quando se abordou o princípio da segurança jurídica. De qualquer modo, o texto constitucional assegura de forma expressa a irretroatividade tanto em matéria tributária, no que diz respeito à instituição e aumento de tributo – o art. 150, III, *a* – quanto em matéria penal (art. 5º, XL), neste caso excepcionando a retroação da lei penal mais benéfica.

A aplicação da irretroatividade tributária pode apresentar certa complexidade quando o fato gerador do tributo for complexo, compondo-se de vários "fatos" em um determinado período. É o caso, por exemplo, do imposto de renda: toda a renda obtida ao longo do ano será considerada na declaração de ajuste devida no ano subsequente. Imagine-se então a renda obtida ao longo do ano de 2010, cuja declaração e pagamento do imposto são devidos em abril de 2011. Eventual lei que majore o imposto de renda, e cuja vigência inicie ao longo de 2010, aplicar-se ia à renda auferida antes de sua entrada em vigor?

A questão é controvertida na doutrina[45], embora haja súmula do STF (nº 584), expedida em 1976, afirmando que: "Ao imposto de renda calculado sobre os rendimentos do ano-base, aplica-se a lei vigente no exercício financeiro em que deve ser apresentada a declaração". Ou seja, de acordo com a súmula, a lei aplicável a tudo o que aconteceu ao longo de 2010 será a lei vigente em 1º de janeiro de 2011, ano em que a declaração será apresentada.

Mais recentemente, o STF excluiu da incidência da súmula, em sede de repercussão geral, as hipóteses em que o imposto de renda é utilizado com fins parafiscais: a hipótese envolvia política de incentivo a exportação que se valeu de mecanismos tributários. Lei nova, porém, majorou o imposto de renda da pessoa jurídica incidente sobre essas operações incentivadas pretendendo aplicar-se a operações já ocorridas, o que foi considerado inconstitucional pela Corte por violar a irretroatividade tributária[46].

As alíneas *b* e *c* do art. 150, III, trazem uma garantia adicional sob a perspectiva da segurança, da não surpresa. Além de não retroativa, a lei que institui ou aumenta tributo apenas poderá produzir efeitos a partir do exercício financeiro seguinte, de forma simples, do ano civil seguinte, que no Brasil inicia em 1º de janeiro e se encerra em 31 de dezembro: isso é o que assegura a alínea *b* do art. 150, III. Trata-se da anterioridade tributária no modelo da anualidade: tributos são instituídos e aumentados em um ano para serem cobrados no ano seguinte, assegurando aos contribuintes um mínimo de previsibilidade e planejamento em relação às novas cobranças.

A realidade mostrou, porém, que muitas vezes a garantia significava muito pouco. Não era incomum que leis aumentando ou instituindo tributos fossem publicadas na última semana de dezembro (muitas vezes no próprio dia 31) para vigerem a partir de 1º de janeiro. A EC nº

---

[45] V. Ricardo Lobo Torres. *Curso de direito financeiro e tributário*. Rio de Janeiro: Renovar, 2011. p. 254.

[46] STF, Tribunal Pleno, RE 592.396/SP, rel. Min. Edson Fachin, j. 03.12.2015, *DJ* 28.03.2016.

42/2003 introduziu, assim, uma garantia adicional que veio a ser a alínea *c* do art. 150, III: a garantia da anualidade deve ser combinada com um intervalo mínimo de 90 dias entre a data da publicação da lei e o início de sua vigência. Assim, leis publicadas em 31 de dezembro apenas poderão autorizar cobranças a partir de abril. A garantia da anualidade, porém, continua: caso uma lei instituindo tributo ou o majorando seja publicada em fevereiro ou junho, ela apenas iniciará sua vigência em 1º de janeiro seguinte.

É importante observar que o texto original da Constituição já excepcionava a garantia da anterioridade (inicialmente apenas no formato da anualidade) em relação a determinados tributos: tratava-se da redação original do § 1º do art. 150. As exceções envolviam tributos da União relacionados com funções parafiscais ou com necessidades urgentes. Ao adicionar a alínea *c* ao art. 150, III, a EC nº 42/2003 simultaneamente trouxe também várias outras exceções a ela, dando nova redação ao § 1º do dispositivo. A EC nº 132/2023 também afastou a aplicação do art. 150, III, *c*, da fixação, pelo Senado Federal, das alíquotas de referências do IBS e do CBS (ADCT, art. 130, § 1º).

Um registro importante nesse particular diz respeito ao entendimento do STF acerca dos impactos de suas decisões em ações direta de inconstitucionalidade ou em sede de repercussão geral sobre os contribuintes beneficiários de decisões transitadas em julgado registrado no Tema RG 881. O STF entendeu que suas decisões proferidas nesses contextos interrompem automaticamente – isto é: independentemente de ação rescisória – os efeitos temporais das decisões transitadas em julgado nas referidas relações, respeitadas, no entanto, a irretroatividade, a anterioridade anual e a noventena ou a anterioridade nonagesimal, conforme a natureza do tributo.

Ou seja: se a decisão transitada em julgado considerava o tributo inconstitucional e o STF o declarou válido em sede de ação direta, a Fazendo Pública não precisará ajuizar qualquer ação rescisória e o contribuinte terá de voltar a pagá-lo. Mas as garantias constitucionais da irretroatividade, anterioridade anual, noventena ou a anterioridade nonagesimal, conforme o caso, deverão ser respeitadas, como se se tratasse de uma lei nova.

Por fim, as limitações ao poder de tributar pretendem proteger o contribuinte do excesso na tributação: esse é o propósito do inc. IV do art. 150 que impede os entes federativos de instituir tributo com efeito de confisco. Trata-se de uma garantia tradicional que obsta que a tributação seja excessiva de modo a apropriar-se de parcela significativa do patrimônio do contribuinte. Porém, a partir de que ponto a tributação torna-se confiscatória? Existe um parâmetro? A questão não é simples nem há um parâmetro geral, a rigor.

Tratando de sanções pecuniárias pelo não pagamento de tributos – e não propriamente de tributos, portanto, mas entendendo que a garantia também se aplica nesse caso –, o STF declarou inconstitucional lei estadual que fixava em 200 e 500% tais multas[47] por violar a garantia contra o não confisco. Na mesma linha, o STF declarou inválida lei federal que fixava multa tributária em 300%[48]. Há decisão do STF entendendo que multas tributárias não podem ultrapassar 100% do valor devido[49] e decisão (da 1ª Turma do STF) determinando que o limite de 100% aplicar-se-ia a multas punitivas, ao passo que as multas moratórias devem limitar-se a 20%, sob pena de serem confiscatórias[50]. Em relação a tributos propriamente, o STF considerou que a contribuição de 11% imposta aos inativos pela reforma da previdência (EC nº 41/2003) não caracterizava confisco[51].

---

[47]   STF, Tribunal Pleno, ADI 551/RJ, rel. Min. Ilmar Galvão, j. 24.10.2002, *DJ* 14.02.2003.

[48]   STF, Tribunal Pleno, ADI 1075 MC/DF, rel. Min. Celso de Mello, j. 17.06.1998, *DJ* 24.11.2006.

[49]   STF, 2ª T., RE 748.257 AgRg/SE, rel. Min. Ricardo Lewandowski, j. 06.08.2013, *DJ* 19.08.2013.

[50]   STF, 1ª T., AgIn 727.872 Ag/RS, rel. Min. Roberto Barroso, j. 28.04.2015, *DJ* 18.05.2015.

[51]   STF, Tribunal Pleno, ADI 3.105/DF, rel. Min. Ellen Gracie, j 18.08.2004, *DJ* 18.02.2005.

Ou seja: a vedação ao confisco é uma garantia importante que tem uma relação inafastável com as circunstâncias particulares das hipóteses sobre as quais incide. A jurisprudência do STF tem produzido parâmetros, como visto, em relação às multas tributárias, sendo poucos os exemplos em relação aos tributos propriamente. De qualquer modo, é fácil perceber que existem diferenças consideráveis em relação aos tributos. Mesmo em relação apenas aos impostos, uma alíquota de cerca de 30% nos níveis maiores de renda, em relação ao imposto sobre renda, ou sobre herança, por exemplo, não é em geral considerada confiscatória; a conclusão provavelmente seria diversa se esse mesmo percentual fosse adotado como alíquota pelo IPTU ou pelo ICMS. Além disso, os tributos, como se verá adiante, têm características diferentes. As taxas, por exemplo, devem guardar relação com o custo do serviço prestado ou colocado à disposição, de modo que esse será um limite a ser considerado na eventual avaliação do seu caráter confiscatório[52].

Percorridas brevemente as principais limitações ao poder de tributar que de forma mais direta se relacionam com a proteção dos contribuintes, cabe agora tratar daquelas que buscam, na verdade, promover fins constitucionalmente relevantes ou ainda proteger o equilíbrio entre os entes federativos e sua autonomia.

13.2.2.2 Limitações ao poder de tributar: promoção de fins constitucionalmente relevantes

Embora as limitações ao poder de tributar se vinculem, de forma quase intuitiva, à proteção do contribuinte, parte delas está diretamente associada à promoção de determinadas finalidades que a Constituição considera relevantes. É possível agrupar nesse conjunto as chamadas imunidades tributárias – previstas no art. 150, VI, e os parágrafos relacionados – bem como a exigência de que os entes federativos, ao concederem qualquer tipo de benefício fiscal, o façam por lei específica e exclusiva (art. 150, § 6º). Inicie-se por essa segunda regra.

Como já referido, os entes federados – nos limites estabelecidos pela Constituição – poderão valer-se de mecanismos variados de benefícios tributários para o fim de fomentar fins que a Constituição considere relevantes. Já se discutiu os limites constitucionais à atividade de fomento e o que importa tratar aqui é de outros limites, que dizem respeito à tomada de decisão propriamente acerca do benefício fiscal.

O que o art. 150, § 6º, exige é que qualquer espécie de benefício fiscal, sob qualquer formato, deverá ser objeto de lei específica e exclusiva do ente federado competente, isto é: o Legislativo de cada ente deverá discutir e aprovar uma lei que trate exclusivamente da matéria. O objetivo constitucional é claro: assegurar que haja uma deliberação e decisão conscientes e específicas dos órgãos competentes sobre a questão. A LC nº 101/2000, art. 14, prevê ainda que a concessão de benefícios fiscais deve ser acompanhada da estimativa do impacto orçamentário, entre outras avaliações. A exigência foi constitucionalizada pelo art. 113 do ADCT (introduzido pela EC nº 95/2016), que passou a exigir que proposições criando renúncia de receita sejam acompanhadas da estimativa de seu impacto orçamentário e financeiro. A consequência do descumprimento da previsão é a inconstitucionalidade formal da proposição aprovada e o STF já se manifestou no sentido de que a exigência se aplica a todos os entes federativos.

A lógica é similar: garantir transparência à decisão do ente federado de renunciar a receitas tributárias, até para que se possa avaliar, no futuro, se os fins que se pretendia promover estão sendo afinal promovidos, e se a renúncia fiscal valeu a pena e/ou continua a valer[53]. Essa

---

[52] STF, Tribunal Pleno, ADI 2.551 MC-QO/MG, rel. Min. Celso de Mello, j. 02.04.2003, *DJ* 20.04.2006.

[53] Ana Paula de Barcellos. *Direitos fundamentais e direito à justificativa:* devido procedimento na elaboração normativa. Belo Horizonte: Fórum, 2017. p. 181 e ss.

limitação ao poder de tributar dos entes federativos visa a criar melhores condições para que os benefícios tributários eventualmente concedidos promovam efetivamente os fins constitucionais.

Além dessa previsão geral, que vincula a atuação dos entes federados na dinâmica de suas políticas tributárias, a Constituição exclui determinadas situações do escopo possível de incidência de impostos (e não, portanto, de todos os tributos): são as chamadas imunidades tributárias de que cuidam as alíneas do inc. VI do art. 150.

As imunidades estão diretamente relacionadas com o respeito, proteção e promoção de fins considerados constitucionalmente valiosos. O primeiro deles, de que trata a alínea *a* do inc. VI do art. 150, envolve a autonomia federativa: o ponto tem desdobramentos em outros dispositivos e será examinado adiante.

Um segundo fim que a Constituição considera valioso é a liberdade religiosa e de culto e, nesse sentido, a alínea *b* veda que os entes federados instituam impostos sobre os templos de qualquer culto. A EC nº 132/2023 alterou a redação do dispositivo para torná-lo mais abrangente e impedir que impostos incidam não apenas sobre os templos propriamente como também sobre as entidades religiosas e suas organizações assistenciais e beneficentes.

A alínea *c* do dispositivo visa proteger o pluralismo político, a organização coletiva dos trabalhadores, a educação e a assistência social (alínea *c*) e para isso veda a incidência de impostos sobre o patrimônio, renda e serviços de partidos políticos e suas fundações; das organizações sindicais de trabalhadores; e, ainda, das instituições que prestam serviços de educação e de assistência social sem fins lucrativos, podendo a lei estabelecer, nesse caso, o atendimento a exigências adicionais para o reconhecimento da imunidade.

Coerentemente o § 4º prevê que as imunidades previstas nas alíneas *b* e *c* compreendem somente "o patrimônio, a renda e os serviços, relacionados com as finalidades essenciais das entidades nelas mencionadas". Caso a entidade (religiosa, sindical, partido etc.) desenvolva outras atividades paralelas não relacionadas às quais estejam, por exemplo, vinculados patrimônio ou que gerem renda, a imunidade não as alcançará.

Por fim, as alíneas *d* e *e* têm como foco a liberdade de expressão e a produção cultural brasileira. A imunidade ali prevista veda a instituição de impostos sobre livros, jornais, periódicos e o papel destinado a sua impressão. A EC nº 75/2013 proibiu também a instituição de impostos sobre mídias utilizadas no contexto da produção musical brasileira: trata-se da alínea *e,* que não constava da redação original da Constituição.

Além das imunidades previstas no art. 150, VI, o art. 195, § 7º, isenta de contribuições para a seguridade social – um tributo diverso dos impostos, como se verá – as entidades beneficentes de assistência social que atendam às exigências estabelecidas em lei. Essa previsão complementa, de certo modo, a imunidade relativa a impostos de que gozam as instituições de ensino e de assistência social sem fins lucrativos relativamente a seu patrimônio, renda e serviços.

As imunidades tributárias suscitam um sem-número de discussões cabendo aqui registrar rapidamente apenas algumas delas, que têm maior conexão com o sistema constitucional. Uma antiga controvérsia jurisprudencial envolvia a incidência ou não da imunidade relativamente ao IPTU quando a organização religiosa não é proprietária do imóvel, mas locatária. A Emenda Constitucional nº 116/2022 veio esclarecer o ponto explicitando que o IPTU não incidirá, ainda que as entidades abrangidas pela imunidade sejam apenas locatárias do imóvel.

Outra disputa envolveu os livros eletrônicos. O STF concluiu no sentido da possibilidade de estender aos livros eletrônicos e a seu eventual suporte físico (CD-ROM, DVD) a imunidade constitucionalmente prevista para os livros e o papel neles usado[54]. Trata-se de saber, na verdade, como as imunidades devem ser interpretadas: se elas admitiriam extensão diante de avanços

---

[54]   STF, Tribunal Pleno, RE 330.817/RJ, rel. Min. Dias Toffoli, j. 08.03.2017, *DJ* 13.03.2017.

Cap. 13 – ORDEM ECONÔMICA, TRIBUTAÇÃO, ORÇAMENTO E FINANÇAS PÚBLICAS

tecnológicos, tendo em vista o fim constitucional que visam a proteger ou promover, ou se a interpretação deve ser estrita, cabendo ao constituinte ou ao legislador dispor de forma expressa caso entenda de aplicar a imunidade aos novos fenômenos. O STF entendeu no primeiro sentido.

Em relação à imunidade das instituições beneficentes de assistência social relativamente às contribuições, de que cuida o art. 195, § 7º, o STF concedeu mandado de injunção e determinou que o benefício poderia ser fruído independentemente da edição da lei a que o dispositivo se refere, tendo em vista a longa omissão legislativa na matéria[55]. De outra parte, a Corte suspendeu, por inconstitucionalidade, lei que pretendia vedar, para o reconhecimento da imunidade às instituições assistenciais sem fins lucrativos, que todos os serviços prestados por elas fossem gratuitos. O STF entendeu que, embora a lei possa regular a matéria, não poderá inviabilizar a imunidade garantida pela Constituição o que aconteceria se tais instituições tivessem de sobreviver exclusivamente de doações[56]. O tribunal decidiu, também, que a lei a que se refere o art. 195, § 7º, deverá ser lei complementar[57].

O STF suspendeu por inconstitucional lei federal que pretendia fazer incidir imposto de renda sobre o ganho de capital obtido no âmbito de aplicações financeiras por partidos, sindicatos e entidades de educação e de assistência social sem fins lucrativos, por exemplo. A Corte entendeu que a norma seria inconstitucional tanto formalmente – porque a disciplina das limitações ao poder de tributar depende de lei complementar, não podendo ser veiculada por lei ordinária – e também materialmente[58]. Por outro lado, encontra-se aguardando apreciação do STF a discussão em torno da incidência de IOF sobre aplicações financeiras de curto prazo por parte dessas mesmas instituições imunes[59].

Além dos fins que se acaba de indicar, e como anunciado, outro fim que a Constituição pretende proteger por meio de limitações ao poder de tributar é o equilíbrio federativo e a autonomia dos entes federativos. É sobre ele que se passa a tratar agora.

13.2.2.3 Limitações ao poder de tributar: federação

Como referido, um dos eixos do sistema constitucional tributário é a preocupação com a federação: com a distribuição de recursos, com a manutenção do equilíbrio federativo e da União, bem como a autonomia de cada um dos entes. Essa preocupação se reflete igualmente nas limitações ao poder de tributar previstos constitucionalmente.

Uma primeira limitação envolve a proibição de que os entes instituam tributos interestaduais ou intermunicipais que estabeleçam limitações ao tráfego de pessoas e bens no território nacional, não considerado como tal o pedágio (art. 150, V). Com propósito similar, o art. 152 proíbe que os entes estabeleçam diferença tributária entre bens e serviços, de qualquer natureza, em razão de sua procedência ou destino. Um conjunto considerável de normas relativamente ao ICMS, e em relação ao ISS, pretendem concretizar essa previsão geral e minimizar a chamada "guerra fiscal" entre os Estados e Municípios. Essa preocupação constitucional provavelmente será menos relevante nos próximos anos, já que com a EC nº 132/2023, o ICMS e o ISS serão extintos até 2033 e o novo Imposto sobre Bens e Serviços – IBS terá disciplina uniforme nacional, além de incidir sobre o destino – o consumo – e não sobre a produção.

---

[55]   STF, Tribunal Pleno, MI 232/RJ, rel. Min. Moreira Alves, j. 02.08.1991, *DJ* 27.03.1992.

[56]   STF, Tribunal Pleno, ADI 2.028 MC/DF, rel. Min. Moreira Alves, j. 11.11.1999, *DJ* 16.06.2000.

[57]   STF, Tribunal Pleno, RE 566.622/RS, rel. Min. Marco Aurélio, j. 23.02.2017, *DJ* 06.03.2017.

[58]   STF, Tribunal Pleno, ADI 1802 MC/DF, rel. Min. Sepúlveda Pertence, j. 27.08.1998, *DJ* 13.02.2004; STF, 1ª T., AgIn 740.563 AgRg/SP, rel. Min. Luiz Fux, j. 02.04.2013, *DJ* 25.04.2013; STF, RE 593.358 AgRg/SP, rel. Min. Ricardo Lewandowski, j. 09.11.2010, *DJ* 25.03.2011.

[59]   STF, RE 611.510 RG/SP, rel. Min. Ellen Gracie, j. 21.10.2010, *DJ* 22.11.2010 (repercussão geral reconhecida).

Uma segunda limitação ao poder de tributar dos entes federados é a chamada imunidade recíproca de que cuida o art. 150, VI, *a* e, por força da qual, os entes não podem instituir impostos sobre patrimônio, renda ou serviços uns dos outros. Algumas controvérsias colocam-se a respeito da extensão da imunidade recíproca relativamente à Administração Pública indireta e as diferentes atividades que ela desenvolve: os §§ 2º e 3º procuram estabelecer diretrizes na matéria.

De forma simples, a Constituição indica que a prestação de serviços públicos por entidades da Administração indireta atrai igualmente a incidência da imunidade, mas a exploração de atividades econômicas ou o desenvolvimento de atividades por entidades da Administração sob um modelo privado não poderá se beneficiar da imunidade. Paralelamente a essas diretrizes gerais, a EC nº 132/2023 alterou o § 2º para prever que a imunidade recíproca se aplica à empresa pública prestadora de serviço postal, isto é: os Correios (EBCT).

Concretizando esses dispositivos, o STF fixou duas teses em sede de repercussão geral que vale registrar. A Corte considerou que a imunidade recíproca abrange empresas públicas e sociedades de economia mista delegatárias de serviços públicos essenciais, que não distribuam lucros a acionistas privados e que não ofereçam risco ao equilíbrio concorrencial, ainda que cobrem tarifas (Tema RG 1.140). Estão fora do escopo dessa mesma imunidade, porém, independente da atividade desempenhada, sociedades de economia mista cujos papéis são negociados em bolsa e que visam remunerar o capital de seus controladores e acionistas (Tema RG 508).

Um terceiro conjunto de limitações dirigido especificamente à União consta do art. 151 e seus três incisos. Iniciando pelo inc. III, a União não poderá conceder isenções de tributos dos demais entes: trata-se da vedação à chamada isenção heterônoma. A prática era admitida sob a Constituição de 1967/1969, mas sob a Constituição de 1988 apenas o próprio ente pode conceder isenções dos tributos de sua competência.

O que significa exatamente isenção heterônoma pode apresentar certa complexidade por conta de outras normas constitucionais. Por exemplo, compete à União estabelecer normas gerais em matéria tributária (art. 146), o que inclui a definição de tributos, seus fatos geradores e bases de cálculo. Não é incomum que conflitos federativos surjam por conta do exercício dessa competência e há vários exemplos na jurisprudência do STF sobre o tema.

O STF entendeu que disposições da norma nacional que tratava do ISS estabelecendo determinadas exceções a sua incidência não caracterizam isenção heterônoma inválida[60]. Tratando de ICMS, a Lei Complementar nº 194/2022 introduziu o art. 18-A no Código Tributário Nacional – CTN para definir que "os combustíveis, o gás natural, a energia elétrica, as comunicações e o transporte coletivo são considerados bens e serviços essenciais", limitando as alíquotas aplicáveis pelos Estados a operações com tais produtos. A lei complementar estabeleceu previsões para que os Estados e o DF sejam compensados das perdas geradas pela nova regulamentação, mas isso não impediu que sua validade fosse questionada perante o STF por diversos Estados (ADI nº 7191 e ADPF nº 984). Interessantemente, a Corte conduziu um processo de mediação nesses processos que culminou em um acordo entre a União e todos os Estados para o fim de solucionar o conflito federativo.

Além da competência para editar normas gerais, é da competência da União, presentando a República Federativa do Brasil, celebrar tratados que eventualmente podem dispor sobre competências tributárias dos Estados, Distrito Federal ou Municípios. O STF também já manifestou que o eventual exercício dessa competência com reflexo sobre competências tributárias locais não caracteriza isenção heterônoma[61].

---

[60] STF, 2ª T., AgIn 646.020 AgRg/MG, rel. Min. Eros Grau, j. 24.11.2009, *DJe* 11.12.2009.

[61] STF, 2ª T., RE 543.943 AgRg, rel. Min. Celso de Mello, j. 30.11.2010, *DJe* 15.02.2011. Vide STF, Tribunal Pleno, RE 229.096, rel. p/acórdão Min. Cármen Lúcia, j. 16.08.2007, *DJe* 11.04.2008.

O inc. I do art. 151, por seu turno, estabelece a regra geral de que a União não pode instituir tributo que não seja uniforme em todo o território, nem pode criar preferências ou discriminações relativamente a Estados, Distrito Federal ou Municípios. A exceção a essa regra geral é a possibilidade de incentivos fiscais federais visando a promover o equilíbrio regional do país[62]. O art. 43 detalha as possibilidades e limites da atuação da União na promoção do desenvolvimento regional, incluindo sua atuação tributária. Nesse tema, vale lembrar que a EC nº 132/2023 criou o Fundo Nacional de Desenvolvimento Regional (art. 159-A).

O inc. II do art. 151, na mesma linha, veda que ela tribute em níveis superiores a remuneração e os proventos dos agentes públicos dos outros entes em comparação com a tributação aplicável aos seus próprios agentes. A União não poderá igualmente tributar a renda das obrigações da dívida pública dos demais entes.

13.2.3   Competências legislativas em matéria tributária

Um segundo tema que merece um rápido registro no contexto do sistema constitucional tributário diz respeito às competências legislativas em matéria tributária.

Nos termos do art. 24, I, a competência para legislar sobre direito tributário é concorrente entre União, Estados e Distrito Federal, cabendo à União, nos termos dos parágrafos do dispositivo, dispor sobre normas gerais na matéria. O art. 30, I, II e III, complementa essa previsão dispondo que compete aos Municípios legislar sobre assuntos de interesse local, suplementar a legislação federal e estadual no que couber e, particularmente, nos termos do inc., III, instituir (e na sequência cobrar) os tributos de sua competência.

É bem de ver que a competência para normas gerais da União – isto é: normas nacionais – é detalhada em vários pontos do título que trata da tributação e orçamento, e em alguns casos exige-se que a União utilize lei complementar para tratar de determinados assuntos. Assim, nos termos do art. 146, cabe à lei complementar federal (*rectius*: nacional) dispor sobre normas gerais tributárias estabelecendo a definição de cada tributo e, em relação aos impostos, suas características principais; disciplinar conflitos de competências entre os entes, bem como as limitações ao poder de tributar.

Cabe à lei complementar prever qual exatamente o fato gerador de cada um dos impostos previstos na Constituição. Os critérios para distinguir, *e.g.*, propriedades rurais e urbanas – relevante para saber se o imposto será o IPTU, de competência municipal, ou ITR, da União – também serão encontrados na lei complementar. E o mesmo se diga acerca das normas que definem o que são entidades de assistência social sem fins lucrativos. O STF entendeu também que a lei a que se refere o art. 195, § 7º, deve ser compreendida como lei complementar, tendo em vista a previsão do art. 146, na medida em que trate de requisitos para o gozo da imunidade relativa às contribuições sociais a que fazem jus entidades beneficentes de assistência social[63].

A reforma tributária introduzida pela EC nº 132/2023 previu que leis complementares deverão disciplinar vários aspectos dos novos tributos criados, bem como a organização do Comitê Gestor do Imposto sobre Bens e Serviços, também criado pela Emenda.

Uma observação relevante, já discutida no tópico sobre direito constitucional intertemporal, mas que se reproduz aqui por pertinência, envolve a posição do Código Tribunal Nacional nesse contexto. O chamado CTN corresponde, originariamente, à Lei nº 5.172/1966, e nele se encontra a regulamentação de temas hoje reservados à lei complementar de que cuida o

---

[62]   STF, Tribunal Pleno, RE 592.145/SP, rel. Min. Celso de Mello, j. 05.04.2017, *DJ* 10.04.2017.

[63]   STF, Tribunal Pleno, RE 566.622/RS, rel. Min. Marco Aurélio, j. 23.02.2017, *DJ* 06.03.2017.

art. 146, ao mesmo tempo em que ele disciplina também assuntos que continuam a poder ser tratados por meio de lei ordinária.

Como não há inconstitucionalidade formal superveniente, aqueles dispositivos que tratam de assuntos que a Constituição de 1988 previu deverem ser tratados por lei complementar foram recepcionados com esse *status* (uma vez, claro, que sejam materialmente compatíveis com o novo sistema constitucional). Isso significa que tais disposições continuam válidas e sua alteração dependerá da edição de lei complementar, ao passo que aquelas que tratam de matéria submetida à competência de lei ordinária poderão ser alteradas por leis ordinárias.

De forma específica, a Constituição prevê a edição de leis complementares nacionais para dispor sobre vários aspectos dos impostos indiretos de competência dos Estados – o ICMS (art. 155, XII) – e dos Municípios – o ISS (art. 156, III): ambos serão extintos nos próximos anos por força da EC nº 132/2023, mas, até lá, estão submetidos a essa disciplina. E, no caso do ICMS, a Constituição atribui ao Senado Federal – como casa de representação dos Estados – uma série de competências para estabelecer, por exemplo, alíquotas mínimas e máximas nas operações internas, isto é, que envolvam a circulação de bens e serviços entre diferentes Estados.

Um tema que sempre foi particularmente sensível na regulamentação do ICMS envolve a definição do tributo incidente no caso de operações interestaduais e do destino dos recursos arrecadados: o Estado de origem ou o Estado de destino dos produtos ou serviços. O ponto se tornou ainda mais relevante por conta do comércio eletrônico. A EC nº 87/2015 alterou a regulamentação geral do assunto constante do art. 155, § 2º, VII[64], introduzindo ainda uma regra de transição no art. 99 do ADCT.

A lógica subjacente a essa distribuição de competências, inclusive no que diz respeito às competências do Senado sobre o ICMS, era a de garantir certa uniformidade nacional na prática tributária dos Estados, Distrito Federal e Municípios desses impostos, bem como evitar a guerra fiscal entre os entes. Além das discussões jurídicas sobre a interpretação dessas normas, um debate mais amplo envolvia sua alteração tendo em conta visões políticas diferentes acerca do equilíbrio ideal entre uniformidade nacional e o espaço para experimentação local na federação brasileira; as eventuais vantagens de um federalismo mais competitivo, e, portanto, mais tolerante com a guerra fiscal; a conveniência de reunir os vários impostos que incidem sobre produção e circulação de bens e serviços em um único imposto federal, entre outras considerações e ideias. A EC nº 132/2023 acabou por decidir vários dessas disputas teóricas antes existentes.

Sob a perspectiva da distribuição de competências legislativas tributárias, a EC nº 132/2023 optou por maior uniformidade nacional e, portanto, por concentrá-las ainda mais na União. A Emenda prevê a extinção do ICMS e do ISS (bem como do Cofins e PIS, de competência federal, e a substancial redução do IPI[65]), e cria, para além de uma nova contribuição de competência federal (a CBS) um imposto compartilhado por Estados, DF e Municípios – o Imposto sobre Bens e Serviços-IBS – cuja regulamentação será feita nacionalmente por leis complementares.

O Senado Federal continua a ter competências normativas importantes acerca do IBS, inclusive para preservar a arrecadação dos entes diante de alterações legislativas que a União por acaso aprove. Cabe ao Senado fixar a alíquota de referência do IBS para cada ente (aplicável caso o ente mesmo não a defina) e aumentar ou reduzir essa alíquota a fim de compensar e preservar a arrecadação dos entes federativos na hipótese de alterações na legislação federal (*rectius:* nacional) que reduza ou aumente a arrecadação do imposto. Todas essas competências do Senado serão ainda disciplinadas em lei complementar. É bem de ver que, embora a norma

---

[64] As operações com lubrificantes, combustíveis, gás natural e derivados contam com regras específicas que constam do mesmo art. 155, § 4º.

[65] O IPI, a rigor, não será extinto mas sua alíquota será zerada a partir de 2027 para todos os produtos salvo aqueles incentivados da Zona Franca de Manaus (ADCT, art. 126, III).

Cap. 13 – ORDEM ECONÔMICA, TRIBUTAÇÃO, ORÇAMENTO E FINANÇAS PÚBLICAS **543**

sugira uma proteção dos Estados, DF e Municípios em face do exercício da competência legislativa da União, a rigor, o papel do Senado é apenas preservar sua arrecadação, e não contribuir para o seu aumento, daí a referência a que a alíquota de referência poderá ser aumentada ou reduzida para alcançar esse objetivo.

Como se vê, a competência legislativa da União em matéria tributária é bastante ampla porque, além de todas essas normas gerais, que incluem ainda mais temas após a reforma tributária, a União recebeu competências de instituir e cobrar mais tributos próprios do que todos os demais entes e, portanto, caberá a ela legislar sobre eles de forma ampla. Sobre esse ponto, a EC nº 132/2023, embora preveja a extinção de dois tributos federais (PIS e Cofins) até 2033 e a substancial redução de um (o IPI), criou dois tributos federais novos: a contribuição sobre bens e serviços – CBS e o imposto seletivo – IS, acerca dos quais a competência legislativa integral será da União.

É necessário examinar agora as espécies tributárias e a distribuição dos tributos feita pela Constituição entre os entes federativos.

13.2.4   Espécies tributárias e repartição federativa

Uma das características do sistema tributário brasileiro é justamente sua ampla base constitucional e, por conta disso, sua rigidez. Isso significa, em primeiro lugar, e diversamente do que acontece em outros países, que a Constituição trata de forma detalhada o sistema tributário definindo, desde logo, não apenas os limites para a ação tributária estatal de forma geral, mas também quais os tributos que podem ser instituídos e cobrados pelos entes federados. A legislação de cada um dos entes, portanto, estará submetida a esse conjunto normativo constitucional dotado de superioridade hierárquica.

A Constituição, nesse sentido, não exige unicamente, por exemplo, que a atividade tributária respeite a legalidade, a irretroatividade, a anterioridade e a vedação do uso de tributo com efeito de confisco. Ela lista quais os tributos que União, Estados, Distrito Federal e Municípios poderão instituir e cobrar e em que circunstâncias. Isso significa, de forma bastante simples, que os Estados, por exemplo, não podem criar um imposto novo, para além dos previstos no âmbito de sua competência pela Lei Maior. Ao fazer isso, a Carta republicana criou um sistema tributário que é descrito como rígido, no sentido de que as espécies tributárias que podem ser instituídas, e particularmente os impostos, já estão taxativamente previstos pelo constituinte. Pois bem, quais são essas espécies?

De acordo com a Constituição de 1988, são cinco as espécies tributárias: (i) impostos; (ii) taxas; (iii) contribuições de melhoria; (iv) empréstimos compulsórios; e (v) contribuições, sendo que essas ainda se subdividem em três grupos (sociais, de intervenção no domínio econômico e de interesse das categorias profissionais ou econômicas).

As três primeiras espécies – impostos, taxas e contribuições de melhoria – estão previstas inicialmente no art. 145; o empréstimo compulsório é mencionado no art. 148 e as contribuições no art. 149, entre outras disposições que tratam delas. Parte da doutrina sustenta que os empréstimos compulsórios e as contribuições seriam, na realidade, variações de impostos e/ou taxas, mais do que espécies tributárias autônomas propriamente[66]. Seja como for, o STF trabalha com essas cinco espécies, o que encontra respaldo no texto constitucional e consolidou-se também na doutrina, sem prejuízo de discussões pontuais referentes à matéria[67].

---

[66]   Geraldo Ataliba. *Hipótese de incidência tributária*. 5. ed. São Paulo: Malheiros, 1999. p. 117.

[67]   V. Celso Ribeiro Bastos. *Curso de direito financeiro e de direito tributário*. São Paulo: Saraiva, 1991; Sacha Calmon Navarro Coêlho. *Curso de direito tributário brasileiro*, 2015; Hugo de Brito Machado. *Curso de direito tributário*, 2016; e Marcus Abraham. *Curso de direito tributário brasileiro*. Rio de Janeiro: Forense, 2017.

13.2.4.1 Impostos e repartição das receitas tributárias

Os *impostos* são tributos cujo fato gerador não está relacionado com qualquer atividade estatal específica, destinando-se de forma ampla ao custeio do Estado. Ou seja: a simples existência do Estado é que justifica a cobrança de impostos, e não a prestação de qualquer serviço em particular (como acontece, em contraste, com as taxas, como se verá). Além disso, a receita obtida com eles não está vinculada a qualquer utilização ou finalidade específica (característica das contribuições), mas será empregada para as despesas estatais de forma geral. Conforme abordado acima, os fatos geradores dos impostos devem revelar, acima de tudo, capacidade contributiva dos contribuintes.

Até a EC nº 132/2023, a Constituição previa 13 impostos que poderão ser cobrados e os distribuiu pelos entes federativos. As competências para instituir e cobrá-los, atribuídas aos entes federados, são privativas, ou seja: apenas o ente que recebeu a competência poderá instituir e cobrar o imposto em questão. Essa a distribuição vigente:

i) compete à União instituir e cobrar (art. 153): imposto de importação de produtos estrangeiros (II); imposto de exportação, para o exterior, de produtos nacionais ou nacionalizados (IE); imposto de renda e proventos de qualquer natureza (IR); imposto de produtos industrializados (IPI); imposto sobre operações de crédito, câmbio e seguro, ou relativas a títulos ou valores mobiliários (IOF); imposto sobre a propriedade territorial rural (ITR); e imposto sobre grandes fortunas, nos termos de lei complementar até o momento não editada (IGF);

ii) compete aos Estados e ao Distrito Federal instituir e cobrar (art. 155): imposto sobre transmissão *causa mortis* e doação, de quaisquer bens ou direitos (ITCM); imposto sobre operações relativas à circulação de mercadorias e sobre prestações de serviços de transporte interestadual e intermunicipal e de comunicação, ainda que as operações e as prestações se iniciem no exterior (ICMS); e imposto sobre a propriedade de veículos automotores (IPVA);

iii) compete aos Municípios e também ao Distrito Federal, já que este último não é dividido em Municípios (art. 156): imposto sobre a propriedade predial e territorial urbana (IPTU); imposto sobre a transmissão *inter vivos*, a qualquer título, por ato oneroso, de bens imóveis, por natureza ou acessão física, e de direitos reais sobre imóveis, exceto os de garantia, bem como cessão de direitos a sua aquisição (ITBI); e imposto sobre serviços de qualquer natureza, não compreendidos no art. 155, II, definidos em lei complementar (ISS).

Como se percebe da listagem acima, a União recebeu 7 dos 13 impostos e Estados e Municípios receberam 3 cada um. O Distrito Federal concentra as competências dos Estados e dos Municípios. Cada ente apenas poderá instituir e cobrar os seus e não outros. É verdade que o art. 154 da Constituição autoriza que a União – e apenas ela – crie outros impostos para além desses 13.

A reforma tributária aprovada pela EC nº 132/2023 alterou essa listagem de impostos, ainda que seus efeitos não sejam imediatos e dependam de regulamentação. No âmbito das competências da União, o art. 153, VIII, autoriza a criação de um novo imposto por meio de lei complementar: o imposto seletivo (popularmente conhecido como "imposto do pecado"), que deverá incidir sobre produção, extração, comercialização ou importação de bens e serviços prejudiciais à saúde ou ao meio ambiente. O IPI (art. 153, IV) terá sua relevância substancialmente reduzida. O art. 2º da EC nº 132/2023, que altera o ADCT, prevê que a partir de 2027 a alíquota do IPI será zerada para todos os produtos, salvo os incentivados da Zona Franca de Manaus (ADCT, art. 126, III).

No âmbito das competências dos Estados e do Distrito Federal, a EC nº 132/2023 prevê a extinção do ICMS até 2033, que será substituído por um novo imposto compartilhado por Estados, Distrito Federal e Municípios: o imposto sobre bens e serviços – IBS, disciplinado pelo novo art. 156-A da Constituição. A EC nº 132/2023 ampliou o escopo do imposto estadual sobre veículos automotores (art. 155, III), dispondo que ele poderá incidir sobre veículos automotores terrestres, aquáticos e aéreos nos termos do previsto no inc. III do § 6º do art. 155, além de autorizar que ele possa ter alíquotas diferenciadas em função do tipo, do valor, da utilização e do impacto ambiental. Quanto aos Municípios, a EC nº 132/2023 prevê igualmente a extinção do ISS até 2033, que será substituído pelo mesmo IBS (art. 156-A).

Até a EC nº 132/2023, não existiam competências tributárias compartilhadas entre os entes federados. Os entes poderiam todos instituir taxas e contribuições de melhoria, por exemplo, tributos que eram considerados comuns no sentido de que todos os entes federados, previstas as condições constitucionais, poderiam instituí-los e cobrá-los, mas cada ente atuava de forma independente. A Constituição também previa e continua a prever mecanismos de repartição tributária entre os entes, por meio dos quais, por exemplo, parcelas de impostos arrecadados pela União são repassadas para Estados e Municípios. Ainda assim, cada ente atuava de forma independente: a União arrecadava e repassava.

O novo IBS, criado pela EC nº 132/2023, tem estrutura diversa do ponto de vista federativo: trata-se de um imposto efetivamente compartilhado. A inovação foi concebida como uma forma de conciliar o objetivo de unificar o ICMS e o ISS evitando uma possível alegação de inconstitucionalidade por violação da cláusula pétrea que trata da forma federativa de Estado. Para viabilizar o funcionamento dessa competência compartilhada, a EC nº 132/2023 criou o Comitê Gestor do Imposto sobre Bens e Serviços (art. 156-B), entidade pública sob regime especial, que terá independência técnica, administrativa, orçamentária e financeira.

A Constituição já prevê um conjunto de regras sobre a composição e as deliberações do Comitê Gestor, mas muitas outras decisões acerca dele terão ainda de ser tomadas em legislação complementar a ser editada. Nos termos da Constituição, o Comitê Gestor concentrará as competências administrativas relacionadas com regulamentação do IBS, sua cobrança e o contencioso administrativo associado ao novo imposto.

Sobre o contencioso administrativo, uma nota é importante. A EC nº 132/2023 criou uma contribuição social nova de competência da União – a Contribuição sobre Bens e Serviços – CBS (art. 195, V) – sobre a qual se tratará adiante. A fim de promover a simplificação do sistema tributário, a reforma tributária prevê que a CBS e o IBS terão basicamente o mesmo regime jurídico (arts. 149-B e 195, § 16) e com o mesmo objetivo o art. 156-B, § 18, autoriza que lei complementar possa dispor sobre a integração do contencioso administrativo relativo aos dois tributos (o IBS e o CBS).

Para além da listagem de impostos, o art. 154 prevê duas hipóteses nas quais a União poderá criar impostos novos. Em primeiro lugar, poderá ser criado, mediante lei complementar, novo imposto desde que atendidas duas exigências: ele não tenha fato gerador ou base de cálculo próprio dos impostos já previstos pela Constituição e seja não cumulativo. Em uma segunda hipótese, a Constituição autoriza que a União crie novos impostos extraordinários para atender a situação de iminência de guerra ou efetiva guerra externa, sendo que, nesse caso eles serão suprimidos, gradativamente, cessadas as causas de sua criação. As duas exigências referidas acima não são reproduzidas nessa segunda hipótese. Desde a edição da Constituição de 1988 apenas um imposto novo foi criado: o chamado Imposto Provisório sobre Movimentações Financeiras (IPMF), por meio da EC nº 3/1993. Findo o prazo previsto no ato de sua criação, o IPMF deixou de viger. Curiosamente, como se verá, ele foi posteriormente "recriado" como uma contribuição.

Embora a maior parte dos impostos seja claramente concentrada na União, a Constituição prevê, nos arts. 157 a 162, um conjunto de normas que regula a repartição de receitas tributárias entre os entes da federação. Na realidade, a rigor, a repartição envolve basicamente os impostos e não todos os tributos: a exceção fica por conta da Cide-Combustíveis (art. 159, III).

A Constituição trata da entrega aos demais entes de percentuais de determinados impostos arrecadados pela União (a saber: IR, IPI, ITR, eventual imposto novo criado com fundamento no art. 154, I, e o novo imposto seletivo criado pela EC nº 132/2023 previsto no art. 153, VIII) e de uma contribuição de intervenção na ordem econômica federal: a chamada CIDE-Combustíveis, de que trata o art. 177, § 4º. De forma específica, a Constituição prevê repasses diretos da União aos Estados e ao Distrito Federal (art. 157, I e II; e art. 159 II e III), aos Municípios de forma direta (art. 158, I e II) e via Estados (art. 159, §§ 3º e 4º). Isto é: uma parte do que os Estados recebem da União deverão repassar aos Municípios.

A Constituição determina ainda a entrega de percentuais dos recursos arrecadados diretamente pelos próprios Estados (IPVA, ICMS e a parte atribuída aos Estados do futuro IBS de que trata a EC nº 132/2023) aos Municípios (art. 158, III e IV).

Esse é um tema que tem sido alvo de diversas emendas ao longo do tempo, em geral para aumentar os percentuais a serem repassados pela União aos Estados e aos Municípios. Outro aspecto que tem sido objeto de alteração envolve os critérios para a distribuição dos recursos repassados entre os Municípios. Em geral, a maior parte dos recursos é repassada considerando a contribuição para a arrecadação produzida pelas atividades desenvolvidas no território de cada município. A EC nº 132/2023 previu a população municipal como um critério para a repartição entre os Municípios de 25% do IBS atribuído ao Estado.

De forma um tanto diversa, o legislador constituinte derivado tem adotado critérios que visam estimular os Municípios a empenhar-se em determinadas políticas. A EC nº 108/2020, por exemplo, previu que uma parcela dos recursos seria entregue aos Municípios em função da melhoria nos resultados da aprendizagem e de aumento de equidade, cabendo ao legislador estadual disciplinar o ponto. A EC nº 132/2023 ampliou o uso do critério introduzido pela EC nº 108/2020 e previu, adicionalmente, que uma pequena parcela dos recursos a serem repassadas aos Municípios será distribuída com base em indicadores de preservação ambiental, de acordo com o que dispuser a legislação estadual.

Ao lado dos repasses diretos aos entes federados, a Constituição utiliza ainda a técnica dos fundos para promover a repartição de recursos. O art. 159 prevê percentuais dos tributos referidos acima que a União deve entregar ao Fundo de Participação dos Estados e do Distrito Federal (art. 159, I, *a*) e ao Fundo de Participação dos Municípios (art. 159, I, *b*, *d*, *e* e *f*). A distribuição dos recursos no âmbito desses fundos deve "promover o equilíbrio socioeconômico entre Estados e entre Municípios", nos termos do art. 161, II.

O repasse de recursos a determinados entes federados também é previsto pela Constituição sob a perspectiva do desenvolvimento regional e da redução das desigualdades existentes entre as diferentes partes do país, sem que isso configure tratamento discriminatório entre eles. O art. 43 trata de forma ampla de incentivos regionais que a legislação pode criar e o art. 159, I, *c*, dispõe que a União deve investir um percentual mínimo de recursos em programas de financiamento do setor produtivo das regiões Norte, Nordeste e Centro-Oeste (art. 159, I, *c*).

A EC nº 132/2023 prevê ainda que o legislador deverá instituir Fundo de Sustentabilidade e Diversificação Econômica do Estado do Amazonas e Fundo de Desenvolvimento Sustentável dos Estados da Amazônia Ocidental e do Amapá, que serão constituídos com recursos da União com o objetivo de fomentar o desenvolvimento e a diversificação das atividades econômicas nessas áreas (ADCT, art. 92-B).

Além das previsões específicas para o desenvolvimento dessas regiões, a EC nº 132/2023 criou um fundo novo (art. 159-A): o Fundo Nacional de Desenvolvimento Regional, cujo objetivo é reduzir as desigualdades regionais e sociais de forma ampla. Por meio desse novo fundo, a União repassará recursos aos Estados e ao DF para que estes desenvolvam estudos, projetos e iniciativas visando à redução das desigualdades. A preocupação da EC nº 132/2023 com a defesa do meio ambiente está presente também aqui, de modo que Estados e o DF devem priorizar projetos que prevejam ações de sustentabilidade ambiental e redução das emissões de carbono.

Muitas discussões especificamente constitucionais têm surgido em função dessas regras, valendo registrar algumas delas. É pacífico o entendimento de que União e Estados não podem criar óbices ao repasse dos recursos – isso é o que afirma expressamente o caput do art. 160 – para além das duas exceções previstas nos incisos do § 1º do mesmo artigo da Constituição, a saber: União e Estados poderão condicionar o repasse ao pagamento de seus créditos, inclusive de suas autarquias" (inc. I) e ao investimento mínimo em saúde de que cuida o art. 198, § 2º, incs. II e III (inc. II). Sobre o inciso I, o STF já entendeu, por exemplo, que é válida norma estadual que prevê que o não recolhimento por Município da contribuição previdenciária descontada de seus servidores autoriza o Estado a não repassar os recursos a ele devidos por conta do ICMS, mas que o Estado não pode deixar de fazê-lo sob o argumento de que há graves irregularidades na administração municipal. Sob outra perspectiva, o STF entendeu que o não pagamento por Município de contas de luz devidas a sociedade de economia mista não caracterizava a exceção do antigo art. 160, parágrafo único, I, (hoje renumerado como § 1º, I, pela EC nº 113/2021), e, portanto, não permitia o condicionamento do repasse ou sua compensação.

Além dos dois incisos do antigo parágrafo único do art. 160, hoje renumerado como § 1º, a EC nº 113/2021 criou ainda a possibilidade, constante agora no § 2º, de que por mecanismos negociais entre a União e os demais entes federativos seja pactuada a dedução dos valores devidos por esses entes dos montantes a serem repassados relacionados às respectivas cotas nos Fundos de Participação ou aos precatórios federais. Embora o dispositivo descreva atos negociais, o texto parece sugerir que tal espécie de cláusula será obrigatória.

O STF também já decidiu que a União e os Estados não podem validamente alterar a base de cálculo para o fim de reduzir o que é devido aos outros entes a título da repartição tributária constitucionalmente prevista, sob o argumento da adoção de isenções fiscais, programas de fomento ou qualquer outro mecanismo[68]. Ainda que o ente possa, nos limites constitucionais aplicáveis, levar a cabo tais políticas parafiscais, o cálculo da repartição não deverá considerá-las para o fim de reduzir o repasse devido.

Outro tema que tem suscitado relevante controvérsia constitucional envolve as situações em que a legislação – federal e estadual – terá de definir critérios não especificamente previstos pela Constituição para a distribuição dos recursos entre cada um dos Estados e ou Municípios, conforme o caso. Explica-se. Em determinadas circunstâncias o critério de repartição é fixado pela própria Constituição, de modo que sua aplicação depende, como regra, apenas da apuração de fatos: a repartição do imposto de renda, *e.g.*, está diretamente ligada aos rendimentos pagos por Estados e Municípios, bem como suas fundações e autarquias (arts. 157, I, e 158, I); e o mesmo se diga da repartição do ITR, na hipótese em que a própria municipalidade o fiscaliza e cobra, que caberá aos Municípios relativamente aos imóveis rurais situados em cada um deles (art. 153, VI, § 4º, III).

Em outras hipóteses, diversamente, caberá à legislação estabelecer propriamente parâmetros para essa distribuição. Nesse sentido, e examinando a competência estadual para dispor, por meio de lei, sobre a distribuição de determinada fração do ICMS entre os Municípios – de que

---

[68] STF, *Informativo* 851, ACO 758/SE, rel. Min. Marco Aurélio, j. 19.12.2016.

cuida o art. 158, IV, parágrafo único, II –, o STF afirmou, *e.g.*, que embora os Estados possam disciplinar a matéria, não podem excluir completamente um Município da repartição[69].

O STF proferiu ainda decisão interessante ao tratar da competência federal para disciplinar os critérios de distribuição no âmbito do Fundo de Participação dos Estados de que cuida o art. 161, II. A Corte declarou inconstitucional lei complementar editada em 1989 considerando sua progressiva inconstitucionalização. O argumento do tribunal foi o de que o fim constitucional na hipótese é "promover o equilíbrio socioeconômico entre Estados e entre Municípios" e os elementos de fato relevantes para a promoção desse fim, como a distribuição da população pelo território e a renda *per capita* em cada Estado, sofreram significativa alteração desde sua edição. Interessantemente, o STF não pronunciou a nulidade imediata da lei mantendo seus efeitos por cerca de mais dois anos, tendo o Congresso Nacional, a tempo, editado nova legislação na matéria[70].

Duas observações parecem importantes antes de se concluir este tópico. Em primeiro lugar, com exceção da repartição relativa à CIDE-combustíveis, as regras básicas referentes à repartição de receitas previstas nos artigos mencionados acima, a despeito de alterações pontuais ao longo do tempo, foram introduzidas pelo constituinte originário e é possível afirmar que contribuem para a garantia de autonomia, sobretudo financeira, de Estados e Municípios, tendo em vista a considerável concentração de arrecadação na União, já discutida. A aplicação de tais recursos por Estados e Municípios não está vinculada a finalidades específicas (salvo no caso da CIDE-Combustíveis), cabendo aos entes decidir sobre o tema, assim como se passa com as receitas que arrecadam por conta de seus impostos. Ou seja: há uma conexão clara dessas previsões com a cláusula pétrea da forma federativa de Estado de que trata o art. 60, § 4º, I.

Isso não significa que tais disposições não possam ser modificadas: na verdade, muitas foram as modificações ao longo do tempo, em geral para ampliar os recursos repassados. O que a Constituição veda são alterações tendentes a abolir a forma federativa de Estado, e não qualquer modificação do texto vigente, e é possível conceber outros modelos ou soluções que garantam o mesmo nível – ou mais amplamente – de autonomia financeira para Estados e Municípios. Alterações, porém, que produzam como resultado a limitação dos níveis de autonomia financeira dos Estados e Municípios, independentemente do formato em que se apresentem, podem ser problemáticas no contexto federativo brasileiro, não por força da preservação específica do texto, ou das soluções vigentes, mas pela eventual restrição efetiva dos níveis de autonomia.

A segunda observação envolve o registro da criação, por meio de emendas constitucionais que alteraram em geral o texto do ADCT, de outros fundos que igualmente promoviam/ promovem repasses de recursos entre os entes federados, alguns dos quais já extintos diante do seu caráter temporário. Diferentemente do que acontece com as repartições previstas originariamente, os recursos no âmbito desses fundos são aplicados em determinadas finalidades (o que acontece também com a repartição da Cide-combustíveis, como já referido), e várias outras condicionantes podem impedir os repasses. Dos fundos ainda existentes vale destacar o Fundo de Manutenção e Desenvolvimento da Educação Básica e de Valorização dos Profissionais da Educação (Fundeb) (ADCT, art. 60-A e art. 212-A do corpo permanente).

O art. 12 da EC nº 132/2023 criou o Fundo de Compensação de Benefícios Fiscais ou Financeiro-Fiscais do imposto de que trata o art. 155, II, da Constituição Federal (o ICMS). O fundo pretende compensar, ao longo dos anos de 2029 a 2032, pessoas físicas ou jurídicas beneficiárias de isenções, incentivos e benefícios fiscais ou financeiro-fiscais relativos ao ICMS, concedidos por prazo certo e sob condição, tendo em conta a substituição do ICMS pelo IBS.

---

[69]   STF, Tribunal Pleno, RE 401.953/RJ, rel. Min. Joaquim Barbosa, j. 16.05.2007, *DJ* 21.09.2007.

[70]   STF, Tribunal Pleno, Ações Diretas de Inconstitucionalidade 875, 1.987, 2727 e 3.243, rel. Min. Gilmar Mendes, j. 24.02.2010, *DJe* 30.04.2010.

Cap. 13 – ORDEM ECONÔMICA, TRIBUTAÇÃO, ORÇAMENTO E FINANÇAS PÚBLICAS 549

Apresentada de forma geral a distribuição de competências tributárias relativamente aos impostos, bem como a estrutura geral da repartição de competências previstas constitucionalmente, cabe agora avançar para a segunda espécie tributária: as taxas.

13.2.4.2 Taxas

A Constituição trata das taxas em seu art. 145, II, dispondo que elas poderão ser instituídas e cobradas "em razão do exercício do poder de polícia ou pela utilização, efetiva ou potencial, de serviços públicos específicos e divisíveis, prestados ao contribuinte ou postos a sua disposição". Diferentemente dos impostos, portanto, as taxas apenas podem ser cobradas em função da existência de atividades estatais em potencial benefício dos contribuintes – exercício de poder de polícia e/ou serviço público específico e divisível – daí dizer-se que constitui um tributo contraprestacional.

Trata-se de um tributo comum, isto é, que poderá ser criado por todos os entes em função do exercício do poder de polícia e da prestação de serviços que concretamente levem a cabo no exercício de suas competências. Não há, portanto, uma lista fixa de taxas que podem ser criadas, cabendo a cada ente federativo, tendo em vista as atividades que desenvolva e que as justifiquem do ponto de vista constitucional, criá-las e cobrá-las nos limites do que a Constituição autoriza.

O STF já estabeleceu alguns parâmetros mais específicos a respeito de quais são os limites que a atividade tributária do Poder Público deverá observar no que diz respeito às taxas, cabendo destacar alguns deles.

As taxas por exercício do poder de polícia, por exemplo, apenas podem ser cobradas uma vez que exista de fato uma estrutura administrativa daquele ente federativo em funcionamento responsável pela atividade estatal de fiscalização[71]. Além disso, a taxa nesse caso poderá ser cobrada de todos aqueles que, por conta de suas atividades, estão legalmente submetidos a tal poder de polícia, e não apenas daqueles que tenham sido concreta e especificamente visitados pela fiscalização, até porque a atividade fiscalizadora envolve muitas outras funções além da eventual vistoria específica de um contribuinte[72]. Por outro lado, o valor da taxa deve guardar relação com o custo da atividade estatal de fiscalização.

Nesse sentido, por exemplo, examinando lei do Estado de Mato Grosso, o STF considerou que o Estado-membro é competente para a instituição de taxa pelo exercício regular do poder de polícia sobre as atividades de pesquisa, lavra, exploração ou aproveitamento, de recursos minerários, realizada no Estado, mas que é inconstitucional a instituição de taxa de polícia que exceda flagrante e desproporcionalmente os custos da atividade estatal de fiscalização (ADI nº 7400). No caso, a Corte considerou a taxa inconstitucional por seu excesso.

Quanto às taxas por prestação de serviço, o STF entende, nos termos do que a Constituição exige, que elas apenas poderão ser instituídas relativamente a serviços específicos e divisíveis. O Supremo já considerou inválidas leis que pretenderam criar taxas para o custeio de serviços que não atendiam a essas exigências, como, por exemplo, o serviço de iluminação pública[73] e de limpeza urbana genericamente considerada[74]. Nesses casos a Corte entendeu que tais atividades não eram divisíveis, sendo prestadas *uti universi*. Por outro lado, o STF julgou ser possível a criação de taxa para remunerar o serviço de coleta, remoção e tratamento de lixo e resíduos

---

[71] STF, Tribunal Pleno, RE 588.322/RO, rel. Min. Gilmar Mendes, j. 16.06.2010, *DJe* 03.09.2010.

[72] STF, Tribunal Pleno, RE 416.601/DF, rel. Min. Carlos Velloso, j. 10.08.2005, *DJ* 30.09.2005.

[73] STF, Súm. Vinculante nº 41, *DJe* 20.03.2015: "O serviço de iluminação pública não pode ser remunerado mediante taxa".

[74] STF, Tribunal Pleno, RE 206.777/SP, rel. Min. Ilmar Galvão, j. 25.02.1999, *DJ* 30.04.1999.

oriundos de imóveis[75], que não se confundem com a limpeza urbana de forma ampla, prestada à população em geral de forma indivisível.

Na sequência das decisões do STF, a EC 39/2002 autorizou os Municípios e o Distrito Federal a instituir contribuições para o custeio do serviço de iluminação pública (art. 149-A) e a implementar a cobrança juntamente com a fatura de energia elétrica. A EC nº 132/2023 ampliou essa autorização, permitindo que a contribuição referida vise custear a expansão e a melhoria de sistemas de monitoramento para preservação e segurança das ruas e áreas públicas. Trata-se de um exemplo, entre muitos, do que a doutrina tem identificado como diálogo entre as instituições: no caso, por conta de determinado entendimento do STF, e a fim de alterar os efeitos que ele produz na realidade, o Congresso Nacional aprova uma emenda constitucional para dar outro tratamento à questão.

Ainda em relação às taxas por prestação de serviços, sua cobrança é possível não apenas diante do uso efetivo desse, mas também na hipótese de eles estarem à disposição do contribuinte, mesmo que não sejam efetivamente utilizados. Nesse sentido, o STF já entendeu pela possibilidade de cobrança da taxa de coleta de lixo domiciliar pela mera utilização potencial do serviço[76].

Além desses parâmetros constitucionais referentes aos fenômenos que autorizam ou não a instituição e cobrança de taxas, a Constituição estabelece também limites acerca dos valores que poderão ser previstos por lei para cobrança. Com efeito, o valor da taxa deve guardar relação com o custo do serviço público ou do poder de polícia que a justifica, e não se vincular de forma independente a elementos de capacidade contributiva, por exemplo[77]. A eventual cobrança, a título de taxa, de valores sem qualquer conexão com o custo da atividade estatal que a justifica acaba por transformá-la em um imposto, fraudando-se assim o sistema constitucional, o qual estabelece de forma rígida os impostos que podem ser cobrados pelos entes da Federação.

Isso não significa, porém, que se exija uma contabilidade precisa entre os custos da atividade estatal e o valor a ser cobrado a título de taxa, o que seria pouco viável por ser extremamente trabalhoso e custoso. O STF utiliza em geral um juízo de razoabilidade, admitindo a utilização de critérios que, embora simplificando a realidade que seria muito mais complexa, estimem esse custo, em conjunto com a regra expressa do art. 145, § 2º, que veda que as taxas tenham a mesma base de cálculo dos impostos.

A Corte considerou válida, por exemplo, a utilização da área ocupada pelo estabelecimento comercial como critério no contexto do cálculo do valor da taxa de fiscalização e funcionamento[78]. Nesse sentido, admite-se igualmente que a taxa judiciária seja calculada sobre o valor da causa em determinadas hipóteses, por exemplo, mas exige-se a fixação de um teto, uma vez que a partir de determinado limite o valor da taxa calculado dessa forma já não guardaria qualquer conexão com o custo do serviço a ser prestado pelo Judiciário[79].

Por fim, vale distinguir as taxas das tarifas ou preços públicos, figuras que se desenvolveram no contexto dos processos de delegação pelos entes federativos da execução de serviços públicos a terceiros por meio de concessões, permissões e autorizações. Com efeito, uma vez delegada a execução de um serviço público a empresas públicas, sociedades de economia mista ou empresas privadas sem qualquer relação com a Administração Pública, a cobrança pelos serviços prestados tomará a forma de uma tarifa ou preço público, e não mais de taxa.

---

[75]   STF, Tribunal Pleno, RE 576.321 QO-RG/SP, rel. Min. Ricardo Lewandowski, j. 04.12.2008, *DJ* 12.02.2008; e STF, 1ª T., RE 501.876 AgRg/SP, rel. Min. Ricardo Lewandowski, j. 01.02.2011, *DJe* 23.02.2011.

[76]   STF, 2ª T., AgIn 441.038 AgRg/RS, rel. Min. Cezar Peluso, j. 04.03.2008, *DJ* 28.03.2008.

[77]   STF, Tribunal Pleno, ADI 2.551 MC-QO/MG, rel. Min. Celso de Mello, j. 02.04.2003, *DJ* 20.04.2006.

[78]   STF, 1ª T., RE 856.185 AgRg/PR, rel. Min. Roberto Barroso, j. 04.08.2015, *DJ* 24.09.2015.

[79]   STF, Tribunal Pleno, ADI 948/GO, rel. Min. Francisco Rezek, j. 09.11.1995, *DJ* 17.03.2000.

Cap. 13 – ORDEM ECONÔMICA, TRIBUTAÇÃO, ORÇAMENTO E FINANÇAS PÚBLICAS **551**

Embora a lei deva dispor sobre a política tarifária a ser adotada no contexto de tais delegações (art. 175), a fixação do valor da tarifa não depende de previsão legal específica, como é o caso da taxa. Além disso, tarifas/preços públicos não são compulsórios, como as taxas, devendo ser pagas apenas por quem efetivamente manifeste vontade no sentido de se beneficiar do serviço, de modo que sua fonte será o acordo de vontades entre o usuário e o prestador do serviço[80]. Não se admite, por exemplo, que o proprietário de um imóvel se negue a pagar a taxa de coleta de lixo domiciliar referida acima sob o argumento de que não deseja se valer do serviço. No entanto, é possível que o mesmo proprietário de imóvel não deseje manter quaisquer relações comerciais com a concessionária de energia elétrica, por exemplo. Do mesmo modo, ninguém é obrigado a ter uma conta telefônica e, a despeito de o serviço estar disponível, não poderá ser cobrado pelas concessionárias, caso não deseje valer-se do serviço.

13.2.4.3 Contribuições de melhoria

As contribuições de melhoria são igualmente previstas no art. 145, III, o qual afirma que União, Estados, Distrito Federal e Municípios poderão instituir contribuição de melhoria decorrente de obra pública. Trata-se, portanto, assim como as taxas, de um tributo comum, que poderá ser instituído e cobrado por todos os entes na medida em que cada um deles tenha concluído obras públicas que geraram a valorização imobiliária de bens particulares. Desse modo, imagine-se uma área isolada na qual, a partir de determinado momento, o Poder Público dê andamento a obras de arruamento, eletrificação, constrói modais de transporte próximos, e essas obras públicas aumentam substancialmente o valor dos imóveis no entorno: é sobre esse fenômeno que a contribuição de melhoria poderá incidir.

Com efeito, o STF já consolidou o entendimento de que a contribuição de melhoria incide sobre o *quantum* da valorização imobiliária produzida pela obra pública[81]. A lógica subjacente ao tributo é simples. Os recursos públicos – isto é, recursos obtidos a partir da sociedade como um todo – foram investidos na obra pública com o objetivo de promover algum interesse igualmente público. Ora, se esse investimento gerou, paralelamente, o enriquecimento de algumas pessoas em particular, elas devem "repartir" esse benefício recebido com a sociedade como um todo por meio do pagamento de um tributo específico.

Trata-se de uma dimensão da igualdade pela qual, assim como os particulares não devem ser individualmente prejudicados por obras públicas – daí as normas que tratam de desapropriação, por exemplo –, também não devem ser beneficiados por elas. Tanto prejuízos quanto benefícios devem ser partilhados pela sociedade como um todo. A contribuição de melhoria visa justamente a promover a partilha dessa valorização imobiliária que resultou de uma obra pública.

13.2.4.4 Empréstimos compulsórios

Além de impostos, taxas e contribuições de melhoria, a Constituição prevê ainda em seu art. 148 outro tributo denominado de empréstimo compulsório. Trata-se de uma competência tributária privativa da União, já que apenas ela poderá, por meio de lei complementar, instituir e cobrar empréstimos compulsórios. Na qualidade de "empréstimo", ainda que compulsório, essa espécie tributária envolve necessariamente a ideia de que haverá uma devolução dos valores cobrados aos contribuintes em algum momento no futuro[82].

---

[80]   STF, Tribunal Pleno, RE 556.854/AM, rel. Min. Cármen Lúcia, j. 30.06.2011, *DJe* 11.10.2011.

[81]   STF, 2ª T., AgIn 694.836 AgR/SP, rel. Min. Ellen Gracie, j. 24.11.2009, *DJe* 18.12.2009.

[82]   STF, Tribunal Pleno, RE 121.336/CE, rel. Min. Sepúlveda Pertence, j. 11.10.1990, *DJ* 26.06.1992.

Os empréstimos compulsórios podem ser criados com dois fundamentos, previstos nos incisos do art. 148, mas em qualquer caso os recursos arrecadados devem ser aplicados na finalidade que justificou sua criação, a saber: (i) para atender a despesas extraordinárias, decorrentes de calamidade pública, de guerra externa ou sua iminência; e (ii) no caso de investimento público de caráter urgente e de relevante interesse nacional, observado o disposto no art. 150, III, *b*.

O ADCT recepcionou de forma expressa o empréstimo compulsório do setor elétrico que havia sido criado antes da edição da Constituição de 1988 e estendeu-se até 1993 (ADCT, art. 34, § 12). Ainda antes de 5 de outubro de 1988 (Dec.-lei nº 2.288/1986) foi também criado o empréstimo compulsório sobre combustíveis, tendo havido ampla discussão judicial sobre a devolução desses valores[83]. Não houve criação de novos empréstimos compulsórios após a edição da Constituição de 1988, embora exista divergência quanto à natureza do Plano Collor, havendo quem defendesse que se trataria de verdadeiro empréstimo compulsório.

13.2.4.5 Contribuições

Por fim, além de impostos, taxas, contribuições de melhorias e empréstimos compulsórios, a Constituição prevê ainda em seu art. 149 uma última espécie tributária que identifica como "contribuições" e desde logo desdobra em três espécies: contribuições sociais, contribuições de intervenção no domínio econômico e contribuições de interesse das categorias profissionais e econômicas. São exemplos de contribuições sociais o Cofins[84] e o salário-educação (CF/1988, art. 212, § 5º); de contribuições de intervenção no domínio econômico, a Cide-Combustíveis (CF/1988, art. 177, § 4º) e o Adicional ao Frete para Renovação da Marinha Mercante (AFRMM)[85]; e de contribuições de interesse das categorias econômicas e profissionais, as contribuições sindicais, que após as alterações introduzidas pela Lei nº 13.467/2017, assumiu um perfil diferenciado, dependendo da autorização expressa dos participantes da categoria para que possa ser cobrado[86].

Dentro da categoria geral das contribuições sociais destaca-se uma subcategoria que agrupa as chamadas contribuições da seguridade social, isto é, que se destinam ao custeio do sistema de seguridade social (que abarca os sistemas públicos de saúde, de previdência social e de assistência social de que a Constituição cuida nos arts. 195 a 204). Elas recebem uma disciplina específica no art. 195, sobre o que se tratará adiante. Note-se, porém, que as contribuições sociais podem ocupar-se do custeio de outras atividades estatais ligadas à ordem social, mas externas ao sistema de seguridade social, como é o caso, por exemplo, da educação e da cultura.

De forma simples, o que particulariza as contribuições é a vinculação do emprego dos recursos arrecadados às finalidades que justificaram sua criação. Ao contrário do que se passa com os impostos, em relação aos quais a Constituição veda, como regra geral, a vinculação de sua receita a finalidades específicas (art. 167, IV), as contribuições são espécies tributárias vinculadas, no sentido de que seus recursos já têm um destino certo desde sua criação. Isso significa, portanto, que os valores obtidos por meio das contribuições sociais que se destinam ao custeio da seguridade social de que cuida o art. 195, por exemplo, devem ser aplicados no custeio da seguridade social e não em outras finalidades. O mesmo se diga da contribuição identificada como "salário-educação": ela deverá ser investida na educação básica, como o dispositivo prevê.

E essa é também a regra em relação às contribuições de intervenção no domínio econômico e de interesse das categorias profissionais e econômicas. No caso da contribuição de intervenção

---

[83]   STF, Tribunal Pleno, RE 175.385/SC, rel. Min. Marco Aurélio, j. 01.12.1994, *DJ* 24.02.1995.

[84]   LC nº 70/1991.

[85]   Instituído pelo Dec.-lei nº 2.404/1987 e disciplinado pela Lei nº 10.893/2004.

[86]   Dec.-lei nº 5.452/1943, arts. 578 e 579.

no domínio econômico prevista no art. 177, § 4º, a chamada CIDE-Combustíveis, o STF teve ocasião de atribuir interpretação conforme a Constituição à lei orçamentária de 2003 para afastar qualquer interpretação que importasse destinação dos recursos diversa da prevista constitucionalmente[87]. Enfim, toda e qualquer contribuição, não apenas aquelas expressamente previstas constitucionalmente, terá seus recursos vinculados à finalidade determinada em sua criação.

Vale notar que essa afirmação geral, acerca do caráter vinculado dos recursos oriundos das contribuições, convive há vários anos com emendas constitucionais prevendo a chamada desvinculação de receitas da União (DRU). A EC nº 126/2022, que alterou a redação do art. 76 do ADCT, prevê que, até o final de 2024, 30% da arrecadação da União com as contribuições sociais (salvo salário-educação) e com as contribuições de intervenção econômica estão desvinculados – isto é: não precisam ser aplicados pelo Executivo federal nas finalidades próprias de tais contribuições –, sem prejuízo do dever da União de honrar as despesas do Regime Geral da Previdência Social.

Há múltiplas controvérsias políticas e jurídicas envolvendo a chamada DRU, que não cabe aqui examinar. Fica apenas o registro de que esses debates se inserem em uma discussão mais geral, e importantíssima, a respeito das normas que disciplinam o gasto de recursos pelo Poder Público – sua excessiva rigidez ou flexibilidade –, que inclui a definição de prioridades orçamentárias, a execução orçamentária e a distribuição de competências entre o Legislativo e os agentes (em geral do Executivo, mas não apenas dele) que executam o orçamento.

Ao lado dessa característica geral das contribuições, o próprio constituinte indica no art. 149 que as contribuições de intervenção no domínio econômico e contribuições de interesse das categorias profissionais e econômicas serão usadas "como instrumento de sua atuação [da União] nas respectivas áreas". Ou seja: há aqui um claro objetivo parafiscal indicado em relação a esses tributos, para além do propósito exclusivamente arrecadador.

A instituição e cobrança de contribuições é uma competência tributária exclusiva da União – isto é: apenas ela pode criar contribuições das três espécies – com duas exceções previstas nos arts. 149, § 1º, e 149-A. A primeira exceção autoriza Estados, Distrito Federal e Municípios a instituírem e cobrarem contribuições sociais de seus próprios servidores, destinadas a custear o sistema previdenciário que os beneficiará. A segunda envolve a possibilidade de Municípios e o Distrito Federal instituírem contribuições para custear o serviço de iluminação pública e sistemas de monitoramento para segurança e preservação de logradouros públicos.

Afora essas duas exceções, a competência para instituir e cobrar contribuições sociais, de intervenção no domínio econômico e de interesse das categorias profissionais e econômicas é realmente apenas da União. A circunstância de Estados, Distrito Federal e Municípios eventualmente desenvolverem atividades relacionadas com algum dos temas tratados pela Constituição no âmbito da ordem social, por exemplo, não lhes confere, por isso, competência para a criação de contribuições destinadas a custear de forma específica essas atividades[88].

No que diz respeito às contribuições de seguridade social – espécie das contribuições sociais, como se viu –, os incs. I a IV do art. 195 da Constituição autorizam desde logo a criação de várias delas, destinadas a custear o sistema de seguridade social, a saber: contribuições a serem pagas pelo empregador/empresa (ou figuras equiparadas) sobre quaisquer valores pagos a pessoas físicas que lhes prestem serviços; sobre a receita ou faturamento bruto e sobre o lucro (inc. I e suas alíneas). Os trabalhadores também são contribuintes da chamada contribuição previdenciária (inc. II), e a Constituição prevê ainda no art. 195, III, uma contribuição incidente

---

[87]   STF, Tribunal Pleno, ADI 2925/DF, rel. p/acórdão Min. Marco Aurélio, j. 19.12.2003, *DJ* 04.03.2005.

[88]   Nesse sentido, STF, Tribunal Pleno, RE 573.540 RG/MG, rel. Min. Gilmar Mendes, j. 14.04.2010, *DJ* 11.06.2010.

sobre a receita das loterias (concursos de prognósticos) e, no inc. IV, contribuição a ser paga pelo importador de bens ou serviços do exterior, ou de quem a lei a ele equiparar.

A reforma tributária, aprovada pela EC nº 132/2023, prevê a extinção de duas contribuições sociais – o PIS e o Cofins – e a criação de uma nova: a Contribuição sobre Bens e Serviços (CBS). A nova contribuição prevista no art. 195, V, será disciplinada por lei complementar, mas o texto constitucional já prevê uma série de regras a seu respeito que deverão ser as mesmas previstas para o novo imposto sobre bens e serviços – IBS, este de competência compartilhada entre Estados, DF e Municípios.

Além dessas contribuições desde logo criadas pela Constituição, o § 4º do mesmo art. 195 prevê que: "A lei poderá instituir outras fontes destinadas a garantir a manutenção ou expansão da seguridade social, obedecido o disposto no art. 154, I". O art. 154, I, trata da competência residual da União para a criação de novos impostos, exigindo-se ali a edição de lei complementar. Assim, a remissão do art. 195 ao art. 154, I, significa que outras contribuições com o objetivo de gerar novas fontes de manutenção e expansão da seguridade social poderão ser criadas, mas deverão ser instituídas por lei complementar.

Embora não se vá tratar do tema aqui, é preciso registrar que existem diversas discussões sobre o sentido e alcance de cada uma das contribuições criadas diretamente pela Constituição no art. 195, justamente para distinguir em que hipóteses a lei ordinária poderá delinear as características do tributo já criado pelo constituinte, e em que hipóteses, a rigor, estar-se-á criando outra fonte de custeio da seguridade social, que exige por isso lei complementar[89].

Ainda sobre a espécie legislativa, o STF já consolidou o entendimento de que a criação de contribuições sociais não relacionadas com a previsão de novas fontes de custeio para a seguridade social, contribuições de intervenção no domínio econômico e de interesse das categorias econômicas e profissionais poderá ser feita por lei ordinária, não se exigindo lei complementar[90], já que a exigência do § 4º do art. 195 trata apenas das contribuições que criam outras fontes de custeio para a seguridade social.

E o que dizer sobre o valor que poderá ser cobrado a título de contribuição? Como se viu, os impostos devem considerar a capacidade contributiva dos contribuintes e não poderão ter efeito confiscatório, mas não há a rigor outros limites sobre o Poder Público. A vedação ao efeito confiscatório aplica-se igualmente aos empréstimos compulsórios e às contribuições de melhoria, sendo que estas devem necessariamente estar relacionadas com a valorização imobiliária produzida pela obra pública. Quanto às taxas, o valor a ser cobrado deve guardar uma relação razoável com o custo do serviço colocado à disposição pelo ente federativo.

No caso das contribuições, para além da incidência do princípio que veda o uso confiscatório dos tributos, a Constituição estabelece ainda algumas regras específicas que limitam a União no particular. O § 2º, I, do art. 149, por exemplo, prevê que as contribuições sociais e de intervenção no domínio econômico não poderão incidir sobre receitas decorrentes de exportação. O art. 195, § 7º, por seu turno, prevê a imunidade (embora a Constituição use a expressão "isentas") das entidades beneficentes de assistência social relativamente às contribuições para a seguridade social. O STF fixou o entendimento de que os requisitos para o gozo da imunidade a que se refere o dispositivo constitucional devem estar previstos em lei complementar, considerando o que determina o art. 146, II, no sentido de que cabe a essa espécie legislativa regular as limitações constitucionais ao poder de tributar[91].

Ainda sobre as contribuições de seguridade social, o fato gerador daquelas de que cuida o art. 195, I a IV, já está previsto – e, portanto, limitado – constitucionalmente. E, por fim, os

---

89   STF, Tribunal Pleno, RE 595.838 RG/SP, rel. Min. Dias Toffoli, j. 23.04.2014, *DJ* 08.10.2014.

90   STF, Tribunal Pleno, ADI 4697/DF, rel. Min. Edson Fachin, j. 06.10.2016, *DJ* 30.03.2016.

91   STF, Tribunal Pleno, RE 566.622, rel. Min. Marco Aurélio, j. 23.02.2017, *DJ* 06.03.2017.

Cap. 13 – ORDEM ECONÔMICA, TRIBUTAÇÃO, ORÇAMENTO E FINANÇAS PÚBLICAS **555**

contornos das contribuições de intervenção no domínio econômico devem guardar relação lógica com o fim parafiscal que se pretende promover, no contexto da atividade econômica.

Para concluir, vale observar que, ao longo dos últimos anos, muitas contribuições foram criadas ou majoradas pela União – sobretudo sociais –, aumentando significativamente o percentual que a receita dessas contribuições representa na arrecadação global federal[92]. O ponto é relevante, pois as contribuições sociais não são repartidas por Estados, Distrito Federal e Municípios e estes, como se viu, apenas podem criar as duas contribuições mencionadas acima: para custeio do sistema de previdência de seus servidores e, no caso do Distrito Federal e dos Municípios, para o custeio do serviço de iluminação pública e de sistemas de monitoramento para segurança e preservação de logradouros públicos. O desequilíbrio no que diz respeito à autonomia financeira dos entes vem se agravando ao longo do tempo também por essa razão.

Concluídas aqui essa apresentação bastante geral sobre os contornos principais do sistema tributário brasileiro, cabe agora tratar das normas que se ocupam do orçamento e das finanças públicas. Se o sistema tributário regula a obtenção de recursos via tributos por parte do Estado e sua distribuição pelos entes federativos, o orçamento e as finanças públicas disciplinam o dispêndio dos recursos públicos por esses mesmos entes federativos e, ainda, a obtenção de recursos por meio de mecanismos de endividamento público.

13.3 ORÇAMENTO E FINANÇAS PÚBLICAS

13.3.1 Introdução

13.3.1.1 Orçamento, finanças públicas e direitos fundamentais das gerações presentes e futuras

A Constituição trata dos temas das finanças públicas e dos orçamentos dos arts. 163 a 169, remetendo a disciplina mais detalhada das finanças públicas à legislação complementar, e detalhando de forma mais específica as regras relativas à elaboração dos orçamentos. Antes de apresentar um breve resumo do que esses dispositivos preveem, é fundamental situar os temas no contexto do sistema constitucional como um todo e particularmente relacioná-los de forma clara – o que por vezes não é suficientemente destacado – com o compromisso da Constituição com os direitos fundamentais.

O orçamento é o momento político no qual, considerando as receitas esperadas, se vai decidir em que e quanto gastar. O sistema constitucional brasileiro agrega ainda ao orçamento a função de planejamento das ações estatais ao longo do tempo, como se verá. Trata-se, portanto, do momento central de definição de prioridades no âmbito do Estado, já que praticamente qualquer política pública dependerá de recursos para ser levada adiante. A realidade brasileira apresenta uma particularidade que limita a relevância desse momento que é a circunstância de parte importante do orçamento estar comprometida com despesas obrigatórias[93], de modo que o espaço real de deliberação é na prática menor do que se poderia imaginar.

---

[92] A problemática de repartição dos recursos federativos fica ainda mais agravada pelo que salienta José Raimundo Baganha Teixeira. *O atual desequilíbrio no sistema de repartição de receitas tributárias*. Brasília: Estudos da Consultoria Legislativa da Câmara dos Deputados, 2004, de acordo com o qual há uma tendência deliberada, de o governo federal, ao conferir incentivos ao setor produtivo, o fazer com tributos partilhados ou de implantar a incidência de um tributo não compartilhado e, concomitantemente, reduzir a incidência de um tributo compartilhado, incidente sobre o mesmo fato gerador.

[93] Confira-se sobre o ponto: http://www.fazenda.gov.br/centrais-de-conteudos/publicacoes/transparencia-fiscal/analise-economica-dos-gastos-publicos-federais/relatorio_gasto_publico_federal_site.pdf. Acesso em: 10 maio 2017.

Seja como for, o orçamento deveria ser o momento de debate público por excelência no que diz respeito à definição de quais devem ser as atividades prioritárias do Poder Público diante das suas possibilidades em termos de recursos. Em geral, as demandas da sociedade – de qualquer sociedade – são potencialmente ilimitadas e os recursos limitados, de modo que sempre será necessário estabelecer prioridades.

É fácil perceber, nesse passo, que o destino de ações estatais visando a promoção de direitos será em boa medida definido no âmbito do orçamento e, no caso brasileiro, por conta do caráter autorizativo deste, também no momento da execução orçamentária. Mesmo no âmbito das despesas obrigatórias, como é o caso dos investimentos mínimos em saúde e educação, prioridades terão de ser definidas, já que tais categorias – educação[94] e saúde[95] – são amplíssimas: que necessidades em matéria de educação e saúde serão priorizadas? Diferentes políticas públicas podem ser implementadas – demandando distintas alocações orçamentárias – em função do que se considere mais importante em cada momento histórico relativamente a esses dois grandes direitos. Em suma: o ponto a destacar é que a discussão orçamentária deveria ser o grande momento de debate acerca das prioridades em termos de direitos fundamentais no país. Não é, porém, o que tem acontecido. É possível que, na esteira da EC nº 100/2019, sobre a qual se tratará adiante, esse quadro sofre alguma alteração.

A mobilização em torno da aprovação de uma lei, por exemplo, que consagre direitos é em geral muito maior do que a mobilização anual necessária para que essa mesma norma receba a cada ano os recursos necessários, no âmbito do orçamento, de tal modo que ela possa ser efetivamente executada. Ocorre que a simples edição de uma lei não tem, como regra, o poder mágico de transformar a realidade: uma série de atos terá de ser levada a cabo para promover a execução de uma norma, e esses atos em geral custam dinheiro. A enunciação dos direitos na norma, inclusive constitucional, é apenas um ponto de partida, não um ponto de chegada. A execução efetiva das políticas necessárias à promoção de tais direitos – que dependerão como regra de alocações orçamentárias – é que poderá transformar a norma em realidade. Há, como se vê, uma conexão direta do orçamento com a efetiva promoção dos direitos fundamentais na vida concreta e real das pessoas. Porém não é só.

Ao lado do orçamento, as finanças públicas se ocupam de forma mais ampla da circulação de dinheiro na economia, do equilíbrio entre receitas e gastos públicos, bem como do endividamento público sob suas variadas formas. Embora pareça um tema árido, e a despeito de sua complexidade, é possível identificar desde logo uma relação direta entre as preocupações subjacentes às finanças públicas e a garantia de um tratamento razoavelmente isonômico entre as gerações presentes e futuras em termos dos seus direitos e possibilidades.

De forma muitíssimo simplificada, é possível expor o raciocínio nos seguintes termos. A promoção dos direitos exige recursos. A capacidade de uma sociedade de pagar tributos é limitada em função de suas circunstâncias econômicas. Ou seja: o que é possível arrecadar por meio de tributos é naturalmente limitado. Acima de determinados limites, a carga tributária pode gerar menos arrecadação, tanto por estimular a sonegação como por sufocar a atividade econômica sobre a qual os tributos incidem. Entretanto, sempre é possível cogitar obter mais recursos por meio de empréstimos, e em alguns momentos da história brasileira, lamentavelmente,

---

[94] Ana Paula de Barcellos. Os direitos à educação e o STF. In: Daniel Sarmento; Ingo Wolfgang Sarlet (coords.). *Direitos fundamentais no Supremo Tribunal Federal*: balanço e crítica. Rio de Janeiro: Lumen Juris, 2011. p. 609-633.

[95] Ana Paula de Barcellos et al. Direito à saúde e prioridades: introdução a um debate inevitável. *Revista de Direito GV* [*on-line*]. 2017, vol. 13, n. 2, p. 457-483. Disponível em: http://www.scielo.br/scielo.php?script=sci_arttext&pid=S1808-24322017000200457&lng=pt&nrm=iso. ISSN 2317-6172. http://dx.doi.org/10.1590/2317-6172201718. Acesso em: 9 jan. 2017.

Cap. 13 – ORDEM ECONÔMICA, TRIBUTAÇÃO, ORÇAMENTO E FINANÇAS PÚBLICAS **557**

já se considerou que emitir mais dinheiro (papel-moeda) seria também uma boa ideia. Qual o problema dessas soluções?

Quanto à emissão de mais dinheiro, parece consensual o entendimento de que ela gera desde logo inflação e a consequente perda do poder aquisitivo do dinheiro, de modo que, para além de outros problemas gravíssimos, que afetam em geral os mais pobres, a emissão de moeda simplesmente não cria mais recursos de fato.

Quanto ao endividamento, embora o excesso de dinheiro em circulação também possa ter efeitos negativos, é certo que ele pode gerar, em alguma medida, mais recursos para utilização imediata. Por outro lado, os empréstimos contraídos ou os títulos da dívida pública emitidos hoje – e cujos recursos estão sendo gastos pela geração presente – terão que ser pagos em algum momento no futuro, e as gerações futuras é que terão que arcar com essas dívidas. Até que limite, portanto, as gerações atuais podem contrair dívidas a serem pagas no futuro?

A questão do equilíbrio fiscal e financeiro do Estado, portanto, para além de muitas outras controvérsias relevantes, vincula-se também ao respeito que as gerações presentes devem às gerações futuras. Assim como aquelas não podem dilapidar todos os recursos naturais existentes para seu próprio proveito, em prejuízo dramático destas[96], também as gerações presentes não podem endividar-se ilimitadamente, deixando a conta para aqueles que virão depois.

Associando os dois temas – orçamento e finanças públicas – uma observação final a respeito de suas relações com os direitos fundamentais. Do ponto de vista formal, como se verá, as despesas públicas deverão estar previstas no orçamento, nos termos constitucionais e legais; mas o que deverá constar do orçamento concretamente? Em que se deverá investir? Em que os recursos públicos disponíveis deverão ser aplicados? Embora se trate de uma decisão política, o conteúdo das despesas haverá de estar vinculado juridicamente às prioridades eleitas pelo constituinte originário[97].

A Constituição estabelece metas prioritárias em matéria de direitos e a despesa pública é o meio hábil para atingir essas metas. Logo, as prioridades em matéria de gastos públicos devem repercutir aquelas fixadas pela Constituição, de modo que também a ponta da despesa, que encerra o ciclo da atividade financeira, esteja submetida à norma constitucional[98]. Na realidade, a Constituição já traz algumas regras sobre investimentos mínimos a cargos dos entes federativos em educação (art. 212) e saúde (art. 198), além de vincular, ao menos em tese, os recursos oriundos das contribuições sociais de que trata o art. 195 ao custeio da seguridade social.

Se é assim, e se os meios financeiros não são ilimitados, os recursos disponíveis deverão ser aplicados prioritariamente no atendimento dos fins considerados mais essenciais pelo texto constitucional, até que eles sejam realizados. No caso brasileiro, a essa conclusão se chega igualmente em decorrência de um conjunto de compromissos internacionais assumidos formalmente. Com efeito, o Pacto Internacional de Direitos Econômicos, Sociais e Culturais[99], a Convenção Internacional sobre o direito das crianças[100] e o Pacto de São José de Costa Rica[101]

---

[96] Nesse sentido é que se discute o princípio da equidade intergeracional. Sobre o tema v. Lara França Mendes. *A justiça intergeracional:* uma perspectiva do direito fundamental das futuras gerações ao meio ambiente. Dissertação (Mestrado em Ciências Jurídico-Políticas) – Faculdade de Direito. Coimbra: Universidade de Coimbra, 2016.

[97] Gregorio Peces-Barba Martínez. *Derechos sociales y positivismo jurídico.* Madrid: Dykinson 1999. p. 82.

[98] German J. Bidart Campos. *El orden socioeconomico en la Constitución.* Buenos Aires: Ediar, 1999. p. 363-364.

[99] O Pacto Internacional sobre Direitos Econômicos, Sociais e Culturais, de 1966, foi aprovado pelo Dec. Legislativo nº 226, de 12.12.1991, e promulgado pelo Dec. nº 591, de 06.07.1992.

[100] A Convenção sobre os Direitos da Criança, de 1989, foi aprovada pelo Dec. Legislativo nº 28, de 14.09.1990, e promulgada pelo Dec. nº 99.710, de 21.11.1990.

[101] A Convenção Americana sobre Direitos Humanos, de São José de Costa Rica, 1969, foi aprovada pelo Dec. Legislativo nº 27, de 26.05.1992, e promulgada pelo Dec. nº 678, de 06.11.1992.

obrigam os Estados signatários a investirem *o máximo dos recursos disponíveis* na promoção dos direitos previstos em seus textos.

Em resumo: a limitação de recursos existe e é uma contingência que não se pode ignorar. Por outro lado, não se pode esquecer que a finalidade do Estado ao obtê-los, para em seguida gastá-los sob a forma de obras, prestação de serviços, ou qualquer outra política pública, é exatamente realizar os objetivos fundamentais da Constituição.

13.3.1.2 Controle de constitucionalidade do orçamento

A história recente do controle de constitucionalidade do orçamento – em particular do controle concentrado e abstrato – passou por algumas fases que vale registrar. Até o início dos anos 2000, o STF não admitia o cabimento de controle de constitucionalidade concentrado e abstrato de previsões constantes da lei orçamentária. O fundamento articulado pelo STF era o limitado caráter normativo do orçamento – sobretudo sob a perspectiva da abstração – já que se trata de norma destinada a viger por apenas um ano, o que a aproximaria de uma lei de efeitos concretos.

Em 2003, o STF decidiu a ADI nº 2.925, na qual admitiu o controle de norma do orçamento que tenha "contornos abstratos e autônomos, em abandono ao campo da eficácia concreta" e vedou interpretação da lei orçamentária do ano de 2003 que autorizasse a utilização dos recursos da CIDE-Combustíveis em destinação diversa daquelas previstas pelas alíneas do art. 177, § 4º, II. Trata-se de norma constitucional específica que regula o destino de recursos arrecadados pela contribuição, vinculando necessariamente o orçamento no particular.

Nos anos seguintes, e sobretudo a partir de 2008, o entendimento geral do STF foi alterado admitindo-se o controle de constitucionalidade abstrato do orçamento. Reconheceu-se que, a despeito da limitação temporal, o impacto da lei orçamentária para a sociedade é enorme e o respeito às diversas previsões constitucionais que a regulam deve ser garantido pela Corte.[102] Na expressão do Min. Carlos Ayres Britto, relator da ADI nº 4049, a lei orçamentária "é a lei que mais se aproxima da Constituição na decisiva influência que projeta sobre toda a máquina estatal administrativa e, por isso mesmo, na qualidade de vida de toda a sociedade civil".

A partir dessa alteração de entendimento, o STF considerou inválidas medidas provisórias para abertura de crédito extraordinário por desrespeito aos requisitos exigidos constitucionalmente para essa iniciativa do Poder Executivo, não admitindo o argumento de que "imprevisibilidade" e "urgência" – previstos no art. 167, § 3º, e exemplificados pela norma por meio de eventos como "guerra, comoção interna e calamidade pública" – seriam noções de avaliação puramente política e insindicável pelo Judiciário[103]. O STF decidiu serem inconstitucionais os créditos abertos a esse título que se destinavam a prover despesas correntes, sem mínima conexão com os parâmetros exigidos pela Constituição.

Entre o final de 2022 e durante o ano de 2023, uma nova discussão se colocou, muito em função das alterações introduzidas por várias emendas no sistema orçamentário que serão examinadas adiante. Nesse novo contexto, o STF decidiu um conjunto de ADPFs (ADPFs nº 850, nº 851, nº 854 e nº 1.014) e declarou inconstitucional a prática identificada como "orçamento secreto".

Tratava-se da reunião sob uma rubrica única denominada de "emenda do relator" (o relator do orçamento) de um conjunto de emendas parlamentares – sem identificação de quais seriam os parlamentares destinatários, dos valores envolvidos em cada emenda ou do que

---

[102] STF, ADI 4.048 MC/DF, rel. Min. Gilmar Mendes, j. 14.05.2008, *DJ* 22.08.2008; e STF, Tribunal Pleno, ADI 4.049/DF, rel. Min. Ayres Britto, j. 05.11.2008, *DJe* 08.05.2009.

[103] STF, ADI 4.048 MC/DF, rel. Min. Gilmar Mendes, j. 14.05.2008, *DJ* 22.08.2008; e Tribunal Pleno, ADI 4.049/DF, rel. Min. Ayres Britto, j. 05.11.2008, *DJe* 08.05.2009.

seria feito com o dinheiro –, sendo então essa "emenda do relator" liberada pelo Executivo. Ou seja: a informação sobre que parlamentes estavam recebendo que valores ou em que eles seriam aplicados não existia publicamente. Além de declarar a prática inconstitucional, o STF determinou que, em 90 dias, fossem divulgados os solicitadores e beneficiários dos recursos de 2020 a 2022, bem como informado, pelos órgãos da administração pública que executaram despesas por meio dessas emendas, que serviços, obras e compras foram realizados.

O STF considerou que a prática violava um conjunto de previsões constitucionais valendo reproduzir a parte final da ementa divulgada: "10. A partilha secreta do orçamento público operada por meio das emendas do relator configura prática institucional inadmissível diante de uma ordem constitucional fundada no primado do ideal republicano, no predomínio dos valores democráticos e no reconhecimento da soberania popular (CF, art. 1º); inaceitável em face dos postulados constitucionais da legalidade, da impessoalidade, da moralidade, da publicidade e da eficiência (CF, art. 37, *caput*); inconciliável com o planejamento orçamentário (CF, art. 166) e com a responsabilidade na gestão fiscal (LC nº 101/2000; além de incompatível com o direito fundamental à informação (CF, art. 5º, XXXIII) e com as diretrizes que informam os princípios da máxima divulgação, da transparência ativa, da acessibilidade das informações, do fomento à cultura da transparência e do controle social (CF, arts. 5º, XXXIII, 'a' e 'b', 37, *caput* e § 3º, II, 165-A e Lei nº 12.527/2011, art. 3º, I a V)".

Durante o ano de 2024, e após as alterações aprovadas pelo Congresso para implementar a decisão referida (ADPF nº 854), iniciou-se no âmbito do STF – mais especificamente do Núcleo de Solução Consensual de Conflitos (Nusol) – um procedimento de monitoramento do efetivo cumprimento da decisão, sendo constituída comissão técnica para esse fim.

Simultaneamente, porém, em agosto de 2024, foi ajuizada a ADI nº 7697 pedindo a declaração de inconstitucionalidade dos dispositivos introduzidos pelas Emendas Constitucionais nº 86/2015, nº 100/2019, nº 105/2019 e nº 126/2022, que previram o caráter impositivo de emendas parlamentares e de bancadas ao orçamento, isto é, que obrigam o Executivo a executar tais emendas e repassar os recursos correspondentes. O ponto será aprofundado adiante.

A alegação principal do requerente da ADI nº 7697 é a de que tais emendas violariam as cláusulas pétreas da separação de poderes, criando um semipresidencialismo orçamentário, e da república, já que a "captura do orçamento público obsta a concretização do planejamento e coordenação de políticas públicas e de alocação de recursos públicos, de forma eficiente e efetiva, na dinâmica democrática e republicana, e, portanto, para o alcance dos objetivos fundamentais da República".

Em 19 de agosto de 2024, o STF acolheu em parte o pedido, em decisão unânime, para sustar a execução das emendas com caráter impositivo de que tratam as referidas emendas constitucionais até que Legislativo e Executivo regulem um procedimento que observe os parâmetros indicados pela decisão. Esses parâmetros estão relacionados com a publicidade e a transparência acerca dos gastos, do plano de trabalho a eles associados e dos bens e serviços que devem ser entregues à sociedade por conta de tais Emendas. Em 20 de agosto de 2024, em reunião mediada pelos Ministros do STF, Executivo e Legislativo negociaram um acordo estabelecendo regulação do tema de acordo com os parâmetros referidos.

Como se vê, nos últimos anos, o orçamento tem ganhado – com razão – especial relevância constitucional e passou a ser examinado com mais rigor pela sociedade e pelo STF.

13.3.1.3. Controle de constitucionalidade e impactos sobre o orçamento: o tema da reserva do possível

Sob outra perspectiva, decisões de procedência em demandas que postulam prestações ou o custeio de bens ou serviços por parte do Estado, que por vezes envolvem o controle difuso e incidental de constitucionalidade dos atos do Poder Público[104], acabam tendo impactos diretos ou indiretos sobre o orçamento. O exemplo mais comum, mas não único, é o da chamada judicialização da saúde, que identifica as muitas ações que postulam em face do Poder Público (União, Estados, Distrito Federal, Municípios ou todos eles) a entrega ou o custeio de medicamentos ou prestações médico-hospitalares[105].

O tema da judicialização dos direitos em geral, e dos direitos sociais em particular, tem muitas dimensões e não será reproduzido aqui todo o debate registrado no capítulo específico sobre direitos, mas apenas alguns aspectos da repercussão orçamentária da discussão.

Considerando o que já se afirmou anteriormente – de que há necessidades e desejos ilimitados e recursos limitados – é preciso enfrentar a circunstância da existência ou não de recursos disponíveis para atender às prestações solicitadas. O debate em torno dessa questão tem sido identificado no Brasil por meio da expressão "reserva do possível"[106]. Pouco adiantará, do ponto de vista prático, a previsão normativa ou a refinada técnica hermenêutica se absolutamente não houver dinheiro para custear a despesa gerada por determinado direito subjetivo.

A rigor, sob o título geral da *reserva do possível* convivem ao menos duas espécies diversas de fenômenos. O primeiro deles lida com a inexistência fática de recursos, algo próximo da exaustão orçamentária, e pode ser identificado como uma *reserva do possível fática*. É possível questionar a realidade dessa espécie de circunstância sob uma perspectiva temporal quando se trata do Poder Público, tendo em conta a forma de arrecadação de recursos e a natureza dos ingressos públicos. Seja como for, a inexistência absoluta de recursos descreveria situações em relação às quais poder-se-ia falar de reserva do possível fática[107]. O segundo fenômeno identifica uma *reserva do possível jurídica*, já que não descreve propriamente um estado de exaustão de recursos, e sim a ausência de autorização orçamentária para determinado gasto em particular.

É interessante observar que o tema ainda se encontra em busca de equilíbrio no Brasil. De um lado, a reserva do possível é usada como defesa padrão pelo Poder Público – às vezes ao longo de muitos anos na mesma demanda –, sem maiores demonstrações de sua realidade. A iminência do terror econômico, anunciada pelo Executivo, cuidava de reservar ao Judiciário o papel de vilão nacional, caso determinadas decisões fossem tomadas. Com o tempo, porém, parece que o argumento foi desacreditado: o Judiciário chegou a afirmar que a ausência de recursos ou de previsão orçamentária não pode impedir a fruição de direitos[108], como se as palavras fizessem por si só surgir dinheiro quando ele não existe.

O tema da reserva do possível, é claro, está diretamente relacionado com o estabelecimento de prioridades nos gastos públicos, com a efetiva execução daquilo que foi estabelecido como

---

[104] Nem sempre haverá um controle de constitucionalidade dos atos do Poder Público: por vezes a demanda apenas pretende a execução de um ato estatal vigente.

[105] A matéria foi afetada para discussão em repercussão geral no STF em dois recursos extraordinários ainda pendentes da decisão do pleno. O primeiro refere-se ao fornecimento de medicamentos de alto custo e o segundo àqueles ainda não aprovados pela Anvisa: STF, RE 576.471/RN, rel. Min. Marco Aurélio, j. 15.11.2009, *DJ* 07.12.2007; STF, RE 657.718/MG, rel. Min. Marco Aurélio, j. 17.11.2011, *DJ* 12.03.2012.

[106] Para uma discussão mais aprofundada sobre o tema, veja-se Ricardo Lobo Torres. *Os direitos humanos e a tributação* – Imunidades e isonomia. Rio de Janeiro: Renovar, 1995. p. 129 e ss; Eros Roberto Grau. Despesa pública – Conflito entre princípios e eficácia das regras jurídicas – O princípio da sujeição da Administração às decisões do Poder Judiciário e o princípio da legalidade da despesa pública (parecer). *Revista Trimestral de Direito Público* n. 2, 1993, p. 140 e ss.; Gustavo Amaral. *Direito, escassez e escolha*: critérios jurídicos para lidar com a escassez de recursos e as decisões trágicas. Rio de Janeiro: Lumen Juris, 2010; e Flávio Galdino. *Introdução à teoria dos custos dos direitos*: direitos não nascem em árvores. Rio de Janeiro: Lumen Juris, 2005.

[107] V. Eros Roberto Grau. A Emenda Constitucional nº 30/2000: pagamento de precatórios judiciais. *Revista de Direito Administrativo*, Rio de Janeiro, n. 229, jul.-set. 2002, p. 98.

[108] STF, Tribunal Pleno, STA 223 AgRg/PE, rel. p/ acórdão Min. Celso de Mello, j. 14.04.2008, *DJ* 09.04.2014; e 2ª T., RE 195.192/RS, rel. Min. Marco Aurélio, j. 22.02.2000, *DJ* 31.03.2000.

Cap. 13 – ORDEM ECONÔMICA, TRIBUTAÇÃO, ORÇAMENTO E FINANÇAS PÚBLICAS **561**

prioridade, e com a definição de a quem cabe, afinal, definir tais prioridades. No caso específico da judicialização da saúde, por exemplo, a questão é dramática e algumas vezes o que as decisões judiciais fazem é apenas alterar a prioridade na alocação de recursos definida pelo Legislativo e pelo Executivo, concentrando-os nos autores das demandas para conceder-lhes bens ou serviços não previstos nas políticas em vigor, em prejuízo de outros usuários do SUS. Em outros casos, porém, a judicialização apenas se ocupa de garantir a execução das prioridades que foram definidas, mas que, por razões diversas, não estão sendo executadas adequadamente.

Entre esses dois extremos, busca-se um ponto de equilíbrio que leve a sério tanto os limites financeiros do Estado quanto a transparência em relação aos recursos disponíveis, aos gastos públicos e às prioridades orçamentárias. As normas constitucionais que versam sobre o orçamento e as finanças públicas pretendem ser meios para, ao menos em parte, promover esses fins e é sobre elas que se passa a tratar.

13.3.2 Sistema constitucional orçamentário

A Constituição de 1988 prevê um sistema orçamentário complexo composto, na realidade, de três diferentes leis: (i) o plano plurianual (PPA); (ii) a lei de diretrizes orçamentárias (LDO); e (iii) a lei de orçamento anual (LOA). Todas são leis em caráter formal com *status* de lei ordinária, e de iniciativa privativa do Chefe do Poder Executivo, que enviará ao Legislativo os projetos de lei correspondentes para discussão e aprovação[109].

A existência das três leis orçamentárias explica-se no contexto do planejamento da ação estatal que elas devem levar a cabo. O PPA "estabelecerá, de forma regionalizada, as diretrizes, objetivos e metas da administração pública federal para as despesas de capital e outras delas decorrentes e para as relativas aos programas de duração continuada" (art. 165, § 1º) para um período de quatro anos. Esse período abarca os três últimos anos do mandato do Chefe do Poder Executivo, assim como o primeiro ano do mandato de seu sucessor. A ideia, portanto, é que tais objetivos e metas tenham certa continuidade, mesmo com eventual mudança eleitoral, e a Constituição estabelece, desde logo, como um desses objetivos a redução das desigualdades regionais, em harmonia com o art. 3º, III, o que é igualmente mencionado no art. 165, § 7º.

A LDO e a LOA devem estar em harmonia com as diretrizes do PPA, e o art. 167, § 1º, estabelece que: "Nenhum investimento cuja execução ultrapasse um exercício financeiro poderá ser iniciado sem prévia inclusão no plano plurianual, ou sem lei que autorize a inclusão, sob pena de crime de responsabilidade". A LDO pretende estabelecer diretrizes e prioridades para o exercício seguinte, de modo a orientar a elaboração da lei orçamentária (art. 165, § 2º), ao passo que a LOA é que efetivamente irá prever a estimativa de receitas e a previsão de despesas para o ano subsequente (art. 165, § 5º). Ou seja: o PPA estabelece as diretrizes e metas para a ação estatal de médio prazo (quatro anos); a LDO fixa diretrizes e prioridades, observado o PPA, para o ano seguinte e a LOA efetivamente concretiza essas diretrizes e prioridades também para o ano subsequente.

Nos termos da Constituição, a LOA deve conter: (i) o orçamento fiscal dos Poderes da União (Executivo, Legislativo, Judiciário, e se incluem aqui Ministério Público e Defensoria), órgãos e entidades da Administração Pública direta e indireta; (ii) o orçamento de investimento das empresas em que a União, direta ou indiretamente, detenha a maioria do capital social com direito a voto; e (iii) o orçamento da seguridade social. A mesma lógica se aplicará a Estados,

---

[109] Sobre o tema, v. Luiz Fux. Orçamento público na jurisprudência do STF: a possibilidade de controle judicial, a autonomia constitucional orçamentária e a problemática do orçamento participativo. In: Marcus Lívio Gomes; Marcus Abraham; Heleno Taveira Torres (coord.). *Direito financeiro na jurisprudência do Supremo Tribunal Federal*: homenagem ao Ministro Marco Aurélio. Curitiba: Juruá, 2016. p. 26.

Distrito Federal e Municípios. Além desses três "orçamentos" dentro da LOA, a Constituição exige ainda que do projeto de lei orçamentária conste (iv) a demonstração do impacto regionalizado de qualquer tipo de benefício financeiro, tributário e creditício (art. 165, § 6º).

Além desses quatro conteúdos constitucionais, o art. 5º da Lei de Responsabilidade Fiscal (LRF – LC nº 101/2000), exige ainda que a LOA apresente "(v) explicitação das medidas de compensação a renúncias de receita e ao aumento de despesas obrigatórias de caráter continuado; (vi) demonstrativo da compatibilidade da programação dos orçamentos com os objetivos e metas constantes do Anexo de Metas Fiscais da LDO; (vii) conterá reserva de contingência; (viii) despesas relativas à dívida pública e as receitas que as atenderão; (ix) o refinanciamento da dívida pública constará separadamente na lei orçamentárias e nas de crédito adicional"[110].

Um ponto sensível na fase de elaboração do orçamento envolve a relação entre Judiciário, Ministério Público e Defensoria Pública, de um lado, e Executivo e Legislativo de outro. Os três primeiros encaminham suas propostas orçamentárias ao Executivo, que as consolida antes de encaminhar ao Legislativo[111]. O STF já decidiu que o Executivo apenas pode alterar as propostas dos outros poderes e órgãos autônomos se elas estiverem em desacordo com os limites previstos na LDO, mas não, por exemplo, para promover ajuste fiscal[112]. O mesmo não se aplica, por natural, ao Legislativo, a quem cabe a palavra final na matéria, observados os limites constitucionais. Assim, o Legislativo poderá reduzir, por exemplo, os montantes das propostas encaminhadas arbitrando quanto caberá a cada Poder e órgão autônomo[113].

Ainda no contexto da elaboração do orçamento, a iniciativa das leis orçamentárias é do Executivo, como já referido, mas os parlamentares podem apresentar emendas observando alguns limites que a Constituição estabelece de forma expressa no art. 166, §§ 3º e 4º, a saber: que as emendas (i) sejam compatíveis com o PPA e com a LDO; (ii) indiquem os recursos necessários, admitidos apenas os provenientes de anulação de despesa (sendo que determinadas despesas não poderão ser alvo dessa anulação); e (iii) sejam relacionadas com o texto do projeto, isto é, tenham pertinência temática. Até porque, como se verá, não se admite que as leis orçamentárias tratem de qualquer outra matéria que não a estimativa de receita e previsão de despesa (art. 165, § 8º).

Figura central no processo de discussão e deliberação dos projetos de lei orçamentária é a Comissão Mista de Deputados e Senadores a que se refere o art. 166, §§ 1º e 2º, que receberá os projetos de lei encaminhados pelo Executivo. A Comissão tem competências para examinar e expedir pareceres sobre os projetos de leis orçamentários, as emendas apresentadas pelos parlamentares, os planos e programas nacionais, regionais e setoriais, as contas do Chefe do Executivo, bem como proceder ao acompanhamento e fiscalização orçamentária[114]. O Poder decisório cabe ao Plenário das Casas Legislativas que, por disposição do Regimento Interno do Congresso Nacional, se reúnem em sessão conjunta para discutir e votar o orçamento[115].

---

[110] Leonardo de Andrade Costa. *Apostila de finanças públicas*. Rio de Janeiro: FGV Direito Rio, 2016. p. 67.

[111] CF/1988, arts. 99. §§ 2º a 5º, 127, §§ 3º a 6º, e 134, § 2º.

[112] STF, MS 33186 MC/DF, rel. Min. Rosa Weber, j. 31.10.2014, *DJe* 04.11.2014.

[113] STF, Tribunal Pleno, *Informativo* 832, ADI 5.468, rel. Min. Luiz Fux, j. 30.06.2016, *DJe* 01.07.2016.

[114] Apresentando críticas à Comissão Mista de Orçamento, especialmente no que tange à centralização de poderes no relator, o mau funcionamento das subcomissões, suas escolhas institucionais e o seu uso no episódio dos "anões do orçamento" v. Sérgio Praça. *A evolução das instituições orçamentárias no Brasil, 1987-2008*. Tese de doutoramento apresentada ao programa de pós-graduação em Ciência Política da Faculdade de Filosofia, Letras e Ciências Humanas da USP. São Paulo: USP, 2010. p. 123 e ss.

[115] Regimento Interno do Congresso Nacional, art. 1º, V.

Cap. 13 – ORDEM ECONÔMICA, TRIBUTAÇÃO, ORÇAMENTO E FINANÇAS PÚBLICAS **563**

13.3.2.1 Orçamento autorizativo ou impositivo? As emendas impositivas e o STF

Um debate importante sobre o orçamento envolve a natureza e a eficácia de suas normas: se elas – ou parte delas – seriam apenas autorizativas ou impositivas, ou ainda uma combinação dessas duas características. O orçamento autorizativo significa, de forma simples, que as despesas por ele previstas não são propriamente obrigatórias, funcionando mais como um limite de gastos para o Executivo (ou as demais entidades e órgãos responsáveis pela execução orçamentária).

A lógica subjacente à natureza autorizativa do orçamento é a de que suas previsões acerca da receita, sobretudo, são apenas estimativas. Além disso, a realidade dificilmente se apresenta como antecipada, de modo que é importante que quem executar o orçamento tenha flexibilidade para se adequar às circunstâncias que se apresentem. Por outro lado, no entanto, a natureza meramente autorizativa do orçamento permite que despesas previstas sejam contingenciadas (isto é, não sejam realizadas), independentemente de anuência do Legislativo ou de qualquer motivação específica pelo agente responsável por sua execução (frequentemente o Executivo)[116].

De outra parte, o orçamento impositivo obriga a autoridade responsável à execução da despesa, não podendo efetuar contingenciamento sem aprovação prévia da casa legislativa. Ou seja, a restrição continua possível, mas dependerá de autorização legislativa. E é ainda viável cogitar de fórmulas mistas: determinadas despesas podem ser consideradas impositivas – dependendo de autorização legislativa para não serem executadas –, e outras podem veicular meras autorizações, podendo sofrer contingenciamento por parte da autoridade responsável pela sua execução. Ou, ainda, determinadas despesas podem ser consideradas impositivas, mas poderiam deixar de ser realizadas por decisão motivada observado determinado procedimento, com a possibilidade de revisão pelo Legislativo. Muitas possibilidades podem ser concebidas.

Tradicionalmente, o orçamento no Brasil era considerado apenas autorizativo: uma sequência de emendas, entretanto, tem alterado esse quadro. Com a EC nº 86/2015, passou-se a adotar um modelo misto ou híbrido, já que a emenda tornou impositivas as despesas resultantes de emendas individuais dos parlamentares. Ou seja: o Executivo não pode deixar de executar as despesas resultantes das emendas individuais dos parlamentares.

A EC nº 86/2015 previu que essas emendas estariam limitadas a 1,2% da receita corrente líquida prevista no projeto de orçamento encaminhado pelo Executivo, mas a EC nº 126/2022 aumentou esse limite para 2% da receita corrente líquida do exercício anterior, atribuindo 1,55% às emendas dos deputados e 0,45% às emendas dos senadores. Em qualquer caso, metade desse percentual necessariamente deve ser investido em ações e serviços públicos de saúde (art. 166, §§ 9º e 9º-A). A EC nº 100/2019 tratou ainda da figura da emenda de bancada de parlamentares de Estado ou do Distrito Federal para lhe dar caráter impositivo limitado a 1% da receita corrente líquida (art. 166, § 12).

Com efeito, após as alterações da EC nº 86/2015 e da EC nº 126/2022 o § 11 do art. 166 passou a prever: "É obrigatória a execução orçamentária e financeira das programações oriundas de emendas individuais, em montante correspondente ao limite a que se refere o § 9º deste artigo, conforme os critérios para a execução equitativa da programação definidos na lei complementar prevista no § 9º do art. 165 desta Constituição, observado o disposto no § 9º-A deste artigo". E o § 12 do mesmo art. 166 prevê: "A garantia de execução de que trata o § 11 deste artigo aplica-se também às programações incluídas por todas as emendas de iniciativa de bancada de parlamentares de Estado ou do Distrito Federal, no montante de até 1% (um por cento) da receita corrente líquida realizada no exercício anterior".

---

[116] Eduardo Bastos Furtado de Mendonça. *A constitucionalização das finanças públicas no Brasil:* devido processo orçamentário e democracia. Rio de Janeiro: Renovar, 2010. p. 276 e ss.

A compatibilidade do caráter impositivo das emendas individuais dos parlamentares e das bancadas e sobretudo das práticas desenvolvidas em torno delas entre Legislativo e Executivo têm sido questionadas perante o STF.

Ainda em 2022, o STF declarou inconstitucional o chamado "orçamento secreto", como discutido anteriormente, considerando inválida a prática de se incluir sob o rótulo de "emenda do relator" valores relativos a diversas emendas parlamentares sem identificação de valores, destinatários ou finalidades. A Corte considerou violadas as exigências de transparência e publicidade e determinou a prestação de contas de todas as emendas liberadas a partir de 2020. Ou seja: o fato de o Executivo estar obrigado a executar tais emendas, liberando os valores correspondentes, não afasta o dever de Legislativo e Executivo perante a sociedade de transparência e prestação de contas acerca da utilização dos recursos públicos envolvido nessas emendas.

Em agosto de 2024, no âmbito da ADI nº 7697, o STF sustou liminarmente a execução das emendas impositivas até que Executivo e Legislativo regulem a matéria de modo a garantir publicidade e transparência com informação adequada sobre os valores a serem liberados, o plano de trabalho associado a tais despesas, bem como os bens e serviços destinados a sociedade que tais emendas pretendem custear. Na sequência da decisão, foi celebrado um acordo, mediado pelo próprio STF, entre Executivo e Legislativo para cumprir a decisão. O requerente da ADI pede a declaração de inconstitucionalidade dos dispositivos das emendas referidas *supra* que autorizam as emendas impositivas.

Paralelamente a esse debate acerca das emendas parlamentares e de bancada às quais a Constituição atribuiu caráter impositivo de forma expressa, o que dizer das demais despesas previstas no orçamento? Aparentemente, o caráter autorizativo permanece, mas é necessário fazer dois registros.

O primeiro registro envolve o § 10 do art. 165 da Constituição, incluído pela EC nº 100/2019, que tem a seguinte redação: "A Administração tem o dever de executar as programações orçamentárias, adotando os meios e as medidas necessários, com o propósito de garantir a efetiva entrega de bens e serviços à sociedade".

Embora a redação original da PEC que deu origem à EC nº 100/2019 pretendesse tratar apenas do caráter impositivo de emendas oriundas das bancadas de parlamentares, dos Estados e do DF – e isso conste inclusive da ementa que acompanha a emenda constitucional tal qual promulgada e publicada –, o texto foi alterado ao longo do processo legislativo e promulgado sem essa restrição, de modo que o § 10 do art. 165 sugere um caráter impositivo para o orçamento como um todo. No mesmo ano, a EC nº 102/2019 incluiu um § 11 no art. 165, prevendo exceções ao dever geral de que trata o § 10 do art. 165, que precisará conviver com as previsões constitucionais e legais que estabeleçam metas fiscais e limites de despesas e limitações técnicas, devidamente justificadas, além de limitar sua incidência às despesas primárias.

A realidade é que, para além das emendas individuais de parlamentares e das bancadas, diversas despesas são desde logo obrigatórias por força do próprio sistema constitucional, e deverão necessariamente constar do orçamento. É o caso, por exemplo: (i) do pagamento da remuneração dos servidores ativos e inativos; (ii) das obrigações previdenciárias gerais do sistema da seguridade social; e (iii) dos investimentos mínimos em educação e saúde cujos valores, repita-se, deverão ser adequadamente distribuídos pelas políticas consideradas prioritárias (arts. 198, § 2º, e 212).

Em contraponto a essa ampla vinculação dos recursos públicos, a Constituição veda, como regra geral, a vinculação dos recursos de impostos a despesas específicas, de modo a garantir algum espaço de deliberação real e flexibilidade do orçamento a cada ano (art. 167, IV, da CF/1988). E diversas emendas constitucionais têm previsto a figura da "desvinculação" a qualquer órgão, fundo ou despesa específica de um percentual de determinadas receitas dos entes federativos, em geral por um período definido. A EC nº 132/2023, por exemplo, prevê a desvinculação de 30% das receitas de Estados, DF e Municípios relativas a impostos, taxas

Cap. 13 – ORDEM ECONÔMICA, TRIBUTAÇÃO, ORÇAMENTO E FINANÇAS PÚBLICAS **565**

e multas até 31.12.2032 (ADCT, arts. 76-A e 76-B). A desvinculação das receitas da União vigente até 31.12.2024 está prevista no art. 76 do ADCT e incide sobre contribuições sociais, contribuições de intervenção no domínio econômico e taxas.

O segundo registro envolve recente entendimento do STF que pode, eventualmente, alterar o entendimento sobre a natureza autorizativa ou impositiva das normas orçamentárias. Em caso que ficou conhecido como do "Fundo Clima" (ADPF 708), a Corte considerou inconstitucional a não alocação, pelo Poder Executivo, de recursos para o Fundo Nacional sobre Mudança do Clima (Fundo Clima) e proibiu o contingenciamento das receitas que integram o fundo.

Na ocasião, o STF fixou a seguinte tese: "O Poder Executivo tem o dever constitucional de fazer funcionar e alocar anualmente os recursos do Fundo Clima, para fins de mitigação das mudanças climáticas, estando vedado seu contingenciamento, em razão do dever constitucional de tutela ao meio ambiente (CF, art. 225), de direitos e compromissos internacionais assumidos pelo Brasil (CF, art. 5º, § 2º), bem como do princípio constitucional da separação dos poderes (CF, art. 2º, c/c o art. 9º, § 2º, LRF)".

Embora a decisão discuta diversos aspectos específicos envolvendo o Fundo Clima, ela traz elementos interessantes para o debate geral sobre a natureza das normas orçamentárias a partir da perspectiva do direito fundamental com o qual a despesa prevista se relaciona.

13.3.2.2 *Princípios constitucionais orçamentários*

Por fim, a Constituição estabelece algumas diretrizes – também chamadas de princípios orçamentários (embora alguns tenham clara estrutura de regras) – que devem ser observadas na elaboração do orçamento.

Assim, o orçamento deve ser universal (princípio da universalidade), significando que todas as receitas e despesas devem estar concentradas na lei orçamentária (art. 165, § 5º), ao mesmo tempo em que não se admite que esta lei trate de qualquer outro assunto, nos termos do § 8º do art. 165 (princípio da exclusividade). Isto é: não apenas todas as receitas e despesas devem constar do orçamento, mas este apenas pode tratar desses temas, e não de outras matérias estranhas aos pontos essencialmente orçamentários.

O princípio da anualidade orçamentária, com previsão no art. 165, III e § 5º, da CF/1988, impõe um controle periódico – anual – do Legislativo sobre toda a estrutura estatal relativamente ao orçamento: a lei orçamentária, portanto, é elaborada para produzir efeitos apenas durante um exercício financeiro, que coincide com o ano civil no Brasil (art. 34 da Lei nº 4.320/1964), de modo que a cada ano há uma revisão da matéria pelo Legislativo. Ao princípio da anualidade se associa o da legalidade: toda a atividade de execução de despesas depende de autorização legal prévia no orçamento. Boa parte dos incisos do art. 167 se ocupa justamente de vedar condutas na ausência de previsão legislativa expressa bem como de proibir delegações excessivamente genéricas do Legislativo aos agentes executores do orçamento.

Um conjunto de outros princípios se relaciona ainda com o esforço de precisão e de transparência do orçamento. O princípio da publicidade decorre da própria opção republicana e vincula o Estado como um todo: a lei orçamentária deve ser acessível e pública. Porém a publicidade formal não é suficiente. O princípio da clareza orçamentária pretende que o orçamento seja organizado internamente de forma clara, por categorias, de modo a facilitar a sua compreensão, inclusive para quem não tenha conhecimento técnico sobre finanças públicas. No mesmo contexto, o chamado princípio da precisão pretende que "as estimativas orçamentárias devem ser tão exatas quanto possível, a fim de dotar o orçamento da consistência necessária para que esse possa ser empregado como instrumento de gerência, de programação e de controle[117]".

---

[117] Osvaldo Maldonado Sanches. *Dicionário de orçamento, planejamento e áreas afins*. 2. ed. atual. e ampl. Brasília: OMS, 2004. p. 149.

Ainda nesse conjunto, o princípio da transparência é considerando um princípio constitucional implícito. Por força dele exige-se que a atividade financeira, como toda a atividade estatal e ainda de forma mais marcante, se desenvolva de acordo com parâmetros de simplicidade, compreensibilidade, clareza e publicidade, abertura. Tudo isso de tal forma que a sociedade possa compreender e controlar a atividade estatal.

Como já referido, foi com fundamento em tais princípios – da publicidade e da transparência – que no final de 2022 o STF declarou inconstitucional a prática que ficou conhecida como "orçamento secreto" (ADPFs 850, 851, 854 e 1014). Tratava-se de um uso ampliado das emendas do relator-geral do orçamento que originalmente se destinavam apenas a corrigir erros, mas que se transformaram em um espaço de alocação relevante de recursos orçamentários, mas sem a identificação dos parlamentares proponentes das despesas e sem clareza do destino dos recursos. Esse é igualmente um dos fundamentos da decisão liminar da Corte na ADI nº 7697, de agosto de 2024, que sustou a execução das emendas impositivas até que por meio de um diálogo institucional Executivo e Legislativo regulassem o tema de modo a respeitar os princípios constitucionais referidos.

Um último conjunto de princípios relaciona-se com a ideia de eficiência da ação estatal de que cuida o *caput* do art. 37, de tal sorte que o Poder Público produza o máximo com o menor dispêndio de recursos possível (não apenas financeiros, mas também financeiros). Do princípio da eficiência decorre o da economicidade, que é um dos parâmetros de controle a que o orçamento e sua execução se sujeitam, nos termos do *caput* do art. 70 da CF/1988. Nesse contexto, a EC nº 109/2021 passou a exigir que a Administração Pública realize avaliação das políticas públicas, com a divulgação do objeto a ser avaliado e dos resultados obtidos (art. 37, § 16), e que as leis orçamentárias observem, no que couber, os resultados desse monitoramento e avaliação das políticas públicas previstas (art. 165, § 16).

O tema da eficiência foi mencionado pelo STF na decisão liminar da ADI nº 7697 referida anteriormente. O raciocínio é o de que emendas impositivas devem se justificar logicamente e se integrar aos programas de trabalho previstos no orçamento, de modo a garantir a eficiência na utilização dos recursos públicos e a efetiva entrega dos bens e serviços pretendidos à população.

Ou seja; as leis orçamentárias, e igualmente a execução orçamentária, devem procurar obter o melhor resultado possível no atendimento às necessidades públicas utilizando para isso a menor quantidade possível de recursos. Os princípios da eficiência e da economicidade guardam uma relação próxima com o tema do equilíbrio orçamentário, que já se insere mais propriamente no tema das finanças públicas, sobre o qual se passa a tratar.

Há ainda um registro a fazer sobre o sistema constitucional orçamentário introduzido pela EC nº 105/2019. Nos termos da inovação introduzida pelo constituinte derivado, emendas com caráter impositivo apresentadas por parlamentares poderão agora alocar recursos do orçamento da União diretamente a Estados, Distrito Federal e Municípios (trata-se do art. 166-A). Essas transferências não se confundem com os recursos devidos por conta da repartição tributária, sobre o que se tratou acima.

A EC nº 105/2019 prevê que a transferência prevista na lei orçamentária poderá definir desde logo um programa, no âmbito da competência constitucional da União, no qual o recurso deverá ser necessariamente investido pelo ente federado: trata-se, nesse caso, de "transferência com finalidade definida". Uma outra possibilidade é a transferência de recursos para os entes federados sem destinação específica: a emenda define essa hipótese como "transferência especial". Em qualquer caso, a EC nº 105/2019 veda de forma expressa que os entes federados utilizem os recursos transferidos para o pagamento de despesas com pessoal, de encargos sociais relativos a ativos e inativos, de pensionistas ou para o pagamento de encargos referentes ao serviço da dívida. E, no caso das transferências especiais, a emenda exige, ainda, que 70% delas sejam aplicadas em despesas de capital.

13.3.3 Sistema constitucional das finanças públicas

O art. 163 da Constituição prevê que lei complementar deverá tratar de forma geral das finanças públicas, especificando ainda temas a ela correlatos, como a disciplina da dívida pública, interna e externa, a emissão e o resgate de títulos dela e a concessão de garantias, entre outros. A Lei nº 4.320/1964 (que estatui normas gerais de direito financeiro para elaboração e controle dos orçamentos e balanços da União, dos Estados, dos Municípios e do Distrito Federal) foi recepcionada pelo novo ordenamento jurídico com *status* de lei complementar, naquilo que compatível materialmente com a Constituição de 1988, e a ela veio se agregar a LC nº 101/2000, a chamada Lei de Responsabilidade Fiscal (LRF).

Embora boa parte da disciplina das finanças públicas seja encontrada nessas leis complementares, a Constituição prevê alguns princípios e regras na matéria. Além das disposições constantes do texto original, emendas introduziram previsões relevantes para o tema das finanças públicas, como se verá.

Como já mencionado, o Estado obtém recursos principalmente por meio da tributação, tema examinado anteriormente, mas essa não é a única fonte de receitas estatais. Sob a perspectiva das formas de obtenção de recursos, o art. 164 trata da competência do Banco Central para emitir moeda, vedando (§ 1º) que ele possa conceder, "direta ou indiretamente, empréstimos ao Tesouro Nacional e a qualquer órgão ou entidade que não seja instituição financeira". Não se admite, portanto, uma espécie de "financiamento paralelo", via Banco Central, ao Poder Público, salvo quando se trate de instituições financeiras integrantes da Administração, o que deverá ser adequadamente contabilizado de acordo com as regras gerais aplicáveis às operações do Banco Central com outras instituições financeiras. O papel do BACEN na regulação do meio circulante é de tamanha importância que a Constituição prevê que compete ao Presidente da República, com prévia aprovação do Senado Federal, nomear seu presidente e diretores (art. 84, XIV).

Em relação ao endividamento, a Constituição traz várias outras normas que revelam a preocupação do constituinte em manter sob controle esse mecanismo de obtenção de recursos: essas normas vão desde a possibilidade de intervenção da União nos Estados e dos Estados nos Municípios, na hipótese de não pagamento de dívida fundada por mais de dois anos (art. 34, V), e passam pela competência do Senado Federal para fixar limites globais, por exemplo, para a dívida pública consolidada e mobiliária de todos os entes no primeiro caso e dos Estados, Distrito Federal e Municípios no segundo (art. 52, VI e IX).

O endividamento pode ter repercussões eleitorais, na medida em que a maior disponibilidade de recursos e, por consequência, maior possibilidade de gastos, pode influenciar a disputa eleitoral em favor, por exemplo, do Chefe do Executivo candidato à reeleição ou de candidato por ele apoiado. Por essa razão, a Lei de Responsabilidade Fiscal estabelece limites a determinadas operações de crédito (por antecipação de receita orçamentária) no último ano do mandato do Chefe do Executivo (LRF, art. 38, IV, *b*). Essa preocupação terá outras repercussões, como se verá na sequência.

Ainda sobre a obtenção de receitas, a Lei Complementar nº 208/2024 alterou a Lei nº 4.320/1964 (introduzindo o art. 39-A) para regulamentar a possibilidade de securitização da dívida da União, Estados, DF e Municípios, ou seja: os entes federados poderão, mediante lei própria autorizativa de cada ente, alienar direitos originados de créditos tributários e não tributários inclusive já inscritos na dívida ativa.

A lei complementar define a operação como venda definitiva de patrimônio e não como endividamento. A ideia é que o ente federado vai alienar (naturalmente com um deságio) um ativo (o direito de crédito), recebendo desde logo uma fração do que esperaria receber do seu devedor. A fim de impedir um grande afluxo de recursos nas mãos do Chefe do Executivo perto das eleições, a LC nº 208/2024 veda a cessão dos créditos nos 90 dias antes do fim de seu mandato, salvo se o pagamento integral dessa alienação vá ocorrer apenas após o fim do mandato (art. 39-A, § 1º, VII, da Lei nº 4.320/1964, na redação da LC nº 208/2024).

Embora não se possa falar de um princípio constitucional explícito que imponha o equilíbrio orçamentário, é certo que o controle de custos e a relação adequada entre despesas e receitas decorrem claramente do sistema constitucional. Como já se viu, as emendas parlamentares, *e.g.*, precisam indicar os recursos necessários para custeá-las por meio da anulação de despesas. Além disso, o art. 167 estabelece de forma expressa uma série de regras subordinando a realização de despesas à existência de recursos correspondentes (art. 167, II, V e VII), além de impor limites ao endividamento público (art. 167, III).

Especificamente ao tratar de despesas com pessoal, ativo e inativo, da Administração Pública, o art. 169, § 1º, subordina a concessão de qualquer vantagem, para além da lei que a conceda, a autorização específica para tanto na Lei de Diretrizes Orçamentárias – LOA e dotação orçamentária suficiente. Nesse sentido, o STF definiu em sede de repercussão geral que o reconhecimento do direito de agentes públicos a vantagens ou aumento remuneratório previstos em lei depende do atendimento simultâneo das duas exigências contidas no dispositivo constitucional: previsão na LDO e dotação específica na lei orçamentária anual (Tema 864).

A mesma preocupação com a seriedade da discussão e decisão acerca das despesas públicas tem levado à introdução de regras constitucionais sobre o processo legislativo. O art. 113 do ADCT, introduzido pela EC nº 95/2016 prevê que "a proposição legislativa que crie ou altere despesa obrigatória ou renúncia de receita deverá ser acompanhada da estimativa do seu impacto orçamentário e financeiro". A EC nº 128/2022, por seu turno, introduziu um § 7º ao art. 167, dispondo que a lei não pode transferir encargos financeiros associados à prestação de serviços públicos para qualquer dos entes federados sem prever também a fonte dos recursos necessários ao custeio dessas despesas. Ou seja: a criação de políticas públicas e a previsão legal de serviços a serem prestados devem ser acompanhadas da indicação da fonte da qual sairão os recursos para pagar por essas atividades.

O art. 169 se preocupa com uma das questões talvez mais problemáticas da gestão dos orçamentos que é a despesa com pessoal ativo e inativo. A Constituição prevê que a lei complementar deverá fixar limites máximos de gastos com essa rubrica – o que foi feito pela Lei de Responsabilidade Fiscal – cabendo à União, Estados, Distrito Federal e Municípios adequarem-se a esses limites por meio da redução de cargos em comissão e funções de confiança, exoneração de servidores não estáveis e, se tais medidas não forem suficientes, até mesmo pela redução de pessoal estável.

Não cabe aqui tratar da Lei de Responsabilidade Fiscal em detalhes, mas é certo que ela é hoje uma norma central no tema das finanças públicas e na construção do equilíbrio fiscal e orçamentário que a Constituição claramente deseja. Alguns debates especificamente constitucionais que já a envolveram merecem, todavia, rápido registro.

Em primeiro lugar, o STF considerou inconstitucionais várias previsões da LRF (ADI 2.238-5), entre as quais a possibilidade de o Executivo contingenciar os recursos destinados ao Legislativo, Judiciário e Ministério Público prevista no art. 9º, § 3º, diante da frustração na estimativa das receitas, caso eles não promovessem os ajustes correspondentes à realidade da arrecadação no prazo previsto. A Corte também considerou inconstitucional o art. 23, § 2º, que autorizava, como medida para adequação ao limite máximo de despesas com pessoal, a redução temporária da jornada, com correspondente redução da remuneração.

O STF, agora na ADI 3756, considerou válidas as previsões da LC nº 101/2000 que tratam dos limites globais de despesas com pessoal do Poder Legislativo do Distrito Federal. A particularidade desse caso é que, em sede de embargos de declaração, o STF admitiu a atribuição de efeitos, na prática, *ex nunc a sua decisão de constitucionalidade das disposições legais, sobretudo para impedir a incidência das sanções previstas na lei aos agentes públicos por conta de seu descumprimento. A*

Corte entendeu que as despesas de pessoal até aquele momento já haviam sido realizadas com fundamento em sucessivas leis de diretrizes orçamentárias, embora em desrespeito à LRF, sendo inviável exigir que o Poder Legislativo se adequasse de modo retroativo ao decidido pelo STF[118].

No âmbito das finanças públicas, e em particular das despesas públicas, cabe menção a dois assuntos que têm sido objeto de variadas emendas constitucionais ao longo do tempo. O primeiro deles envolve a criação de um "Teto de gastos públicos", instituído inicialmente pela EC nº 95/2016. A emenda alterou o ADCT (art. 107) para instituir o "Novo Regime Fiscal no âmbito dos Orçamentos Fiscal e da Seguridade Social da União", destinado a viger por 20 anos. Entre várias outras previsões, a emenda dispôs que: (i) as leis orçamentárias deverão considerar como limites para despesas primárias de todos os Poderes e órgãos autônomos da União o valor previsto como limite no ano anterior, corrigido pelo IPCA; e (ii) o valor dos investimentos mínimos em educação e saúde previstos constitucionalmente corresponderão ao valor do ano anterior corrigido pelo IPCA.

Ao longo do tempo, diversas emendas têm excluído da incidência desse teto variadas despesas (*e.g.*, as EC nº 102/2019 e nº 108/2020). A EC nº 113/2021 alterou a sua fórmula de cálculo (que agora deve considerar a inflação de janeiro a dezembro). A mudança no cálculo tinha o objetivo, segundo estimativa do Congresso Nacional, de disponibilizar cerca de R$ 65 bilhões adicionais para o orçamento de 2022. A EC nº 126/2022, por sua vez, além de excluir do teto despesas com diversas rubricas, excluiu também de forma expressa R$ 145 bilhões desse limite de gastos para o exercício de 2023.

O segundo tema diz respeito aos precatórios devidos por todos os entes federativos, que igualmente tem sido objeto de múltiplas emendas constitucionais desde 1988. Algumas das principais alterações constitucionais devem ser registradas. A EC nº 113/2021 deu disciplina diversa à possibilidade de compensação de créditos da Fazenda Pública com os valores de precatórios, remetendo a decisão do ponto ao Juízo responsável pela cobrança ajuizada pela Fazenda (art. 100, § 9º). A emenda ampliou bastante as possibilidades de cessão e uso direto dos precatórios (art. 100, § 11) e definiu a taxa SELIC como único critério de correção monetária, remuneração de capital e compensação de mora nas condenações sofridas pela Fazenda (art. 3º da emenda). A EC nº 113/2021 prevê ainda que suas alterações se aplicam a todos os requisitórios de precatórios já expedidos (art. 5º da emenda), e não apenas àqueles que venham a ser expedidos a partir de sua edição.

A EC nº 114/2021, por seu turno, encurtou o prazo para inscrições das condenações da Fazenda pública nos precatórios judiciais, que passou de 1º de julho para 2 de abril (art. 100, § 5º) e previu (ADCT, art. 107-A) um teto anual, até o ano de 2026, para os gastos com o pagamento de precatórios (a diferença de valor resultante deve ser usada para custear o programa do art. 6º, parágrafo único e a seguridade social). A EC nº 126/2022 alterou o dispositivo para regular de forma diversa a correção monetária a ser aplicada para o cálculo do teto a cada ano.

Nos termos do § 3º, do art. 107-A do ADCT, os credores de precatórios federais que deixarem de receber por conta do teto poderão optar por receber no mesmo exercício, renunciando a 40% do valor, por meio de acordos diretos perante Juízos Auxiliares de Conciliação de Pagamento de Condenações Judiciais contra a Fazenda Pública Federal, tema a ser regulado pelo CNJ.

Tanto a EC nº 113/2021 quanto a EC nº 114/2021 procuraram resolver problemas específicos dos entes federados e entre eles. EC nº 113/2021 previu a possibilidade, observado o cumprimento de uma série de exigências, de parcelamento em até 240 parcelas mensais das contribuições previdenciárias devidas pelos Municípios a seus respectivos regimes próprios de previdência e ao Regime Geral de Previdência Social (ADCT, arts. 115 a 117). O art. 4º da EC

---

[118] STF, Tribunal Pleno, ADI 3756 ED/DF, rel. Min. Carlos Britto, j. 24.10.2007, *DJ* 23.11.2007.

nº 114/2021, por sua vez, procura superar uma disputa específica entre União e Municípios prevendo em seu art. 4º o parcelamento em 3 parcelas anuais dos precatórios devidos pela União aos Municípios por conta do Fundo de Manutenção e Desenvolvimento do Ensino Fundamental e de Valorização do Magistério (Fundef).

O art. 6º da EC nº 114/2021 dispõe que o Congresso Nacional promoverá, por meio de comissão mista, exame analítico dos atos, dos fatos e das políticas públicas com maior potencial gerador de precatórios e de sentenças judiciais contrárias à Fazenda Pública da União. A ideia, bem-vinda, é avaliar as situações que geram tais condenações, de modo a tentar gerenciar melhor suas causas do ponto de vista legislativo e, por consequência, também os gastos públicos com o pagamento de condenações judiciais.

13.3.3.1   Finanças públicas e eleições

Uma última preocupação constitucional com os gastos públicos, para além do equilíbrio orçamentário, é seu possível impacto sobre os processos eleitorais. O ponto envolve certa complexidade que é preciso enfrentar. Por um lado, é natural que os representantes eleitos pelo povo – sobretudo na Chefia do Executivo, mas também no Legislativo – decidam sobre os gastos e gastem os recursos públicos, no interesse público, por natural, cabendo ao eleitorado avaliar essa atividade a cada pleito.

Por outro lado, próximo ao fim do mandato do Chefe do Executivo (e dos parlamentares) e, portanto, do período eleitoral, o tema dos gastos públicos pode ser mais sensível. Ele tem o potencial de conferir grande vantagem ao titular de cargo candidato à reeleição ou mesmo ao candidato por ele apoiado, em prejuízo de uma competição eleitoral equilibrada em face dos outros concorrentes que não ocupam cargo público.

A preocupação com uma competição eleitoral equilibrada inspira várias normas constitucionais: a que prevê que o abuso do exercício de função ou cargo público é uma causa possível de inelegibilidade a ser prevista em lei complementar (art. 14, § 9º), as regras de inelegibilidade de parentes do Chefe do Executivo (art. 14, § 7º) e a vedação de que a publicidade levada a cabo pelo poder público vise à promoção pessoal de autoridades ou servidores públicos (art. 37, § 1º). Por outro lado, é certo que Constituição autoriza uma reeleição consecutiva dos Chefes do Executivo e não estabelece qualquer limite à reeleição de parlamentares.

Sobre o tema específico dos gastos, a Lei de Responsabilidade Fiscal traz, por exemplo, várias previsões vedando decisões que importem aumento de gastos com pessoal nos últimos seis meses do mandado do Chefe do Executivo, mesmo que elas só venham a ser implementadas após o término do mandato (LRF, art. 21, IV), e proibindo operações de crédito por antecipação de receita no último ano dos mandatos de Presidentes, Governadores e Prefeitos (LRF, art. 38, IV, *b*), e a legislação eleitoral também trata do tema estabelecendo limites para os gastos governamentais com publicidade no ano eleitoral.

O tema foi submetido ao STF na ADI nº 7.212 ,que questionou a constitucionalidade de disposições da Emenda Constitucional nº 123/2022, que declararam "o estado de emergência decorrente da elevação extraordinária e imprevisível dos preços do petróleo, combustíveis e seus derivados e dos impactos sociais dela decorrentes" e com esse fundamento gastos substantivos naquele ano – último do mandato do Chefe do Executivo – com benefícios sociais. O argumento do requerente da ADI era o de que a emenda violava a cláusula pétrea do voto secreto, direto e periódico, na medida em que a distribuição gratuita de benesses em ano eleitoral distorcia o processo eleitoral.

Em julgamento ocorrido em agosto de 2024, o STF julgou procedente em parte a ADI e declarou a inconstitucionalidade dos arts. 3º, 5º, 6º e de parte do art. 1º da EC nº 123/2022, porém, com efeitos apenas *ex nunc,* isto é: os benefícios recebidos pelas pessoas em 2022 não

Cap. 13 – ORDEM ECONÔMICA, TRIBUTAÇÃO, ORÇAMENTO E FINANÇAS PÚBLICAS **571**

precisariam ser devolvidos. Vários Ministros que formaram a maioria destacaram um caráter "pedagógico" ou "profilática" da decisão, que, embora não tendo eficácia específica sobre o que aconteceu no passado, visaria impedir que a mesma prática se repetisse no futuro.

13.3.4 Orçamento e finanças públicas: emergências e calamidades

Infelizmente, situações emergenciais e calamidades fazem parte da história dos povos e as necessidades surgidas nesses contextos demandam providências dos Estados que frequentemente envolvem gastos. Como equilibrar o atendimento a essas necessidades com o respeito a princípios e regras importantes para o funcionamento de uma república democrática? Nos últimos anos, o tema tem sido especialmente relevante para o direito constitucional brasileiro, de modo que vale uma nota sobre ele.

A pandemia de covid-19, que assolou o mundo a partir do final do ano de 2019, confrontou o Estado brasileiro – e todos os demais – com uma realidade dramática do ponto de vista orçamentário e financeiro. De um lado, a paralização de boa parte da economia como meio de reduzir o contágio produziu redução dramática das receitas estatais estimadas em todos os níveis federativos.

De outro lado, o drama humano exigiu múltiplas iniciativas por parte do Estado que não estavam previstas e, naturalmente, envolvem custos. Dentre essas iniciativas as mais elementares estavam a provisão de algum tipo de renda para as pessoas, de modo a atender suas necessidades básicas, e o custeio das prestações de saúde necessárias ao socorro da população, incluindo não apenas o atendimento médico, mas também a provisão de vacinas, testes etc.

Nesse contexto, por meio do Decreto Legislativo nº 6, de 20 de março de 2020, o Congresso Nacional reconheceu, em atendimento a solicitação do Presidente da República, estado de calamidade pública até o fim de 2020, para os fins do art. 65 da LC nº 101/2000, a Lei de Responsabilidade Fiscal referida acima.

Nos termos do art. 65 da Lei Complementar, reconhecida a calamidade, dispensa-se o atingimento de resultados fiscais e suspende-se a aplicação de determinadas normas. Note-se que o estado de calamidade pode ser reconhecido por todos os entes da Federação no seu âmbito e embora o prazo previsto no Decreto Legislativo nº 6 tenha expirado, e sem prejuízo de discussões no Congresso sobre o tema, Estados e Municípios podem tomar suas próprias decisões no particular.

A Emenda Constitucional nº 106/2020 criou um regime extraordinário fiscal, financeiro e de contratações para o enfrentamento da pandemia e de seus efeitos sociais e econômicos, destinado a viger até o fim do estado de calamidade da pandemia de Covid-219. A Emenda permitiu a contratação de pessoal, obras, serviços e compras por procedimentos simplificados, e conferiu maior liberdade ao Poder Público para ampliar ações governamentais que aumentem despesas, incluindo incentivos ou benefícios de natureza tributária.

Ainda sobre a calamidade da pandemia, a Emenda Constitucional nº 119/2022 criou uma espécie de imunidade, impedindo a responsabilização dos entes federados e dos agentes públicos e a possibilidade de intervenção federal de que trata o art. 35, III, por conta do eventual descumprimento, durante a pandemia de Covid-19, dos investimentos mínimos em educação de que trata o art. 212 da Constituição.

Afora previsões específicas ainda aplicáveis ao contexto da pandemia, a Emenda Constitucional nº 109/2021 criou uma disciplina mais geral para a figura da calamidade pública regulando o regime financeiro e orçamentário aplicável no caso de sua declaração pelo Congresso Nacional nos termos do art. 49, XVIII. Os novos arts. 167-B, 167-C, 167-D, 167-E, 167-F e 167-G trazem um conjunto de regras que flexibilizam normas orçamentárias e de finanças públicas a serem aplicadas durante o período da calamidade pública.

Ou seja: a partir da EC nº 109/2021, para além dos efeitos associados pelo art. 65 da Lei de Responsabilidade Fiscal para a declaração de calamidade pública por qualquer ente federativo, no caso de declaração de calamidade pelo Congresso Nacional nos termos do art. 49, XVIII, a Constituição prevê um sistema excepcional a ser aplicado.

Alguns meses depois da invasão da Ucrânia pela Rússia, no início de 2022, foi aprovada a Emenda Constitucional nº 123/2022, que declarou "o estado de emergência decorrente da elevação extraordinária e imprevisível dos preços do petróleo, combustíveis e seus derivados e dos impactos sociais dela decorrentes" para o fim de excepcionar normas constitucionais e legais variadas e autorizar gastos públicos vultosos em benefícios sociais naquele ano. Como referido *supra*, embora sem efeitos retroativos, o STF declarou a prática inconstitucional na ADI nº 7212 por ter ocorrido em ano eleitoral. Não se utilizou aqui, como se vê, a figura da calamidade pública.

No primeiro semestre de 2024, o estado do Rio Grande do Sul foi assolado por enchentes com repercussões dramáticas em perda de vidas humanas e que paralisaram o estado e suas atividades. O Congresso Nacional, mediante proposta do Presidente, aprovou o Decreto Legislativo nº 36, de 7 de maio de 2024, reconhecendo o estado de calamidade pública em parte do território nacional, para atendimento às consequências derivadas de eventos climáticos no estado do Rio Grande do Sul.

A providência está conectada com a Lei Complementar nº 206, de 16 de maio de 2024, aprovada alguns dias depois. A LC nº 206/2024 alterou a Lei de Responsabilidade Fiscal para prever que no caso de eventos climáticos extremos dos quais decorra estado de calamidade pública reconhecido pelo Congresso Nacional, mediante proposta do Poder Executivo federal, em parte ou na integralidade do território nacional – exatamente o que aconteceu no Rio Grande do Sul – a União fica autorizada a postergar o pagamento da dívida de entes federativos afetados pela calamidade pública reconhecida pelo Congresso Nacional e a reduzir a taxa de juros dos contratos de dívida dos referidos entes com a União.

14

Controle de constitucionalidade

14.1 CONTROLE DE CONSTITUCIONALIDADE: INTRODUÇÃO E BREVE HISTÓRICO

A expressão "controle de constitucionalidade" designa um fenômeno composto de dois elementos essenciais nos Estados contemporâneos[1]. *Em primeiro lugar*, o controle pressupõe a existência de uma *Constituição que seja considerada superior em relação aos demais atos e normas no âmbito de um Estado*. E isso porque, "constitucionalidade" é uma noção relacional: algo – uma lei, um ato administrativo, um contrato – será comparado com a Constituição e será considerado constitucional ou inconstitucional, sendo certo que esse juízo apenas faz sentido se a segunda for considerada superior, servindo assim como um parâmetro de controle.

A superioridade das normas constitucionais é em geral dada por meio da técnica jurídica da rigidez, por força da qual se estabelece uma relação hierárquica entre aquelas e as demais normas e atos existentes no sistema jurídico. Essa hierarquia é definida pelo procedimento exigido para a alteração da Constituição – mais rígido, no sentido de mais complexo, exigindo maiores formalidades e a manifestação de uma maioria mais ampla e, portanto, mais difícil de ser obtida –, quando comparado com o procedimento exigido para elaboração e alteração dos demais atos estatais, mais simples.

Com exceção da Constituição de 1824, que apenas exigia procedimentos especiais para alteração de parte do seu texto, sendo por isso considerada "semirrígida", todas as demais Constituições brasileiras eram/são rígidas[2]. Os procedimentos, porém, não foram sempre os mesmos, variando ao longo do tempo, mas sempre mais complexos do que aqueles exigidos para a edição das leis em geral. O art. 60 da Constituição de 1988 prevê um conjunto variado de exigências para alteração de seu texto, que envolve desde a proibição total de abolir determinados conteúdos (as cláusulas pétreas), até exigências quanto a quem pode apresentar propostas de emenda à Constituição (regras sobre iniciativa), quando elas podem ser discutidas (limitações circunstanciais) e o quórum exigido para sua aprovação. Em tese, trata-se de uma Constituição bastante rígida, independentemente da quantidade de emendas já aprovadas ao seu texto.

Constituições rígidas, portanto, são aquelas cuja alteração requer um procedimento mais complexo do que aquele exigido para a alteração das demais normas. Em contraste, diz-se que são flexíveis as Constituições que podem ser alteradas como qualquer outra norma dentro do

---

[1] Para um estudo mais aprofundado sobre o tema, v. Hans Kelsen. A garantia jurisdicional da Constituição. Trad. Jean François Cleaver. Direito Público, São Paulo, n. 1, jul.-ago. 2003, p. 90-130.

[2] Assentando a rigidez dos textos constitucionais pretéritos: Constituição de 1891 (art. 90); Constituição de 1934 (art. 178); Constituição de 1937 (art. 174); Constituição de 1946 (art. 217); Constituição de 1967 (arts. 50-52); EC nº 01/1969 (arts. 46-49).

sistema jurídico. Nessa circunstância, não haverá superioridade hierárquica – do ponto de vista técnico-jurídico – entre a Constituição e as demais normas, já que todas podem ser modificadas por meio de idênticos procedimentos[3]. Assim, não existirá logicamente espaço para controle de constitucionalidade de uma lei em face da Constituição: eventual edição de lei contrária ao que se identificava como norma constitucional corresponderá apenas a uma modificação posterior da própria norma constitucional entre normas de mesma hierarquia, e não havendo relação de especialidade entre elas, a norma posterior revoga/altera a anterior com ela incompatível. Daí por que se afirmar que o controle de constitucionalidade pressupõe Constituições rígidas.

Não basta, porém, que haja uma Constituição rígida. *O controle pressupõe igualmente, em segundo lugar, que exista um mecanismo pelo qual ele seja levado a cabo.* Assim, para que se possa falar de controle de constitucionalidade, algum órgão, entidade ou instituição deverá ter a competência para fazer essa espécie de verificação. Esse segundo elemento essencial do controle de constitucionalidade pode parecer óbvio, mas não é. Embora a existência de uma norma superior sem um mecanismo de controle associado, por meio do qual se garanta que ela não será violada, pareça ilógica do ponto de vista puramente jurídico, a decisão de atribuir a um órgão no âmbito do Estado o poder de fazer tal controle suscita questões políticas delicadas acerca do relacionamento entre os poderes estatais e do funcionamento democrático. O ponto será retomado adiante.

Seja como for, e independentemente dessas complexidades políticas, a verdade é que a existência de mecanismos de controle de constitucionalidade tem se expandido pelo mundo e, tanto no Brasil como em muitos outros países, o Judiciário ou entidades quase judiciais, como os Tribunais Constitucionais, têm se tornado o principal agente de realização do controle de constitucionalidade.

Mais adiante examinar-se-á os principais modelos de controle de constitucionalidade, assim como os efeitos e consequências das decisões/manifestações dos agentes que realizam controle de constitucionalidade, sobretudo tendo em conta as escolhas feitas pela Constituição de 1988. Antes, porém, é preciso localizar o fenômeno do ponto de vista histórico, ainda que de forma muitíssimo breve[4].

A noção de que determinadas normas seriam mais importantes e superiores às demais – não propriamente do ponto de vista jurídico, mas sob uma perspectiva histórica, cultural, política e/ou moral – é milenar, embora em geral nenhum mecanismo de controle organizado existisse para garantir essa superioridade. Na experiência da monarquia de Israel registrada no Antigo Testamento, por exemplo, a legislação mosaica era considerada superior às decisões episódicas dos monarcas, que lhe deviam obediência. A eventual violação daquelas normas, porém, não desencadeava um mecanismo institucional de controle: cabia em geral aos profetas expor a conduta imprópria dos reis em suas preleções. Sob outra perspectiva, no mito de Antígona, o descompasso entre as leis da cidade e a norma superior é resolvido pela desobediência civil, com todos os problemas associados a essa opção. Antígona desobedece afinal a ordem de Creonte para poder enterrar seu irmão.

O eventual descumprimento dessas antigas normas tradicionais ou mesmo dos pactos e forais da Idade Média – antecedentes históricos mais próximos das Constituições modernas e contemporâneas – não ensejavam mecanismos de controle organizados no âmbito do Estado,

---

[3] É certo que a possibilidade, do ponto de vista técnico-jurídico, de que tais normas constitucionais flexíveis sejam alteradas como qualquer outra norma não significa que isso de fato aconteça. Outros elementos (históricos, culturais e sociológicos) que não a técnica jurídica da rigidez/superioridade hierárquica podem atribuir considerável permanência a elas, como acontece, por exemplo, no sistema inglês.

[4] Mauro Cappelletti. *O controle judicial de constitucionalidade das leis no Direito comparado.* 2. ed. Trad. Aroldo Plínio Gonçalves. ed.reimpr. Porto Alegre: Sérgio Antonio Fabris Ed., 1999. p. 45 e ss.

mas manifestações eventuais de desobediência civil ou confrontos puramente políticos. Assim, os senhores feudais, diante do desrespeito do rei aos termos dos pactos celebrados, poderiam, *e.g.*, negar-se a pagar tributos ou a fornecer tropas, correndo o risco, naturalmente, de sofrer as represálias que o rei fosse capaz de impor.

O antecedente institucional de um mecanismo de controle da superioridade de determinadas normas em face de outras – ainda não propriamente de normas constitucionais – remonta à prática do Judiciário inglês no período anterior à Revolução Gloriosa. Por força da chamada doutrina de Coke, entendia-se que a *common law* teria em alguma medida superioridade em face da legislação editada pelo Parlamento que não poderia, portanto, contrariá-la[5]. A prática, de certa forma familiar para os colonos de determinadas regiões do que viria a se tornar os Estados Unidos da América no futuro, deixou de existir após a Revolução Gloriosa que consagrou, na Inglaterra, a supremacia do Parlamento.

A partir da Revolução Gloriosa, portanto, restou inviabilizado qualquer controle da ação normativa do Legislativo pelo Poder Judiciário na Inglaterra. Até porque, vale lembrar, a compreensão naquele país é a de que não há hierarquia técnico-jurídica entre as normas consideradas constitucionais e as demais normas, daí se afirmar que a Inglaterra era/é um dos poucos exemplos de Constituição flexível existente. Esse quadro manteve-se substancialmente inalterado até a edição do Human Rights Act (HRA) em 1998, que criou a possibilidade de controle, pelo Judiciário, de *adequação* da legislação interna em face do HRA. Esse controle, porém, como se verá adiante, não tem o condão de afetar a vigência da norma eventualmente considerada em situação de inadequação, cabendo ao Legislativo tomar eventuais providências para garantir a harmonia do sistema.

Retomando a narrativa histórica, e para além dessa experiência inglesa pré-Revolução Gloriosa, a primeira experiência de controle de constitucionalidade verifica-se nos Estados Unidos na célebre decisão Marbury *vs.* Madison[6] de 1803. Na ocasião, embora a Constituição dos EUA

---

[5] No Bonham's *case*, em 1610 na Inglaterra, o voto de Sir. Edward Coke foi no sentido de que a *common law* poderia ser utilizada para controlar e para julgar inválidos atos do parlamento. No caso concreto, Dr. Bonham, formado em medicina pela Universidade de Cambridge, foi proibido de exercer sua profissão pelo *Royal College of Physicians*, já que não possuía uma licença. De acordo com o Regimento daquele órgão, confirmado por um ato do Parlamento, o exercício da medicina somente seria lícito quando autorizado por uma comissão específica. Thomas Bonham não obteve sua licença e, ainda, foi multado, devendo o valor ser em parte recolhido para o próprio Royal *College*. A despeito da decisão, Bonham continuou a exercer sua atividade, o que resultou na sua posterior prisão. O médico, então, moveu uma ação, que foi levada ao *Court of Common Pleas*, na qual, para além de outros argumentos, decidiu-se que, pelo fato de que metade do valor arrecadado em multas reverter para o próprio *College*, a autorização concedida pelo Parlamento era contrária a *common law*, e, portanto, inválida, uma vez que aqueles que avaliavam e controlavam os médicos na capital não gozavam de imparcialidade, mas, pelo contrário, eram interessados na aplicação de multas. V. Raoul Berger. Doctor Bonham's case: statutory construction or constitutional theory. *University of Pennsylvania Law Review*, Philadelphia, v. 117, n. 4, fev. 1969, p. 521-545.

[6] O caso envolveu intensa disputa política no contexto da sucessão dos Presidentes Adams e Jefferson. Ciente de sua iminente derrota na campanha presidencial de 1800 e da perda pelos Federalistas da maioria Congressual, John Adams, então presidente dos Estados Unidos, realizou diversas nomeações para o Poder Judiciário, entre elas a de seu Secretário de Estado, John Marshall, para a Suprema Corte. Vários outros cargos foram criados no Judiciário e nomeados por Adams com simpatizantes dos federalistas nos últimos dias de sua administração. William Marbury foi um desses nomeados, mas, embora sua nomeação tenha sido assinada por Adams – e inclusive, como as demais, assinadas e carimbadas por seu Secretário de Estado, Marshall, ainda em exercício – ele não conseguiu tomar posse antes do fim do último dia de mandato. O novo Presidente, Jefferson, por meio de seu secretário James Madison, recusou-se a dar posse aos que não haviam recebido a investidura, por considerar as nomeações nulas. A matéria acabou parando na Suprema Corte, já que uma lei de 1789 (*the Judiciary Act*) atribuía a ela competência originária para julgar esse tipo de ação. Na ordem respectiva pela qual a Corte examinou a matéria, as seguintes questões foram consideradas e decididas: 1. O peticionário tem direito a tomar posse? 2. Se ele tem o direito, e o direito foi violado, as leis

não atribua de forma expressa essa competência ao Judiciário, a Suprema Corte entendeu que, no exercício da função jurisdicional – isto é: ao aplicar o direito aos fatos a fim de solucionar os casos concretos – o Judiciário poderia vir a declarar a inconstitucionalidade de uma lei ao ato de outro Poder, a fim de garantir a aplicação da norma constitucional. Isso porque, diante do eventual conflito entre a norma constitucional e uma norma infraconstitucional ou ato do Executivo, a Constituição tem hierarquia superior e deve prevalecer. Tinha início, assim, o chamado sistema norte-americano de controle de constitucionalidade também denominado de controle difuso e incidental.

O modelo norte-americano não teve concorrentes nos 100 anos seguintes e alguns países, sobretudo na América Latina, introduziram esse mecanismo em seus sistemas, entre os quais o Brasil, na Constituição de 1891. Em um contexto muitíssimo diverso – do ponto de vista histórico, cultural e jurídico –, a Europa continental experimentará outro modelo de controle de constitucionalidade pelas mãos de Hans Kelsen a partir de 1920, o chamado modelo austríaco, bastante diverso do norte-americano, organizado em torno de um único órgão, quase judicial, o Tribunal Constitucional, perante o qual as questões constitucionais seriam discutidas incialmente de forma exclusivamente abstrata (controle concentrado e abstrato).

Desde o fim da Segunda Guerra Mundial, dezenas de outros países passaram a adotar sistemas de controle de constitucionalidade pelo Poder Judiciário ou por Tribunais Constitucionais, não apenas na Europa (ocidental e oriental), mas também na África, Ásia e América Latina[7].

Antes de examinar de forma específica os modelos clássicos de controle judicial de constitucionalidade já enunciados anteriormente (os modelos norte-americano e austríaco) e, sobretudo, apresentar o sistema de controle de constitucionalidade adotado pela Constituição de 1988 e pela legislação em vigor, é necessário registrar, primeiro, alguns conceitos e informações que serão importantes para a melhor compreensão da exposição.

14.2 INCONSTITUCIONALIDADE: ALGUMAS CLASSIFICAÇÕES

De forma simples, a inconstitucionalidade descreve a incompatibilidade de algo – uma norma, um ato, uma conduta – com a Constituição. Entretanto, essa incompatibilidade pode assumir formas variadas cujas particularidades serão especialmente relevantes no momento do controle de constitucionalidade, como será visto.

14.2.1 Inconstitucionalidade formal e material

A distinção entre inconstitucionalidade formal e material aplica-se a normas e a atos do Poder Público em geral quando confrontadas com o texto constitucional. Na realidade, qualquer ato público ou privado pode ser materialmente inconstitucional, mas apenas atos estatais podem ser formalmente inconstitucionais. E isso porque a Constituição contém previsões

---

desse País garantem a ele um remédio? 3. Se as leis garantem o remédio, será ele um *mandamus* proferido por essa Corte? Se sim, pode a Suprema Corte concedê-lo? Foi essa última questão que conferiu notoriedade ao caso. Marshall entendeu que a lei de 1789, ao criar hipótese de competência originária para o tribunal, resultou em uma inconstitucionalidade, já que a matéria dependia de reserva de Constituição. Diante desse cenário, Marshall concluiu que a lei que contraria o texto constitucional é nula, devendo seu controle ser feito pelo Poder Judiciário, enquanto intérprete final da Constituição.

[7] Lucio Pegoraro. A circulação, a recepção e a hibridação dos modelos de justiça constitucional. Revista latino-americana de estudos constitucionais. *Revista de Informação Legislativa*, Brasília, n. 165, jan.-mar. 2005, p. 59-76; e Keith S. Rossen. Os efeitos do controle judicial de constitucionalidade nos Estados Unidos, Canadá e América Latina numa perspectiva comparada. Trad. Paulo Gomes Pimentel Júnior. *Revista de Direito Administrativo*, Rio de Janeiro, n. 235, jan.-mar. 2004, p. 159-185.

Cap. 14 – CONTROLE DE CONSTITUCIONALIDADE **577**

sobre como as normas devem ser elaboradas e sobre a prática de atos pelo Estado brasileiro. Ela determina, a rigor, aspectos formais da atuação estatal, que devem ser observados, gerando inconstitucionalidade formal caso descumpridos. Tais disposições que tratam de *como* essas normas e atos devem ser produzidos podem ser agrupadas em dois grandes conjuntos.

Em primeiro lugar, a Constituição prevê *quem*, dentro da estrutura do Estado, pode editar normas ou praticar atos a respeito de determinado assunto. Trata-se, portanto, da definição de competência. Essa dimensão tem dois desdobramentos. O primeiro deles se relaciona com a distribuição de competências entre os entes federativos. Assim, a Constituição define quem, entre os entes – União, Estados, Distrito Federal e Municípios –, poderá editar a norma ou praticar o ato em questão.

O segundo desdobramento pode ser enunciado nos seguintes termos: definida a competência federativa, a Constituição também prevê se a matéria apenas pode ser tratada por lei – o que é, a rigor, a regra geral – ou se os outros poderes ou mesmo órgãos e entidades podem, em alguma medida, tratar da matéria. Assim, o art. 5º, II, da Constituição prevê a regra geral de que direitos e obrigações apenas podem ser criados por lei. A própria Constituição, porém, atribui determinadas competências normativas ao Poder Executivo e, inclusive, o STF entendeu que também o Conselho Nacional de Justiça teria alguma competência normativa[8] por força do art. 103-B, § 4º.

Discute-se ainda se a Constituição autoriza, e em que medida e limites, que o Legislador delegue a outros órgãos ou entidades competências normativas, sendo o entendimento atual de que a delegação é possível em matérias que não envolvam reserva de lei absoluta e uma vez que ela atenda a uma finalidade ou necessidade razoáveis (de rapidez, de avaliações técnicas, de diversidade nacional etc.) e que seja acompanhada de parâmetros que permitam o controle do exercício da atividade delegada[9].

Sob a perspectiva da competência, portanto, uma lei estadual será formalmente inconstitucional se tratar de matéria reservada à competência da União, e do mesmo modo será inválida, por inconstitucionalidade formal, lei federal que invada competência estadual ou municipal. Também será formalmente inconstitucional decreto presidencial que pretenda inovar em matéria que apenas pode ser objeto de lei, por violação ao princípio da legalidade.

Além dessa primeira dimensão da competência, a Constituição traz também normas que regulam de forma específica a elaboração das leis, e a eventual violação a tais comandos caracteriza igualmente inconstitucionalidade formal. Nesse sentido, por exemplo, a matéria pode ser da competência federal, mas se a Câmara dos Deputados aprova um projeto de lei, remetendo-o diretamente à sanção presidencial, sem que o Senado Federal o tenha examinado, a "lei" por acaso resultante será inconstitucional por conta da inconstitucionalidade formal[10].

Note-se que todos esses aspectos da inconstitucionalidade formal – as duas dimensões da competência e as regras sobre o processo legislativo – são examinadas antes de qualquer consideração sobre o conteúdo propriamente da norma ou do ato do Poder Público. Na realidade, não importa se ele era desejável ou proveitoso: as normas constitucionais – todas elas – devem ser respeitadas, e a violação àquelas previsões que abordam a forma a ser observada pelo Estado para a prática de atos e elaboração de normas acarreta a invalidade de ato ou norma, independente de considerações acerca de seu conteúdo.

---

[8]   A questão foi discutida na ADC 12, de relatoria do Min. Carlos Ayres Britto, quando se discutia a validade da Res. nº 07/2005 do CNJ que proibiu uma série de práticas de nepotismo no âmbito do Poder Judiciário.

[9]   Veja-se mais sobre essa discussão na parte sobre o princípio da legalidade.

[10] Vale lembrar o entendimento do STF de que a sanção do chefe do Executivo em projeto de lei de sua iniciativa, quando usurpada, não corrige a inconstitucionalidade formal existente. V. STF, Tribunal Pleno, ADI 2113/MG, rel. Min. Cármen Lúcia, j. 04.03.2009, *DJ* 20.08.2009.

A inconstitucionalidade material, por seu turno, envolve o cotejo do conteúdo do ato ou norma com os mandamentos constitucionais que tratam do mesmo assunto. Assim, se uma lei federal tratando de direito penal prevê, fora das hipóteses admitidas pela Constituição, pena de morte, ela será materialmente inconstitucional. Apesar de caber à União legislar sobre direito penal (art. 22, I), essa competência deve ser exercida nos limites materiais previstos pela Constituição.

O exemplo que se acaba de registrar sobre a pena de morte é, claro, muitíssimo singelo. O exame a respeito da compatibilidade entre o conteúdo de uma norma ou ato com o que prevê a Constituição pode envolver muitas complexidades, até por conta da abertura semântica de muitas previsões constitucionais. Definir, por exemplo, em que medida uma lei que cria tratamentos diferenciados viola a isonomia, ou até que ponto o Estado pode impor determinadas obrigações sem violar o núcleo de certos direitos não é uma operação matemática. Essa questão será retomada adiante aos tratarmos propriamente dos direitos e da interpretação constitucional, mas já fica o registro de que esse é um tema central para o direito constitucional contemporâneo. É bom salientar que também a inconstitucionalidade formal – sobretudo sob a perspectiva das competências federativas – envolve muitíssimas discussões: o assunto será examinado ao se tratar da distribuição de competências entre os entes federados e sua interpretação.

14.2.2 Inconstitucionalidade por ação e por omissão

As normas constitucionais podem ser violadas tanto por condutas comissivas quanto por omissões, dependendo do teor da disposição constitucional em questão. A Constituição prevê, por exemplo, o direito ao pagamento adicional pelo trabalho por horas extras e proíbe o trabalho a menor de 14 anos a qualquer título (art. 7º, XVI e XXXIII), de modo que se um empregador não paga horas extras trabalhadas e contrata menor, viola a Constituição, no primeiro caso, por omissão e no segundo por ação.

Uma série de mecanismos processuais pode ser manejada por quem tenha legitimação ativa para impedir a ação ou sanar a omissão levadas a cabo por particulares. A especial relevância da distinção entre inconstitucionalidade por ação e omissão, entretanto, se verifica no caso em que o infrator é o Poder Público e, particularmente, quando a omissão inconstitucional envolve (i) a não edição, pelo Poder Legislativo ou mesmo pelo Executivo (caso ele seja o competente) de uma norma que a Constituição exige que exista; e (ii) a não prestação de um serviço à população, que a Constituição comanda que deve ser prestado. Inicie-se pela omissão legislativa.

Como regra geral, legislar é uma faculdade do legislador. Não existe um dever geral de legislar oponível ao Legislativo, que tem a liberdade institucional de escolher o que vai ou não regulamentar, sendo certo que a opção política de não legislar, no mais das vezes, conduz à incidência do art. 5º, II, da Constituição, devendo aplicar-se então o critério da liberdade ou, sendo o caso, o eventual ajuste entre as partes. A exceção a essa regra geral é dada justamente nas hipóteses em que a Constituição impõe efetivamente um dever de legislar[11] que, violado, enseja a omissão legislativa inconstitucional, prevista de forma expressa pela Constituição de 1988 em seus arts. 5º, LXXI (Mandado de Injunção – MI), e 103, § 2º (Ação Direta de Inconstitucionalidade por Omissão – ADI por omissão)[12].

O debate em torno da identificação de normas constitucionais que impõem um dever de legislar (e podem gerar uma omissão legislativa inconstitucional), em contraste com o espaço

---

[11]   J. J. Gomes Canotilho. *Direito constitucional*. Coimbra: Almedina, 1993. p. 1089.

[12]   A omissão inconstitucional poderá também ser do Executivo. V. Luís Roberto Barroso. *O controle de constitucionalidade no direito brasileiro:* exposição sistemática da doutrina e análise crítica da jurisprudência. São Paulo: Saraiva, 2016. p. 296.

de conformação reservado ao Legislador, ganhou especial relevância com a decisão do STF na ADO 26, em junho de 2019. Na ocasião, o STF entendeu que os incisos XLI e XLII do art. 5º da Constituição – a saber: "a lei punirá qualquer discriminação atentatória dos direitos e liberdades fundamentais" e "a prática de racismo constitui crime inafiançável e imprescritível, sujeito à pena de reclusão, nos termos da lei;" – imporiam ao Legislativo o dever constitucional de criminalizar a homofobia e a transfobia, para efeito de proteção penal aos integrantes do grupo LGBT, dever esse que estaria sendo violado por omissão legislativa. A decisão será examinada de forma mais específica quando se tratar do tema da ADI por omissão.

A própria Constituição acaba por distinguir duas espécies de omissão legislativa associadas a esses dois instrumentos por ela criados: o mandado de injunção e a ADI por omissão. A omissão inconstitucional que autoriza o cabimento do mandado de injunção é aquela que inviabiliza "o exercício dos direitos e liberdades constitucionais e das prerrogativas inerentes à nacionalidade, à soberania e à cidadania", nos termos do art. 5º, LXXI. Outras hipóteses de dever constitucional de legislar que não se enquadrem nessa categoria ensejarão ADI por omissão. O mandado de injunção e a ADI por omissão serão estudados mais adiante em tópico próprio.

A omissão legislativa inconstitucional pode se apresentar com dois contornos principais: total ou parcial. Haverá omissão legislativa total quando a Constituição determina que norma seja editada regulamentando determinado direito, liberdade, prerrogativa ou tema genericamente considerado, e simplesmente não é editada tal norma. A situação de omissão legislativa total mais dramática é aquela que inviabiliza a fruição de direitos, condicionados pelo texto constitucional a posterior regulamentação pelo Legislativo. Várias dessas situações de omissão legislativa têm sido remediadas pelo STF por meio de decisões no âmbito de mandados de injunção, como se verá quando se tratar desse remédio constitucional, como aconteceu no caso dos comandos contidos nos arts. 8º do ADCT[13] e 37, VII[14].

Porém, a omissão legislativa poderá também ser parcial, e aqui se identificam duas possibilidades: a omissão parcial por regulamentação insuficiente ou inadequada e a por violação ao princípio da igualdade. A primeira se verifica justamente na hipótese que a expressão pretende descrever: existe alguma regulamentação, mas ela não é suficiente ou adequada para regulamentar o que a Constituição exigiu ou para garantir, em níveis mínimos, o direito, liberdade ou prerrogativa previstos constitucionalmente. Essa insuficiência pode ser originária ou se apresentar ao longo do tempo, por conta da omissão legislativa de atualizar a regulamentação em função de alguma circunstância fática: nesse segundo caso, tratar-se-á provavelmente de um processo de inconstitucionalização progressiva, sobre o qual se cuidará de forma mais especificamente no tópico seguinte. Neste momento, o foco é compreender a inconstitucionalidade por omissão em si e alguns exemplos ajudam nesse propósito.

A Constituição prevê no art. 7º, IV, que a lei deverá fixar o salário mínimo em valor capaz de atender "a suas necessidades vitais básicas e às de sua família com moradia, alimentação, educação, saúde, lazer, vestuário, higiene, transporte e previdência social, com reajustes periódicos que lhe preservem o poder aquisitivo, sendo vedada sua vinculação para qualquer fim". Na ADI por omissão nº 1.458/DF questionou-se a omissão parcial por insuficiência da normativa em vigor, no caso MP nº 1.415/1996, já que o valor por ela previsto não era adequado para

---

[13] O STF autorizou que os titulares da pretensão indenizatória de que trata o art. 8º do ADCT possam ajuizar diretamente ações para obter a reparação devida, independentemente da edição de lei. V. STF, Tribunal Pleno, MI 562/RS, rel. p/ acórdão Min. Ellen Gracie, j. 20.02.2003, *DJ* 20.06.2003.

[14] O STF considerou que os servidores poderiam exercitar o direito de greve, a despeito da ausência de norma regulamentadora, nos termos da legislação existente que regula greve em atividades consideradas essenciais (Leis nº 7.701/1988 e nº 7.783/1989). V. STF, Tribunal Pleno, MI 670/ES, rel. p/ acórdão Min. Gilmar Mendes, j. 25.10.2007, *DJ* 31.10.2008.

atender aos requisitos constitucionais. O STF não deixou de reconhecer a omissão parcial in-constitucional, mas concluiu no sentido da impossibilidade de expedir provimentos normativos com o objetivo de suprir a inatividade do órgão legislativo inadimplente, especialmente em caráter liminar. Importa lembrar que o voto do rel. Min. Celso de Mello deixa claro que pode o Judiciário, analisando os parâmetros econômicos, imiscuir-se na matéria: "Seria puramente ideológica e não científica, a negação da possibilidade de o Judiciário intervir em tal matéria. Porque em diversas outras situações em que a Constituição ou a lei utilizam conceitos vagos e imprecisos, é exatamente ao juiz que cabe integrar, com sua valoração subjetiva, o comando normativo". No entanto, o tribunal observou também que a declaração de inconstitucionalidade da lei em vigor produziria a vigência da lei que fixou o salário-mínimo no ano anterior por ela revogada – em valor inferior –, produzindo um resultado ainda pior sob a perspectiva dos fins constitucionais. A decisão, nesse caso, já ilustra as dificuldades de lidar com a omissão legislativa.

Em outra situação, porém, o STF produziu interessante decisão diversa. Tratava-se agora de uma omissão parcial por inadequação ou insuficiência, produzida ao longo do tempo, pela omissão de atualizar a legislação existente no que diz respeito aos critérios de distribuição dos recursos do Fundo de Participação entre os Estados (FPE), que a Constituição prevê devem promover o equilíbrio socioeconômico entre os Estados[15]. A legislação vigente datava de 1989 (LC nº 62/1989) e deveria vigorar até 1992, quando então, diante dos novos dados do censo do IBGE, precisaria ser atualizada. Vinte anos depois, os critérios continuavam os mesmos, a despeito de mudanças socioeconômicas importantes ocorridas no país, e, segundo sustentavam os requerentes das ações, já não promoviam equilíbrio entre os Estados[16]. O STF declarou o dispositivo da LC nº 62/1989 inconstitucional em fevereiro de 2010, mas diferiu no tempo os efeitos da declaração de inconstitucionalidade para o fim do ano fiscal de 2012.

É interessante observar que o STF não sanou propriamente a omissão. Entretanto, ao declarar a invalidade da norma vigente, a Corte criou uma situação de fato por força da qual, a partir de 2013, não haveria regra para o rateio, o que, provavelmente, criou um estímulo político para que a questão fosse afinal enfrentada. A omissão acabou por ser sanada pelo órgão competente e, em 2013, foi editada a LC nº 143, que previu novos critérios para a distribuição dos recursos em questão.

Uma segunda modalidade de omissão parcial é aquela que envolve a violação ao princípio da igualdade. De forma simples, haverá essa modalidade de inconstitucionalidade quando uma lei ou ato normativo regulamenta ou confere algum tipo de benefício ou direito, mas o faz apenas para determinado grupo de pessoas ou situações, com exclusão de outros, sendo certo que a Constituição exigiria tratamento isonômico na hipótese. A inconstitucionalidade no caso não está propriamente no benefício ou direito concedido pela lei, mas na circunstância de ela excluir do seu escopo um grupo de pessoas que deveriam receber o mesmo benefício ou direito que os destinatários da norma.

Imaginem-se dois exemplos. A Constituição prevê como um direito dos trabalhadores a licença-paternidade, a ser regulada em lei (art. 7º, XIX). A lei não foi editada até o momento, de

---

[15] CF/1988: "Art. 161. Cabe à lei complementar: I – definir valor adicionado para fins do disposto no art. 158, parágrafo único, I; II – estabelecer normas sobre a entrega dos recursos de que trata o art. 159, especialmente sobre os critérios de rateio dos fundos previstos em seu inciso I, objetivando promover o equilíbrio socioeconômico entre Estados e entre Municípios; III – dispor sobre o acompanhamento, pelos beneficiários, do cálculo das quotas e da liberação das participações previstas nos arts. 157, 158 e 159. Parágrafo único. O Tribunal de Contas da União efetuará o cálculo das quotas referentes aos fundos de participação a que alude o inciso II."

[16] A decisão do Supremo foi provocada por quatro Ações Diretas de Inconstitucionalidade (ADI) ajuizadas pelo Rio Grande do Sul (ADI nº 875), Mato Grosso e Goiás (ADI nº 1987), Mato Grosso (ADI nº 3243) e Mato Grosso do Sul (ADI nº 2727).

Cap. 14 – CONTROLE DE CONSTITUCIONALIDADE **581**

modo que continua a aplicar-se a regra de transição na matéria prevista no ADCT, art. 10, § 1º, que prevê que a licença será de cinco dias, até que lei venha a regulamentar a matéria. Suponha, porém, que ela seja afinal editada, determinando que a licença-paternidade será de 20 dias, mas apenas poderá ser usufruída pelos pais entre 20 e 35 anos. A exclusão dos pais de outras faixas etárias produzirá certamente uma inconstitucionalidade por omissão por violação à igualdade.

Em outro exemplo, imagine-se que o Poder Público concede reajuste ou benefícios a determinados servidores e não a outros, que sustentam desenvolver atividades equiparáveis e pretendem receber o mesmo benefício ou reajuste. O exemplo da licença-paternidade é puramente hipotético, mas este não. Em muitas ocasiões essa circunstância foi discutida e é fácil perceber que, verificada que de fato houve uma omissão inconstitucional por violação da isonomia, duas soluções imediatas se apresentam como possíveis: ou a norma é declarada inconstitucional, de modo que aqueles que receberam o benefício o perderão; ou a norma é estendida para aplicar-se também àquele grupo de pessoas e situações que deveriam ter recebido o mesmo tratamento que os beneficiados pela norma originariamente. Existe, é certo, uma terceira possibilidade que envolve a comunicação ao órgão omisso de que deve agir no sentido de sanar a inconstitucionalidade.

A verdade é que as duas soluções iniciais referidas podem mostrar-se problemáticas em algumas circunstâncias. Retirar um benefício concedido por lei pode ser socialmente sensível e, no caso da licença-paternidade, *e.g.*, faria a norma constitucional retornar ao seu estado anterior, pré-regulamentação. Por outro lado, estender o benefício a grupos não previstos pelo legislador para sanar a invalidade envolveria uma atuação que o STF frequentemente identifica como de "legislador positivo". A expressão é usada em oposição à compreensão, sobretudo de Hans Kelsen[17], que o Judiciário, ao executar o controle de constitucionalidade das leis, desempenharia o papel de legislador negativo. Ao estender uma norma a situações por ela não previstas para sanar uma inconstitucionalidade, porém, o Judiciário iria além disso para criar uma norma, daí a expressão legislador positivo.

A solução dessa espécie de inconstitucionalidade por omissão tem se desenvolvido de forma razoavelmente casuística na jurisprudência, salvo quando a norma considerada inconstitucional houver criado um benefício no contexto da relação de remuneração entre o Poder Público e seus servidores. Para esses casos, o STF editou a Súmula Vinculante nº 37, que afirma não caber ao Judiciário aumentar vencimentos de servidores com fundamento na isonomia[18]. Embora o STF entenda que o Judiciário não pode, diretamente, aumentar vencimentos de servidores, mesmo diante de uma inconstitucionalidade por omissão que viola o princípio da isonomia, caberá ADI por omissão em tais hipóteses, por força da qual o órgão omisso será comunicado da inconstitucionalidade em curso para que ele tome as providências próprias[19]. Trata-se de um efeito de pressão política de um Poder sobre os demais, como se verá mais detidamente ao tratarmos do mandado de injunção e da ADI por omissão.

Por fim, outra modalidade de omissão inconstitucional é aquela que envolve não propriamente a elaboração de uma norma, mas o desenvolvimento de uma política pública necessária para a prestação de um serviço de existência compulsória por expressa previsão constitucional. O desenvolvimento de uma política pública envolverá sempre uma dimensão normativa – normas precisarão ser editadas organizando o serviço, criando órgãos, entidades, carreiras etc. – e uma dimensão administrativa, que diz respeito à prática de um conjunto de atos pela

---

[17] O ponto será discutido de forma mais detalhada ao tratarmos do modelo austríaco de controle de constitucionalidade, adiante.

[18] Súmula Vinculante nº 37 do STF: "Não cabe ao Poder Judiciário, que não tem função legislativa, aumentar vencimentos de servidores públicos sob o fundamento de isonomia".

[19] Nesse sentido, v. STF, 1ª T., RE 264367 AgRg, rel. Min. Carlos Britto, j. 21.02.2006, *DJ* 23.06.2006.

Administração Pública cujo objetivo é transformar em realidade a prestação do serviço. Sobre a eventual omissão na dimensão normativa, os comentários supra são pertinentes. A omissão inconstitucional, porém, também pode se verificar no âmbito da dimensão administrativa.

A Constituição prevê, ao tratar da ADI por omissão, que julgada procedente – isto é: verificada a omissão inconstitucional – será dada ciência ao órgão omisso que, se for órgão administrativo, terá 30 dias para saná-la (art. 103, § 2º). A solução concebida pela Constituição será relevante quando a omissão puder ser sanada por ato relativamente simples da Administração Pública, mas dificilmente 30 dias serão suficientes para que uma política pública seja implementada. Apenas dois exemplos ilustram o ponto: o serviço de saneamento básico, que deve ser prestado pelos Municípios e em alguns casos pelos Estados, e o serviço de educação básica oferecida em horário noturno para adultos, também a cargo dos Municípios prioritariamente.

Imagine-se que os dois serviços anteriores, a despeito da regulamentação em vigor, simplesmente não existem em determinado município, o que infelizmente não é incomum: ter-se-á aqui uma omissão inconstitucional total. Ou imagine-se que tais serviços até existam, porém em dimensões reduzidas, isto é: existe coleta de esgoto no município, mas não tratamento, ou a coleta existe apenas em determinados lugares da cidade; ou existe apenas um ponto em que o ensino noturno é oferecido com vagas limitadas considerando o contingente de usuários potenciais do serviço. Nestes últimos cenários haverá uma omissão inconstitucional parcial.

O debate em torno desse tipo de omissão inconstitucional envolve o tema do controle das políticas públicas em matéria de direitos fundamentais, que enseja uma série de complexidades teóricas e práticas. O tema será examinado de forma um pouco mais detida ao tratarmos de direitos fundamentais.

14.2.3 Inconstitucionalidade originária, superveniente e processo de inconstitucionalização/inconstitucionalização progressiva

Acesse o QR Code e assista ao vídeo.

> https://uqr.to/1vvy9

O fenômeno da inconstitucionalidade interage com o tempo, como tudo o mais, dando origem a três situações distintas que devem ser identificadas. Em primeiro lugar, fala-se da inconstitucionalidade originária. Essa expressão designa que a norma ou o ato examinado já surgiu de forma inválida (seja a invalidade formal ou material). Isto é: quando de sua edição, não foram respeitadas as normas constitucionais em vigor na ocasião. Em tais casos, a norma ou ato será inconstitucional desde sua origem, assumida a premissa – que adotamos no Brasil – de que a inconstitucionalidade é uma espécie de nulidade. Como se verá, a discussão em torno da modulação dos efeitos no tempo da declaração de inconstitucionalidade poderá, em determinadas circunstâncias, preservar efeitos de normas consideradas inconstitucionais, mas essa é uma exceção à regra geral.

É possível, de outra parte que a inconstitucionalidade surja posteriormente no tempo. Ou seja: o ato ou a norma são válidos quando de sua edição, mas, depois, a Constituição muda, seja porque uma nova é editada, seja porque a vigente é alterada de algum modo. Nesse contexto, a norma ou o ato que nascerem válidos à luz da Constituição em vigor quando de sua edição, com o surgimento de uma nova Carta Magna ou por conta, *e.g.*, de uma emenda posteriormente editada, tornam-se incompatíveis com o conteúdo do novo texto. Em tais casos, a norma será

Cap. 14 – CONTROLE DE CONSTITUCIONALIDADE **583**

considerada inconstitucional apenas a partir do momento em que o parâmetro de validade foi alterado. Duas observações sobre este ponto devem ser feitas desde logo.

Em primeiro lugar, é entendimento consolidado no Brasil que caso a incompatibilidade da norma ou ato com o novo texto constitucional restrinja-se a um aspecto formal, ela não será considerada inválida. A lógica subjacente a essa regra é a de que a constitucionalidade formal é aferida no momento da edição da norma ou do ato e a eventual mudança das regras acerca de *quem* pode editar a norma e *como* ela deve ser editada não afetam o que foi feito no passado, por isso afirma-se que não há inconstitucionalidade superveniente. Voltaremos a esse ponto ao tratar do direito constitucional intertemporal. O mesmo, naturalmente, não vale para alterações materiais ou substantivas do texto constitucional, que poderão conduzir à invalidade normas anteriormente válidas que sejam agora incompatíveis com a Constituição.

A segunda observação envolve uma situação inversa: a norma era/é inconstitucional, mas, por qualquer razão, não chegou a ser declarada inconstitucional com efeitos gerais pelo Judiciário, mantendo-se vigente do ponto de vista prático. A Constituição é alterada e, a luz do seu novo texto, a tal norma passa a ser compatível com seu novo conteúdo. Seria ela tornada válida? A resposta é negativa, pois a inconstitucionalidade não pode ser sanada.

Esse debate já foi travado algumas vezes e um desses casos envolveu, *e.g.*, leis municipais que haviam instituído a cobrança de IPTU progressivo quando a Constituição não previa essa possibilidade. O STF considerou inconstitucionais várias dessas leis municipais em sede de controle difuso e incidental, mas outras não chegaram a ser examinadas. Nesse meio tempo, o Congresso Nacional promulgou a EC nº 29/2000, que passou a autorizar a instituição do IPTU progressivo. A nova redação constitucional não tornou válidas as normas anteriormente editadas, mas nada impede, ao contrário, que os Municípios aprovem novas leis com conteúdo similar, agora sob a vigência do novo texto constitucional[20].

O chamado processo de inconstitucionalização ou inconstitucionalização progressiva é uma espécie de inconstitucionalidade superveniente, mas que apresenta características particulares, em geral relacionadas com as mudanças ao longo do tempo de circunstâncias fáticas que afetam a validade da norma. A expressão[21] foi utilizada em uma decisão na Alemanha, de 22 de maio de 1963, na qual se discutia a validade de norma que organizava os distritos eleitorais, tendo em vista que a passagem do tempo acarretara tanto um aumento da população quanto alterações na sua distribuição no território. Assim, a lei que organizava os distritos eleitorais assumia como realidade a existência de uma quantidade equiparável de eleitores em cada um deles, de acordo com os dados disponíveis na ocasião. Com o passar do tempo, porém, essa realidade mudou e a norma ingressou em um processo de inconstitucionalização exigindo a intervenção do Legislativo para ser sanada. Com efeito, o Tribunal Constitucional alemão reconheceu esse processo de inconstitucionalização e comunicou ao Legislativo que, diante de dados atualizados, nova legislação na matéria viesse a ser editada.

Situação semelhante aconteceu no Brasil, como referido acima no ponto sobre inconstitucionalidade por omissão, relativamente aos critérios de distribuição do Fundo de Participação dos Estados (FPE), também fixados por lei de 1989 com base nos dados socioeconômicos existentes na época. Mais de 20 anos depois, a realidade mudou, entendendo o STF, naquele caso, por declarar desde logo a LC nº 62/1989 inconstitucional, mas diferindo os efeitos de tal decisão no tempo por cerca de dois anos, de modo que nova norma pudesse ser editada.

---

[20]   V. 1ª T., STF, RE 399.624 AgR-segundo-ED/RS, rel. Min. Luiz Fux, j. 05.02.2013, *DJ* 25.02.2013.

[21]   Também é usada a expressão norma ainda constitucional ou a técnica do "apelo ao legislador" para tratar desse conceito. V. Dirley Cunha Júnior. *Controle de constitucionalidade:* teoria e prática. Salvador: JusPodivm, 2010. p. 170.

CURSO DE DIREITO CONSTITUCIONAL • Ana Paula de Barcellos

Outro exemplo, um pouco diverso, foi examinado pelo STF e identificado pela Corte como hipótese de inconstitucionalidade progressiva. Cuidava-se da extinção da atribuição do Ministério Público, com a edição da Constituição de 1988, de representar civilmente pessoas necessitadas, incluindo vítimas de crimes, atribuição que passou a ser da Defensoria Pública. Em recursos oriundos de ações ajuizadas pelo MP, já após a Constituição, suscitou-se perante o STF a legitimidade do *Parquet* para tal atuação. O STF decidiu que de fato estaria em curso um processo de inconstitucionalização progressiva dessa competência do MP, mas que esse processo ainda não teria se concluído no sentido da invalidade daquela atuação, tendo em conta o processo também em curso de instalação das Defensorias Públicas, que em muitos lugares ainda sequer existiam ou não eram minimamente aparelhadas[22]. A solução adotada, portanto, foi manter ainda por algum tempo a validade da atribuição do MP, embora não se tenha fixado um prazo.

Por fim, vale o registro, para inserir o que se apresentou supra em um sistema mais geral, que além das três categorias expostas neste ponto, o tempo e as mudanças que ele enseja terão outros impactos inevitáveis sobre a compreensão e a interpretação do texto constitucional, os quais poderão ou não levar à inconstitucionalidade de normas ou atos normativos. A interpretação evolutiva e a mutação constitucional, por exemplo, se alimentam e procuram justificar-se por conta das mudanças ocorridas ao longo do tempo nos fatos ou nas concepções adotadas pela sociedade sobre a realidade ou em ambos[23]. A mudança na perspectiva atribuída pelo STF ao mandado de injunção, *e.g.*, explica-se igualmente pela alteração da composição da Corte (ocorrida no tempo) e, sobretudo, pelo comportamento dos demais Poderes ao longo do tempo relativamente às omissões inconstitucionais[24].

14.2.4 Inconstitucionalidade direta e indireta/reflexa

Outra distinção importante do ponto de vista operacional é a que identifica que a inconstitucionalidade pode se apresentar de forma direta ou indireta, também denominada de reflexa. O principal contexto no qual essa distinção é relevante é o cabimento de recurso extraordinário, dirigido ao STF, no qual a parte sustenta que a decisão recorrida incorreu em alguma das hipóteses do art. 102, III. O recurso extraordinário, como se verá, é o principal mecanismo do sistema difuso e incidental por meio do qual as partes submetem ao STF a revisão de decisões finais de outros órgãos do Judiciário, cabendo à Corte uniformizar a interpretação do texto constitucional. De acordo com a jurisprudência tradicional da Corte, porém, apenas inconstitucionalidades diretas ensejam recursos extraordinários, e não indiretas ou reflexas[25]. Cabe então entender do que se trata.

A Constituição, por evidente, não existe sozinha no sistema jurídico e muitas de suas previsões serão regulamentadas pela ordem infraconstitucional e, em diversas ocasiões, a discussão travada no caso concreto envolve a interpretação da legislação, antes de se cogitar de uma violação à Constituição. Assim, *e.g.*, quando uma parte alega que lhe está sendo imposta

---

[22] STF, Tribunal Pleno, RE 135.328/SP, rel. Min. Marco Aurélio, j. 29.06.1994, *DJ* 20.04.2001.

[23] V., sobre interpretação evolutiva e mutação constitucional, Luís Roberto Barroso, *Interpretação e aplicação da Constituição*, 2010.

[24] V. mais adiante o tópico sobre o mandado de injunção e a ADI por omissão.

[25] Ainda não está claro se o STF vai alterar sua jurisprudência acerca dos requisitos tradicionais de cabimento dos recursos extraordinários por conta da exigência da repercussão geral, introduzida pela EC nº 45/2004. Por enquanto, o entendimento da Corte é aquele esboçado pelo STF, 2ª T., AgRE 910090 AgRg/SP, rel. Min. Dias Toffoli, j. 02.02.2016, *DJ* 26.02.2016: "Consoante a pacífica jurisprudência deste Tribunal, é inadmissível em recurso extraordinário o exame da legislação infraconstitucional ou a análise de ofensa reflexa à Constituição Federal".

Cap. 14 – CONTROLE DE CONSTITUCIONALIDADE **585**

uma obrigação sem lei – em violação ao art. 5º, II, da Constituição –, não é apenas a Constituição que está sendo interpretada, mas também a eventual legislação que trata do tema em discussão. A outra parte pode sustentar que, na verdade, a obrigação está prevista em lei sim, e que a parte adversa é que interpreta a legislação de forma equivocada.

Ou seja: antes de se examinar se a garantia constitucional da legalidade está ou não sendo violada, será preciso apurar qual o sentido e alcance afinal da legislação pertinente. Nessas circunstâncias estar-se-á diante de uma violação apenas indireta ou reflexa à Constituição[26].

Situações semelhantes se verificam, frequentemente, na relação das garantias constitucionais do devido processo legal, da ampla defesa e do contraditório com a legislação processual[27] que disciplina como elas se tornam operacionais nos diferentes procedimentos judiciais e administrativos. Também aqui, em muitas circunstâncias, a eventual alegação de que essas garantias teriam sido violadas depende logicamente de uma discussão sobre a interpretação e aplicação da legislação processual à luz das circunstâncias do caso concreto.

Uma observação antes de concluir. As categorias da inconstitucionalidade direta e indireta não são rígidas e nem sempre a distinção entre elas é de fácil identificação, apesar dos exemplos acima ilustrarem, para fins didáticos, casos em que ela se apresenta de forma mais nítida. Como já se referiu, a aplicação da Constituição pode se dar diretamente sobre os fatos, mas também, e até mais frequentemente, sobre o sistema jurídico, como seu parâmetro de validade. Assim, a simples existência de uma norma infraconstitucional em discussão no caso não impede que haja um debate de inconstitucionalidade direta. O argumento pode ser de que a norma é inconstitucional, ou que determinada interpretação associada a ela é inconstitucional, exigindo interpretação conforme, ou ainda que a forma como foi interpretada e aplicada pela decisão recorrida ensejou uma inconstitucionalidade.

Apresentadas essas categorias referentes à inconstitucionalidade, cabe fazer uma apresentação breve dos modelos clássicos de controle judicial ou quase judicial de constitucionalidade das leis e atos normativos e de suas principais características, antes disso, porém, vale analisar o fenômeno da constitucionalidade em tese e da inconstitucionalidade em concreto.

14.2.5 Constitucionalidade em tese/em abstrato e inconstitucionalidade em concreto

Uma última particularidade que envolve o fenômeno da inconstitucionalidade, que parece importante apresentar, é a possibilidade de convivência entre a declaração de constitucionalidade em tese ou em abstrato de um enunciado normativo e a possibilidade, porém, de que algumas de suas incidências venham a ser consideradas inconstitucionais em concreto. O tema está conectado com a discussão em torno das espécies normativas – princípios e regras – e da distinção entre enunciado normativo e normas. Retome-se rapidamente o assunto, já exposto na parte sobre conceitos preliminares deste curso.

A eventual antinomia entre regras infraconstitucionais e princípios constitucionais pode apresentar-se em dois cenários. Em um primeiro, há na verdade antinomia entre a regra (elaborada pela autoridade competente) e a concepção pessoal do intérprete sobre o sentido que a área não nuclear de um princípio deve ter. A solução para esse cenário é a aplicação da regra. O segundo cenário, porém, envolve um conflito real e insuperável pelas técnicas tradicionais de

---

[26] A alegação de excessos na competência regulamentar, com exceção dos decretos autônomos, deve ser encarada na perspectiva da legalidade, importando em ofensa reflexa. V. STF, 2ª T., AgIn 608.661 AgR/PR, rel. Min. Joaquim Barbosa, j. 28.08.2012, *DJe* 17.09.2012.

[27] A matéria processual, por vezes, é encarada como uma violação meramente reflexa à Constituição. V. 1ª T., STF, AgRE 909.923 AgRg/SP, rel. Min. Edson Fachin, j. 07.10.2016, *DJ* 25.10.2016.

interpretação entre uma regra e o núcleo de um princípio constitucional (ou entre uma regra infraconstitucional e uma regra constitucional). Nessa hipótese, a regra infraconstitucional terá de ser declarada inconstitucional[28].

Ocorre, porém, que a inconstitucionalidade pode envolver a regra em abstrato ou apenas uma de suas incidências. Assim, é possível cogitar de situações nas quais um enunciado normativo, válido em tese, ao ser confrontado com determinadas circunstâncias concretas, pode produzir uma norma inconstitucional. Isso porque, em função da complexidade dos efeitos que pretendam produzir e/ou da multiplicidade de circunstâncias de fato sobre as quais incidem, também as regras – e não apenas os princípios – podem justificar diferentes condutas que, por sua vez, vão dar conteúdo a normas diversas. Cada uma dessas normas opera em um ambiente fático próprio e poderá ser confrontada com um conjunto específico de outras incidências normativas, justificadas por enunciados diversos. Por isso, não é de estranhar que determinadas normas possam ser inconstitucionais em função desse seu contexto particular, a despeito da validade geral do enunciado do qual derivam.

Essas duas hipóteses – a saber: (i) a antinomia (aparente ou real) de regras com o núcleo ou com a área não nuclear de um princípio e como solucioná-las; e (ii) a possibilidade de declaração de inconstitucionalidade da regra em abstrato ou de uma de suas incidências – foram examinadas de forma muito interessante e rica pelo STF no julgamento da ADI nº 223, que vale então reportar.

Com efeito, no pacote jurídico que acompanhou o Plano Collor foi editada a MP nº 173/1990, que vedava a concessão de liminar em mandados de segurança e em ações ordinárias e cautelares decorrentes de um conjunto de 10 outras medidas provisórias[29], bem como proibia a execução das sentenças proferidas em tais ações antes de seu trânsito em julgado. A ADI nº 223[30] foi proposta para o fim de ver declarada a inconstitucionalidade da MP nº 173/1990 por afronta, genericamente, aos princípios do acesso à justiça e da inafastabilidade do controle judicial.

Por maioria, o Tribunal Pleno do STF indeferiu a liminar solicitada na medida cautelar requerida juntamente com a ação direta de inconstitucionalidade, manifestando o entendimento de que, ao menos em juízo sumário, a MP nº 173/1990 seria constitucional. Nada obstante, a ementa do acórdão registra um comentário incomum: a decisão que se acabava de tomar no STF não impedia que qualquer juiz, diante de um caso concreto, considerasse a norma inconstitucional[31].

Na verdade, a leitura dos votos proferidos na ocasião revela que as discussões travadas no STF por conta da ADI nº 223 tiveram três frentes principais: na primeira delas, discutiu-se propriamente o conflito entre a MP nº 173/1990 e o princípio constitucional do acesso à Justiça; na segunda frente, vários votos preferiram examinar o problema sob o ponto de vista técnico-processual no que dizia respeito ao cabimento da liminar na hipótese; e um terceiro e interessante debate se travou acerca da posição política do STF. Vários Ministros questionaram, considerando o regime democrático e os limites do papel do STF, a pertinência de uma decisão

---

[28] A motivação é, a rigor, o único mecanismo disponível de controle para distinguir entre as duas situações.

[29] As 10 (dez) medidas provisórias (nº 151, nº 154, nº 158, nº 160, nº 161, nº 162, nº 164, nº 165, nº 167 e nº 168) versavam sobre assuntos variados: extinção de entidades da Administração Pública, criação de nova sistemática para reajustes de preços e salários em geral, isenção ou redução do imposto de importação, legislação tributária em vários pontos (imposto sobre operações financeiras e imposto de renda principalmente), dentre outros temas.

[30] STF, Tribunal Pleno, ADI nº 223 MC/DF, rel. p/ acórdão Min. Sepúlveda Pertence, j. 05.04.1990, DJ 29.06.1990.

[31] Esta é a parte mais relevante da ementa: "Indeferimento da suspensão liminar da MP nº 173, que não prejudica, segundo o relator do acórdão, o exame judicial em cada caso concreto da constitucionalidade, incluída a razoabilidade, da aplicação da norma proibitiva da liminar. Considerações, em diversos votos, dos riscos da suspensão cautelar da medida impugnada".

Cap. 14 – CONTROLE DE CONSTITUCIONALIDADE **587**

capaz de pôr em risco plano de recuperação econômica que contava com amplo apoio popular e que seria de imediato submetido ao Congresso Nacional. De toda sorte, para os fins deste estudo apenas a primeira das discussões é pertinente.

Os Ministros Paulo Brossard, relator do feito, Celso de Mello e Sepúlveda Pertence foram os que de forma mais direta enfrentaram a questão do conflito entre a MP nº 173/1990 e o princípio constitucional do acesso à Justiça, embora tenham chegado a conclusões diversas. O Min. Paulo Brossard deferiu a liminar em parte, para considerar inconstitucional a restrição imposta pela medida provisória no caso de mandados de segurança. O Min. Celso de Mello a deferiu completamente, por entender inconstitucional como um todo a medida. O Min. Sepúlveda Pertence, por sua vez, indeferiu a liminar, no que acabou sendo acompanhado pela maioria, ainda que por razões diversas.

A argumentação do Min. Paulo Brossard pode ser resumida da seguinte forma. Para o Ministro, a proibição de liminares em abstrato não seria inconstitucional, tanto assim que outras disposições, jamais consideradas inconstitucionais pelo STF, já previam essa possibilidade. Em algumas circunstâncias, no entanto, essa restrição poderia se tornar grave a ponto de impedir o acesso do cidadão ao Poder Judiciário; nessas hipóteses, tais restrições seriam inválidas e não poderiam ser admitidas.

A medida provisória, a juízo do ministro relator, era excessivamente ampla e geral nas restrições que impunha, podendo chegar a bloquear a atuação do Poder Judiciário na reparação de lesões e ameaças de lesões. Na tentativa de distinguir as situações – restrições aceitáveis do acesso à Justiça e restrições inaceitáveis – o Min. Brossard tentou criar um parâmetro geral. A media provisória havia impedido a concessão de liminares e a execução provisória de decisões em ações ordinárias, cautelares e mandados de segurança; porém, afirmou o ministro, o mandado de segurança é em si mesmo um direito individual tutelado pela Constituição de modo que, em relação a ele, não se poderia admitir qualquer espécie de restrição em tese.

O Min. Celso de Mello, diversamente, deferiu integralmente a liminar requerida, por entender que a lei não poderia impor restrições à concessão dessas, já que o poder de conferi-las é necessário para que o Estado possa adimplir sua obrigação de prestar tutela jurisdicional.

O Min. Sepúlveda Pertence, por sua vez, partiu do mesmo pressuposto lógico usado pelo Min. Brossard. Também para ele não se trata de considerar inconstitucional toda e qualquer restrição feita à concessão de liminares, mesmo porque o princípio do devido processo legal poderá recomendar alguma limitação nesse sentido. Entretanto, não seria possível em abstrato saber em que momento essa restrição deixa de ser adequada e necessária e afeta essencialmente o princípio do acesso à Justiça. Apenas diante do caso concreto será possível aferir essa inconstitucionalidade. Por essa razão, o ministro decidiu indeferir a liminar pleiteada, ressalvando, porém, que cada juiz poderá, diante de um caso concreto, declarar a inconstitucionalidade da norma incidentalmente. Fez-se constar essa ressalva na parte final da ementa do acórdão.

A questão discutida pelos ministros pode afinal ser descrita da seguinte forma: uma regra de natureza infraconstitucional encontra-se em aparente colisão com um princípio constitucional – o princípio do acesso à Justiça ou da inafastabilidade do controle judicial. Para o Min. Celso de Mello, trata-se de um caso simples de inconstitucionalidade: para ele há de fato uma colisão total entre a regra e o núcleo do princípio constitucional, de modo que a primeira será, naturalmente, inválida. Não há novidade neste ponto.

Para os Ministros Paulo Brossard e Sepúlveda Pertence, no entanto, a situação é diversa. Ambos reconhecem que a regra cria restrições ao princípio. Entretanto, algumas delas serão aceitáveis e legítimas (ou seja: operariam na área não nuclear do princípio); outras, ao contrário, afetarão tão gravemente o acesso à Justiça (seu núcleo, portanto) que não podem ser consideradas válidas. Ou seja: uma regra poderá validamente restringir o princípio até um determinado ponto, mas não além dele.

Os dois ministros, porém, divergiram a respeito da identificação das normas, originárias dos enunciados em exame, que violariam o núcleo do princípio constitucional. Para o Min. Paulo Brossard a restrição seria desde logo inconstitucional toda vez que envolvesse mandados de segurança. Para o Min. Sepúlveda Pertence, diversamente, não seria possível saber, em tese, quando o enunciado geraria uma norma que, diante das circunstâncias, violaria o núcleo dos princípios constitucionais. Esta a posição que prevaleceu, como referido, de modo que a decisão final tomada pelo STF foi no sentido da improcedência do pedido já que, em tese, a restrição à concessão de providências de urgência não era inconstitucional. Admitiu-se, porém, que em circunstâncias específicas a incidência daqueles dispositivos poderia gerar normas inconstitucionais. Duas observações antes de concluir.

Em primeiro lugar, é fácil perceber que o mesmo enunciado produzirá normas diversas e, mais que isso, será confrontado por enunciados diferentes conforme a demanda judicial envolva, *e.g.*, (i) o reenquadramento de servidores públicos ou (ii) o custeio de cirurgia urgente e indispensável à manutenção da vida do particular, a qual deveria ter sido realizada pela rede pública de saúde, mas que, por qualquer razão, não o foi. No primeiro caso, o direito patrimonial poderá, em geral, ser satisfeito adequadamente ao fim da demanda e, portanto, a norma produzida pelo enunciado apenas veda que valores pretendidos pelo autor sejam antecipados pela Fazenda Pública antes de proferida a decisão final.

No segundo caso, entram em jogo os enunciados relacionados com o direito à vida e à saúde (impertinentes no primeiro exemplo) e o grave risco de perecimento desses. Nesse contexto, a norma que se extrai do mesmo enunciado é diversa: ela veda que o juiz autorize a realização de cirurgia sem a qual o autor poderá vir a falecer. Não é difícil concluir que essa segunda norma afeta muito mais intensamente o núcleo do direito de acesso ao Judiciário do que a primeira.

Em segundo lugar, é bem de ver que se trate a hipótese de uma declaração de inconstitucionalidade da regra em abstrato ou em tese ou de uma de suas incidências em concreto, continua a cuidar-se de uma declaração de inconstitucionalidade de uma lei ou ato normativo do Poder Público, que deve ser explicitamente registrada pela decisão judicial e adequadamente fundamentada, como se verá. Adicionalmente, no caso dos Tribunais, incide a regra do art. 97 da Constituição de 1988, que exige a decisão pela maioria de seus membros: o ponto será objeto de tópico específico adiante.

14.3 MODELOS CLÁSSICOS DE CONTROLE JUDICIAL OU QUASE JUDICIAL DE CONSTITUCIONALIDADE E SUAS CARACTERÍSTICAS

Como já referido, a ideia de que determinadas normas seriam superiores às demais, por seu conteúdo e relevância (não propriamente do ponto de vista técnico-jurídico, mas sob a perspectiva moral e tradicional dos povos), tem antecedentes remotos. Não há registro, porém, de um mecanismo institucional capaz de garantir essa superioridade antes do fim do século XVI, sobretudo quando a norma considerada constitucional (por qualquer que fosse o fundamento) viesse a ser violada pelo governante. Quem viola a norma constitucional é um ponto importante. Sobre ele uma nota é necessária.

Até recentemente, os principais temas da discussão em torno do controle de constitucionalidade, e particularmente do controle concluído pelo Judiciário, diziam respeito à possibilidade, à legitimidade e aos limites de controlar-se os atos dos demais poderes – Executivo e Legislativo – e particularmente as leis. Assim era e continua a ser, de certo modo, por duas razões principais.

Em primeiro lugar, e como se discutirá mais adiante, porque atribuir ao Judiciário (que na maior parte dos países não é eleito nem sofre qualquer controle social direto) o poder de "desfazer" ou "paralisar" decisões tomadas pelo Executivo e pelo Legislativo – eleitos e sujeitos a variados tipos de responsabilização política perante a sociedade – não é uma opção singela, ensejando uma óbvia tensão com a democracia e com a separação de poderes. Daí por que o debate em torno dessa tensão, do que legitima o controle judicial de constitucionalidade e de seus limites e possibilidades é tão relevante para o direito constitucional contemporâneo.

Mas há uma segunda razão para a discussão sobre o controle de constitucionalidade revolver em torno da revisão dos atos do Legislativo e do Executivo. A realidade é que a Constituição, historicamente, dirigia-se, sobretudo, aos poderes públicos, a fim de organizá-los, limitá-los e impor, principalmente, a eles o respeito aos direitos. Nesse contexto, um eventual mecanismo que se destinasse a garantir o cumprimento das normas constitucionais não faria sentido se não se dirigisse ao próprio Estado, com toda a complexidade que isso ensejava e continua a ensejar.

Como se sabe, porém, as Constituições já não contêm apenas normas dirigidas aos órgãos e entidades estatais. Também determinadas relações privadas são reguladas em maior ou menor detalhe pelo texto constitucional (como, *e.g.,* as relações trabalhistas, as relações no âmbito da ordem econômica). Princípios constitucionais que incorporam valores acabam por impor limites a abusos no âmbito das relações privadas, sendo, muitas vezes, regulamentados pela legislação infraconstitucional.

Além disso, discute-se hoje a eficácia horizontal, isto é, sobre as relações privadas, de direitos fundamentais originariamente concebidos em face do Estado e com o propósito de limitar sua atuação. Assim, há considerável debate hoje sobre a aplicação, em alguma medida, de garantias individuais como as da igualdade e do devido processo legal também aos agentes privados, além de sua incidência tradicional sobre a ação estatal. Ou seja: a Constituição, ao longo do tempo, tornou-se mais relevante para as relações entre agentes privados e não apenas para as relações entre estes e os Poderes Públicos.

A nota é feita apenas para esclarecer que o controle de constitucionalidade não envolve exclusivamente atos do Executivo e do Legislativo. A realidade, porém, é que esse continua a ser um de seus objetos mais relevantes e mais discutidos, por sua sensibilidade, tendo em conta a tensão que o controle enseja entre Constituição, Democracia e Separação de Poderes, bem como as dificuldades práticas que o controle de constitucionalidade enfrenta nesse ambiente. A narrativa que se passa a fazer concentra-se justamente no controle de constitucionalidade voltado para os atos dos demais Poderes, e das leis em particular. A discussão em torno da eficácia horizontal dos direitos fundamentais, da eficácia geral dos princípios constitucionais sobre as relações privadas, bem como das normas constitucionais trabalhistas e daquelas que regulam a ordem econômica é da maior relevância, mas não será feita aqui. Realizada essa nota, retome-se o percurso.

Como referido, o controle de constitucionalidade pressupõe, em primeiro lugar, a superioridade das normas constitucionais em face do restante do sistema jurídico e, em segundo lugar, que exista alguém que tenha a competência para realizar esse controle e um mecanismo ou procedimento para operacionalizá-lo. Ou seja: embora a existência de qualquer espécie de controle de constitucionalidade pressuponha logicamente a existência de uma Constituição rígida, a circunstância de um país adotá-la não conduz automaticamente à opção por um modelo judicial de controle de constitucionalidade.

A decisão de atribuir ao Judiciário – ou a outras instâncias – a competência de considerar inválidos atos do Legislativo e do Executivo (e em que moldes e com que efeitos) envolve um conjunto de outras questões que se relacionam muito mais com a distribuição de poder político entre os órgãos estatais, o relacionamento e o sistema de controle existentes entre eles, assim como com a história e as experiências de cada povo.

Nos últimos dois séculos, dois modelos principais de controle de constitucionalidade (denominados frequentemente de clássicos) se desenvolveram: os chamados modelos norte-americano e austríaco. No início do século XXI é possível afirmar que a maioria absoluta dos países democráticos adota alguma forma de controle de constitucionalidade inspirada em algum desses dois (ou em ambos). É certo que, mais recentemente, se tem identificado o surgimento de um terceiro modelo em construção – o chamado modelo da *commonwealth*, por reunir experiências de países como a Inglaterra, o Canadá, a Austrália e a Nova Zelândia – sobre o qual se fará um comentário ao final. Inicialmente, porém, é importante examinar as duas formas clássicas de controle.

O chamado *modelo norte-americano* de controle de constitucionalidade apresenta algumas características próprias que vale destacar. Em primeiro lugar, ele pode ser levado a cabo por qualquer órgão do Judiciário no exercício de sua função jurisdicional, daí dizer-se que ele é *difuso*. A questão acerca da constitucionalidade de uma lei ou ato do Poder Público surge no contexto do debate de um caso concreto – e não como objeto principal da demanda – e daí dizer-se que nesse modelo a questão constitucional é *incidental* ao feito. Ou seja: a discussão a respeito da constitucionalidade ou não da lei ou do ato normativo é apenas um fundamento ou argumento, muitas vezes entre outros, que as partes podem eventualmente manejar em sua linha de argumentação para sustentarem suas posições.

As expressões "por via de exceção" ou "por via de defesa" também são utilizadas para descrever essa característica do modelo norte-americano, mas a verdade é que não apenas o réu, mas também o autor da ação pode suscitar a questão constitucional em apoio de sua pretensão. É muito frequente, por exemplo, que contribuintes ingressem com ações pretendendo evitar o pagamento de um tributo, por exemplo, entre outras razões possíveis, por conta da inconstitucionalidade da lei que o criou ou majorou, ou mesmo de um ato normativo que, de alguma forma, afetou a relação Fisco-contribuinte. A expressão "por via de defesa", portanto, embora usada, não descreve a característica de modo completo.

No sistema norte-americano a inconstitucionalidade é considerada uma hipótese de *nulidade* e, portanto, como regra, sua declaração tem a pretensão de desfazer todos os efeitos produzidos pelo ato ou norma inconstitucional, destarte com *efeitos ex tunc*. Eventualmente, porém, as circunstâncias podem tornar inviável ou extremamente gravoso esse desfazimento retroativo de todos os efeitos passados. Assim, cogita-se também naquela jurisdição, em caráter excepcional, da eventual necessidade de modular no tempo os efeitos da decisão, de modo a preservar alguns desses efeitos já consolidados, independentemente de serem produzidos por norma inconstitucional.

A decisão que considera uma lei ou ato inconstitucionais no sistema norte-americano terá, em um primeiro momento, apenas efeitos *inter partes*. Entretanto, considerando o sistema de precedentes e o *stare decisis*[32], uma vez que essa decisão e suas razões sejam confirmadas por uma Corte superior estadual ou pela Suprema Corte, ela transformar-se-á em um *precedente* com efeitos vinculantes para os demais órgãos do Judiciário (no âmbito do Estado ou do país como um todo, conforme o caso), acabando por produzir na prática *efeitos gerais*.

Como será visto, o sistema difuso e incidental brasileiro, introduzido na Constituição de 1891 por inspiração norte-americana, tem evoluído ao longo do tempo justamente para construir mecanismos que atribuam às decisões dos Tribunais Superiores, e do STF em particular, o *status* de precedente, conferindo-lhes crescentes níveis de vinculatividade, de modo que tais decisões acabem por produzir efeitos cada vez mais gerais. Ao tema se retornará adiante.

Outro traço que vale ser mencionado do modelo norte-americano – o qual talvez tenha perdido um pouco da ênfase original ao longo do tempo, mas que continua pertinente – é a perspectiva subsidiária do controle de constitucionalidade. Uma lei apenas deverá ser declarada

---

[32] Entende-se por *stare decisis* a doutrina de acordo com a qual as decisões proferidas pela corte de maior hierarquia têm caráter vinculante para todas as cortes de hierarquia inferior pertencente à mesma jurisdição. V. Charles D. Cole. *Stare decisis* na cultura jurídica dos Estados Unidos: o sistema de precedente vinculante do *common law*. *Revista dos Tribunais*, São Paulo, v. 752, ano 87, jun. 1998, p. 11-21.

Cap. 14 – CONTROLE DE CONSTITUCIONALIDADE **591**

inválida se tal juízo for realmente indispensável para a solução do caso concreto que lhe cabe decidir. Se for possível resolvê-lo por outros fundamentos, a questão constitucional deveria ser evitada.

Apenas 117 anos depois de Marbury *vs.* Madison é que surgirá na Europa continental, e particularmente na Áustria, um modelo alternativo de controle de constitucionalidade. A compreensão dos dois modelos depende de se ter em mente o contexto histórico dos Estados Unidos da América e da Europa continental nesses diferentes momentos, que explicam os distintos percursos quanto ao ponto.

No contexto da chamada Revolução norte-americana, os principais agentes de opressão contra os quais as colônias lutavam eram o monarca e, sobretudo, o parlamento inglês, em que eram afinal aprovadas as normas de exceção e discriminação contra as quais os colonos se insurgiam. A Revolução Gloriosa, como referido, já havia consolidado há várias décadas a supremacia do parlamento na Inglaterra de modo que esse órgão era, de fato, a fonte principal das normas e atos que as colônias norte-americanas consideravam abusivos.

Não foi à toa que os debates que deram origem à Constituição daquele país rejeitaram o sistema parlamentarista de governo, justamente por se considerar que ele concentraria poderes excessivos no parlamento, sem controles suficientes. O presidencialismo foi concebido como um sistema que evitaria excessiva concentração em qualquer dos poderes – inclusive no Legislativo – por meio de uma separação rígida entre eles e um sistema de controles recíprocos. Nesse ambiente, a ideia de que o Judiciário poderia controlar os atos dos demais Poderes, que viria a se consolidar mais adiante, não se apresentava, do ponto de vista histórico e político, fora de propósito: tratar-se-ia de um desses mecanismos de controles recíprocos.

A realidade na Europa continental, por seu turno, era inteiramente diversa nos fins do século XVIII e em boa parte do século XIX. Tanto na Revolução Francesa quanto nos movimentos revolucionários liberais de 1820, 1830 e 1848, os parlamentos foram, ao menos inicialmente, os grandes agentes de libertação que impuseram limites às monarquias absolutas europeias em defesa dos direitos e liberdades individuais. Os Judiciários, por seu turno, estavam historicamente vinculados às monarquias (os magistrados agiam em geral por delegação real) e eram vistos – sobretudo na França – com grande desconfiança.

Nesse contexto histórico, a ideia de atribuir ao Judiciário a possibilidade de invalidar atos dos outros Poderes, e particularmente do Legislativo, não fazia muito sentido. Apesar da superioridade hierárquica[33], as Constituições europeias no período eram vistas como meras normas programáticas, não havia mecanismo de controle judicial de constitucionalidade das leis e atos do Poder Público[34]. Daí se afirmar que a Constituição não era, a rigor, dotada de normatividade, já que seu eventual descumprimento não enseja o uso, pelo eventual prejudicado, de um mecanismo capaz de impor o cumprimento da norma. A compreensão era a de que o Legislativo, e não o Judiciário, permanecia como intérprete e garantidor principal da Constituição. A legalidade era uma conquista recente e da maior relevância para conter o arbítrio e garantir a participação democrática (daqueles que votavam, por natural) nas decisões estatais e alguma isonomia e segurança jurídica, diante da generalidade e da abstração das leis.

Essa realidade começa a sofrer alterações nas últimas décadas do século XIX e início do século XX no contexto da chamada crise da legalidade e da lei. Com efeito, uma série de

---

[33] A Declaração de Direitos do Homem e do Cidadão de 1789, especialmente em ser art. 16, assegura uma superioridade para a Constituição em relação aos textos legais.

[34] Vale conferir: Eduardo García de Enterría. La constitución española de 1978 como pacto social y como norma jurídica. *Boletín Mexicano de Derecho Comparado*, número comemorativo, 2008, p. 371-398; Roberto L. Blanco Valdés. *El valor de la Constitución.* Separación de Poderes, supremacia de la ley y control de constitucionalidade en los orígenes del Estado liberal. Madrid: Alianza, 1994.

elementos atuou no sentido de minar a idealização da lei, da legalidade e dos próprios parlamentos, valendo mencionar apenas alguns deles. Em primeiro lugar, a expansão do direito de voto deu origem a parlamentos progressivamente mais heterogêneos e diversos, nos quais os diferentes grupos sociais – que antes não tinham voz nesses colegiados – passaram a ser representados e, naturalmente, começaram a disputar suas posições e barganhar entre si. Aos poucos percebeu-se que a lei, longe de ser a decantação de um exercício racional, era, muitas vezes, apenas o resultado de uma barganha pontual entre os diferentes grupos políticos.

Além disso, os socialistas e comunistas, entre outros grupos, passaram a questionar o próprio papel do parlamento e da lei, descrevendo-os como instrumentos de dominação de classe, e não como garantias de representação, igualdade e segurança. A vitória da revolução bolchevique deu uma dimensão experiencial a essa crítica teórica. A Primeira Guerra Mundial, por seu turno, ilustrou de forma dramática as limitações do parlamento e da lei, sob múltiplas perspectivas, e sua incapacidade de resolver pacificamente conflitos que acabaram por desencadear a morte absurda e prematura de milhões de pessoas.

É nesse contexto histórico que se desenvolve o segundo modelo clássico de controle de constitucionalidade na Europa continental – o chamado *modelo austríaco* – concebido principalmente por Hans Kelsen e introduzido na Constituição Austríaca de 1920. As características dele podem ser mais bem compreendidas quando confrontadas com aquelas do modelo norte-americano, descritas acima.

Uma primeira distinção importante entre os dois envolve a própria concepção do que seja a declaração de inconstitucionalidade. O modelo austríaco não considera que a possibilidade de declarar uma lei inconstitucional seja uma atividade própria ou típica da jurisdição. Bem ao contrário, Kelsen considera que essa é uma atividade com forte conotação política, equiparável à atuação do próprio legislador, sob uma perspectiva negativa, já que a declaração de inconstitucionalidade de uma lei pode ser assemelhada a sua revogação, o que, até então, apenas poderia ser feito por uma nova lei.

E, se é assim, a decisão que afirma a inconstitucionalidade veicula, na realidade, uma anulabilidade, que depende da decisão pelo Tribunal Constitucional para vir à luz, e não uma nulidade originária existente desde a origem. Em aproximação com o que acontece com uma lei revogadora, a declaração de inconstitucionalidade terá um efeito predominantemente constitutivo no modelo austríaco, e não declaratório, como no modelo norte-americano, daí por que, conforme se verá, como regra, os efeitos dessa decisão na concepção de Kelsen são para o futuro (*ex nunc*). Dessa premissa inicial, decorrem várias consequências.

Em primeiro lugar, e nessa linha, faria pouco sentido atribuir aos juízes em geral essa competência já que não tratar-se-ia de uma atividade jurisdicional. Ademais, decisões dessa natureza têm enorme impacto e sensibilidade políticas, não fazendo sentido pulverizar essa competência pelos juízes em geral, simultaneamente a suas outras atribuições, sendo certo que a Áustria adota um sistema romano germânico ou de *civil law,* de modo que a lógica dos precedentes oriunda do sistema de *common law* não lhe é familiar. Ou seja: o risco de decisões diversas e contraditórias é real. Nesse contexto, a solução concebida por Kelsen foi a criação de um órgão específico – o Tribunal Constitucional – que teria a competência para examinar e decidir a constitucionalidade das leis. Daí descrever-se este modelo como *concentrado* – em contraposição ao modelo difuso norte-americano – o que quer significar que a competência para o controle de constitucionalidade das leis está concentrada em um único órgão.

É bem de ver que o Tribunal Constitucional, no modelo austríaco, não é um órgão da estrutura ordinária do Poder Judiciário (como é o caso do STF no Brasil ou da Suprema Corte da Índia), mas um órgão autônomo e desvinculado de qualquer outro Poder, integrado por pessoas nomeadas com a participação dos Poderes Executivo e Legislativo para um mandato fixo e com competências exclusivas em matéria constitucional. Além disso, no modelo original

Cap. 14 – CONTROLE DE CONSTITUCIONALIDADE **593**

implementado em 1920, sequer havia a possibilidade de o Poder Judiciário submeter uma questão constitucional ao Tribunal Constitucional ou provocá-lo por algum mecanismo. Apenas reformas posteriores passaram a prever essa possibilidade.

Essa característica é importante, pois nos países que atribuem aos órgãos de cúpula do Judiciário competências similares às dos Tribunais Constitucionais – como é o caso do Brasil –, esses órgãos acabam por cumular diferentes atribuições: algumas relacionadas ao controle de constitucionalidade e outras ligadas ao seu papel como órgão de cúpula do Judiciário. O STF, por exemplo, além de ter competência originária para conhecer de ações diretas cujo escopo é, em alguma medida, o controle de constitucionalidade de atos dos outros Poderes, tem também várias outras competências recursais e originárias (*e.g.*, em matéria penal), que não tem qualquer relação direta com a interpretação e aplicação da Constituição.

Em segundo lugar, o sistema austríaco concebe a possibilidade do controle de constitucionalidade como uma discussão em tese sobre a compatibilidade entre duas normas – a constitucional e a legal questionada –, dando origem assim à característica que identificamos comumente como *controle abstrato*, em oposição à característica do modelo norte-americano descrita acima como *incidental*. Diz-se que o controle é abstrato no modelo austríaco, pois ele não surge em um caso concreto nem envolve a decisão acerca de pretensões formuladas pelas partes, como acontece no sistema norte-americano. O debate em torno da constitucionalidade é levado a cabo, assim, em abstrato, como uma questão puramente normativa, independentemente de pretensões ou interesses subjetivos.

Como se verá adiante, a despeito de seu caráter em tese, é evidente que a discussão e a decisão acerca da validade de uma norma sempre terão impacto sobre os interesses mais diversos dentro da sociedade. Assim, contribuintes estão interessados em que normas que criam ou aumentam tributos sejam declaradas inconstitucionais, ao passo que o ente público que as editou tem interesse oposto, mesmo que a discussão se trave em sede abstrata. Além disso, é natural que a compreensão de fenômenos da realidade seja relevante para a análise da compatibilidade entre a norma constitucional e a norma legal: as normas não existem no vácuo ou independentemente do mundo dos fatos. Imaginar que o controle abstrato desenvolver-se-ia em um espaço asséptico, sem contato com os interesses em disputa na sociedade e sem conexão com a realidade seria um equívoco.

Em terceiro lugar, diz-se que outra característica do controle austríaco é o de que a questão constitucional se coloca perante o Tribunal Constitucional *por via de ação direta*, como uma forma de contraponto ao modelo norte-americano no qual as questões constitucionais chegavam à Suprema Corte ou às Cortes Superiores dos Estados por meio de recursos. Ou seja: trata-se de uma ação requerida direta e originariamente perante o Tribunal Constitucional.

Por vezes, a expressão *por via de ação direta* é utilizada em conjunto com a que designa o *caráter abstrato* do controle, mas elas não tratam do mesmo fenômeno. É verdade que o controle abstrato é veiculado por meio de ação direta. Nada impede, porém, que se crie uma ação direta perante um Tribunal Constitucional para veicular modalidade de controle de constitucionalidade incidental, ou seja, no âmbito de uma situação concreta e subjetiva.

De fato, há exemplos desse mecanismo em várias partes do mundo, como é o caso, na realidade latino-americana do recurso de amparo dirigido diretamente ao Tribunal Constitucional na Costa Rica[35]. A própria Constituição Austríaca, após reformas nos últimos anos, passou a autorizar que pessoas possam ajuizar ação diretamente perante o Tribunal Constitucional alegando que lei inconstitucional estaria violando seus direitos[36].

---

[35] Na maior parte dos países da América Latina e também na Espanha o chamado "recurso de amparo" é efetivamente um recurso e não uma ação originária, como na Costa Rica. Sobre o tema, v. http://www.nyulawglobal.org/globalex/Amparo.html. Acesso em: 13 jan. 2017.

[36] Constituição Austríaca, art. 140.

A fórmula de uma ação ajuizada diretamente perante o Tribunal Constitucional, para discutir em abstrato a constitucionalidade de leis, suscita uma questão que não se colocava até então: quem terá legitimidade ativa para propor tal ação de controle abstrato de constitucionalidade? No modelo norte-americano, como se viu, as partes estão discutindo a questão constitucional no âmbito de uma ação concreta, na defesa de suas pretensões subjetivas. A legitimidade ativa aqui é aquela para ajuizar demandas em geral na defesa de seus interesses. No modelo original austríaco de 1920, o controle se desenvolve de forma totalmente desconectada de demandas concretas ou pretensões subjetivas, de modo que é preciso dispor sobre quem poderá suscitá-lo perante o Tribunal Constitucional.

Inicialmente, o modelo proposto por Kelsen previa como legitimados ativos apenas autoridades do Executivo e do Legislativo federais, bem como os Estados, restringindo o escopo do controle aos interesses institucionais desses agentes, com ênfase, principalmente, nos conflitos federativos. Várias reformas, ao longo das décadas, ampliaram substantivamente esse rol, que passou a incluir, *e.g.*, órgãos do Judiciário, outras autoridades federais e pessoas em geral, neste último caso não para um controle abstrato, mas para defesa de direitos supostamente violados. Vale observar que os órgãos do Judiciário continuam a não poder declarar a invalidade de leis ou atos normativos – isto é: o sistema continua concentrado –, mas eles têm agora a possibilidade de suscitar a manifestação do Tribunal Constitucional acerca das questões constitucionais apresentadas pelas partes nos processos de sua competência.

Em quarto lugar, a decisão que declara a inconstitucionalidade de uma norma no modelo austríaco produz de forma automática *efeitos gerais* e *erga omnes*, que estão logicamente ligados ao controle concentrado e abstrato já que, de certo modo, foi justamente para produzir esse tipo de efeito, equiparável ao de uma lei, que ele foi concebido nesse formato. Além disso, a decisão possui também *efeitos vinculantes*, obrigando todos os órgãos administrativos e judiciários a observarem seu conteúdo e a cumprirem.

Por fim, em quinto lugar, quanto aos *efeitos no tempo* das decisões produzidas pelo Tribunal Constitucional no âmbito do modelo austríaco, eles são diversos daqueles observados no modelo norte-americano. Como regra, as decisões produzem efeitos apenas a partir do momento em que são proferidas e para o futuro (*ex nunc*), não desconstituindo automaticamente os efeitos produzidos pela norma considerada inválida. O Tribunal Constitucional austríaco, porém, pode atribuir de forma específica efeitos retroativos a sua decisão ou entender que é o caso de diferir a produção de efeitos para um momento no futuro (limitado a 18 meses contados da decisão).

Esse modelo, como já inclusive referido, sofreu diversas alterações ao longo do tempo, por meio, inclusive, de reformas da Constituição da Áustria, sendo a mais recente a de 2013. Como em todos os outros lugares, as necessidades e conveniências históricas e políticas de cada povo vão moldando o sistema de controle de constitucionalidade adotado por cada país. Algumas das principais alterações observadas na Áustria ao longo das décadas são a ampliação dos legitimados ativos e a conjugação de ações de natureza puramente abstrata com outras que envolvem um controle na lógica incidental, permitindo que uma questão concreta, envolvendo interesses subjetivos, seja submetida ao Tribunal Constitucional.

Esses dois modelos clássicos – norte-americano e austríaco – inspiram os sistemas de controle de constitucionalidade adotados por muitos países ao redor do mundo, embora, é claro, não haja nada de canônico neles e cada povo faça suas próprias escolhas políticas na matéria. É comum que os países adotem sistemas que mesclam características de ambos, ou mesmo que organizem sistemas mistos, como é o caso do Brasil, no qual coexistem mecanismos de controle difuso e incidental e instrumentos do controle concentrado e abstrato. Além disso, é extremamente comum que os métodos sejam alterados ao longo do tempo, em função da experiência e das necessidades que vão se apresentando.

Sobretudo após a Segunda Guerra Mundial, observou-se uma grande expansão da adoção de sistemas de controle de constitucionalidade por parte do Judiciário ou, mais frequentemente, por Tribunais Constitucionais, no modelo quase judicial austríaco. Vários países da Europa continental, em sua reorganização no pós-guerra, adotaram métodos de controle concentrado, com a criação de Tribunais Constitucionais. Inicialmente, os mecanismos abstratos de controle perante esses Tribunais eram mais frequentes, mas com o tempo foram adicionadas formas concretas ou incidentais. Curiosamente, quanto aos efeitos no tempo das decisões dos Tribunais Constitucionais, muitos países adotaram o modelo de nulidade e retroação norte-americano, e não de anulabilidade, *ex nunc,* austríaco. É o caso, *e.g.,* da Alemanha, da Itália, da Espanha e de Portugal[37].

Nas décadas seguintes, diversos países da África e da Ásia, no contexto de seus processos de descolonização e das discussões para reorganização interna, elaboraram Constituições prevendo também sistemas de controle de constitucionalidade, em geral no modelo concentrado. A Índia, de forma particular, é um dos países que adota simultaneamente, como o Brasil, os sistemas difuso e concentrado. Decisões proferidas pela Suprema Corte da Índia e pela Corte Constitucional Sul-Africana têm tido grande repercussão nas discussões teóricas em boa parte do mundo, especialmente no que diz respeito à implementação de direitos sociais[38].

Já nas últimas décadas do século XX, com o fim da União Soviética, várias das antigas repúblicas que integravam o bloco, sobretudo na Europa oriental, incluíram o mecanismo do controle judicial (ou quase judicial) de constitucionalidade em suas Constituições. Cada país, naturalmente, constrói seu sistema à luz de sua própria realidade e é difícil identificar sistemas idênticos. Embora muitos tenham adotado modelos concentrados e apenas abstratos, outros incorporam mecanismos concentrados e outros ainda adotam fórmulas de controle prévio, similar ao assumido na França, sobre o qual se tratará adiante.

Retornando do giro semiglobal para a América Latina, é certo que o sistema norte-americano foi adotado por vários países latino-americanos ainda no século XIX, como o Brasil e a Argentina, Colômbia e Costa Rica[39]. Com a superação dos períodos ditatoriais, que vários deles enfrentaram na segunda metade do século XX, os métodos de controle de constitucionalidade ganharam nova importância política e institucional e vários países passaram a adotar, ou incorporaram ao sistema existente, mecanismos de controle concentrado. É o caso brasileiro, como se verá adiante.

Antes de concluir, vale um registro que diz respeito particularmente à realidade europeia e envolve o controle de convencionalidade. Na estrutura jurídica europeia, as normas internas convivem com as convenções regionais que, em muitos casos, gozam de superioridade em relação às normas nacionais. Mais que isso, não é anômalo que os países admitam o controle difuso de convencionalidade, isto é, a possibilidade de os juízes em geral levarem a cabo o confronto das normas internas com as convenções europeias, com a possibilidade de declaração de incompatibilidades daquelas com estas.

---

[37] V. Maria Isabel Galloti. A declaração de inconstitucionalidade da lei e seus feitos. *Revista de Direito Administrativo*, Rio de Janeiro, n. 170, out.-dez. 1987, p. 25-26. Vale o registro de que nos países nórdicos o controle de constitucionalidade de leis pelo Judiciário é muitíssimo mais limitado e na Holanda, por exemplo, é expressamente vedado, embora o controle de convencionalidade exista.

[38] V. Upendra Baxi. O Estado de Direito na Índia. *Revista Internacional de Direitos Humanos*, São Paulo, v. 4, n. 6, 2007, p. 18.

[39] Keith S. Rossen. Os efeitos do controle judicial de constitucionalidade nos Estados Unidos, Canadá e América Latina numa perspectiva comparada. Trad. Paulo Gomes Pimentel Júnior. *Revista de Direito Administrativo*, Rio de Janeiro, n. 235, jan.-mar. 2004, p. 159-185; e Michael B. Wise. Judicial review and its politicization in Central America: Guatemala, Costa Rica, and constitucional limits on presidential candidates. *Santa Clara Journal of International Law*, Santa Clara, v. 7, 2010, p. 145-180.

O ponto é importante porque, como se viu, o modelo predominante de controle de constitucionalidade europeu é o concentrado, e não o difuso. Ou seja: como regra, o juiz europeu não está autorizado a declarar uma lei inconstitucional, mas apenas o Tribunal Constitucional. Nada obstante, não é incomum, principalmente em matéria de direitos humanos, que haja certa coincidência entre o conteúdo de normas convencionais e o de normas constitucionais a respeito, *e.g.*, da liberdade de expressão, liberdade religiosa, vedação à tortura etc. Nesse contexto, por meio do controle difuso de convencionalidade, os judiciários europeus acabam realizando algum tipo de controle de constitucionalidade indireto, relativamente às normas que tenham conteúdo similar.

Embora os modelos norte-americano e austríaco tenham sido e continuem ainda a ser os mais influentes na modelagem e discussões acerca do controle judicial de constitucionalidade das leis e atos normativos, eles não são os únicos existentes. A França figura como um caso a parte que teve um desenvolvimento histórico particular na matéria, e mais recentemente um terceiro modelo tem se desenvolvido em alguns países que integram a chamada *commonwealth*. Cabe fazer, na sequência, um registro sobre esses dois fenômenos, não apenas para proporcionar um quadro mais abrangente, ainda que muitíssimo simplificado, das discussões sobre o tema, mas também porque vários dos debates – e, sobretudo, os problemas que eles pretendem enfrentar – são também relevantes na realidade brasileira, como se verá.

Duas notas: o modelo francês e o modelo ***commonwealth*** em construção.

O chamado modelo francês de controle de constitucionalidade significava a rigor, até recentemente, a impossibilidade de controle de constitucionalidade de leis. Com efeito, a narrativa feita anteriormente a respeito do contexto histórico da Europa continental no século XIX, de supremacia do parlamento e de certa desconfiança institucional relativamente ao Judiciário, encontrou na França sua manifestação mais notável, produzindo uma separação bastante rígida entre os Poderes e um Judiciário com atribuições mais limitadas. Nesse sentido, jamais se cogitou de controle difuso de constitucionalidade na França e mesmo o controle concentrado enfrentou ao longo do tempo bastante resistência.

Em 1958, porém, a Constituição francesa criou o Conselho Constitucional, com estrutura similar à de um Tribunal Constitucional, mas com atuação diversa. Suas competências em matéria de controle de constitucionalidade envolviam apenas o controle abstrato e prévio, isto é: o exame de projetos aprovados pela Assembleia Nacional, mas ainda não promulgados. Em alguns casos, esse controle prévio por parte do Conselho Constitucional era inclusive obrigatório, mas de toda sorte, uma vez promulgado e transformado em lei, o controle já não seria possível. A despeito desse escopo limitado de atuação, o Conselho Constitucional produziu decisões importantes para o direito constitucional não apenas francês, mas global[40].

Em 2008, a Constituição francesa foi alterada para introduzir a questão prioritária de constitucionalidade que autorizou o controle a *posteriori* concentrado – a cargo do Conselho Constitucional – na sistemática concreta ou incidental, sob o controle e filtro dos dois órgãos de cúpula do sistema judicial francês: o Conselho de Estado e a Corte de Cassação. Assim, de acordo com a nova sistemática, as partes podem agora suscitar a questão da inconstitucionalidade da lei no âmbito do processo no qual disputam. O juiz do caso continua a não poder decidir no sentido da inconstitucionalidade da norma – o sistema, lembre-se, é concentrado – mas poderá acolher o incidente suscitado pela parte e submetê-lo ao órgão de cúpula da estrutura

---

[40] É o caso do princípio da vedação ao retrocesso social, o qual teve na decisão 83-165 DC, de 21.01.1984, um dos seus marcos de afirmação jurisprudencial. Também, na decisão 74-54 DC, de 15.01.1975, foi reconhecida pela primeira vez a existência e a diferenciação entre o controle de constitucionalidade e o de convencionalidade. Em uma atuação mais restritiva dos direitos fundamentais, na decisão 2010-613 DC, de 07.10.2010, o Conselho Constitucional reconheceu a validade da lei que proíbe o uso de véu integral em lugares públicos.

Cap. 14 – CONTROLE DE CONSTITUCIONALIDADE **597**

judicial da qual faça parte (Conselho de Estado ou Corte de Cassação), que decidirá então se submete ou não a questão ao Conselho Constitucional.

Uma última nota sobre o chamado modelo da *commonwealth*, identificado por alguns autores como uma terceira via, alternativa aos modelos norte-americano e austríaco de controle de constitucionalidade. Sob essa rubrica, na verdade, identificam-se práticas diversas que têm em comum, de forma bastante geral, uma maior deferência ao Poder Legislativo no controle de constitucionalidade ou um maior diálogo entre Judiciário e Legislativo, tema que tem sido também bastante discutido no Brasil. De fato, como se verá mais adiante, o crescimento do controle judicial de constitucionalidade não é infenso a críticas e, de certo modo, essas experiências as incorporam.

É em geral apontado como exemplo desse modelo intermediário de controle de constitucionalidade a possibilidade existente no sistema canadense de o Legislativo decidir superar uma decisão da Suprema Corte do Canadá[41]. Isso também ocorre, embora pouco usado, na Austrália. Sob outra perspectiva, a Nova Zelândia não autoriza o Judiciário a declarar a invalidade de leis, mas prevê que os juízes devem preferir sempre uma interpretação conforme da legislação de acordo com a carta de direitos adotadas pelo país[42]. Na realidade, existe uma fronteira que por vezes pode ser bastante tênue entre uma decisão que atribui interpretação conforme a determinado dispositivo legal, e que afirma estar apenas escolhendo um dos sentidos possíveis de seu texto, e uma outra decisão que o declara inconstitucional. O ponto será examinado adiante.

Por fim, o modelo inglês atual previu uma hipótese de interação entre Judiciário e Legislativo bastante peculiar. Após a aprovação do *Human Rights Act*, o Judiciário está autorizado a declarar a incompatibilidade de normas internas com previsões daquele. Essa declaração judicial, porém, não produz qualquer efeito direto sobre a validade ou eficácia da norma interna, que continua em vigor. A incompatibilidade identificada é apenas comunicada ao Parlamento a quem caberá então saná-la. De modo interessante, a prática do Parlamento inglês tem sido a de promover com relativa rapidez a adequação do sistema jurídico interno para eliminar a incompatibilidade apontada pelo Judiciário[43].

14.4 O SISTEMA BRASILEIRO DE CONTROLE DE CONSTITUCIONALIDADE PELO PODER JUDICIÁRIO

Apresentados de forma sumária os principais modelos de controle judicial de constitucionalidade adotados pelo mundo, cabe agora expor de forma objetiva o sistema brasileiro de controle de constitucionalidade executado pelo Poder Judiciário[44]. Como já mencionado, o Brasil adota um modelo misto, no qual convivem o sistema difuso e incidental, de inspiração

---

[41] Possibilidade semelhante constou da Constituição brasileira de 1937, no parágrafo único do art. 96 – posteriormente revogado pela Lei Constitucional nº 18/1945 –, e acabou sendo utilizada diretamente por Getúlio Vargas em ao menos uma ocasião, visto que o STF considerava inconstitucional que os vencimentos das funções públicas estaduais e municipais estivessem sujeitos à incidência do imposto de renda. Visando invalidar esse entendimento, e aproveitando-se que o Congresso Nacional estava fechado durante o Estado Novo, o presidente editou o Dec.-lei nº 1.564, de 05.09.1939, para: (i) confirmar os textos legais editados pela União; e (ii) para tornar sem efeito todas as decisões que tivessem sido proferidas no sentido da inconstitucionalidade.

[42] New Zealand Bill of Rights Act, 28.08.1990, art. 6º.

[43] Colm O'Cinneide. *Human Rights and the UK Constitution*. London: The British Academy, 2012. p. 45. Analisando a atuação do Parlamento, especialmente da Câmara dos Lordes, diante do *Human Rights Act* v. Shaah, Sangeeta; Thomas Poole. The impact of Human Rights Act on the House of Lords. *Law, Society and Economy working papers*, London, n. 8, 2009.

[44] Para um estudo mais profundo, v. Luís Roberto Barroso. *O controle de constitucionalidade no direito brasileiro*: exposição sistemática da doutrina e análise crítica da jurisprudência. São Paulo: Saraiva, 2016; e Gilmar Ferreira Mendes. *Controle de constitucionalidade*: aspectos jurídicos e políticos. São Paulo: Saraiva, 1990.

norte-americana, e mecanismos de controle concentrado e abstrato. Ademais, observa-se uma tendência de aproximação desses dois sistemas, com a progressiva objetivação das decisões proferidas pelos Tribunais, e, particularmente, pelo STF, no âmbito do controle difuso e incidental. Confira-se.

14.4.1   O controle difuso e incidental

O controle difuso e incidental de constitucionalidade foi introduzido no Brasil na primeira Constituição republicana, em 1891, tendo sido mantido desde então. Ou seja: qualquer juiz, no exercício de sua função jurisdicional, pode vir a declarar a inconstitucionalidade de uma lei ou ato normativo, uma vez que esse juízo seja necessário para a decisão do caso concreto posto pelas partes.

É interessante notar que, nas instâncias ordinárias, o juiz pode inclusive declarar a inconstitucionalidade de ofício, isto é, sem provocação das partes. Nada obstante, não se admite que elas ajuízem ações cujo pedido seja a declaração em tese da inconstitucionalidade de uma lei ou ato normativo. Para discutir a validade em tese existem os mecanismos de controle concentrado e abstrato previstos constitucionalmente, que atribuem tal competência a certos órgãos do Judiciário – o STF e os TJs – e autorizam determinados legitimados a provocá-los. O controle difuso e incidental justifica-se na medida em que seja necessário para a decisão de uma lide real – por isso seu caráter de questão prejudicial –, de modo que não se admite seu uso para o fim, indireto, de obter uma decisão própria do controle concentrado e abstrato[45].

Esse entendimento afetará, em princípio, apenas as partes, com efeitos *ex tunc,* isto é: retroativos. Lembre-se que não havia no Brasil qualquer mecanismo que atribuísse efeitos específicos, para além do caso concreto, às decisões dos Tribunais, e mesmo do STF, referente a questões constitucionais (ou quaisquer outras). Assim, era perfeitamente possível, e frequentemente acontecia, que decisões contraditórias fossem tomadas por diferentes juízes pelo país afora. Nas últimas décadas, uma série de alterações, tanto no texto constitucional quanto na legislação, tem procurado construir um sistema de valorização dos precedentes, como se verá. Retorne-se, porém, à narrativa sob a perspectiva histórica.

Assim, imagine-se que um contribuinte ajuíza ação pretendendo repetir valores pagos ao Fisco Federal por conta de determinado tributo que, criado há dois anos por lei, o autor considera inconstitucional. A ação é proposta perante um juízo federal que, suponha-se, vem a considerar procedente o pedido, entendendo que, de fato, o tributo foi criado de forma incompatível com a Constituição e que o particular faz jus a receber de volta os valores pagos. Dessa decisão caberá, em geral, recurso para um Tribunal (hoje, um Tribunal Regional Federal) e, da manifestação deste, que julgue no sentido da constitucionalidade ou inconstitucionalidade da lei, caberá, em tese, recurso extraordinário para o STF. A decisão deste, porém, embora com enorme peso argumentativo e persuasivo, não tinha qualquer efeito vinculante, nem precisava ser observada pelo Judiciário.

A Constituição de 1934 passou a prever um mecanismo, que persiste até hoje, pelo qual se atribuía ao Senado a competência para suspender leis declaradas inconstitucionais pelo STF. Por meio dessa decisão do Senado se atribuía efeitos gerais às decisões do Supremo tomadas em casos concretos, no âmbito do controle difuso e incidental, às quais, àquela altura, não se reconheciam quaisquer outros efeitos para além de solucionar o processo concreto no qual foram proferidas.

---

45   O contrário também não é possível v. STF, Tribunal Pleno, AgRg na ADI 1.254 MC/RJ, rel. Min. Celso de Mello, j. 14.08.1996, *DJ* 19.09.1997: "Não se discutem situações individuais no âmbito do controle abstrato de normas, precisamente em face do caráter objetivo de que se reveste o processo de fiscalização concentrada de constitucionalidade".

Cap. 14 – CONTROLE DE CONSTITUCIONALIDADE **599**

Embora a Constituição de 1988 tenha preservado a competência do Senado em seu art. 52, X, a realidade é que ela já não tem funcionalidade, como se verá. Em primeiro lugar, porque ela não se aplica às decisões proferidas pelo STF em sede de controle concentrado e abstrato, que tem efeitos próprios e imediatos. E, em segundo lugar, porque mesmo em relação às decisões proferidas em sede de controle difuso e incidental, há hoje mecanismos por força dos quais o próprio STF pode atribuir efeitos gerais e até vinculantes ao que tenha sido decidido nesta sede, como é o caso da súmula vinculante[46].

Na verdade, alguns sustentam que, independentemente da edição de súmula vinculante e para além dos mecanismos processuais já existentes, as decisões do STF no sistema difuso e incidental deveriam ter automaticamente efeitos gerais, fenômeno que é muitas vezes identificado como o reconhecimento da transcendência ou dos efeitos transcendentes dos motivos acolhidos pelo STF ao tomar determinada decisão[47]. A questão, porém, não é pacífica e ainda não chegou a ser decidida pelo Plenário do STF.

Retornando à sequência histórica, foi também a Constituição de 1934 que criou a regra da reserva de plenário para a declaração de inconstitucionalidade por parte dos Tribunais, que vige até hoje, prevista no art. 97 da Constituição de 1988. Com efeito, embora o juízo em primeiro grau possa livremente – e até de ofício – declarar a invalidade de lei ou ato normativo, no âmbito dos Tribunais a regra é diversa.

A Constituição prevê que apenas por voto da maioria absoluta dos membros do Tribunal se poderá declarar a inconstitucionalidade de norma: o ponto será aprofundado no tópico seguinte, tendo em vista as discussões em torno de sua aplicação, as quais deram origem inclusive à edição de uma súmula vinculante pelo STF (a Súmula Vinculante nº 10). Antes disso, porém, é preciso descrever o funcionamento ordinário do controle difuso e incidental: retome-se então o exemplo acima da ação proposta pelo contribuinte pretendendo a devolução de valores pagos sob o fundamento de que a lei que criou o tributo é inconstitucional, julgada procedente.

A ação, nesse primeiro caso, foi julgada procedente e a norma considerada inválida e o recurso interposto pela Fazenda distribuído a um órgão fracionário do Tribunal (câmaras ou turmas, como em geral se denominam). O órgão fracionário precisará tomar uma decisão prévia acerca da arguição de inconstitucionalidade existente no caso (após ouvidas as partes e o Ministério Público). Se entender no sentido da constitucionalidade da norma, poderá decidir o caso diretamente; se, porém, admitir a arguição de inconstitucionalidade, não poderá decidir o caso diretamente, devendo remetê-lo ao Plenário ou Órgão Especial do Tribunal, para que seja respeitada a reserva de plenário exigida constitucionalmente: trata-se do incidente de arguição de inconstitucionalidade, disciplinado pelo Código de Processo Civil de 2015, arts. 948 e 949.

Há duas exceções a essa regra geral, que já eram admitidas pela jurisprudência do STF e constam da legislação: o órgão fracionário do Tribunal poderá declarar a inconstitucionalidade de lei e ato normativo diretamente e julgar o feito caso já haja decisão anterior do STF ou do próprio Plenário ou Órgão Especial do Tribunal sobre a matéria. Além disso, entende-se que a reserva de plenário não se aplica no caso do eventual reconhecimento da revogação/não recepção de normas anteriores a 5 de outubro de 1988 pela nova Constituição[48].

---

[46] STF, Tribunal Pleno, Rcl 4.335/AC, rel. Min. Gilmar Mendes, j. 20.03.2014, *DJ* 21.10.2014: "Reclamação. 2. Progressão de regime. Crimes hediondos. 3. Decisão reclamada aplicou o art. 2º, § 2º, da Lei nº 8.072/1990, declarado inconstitucional pelo Plenário do STF no HC 82.959/SP, rel. Min. Marco Aurélio, *DJ* 1º.09.2006. 4. Superveniência da Súmula Vinculante nº 26. 5. Efeito *ultra partes* da declaração de inconstitucionalidade em controle difuso. Caráter expansivo da decisão. 6. Reclamação julgada procedente".

[47] É a posição que se encontra em: Gilmar Ferreira Mendes; Paulo Gustavo Gonet Branco. *Curso de direito constitucional*. São Paulo: Saraiva, 2016. p. 1175.

[48] STF, 2ª T., RE 278.710 AgRg/RS, rel. Min. Joaquim Barbosa, j. 20.04.2010, *DJ* 28.05.2010: "A reserva de Plenário prevista no art. 97 da Constituição não se aplica ao juízo de não recepção de norma pré-constitucional".

O julgamento do incidente de arguição de inconstitucionalidade pelo órgão especial ou plenário dos Tribunais recebe regulamentação específica, hoje prevista no art. 950 do CPC/2015, que reproduziu previsões introduzidas pela Lei nº 9.868/1999. Basicamente se determina, de forma similar ao que acontece no âmbito dos processos de controle concentrado e abstrato, a participação dos órgãos responsáveis pela norma impugnada, dos legitimados para a propositura de ações de controle concentrado e abstrato e outros órgãos ou entidades (na linha de *amicus curiae*) que assim o requeiram, considerada a relevância da matéria e a representatividade dos postulantes.

Notem-se algumas questões importantes sobre o incidente de inconstitucionalidade. Em primeiro lugar, ele gera uma divisão funcional entre o órgão fracionário e o Plenário/Órgão Especial do Tribunal: após a definição da constitucionalidade ou inconstitucionalidade da lei ou ato normativo pelo Plenário/Órgão Especial, o processo retornará ao órgão fracionário que, assumindo como premissa lógica o que foi decidido, julgará o caso. Trata-se, portanto, de um elemento de concentração no contexto do controle difuso e incidental, na medida em que se concentra em um órgão, no âmbito de cada Tribunal – o Plenário ou o Órgão Especial –, a decisão na matéria.

Além disso, em segundo lugar, a decisão do Plenário/Órgão Especial, embora suscitada a partir de um caso concreto e para resolvê-lo, tem um contorno claramente mais abstrato e, sobretudo, produzirá efeitos mais amplos, na medida em que deverá ser considerada não apenas naquele caso, mas em todos os demais que venham a ser examinados pelos órgãos fracionários do Tribunal. Com efeito, o CPC/2015, art. 927, prevê que os magistrados devem observar a orientação do Plenário ou Órgão Especial do Tribunal a que estão vinculados, embora não haja previsão expressa de cabimento de reclamação para a hipótese de inobservância[49]. A própria possibilidade de participação de terceiros que não as partes nesse procedimento deixa evidente que já não se trata de uma decisão clássica do controle difuso e incidental, mas de uma figura intermediária, nesse processo de aproximação dos sistemas difuso e incidental com o concentrado e abstrato.

Pois bem. Retomando o exemplo, seja qual for a decisão tomada pelo Tribunal no caso da ação ajuizada pelo contribuinte, em tese, a questão constitucional poderá vir a ser submetida por meio de recurso extraordinário ao STF. A disciplina específica do recurso extraordinário será tratada em tópico específico. Antes, porém, como anunciado, vale registrar rapidamente algumas discussões em torno da aplicação da regra da reserva de plenário prevista no art. 97 da Constituição.

14.4.1.1 A reserva de plenário: art. 97 e a Súmula Vinculante nº 10 do STF

Como referido, a declaração de inconstitucionalidade de uma lei ou ato normativo no âmbito dos Tribunais depende de uma decisão da maioria absoluta de seus membros, na linha do que prevê o art. 97 da Constituição. Mas e se o órgão fracionário do Tribunal não reconhece de forma expressa a questão constitucional, mas por algum caminho hermenêutico afasta sua aplicação? Esse é um problema que a interpretação e aplicação do art. 97 da Constituição tem enfrentado. Uma nota teórica breve parece relevante antes de prosseguir.

A declaração de inconstitucionalidade de uma lei, embora tenha se tornado comum nos últimos anos, reveste-se de considerável gravidade do ponto de vista institucional e sob uma perspectiva democrática. O Executivo e o Legislativo são eleitos, gozam, portanto, de uma específica legitimação democrática e, talvez mais importante, estão sob contínuo controle político, de um poder sobre o outro, e social. A despeito do debate sobre a fragilidade do controle

---

[49] As hipóteses estão previstas no art. 988 do CPC/2015.

Cap. 14 – CONTROLE DE CONSTITUCIONALIDADE **601**

social no país, é certo que políticas impopulares desencadeiam reações e, em cada eleição, esse controle é materializado. Nada disso, porém, se passa com o Judiciário. De outra parte, não há qualquer superioridade institucional ou moral do Judiciário em relação aos demais Poderes, e nem qualquer diferenciação antropológica entre as pessoas que integram cada um deles.

Nesse contexto, os atos dos demais Poderes presumem-se constitucionais e a interpretação por eles conferida à Constituição julga-se adequada. Essa presunção, claro, é relativa e poderá ser superada pelo Judiciário. O ponto a destacar aqui é que essa não é uma operação banal e o sistema constitucional reflete essa gravidade ao exigir que, no âmbito dos Tribunais, a declaração de inconstitucionalidade de uma lei seja feita pela maioria absoluta de seus membros ou, se houver, de seu Órgão Especial, nos termos do art. 97 da Constituição já referidos.

A consequência do descumprimento do dispositivo constitucional será a nulidade do acórdão. Pois bem: a incidência do art. 97 não depende de o acórdão haver afirmado de forma explícita estar declarando a inconstitucionalidade de determinado dispositivo. Na realidade, mesmo que o acórdão nada diga, caso ele ignore o dispositivo, deixe de aplicá-lo quando seria pertinente ou afaste sua incidência na hipótese, poderá haver a incidência do art. 97 da Constituição. Aliás, foi justamente para tratar dessas hipóteses que o STF editou a Súmula Vinculante nº 10, cujo teor é o seguinte:

"Viola a cláusula de reserva de plenário (CF, art. 97) a decisão de órgão fracionário de tribunal que, embora não declare expressamente a inconstitucionalidade de lei ou ato normativo do Poder Público, afasta sua incidência, no todo ou em parte".

Do ponto de vista processual, a violação ao art. 97 da Constituição e à Súmula Vinculante nº 10 ensejam o requerimento de reclamação diretamente para o Supremo. Com efeito, é a própria Constituição que prevê, em seu art. 102, I, *l*, o cabimento desse instituto para a preservação da competência e garantia da autoridade das decisões do STF. Caso a Corte entenda pertinente a reclamação, poderá então determinar a nulidade da decisão e que nova seja proferida, com observância do texto constitucional.

O funcionamento do mecanismo pode ser mais bem compreendido pelo exame de dois casos decididos pelo STF sobre o tema. Ambos tratam do mesmo dispositivo legal: o art. 71, § 1º, da Lei nº 8.666/1993. Em um primeiro caso, a reclamação foi provida porque a decisão reclamada afirmou peremptoriamente que a Administração é subsidiariamente responsável, de forma automática, pelos encargos trabalhistas, fiscais e comerciais decorrentes da execução de contrato. A decisão é incompatível com o texto legal que acabou, implicitamente, sendo considerado inconstitucional sem observância da Súmula nº 10. Adicionalmente, foi violada também decisão do STF em ação declaratória sobre o ponto[50].

Na segunda decisão, diversamente, o STF entendeu descabida a reclamação, porque a responsabilização da Administração na hipótese decorreu de evento culposo apurado no âmbito da instrução pelo acórdão reclamado, o que é compatível com o dispositivo legal. Nesse caso, portanto, não havia uma declaração de inconstitucionalidade do dispositivo, mas sua aplicação à hipótese[51].

Não é possível, como se percebe, "afastar" de maneira informal a aplicação de uma regra, ou deixar de aplicá-la casualmente sob a invocação genérica da aplicação e da supremacia dos princípios constitucionais. A não aplicação – da regra ou de uma de suas incidências – deve decorrer da declaração de sua inconstitucionalidade, medida grave, que exige fundamentação adequada e, no caso dos Tribunais, a observância do art. 97 da Constituição. Feita essa nota

---

[50] STF, 1ª T., Rcl 16768 AgR/AM, rel. Min. Marco Aurélio, j. 07.10.2014, *DJ* 28.10.2014.

[51] STF, 1ª T., Rcl 18181 AgR/RS, rel. Min. Luiz Fux, j. 21.10.2014, *DJe* 14.11.2014.

sobre o tema da reserva de plenário, retome-se a narrativa sobre o percurso do controle difuso e incidental no sistema brasileiro.

14.4.1.2 O STF, o recurso extraordinário, a repercussão geral e a súmula vinculante

Como visto acima, nos termos do controle difuso e incidental de constitucionalidade adotado no Brasil, qualquer juízo poderá, ao decidir uma lide que lhe é submetida, declarar a inconstitucionalidade de lei ou ato normativo. Dessa decisão, caberá, em tese, recurso para um Tribunal, que poderá apreciar a questão, observando, nesse caso, a reserva de plenário prevista no art. 97 da Constituição, como discutido anteriormente. A Constituição atribui ao Supremo, no entanto, a palavra final no que diz respeito à guarda da Constituição – isto é: cabe-lhe definir e uniformizar o sentido e alcance das disposições constitucionais –, e o principal meio pelo qual tal competência é desenvolvida no âmbito do controle difuso e incidental é o recurso extraordinário, de que cuida o art. 102, III, e § 3º, da Constituição. Antes de prosseguir, uma nota sobre o STF parece importante.

O art. 102 da Constituição descreve as várias competências atribuídas ao STF, que envolvem: (i) ações das quais a Corte conhece originariamente (inc. I); e (ii) recursos que podem ser ordinários (inc. II) e o recurso extraordinário (inc. III). Algumas das competências originárias do STF envolvem as ações de controle concentrado de constitucionalidade – das quais se tratará adiante –, mas a Corte cumula ainda outras atribuições, como processar e julgar criminalmente determinadas autoridades (inc. I, b e c), decidir conflitos federativos (inc. I, f), entre outros temas. No campo dos recursos, o inc. II do art. 102 descreve as hipóteses de recurso ordinário, cabível, além dos casos de crime político, como garantia de um segundo grau de jurisdição diante de remédios constitucionais decididos negativamente e de forma originária pelos Tribunais Superiores. E, por fim, o inc. III trata do recurso extraordinário, objeto específico de exame neste tópico.

Duas observações parecem relevantes aqui. Embora o *iter* mais comum do controle difuso e incidental o conduza ao recurso extraordinário, nada impede que o STF venha a declarar a inconstitucionalidade de leis e atos normativos também no âmbito de suas outras competências não diretamente relacionadas com a guarda da Constituição e o controle de constitucionalidade, para o fim de decidir as controvérsias que lhe são submetidas. Não é incomum, na verdade, que, no exercício de suas competências originárias não diretamente relacionadas com o controle concentrado e no âmbito de recursos ordinários, o STF venha a declarar normas inconstitucionais para julgar o caso, observada a regra da reserva do plenário.

Em segundo lugar, é fácil perceber o papel absolutamente central do STF no sistema controle de constitucionalidade existente hoje no país e no processo, já referido, de aproximação e mescla do sistema difuso e incidental com o concentrado e abstrato. De um lado, cabe ao STF a palavra final em matéria de controle difuso e incidental, bem como o manejo dos mecanismos que lhe atribuem efeitos gerais e mesmo vinculantes; de outro, é também nesta Corte que se concentram as ações de controle concentrado e abstrato, sem prejuízo das competências dos Tribunais de Justiça. Feita esta nota, cabe agora examinar propriamente o recurso extraordinário de competência do STF.

De forma simplificada, é possível classificar os recursos existentes no sistema processual brasileiro em duas grandes categorias: os chamados recursos de natureza ordinária e os recursos de natureza extraordinária. No primeiro grupo, encontram-se os recursos que, a despeito de suas diferentes características e escopos, permitem que o órgão revisor reaprecie e reveja tanto as premissas fáticas adotadas como verdadeiras pela decisão recorrida quanto as definições jurídicas aplicadas ao caso. Os chamados recursos extraordinários, diversamente, apenas permitem a discussão das questões jurídicas: no que diz respeito à definição dos fatos, a decisão recorrida será final e não poderá mais ser alterada.

O objetivo dos recursos extraordinários é, mais do que realizar a justiça específica do caso concreto, uniformizar a interpretação das normas jurídicas (ou de determinadas normas jurídicas). Daí por que se estabelece essa divisão: as questões fáticas poderão ser discutidas e revistas no âmbito dos recursos ordinários, mas, encerrados estes, eventuais recursos de natureza extraordinária se ocuparão apenas das questões jurídicas por acaso pertinentes. É possível classificar, por exemplo, na categoria dos recursos extraordinários o recurso de revista, dirigido ao TST[52], o recurso especial, dirigido ao STJ[53], e o recurso extraordinário propriamente dito, dirigido ao STF.

Todavia, quais questões jurídicas serão examinadas no âmbito do recurso extraordinário propriamente dito (doravante apenas recurso extraordinário ou RE)? A resposta é dada pela Constituição: o STF, no âmbito dos recursos extraordinários, se ocupará de discutir as questões jurídicas constitucionais identificadas nas quatro hipóteses para seu cabimento previstas no art. 102, III, isto é, quando decisão proferida em última ou única instância: (a) contrariar dispositivo da Constituição; (b) declarar a inconstitucionalidade de tratado ou lei federal; (c) julgar válida lei ou ato de governo local contestado em face da Constituição; e/ou (d) julgar válida lei local contestada em face de lei federal. Esta última alínea foi introduzida pela EC nº 45/2004.

O cabimento do recurso extraordinário depende, portanto, da presença de um conjunto de requisitos que cabe sistematizar. Em primeiro lugar, ele apenas pode ser dirigido contra decisões judiciais proferidas em última ou única instância, a rigor por qualquer órgão judicial. Se ainda couber algum outro recurso contra a decisão, ela não terá sido proferida em última ou única instância, e o recurso extraordinário não será viável.

Em segundo lugar, exige-se que a decisão recorrida tenha se ocupado de algum dos temas descritos nas quatro alíneas do inc. III do art. 102, reproduzidas acima. O sentido e alcance de disposições constitucionais deve ter sido objeto de debate para que o recorrente possa sustentar que a Constituição foi contrariada, sendo o debate acerca da constitucionalidade de lei ou ato do Poder Público uma espécie particularmente importante desse gênero que descreve a discussão referente à interpretação e aplicação da Constituição. A rigor, o recurso extraordinário poderá ser cabível também quando lei federal ou tratado sejam julgados constitucionais, mas o recorrente considera que eles são inconstitucionais e que, por isso, a decisão recorrida contrariou a Constituição. O mesmo se diga de lei local que seja julgada inconstitucional: o cabimento pela alínea "*a*" é em geral logicamente viável.

As três primeiras alíneas do art. 102, III, estão logicamente inter-relacionadas, mas a alínea *d* foi introduzida pela EC nº 45/2004, a rigor, para superar um impasse envolvendo a interpretação das competências distribuídas pela Constituição aos entes federativos e quem seria o órgão competente para decidir em caráter final a respeito delas. Até a EC nº 45/2004, cabia ao STJ decidir, em recurso especial, as hipóteses em que uma lei local fosse contestada em face de lei federal[54]. A ideia subjacente a essa opção era a de que essa disputa envolveria a interpretação da lei federal, já que esse é o papel do recurso especial: uniformizar a interpretação da legislação federal geral[55].

---

[52] Mauro Schiavi. *Manual de direito processual do trabalho*. 10. ed. São Paulo: LTr, 2016. p. 933.

[53] Fredie Didier Jr.; Leonardo Carneiro da Cunha. *Curso de direito processual civil*: o processo civil nos tribunais, recursos, ações de competência originária de tribunal e *querela nullitatis*, incidentes de competência originária de tribunal. 13. ed. Salvador: JusPodivm, 2016. p. 305.

[54] CF/1988 (redação original): "Art. 105. Compete ao Superior Tribunal de Justiça: (...) III – julgar, em recurso especial, as causas decididas, em única ou última instância, pelos Tribunais Regionais Federais ou pelos tribunais dos Estados, do Distrito Federal e Territórios, quando a decisão recorrida: (...) b) julgar válida lei ou ato de governo local contestado em face de lei federal".

[55] A uniformização da legislação federal especial é feita pelo TSE, STM e TST.

Rapidamente se percebeu, porém, que havia, aqui, um equívoco, já que as disputas entre leis locais (estaduais ou municipais) e leis federais não envolvem propriamente a interpretação destas – já que não há hierarquia entre elas (as leis locais não são inferiores hierarquicamente às federais) –, mas a das normas constitucionais que distribuem competências entre os entes federativos. Tais disputas, ao fim e ao cabo, dependiam da definição de quem era o ente com atribuições para legislar sobre qual tema e em qual medida, sendo certo que é a Constituição que estabelece as regras na matéria. A questão era, na realidade, constitucional, e não legal. A EC nº 45/2004 alterou então a redação, tanto do art. 102, III, quanto do art. 105, III, para atribuir ao STF, por meio do recurso extraordinário, a decisão referente à disputa entre leis locais e leis federais; ao STF continua a caber a competência de decidir eventuais disputas entre atos infralegais locais e a legislação federal.

A exigência de que a decisão recorrida envolva algum dos temas descritos nas quatro alíneas do inc. III, do art. 102, para que o recurso extraordinário seja cabível, é complementada por outra, tradicionalmente identificada como *prequestionamento*. É interessante, pois os órgãos judiciais, em geral, podem suscitar a questão constitucional até mesmo de ofício, como visto. No caso do recurso extraordinário, diversamente, é preciso que a matéria constitucional que autoriza seu cabimento tenha sido efetivamente discutida pela decisão recorrida – este o sentido do prequestionamento[56] –, não se admitindo que ela surja apenas no próprio recurso extraordinário que a parte pretende ver conhecido. A lógica subjacente a essa exigência é simples: o objetivo deste recurso é permitir que o STF uniformize o sentido e o alcance das disposições constitucionais. Se não houve efetivamente qualquer interpretação ou aplicação relevante da Constituição, e o caso foi decidido a partir de outros elementos (infraconstitucionais), ele não se justifica.

Essa é a mesma razão subjacente a um quarto conjunto de requisitos tradicionalmente exigidos pelo STF para o cabimento de recurso extraordinário: ele não será cabível se o que a parte pretende é rediscutir os fatos assumidos como verdadeiros pela decisão recorrida, ou a reinterpretação de cláusulas contratuais ou ainda a interpretação de normas infraconstitucionais. Isto é: se a alteração do que foi decidido depende não apenas da interpretação da norma constitucional, mas também de outros elementos – alteração da premissa de fato, da interpretação contratual ou de outras normas que não a Constituição, o recurso extraordinário não será cabível.

Quanto a este último ponto – a interpretação de normas infraconstitucionais – essa exigência deu origem à distinção, já discutida antes, acerca da inconstitucionalidade direta ou indireta/reflexa. As duas categorias pretendem, justamente, segregar as hipóteses em que a discussão é sobre o sentido e alcance de uma norma constitucional daquelas nas quais, na verdade, o que se disputa é a interpretação da legislação, com reflexos apenas indiretos sobre a Constituição. Assim, por exemplo, saber se determinado fato gerador definido em lei tributária abarca ou não determinada situação concreta "A" envolve a interpretação da lei. Indiretamente, porém, o tema se aproxima da garantia constitucional da legalidade, já que a criação de tributo depende de lei e aquele que sustenta que a lei não abarca a situação "A" poderá defender que a cobrança do tributo viola a referida garantia constitucional. Como regra geral, o STF apenas admite recursos extraordinários na hipótese de violação direta à Constituição, embora, como já se discutiu, a distinção entre as duas categorias nem sempre seja singela.

---

[56] Considera-se prequestionada também se as partes suscitaram a questão, mas a decisão recorrida, mesmo instada a se manifestar, permaneceu omissa. Isso é o que prevê a Súmula nº 356/STF a *contrario sensu* ("O ponto omisso da decisão, sobre o qual não foram opostos embargos declaratórios, não pode ser objeto de recurso extraordinário, por faltar o requisito do prequestionamento") e o CPC, art. 1.025: "Consideram-se incluídos no acórdão os elementos que o embargante suscitou, para fins de prequestionamento, ainda que os embargos de declaração sejam inadmitidos ou rejeitados, caso o tribunal superior considere existentes erro, omissão, contradição ou obscuridade".

Por fim, a partir da EC nº 45/2004, um requisito adicional passou a ser exigido para o cabimento dos recursos extraordinários: a presença da repercussão geral. Essa é a redação do § 3º do art. 102: "No recurso extraordinário o recorrente deverá demonstrar a repercussão geral das questões constitucionais discutidas no caso, nos termos da lei, a fim de que o Tribunal examine a admissão do recurso, somente podendo recusá-lo pela manifestação de dois terços de seus membros".

O art. 1.035 do CPC é a norma que atualmente trata do assunto de forma mais analítica. A noção de repercussão geral pretende descrever causas nas quais se discutam "questões relevantes do ponto de vista econômico, político, social ou jurídico que ultrapassem os interesses subjetivos do processo" (CPC, art. 1.035, § 1º), cabendo à parte recorrente demonstrar, em preliminar, que o seu caso apresenta tais características. A legislação prevê também algumas hipóteses objetivas nas quais se entende que haverá, em qualquer caso, repercussão geral, viabilizando, portanto, o conhecimento do recurso extraordinário como, por exemplo, quando o acórdão recorrido tenha declarado a inconstitucionalidade de lei em incidente de inconstitucionalidade.

A introdução do requisito da repercussão geral para o cabimento de recursos extraordinários tem múltiplas consequências que valem ser destacadas. Em primeiro lugar, ele acaba conferindo ao STF um juízo razoavelmente discricionário acerca de quais recursos vai ou não examinar, em função de sua relevância e do impacto da questão sobre a sociedade como um todo, e não apenas sobre as partes. Embora haja hipóteses objetivas de repercussão geral, como referido, o conceito geral não é rígido e confere ao intérprete – isto é, ao STF – margem considerável de apreciação. Trata-se, portanto, claramente, de um filtro cujo manejo caberá ao STF. Nesses primeiros anos de utilização da ferramenta, curiosamente, o Supremo tem reconhecido repercussão geral a uma quantidade bastante generosa de recursos.

Em segundo lugar, o requisito da repercussão geral avançou consideravelmente a aproximação entre os sistemas difuso incidental e concentrado e abstrato sob várias perspectivas. A percepção de que o cabimento do recurso depende de a questão discutida ultrapassar os limites subjetivos da lide, tendo impacto mais abrangente do que apenas os interesses das partes, reflete essa ideia de generalidade dos interesses e, logicamente, dos efeitos da decisão no âmbito do controle de constitucionalidade.

Nessa mesma linha, a legislação prevê que, reconhecida a repercussão geral, o relator no STF determinará a suspensão do processamento de todos os processos pendentes, individuais ou coletivos, que versem sobre a questão e tramitem no território nacional. Além disso, outros recursos extraordinários que tenham sido interpostos e abordem o mesmo tema ficarão sobrestados nos Tribunais, aguardando a decisão do STF[57]. E, caso este não reconheça a repercussão geral, esses outros recursos, que sequer chegaram à Corte, serão inadmitidos no âmbito dos próprios Tribunais de origem. Ou seja: a rigor, a decisão sobre a repercussão geral afetará todos aqueles que tenham uma disputa em curso perante o Poder Judiciário na qual o tema constitucional em questão seja discutido.

Ainda, outro aspecto dessa objetivação do controle difuso e incidental, e da enorme relevância da decisão do STF acerca da repercussão geral, é a possibilidade de participação de *amicus curiae* nesse momento preliminar, em que sua presença está sendo avaliada para o fim de decidir-se pelo cabimento ou não do recurso extraordinário. Diante dos efeitos amplíssimos dessa decisão e de seu impacto direto sobre terceiros, nada mais próprio do que abrir-se a possibilidade de que eles possam se manifestar e trazer suas razões nesse contexto.

---

57 A legislação confere aos Tribunais, ainda, a competência de selecionar os recursos que considere mais representativos da controvérsia para encaminhar ao STF, quando haja multiplicidade de recursos sobre o mesmo tema, sobrestando os demais (CPC, art. 1.036).

Uma vez reconhecida a repercussão geral (e presentes também os demais requisitos), o recurso extraordinário será conhecido e afinal decidido pelo STF. A Corte tem tentado organizar seu processo decisório nesses casos de modo a ser capaz de efetivamente comunicar à sociedade qual a tese definida pelo Tribunal. O ponto é importante pois tradicionalmente os julgamentos colegiados no STF se dão pela mera agregação de votos: cada Ministro apresenta seu voto e o que se apura, para fins de maioria, é apenas a conclusão final acerca do provimento ou não do recurso. Assim, não é incomum que diferentes votos apresentem as razões as mais diversas, ainda que concordando acerca da conclusão final.

A manutenção dessa dinâmica, como é fácil perceber, inviabilizaria o papel do STF de uniformizar a interpretação da Constituição estabelecendo teses gerais que possam orientar os demais órgãos do Judiciário e da Administração, bem como a sociedade como um todo, para além do caso específico em julgamento. Seria impossível saber qual afinal o entendimento do STF na matéria.

A fim de superar essa questão, a Corte tem progressivamente adotado como procedimento decisório nos recursos extraordinários com repercussão geral uma fase específica, após a discussão e decisão do caso concreto, na qual os Ministros discutem e votam um enunciado geral que pretende veicular a tese jurídica que corresponde ao entendimento da Corte acerca do assunto. Ainda que muitas vezes surjam dúvidas acerca da interpretação da própria tese fixada pelo STF, é certo que esse procedimento tem contribuído para conferir maior segurança jurídica ao sistema jurídico brasileiro.

Um outro aspecto importante do processo decisório do STF nos recursos extraordinários com repercussão geral diz respeito a maior ou menor amplitude da tese a ser fixada pela Corte tendo em conta a discussão posta pelo recurso específico examinado e decidido. Em geral, o STF tem procurado circunscrever a tese à controvérsia objeto do recurso, sem ampliá-la para hipóteses não discutidas e acerca das quais os eventuais interessados não tiveram oportunidade de se manifestar.

Por fim, quais serão os efeitos da decisão proferida pelo STF em sede de recurso extraordinário com repercussão geral, para além das partes do processo? A legislação, ao menos por enquanto, não equiparou integralmente a decisão do STF proferida em sede de recurso extraordinário com repercussão geral às julgadas no âmbito do controle concentrado e abstrato ou ainda às súmulas vinculantes, sobre as quais se tratará a seguir, embora tenha promovido uma considerável aproximação entre elas.

Com efeito, nos termos da legislação processual, uma vez proferida decisão pelo STF em sede de recurso extraordinário com repercussão geral, algumas consequências poderão se seguir sobre outros feitos que não aquele que deu origem ao referido recurso. Relativamente aos recursos extraordinários sobrestados, por exemplo, a Presidência dos Tribunais (i) devolverá os feitos ao órgão de origem para juízo de retratação, caso o acórdão recorrido divirja do entendimento firmado pelo STF; e (ii) inadmitirá os recursos extraordinários que pretendiam reformar acórdão alinhado com o entendimento do STF. Além disso, o eventual descumprimento por decisão judicial de entendimento firmado pelo STF em recurso extraordinário com repercussão geral ensejará reclamação, mas apenas quando esgotados os recursos cabíveis nas instâncias antecedentes[58].

Cabe, por fim, um comentário, neste tópico, acerca da súmula vinculante, criada também pela EC nº 45/2004 com os seguintes contornos, previstos no art. 103-A da Constituição: "O Supremo Tribunal Federal poderá, de ofício ou por provocação, mediante decisão de dois terços dos seus membros, após reiteradas decisões sobre matéria constitucional, aprovar súmula que, a

---

[58] Lei nº 13.105/2015, art. 988, § 5º, II. No julgamento STF, Rcl 24.686, rel. Min. Teori Zavascki, j. 25.10.2016, *DJe* 03.11.2016, a 2ª Turma entendeu que a locução "quando não esgotadas as instâncias ordinárias" deveria ser compreendida de forma mais ampla para incluir recursos em geral.

Cap. 14 – CONTROLE DE CONSTITUCIONALIDADE **607**

partir de sua publicação na imprensa oficial, terá efeito vinculante em relação aos demais órgãos do Poder Judiciário e à administração pública direta e indireta, nas esferas federal, estadual e municipal, bem como proceder à sua revisão ou cancelamento, na forma estabelecida em lei". A Lei nº 11.417/2006 abordou o tema.

A súmula vinculante, nos termos do § 1º do art. 103-A "terá por objetivo a validade, a interpretação e a eficácia de normas determinadas, acerca das quais haja controvérsia atual entre órgãos judiciários ou entre esses e a administração pública que acarrete grave insegurança jurídica e relevante multiplicação de processos sobre questão idêntica". Trata-se, portanto, de um enunciado que definirá a validade de uma norma – isto é: se ela é ou não constitucional e em que termos –, sua interpretação – ou seja: seu sentido e alcance – e/ou sua eficácia – que efeitos ela produz e o que pode ser exigido com fundamento nela.

Os elementos que o STF deve considerar ao apreciar a conveniência de aprovar ou não uma súmula vinculante, além da existência de várias decisões da Corte sobre a matéria, diz respeito à existência de controvérsia que acarrete insegurança, especialmente diante da multiplicação de processos sobre o mesmo tema. É impossível não perceber a aproximação desses elementos com aqueles que caracterizam a repercussão geral dos recursos extraordinários.

Embora se vá tratar da súmula vinculante neste tópico, no qual se discute sobre o controle de constitucionalidade difuso e incidental, a verdade é que ela não é um instrumento exclusivo desse sistema de controle. O STF pode valer-se dela "após reiteradas decisões sobre matéria constitucional" proferidas em qualquer sede: no controle difuso e incidental, no controle concentrado e abstrato e mesmo no exercício de outras competências originárias e recursais, basta que as decisões envolvam matéria constitucional.

Não há dúvida de que a Súmula Vinculante será particularmente útil no caso de decisões proferidas em sede de recurso extraordinário, por exemplo, para o fim de lhes atribuir caráter geral e vinculante. Nada impede, porém, que o STF também a utilize para enunciar, de forma geral, as razões subjacentes e a tese que levaram a decisões também em sede de controle concentrado e abstrato, embora cada uma delas, individualmente, goze de efeito geral e vinculante no escopo da lei ou ato normativo examinados. Imagine-se, por exemplo, decisões proferidas pelo STF em ações diretas de inconstitucionalidade que consideram inconstitucionais leis estaduais, por tratarem de tema reservado à competência legislativa da União. A súmula vinculante terá o condão de definir a tese de forma obrigatória para todos os Estados[59].

O seu caráter vinculante significa que autoridades administrativas e judiciais estão obrigadas a respeitar o entendimento firmado pelo STF sob pena de eventual decisão discrepante ser alvo de reclamação dirigida àquela Corte. No caso de ato administrativo, a reclamação exige o prévio esgotamento das instâncias administrativas, mas, na hipótese de decisão judicial, a reclamação é viável desde logo[60]. Vale registrar que há outros efeitos associados às súmulas vinculantes, mas que não lhe são exclusivos, já que também associados a outros tipos de decisões do STF, dos demais Tribunais Superiores e em alguns casos dos Tribunais em geral[61].

---

[59] Nesse sentido, por exemplo, a Súmula Vinculante nº 2: "É inconstitucional a lei ou ato normativo estadual ou distrital que disponha sobre sistemas de consórcios e sorteios, inclusive bingos e loterias".

[60] Lei nº 11.417/2006: "Art. 7º Da decisão judicial ou do ato administrativo que contrariar enunciado de súmula vinculante, negar-lhe vigência ou aplicá-lo indevidamente caberá reclamação ao Supremo Tribunal Federal, sem prejuízo dos recursos ou outros meios admissíveis de impugnação. § 1º Contra omissão ou ato da administração pública, o uso da reclamação só será admitido após esgotamento das vias administrativas. § 2º Ao julgar procedente a reclamação, o Supremo Tribunal Federal anulará o ato administrativo ou cassará a decisão judicial impugnada, determinando que outra seja proferida com ou sem aplicação da súmula, conforme o caso."

[61] V. CPC/2015, arts. 311 e 927.

A súmula vinculante representa o ponto culminante, até agora ao menos, do processo de construção de um sistema que assegure a observância dos precedentes dos Tribunais, particularmente do STF, mas não exclusivamente dele. Trata-se de clara influência da doutrina do *stare decisis*, que remonta à tradição jurídica da *common law*, por força da qual juízes e tribunais devem seguir a regra de direito fixada em decisões judiciais anteriores, sempre que a mesma questão venha a surgir em novas demandas. No geral, a *stare decisis* equivale ao precedente vinculante (*binding precedent*): um juiz ou tribunal inferior deve seguir a regra de direito estabelecida, em relação a determinada matéria, pelo tribunal superior. Nesse contexto, alguns registros sobre a experiência do sistema da *common law* são importantes, pois questões por eles já enfrentadas terão de ser igualmente resolvidas pelo sistema brasileiro a partir de agora.

Uma primeira questão envolve os limites do que pode ser objeto de súmula vinculante tendo em conta que, a rigor, a função de criar direitos e obrigações continua a cargo prioritariamente do Poder Legislativo, já que, para todos os efeitos, a súmula vinculante tem claramente conteúdo e efeitos de uma norma geral e abstrata. E uma segunda questão diz respeito a como o próprio STF deve lidar com suas próprias súmulas vinculantes. Uma lei não pode retroagir e os atos praticados sob sua vigência serão por ela regidos. Mas o que dizer das súmulas vinculantes? Podem elas ter efeitos retroativos? E no caso de sua eventual superação? Os atos praticados assumindo a súmula como premissa serão preservados? Inicie-se pela primeira questão.

O crescimento da importância dos precedentes no direito brasileiro, até chegar-se às súmulas vinculantes, alimenta-se não apenas da relevância atribuída à segurança jurídica e à isonomia, que postulam a uniformização dos entendimentos judiciais, mas também da natureza aberta e complexa dos sistemas jurídicos contemporâneos, em geral, e do brasileiro, em particular, que ampliam o espaço de interpretação jurídica e exigem do Judiciário uma atividade que muitas vezes se aproxima da própria criação do direito[62]. O ponto se insere no amplo debate sobre o pós-positivismo, a nova interpretação e a constitucionalização do direito, que permeia a produção jurídica atual.

Há muito já se superou a concepção que visualizava a atividade de interpretação e aplicação do direito como uma operação mecânica, mero exercício de lógica formal consistente na revelação de um conteúdo inteiramente preexistente, objetivamente posto pelo legislador[63]. A moderna dogmática jurídica, pelo contrário, reconhece ao Poder Judiciário o papel de cocriador do direito. É certo, porém, que quanto mais complexo for o sistema jurídico, muitas vezes composto de um emaranhado de atos normativos que exigem harmonização, e mais aberto, valendo-se de expressões polissêmicas, princípios ou cláusulas gerais, maior será o espaço reservado à interpretação judicial e, consequentemente, mais próxima a atividade jurisdicional estará da própria criação do Direito[64].

Por isso mesmo a doutrina enfatiza, e o tema já foi discutido inicialmente, que o texto legislado, ou o enunciado normativo, não se confunde com a norma, que é o produto final da interpretação levada a cabo pelo Judiciário, tanto assim que a partir de um mesmo enunciado podem ser construídas várias normas distintas[65]. É até possível que, com o passar do tempo,

---

[62] Luis Prieto Sanchis. Neoconstitucionalismo y ponderación judicial. In: Miguel Carbonell (org.). *Neoconstitucionalimo(s)*. Madrid: Trotta, 2003. p. 131-132.

[63] Sobre o tema: Luís Roberto Barroso; Ana Paula de Barcellos. O começo da história. A nova interpretação constitucional e o papel dos princípios no direito brasileiro. In: Luís Roberto Barroso (org.). *A nova interpretação constitucional*: ponderação, direitos fundamentais e relações privadas. Rio de Janeiro: Renovar, 2003. p. 333-334.

[64] Karl Larenz. *Metodologia da ciência do direito*. Lisboa: Fundação Calouste Gulbbenkian, 1997. p. 391 e ss.

[65] Sobre a distinção entre enunciado normativo e norma, v. Ana Paula de Barcellos. *Ponderação, racionalidade e atividade jurisdicional*. Rio de Janeiro: Renovar, 2005. p. 103-112.

normas diferentes sejam extraídas de um mesmo conjunto de enunciados[66]. Embora a interpretação sempre deva respeito aos limites impostos pelas possibilidades semânticas do texto, a verdade é que apenas após a interpretação judicial será possível dizer qual é a *norma* que o texto realmente produz ou, em outros termos, qual o direito vigente no particular. Nesse quadro, é inevitável reconhecer que a súmula vinculante terá um caráter claramente normativo, ainda que o STF, como o Judiciário em geral, esteja limitado pelas possibilidades semânticas do texto. E o que dizer sobre a segunda questão? Como deve o STF lidar com a própria súmula vinculante que editou?

No Reino Unido, por muitos séculos, sustentou-se que a doutrina do *stare decisis* obrigava o próprio tribunal que proferira a decisão, qualquer que fosse o seu nível. Vale dizer: até mesmo a mais alta corte (a *House of Lords*) estaria sujeita ao precedente que firmara, não podendo apartar-se dele, ainda que o considerasse inadequado para a nova situação. Este quadro foi alterado, todavia, pelo *Practice Statement*, de 1966. A partir de então, passou-se a admitir, embora com grande reserva e em situações muito limitadas, a reforma do precedente (*overruling*)[67]. Também nos Estados Unidos, a vinculação aos precedentes é um princípio geral, que pode ser afastado excepcionalmente, em razão da mudança das condições históricas ou da própria percepção do direito a ser extraído de determinada norma[68]. No caso brasileiro, a própria Constituição e a legislação preveem desde logo a possibilidade de revisão da súmula vinculante, de modo que este ponto não é controvertido.

Quanto aos efeitos no tempo, a Lei nº 11.417/2006 prevê, desde logo, que a súmula vinculante terá efeitos imediatos, podendo o STF, por maioria de 2/3, decidir que ela só terá eficácia a partir de um momento no futuro, mas não para o passado. As decisões tomadas antes da edição da súmula poderão, claro, ser impugnadas, mas por meio dos recursos eventualmente disponíveis, e não pela via da reclamação.

A eventual revisão ou cancelamento de uma súmula vinculante é que poderá suscitar as controvérsias mais delicadas, até porque não há regra prevista sobre o tema, sobretudo em relação aos atos de particulares que tenham sido praticados na vigência da súmula e de acordo com ela. O tema envolve a discussão geral em torno da modulação dos efeitos das decisões dos Tribunais, e do STF em particular, quando há mudança do entendimento anteriormente consolidado das Cortes acerca de determinada matéria. Diante da relevância do assunto, se dedicará um tópico específico a ele adiante.

Vistos os traços básicos do sistema de controle de constitucionalidade difuso e incidental no Brasil de hoje, cabe agora examinar o sistema de controle concentrado. Na realidade, embora muitos dos mecanismos existentes no país de controle concentrado sejam também abstratos, essa não é uma regra geral: o mandado de injunção é um exemplo. A apresentação apartada dos dois sistemas é necessária para fins didáticos, mas a verdade é que, como já referido, os

---

[66] Eros Roberto Grau. *Ensaio e discurso sobre a interpretação e aplicação do direito.* São Paulo: Malheiros, 2006. p. 27: "O que em verdade se interpreta são os textos normativos; da interpretação dos textos resultam as normas. Texto e norma não se identificam. A norma é a interpretação do texto normativo. (...) O conjunto dos textos – disposições, enunciados – é apenas ordenamento em potência, um conjunto de possibilidades de interpretação, um conjunto de normas potenciais [Zagrebelsky]".

[67] Sobre o tema, v. Alan Paterson. *The law lords.* Toronto: University of Toronto, 1982; e Jim Harris. Towards principles of overruling – when should a final court of appeal second guess. *Oxford Journal of Legal Studies*, n. 135, 1990, p. 140.

[68] Uma das mais celebradas decisões da Suprema Corte americana – a do fim da segregação racial nas escolas públicas, proferida no caso Brown *vs.* Board of Education, de 1954 – foi uma ruptura com o entendimento anteriormente professado. De fato, até então, vigorava, em matéria racial, a doutrina do *equal but separate*, firmada desde Plessy *vs.* Ferguson, em 1896. V., por simplificação, Kermit L. Hall (ed.). *The Oxford companion to the Supreme Court of the United States.* Oxford: Oxford University Press, 1992.

610 CURSO DE DIREITO CONSTITUCIONAL · *Ana Paula de Barcellos*

sistemas interagem e cada vez mais se aproximam: de um lado atribuindo-se efeitos gerais às decisões do controle difuso e incidental e criando-se mecanismos que as tornam tendencialmente obrigatórias para todos; de outro, considerada a evidência do interesse e do impacto subjetivo das decisões proferidas em sede de controle concentrado e abstrato, permitindo-se maior participação da sociedade em geral, e dos interessados em particular, no debate travado no âmbito desses processos.

14.4.2 Controle de constitucionalidade concentrado

Como já registrado, o controle de constitucionalidade pelo Judiciário tem início no Brasil com a primeira Constituição republicana, em 1891, a qual adotou o modelo difuso e incidental norte-americano, que até hoje constitui uma das bases do nosso sistema de controle de constitucionalidade. O modelo concentrado e abstrato foi introduzido pela primeira vez na Áustria, em 1920, e aos poucos, sobretudo após a Segunda Guerra Mundial, foi sendo experimentado também por vários outros países ao redor do mundo, em variados formatos e com características próprias.

O Brasil não ficou fora dessa influência e tem desenvolvido ao longo do tempo um percurso próprio de incorporação de mecanismos de controle concentrado – sobretudo abstratos, mas também incidentais – paralelamente ao sistema difuso e incidental. Embora esse processo tenha se iniciado ainda na década de 1930, a verdade é que a Constituição de 1988 foi responsável pela consagração de novos e mais relevantes mecanismos de controle concentrado de constitucionalidade, ampliados e regulamentados por alterações posteriores da própria Constituição (com a criação da ação direta de constitucionalidade, por exemplo) e pela legislação. Mais que isso, esses mecanismos não só existem formalmente, mas passaram a ser intensamente utilizados.

Com efeito, o primeiro registro histórico de mecanismo de controle concentrado de constitucionalidade no Brasil foi a criação da chamada ação direta interventiva, prevista pela Carta de 1934. Trata-se da hipótese, até hoje existente, de intervenção federal autorizada quando os Estados venham a violar os chamados princípios sensíveis. Na ocasião, essa modalidade de intervenção dependia da edição de lei federal, que fixaria a amplitude e a extensão da intervenção. A intervenção só aconteceria, porém, "depois que a Corte Suprema, mediante provocação do Procurador-Geral da República, tomar conhecimento da lei que a tenha decretado e lhe declarar a constitucionalidade" (art. 12, § 2º).

Tratava-se, portanto, de uma espécie de controle de constitucionalidade concentrado, na Corte Suprema, desencadeado por provocação do Procurador-Geral da República, que constituía uma espécie de condição para a eficácia da lei federal que decretava a intervenção. A ação direta interventiva continuou a existir, ainda que em formatos diversos, e hoje é prevista no art. 36, III, da Constituição, relativamente à intervenção da União nos Estados na hipótese de violação aos princípios sensíveis.

No modelo atual, diversamente do que acontecia em 1934, a intervenção dependerá de provimento, pelo STF, de representação do Procurador-Geral da República que examinará a efetiva violação dos princípios constitucionais pelo Estado-membro, e não o ato da União. Note-se que a ação direta interventiva não era nem é uma modalidade de controle tipicamente abstrato, já que ela se insere no contexto de um conflito federativo particular e poderá haver um contraditório entre a União e o Estado envolvido.

O próximo mecanismo de controle concentrado, e agora abstrato, de constitucionalidade foi a criação, pela EC nº 16/1965, da "representação contra inconstitucionalidade de lei ou ato de natureza normativa federal ou estadual", de competência originária do STF. A representação poderia ser encaminhada – essa a expressão utilizada – pelo Procurador-Geral da República. Vale notar que, na vigência da Constituição de 1967/1969, o PGR era de livre nomeação (e destituição) do Presidente da República, o que limitava consideravelmente sua autonomia. A

EC nº 7/1977 alterou a redação do dispositivo para prever, como competência originária do STF, processar e julgar "a representação do Procurador-Geral da República, por inconstitucionalidade ou para interpretação de lei ou ato normativo federal ou estadual". Ou seja: além da declaração de inconstitucionalidade, o STF poderia também definir a interpretação dos referidos atos normativos.

A ampliação dos mecanismos de controle concentrado e abstrato – já amplamente utilizados em muitos países do mundo, como visto – foi alvo de importantes debates na Assembleia Nacional Constituinte e a Constituição de 1988 afinal aprovada veio de fato a consagrar, além da ação direta interventiva, cinco mecanismos de controle concentrado de constitucionalidade, e um sexto – a ação declaratória de constitucionalidade – foi criada pela EC nº 3/1993, que seguem listados e serão examinados brevemente na sequência:

i) ação direta de inconstitucionalidade (ADI), de competência do STF, cujo objeto é o controle de constitucionalidade das leis e atos normativos federais e estaduais em face da Constituição Federal (art. 102, I, *a*). A Lei nº 9.868/1999 trata tanto da ADI, quanto da ADC e da ADI por omissão;

ii) ação declaratória de constitucionalidade (ADC), também de competência do STF, cujo objeto é a declaração de constitucionalidade de leis e atos normativos federais (art. 102, I, *a*). A ADC é uma figura curiosa existente no sistema brasileiro, já que visa não declarar a inconstitucionalidade de uma norma, mas sim sua constitucionalidade: as razões para isso serão discutidas adiante. Note-se, de todo modo, que seu objeto abarca apenas normas federais, e não estaduais;

iii) ação direta de inconstitucionalidade por omissão (ADI por omissão), também de competência do STF, cujo objeto é verificar a omissão de medida para tornar efetiva norma constitucional e dar ciência ao Poder competente para que tome as providências necessárias (art. 103, § 2º);

iv) arguição de descumprimento de preceito fundamental (ADPF), a respeito da qual a Constituição dizia apenas: "A arguição de descumprimento de preceito fundamental, decorrente desta Constituição, será apreciada pelo Supremo Tribunal Federal, na forma da lei" (originalmente, o parágrafo único do art. 102). A ADPF veio a ser regulamentada pela Lei nº 9.882/1999, sobre a qual se tratará adiante. Já se pode adiantar, porém, que o objeto da ADPF é evitar ou reparar lesão a preceito constitucional fundamental resultante de ato do Poder Público. Ou seja: o parâmetro de controle não é a Constituição toda –apenas os preceitos fundamentais –, mas o objeto controlável – ato do Poder Público – é mais amplo;

v) representação por inconstitucionalidade ou ação direta de inconstitucionalidade estadual, a cargo dos Tribunais de Justiça dos Estados (art. 125, § 2º). Seu objeto é o controle de leis ou atos normativos estaduais ou municipais perante a Constituição do Estado;

vi) por fim, o mandado de injunção (MI), remédio constitucional previsto no art. 5º, LXXI, que será concedido "sempre que a falta de norma regulamentadora torne inviável o exercício dos direitos e liberdades constitucionais e das prerrogativas inerentes à nacionalidade, à soberania e à cidadania". O MI é uma figura híbrida no controle concentrado de constitucionalidade, pois, a rigor, a Constituição atribui também a outros órgãos judiciários, além do STF, competência para conhecer desse remédio constitucional, dependendo de quem seja o órgão responsável pela edição da norma omissa[69]. O MI será de competência do STF nas hipóteses previstas no

---

[69] As competências do STF constam do art. 102, I, *q*; e do STJ, do art. 105, I, *h*. O art. 121, § 4º, V, menciona competência dos TREs para conhecimento de recurso de decisões que denegarem mandado de injunção.

art. 102, I, *q*, entre as quais está aquela em que a norma regulamentadora é de competência do Congresso Nacional, daí sua especial relevância. Note-se também que o controle executado no MI não é abstrato – já que ele é manejado para garantir a fruição de direitos por seus titulares –, embora seus efeitos possam vir a se tornar *erga omnes*, como expressamente admitido hoje pela Lei nº 13.300/2016, art. 9º[70].

Precisam ser feitos alguns comentários gerais sobre os mecanismos de controle concentrado de constitucionalidade antes de passar-se ao exame de cada um deles. Em primeiro lugar, o controle concentrado adota a mesma premissa do sistema difuso e incidental, no sentido de identificar a inconstitucionalidade como uma nulidade e, em decorrência, em atribuir, como regra, efeitos retroativos às decisões que a declaram. Embora essa seja a regra, a legislação admite a modulação dos efeitos das decisões no controle concentrado – possibilidade estendida para o controle difuso e também para outras hipóteses como se verá. O tema por sua relevância, e por extrapolar o ambiente do controle concentrado, será examinado em tópico próprio.

Em segundo lugar, os mecanismos de controle concentrado apenas podem ser utilizados nas hipóteses previstas na Constituição e na legislação. A afirmação parece um truísmo – e é – mas visa apenas a esclarecer que não existe um "direito difuso" de impugnar o que quer que se considere inconstitucional por meio de um mecanismo de controle concentrado perante o STF, por exemplo. Embora as formas de controle concentrado tenham de fato sido progressivamente ampliadas, nem sempre haverá uma via disponível para toda e qualquer situação. Para a tutela de seus direitos, lembre-se, qualquer pessoa pode ajuizar uma demanda – não perante o STF, por evidente – na qual a questão constitucional poderá ser discutida: trata-se do sistema difuso e incidental.

Em terceiro lugar, as decisões proferidas no âmbito de ADIs (inclusive por omissão), ADCs e ADPFs terão eficácia contra todos (*erga omnes*) e efeito vinculante em face dos órgãos do Judiciário e da Administração Pública. Embora esse já fosse o entendimento e a prática do STF, a previsão consta do art. 28 da Lei nº 9.868/1999, do art. 10 da Lei nº 9.882/1999, e foi incluída pela EC nº 45/2004 no texto constitucional relativamente às ADIs e às ADCs (art. 102, § 2º). Ou seja, e como já mencionado, a competência do Senado Federal para suspensão de leis declaradas inconstitucionais pelo STF não é pertinente aqui. As decisões do STF no âmbito desses mecanismos produzem efeitos imediatos e, ademais, vinculantes, autorizando o uso de reclamação no caso de descumprimento, do mesmo modo como acontece com a violação às súmulas vinculantes, discutido acima. As decisões nos mandados de injunção terão, como regra geral, efeitos *inter partes*, que, entretanto, poderão vir a ser estendidos em caráter *erga omnes*. A discussão sobre efeitos vinculantes não é muito pertinente no âmbito do MI por conta do seu objeto, como se verá.

Por fim, em quarto lugar, boa parte das discussões e dos entendimentos formados pelo STF acerca do funcionamento dos mecanismos de controle de constitucionalidade desenvolveu-se inicialmente no âmbito das ADIs. Com o tempo, essas mesmas ideias foram sendo naturalmente aplicadas aos demais mecanismos, ou adaptadas em função das características próprias de cada um deles. Assim, a exposição que se segue concentra-se nesses entendimentos gerais e, ao tratar das demais formas de controle concentrado, apontar-se-ão as eventuais circunstâncias particulares que por acaso afastam essas noções gerais.

---

[70] Lei nº 13.300/2016: "Art. 9º A decisão terá eficácia subjetiva limitada às partes e produzirá efeitos até o advento da norma regulamentadora. § 1º Poderá ser conferida eficácia *ultra partes* ou *erga omnes* à decisão, quando isso for inerente ou indispensável ao exercício do direito, da liberdade ou da prerrogativa objeto da impetração".

Cap. 14 – CONTROLE DE CONSTITUCIONALIDADE **613**

14.5 AÇÕES PERANTE O STF

14.5.1 Ação direta de inconstitucionalidade (ADI)

Como já referido, a ação direta de inconstitucionalidade (ADI) é prevista no art. 102, I, *a*, da Constituição e sua regulamentação mais específica consta da Lei nº 9.868/1999. Trata-se de uma ação de controle concentrado e abstrato de constitucionalidade, de competência originária do STF, na qual se discutirá a constitucionalidade de lei ou ato normativo federal ou estadual à luz da Constituição Federal. Seguem algumas considerações, ainda que breves, sobre o (i) o objeto a ser controlado no âmbito de uma ADI; (ii) a legitimidade ativa para a propositura; (iii) o processo e os participantes dele; e (iv) as decisões cautelar e final possíveis e seus efeitos.

Quanto ao objeto a ser controlado no âmbito da ADI, embora o dispositivo constitucional faça referência a leis e atos normativos federais e estaduais – do que se poderia inferir que as leis seriam passíveis de controle qualquer que fosse sua natureza[71] – prevaleceu no STF a orientação de apenas reconhecer o cabimento de ações diretas quando o ato questionado fosse dotado de conteúdo normativo[72]. Em outras palavras, serão suscetíveis de controle por essa via apenas os atos materialmente normativos ou legislativos, ainda quando não sejam veiculados por lei em sentido formal, ou seja, por ato aprovado pelo Parlamento segundo o processo legislativo correspondente.

Em linhas gerais, caracterizam-se como normativos os enunciados jurídicos dotados de generalidade e abstração[73], atributos que identificariam os atos impessoais, estruturados para atingir a totalidade dos indivíduos ou situações que venham a se enquadrar na descrição normativa, sem individualizar casos concretos[74]. Não interfere com essa classificação a circunstância eventual de ser possível identificar, em um dado momento, as pessoas ou casos que serão atingidos pela determinação legal. Importa, isso sim, que o comando não esteja ligado à produção de efeitos concretos, limitando-se a regular abstratamente determinada hipótese.

Como regra, todas as espécies legislativas previstas no art. 59 da Constituição poderão ser questionadas pela via da ação direta de inconstitucionalidade, assim como a legislação estadual e os tratados aprovados pela República Federativa do Brasil[75]. Também as emendas constitucionais poderão ser objeto de controle por meio de ADI, mas nesse caso o parâmetro de controle será mais restritivo, como se verá adiante em tópico próprio. Não podem ser objeto de ADI as leis municipais: o próprio texto as exclui. Outra exclusão foi feita pela jurisprudência do STF, que considerou que as leis federais e estaduais editadas anteriormente à Constituição de 1988 não poderiam ser impugnadas por meio de ADI. No entendimento adotado pela Corte, tais normas teriam sido revogadas, cabendo a apreciação de sua revogação ao controle difuso e incidental[76].

---

[71] V. Gilmar Ferreira Mendes. *Jurisdição constitucional*. São Paulo: Saraiva, 1999. p. 162-163.

[72] Superando entendimento anterior, o STF passou a admitir o controle abstrato de constitucionalidade de normas orçamentárias. V. STF, Tribunal Pleno, ADI 4.048 MC/DF, rel. Min. Gilmar Mendes, j, 14.05.2008, *DJ* 22.08.2008.

[73] Na realidade, a definição de um conceito preciso para tais atos não é imune a críticas ou isenta de dúvidas, na medida em que quase sempre será possível formular um comando em termos abstratos, ainda quando se tenha em vista a realização de efeitos concretos e desde logo determinados.

[74] Clèmerson Merlin Clève. *Atividade legislativa do Poder Executivo*. São Paulo: RT, 2000. p. 63-64: "A lei é geral, porque as suas disposições são tomadas em abstrato, podendo ser aplicadas a todos os casos futuros capazes de ser abrangidos pelo seu enunciado. Não foi editada tendo em vista um indivíduo ou vários indivíduos determinados, destinando-se, antes, a todos os indivíduos nas condições determinadas pelo texto legal".

[75] Para um estudo do objeto da ação direta de inconstitucionalidade, incluindo um comentário sobre as diferentes espécies normativas que podem ser objeto de impugnação, v. Luís Roberto Barroso. *O controle de constitucionalidade no direito brasileiro*: exposição sistemática da doutrina e análise crítica da jurisprudência. São Paulo: Saraiva, 2016. p. 210-225.

[76] STF, 2ª T., RE 278.710 AgRg/RS, rel. Min. Joaquim Barbosa, j. 20.04.2010, *DJ* 28.05.2010.

Essas espécies legislativas compõem o grupo dos atos normativos primários, que têm por função inovar na ordem jurídica, sob o influxo e as balizas da Constituição Federal. A exceção a essa regra ficará por conta dos casos em que a lei, a despeito de sua forma, tenha conteúdo materialmente administrativo.

Em sentido contrário, os atos normativos secundários, de que são exemplos típicos o decreto e a portaria, não poderão, em princípio, ter sua constitucionalidade aferida por ação direta de inconstitucionalidade, na medida em que se subordinam imediatamente à lei e apenas indiretamente à Constituição. A exceção, aqui, fica por conta dos atos normativos secundários que inovam na ordem jurídica de forma autônoma – sem suporte específico em lei – e, por conta disso, estabelecem relação imediata com o ordenamento constitucional[77].

Ainda sobre o objeto que pode ser examinado em sede de ADI, vale registrar um caso particular em que o STF entendeu que poderia declarar incidentalmente inconstitucional lei diferente daquela que era objeto do pedido formulado na ADI. A hipótese ocorreu no julgamento de ADIs ajuizadas contra leis estaduais que, de forma geral, procuravam restringir ou eliminar o uso de amianto, ocorrido no segundo semestre de 2017 (v., por exemplo, a ADI nº 3406, que tratava da lei do Estado do Rio de Janeiro).

Na realidade, o cenário legislativo era um pouco mais complexo. Havia lei federal (Lei nº 9.055/1995), anterior inclusive à legislação dos Estados, que permitia o uso do amianto. As leis estaduais, por seu turno, restringiam ou proibiam esse uso. Tanto as leis estaduais quanto a lei federal foram impugnadas por meio de diferentes ADIs, por fundamentos diversos. De forma simplificada, um dos argumentos pela invalidade das leis estaduais era a violação de competência exclusiva da União para tratar da matéria; no caso da invalidade da lei federal, os argumentos envolviam a violação de deveres de proteção progressivos do Estado brasileiro em relação à saúde da população.

Na ADI relativa à lei federal, embora a maioria tenha votado por sua inconstitucionalidade, não se formou maioria absoluta pois havia Ministros impedidos. Ao decidir as ADIs sobre as leis estaduais, porém, elas foram declaradas válidas e as ADIs julgadas improcedentes, e decidiu-se ainda pela inconstitucionalidade incidental da lei federal. Atribuiu-se ademais à decisão incidental os mesmos efeitos da decisão final, isto é: efeitos vinculantes e *erga omnes*.

Delineado o objeto possível da ADI, cabe perguntar quem pode ajuizá-la? Trata-se do tema da legitimidade ativa. Na realidade, um primeiro requisito necessário para a utilização de qualquer ação de controle concentrado e abstrato de constitucionalidade é o direito de propositura por parte daquele que planeja valer-se desses mecanismos[78]. Em qualquer hipótese, tal direito dependerá da demonstração da legitimidade ativa do agente postulante. Em certos casos, porém, será preciso verificar a presença de um requisito adicional, consistente em uma específica relação – *pertinência temática* – entre o objeto da impugnação e os objetivos institucionais do requerente.

A exigência geral, referente à legitimidade ativa propriamente dita, decorre, no caso da ADI, da própria Constituição. O art. 103 da Carta lista os legitimados para a propositura de ações diretas de inconstitucionalidade. Vale, portanto, transcrever o artigo constitucional referido:

---

[77] Em muitos casos, o controle de constitucionalidade será exercido justamente para aferir a ocorrência de eventual violação ao princípio da reserva legal, embora possa versar também sobre outros aspectos nas hipóteses em que o decreto se mostre instrumento legítimo de inovação da ordem jurídica. Sobre o cabimento de ADI na hipótese, v. STF, Tribunal Pleno, ADI MC 519/MT, rel. Min. Moreira Alves, j. 15.08.1991, *DJ* 14.10.1991.

[78] Para um estudo mais detalhado sobre o tema, v. Luís Roberto Barroso. *O controle de constitucionalidade no direito brasileiro*, exposição sistemática da doutrina e análise crítica da jurisprudência. São Paulo: Saraiva, 2016. p. 119-128.

"Art. 103. Podem propor a ação direta de inconstitucionalidade e a ação declaratória de constitucionalidade:

I – o Presidente da República;

II – a Mesa do Senado Federal;

III – a Mesa da Câmara dos Deputados;

IV – a Mesa de Assembleia Legislativa ou da Câmara Legislativa do Distrito Federal;

V – o Governador de Estado ou do Distrito Federal;

VI – o Procurador-Geral da República;

VII – o Conselho Federal da Ordem dos Advogados do Brasil;

VIII – partido político com representação no Congresso Nacional;

IX – confederação sindical ou entidade de classe de âmbito nacional".

A conveniência de uma legitimidade específica e limitada decorre da circunstância de tais ações integrarem o sistema brasileiro de controle de constitucionalidade na qualidade de mecanismos objetivos. Isso significa, de forma simples, que sua finalidade principal não é a tutela de interesses individuais ou subjetivos, mas sim a defesa da integridade da ordem jurídico-constitucional. É certo que esses interesses subjetivos sempre estarão presentes e cada vez mais se reconhece a legitimidade de criarem-se oportunidades para que eles possam se manifestar, mesmo no âmbito desses processos objetivos, até porque a decisão a ser tomada pelo STF afetará em última análise esses interesses. Seja como for, o autor da ação atua a rigor como substituto processual da coletividade como um todo, impondo-se, por essa razão, que seja dotado de representatividade adequada.

Lembre-se que sob a Constituição anterior apenas o Procurador-Geral da República podia ajuizar ações dessa natureza. O constituinte de 1988 rompeu com essa tradição e ampliou significativamente o rol de legitimados, inclusive com a inclusão de atores representativos da sociedade civil, tais como as confederações sindicais, os partidos políticos e as entidades de classe de âmbito nacional, que interessam diretamente ao presente estudo. A medida fortalece em grande medida a base de legitimação democrática da jurisdição constitucional, que passa a operar como um mecanismo de defesa e mesmo de participação da sociedade na condução dos negócios públicos, em lugar de servir apenas como instrumento de governo[79].

Tendo em conta a lista contida no art. 103 da Constituição, a prática do STF distinguiu duas categorias de agentes legitimados à propositura das ações objetivas[80]: os *universais* e os *especiais*. Os primeiros poderão impugnar qualquer ato suscetível de controle por essa via, ainda que o tema nele versado não guarde qualquer relação com sua atividade institucional. A atuação dos legitimados especiais, por seu turno, é condicionada à demonstração de que o ato impugnado repercute diretamente sobre os interesses do proponente. Trata-se de verificar a correlação, no tocante à matéria em discussão, entre os objetivos sociais da requerente e o ato que ela pretende ver examinado em sede de controle abstrato de constitucionalidade. Esse requisito adicional de legitimidade é, em geral, identificado pela expressão pertinência temática.

São considerados legitimados universais o Presidente da República (inc. I); a Mesa do Senado Federal (inc. II); a Mesa da Câmara dos Deputados (inc. III); o Procurador-Geral da República (inc. V); o Conselho Federal da Ordem dos Advogados do Brasil (inc. VII); e o partido

---

[79]   Sobre o tema, v. Gisele Cittadino. Judicialização da política, constitucionalismo democrático e separação dos Poderes. In: Luiz Werneck Vianna. *A democracia e os três Poderes no Brasil*. Belo Horizonte: UFMG, 2002. p. 31; e Silva, Anabelle Macedo. *Concretizando a Constituição*. Rio de Janeiro: Lumen Juris, 2005. p. 139.

[80]   STF, Tribunal Pleno, ADI 1.096 MC/RS, rel. Min. Celso de Mello, j. 16.03.1995, *DJ* 22.09.1995.

político com representação no Congresso Nacional[81] (inc. VIII). Ao passo que os demais são classificados como especiais, devendo, portanto, demonstrar a presença de pertinência temática em cada caso[82], para que sua legitimidade ativa seja reconhecida.

Observa-se aqui, interessantemente, uma relativa superposição entre os domínios do processo objetivo e os da jurisdição ordinária, de natureza subjetiva, na qual o *interesse de agir* – figura a que se pode associar a noção de pertinência temática – é um elemento fundamental para que a ação seja conhecida e processada[83].

A listagem dos legitimados ativos é razoavelmente objetiva, vale dizer, não há maiores controvérsias sobre o que significam ou o que descrevem suas expressões, com uma exceção[84]: as entidades de classe de âmbito nacional. A interpretação do que seriam *entidades de classe de âmbito nacional* e as discussões acerca do reconhecimento de sua legitimidade ativa, sobretudo para a propositura de ADI, levaram o STF a estabelecer dois requisitos, cuja presença define a legitimidade ativa da entidade postulante. São eles: (i) a demonstração de que a associação tem alcance nacional; (ii) a prova de que os associados estão efetivamente ligados entre si pelo exercício de uma mesma atividade profissional ou econômica, havendo homogeneidade de interesses.

O primeiro parâmetro adotado pelo STF foi o previsto na Lei Orgânica dos Partidos Políticos (Lei nº 9.096/1995, art. 7º, § 1º). A lei associa o caráter nacional dos partidos à existência de um mínimo de apoiamento eleitoral em pelo menos nove Estados. Assim, por analogia com os termos da lei em questão, o STF reputa como de âmbito nacional as associações que estejam presentes em pelo menos nove Estados da Federação[85]. As Leis nº 9.868/1999 e nº 9.882/1999 nada dispuseram sobre o assunto, de modo que o parâmetro permaneceu.

Além do caráter nacional referido acima, o STF desenvolveu também outro requisito, com fundamento na interpretação do termo *classe*, contido no art. 103, IX, da CF: que os associados estejam ligados entre si pelo exercício da mesma atividade profissional ou econômica. Na realidade, o STF limitou o alcance da norma às entidades cujos associados se encontrem reunidos por vínculo de natureza econômica, seja uma categoria profissional, seja o conjunto de empresários de determinado setor de atividade. Até o momento, ao menos, a Corte tem negado legitimidade a associações representativas de segmentos da sociedade civil, mas desprovidas

---

[81]	A aferição da legitimidade para a ação deve ser feita no momento de sua propositura. Nesse sentido, o STF já destacou que a perda superveniente de representação do Partido em âmbito nacional não afeta a ação já proposta. V. STF, Tribunal Pleno, ADI 2.618-6 AgRg-AgRg/PR, rel. p/ acórdão Min. Gilmar Mendes, j. 12.08.2004, *DJ* 31.03.2006.

[82]	A pertinência temática da Mesa da Assembleia Legislativa significa que ela somente pode propor ADI quando houver ligação entre a norma impugnada e a competência do Estado ou da própria casa legislativa, o mesmo ocorre com os Governadores que ficam submissos à existência de pertinência temática entre o ato normativo impugnado e os interesses que lhe cabem tutelar. Quanto às entidades de classe: "A jurisprudência do STF é firme no sentido de se exigir, para a caracterização da legitimidade ativa das entidades de classe e das confederações sindicais para as ações de controle concentrado, a existência de correlação entre o objeto do pedido de declaração de inconstitucionalidade e os objetivos institucionais da associação", conforme STF, Tribunal Pleno, ADI 4.722 AgR/DF, rel. Min. Dias Toffoli, j. 02.12.2016, *DJ* 15.02.2017.

[83]	Gilmar Ferreira Mendes. *Jurisdição constitucional*. São Paulo: Saraiva,1999. p. 145: "Cuida-se de inequívoca restrição ao direito de propositura, que, em se tratando de processo de natureza objetiva, dificilmente poderia ser formulada até mesmo pelo legislador ordinário. A *relação de pertinência* assemelha-se muito ao estabelecimento de uma condição de ação – análoga, talvez, ao interesse de agir –, que não decorre dos expressos termos da Constituição e parece ser estranha à natureza do processo do controle de normas."

[84]	Vale ressaltar que a leitura que o STF faz da expressão confederação sindical exclui a legitimidade dos sindicatos nacionais e das federações. STF, Tribunal Pleno, ADI 4.750 AgRg/RJ, rel. Min. Luiz Fux, j. 21.05.2015, *DJ* 15.06.2015.

[85]	STF, Tribunal Pleno, ADI 79 QO/DF, rel. Min. Celso de Mello, j. 13.04.1992, *DJ* 05.06.1992.

Cap. 14 – CONTROLE DE CONSTITUCIONALIDADE **617**

de cunho econômico[86]. Essa posição tem sido alvo de crítica da doutrina, mas não é pertinente aprofundar a questão aqui[87].

A noção, referida acima, de que *os associados devem ser ligados entre si pelo exercício da mesma atividade profissional ou econômica*, desdobrava-se tradicionalmente, na visão do STF, na necessidade de a entidade postulante representar a integralidade de categoria econômica, e não apenas uma "parcela setorizada" da mesma. A jurisprudência da Corte, porém, tem evoluído no sentido de abandonar ou ao menos relativizar essa necessidade.

Quanto ao *processo e a seus participantes*, a Constituição prevê, desde logo, que o Advogado-Geral da União deverá se manifestar para defender a lei impugnada (art. 103, § 3º) e que o Procurador-Geral da República deverá igualmente ser ouvido, manifestando-se como *custos legis* no sentido da validade ou invalidade da norma de acordo com sua convicção. Em algumas circunstâncias o STF – sobretudo quando já haja jurisprudência da Corte na matéria – permite que a AGU se manifeste de forma livre, e não na defesa da lei[88]. A questão é um pouco sensível, pois, na lógica constitucional, o papel da Advocacia-Geral da União é, justamente, garantir um mínimo de contraditório e de visões diversas no debate[89]. Além da AGU e do PGR, a Lei nº 9.868/1998, art. 6º, prevê que o relator pedirá informações às autoridades responsáveis pelo ato impugnado.

Paralelamente à participação de tais autoridades, a Lei nº 9.868/1998, art. 7º, § 2º, prevê que o relator poderá admitir a intervenção de outros órgãos ou entidades representativas – os *amici curiae* – diante da relevância da questão. O mecanismo tem sido amplamente usado e, como já referido, trata-se de uma oportunidade de os grupos de interesse da sociedade apresentarem suas visões e razões perante a Corte, considerando que, afinal – a despeito de se tratar de um processo objetivo no qual a questão jurídica é discutida em abstrato –, a decisão tomada afetará a sociedade em geral, e determinados grupos de forma mais específica. A Lei autoriza ainda, no art. 9º, a convocação de audiências públicas, a designação de peritos e a solicitação de informações a outros tribunais do país.

Como se verá adiante, na discussão a respeito da legitimidade do controle de constitucionalidade, um dos elementos indicados como de reforço dessa legitimidade é justamente a possibilidade de maior participação da sociedade no âmbito dos processos perante o STF. Há, porém, uma crítica a esse argumento, no sentido de que em muitos casos essa participação é puramente ritual ou simbólica, já que os votos e decisões tomadas pelos Ministros, frequentemente,

---

[86]   STF, Tribunal Pleno, ADI 894 MC/DF, rel. Min. Néri da Silveira, j. 18.11.1993, *DJ* 20.04.1995: "União Nacional dos Estudantes (...) Não se reveste, entretanto, da condição de 'entidade de classe de âmbito nacional' (...) – entendendo-se 'classe' no sentido não de simples segmento social, de 'classe social', mas de 'categoria profissional'".

[87]   Os críticos dessa posição argumentam que, por esse mecanismo, o STF inviabilizaria discussões constitucionais que não envolvam diretamente questões econômicas. V. Gustavo Binenbojm. *A nova jurisdição constitucional brasileira*. Rio de Janeiro: Renovar, 2004. p. 146 e ss.

[88]   STF, Tribunal Pleno, ADI 3916 QO/DF, rel. Min. Eros Grau, j. 03.02.2010, *DJ* 14.05.2010; STF, Tribunal Pleno, ADI 1.616/PE, rel. Min. Maurício Corrêa, j. 24.05.2001, *DJ* 24.08.2001.

[89]   Nesse sentido ressaltou o Min. Cezar Peluso no julgamento STF, Tribunal Pleno, ADI 3916 QO/DF, rel. Min. Eros Grau, j. 03.02.2010, *DJ* 14.05.2010, p. 79: "Essa função não é bem de curadoria, é função que atende ao caráter objetivo da ação direta de inconstitucionalidade, à qual, portanto, falta, por princípio, uma parte oposta interessada, capaz de exercer o contraditório. Em outras palavras, essa previsão atribui uma função específica, distinta daqueloutra em que a Advocacia, definida como órgão que tutela em juízo os interesses da União, atende à necessidade de instrução do processo objetivo da ação direta de inconstitucionalidade, para concretizar contraposição de argumentos que permita à Corte examinar com mais profundidade a arguição".

618 CURSO DE DIREITO CONSTITUCIONAL • *Ana Paula de Barcellos*

sequer citam, e menos ainda consideram ou examinam de fato os argumentos suscitados pelos *amici curiae* ou em audiências públicas[90].

Por fim, cabe uma nota sobre as *decisões que podem ser proferidas em sede de ADI e seus efeitos*. O tema é disciplinado no art. 102, § 2º e, especificamente, na Lei nº 9.868/1999. De forma objetiva, o STF pode tomar decisões cautelares e decisões finais no âmbito de uma ADI. As decisões cautelares têm caráter provisório e são tomadas em um momento inicial do processo. Elas se destinam a suspender o ato normativo impugnado desde logo, por se considerar que os argumentos apresentados para sua inconstitucionalidade são plausíveis e a manutenção de sua vigência pode produzir danos irreparáveis e efeitos irreversíveis.

Como regra geral, a decisão cautelar em ADI suspende a eficácia da lei apenas do momento que é proferida para o futuro (*ex nunc*), embora o STF possa decidir em sentido contrário, dando-lhe efeitos retroativos[91]. Em qualquer caso, o julgado produzirá efeitos *erga omnes*, nos termos do art. 11 da Lei. É bem de ver que a decisão que nega o pedido cautelar em ADI pretendido pelo autor não produz efeitos específicos nem se equipara a uma declaração de constitucionalidade: o controle difuso e incidental continuará a poder ser levado a cabo.

Quanto à decisão final – isto é, aquela proferida no fim do processo pelo STF – poderá declarar a inconstitucionalidade (julgando procedente o pedido em parte ou totalmente) ou a constitucionalidade da norma (julgando o pedido improcedente) e, em ambos os casos, qualquer que seja o resultado, essa decisão será definitiva, produzirá efeitos *erga omnes* e terá efeitos vinculantes em relação aos demais órgãos do Poder Judiciário e da Administração Pública, na linha do que prevê o art. 28 da Lei nº 9.868/1999. A declaração de inconstitucionalidade – na linha do art. 97 da Constituição – depende da manifestação da maioria absoluta dos Ministros (isto é: seis), e depende de haver um quórum mínimo de oito Ministros, nos termos do art. 22 da Lei nº 9.868/1999. Algumas observações são pertinentes neste ponto.

A decisão que declara a inconstitucionalidade pode assumir diferentes conteúdos e formatos, e a própria Lei nº 9.868/1999 o reconhece. Assim, a decisão pode declarar a inconstitucionalidade e retirar a norma do mundo jurídico. O STF pode, no entanto, atribuir uma interpretação conforme à Constituição à norma ou decidir no sentido de excluir um determinado sentido[92], por exemplo, tudo sem alteração do texto, que, aparentemente, permanecerá exatamente como foi editado pela autoridade competente, mas deverá ser interpretado e aplicado pelos demais órgãos judiciais e pela Administração nos termos definidos pelo STF. Todas essas decisões são consideradas declaração de inconstitucionalidade e têm efeitos contra todos e vinculantes[93].

Já a decisão que assenta a constitucionalidade de uma norma impugnada em sede de ADI – o oposto do que o requerente pretendia, portanto – produz também os efeitos descritos anteriormente. Na realidade, a improcedência de um pedido formulado em sede de ADI relativamente a leis ou atos normativos federais produzirá efeitos similares ao que se pretende com a ação declaratória de constitucionalidade, sobre a qual se tratará na sequência.

---

[90] V. Beatriz Castilho Costa. *A influência exercida pelo* amicus curiae *nos votos dos ministros do Supremo Tribunal Federal nos acórdãos das ações diretas de inconstitucionalidade decididas majoritariamente.* Dissertação apresentada à Escola de Direito do Rio de Janeiro da Fundação Getulio Vargas, como requisito para obtenção do título de Mestre em Poder Judiciário, 2012.

[91] Dando efeitos retroativos v. STF, Tribunal Pleno, ADI 4.698 MC/MA, rel. Min. Joaquim Barbosa, j. 1º.12.2011, *DJ* 25.04.2012.

[92] Entendendo a interpretação conforme como gênero do qual são espécies a declaração de não incidência da norma a uma determinada situação de fato e a declaração de inconstitucionalidade sem redução de texto, que consiste na exclusão de uma determinada interpretação possível v. Luís Roberto Barroso. *O controle de constitucionalidade no direito brasileiro:* exposição sistemática da doutrina e análise crítica da jurisprudência. São Paulo: Saraiva, 2016. p. 247.

[93] STF, Tribunal Pleno, Rcl 2.143 AgRg/SP, rel. Min. Celso de Mello, j. 12.03.2003, *DJ* 06.06.2003.

Cap. 14 – CONTROLE DE CONSTITUCIONALIDADE **619**

Em terceiro lugar, vale lembrar que a jurisprudência do STF tem se inclinado para a possibilidade de a decisão da Corte promover a inconstitucionalidade por arrastamento de dispositivos que não foram impugnados, quando se tornarem inaplicáveis diante do acolhimento do pedido realizado pelas partes[94].

Em quarto lugar, ressalta-se que o STF, a rigor, não está vinculado por suas próprias decisões em sede de ADI, particularmente em relação àquelas que consideram a norma constitucional[95]. Já se falou do fenômeno da inconstitucionalização progressiva: nada impede que, passado o tempo, e alteradas as circunstâncias, uma norma considerada válida em um determinado momento torne-se posteriormente inconstitucional. O STF não está impedido, portanto, de reexaminar a questão no âmbito de uma nova ADI que traga novos argumentos.

Quanto aos efeitos vinculantes da decisão proferida em sede de controle abstrato – para os outros tribunais e para os órgãos da Administração Pública –, vale observar que a jurisprudência mais recente do Supremo entende que eles só recaem sobre o dispositivo do julgado e não sobre sua fundamentação. Até o momento, portanto, não se tem admitido a transcendência dos motivos determinantes[96]. Nesse sentido, a Corte tem negado cabimento a reclamações, limitando sua utilização às hipóteses de descumprimento do dispositivo das decisões proferidas em sede de controle concentrado.

Por fim, sobre aos efeitos temporais das decisões finais proferidas em ADI pelo STF, a regra geral, como já discutido, é que elas retroajam (*ex tunc*), de modo a desfazer todos os efeitos produzidos pela norma inválida. A Lei nº 9.868/1999, art. 27, prevê expressamente, no entanto, a possibilidade de modulação temporal dos efeitos dessas decisões, diante de razões de "segurança jurídica ou de excepcional interesse social", e por manifestação de 2/3 dos Ministros da Corte. O tema será aprofundado mais adiante em tópico próprio.

As decisões que consideram constitucionais as normas impugnadas não suscitam – como regra – o tema dos efeitos temporais, já que elas apenas mantêm a presunção de validade inerente aos atos normativos. Há ao menos um caso, no entanto, em que o debate se colocou. Discutia-se a validade de dispositivos da Lei de Responsabilidade Fiscal (LC nº 101/2000) que previam uma série de sanções para autoridades públicas no caso de descumprimento de suas previsões[97]. A validade da norma foi reconhecida e a ADI julgada improcedente, mas o STF entendeu por bem modular os efeitos de tal decisão, determinando que a norma produziria efeitos apenas a partir daquele momento para o futuro, tendo em vista a controvérsia que havia se estabelecido acerca de sua validade e por seu descumprimento generalizado pelas autoridades.

14.5.2   Ação declaratória de constitucionalidade (ADC)

A ação declaratória de constitucionalidade (ADC) foi criada pela EC nº 3/1993 e seu *objeto* é obter a declaração da constitucionalidade de lei ou ato normativo federal com efeitos

---

[94]   Trata-se de verdadeira inconstitucionalidade consequencial, como foi assentado no STF, Tribunal Pleno, ADI 1.358/DF, rel. Min. Gilmar Mendes, j. 04.02.2015, *DJ* 03.03.2015: "Por sua intrínseca dependência normativa em relação ao restante dos dispositivos da lei, padece de inconstitucionalidade consequencial."

[95]   Luís Roberto Barroso. *O controle de constitucionalidade no direito brasileiro:* exposição sistemática da doutrina e análise crítica da jurisprudência. São Paulo: Saraiva, 2016. p. 244-245, considera que a decisão que julga improcedente o pedido e declara sua constitucionalidade tem efeitos vinculantes, mas não preclusivos, como ocorreria na coisa julgada. Essa eficácia vinculante, porém, não atingiria o próprio STF.

[96]   STF, 2ª T., Rcl 23.349 AgRg/SP, rel. Min. Celso de Mello, j. 14.10.2016, *DJ* 24.11.2016; e STF, 1ª T., Rcl 19.384 AgRg/DF, rel. Min. Roberto Barroso, j. 07.06.2016, *DJ* 22.06.2016. Além disso, exige-se a existência de relação de identidade estrita entre o ato impugnado e o paradigma supostamente violado. Neste sentido: Rcl 6.040 ED, rel. Min. Teori Zavascki; Rcl 11.246 AgRg, rel. Min. Dias Toffoli; Rcl 15.578 AgRg, rel. Min. Celso de Mello, entre outros.

[97]   STF, Tribunal Pleno, ADI 3756 ED/DF, rel. Min. Carlos Britto, j. 24.10.2007, *DJ* 23.11.2007.

erga omnes e vinculantes contra os demais órgãos do Judiciário e da Administração. Ou seja: julgada procedente uma ADC, o Judiciário e a Administração já não poderão deixar de aplicar a norma por considerá-la inconstitucional[98]. O mecanismo também é disciplinado, além das previsões constitucionais, pela Lei nº 9.868/1999, já mencionada.

A criação da ADC causou alguma perplexidade e preocupação iniciais e sua validade foi inclusive impugnada perante o STF, que considerou, no entanto, que a EC nº 3/1993 era constitucional[99]. A perplexidade decorria do seguinte raciocínio: se as normas e atos normativos já gozam de presunção de validade e produzem efeitos de modo automático e imperativo, para que serviria uma ação destinada a obter decisão do STF com esses mesmos efeitos?

A preocupação, por seu turno, era a de que a ADC se transformasse em um instrumento para bloquear e impedir discussões judiciais referentes à validade de atos normativos no âmbito do controle difuso. Reforçava essa preocupação a circunstância de que, inicialmente, seriam considerados legitimados ativos para propor essa ação apenas o Presidente da República, a Mesa do Senado Federal, a Mesa da Câmara dos Deputados ou o Procurador-Geral da República.

A utilidade da ADC e seu propósito ficam claros considerando o *requisito de cabimento* que o STF passou a exigir para seu manejo e que foi consolidado na lei[100]. O cabimento da ADC depende da *demonstração de que existe controvérsia judicial relevante acerca da aplicação da norma cuja declaração de constitucionalidade se pretende*. Ou seja: o cabimento da ADC depende de se demonstrar que a presunção de validade da norma já não corresponde à realidade normativa, com múltiplas decisões judiciais que a consideram inválida.

Quanto à preocupação de que a ADC poderia se tornar um instrumento autoritário, felizmente, até o momento, isso não se verificou. A EC nº 45/2004 ampliou o rol de *legitimados ativos* que passou a ser idêntico ao da ADI, aplicando-se também aqui o que se discutiu acima sobre a distinção entre legitimados universais e especiais, a exigência de pertinência temática quanto a estes últimos, e as particularidades relativamente ao que se considera entidade de classe de âmbito nacional. Com efeito, uma das decisões mais relevantes do STF nos últimos 10 anos – a que considerou inválidas práticas de nepotismo no âmbito do Judiciário – foi proferida no âmbito de uma ADC ajuizada por uma associação de classe de âmbito nacional[101].

Quanto ao *processo e seus participantes*, as mesmas regras previstas para a ADI se aplicam, com exceção da participação da AGU, que não terá ocasião. A decisão na ADC depende também do mesmo quórum quanto aos Ministros presentes (oito) e do mesmo número de seis votos para a formação da maioria absoluta. Quanto às *decisões possíveis e seus efeitos*, porém, alguns comentários particulares devem ser feitos.

Como referido, o objetivo da ADC é obter uma decisão com eficácia contra todos e vinculante de que determinada norma é constitucional, encerrando, portanto, o debate sobre o

---

[98] Sobretudo até a Constituição de 1988, admitia-se que a Administração Pública poderia negar-se a dar execução a uma lei por considerá-la inconstitucional. A possibilidade é hoje menos admitida tendo em vista a ampliação dos mecanismos de controle de constitucionalidade, particularmente abstratos, e a legitimação ativa atribuída aos Chefes dos Executivos Federal e Estadual para manejá-los. Situação particular é a dos prefeitos, que não receberam atribuição equivalente. Sobre o tema v. Flávio da Silva Andrade. Sobre a possibilidade de controle de constitucionalidade de lei pelo Poder Executivo. *Revista CEJ*, Brasília, n. 52, jan.-mar. 2011, p. 6-11; Peter John Arrowsmith Cook Júnior. A recusa à aplicação de lei pelo Executivo, sob o juízo de inconstitucionalidade. *Revista de Informação Legislativa*, Brasília, n. 136, out.-dez.1997, p. 355-360; Luís Roberto Barroso. *O controle de constitucionalidade no direito brasileiro*: exposição sistemática da doutrina e análise crítica da jurisprudência. São Paulo: Saraiva, 2016. p. 92-96.

[99] STF, Tribunal Pleno, ADC 1 QO/DF, rel. Min. Moreira Alves, j. 27.10.1993, *DJ* 16.06.1995.

[100] Lei nº 9.868/1999, art. 14, III; e STF, Tribunal Pleno, ADC 8 MC/DF, rel. Min. Celso de Mello, j. 13.10.1999, *DJ* 04.04.2003.

[101] STF, Tribunal Pleno, ADC 12/DF, rel. Carlos Britto, j. 20.08.2008, *DJ* 18.12.2009.

Cap. 14 – CONTROLE DE CONSTITUCIONALIDADE **621**

tema, sobretudo no âmbito do controle difuso e incidental. A rigor, este é exatamente o efeito produzido por uma eventual decisão do STF que julgue improcedente ADI na qual se discutisse lei ou ato normativo federal. Daí por que parte da doutrina observa que a ADI e a ADC são, de certo modo, ações dúplices ou opostas: a procedência de uma produz o mesmo resultado da improcedência da outra. Esse paralelismo é correto, salvo no que diz respeito ao objeto – já que a ADC se ocupa apenas de normas federais, e não estaduais – e no que diz respeito às decisões cautelares.

No âmbito da ADI, como se viu, o objeto da medida cautelar é suspender desde logo os efeitos da norma impugnada. Caso deferida a cautelar, a norma já não poderá ser aplicada pela Administração e pelos demais órgãos do Judiciário; caso indeferida, nenhum efeito específico se segue dessa decisão.

Quanto à ADC, a Lei nº 9.868/1999, art. 21, prevê que o STF poderá deferir, por maioria absoluta, pedido cautelar para o fim de determinar "que os juízes e os Tribunais suspendam o julgamento dos processos que envolvam a aplicação da lei ou do ato normativo objeto da ação até seu julgamento definitivo". A Lei prevê, entretanto, um limite de 180 dias para esse efeito paralisante das demandas: caso a ADC não seja julgada nesse prazo, os processos poderão retomar seu curso.

Vale o registro de que essas previsões referentes ao prazo e até mesmo ao quórum em relação à medida cautelar em ADC acabaram se esvaziando ao longo do tempo. Em primeiro lugar, o STF tem entendido possível a prorrogação desse prazo. Além disso, a Corte entende hoje que os relatores podem determinar, sem prazo algum, a suspensão dos processos em curso que discutam, como questão prejudicial, tema reconhecido como de repercussão geral[102].

Quanto aos efeitos no tempo, como já referido, em geral não haverá muito sentido – em tese – em discutir a retroatividade ou não da decisão que, afinal, confirma a constitucionalidade de determinada norma, embora, como mencionado acima, situações particulares podem se colocar e justificar esse debate. A eventual decisão em ADC que julga improcedente o pedido e declara a norma inconstitucional equivale a uma decisão de procedência em ADI, aplicando-se a ela o que já se discutiu.

Duas observações para concluir. Como referido anteriormente, é possível que a questão da constitucionalidade de uma norma, que já tenha sido reconhecida pelo STF, seja recolocada perante a Corte, caso se verifique um processo de inconstitucionalização progressiva. Além disso, é possível também que o STF reconheça – e já aconteceu – que a declaração de constitucionalidade em abstrato de um enunciado normativo poderá conviver com a eventual inconstitucionalidade concreta de determinadas incidências desse enunciado, a ser apreciada no âmbito do controle difuso e incidental[103]. O ponto foi discutido no tópico 14.2.5 *Constitucionalidade em tese/em abstrato e inconstitucionalidade em concreto*.

14.5.3   Arguição de descumprimento de preceito fundamental (ADPF)

O dispositivo constitucional que trata da arguição de descumprimento de preceito fundamental (ADPF) (art. 102, § 1º) nada dispõe sobre seu objeto ou mesmo sobre a legitimidade ativa para a sua propositura, limitando-se a enunciar a existência da ação e a estabelecer a competência do STF para o seu julgamento. A falta de norma regulamentadora manteve o mecanismo inaplicável até 1999, quando finalmente foi editada a Lei nº 9.882/1999. Contra a referida lei, ainda está pendente de julgamento pelo STF ação direta na qual se questiona

---

[102]   STF, Tribunal Pleno, RE 576155 QO/DF, rel. Min. Ricardo Lewandowski, j. 11.06.2008, *DJ* 12.09.2008.

[103]   STF, Tribunal Pleno, ADI 223 MC/DF, rel. p/ acórdão Min. Sepúlveda Pertence, j. 05.04.1990, *DJ* 29.06.1990.

sua constitucionalidade[104]. A verdade, porém, é que a própria Corte Suprema já incorporou a ADPF à sua rotina processual. Isto é: a disciplina concreta do mecanismo é encontrada na Lei nº 9.882/1999[105].

Nos termos dessa lei, o cabimento da ADPF depende, de forma geral, da presença cumulativa de três requisitos: (i) a nova ação tem como *objeto* possível atos do Poder Público; (ii) visa a sanar lesão ou violação a preceito constitucional fundamental – este, portanto, seu *parâmetro de controle*; e (iii) apenas poderá ser utilizada se não existir outro meio eficaz de sanar a lesividade em discussão – trata-se da noção da *subsidiariedade*. Cada um desses requisitos merece alguns comentários.

Nos termos do art. 1º da Lei nº 9.882/1999, a ADPF presta-se à impugnação de atos do Poder Público que violam diretamente preceito fundamental, sendo seu objetivo, em última análise, a definição do sentido e alcance do preceito fundamental, e não discutir mera violação reflexa ou indireta à Constituição. A doutrina e a jurisprudência convergem no sentido de que, em princípio, tais atos podem ser de qualquer natureza, por ação ou omissão, produzidos por qualquer um dos entes federativos: leis e demais atos normativos – incluindo o chamado Direito pré-constitucional –, atos administrativos e até atos jurisdicionais[106]. A doutrina cogita, inclusive, a possibilidade de que sejam impugnados atos emanados de particulares no exercício de função pública, à semelhança do que se admite em sede de mandado de segurança e *habeas corpus*. Apenas os atos verdadeiramente privados ficariam peremptoriamente excluídos do âmbito da ADPF.

Como não poderia ser diferente, a jurisprudência do STF também não estabelece restrições casuísticas ao cabimento da ação. É verdade que algumas decisões têm transportado para o âmbito da ADPF a ideia tradicional de que não seria cabível a impugnação dos chamados *atos políticos*, como eventuais vetos do Chefe do Poder Executivo a dispositivo de lei aprovado pelo Legislativo[107]. Nesses casos, porém, o fundamento invocado é a suposta ilegitimidade do próprio controle por parte do Poder Judiciário, em qualquer via, com base na ideia de que tais atos constituiriam decisões essencialmente políticas, reservadas de forma exclusiva aos agentes eleitos. Mas mesmo essa linha restritiva já se encontra mitigada, admitindo-se a possibilidade de controle sempre que haja risco de ofensa a direitos[108].

Como se viu, a ação direta de inconstitucionalidade apenas pode ter como objeto lei ou ato normativo federal ou estadual: não são admitidos, em seu escopo, atos normativos municipais. Além disso, o STF entendeu igualmente que leis ou atos normativos federais ou estaduais anteriores a 5 de outubro de 1988 também não podem ser objeto de impugnação via ADI. Em tese, leis e atos normativos anteriores à Constituição de 1988 bem como normas municipais enquadram-se na noção de "ato do Poder Público" de modo que, presentes os demais requisitos,

---

[104] Trata-se da ADI.231/DF, ajuizada pelo Conselho Federal da OAB.

[105] A Lei nº 9.882/1999 instituiu duas modalidades de arguição: i) ADPF autônoma, destinada a atacar qualquer ato do Poder Público contrário a preceito fundamental; ii) ADPF incidental – prevista no § 1º do art.1º e destinada a solucionar controvérsia constitucional relevante acerca de atos normativos federais, estaduais ou municipais. Os três requisitos referidos na sequência do texto são exigidos em qualquer das duas hipóteses, sendo que, na ADPF incidental, há requisitos adicionais. Na prática, a distinção perdeu sua importância, já que os legitimados são os mesmos e podem se valer da ADPF autônoma também nas hipóteses de controvérsia envolvendo atos normativos.

[106] Nesse sentido, com indicação de doutrina adicional e suporte em decisões do STF, v. Luís Roberto Barroso. *O controle de constitucionalidade no direito brasileiro:* exposição sistemática da doutrina e análise crítica da jurisprudência. São Paulo: Saraiva, 2016. p.321 e ss.

[107] STF, Tribunal Pleno, ADPF 1 QO/RJ, rel. Min. Néri da Silveira, j. 03.02.2000, *DJ* 07.11.2003.

[108] Nesse sentido, a título de exemplo, v. STF, Tribunal Pleno, MS 24.831/DF, rel. Min. Celso de Mello, j. 22.06.2005, *DJ* 24.08.2006.

Cap. 14 – CONTROLE DE CONSTITUCIONALIDADE **623**

a ADPF será viável. A partir da edição da Lei nº 9.882/1999, portanto, passa a existir ação abstrata, objetiva e de caráter nacional capaz de impugnar atos normativos municipais em face da Constituição Federal[109], bem como a legislação anterior, embora o parâmetro possível de controle não seja a Constituição como um todo, mas apenas os chamados *preceitos fundamentais*, como se verá na sequência.

Definido o objeto possível, qual o parâmetro de controle a ser utilizado pelo STF no âmbito da ADPF? O ato deve ser impugnado sob a alegação de que viola de forma direta algum dos preceitos fundamentais da Constituição, atribuindo-lhe interpretação ou alcance inadequados[110]. Caso a alegação dependa da interpretação da ordem infraconstitucional, a ADPF não será cabível. Como se percebe, embora o objeto a ser controlado possa ser mais amplo do que na ADI (ato do Poder Público) o parâmetro de controle na ADPF é mais restrito, limitando-se aos preceitos fundamentais, cujo catálogo não se encontra enunciado, quer na Constituição, quer na Lei nº 9.882/1999. Nada obstante, a doutrina e a jurisprudência do STF já avançaram significativamente no esforço de densificação do conceito, assentando pelo menos dois pontos pacificamente aceitos.

Em primeiro lugar, o termo preceito fundamental é genérico, podendo abarcar regras ou princípios. Isto é: a expressão não deve ser equiparada a *princípio*, sendo possível identificar também *regras* típicas que devem ser enquadradas nessa categoria[111]. Em segundo lugar, embora não se tenha uma delimitação definitiva do alcance do termo, é possível apontar certas normas constitucionais que inegavelmente se enquadram na categoria: (a) todo o Título I da Constituição (arts. 1º a 4º), que abarca os fundamentos e objetivos fundamentais, bem como as decisões políticas estruturantes; (b) o catálogo de direitos fundamentais, compreendendo os direitos individuais, coletivos, sociais e políticos; (c) as cláusulas pétreas, previstas no art. 60, § 4º; (d) os chamados princípios constitucionais sensíveis, previstos no art. 34, VII, cuja violação acarreta intervenção federal[112].

Por fim, o legislador optou por dar à ADPF um caráter subsidiário, limitando seu cabimento aos casos em que não se verifique a existência de outro meio processual apto a sanar o estado de lesividade. Confiram-se os termos do art. 4º, § 1º, da Lei nº 9.882/1999: "Não será admitida arguição de descumprimento de preceito fundamental quando houver qualquer outro meio eficaz de sanar a lesividade".

Embora alguns autores defendam que a exigência seria inconstitucional – por instituir limitação ao cabimento de uma ação prevista pela própria Constituição[113] – a doutrina e a jurisprudência dominantes concentraram seus esforços na definição do sentido em que essa subsidiariedade deve ser compreendida. Uma primeira interpretação possível levaria a assertiva de que a via da ADPF estará obstruída sempre que houver *qualquer* outro meio de acesso ao

---

[109] A Constituição prevê, em seu art. 125, § 2º, a representação de inconstitucionalidade, de competência dos Tribunais de Justiça, em face de leis ou atos normativos estaduais ou municipais; o parâmetro de controle, porém, e como se sabe, será a Constituição do Estado-membro, e não a Federal.

[110] Lei nº 9.882/1999, art. 10.

[111] Nesse sentido, v., por todos, André Ramos Tavares. *Tratado da arguição de preceito fundamental*: Lei 9.868/99 e Lei 9.882/99. São Paulo: Saraiva, 2001. p. 117.

[112] STF, Tribunal Pleno, ADPF 33 MC/PA, rel. Min. Gilmar Mendes, j. 29.10.2003, *DJ* 06.08.2004.

[113] Nesse sentido, vejam-se José Afonso da Silva. Comentários de acórdãos. In: Associação Brasileira de Constitucionalistas Democratas (org.). *Cadernos de soluções constitucionais*. São Paulo: Malheiros, 2003. v. 1, p. 257-260; e, especialmente, André Ramos Tavares. Arguição de descumprimento de preceito constitucional fundamental: aspectos essenciais do instituto na Constituição e na lei. In: André Ramos Tavares; Walter Claudius Rothenburg (orgs.). *Arguição de descumprimento de preceito fundamental*: análise à luz da lei nº 9.882/99. São Paulo: Saraiva, 2001. p. 42-48.

Judiciário – incluindo ações subjetivas e mesmo recursos[114]. Sob essa ótica literal, contudo, o mecanismo ficaria claramente esvaziado, tornando sua utilização marginal. Por minimizar a efetividade da previsão constitucional, essa interpretação não deve ser privilegiada.

Não por outra razão, prevaleceu na doutrina, e também no âmbito do STF, orientação diversa, segundo a qual a ADPF somente não será cabível quando houver outro meio *igualmente eficaz* para afastar a suposta lesão ou ameaça de lesão ao preceito fundamental[115]. Explica-se. Nos termos do art. 10, § 3º, da Lei nº 9.882/1999, a decisão pela ADPF é dotada de eficácia geral e vinculante em relação aos demais órgãos do Poder Público. Como regra, tal eficácia será necessária para superar a ofensa a preceitos fundamentais de maneira satisfatória, de modo que o cabimento de ADPF somente será afastado se houver à disposição outras ações capazes de produzir efeitos vinculantes de igual natureza[116].

Assim, a ideia é a de que a ADPF será cabível e poderá ser ajuizada, uma vez presentes os demais requisitos, quando inexistir outro mecanismo capaz de sanar adequadamente a lesão, ou seja, quando o afastamento da ofensa ao preceito fundamental depender da obtenção de um provimento com a eficácia própria dos processos objetivos (efeitos *erga omnes* e vinculantes) e não for possível o ajuizamento de outras ações dessa espécie, notadamente a ADI e a ADC.

Em resumo: a ADPF é um mecanismo de controle concentrado da constitucionalidade dos atos do Poder Público que se diferencia da ação direta de inconstitucionalidade (ADI) em dois aspectos fundamentais. O *primeiro* é o *objeto* mais amplo, uma vez que se pode ajuizar ADPF contra quaisquer atos estatais, e não apenas contra atos de conteúdo normativo. O *segundo* aspecto reside no *paradigma de controle*, que aqui é mais reduzido do que o verificado no âmbito da ADI. De fato, a ADPF não é cabível para se arguir violação a qualquer dispositivo da Constituição, como na ADI, mas apenas a um conjunto mais restrito de normas, identificadas como *preceitos fundamentais*. Adicionalmente, exige-se o requisito da *subsidiariedade* para que a ação seja cabível.

Três notas finais antes de prosseguir. Em primeiro lugar, os legitimados ativos para ajuizar ADPF, nos termos da Lei nº 9.882/1999, são os mesmos da ADI, aplicando-se aqui o que já se discutiu a respeito deles. O projeto aprovado pelo Congresso Nacional previa a possibilidade de "qualquer pessoa lesada ou ameaçada por ato do Poder Público" ajuizar também a chamada ADPF, mas o dispositivo foi vetado pelo Chefe do Executivo. Os Prefeitos continuam excluídos da listagem, embora normas municipais possam vir a ser questionadas no âmbito de ADPFs. Em segundo lugar, quanto ao procedimento, as regras são no geral as mesmas previstas para a ADI (salvo no que diz respeito à participação da AGU).

Quanto às decisões proferidas no âmbito da ADPF, há a possibilidade de cautelar. Seus efeitos são os mesmos daqueles associados às decisões em ADI – *erga omnes* e vinculantes – e também aqui há a possibilidade de, por maioria de 2/3, os Ministros decidirem no sentido de modular no tempo os efeitos de decisão que tenha decidido pela inconstitucionalidade de lei ou ato normativo.

---

[114] Alexandre de Moraes. Comentários à Lei n.º 9.882/99 – Arguição de descumprimento de preceito fundamental. In: André Ramos Tavares; Walter Claudius Rothenburg (orgs.). *Arguição de descumprimento de preceito fundamental*: análise à luz da lei nº 9.882/99. São Paulo: Saraiva, 2001. p. 26-27.

[115] Luís Roberto Barroso. *O controle de constitucionalidade no direito brasileiro*: exposição sistemática da doutrina e análise crítica da jurisprudência. São Paulo: Saraiva, 2016. p. 337-338.

[116] STF, Tribunal Pleno, ADPF 33 MC/PA, rel. Min. Gilmar Mendes, j. 07.12.2005, *DJ* 27.10.2006: "Princípio da subsidiariedade (art. 4º, § 1º, da Lei nº 9.882/1999): inexistência de outro meio eficaz de sanar a lesão, compreendido no contexto da ordem constitucional global, como aquele apto a solver a controvérsia constitucional relevante de forma ampla, geral e imediata. (...) A existência de processos ordinários e recursos extraordinários não deve excluir, *a priori*, a utilização da arguição de descumprimento de preceito fundamental, em virtude da feição marcadamente objetiva dessa ação".

A particularidade da ADPF diz respeito aos conteúdos possíveis das decisões a serem tomadas, sobretudo no caso das cautelares. Isso porque, embora a ADPF possa veicular um debate sobre a constitucionalidade ou não de um ato normativo – outras discussões serão possíveis, dependendo do ato concreto do Poder Público que esteja sendo questionado – a providência necessária para sanar a violação ao preceito fundamental poderá não envolver propriamente ou apenas a declaração de inconstitucionalidade de uma norma.

Assim, ao tratar das decisões liminares, o art. 5º, § 3º, da lei afirma que a "liminar poderá consistir na determinação de que juízes e tribunais suspendam o andamento de processos ou os efeitos de decisões judiciais, ou de qualquer outra medida que apresente relação com a matéria objeto da arguição de descumprimento de preceito fundamental, salvo se decorrentes da coisa julgada". Julgada a ação, nos termos do art. 10: "Far-se-á comunicação às autoridades ou órgãos responsáveis pela prática dos atos questionados, fixando-se as condições e o modo de interpretação e aplicação do preceito fundamental". Como é fácil perceber, o escopo possível de decisões no âmbito da ADPF é mais amplo do que aquele próprio da ADI e da ADC.

14.5.4 Ação direta de inconstitucionalidade (ADI) por omissão

A Constituição de 1988 criou dois mecanismos para lidar com o fenômeno da inconstitucionalidade por omissão: a ação direta de inconstitucionalidade por omissão, sobre a qual se tratará agora, e o mandado de injunção, de que se cuidará na sequência. A Constituição trata da ADI por omissão (ou ADO) no art. 103, § 2º, com a seguinte disposição: "Declarada a inconstitucionalidade por omissão de medida para tornar efetiva norma constitucional, será dada ciência ao Poder competente para a adoção das providências necessárias e, em se tratando de órgão administrativo, para fazê-lo em trinta dias". O objetivo da ADI por omissão, portanto, é verificar a omissão inconstitucional e comunicá-la ao órgão omisso, gerando assim uma espécie de ônus político para o poder competente. No caso de omissões administrativas, como se verá, a Constituição prevê a fixação de um prazo para que a omissão seja sanada. Embora esse seja o teor do texto constitucional acerca da decisão possível em sede de ADI por omissão, a jurisprudência do STF tem desenvolvido outras soluções, sobretudo no que diz respeito à omissão legislativa como se verá adiante.

No plano legislativo, a Lei nº 9.868/1999, com as alterações introduzidas pela Lei nº 12.063/2009, passou também a disciplinar a ADI por omissão, em parte reproduzindo a jurisprudência do STF e em parte trazendo inovações ainda não inteiramente desenvolvidas, particularmente no que diz respeito à possibilidade de medida cautelar em sede de ADI por omissão.

Ela é, a rigor, uma espécie de ação direta de inconstitucionalidade, com os mesmos legitimados e o mesmo procedimento básico. A particularidade de seu objeto é que ela visa a declarar a inconstitucionalidade de uma omissão, e não de uma lei ou ato normativo federal ou estadual (como no caso da ADI) ou de um ato do Poder Público de forma mais ampla (ADPF). A lógica subjacente a seu escopo é a seguinte: existe um dever constitucional dirigido a algum órgão ou entidade público no sentido de editar norma, praticar ato ou tomar alguma medida para o fim de tornar efetiva norma constitucional, mas esse dever foi descumprido, daí a omissão inconstitucional.

O STF já admitia, e nesse sentido foi explicitado pela lei, que a omissão pode ser total ou parcial, sendo particularmente relevante, no caso da omissão parcial, aquela que se torna inconstitucional por violação ao princípio da igualdade. O ponto foi discutido acima de forma específica, ao se tratar de forma geral do fenômeno da inconstitucionalidade por omissão. No caso de omissão parcial, é bem de ver, o STF não estará lidando apenas com uma omissão, ou um vazio, mas com um ato comissivo – tal qual em uma ADI normal – que veicula uma omissão parcial inconstitucional e que, portanto, permitirá à Corte soluções diversas daquelas disponíveis diante de uma omissão completa.

Uma distinção importante, que consta da Constituição e da lei, é a que classifica as omissões inconstitucionais em legislativas e administrativas, já que o conteúdo da decisão da ADI por omissão terá contornos diferentes em cada caso. Na hipótese de omissões administrativas, o Poder competente será comunicado da decisão no sentido da inconstitucionalidade de sua omissão e fixado prazo de 30 dias, ou outro que se julgue apropriado, para que as providências necessárias sejam tomadas[117]. Ou seja: no caso de omissões administrativas a decisão judicial contém uma ordem, e não apenas uma comunicação da omissão.

Embora não caiba aprofundar a discussão aqui, é certo que as omissões administrativas podem ser bastante diversas e apresentar complexidades variadas. A omissão, por exemplo, na expedição de um decreto regulamentador de uma lei, é relativamente fácil de ser sanada. A implementação de determinadas políticas públicas, por seu turno, demanda em geral múltiplos atos administrativos ao longo do tempo, além de frequentemente depender também de atos legislativos, no mínimo da alocação de verba nos orçamentos. O registro é feito porque dificilmente, no caso de políticas públicas, a mera fixação de um prazo (ainda que mais longo) será suficiente para induzir a ação administrativa capaz de sanar a omissão inconstitucional. Algum sistema de monitoramento mais permanente terá de ser concebido e implementado para que a decisão judicial tenha o efeito pretendido.

Paralelamente às omissões administrativas, existem as omissões legislativas (embora, como visto, determinadas omissões possam envolver ambas as atividades estatais). Elas surgem de previsões constitucionais que exigem, para sua efetividade, a edição de lei: passado um tempo razoável, a lei não foi editada e a norma constitucional permanece com sua eficácia paralisada. A ADI por omissão pretende reconhecer esse vazio e comunicá-lo ao órgão omisso. Há, aqui, algumas considerações que merecem ser feitas sobre as omissões legislativas.

Em primeiro lugar, a exigência de projetos de lei sobre o tema acerca do qual a Constituição exige a edição de norma não descaracteriza a omissão inconstitucional, sobretudo depois de tanto tempo passado da promulgação do texto constitucional.

Em segundo lugar, diferente do que se passa com as autoridades administrativas – para as quais é possível expedir uma ordem –, não é possível obrigar o Poder Legislativo a legislar, de modo que forma de sanar a omissão legislativa terá de se valer de outros meios. No caso da ADI por omissão, o escopo de sua decisão tal qual previsto na Constituição, na hipótese de omissão legislativa, é apenas comunicar o Poder competente de sua falha, dando publicidade ao fato: ao menos esse era o entendimento geral durante os primeiros anos da Constituição. Desde 2007, o STF tem fixado também prazo para que a omissão seja sanada, embora seu descumprimento pelo Legislativo não tenha qualquer consequência específica[118] para além do ônus político.

---

[117] Lei nº 9.868/1999, art. 12-H.

[118] No julgamento da ACO 1044 (rel. Min. Luiz Fux, j. 30.11.2016), o STF entendeu pela possibilidade não só de declarar a mora e fixar prazo para seu cumprimento, mas estabeleceu medidas caso a situação legislativa não seja resolvida. Consta do *Informativo* 849 do STF: "O Plenário, em conclusão, julgou procedente ação direta de inconstitucionalidade por omissão ajuizada em face de alegada lacuna legislativa, no tocante à edição, pelo Congresso Nacional, da lei complementar prevista no art. 91 do ADCT, incluído pela Emenda Constitucional nº 42/2003 ('Art. 91. A União entregará aos Estados e ao Distrito Federal o montante definido em lei complementar, de acordo com critérios, prazos e condições nela determinados, podendo considerar as exportações para o exterior de produtos primários e semielaborados, a relação entre as exportações e as importações, os créditos decorrentes de aquisições destinadas ao ativo permanente e a efetiva manutenção e aproveitamento do crédito do imposto a que se refere o art. 155, § 2º, X, *a.*') (...) O Tribunal estabeleceu, também por decisão majoritária, que, na hipótese de o mencionado prazo transcorrer *in albis*, caberá ao Tribunal de Contas da União (TCU): a) fixar o valor total a ser transferido anualmente aos Estados-Membros e ao Distrito Federal, considerando os critérios dispostos no art. 91 do ADCT, a saber, as exportações para o exterior de produtos primários e semielaborados, a relação entre as exportações e as importações, os créditos decorrentes de aquisições destinadas ao ativo permanente e a efetiva manutenção e aproveitamento do

Esse tipo de decisão, mesmo com a agregação de um prazo, era tradicionalmente visualizada no Brasil como pouco efetiva e relevante, tendo em vista a reiterada omissão dos Poderes competentes brasileiros, mesmo após várias decisões do STF declarando sua mora. Vale notar que essa circunstância é própria da realidade nacional e não do instrumento em si, já que em outros lugares do mundo, como se viu, ações com efeitos similares – meras comunicações de Cortes Supremas ou Tribunais Constitucionais ao Legislativo e ao Executivo para que eles tomem determinadas providências – têm consequências políticas bastante diversas, sendo raramente ignoradas. Esse contexto nacional tem levado a jurisprudência do STF a expandir as soluções adotadas no âmbito de ADIs por omissão.

Em determinadas ocasiões, o STF continua a declarar a omissão legislativa, fazer a comunicação ao órgão omisso e estabelecer um prazo para que a omissão seja sanada, sem associar ao fim desse prazo qualquer consequência específica. Foi o que aconteceu na ADO nº 27, na qual a Corte declarou a mora do Congresso em regular o Fundo de Garantia das Execuções Trabalhistas, previsto pelo art. 3º da EC nº 45/2024 e fixou o prazo de 24 meses para que a omissão inconstitucional fosse sanada. Os Ministros chegaram a discutir se o prazo deveria ser fixado ou não, considerando sua inutilidade, mas ao fim ele foi mantido pela maioria.

O mesmo aconteceu na ADO nº 74, ocasião em que o STF declarou inconstitucional a omissão legislativa do Congresso em disciplinar o adicional de penosidade de que trata o art. 7º, XXIII. A Corte fixou um prazo de 18 meses para que a omissão seja sanada, esclarecendo que o prazo nesse caso não veiculava "imposição de prazo para a atuação legislativa do Congresso Nacional, mas apenas da fixação de um parâmetro temporal razoável para que o Congresso Nacional supra a mora legislativa, nos termos do voto do Relator". O Ministro Fachin restou vencido sugerindo que, vencido o prazo e mantida a omissão legislativa, caberia ao STF deliberar sobre o tema.

Em outros casos, porém, soluções similares à sugerida pelo Min. Fachin na ADO nº 74 têm sido efetivamente adotadas pela Corte em outras decisões. Na ADO nº 25, os requerentes sustentavam a omissão inconstitucional do Congresso Nacional em editar a lei complementar de que trata o art. 91 do ADCT, que deve regulamentar critérios para a entrega de determinados recursos que descreve, pela União, aos Estados e ao Distrito Federal. A lei complementar não foi editada e o STF declarou a mora legislativa e comunicou-a ao Legislativo. Além disso, entretanto, a Corte decidiu que, passados 12 meses de sua decisão sem a edição da lei complementar, caberia ao Tribunal de Contas da União fixar desde logo o montante devido aos Estados e ao DF, considerando os critérios já indicados no art. 91 do ADCT, bem como os entendimentos firmados entre os próprios Estados e o DF no âmbito do Conselho Nacional de Política Fazendária (Confaz).

Na ADO nº 38, o STF considerou inconstitucional a omissão do Congresso em atualizar a representação proporcional da população dos Estados na Câmara dos Deputados, fixou até 30 de junho de 2025 como prazo para que a omissão fosse sanada e determinou, caso a omissão persista, que até 1º de outubro de 2025 o TSE deverá "determinar o número de deputados federais de cada Estado e do Distrito Federal para a legislatura que se iniciará em 2027, bem como o consequente número de deputados estaduais e distritais (CF, arts. 27, *caput*, e 32, § 3º), observado o piso e o teto constitucional por circunscrição e o número total de parlamentares previsto na LC nº 78/1993, valendo-se, para tanto, dos dados demográficos coletados pelo IBGE no Censo 2022 e da metodologia utilizada por ocasião da edição da Resolução-TSE 23.389/2013".

---

crédito do imposto a que se refere o art. 155, § 2º, X, *a*, do texto constitucional; b) calcular o valor das quotas a que cada um fará jus, levando em conta os entendimentos entre os Estados-Membros e o Distrito Federal realizados no âmbito do Conselho Nacional de Política Fazendária (Confaz)".

Na ADO nº 20, o STF declarou a omissão legislativa do Congresso Nacional em regular a licença-paternidade de que trata o art. 7º, XIX, fixou um prazo de 18 meses para que o Poder Legislativo sane a omissão, e registrou que, persistindo a omissão, o STF estará autorizado a deliberar sobre as condições concretas necessárias ao gozo do direito fundamental à licença-paternidade.

Um outro desenvolvimento da jurisprudência do STF envolve a criação ou adoção imediata de norma visando sanar a omissão, que poderá vir a ser superada pela norma editada pelo poder competente. Ou seja: em vez de fixar um prazo depois do qual, mantida a omissão, o STF ou algum outro órgão poderá produzir normatividades para garantir a eficácia da norma constitucional, inverte-se a lógica com a adoção imediata de uma solução normativa, que o poder omisso poderá vir a superar. Trata-se de uma aproximação entre a ADI por omissão e o mandado de injunção, que pode ser descrita como uma espécie de mutação constitucional que vem sendo levada a cabo pelo STF.

O caso mais famoso no qual o STF levou a cabo esse tipo de solução foi na ADO nº 26. O requerente da ADO nº 26 sustentava que haveria omissão inconstitucional do Congresso Nacional em "cumprir o mandado de incriminação a que se referem os incisos XLI e XLII do art. 5º da Constituição, para efeito de proteção penal aos integrantes do grupo LGBT". Os dois dispositivos do art. 5º preveem que "a lei punirá qualquer discriminação atentatória dos direitos e liberdades fundamentais" e "a prática de racismo constitui crime inafiançável e imprescritível, sujeito à pena de reclusão, nos termos da lei".

O STF entendeu, em primeiro lugar, que havia omissão inconstitucional na hipótese. Ou seja: que os dispositivos constitucionais referidos imporiam um dever ao Legislador que estaria sendo descumprido. Nessa linha, a Corte declarou a mora legislativa e determinou que o Congresso fosse comunicado. Além disso, porém, decidiu "dar interpretação conforme à Constituição, em face dos mandados constitucionais de incriminação inscritos nos incisos XLI e XLII do art. 5º da Carta Política, para enquadrar a homofobia e a transfobia, qualquer que seja a forma de sua manifestação, nos diversos tipos penais definidos na Lei nº 7.716/1989, até que sobrevenha legislação autônoma, editada pelo Congresso Nacional". A decisão do STF se ocupa ainda de estabelecer exceções a essa nova incidência penal e a regular sua eficácia no tempo.

Não é o caso de discutir aqui o mérito da decisão do STF no caso, no mínimo controvertido sob múltiplos fundamentos. O ponto a destacar é a alteração no entendimento do STF acerca do escopo da decisão que poderá ser proferida em sede de ADI por omissão. Já não se trata apenas de atestar a mora legislativa e comunicá-la ao Legislativo, mas de impor desde logo soluções gerais visando superar a omissão. Na ADO nº 26, adicionalmente, parece haver uma mudança significativa nos parâmetros utilizados pela Corte para a caracterização da própria omissão inconstitucional.

Um outro exemplo de adoção imediata de norma visando sanar omissão em sede de ADI por omissão é observado na ADO nº 63. A Corte considerou haver omissão inconstitucional relativamente à edição de lei regulamentadora da especial proteção do bioma Pantanal Mato-Grossense (CF/1988, art. 225, § 4º), fixou o prazo de 18 anos para que o Congresso sane a omissão e previu desde logo que, persistindo a omissão, "caberá a este Tribunal determinar providências adicionais, substitutivas e/ou supletivas, a título de execução da presente decisão. 5. Nos termos do art. 24, §§ 1º a 4º, da CF/1988, enquanto não suprida a omissão inconstitucional ora reconhecida, aplicam-se a Lei nº 6.160/2023, editada pelo Estado do Mato Grosso do Sul, e a Lei nº 8.830/2008, editada pelo Estado do Mato Grosso". Ou seja: a Corte previu, para o futuro, caso a omissão da norma nacional persista, a competência do próprio STF para regular a matéria e sanou no presente, ainda que temporariamente, a omissão determinando a aplicação das normas estaduais existentes. Nesse ponto, a Corte também aproximou a ação direta de inconstitucionalidade por omissão do mandado de injunção, criando uma solução normativa para sanar a omissão de imediato, embora no caso não tenha havido propriamente uma criação de norma nova, mas a aplicação de norma já existente.

Em terceiro lugar, embora não seja possível obrigar o Legislativo a editar normas, no caso de omissão parcial, o STF pode, a rigor, declarar a invalidade da norma existente, e tal decisão pode ser um incentivo adequado do ponto de vista político para a ação legislativa. Foi o que aconteceu, em um caso específico, de omissão parcial, no qual o STF entendeu por declarar a inconstitucionalidade da norma – modulando os efeitos para um momento no futuro – de modo a criar um vazio normativo e, assim, um estímulo político relevante para que o Congresso Nacional (Poder competente no caso) editasse nova norma capaz de sanar a omissão.

O caso já foi mencionado antes – quando se tratou da omissão parcial – mas vale retomá-lo. Tratava-se de lei – editada em 1989 – que fixava os critérios de distribuição dos recursos do Fundo de Participação entre os Estados (FPE), que a Constituição prevê devem promover o equilíbrio socioeconômico entre os Estados[119]. Vinte anos depois, os critérios continuavam os mesmos, a despeito de mudanças importantes ocorridas no país, e, segundo sustentavam os requerentes das ações, já não promoviam equilíbrio socioeconômico entre os Estados, gerando assim a omissão parcial[120].

O STF declarou o dispositivo da LC nº 62/1989 inconstitucional, em fevereiro de 2010, mas diferiu no tempo os efeitos da declaração de inconstitucionalidade para o fim do ano fiscal de 2012. Ou seja: a partir de 2013, não haveria regra para o rateio. A omissão acabou por ser sanada pelo órgão competente e, em 2013, foi editada a LC nº 143, que previu novos critérios para a distribuição dos recursos em questão.

Por fim, em quarto lugar, e como mencionado acima, a Lei nº 12.063/2009, que alterou a Lei nº 9.868/1999 no particular, previu a possibilidade de concessão de medida cautelar em sede de ADI por omissão, o que o STF não admitia. O escopo possível da decisão cautelar é amplo nos termos do art. 12-F, § 1º, da lei, *verbis:* "A medida cautelar poderá consistir na suspensão da aplicação da lei ou do ato normativo questionado, no caso de omissão parcial, bem como na suspensão de processos judiciais ou de procedimentos administrativos, ou ainda em outra providência a ser fixada pelo Tribunal". O dispositivo claramente cogita da medida cautelar diante da omissão parcial – quando há um ato ou norma, afinal –, mas também prevê a possibilidade geral da suspensão de processos judiciais ou administrativos e "outra providência", conferindo ao STF relativa margem de apreciação na matéria.

Uma última nota, à guisa de conclusão, envolve o tema da legitimidade do controle de constitucionalidade pelo Judiciário, sobretudo no âmbito das democracias. A questão da legitimidade do controle de constitucionalidade pode se colocar de forma particularmente sensível no caso do controle das omissões inconstitucionais legislativas.

Como discutido quando se tratou do fenômeno da inconstitucionalidade por omissão, se a regra geral é a de que cabe ao Legislador, no âmbito de sua avaliação própria da dinâmica democrática, decidir o que disciplinar ou não por meio de lei, quando fazê-lo e em que termos, essa regra será excepcionada por normas constitucionais que imponham um dever de legislar. Existe, porém, uma evidente tensão democrática na identificação desses dois espaços dependendo do teor da norma constitucional. Os exemplos referidos acima ilustram o ponto: os dispositivos constitucionais cuja falta de regulamentação foi considerada uma omissão inconstitucional podem ter estruturas bastante diversas. O art. 91 do ADCT, por exemplo, é explícito em prever

---

[119] CF/1988, art. 161.

[120] A decisão do Supremo foi provocada por quatro Ações Diretas de Inconstitucionalidade (ADI) ajuizadas pelo Rio Grande do Sul (ADI nº 875), Mato Grosso e Goiás (ADI nº 1987), Mato Grosso (ADI nº 3243) e Mato Grosso do Sul (ADI nº 2727).

que lei complementar deveria prever o montante de recursos a ser entregue pela União aos Estados e ao DF, ao passo que os incisos XLI e XLII do art. 5º têm estrutura bastante diversa.

Um segundo ponto de tensão democrática envolva a possibilidade, agora admitida pelo STF, de criação de uma norma no âmbito de ADI por omissão para superar desde logo a situação de mora legislativa. Não há dúvida que essa atuação corresponde, para todos os fins práticos, a do legislador positivo, até por conta dos efeitos gerais dessa decisão em sede de controle abstrato de constitucionalidade.

Também no caso das omissões parciais essa tensão democrática se coloca. O Judiciário pode oferecer várias respostas para essa espécie de inconstitucionalidade: a simples comunicação da omissão, a declaração de inconstitucionalidade da norma que veicula a omissão parcial ou a extensão/modificação de seus termos, de modo a manter a norma/a medida, mas aditá-la de sorte a superar a omissão parcial. Essa última espécie de resposta aproxima igualmente a atividade judicial da de um legislador positivo. O curioso, porém, é que o próprio legislador – por meio da Lei nº 12.063/2009, como se viu – ampliou os poderes conferidos ao STF no âmbito da ADI por omissão na hipótese de omissão parcial. Essa ampliação se harmoniza com a legislação editada em 2016 a respeito do mandado de injunção, sobre o qual se passa a tratar.

14.5.5 Mandado de injunção (MI)

Como referido, a Constituição de 1988 criou dois mecanismos para lidar com a omissão inconstitucional: a ADI por omissão, já exposta, e o mandado de injunção. Paralelamente à ADI por omissão, a Constituição instituiu também o mandado de injunção como uma garantia constitucional assegurada às pessoas, prevista no art. 5º, LXXI, gozando, portanto, do *status* de cláusula pétrea.

Paralelamente à ADI por omissão, no entanto, a Constituição instituiu também o mandado de injunção como uma garantia constitucional assegurada às pessoas, prevista no art. 5º, LXXI, gozando, portanto, do *status* de cláusula pétrea. O escopo do MI é, porém, mais restrito do que o da ADI por omissão. Esta pode se ocupar de qualquer omissão inconstitucional, ao passo que o objeto daquele diz respeito apenas à omissão de norma regulamentadora que inviabilize o exercício dos direitos e liberdades constitucionais e das prerrogativas inerentes à nacionalidade, à soberania e à cidadania.

Na realidade, a apresentação do mandado de injunção neste contexto dos mecanismos de controle concentrado de constitucionalidade tem fins didáticos, para o fim de compará-lo com a ADI por omissão e diante da própria evolução pela qual ele tem passado, já que poderá também ser posicionado junto aos demais remédios constitucionais, com os quais tem aproximação.

Seja como for, e sob a perspectiva dos mecanismos de controle de constitucionalidade, é importante ter em mente que o controle levado a cabo por meio do mandado de injunção tem natureza incidental ou concreta, cujo objetivo é atender uma pretensão subjetiva: a pretensão do autor de fruir ou de poder exercitar um direito garantido constitucionalmente. Com efeito, o mandado de injunção será concedido "sempre que a falta de norma regulamentadora torne inviável o exercício dos direitos e liberdades constitucionais e das prerrogativas inerentes à nacionalidade, à soberania e à cidadania". Embora, como se verá, o instrumento possa assumir uma modalidade coletiva e a sua decisão se possa atribuir efeitos *erga omnes*, seu objetivo é viabilizar o gozo de direitos por pessoas: em primeiro lugar, de seus autores e, eventualmente, de todos que estejam em situação similar.

Além disso, o mandado de injunção não é propriamente um mecanismo de controle de constitucionalidade totalmente concentrado, embora certamente não seja também difuso. Explica-se: como regra, os juízes em geral não podem sanar omissões normativas para garantir a fruição de direitos – logo, não se trata de um controle difuso –, mas tal competência não foi

Cap. 14 – CONTROLE DE CONSTITUCIONALIDADE **631**

atribuída com exclusividade ao STF. A atribuição do Supremo acaba sendo a mais relevante, pois lhe cabe conhecer originariamente de mandado de injunção "quando a elaboração da norma regulamentadora for atribuição do Presidente da República, do Congresso Nacional, da Câmara dos Deputados, do Senado Federal, das Mesas de uma dessas Casas Legislativas, do Tribunal de Contas da União, de um dos Tribunais Superiores, ou do próprio Supremo Tribunal Federal". Como boa parte das normas regulamentadoras faltantes são de competência do Congresso Nacional, muitos mandados de injunção serão de competência do STF. A própria Constituição atribui ao STJ parcela dessa competência[121], e, indiretamente, admite que outros Tribunais também a terão[122].

Feitas essas duas notas, cabe fazer uma terceira de cunho histórico. Nos primeiros dez anos da promulgação da Constituição de 1988, aproximadamente, o mandado de injunção teve uma experiência conturbada e dividida no Brasil. A posição majoritária da doutrina – e que veio hoje a prevalecer, como se verá – era a de que o mandado de injunção tinha por objetivo produzir uma decisão judicial que criasse uma norma concreta capaz de garantir a fruição dos direitos referidos pelo art. 5º, LXXI. Essa norma valeria para as partes e até a edição da norma geral pela autoridade competente e asseguraria assim o exercício dos direitos constitucionais[123].

Esse, porém, não foi o entendimento inicial do STF. A Corte entendeu que não lhe cabia editar norma diante da omissão legislativa, sob pena de violação da separação de Poderes, e que tudo que se poderia produzir no âmbito de mandados de injunção eram decisões comunicando o órgão omisso de sua mora inconstitucional. Ou seja: o mesmo resultado associado pelo Constituição à ADI por omissão[124]. A crítica da doutrina a essa posição do STF, que esvaziava, a rigor, o mandado de injunção, prosseguiu ao longo do tempo e veio a colher seus frutos.

A partir do MI nº 283/DF, julgado em 20.03.1991, o STF sinalizou uma primeira evolução em relação a este recurso relativamente ao direito previsto no art. 8º, § 3º, do ADCT, que tratava de uma indenização devida a pessoas que haviam sido prejudicadas por portarias reservadas do Ministério da Aeronáutica. A norma constitucional previa que o Congresso deveria editar lei nos 12 meses seguintes à edição da Constituição disciplinando o tema. A lei, no entanto, não chegou. Confrontado com o tema, o STF decidiu por (i) declarar em mora o legislador com relação à ordem de legislar contida no art. 8º, § 3º, ADCT; (ii) assinar o prazo de 45 dias, mais 15 dias para a sanção presidencial, a fim de que se ultimasse o processo legislativo da lei reclamada; (iii) ultrapassado o prazo, sem que houvesse sido promulgada a lei, reconhecer ao impetrante a faculdade de obter, contra a União, pela via processual adequada, sentença líquida de condenação a reparação constitucional devida, pelas perdas e danos. De fato, no MI nº 284/DF, j. 22.11.1991, tratando da mesma matéria, o STF decidiu que diante da mora do Congresso Nacional – já cientificado no MI nº 283/DF – tornava possível ao requerente ajuizar imediatamente ação de reparação de natureza econômica.

Ou seja: utilizando a classificação do Professor José Afonso da Silva acerca das normas constitucionais[125], o STF transformou uma norma de eficácia limitada (isto é: que dependia de uma norma regulamentadora para produzir efeitos) em uma norma de eficácia contida ou

---

[121] CF/1988, art. 105, I, *h*.

[122] CF/1988, art. 121, § 4º, V, por exemplo.

[123] Luís Roberto Barroso. *O controle de constitucionalidade no direito brasileiro*: exposição sistemática da doutrina e análise crítica da jurisprudência. São Paulo: Saraiva, 2016. p. 180-181; Gilmar Ferreira Mendes; Paulo Gustavo Gonet Branco. *Curso de direito constitucional*. São Paulo: Saraiva, 2016. p. 1274; Dirley Cunha Júnior. *Controle de constitucionalidade*: teoria e prática. Salvador: JusPodivm, 2010. p. 132-144.

[124] STF, Tribunal Pleno, MI 168/RS, rel. Min. Sepúlveda Pertence, j. 21.03.1990, *DJ* 20.04.1990; e STF, Tribunal Pleno, MI 107 QO/DF, rel. Min. Moreira Alves, j. 23.11.1989, *DJ* 21.09.1990.

[125] V. José Afonso Silva. *Aplicabilidade das normas constitucionais*. 8. ed. São Paulo: Malheiros, 2012.

632 CURSO DE DIREITO CONSTITUCIONAL · *Ana Paula de Barcellos*

restringível: a fruição do direito seria imediata, a despeito da inexistência da norma. Nada impediria, porém, que o Legislador viesse a disciplinar afinal o tema, aplicando-se as normas eventualmente editadas dali em diante.

A mesma solução foi atribuída pelo STF à isenção de que cuida o art. 195, § 7º, da Constituição, a que fazem as entidades beneficentes de assistência social que atendessem, adicionalmente, a determinadas exigências previstas em lei. A lei não surgiu, e o STF entendeu, no MI nº 232/RJ, por declarar o estado de mora em que se encontrava o Congresso Nacional, a fim de que, no prazo de seis meses, adotasse ele as providências legislativas que se impusessem para o cumprimento da obrigação, sob pena de, vencido esse prazo, o requerente passar a gozar da imunidade.

Mais recentemente, essa evolução do entendimento do STF veio afinal a se encontrar com o entendimento original da doutrina no sentido de que o mandado de injunção deve produzir como resultado uma solução que garanta concretamente a fruição dos direitos constitucionais sem prejuízo da competência do legislador de disciplinar a matéria como lhe parecer por bem. Nesse sentido, várias decisões já foram tomadas pelo STF, sendo talvez a mais conhecida a que tratou do direito de greve do servidor público.

De fato, o art. 37, VII, previa que o direito de greve dos servidores públicos seria exercido nos termos e limites previstos em lei que, todavia, não foi editada. A questão foi submetida várias vezes ao longo dos anos ao STF por meio de mandados de injunção, e a mora do Congresso Nacional várias vezes declarada[126]. Nos Mandados de Injunção nº 670, nº 708 e nº 712, decididos em 2008, o STF alterou o seu entendimento na matéria e determinou que o direito de greve poderia ser exercido observada, no que couber, a Lei nº 7.783/1989, que cuida do exercício do direito de greve nas atividades essenciais do setor privado. Ou seja: a Corte "criou" uma norma garantindo o exercício do direito, até então obstado pela omissão legislativa, por meio da aplicação analógica de uma lei existente no sistema.

A decisão proferida pelo STF na ocasião trouxe ainda outra inovação. Por maioria, o STF decidiu que a solução adotada acerca da fruição do direito de greve dos servidores valeria para todos os servidores públicos, e não apenas para aqueles representados pelos sindicatos impetrantes dos mandados de injunção. A decisão, portanto, recebeu efeitos *erga omnes*, na linha da tendência mais geral de aproximação dos mecanismos de controle incidentais e abstratos e de generalização das decisões do STF, seja em que ambiente tenham sido proferidas.

Após todos esses desenvolvimentos, conduzidos pelo STF ao longo do tempo, foi afinal editada a Lei nº 13.300/2016, que disciplina o mandado de injunção e, substancialmente, reproduziu os entendimentos já consolidados na jurisprudência do STF. Alguns pontos que valem o registro envolvem: (i) o cabimento do MI no caso de omissão parcial, quando a norma regulamentadora existente for insuficiente (art. 2º, parágrafo único), tema sobre o qual havia certa controvérsia; (ii) o reconhecimento expresso de que a decisão poderá "estabelecer as condições em que se dará o exercício dos direitos, das liberdades ou das prerrogativas reclamados ou, se for o caso, as condições em que poderá o interessado promover ação própria visando a exercê-los, caso não seja suprida a mora legislativa no prazo determinado" (art. 8º, II); (iii) a legitimidade ativa para o MI coletivo atribuída também de forma expressa ao Ministério Público e à Defensoria (art. 12); e (iv) a possibilidade expressa de se atribuir efeitos *ultra partes* ou *erga omnes* à decisão.

Para concluir, vale a observação que será retomada adiante quando do exame do tema da legitimidade do controle de constitucionalidade. Ao sanar – provisoriamente[127] – a omissão

---

[126] STF, Tribunal Pleno, MI 20/DF, rel. Min. Celso de Mello, j. 19.05.1994, *DJ* 22.11.1996; STF, Tribunal Pleno, MI 438/GO, rel. Min. Néri da Silveira, j. 11.11.1994, *DJ* 16.06.1995; STF, Tribunal Pleno, MI 485/MT, rel. Min. Maurício Corrêa, j. 25.04.2002, *DJ* 23.08.2002.

[127] Quando, de modo superveniente ao pedido, ocorrer a edição de norma, permitindo o exercício do direito reclamado, a impetração será considerada prejudicada, conforme art.11, parágrafo único, da Lei nº 13.300/2016.

Cap. 14 – CONTROLE DE CONSTITUCIONALIDADE **633**

legislativa no âmbito de mandados de injunção a fim de garantir a fruição de direitos, o STF desenvolve atividade claramente normativa. Sua competência para tanto, é certo, decorre de opções feitas pelo próprio constituinte: a Constituição é que atribuiu os direitos e foi ela que conferiu à Corte a competência para processar e decidir mandados de injunção nesses casos. É interessante, porém, que, paralelamente às previsões constitucionais, o próprio legislador entendeu por referendar a jurisprudência do STF na matéria.

14.5.6 Representação interventiva

Ainda no campo das competências do STF em sede de controle concentrado de constitucionalidade, a Constituição de 1988 continua a prever a representação interventiva ou ação direta interventiva no art. 36, III[128]. O mecanismo foi criado em 1934, com perfil diverso, como já se mencionou. Hoje, o objeto da representação interventiva no âmbito federal é submeter à apreciação do STF qualquer ato comissivo ou omissivo estadual, inclusive normativo, que se considere violar os chamados princípios sensíveis previstos no art. 34, VII, da Constituição ou quando houver recusa à execução de lei federal[129]. Não se trata propriamente de um mecanismo abstrato de controle de constitucionalidade, já que se insere em uma disputa concreta entre a União e o Estado envolvido.

Caso o STF considere que os referidos princípios foram de fato violados, ele julgará procedente a representação impondo ao Presidente que decrete a intervenção. A maior parte da doutrina entendia que nesse caso não haveria discricionariedade da parte do Chefe do Executivo para a intervenção[130], o que foi ratificado pelo art. 11 da Lei nº 12.562/2011, ao tratar do assunto. Caso, por seu turno, a ação seja julgada improcedente, a intervenção fica inviabilizada.

Antes da publicação da Lei nº 12.562/2011 o processo da ação direta interventiva era regrado pela Lei nº 4.337/1964, bem como pelo Regimento Interno do STF, o qual hoje é aplicado apenas subsidiariamente[131]. Com a nova lei, aproximou-se o processo da representação interventiva do processo previsto pelas Leis nº 9.868/1999 e nº 9.882/1999. A Lei nº 12.562/2011 admite a possibilidade de concessão de liminar pelo Plenário na hipótese, inexistente no sistema anterior, além de dispor que o relator poderá requisitar informações adicionais, designar perito ou fixar data para declarações em audiências públicas para melhor compreensão da hipótese.

Além disso, a lei prevê que, o ministro relator deve tentar dirimir o conflito, utilizando das providências oficiais que lhe parecerem adequadas, na forma do regimento interno (art. 6º, § 2º, da Lei nº 12.562/2011). O regimento interno do STF trazia norma similar, atribuindo, porém,

---

Ainda de acordo com o *caput* do art. 11. "A norma regulamentadora superveniente produzirá efeitos *ex nunc* em relação aos beneficiados por decisão transitada em julgado, salvo se a aplicação da norma editada lhes for mais favorável".

[128] CF/1988: "Art. 36. A decretação da intervenção dependerá: (...) III – de provimento, pelo Supremo Tribunal Federal, de representação do Procurador-Geral da República, na hipótese do art. 34, VII, e no caso de recusa à execução de lei federal".

[129] Essa hipótese foi acrescentada com a EC nº 45/2004, porque envolve, em regra, conflito entre o direito federal e o estadual, ou seja, matéria de competência.

[130] Existe certa controvérsia na doutrina sobre a desnecessidade de manifestação do Congresso em todas as hipóteses de intervenção que tenham sido precedidas de representação decidida pelo STF ou apenas em relação àqueles em que o decreto de intervenção se limite a suspender ato ou norma estadual. V. Luís Roberto Barroso. *O Controle de constitucionalidade no direito brasileiro*: exposição sistemática da doutrina e análise crítica da jurisprudência. São Paulo: Saraiva, 2016. p. 378-379; Alexandre de Moraes. *Direito constitucional*. São Paulo: Atlas, 2014. p. 338; José Afonso da Silva. *Curso de direito constitucional positivo*. São Paulo: Malheiros, 2005. p.488.

[131] Gilmar Ferreira Mendes; Paulo Gustavo Gonet Branco. *Curso de direito constitucional*. São Paulo: Saraiva, 2016. p. 1.289.

ao Presidente da Corte competência para tomar "as providências oficiais que lhe parecerem adequadas para remover, administrativamente, a causa do pedido" (art. 351)[132], competência que agora será do ministro relator.

Como referido, qualquer tipo de ato estadual pode ser examinado no âmbito de uma representação interventiva, inclusive atos normativos. Nesse sentido, e considerando o sistema de controle de constitucionalidade concentrado e abstrato existente hoje, se toda a questão resumir-se a existência da norma, faz pouco sentido utilizar o mecanismo da ação interventiva. No caso de o ato estadual violador dos princípios sensíveis ser uma lei ou ato normativo posterior à Constituição de 1988, o tema poderá ser muito mais facilmente resolvido por meio de ADI, no âmbito da qual a norma pode ser declarada inconstitucional com efeitos gerais e vinculantes.

Em um caso interessante, o STF entendeu que a representação interventiva poderia ser manejada para verificar a eventual incapacidade do Estado de proteger minimamente a dignidade humana. Esse foi o entendimento na IF nº 114-5/MT, julgada em 1996[133]. A Corte entendeu que podia conhecer da IF diante da alegação de que o Estado de Mato Grosso não mostrava condições de proteger minimamente a dignidade humana (o evento desencadeador do pedido, formulado pelo PGR, foi que presos foram tirados das mãos de policiais e linchados). No mérito, porém, foi rejeitado o pedido sob o argumento de que o Estado estava apurando regularmente e que um evento isolado não seria suficiente para autorizar a intervenção federal.

14.6 CONTROLE CONCENTRADO NO ÂMBITO DOS TRIBUNAIS DE JUSTIÇA

Como descrito inicialmente, o controle de constitucionalidade concentrado no Brasil não se limita a apenas um órgão judicial: o STF. A Constituição prevê (art. 125, § 2º) que os Estados devem instituir representação por inconstitucionalidade de leis e atos normativos estaduais e municipais em face da Constituição Estadual, de modo que também os Tribunais de Justiças dos Estados terão essa competência. Por simplicidade, se vai identificar essa figura como ADI estadual, embora seja comum que ela seja referida também como RI estadual (representação por inconstitucionalidade).

O tema será disciplinado por cada Constituição estadual, mas uma regra já é imposta pela Constituição Federal: a legitimação ativa não pode ser atribuída apenas a um órgão. É bastante comum que as Constituições estaduais optem pelos correspondentes estaduais dos legitimados previstos no art. 103 da CF (e.g., Governador, Mesa da Assembleia, Conselho Seccional da OAB, o Procurador de Justiça etc.).

Note-se que o objeto controlável aqui é composto de leis e atos normativos estaduais e municipais, e o parâmetro de controle é a Constituição do próprio Estado, e não a Constituição Federal. A eventual decisão de Tribunal de Justiça em sede de ADI estadual terá efeitos gerais e vinculantes no âmbito do Estado ou do Município, dependendo da origem da norma[134].

Algumas complexidades podem surgir na interação entre o controle de constitucionalidade abstrato levado a cabo pelos Tribunais de Justiça e as competências do STF. E isso porque, ao lado de normas tipicamente estaduais, isto é, originais da Constituição do Estado, sem correspondente na Constituição Federal, as Constituições estaduais reproduzem o texto da

---

[132] Regimento Interno do STF: "Art. 351. O Presidente, ao receber o pedido: I – tomará as providências oficiais que lhe parecerem adequadas para remover, administrativamente, a causa do pedido".

[133] STF, Tribunal Pleno, IF 114-5/MT, rel. Min. Néri da Silveira, j. 13.03.1991, *DJ* 27.09.1996.

[134] As Constituições Estaduais, em regra, preveem norma que determina que uma vez declarada a inconstitucionalidade, a decisão será comunicada à Assembleia Legislativa ou à Câmara Municipal, o que demonstra o aspecto espacial dos efeitos vinculantes. Nesse sentido, *e.g.*, Constituição do Rio de Janeiro (art. 162, § 4º), Constituição de Minas Gerais (art. 118, § 3º), Constituição do Paraná (art. 113), Constituição do Pará (art. 162, § 2º).

Cap. 14 – CONTROLE DE CONSTITUCIONALIDADE **635**

Constituição Federal em diversos pontos. Assim, ao interpretar essas disposições da Constituição Estadual, os Tribunais de Justiça poderiam, indiretamente, acabar por definir o sentido e alcance de normas da Constituição Federal com efeitos *erga omnes* para todo o Estado ou Município, usurpando a competência do STF no particular.

Ademais, a validade de um mesmo ato normativo ou lei estadual pode ser questionada simultaneamente perante o TJ e o STF: no primeiro caso, tendo como parâmetro a Constituição Estadual e, no segundo, em confronto com a Constituição Federal, já que a ADI dirigida ao STF tem como objeto possível de controle também leis e atos normativos estaduais. Ou seja: há um risco de decisões conflitantes se os parâmetros de controle utilizados forem os mesmos, ainda que constantes de dispositivos diferentes, uns da Constituição Estadual e outros da Constituição Federal.

Desde a edição da Constituição de 1988, o STF tem evoluído na construção de soluções para lidar com essas complexidades. Inicialmente, em 1991 (Rcl 370), o STF entendeu que os Tribunais de Justiça não teriam competência para examinar a validade dos atos normativos se o parâmetro de controle invocado fossem as chamadas "normas de reprodução obrigatória".

Como se viu na discussão sobre federação, os contornos da autonomia dos Estados – definidos pela Constituição Federal – podem ser bastante limitados. A Constituição de 1988 prevê uma grande quantidade de normas que devem obrigatoriamente ser observadas pelos Estados e, portanto, reproduzidas em suas Constituições: essas, portanto, são as chamadas normas de reprodução obrigatória. Eventuais outras normas da Constituição Estadual que não se enquadram nessa moldura, mas que, ainda assim, repetem disposições da Constituição Federal, são descritas como "normas de imitação".

Já em 1993 (Rcl 383), o STF alterou o entendimento anterior e passou a considerar que a competência dos Tribunais de Justiça era ampla, bastando que a norma indicada como parâmetro constasse da Constituição Estadual. Paralelamente, entendeu que, no caso de normas de reprodução obrigatória, caberá recurso extraordinário dirigido ao STF em face de decisão do Tribunal de Justiça proferida na ADI estadual, de modo a garantir que o STF tenha a palavra final no particular.

Esse entendimento continua sendo aplicado pelo STF, que considera inclusive que a competência para processar e julgar agravos internos e embargos de declaração em recursos extraordinários (RE) e em recursos extraordinários com agravos (ARE) interpostos em face de acórdãos proferidos no bojo de ações diretas estaduais é do plenário da Corte, dado o caráter objetivo dessas demandas.

Trata-se de uma solução interessante que associa mecanismo do controle difuso e incidental – o recurso extraordinário – ao sistema de controle concentrado e abstrato, sendo mais um exemplo da aproximação dos dois sistemas.

Paralelamente, o STF entendeu também que, caso existam, simultaneamente, uma ADI estadual e outra perante o STF impugnando o mesmo ato normativo ou lei estadual sob a perspectiva de dispositivo de mesmo teor – perante o STF, a norma da Constituição Federal, e perante o TJ, a norma que consta da Constituição estadual por ser de reprodução obrigatória –, a primeira restará suspensa, aguardando a decisão do STF na matéria[135].

---

[135] STF, Tribunal Pleno, ADI 2.361/CE, rel. Min. Marco Aurélio, j. 11.10.2001, *DJ* 01.08.2003: "Se a ADI é proposta inicialmente perante o Tribunal de Justiça local e a violação suscitada diz respeito a preceitos da Carta da República, de reprodução obrigatória pelos Estados-membros, deve o Supremo Tribunal Federal, nesta parte, julgar a ação, suspendendo-se a de lá; se além das disposições constitucionais federais há outros fundamentos envolvendo dispositivos da Constituição do Estado, a ação ali em curso deverá ser sobrestada até que esta Corte julgue em definitivo o mérito da controvérsia". Também nesse sentido v. STF, Tribunal Pleno, ADI 1423MC/SP, rel. Min. Moreira Alves, j. 20.06.1996, *DJ* 22.11.1996.

Proferida a decisão do STF na ADI, ela deverá prevalecer no âmbito da ação estadual, que restará prejudicada. A ADI estadual poderá prosseguir, no entanto, se ela tinha outros fundamentos para além da norma de reprodução obrigatória e, naturalmente, se a decisão do STF foi pela validade da lei ou ato normativo questionado. Nesse caso, o TJ assumirá a decisão do STF e seguirá na análise desses outros fundamentos.

Mais recentemente, o STF foi confrontado com uma situação específica: o mecanismo da suspensão da ADI estadual referido acima não foi aplicado em determinado caso e o Tribunal de Justiça declarou a inconstitucionalidade de lei estadual, decisão que transitou em julgado. A mesma lei, porém, era alvo de impugnação perante o STF, por via de ADI (trata-se da ADI nº 3.659). Isso impediria o STF de examinar a questão e decidir a ADI? A Corte entendeu que não: a decisão local não impediria a decisão na ADI, que foi afinal julgada.

Ademais, na mesma ocasião, a maioria do STF sinalizou um entendimento geral nos seguintes termos: "Coexistindo ações diretas de inconstitucionalidade de um mesmo preceito normativo estadual, a decisão proferida pelo Tribunal de Justiça somente prejudicará a que está em curso perante o STF se for pela procedência e desde que a inconstitucionalidade seja por incompatibilidade com dispositivo constitucional estadual tipicamente estadual (= sem similar na Constituição Federal). Havendo declaração de inconstitucionalidade de preceito normativo estadual pelo Tribunal de Justiça com base em norma constitucional estadual que constitua reprodução (obrigatória ou não) de dispositivo da Constituição Federal, subsiste a jurisdição do STF para o controle abstrato tendo por parâmetro de confronto o dispositivo da Constituição Federal reproduzido".

Note-se que, ao examinar essa situação específica, o STF passou a entender que sua competência subsistirá, independentemente do eventual trânsito em julgado da decisão local, sempre que estiver em discussão norma constitucional estadual idêntica a dispositivo da Constituição Federal, seja ela norma de reprodução obrigatória ou de imitação.

Assim, parece razoável imaginar, embora o tema não tenha sido expressamente discutido pelos Ministros, que o STF entende que, no caso de simultaneidade de ADI e ADI estadual sobre o mesmo ato normativo ou lei, a ADI estadual deve ser suspensa também no caso de discutirem-se normas constitucionais estaduais de imitação, e não apenas as de reprodução obrigatória.

Por fim, embora a Constituição determine a criação da representação por inconstitucionalidade, ela não impede, por exemplo, que os Estados criem outros mecanismos de controle concentrado de constitucionalidade, como a ação declaratória de constitucionalidade e a arguição de descumprimento de preceito fundamental. O STF inclusive já se manifestou no sentido de admitir a criação pelos Estados de ação declaratória de constitucionalidade para as leis estaduais e municipais, em moldes similares à existente relativamente às leis e atos normativos federais.

14.7 CONTROLE DE CONSTITUCIONALIDADE DE EMENDAS À CONSTITUIÇÃO

Descrito de forma objetiva o sistema de controle de constitucionalidade existente no país, cabe examinar uma espécie de ato normativo cuja inconstitucionalidade pode ser declarada no sistema brasileiro – tanto em sede de controle difuso, quanto concentrado –, mas que apresenta algumas particularidades: as emendas à Constituição.

Como visto, o controle de constitucionalidade das leis e atos normativos pelo Judiciário tem como um de seus pressupostos a rigidez constitucional, isto é: as normas constitucionais exigem um processo mais complexo para serem alteradas. Elas, portanto, são dotadas de supremacia e as demais normas devem-lhes obediência. Esse é o pressuposto para o controle de constitucionalidade das normas em geral, mas não, obviamente, de emendas constitucionais.

As emendas destinam-se justamente a alterar o texto da Constituição e, uma vez que tenham observado o procedimento mais complexo previsto para isso, serão válidas: elas se integrarão ao texto constitucional e passarão, elas mesmas, a fazer parte do parâmetro de controle que será aplicado às normas infraconstitucionais como um todo. Para que o controle de constitucionalidade de emendas seja possível é preciso mais: além de um procedimento mais complexo para alteração de suas normas, a Constituição precisa prever que determinadas questões não poderão ser alteradas em nenhuma hipótese, independentemente do procedimento observado. Ou seja: o controle de constitucionalidade de emendas exige a existência de cláusulas pétreas e limita-se ao confronto com elas.

Muitos países, embora tenham Constituições rígidas e controle judicial de constitucionalidade, não consagram cláusulas pétreas e, portanto, o controle de emendas constitucionais não é cabível. Não é o caso brasileiro. As Constituições brasileiras republicanas previram cláusulas pétreas (em geral federação e república), e a Constituição de 1988 ampliou-as consideravelmente. Assim, o controle de constitucionalidade das emendas constitucionais no Brasil envolve a limitação material ao poder de reforma (CF, art. 60, § 4º)[136] e remete às assim denominadas cláusulas pétreas, que não se poderá "tender a abolir". É bem de ver que se entende que também as normas que regulam o procedimento exigido para alteração da Constituição (CF, art. 60) seriam igualmente cláusulas pétreas implícitas, não podendo ser alteradas nem mesmo por emendas constitucionais.

Em nome da estabilidade da ordem constitucional e da preservação de valores fundamentais, impõe-se uma restrição absoluta à regra majoritária, expressão do princípio democrático. Há razões históricas consistentes que legitimam a proteção de certas decisões estruturantes tomadas pelo constituinte originário, cuja supressão alteraria radicalmente o modelo de Estado que se pretendeu instituir. Nada obstante, a interpretação destas cláusulas deve ser feita sem ampliar o seu sentido e alcance, por duas razões que aqui se destacam: (a) não se deve sufocar o espaço de conformação reservado à deliberação democrática, exacerbando a atuação contramajoritária do Judiciário; e (b) não se deve *engessar* o texto constitucional, impedindo sua adaptação a novas demandas sociais legítimas, o que obrigaria à convocação repetida e desestabilizadora do poder constituinte originário[137].

Na realidade, como já discutido, o Judiciário deve sempre ter a preocupação de não transbordar de suas atribuições e ocupar o espaço próprio do pluralismo democrático majoritário, tanto se valendo de uma apropriada autocontenção judicial[138], quanto em respeito ao princípio da presunção de constitucionalidade das leis. A cautela e deferência hão de se acentuar, por certo, quando o ato normativo em discussão seja uma emenda constitucional, que contou afinal com o apoio da maioria qualificada de 3/5 (três quintos) de cada casa do Congresso Nacional, manifestada em dois turnos de votação. A possibilidade de controle de constitucionalidade de emendas constitucionais não é controvertida, mas as hipóteses de procedência do pedido são relativamente raras, tanto no direito comparado como na experiência brasileira.

---

[136] CF/1988: "Art. 60. A Constituição poderá ser emendada mediante proposta: (...) § 4º Não será objeto de deliberação a proposta de emenda tendente a abolir: I – a forma federativa de Estado; II – o voto direto, secreto, universal e periódico; III – a separação dos Poderes; IV – os direitos e garantias individuais".

[137] Sobre o ponto, v. Gilmar Ferreira Mendes. Plebiscito – EC 2/92. *Revista Trimestral de Direito Público*, São Paulo, n. 7, 1994, p. 118: "Não só a formulação ampla dessas cláusulas, mas também a possibilidade de que por meio de uma interpretação compreensiva diferentes disposições constitucionais possam (ou devam) ser imantadas com a garantia da imutabilidade têm levado doutrina e jurisprudência a advertir contra o perigo de um congelamento do sistema constitucional, que, ao invés de contribuir para a continuidade da ordem constitucional, acabaria por antecipar sua ruptura".

[138] Luis Roberto Barroso. *Interpretação e aplicação da Constituição*. São Paulo: Saraiva, 2014. p. 178 e ss.

Pois bem. Uma primeira questão relevante, e já amplamente consolidada no Brasil, envolve qual seria o escopo de proteção fornecido pelas cláusulas pétreas: elas vedariam a alteração textual dos dispositivos a que se referem ou protegeriam o sentido neles contido e a posição subjetiva por eles conferida? A resposta é na linha da segunda opção. As cláusulas pétreas protegem não apenas a textualidade da Constituição, mas a acepção subjacente a elas, de modo que mesmo que o texto original não sofra alteração, proíbe-se uma emenda (ou lei) tendente a abolir seu sentido e a proteção por ela conferida. Mas qual é, afinal, esse sentido? Essa é a próxima questão.

No rol de cláusulas pétreas consagradas pela Constituição de 1988 existem previsões razoavelmente específicas – como o voto secreto, direto e periódico, e o próprio procedimento exigido para aprovação de emendas, considerado uma cláusula pétrea implícita –, mas também normas de caráter aberto e principiológico, como separação de poderes, forma federativa de estado e direitos e garantias individuais. Quanto aos direitos e garantias, embora haja aqueles que certamente são veiculados sob a forma de regras, muitos outros assumem a forma de princípios e a própria identificação do que integra ou não a categoria de "direitos e garantias individuais" enseja discussões[139].

A utilização de princípios no elenco de cláusulas pétreas não deve ser considerada casual. Essas normas são caracterizadas pela relativa indeterminação do seu conteúdo. De fato, os princípios, em geral, têm um núcleo de sentido, em cujo âmbito funcionam como regras, *i.e.*, prescrevem objetivamente determinadas condutas. Para além desse núcleo, existe um espaço de conformação, cujo preenchimento é atribuído prioritariamente aos órgãos de deliberação majoritária, por força do princípio democrático[140]. Aí já não caberia mais ao Judiciário impor sua visão do que seria a concretização ideal de determinado princípio[141].

Nesse sentido, o STF já se manifestou em algumas ocasiões – sobretudo examinando os princípios federativo e da separação de Poderes – para esclarecer que a cláusula pétrea protege o conteúdo nuclear dos princípios previstos no dispositivo constitucional e não todo o eventual detalhamento que lhe tem sido dado pelo constituinte originariamente. O ponto foi discutido, já na vigência da Constituição, no julgamento da ADI MC nº 2.024/DF, relatada pelo Min. Sepúlveda Pertence[142], e da ADI contra EC nº 45[143], relatada pelo Min. Cezar Peluso.

Embora esse entendimento tenha em geral se manifestado sobre a separação de poderes e da federação, ele também se aplica aos direitos e garantias fundamentais em alguma medida.

---

[139] Oscar Vilhena Vieira. *A Constituição e sua reserva de justiça*. São Paulo: Malheiros, 1999. p. 230.

[140] Sobre o tema, v. Luís Roberto Barroso; Ana Paula de Barcellos. O começo da história. A nova interpretação constitucional e o papel dos princípios no direito brasileiro. In: Luís Roberto Barroso (org.). *A nova interpretação constitucional*: ponderação, direitos fundamentais e relações privadas. Rio de Janeiro: Renovar, 2003. p. 341.

[141] Nesse mesmo sentido, confiram-se, exemplificativamente, J. J. Gomes Canotilho. *Direito constitucional e teoria da constituição*. Coimbra: Almedina, 2003. p. 1.069; Oscar Vilhena Vieira. *A Constituição e sua reserva de justiça*. São Paulo: Malheiros, 1999. p. 247; e Ingo Wolfgang Sarlet. *A eficácia dos direitos fundamentais*. Porto Alegre: Livraria do Advogado, 2015. p. 438.

[142] STF, Tribunal Pleno, ADI 2.024 MC/DF, rel. Min. Sepúlveda Pertence, j. 27.10.1999, *DJ* 1º.12.2000: "Não são tipos ideais de princípios e instituições que é lícito supor tenha a Constituição tido a pretensão de tornar imutáveis, mas sim as decisões políticas fundamentais, frequentemente compromissórias, que se materializaram no seu texto positivo. O resto é metafísica ideológica. (...) A afirmação então reiterada de que os limites materiais à reforma constitucional – as já populares 'cláusulas pétreas' – não são garantias de intangibilidade de literalidade de preceitos constitucionais específicos da Constituição originária – que, assim, se tornariam imutáveis – mas sim do seu conteúdo nuclear é da opinião comum dos doutores (cf., v.g., Nelson S. Sampaio, *O poder de reforma constitucional*, 3. ed., p. 87; Jorge Miranda, *Manual Dir. Constitucional*, 2. ed., 1983, II/189; Klaus Stern, *Derecho del Estado de la RFA*, trad., Madrid 1987, p. 342 ss; Gomes Canotilho, *Direito constitucional*, 5. ed., p. 1138; Oscar Vilhena Vieira, *A Constituição e sua reserva de justiça*, Saraiva, 1999, p. 222 e ss)".

[143] STF, Tribunal Pleno, ADI 3.367/DF, rel. Min. Cezar Peluso, j. 13.04.2005, *DJ* 17.03.2006.

Cap. 14 – CONTROLE DE CONSTITUCIONALIDADE **639**

Embora integrem o rol de cláusulas pétreas da Constituição brasileira, bem como da imensa maioria das demais, doutrina[144] e jurisprudência[145] admitem, sem dificuldades, a possibilidade de limitação do conteúdo dos direitos fundamentais, até mesmo pelo legislador infraconstitucional, desde que preservado o núcleo essencial dos mesmos e a proporcionalidade nas restrições. É natural e até mesmo inevitável que seja assim.

Uma última questão envolve, porém, o que deve ser considerado "direito e garantia individual" para o fim de gozar, mesmo que relativamente a seu conteúdo essencial, do *status* de cláusula pétrea. O STF já se manifestou, casuisticamente, no sentido de que os direitos e garantias individuais não se limitam à listagem contida no art. 5º da Constituição. Assim, a Corte já declarou inconstitucionais emendas por violação à garantia da anterioridade tributária – prevista no art. 150, III, *a*, e considerada uma garantia individual tributária[146] – e por violação à proteção devida à maternidade e à infância (direitos sociais – art. 6º), em conjunto com a violação à igualdade entre homens e mulheres[147].

A doutrina discute – e a questão em algum momento chegará ao STF – se os direitos sociais e os direitos trabalhistas previstos na Constituição seriam também "direitos e garantias individuais" e, portanto, cláusulas pétreas. O tema é relevante porque envolve os eventuais limites que se colocariam, ou não, para a alteração do texto constitucional relativamente a esses temas.

Em relação aos direitos sociais, os autores desenvolvem seus argumentos em função de duas posições principais: uma que sustenta que os direitos sociais previstos constitucionalmente integrariam em toda sua extensão a categoria de cláusulas pétreas e uma outra que sustenta que apenas um conteúdo mínimo no âmbito de cada um desses direitos gozaria desse *status*[148]. Relativamente aos direitos trabalhistas também são duas as posições principais: os que sustentam que a integralidade dos direitos previstos nos arts. 7º a 9º seriam cláusulas pétreas e aqueles que alocam apenas alguns desses direitos – em função de sua fundamentalidade sob a perspectiva da dignidade humana, por exemplo – na categoria de cláusulas pétreas[149].

Esse tema se conecta com a discussão em torno do chamado "princípio da vedação do retrocesso" relativamente às normas infraconstitucionais que regulamentam as disposições constitucionais responsáveis por conferir direitos. O debate, de forma muito objetiva, envolve saber se seria possível revogar uma norma infraconstitucional que regulamenta e assim garante a eficácia de uma norma constitucional definidora de direito. A resposta a essa pergunta é

---

[144] Ana Paula de Barcellos. *Ponderação, racionalidade e atividade jurisdicional*. Rio de Janeiro: Renovar, 2005. No mesmo sentido, v., entre outros, Wilson Antônio Steinmetz. *Colisão de direitos fundamentais e princípio da proporcionalidade*. Porto Alegre: Livraria do Advogado, 2001. p. 60 e ss.; Gilmar Ferreira Mendes. *Direitos fundamentais e controle de constitucionalidade*. São Paulo: Saraiva, 2012. p. 26 e ss.; e Luís Roberto Barroso. Liberdade de expressão *versus* direitos da personalidade. Colisão de direitos fundamentais e critérios de ponderação. In: Luís Roberto Barroso. *Temas de direito constitucional*. Rio de Janeiro: Renovar, 2005. v. 3, p. 79-130.

[145] Nesse sentido, a título de exemplo, STF, Tribunal Pleno, MS 23452/RJ, rel. Min. Celso de Mello, j. 16.09.1999, *DJ* 12.05.2000: "Os direitos e garantias individuais não têm caráter absoluto".

[146] STF, Tribunal Pleno, ADI 939/DF, rel. Min. Sydney Sanches, j. 15.12.1993, *DJ* 18.03.1994.

[147] STF, Tribunal Pleno, ADI 1.946/DF, rel. Min. Sydney Sanches, j. 03.04.2003, *DJ* 16.05.2003.

[148] Oscar Vilhena Vieira. *A Constituição e sua reserva de justiça*. São Paulo: Malheiros, 1999. p. 222; Ingo Wolfgang Sarlet. *A eficácia dos direitos fundamentais*. Porto Alegre: Livraria do Advogado, 2015. p. 443; Otávio Bueno Magano. Revisão constitucional. *Cadernos de direitos constitucional e ciência política*, São Paulo, n. 7, 1994, p. 108 e ss.

[149] Arnaldo Süssekind. As cláusulas pétreas e a pretendida revisão dos direitos constitucionais do trabalhador. *Revista do TST*, Brasília, v. 67, n. 2, abr.-jun. 2001, p. 15-18; Gilmar Ferreira Mendes. Os limites da revisão constitucional. *Cadernos de direito constitucional e ciência política*, São Paulo, n. 21, out.-dez. 1997, p. 69-91; Rodrigo Brandão. Direitos fundamentais, cláusulas pétreas e democracia: uma proposta de justificação e aplicação do art. 60, § 4º, IV, da CF/1988. *Revista Eletrônica de Direito do Estado*, Salvador, n. 10, abr.-jun. 2007.

simples e negativa: não se admitiria (pelas razões que se verá) que a norma regulamentadora seja simplesmente revogada e o nada colocado no lugar, de tal modo que a norma constitucional retornasse a um estágio de ineficácia.

No entanto, neste ponto surge a segunda questão: poderia a regulamentação existente ser substituída por outra, aparentemente menos protetiva do direito? Não haveria aqui um retrocesso social que deveria ser vedado? A questão envolve algumas sutilezas, como se verá, mas em princípio a resposta é que será possível a substituição de um regime que aparentemente confira direitos mais amplos por outros mais restritos, uma vez que a eficácia da norma constitucional seja preservada. Uma das razões que conduz a essa conclusão é justamente a de que não se pode cristalizar as opções do legislador acerca da regulamentação de determinado direito e impedir sua alteração futura, sob pena de equipará-la a uma cláusula pétrea e ampliar ainda mais – sem previsão constitucional – as restrições às maiorias democráticas de cada momento histórico.

Em suma: as cláusulas pétreas devem ser interpretadas como proibição de supressão do núcleo de sentido dos princípios que consagram, não como a eternização de determinadas possibilidades contidas em sua área não nuclear, ao lado de outros modelos possíveis. Entendimento diverso principalmente em países como o Brasil, onde as limitações materiais ao poder de reforma podem abranger considerável parcela dos dispositivos constitucionais.

14.8 CONTROLE DE CONSTITUCIONALIDADE: CLASSIFICAÇÕES (UM ESFORÇO DIDÁTICO)

Inicialmente, apresentaram-se algumas classificações em torno do fenômeno da inconstitucionalidade, as quais permitem ter uma compreensão melhor de como ele pode se manifestar em diferentes circunstâncias. Cabe agora, após a exposição sobre os grandes modelos de controle de constitucionalidade existentes no mundo e do sistema brasileiro, ordenar, por meio de algumas classificações, suas principais características, que permitirão uma melhor apreensão didática da questão.

14.8.1 Quanto à natureza do órgão de controle

Para fins didáticos, é possível classificar os órgãos que desempenham controle de constitucionalidade das leis (ou de projetos de leis) em dois grandes grupos: órgãos políticos e órgãos judiciais. Embora em alguns casos não seja tão simples aplicar a distinção, ela continua sendo útil porque permite visualizar toda a abrangência que a interpretação e aplicação da Constituição podem assumir.

São órgãos políticos que exercem controle de constitucionalidade no sistema brasileiro, *e.g.*, as Comissões de Constituição e Justiça (CCJ) que funcionam no âmbito das Casas Legislativas e cuja manifestação é obrigatória no curso da tramitação dos projetos legislativos em geral. Uma vez que um projeto seja considerado inconstitucional pela CCJ, ele será arquivado. Embora haja recurso possível para o Plenário da Casa Legislativa, não há dúvida que a CCJ exerce uma modalidade de controle de constitucionalidade pautada, claro, pela lógica política inerente ao Parlamento[150]. Também o Chefe do Executivo é um órgão político que poderá exercer controle de constitucionalidade por meio do veto por inconstitucionalidade[151]. Também aqui o veto poderá ser superado pelo Legislativo, mas exigirá uma maioria qualificada para tanto.

---

[150] José Rodrigo Rodriguez (coord.). Processo legislativo e controle de constitucionalidade: as fronteiras entre direito e política. *Série Pensando o Direito*, São Paulo/Brasília, n. 31,.jun. 2010.

[151] CF/1988, art. 66, § 1º.

Os dois exemplos de controle político existentes no sistema brasileiro são prévios – isto é: exercidos sobre proposições legislativas ou projetos de lei – e não veiculam decisões finais, podendo ser superados pela manifestação também de órgãos políticos.

São considerados órgãos judiciais, por evidente, aqueles que integram a estrutura do Judiciário de cada país. Assim, uma vez que o sistema de controle de constitucionalidade atribua ao Judiciário – a todos os seus órgãos ou apenas a alguns deles – competência para o controle de constitucionalidade das leis e atos normativos, teremos órgãos judiciais desenvolvendo tal atividade. Todavia, o que dizer dos Tribunais Constitucionais criados por vários países, como visto anteriormente, que não integram a estrutura do Judiciário nacional? Ao contrário, eles são integrados por pessoas não necessariamente originárias do Judiciário, escolhidas em geral por órgãos políticos (Executivo e Legislativo) para um mandato fixo. Seriam os Tribunais Constitucionais órgãos políticos ou judiciais? Ou seria melhor criar uma terceira categoria para acomodá-los afinal?

A maior parte da doutrina considera que os Tribunais Constitucionais estão muito mais próximos dos órgãos judiciais – daí por que são em geral identificados como quase judiciais – do que dos órgãos políticos no contexto do controle de constitucionalidade. E isso porque, embora nomeados por órgãos políticos – o que também acontece com os órgãos de cúpula do Judiciário de muitos países, inclusive o Brasil –, os membros dos Tribunais Constitucionais gozam das garantias de independência e imparcialidade próprias do Judiciário. A expectativa que se tem em relação aos Tribunais Constitucionais é justamente que funcionem de acordo com a lógica judicial e assim são organizados seus procedimentos. Desse modo, não parece necessário criar uma terceira classificação, sendo viável alinhar os Tribunais Constitucionais em uma categoria mais ampla de órgãos judiciais que abarca também esses órgãos quase judiciais.

Apenas uma observação final, que será desenvolvida mais adiante. A distinção entre órgãos políticos e judiciais (incluindo os quase judiciais) não significa uma divisão asséptica ou esquemática entre política e direito: órgãos judiciais consideram argumentos políticos e, por vezes, agem politicamente, já órgãos políticos manejam não só argumentos dessa natureza, mas também jurídicos. É certo que a lógica predominante subjacente à atuação de órgãos políticos e judiciais é diversa, mas isso não significa que não haja comunicação entre elas.

A partir deste ponto, todas as classificações apresentadas na sequência dizem respeito ao controle levado a cabo por órgãos judiciais ou quase judiciais.

14.8.2 Quanto aos órgãos judiciais competentes para o controle

Tratando agora apenas do controle de constitucionalidade levado a cabo por órgãos do Judiciário, é possível que o sistema adotado atribua a todo e qualquer órgão judicial a competência de declarar uma lei inconstitucional – trata-se do sistema difuso, de inspiração norte-americana – ou apenas a um ou a alguns órgãos específicos do Judiciário, quando então se estará diante do controle concentrado.

Duas observações são relevantes neste ponto. Em primeiro lugar, o controle concentrado não significa necessariamente que somente um órgão judicial tenha a competência para o controle. No caso brasileiro, por exemplo, o STF recebeu as competências em matéria de controle concentrado de constitucionalidade em face da Constituição Federal. Entretanto, o art. 125, § 2º, da Constituição atribuiu aos Tribunais de Justiça dos Estados a competência para a chamada representação por inconstitucionalidade, ou ação direta de inconstitucionalidade estadual, que visa a confrontar leis e atos normativos estaduais e municipais em face da Constituição do Estado em questão. Assim, paralelamente ao sistema difuso, as competências em matéria de controle concentrado de constitucionalidade no sistema brasileiro atual foram distribuídas ao STF e aos Tribunais de Justiça estaduais.

642 CURSO DE DIREITO CONSTITUCIONAL · *Ana Paula de Barcellos*

A segunda observação envolve o papel dos órgãos judiciais não propriamente no exercício da competência de declarar a inconstitucionalidade de lei ou ato normativo, mas na seleção das questões que serão submetidas aos órgãos judiciais competentes para o controle concentrado. Explica-se melhor.

Como já visto, nos sistemas em que só há controle concentrado a cargo de um Tribunal Constitucional, uma questão da maior relevância é quem pode submeter uma questão ao Tribunal Constitucional e como. Um dos desenvolvimentos dos sistemas concentrados ao longo do tempo foi justamente o de ampliar as hipóteses de acesso aos Tribunais Constitucionais, incluindo a possibilidade de órgãos do Judiciário – em geral os órgãos de cúpula – submeterem àquela Corte questões oriundas de casos concretos sob sua jurisdição. Embora os órgãos judiciais continuem a não poder declarar ou decidir no sentido da inconstitucionalidade, caberá a eles, em última análise, julgar se a questão eventualmente suscitada pelas partes deve ou não ser encaminhada ao controle a cargo do Tribunal Constitucional, funcionando, portanto, como uma espécie de filtro.

No sistema brasileiro, os órgãos judiciais não desempenham propriamente esse papel, já que eles próprios podem declarar a inconstitucionalidade das leis e atos normativos no modelo difuso. Há, porém, uma situação bastante diversa, criada por alterações legislativas, que acabaram por atribuir aos Tribunais um papel muito semelhante ao de filtro do que pode vir a ser apreciado pelo Supremo. Trata-se da aplicação das súmulas vinculantes da Corte que, no mais das vezes, envolverão a interpretação e aplicação da Constituição.

O juiz, ao deparar-se com matéria que apresenta súmula vinculante, mesmo que convencido do contrário, deverá decidir em consonância com ela. Isso não impede, no entanto, que, realizando a interpretação do caso concreto, o magistrado afaste a aplicação desta por entender que a casuística não corresponde àquela assentada pelo STF. Cabe verificar se a situação concreta enquadra-se naquele rol que os precedentes reiterados, os quais originaram a súmula vinculante, pretenderam tratar. Nessa atividade, naturalmente, o magistrado realizará verdadeiro papel de intérprete da Constituição. A filtragem ocorre, justamente, porque da decisão que a contrariar ou que indevidamente a aplicar caberá reclamação dirigida ao STF (art. 103-A, § 3º). Nesse contexto, pois, ocorre um filtro dos casos que chegam ao Supremo Tribunal, daí a importância de seleção criteriosa dos assuntos a serem sumulados, uma vez que abrem o acesso à jurisdição daquela Corte[152].

14.8.3 Quanto ao modo como o controle é levado a cabo

O controle de constitucionalidade pode ser levado a cabo pelos órgãos judiciais incidentalmente/concreto por dois modos principais: o chamado incidental ou concreto e o abstrato. O controle incidental é aquele que se desenvolve no contexto de um caso concreto, considerando as posições subjetivas e as pretensões envolvidas para dar solução à disputa. De outra parte, o controle abstrato é aquele suscitado em tese, sem referência a qualquer disputa concreta, em geral por meio de ações diretas perante o órgão competente no contexto de um controle concentrado de constitucionalidade.

A distinção entre controle incidental e abstrato é bastante clara em muitos momentos. No sistema brasileiro, uma sentença que, ao julgar o caso, declara uma lei inconstitucional ou mesmo uma decisão do STF em um recurso extraordinário são exemplos do controle incidental. De outra parte, a decisão do mesmo tribunal no âmbito de uma ADI exemplifica o

---

[152] Luís Roberto Barroso. *O controle de constitucionalidade no direito brasileiro*: exposição sistemática da doutrina e análise crítica da jurisprudência. São Paulo: Saraiva, 2016. p. 113.

controle abstrato. Em outras circunstâncias, porém, essa distinção já não será tão nítida. Duas observações devem ser feitas aqui.

Foi descrito que muitos sistemas que adotam apenas o controle concentrado preveem que os órgãos de cúpula do Judiciário submetem questões constitucionais ao Tribunal Constitucional, oriundas de casos concretos sob sua jurisdição. Há, inclusive, modelos que atribuem legitimidade ativa às pessoas em geral para acessarem diretamente o Tribunal Constitucional quando estejam presentes determinadas violações a seus direitos. Por outro lado, a decisão que o Tribunal Constitucional vier a proferir terá efeitos gerais, não se destinando apenas a solucionar o caso concreto do qual se originou. Assim, embora a questão surja em um caso concreto e traga, inevitavelmente, seus contornos, o exame que o Tribunal fará da questão considera o tema também sob uma perspectiva mais geral, próxima do controle abstrato, de modo a ser admissível universalizar a decisão tomada tanto quanto possível.

Um fenômeno muito similar acontece no sistema brasileiro com os vários mecanismos que procuram dar contornos objetivos às decisões tomadas no âmbito do sistema difuso, de forma a transformá-las em precedentes, isto é, decisões que tem a pretensão de produzir efeitos gerais, para além de solucionar o caso concreto de que se origina. Isso já era o que acontecia no julgamento do incidente de inconstitucionalidade: os órgãos fracionários dos Tribunais, impedidos de declarar a inconstitucionalidade de lei de forma original, deveriam suscitar o incidente de inconstitucionalidade perante o órgão especial ou plenário do Tribunal. A decisão do incidente não caracteriza propriamente um controle incidental, já que, embora no contexto de um caso concreto, ela se destina a produzir uma tese jurídica geral que não apenas deverá ser aplicada ao caso pelo órgão suscitante, mas também observada pelos demais órgãos.

Outros mecanismos foram criados mais recentemente com o objetivo de dar caráter geral e objetivo – e *a fortiori* abstrato – às decisões proferidas em sede incidental, entre os quais, por exemplo, a expedição de súmula vinculante por parte do STF. Também nesse contexto, a mescla de perspectivas incidentais e abstratas se manifesta, suscitando algumas complexidades. Com efeito, um dos desafios da edição de súmulas vinculantes é a identificação clara das premissas de fato assumidas pela decisão, da tese jurídica adotada e das razões que a sustentam. Circunstâncias diversas podem atrair outras razões e, eventualmente, conduzir a conclusão diversa; razões não consideradas podem se apresentar posteriormente e produzir a revisão do entendimento firmado[153].

A segunda observação envolve o controle abstrato em si e a impossibilidade de se desvincular completamente qualquer discussão jurídica da realidade e dos interesses por ela afetados de algum modo. Embora se afirme, do ponto de vista técnico-jurídico, que o exame da validade da norma é realizado em tese, independentemente de interesses subjetivos, a realidade é que essa bolha de isolamento não existe. A exigência de que determinados legitimados ativos da lista do art. 103 da Constituição demonstrem a pertinência temática entre a ação abstrata que pretendem requerer e sua atuação institucional já demonstra essa comunicação entre controle abstrato e interesses concretos. O ponto é reforçado com a previsão normativa e a crescente utilização, sobretudo pelo STF, de audiências públicas, bem como da admissão de *amicus curiae* no âmbito das ações de controle abstrato de constitucionalidade.

---

[153] Ana Paula de Barcellos. Voltando ao básico. Precedentes, uniformidade, coerência e isonomia. Algumas reflexões sobre o dever de motivação. In: Aluisio Gonçalves de Castro Mendes; Luiz Guilherme Marinoni; Teresa Arruda Alvim Wambier (coords.). *Direito jurisprudencial*. São Paulo: RT, 2014. v. 2, p. 143 e ss.; Patrícia Perrone Campos Mello. *Precedentes*: o desenvolvimento judicial do direito no constitucionalismo contemporâneo. Rio de Janeiro: Renovar, 2008.

14.8.4 Quanto ao momento do controle

O controle de constitucionalidade das leis pode ser levado a cabo preventivamente ou a *posteriori*. O controle preventivo significa que ele será realizado antes de a lei entrar em vigor: em algum momento entre sua aprovação pelo Legislativo e o início de sua vigência. O controle *a posteriori* é aquele que é realizado apenas após o início da vigência da lei.

No Brasil, os órgãos políticos podem desenvolver seus controles de constitucionalidade justamente enquanto a proposição normativa ainda não é lei, como é o caso das CCJs e do veto presidencial. Vigente, não pode o Legislativo, por exemplo, declarar a inconstitucionalidade de lei, restando-lhe revogá-la se assim o desejar[154]. De outra parte, não se admite o controle preventivo por parte do Judiciário, isto é, o Judiciário não poderá declarar inconstitucional uma proposição legislativa que ainda não se tornou vigente, salvo por uma exceção específica.

Com efeito, o STF entende que os parlamentares, e apenas eles, têm o direito subjetivo de não participarem de deliberações tendentes a abolir cláusulas pétreas, tendo em conta a redação do art. 60, § 4º, da Constituição[155]. Por conta disso, a jurisprudência da Corte entende que os parlamentares podem impetrar mandado de segurança com o objetivo de impedir (trancar) a continuidade da deliberação da Casa Legislativa que integram acerca de propostas que violem cláusula pétrea.

O exemplo acadêmico dessa hipótese seria uma proposição legislativa que pretendesse instituir pena de morte em tempos de paz, claramente vedada pelo art. 5º, XLVI, *a*, da Constituição. Em geral, porém, o STF evita interferir nos trabalhos legislativos sob esse fundamento, exigindo que a alegada violação à cláusula pétrea seja clara e não apenas manifestação de discordância política natural em uma democracia plural[156].

14.8.5 Quanto à obrigatoriedade de haver controle

Outra classificação relevante envolve a obrigatoriedade ou não de haver controle de constitucionalidade. Essa classificação, na realidade, se desdobra em duas. Em primeiro lugar, ela descreve sistemas nos quais determinadas espécies legislativas devem obrigatoriamente ser submetidas ao controle prévio de constitucionalidade, como é o caso francês. Esse modelo, porém, não chega a ser comum: em geral a manifestação do Judiciário ou dos Tribunais Constitucionais sobre a validade de alguma lei ou ato normativo depende de que lhes seja formulado um pedido nesse sentido, por quem esteja autorizado a fazê-lo. Neste momento apresenta-se a segunda dimensão da classificação.

Em segundo lugar, diz-se que o controle é obrigatório também quando o órgão judicial ou o Tribunal Constitucional, uma vez recebido o pedido versando sobre a declaração de inconstitucionalidade, e atendidas as exigências formais, está obrigado a se manifestar sobre ele e decidi-lo. O controle não será obrigatório nas circunstâncias em que os órgãos possam decidir de forma discricionária se irão ou não apreciar e decidir os pedidos que lhe são submetidos e quais deles serão afinal objeto de deliberação.

É certo que entre esses dois extremos existem soluções intermediárias, como a utilização de exigências cuja análise envolve algum nível de subjetividade, na qual a apreciação ficará a cargo do órgão competente para o controle de constitucionalidade.

---

[154] STF, Tribunal Pleno, ADI 221 MC/DF, rel. Min. Moreira Alves, j. 29.03.1990, *DJ* 22.10.2003.

[155] STF, Tribunal Pleno, ADI 2666/DF, rel. Min. Ellen Gracie, j. 03.10.2002, *DJ* 06.12.2002.

[156] STF, Tribunal Pleno, MS 34063 AgRg/DF, rel. Min. Edson Fachin, j. 01.07.2016, *DJ* 04.10.2016; e STF, Tribunal Pleno, MS 32.033/DF, rel. p/ acórdão Min. Teori Zavascki, j. 20.06.2013, *DJ* 18.02.2014.

Cap. 14 – CONTROLE DE CONSTITUCIONALIDADE **645**

O exemplo clássico de controle não obrigatório é aquele que se passa em relação aos recursos submetidos à Suprema Corte dos Estados Unidos que poderão ou não ser examinados em função de um juízo bastante discricionário (*writ of certiorari*)[157]. A questão prioritária de constitucionalidade francesa segue lógica semelhante.

No modelo brasileiro, soluções diferentes têm sido adotadas em contextos diversos. No sistema difuso, o juiz não está a rigor obrigado a se manifestar a respeito da constitucionalidade de lei – mesmo que o tema tenha sido suscitado pelas partes – se entender que a questão pode ser resolvida com base em outros fundamentos e sem necessidade de ingressar na questão da validade da lei. Já quanto ao cabimento do recurso extraordinário dirigido ao STF, e ainda no sistema difuso, a legislação brasileira vem caminhando no sentido de atribuir maior espaço de discricionariedade para este tribunal referente ao conhecimento ou não de tais recursos, sobretudo após a introdução do requisito da repercussão geral[158].

No âmbito do controle concentrado, e atendidos os requisitos formais, entende-se que o STF não pode negar-se a conhecer de uma ação direta ou escolher as ações que irá apreciar, ao menos de acordo com a prática atual. Não há dúvida de que alguns requisitos aparentemente formais podem não ser tão objetivos e ensejar algum espaço decisório, mas ainda assim o não atendimento deles é que será o fundamento do eventual descabimento da ação, e não uma negativa discricionária da Corte de conhecê-la, por sua eventual falta de relevância social, ou por excesso de volume de processos, por exemplo. A realidade, de todo modo, é que o STF não está vinculado a qualquer prazo para decidir as ações ou recursos que lhe são submetidos, de modo que a circunstância de um recurso ou ação ser formalmente conhecido não significa que será julgado proximamente.

14.8.6 Quanto à eficácia da decisão de controle

Um tema especialmente relevante para o direito constitucional contemporâneo é a eficácia das decisões proferidas pelo Judiciário ou pelos Tribunais Constitucionais no contexto do controle de constitucionalidade. O ponto já foi exposto antes, mas agora é a oportunidade de sistematizá-lo.

É possível identificar nessa classificação três grandes categorias para fins didáticos: (i) as decisões que têm eficácia própria e final; (ii) as decisões que têm eficácia própria, mas não final; e (iii) as decisões que não têm eficácia própria, na medida em que apenas declaram a inconstitucionalidade, cabendo a outro órgão praticar os atos eficazes no sentido de sanar a inconstitucionalidade. Explica-se melhor.

As decisões judiciais de controle de constitucionalidade que têm eficácia própria são aquelas que produzem efeitos diretamente, independentemente da prática de outros atos por outros Poderes. Assim, *e.g.*, a decisão que o STF profere ao declarar a inconstitucionalidade de uma lei em sede de ADI produz efeitos próprios, de tal modo que, de imediato, retroativamente ou no prazo eventualmente fixado pela Corte, a lei em questão deixará de produzir efeitos. É certo que, como se verá adiante, o desfazimento de eventuais efeitos já produzidos na esfera individual dependerá de outros atos que não estão a cargo do STF. Seja como for, no sistema brasileiro, ao menos em relação ao futuro, a retirada da norma do mundo jurídico é um efeito que decorre de forma direta da própria decisão que declara sua inconstitucionalidade no âmbito do controle concentrado e abstrato.

---

[157] Gilmar Ferreira Mendes; Paulo Gustavo Gonet Branco. *Curso de direito constitucional*. São Paulo: Saraiva, 2016. p. 1021.

[158] CF/1988, art. 102, § 3º; e Lei nº 13.105/2015, art. 1.035.

A decisão que tem eficácia própria poderá ser final ou não. Essa categoria procura descrever a possibilidade de outro órgão – diverso daquele que proferiu a decisão – rever ou alterar a decisão tomada. Caso essa possibilidade exista, ela não será final nesse sentido, ao passo que se essa revisão não for possível, a decisão sobre o controle de constitucionalidade proferida pelo Judiciário será final. Como se viu, essa possibilidade existe em alguns sistemas nos quais o Legislativo pode vir a superar decisões tomadas pelo Judiciário no âmbito do controle de constitucionalidade.

No Brasil, de acordo com as normas em vigor, não existe a possibilidade de revisão de uma decisão judicial – seja proferida no âmbito do controle difuso ou do concentrado – por outro Poder. Naquele, serão admissíveis recursos a órgãos diversos do próprio Judiciário, cabendo ao STF a palavra final em matéria constitucional. Além disso, admite-se recurso extraordinário em determinadas circunstâncias também relativamente às decisões dos Tribunais de Justiça estaduais proferidas em sede de controle concentrado e abstrato, quando o dispositivo da Constituição estadual considerado como parâmetro é idêntico ao da Constituição Federal e consta da Carta estadual por ser de reprodução obrigatória. Seja como for, essa possibilidade de revisão envolve a manifestação de órgãos do próprio Judiciário e não de outro Poder e, de todo modo, a decisão do STF será sempre final na matéria. Não há a possibilidade de outro Poder rever a decisão proferida pelo STF.

Isso não significa, porém, que os Legislativos não possam vir a superar logicamente a decisão tomada pelo Judiciário por meio da alteração do parâmetro constitucional adotado no julgamento. A hipótese não é complexa. Se o STF declara que determinada lei é inconstitucional por violar o dispositivo constitucional "a", nada impede (salvo se se do conteúdo essencial de uma cláusula pétrea), que o Legislativo o altere esse. A decisão do Judiciário tomada no passado continua íntegra, mas não poderá ser reproduzida em outros casos no futuro, tendo em conta a mudança da norma constitucional paradigma.

Trata-se de uma espécie de diálogo dinâmico próprio e natural em uma democracia na qual o Legislativo, no exercício do seu poder constituinte derivado ou decorrente, conforme o caso, decide alterar o próprio texto constitucional. Um exemplo já apresentado é suficiente para ilustrar o fenômeno.

A Constituição de 1988, em seu texto original, não previa a possibilidade de instituição geral de IPTU progressivo, dispondo sobre essa possibilidade apenas para o fim de se garantir o cumprimento da função social da propriedade[159]. Nada obstante, alguns Municípios editaram leis prevendo a cobrança de IPTU progressivo em função de elementos gerais, como valor do imóvel ou sua localização. Algumas dessas leis tiveram sua validade questionada e o STF se manifestou no sentido de que elas seriam de fato inconstitucionais[160]. O Congresso Nacional aprovou então a EC nº 29/2000, que passou a prever de forma expressa a possibilidade geral de instituição de IPTU progressivo[161]. A emenda constitucional não tornou válidas as leis municipais editadas anteriormente e, portanto, não afetou as decisões judiciais tomadas, como se viu nas relações da inconstitucionalidade com o tempo, mas novas leis poderão agora ser editadas validamente com esse conteúdo.

---

[159] CF/1988, art. 182, § 4º, II.

[160] STF, 1ª T., RE 399.624 AgRg-segundo-ED/RS, rel. Min. Luiz Fux, j. 05.02.2013, *DJ* 25.02.2013; STF, 1ª T., AgIn 482923 AgRg-ED/RS, rel. Min. Ricardo Lewandowski, j. 18.10.2011, *DJ* 07.11.2011; STF, 1ª T., RE 412689 AgRg, rel. Min. Eros Grau, j. 31.05.2005, *DJ* 24.06.2005.

[161] CF/1988: "Art. 156. Compete aos Municípios instituir impostos sobre: I – propriedade predial e territorial urbana; (...) § 1º Sem prejuízo da progressividade no tempo a que se refere o art. 182, § 4º, inciso II, o imposto previsto no inciso I poderá: [Incluído pela EC nº 29/2000.] I – ser progressivo em razão do valor do imóvel; e [Incluído pela EC nº 29/2000.] II – ter alíquotas diferentes de acordo com a localização e o uso do imóvel. [Incluído pela EC nº 29/2000.]".

Por fim, as decisões que não têm eficácia própria são aquelas que veiculam declarações, mas não produzem por si mesmas efeitos concretos no sentido de sanar a inconstitucionalidade. Como visto acima, esse é o caso do juízo de incompatibilidade que o Judiciário inglês profere ao confrontar uma norma interna com o *Human Rights Act*. A eventual decisão de revogar a lei interna ou alterá-la caberá ao Parlamento.

No Brasil, o exemplo mais notável de decisão sem eficácia própria é aquela proferida em sede de ação direta de inconstitucionalidade por omissão, por força da qual o STF ou os Tribunais Estaduais, em que a ADI por omissão exista, apenas comunicam a mora ao órgão competente, em geral o Legislativo, a quem competirá tomar as providências para saná-la. É certo que essa comunicação desempenha uma função política de atribuir publicamente ao órgão omisso o ônus político de solucionar a questão; nem sempre, porém, a dinâmica política conduz à superação da inconstitucionalidade.

Outro exemplo mais recente de decisão sem eficácia própria foi a tomada no âmbito da ADPF nº 347, que declarou o sistema penitenciário nacional ser caraterizado como "estado de coisas inconstitucional"[162], inspirado no mecanismo adotado sobretudo pela Corte constitucional colombiana[163]. A superação do estado de coisas inconstitucional, por natural, depende de uma série complexa de atos a cargo de outros Poderes. A decisão judicial não tem, portanto, eficácia própria, embora muitas vezes tenha o condão de pautar politicamente o tema – na linha da ADI por omissão –, o que não é desimportante. A verdade, porém, é que ela sozinha não produz efeitos concretos.

Na experiência colombiana, além desse efeito de pauta política, o Tribunal Constitucional procurou agregar à declaração do estado de coisas inconstitucional determinações um pouco mais operacionais, no sentido de estabelecerem-se prazos para a tomada de providências pelos órgãos competentes, bem como deveres de monitoramento, levantamento de dados e apresentação periódica de relatórios[164]. Embora o atendimento dessas obrigações não resolva por si a situação de inconstitucionalidade, elas visam impulsionar a ação dos órgãos competentes para solucioná-la e a manter esse estímulo ao longo do tempo.

14.8.7 Quanto ao objeto das decisões de controle de constitucionalidade

Anteriormente foram apresentadas as diferentes decisões judiciais e a eficácia a elas associadas. Considerando as decisões que tem eficácia própria (finais ou não), isto é, aquelas que produzem por si só efeitos no mundo dos fatos, é o caso de verificar qual seu escopo possível. Dito de outro modo, qual o conteúdo das decisões judiciais que veiculam controle de constitucionalidade de atos dos demais poderes? É possível identificar ao menos quatro vertentes que merecem nota.

Em primeiro lugar, a decisão judicial poderá declarar a nulidade da lei ou ato normativo, com efeitos retroativos totais ou adotando alguma espécie de modulação, de modo a preservar efeitos já produzidos, ou mesmo fixando um momento futuro a partir do qual a norma perderá sua vigência. Esse é o conteúdo tradicional da declaração de inconstitucionalidade.

Em segundo lugar, o controle judicial de constitucionalidade poderá atribuir alguma espécie de interpretação conforme à lei, de tal modo que seu texto continua a existir validamente, mas seu sentido será determinado em alguma medida pela decisão. Por vezes, a interpretação conforme excluirá, por inconstitucional, uma determinada incidência do

---

[162] STF, Tribunal Pleno, ADPF 347 MC/DF, rel. Min. Marco Aurélio, j. 09.09.2015, *DJ* 19.02.2016.

[163] Carlos Alexandre de Azevedo Campos. *Estado de coisas inconstitucional*. Salvador: JusPodivm, 2016.

[164] Helena Maria Pereira Santos et al. Estado de coisas inconstitucional: um estudo sobre os casos colombiano e brasileiro. *Quaestio Iuris,* Rio de Janeiro, v. 8, n. 4, 2015, p. 2596-2612.

648 CURSO DE DIREITO CONSTITUCIONAL · *Ana Paula de Barcellos*

enunciado normativo. Foi o que aconteceu quando o STF decidiu que o valor máximo para os benefícios previdenciários introduzido pela EC nº 20/1998 não era aplicável à licença-maternidade, sob pena de inconstitucionalidade, mas que o teto era válido em relação aos demais benefícios[165].

Em outras ocasiões, a interpretação conforme exigirá que a norma seja interpretada em determinado sentido[166], como aconteceu relativamente à Lei nº 1.598/2011 do Amapá, que previa o pagamento de metade do valor de um salário-mínimo às famílias que se encontrassem em situação de pobreza e extrema pobreza, consoante critérios definidos pela lei estadual. O STF excluiu a interpretação mais óbvia, a qual apontaria para a inconstitucionalidade pela vinculação ao salário-mínimo, e entendeu que a lei impugnada mostra-se passível de ser interpretada no sentido de que não se pretendeu vincular o benefício indefinidamente, o que atentaria contra a Carta Federal, mas somente foi tomado como parâmetro de fixação de valor em pecúnia no momento em que editada, condicionando os reajustes futuros à disciplina própria[167].

Um *terceiro conteúdo* observado no controle judicial de constitucionalidade é a criação da norma regulamentadora faltante, quando se esteja diante de uma hipótese de inconstitucionalidade por omissão. O sistema brasileiro, e também outros, admite que o órgão judicial competente crie a norma regulamentadora cuja inexistência impede a fruição dos direitos de que trata o art. 5º, LXXI, que enseja o cabimento de mandado de injunção. O tema foi aprofundado no tópico próprio.

Um último conteúdo possível – o *quarto* – diz respeito àquelas decisões que procuram lidar com omissões inconstitucionais que não podem ser sanadas apenas com a edição de uma norma: elas exigem muitas vezes a edição periódica de normas – orçamentárias, por exemplo – e a prática contínua de atos administrativos. O exemplo da situação prisional brasileira e seu estado de inconstitucionalidade já foi referido.

Como se destacou, a decisão judicial que apenas declara a situação de inconstitucionalidade por, *e.g.*, inexistência ou deficiência de uma política pública constitucionalmente exigida, tem o potencial de produzir algum impacto político, sobretudo no sentido de colocar o tema na pauta do debate público de forma mais geral. A decisão em si, no entanto, não tem eficácia jurídica propriamente. Entretanto, mais recentemente, tem se tentado desenvolver conteúdos possíveis para elas que tenham alguma eficácia, ainda que limitada.

Como mencionado antes, é o que fez em alguns casos o Tribunal Constitucional da Colômbia em hipóteses de declaração de inconstitucionalidade de um estado de coisas, com a fixação de prazos e deveres dos órgãos competentes de, *e.g.*, apresentarem planos para a solução do problema e relatórios periódicos de sua execução[168]. Soluções similares têm sido adotadas no âmbito do controle difuso e incidental quando órgãos judiciais são confrontados com demandas coletivas, por exemplo, nas quais se discute a constitucionalidade de políticas

---

[165] STF, Tribunal Pleno, ADI 1946/DF, rel. Min. Sydney Sanches, j. 03.04.2003, *DJ* 16.05.2003: "A Ação Direta de Inconstitucionalidade é julgada procedente, em parte, para se dar, ao art. 14 da Emenda Constitucional nº 20, de 15.12.1998, interpretação conforme à Constituição, excluindo-se sua aplicação ao salário da licença-gestante, a que se refere o art. 7º, inciso XVIII, da Constituição Federal".

[166] O fenômeno, embora próximo, não se confunde com as chamadas decisões manipulativas de efeitos aditivos, pelas quais o órgão de jurisdição constitucional modifica o sentido das normas que examina, em geral pela adição de exigências ou comandos nela não contidos originalmente. O tema foi examinado pelo STF, Tribunal Pleno, RE 641.320/RS, rel. Min. Gilmar Mendes, j. 11.05.2016, *DJ* 01.08.2016.

[167] STF, Tribunal Pleno, ADI 4.726 MC/AP, rel. Min. Marco Aurélio, j. 11.02.2015, *DJ* 04.03.2015.

[168] Helena Maria Pereira Santos et al. Estado de coisas inconstitucional: um estudo sobre os casos colombiano e brasileiro. *Quaestio Iuris*, Rio de Janeiro, v. 8, n. 4, 2015, p. 2596-2612.

Cap. 14 – CONTROLE DE CONSTITUCIONALIDADE **649**

públicas existentes, mas deficientes, ou a omissão inconstitucional decorrente da inexistência de políticas públicas exigidas pela Constituição[169].

14.8.8 Quanto aos efeitos objetivos das decisões em controle de constitucionalidade

Enunciados os objetos das decisões de controle de constitucionalidade, cabe agora examinar, rapidamente, os efeitos objetivos que elas produzem e, na sequência, os efeitos subjetivos, sobretudo considerando as decisões proferidas pelo STF. Embora todos os órgãos do Poder Judiciário brasileiro (e no âmbito dos Tribunais, o plenário ou órgão especial) possam declarar a inconstitucionalidade de normas no âmbito dos processos de suas competências, e sem prejuízo da importante competência de controle abstrato de constitucionalidade a cargo dos Tribunais de Justiça estaduais, a verdade é que o STF concentra cada vez mais a atividade de controle de constitucionalidade das leis e atos normativos no país, daí a ênfase em suas decisões.

A distinção entre efeitos objetivos e subjetivos de decisões em controle de constitucionalidade nem sempre é clara e há, por evidente, uma comunicação entre essas esferas. De forma simples, é possível identificar os temas incluídos em cada uma delas nos seguintes termos: por efeitos objetivos se procura identificar o impacto que as decisões de controle de constitucionalidade produzem no sistema jurídico de forma mais geral, ao passo que os efeitos subjetivos se ocupam do impacto de tais decisões na esfera subjetiva das pessoas.

Pois bem, no âmbito do controle difuso e incidental, a declaração de inconstitucionalidade proferida no contexto de uma demanda afeta as partes e suas pretensões, mas não faz coisa julgada e nem tem impacto sobre a vigência da norma em abstrato. Nada obstante, decisões em controle difuso e incidental proferidas pelo STF, tanto de inconstitucionalidade quanto de constitucionalidade, têm recebido um tratamento diverso por parte da legislação e da jurisprudência do próprio STF. Explica-se melhor.

A Constituição continua a prever a competência do Senado Federal para, após várias decisões do STF em sede de controle difuso, suspender a norma declarada inconstitucional pela Corte em caráter geral (art. 52, X). A previsão foi introduzida na Constituição de 1934 quando não existiam no sistema brasileiro (para além da ação direta interventiva) ações de controle concentrado ou mecanismos capazes de atribuir efeitos gerais às decisões do STF proferidas no controle difuso e incidental[170].

Desde a Constituição de 1988, porém, a suspensão pelo Senado se tornou cada vez mais rara[171] diante da crescente importância dos mecanismos concentrados de controle de constitucionalidade, cujas decisões produzem desde logo efeitos gerais e vinculantes.

A utilidade da competência atribuída ao Senado tornou-se ainda menos relevante, mesmo no contexto do controle difuso e incidental, após a criação da súmula vinculante. E isso porque, como se sabe, por meio desta o próprio STF pode atribuir a suas decisões, proferidas em sede de controle difuso e incidental, não apenas efeitos gerais, mas também vinculantes em relação

---

[169] Ana Paula de Barcellos. Sanitation rights, public law litigation and inequality: a case study from Brazil. *Health and Human Rights*, Boston, v. 16, n. 2, 2014, p. 35-46; Sergio Cruz Arenhart. Decisões estruturais no direito processual civil brasileiro. *Revista Magister de Direito Civil e Processual Civil*, Porto Alegre, n. 59, v. 10, mar.-abr. 2014. p. 67-85.

[170] Luís Roberto Barroso. *O controle de constitucionalidade no direito brasileiro*: exposição sistemática da doutrina e análise crítica da jurisprudência. São Paulo: Saraiva, 2016. p. 166.

[171] Entendendo por superada a necessidade de suspensão pelo Senado v. Gilmar Ferreira Mendes; Paulo Gustavo Gonet Branco. *Curso de direito constitucional*. São Paulo: Saraiva, 2016. p. 1162-1177.

aos demais órgãos do Poder Judiciário e à administração pública direta e indireta, nas esferas federal, estadual e municipal.

Independentemente da edição de súmulas vinculantes, a jurisprudência do STF tem aproximado a eficácia objetiva das decisões proferidas em sede de recurso extraordinário com repercussão geral àquela associada pela Constituição e pela legislação às decisões em controle concentrado e à súmula vinculante.

É certo que o STF não tem admitido reclamação pela violação de tese fixada em sede de repercussão geral, permitindo o seu uso apenas após esgotados todos os recursos cabíveis, tornando o mecanismo pouco útil na prática (Rcl nº 39305). Nada obstante, as decisões em repercussão geral têm sido equiparadas pela Corte para muitos fins às proferidas em controle concentrado. Foi o que aconteceu, por exemplo, no Tema RG nº 885, ocasião em que o STF definiu que tais decisões interrompem automaticamente os efeitos temporais das decisões transitadas em julgado em relações tributárias de trato sucessivo.

Ou seja: nos termos do Tema RG nº 885, o STF entende que suas decisões em controle concentrado e em repercussão geral impactam o sistema jurídico de forma objetiva e geral. Caso a decisão tenha sido pela constitucionalidade de determinado tributo, a Fazenda poderá voltar a cobrá-lo de imediato de todos os contribuintes (respeitada a anterioridade, anualidade e noventena, conforme o caso), e não apenas da parte no processo originário, tal qual aconteceria com a edição de uma nova lei. Caso a decisão do STF tenha sido pela inconstitucionalidade do tributo, os contribuintes em geral poderão de imediato deixar de fazer os recolhimentos.

Decisões proferidas pelo STF em sede de controle difuso e incidental terão impacto também sobre eventual ação de controle concentrado e abstrato que pretenda tratar do mesmo ato normativo ou lei. O STF já entendeu que a declaração de constitucionalidade, em sede de recurso extraordinário faz manifestamente improcedentes as ações diretas que versem sobre a mesma questão[172]. Trata-se da progressiva "comunicabilidade entre as vias difusas e concentrada do sistema misto de controle de constitucionalidade brasileiro"[173].

Passando agora para as decisões proferidas no âmbito das ações de controle concentrado e abstrato propriamente, formar-se-á aqui coisa julgada em torno dos pedidos formulados, isto é, a decisão que declara que determinadas normas são inconstitucionais ou constitucionais. Entende-se, assim, que não será possível ajuizar nova ADI, por exemplo, uma vez que já tenha havido declaração de inconstitucionalidade (dimensão preclusiva do efeito objetivo).

Nada obstante, é possível o ajuizamento de nova ação direta de inconstitucionalidade quando a decisão anterior tenha sido de constitucionalidade, à vista de novos elementos ou argumentos não examinados ou discutidos anteriormente[174]. Como visto, o fenômeno da inconstitucionalidade progressiva ou do processo de inconstitucionalização de uma lei pode justificar que sua validade seja rediscutida à luz de novos elementos, a despeito da existência de decisão anterior.

Um ponto em discussão sobre esse tema envolve o efeito que se deve atribuir, ou não, às razões subjacentes às decisões proferidas no contexto do controle concentrado e abstrato ou, de forma mais ampla, às decisões proferidas pelo STF em geral. Caso o entendimento firmado pelo STF – em sede de controle concentrado, difuso ou mesmo no âmbito de outras competências originárias e recursais que a Constituição lhes atribui – seja transformado em súmula vinculante com explicitação das razões subjacentes à tese adotada, não há dúvida de que elas terão efeitos

---

[172] STF, Tribunal Pleno, ADI 4071 AgRg/DF, rel. Min. Menezes Direito, j. 22.04.2009, *DJe* 15.10.2009.

[173] Gilmar Ferreira Mendes; Paulo Gustavo Gonet Branco. *Curso de direito constitucional*. São Paulo: Saraiva, 2016. p.1022.

[174] STF, Tribunal Pleno, ADI 5081/DF, rel. Min. Roberto Barroso, j. 27.05.2015, *DJ* 19.08.2015.

Cap. 14 – CONTROLE DE CONSTITUCIONALIDADE **651**

gerais e, adicionalmente, vinculantes. Isto é, será possível manejar reclamação contra decisão judicial ou ato administrativo que a contrarie, nos termos do art. 103-A, § 3º, da Constituição.

No entanto, e se não se cogita de súmula vinculante? A fundamentação ou os argumentos que conduziram a decisão do STF produzem efeitos autônomos? Poderia uma lei ser considerada inconstitucional sem decisão expressa do STF, apenas por conta da aplicação da racionalidade adotada em outra decisão, na qual outra lei ou ato normativo foi apreciado? Poder-se-ia falar de uma transcendência dos motivos ou essas razões teriam apenas efeitos persuasivos?

A questão chegou a ser discutida no STF, mas não foi alvo de decisão específica[175] de modo que, ao menos por enquanto, a resposta a estas perguntas formuladas tende a ser negativa: as razões das decisões do STF não fazem coisa julgada – apenas o seu dispositivo – nem produzem, em princípio, efeitos autônomos. Uma das dificuldades relacionadas com essa discussão é justamente a identificação dessas razões, já que os votos que formam a maioria podem concordar com o resultado, mas chegar a ele a partir de racionalidades diferentes. Ou seja: nem sempre é fácil identificá-las a partir da leitura do acórdão.

Isso não significa, por evidente, que as razões discutidas e registradas nos julgamentos levados a cabo pelo STF não sejam importantes. Muito pelo contrário, a fundamentação é da maior relevância, tanto assim que, muitas vezes, a verificação, *e.g.*, do cabimento de reclamação, por suposto descumprimento da decisão proferida com efeito vinculante, passará não apenas pelo dispositivo do acórdão, mas também pela compreensão acerca de sua fundamentação[176].

Por fim, um último efeito objetivo das decisões proferidas em sede de controle concentrado e abstrato é a restauração das normas acaso revogadas por aquelas que sejam declaradas inconstitucionais. Por maioria de 2/3 o STF pode afastar essa restauração da legislação anterior, como uma forma de modular os efeitos da decisão que declarou a inconstitucionalidade[177]. Não havendo manifestação específica nesse sentido ou não se atingindo o quórum para a modulação, esse será um efeito objetivo da decisão que declara uma norma inconstitucional.

14.8.9 Quanto aos efeitos subjetivos das decisões em controle de constitucionalidade

Além dos efeitos objetivos, cabe agora saber como as decisões que declaram leis e atos normativos inconstitucionais ou constitucionais afetam a esfera concreta, subjetiva das pessoas. No caso do controle difuso e incidental, em que as partes discutem a validade de lei ou ato normativo, por natural, elas serão diretamente afetadas pela eventual declaração de inconstitucionalidade ou constitucionalidade, acerca da qual tiveram oportunidade de apresentar suas razões e discutir perante o órgão judiciário.

A questão se torna mais complexa, no entanto, considerando os mecanismos existentes hoje, legais e desenvolvidos pela jurisprudência do STF, destinados a atribuir efeitos gerais e vinculantes a decisões proferidas em sede de controle difuso e incidental. Isto é: pessoas serão afetadas por decisões proferidas em processos dos quais não foram parte, não participaram e dos

---

[175] STF, 2ª T., Rcl 23.349 AgRg/SP, rel. Min. Celso de Mello, j. 14.10.2016, *DJ* 24.11.2016; e STF, 1ª T., Rcl 19.384 AgRg/DF, rel. Min. Roberto Barroso, j. 07.06.2016, *DJ* 22.06.2016.

[176] STF, Tribunal Pleno, Rcl 9.428/DF, rel. Min. Cezar Peluso, j. 10.12.2009, *DJ* 25.06.2010.

[177] Lei nº 9.869/1999, art. 27; STF, Tribunal Pleno, ADI 4.483 MC-ED-Ref/PB, rel. Min. Celso de Mello, j. 11.12.2014, *DJ* 19.02.2015: "A modulação temporal como técnica decisória de abrandamento, mediante juízo de concreta ponderação, do dogma da nulidade do ato inconstitucional (...) O tríplice conteúdo eficacial das decisões (tanto as declaratórias de inconstitucionalidade quanto as concessivas de medida cautelar) nos processos objetivos de controle abstrato de constitucionalidade: (a) eficácia vinculante, (b) eficácia geral (*erga omnes*) e (c) eficácia repristinatória. Magistério doutrinário. Precedentes"; STF, Tribunal Pleno, ADI 3.660/MS, rel. Min. Gilmar Mendes, j. 13.03.2008, *DJ* 09.05.2008.

quais muitas vezes sequer tiveram ciência. O mesmo se diga em relação às decisões proferidas no âmbito do controle concentrado e abstrato: em que medida elas afetarão a esfera subjetiva das pessoas que dele não participaram?

Note-se que a discussão é particularmente relevante em relação às pessoas privadas, titulares de direitos fundamentais como a garantia da legalidade, da segurança jurídica e seus corolários – como a anterioridade das normas sancionatórias e tributárias e a proteção ao ato jurídico perfeito, direito adquirido e coisa julgada –, do devido processo legal, entre outras. O Poder Público, a rigor, não titulariza tais direitos[178].

Inicie-se pelo controle difuso incidental. Em primeiro lugar, decisões proferidas pelo STF em controle difuso e incidental podem ser afinal transformadas pela Corte em súmulas vinculantes. Como já referido, a tese cristalizada em uma súmula vinculante tem efeitos gerais similares aos de uma lei e, adicionalmente, autoriza o uso da reclamação, dirigida diretamente ao STF, caso ato administrativo ou decisão judicial a descumpram. Nesse contexto, portanto, o particular poderá ser afetado pela súmula vinculante de forma coletiva, tendo em conta seu caráter normativo, isto é, sua generalidade e abstração, mas também de forma concreta, caso, por exemplo, no âmbito de disputa da qual seja parte ou interessado, algum ato administrativo ou decisão seja proferido violador da súmula vinculante. E efeitos similares têm sido associados pelo STF também às decisões proferidas em sede de repercussão geral (salvo pelo uso da reclamação).

As decisões proferidas em sede de controle difuso e incidental podem afetar terceiros, para além daqueles que sejam partes no processo em que produzidas, no âmbito dos processos dos quais eles são parte e que se encontram em curso. O tema é amplamente disciplinado pelo processo civil, sobretudo após a edição do atual Código de Processo Civil, e será apenas indicado aqui. Trata-se da situação das pessoas que sejam parte em processos em curso e, particularmente, aquelas que tenham interposto recursos extraordinários, pretendendo submeter determinada questão ao STF.

Como se sabe, a EC nº 45/2004 introduziu como um dos requisitos para o cabimento do recurso extraordinário a presença da repercussão geral[179]. De acordo com a regulamentação processual vigente, reconhecida essa em um recurso, todos os outros que pretendiam discutir a mesma tese (ou que os Tribunais considerem ser a mesma tese) ficarão retidos, aguardando a decisão do STF (CPC, art. 1.036, § 1º). Decidido o mérito, os Tribunais têm a obrigação de julgar conforme a posição daquela Corte (art. 1.039).

Ou seja: a decisão proferida pelo STF naquele caso em sede de controle difuso e incidental – tanto referente à repercussão geral quanto ao mérito propriamente do recurso – acabará tendo impacto na esfera jurídica de todos aqueles que tenham demanda semelhante em curso no Poder Judiciário[180]. Esse é o contexto que levou o STF, mesmo antes da edição do atual CPC[181], a admitir a participação de *amicus curiae* mesmo em feitos oriundos do controle di-

---

[178] Seguindo essa lógica, o STF sumulou o entendimento de que "a garantia da irretroatividade da lei, prevista no artigo 5º, inc. XXXVI, da Constituição da República, não é invocável pela entidade estatal que a tenha editado" (Súmula nº 654). V. STF, 1ª T., RE 415.505/DF, rel. Min. Sepúlveda Pertence, j. 06.04.2004, *DJ* 04.06.2004.

[179] CF/1988, art. 102, III, § 3º.

[180] Luís Roberto Barroso. *O controle de constitucionalidade no direito brasileiro:* exposição sistemática da doutrina e análise crítica da jurisprudência. São Paulo: Saraiva, 2016, p. 149: "A aplicação da sistemática da repercussão geral ao controle incidental de constitucionalidade reforça a tendência de objetivação das decisões do STF, em geral, e no controle de constitucionalidade em particular. Com efeito, a exegese constitucional que venha a ser firmada deverá ser observada pelas demais instâncias, ainda que no âmbito da solução de um conflito de interesses de natureza subjetiva".

[181] Lei nº 13.105/2015: "Art. 950. Remetida cópia do acórdão a todos os juízes, o presidente do tribunal designará a sessão de julgamento. (...) § 3º Considerando a relevância da matéria e a representatividade dos postulantes,

Cap. 14 – CONTROLE DE CONSTITUCIONALIDADE **653**

fuso e incidental, diante da evidência de que a decisão da Corte não afetará apenas as partes, mas a sociedade em geral, sendo mais que legítimo que pessoas ou instituições representativas tenham a oportunidade de se manifestar de modo a contribuir para a formação do convencimento da Corte.

Na realidade, e como já referido, há em curso no país um processo de aproximação dos mecanismos de controle difuso e incidental relativamente àqueles típicos do controle concentrado e abstrato, e essa aproximação se dá, principalmente, por meio do que se denomina "objetivação" do controle difuso e incidental, isto é, a atribuição de efeitos gerais e em alguns casos vinculantes às decisões proferidas em sede de controle difuso e incidental. Além do impacto específico sobre os recursos extraordinários interpostos sobre o mesmo tema, referido acima, a legislação prevê ainda uma série de outros efeitos sobre os processos em curso que decorrem de eventual decisão do STF, que incluem, *e.g.*, a possibilidade de decisão no sentido da improcedência liminar do pedido[182].

Na verdade, esse processo, próprio do controle de constitucionalidade, integra um fenômeno mais geral que é o da uniformização da jurisprudência – sobre qualquer tema, e não apenas em matéria constitucional –, com a crescente valorização dos precedentes não apenas dos Tribunais Superiores, mas de todos os Tribunais. Embora esse fenômeno não seja recente, o CPC/2015 consolidou uma série de mecanismos com o objetivo de induzir a essa uniformização[183].

Em relação às decisões proferidas em sede de controle concentrado e abstrato, duas situações valem ser destacadas. Em primeiro lugar, a decisão do STF poderá afetar de forma geral e abstrata a vida das pessoas, assim como acontece com a edição de uma lei ou com sua revogação. E o mesmo acontece, como se viu, no caso de decisões proferidas em sede de repercussão geral e no caso da edição de súmulas vinculantes. Assim, por exemplo, se o STF decide que o valor de uma taxa é inconstitucional e estabelece um teto[184], todas as pessoas usuárias do serviço remunerado por essa taxa serão indiretamente afetadas a partir dali, na medida em que apenas poderão ser cobradas até o valor do teto.

Nada obstante, e em segundo lugar, a eventual repercussão específica sobre a esfera individual do que o STF tenha decidido (ou o TJ), ao declarar uma lei ou ato normativo inválido ou válido em sede concentrada e abstrata, e também em sede de repercussão geral, não será automática para o fim de desfazer situação subjetiva que já exista com fundamento na validade ou na invalidade da norma. Assim, se o STF julga que a lei que concedeu determinado benefício a servidor é inconstitucional, a retirada do benefício não será automática, dependendo de um procedimento específico a cargo da autoridade administrativa competente na qual o agente público terá direito a um devido processo legal[185]. Da mesma forma, se determinado tributo é declarado inconstitucional, a devolução não ocorre de forma automática, cabendo ao contribuinte ajuizar demanda para esse fim, nos prazos prescricionais legais[186].

---

o relator poderá admitir, por despacho irrecorrível, a manifestação de outros órgãos ou entidades"; e "Art. 1.035. O Supremo Tribunal Federal, em decisão irrecorrível, não conhecerá do recurso extraordinário quando a questão constitucional nele versada não tiver repercussão geral, nos termos deste artigo. (...) § 4º O relator poderá admitir, na análise da repercussão geral, a manifestação de terceiros, subscrita por procurador habilitado, nos termos do Regimento Interno do Supremo Tribunal Federal".

[182] Lei nº 13.105/2015, art. 332.

[183] Nesse sentido, pode-se citar, por exemplo: um dever genérico de uniformização da jurisprudência (arts. 926 e 927), os juízes e tribunais devem observar a orientação do plenário ou do órgão especial (art. 927, V) e a figura do incidente de resolução de demandas repetitivas (arts. 976-987).

[184] STF, Tribunal Pleno, ADI 948/GO, rel. Min. Francisco Rezek, j 09.11.1995, *DJ* 17.03.2000.

[185] O processo administrativo impõe-se necessário, porque o caso pode apresentar peculiaridades próprias e o interessado deverá ter oportunidade de apresentar suas razões em concreto.

[186] STF, 2ª T., AgRE 844.608 AgRg/DF, rel. Min. Dias Toffoli, j. 27.10.2015, *DJ* 14.12.2015.

Por fim, envolvendo as decisões proferidas pelo STF tanto no controle difuso e incidental quanto no controle concentrado e abstrato, vale fazer um registro sobre a situação específica do particular que tenha sido parte em um processo no qual já se formou coisa julgada, mas que teve por fundamento lei ou ato normativo posteriormente declarado inconstitucional ou constitucional pelo STF. Trata-se da discussão em torno da chamada "coisa julgada inconstitucional" e da possibilidade de sua desconstituição. A expressão descreve tanto decisões transitadas em julgado que assumiram como válida norma posteriormente declarada inconstitucional pelo STF, como que consideraram inválida norma que o STF veio a declarar constitucional.

Parece importante sublinhar, antes de prosseguir, a delicadeza do tema, considerando o sistema constitucional. De um lado, é certo, tem-se a previsão constitucional que foi violada pela norma declarada inconstitucional, bem como o interesse de uniformizar o entendimento acerca da matéria. No caso de norma declarada constitucional pelo STF, há o interesse constitucional na aplicação isonômica da lei a todos e o próprio respeito ao princípio da legalidade e à deliberação democrática que levou à aprovação da norma.

De outra parte, porém, existe a garantia – também de estatura constitucional – da proteção à coisa julgada que nem mesmo lei ou emenda constitucional podem desrespeitar. Além disso, há ainda os direitos garantidos constitucionalmente àquela pessoa ao devido processo legal que serão, no mínimo, tensionados, já que ela sofrerá o efeito de decisão proferida pelo STF da qual não participou, decisão essa que terá o condão de desconstituir aquela proferida e transitada em julgado no processo do qual foi parte. A questão, portanto, está longe de ser singela.

O CPC/2015 estruturou encaminhamentos para a questão, em parte consolidando entendimentos que vinham sendo firmados pelo STF na matéria. Nos termos do CPC/2015, decisão transitada em julgado que violar "manifestamente norma jurídica" poderá ser desconstituída por meio de ação rescisória no prazo de dois anos[187]; este prazo, porém, poderá vir a ser contado a partir do pronunciamento do STF (e não da decisão rescindenda)[188], no caso de decisões que se fundarem em lei ou ato normativo declarado inconstitucional (ou constitucional) pelo STF. Antes da edição do CPC/2015, havia uma tendência de exigir-se que essa decisão do Supremo tivesse sido proferida em sede de controle concentrado e abstrato, mas hoje entende-se que também as julgadas em sede de controle difuso e incidental autorizam a ação rescisória.

Além disso, no caso de a decisão do STF ter sido proferida antes do trânsito em julgado da decisão exequenda, a questão poderá ser discutida no curso da própria execução. Com efeito, poderá ser considerada inexigível obrigação em título executivo judicial fundado "em lei ou ato normativo considerado inconstitucional pelo Supremo Tribunal Federal, ou fundado em aplicação ou interpretação da lei ou do ato normativo tido pelo Supremo Tribunal Federal como incompatível com a Constituição Federal, em controle de constitucionalidade concentrado ou difuso", nos termos dos arts. 525, § 12, e 535, § 5º, do CPC/2015. O dispositivo legal é explícito no sentido de que tanto decisões proferidas pelo STF em sede de controle concentrado quanto

---

[187] Lei nº 13.105/2015: "Art. 966. A decisão de mérito, transitada em julgado, pode ser rescindida quando: (...) V – violar manifestamente norma jurídica".

[188] Lei nº 13.105/2015: "Art. 525. Transcorrido o prazo previsto no art. 523 sem o pagamento voluntário, inicia-se o prazo de 15 (quinze) dias para que o executado, independentemente de penhora ou nova intimação, apresente, nos próprios autos, sua impugnação. (...) § 15. Se a decisão referida no § 12 for proferida após o trânsito em julgado da decisão exequenda, caberá ação rescisória, cujo prazo será contado do trânsito em julgado da decisão proferida pelo Supremo Tribunal Federal."; e "Art. 535. A Fazenda Pública será intimada na pessoa de seu representante judicial, por carga, remessa ou meio eletrônico, para, querendo, no prazo de 30 (trinta) dias e nos próprios autos, impugnar a execução, podendo arguir: (...) § 8º Se a decisão referida no § 5º for proferida após o trânsito em julgado da decisão exequenda, caberá ação rescisória, cujo prazo será contado do trânsito em julgado da decisão proferida pelo Supremo Tribunal Federal".

difuso autorizam a desconstituição do título executivo judicial, salvo, claro, se a própria Corte modular no tempo os efeitos do julgamento, como se verá adiante.

Como regra geral, portanto, a decisão do STF em controle de constitucionalidade não terá um impacto automático sobre as decisões que já transitaram em julgado, exigindo o ajuizamento de ação rescisória. Esse já era o entendimento firmado pelo STF no Tema RG nº 733: "A decisão do Supremo Tribunal Federal declarando a constitucionalidade ou a inconstitucionalidade de preceito normativo não produz a automática reforma ou rescisão das decisões anteriores que tenham adotado entendimento diferente. Para que tal ocorra, será indispensável a interposição de recurso próprio ou, se for o caso, a propositura de ação rescisória própria, nos termos do art. 485 do CPC, observado o respectivo prazo decadencial (CPC, art. 495)".

Entretanto, ao decidir o Tema nº 733, ainda em 2015, o STF ressalvou um ponto: "Ressalva-se desse entendimento, quanto à indispensabilidade da ação rescisória, a questão relacionada à execução de efeitos futuros da sentença proferida em caso concreto sobre relações jurídicas de trato continuado". A repercussão subjetiva das decisões em controle de constitucionalidade proferidas pelo STF sobre pessoas beneficiárias de coisas julgadas assume contornos mais específicos, portanto, quando estejam envolvidas relações de trato sucessivo ou continuado. O tema será examinado a seguir.

14.8.9.1 Efeitos subjetivos de decisões do STF em controle de constitucionalidade, coisa julgada e relações de trato continuado

Relações de trato continuado ou sucessivo são aquelas que se sucedem no tempo. Relações tributárias podem ter essa natureza: imagine-se uma empresa A em atividade, que tem, portanto, uma relação continuada com o fisco federal por conta de variados tributos. Imagine-se uma demanda entre a empresa A e a fazenda nacional acerca de uma determinada contribuição social. Nesse processo, transita em julgado decisão favorável ao contribuinte com fundamento na inconstitucionalidade de norma editada pela União sobre a matéria. Em tese, o contribuinte poderá pedir a repetição do que eventualmente pagou a maior no passado e, para o futuro, poderá adequar seus pagamentos ao que a decisão transitada em julgado tenha determinado.

Imagine-se, porém, que doze meses após o trânsito em julgado da referida decisão no processo da empresa A, o STF decide, em sede de ADI ou em repercussão geral, que a tal norma federal é constitucional, em sentido oposto ao que foi decidido no caso da empresa A. Nos termos do que se viu anteriormente, a Fazenda poderá ajuizar ação rescisória para obter de volta o que o contribuinte deixou de pagar no passado. Mas e daqui para frente? E a esse fenômeno que a ressalva feita pelo STF no Tema nº 733, supramencionado, se refere, e que foi objeto de um novo Tema de Repercussão Geral específico: o Tema RG nº 881.

A redação da tese fixada pelo STF no Tema nº 881 é a seguinte: "1. As decisões do STF em controle incidental de constitucionalidade, anteriores à instituição do regime de repercussão geral, não impactam automaticamente a coisa julgada que se tenha formado, mesmo nas relações jurídicas tributárias de trato sucessivo. 2. Já as decisões proferidas em ação direta ou em sede de repercussão geral interrompem automaticamente os efeitos temporais das decisões transitadas em julgado nas referidas relações, respeitadas a irretroatividade, a anterioridade anual e a noventena ou a anterioridade nonagesimal, conforme a natureza do tributo".

Nos termos do entendimento do STF, suas decisões proferidas em controle concentrado em sede de repercussão geral interrompem automaticamente – isto é: independentemente de ação rescisória – os efeitos temporais das decisões transitadas em julgado nas referidas relações, respeitadas, no entanto, a irretroatividade, a anterioridade anual e a noventena ou a anterioridade nonagesimal, conforme a natureza do tributo.

656 CURSO DE DIREITO CONSTITUCIONAL · *Ana Paula de Barcellos*

Ou seja, se a decisão transitada em julgado considerava o tributo inconstitucional e o STF o declarou válido em sede de ação direta, a Fazendo Pública não precisará ajuizar qualquer ação rescisória para voltar a cobrá-lo e o contribuinte terá de voltar a pagá-lo, como se se tratasse de uma lei nova.

14.8.10 Quanto aos efeitos no tempo das decisões em controle de constitucionalidade

Como já se registrou, o sistema brasileiro de controle de constitucionalidade considera que a inconstitucionalidade é uma hipótese de nulidade, de modo que sua declaração produz, como regra, efeitos retroativos, isto é, *ex tunc*, com a pretensão de desfazer todo e qualquer efeito produzido pela lei ou ato normativo declarados afinal inconstitucionais[189]. Embora a enunciação que se acaba de fazer pareça simples, a questão dos efeitos no tempo de decisões que declaram a inconstitucionalidade tem suscitado especial atenção da doutrina e da jurisprudência. O tema pode envolver situações diversas, com complexidades próprias, mas três elementos estão, de certa forma, sempre presentes nesse debate e em tensão entre si.

O primeiro envolve a segurança jurídica, a estabilidade das relações humanas e a boa-fé das pessoas em geral que devem poder legitimamente confiar que as normas em vigor são válidas, sobretudo, por exemplo, quando o próprio Judiciário já tenha afirmado sua validade e tenha passado razoável período sem indicação clara em sentido diverso. Nesse contexto, há ainda situações específicas, como atos que foram praticados com fundamento na lei, direitos que foram adquiridos e decisões transitadas em julgado proferidas valendo-se de lei posteriormente considerada inválida, discutidas no tópico anterior.

O segundo elemento envolve a garantia da supremacia da Constituição e de suas normas: em princípio, atos e normas que violem disposições constitucionais não devem produzir efeitos, daí a qualificação da inconstitucionalidade como uma nulidade. É certo que a segurança jurídica também é uma previsão constitucional, de modo que a questão em torno de preservar ou não efeitos de uma norma declarada inconstitucional, muitas vezes, envolverá uma tensão entre as normas constitucionais violadas e aquelas que protegem a segurança jurídica.

Por fim, o terceiro elemento envolve as particularidades da atividade jurisdicional e, especialmente, da jurisdição constitucional. Esse é o ponto mais delicado. A atividade legislativa, como regra geral, volta-se para o futuro. Legislar é criar o direito positivo, provendo para novas situações. Só por exceção, e observadas as limitações constitucionais (CF, art. 5º, XXXVI), uma lei se destinará a produzir efeitos sobre fatos pretéritos. Também a atividade materialmente administrativa se volta, de ordinário, para o futuro. A Administração pratica atos materiais de realização do ordenamento jurídico em atendimento do interesse público, inclusive e, notadamente, pela prestação de serviços públicos.

Não assim, porém, quando se trate da função jurisdicional que, frequentemente, envolve efeitos retroativos. A declaração judicial de nulidade de um contrato, por exemplo, voltará no tempo para colher os efeitos produzidos desde o momento de sua celebração. Também uma ação que decida pretensão condenatória, na qual o autor postule a reparação de um dano, a decisão de procedência retroagirá à data do fato que motivou a pretensão. É certo que há outras situações, como nas ações de natureza *constitutiva*, ou nos processos cautelares, em que o pronunciamento judicial terá eficácia apenas prospectiva.

Todavia, é preciso distinguir entre uma decisão judicial ordinária – que envolve a atividade típica de interpretação da Constituição e das leis – e uma decisão judicial de inconstitucionalidade,

---

[189] Sobre o tema, v. Luís Roberto Barroso. *O controle de constitucionalidade no direito brasileiro*: exposição sistemática da doutrina e análise crítica da jurisprudência. São Paulo: Saraiva, 2016. p. 38.

Cap. 14 – CONTROLE DE CONSTITUCIONALIDADE **657**

que produz a paralisação dos efeitos de um ato normativo infraconstitucional. Naquelas, estar--se-á aplicando a ordem jurídica vigente à qual as pessoas estão vinculadas de forma ampla e em relação a qual não podem, inclusive, alegar desconhecimento. Trata-se da aplicação ordinária da presunção de constitucionalidade dos atos do Poder Público. A declaração de inconstitucionalidade, por seu turno, envolve um juízo – que, como regra, as pessoas em geral não podem fazer por si mesmas – de invalidade de um ato ou de uma norma vigente.

É nesse contexto que o STF, mesmo antes de existir uma autorização legal expressa, considerava que em determinadas hipóteses – excepcionais por certo – era necessário suprimir ou atenuar o caráter retroativo do pronunciamento acerca da inconstitucionalidade. Assim, com fundamento na boa-fé de terceiros e na teoria da aparência, a Corte deixou de invalidar atos praticados por funcionário público com base em lei que veio a ser declarada inconstitucional[190]. Em outro caso, invocando a irredutibilidade de vencimentos, entendeu que a "retribuição declarada inconstitucional não é de ser devolvida no período de validade inquestionada da lei declarada inconstitucional"[191].

A partir de 1999, o art. 27 da Lei nº 9.868 passou a dispor sobre a possibilidade de se modularem os efeitos temporais da decisão de inconstitucionalidade, em nome da segurança jurídica ou do excepcional interesse social. Em relação ao controle por via principal ou por ação direta pelo STF, portanto, a previsão é expressa. Trata-se de uma ponderação a ser feita entre a norma constitucional violada e outra norma constitucional: a que protege os efeitos já produzidos pela lei declarada inconstitucional, postulando mantê-los, *e.g.*, em nome da boa-fé, da moralidade ou da segurança jurídica.

No tocante ao controle incidental, não há uma regra explícita autorizando os órgãos do Poder Judiciário a deixarem de dar efeito retroativo ao reconhecimento de inconstitucionalidade. Independentemente disso, o STF, antes da Lei nº 9.868/1999 e depois dela, continua a entender que a modulação é possível também nessa sede, reiterando a tese da limitação da retroatividade, em nome da segurança jurídica[192]. Em decisão monocrática, o Min. Gilmar Mendes revisitou o tema sublinhando que, não apenas no direito brasileiro, mas também no comparado, a modulação dos efeitos temporais é a solução adequada, sobretudo em hipóteses nas quais a decisão da Corte represente uma mudança de jurisprudência[193].

Vale o registro de que o Código de Processo Civil de 2015 reconhece indiretamente essa possibilidade e prática do STF. O art. 525, ao tratar da inexigibilidade de título judicial fundado em norma declarada inconstitucional pelo STF, seja no âmbito do controle concentrado ou no difuso, registra que a inexigibilidade poderá sofrer impacto da eventual decisão de modulação que tenha sido tomada por este tribunal.

---

[190] STF, 2ª T., RE 78533, rel. Min. Firmino Paz, j. 13.11.1981, *DJ* 26.02.1982. A hipótese referia-se à validade de uma penhora realizada por oficial de justiça cuja nomeação fora feita com fundamento em lei posteriormente declarada inconstitucional.

[191] STF, 2ª T., RE 122202, rel. Min. Francisco Rezek, j. 10.08.1993, *DJ* 08.04.1994. Para uma crítica a esta decisão, v. Mendes, Gilmar Ferreira Mendes. *Direitos fundamentais e controle de constitucionalidade*. São Paulo: Saraiva, 1998. p. 405 e ss., especialmente, p. 418-419.

[192] V. Tribunal Pleno, STF, RE 197917, rel. Min. Maurício Corrêa, j. 06.06.2002, *DJ* 07.05.2004: "Efeitos. Princípio da segurança jurídica. Situação excepcional em que a declaração de nulidade, com seus normais efeitos *ex tunc*, resultaria grave ameaça a todo o sistema legislativo vigente. Prevalência do interesse público para assegurar, em caráter de exceção, efeitos *pro futuro* à declaração incidental de inconstitucionalidade. Recurso extraordinário conhecido e em parte provido".

[193] STF, AC 189-7 MC/SP, rel. Min. Gilmar Mendes, j. 06.04.2004, *DJ* 15.04.2004. Confira-se a seguinte passagem da decisão monocrática: "Trata-se de saber se o STF poderia, ao apreciar recurso extraordinário, declarar a inconstitucionalidade com efeitos limitados. Não parece haver dúvida de que, tal como já exposto, a limitação de efeito é um apanágio do controle judicial de constitucionalidade, podendo ser aplicado tanto no controle direto quanto no controle incidental".

Embora o debate sobre os efeitos no tempo em geral se concentre em decisões que declaram a inconstitucionalidade de normas, ele também pode surgir no contexto da declaração de constitucionalidade de leis e atos normativos por razões específicas. Foi o que aconteceu na ADI nº 3756, ocasião em que o STF declarou a constitucionalidade de previsões da Lei de Responsabilidade Fiscal (julgando improcedentes os pedidos formulados), mas determinou que seu cumprimento só poderia ser exigido a partir da decisão do STF (2007) e não da edição da LRF (2000), impedindo, assim, a aplicação de sanções pelo descumprimento das normas referidas em relação ao período pretérito.

14.9 LEGITIMIDADE DO CONTROLE DE CONSTITUCIONALIDADE

Expostas as características principais do sistema de controle de constitucionalidade brasileiro, cabe apresentar duas discussões finais: uma relacionada com o tema da legitimidade – filosófica e política – do controle de constitucionalidade levado a cabo pelo Judiciário, e outra, que recebe clara influência dessa primeira, que diz respeito à interpretação constitucional no contexto do controle de constitucionalidade.

Como já se narrou no capítulo sobre conceitos preliminares, o século XX presenciou o percurso do constitucionalismo rumo à normatividade e da expansão do controle de constitucionalidade. Sem surpresa, portanto, esse processo tem sido acompanhado de uma série de debates acerca da natureza, legitimidade e limites desse controle.

E isso porque o progressivo desenvolvimento dos instrumentos e das possibilidades de controle de constitucionalidade pelo Judiciário (ou pelos Tribunais Constitucionais), nas diferentes modelações adotadas pelos países, gera inevitável tensão com os espaços ocupados pelos demais Poderes estatais: Executivo (e Administração Pública de forma ampla) e, especialmente, Legislativo. O controle de constitucionalidade, no mais das vezes, estabelece limites – com fundamento constitucional – à atividade dos demais Poderes, de tal modo que a eventual interpretação do Judiciário a respeito do que permite, veda ou impõe o texto constitucional sobrepõe-se ao entendimento que Executivo e Legislativo tenham na matéria.

O que justificaria, afinal, esse poder atribuído ao Judiciário? Por quais razões sua interpretação da Constituição seria superior ou melhor do que a dos demais Poderes, sobretudo em uma democracia? Que fundamentos sustentam a possibilidade – encarada cada vez com mais tranquilidade – de juízes não eleitos considerarem inválidas decisões de representantes eleitos. Em suma: como compreender a legitimidade do controle de constitucionalidade das leis e atos normativos?

A compreensão do tema depende, em primeiro lugar, de um registro histórico. De fato, a Segunda Guerra Mundial pode ser indicada como um divisor de águas em todo esse processo de juridicização da Constituição e ampliação do controle de constitucionalidade. O mito do Poder Legislativo como mantenedor maior dos direitos de todos os indivíduos desfez-se ruidosamente com a instalação dos regimes nazista e fascista no seio das instituições de diversos países europeus, sem qualquer oposição consistente dos Legislativos. Na verdade, pior que a falta de reação dos representantes do povo, foi o apoio prestado pela própria população, em sua maioria, a políticas de exclusão e destruição de grupos minoritários. Um segundo saldo do pós-guerra foi a percepção do fracasso que a concepção de Constituição até então vigente tinha representado: a absoluta incapacidade de Cartas libertárias, como a Constituição de Weimar, de funcionarem como limite à atuação das maiorias.

Nesse contexto, o grande esforço da doutrina a partir da segunda metade do século XX (inclusive brasileira, ainda que um pouco tardiamente) envolveu (i) introduzir nas novas Constituições elementos valorativos, princípios e direitos; e simultaneamente, (ii) elaborar a noção de que a Constituição é norma jurídica superior à legislação, sendo viável o controle desta

Cap. 14 – CONTROLE DE CONSTITUCIONALIDADE **659**

sempre que em desacordo com os termos constitucionais. Paralelamente, é claro, a Constituição deveria garantir o funcionamento democrático, zelando, porém, para que ele não pudesse ser destruído pelas próprias maiorias. Mas não haveria aqui, de qualquer forma, uma afronta à separação de poderes e à vontade das maiorias, própria das democracias? As questões são pertinentes e devem ser examinadas.

A ideia de separação de poderes, tal qual entendida modernamente, tem como referência histórica original mais consistente as obras de John Locke (1632-1704) e Montesquieu (1689-1755). Nada obstante isso, a ideia básica de distribuir o exercício do poder político entre várias pessoas ou grupos, em vez de mantê-lo concentrado em um só indivíduo, de modo a evitar abusos, é consideravelmente mais antiga, remontando às teorias da Constituição mista de Aristóteles. Esse, a rigor, é seu conteúdo essencial e seu objetivo – fundamental – separar para viabilizar o controle e evitar assim o exercício abusivo do poder político.

Ao longo do tempo e do espaço, vários modelos de separação de poderes foram experimentados. Na Inglaterra de Locke, a partir da Revolução de 1688, consolidou-se uma monarquia constitucional e um sistema parlamentar, com poderes separados, porém cada vez mais interdependentes. A França de Montesquieu conheceu momentos em que se procurou implementar modelos de separação rígida dos poderes – como as Constituições de 1791 e 1795 –, outros em que vigorou uma prática monista de exercício do poder político, cujo exemplo clássico foi o assembleísmo jacobino de 1793, bem como alguns momentos dos períodos imperiais. Por fim, na maior parte do tempo, a França procurou equilibrar um regime de separação mais flexível, por meio de práticas parlamentares, nem sempre bem-sucedidas. O último passo nesse percurso foi dado pela V República, iniciada com a Carta de 1958, que construiu um sistema peculiar, denominada por Maurice Duverger de *semipresidencialismo*.

Curiosamente, porém, a construção teórica associada ao contexto histórico do século XIX, a saber: a desmontagem vitoriosa do Antigo Regime pelas Revoluções Burguesas, nas quais o parlamento desempenhou sempre um papel destacado, acabou por envolver esse modelo específico de separação de poderes em uma roupagem dogmática. Assim, um determinado modelo de separação de Poderes – aquele em que se consagra a supremacia do parlamento e da lei, bem como a desimportância política do Judiciário – acabou por ser canonizado. Esse era o cenário europeu continental de fins do século XIX e início do século XX, cujas concepções foram importadas para os países periféricos de tradição romano-germânica.

A realidade, porém, é que a ideia central da separação de Poderes pode ser realizada de formas diferentes. A modelagem típica da Europa continental do século XIX – na qual o Judiciário tinha um papel limitado e prevalecia a supremacia da lei e do parlamento – não é a única disponível, nem a única capaz de promover o controle do exercício do poder político, evitando instâncias hegemônicas no âmbito do Estado e o exercício abusivo do poder. Isso não significa que a separação de poderes tenha perdido importância: ao contrário, trata-se de princípio fundamental para a dinâmica do poder político, sobretudo nos Estados contemporâneos, que têm cada vez mais relevância sobre a vida das pessoas. A preocupação, portanto, de evitar instâncias ilimitadas – quaisquer que sejam elas, inclusive judiciais –, garantindo-se a separação das funções e controles recíprocos é fundamental, mas pode ser operacionalizada de maneiras diversas.

Assim, a tensão do controle de constitucionalidade com a separação de Poderes, ou a chamada crise da separação de Poderes, é, na realidade, a crise de um determinado modelo que conferia ao parlamento e à lei uma posição inquestionável. A ampliação do controle de constitucionalidade sobre leis e atos normativos altera em alguma medida esse modelo, dando origem a um diverso, que pode perfeitamente realizar os fins do princípio da separação de poderes a partir de outra organização entre as diferentes funções estatais. Um cuidado importante, não há dúvida, envolve os limites da própria atividade judicial de controle de constitucionalidade, para que ela não se torne em si uma instância hegemônica. O ponto será retomado adiante.

De qualquer forma, resta a questão da democracia e da regra majoritária. Ainda que a expansão do controle de constitucionalidade pelo Judiciário não esvazie a separação de Poderes, fazendo parte de um novo modelo que pode realizar os mesmos fins a ela associados, como compatibilizar, em uma democracia, a atribuição de tantos poderes a órgãos que não são eleitos nem sofrem controle social por parte da população? Considerando-se que juízes, no Brasil, não são eleitos e não há praticamente nada, a rigor, que a população possa fazer para retirá-los de sua função, com fundamento em que podem eles superar decisões tomadas de acordo com a lógica majoritária pelo Executivo e pelo Legislativo? A questão é da maior importância e pode ser compreendida sob ao menos quatro perspectivas.

Em primeiro lugar, e de forma bem direta, a opção de atribuir tais poderes ao Judiciário foi formulada – e tem sido continuamente alterada e mesmo ampliada, no caso brasileiro – pelas instâncias propriamente políticas: Executivo e, sobretudo, Legislativo. Originalmente, foi a Assembleia Nacional Constituinte, no exercício de sua deliberação majoritária, que decidiu atribuir tais competências ao Judiciário. Além disso, como se viu, emendas e leis foram aprovadas ao longo do tempo criando outros mecanismos de controle e disciplinando os já existentes.

Ou seja: o complexo de competências atribuído ao Judiciário no que diz respeito ao controle de constitucionalidade em geral, e das leis e atos do Poder Público em particular, decorre de opções majoritárias feitas pelos poderes eleitos. E, a rigor, respeitadas as cláusulas pétreas, nada impede que esses mesmos poderes alterem o sistema de controle de constitucionalidade e, inclusive, superem para o futuro eventual decisão tomada pelo STF, por meio da alteração do parâmetro constitucional considerado na decisão. O ponto foi discutido anteriormente e há vários exemplos desse fenômeno de diálogo possível entre o Judiciário e os demais poderes, o Legislativo em particular, cabendo em muitos casos a este a possibilidade de ter a última palavra. A circunstância de que o Legislativo frequentemente não se vale dessa possibilidade é apenas uma opção política entre outras possíveis.

É certo que o argumento de que o controle de constitucionalidade foi autorizado pelas instâncias majoritárias e por isso goza de legitimidade democrática tem limitações: ele trata apenas da legitimidade quanto à origem dessa competência. A discussão sobre *como* e *em que limites* o controle será levado a cabo pelos órgãos jurisdicionais – ou seja: a legitimidade associada ao exercício desse poder – terá existência autônoma, assim como acontece com qualquer poder. Neste ponto, as duas outras perspectivas anunciadas a respeito da questão serão úteis.

A segunda perspectiva envolve o conceito de democracia. Uma discussão mais específica sobre o tema consta da parte em que o princípio democrático é examinado de forma específica, mas vale registrar aqui que democracia – independentemente dos múltiplos sentidos que diferentes visões lhe atribuem – não é sinônimo de regra majoritária, embora a inclua necessariamente.

A regra da maioria surge como a fórmula de viabilizar, na deliberação política, a ideia de igualdade essencial de todos os homens. Esse é um ponto fundamental: como consequência da igualdade de todos, o poder de decidir sobre o que quer que afete a coletividade só pode pertencer à própria coletividade, isto é, ao conjunto dos indivíduos. Ademais, uma vez que a opinião de cada um tem idêntico valor, o único critério de decisão admissível, em tese, é o majoritário. A soberania popular democrática é, portanto, antes de tudo, um corolário da ideia de igualdade.

É certo que o percurso pelo qual a opinião das pessoas chega a se transformar em decisões políticas pode ser complexo e tortuoso, passando no mais das vezes pela representação política e pelo sistema político e eleitoral. Seja como for, a existência dessa conexão institucional entre a opinião das pessoas e as decisões políticas é um elemento central da democracia. Ao afastar uma decisão do Legislativo ou do Executivo, o Judiciário está impondo a sua opinião – que no máximo será formada pela opinião de algumas dezenas de magistrados – sobre a dos demais poderes que, em alguma medida, contam com o respaldo majoritário. Por que ele poderia fazer isso?

Além da opção da própria maioria de autorizar essa possibilidade, sobre o que já se tratou antes, não haveria qualquer sentido em permitir que o grupo majoritário, uma vez instalado no poder, tivesse liberdade tão ampla a ponto de poder se voltar contra a igualdade que lhe deu origem, a fim de violar os direitos dos membros da minoria ou para alterar a própria regra majoritária. É indispensável, portanto, que as maiorias encontrem limites, os quais deverão ser fixados pela Constituição. Estes pontos são tão essenciais – uma espécie de consenso mínimo – que qualquer grupo que venha a exercer o poder, qualquer ideologia que venha a ser escolhida pelo povo terá de respeitá-los. Simplesmente não se admite que não o façam.

Lamentavelmente, a história é pródiga em exemplos de maiorias totalitárias, sendo os dois mais recentes e famosos a Assembleia Jacobina do período do terror na Revolução Francesa e as maiorias nazistas e fascistas. A democracia exige mais do que apenas a aplicação da regra majoritária. É preciso que, juntamente com ela, sejam respeitados os direitos fundamentais de todos os indivíduos, façam eles parte da maioria ou não. É nesse ponto que a regra majoritária, longe de ser absoluta, encontra seus limites principais.

O princípio da igualdade, que subjaz a regra da maioria, exige que as minorias e os vencidos sejam respeitados em sua humanidade, no conjunto de direitos fundamentais inerentes à sua condição humana e que lhe possibilita, afinal, serem considerados iguais aos demais. Se assim não fosse, a igualdade tão propalada seria meramente circunstancial: dependeria de se fazer ou não parte da maioria, e não essencial, como decorrência da natureza humana.

É fácil perceber que essa preocupação com o limite da atuação das maiorias está presente na própria lógica da formulação das constituições escritas em geral, e, especialmente, nas rígidas. Além dos direitos fundamentais, também devem estar fora da deliberação do legislador a própria regra de deliberação majoritária, sob pena de o sistema destruir-se a si próprio.

Assim, boa parte das Constituições não apenas exigem um procedimento mais complexo para alteração de suas normas, como chegam a vedar completamente o acesso do Legislativo a determinadas matérias, por meio de cláusulas imodificáveis ou pétreas. Mesmo as Constituições flexíveis, como a britânica, têm na tradição um poderoso elemento de contenção da atuação legislativa. A conclusão, portanto, é que a regra da maioria, embora essencial para o exercício da democracia, não se confunde com esta e nem pode ser tomada em termos absolutos, admitindo-se, para manutenção da própria democracia, algumas restrições fundamentais à sua aplicação.

Justamente no contexto desse debate é que se consolidou razoavelmente o entendimento de que a Constituição de um Estado democrático tem duas funções principais que têm diferentes relações com o controle de constitucionalidade. A *primeira* é veicular consensos mínimos, essenciais para a dignidade das pessoas e para o funcionamento do regime democrático, que não devem ser preteridos por maiorias políticas ocasionais[194]. A *segunda* é assegurar o espaço próprio do pluralismo político, representado pelo abrangente conjunto de decisões que não podem ser subtraídas dos órgãos eleitos pelo povo a cada momento histórico. A Constituição não pode abdicar de proteger valores essenciais e da promoção de direitos fundamentais, mas não deve ter, por outro lado, a pretensão de suprimir a deliberação legislativa majoritária e juridicizar excessivamente o espaço próprio da política[195].

---

[194] Esses consensos elementares, embora possam variar em função das circunstâncias políticas, sociais e históricas de cada país, envolvem a garantia de direitos fundamentais, a separação e a organização dos poderes constituídos e a fixação de determinados fins de natureza política ou valorativa.

[195] A participação popular, os meios de comunicação social, a opinião pública, as demandas dos grupos de pressão e dos movimentos sociais imprimem à política e à legislação uma dinâmica própria e exigem representatividade e legitimidade corrente do poder.

Ou seja: cabe à Constituição tomar determinadas decisões políticas fundamentais, entre as quais, por exemplo, e com destaque, a de garantir um mínimo de direitos aos indivíduos. São decisões plenamente judicializadas e que são colocadas pelo poder constituinte originário fora do alcance da deliberação política das maiorias.

Na outra ponta, o segundo objetivo de uma Constituição democrática é assegurar o pluralismo político. Isto é, garantir a abertura do sistema e o exercício democrático de modo que o povo possa, a cada momento, decidir, por meio de seus representantes, qual o caminho a seguir.

Os dois objetivos se encontram na medida em que qualquer opção que o povo faça terá necessariamente de respeitar aquele consenso mínimo assegurado pela Constituição. Note-se, como registrado, que essas normas básicas intangíveis têm também um papel fundamental de garantir o regular funcionamento do próprio mecanismo democrático, de modo a impedir que uma maioria venha a destruí-lo. Por outro lado, não cabe à Carta definir de forma integral e definitiva a respeito da vida política do povo, o que caberá a este mesmo, a cada nova oportunidade eleitoral.

Desse modo, há um conjunto de normas constitucionais que diz respeito àquele consenso mínimo e que, por isso mesmo, poderão ser objeto de amplo controle judicial não apenas para impedir que sejam violadas, como também para assegurar a produção dos efeitos por elas pretendidos. Esse é o campo de trabalho do direito e da Justiça Constitucional, não estando tais regras à disposição da deliberação política.

Nada obstante, há também um campo reservado à deliberação democrática, em relação ao qual a Constituição fixa diretrizes genéricas, cabendo ao Legislativo decidir as formas de implementação, ainda que vinculado a tais diretivas. Essa é a esfera do político e faz parte das particularidades da Constituição garantir que esse campo lhe seja reservado. O controle de constitucionalidade, portanto, poderá ser exercido amplamente no que diz respeito àquele primeiro grupo de normas. Quanto a este último, ao Judiciário só caberá invalidar a norma que não puder ser compatibilizada com a diretriz constitucional.

A grande questão é saber, por óbvio, o que exatamente está contido nesse mínimo consensual, esse núcleo das decisões fundamentais da Constituição: e essa é a terceira perspectiva sob a qual a questão deve ser examinada. A rigor, qualquer decisão judicial que realize o controle de constitucionalidade deve ter por fundamento previsões constitucionais – ou seja, deverá estar expressamente fundamentada em uma decisão majoritária – e deve ser especialmente motivada, de modo a demonstrar publicamente as razões que justificam a decisão.

A quarta perspectiva versa sobre a legitimidade de o controle de constitucionalidade envolver uma perspectiva procedimental, sobretudo no que diz respeito ao controle difuso, e apenas parcialmente – e esse é um tema que tem sido discutido – no modelo concentrado. Para além do aspecto destacado acima, relativamente ao conteúdo da decisão judicial propriamente – seu fundamento e sua motivação –, o procedimento judicial, no âmbito do controle difuso, permite ampla participação das partes e várias instâncias e oportunidades recursais, durante as quais o tema será examinado, discutido e decidido. A possibilidade de apresentação de razões, debate e revisão de uma decisão inicial garante às partes algum tipo de participação na formação dos julgamentos que afetarão sua esfera individual.

A tendência de objetivação do controle difuso por força da qual, como se viu, decisões tomadas no âmbito de processos subjetivos passam a repercutir sobre terceiros e o próprio controle concentrado limita bastante esse argumento de legitimidade procedimental. Com efeito, na medida em que se atribui efeitos gerais a decisões tomadas em um caso concreto, não se poderá afirmar que os eventuais afetados estão participando desse processo decisório. A questão se coloca de forma ainda mais aguda no controle concentrado no qual, em tese, uma decisão com efeitos *erga omnes* e vinculante pode ser proferida apenas com a participação do

Cap. 14 – CONTROLE DE CONSTITUCIONALIDADE **663**

legitimado ativo, da AGU e do PGR, além da eventual resposta das autoridades responsáveis pelo ato impugnado.

A forma como o legislador e o próprio Judiciário têm procurado lidar com esse fenômeno, como já se observou, envolve a ampliação das possibilidades de participação de terceiros – *os amici curiae* – e das audiências públicas no âmbito dos processos judiciais. Além das previsões contidas nas leis que disciplinam as ações de controle concentrado, o CPC/2015 contém agora previsão geral no sentido da possibilidade de participação de *amicus curiae*[196] e ampliou as previsões que tratam da convocação de audiências públicas[197]. Vale o registro de que mesmo antes dessas alterações legislativas o STF já vinha utilizando de forma mais ampla esses mecanismos de participação da sociedade.

Embora a participação de *amici curiae* e a realização de audiências públicas contribua, sem dúvida, para incrementar a atuação da sociedade nos processos nos quais decisões de controle de constitucionalidade são produzidas, o grau de legitimidade que esses mecanismos atribuem ao procedimento pode ser bastante limitado. Com efeito, não é incomum que muitos interessados não sejam admitidos a participar e que as razões apresentadas pelos admitidos – em peças ou nas audiências públicas – não sejam sequer mencionadas nos votos dos Ministros.

Em resumo: a discussão em torno da legitimidade do controle de constitucionalidade por parte do Judiciário é um tema relevante e atual, já que o controle gera uma inevitável tensão com o funcionamento democrático majoritário e uma compressão do espaço dos outros poderes. Como se viu, porém, a legitimidade do controle judicial de constitucionalidade é construída, tanto quanto a sua origem, como em relação a seu exercício, em múltiplos argumentos. O sistema de controle é previsto e disciplinado por decisões majoritárias, sendo certo que o conceito de democracia não envolve apenas a regra majoritária, mas também a garantia dos direitos das pessoas e das regras do próprio funcionamento democrático.

Além disso, as decisões judiciais, quanto ao seu conteúdo, devem fundar-se de forma expressa e motivada também em decisões majoritárias, isto é: disposições constitucionais – esse tema será aprofundado na sequência. Por fim, essa legitimidade pode ser incrementada na medida em que o procedimento permita a real participação daqueles que serão em última análise afetados pelas decisões a serem tomadas.

14.10 CONTROLE DE CONSTITUCIONALIDADE E INTERPRETAÇÃO CONSTITUCIONAL

A interpretação constitucional utiliza os métodos clássicos de interpretação jurídica, aos quais são adicionados outros princípios e técnicas específicos para o manejo das normas constitucionais. Não é o caso de retomar aqui o que já foi discutido, mas apenas de fazer uma conexão necessária entre o controle de constitucionalidade e a interpretação constitucional.

Toda decisão que declara a invalidade de atos dos outros Poderes estará, por óbvio, interpretando a Constituição, no sentido de considerar que a opção formulada pelo Legislativo ou pelo Executivo é incompatível com o que a Constituição determina. A questão, é claro, envolverá definir o que exatamente a Constituição estabelece ou veda ou permite.

Em alguns casos a resposta poderá ser (ou parecer) simples: a Constituição veda a tortura; atribui legitimidade ativa aos sindicatos para defesa judicial da categoria; veda a censura. No entanto, outras previsões podem gerar complexidades maiores: o que os princípios da dignidade

---

[196] Lei nº 13.105/2015, art. 138.

[197] Lei nº 13.105/2015, arts. 983 e 1.038.

humana, do pluralismo político e da igualdade determinam, vedam ou permitem? Não se vão examinar aqui esses princípios em si – dos quais se tratou na parte própria –, por exemplo, mas algumas questões metodológicas especialmente relevantes para a interpretação constitucional no contexto do controle de constitucionalidade.

Em primeiro lugar, há muito já se superou a premissa de que a atividade de interpretação e aplicação do direito seria puramente cognitiva e sem qualquer contribuição criativa ou volitiva por parte do intérprete. Se essa crença já era ilusória no século XIX e na primeira metade do século XX[198], que se dirá nos dias de hoje, e mais ainda no contexto da interpretação constitucional, considerando o uso de princípios e normas de conteúdo vago e geral nos textos constitucionais? Por outro lado, no entanto, é certo que as atividades legislativa e jurisdicional não são fungíveis e, embora possa haver áreas de aproximação importantes, há igualmente distinções fundamentais, que estruturam o próprio Estado democrático de direito. Continua a ser vedado ao juiz, em um Estado democrático de direito, decidir o que quer que seja sem fundamento majoritário, sob pena de usurpar a competência própria dos demais poderes estatais. Porém, quais são essas distinções e, portanto, quais os limites da atividade jurisdicional, em face do princípio da legalidade? Qual o ponto de equilíbrio?

Os limites tradicionais que conduziam a atividade jurisdicional eram, e continuam a ser, os elementos semântico, histórico, sistemático e teleológico de interpretação[199]. Assim, a decisão judicial no contexto do controle de constitucionalidade deve se reportar a disposições constitucionais de forma clara[200]. Ainda que o texto não seja unívoco, não admitirá uma infinidade de interpretações, estabelecendo desde logo um campo máximo possível de sentidos[201].

A razão subjacente à assertiva acima pode ser resumida da seguinte forma: em um Estado de direito, republicano e democrático, no qual se adota como pressuposto a igualdade de todos, a razão pela qual se admite que o Judiciário invalide em concreto uma decisão de outro Poder é porque ela viola uma decisão majoritária constitucional, e não a eventual convicção pessoal do intérprete, por exemplo. Isto é: apenas uma decisão tomada em bases majoritárias no plano constitucional pode servir de fundamento para o controle de constitucionalidade.

Em um Estado democrático de direito, e como já referido, é preciso reconhecer e não asfixiar as margens de conformação legislativa, no âmbito das quais o Legislador pode cristalizar, por meio da legalidade, as opções políticas explícitas da comunidade em um universo de alternativas possíveis. Nesse mesmo sentido, e deixando de lado outras considerações, a legitimidade do controle de constitucionalidade decorre de sua *vinculação a decisões majoritárias constitucionais*.

O ponto é relevante, pois a decisão judicial – qualquer uma, a rigor – não é uma coisa qualquer, um debate puramente filosófico, mas um ato que autoriza o uso da violência monopolizada pelo Poder Público para garantir que suas determinações sejam observadas. E, embora possa haver consenso sobre alguns assuntos, essa não é a regra em sociedades plurais nas quais a diversidade e a liberdade sejam respeitadas. O mais frequente é que os grupos tenham visões

---

[198] O caráter volitivo da interpretação jurídica já era enfatizado por Kelsen desde a publicação da primeira edição da *Teoria pura do direito*, de 1934.

[199] Luis Roberto Barroso. *Interpretação e aplicação da Constituição*. São Paulo: Saraiva, 2003. p. 124 e ss.

[200] Larenz, por exemplo, afirma que "[t]oda a interpretação de um texto há de iniciar-se com o seu sentido literal", pois "[u]ma interpretação que não se situe já no âmbito do sentido literal possível, já não é interpretação, mas modificação de sentido." V. Karl Larenz. *Metodologia da ciência do direito*. Lisboa: Fundação Calouste Gulbenkian, 1997. p. 450-454.

[201] Kelsen, por exemplo, alude a uma "moldura" como o produto do processo cognitivo do direito atrelado à atividade interpretativa. O papel dessa moldura é o de determinar as alternativas de decisão juridicamente possíveis. Nas palavras do autor, "[o] direito a aplicar forma (...) uma moldura dentro da qual existem várias possibilidades de aplicação, pelo que é conforme ao Direito todo ato que se mantenha dentro deste quadro ou moldura, que preencha esta moldura em qualquer sentido possível". V. Hans Kelsen. *Teoria pura do direito*. Trad. João Baptista Machado. São Paulo: Martins Fontes, 2006. p. 390-391.

Cap. 14 – CONTROLE DE CONSTITUCIONALIDADE **665**

diferentes e defendam proposições diversas, de modo que decisões terão de ser tomadas após o debate entre essas diferentes perspectivas: seja a opção entre alguma dessas, seja a construção de soluções negociadas. Quem tomará tais decisões?

Ora, algumas delas foram feitas pela Constituição e terão necessariamente de ser respeitadas pelas maiorias: esse é o espaço do controle de constitucionalidade. Na rotina da vida política, porém, é por meio da legalidade que se assegura a participação democrática dos titulares do poder político, ainda que via representantes, nas decisões que afetam a sociedade. A parcela de poder político exercida pelo Judiciário justifica-se, nesse contexto, por sua aderência a decisões majoritárias constitucionais[202].

É certo que a vinculação entre a decisão judicial e uma decisão majoritária constitucional nem sempre será singela, e os elementos de interpretação – tradicionais e próprios da interpretação constitucional – podem eventualmente não conduzir a um resultado único[203]. Seja como for, os critérios semântico e sistemático já terão definido um espaço máximo de possibilidades interpretativas. Por outro lado, a vinculação ao texto constitucional da decisão que leva a cabo o controle de constitucionalidade não haverá de ser apenas retórica ou formal. Ou seja: não basta a menção a um dispositivo qualquer – impertinente ou genérico – para que a exigência referida encontre-se atendida. Na realidade, a decisão judicial precisa demonstrar a sua conexão com as opções majoritárias constitucionais e explicitar, de forma racional, suas escolhas, em especial nas hipóteses em que existam várias conexões possíveis – e diferentes – com o próprio texto constitucional[204].

Uma segunda observação relevante a respeito da interpretação constitucional no contexto do controle de constitucionalidade envolve a forma de lidar com princípios e regras previstos na Constituição. O tema já foi examinado na parte sobre conceitos preliminares, de modo que se faz aqui apenas uma nota rápida sobre a matéria.

Já se discutiu a dupla função da Constituição nas democracias: proteger consensos básicos contra a ação das maiorias e garantir o adequado funcionamento da democracia e do pluralismo político. Pois bem: essas funções terão reflexos na estrutura das normas utilizadas pelo texto constitucional. Como se sabe, uma das principais particularidades das normas-princípios está em que elas indicam um fim político a ser alcançado ou um valor a ser preservado, como é o caso da dignidade da pessoa humana, da livre-iniciativa e da função social do contrato, por exemplo. As regras, por sua vez, limitam-se a traçar uma conduta; a questão relativa a valores ou a fins públicos já foi objeto de deliberação pelo legislador e não vem explicitada na norma. Daí ser possível afirmar que regras são descritivas de conduta, ao passo que princípios são valorativos ou finalísticos[205].

Essa característica dos princípios, em primeiro lugar, dá ensejo a certa elasticidade ou indefinição do seu sentido. É o que acontece, *e.g.*, com a dignidade da pessoa humana, cuja definição varia, muitas vezes, em função das concepções políticas, filosóficas, ideológicas e religiosas do intérprete[206]. Além disso, ao empregar princípios para formular opções políticas, metas a serem alcançadas e valores a serem preservados e promovidos, a Constituição não escolhe os meios que devem ser empregados para preservar ou alcançar estes bens jurídicos. Mesmo porque, e

---

[202] Ou, eventualmente, pelo povo de forma direta.

[203] A esse respeito, cf. Robert Alexy. *Teoria da argumentação jurídica*. Trad. Zilda Hutchinson Schild Silva. Rio de Janeiro: Forense, 2005. p. 34-35.

[204] Ana Paula de Barcellos. *Ponderação, racionalidade e atividade jurisdicional*. Rio de Janeiro: Renovar, 2005; e João Paulo Allain Teixeira. Crise moderna e racionalidade argumentativa no direito: o modelo de Aulis Aarnio. *Revista de Informação Legislativa*, Brasília, n. 154, abr.-jun. 2002, p. 213-227.

[205] Sobre o assunto, v. Ronald Dworkin. *Levando os direitos a sério*. Trad. Nelson Boeira. São Paulo Martins Fontes, 2007; e Robert Alexy. *Teoria dos direitos fundamentais*. São Paulo, Malheiros, 2008.

[206] Ana Paula de Barcellos. *A eficácia jurídica das normas constitucionais e o princípio da dignidade da pessoa humana*. Rio de Janeiro: Renovar, 2002. p. 103 e ss.

esse é um ponto importante, frequentemente, meios variados podem ser adotados para alcançar o mesmo objetivo[207]. As regras, uma vez que descrevem condutas específicas desde logo, não ensejam essas particularidades.

Ora, a decisão do constituinte de empregar princípios ou regras está associada às diferentes funções que essas duas espécies normativas podem desempenhar no texto constitucional, tendo em conta a intensidade de limitação que se deseja impor aos Poderes constituídos. Ao utilizar a estrutura das regras, o constituinte cria condutas específicas, obrigatórias, e, consequentemente, limites claros à atuação dos poderes políticos. Os princípios, diversamente, indicam um sentido geral e demarcam um espaço dentro do qual as maiorias políticas poderão legitimamente fazer suas escolhas.

Um exemplo ajuda a compreensão. A Constituição estabelece como fim da ordem econômica a busca do pleno emprego[208] e é possível conceber meios variados de tentar realizá-lo. Cada grupo político, por certo, terá a sua proposta nesse particular, e todas serão igualmente legítimas do ponto de vista constitucional. Nada obstante, se uma política pública agravar, comprovadamente, a geração de empregos, sem qualquer proveito para outros fins constitucionais, ela poderá ser impugnada por violar o fim estabelecido pelo princípio. Ou seja: o princípio constitucional demarca esse campo dentro do qual as maiorias podem formular suas opções; esse espaço é de fato amplo, mas não ilimitado.

Essa função diferenciada de princípios e regras repercute, por evidente, na interpretação das normas constitucionais. Não se pode, por meio da interpretação constitucional, subtrair do Legislativo a definição das políticas públicas específicas que irão realizar os fins constitucionais e aniquilar o espaço de deliberação democrática. Não é válido ao intérprete, a pretexto de interpretar um princípio constitucional, impor como juridicamente necessária a política pública que lhe parece mais conveniente, sobretudo quando contravenha regra legal. O intérprete não tem legitimidade para impor suas convicções pessoais sobre a sociedade. Se há uma variedade de políticas possíveis e legítimas que realizam o princípio, sua definição depende de uma decisão majoritária, e não de uma decisão supostamente jurídica.

Note-se que a afirmação de que a regra é inconstitucional por violação ao núcleo de um princípio impõe ao intérprete um ônus de motivação especialmente reforçado. Não se trata apenas de invocar genericamente o princípio, mas de demonstrar que a regra é incompatível com exigências elementares que decorrem do sentido essencial do princípio em questão, isto é: de seu núcleo. Se a suposta incompatibilidade decorre, na verdade, de uma determinada concepção acerca do sentido expandido do princípio – sendo certo que outras seriam igualmente válidas diante do pluralismo político garantido pela própria Constituição –, já não será o caso de declarar a inconstitucionalidade da regra ou de "afastar" sua aplicação, mas de aplicá-la normalmente, a despeito das convicções políticas pessoais daquele que interpreta.

Por fim, a terceira observação sobre o tema da interpretação constitucional e controle de constitucionalidade envolve o ônus argumentativo imposto ao órgão judicial que decide no sentido de invalidar ato de outro Poder. Toda a decisão judicial deve ser devidamente fundamentada, de modo que essa mesma regra constitucional aplica-se, por evidente, às decisões que levam a cabo controle de constitucionalidade[209]. Três outros elementos, porém, reforçam esse ônus argumentativo imposto aos prolatores de decisões que invalidam atos dos outros Poderes.

---

[207] Sobre o tema, v. Luís Roberto Barroso. *O direito constitucional e a efetividade de suas normas*. Rio de Janeiro: Renovar, 2000. p. 116 e ss.

[208] CF/1988, art. 170, VIII.

[209] CF/1988, art. 93, IX. V. Cláudio Pereira Souza Neto; Daniel Sarmento. *Direito constitucional:* teoria, história e métodos de trabalho. Belo Horizonte, Fórum, 2012. p. 122: "Quanto mais uma decisão envolver alguma margem de valoração do intérprete, maior deve ser o cuidado empregado na fundamentação".

Cap. 14 – CONTROLE DE CONSTITUCIONALIDADE **667**

O primeiro desses elementos é o princípio da presunção de constitucionalidade dos atos dos Poderes públicos em geral. O ponto já foi discutido na parte sobre interpretação constitucional e não há necessidade de reproduzir a mesma discussão aqui. A decisão judicial deve ser capaz de demonstrar, considerando as opções constitucionais, porque a opinião do Legislativo e do Executivo na matéria não são aceitáveis e devem ser consideradas inválidas.

Em segundo lugar, esse dever argumentativo é ainda reforçado quando o fundamento constitucional para a decisão seja um princípio constitucional, e não uma regra. Nesse caso o intérprete deve ser capaz de demonstrar que o ato considerado inválido viola o núcleo de sentido do princípio, não podendo ser admitido como um desenvolvimento possível dele em um contexto de pluralismo político.

Por fim, o terceiro elemento pode se apresentar dependendo de qual é o conteúdo da disposição constitucional, operando como parâmetro na hipótese. É certo que todas as normas constitucionais são dotadas de superioridade hierárquica e autorizam o controle de constitucionalidade. Por outro lado, como se viu, a Constituição visa a, em última análise, preservar determinados conteúdos essenciais, sobretudo relacionados com a defesa, proteção e promoção dos direitos das pessoas, e garantir o funcionamento do sistema democrático. Isso não significa, porém, que todas as disposições constitucionais tratem apenas desses dois temas. Como é corrente, a Constituição de 1988 aborda muitos outros assuntos, que dificilmente poderiam ser reconduzidos a esses dois.

Pois bem. Quando a decisão da Corte no sentido da invalidade de um ato do Poder Público não puder ser justificada como necessária à proteção de direitos fundamentais ou à manutenção do funcionamento do sistema democrático, finalidades próprias das Constituições no âmbito das democracias, haverá especial necessidade de se demonstrar as razões pelas quais a opção eventualmente tomada pelos demais Poderes é realmente incompatível com o texto constitucional[210].

14.11 CONTROLE DE CONSTITUCIONALIDADE E PROCESSOS ESTRUTURAIS

Os temas da legitimidade do controle de constitucionalidade e da interpretação constitucional, que se acabou de abordar, serão especialmente relevantes para a apreciação do fenômeno dos processos estruturais em sede de controle de constitucionalidade de que se a tratar.

Boa parte do que se discutiu até aqui examinou o controle de constitucionalidade judicial de leis ou atos normativos. Como se viu, em muitos contextos os fatos serão relevantes na apuração da validade ou não do enunciado normativo e eventualmente de uma norma dele extraída em determinado contexto fático. Ainda assim, o que se examina tradicionalmente é a compatibilidade da previsão normativa com a Constituição. Nos chamados processos estruturais, já não se trata propriamente do controle de constitucionalidade de atos normativos, mas

---

[210] Luís Roberto Barroso. A razão sem voto: o Supremo Tribunal Federal e o governo da maioria. *Revista Brasileira de Políticas Públicas*, Brasília, v. 5, número especial, 2015, p. 36-37: "A legitimidade democrática da jurisdição constitucional tem sido assentada com base em dois fundamentos principais: a) a proteção dos direitos fundamentais, que correspondem ao mínimo ético e à reserva de justiça de uma comunidade política, insuscetíveis de serem atropelados por deliberação política majoritária; e b) a proteção das regras do jogo democrático e dos canais de participação política de todos. A maior parte dos países do mundo confere ao Judiciário e, mais particularmente à sua suprema corte ou corte constitucional, o *status* de sentinela contra o risco da tirania das maiorias. Evita-se, assim, que possam deturpar o processo democrático ou oprimir as minorias. (...) De fato, nas situações em que não estejam em jogo direitos fundamentais e os pressupostos da democracia, a Corte deve ser deferente para com a liberdade de conformação do legislador e a razoável discricionariedade do administrador".

da compatibilidade de dimensões da realidade, englobando práticas concretas comissivas ou omissivas da Administração, com as previsões constitucionais. Explica-se brevemente.

As normas constitucionais e infraconstitucionais são apenas pontos de partida que visam conformar a realidade. A legislação que trata de saneamento básico não é um fim em si mesma: ela pretende que o lixo produzido pelas pessoas seja de alguma forma recolhido e tratado, assim como o esgoto, e que haja fornecimento de água potável. A existência da norma não produz automaticamente de forma mágica esses resultados no mundo real.

Do mesmo modo, ao afirmar que é assegurado aos presos a integridade física e moral (art. 5º, XLIX), a Constituição pretende que as normas que regulam o processo penal e o encarceramento reflitam a esse respeito, não há dúvida, mas não apenas isso. O objetivo constitucional é que de fato, no mundo real dos presídios e carceragens, esse respeito aconteça. Ou seja: assim como acontece com as normas em geral, o compromisso da Constituição é com a promoção da dignidade humana e dos direitos fundamentais no mundo dos fatos. A simples existência de normas sobre o tema não é suficiente para realizar os comandos constitucionais.

Ocorre que da previsão normativa até sua realização no mundo dos fatos, um percurso longo e complexo terá lugar. Se se tratar de uma norma constitucional, frequentemente normas infraconstitucionais terão de ser editadas para regulamentá-la, decidindo que políticas públicas serão adotadas. Note-se que as decisões sobre que políticas públicas serão implementadas para realizar os comandos constitucionais envolvem juízos políticos, naturais em uma democracia na qual se garante pluralismo político. Diferentes concepções políticas terão visões distintas sobre como promover determinado objetivo constitucional, sobretudo aqueles mais genéricos que por sua própria natureza admitem múltiplas concretizações possíveis.

Em conjunto com avaliações políticas, as decisões sobre políticas públicas envolvem conhecimentos técnicos de diferentes áreas. Ainda sobre o saneamento, as características da bacia hidrográfica e da geografia de uma região serão relevantes nas opções possíveis para o tratamento de esgoto, por exemplo. Do ponto de vista econômico, levantamentos precisarão ser feitos sobre o custo envolvido na prestação do serviço e sobre os modelos possíveis para arcar com ele.

Superadas essas questões e definida a política pública em algum tipo de norma, ela precisará de fato ser implementada nos termos como previsto. A implementação de políticas públicas depende de uma série de providências como, *e.g.*, a criação de estruturas administrativas, a contínua alocação orçamentária, a contratação de pessoal e infraestrutura suficientes para atender a todos os públicos-alvo da política, a compra de produtos e a contratação de serviços, a produção de relatórios, pesquisas e monitoramento.

Não é incomum, por exemplo, que uma lei seja aprovada prevendo determinada política e não seja regulamentada. Ou que anos se passem sem que haja previsão orçamentária para a execução da lei, ou que ela apenas seja executada em determinadas regiões ou em benefício de determinados públicos, ou que os recursos (financeiros, humanos, técnicos) não sejam suficientes para sua execução, entre outras possibilidades. Enfim, um sem-número de questões pode surgir, e efetivamente surge, entre a norma e sua execução.

Além disso, uma vez que a norma esteja sendo implementada, será preciso verificar se os resultados que dela se esperava estão se produzindo realmente, tanto em caráter geral quanto, desagregando essa informação, nas diferentes regiões e relativamente aos diferentes grupos sociais no país. O conhecimento e a previsibilidade humanos são falíveis e, mesmo quando implementadas como previsto, por vezes, as normas não atingem os objetivos que pretendiam, ou não os atingem em todos os lugares ou relativamente a todos os grupos sociais.

Poderia a jurisdição exigir que as previsões normativas sejam efetivamente cumpridas, determinando a realização de todo o percurso narrado ou de parte dele, isto é: da norma que estabelece um objetivo geral à sua realização concreta? Em várias partes do mundo, e no Brasil, pessoas e instituições têm levado ao Judiciário demandas exatamente com esse objetivo. No Brasil em particular, esse tipo de pretensão é frequentemente veiculado por meio de ações civis públicas propostas pelo Ministério Público, Defensoria Pública ou associações perante a jurisdição ordinária estadual ou federal, conforme a competência, postulando a realização de determinado resultado no mundo dos fatos pretendidos pela ordem jurídica no mundo real. O exemplo do saneamento não é hipotético: existem centenas de ações civis públicas tratando do tema espalhadas pelo país. Esse tipo de ação tem sido descrito pela doutrina e pela própria jurisprudência como processos estruturais.

Não é o caso de fazer uma exposição teórica sobre as particularidades dos processos estruturais, mas algumas características podem ser destacadas a fim de proporcionar uma introdução sobre o assunto. Em primeiro lugar, o que esse tipo de demanda pretende em geral é um resultado no mundo real – *e.g.,* acessibilidade de um prédio público, sistema de saneamento para determinada comunidade – e não uma conduta específica de dar, pagar ou fazer por parte dos réus.

Em segundo lugar, e por conta desse primeiro aspecto, a produção do resultado pretendido no processo estrutural envolverá um conjunto complexo de decisões e atos a cargo de múltiplas autoridades. Essas decisões podem envolver, como se viu, conhecimentos técnicos e avaliações políticas, e elas precisarão ser veiculadas por meio de múltiplos atos normativos e administrativos. No exemplo do saneamento, a autoridade competente precisará decidir como prestará o serviço (direta, indiretamente ou via convênio com outros entes federados); planos de saneamento precisarão ser elaborados, assim como projetos para o sistema de saneamento específico; serão necessárias licenças ambientais para a realização da obra e para a liberação da planta depois de construída, além da efetiva construção e testes. A operação do serviço precisará ser estruturada do ponto de vista jurídico e econômico: quem vai prestar o serviço e como ele será custeado?

Essas duas características iniciais – a demanda pretende um resultado e não uma conduta específica, e esse resultado é complexo – acabam por desencadear várias outras. Não é incomum que um dos pedidos dos autores nesse tipo de demanda seja, antes da produção propriamente do resultado pretendido, a apresentação de um plano por parte das autoridades competentes, rés na demanda, sobre como afinal realizá-lo. A demanda poderá envolver disputas em torno do resultado pretendido em si pelo autor da ação e, sobretudo, em torno desse plano – isto é: do que efetivamente deve ser feito –, com negociações entre as partes, mediação ou decisão por parte do Judiciário, até que se defina por acordo ou decisão o que deve ser feito afinal.

É comum que os processos estruturais, além da disputa em torno do que deve ser feito e de como deve ser feito, se ocupe igualmente da implementação desse plano ao longo do tempo. Assim, são frequentes as manifestações das partes e as decisões judiciais acerca do que está efetivamente sendo implementado ou não, sobre os prazos ajustados, avaliação e monitoramento dos resultados produzidos, e solicitações periódicas de mudanças e ajustes das partes. Essas demandas podem tramitar por longos períodos de tempo, a depender do nível de complexidade das providências determinadas.

Como se percebe, esse tipo de ação parece muito pouco com uma ação judicial normal e é difícil aplicar a ele as categorias do processo civil tradicional. Os chamados processuais estruturais se assemelham muito mais a um processo político – conduzido pelo Judiciário – de definição e implementação de políticas públicas.

Até aqui, descreveu-se objetivamente os processos estruturais no âmbito da jurisdição ordinária, ainda que muitas vezes previsões constitucionais sirvam de fundamento para os pedidos. Mas a realidade é que fenômeno similar ao dos processos estruturais observado no plano infraconstitucional, em geral por meio de ações civis públicas, tem sido observado também no âmbito do controle de constitucionalidade concentrado perante o STF, em geral por meio de ADPFs.

Isto é, requerentes com legitimidade ativa ajuízam ações de descumprimento de preceito fundamental (ADPFs) apontando a violação de preceitos fundamentais (a dimensão da realidade em desconformidade com a Constituição) que estaria sendo produzida por um conjunto de atos comissivos ou omissivos do poder público. Como se viu, a legislação que regula a ADPF é bastante ampla acerca do tipo de providência que pode ser solicitada. Assim, os requerentes nessas ADPFs postulam um conjunto de providências que, ao ver do requerente, seria capaz de adequar a realidade ao que determina a Constituição, e não é incomum que um pedido seja também a apresentação de planos de ação por parte das autoridades competentes para o enfrentamento do problema identificado.

Algumas ADPFs em curso, identificadas pelo próprio STF como processos estruturais complexos, são a ADPF nº 347, que trata da violação massiva de direitos fundamentais no sistema prisional e de sua redução, a ADPF nº 635, que se ocupa da redução da letalidade policial em comunidades no Rio de Janeiro, e as ADPFs nº 743, nº 746 e nº 857, que pretendem a prevenção e o combate a incêndios no Pantanal e no Amazonas.

O STF criou inclusive um Núcleo de Processos Estruturais Complexos (Nupec) a fim de apoiar o processamento desse tipo de demanda elaborando pareceres e notas técnicas, participando de reuniões de mediação e colaborando com o monitoramento ao longo do tempo de modo a avaliar a efetividade das medidas determinadas para a produção do resultado pretendido.

14.12 CONTROLE DE CONSTITUCIONALIDADE, MEDIAÇÃO E SOLUÇÕES NEGOCIAIS

A atividade jurisdicional envolve, como se sabe, o exercício do poder soberano estatal de modo que as decisões judiciais não são conselhos: são ordens que poderão ser impostas pela violência, se necessário. Nada obstante, em boa medida, a atividade jurisdicional só é desencadeada porque as partes não foram capazes de chegar a uma solução negociada para suas divergências. O ideal, inclusive, é que as pessoas sejam capazes de resolver suas divergências sem recurso ao Judiciário, e o Código de Processo Civil de 2015 prevê que o Judiciário deve estimular soluções de autocomposição dos conflitos.

O que se acaba de afirmar aplica-se sem maiores nuances a demandas que envolvam interesses privados, dos quais as partes podem dispor[211]. Mas o que dizer de ações de controle concentrado e abstrato de constitucionalidade que, como se viu, têm um caráter objetivo e não discutem propriamente interesses das partes, e sim a integridade constitucional do sistema jurídico? A conclusão que se poderia apurar é a de que não haveria espaço para negociação nesse tipo de ambiente, mas essa conclusão não corresponderia à realidade observada na prática do STF.

Com efeito, o STF como um todo e seus Ministros têm tentado estimular e mediar soluções negociais entre as partes envolvidas em diferentes tipos de demandas que lhe são submetidas. A Corte inclusive criou um Núcleo de Solução Consensual de Conflitos (Nusol) que visa apoiar os Gabinetes na busca e na implementação de soluções consensuais de conflitos processuais e pré-processuais, bem como promover a cooperação judiciária do STF com os demais órgãos do Poder Judiciário.

---

[211] A legislação brasileira tem construído soluções jurídicas com aspectos negociais também no âmbito de demandas que envolvem interesse público, como acontece com o acordo de não persecução penal, disciplinado pela Lei nº 13.964/2019, e com normas dos vários entes federados que regulam transações em matéria tributária.

Cap. 14 – CONTROLE DE CONSTITUCIONALIDADE **671**

O STF tem tentado mediar negociações e soluções negociadas no âmbito de processos estruturais, como referido anteriormente, de modo a conduzir a construção compartilhada de soluções para os problemas apontados nesses processos que tenham mais chance de produzir bons resultados. A Corte também tem se valido do estímulo a soluções negociais para resolver disputas entre entes federados. Foi o que aconteceu, por exemplo, na ADI nº 7191 e na ADPF nº 984 no âmbito das quais União, Estados e DF firmaram acordo acerca do ICMS sobre combustíveis, homologado pelo STF. Interessantemente o acordo incluiu o compromisso da União de encaminhar ao Congresso propostas de aperfeiçoamento legislativo na matéria.

O estímulo à negociação também foi utilizado pelo STF em demanda que envolve relações entre Executivo e Legislativo em matéria orçamentária, com decisão da Corte funcionando como um incentivo à negociação e à construção de alguma solução entre os outros Poderes. Ainda em 2022, o STF declarou inconstitucional a prática da "emenda do relator", que congregava emendas de parlamentares sem identificação de destinatário, destino ou valor, também identificada como "orçamento secreto" (ADPFs nº 850, nº 851, nº 854 e nº 1.014). Após as alterações aprovadas pelo Congresso para implementar a decisão referida (ADPF nº 854), a Corte iniciou um procedimento de monitoramento do efetivo cumprimento da decisão no âmbito do Nusol.

Nova ADI, porém, foi ajuizada sobre o tema subjacente (ADI nº 7697) pedindo agora a declaração de inconstitucionalidade dos dispositivos introduzidos pelas Emendas Constitucionais nº 86/2015, nº 100/2019, nº 105/2019 e nº 126/2022, que previram o caráter impositivo de emendas parlamentares e de bancadas ao orçamento, obrigando o Executivo a executar tais emendas e repassar os recursos correspondentes. Em 19 de agosto de 2024, o STF sustou liminarmente a execução das emendas com caráter impositivo de que tratam as referidas emendas constitucionais até que Legislativo e Executivo regulem um procedimento que observe os parâmetros de transparência e prestação de contas indicados pela decisão. Em 20 de agosto de 2024, em reunião mediada pelos Ministros do STF, Executivo e Legislativo negociaram um acordo estabelecendo regulação do tema de acordo com os parâmetros referidos.

Outro ambiente no qual o STF está tentando estimular a construção de soluções negociadas, em vez de impor decisões heterônomas, é o que envolve o debate em torno do marco temporal da ocupação das terras que define o direito dos povos indígenas a elas. A disputa envolve saber se os povos indígenas teriam direito de ocupar apenas as terras que ocupavam ou já disputavam na data de promulgação da Constituição de 1988, ou se esse marco temporal não poderia ser utilizado para limitar a pretensão de povos indígenas.

Em 2023, ao decidir o RE nº 1.017.365, o STF considerou inválida a tese do marco temporal, entendendo possível a pretensão de povos indígenas à ocupação de terras independente da demonstração de ocuparem ou disputarem a ocupação da terra em 5 de outubro de 1988. Antes mesmo da publicação da decisão do STF, o Congresso Nacional editou a Lei nº 14.701/2023 e restabeleceu o marco temporal. Desde então, foram apresentadas quatro ações questionando a validade da Lei (ADI nº 7582, ADI nº 7583, ADI nº 7586 e ADO nº 86) e uma pedindo que o STF declare sua constitucionalidade (ADC nº 87). O Ministro Relator das demandas organizou então um procedimento para tentar construir soluções negociadas para a disputa, criando uma comissão com integrantes dos governos federal, estadual e municipal, representantes indígenas e da sociedade civil e realizando audiências de conciliação.

Referências

ABRANCHES, Sérgio Henrique. O presidencialismo de coalisão: o dilema institucional brasileiro. *DADOS* – Revista de Ciências Sociais. Rio de Janeiro, v. 31, 1988, pp. 5-33.

ACKERMAN, Bruce. The new separation of powers. *Harvard Law Review*, Cambridge, v. 113, n. 3, jan. 2000. p. 648.

ACKERMAN, Bruce. Adeus, Montesquieu. *Revista de Direito Administrativo*. Rio de Janeiro, v. 265, jan./abr. 2014, p. 16-18.

ALCALA, Humberto Nogueira. A dignidade da pessoa humana e os direitos econômicos, sociais e culturais: uma aproximação latino-americana. *Revista de Direito Privado 20*:156-83, 2004.

ALEXY, Robert. *Teoría de los derechos fundamentales.* 1997.

ALEXY, Robert. *Teoria da argumentação jurídica.* 2001.

ALVES, José Carlos Moreira. Direito adquirido. *Fórum Administrativo*, n. 15.

AMARAL, Gustavo. *Direito, escassez e escolha.* 2. ed. Rio de Janeiro: Lumen Juris, 2010.

ANDRADE, André Gustavo Corrêa de. O princípio fundamental da dignidade da pessoa humana e sua concretização judicial. *Revista da EMERJ 23*:316-35, 2003.

ANDRADE, José Carlos Vieira de. *Os direitos fundamentais na Constituição portuguesa de 1976.* 1998.

ARAGÃO, Alexandre dos Santos. O princípio da eficiência. *Revista de Direito Administrativo.* Rio de Janeiro, n. 237, jul./set. 2004, p. 1.

ARDANT, Philippe. Os regimes constitucionais. In: DARNTON, Robert; DUHAMEL, Olivier (Dir.). *Democracia.* Trad. Clóvis Marques. Rio de Janeiro: Record, 2001.

ARENDT, Hannah. *Eichmann em Jerusalém* – Um relato sobre a banalidade do mal. Rio de Janeiro: Forense Universitária, 1999.

ARGUELHES, Diego Werneck; LEAL, Fernando. O argumento das "capacidades institucionais" entre a banalidade, a redundância e o absurdo. *Direito, Estado e Sociedade.* Rio de Janeiro, n. 38, jan./jun. 2011, p. 6-50.

ATALIBA, Geraldo. Dívida pública estadual – Resolução do BACEN – Inconstitucionalidade – Invasão da competência do Senado – Autonomia financeira dos Estados. *Revista de Direito Público. São Paulo*, n. 88, 1988, p. 77.

ÁVILA, Humberto Bergmann. A distinção entre princípios e regras e a redefinição do dever de proporcionalidade. *Revista da Pós-Graduação da Faculdade de Direito da USP*, 1:41, 1999.

ÁVILA, Humberto Bergmann. Repensando o "princípio da supremacia do interesse público sobre o particular". In: *O direito público em tempos de crise* – Estudos em homenagem a Ruy Ruben Ruschel, 1999, p. 99-127.

ÁVILA, Humberto Bergmann. Benefícios fiscais inválidos e a legítima expectativa dos contribuintes. *Revista Tributária e de Finanças Públicas 42*:101, 2002.

ÁVILA, Humberto Bergmann. *Teoria dos Princípios*: da definição à aplicação dos princípios jurídicos. 2. ed. São Paulo: Malheiros, 2003.

ÁVILA, Humberto Bergmann. Moralidade, razoabilidade e eficiência na Administração Pública. *Revista Brasileira de Direito Público*, Belo Horizonte, n. 1, abr. 2003, p. 127-132.

ÁVILA, Humberto Bergmann. *Sistema constitucional tributário*. 2004.

AZEVEDO, Antônio Junqueira de. Caracterização jurídica da dignidade da pessoa humana. *Revista dos Tribunais* 797:11-26, 2002.

BACELLAR FILHO, Romeu Felipe. *Princípios constitucionais do processo administrativo disciplinar.* 1998.

BAPTISTA, Patrícia. *Transformações do Direito Administrativo*. Rio de Janeiro: Renovar, 2003.

BARACHO, José Alfredo de Oliveira. *Teoria Geral das Comissões Parlamentares*. Rio de Janeiro: Forense, 1988.

BARBOSA, Ruy. *Comentários à Constituição Federal brasileira*, vol. 2, 1933.

BARCELLOS, Ana Paula de. *Ponderação, racionalidade e atividade jurisdicional.* 2005.

BARCELLOS, Ana Paula de. O mínimo existencial e algumas fundamentações: John Rawls, Michael Walzer e Robert Alexy. In: TORRES, Ricardo Lobo (org.). *Legitimação dos direitos humanos.* Rio de Janeiro: Renovar, 2002. p. 11 e ss.

BARCELLOS, Ana Paula de. O direito a prestações de saúde: Complexidade, mínimo existencial e o valor das abordagens coletiva e abstrata. In: GUERRA, Sidney e EMERIQUE, Lilian Balmant (org.). *Perspectivas Constitucionais Contemporâneas*. Rio de Janeiro: Lumen Juris, 2010.

BARCELLOS, Ana Paula de. *A eficácia jurídica dos princípios constitucionais*: o princípio da dignidade da pessoa humana. Rio de Janeiro: Renovar, 2011.

BARCELLOS, Ana Paula de. Sanitation rights, public law litigation, and inequality: a case study from Brazil. *Health Hum Rights.* 2014 Dec 11;16(2):E35-46.

BARCELLOS, Ana Paula de. *Direitos fundamentais e Direito à Justificativa* – Devido procedimento na elaboração normativa. 2016.

BARCELLOS, Ana Paula de; MOURA, Ricardo; CASTRO, Marcia. Human rights, inequality and public interest litigation: a case study on sanitation from Brazil. *Panorama of Brazilian Law*, 4(5-6), 2016.

BARROS, Suzana de Toledo. *O princípio de proporcionalidade e o controle de constitucionalidade das leis restritivas de direitos fundamentais.* São Paulo: Malheiros, 1996.

BARROSO, Luís Roberto. *Interpretação e aplicação da Constituição*. São Paulo: Saraiva, 1996.

BARROSO, Luís Roberto. *Interpretação e aplicação da Constituição*, 2013.

BARROSO, Luís Roberto. *Tutela e efetividade do direito constitucional à liberdade*. In: Anais da XVII Conferência Nacional dos Advogados, 1999.

BARROSO, Luís Roberto. Fundamentos teóricos e filosóficos do novo direito constitucional brasileiro (Pós-modernidade, teoria crítica e pós-positivismo). In: *A nova interpretação constitucional.* 2003.

BARROSO, Luís Roberto. A segurança jurídica na era da velocidade e do pragmatismo. In: *Temas de Direito Constitucional*, t. I, 2002.

BARROSO, Luís Roberto. Constitucionalidade e legitimidade da reforma da previdência (Ascensão e queda de um regime de erros e privilégios). In: *Temas de direito constitucional*, t. III, 2005.

BARROSO, Luís Roberto. *O direito constitucional e a efetividade de suas normas.* 2000.

BARROSO, Luís Roberto. *O direito constitucional e a efetividade de suas normas.* 8. ed. 2006.

BARROSO, Luís Roberto. *O direito constitucional e a efetividade de suas normas.* 2003.

BARROSO, Luís Roberto. A reforma política: uma proposta de sistema de governo, eleitoral e partidário para o Brasil. *Revista de Direito do Estado (RDE)* 3:287, 2006.

BARROSO, Luís Roberto. *Interpretação e aplicação da Constituição.* 6. ed. 2004.

REFERÊNCIAS **675**

BARROSO, Luís Roberto. *Direito constitucional brasileiro:* O problema da Federação, 1982.

BASTOS, Celso Ribeiro e BRITO, Carlos Ayres de. *Interpretação e aplicabilidade das normas constitucionais*, 1982.

BELLO, Raquel Discacciati. O princípio da igualdade no concurso público. *Revista de Informação Legislativa*, Brasília, v. 33, n. 131, jul./set. 1996, pp. 313-314.

BÉZE, Patrícia Mothé Glioche. Devido Processo Legal (Princípio do-). In: TORRES, Ricardo Lobo, KATAOKA, Eduardo Takemi, GALDINO, Flávio (org.) e TORRES, Silvia Faber (Sup.). *Dicionário de Princípios Jurídicos.* Rio de Janeiro: Elsevier, 2011.

BILCHITZ. *Poverty and fundamental rights.* New York: Oxford University Press, 2007.

BIM, Eduardo Fortunato. A função constitucional das Comissões Parlamentares de Inquérito. Instrumentos da minoria parlamentar e informação da sociedade. *Revista de Informação Legislativa*, Brasília, v. 42, n. 165, jan./mar. 2005, p. 116.

BINENBOJM, Gustavo. *Uma teoria do direito administrativo*: direitos fundamentais, democracia e constitucionalização. 2006.

BINENBOJM, Gustavo. O sentido da vinculação administrativa à juridicidade no direito brasileiro. In: ARAGÃO, Alexandre dos Santos; MARQUES NETO, Floriano de Azevedo (coords.). *Direito Administrativo e seus novos paradigmas.* Belo Horizonte: Fórum, 2008.

BINENBOJM, Gustavo. *A nova jurisdição* constitucional – Legitimidade democrática e instrumentos de realização. 4. ed. Revista, ampliada e atualizada. Rio de Janeiro: Renovar, 2014.

BIRKLAND. Agenda setting in public policy. In: FISCHER, F., MILLER, G., SIDNEY, M. (eds.). *Handbook of public policy analysis.* Theory, politics and methods. New York: CRC Press, 2007.

BOBBIO, Norberto. *A era dos direitos.* 1992.

BOBBIO, Norberto. *Estado, Governo, Sociedade.* 7. ed. 1999.

BOBBIO, Norberto. *Teoria do ordenamento jurídico.* 2014.

BOBBIO, Norberto. *Teoria da norma jurídica.* 2016.

BOBBIO, Norberto; MATTEUCCI, Nicola e PASQUINO, Gianfranco. *Dicionário de Política.* 12. ed. Trad. Carmen C. Varriale e outros. Brasília: UNB, 1999.

BÖCKENFÖRDE, Ernst-Wolfgang. *Escritos sobre derechos fundamentales.* 1993.

BONAVIDES, Paulo. *Ciência política.* 1997.

BONAVIDES, Paulo. *Do estado liberal ao estado social.* São Paulo: Malheiros, 2001.

BONAVIDES, Paulo. *Curso de direito constitucional.* 20. ed. 2006.

BRAGA, Verusca Citrini. Responsabilidade civil do Poder Público. *Interesse Público*, Porto Alegre, v. 5, n. 25, maio/jun. 2004, p. 243.

BRANDÃO, Rodrigo. Rigidez constitucional e pluralismo político. *Revista Brasileira De Direitos Fundamentais & Justiça*, 2(5), p. 86-125, 2008.

BRASIL. CÂMARA DOS DEPUTADOS. *Interpretação do Presidente Michel Temer sobre o trancamento de pauta pelas Medidas Provisórias.* Disponível em: <http://www2.camara.leg. br/a-camara/presidencia/gestoes-anteriores/michel-temer-2009-2010/discursos/interpretacao- -do-presidente-michel-temer-sobre-o-trancamento-de-pauta-pelas-medidas-provisorias>. Acesso em: 29 jul. 2016.

BROSSARD, Paulo. Da obrigação de depor perante Comissões Parlamentares de Inquérito criadas por Assembleia Legislativa. *Revista de Informação Legislativa do Senado Federal.* Brasília, n. 69, jan./mar. 1981, p. 15.

BUENO, Pimenta. *Direito Público Brasileiro e Análise da Constituição do Império.* vol. I. Rio de Janeiro: Villeneuve, 1857.

BULOS, Uadi Lamêgo. *Curso de Direito Constitucional*. 8. ed. São Paulo: Saraiva, 2013.

BUZANELLO, José Carlos. *O direito de resistência constitucional*. 2003.

CALABRESI, Guido; BOBBITT, Philip. *Tragic choices*. New York: WW Norton & Co., 1978.

CALAMANDREI, Piero. *Eles, os juízes, vistos por nós, os advogados*. 7. ed. 1985.

CANOTILHO, J. J. Gomes. *Direito constitucional*. 1991.

CANOTILHO, J. J. Gomes. Rever ou romper com a Constituição dirigente? Defesa de um constitucionalismo moralmente reflexivo. *Cadernos de Direito Constitucional e Ciência Política*, n. 15, 1996, p. 7-17.

CANOTILHO, J. J. Gomes. *Direito constitucional e teoria da Constituição*. 1997.

CANOTILHO, J. J. Gomes; MOREIRA, Vital. *Fundamentos da Constituição*. 1991.

CARNEIRO, Paulo Cezar Pinheiro. *Acesso à justiça*: juizados especiais e ação civil pública, 1999, p. 57-8.

CARVALHO FILHO, José dos Santos. *Manual de direito administrativo*. São Paulo: Atlas, 2014.

CARVALHOSA, Modesto. *Comentários à Lei das Sociedades Anônimas*. V. III, São Paulo: Saraiva, 2003.

CASTRO, Carlos Roberto de Siqueira. *O Congresso e as delegações legislativas*. 1986.

CASTRO, Guilherme Couto de. *A responsabilidade objetiva no direito brasileiro*. Rio de Janeiro: Forense, 2005.

CINTRA, Antônio Carlos de Araújo; GRINOVER, Ada Pellegrini e DINAMARCO, Cândido Rangel. *Teoria geral do processo*. 2002.

CINTRA, Antônio Octávio; LEMOS, Leany Barreiro; LACOMBE, Marcelo Barroso; AMARAL, Ana Regina V. P. O Poder Legislativo na Nova República: a visão da Ciência Política. In: AVELAR, Lúcia; CINTRA, Antônio Octávio. *Sistema Político Brasileiro*: uma introdução. São Paulo: Editora Unesp, 2015.

COELHO, Inocêncio Mártires. O novo constitucionalismo e a interpretação constitucional. *Revista Direito Público 12*:48-73, 2006.

COMPARATO, Fábio Konder. Monopólio público e domínio público. In: *Direito Público*: estudos e pareceres. 1996.

COMPARATO, Fábio Konder; SALOMÃO FILHO, Calixto. *O poder de controle na sociedade anônima*. Rio de Janeiro: Forense, 2014.

DALLARI, Adilson Abreu. Formalismo e Abuso de Poder. *Revista Eletrônica de Direito do Estado*, Salvador, n. 16, out./dez. 2008, p. 4.

DALLARI, Dalmo de Abreu. *Elementos de teoria geral do estado*. 6. ed. São Paulo: Saraiva, 1979.

DALLARI, Dalmo de Abreu. Empresas multinacionais e soberania do estado. *Revista da Faculdade de Direito da Universidade de São Paulo LXXVI*:109, 1981.

DANTAS, San Tiago. Igualdade perante a lei e *due process of law*. In: *Problemas de direito positivo*: Estudos e pareceres. Rio de Janeiro: Forense, 1953.

DANTAS, San Tiago. *Programa de Direito Civil* – parte geral. 1977.

DAWSON, R. MacGregor; DAWSON, W. F. *Democratic government in Canada*. 5. ed. Toronto: Toronto University Press, 1998.

DEL VECCHIO, Giorgio. *Lições de filosofia do direito*. 1979.

DELGADO, Maurício Godinho. *Curso de Direito do Trabalho*. 2008.

DENNINGER, Erhard. "Segurança, diversidade e solidariedade" ao invés de "liberdade, igualdade e fraternidade". *Revista Brasileira de Estudos Políticos*, n. 88, 2003.

REFERÊNCIAS **677**

DERBLI, Felipe. *O princípio da proibição do retrocesso social na Constituição de 1988*. 2006.

DERZI, Misabel Abreu Machado. Comentário ao art. 146 do CTN. In: NASCIMENTO, Carlos Valder do (org.). *Comentários ao Código Tributário Nacional*. 1998, p. 387-8.

DI PIETRO, Maria Sylvia Zanella. *Direito administrativo*. 2001.

DIMOULIS, Dimitri. *Teoria geral dos direitos fundamentais*. 2014.

DINIZ, Maria Helena. *Norma constitucional e seus efeitos*. 1989.

DOLINGER, Jacob. *Direito internacional privado* – Parte geral. 2005.

DOTTI, René Ariel. Garantia do direito ao silêncio e dispensa do interrogatório, *RT* 740:425, 2000.

DUVERGER, Maurice. *Les* Régimes *semi-présidentiels*. Paris: Presses universitaires de France, 1986.

DWORKIN, Ronald. *Levando os direitos a sério*. 1977.

ELLIOT, Mark; THOMAS, Robert. *Public Law*. Oxford: Oxford University Press, 2011.

ELY, John Hart. *Democracy and distrust*. 2002.

ENGISH, Karl. *Introdução ao pensamento jurídico*. 6. ed. 1983.

ENGISH, Karl. *Introdução ao pensamento jurídico*. 2004.

ENTERRÍA, E. García de. *La Constitución como norma y el Tribunal Constitucional*. Madrid: Civitas S.A.1982.

ESPÍNDOLA, Ruy Samuel. *Conceito de princípios constitucionais*. 2002.

ESPÍNDOLA, Ruy Samuel. *Conceito de princípios constitucionais*, 1999

ESSER, Josef. *Principio y norma en la elaboración jurisprudencial del derecho privado*. 1961.

FAGUNDES, Miguel Seabra. *O controle dos atos administrativos pelo Poder Judiciário*. 1979.

FARIAS, Edilsom Pereira de. *Colisão de direitos*. A honra, a intimidade, a vida privada e a imagem *versus* a liberdade de expressão e informação. 1996.

FERRAZ, Sérgio; DALLARI, Adilson Abreu. *Processo administrativo*. 2007.

FERRAZ JR., Tércio Sampaio. Congelamento de preços – tabelamentos oficiais (parecer). *Revista de Direito Público* n. 91, 1989, p. 77/78.

FERREIRA, Sergio de Andréa. Gestores públicos e responsabilidade civil da Administração Pública. *Boletim de Direito Administrativo*. São Paulo, v. 21, n. 12, dez. 2005, p. 1.331-1.332

FIGUEIREDO, Argelina Cheibub; LIMONGI, Fernando. Mudança Constitucional, Desempenho Legislativo e Consolidação Institucional. *Revista Brasileira de Ciências Sociais* n. 29, 1995, pp. 183-184.

FIGUEIREDO, Argelina Cheibub; LIMONGI, Fernando. *Executivo e Legislativo na nova ordem constitucional*. Rio de Janeiro: FGV, 1999.

FIGUEIREDO, Lucia Valle. *Curso de direito administrativo*. São Paulo: Malheiros, 1994.

FRAIN, Maritheresa. Relações entre o Presidente e o primeiro-ministro em Portugal: 1985-1995. *Análise Social*, Lisboa, v. XXX (133). 1995, p. 653-678.

FRANÇA, Vladimir da Rocha. Limites à reforma do sistema de governo no Direito Brasileiro. Disponível em: <http://www.direitodoestado.com.br/colunistas/vladimir-da-rocha-franca/limites-a-reforma-do-sistema-de-governo-no-direito-brasileiro>. Acesso em: 19 ago. 2017.

FRIEDE, Reis. *Vícios de capacidade subjetiva do julgador*: Do impedimento e da suspeição do magistrado (no processo civil, penal e trabalhista). 2001.

GABBA, *Teoria della retroattività delle leggi*. 1868.

GALDINO, Flávio. *Introdução à teoria dos custos dos direitos*: direitos não nascem em árvores. 2005.

GAURI e BRINKS. *Courting social justice.* Judicial enforcement of social and economic rights in the developing world. Cambridge: Cambridge University Press, 2008.

GARCIA, Emerson. Dignidade da pessoa humana: Referências metodológicas e regime jurídico. *Revista da EMERJ* 28:271-300, 2004.

GARCIA DE ENTERRIA, Eduardo. *Democracia, juices y control de la administracion.* 1998.

GARGARELLA, DOMINGO e ROUX. *Courts and social transformation in new democracies.* An institutional voice for the poor? Aldershot/Burlington: Ashgate, 2006.

GODOY, Miguel Gualano de; TRANJAN, Renata Naomi. Supremo Tribunal Federal e federalismo: antes e durante a pandemia. *Revista Direito GV,* v. 19, p. 2311, 2023.

GOLDSHMIDT, Werner. *Derecho de La Tolerancia*: Derecho Internacional Privado, Derecho de la Tolerancia, basado em la Teoria Trialista del Mundo Jurídico. 1974.

GOMES, Fábio Rodrigues. *Direitos fundamentais dos trabalhadores*: critérios de identificação e de aplicação prática. São Paulo: LTr, 2013.

GOMES, Joaquim B. Barbosa. *Ação afirmativa e princípio constitucional da igualdade.* 2001.

GOMES FILHO, Antonio Magalhães. *Direito à prova no processo penal.* 1997.

GRAU, Eros Roberto. *A ordem econômica na Constituição de 1988.* 1990.

GRAU, Eros Roberto. Despesa Pública – Conflito entre princípios e eficácia das regras jurídicas – O princípio da sujeição da Administração às decisões do Poder Judiciário e o princípio da legalidade da despesa pública (parecer), *Revista Trimestral de Direito Público* 2:140 e ss., 1993.

GRAU, Eros Roberto. *O direito posto e o direito pressuposto.* 2. ed. 1998.

GRAU, Eros Roberto. *Ensaio e discurso sobre a interpretação e aplicação do direito.* 2002.

GRENNE, Jamal. *How rights went wrong*: why our obsession with rights is tearing America apart. Boston: Mariner Books, 2021.

GRINOVER, Ada Pellegrini. Princípios processuais e princípios de Direito Administrativo no quadro das garantias constitucionais. *Revista Forense* 387:3, 2006, p. 4-5.

GRUEN, Lori. The Moral Status of Animals, *The Stanford Encyclopedia of Philosophy*, 2014. Disponível em: <http://plato.stanford.edu/archives/fall2014/entries/moral-animal/>. Acesso em: 19 ago. 2021.

GUTMANN, Amy; THOMPSON, Dennis. *Why Deliberative Democracy?* Princeton University Press, 2004.

HABERMAS, Jürgen. *Direito e Democracia*: entre facticidade e validade. 1992. HARGER, Marcelo. Reflexões iniciais sobre o princípio da eficiência. *Revista de Direito Administrativo*. Rio de Janeiro, jul./set. 1999, n. 217, p. 159.

HABERMAS, Jürgen. Paradigms of law. *Cardozo Law Review*, v. 17, p. 771-784, 1996.

HABERMAS, Jürgen. Reply to Symposium Participants, Benjamin N. Cardozo School of Law. *Cardozo Law Review*, v. 17, p. 1477-1558, 1996.

HABERMAS, Jürgen. Três modelos normativos de democracia. *Lua nova: revista de cultura e política*, p. 39-53, 1995.

HACHEM, Daniel Wunder; PETHECHUST, Eloi. A superação das decisões do STF pelo Congresso Nacional via emendas constitucionais: diálogo forçado ou monólogos sobrepostos? *Revista de Investigações Constitucionais*, Curitiba, vol. 8, n. 1, p. 209-236, jan./abr. 2021.

HAYEK, Friedrich A. *Direito, legislação e liberdade*, v. 2, A miragem da justiça social. 1991.

HECK, Luís Afonso. Regras, princípios jurídicos e sua estrutura no pensamento de Robert Alexy. In: LEITE, George Salomão (org.). *Dos princípios constitucionais.* Considerações em torno das normas principiológicas da Constituição, 2003.

REFERÊNCIAS **679**

HESPANHA, António M. *Panorama histórico da cultura jurídica europeia*. 1997.

HIRONAKA, Giselda. A função social do contrato. *Revista de Direito Civil, Imobiliário, Agrário e Empresarial* 45:141, 1988.

HÖFFE, Otfried. *A democracia no mundo de hoje*. 2005.

HOLMES, Stephen; SUNSTEIN Cass. *The cost of rights*. 1999.

HORTA, Raul Machado. Limitações Constitucionais dos Poderes de Investigação. *Revista de Direito Público*. São Paulo, v. 5, 1968, p. 5.

HORTA, Raul Machado. *Estudos de direito constitucional*. Belo Horizonte: Del Rey, 1995.

HORTA, Raul Machado. *Direito constitucional*. 3. ed. Belo Horizonte: Del Rey, 2002.

HUNGRIA, Nelson. Ilícito Administrativo e ilícito penal. *Revista de Direito Administrativo – Seleção Histórica 1945-1995*.

JELLINEK, Georg. *Teoria general del estado*. Trad. Fernando de Los Rios. Buenos Aires: Albatroz, 1921.

JUSTEN FILHO, Marçal. *Comentários à Lei de Licitações e Contratos Administrativos*. São Paulo, Revista dos Tribunais, 2008.

JUSTEN FILHO, Marçal. *Curso de direito administrativo*. São Paulo: Revista dos Tribunais, 2015.

KELSEN, Hans. *Jurisdição constitucional*. São Pualo, ed. Martins Fontes, 2007.

KELSEN, Hans. *Teoria geral do direito e do estado*. 1998.

KELSEN, Hans. *Teoria pura do direito*. 1998.

KELSEN, Hans. *Teoria pura do direito*. 2003.

LANGFORD (org.). *Social Rights Jurisprudence*. Emerging Trends in International and Comparative Law. Cambridge: Cambridge University Press, 2008.

LARENZ, Karl. *Derecho justo – Fundamentos de etica jurídica*. 1991.

LARENZ, Karl. *Metodologia da ciência do direito*. 1969.

LARENZ, Karl. *Metodologia da ciência do direito*. 2009.

LAZZARINI, Álvaro. Responsabilidade civil do Estado por atos omissivos dos seus agentes. *Revista de Jurisprudência do Tribunal de Justiça do Estado de São Paulo*. São Paulo, v. 23, n. 117, mar./abr. 1989, p. 15.

LEAL, Fernando. Propostas para uma abordagem teórico-metodológica do dever constitucional de eficiência. *Revista Eletrônica de Direito do Estado*, Salvador, ago./set. 2008.

LEITE, Fábio Carvalho; ALMEIDA, Guilherme da Franco Couto Fernandes de; HANNIKAINEN, Ivar Allan Rodriguez. Liberdade de expressão e direito à honra: medindo atitudes e prevendo decisões. *Revista Espaço Jurídico*, v. 21, n. 1, p. 1-26, 2020.

LIMA, Euzébio de Queiroz. *Teoria do estado*. 8. ed. Rio de Janeiro: Record, 1957.

LIMBERGER, Têmis. Transparência administrativa e novas tecnologias: o dever de publicidade, o direito a ser informado e o princípio democrático. *Revista Interesse Público*, São Paulo, v. 39, set. 2006, p. 69-94.

LIMONGI, Fernando. A democracia no Brasil. Presidencialismo, coalizão partidária e processo decisório. *Novos Estudos CEBRAP*, São Paulo, v. 76, nov. 2006, pp. 17-41.

LOBÃO, Marcelo Meireles. A teoria subjetivo-ativa (*rechtswidrig*) e o fundamento unitário da responsabilidade do Estado: uma alternativa teórica. *Revista dos Tribunais*, São Paulo, v. 859, n. 59, jul. 2007, p. 78.

LOEWENSTEIN, Karl. *Teoria de la Constitucion*. Barcelona, 1965.

LUÑO, Antonio Enrique Pérez. *Derechos humanos, estado de derecho y Constitución*. 6. ed. 1999.

680 CURSO DE DIREITO CONSTITUCIONAL · *Ana Paula de Barcellos*

MAGANO, Otávio Bueno. Revisão constitucional. *Cadernos de direito constitucional e ciência política*. São Paulo, n. 7, 1994. p. 110-111.

MANNARINO, Rosanne. Prestação de contas do Governo da República. Para quem? A sociedade brasileira. In: SOUZA JUNIOR, José Geraldo de (org.). *Sociedade democrática, direito público e controle externo*. Brasília: Universidade de Brasília, 2006.

MARINONI, Luiz Guilherme. Aproximação crítica entre as jurisdições de *civil law* e de *common law* e a necessidade de respeito aos precedentes no Brasil. *Revista Brasileira de Direito Processual*, Belo Horizonte, v. 17, n. 68, out. 2009.

MARINONI, Luiz Guilherme. *Precedentes obrigatórios*. 2011.

MARTÍNEZ, Gregorio Peces-Barba. *Derechos sociales y positivismo jurídico*. 1999.

MAZZUOLI, Valério de Oliveira. *Curso de direito internacional público*. 9. ed. São Paulo: Revista dos Tribunais, 2015.

MEDAUAR, Odete. *Poder discricionário da administração*. Revista dos Tribunais, São Paulo, n. 610, ago. 1986, p. 44.

MEDAUAR, Odete. *A processualidade no direito administrativo*. 1993.

MEDAUAR, Odete. *O direito administrativo em evolução*. São Paulo: Revista dos Tribunais, 2003, p. 242.

MEDINA, Paulo Roberto de Gouvêa. *Direito processual constitucional*. 2003.

MEIRELLES, Hely Lopes. *Direito administrativo brasileiro*. São Paulo: Malheiros, 2016.

MELLO, Celso Antônio Bandeira de. Títulos da Dívida Estadual – Registro pelo Banco Central – Competência do Senado Federal. *Revista de Direito Público*, São Paulo, n. 88, 1988, p. 66-7.

MELLO, Celso Antônio Bandeira de. Eficácia das normas constitucionais sobre a justiça social. *Revista de Direito Público 57-58:233*. 1991.

MELLO, Celso Antônio Bandeira de. Poder regulamentar ante o princípio da legalidade. *Revista Trimestral de Direito Público*. São Paulo, n. 4, 1993, p. 75.

MELLO, Celso Antônio Bandeira de. Contrato administrativo: fundamentos da preservação do equilíbrio econômico financeiro. *Revista de Direito Administrativo 211:22*, 1998.

MELLO, Celso Antônio Bandeira de. O direito adquirido e o direito administrativo. *Revista Trimestral de Direito Público* n. 24, 1998, p. 58.

MELLO, Celso Antônio Bandeira de. Liberdade de iniciativa. Intromissão estatal indevida no domínio econômico, 1999, *Revista de Direito Administrativo e Constitucional* nº 1, p. 178/179.

MELLO, Celso Antônio Bandeira de. Poder regulamentar ante o princípio da legalidade, *Revista Trimestral de Direito Público 4/71*, p. 75.

MELLO, Celso Antônio Bandeira de. *Curso de direito administrativo*. 11. ed. 1999.

MELLO, Celso Antônio Bandeira de. *Conteúdo jurídico do princípio da igualdade*. 2005.

MELLO, Celso D. de Albuquerque. *Direitos humanos e conflitos armados*. 1997.

MELLO, Celso D. de Albuquerque. *Curso de direito internacional público*, v. I. 2004.

MELLO, Cláudio Ari. *Democracia constitucional e direitos fundamentais*. 2004.

MELLO, Patrícia Perrone Campos. *Precedentes*: o desenvolvimento judicial do direito no constitucionalismo contemporâneo. 2008.

MENDES, Gilmar. Os limites da revisão constitucional. *Cadernos de direito constitucional e ciência política*. São Paulo, n. 21, 1992, p. 86.

MENDES, Gilmar. *Direitos fundamentais e controle de constitucionalidade*. 1998.

MENDES, Gilmar. *Jurisdição constitucional*. 2005.

MENDES, Gilmar; BRANCO, Paulo Gustavo Gonet. *Curso de Direito Constitucional*. São Paulo: Saraiva, 2016.

MENDONÇA, José Vicente dos Santos. Vedação do retrocesso: o que é e como perder o medo. *Revista de Direito da Associação dos Procuradores do Novo Estado do Rio de Janeiro XII*:205-36, 2003.

MENDONÇA, José Vicente dos Santos. *Direito Constitucional econômico*: a intervenção do estado na economia à luz da razão pública e do pragmatismo. Belo Horizonte: Fórum, 2014.

MILESKI, Hélio Saul. Controle social: um aliado do controle oficial. *Revista Interesse Público* 36:85-98, 2006.

MIRANDA, Jorge. *Teoria do Estado e da Constituição*. 2002.

MODESTO, Paulo. Notas para um debate sobre o princípio constitucional da eficiência. *Interesse Público*, São Paulo, n. 7, jul./set. 2000, p. 75.

MONTEIRO FILHO, Carlos Edison do Rêgo. Problemas de responsabilidade civil do Estado. *Revista Trimestral de Direito Civil*. Rio de Janeiro, v. 3, n. 11, jul./set. 2002, p. 44.

MONTESQUIEU, Charles de Secondat, Barão de. *Do Espírito das Leis*. São Paulo: Abril Cultural, 1979.

MORAES, Alexandre. *Direito Constitucional*. 30. ed. São Paulo: Atlas, 2014.

MORAES, Maria Celina Bodin de. A caminho de um direito civil-constitucional. *Revista de Direito Civil* 65:21-32, 1993.

MORAES, Maria Celina Bodin de. *Punitive damages* em sistemas civilistas: problemas e perspectivas. *Revista Trimestral de Direito Civil* 18:52, 2004.

MOREIRA, Egon Bockmann. *Processo administrativo* – princípios constitucionais e a Lei 9.784/1999. 2007.

MOREIRA, José Carlos Barbosa. O Direito à Assistência Jurídica: Evolução no Ordenamento Brasileiro de Nosso Tempo (janeiro de 1992). In: TEIXEIRA, Sálvio de Figueiredo (Coord.). *As garantias do cidadão na justiça*. 1993. p. 210 e ss.

MOREIRA, José Carlos Barbosa. Reflexões sobre a imparcialidade do juiz. *Doutrina ADCOAS* 7:254, jul./1998.

MOREIRA, José Carlos Barbosa. *Comentários ao Código de Processo Civil*, v. 5, 2006.

MOREIRA, Vital. Princípio da maioria e princípio da constitucionalidade. In: *Legitimidade e Legitimação da Justiça constitucional*. Colóquio no 10º aniversário do Tribunal Constitucional. Coimbra: Coimbra editora, 1995, p. 183.

MOREIRA NETO, Diogo de Figueiredo. *Ordem econômica e desenvolvimento na Constituição de 1988*. 1989.

MOREIRA NETO, Diogo de Figueiredo. *Curso de direito administrativo*. Rio de Janeiro: Forense, 2014.

NEGREIROS, Teresa. *Fundamentos para uma interpretação constitucional do princípio da boa-fé*. Rio de Janeiro: Renovar, 1998.

NERY JUNIOR, Nelson. *Princípios do processo civil na Constituição Federal*. 2002.

NEUMANN, Franz. *Estado democrático e estado autoritário*. Rio de Janeiro: Zahar, 1969.

NINO, Carlos Santiago. *Etica y derechos humanos*. 2. ed. 1989.

NINO, Carlos Santiago. *The constitution of Deliberative Democracy*. 1996.

NOBRE JÚNIOR, Edilson Pereira. O direito brasileiro e o princípio da dignidade da pessoa humana. *Revista de Direito Administrativo* 219:237 e ss., 2000.

NOVAIS, Jorge Reis. *As restrições aos direitos fundamentais não expressamente autorizadas pela Constituição.* 2003.

NOVELLI, Flávio Bauer. Norma constitucional inconstitucional? *Revista de Direito Administrativo.* Rio de Janeiro, n. 199, jan./mar.1995, p. 23 e ss.

NOZICK, Robert. *Anarquia, Estado e Utopia.* 1991.

NUCCI, Guilherme de Souza. *Manual de processo penal e execução penal.* 2008.

NUNES, Luiz Antônio Rizzatto. *O princípio constitucional da dignidade da pessoa humana – Doutrina e Jurisprudência.* 2002.

OSÓRIO, Fábio Medina. *Direito administrativo sancionador.* 2000.

OTERO, Paulo. *Legalidade e administração pública*: o sentido da vinculação administrativa à juridicidade. Coimbra: Almedina, 2003.

PEIXINHO, Manoel Messias. *A interpretação da Constituição e os princípios fundamentais.* 2. ed. 2000.

PEREIRA, Caio Mario da Silva. *Instituições de direito civil*, vol. III, 2007. p. 27-8.

PEREIRA, Caio Mario da Silva. *Direito constitucional intertemporal.* Revista Forense, v. 304, p. 31.

PERLINGIERI, Pietro. *Perfis do direito civil*: introdução ao direito civil constitucional. 3. ed. Rio de Janeiro: Renovar, 2007.

PIMENTA, Paulo Roberto Lyrio. *Eficácia e aplicabilidade das normas constitucionais programáticas.* 1999.

PINTO, Paulo Brossard de Souza. *O impeachment*: aspectos da responsabilidade política do Presidente da República. Porto Alegre: Livraria do Globo, 1962.

PINTO, Robson Flores. A garantia constitucional da assistência jurídica estatal aos hipossuficientes, *CDCCP – RT 3*: 101 e ss.

PIOVESAN, Flávia. *Direitos humanos e o direito constitucional internacional.* 2013.

PORCHAT, Reynaldo. *Da retroactividade das leis civis.* 1909.

POSNER, Richard A. *Law, pragmatism and democracy.* 2003.

POSSA, A. A. *A concretização da dignidade humana na era das neurotecnologias*: o direito à liberdade cognitiva como neurodireito na ordem constitucional brasileira. Dissertação de Mestrado, IDP, Brasília 2022.

QUEIROGA, Antônio Elias de. *Responsabilidade civil e o novo Código Civil.* Rio de Janeiro: Renovar, 2007.

RAMOS, Glauco Gumerato. Assistência jurídica integral ao necessitado. *Revista dos Tribunais 765*: 49 e ss.

RAWLS, John. *Uma teoria da Justiça.* 1971.

RAWLS, John. The law of peoples. *Critical inquiry*, v. 20, n. 1, p. 36-68, 1993.

RAWLS, John. Liberalismo político. *UNAM*, 1995.

RAZ, Joseph. The rule of law and its virtues. In: *The Authority of Law*: Essays on Law and Morality. Oxford: Clarendon Press, 2009.

REALE, Miguel. *Questões de direito público.* 1997.

REIS, Jane. *Interpretação constitucional dos direitos fundamentais.* 2018.

RENTERÍA, Pablo. Considerações acerca do atual debate sobre princípio da função social do contrato. In: MORAES, Maria Celina Bodin de (org.). *Princípios do direito civil contemporâneo.* 2006. p. 281.

REFERÊNCIAS **683**

REYNTJENS, Filip. Legal pluralism and hybrid governance: bridging two research lines. In: *Development and Change* 47(2), International Institute of Social Studies, 2015.

RIBEIRO, Leonardo Coelho. O direito administrativo como caixa de ferramentas e suas estratégias. *Revista de Direito Administrativo*, Rio de Janeiro, n. 272, maio/ago. 2016, p. 209-249.

ROCHA, Cármen Lúcia Antunes. O princípio da dignidade da pessoa humana e a exclusão social. *Revista Interesse Público 4*: 41, 1999.

RODRIGUES, Marilene Talarico Martins. *Lei complementar.* Revista dos Tribunais n. 668, p. 62.

RODRIGUEZ DE SANTIAGO, José Maria. *La ponderación de bienes e intereses em el derecho administrativo*. 2000.

ROUBIER, Paul. *Le droit transitoire* (conflits des lois dans le temps). 1960.

RUFFÍA, Paolo Biscaretti di. *Introducción al derecho constitucional comparado*. Trad. Héctor Fix-Zamudio. Colombia: Fondo de Cultura Económica, 1997.

SALOMÃO, Diana Paola da Silva. A responsabilidade civil do Estado por conduta omissiva. *Revista da AJURIS*. Porto Alegre, n. 94, jun. 2004, p. 159.

SANTOS, Boaventura de Sousa. The law of the oppressed: the construction and reproduction of legality in Pasargada. *Law & Society Review*, v. 12, n. 1, 1977.

SANTOS, Fernando Ferreira dos. *O princípio constitucional da dignidade da pessoa humana*. 1999.

SANTOS, Gustavo Ferreira. *O princípio da proporcionalidade na jurisprudência do Supremo Tribunal Federal*: limites e possibilidades. Rio de Janeiro: Lumen Juris, 2004.

SANTOS, Lenir. O sistema de controle interno e externo e o repasse de recurso da União para Estados e Municípios no âmbito do Sistema Único de Saúde – SUS. *Boletim de Direito Municipal*, 17/11:805, 2001.

SARLET, Ingo Wolfgang. *Dignidade da pessoa humana e direitos fundamentais*. 2001.

SARLET, Ingo Wolfgang. *A eficácia jurídica dos direitos fundamentais*. Porto Alegre: Livraria do Advogado, 2015.

SARLET, Ingo Wolfgang; MOLINARO, Carlos Alberto. Direito à informação e direito de acesso à informação como direitos fundamentais na constituição brasileira. *Revista da AGU*, Brasília, v. 42, out./dez. 2014.

SARMENTO, Daniel. Os princípios constitucionais e a ponderação de bens. In: TORRES, Ricardo Lobo (org.). *Teoria dos direitos fundamentais*, 1999, p. 35 e ss.

SARMENTO, Daniel. *Direitos fundamentais e relações privadas*. Rio de Janeiro: Lumen Juris, 2010.

SARMENTO, Daniel. Ubiquidade constitucional: os dois lados da moeda. *Revista de Direito do Estado 2*:83-118, 2006.

SARMENTO, Daniel. (org.). *Interesses públicos* versus *interesses privados*: Desconstruindo o Princípio da Supremacia do Interesse Público. Rio de Janeiro: Lumen Juris, 2010.

SAUNDERS, Cheryl. *The Constitution of Australia*: a contextual analysis. Oxford and Portland: Hart, 2011.

SAVIGNY, Friedrich Carl von. *Sistema del diritto romano attuale*. 1886, v. I.

SCHIER, Paulo Ricardo. *Filtragem constitucional*. 1999.

SCHIER, Paulo Ricardo. *Comissões Parlamentares de inquérito e o conceito de fato determinado*. Rio de Janeiro: Lumen Juris, 2005.

SCHMITT, Carl. *Teoría de la constitución*. Trad. Francisco Ayala. Madrid: Alianza, 1996.

SCHOLLER, Heinrich. O princípio da proporcionalidade no direito constitucional e administrativo da Alemanha. *Revista Interesse Público*, 2:93 e ss.

SEGADO, Francisco Fernández. La teoría jurídica de los derechos fundamentales en la Constitución Española de 1978 y en su interpretación por el Tribunal Constitucional, *Revista de Informação Legislativa 121*:76, 1994.

SEN, Amartya. *El valor de la democracia*. Editorial El Viejo Topo, 2006.

SIEDER et al. *The judicialization of politics in Latin America*. New York: Palgrave Macmillian, 2009.

SILVA, Almiro do Couto e. Princípios da legalidade da Administração Pública e da segurança jurídica no Estado de Direito contemporâneo. *Revista de Direito Público 84*:46, 1987, p. 46 e ss.

SILVA, José Afonso da. A dignidade da pessoa humana como valor supremo da democracia, *Revista de Direito Administrativo 212*:89-94, 1998.

SILVA, José Afonso da. *Poder constituinte e poder popular*. 2000.

SILVA, José Afonso da. *Aplicabilidade das normas constitucionais*. 6. ed. 2002.

SILVA, José Afonso da. *Comentário contextual à Constituição*. São Paulo: Malheiros, 2005.

SILVA, José Afonso da. *Curso de direito constitucional positivo*. 37. ed. rev. e atual. São Paulo: Malheiros, 2014.

SILVA, José Afonso da., *Curso de direito constitucional positivo*, 2001.

SILVA, Virgílio Afonso da. O conteúdo essencial dos direitos fundamentais e a eficácia das normas constitucionais. *Revista de Direito do Estado 4*:23-52, 2007.

SILVEIRA, Ana Teresa Ribeiro da. A *reformatio in pejus* e o processo administrativo. *Interesse Público 30*:69-71, 2005.

SIQUEIRA CASTRO, Carlos Roberto de. *O devido processo legal e a razoabilidade das leis na nova Constituição do Brasil*. Rio de Janeiro: Forense, 1989.

SOUTO, Marcos Juruena Villela. Constituição econômica. *Caderno de Direito Tributário* n. 4, 1993, p. 232.

SOUTO, Marcos Juruena Villela. *Licitações e contratos administrativos*. Rio de Janeiro: Esplanada, Adcoas, 1998.

SOUZA, Juarez de; PAIVA, José Luiz Lobo; OLIVEIRA, Mauro Márcio. O papel do Senado Federal no controle do endividamento público no Brasil. *Revista de Informação Legislativa*, Brasília, n. 123, jul./set. 1994, p. 130.

SOUZA NETO, Cláudio Pereira de. *Teoria constitucional e democracia deliberativa*. 2006.

STEINMETZ, Wilson Antônio. *Colisão de direitos fundamentais e princípio da* proporcionalidade. Porto Alegre: Livraria do Advogado, 2001.

STRECK, Lenio; OLIVEIRA, Marcelo Andrade Cattoni; NUNES, Dierle. Comentário ao art. 53. In: CANOTILHO, J. J. Gomes; MENDES, Gilmar F.; SARLET, Ingo W. (coords.). *Comentários à Constituição do Brasil*. São Paulo: Saraiva/Almedina, 2013.

STUMM, Raquel Denize. *Princípio da proporcionalidade no direito constitucional brasileiro*. 1995.

SÜSSEKIND. Arnaldo. As cláusulas pétreas e a pretendida revisão dos direitos constitucionais do trabalhador. *Revista do TST*. Brasília, v. 67, n. 2, abr./jun. 2001, p. 16 e ss.

TÁCITO, Caio. Do Estado liberal ao Estado do bem-estar social. In: *Temas de direito público*. Rio de Janeiro: Renovar, 1997.

TEIXEIRA, J. H. Meirelles. *Curso de direito constitucional*. 1991.

TEPEDINO, Gustavo. O Código Civil, os chamados microssistemas e a Constituição: premissas para uma reforma legislativa. In: *Problemas de direito civil-constitucional*. 2001.

TEPEDINO, Gustavo. A evolução da responsabilidade civil no direito brasileiro e suas controvérsias na atividade estatal. In: *Temas de direito civil*. Rio de Janeiro: Renovar, 2004.

TEPEDINO, Gustavo. Premissas metodológicas para a constitucionalização do direito civil. *Revista de Direito do Estado* 2:37-53, 2006.

TEPEDINO, Gustavo; SCHEREIBER, Anderson. *Fundamentos do Direito Civil* – Vol. 2 – Obrigações. Forense, 2008.

TOLEDO, Paulo Fernando Campos Salles de. *O Conselho de Administração na Sociedade Anônima*. São Paulo: Atlas, 1997.

TORRES, Ricardo Lobo. *Os direitos humanos e a tributação* – imunidades e isonomia. 1995.

TORRES, Ricardo Lobo. *Normas de interpretação e integração do direito tributário*. 2000.

TUCCI, Rogério Lauria. *Direitos e garantias individuais no processo penal brasileiro*. 2004.

VELLOSO, Carlos Mário da Silva. Delegação Legislativa. A Legislação por Associações. *Revista de Direito Público* 90/179, 185.

VERDU, Pablo Lucas. *Curso de derecho político*, II. 2. ed. Madrid: Tecnos, 1977.

VIDAL GIL, Ernesto J. *Los derechos de solidaridad en el ordenamento jurídico español*. 2002.

VIEIRA, Oscar Vilhena. *A Constituição como reserva de justiça*. 1997.

VIGO, Rodolfo L. *Los principios jurídicos* – perspectiva jurisprudencial. 2000.

WEICHERT, Marlon Alberto. A sentença condenatória na ação de improbidade administrativa. *Revista de Informação Legislativa*. Brasília, n. 70, abr./jun. 2006.

WOLKMER, Antônio Carlos. Legitimidade e legalidade: uma distinção necessária. *Revista de Informação Legislativa*, n. 124. Brasília, 1994, p. 180.

WOLKMER, Antonio Carlos; FAGUNDES, Lucas Machado. *Tendências contemporâneas do constitucionalismo latino-americano*: Estado plurinacional e pluralismo jurídico, Pensar, Fortaleza, v. 16, n. 2, p. 371-408, 2011.

XAVIER, Alberto. *Legalidade e tributação*, RDP 47-48/329.

YOUNG, K. *Constituting economic and social rights*. Oxford: Oxford University Press, 2012.

ZIMMERLING, Ruth. Alemanha: parlamentarismo e o fantasma de Weimar. *Lua Nova*, São Paulo, n. 24. set. 1991. p. 76.

ZIPPELIUS, Reinhold. *Teoria geral do estado*. 3. ed. Lisboa: Fundação Calouste Gulbenkian, 1997.